LIBER ABA

MAGIA EM QUATRO PARTES

O Magista, em seu Robe e Coroa, armado com a Baqueta,
Taça, Espada, Pantáculo, Sino, Livro e o Óleo Santo.
[O Autor, c. 1910 e.v.]

Títulos originais: Book 4 (partes I e II), Magick in Theory and Practice (parte III), The Equinox of the Gods (parte IV)

Texto: Frater Perdurabo, Soror Virakam

Tradução: Marcelo Ramos Motta, Vitor Campos e Alan Willms

Revisão: Vitor Campos, Vinicius de Mesquita e Vinicius Ferreira

Edição: Vitor Campos e Vinicius Ferreira

Diagramação e Projeto Gráfico: Rodrigo Grola

Capa: Marcos Keller e Livia Andrade

CIP – BRASIL. CATALOGAÇÃO NA PUBLICAÇÃO
BIBLIOTECÁRIO: Lucas Rafael Pessota CRB-8/9632

C953l Crowley, Aleister, 1875-1947
Liber ABA : magia em quatro partes / Aleister Crowley, Mary d'Este Sturges ; tradutores Marcelo Ramos Motta, Vitor Campos e Alan Willms. - 2. ed - São Paulo : Penumbra, 2025.
832 p. : il.

ISBN 978-65-86915-07-5 (brochura)
ISBN 978-65-86915-06-8 (capa dura)
ISBN 978-65-86915-09-9 (couro)

1. Magia 2. Ocultismo 3. Esoterismo I. Motta, Marcelo Ramos, trad. II. Campos, Vitor, trad. III. Willms, Alan, trad. IV. Título.

CDD 133.4

Índice para catálogo sistemático:

1. Filosofia : Ocultismo 133

Uma página permanente para errata deste livro pode ser acessada em bit.ly/ErrataABA.

Segunda Edição

Penumbra Livros, São Paulo, 2025

penumbralivros.com.br

sociedadenovoaeon.org

ALEISTER CROWLEY

LIBER ABA

MAGIA EM QUATRO PARTES

TRADUÇÃO DE MARCELO MOTTA

Segunda Edição
São Paulo
Penumbra Livros, 2025

NOTA DO EDITOR

Faze o que tu queres há de ser tudo da Lei.

Finalmente o *Liber ABA*, ou *Livro 4*, é publicado completo no Brasil. Na opinião de muitos o livro mais importante de Thelema, compreende um esboço geral do Iluminismo Científico, além do próprio *Livro da Lei* e seu manuscrito. Esta edição, cuidadosamente preparada, inclui, sem cortes, as notas e comentários feitos por Marcelo Ramos Motta (Frater EVER), algumas delas extremamente valiosas e inéditas à maioria dos estudantes sérios.

Para a Parte I foram usadas as traduções enviadas por Motta a Euclydes Lacerda[1] (Frater Thor), além do *Yoga e Magia* publicado por ele na década de 1980 e.v. As revisões foram feitas a partir do original de 1912 e.v.

Também para a Parte II foram usados os Arquivos da SNÆ, assim como o *Magia e Misticismo* publicado por Motta, sendo as revisões baseadas no livro original de Crowley de 1913 e.v.

Marcelo Motta nunca publicou a Parte III no Brasil. Apesar de mencionar o envio dela a Euclydes numa de suas cartas,[2] só foi encontrado o trecho até o final da sessão V do Capítulo VII. O restante foi traduzido por nós, assim como as notas de rodapé retiradas do *Thelemic Magick*, publicação desta parte feita em dois volumes por Motta nos Estados Unidos. As revisões foram feitas com o auxílio de um exemplar do *Magick in Theory and Practice* de 1929 e.v.

A Parte IV foi feita a partir de um volume de *O Equinócio dos Deuses*, além da tradução encontrada em nossos Arquivos, mas sua organização e revisões foram preparadas seguindo a primeira edição de 1936 e.v. e os *Equinox* I (7) e I (10).

Por fim, para os Apêndices, também revisados nas mesmas fontes da Parte III e no fac-símile do *777* revisado por Germer, foi realizado um trabalho misto. *Uma Estrela à Vista* foi tirado de um exemplar de *Chamando os Filhos do Sol*; nos Arquivos da SNÆ foram encontradas traduções de *Liber Samekh, Liber XXV, Liber XXXVI, A Missa da Fênix, Liber V, Liber XV, Liber E, Liber O, Liber YOD, Liber ThIShARB, Liber B, Liber Resh, Liber Cheth* e *Liber OZ*. Os demais foram traduzidos por nós, além dos adicionais Anexos I & II, escritos por Vitor Campos (Frater AYMΓN).

Em todos os casos, optou-se por seguir o mais próximo possível as publicações originais feitas por Crowley no início do Século XX da *era vulgar*, com exceção do Apêndice V, consideravelmente ampliado no *Tijolo Azul*,[3] e do *Liber V vel Reguli*, o Ritual da Marca da Besta, em que foram adicionadas algumas imagens com o intuito de facilitar a sua compreensão.

Mais do que um compêndio de ensinamentos, um livro como este é um arquivo histórico. Consideramos importante mantê-lo intacto para que se tenha acesso, também, ao modo de pensar de quem esteve envolvido no projeto. Muitos dos comentários de Motta parecerão inúteis, fora de contexto ou polêmicos, principalmente devido à sua personalidade altamente crítica. No entanto, conforme dito pelo próprio:

> *"A maioria de nossas anotações às obras de Crowley baseiam-se em nossa percepção e pesquisa da Fórmula de Horus (ou assim acreditamos!) nas linhas propostas por AC. Nossas notas, mesmo*

1 N.E.: Parte dos Arquivos da Sociedade Novo Æon.

2 N.E.: Datada de 20 de novembro de 1970 e.v.

3 N.E.: Apelido de uso generalizado, dado ao *Book Four* publicado pela Editora Weiser.

quando baseadas em fatos, devem sempre ser tomadas com ceticismo científico pelo aspirante sério de qualquer sexo e de qualquer persuasão sexual, pois pode ser que o que estamos dizendo seja geralmente útil, ou pode ser que o que estamos dizendo seja útil apenas para nós e alguns outros. Nossas percepções não são necessariamente sociobiológicas no sentido mais amplo, mas elas são expostas porque, entre outras coisas, o que é mais necessário no momento são dados experimentais sobre o Novo Æon. Daí a importância do Registro Mágico, como o próprio Crowley escreveu claramente em Liber E vel Exercitiorum. *"*

Aqueles que tiverem *olhos de ver* perceberão facilmente quando ele *sobe de nível*, muitas vezes entregando *Chaves* que, de outra forma, passariam totalmente despercebidas pela maioria.

Rogamos aos leitores que comuniquem à Sociedade Novo Æon (publicacoes@sociedadenovoaeon.org) ou à Penumbra Livros (contato@penumbralivros.com.br) caso seja encontrado algum erro mesmo após as várias revisões feitas. Uma sessão para errata será disponibilizada permanentemente no endereço www.penumbralivros.com.br/nossos-livros/liber-aba/liber-aba-errata/.

Agradeço a Ray Eales (Frater 939) pelo auxílio e instrução; a XA, Robson Colares, Diego Ferreira, Herman Faulstich, Scott Wilde, Monica Rocha (Soror Anlala) e Adriano Estokero (Frater O.˙. 93) pela colaboração; a Marcelo Alexandrino (Frater Iskuros) e Tiago Cordeiro (Frater Teth Khan 777) pela fraternidade ao longo dos anos; a Vinicius Ferreira e Livia Andrade, da Penumbra Livros, pela oportunidade e pelo esmero; além de agradecimentos especiais a Vinícius de Mesquita (Frater Azoth) e a Alan Willms (Frater Audere) por assumirem a responsabilidade de organizar este livro comigo.

Dedico esta edição do *Liber ABA* a א e à memória daquele que guiou meus primeiros passos no Caminho, Tarcísio Oliveira Araújo (Frater BenHoor), um verdadeiro Cavaleiro de Thelema.

> *"Somente aqueles que temem falharão. Aqueles que inclinaram as costas para o jugo da escravidão até que não possam mais ficar de pé; estes Eu desprezarei.*
>
> *Mas vós que desafiastes a lei; vós que conquistastes por sutileza ou força; vós Eu levarei até mim, sim, até mesmo Eu vos levarei até mim."*
>
> *– Liber Tzaddi vel Hamus Hermeticus*

AMOR É A LEI, AMOR SOB VONTADE.

Frater ΑΥΜΓΝ

Supervisor Geral, SNÆ

AN CXIV ☉ in ♍

Sobre as Notas de Rodapé

O livro que você tem em mãos possui, no total, quase mil e quinhentas notas de rodapé. Para compreender o contexto em que elas são inseridas, entenda-se que:

- As notas do tradutor e comentarista Marcelo Ramos Motta são iniciadas com N.M.
- As notas acrescentadas por nós, editores, são indicadas por N.E.
- As notas acrescentadas pelo próprio Aleister Crowley não possuem marcação.
- Algumas das notas de rodapé são bastante longas, continuando nas páginas seguintes àquelas em que começaram.
- Há situações em que mais de um comentário foi feito sobre um determinado ponto do texto – por exemplo, uma nota de Crowley e uma de Motta sobre uma mesma passagem. Nestes casos, há apenas uma marcação, e as notas distintas são apresentadas em parágrafos separados e identificadas, conforme necessário, com N.M., N.E. etc.
- Há pontos em que uma nota é inserida como comentário de outra nota, e não sobre o texto propriamente dito. Nestes casos, a nota complementar é apresentada na mesma linha da original, destacada entre colchetes e acompanhada do indicativo N.M., N.E. etc.

PREFÁCIO

Faze o que tu queres há de ser tudo da Lei.

Tendo sido convidado a escrever um documento introdutório para esta tradução comentada por Marcelo Ramos Motta do *Liber ABA* de Aleister Crowley, perguntei-me quanto material precisaria ser coberto para definir esses personagens no palco de hoje. Assim, recorri ao bastião do "conhecimento" conhecido como Internet e fiz uma busca rápida no Google sobre ambos. Os resultados não foram inesperados, mas de alguma forma trágicos; uma pesquisa sobre qualquer um irá revelar tudo, desde o factual e semifactual ao estupidamente bizarro. Nenhuma *quantidade* de "prefácio" esclareceria a confusão de informação e desinformação presentes on-line hoje. Considerei brevemente "jogar a toalha", como dizem, mas reconsiderando pensei que talvez uma perspectiva pessoal simples seria tudo o que eu poderia oferecer e, portanto, o documento a seguir.

DOIS CONTOS CAUTELARES

As coisas nem sempre são como parecem: Dois monges zen caminhavam ao longo de uma trilha lamacenta que levava a um riacho estreito, mas selvagem. Ao se aproximarem da margem, viram uma jovem tentando atravessar a corrente, mas incapaz de fazê-lo. O monge mais velho içou a jovem nas costas e ele e seu irmão mais novo atravessaram o riacho, depositando a jovem na outra margem. Os dois monges continuaram sua jornada. Um tempo se passou e o irmão mais novo, incapaz de se conter, irrompeu e disse: "Irmão! Você sabe que nós, monges, não devemos tocar as mulheres e mesmo assim você carregou aquela garota pela corrente nas suas costas!" O monge mais velho respondeu com simpatia: "Meu pobre companheiro, eu deixei aquela garota lá na margem, mas você a carregou consigo por todo o trajeto, você deve estar tão cansado".

As coisas são muitas vezes exatamente o que parecem: Repetidamente, no meu trabalho como um Instrutor da A∴A∴, foi-me dada a oportunidade de aprender os segredos mais íntimos, obter a chave de tudo ou ter o privilégio de reconhecer uma nova Besta ou profeta em alguém, seja em cartas escritas, muitas vezes copiosamente ilustradas, ou e-mail afirmando vasta sabedoria secreta escondida. Até agora, eu relutei, deixando esses novos profetas se deleitarem com seus próprios demônios, sem a minha intervenção, exceto por uma única admoestação, algo que meu Mestre gostava de dizer: "pelos seus frutos você os conhecerá".

ALGUM CONTEXTO

O mundo para o qual o *Liber ABA* foi originalmente dado era muito diferente do mundo em que nos encontramos nesta escrita. Não que eu tenha idade suficiente para ter experimentado em primeira mão, mas tendo lido e estudado muito sobre esse período, estou confiante em minha afirmação. O mundo no qual Marcelo Motta fez seu comentário sobre esse trabalho também foi bem diferente do atual. Tendo crescido nas épocas em que Motta estava escrevendo suas notas, posso dizer isso com alguma autoridade em primeira mão. O nível de erudição na escrita dessas obras, bem como o conhecimento prévio assumido ao leitor, está além da maioria dos estudantes de hoje. Estas palavras não são apenas uma crítica ao sistema educacional, mas também um chamado à ação para os buscadores sinceros que podem ler essas palavras. Estude profundamente os clássicos, mitologia, folclore, ciência e história. Ao fazê-lo, você não apenas melhorará sua compreensão dessas obras, mas também de si mesmo.

Nos Apêndices da Parte III deste trabalho, o livro chamado *Magick em Teoria e Prática*, você encontrará uma lista de leituras sugeridas. Não será de modo algum um esforço fútil e infrutífero para você estudar o máximo possível desse material; em vez disso, expandirá seus horizontes e permitirá que você veja novas perspectivas e conexões com seu próprio tempo. Estudantes muitas vezes me perguntam "essas coisas na lista de leitura valem a pena?", e eu respondo, secamente, "descubra!". Minha resposta aqui é "É claro que valem a pena". Sem uma base, uma base ampla e estável, para construir, você se encontrará com uma pilha aleatória de pedras, em vez de uma poderosa pirâmide, enquanto constrói seu Templo.

UM LIVRO EM QUATRO PARTES

O primeiro livro é geralmente intitulado *Misticismo* ou *Meditação* e descreve as várias práticas e filosofias do extremo oriente sobre meditação, yoga em seus vários ramos e misticismo em geral como um caminho de consecução. O segundo livro é geralmente intitulado *Magick* e dá descrições e instruções sobre o sistema ocidental de magia. Este sistema consiste em origens na Grécia e no Egito filtradas por praticantes e filósofos medievais. Todos os tipos de influências colorem suas práticas, desde o *Zohar* até os místicos persas, grimórios medievais e alquimistas. O terceiro livro é intitulado, como mencionado acima, *Magick em Teoria e Prática,* e é uma síntese do caminho da Magia e do Misticismo, completo com práticas e rituais para provocar os estados de consciência necessários à Grande Obra. O último livro deste *Liber ABA* é uma descrição de como o *Livro da Lei* veio a ser escrito, e seu texto e comentário. Ele contém conselhos práticos e espirituais sobre a interface da vida interior com a vida exterior em geral. Estes quatro livros juntos formam um sistema satisfatoriamente completo para o buscador e, juntamente com o comentário de um Mestre, nos dá recomendações práticas adicionais sobre o uso e a manutenção desse sistema.

Este livro em quatro partes, ou *Livro 4,* foi escrito e publicado ao longo de um período de quatro décadas, considerando que *Liber AL* foi escrito em 1904 e.v. e *O Equinócio dos Deuses,* ou Parte IV, também conhecido como *Equinox* III (3), foi publicado em 1936 e.v. Dado esse fato, o leitor pode ver que o trabalho contém muitas mudanças nos níveis de experiência e compreensão. As Partes I e II do *Liber ABA* foram publicadas no final de 1912 e.v. e o *Magick em Teoria e Prática* (Parte III) foi publicado em 1929 e.v. Assim, como mencionado acima, décadas se passaram entre a escrita e a publicação deste trabalho seminal da Magia ocidental, que oferece ao estudante uma visão única do desenvolvimento do sistema, bem como uma visão de seu autor. Os comentários de Marcelo Motta, da mesma forma, são produto de várias décadas de pesquisa, experimentação e experiência. São uma adição bem-vinda e erudita ao corpo de um trabalho já superior. O leitor os descobrirá acessíveis e esclarecedores.

QUEM FORAM ALEISTER CROWLEY, PERDURABO E TO ΜΕΓΑ ΘΗΡΙΟΝ

Suas notas biográficas são fáceis de encontrar, não vou repeti-las aqui. Três nomes para denotar uma entidade física, três sujeitos muito diferentes, todos iguais. O primeiro foi um homem, o segundo um buscador, e o terceiro um Magus do Æon de Horus e que, através da voz de Aiwass, entregou ao mundo o *Livro da Lei.* O Mestre e o Magus frequentemente chamavam o homem Crowley de "O Diabrete Crowley" para denotar suas travessuras e deboches simiescos. Perdurabo foi o buscador que usou seu gênio para sintetizar um sistema de consecução a partir das várias práticas de sistemas de muitas culturas e caminhos. Ele despojou essas práticas de seus dogmas e simplificou suas essências em veículos para serem usados por futuros aspirantes à Grande Obra atingirem os estados de consciência e experiências necessários para se compreenderem. Usando uma analogia: Perdurabo encontrou todas as ferramentas necessárias nas oficinas de várias culturas, algumas em desuso, algumas quebradas e muitas sem nenhum manual de instruções. Ele foi capaz de reparar as ferramentas e nos deixar instruções sobre seu uso. Este livro é, em grande parte, as instruções e descrições das ferramentas necessárias para permitir que um ser humano encontre seu verdadeiro propósito e, finalmente, ele mesmo.

QUEM FORAM MARCELO MOTTA, PARZIVAL E EVER

Suas notas biográficas também são fáceis de encontrar, então, para resumir, ele foi um escritor e Adepto, nascido no Brasil. Encontrou Thelema pela primeira vez quando jovem e, em 1953 e.v., assinou o Juramento de Probação com Karl Germer, Frater Saturnus, o estudante de maior confiança de Crowley. Sua interação com Germer continuou até a morte deste em 1962 e.v.

Publicou várias obras/traduções em português e mais tarde escreveu alguns trabalhos importantes e seminais em inglês. De uma perspectiva pessoal, seu *Comentários de AL* é, provavelmente, seu trabalho mais importante. É certamente o trabalho que estabeleceu suas credenciais como um Mestre. Seus comentários são sempre cheios de perspectiva pessoal, observação erudita e anedotas, bem como aplicações práticas e informações geralmente úteis. Portanto, não importa qual dos textos comentados o leitor escolha estudar, ele encontrará riqueza de informações e clareza. Motta, como Frater EVER, foi um Mestre do Templo da A∴A∴; Frater Parzival foi o nome que ele utilizou em seu trabalho com a Sociedade Ordo Templi Orientis.

Muito tem sido escrito sobre Motta no pejorativo. Eu não me preocuparei com esses golpes asininos, a maioria dados por aqueles que não o conheceram ou não obtiveram êxito como seus estudantes. Ele poderia ser um mestre duro e, alguns diriam, desarrazoado, mas eu diria que ele fez exatamente o que um grande instrutor faz, que é: nunca se deve negociar com um estudante; deve-se simplesmente atribuir tarefas, dar instruções e calcular resultados ou a falta deles. Uma vez que essas tarefas sejam executadas, o instrutor deve fornecer contexto para os sucessos ou fracassos do estudante. Motta fez isso e foi, como todos os bons instrutores, criticado e castigado por isso.

QUEM SOU EU

É possível que o leitor se pergunte quem é que escreve essas linhas. Meu nome é Ray Eales, Frater 939, fui professor, músico, cineasta, animador e agora um simples mestre cervejeiro. Estudei artes plásticas e tenho um MFA. Nasci em 1953 e.v. e atualmente resido na Flórida, EUA. Fui estudante de Frater EVER na A∴A∴ e atualmente continuo o nível de instrução que me foi dado pelo meu Mestre. Conheci Marcelo Motta em 1979 e.v., enquanto residia em Nashville, Tennessee. Tornei-me seu estudante nessa época e estive sob sua instrução até saber da sua morte. De certa forma, eu me considerava sob sua instrução até conseguir acessar as profundezas do meu Ser e me tornar uma voz para a A∴A∴.

Eu sou apenas um servidor da Estrela & da Cobra, e de bom grado eu sirvo.

Amor é a lei, amor sob vontade.

939

12 de setembro de 2018 e.v.

SUMÁRIO

Parte I - MISTICISMO: MEDITAÇÃO

Parte II - MAGICK: TEORIA ELEMENTAR

Parte III - MAGICK EM TEORIA E PRÁTICA

Parte IV - O EQUINÓCIO DOS DEUSES

Parte V - APÊNDICES

ANEXOS

UMA OBSERVAÇÃO

Este livro *não* é, intencionalmente, o trabalho de Frater Perdurabo. A experiência mostra que sua escrita é muito concentrada, muito obscura, oculta demais para as mentes comuns apreenderem. Pensa-se que esse registro de fragmentos desarticulados de sua conversa casual possa se tornar mais inteligível e convincente, e pelo menos fornecer um estudo preliminar que permita ao estudante atacar seu trabalho real do ponto de vista de algum pequeno conhecimento geral e compreensão de suas ideias, e das formas nas quais ele as imagina.

A Parte II, "Magick", é mais avançada em estilo que a Parte I: espera-se que o estudante conheça um pouco da literatura do assunto e seja capaz de ter uma visão inteligente disso. Essa parte, no entanto, é realmente explicativa da Parte I, que é apenas um esboço bruto.

Se ambas as partes forem completamente estudadas e compreendidas, o estudante terá obtido uma compreensão real de todos os fundamentos essenciais tanto de Magia quanto de Misticismo.

Eu escrevi este livro dos ditados de Frater Perdurabo na Vila Caldarazzo, Posilippo, Nápoles, onde eu estudava sob sua instrução. Uma vila na realidade profetizada para nós muito antes de chegarmos a Nápoles, por aquele irmão da A∴A∴ que me apareceu em Zurique. Qualquer ponto que estava obscuro para mim foi esclarecido em algum novo discurso (os discursos foram consequentemente rearranjados). Antes da impressão, todo o trabalho foi lido por várias pessoas com uma inteligência um pouco abaixo da média, e qualquer ponto que não estivesse claro até para elas foi esclarecido.

Que todo o Caminho esteja agora claro para todos!

Frater Perdurabo é o mais honesto de todos os grandes professores religiosos. Outros disseram: "Acreditem em mim!". Ele diz: "*Não* acreditem em mim!". Ele não pede seguidores; despreza-os e recusa-os. Ele quer que um corpo independente e autossuficiente de estudantes siga seus próprios métodos de pesquisa. Se ele puder economizar tempo e problemas a eles, dando algumas "dicas" úteis, seu trabalho terá sido feito para sua própria satisfação.

Aqueles que desejaram que os homens acreditassem neles eram absurdos. Uma língua ou caneta persuasiva, ou uma espada eficiente, com cremalheira e estaca, produziram essa "crença", que é contrária e destrutiva a toda experiência religiosa real.

Toda a vida de Frater Perdurabo é agora dedicada a que vocês obtenham esta experiência viva da Verdade para, de e em si mesmos!

SOROR VIRAKAM

(Mary d'Este Sturges)

Parte I

MISTICISMO
MEDITAÇÃO

A consecução do Gênio, ou Divindade, considerada como um desenvolvimento do cérebro humano

Há sete chaves para a grande porta,[4]
Uma em oito, uma que oito em si comporta.[5]
Primeiro, que o teu corpo esteja quieto,
Pela vontade tua feito ereto,
Rígido: assim tu podes abortar
Dos fetos-pensamentos o tear.
Segundo, seja fundo o teu alento,
Seja ele fácil, regular e lento:
Assim teu ser compassa, no seu plano,
O majestoso ritmo do oceano.
Depois, seja tua vida pura e calma,
Como num dia quieto oscila a palma.
Quarto, que teu querer busque no mundo
Apenas o que é simples e é profundo.
Quinto, o pensar, divinamente livre
Dos sentidos, se observe enquanto vive.
Vigia cada broto-pensamento:
Hora após hora fica mais atento!
Intenso, introspectivo, pronto, agudo,
Não percas um só deles: nota tudo!
Sexto, tendo um de todos escolhido,
Concentra nele apenas teu sentido.
Como uma flama quieta ereta lavra,
Queima teu ser nessa única palavra!
Depois, aquieta esse êxtase: teu norte,
Tornar teu meditar profundo e forte,
Matando mesmo Deus, caso Ele venha
Tentar tua atenção que assim se empenha!
Por fim, tudo isso estando unido, cresce

---

4 N.E.: Os sete chacras do corpo humano. A *Grande Porta* é a porta da Libertação.

5 N.E.: Quando os sete chacras estão completamente despertos, formam uma síntese e ela é uma descrição do método de Yoga para obter consciência livre de pensamento.

A flor da meia-noite e em ti floresce.
A unidade é. Mas mesmo nisto,
Meu filho, não serás por mim malvisto
Se essa expressão sufocas: se num triz
Tua atenção remetes à raiz
Desse êxtase; se deixas mesmo a fama,
A cor, a vida, a glória, o ardor: reclama
A escura causa; ignora a luz do efeito!
Tu és o Mestre. Deixo-te. Respeito
Tua radiância que se expande e se desata,
Recém-nascido Irmão da Estrela de Prata!

Crowley, "AHA!"[6]

6 N.E.: Esta é só uma parte do poema de Crowley que foi publicado pela primeira vez completo no *Equinox* I (3), 1910 e.v. A palavra "AHA" indica a forma de Deus associada a Vênus (אהא, Nome Divino em Assiah) e dá as iniciais de Ani, Hua, Ateh – Eu, Ele, Tu; três diferentes aspectos de uma divindade adorada em três pessoas e de três maneiras: (1) com a face desviada; (2) com prostração; (3) com identificação. Também *Adonai Ha Aretz*: Deus manifesto sobre a Terra. Valor numérico = 7.

ΧΑΙΡΕ ΣΩΤΗΡ ΚΟΣΜΟΥ

["Salve, Salvador do Universo"]

INTRODUÇÃO[7]

[7] N.E.: Em seus comentários à "Carta F" do *Magick Without Tears*, Marcelo Motta sugere que a Parte I do *Liber ABA* seja estudada em conjunto com as *Oito Palestras Sobre Yoga*, pois são complementares.

A existência humana é cheia de sofrimento. Para mencionarmos um só fator secundário: todo homem é um condenado à morte – ele apenas ignora a data da execução. Isto é desagradável para qualquer um. Portanto, cada qual faz o possível para adiar a data, e sacrificaria tudo o que tem se pudesse anular a sentença.

Quase todas as religiões e filosofias angariaram seu sucesso inicial prometendo a seus aderentes a imortalidade como recompensa.

Nenhuma religião até hoje fracassou por não prometer o bastante; a presente derrocada de todas as religiões deve-se ao fato de que os devotos pediram para ver as garantias. Os seres humanos têm renunciado mesmo às grandes vantagens que uma religião bem organizada confere a um Estado do ponto de vista mundano, a fim de não cooperarem com uma fraude ou uma falsidade; e até para não cooperarem com qualquer sistema que, embora não provado culpado de mentira, tenha sido incapaz de provar sua inocência.

Já que estamos mais ou menos em bancarrota, será melhor atacar o problema de novo, desde o princípio, sem ideias preconcebidas. **Comecemos duvidando de cada afirmação. Descubramos um jeito de submeter todas as afirmações ao teste da experiência. Existirá qualquer verdade em todos os protestos das diversas religiões? Examinemos a questão.**

Nossa primeira dificuldade está na enorme riqueza de material para exame. Fazer uma crítica de todos os sistemas seria uma tarefa interminável; a nuvem de testemunhos é por demasiado grande. Mas toda religião é igualmente positiva em suas asserções, e toda religião exige fé. Esta nós recusamos por falta de provas científicas. **Porém, podemos com proveito indagar se existe algum ponto sobre o qual todas as religiões têm concordado**, pois, se existir algo em comum entre elas, é possível que este ponto em comum mereça uma séria investigação.

Está claro que não encontramos isso nos dogmas das religiões. Mesmo a ideia – tão simples – de um Ente eterno e supremo é negada por um terço da raça humana.[8] Lendas de milagres são, talvez, universais; mas estas, na falta de provas convincentes, são repugnantes ao bom senso.

Mas e quanto à origem das religiões? Como é que afirmativas não provadas tão frequentemente compeliram a aceitação por parte de todas as classes humanas? Não é isso, por si só, um milagre?

Existe uma forma de milagre que, com certeza, acontece: a influência do gênio. Não existe nenhuma analogia com este fenômeno na Natureza. Não podemos sequer conceber um "supercão" transformando o mundo dos cães, enquanto na história da humanidade isso acontece com regularidade e frequência. Tomemos, então, três "super-homens", todos os três brigando entre si. **O que há de comum entre Cristo, Buda e Maomé?** Existe algum ponto sobre o qual todos os três estejam de acordo?[9]

Nenhum ponto de doutrina em comum, nenhum conceito de ética em comum, nenhuma teoria do "além" em comum; no entanto, na história de suas vidas, percebemos um acordo entre muitos desacordos.

Que acordo será esse?

---

8 N.M.: O Budismo, por exemplo, não reconhece a existência de "Deus" tal como esta é compreendida por outras religiões. Se bem que a maior parte das pessoas – inclusive budistas – ignore este fato, o Buda era ateu.

9 N.M.: Leitores sérios devem se lembrar de que por "Cristo" não se entende aqui o imaginário "Jesus" dos falsificados evangelhos crististas, e sim Dionísio, o fundador do cristianismo. Veja-se *Carta a um Maçom*.

Buda nasceu Príncipe e morreu mendigo.

Maomé nasceu mendigo e morreu Príncipe.

Cristo permaneceu desconhecido até muitos anos depois de sua morte.

Biografias inúmeras têm sido escritas por seus devotos, no entanto, e **existe um ponto de acordo na vida dos três: uma lacuna**. Não sabemos nada sobre Cristo entre doze e trinta anos de idade. Igualmente, antes de ser profeta, Maomé desapareceu numa caverna. Buda deixou seu palácio e passou longos anos no deserto.

Cada um dos três, completamente desconhecido até desaparecer, voltou e imediatamente começou a pregar uma nova lei.

Isso é tão curioso que nos leva a perguntar se as biografias de outros grandes instrutores contradizem ou confirmam esta coincidência.

Moisés levou uma vida pacata até matar um egípcio. Então fugiu para a terra de Midian, e não sabemos nada sobre o que ele fez ali.[10] No entanto, mal voltou ao Egito e virou tudo de pernas para o ar. Mais tarde, também, ausentou-se no Monte Sinai por alguns dias, e voltou com as Tábuas da Lei na mão.

São Paulo, após sua aventura na estrada de Damasco,[11] foi para o deserto da Arábia, onde permaneceu muitos anos. Ao regressar, derrubou o Império Romano. Mesmo nas lendas de selvagens encontramos o mesmo ponto de acordo: alguém sem a mínima importância vai embora durante um prazo curto ou longo, e volta como o "grande curandeiro"; mas não se sabe exatamente o que aconteceu com ele.

Descontando todos os outros detalhes como fábulas ou mitos, conservamos essa coincidência única: um ninguém se ausenta e volta um alguém. Isso não pode ser explicado de nenhuma maneira usual.

Não existe qualquer base para se crer que esses homens tenham sido, desde o princípio de suas vidas, criaturas excepcionais. Maomé dificilmente teria permanecido um condutor de camelos até os trinta e cinco anos de idade se tivesse possuído qualquer talento ou ambição. São Paulo tinha, originalmente, muito talento, mas ele é o menos importante dos cinco. Nem parece que eles tenham possuído qualquer das alavancas usuais do poder, tais como posição social, fortuna ou influência política.

Moisés era um homem relativamente importante no Egito ao sair de lá; mas regressou um simples estrangeiro.

Cristo não foi à China casar com a filha do Imperador durante seus anos de silêncio.

Maomé não estivera angariando pessoas nem treinando soldados.[12]

---

10 N.M.: As muitas lendas sobre "iniciações" de Moisés nesta ou naquela "ordem", nesse intervalo, são puras e deslavadas mentiras, inventadas para puxar a brasa para a sardinha deste ou daquele grupo de charlatães interessados em angariar seguidores. Muito provavelmente, Moisés era um egípcio: o nome "Moses" era comum no Egito, como todo egiptólogo está cansado de saber.

11 N.M.: Também este "São Paulo" foi uma invenção dos Romano-Alexandrinos, baseada em vários legítimos seguidores de Dionísio. Suas assim-chamadas "Epístolas" são compilações adulteradas de diversos documentos por diversas mãos. Veja-se *Carta a um Maçom*.

12 N.E.: O texto original diz: "Maomé não estivera angariando riquezas nem treinando soldados".

Buda não consolidou nenhuma organização religiosa.[13]

São Paulo não tinha estado conspirando com algum general ambicioso.

Cada um deles voltou pobre; cada um deles voltou só.

Qual era a natureza do seu poder? **Que aconteceu com eles durante sua ausência?**

A história não nos auxiliará a resolver o problema, pois a história nada diz.

Temos apenas coisas contadas por estes homens mesmos.

Seria espantoso se verificássemos que essas coisas concordam entre si.

Dos grandes instrutores que mencionamos, Cristo se cala; os outros quatro nos contam algo, uns mais, outros menos.

Buda entra em demasiados detalhes para serem comentados aqui; mas em resumo, de uma forma ou de outra, ele se apoderou da força secreta do mundo, e amestrou-a.

Das experiências de São Paulo temos apenas uma alusão casual ao fato de que ele "foi arrebatado ao céu e ouviu coisas que é proibido dizer".[14]

Maomé fala simplesmente de uma "visita do Anjo Gabriel", que lhe comunicou coisas de "Deus".

Moisés diz que ele "viu Deus".

Diferentes como pareçam à primeira vista estas afirmativas, todas coincidem em anunciar uma experiência de um tipo que há cinquenta anos teria sido chamada de sobrenatural; que hoje em dia pode ser chamada de espiritual, e que daqui a cinquenta anos terá um nome científico, baseado numa compreensão do fenômeno ocorrido.

Os teólogos a têm explicado, mas de várias formas.

Os maometanos, por exemplo, insistem em que Deus existe, e em que realmente mandou Gabriel com recados para Maomé. Os outros todos contradizem isto, e chamam os maometanos de mentirosos. E por causa da natureza mesma do assunto, provar a verdade ou a mentira é impossível.

A falta de provas tem sido sentida tão fortemente pelo cristismo[15] (e em grau menor pelo Islamismo) que novos milagres têm sido manufaturados quase que diariamente para apoiar a oscilante estrutura do dogma. O moderno pensamento materialista, rejeitando esses milagres, adotou teorias que sugerem epilepsia e loucura. Como se a organização pudesse provir da desordem! Mesmo se a epilepsia fosse a causa dos grandes movimentos que têm extraído do barbarismo uma civilização após a outra, isto seria um argumento em favor do cultivo da epilepsia.

Claro, grandes homens nunca se conformarão com os padrões de homens baixos, e aqueles cuja missão é reformar o mundo nunca poderão escapar ao título de revolucionários. As moedas de cada

---

13 N.E.: Frase faltando na versão de Motta.

14 N.M.: Muito conveniente para os crististas, claro. Mas, como diz a Lição de História da A∴A∴, "O Mistério é o inimigo da Verdade".

15 N.M.: Usamos o neologismo "Cristismo", inventado pelo Mestre do Templo e poeta português, o genial Fernando Pessoa, para diferenciar o falso cristianismo dos romano-alexandrinos do verdadeiro cristianismo dos antigos gnósticos. Veja-se, novamente, *Carta a um Maçom*.

época sempre fornecem os termos de abuso. O condicionamento de Caifás era o judaísmo ortodoxo, e os fariseus disseram-lhe que Cristo "blasfemara". Pilatos era um romano leal ao Império; a ele, acusaram Cristo de "subversivo". Mais tarde, quando os papas tinham o poder, bastava acusar um inimigo de "herege". Agora, os socialistas tentam provar que seus inimigos são "fascistas", e em países "democráticos" atacamos a moralidade deles.[16] **Convém, pois, evitarmos demagogia e retórica, e investigarmos com plena imparcialidade os fenômenos que ocorreram com esses grandes guias da humanidade.**

Não é difícil compreendermos que estes homens, eles mesmos, não perceberam claramente o que ocorrera com eles. O único que explica seu sistema por completo é Buda, e Buda é o único que não é dogmático. Podemos também supor que os outros julgaram pouco aconselhável explicar o processo com demasiada clareza aos seus seguidores; São Paulo evidentemente foi desta opinião.

Nosso melhor campo de pesquisa seria, portanto, o sistema de Buda,[17] mas este é tão complexo que nenhum resumo serviria. E no caso dos outros, se não temos os relatos dos Mestres mesmos, temos aqueles dos seus seguidores mais imediatos.

Os métodos aconselhados por toda essa gente mostram uma notável semelhança. Eles recomendam conduta virtuosa (definindo essa conduta de várias formas), solidão, calma, dieta moderada, e finalmente uma prática que alguns deles chamam de "oração" e outros chamam de "meditação" (note-se que as quatro práticas prévias são apenas para estabelecer condições favoráveis à última).

Investigando o que eles tentam expressar pelos termos "oração" e "meditação", verifica-se que significam o mesmo. Pois qual é o estado de oração ou meditação? **É a restrição da mente a um ato único, a um único estado ou pensamento.** Se nos sentarmos quietamente, e investigarmos o conteúdo de nossas mentes, perceberemos que, mesmo nas ocasiões mais favoráveis, as características principais são a divagação e a distração. Quem tiver lidado com crianças, ou com mentes destreinadas em geral, saberá que a fixidez da atenção nunca está presente, mesmo quando existe grande inteligência e boa vontade.

Se, nossas mentes estando mais treinadas, decidimos controlar o pensamento divagante, verificamos que somos (mais ou menos!) capazes de manter os pensamentos em marcha, um atrás do outro, num canal estreito, cada pensamento ligado ao seguinte de uma forma perfeitamente lógica; mas se tentamos parar a marcha verificamos que, longe de sermos bem sucedidos, apenas demolimos as margens do canal. A mente se derrama, e em vez de uma cadeia de pensamentos temos um caos de imagens confusas.

A atividade mental é tão grande, e parece tão natural, que é difícil compreender como alguém teve pela primeira vez a ideia de que tanta atividade é apenas uma fraqueza e um distúrbio da consciência. Talvez tenha sido porque, na prática (mais comum) de devoção religiosa, as pessoas tenham percebido que seus pensamentos interferiam. Mas de qualquer forma, é claro que a calma e o autocontrole são

---

16 N.E.: A frase "Agora, os socialistas ... moralidade deles" foi introduzida por Motta. No original, está escrito "Avançando para os dias atuais em direção a uma oligarquia médica, nós tentamos provar que nossos oponentes são 'insanos', e (em um país puritano) atacar suas 'morais'." Aqui Motta não difere entre sua escrita e a escrita de Crowley.

17 Temos os documentos do Hinduísmo e os de dois sistemas chineses. Mas o Hinduísmo não teve um fundador único. Lao Zi é um dos nossos melhores exemplos de um homem que entrou em retiro e teve uma experiência misteriosa; talvez o melhor de todos os exemplos, assim como seu sistema é o melhor de todos. Temos detalhes completos de seu método de treinamento no *Jin Gan Jing* e alhures. Mas ele é tão pouco conhecido que omitiremos considerações a respeito dele neste relato destinado ao grande público. [N.M.: Uma tradução do *Dao De Jing* de Lao Zi e do *Jin Gan Jing* ("O Clássico de Pureza") de Gue Yuan, por Aleister Crowley, com anotações por 666 e outro Adepto, serão brevemente publicadas em português. Pessoas que leem em inglês podem comprar *The Chinese Texts of Magick and Mysticism* (*Equinox* V (3)). [N.E.: Trata-se de traduções comentadas por Marcelo Motta, mas que nunca foram publicadas em língua portuguesa. Os originais encontram-se nos Arquivos da Sociedade Novo Æon e serão publicados no futuro.]]

preferíveis à inquietação. Charles Darwin trabalhando em seu escritório é uma criatura bem diversa de um macaco pulando em sua jaula.

Em geral, quanto maior, mais forte e mais elevado na escala evolutiva um animal seja, menos ele se move; e quando se move, seus movimentos são lentos e cheios de propósito. Compare a atividade incessante de bactérias com a firmeza ponderada de um castor. Também, exceto nas poucas comunidades animais organizadas, tais como a das abelhas, a inteligência maior é demonstrada por animais de hábitos solitários. Este fato, que é verdade nos animais menos evoluídos, é tão evidente no homem que os psicólogos são forçados a tratar do estado mental das multidões como sendo totalmente diverso em qualidade de qualquer estado mental possível a um indivíduo isolado.

É libertando a mente de influências externas, quer acidentais, quer emotivas, que a tornamos capaz de discernir algo da verdade das coisas.

Percebendo isto, insistimos em nossa prática. **Decidamos que vamos nos tornar senhores de nossas próprias mentes.** Bem depressa perceberemos que condições são favoráveis a este fim.

Talvez a primeira percepção será a de que todas as influências externas serão, em sua esmagadora maioria, desfavoráveis ao processo de conquista do poder mental. Caras novas, cenas novas, nos inquietarão; mesmo os novos hábitos de conduta que adotamos com o propósito de sossegar a mente tenderão, no princípio, a agitá-la. Também, deveremos renunciar ao hábito de comer demais, e seguir a regra natural de comer apenas quando temos fome, escutando a voz interior que nos diz que ingerimos o suficiente.[18]

A mesma regra se aplica ao sono. Se decidirmos controlar nossa mente, a nossa hora de meditação deve ter precedência sobre qualquer outra atividade.

Teremos que fixar nossas horas de práticas, e tornar móveis nossas horas de lazer.[19] **A fim de medirmos nosso progresso** – pois verificaremos que, como tudo o que tem a ver com os processos fisiológicos, a meditação não pode ser medida apenas pelas sensações – **teremos um caderno de notas, um lápis** e um relógio. Então nos esforçaremos por anotar com que frequência, durante (por exemplo) quinze minutos de prática, a mente se desvia da ideia na qual tínhamos resolvido concentrá-la. Praticaremos isto, digamos, duas vezes ao dia; e à medida que persistirmos, a experiência nos ensinará que condições são favoráveis à prática e quais não. Antes de termos feito isso por muito tempo, quase que infalivelmente ficaremos impacientes; perceberemos que temos que fazer uma porção de outras coisas a fim de auxiliar nossa prática. Novos problemas aparecerão constantemente e terão que ser enfrentados e resolvidos.

Por exemplo: certamente descobriremos que nos mexemos sem parar durante a prática. Perceberemos que nenhuma posição do corpo é confortável, se bem que nunca antes notamos isto em toda a nossa vida!

Esta dificuldade tem sido resolvida por uma prática chamada *Asana*, que será descrita mais adiante.

As memórias dos acontecimentos do dia nos incomodarão; devemos organizar nossos dias de forma a que nada de notável aconteça. Nossas mentes nos recordarão nossas esperanças, nossos medos, nossos

---

18 N.E.: O estudante sério notará que a Magia não caminha no interior de um Magista se esse não se aperfeiçoar pelo sistema de Yoga proposto nesse tratado. Veja-se *Liber Aleph*, cap. 16. Deve também, se é sua vontade, buscar alguém que lhe ensine os métodos de uma maneira prática, porém, além de tudo, que a experiência seja seu guia e compreenda que o verdadeiro instrutor está dentro, e não fora.

19 N.M.: Isto é, agir como todo mundo age, por exemplo, quanto às horas de trabalho mundano. A maioria dos "ocultistas" pensa encontrar no esoterismo uma dispensa de trabalhar duro.

amores, nossos ódios, nossas ambições, nossas invejas, e muitas outras emoções. Todas estas memórias deverão ser cortadas. Não devemos ter qualquer interesse na vida a não ser aquietar nossas mentes.

Esta é a finalidade dos votos monásticos usuais de pobreza, castidade e obediência. Se você não tem posses, não tem nada que lhe cause ansiedade; sendo casto, não tem outra pessoa para lhe preocupar e distrair sua atenção; e se está voltado à obediência, o problema de como proceder não lhe afeta, você apenas obedece.[20]

Existem inúmeros outros obstáculos que você descobrirá à medida que prosseguir, e trataremos deles mais adiante. Mas, por enquanto, pularemos isso tudo para falar do momento em que você se aproxima do sucesso.

Nos seus esforços iniciais você poderá ter tido dificuldade em conquistar o sono, e ter se desviado do assunto de sua meditação a tal ponto que sem você notar a meditação poderá ter sido interrompida. Porém, muito mais tarde, quando estiver ficando mais perito, você ficará chocado ao perceber que se esqueceu por completo de si mesmo, do que estava fazendo, e até de onde estava! Você dirá: "Puxa, eu devo ter dormido!" ou então, "Sobre o que é que eu estava mesmo meditando?" ou "Que é que eu estava fazendo?" "Onde estou?", "Quem sou eu?" ou uma simples confusão e desnorteamento inexpressos podem atordoar você. Isto poderá lhe causar alarme, e seu alarme não diminuirá quando você retornar por completo à consciência normal e ponderar que acabou de esquecer quem era e o que estava fazendo!

Esta é apenas uma das muitas aventuras pelas quais você poderá passar, mas é das mais comuns. Quando ela ocorrer, suas horas de meditação estarão ocupando a maior parte do seu dia, e você provavelmente estará tendo constantes pressentimentos de que algo inusitado está para acontecer. Você poderá também estar amedrontado com a ideia de que seu cérebro está prestes a ceder sob a tensão; mas, a essa altura, você terá aprendido a reconhecer os verdadeiros sintomas de fadiga mental, e terá cuidado em evitá-los. Eles devem ser cuidadosamente distinguidos da preguiça!

Em certas ocasiões você sentirá como se houvesse uma luta entre a vontade e a mente; em outras, poderá sentir que elas estão em harmonia. Existe um terceiro estado, diferente dos dois primeiros, e sinal certeiro de que o sucesso está próximo: é quando a mente flui simplesmente em direção ao assunto escolhido, não como se estivesse obedecendo à vontade de seu dono, porém, como se sem ordem ou instigação, ou como se estivesse sob controle de algo impessoal; como se estivesse caindo por seu próprio peso, e não sendo puxado para baixo.[21]

Quase sempre, no momento em que nos tornamos cônscios de que este estado está ocorrendo, a sensação cessa e o velho combate entre o vaqueiro vontade e o cavalo bravio mente recomeça.

Como em todos os outros processos fisiológicos, a consciência disso implica desordem ou doença.[22]

Ao analisar a essência deste trabalho de controlar a mente, o estudante perceberá que duas coisas estão envolvidas: a pessoa que vê e a coisa que é vista; o conhecedor e a coisa conhecida; e acabará por considerar esta dupla como condição necessária de todo estado de consciência. Estamos demasiadamente

---

20 N.M.: Note-se que se bem que por motivos de estilo o pronome masculino apenas é usado, as práticas aqui descritas podem ser utilizadas por qualquer pessoa de qualquer sexo com as mesmas possibilidades de sucesso.

21 N.M.: Isto é, como um corpo em queda livre no espaço.

22 N.E.: Frase faltando na tradução de Motta.

acostumados a admitir como fatos demonstrados coisas sobre as quais não temos sequer o direito de dar palpites. Supomos, por exemplo, que os estados inconscientes são grosseiros e lerdos. No entanto, nada é mais certo que, quando os órgãos de nossos corpos estão funcionando bem, eles funcionam em silêncio mental. Até o sono mais repousante é aquele sem sonhos. Mesmo no caso de jogos que necessitam de grande habilidade e destreza manual, as nossas melhores jogadas são seguidas pelo pensamento: "Não sei como pude fazer isto tão bem!"; e não podemos repetir essas melhores jogadas a qualquer hora. No momento em que começamos a pensar conscientemente sobre uma jogada, ficamos "nervosos", e estamos perdidos.

Na realidade existem três tipos principais de jogadas: a má jogada, que associamos corretamente com a falta de concentração; a boa jogada, que associamos corretamente com a concentração intensa; e a jogada perfeita, a qual parece ser uma simples questão de sorte que não conseguimos compreender, mas na realidade resulta do hábito de fixidez da atenção ter se tornado inconsciente, independente da vontade, e assim capacitado a agir por conta própria.

Este é o mesmo fenômeno que mencionamos acima como sendo um bom sinal.

Por fim, algo acontece cuja natureza será discutida com mais detalhe adiante. Por enquanto diremos apenas que aquela consciência da dupla Ego e Não-Ego, vidente e coisa vista, conhecedor e a coisa conhecida, é aniquilada.

Em geral, sente-se um enorme clarão, um som intenso, e uma felicidade tão grande que místico após místico têm esgotado todos os recursos da linguagem tentando descrevê-la.

É um nocaute absoluto da mente. É uma experiência tão vívida e tão tremenda que aqueles com quem ela ocorre ficam em grande perigo de perder o senso de proporção.

À luz desta experiência, todos os outros fenômenos da vida são como uma escuridão. Por isto, aqueles que a tiveram no passado fracassaram completamente em suas tentativas de analisá-la ou medi-la. A maior parte deles declarou, com exatidão, que, comparada com esta experiência, a vida humana normal é completamente sem valor. Mas eles foram adiante, e erraram. Argumentaram que, desde que esta experiência transcende o natural, ela deve ser sobrenatural, divina. Uma das tendências de suas mentes era a esperança de um "céu" tal como seus pais e professores lhes descreveram, ou tal como eles mesmos conceberam; e sem qualquer evidência científica para assim fazer, eles presumiram que "Isto é Aquilo".

No *Bhagavad-Gita* uma visão deste tipo é, naturalmente, atribuída à aparição de Vishnu, que era o deus local naquela época.

Anna Kingsford, que estudou um pouco do misticismo hebraico, e era uma feminista, teve uma visão quase idêntica; mas chamou a figura divina que ela viu, alternativamente, de "Adonai" e "Maria".

Agora, essa mulher, apesar de prejudicada por um cérebro que era uma massa de polpa podre, e por uma completa falta de status social, educação e caráter moral, fez mais no mundo religioso do que qualquer outra pessoa havia feito por gerações. Ela, e somente ela, fez a Teosofia possível, e sem a Teosofia o interesse mundial em assunto semelhante poderia nunca ter sido despertado. Este interesse é para a Lei de Thelema o que a pregação de João Batista foi para o cristismo.[23]

23 N.E.: Parágrafo faltando na tradução de Motta.

Podemos agora perceber o que aconteceu com Maomé. De uma forma ou de outra, este tipo de fenômeno ocorreu na mente dele. Menos bem informado do que Anna Kingsford, porém de maior caráter, ele relacionou o acontecimento com a lenda da "Anunciação", que com certeza ouviu relatar quando menino, e disse: "Gabriel me apareceu." Mas, a despeito de sua ignorância, de sua total falta de concepção da realidade dos fatos, o poder da experiência foi tal que ele persistiu através da perseguição usual, e fundou uma religião à qual, mesmo em nossos dias, um ser humano em cada oito pertence.

A história do cristismo mostra exatamente o mesmo fato significativo. Jesus Cristo crescera ouvindo as fábulas do "Velho Testamento", e, assim condicionado, atribuiu suas experiências a "Jeová", se bem que seu espírito gentil não podia ter tido nada em comum com a Egrégora que estava sempre comandando o estupro de virgens e o massacre de criancinhas, e cujos ritos eram então, e em algumas partes do mundo ainda são em nossos dias, celebrados com sacrifícios humanos.[24]

Semelhantemente, as visões de Joana d'Arc eram inteiramente crististas; mas como todos os outros já mencionados, ela encontrou algures a força para realizar grandes coisas. Naturalmente, pode ser dito que existe uma falácia em nosso argumento: pode ser afirmado que toda essa nobre gente realmente "viu Deus". Mas não se conclui disto que todo mundo que "veja Deus" venha também a causar grandes mudanças no mundo.

Isto é verdade. De fato, a maioria das pessoas que afirmam que "viram Deus", e que sem dúvida "viram" tanto de "Deus" quanto estes já mencionados, nunca fez nada além de ter suas "visões".

Porém, talvez seu silêncio seja um sinal não de sua fraqueza, mas de sua força. Talvez esses "grandes homens" de que falamos sejam na realidade os fracassos da experiência iniciática. Talvez fosse melhor não dizer nada; talvez apenas uma mente desequilibrada desejasse alterar o status quo, ou pudesse crer que alterá-lo é possível. Mas existem aqueles que consideram, mesmo nos mundos celestes, a existência intolerável enquanto um só ser vivo não puder partilhar daquela alegria. Existem os que regressam do limiar mesmo da câmara nupcial para auxiliar aos convidados que se atrasaram.

Esta foi, pelo menos, a atitude adotada por Gautama Buda. Nem ficará ele sozinho.[25]

Podemos também mencionar o fato de que a vida contemplativa está geralmente oposta à vida ativa, e um equilíbrio extremamente cuidadoso é necessário para evitar que uma absorva a outra.

Como veremos mais adiante, a "visão de Deus", ou "União com Deus", ou "Samadhi", ou o que quer que concordemos em chamar essa experiência, tem muitos tipos e muitas gradações, embora exista um abismo intransponível entre a mínima dessas gradações e mesmo os mais elevados fenômenos da consciência normal. *Resumindo*, **nós afirmamos a existência de uma fonte secreta de energia que explica os fenômenos do Gênio.**[26] **Não cremos em quaisquer explicações sobrenaturais, mas insistimos em que essa fonte pode ser alcançada se seguirmos regras definidas, pois o grau de sucesso depende da capacidade do praticante, e não da "graça" de qualquer "Ser Divino". Afirmamos que o fenômeno**

24 Os massacres de judeus na Europa Oriental, que surpreendem o ignorante, são quase invariavelmente excitados pelo desaparecimento de crianças "cristãs", roubadas, como supõem os pais, para fins de "assassinato ritualístico". [N.E.: Veja-se *Liber DCCCLXXXVIII*, um estudo profundo de Aleister Crowley sobre o novo testamento.]

25 N.M.: O progresso humano tem sempre sido fruto do espírito científico do livre intercâmbio de ideias e descobertas, e nunca do espírito sacerdotal de manter em segredo a verdade em benefício de uns poucos privilegiados, e mentir ao resto da humanidade.

26 Lidamos, neste esboço preliminar, apenas com exemplos do gênio religioso. Outros tipos de gênio estão sujeitos às mesmas condições, mas o pouco espaço à nossa disposição proíbe uma discussão mais extensa.

culminante que determina sucesso é uma ocorrência no cérebro, caracterizada pela união de sujeito e objeto. Propomo-nos a discutir este fenômeno, analisar sua natureza, determinar claramente as condições físicas, mentais e morais que lhe são favoráveis, descobrir suas causas, e assim produzi-lo em nós mesmos, para que possamos estudar adequadamente os seus efeitos.

CAPÍTULO I

ASANA

O problema que enfrentamos pode ser enunciado desta forma simples: uma pessoa deseja controlar sua mente, ser capaz de pensar num certo pensamento durante o tempo que quiser, sem interrupção.

Como já mencionamos, a primeira dificuldade vem do corpo físico, que persiste em chamar para si a atenção de sua vítima através de comichões e outras coisas. A pessoa deseja se espreguiçar, se coçar, espirrar. Este incômodo é tão persistente que os hindus (científicos a seu modo) conceberam uma prática especial para neutralizá-lo.

A palavra Asana significa *postura*; mas, como todas as palavras que têm causado discussão, seu significado exato se alterou com o tempo, e ela tem sido usada com significados diversos por autores diversos. A maior autoridade sobre Yoga[27] é Patanjali. Ele diz: "Asana é aquilo que é firme e agradável". Isto pode ser interpretado como a descrição do sucesso na prática. Sankhya, outro autor clássico sobre Yoga, diz: **"Postura é aquilo que é firme e fácil"**. E diz também: "Qualquer postura que é firme e fácil é um Asana; não existe outra regra". Isto é, qualquer postura serve.

De certa forma isto é verdade, pois qualquer postura mais cedo ou mais tarde se torna intolerável. A firmeza e a facilidade são a marca de um definido estágio de progresso, como será explicado mais adiante. Os livros hindus, tais como o *Shiva Sanhita,* descrevem uma quantidade de posturas: muitas, talvez a maioria, impossíveis para o homem ocidental mediano. Outros livros insistem em que a cabeça, o pescoço e a espinha devem ser conservados na vertical, eretos, por motivos ligados ao assunto de Prana, do qual trataremos adiante também. As posições ilustradas em *Liber E* (*Equinox* I (1) e (7)) formam o melhor guia.[28]

O máximo em Asana é praticado pelos iogues que permanecem a vida inteira numa só posição, sem se moverem exceto em caso de absoluta necessidade. Não devemos criticar tais pessoas sem um conhecimento completo de seus motivos. Tal conhecimento ainda não foi dado a público.

Porém, podemos afirmar com segurança que desde que os grandes homens que já mencionamos não agiram assim, não é necessário que seus emuladores o façam. Escolhamos então uma posição que nos convenha, e observemos o que ocorre. **Existe uma espécie de meio-termo equilibrado entre a rigidez e o relaxamento muscular. Os músculos não devem ficar retesados; ao mesmo tempo, não devem ser deixados soltos.** É difícil expressar a situação. Preparado para se mover talvez seja a melhor descrição. Um senso de alerta físico é desejável. Visualize-se um tigre prestes a pular, ou um remador atleta de prontidão, esperando o sinal de partida. **Após certo tempo, haverá câimbra e fadiga. É então que o estudante deverá trincar os dentes e persistir imóvel.** As sensações de coceira etc., desaparecerão se

---

27 Yoga é um substantivo do idioma sânscrito, genérico para a forma de meditação que se esforça por UNIR sujeito e objeto, porque provém do indo-europeu *yog*, que deu também origem à palavra inglesa *yoke*, à palavra latina *jugum* e ao português *jugo*. [N.E.: A nota anterior, originalmente de Crowley, foi complementada por Motta, adicionando o termo em português.] [N.M.: A palavra religião vem do latim *religare*, "reunir", e contém o mesmo conceito.]

28 Existem quatro (veja ilustrações no *Liber E vel Exercitiorum,* nos apêndices deste livro):

a) Sente-se em uma cadeira, com a cabeça erguida, as costas retas, os joelhos juntos, as mãos nos joelhos e os olhos fechados. ("O Deus".)

b) Ajoelhe-se; as nádegas descansando sobre os calcanhares, dedos dos pés virados para trás, cabeça e costas retas, as mãos sobre as coxas. ("O Dragão".)

c) Ponha-se de pé; segure o tornozelo esquerdo com a mão direita (e pratique alternadamente no tornozelo direito com mão esquerda etc.), indicador livre sobre os lábios. ("O Íbis".)

d) Sente-se; calcanhar esquerdo comprimindo o ânus, pé direito pousado sobre os dedos dos pés, o calcanhar cobrindo o falo; braços estendidos ao longo dos joelhos; cabeça e costas retas. ("O Trovão".)

forem resolutamente desprezadas, mas a câimbra e a fadiga aumentarão até cessar a prática. **Podemos começar com meia hora, ou uma hora.** O estudante não deve se assustar se o processo de abandonar o Asana após a prática exigir vários minutos de tremenda agonia.[29]

Persistir na prática dia após dia requererá grande força de vontade, pois na maior parte dos casos verificar-se-á que o desconforto e a dor, em vez de diminuírem, tendem a aumentar.

Por outro lado, se o estudante não prestar atenção e não vigiar o corpo, um fenômeno oposto poderá ocorrer. Ele se moverá para aliviar a dor, sem perceber que está se movendo. Para evitar isto, **escolha uma posição que seja naturalmente muito restritiva e difícil de manter, na qual pequenos deslocamentos musculares não sejam suficientes para trazer alívio.** De outra forma, durante os primeiros dias, o principiante poderá até imaginar que dominou a prática! De fato, em todas essas técnicas iogues, a simplicidade aparente é tal que o principiante tende a se espantar com a gritaria dos peritos, talvez mesmo a imaginar que possui qualidades excepcionais. Assim mesmo, um homem que nunca pegou num taco de golfe a vida inteira pode pegar o guarda-chuva e fazer uma jogada que amedrontaria o campeão mundial.

Após alguns dias, porém, em todos os casos, os fenômenos descritos aparecerão. À medida que você progride, eles aparecem mais cedo no curso da hora de exercício. A relutância em praticar poderá se tornar quase invencível. Devemos prevenir o estudante contra a ideia de achar que alguma outra posição seria, talvez, mais fácil de dominar do que aquela que ele escolheu! Assim que começamos a mudar de uma posição para outra, estamos perdidos. Nunca alcançaremos o sucesso.

Talvez a recompensa para tanta dor e desconforto não esteja longe;[30] **acontecerá um dia em que a dor subitamente é esquecida, o fato da presença do corpo é esquecido**, e percebemos que durante nossa vida inteira o corpo sempre tinha intrometido suas mensagens no limiar da nossa consciência, e que aquelas mensagens eram de desconforto e de dor. **E percebemos neste momento, com uma indescritível sensação de alívio, que não só esta posição, a qual nos causou tanta dor, é o próprio ideal de conforto físico, mas que qualquer outra posição do corpo é desagradável.** Esta percepção representa o sucesso na prática.

Não haverá mais dificuldade. Entraremos no Asana com a mesma sensação, quase, com que um homem fatigado entra em um banho quente; e, enquanto estivermos na posição que conquistamos, poderemos confiar em que o corpo não nos enviará nenhuma mensagem que possa perturbar nossa mente.

Outros resultados da prática de Asana são descritos por autores hindus, mas esses não nos concernem no presente. Nosso primeiro obstáculo acaba de ser removido, e podemos agora tratar dos outros obstáculos.[31]

---

29 N.M.: A prática de "ginástica *Hatha Yogi*", tão espalhada no Brasil e em outros países ocidentais, nada tem a ver com a verdadeira prática de *Hatha Yoga*, e os "*mahatmas*" e "*gurus*" e "*sris*" que chefiam as "academias de Yoga" no ocidente são, na pior das hipóteses, charlatães, e na melhor das hipóteses, amadores sem qualquer qualificação séria.

30 N.M.: Frequentemente, quanto mais intensa a dor e maior o desconforto da posição, mais próximos estamos do sucesso na prática.

31 N.M.: É, porém, aconselhável mantermos um senso de proporção. A agonia sofrida em conquistar Asana é tanta que muita gente preguiçosa se convence de que o alívio consequente da conquista da prática significa que obteve Samadhi! Um desses foi o falecido Arnold Krumm-Heller, Frater Huiracocha VIII° O.T.O. É claro que se você se ilude pensando que conquistou a libertação total apenas porque conquistou Asana, você nunca conquistará a libertação total. Você se torna um desses "soldados profissionais" que brincam em vez de lutar a que *Liber AL* se refere.

Uma boa posição para meditação.

CAPÍTULO II

PRANAYAMA E MANTRA YOGA

O elo entre a respiração e a mente será detalhadamente discutido na Segunda Parte deste livro, quando falarmos sobre a Espada Mágica;[32] mas poderá ser útil se introduzirmos aqui alguns detalhes práticos. Vários manuais hindus, e os escritos de Zhuang Zi[33] apresentam notáveis teorias sobre métodos de controlar a respiração, e seus resultados. Mas neste nosso sistema cético, em que seguimos o método científico, é melhor que nos contentemos com afirmações que a prática de qualquer pessoa comprova.

Como a finalidade última da meditação é aquietar a mente, podemos considerar que uma aquietação de todas as funções corporais é uma medida preliminar útil. Isto já foi explicado no capítulo sobre Asana. Podemos mencionar aqui que alguns iogues levam esse controle das funções corporais ao ponto de atrasar e praticamente parar as batidas do coração. Quer esta habilidade seja desejável ou não, ela é inútil ao principiante; **portanto ele deve se esforçar, antes de mais nada, por tornar sua respiração muito lenta e muito regular**. As regras para esta prática são dadas em *Liber CCVI*.[34]

A melhor maneira de marcar o compasso do ritmo respiratório, depois que alguma habilidade tenha sido adquirida usando um relógio para verificação, é através do uso de um mantra. Os mantras agem sobre o pensamento de uma forma muito análoga àquela em que Pranayama age sobre a respiração. O pensamento é amarrado a um ciclo que se repete: quaisquer pensamentos que tentam se intrometer são repelidos pelo mantra da mesma maneira como pedaços de barro são arremessados de uma roda em movimento: quanto mais rápida for a roda, mais difícil será grudar a ela o que quer que seja.

Esta é a maneira apropriada de praticar um mantra: pronunciemo-lo tão alto e tão lentamente quanto possamos, dez vezes. A seguir, não tão alto, e ligeiramente mais rápido, dez vezes mais. Continuemos este processo até não haver mais que um rápido movimento de nossos lábios. Este movimento deverá ser continuado com velocidade crescente e intensidade decrescente, até que o murmúrio mental absorva por completo o murmúrio físico. O estudante estará agora completamente quieto, com o mantra correndo em seu cérebro; ele deve, no entanto, continuar a acelerar a velocidade até atingir seu limite,[35] no qual ele deverá persistir tanto tempo quanto puder. Então ele finalizará a prática invertendo o processo descrito acima.

Qualquer frase pode ser usada como um mantra, e é possível que os hindus tenham razão quando dizem que para cada um de nós existe uma frase particular que dá o melhor resultado.[36] Algumas pessoas consideram que os mantras árabes do Corão, que soam tão líquidos, deslizam com demasiada

---

32 N.E.: Veja-se Parte II, capítulo VIII.

33 N.M.: Zhuang Zi (escrito Chuang Tsé antigamente – seguimos o sistema oficial de transliteração da República da China) foi o mais popular escritor taoísta chinês, e considerado discípulo pessoal de Lao Zi (Lao Tse). Isto, porém, provavelmente não foi verdade. Zhuang Zi falava demais, e frequentemente falsificava fatos históricos para servir aos seus apólogos.

34 N.M.: Outra das Instruções Oficiais da A∴A∴ contida nos Apêndices. [N.E.: *Liber RV vel Spiritv.*]

35 N.M.: Este limite é sempre pessoal e varia de praticante para praticante. "Tu nunca saberás o que é bastante se não souberes o que é demasiado" (William Blake).

36 N.M.: Tal frase expressa a Verdadeira Vontade da pessoa, e tem que ser descoberta por cada pessoa por si mesma. Certos falsos "gurus" afirmam que podem dar a seus discípulos este Mantra chave. Desta maneira hipnotizam telepaticamente os incautos e os submetem à influência ou controle das correntes malsãs a que esses "*gurus*" pertencem. Um pretenso "*Maharishi*" recentemente angariou rios de dinheiro oferecendo um sistema de "meditação transcendental" que custa centenas de dólares, com a promessa de que cada participante aprenderia "seu mantra pessoal". Na realidade, o sistema é baseado no '*tattwa*' que corresponde ao signo zodiacal de nascimento dos participantes, e há apenas quatro mantras que são distribuídos aos crédulos "discípulos". Mas como é recomendado a estes que mantenham o "seu" mantra sob o maior segredo, sob pena deste perder os seus "efeitos místicos", a maioria nem sabe que está sendo explorada; e ficaria indignada se isto lhes fosse dito. É claro que o esperto "*Maharishi*" está riquíssimo.

facilidade, de forma que seria possível continuar um processo diverso de pensamento ao mesmo tempo em que se pronuncia o mantra, sem perturbar a execução deste (a ideia é meditar sobre o significado do mantra enquanto o pronunciamos). Talvez o estudante possa construir para si um mantra que represente o Universo em som, tal como o Pantáculo[37] representa o Universo em forma. Às vezes um mantra pode ser "dado", isto é, ouvido de alguma forma inexplicável durante uma meditação. Certo estudante usou as palavras: "E esforça-te por ver em todas as coisas a vontade de Deus." A outro, quando lutava por destruir pensamentos, vieram as palavras "Empurra para baixo", aparentemente referindo-se à ação dos centros inibidores que ele estava usando.[38] Empregando esta frase ele conseguiu o seu resultado.

O mantra ideal deve ser rítmico, poderíamos mesmo dizer musical, mas deve haver suficiente ênfase em alguma sílaba para auxiliar a faculdade da atenção. Os melhores mantras são os de comprimento mediano, pelo menos para os principiantes. Se o mantra é demasiado longo, tendemos a esquecê-lo, a não ser que se pratique muito e durante muito tempo. Por outro lado, os mantras de uma só sílaba, tais como Aum,[39] saem um tanto às sacudidelas; perde-se o senso de ritmo. Eis aqui alguns mantras úteis:

1. *Aum*: É o som produzido aos expirarmos com força do fundo da garganta enquanto fechamos gradualmente a boca. Os três sons representam os Princípios Criador, Preservador e Destruidor. Existem muitos outros pontos sobre este mantra, suficientes para encher um volume.

2. *Aum Tat Sat Aum*: Este mantra é puramente espondaico.

II.

Significa "Ó, aquela Existência! Ó!". Uma aspiração pela Realidade, pela Verdade.

3. *Aum mani padme hum*: dois troqueus entre duas cesuras.

III.

37 Veja-se a Parte II, capítulo IX.

38 N.M.: Não é necessário postular nem "Deus" nem "guru" em casos como este: frequentemente a frase expressa em linguagem um resumo de toda a experiência de controle psicossomático previamente adquirida por um indivíduo particular, e assim sintoniza a volição com as faculdades que a volição busca controlar.

39 Entretanto, ao pronunciar um mantra contendo a palavra Aum, às vezes esquecemos as outras palavras e permanecemos concentrados, repetindo o Aum a intervalos; mas isto é o resultado de uma prática já avançada, e não o começo de uma prática.

Significa: "Ó, a Joia no Lótus! Amém!". Refere-se a Buda e a Harpocrates, mas também ao simbolismo da Rosa Cruz.

4. *Aum shivaya vashi*: três troqueus.

Note-se que "shi" significa repouso, o aspecto absoluto (imanifesto), ou macho, da Deidade; "va" é energia, o aspecto manifestado, ou fêmea, da Deidade. Este mantra, portanto, expressa o curso inteiro do Universo, do Zero através do Finito e de volta ao Zero. Dá o ciclo da criação. A Paz se manifestando como Poder, o Poder dissolvendo-se em Paz.

IV.

5. *Allah*: As sílabas deste são acentuadas por igual, com uma curta pausa entre elas, e são usualmente combinadas por faquires com um movimento rítmico, em vaivém, do corpo.

Significa "Deus". Sua soma é 66, a soma dos 11 primeiros números.

6. *Húa állahú alázi láiláha ílla Húa.* Significa: "Ele é Deus, e não existe nenhum outro Deus senão Ele."

Eis aqui alguns mantras mais longos:

7. O famoso Gayatri:[40]

Aum! tat savitur varenyam

Bhargo devasya dimahi

Dhiyo yo na pratyodayat.

Pronuncia-se isto em tetrâmetros trocaicos.

Significa: "Ó, meditemos estritamente na luz adorável daquela divina Savitri (o Sol interior etc.). Possa ela iluminar nossas mentes!"[41]

8. *Qól: Húa Állahú achád; Állahú Ássamád; lám yalíd walám yulád; walám yakún lahú kufwán achád.*

Significa: "Ele só é Deus! Deus o Eterno! Ele não concebe e não é concebido! Não há nenhum como Ele!"

---

40 N.E.: Esta versão do Gayatri Mantra, apresentada por Crowley e replicada por Motta, não inclui seu primeiro verso, "Om bhur bhuvah svah". A versão original integra a parte mais antiga do clássico *Rig Veda*, datada entre 3200 e 3500 anos atrás. O Gayatri Mantra pode ser encontrado na Mandala 3, Hino 62, estrofe 10.

41 N.M.: Este mantra é recitado à Lua por thelemitas, toda vez que esta é vista pela primeira vez em qualquer dia. Pseudo-ocultistas traduzem Savitri como substantivo masculino, mas a palavra se refere à contraparte feminina de qualquer dos três membros "masculinos" da Trimurti (a Trindade Hindu: Brahma, Shiva e Vishnu). No caso de Shiva, esta deusa é algumas vezes adorada como Shakti, e algumas vezes como Kali. Não podemos entrar mais a fundo neste assunto aqui.

9. Este mantra seguinte é o mais santo de todos que existem ou podem existir.[42] É a Estela da Revelação.[43]

A ka dua

Tuf ur biu

Bi a'a chefu

Dudu ner af an nuteru.

IX.

Significa:

Ultimal Unidade demonstrada!

Adoro Teu poder, Teu sopro forte,

Deus supremo, terrível flor do nada,

Que fazes com que os deuses e que a morte

Tremam diante de Ti:

Eu, eu adoro a ti!

Estes mantras são suficientes para a escolha. Existem muitos outros. Sri Sabhapati Swami dá um em particular para cada um dos Chacras. Mas que o estudante escolha um mantra, e atinja perfeita maestria deste.

Nós nem sequer começamos a dominar um mantra antes que ele continue sem parar durante o sono. Isto é muito mais fácil do que parece.[44]

Algumas escolas aconselham praticar um mantra com o auxílio de instrumentos musicais e de dança. Certos efeitos notáveis são assim obtidos, no que concerne a "poderes mágicos"; se grandes resultados

42 N.M.: No presente Æon, claro.

43 Veja-se *Equinox* I (7), e Parte IV, capítulo VI. [N.E.: Esse é o nome dado por Crowley à tábua funerária de Ankh-f-n-khonsu, um Sacerdote da XXVI dinastia. Crowley afirma ser a reencarnação deste mesmo Sacerdote. Veja-se *The Confessions of Aleister Crowley*.]

44 N.M.: É uma simples questão de persistência na prática.

espirituais são igualmente frequentes, é duvidoso. Pessoas desejosas de estudar tais métodos devem ponderar que hoje em dia o Saara está bem perto, e há sempre algum faquir milagreiro ansioso por se exibir. Esta discussão da técnica paralela de Mantra Yoga nos desviou bastante do assunto de Pranayama.

Pranayama é extremamente útil para aquietar as emoções e apetites e, quer devido à pressão mecânica que produz,[45] **quer devido à combustão completa que assegura nos pulmões, é admirável do ponto de vista da saúde física.** Especialmente os distúrbios digestivos são facilmente eliminados desta forma. Purifica tanto o corpo quanto as funções mais baixas da mente. É impossível combinar Pranayama devidamente executado com estados de agitação emotiva. Devemos recorrer a Pranayama imediatamente quando quer que, durante a nossa vida, a calma seja perturbada. Pranayama deve ser praticado certamente não menos que uma hora diária pelo estudante sério.[46]

Quatro horas por dia é melhor, uma regra áurea; dezesseis horas é demais para a maior parte das pessoas.

De modo geral, as práticas que se faz andando são mais úteis à saúde que as sedentárias, pois as caminhadas ao ar livre são assim asseguradas.[47] Mas algumas das práticas sedentárias devem ser praticadas e combinadas com meditação. Claro, se temos pressa em obter resultados, caminhar é uma distração.

---

45 N.M.: Isto é, sobre o plexo solar, o fígado, o baço, o estômago, os intestinos e os plexos umbilical, sexual e sacral, através dos movimentos do diafragma e dos músculos abdominais e torácicos.

46 N.M.: Se praticado apenas uma hora por dia, é bom começar um pouco antes do nascer do Sol, para aproveitar a modificação da atmosfera eletromagnética que então ocorre, e adaptar o campo eletromagnético do corpo às vibrações do dia, que sempre variam de lugar para lugar e de dia para dia.

47 N.M.: Mas não, é claro, ao "ar livre" de cidades poluídas.

CAPÍTULO III

YAMA E NIYAMA

Os hindus colocaram estas duas consecuções em primeiro lugar no seu programa de treino. **Elas representam as qualidades "morais" e "ações boas" que, supostamente, predispõem à tranquilidade mental.**

Segundo os hindus, *Yama*[48] consiste em não matar, não mentir, não roubar, manter continência e não aceitar presentes.

No sistema budista, *Sila,* "Virtude", é da mesma maneira recomendada. As qualidades (para os leigos) são estas cinco: Não matarás. Não roubarás. Não mentirás. Não cometerás adultério. Não beberás líquidos intoxicantes. Para os monges, muitas outras são acrescentadas.

Todos no Ocidente conhecem os mandamentos de Moisés; parecem-se bastante com os acima,[49] assim também os dados por Cristo[50] no "Sermão da Montanha".

Algumas destas "virtudes" são simplesmente as "virtudes" de um escravo, inventadas pelos senhores para manter os escravos em ordem. **O que é importante perceber sobre o Yama hindu é que a quebra de alguma de suas regras tenderia a excitar a mente.**

Os Mestres ensinaram; os teólogos, subsequentemente, têm tentado justificar os seus salários ou cargos "melhorando" o ensino dos Mestres. Uma importância "mística" tem sido atribuída a essas "virtudes". Os dogmatistas têm insistido em que elas têm valor por si mesmas, e é assim que as "religiões" resultam de sistemas de teurgia, sempre acompanhadas de formalismo, intolerância, e até de perseguições. Assim, "Não matarás", que no sistema hindu originalmente significava "Não excites tua mente caçando tigres ou participando de brigas" já foi interpretado até como sendo um crime beber água que não seja filtrada, pois desta forma podemos matar alguma bactéria.[51]

Mas uma preocupação constante com a ideia de não matar coisa alguma é, em geral, pior para a quietude mental do que uma luta corpo a corpo com um ladrão ou uma fera. Se o latido de um cão perturba constantemente nossa meditação, seria mais simples dar um tiro no cão e não pensar mais no assunto![52]

Dificuldades análogas com esposas têm levado alguns mestres a recomendar o celibato. Em todos estes assuntos, o bom senso deve sempre ser nosso guia. Nenhuma regra fixa pode ser estabelecida: as idiossincrasias individuais do estudante variam de pessoa para pessoa, de grupo cultural para grupo cultural, de época para época. "Não aceites presentes", por exemplo, é bem importante para um hindu, que

---

48 Yama significa, literalmente, "controle". Isto é tratado em detalhe na Parte II, "A Baqueta".

49 N.M.: Note-se, entretanto, que quando Moisés se referia ao "teu próximo" ele queria dizer outro judeu. Os "mandamentos" eram apenas para manter paz entre os judeus. Os gentios – estes eram para ser tratados da forma regular bíblica, que qualquer pessoa pode ler no "Velho Testamento"; a mesma forma como os sionistas trataram os árabes e ingleses para reocupar a "terra prometida", e a mesma forma como "Israel" continua tratando os palestinos, o que é abundantemente claro mesmo nos jornais brasileiros.

50 Os mandamentos de Cristo não são, porém, de autoria dele. O sermão inteiro pode ser encontrado no *Talmude*. [N.M.: Do qual existem cópias mais de cem anos anteriores ao pretenso "nascimento de Jesus Cristo". Veja-se *Carta a um Maçom*.]

51 N.M.: Quando Crowley escreveu isto, os vírus ainda não eram conhecidos. Hoje em dia, o "verdadeiro iogue" teria que morrer de sede, pois há vírus que podem ser filtrados. Quanto aos vegetarianos, que untuosamente se consideram mais santos que os carnívoros, quem lhes disse que é mais santo comer cadáveres de vegetais que comer a carne de animais? Só porque os vegetais não falam, por acaso não sentem? No Universo nada se perde, nada se cria; tudo se transforma.

52 N.M.: Contanto, é claro, que o cão fosse sem dono ou fôssemos o tipo de pessoa que não teria "remorsos" depois de ter matado um cachorro. De outra forma, é melhor mudar o local da meditação, ou mandar forrar nossa casa com material à prova de som! [N.E.: Ou simplesmente trabalhar duro e persistir até que os barulhos externos não sejam mais um problema.]

ficaria perturbado durante semanas se alguém lhe desse um coco de graça; mas o europeu médio recebe as coisas como elas vêm desde a adolescência, e é mal-agradecido!

O único problema é aquele da continência, que é complicado por várias considerações, como a da energia nervosa, por exemplo. Mas as mentes de todos estão embaralhadas quanto a este assunto, que alguns confundem com o erotismo, outros com a sociologia. Não será possível considerar com clareza o problema da continência enquanto ela não for compreendida como uma simples faceta do treino de um atleta.

Podemos, então, deixar de discutir Yama e Niyama com este conselho: **que cada estudante decida por si que maneira de vida e que código moral menos tenderá a lhe excitar a mente**; mas, uma vez tendo se decidido a seguir uma regra particular de vida, que persista em sua decisão, evitando o oportunismo; e que se precavenha contra se atribuir "mérito espiritual" pelo que faz ou pelo que deixa de fazer: qualquer código é simplesmente de valor prático, relativo à intenção de acalmar a mente. Não tem nenhum valor absoluto ou intrínseco.

A higiene escrupulosa, que auxilia um cirurgião em seu trabalho, impediria um mecânico de carros de executar o seu.

(Questões éticas estão adequadamente discutidas em *Thien Tao*, em *Konx Om Pax,* e devem ser estudadas ali.[53] Veja-se também *Liber XXX* [*Liber Libræ*] da A∴A∴ e *Liber CCXX* [*Liber AL vel Legis*].[54] Ali está escrito: **Faze o que tu queres há de ser tudo da Lei.** Lembremo-nos de que, para os propósitos do verdadeiro treino em Yoga, **o único valor de Yama e Niyama estará em que nos auxiliem a viver de tal maneira que nenhuma emoção ou paixão perturbe nossas mentes.**)[55]

---

53 N.M.: Este livro, próprio para o estudo por Adeptos Menores da A∴A∴, será eventualmente publicado nesta série. [N.E.: Não é de nosso conhecimento que Marcelo Motta tenha realmente traduzido estes escritos.]

54 N.M.: Veja-se *O Equinócio dos Deuses*, sendo este *Liber ABA*, Parte IV.

55 N.M.: É evidente tolice escolher as reações de outra mente que não a nossa como parâmetros. Por exemplo, "Cristo" poderá ter sido o tipo de pessoa que, se alguém lhe esbofeteasse uma face, viraria a outra para ser esbofeteada também, e isto lhe conservaria a mente tranquila. Outra pessoa, tentando seguir a mesma recomendação, passaria dias, talvez até anos, se remoendo de vergonha ou de raiva. Esta pessoa, portanto, faria melhor em revidar a bofetada com um bom soco. Suas chances de ter a mente quieta alguns minutos depois seriam bem maiores.

A ideia de que a atitude de "Cristo" é "melhor" de algum ponto de vista sobrenatural do que a atitude de um temperamento mais combativo é pura tolice. É deste tipo de argumento que os teólogos se valem para estabelecer a dominação psicológica — consequentemente financeira — sobre os devotos de algum homem considerado "santo". Por exemplo, o *Bhagavad-Gita* inteiro está baseado no tema de Krishna encorajando o seu discípulo bem-amado, Arjuna, a lutar "sem ânsia de resultado" numa guerra contra membros de sua própria família.

Uma pessoa merece admiração e respeito à medida em que prova, por seus atos, os seus pensamentos e intenções. Se "Cristo" realmente acreditava em virar a outra face, ele mereceria admiração por fazê-lo. Mas da mesma forma mereceria admiração o homem ou a mulher que tranquilamente aniquilasse o agressor e fosse em frente, contanto que este ato fosse também o fruto das suas convicções. Este é o ponto de vista thelêmico. E nada é mais merecedor de desprezo que a pessoa que não revida por pura covardia, mas esconde esta sob a máscara da "virtude cristã". Como está também escrito no *Livro da Lei*, "Não veleis vossos vícios em palavras virtuosas!" Quem quer que sejas, "tu não tens direito a não ser fazer a tua vontade". **A tua** — não a de outra pessoa!

CAPÍTULO IV

PRATYAHARA

Pratyahara é o primeiro processo puramente mental em nossa tarefa. As práticas previamente descritas – Asana, Pranayama, Yama e Niyama – são todas atos relacionados com o corpo físico. Mesmo Mantra Yoga está relacionado com a fala. Pratyahara é só mental.

O que é Pratyahara? A palavra é empregada com significados diversos por diversos autores, alguns usando-a para designar a prática em si, outros para designar o resultado. Nós a definiremos como a prática: uma medida estratégica antes que um resultado tático. Pratyahara é introspecção: uma espécie de exame geral do conteúdo da mente que desejamos controlar. Quando conquistamos Asana, todas as causas excitantes externas são removidas, e ficamos livres para pensar sobre em que estamos pensando!

Uma experiência totalmente análoga à que tivemos com Asana nos espera. A princípio, nós provavelmente nos lisonjearemos por nossas mentes estarem muito calmas! Isto resulta de nossa capacidade de observação ainda sem treino, portanto ineficiente. Justamente como, de pé pela primeira vez na borda do Saara, um turista nada verá ali de especial a não ser muita areia, enquanto seu guia beduíno será capaz de lhe contar a história da vida de cada coisa à vista, porque aprendeu a observar; da mesma forma, com a prática de Pratyahara, os pensamentos parecerão se tornar mais numerosos e mais insistentes. É que começamos a percebê-los melhor!

Assim que observamos o nosso corpo, percebemos que ele estava terrivelmente irrequieto e dolorido; agora que observamos a mente, percebemos que ela está mais irrequieta e dolorida ainda. Veja-se o gráfico.

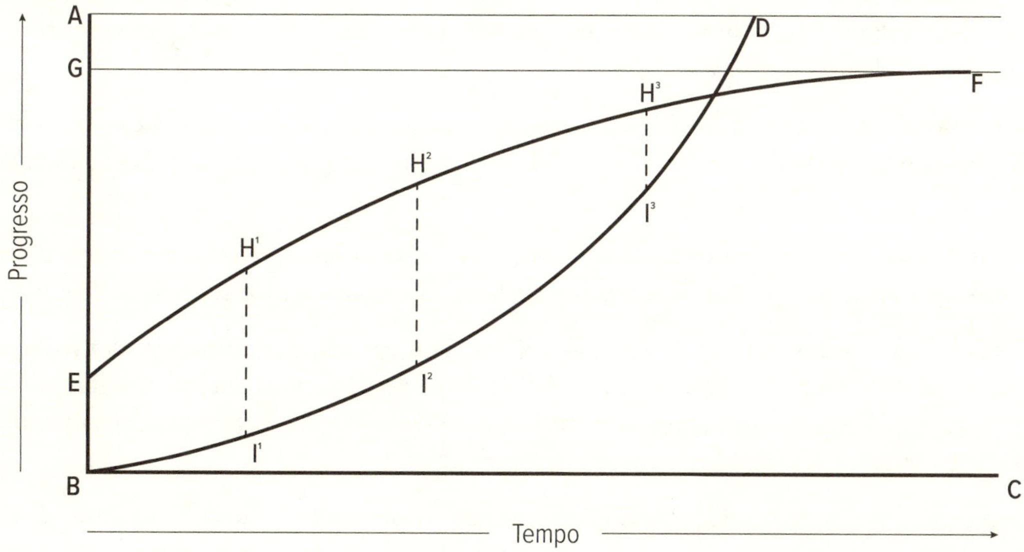

BD mostra o Controle da Mente, melhorando lentamente no início, mais tarde mais rapidamente. Começa de zero, ou perto de zero, e deve alcançar o controle absoluto em D. EF mostra o Poder de Observação do conteúdo da mente, melhorando rapidamente no início, mais tarde mais lentamente, até chegar à perfeição em F. Começa bem acima de zero com a maioria das pessoas cultas.

A altura das perpendiculares HI indica a insatisfação do estudante com seu poder de controle. Aumentando no início, finalmente decresce até chegar a zero.

Um gráfico análogo poderia ser traçado para a dor real e a dor aparente de Asana.

Cônscios de nossa inquietude mental, nós começaremos a tentar controlá-la. "Não tantos pensamentos, se faz o favor!" É aí que perceberemos que aquilo que tínhamos tomado por um cardume de golfinhos brincalhões é, na realidade, o movimento das roscas da serpente marinha. A tentativa de reprimir tem o efeito de excitar.

Quando o ingênuo discípulo se aproxima pela primeira vez do seu santo (mas matreiro) Guru e exige poderes mágicos, aquele sábio concorda solenemente em outorgá-los. Aí aponta com muita cautela e segredo algum ponto em particular do corpo do discípulo e lhe diz: "Para conquistar esse poder que você deseja é necessário apenas que você se lave sete vezes no Ganges durante sete dias; mas durante o banho tenha o particular cuidado de não pensar nessa parte do seu corpo." É claro que o infeliz discípulo passa uma semana horrível, pensando quase que só nisso!

Para quem está começando, é positivamente incrível com que persistência um pensamento, até mesmo uma cadeia inteira de pensamentos, retorna repetidamente à nossa atenção. É intensamente irritante, também, quando percebemos que não nos tornamos cônscios de que estávamos de novo pensando naquilo até já termos acabado de pensar naquilo de novo! Porém, devemos persistir dia após dia em investigar nossos pensamentos e em tentar reprimi-los; e, mais cedo ou mais tarde, passaremos ao estágio seguinte: Dharana, a tentativa de restringir a mente a um pensamento único.

Antes de tratarmos disso, porém, consideremos o que se chama de sucesso em Pratyahara. Este é um assunto muito extenso, e, como já mencionamos, diferentes autores são de opiniões muito diversas. Um escritor define Pratyahara como uma análise mental tão minuciosa que cada pensamento é resolvido em um número de elementos. Veja-se *A Psicologia do Haxixe,* seção V.[56]

Outros autores opinam que o sucesso nesta prática representa algo como a percepção de Sir Humphrey Davy sob a influência do óxido nitroso, quando ele exclamou: "O universo é composto exclusivamente de ideias".

Ainda outros dizem que o sucesso dá o sentimento de Hamlet: "Nada é bom ou mau senão conforme pensamos a respeito", porém interpretado da forma literal em que o fez Mrs. Eddy.[57]

Entretanto, o ponto essencial de Pratyahara consiste em adquirir algum poder inibitivo sobre os pensamentos. Felizmente, existe um método infalível de conseguir este poder. É dado em *Liber III.*[58] Se as Seções I e II são praticadas (se for preciso, com o auxílio de outra pessoa para fiscalizar nossa vigilância), logo seremos capazes de dominar a seção final.

Em algumas pessoas, este poder de inibir pensamentos pode surgir tão subitamente quanto ocorre com o sucesso em Asana. Sem qualquer relaxamento da vigilância, a mente subitamente se aquieta. Há um maravilhoso sentimento de paz e descanso, bem diverso da sensação letárgica que se produz em nós quando comemos demais. Não é possível dizer se um resultado tão definido aconteceria com todos os praticantes, ou mesmo com a maioria. De qualquer forma, isto não faz grande diferença. Se tivermos adquirido o poder de evitar a manifestação de pensamentos, podemos progredir ao estágio seguinte.

---

56 *Equinox* I (2).

57 N.M.: Mary Baker Eddy, a fundadora do ingênuo movimento chamado "Ciência Cristã".

58 N.M.: Uma das Instruções Oficiais da A∴A∴, contida nos Apêndices.

CAPÍTULO V

DHARANA

Agora que aprendemos a observar nossas mentes, de forma que sabemos algo da maneira como elas funcionam, e começamos a compreender os elementos de como controlá-las, **poderemos tentar reunir todos os poderes da mente e concentrá-los num só ponto.**

Sabemos que não é muito difícil, para a mente educada média, pensar sem muita distração num assunto no qual ela esteja bem interessada. Existe a frase popular, "remoendo algo na mente", ou "matutando alguma coisa". Enquanto o assunto for suficientemente complexo, e os pensamentos fluírem sem oposição, não existe grande dificuldade. Enquanto um giroscópio está em movimento, ele se mantém imóvel relativamente ao seu ponto de apoio, e até mesmo resiste a tentativas de desviá-lo. Mas quando ele para, cai da posição em que estava. Se a Terra parasse de girar em torno do Sol, ela imediatamente cairia no Sol.

No momento em que o estudante escolher um assunto simples ou, melhor ainda, um objeto simples, e tentar imaginá-lo ou visualizá-lo, ele perceberá que não é tão senhor de sua mente quanto supunha. Outros pensamentos invadirão sua consciência, de forma que o assunto ou o objeto é esquecido por completo, às vezes por vários minutos; e, no caso de objetos visualizados, o próprio objeto, em muitas ocasiões, começará a cometer todo o tipo de estrepolia.

Suponhamos que você tenha escolhido uma cruz branca como objeto de sua meditação. Ela moverá a barra horizontal para cima e para baixo, alongará a barra, tornará a barra oblíqua, ficará com braços desiguais, virará de cabeça para baixo, criará raminhos, ou uma rachadura, ou uma figura, mudará completamente de forma tal como uma ameba, mudará seu tamanho e sua distância separada ou simultaneamente, mudará a intensidade de sua iluminação, e até a sua cor. Ela ficará manchada, ficará inchada, criará desenhos em sua superfície, elevar-se-á, cairá, sacudir-se e virar-se-á; nuvens passarão diante dela. Não há mudança de que ela não seja capaz. Sem mencionarmos que pode desaparecer completamente, e ser substituída por alguma coisa totalmente diversa!

E qualquer pessoa com quem isto não aconteça não deve imaginar que está meditando. A ausência de tais fenômenos apenas prova que somos incapazes de concentrar a mente no mínimo que seja.[59] Um estudante pode prosseguir durante vários dias antes de perceber que não está meditando. Quando percebe, a rebeldia do objeto da meditação o irritará em extremo. E é apenas então que a Vontade realmente começa a se exercer, e a coragem da pessoa entra em prova. Se não fosse pelo desenvolvimento prévio da Vontade que conseguimos na conquista de Asana, nós provavelmente desistiríamos.[60] A mera agonia física que sofremos é a coisa mais insignificante do mundo, comparada com o pavoroso tédio de Dharana.

Durante a primeira semana tudo pode parecer muito divertido, e somos até capazes de imaginar que estamos progredindo. Mas à medida que a convivência com a prática nos ensina o que estamos fazendo, temos a impressão de que estamos ficando cada vez piores.

Por favor: o leitor deve compreender que, **quando executamos esta prática, supõe-se que estamos sentados em Asana[61] com um caderno de notas e lápis ao lado, e um relógio à nossa frente**. No

---

59 N.M.: Isto é, nossa capacidade de observação é insuficiente para perceber as mudanças que ocorrem quando nossa atenção se relaxa mesmo infinitesimalmente. Eu tenho tido a experiência de gente preguiçosa — ou, às vezes, mentirosa — vir a mim e declarar categoricamente que está meditando bem depois de quinze minutos de tentativa, e reclamar algum Grau — em geral um acima do meu.

60 N.M.: A maioria desiste, e abre cursos de Ginástica Iogue, ou dá aulas de Meditação Transcendental.

61 N.M.: Dependendo do Asana que escolhermos, claro. Sócrates, por exemplo, meditou de pé durante vinte e quatro horas seguidas, numa das guerras de Atenas contra estados vizinhos, conforme Platão relata nos *Diálogos*.

começo não devemos praticar mais de dez minutos de cada vez, para evitar o risco de fatigar demais o cérebro. De fato, o estudante provavelmente descobrirá que **toda a sua força de vontade é insuficiente para manter a mente concentrada numa coisa só durante sequer três minutos**, ou até três segundos, ou três quintos de um segundo! E quando dizemos "manter a mente concentrada" o que queremos realmente dizer é tentar manter a mente concentrada. A mente fica tão cansada e o objeto da meditação se torna tão incrivelmente repugnante, que é inútil persistir no início. Vemos nos relatórios de Frater P.[62] que, após prática diária durante seis meses, meditações de quatro minutos, e até de menos, ainda estavam sendo registradas.[63]

O estudante deve contar o número de vezes que seu pensamento divaga; ele pode fazer isto contando nos dedos, ou usando uma fieira de contas.[64] Se estas "quebras" da meditação parecem se tornar mais, em vez de menos, frequentes, ele não deve desanimar: a aparente multiplicação é em parte causada pela sua maior agudez de observação. (Da mesma forma, quando o processo de vacinação contra a varíola foi introduzido, houve aparentemente um aumento de casos de varíola. Mas o motivo foi que as pessoas começaram a dizer a verdade a respeito da doença, em vez de fingir.)

Logo, porém, o controle começará a melhorar mais depressa do que a observação. Quando isto ocorre, a melhoria se tornará aparente no relatório. Qualquer variação será provavelmente devida a circunstâncias acidentais. Por exemplo, uma noite você pode estar muito cansado quando começa; noutra, você talvez tenha dor de cabeça, ou indigestão. Você fará bem em evitar praticar em tais ocasiões.[65]

Suponhamos agora que você tenha atingido o estágio em que sua prática mediana sobre um assunto ou coisa qualquer é de mais ou menos meia hora, e o número médio de "quebras" entre dez e vinte. Poderíamos supor que isto significa que, durante os espaços de tempo entre as "quebras", você esteve realmente concentrado; mas não é assim. A mente está oscilando, se bem que imperceptivelmente. No entanto, mesmo neste estágio inicial, poderá haver suficiente firmeza relativa para possibilitar a ocorrência de alguns fenômenos notáveis. O mais comum destes talvez lhe dê a impressão de que você caiu no sono. Ou talvez lhe pareça completamente inexplicável. De qualquer forma, ele torná-lo-á desgostoso consigo mesmo. É o seguinte: **você esquecerá completamente quem você é, o que você é, e o que você está fazendo!** Um fenômeno semelhante a este ocorre algumas vezes de manhã, quando estamos semidespertos, e não conseguimos nos lembrar em que cidade estamos vivendo. A semelhança entre estas duas experiências é bastante significativa. Ela sugere que o que está realmente acontecendo é que você está despertando do sono que os homens chamam de vigília, o sono cujos sonhos são a vida do homem comum.

Existe outra maneira de verificar nosso progresso nesta prática: pelo tipo de quebra que ocorre.

As *quebras* são classificadas da seguinte forma:

---

62 N.E.: Frater Perdurabo, um dos nomes mágicos usados por Crowley.

63 N.M.: Isto é, num período de trinta minutos ou uma hora de prática, ele conseguia manter a mente concentrada a intervalos, um desses sendo de quatro minutos. Mas nesse estágio, uma concentração de quatro minutos é mais intensa do que duas horas, ou mais, das tentativas de um principiante.

64 Essa contagem pode facilmente se tornar mecânica. Que ele associe a noção de contagem com o pensamento que lhe registra uma quebra na meditação. [N.E.: Sugerimos a utilização de um contador manual, pois é prático, barato, fácil de se encontrar, e promove um método de contagem pouco invasivo.]

O tipo mais grosseiro de "quebra" pode ser percebido por outra pessoa. É acompanhado por um visível tremor de pálpebra. Com a prática, a outra pessoa se tornará capaz de notar mesmo quebras mínimas.

65 N.M.: Você terá, entretanto, que se precaver contra outro truque da mente, que consiste em deliberadamente abusar de sua saúde para ter um pretexto para evitar a prática!

Primeiro, sensações físicas. Estas deveriam ter sido conquistadas por Asana.

Segundo, quebras que parecem ser causadas por acontecimentos que precederam imediatamente o início da meditação. A atividade destes se torna tremenda. Somente através desta prática podemos compreender quanta coisa é realmente observada pelos nossos sentidos sem que a mente se torne cônscia dos fatos.

Terceiro, existe uma classe de quebras que partilha da natureza de um "sonho acordado". Estas são muito insidiosas – podemos continuar sonhando durante um tempo enorme, sem perceber que estamos divagando.

Quarto, existe um tipo muito elevado de quebra, que é uma espécie de aberração do controle mesmo. Pensamos: "Como estou fazendo isto bem!", ou pensamos que seria uma boa ideia se estivéssemos em uma ilha deserta, ou se estivéssemos em uma casa à prova de som, ou se estivéssemos sentados ao lado de uma cachoeira. Mas estas são variações insignificantes da vigilância propriamente dita.

Um quinto tipo de quebra parece não ter origem determinável em nossa mente. Estas podem até assumir a forma de alucinações, geralmente auditivas. Naturalmente, tais alucinações são infrequentes, e são sempre reconhecíveis como tais: de outra forma, a pessoa faria bem em consultar um médico. Usualmente a quebra consiste em sentenças, ou fragmentos de sentenças, desconexas entre si, que são nitidamente ouvidas em uma voz humana, reconhecível como tal; não a voz do estudante, ou de qualquer pessoa que ele conheça. Um fenômeno análogo é observado por radiotelegrafistas, que chamam tais mensagens de "estática".[66]

Existe ainda *outro tipo de quebra, que é o resultado desejado.* Trataremos deste em detalhe mais adiante.

Note-se que há uma genuína sequência nestes tipos de quebra. À medida que nosso controle melhora, a quantidade de quebras primárias e secundárias diminui, mesmo se o número total de quebras numa meditação permanecer o mesmo. Quando estivermos meditando já duas ou três horas por dia, e enchendo o resto do dia com outras práticas cuja finalidade é auxiliar a prática principal, e alguma coisa ou outra começar sempre a acontecer, e tivermos um pressentimento constante de que estamos beirando "algo importante", podemos esperar prosseguir ao estágio seguinte – Dhyana.

66 N.M.: Tanto quanto pudemos observar de nossa experiência, este é um fenômeno telepático. Mas desde que não é o que desejamos obter — o que queremos é nos concentrar — é indesejável, e uma quebra. Eventualmente o estágio é ultrapassado.

CAPÍTULO VI

DHYANA

Esta palavra tem dois significados diversos e mutuamente excludentes. O primeiro refere-se ao resultado em si. "Dhyana" é a mesma palavra que o pali "Jhana". O Buda distinguiu oito Jhanas, os quais são evidentemente diferentes graus e tipos de transe. Certos hindus também falam de Dhyana como de um tipo menos elevado de Samadhi. Outros, porém, tratam de Dhyana como uma mera intensificação de Dharana. Patanjali diz: "Dharana é manter a mente concentrada em algum objeto particular. Uma corrente contínua de percepção daquele objeto é Dhyana. Quando, abandonando todos os efeitos, isto refletir apenas a origem destes, é Samadhi". Ele combina estes três em Samyama.

Nós trataremos Dhyana antes como um resultado do que como um método. Até aqui os autores clássicos nos forneceram um roteiro mais ou menos seguro; mas quando entram no assunto dos resultados da prática da meditação, eles perdem completamente a cabeça. Esgotam as imagens poéticas para declarar coisas evidentemente falsas. Por exemplo, lemos no *Shiva Sanhita* que "aquele que se concentra diariamente no lótus do coração é ardentemente desejado pelas filhas dos Deuses, obtém clariaudiência, clarividência, e pode andar sobre o ar". Outra pessoa poderá "fazer ouro, descobrir remédios para doenças, e ver tesouros escondidos". Tudo isto é puro lixo. Qual será a maldição que acompanha a experiência religiosa, para que seus princípios devam sempre estar associados com todo o tipo de exagero e falsidade?[67]

Existe uma exceção: é a A∴A∴, cujos membros tomam extremo cuidado em não fazer nenhuma asserção que não possa ser verificada pela experiência; e quando a verificação não é fácil à pessoa média, eles evitam qualquer afirmação que possa ser interpretada como dogma. Em um dos livros de instrução prática dessa Ordem estão escritas estas palavras:

"Se fizermos certas coisas, obteremos certos resultados. Prevenimos estudantes seriamente contra a tendência de atribuir realidade objetiva ou validade filosófica a qualquer de tais resultados."[68]

Que palavras áureas!

Ao discutirmos Dhyana, pois, seja claramente compreendido que algo inesperado será descrito.

Devemos considerar sua natureza e avaliar sua qualidade de uma maneira perfeitamente imparcial, sem nos permitirmos exageros poéticos, ou deduzir qualquer teoria da natureza do universo partindo de tão poucos dados, por mais notáveis que pareçam. Um pequeno fato pode destruir qualquer teoria existente; isto é a coisa mais comum, e a base mesma do progresso científico. Mas nenhum fato, por si só, é suficiente para dele se construir uma teoria.

Deve ser compreendido que Dharana, Dhyana e Samadhi formam uma sequência progressiva. Quando, exatamente, chegamos ao clímax, não tem importância; falemos antes do clímax em si, pois isto é coisa que *experimentamos*, e é uma experiência notável.

Quanto a Dhyana, no curso de nossa concentração **percebemos que o conteúdo da mente a qualquer momento (desde que bem concentrada) consiste de apenas duas coisas:** o Objeto da meditação, variável, e a Vontade Mental, ou Sujeito, aparentemente invariável. **O clímax de Dharana consistiu em que o Objeto foi tornado tão invariável quanto o Sujeito.**

---

67 N.M.: O motivo principal é que a experiência ainda é rara, e geralmente obtida sem sistemática ou comparação com experiências análogas. A A∴A∴ foi fundada precisamente para aplicar o método científico ao estudo da religião.

68 *Liber O* i 2. [N.E.: Contido no Apêndice VII.]

O clímax de Dhyana consiste em que estes dois – Sujeito e Objeto – se tornem um. Este fenômeno usualmente é um tremendo choque quando pela primeira vez ele se manifesta. É indescritível mesmo por mestres da linguagem, portanto não nos surpreende que gaguejadores semianalfabetos chafurdem na verborreia.[69]

Todas as faculdades poéticas e todas as faculdades emocionais são arrebatadas em uma espécie de êxtase. A ocorrência vira a mente de pernas para o ar, e faz com que o resto da vida pareça, em comparação, absolutamente sem valor.

Boa descrição por escrito é geralmente o resultado de uma capacidade de observação clara e um julgamento sadio expressados da forma mais simples. Por este motivo, nenhum dos grandes acontecimentos históricos (como terremotos ou batalhas) já foi bem descrito por testemunhas visuais, a não ser que estas estivessem, pessoalmente, fora de perigo. Mas em Dhyana o observador está bem no centro do terremoto. **Mesmo quando, pela constante repetição do fenômeno, nos acostumamos a Dhyana, nenhuma descrição parece adequada.**[70]

Uma das formas mais simples de Dhyana pode ser chamada "o Sol". O Sol é visto (por assim dizer) em si mesmo, não por um observador; e se bem que o olho físico não pode contemplar o Sol, nós nos sentimos compelidos a afirmar que este "Sol" é muito mais brilhante que o Sol natural. A experiência inteira ocorre em um nível mais elevado.[71]

Também **as condições do pensamento, do tempo e do espaço são abolidas**. É impossível explicar o que isto realmente significa. Somente a experiência mesma fornecerá compreensão.

(Isto tem analogia com a vida mental ordinária; as concepções da matemática avançada, por exemplo, não podem ser assimiladas pelo principiante, nem explicadas ao leigo.)

Outro desenvolvimento de Dhyana é a aparição da Forma que tem sido universalmente descrita como humana, se bem que as pessoas que assim a descrevem passam a adicionar um grande número de detalhes que absolutamente não são humanos! Esta particular aparição é geralmente descrita como sendo "Deus".[72]

---

69 N.M.: O hiato na comunicação de experiências "religiosas" – seria melhor talvez, hoje em dia, dizer experiências parapsicológicas – resulta da raridade de tais experiências com relação à massa humana. Só é fácil comunicar experiências que temos em comum com outros, no mínimo que seja. À medida que a humanidade em geral progredir na percepção de suas faculdades mais "raras", e estas se tornarem menos raras, experiências como Dhyana se tornarão muito mais fáceis de descrever, e portanto, de investigar.

70 N.M.: É necessário frisar que nenhuma destas experiências é "sobrenatural". Dhyana é o resultado natural da persistência em Dharana e ocorrerá, mais cedo ou mais tarde, com qualquer pessoa que se treine em concentração e persista em se concentrar. Será interessante quando um número maior de investigadores permitir o emprego de métodos estatísticos na ocorrência de tais fenômenos.

71 N.M.: Em vez de "mais elevado", seria talvez melhor dizer diverso. De outra forma, podemos nos engambelar em crer que a ocorrência de tais fenômenos prova que as pessoas com quem eles ocorrem são pessoas "mais elevadas" que a média da raça humana. Isto não é necessariamente um fato. Não há correlação entre verdadeira moralidade e misticismo, a não ser na mente de místicos pouco experientes. Grandeza de espírito não é produzida nem por Samadhi. Pode, quando muito, ser expandida por Samadhi. Mas estreiteza de espírito pode ser expandida certamente pelo mesmo processo. Como diziam os alquimistas, é preciso ter ouro para se fazer ouro. Veja-se *AL* ii 57, em *O Equinócio dos Deuses*. [N.E.: Parte IV deste livro.]

72 N.M.: Esta aparição é uma projeção na mente do conjunto celular do vidente, isto é, uma Imagem dele mesmo (ou dela mesma). Algumas vezes, ela é modificada pelo contato telepático do vidente com os pensamentos ou concepções de outra pessoa. De qualquer forma, é perigoso se deixar obcecar por esta projeção mental, pois ela se torna então idêntica à Imagem Paterna (ou Materna, conforme o caso!) dos psicanalistas. O "cordão umbilical" psíquico é reforçado, em vez de ser destruído. O indivíduo se torna mais escravo, em vez de se tornar mais livre. Místicos que se deixam obcecar por esta experiência se tornam extremamente perigosos, pois o impacto deles sobre seus semelhantes estará sempre misturado com intolerância e dogmatismo, isto é, com infantilismo moral.

O que quer que ela realmente seja, **o resultado na mente do estudante é tremendo**: todos os seus pensamentos são incitados ao máximo de desenvolvimento. Ele acredita sinceramente que eles têm "sanção divina". Talvez até ele acredite que eles emanam diretamente desse "Deus"! **Ele retorna ao mundo armado com esta intensa convicção e autoridade.** Ele proclama suas ideias sem aquela circunspeção que a dúvida, a modéstia e a timidez impõem à maior parte das pessoas.[73] Podemos supor que, além disto tudo, seu psicossoma foi realmente clarificado e está mais bem coordenado.

De qualquer forma, a massa da humanidade está sempre pronta a ser influenciada por qualquer impulso assim tão autoritário e incisivo. A história está cheia de relatos de oficiais que, desarmados, enfrentaram um regimento amotinado e o reduziram à disciplina pela simples força de sua confiança. O poder do orador sobre uma multidão é bem conhecido. É provavelmente por isto que os profetas têm sido capazes de constranger a humanidade a obedecer às suas leis. Nunca passa pela cabeça de um profeta que qualquer pessoa possa agir de outra forma! Na vida diária, nós podemos passar por qualquer guardião, tal como uma sentinela ou um coletor de bilhetes, se pudermos realmente agir de tal forma que ele seja de algum modo persuadido de que temos o direito de passar sem impedimento.

Este poder, aliás, é aquele que tem sido descrito por magistas como o poder da invisibilidade. Alguém escreveu um excelente conto sobre quatro homens de confiança que estavam de sobreaviso, à espera de um assassino e tinham instruções para não deixar passar ninguém. Todos juraram subsequentemente, na presença do cadáver, que ninguém passara por eles. Nenhum dos quatro notara o carteiro.

Os ladrões que roubaram a "Gioconda" do Louvre estavam provavelmente disfarçados de serventes, e roubaram a pintura no nariz do guarda. Possivelmente lhe solicitaram ajuda.[74]

É apenas necessário crer que uma coisa deva acontecer para fazê-la acontecer. Esta "crença" não pode ser apenas emocional, ou apenas intelectual. Ela reside numa porção mais profunda da mente, porém uma porção não tão profunda que a maior parte dos homens, provavelmente todos os homens bem sucedidos, não possam compreender o que dizemos, tendo tido experiências análogas em suas próprias vidas.

O mais importante fator em Dhyana, porém, é a aniquilação do ego.[75] Nossa concepção do universo será completamente transtornada se admitirmos essa possibilidade como válida.[76] É hora de considerarmos o que, realmente, está acontecendo.

---

73 Esta falta de controle não deve ser confundida com aquela observada em embriagados ou em loucos. Existe, porém, uma notável semelhança, embora superficial.

74 N.E.: A "Gioconda" é, obviamente, o mais famoso trabalho do polímata Leonardo di Ser Piero da Vinci, mais conhecido como "Mona Lisa", iniciado em 1503 e.v., quando Leonardo voltou a Florença, sua terra natal, após servir a César Bórgia como artista, engenheiro militar, civil e hidráulico. Comissionada por Francesco del Giocondo, um rico comerciante de seda ligado à família Médici, a pintura de sua jovem esposa, Lisa del Giocondo, nunca foi entregue, sendo levada por Leonardo, que continuou trabalhando nela ao longo de toda a sua segunda temporada em Milão, em seus três anos passados em Roma e até mesmo na França, onde faleceu em 1519 e.v. Conforme mencionado por Crowley – que quase acertou a profissão do ladrão – a obra foi roubada do Museu do Louvre, em Paris, em 1911 e.v., pelo pintor de paredes italiano Vicenzo Peruggia, que, ao ser detido dois anos depois, justificou ter cometido o crime para se vingar de Napoleão – que, alegava o larápio, a teria confiscado da Itália no século anterior. Na realidade, o quadro fora vendido ao rei da França, Francisco I, seu último e mais devotado patrono, conforme sugere o inventário das posses de Salai (Gian Giacomo Caprotti), seu amante e um de seus herdeiros, em 1525 e.v.

75 N.M.: Esta aniquilação não deve, porém, ser confundida com a legítima aniquilação que ocorre nas formas mais elevadas de Samadhi. Por exemplo, o vidente que "abole" seu Ego e se identifica com a Imagem Paterna apenas transfere seu egoísmo para um reduto mais forte, e se torna mais perigoso, não menos perigoso, como consequência.

76 N.M.: Porque para a pessoa comum o universo é apenas um reflexo de seu próprio Ego. Ela só não está cônscia deste seu egocentrismo ingênuo porque nunca se deu ao trabalho de investigar a mente.

Deve ser admitido que demos uma explicação muito racional da grandeza dos grandes líderes religiosos e, por extensão, dos grandes homens em geral. Eles tiveram uma experiência tão arrebatadora, tão fora de proporção com o resto das coisas, que foram libertados de todos os obstáculos mesquinhos que impedem o homem normal de realizar seus projetos.

A preocupação com roupa, comida, dinheiro, o que os outros podem pensar, como agir e por que agir, e, acima de tudo, o medo das consequências, pesam sobre quase todo o mundo. Em teoria, nada é mais fácil para um anarquista do que matar um governante. Ele tem apenas que comprar um rifle, tornar-se um atirador de categoria, e dar um tiro no governante a uma distância de quatrocentos metros. No entanto, se bem que haja muitos anarquistas, há poucos atentados. Ao mesmo tempo, a polícia seria provavelmente a primeira a admitir que, se qualquer homem estivesse realmente cansado de viver, no mais íntimo do seu ser (um estado muito diverso daquele em que os homens usualmente resmungam que estão cansados da vida), ele poderia de algum jeito matar antes outra pessoa.[77]

Ora, a pessoa que experimentou qualquer das formas mais intensas de Dhyana está psicologicamente livre. O Universo foi destruído para ela, e ela para o Universo. A vontade da pessoa pode, portanto, ser exercida sem obstáculos. Podemos imaginar que, no caso de Maomé, ele alimentara durante anos uma tremenda ambição, e nunca fizera nada porque aquelas suas qualidades que subsequentemente se manifestaram em capacidade administrativa o tinham avisado de que ele era impotente. Sua "visão na caverna" deu-lhe aquela confiança que lhe faltava, aquela fé que move montanhas. Existem muitas coisas que parecem sólidas neste mundo que poderiam ser derrubadas pelo toque de uma criança; mas ninguém tem coragem de tocá-las.

Aceitemos provisoriamente esta explicação da grandeza dos grandes homens, e passemos adiante. A ambição nos trouxe até aqui; mas agora estamos mais interessados no trabalho em si.[78]

Um fenômeno espantoso aconteceu conosco: tivemos uma experiência que faz o amor, a fama, as honrarias, a ambição, a riqueza, parecerem um tostão. E começamos a nos perguntar apaixonadamente: "O que é a verdade?". O Universo ruiu em nossa volta como um castelo de cartas, e nós mesmos – ou o que pensávamos ser nós mesmos – ruímos com ele. No entanto, esta derrocada é como a abertura das Portas do Céu! Eis aqui um tremendo problema, e existe algo dentro de nós que tem fome de solucioná-lo.

Vejamos que explicações podemos achar.

A primeira ideia que ocorreria a uma mente equilibrada, familiarizada com a ciência, é que experimentamos um colapso mental. Da mesma forma que um golpe na cabeça faz um homem "ver estrelas", assim também poderíamos supor que a tremenda tensão mental provocada por Dharana sobre-excitou o cérebro de alguma maneira, e causou um espasmo, ou possivelmente rebentou mesmo algum pequeno vaso. Parece não haver motivo para rejeitarmos por completo esta explicação, se bem que seria bastante absurdo supor que aceitá-la é condenar a prática de Dharana. Espasmo é a função normal de pelo menos um dos órgãos do corpo humano. Que o cérebro não é danificado pela prática fica provado pelo fato de que muita gente que afirma ter tido esta experiência repetidamente continua a exercer as vocações de sua vida material sem diminuição de eficiência ou atividade.

---

77 N.M.: Note-se que este parágrafo foi escrito há mais de cinquenta anos! [N.E.: Crowley publicou o livro em 1912 e.v. e Motta publicou a tradução em 1981 e.v.]

78 N.M.: Isto é, se o amor à sabedoria se mostrar mais importante em nós que a ambição mundana!

Podemos, portanto, descontar o aspecto fisiológico como explicação. Não explica o nosso problema principal, que é o valor dos testemunhos desta experiência pouco usual do cérebro.

Ora, este é um problema difícil, e provoca o problema ainda mais difícil da validade de qualquer tipo de testemunho. Todo pensamento humano possível já foi posto em dúvida em alguma ocasião, exceto o pensamento que apenas pode ser expresso por um ponto de interrogação, desde que duvidar deste pensamento é afirmá-lo! (Para uma completa discussão veja-se "O Soldado e o Corcunda".)[79] Mas à parte esta profunda dúvida filosófica, existe a dúvida cotidiana, mais simples e mais prática. A frase popular "duvidar de nossos próprios olhos" indica que usualmente a evidência dos nossos sentidos é aceita; mas isto é coisa que nenhum cientista moderno faria! O cientista está tão cônscio de que os seus sentidos constantemente o enganam que inventa os mais complexos instrumentos a fim de verificar e corrigir as mensagens desses sentidos. E ele além disto está cônscio de que o Universo que ele pode perceber diretamente através dos sentidos, mesmo corrigindo-os e vigiando-os pelo uso de instrumentos, é uma fração mínima do Universo que ele conhece indiretamente.

Por exemplo, quatro quintos do ar atmosférico consistem de nitrogênio. Se alguém trouxesse uma garrafa de nitrogênio para dentro desta sala[80] seria enormemente difícil dizer o que é que a garrafa contém. Quase todos os testes que poderíamos aplicar ao conteúdo dariam resultados negativos. Nossos sentidos nada nos poderiam dizer.

O gás "nobre" argônio só foi descoberto pela comparação do peso do nitrogênio quimicamente puro com o peso do nitrogênio do ar. Isto já tinha sido feito muitas vezes, mas ninguém antes dispusera de instrumentos suficientemente delicados para medir a discrepância, ou até percebê-la. Para dar outro exemplo, um famoso cientista afirmou, faz poucos anos, que a ciência nunca poderia descobrir a composição das estrelas fixas. No entanto, isto já foi feito, e muito bem, através do espectroscópio.[81]

Se perguntássemos ao cientista qual a sua teoria sobre o "real", ele responderia que o éter[82] que não pode ser percebido por nenhum dos sentidos, ou determinado por nenhum instrumento, e que possui qualidades que (para usar linguagem leiga) são impossíveis, é muito mais real do que a cadeira na qual ele está sentado. A cadeira é apenas um fato; sua existência é testemunhada só por uma pessoa, e esta pessoa é bem falível. O éter é a dedução necessária tirada de milhões de fatos, os quais foram repetidamente verificados e provados por toda experimentação possível. Não existe, portanto, qualquer motivo para se rejeitar *a priori* qualquer coisa, apenas com o argumento de que ela não pode ser percebida por nossos sentidos.

Para mencionar outro ponto: um dos nossos testes do que é verdadeiro é a vividez de nossas impressões. Um evento isolado no nosso passado é pouco importante, e pode sumir de nosso consciente; e se for de algum modo relembrado, somos capazes de nos perguntar: "Será que eu sonhei isto? Ou aconteceu mesmo?". O que nós não esquecemos nunca é o catastrófico. A primeira morte de uma pessoa

---

79 *Equinox* I (1).

80 N.M.: Este livro foi originalmente ditado por Aleister Crowley (Frater Perdurabo) a uma discípula, Mary d'Este (Soror Virakam), e evidentemente estavam em uma sala durante esta parte do ditame.

81 N.M.: Através do qual se descobriu também que as estrelas "fixas", longe de serem fixas, estão em pleno movimento no espaço!

82 N.M.: Desde que Crowley ditou o escrito acima, a teoria do "éter luminífero" caiu em desuso em favor das teorias de ondas e dos quanta. Ironicamente, os cientistas começam agora a aceitar novamente alguma coisa bastante semelhante à ideia do éter, para unificar as duas teorias, de ondas e dos quanta!

amada, por exemplo, nunca seria esquecida: pela primeira vez nos tornamos cônscios daquilo que anteriormente apenas tínhamos ouvido contar. Uma tal experiência às vezes enlouquece as pessoas. Alguns cientistas se suicidaram quando uma teoria predileta foi provada falsa. Este problema é livremente discutido em "Ciência e Budismo",[83] "Tempo",[84] "O Camelo" e outros ensaios de Aleister Crowley. Aqui é apenas necessário comentar que **Dhyana tem que ser classificado como a mais vívida e a mais catastrófica de todas as experiências.**[85] Isso será confirmado por qualquer um que tenha chegado lá.

Portanto, é difícil exagerar a importância que uma tal ocorrência tem para o indivíduo com quem ocorre. Especialmente desde que é a nossa concepção de todas as coisas, inclusive a nossa concepção mais íntima, aquela que tinha servido de centro e ponto de referência de todas as outras, a nossa concepção de nós mesmos, que é demolida. E quando procuramos explicar este acontecimento como uma suspensão temporária de nossas faculdades, como uma alucinação, ou coisa semelhante, verificamos que somos incapazes de acreditar em tais explicações. Você não pode discutir com um raio que acaba de lhe arremessar ao chão!

Toda coisa que é mera teoria é facilmente negável. Podemos encontrar falhas na nossa cadeia de raciocínio; podemos assumir que as premissas são, de uma maneira ou outra, falsas. Mas se atacamos desta forma a evidência a favor de Dhyana, nossa mente tem que encarar o fato de que qualquer outra experiência que já tivemos, atacada nas mesmas linhas e pelo mesmo método, cairá bem mais facilmente.

Por onde quer que examinemos a questão, o resultado será sempre o mesmo. **Pode ser que Dhyana seja uma ilusão; mas, se assim for, tudo o mais de que temos consciência é uma ilusão também.**

Ora, a mente sadia se recusa a persistir numa crença da irrealidade de suas próprias experiências. Pode ser que elas não sejam o que parecem ser; mas devem ser alguma coisa, e se (em geral) a vida normal é alguma coisa, quanto mais aquilo à cuja luz a vida normal parece com nada!

O homem comum percebe a falsidade, a incoerência e a falta de propósito dos sonhos; ele os atribui (com razão) a uma mente em desordem. O filósofo contempla a vida normal com um desprezo análogo, e a pessoa que experimentou Dhyana é da mesma atitude, mas não mais por mera convicção intelectual. Explicações lógicas, por apropriadas que sejam, nunca convencem por completo; mas a pessoa que experimentou Dhyana tem a mesma certeza simples de alguém que acorda de um pesadelo: "Eu não estava caindo num poço sem fundo, foi apenas um mau sonho".

A reflexão da pessoa que teve Dhyana é exatamente análoga: "Eu não sou aquele mísero inseto, aquele imperceptível parasita da terra; foi apenas um mau sonho". E da mesma forma que você não pode convencer o homem comum de que seu pesadelo era mais real que seu despertar, você não pode convencer esta outra pessoa de que seu Dhyana foi apenas uma alucinação, embora ela agora esteja penosamente cônscia de que recaiu daquele estado à sua existência "normal".

É provavelmente muito raro que uma única experiência transforme assim radicalmente uma concepção toda do Universo, da mesma forma que algumas vezes, ao despertarmos, ainda nos resta uma

---

83 Veja-se Crowley, *Collected Works*, vol. III.

84 Idem.

85 N.M.: Isto é, até agora. Samadhi é ainda mais impressionante. Porém, quando a mente chega a experimentar Samadhi, já está fortificada pelo treino anterior. É possível que se a mente comum pudesse experimentar Samadhi diretamente ela se desintegrasse. Talvez muitos loucos incuráveis tenham sido enlouquecidos pela chance infeliz de uma tal experiência.

dúvida fugaz de se o despertar ou o sonho é real. Mas quando a experiência se repete, quando Dhyana não é mais um choque, quando o estudante teve tempo bastante para se acomodar ao seu novo plano de consciência, sua convicção se torna absoluta.[86]

Outra consideração racional é esta: o estudante não esteve tentando excitar a mente, e sim acalmá-la; não esteve tentando produzir um pensamento, mas sim excluir todos os pensamentos; pois não existe relação entre o objeto da meditação e o Dhyana. Por que devemos então supor uma derrocada do processo inteiro, ainda mais se a mente não demonstra quaisquer traços subsequentes de interferência, tais como dor ou fadiga? Certamente nesta ocasião, se em nenhuma outra, uma das imagens dos hindus expressa a explicação mais simples. Esta imagem é a de um lago em que cinco glaciares se movem. Estes glaciares são os cinco sentidos. Enquanto o gelo (as impressões) está constantemente se quebrando e caindo no lago, as águas são sacudidas. Se os glaciares ficam parados, a superfície se torna calma; então, e apenas então, pode ela refletir o disco do Sol. Este Sol é a "alma", ou "Deus".

Devemos, porém, evitar o uso de termos tais como "alma" e "Deus" por enquanto, por causa das coisas em que eles implicam. Falemos antes deste Sol como de alguma coisa desconhecida anteriormente, cuja presença tinha sido velada por todas as coisas conhecidas e pelo conhecedor mesmo.

Também é possível que nossa "memória" de Dhyana não seja a do fenômeno em si, mas a da imagem que ele deixou na nossa mente. Porém, isto é verdade de qualquer fenômeno, como já foi provado além de qualquer dúvida por Berkeley e Kant. Este assunto, porém, não precisa nos ocupar. Queremos resultados, não teorias.

Podemos, então, provisoriamente aceitar o ponto de vista de que **Dhyana é real; mais real e, portanto, mais importante para nós, que qualquer outra experiência que tenhamos tido previamente**. É um estado que tem sido descrito não apenas pelos hindus e budistas, mas também por maometanos e crististas. No caso dos crististas, porém, o preconceito profundamente arraigado torna seus documentos e relatos sem valor para o homem comum. Eles passam por alto as condições essenciais à ocorrência de Dhyana e insistem nas condições sem importância com muito mais frequência que os melhores escritores hindus. Mas para qualquer pessoa com experiência de meditação e algum estudo comparativo de religiões, a identidade do fenômeno é evidente. Podemos agora tratar de Samadhi.

---

86 Devemos observar que no presente não existem ainda dados para determinar a duração de um Dhyana. Não se pode dizer mais que, desde que o fenômeno ocorreu entre tais e tais horas, ele deve ter durado menos do que o período de tempo computado. Por exemplo, vemos nos relatórios de Frater Perdurabo que Dhyana pode certamente ocorrer em menos de uma hora e cinco minutos.

CAPÍTULO VII

SAMADHI

Já se escreveu demasiada bobagem a respeito de Samadhi; vamos nos esforçar por não aumentar o monturo. Até Patanjali, que é extraordinariamente claro e prático na maioria das vezes, começa a delirar quando fala de Samadhi.[87] Mesmo se o que ele diz fosse verdade, ele não deveria dizer essas coisas, pois não parecem ser verdade; e não devemos fazer qualquer afirmativa que seja difícil de acreditar sem estarmos preparados para apresentar provas cientificamente documentadas. Mas é bem provável que Patanjali tenha sido mal interpretado por seus comentaristas.

A mais razoável asserção, de qualquer autoridade conhecida, é aquela de Yajna Valkya, que diz: "Através de Pranayama as impurezas do corpo são eliminadas; através de Dharana, as impurezas da mente; através de Pratyahara, as impurezas do apego; e Samadhi elimina tudo que esconde o senhorio da alma." Esta é uma asserção modesta, e em bom estilo literário. Se pudermos fazer o mesmo!

Em primeiro lugar, qual é o significado da palavra? Etimologicamente, *Sam* é o grego *συν*, o prefixo português *sin-*,[88] significando "junto com". *Adhi* significa "Senhor", e uma tradução razoável da palavra inteira seria "União com Deus", exatamente o termo utilizado por místicos crististas para descreverem sua consecução.

Existe muita confusão, porque os budistas usam a palavra Samadhi para significar uma coisa inteiramente diversa, a simples faculdade da atenção. (Assim, para os budistas, pensar em um gato é "fazer samadhi" sobre aquele gato.) Os budistas usam a palavra Jhana para descrever estados místicos. Isto é uma bagunça danada, porque, como vimos no último capítulo, Dhyana é considerado pelos hindus o estado preliminar a Samadhi, e Jhana é, claro, a corrupção pali da mesma palavra.[89]

Existem muitos tipos de Samadhi.[90] *Alguns autores consideram Atmadarshana, o Universo percebido como um fenômeno único e sem condições, como o primeiro verdadeiro Samadhi.* Se aceitarmos isto, devemos relegar muitos outros êxtases místicos menos elevados à classe dos Dhyana. Patanjali enumera vários de tais êxtases: executar Samyama concentrando-se sobre vários objetos confere poderes mágicos, ou assim diz ele. Não é necessário aqui discutir essa questão. As pessoas que desejam poderes mágicos podem obtê-los em dúzias de maneiras diversas.

O poder cresce mais depressa que o desejo. O menino que deseja dinheiro para comprar soldadinhos de chumbo começa a cavar o dinheiro, e, quando finalmente o consegue, deseja alguma coisa muito diversa – provavelmente algo justamente além dos seus meios.

---

87 N.M.: Crowley se refere aqui aos Siddhas, ou "poderes mágicos", que Patanjali descreve, e afirma serem obtidos através de Samyama: a combinação de Dharana, Dhyana e Samadhi.

88 N.E.: Mais uma vez, Motta contextualiza para o português.

89 A vulgaridade e insularidade do cânone budista são repulsivas a todo intelecto sadio, e as tentativas de usar os termos de uma filosofia egocêntrica para explicar os detalhes de uma psicologia cuja principal doutrina é a negação do ego foi obra de um imbecil malicioso. Rejeitaremos sem hesitar a confusão inteira, e seguiremos o significado etimológico da palavra, conforme dado acima! [N.M.: Crowley se refere aqui ao fato de que a maioria dos textos budistas na língua pali usam as palavras do sânscrito, adulteradas, claro. A filosofia sânscrita gira em torno da existência do Atman, um ente eterno e imutável. O Buda negava a existência do Atman – a palavra central de sua filosofia era Anatta, isto é, inexistência. Ao tentarem interpretar o Buda, os budistas criaram um cânone eivado de concepções contrárias à filosofia desse grande homem. O resultado foi a aparição de uma religião dogmática fazendo do Buda um "salvador". Paralelos no taoísmo e no cristismo ocorrerão imediatamente a qualquer estudante inteligente. A palavra grega anátema está etimologicamente ligada à palavra do Buda, Anatta, e é interessante vê-la usada pela Igreja Católica Romana para amaldiçoar as pessoas que rejeitam as crueldades e absurdos dessa organização.]

90 Aparentemente. Isto é: os resultados óbvios são diversos. É possível que o fenômeno tenha uma causa única, refratada em diversos planos de consciência.

Esta é a esplêndida história de todo avanço espiritual: nós nunca paramos a fim de colher a recompensa.[91]

Portanto, não nos preocupemos se este ou aquele Samadhi pode trazer esta ou aquela vantagem transitória a nossas vidas. Nós abrimos este livro, se vocês se lembram, com considerações sobre a morte. A ideia da morte perde todo significado em Samadhi. Depende das ideias do ego e do tempo; e estas ideias são destruídas. "A morte é engolida em vitória."[92] Nós trataremos a seguir das condições que produzem Samadhi, e procuraremos analisar o que esta experiência é em si.

Dhyana se assemelha a Samadhi sob muitos aspectos. Em Dhyana há uma união do ego com o não-ego, e uma perda das noções de tempo, espaço e causalidade. A dualidade sob qualquer forma é abolida. A ideia-de-tempo implica na existência de duas coisas consecutivas, a ideia-de-espaço envolve a existência de duas coisas não-coincidentes, a ideia-de-causalidade envolve a existência de duas coisas, uma produto da outra.

As condições de Dhyana contradizem as condições do pensamento normal; mas em Samadhi, a diferença é muito maior que em Dhyana. **Enquanto Dhyana parece a simples união de duas coisas, Samadhi parece como se todas as coisas subitamente se juntassem e se unissem.**[93] **Poder-se-ia dizer que em Dhyana existia ainda esta condição em estado latente: que o Um existente era oposto aos Muitos não existentes; mas em Samadhi, o Um e os Muitos são unidos em uma Fusão de Existência com Não Existência.** Esta definição não é o resultado de reflexão da minha parte; está sendo feita de memória.

Outra diferença: é fácil conquistar a habilidade de obter Dhyana. Após algum treino, podemos entrar naquele estado sem prática preliminar (e, deste ponto de vista, podemos reconciliar os dois significados diversos que os autores dão a esta palavra, os quais discutimos no capítulo anterior). Visto de baixo, Dhyana parece um êxtase, uma experiência tão tremenda que não podemos imaginar algo além; mas visto de cima, é um mero estado mental, tão natural quanto qualquer outro. Frater P., antes de obter Samadhi, escreveu isto sobre Dhyana em seu relatório: "Talvez, como resultado do intenso controle que nos esforçamos por obter, um ataque de nervos violento, como uma tempestade, seja provocado: isto nós chamamos de Dhyana. Tanto quanto posso conceber, Samadhi será apenas uma ampliação disto".

Cinco anos mais tarde,[94] ele não diria isto. Talvez dissesse que Samadhi é a mente fluindo, numa corrente contínua, do ego ao não-ego, sem se tornar cônscia de nenhum dos dois; e este fenômeno é acompanhado por um maravilhamento e uma felicidade sempre crescentes. Ele pode compreender que isto seja o resultado natural de Dhyana, mas não pode mais chamar Dhyana, como antes, de precursor de Samadhi. Ele não tem certeza das condições que induzem Samadhi. Ele pode produzir Dhyana à vontade, no curso de alguns minutos de concentração, e o fenômeno frequentemente ocorre de maneira aparentemente espontânea. Mas com Samadhi, infelizmente, este não é o caso. Ele provavelmente pode

---

91 N.M.: Isto é, Crowley nunca parou, e alguns outros grandes homens nunca pararam. Mas a maioria se contenta com o primeiro brinquedinho obtido. Não existe lei além de Faze o que tu queres.

92 N.M.: Não é bem assim! Em Samadhi, a ideia da morte é abolida; mas nem por isto o corpo no qual habita a mente em que a ideia da morte é abolida deixa de morrer eventualmente. Seria interessante descobrir se algum campo ou foco de consciência sobrevive a esta mudança material. Esta questão, em que pese a espiritistas, ressurreicionistas e reencarnacionistas, continua em aberto. Mas será que é realmente importante?

93 N.M.: Crowley está aqui descrevendo Atmadarshana, aquele primeiro elevado estado de Samadhi ao qual ele se referiu anteriormente. Há um estado posterior, Shivadarshana (que ele menciona adiante) em que todas as coisas são aniquiladas. É provável que Shivadarshana seja a mesma experiência que o Buda descreveu como Nirvana, e que o levou a fazer da palavra Anatta o centro de sua doutrina.

94 N.M.: Isto é, após obter Samadhi várias vezes.

conseguir Samadhi à vontade, mas não sabe dizer precisamente como, nem predizer quanto tempo levará antes do fenômeno ocorrer; e não pode ter certeza completa de que o conseguiria.

Todos temos *certeza* de que podemos caminhar um quilômetro sobre uma estrada plana. Conhecemos as condições, e seria preciso um conjunto muito extraordinário de circunstâncias para nos impedir de completar a caminhada. Mas é igualmente certo dizer: "Eu já escalei o Pico da Neblina,[95] e sei que posso escalá-lo novamente." No entanto, existe um conjunto de circunstâncias possíveis, e mais ou menos prováveis, que poderiam impedir o nosso sucesso.

Nós sabemos isto ao certo: **que se o pensamento for conservado único e firme, Dhyana ocorre.** Mas não sabemos se uma simples intensificação disto é suficiente para causar Samadhi, ou se outras condições adicionais (ou outras circunstâncias bem diversas) são necessárias.[96] Obter Dhyana já é ciência. A obtenção de Samadhi continua no terreno do empirismo.

Um dos autores clássicos diz (se nossa memória não nos engana) que doze segundos de concentração dão Dharana, quarenta e quatro dão Dhyana, e mil setecentos e vinte e oito dão Samadhi. E Vivekananda, comentando Patanjali, faz de Dhyana um mero prolongamento de Dharana, mas acrescenta: "Suponhamos que eu estivesse meditando sobre um livro, e gradualmente conseguisse concentrar minha mente sobre ele até perceber apenas a sensação interna, o significado subentendido em qualquer forma material: este estado de Dhyana é chamado Samadhi".

Outros autores opinam que Samadhi resulta de meditar sobre assuntos que são, em si mesmos, "dignos". Por exemplo, Vivekananda diz: "Pense em qualquer assunto santo". E explica a recomendação da seguinte forma: "Isto não significa qualquer assunto malvado" (!).

Frater P. hesitaria em afirmar que conseguiu Dhyana meditando sobre objetos comuns. Ele abandonou a prática deste tipo de meditação após alguns meses, e começou a meditar sobre os Chacras etc. Também, Dhyana começou a ocorrer com tanta frequência que ele parou de registrar a ocorrência. Mas se desejasse atingir aquele estado neste instante, ele escolheria algo para excitar seu "temor a Deus", ou "reverência", ou "maravilhamento".[97] Não existe qualquer motivo aparente por que Dhyana não deva ocorrer ao pensarmos em algum objeto comum numa praia – por exemplo, um siri;[98] mas a referência constante de Frater P. a isso como o objeto habitual de sua meditação não precisa ser tomada *au pied de la lettre.*[99] Seus registros de meditação não contêm qualquer referência a este notável animal.[100]

---

95 N.E.: Óbvia contextualização de Motta. O original traz Matterhorn, uma montanha localizada na fronteira entre a Suíça e a Itália.

96 N.M.: Uma das condições adicionais de querer obter Samadhi. Isto não é tão simples quanto possa parecer. Dhyana glorifica o ego; Samadhi o destrói. Muita gente evita obter Samadhi, enquanto finge (para si mesma e para outros) que o persegue apaixonadamente. Mas há, sem dúvida, outras condições, não necessariamente subjetivas. Só a experiência sistemática de um grande número de pesquisadores ampliará o presente "estado da ciência".

97 É uma quebra no ceticismo que é a base do nosso sistema admitir que algum assunto seja melhor que qualquer outro. Formulemos a posição assim: "*A* é um assunto que *B* considera santo; portanto, é natural para *B* meditar sobre *A*". Desfaçamo-nos do ego, observemos todos os nossos atos como se fossem os atos de outra pessoa: desta forma evitaremos noventa e nove por cento dos obstáculos que estão à nossa espera no caminho.

98 N.M.: Novamente, só a experiência de um grande número de pesquisadores sérios, após sistematizada de forma escrupulosamente científica, esclarecerá estas questões.

99 N.E.: Francês; literalmente, "ao pé da letra".

100 N.E.: O trecho a partir de "um siri" até "notável animal" está faltando na tradução de Motta. Além disso, o "animal" citado por Crowley e traduzido como "siri" é, na verdade, "blue pig", provavelmente alguma anedota.

Será esplêndido quando uma pesquisa disciplinada, usando métodos científicos, executada por muitas pessoas, permitir a determinação das condições de Samadhi. Por enquanto, não parece ser contraproducente seguirmos simplesmente a tradição de nossos antecessores, e usarmos os mesmos objetos de meditação que eles usaram – com uma única exceção que mencionaremos adiante.

O primeiro tipo de objetos para meditação séria (isto é, já não mais a prática preliminar, em que devemos usar apenas objetos simples da vida diária, que são mais fáceis de manter definidos) são *diversas partes de nosso corpo*. Os hindus possuem um complicado sistema de anatomia e fisiologia que aparentemente não tem qualquer relação com os fatos de uma sala de dissecação. Proeminentes em seu sistema estão os sete Chacras, que serão descritos na Parte II deste livro. Existem também vários "nervos", igualmente mitológicos.

O segundo tipo são *objetos de devoção*, tais como a ideia ou a forma da Deidade, ou o coração ou o corpo do nosso Instrutor, ou de algum homem que respeitamos profundamente. Esta prática não é recomendável, porque estimula os preconceitos na mente.

Podemos também meditar sobre *nossos sonhos*. Isto parece superstição; mas a ideia é que você já tem uma tendência, independente de sua vontade consciente, a pensar nessas coisas (ou não sonharia sobre elas); consequentemente lhe será mais fácil se concentrar sobre elas do que sobre outras.

Você pode também meditar sobre qualquer *coisa que lhe agrade especialmente*.[101]

Mas com tudo isso, sentimo-nos inclinados a sugerir que **será melhor, e de maior peso, se a meditação for dirigida a algum objeto que seja, em si, aparentemente sem importância.** Nós não queremos que a mente se excite de nenhuma forma, nem mesmo por adoração. Veja-se os três métodos de meditação dados em *Liber HHH*.[102] Ao mesmo tempo, não podemos negar que será muito mais fácil se escolhermos alguma ideia sobre a qual a mente tenda a fluir naturalmente.[103]

Os hindus afirmam que a natureza do objeto da meditação determina o Samadhi, isto é, esses Samadhis menos elevados que conferem os assim chamados "poderes mágicos". Por exemplo, há os Yogapravritti. Meditando sobre a ponta do nosso nariz, obtemos aquilo que se poderia chamar "o cheiro ideal" – isto é, um cheiro que não é nenhum cheiro em particular, mas que é o cheiro arquetípico, do qual todos os cheiros perceptíveis são modificações. É o "cheiro que não é um cheiro". Esta é a única descrição razoável; pois a experiência sendo contrária à razão, é consequentemente razoável que as palavras que a descrevem sejam assim também.[104]

---

101 N.M.: Mas aqui, novamente, surge o perigo de estimular preconceitos.

102 *Equinox* I (5). Estas meditações são complementos dos três métodos de Entusiasmo (instruções da A∴A∴ ainda não emitidas até março de 1912 e.v.). [N.E.: Veja-se Apêndice.]

103 N.M.: O caminho mais fácil nem sempre é o melhor. No caso presente, aconselharíamos estudantes a escolher assuntos que não despertem seu interesse nem seu entusiasmo. Samadhi não transfigura a mente a não ser a partir do estado em que ela se encontra no momento em que você obtém Samadhi. Fortalecer nossos pontos fortes é fácil; em proporção, nossos pontos fracos se tornam mais fracos ainda. Fortalecendo nossos pontos fracos, talvez obtivéssemos mais lucro da concentração em nossos pontos fortes, quando eventualmente nos concentrássemos neles.

104 Daí o Credo de Atanásio. Compare-se com isso a descrição no *Zohar*: "A Cabeça que está acima de todas as Cabeças; a Cabeça que *não* é uma Cabeça". [N.M.: O "Credo de Atanásio" é o assim-chamado Credo de Niceia, base do Catolicismo Romano (Veja-se *Carta a um Maçom*). Atanásio defendeu a doutrina, aparentemente ilógica, de que as três pessoas da Trindade Cristã eram igualmente arquetípicas, isto é, eternas, imutáveis, e da mesma substância – em suma, "idênticas e diversas simultaneamente". O problema inteiro do Cristismo foi que esta percepção puramente mística foi imposta como dogma.]

Da mesma forma, concentração sobre a ponta da língua dá o "gosto ideal"; sobre o dorso da língua, o "tato ideal". O Bhikku Ananda Metteya[105] dá a seguinte descrição desta experiência: "Todo átomo do corpo entra em contato com todo átomo do Universo simultaneamente". A meditação sobre a raiz da língua dá o "som ideal", e meditação sobre a faringe dá a "visão ideal".[106]

O mais importante desses êxtases, porém, é Atmadarshana, o qual para alguns (e estes não os de menor experiência) é o primeiro verdadeiro Samadhi; pois **mesmo as visões de "Deus" e do "Augoeides" estão manchadas pela forma.**[107] **Em Atmadarshana, o Todo se manifesta como o Um: é o Universo livre de quaisquer condições. Não só são todas as formas e ideias destruídas, mas também as concepções que jazem implícitas em nossas ideias daquelas ideias.**[108] Cada parte do Universo torna-se o Todo, e causa e efeito não mais são separados.

Mas é completamente impossível descrever este estado mental. Podemos apenas especificar algumas de suas características, como fizemos acima; mas a linguagem usada não deve formar qualquer imagem na mente.[109] É impossível a qualquer pessoa que experimente este estado trazer de volta dele qualquer imagem exprimível no estado mental normal. Nem podemos conceber qualquer estado que transcenda Atmadarshana, quando voltamos de Atmadarshana!

No entanto, existe um Samadhi muito mais elevado, chamado **Shivadarshana**; do qual é apenas necessário dizer que **é a destruição do estado prévio: a aniquilação de Atmadarshana.** Para conceber esta extinção devemos imaginar o "Nada" (único nome possível para isto) como positivo, em vez de negativo.[110]

A mente normal é como uma vela num quarto escuro. Se você abre as janelas, a luz do Sol torna a chama invisível. Esta é uma imagem mais ou menos adequada de Dhyana.[111]

---

105 N.E.: Allan Bennett.

106 Igualmente, Patanjali nos diz que se praticarmos Samyama sobre a força de um elefante ou um tigre, adquirimos aquela força. Se você conquistar o "nervo Udana" você pode caminhar sobre a água; o "nervo Samana", você começa a emitir luz; os "elementos" fogo, ar, terra e água, e você pode fazer tudo que na vida normal eles lhe impedem de fazer. Por exemplo, conquistando "terra" podemos tomar um atalho para ir à China; conquistando "água" podemos morar no leito do rio Ganges. Dizem que há um santo em Benares que faz isto, vindo à tona somente uma vez por ano para confortar e instruir seus discípulos. Mas ninguém precisa acreditar nestas coisas a não ser que queira; e aconselhamos mesmo que o estudante domine o desejo de acreditar nelas. Será interessante quando a pesquisa científica tiver investigado os termos destas equações.

107 N.M.: Isto é, Rupa. Tais visões podem conduzir ao fanatismo e à perseguição religiosa. Veja-se o exemplo flagrante do Cristismo.

108 Isto é tão completo que não só "Preto é o mesmo que Branco", mas também "A Brancura do Preto é a *essência* de sua Pretude". O Nada é igual ao Um, que é igual ao Infinito; mas isto é verdadeiro apenas *por causa* deste arranjo triplo, desta trindade ou "triângulo de contradições". [N.M.: Compare-se isto com as controvérsias em torno do conceito cristista da "Trindade". As perseguições religiosas são sempre devidas ao fato de que os devotos de algum dogma tentam interpretar experiências que transcendem os estados mentais "normais" em termos da mente mundana, ou não-iniciada. Isto limita a própria corrente dos devotos com o Instrutor cuja experiência originou a corrente. Este problema só será diminuído na medida em que mais e mais seres humanos pesquisarem as partes ainda pouco conhecidas de suas próprias mentes.]

109 N.M.: O Credo de Atanásio, por exemplo, após descrever em linguagem tão adequada quanto possível a experiência de Atmadarshana ao falar da "Trindade", começa a deduzir as mais imbecis consequências "lógicas" de uma experiência que transcende a lógica. A teurgia se transforma em dogma, e nascem a intolerância, a crueldade, o complexo de inferioridade e até o de culpa.

Mas é mais do que provável que Atanásio não experimentou Atmadarshana: apenas plagiou as palavras de algum legítimo místico, talvez um membro de sua congregação; isto é bem mais comum no cristismo do que se pensa.

110 N.M.: A mente que se esforça por obter transes místicos tem frequentemente vislumbres ou intuições desses Samadhis antes de obtê-los. É o pressentimento de Shivadarshana em mentes muito apegadas ao Ego que cria a crença no "Mal Absoluto".

111 Nota de Virakam: Aqui o ditame foi interrompido enquanto Frater Perdurabo pensou prolongadamente, buscando imagens para Atmadarshana e Shivadarshana.

Mas a mente se recusa a encontrar uma imagem para Atmadarshana. Parece fraco dizer apenas que, se todas as estrelas do universo se juntassem subitamente, apagariam também a luz do Sol. Porém, se aceitarmos dizer isto, e procurarmos outra imagem para Shivadarshana, devemos nos imaginar percebendo que esse braseiro universal é escuridão; não uma luz muito fraca comparada com outra luz, mas escuridão em si. Não é uma transição do minúsculo para o vasto, ou mesmo do finito para o infinito. É a percepção do fato de que o positivo é apenas o negativo. A "verdade final" de Atmadarshana é percebida não apenas como falsa, mas como a contradição lógica da "verdadeira verdade". É completamente inútil prolongar este tema, que até o presente tem derrotado todas as mentes que procuraram expressá-lo. Nós tentamos aqui dizer o mínimo, e não o máximo, possível.[112]

Ainda mais longe do nosso propósito de sermos simples estaria comentarmos aqui as inumeráveis discussões entre místicos sobre se Shivadarshana é o derradeiro Samadhi, ou sobre o efeito de Shivadarshana em nossa vida subsequente. Basta dizermos que até mesmo o primeiro e mais efêmero dos Dhyana nos paga mil vezes pelas dores que podemos ter tido buscando alcançá-lo.

E existe mais um encorajamento para principiantes: todo trabalho que se executa nessa direção tem efeito cumulativo. Todo ato dirigido à consecução espiritual é mais uma pedra acrescentada à pirâmide de um destino que algum dia chegará a fluir. Possam todos conseguir!

---

112 E no entanto, este falatório todo proveio do nosso desejo de sermos tão modestos quanto *Yajna Valkya*!

RESUMO

P. Que é o gênio, e como é produzido?

R. Examinemos diversos exemplos de gênio, e tentemos encontrar algo em comum entre eles, que não seja encontrado em outros tipos de inteligência.

P. Existe algo em comum?

R. Sim: todos os gênios têm o hábito da concentração mental e, via de regra, necessitam de longos períodos de solidão para adquirir esse hábito. Em particular, todos os maiores gênios religiosos se retiraram do mundo em alguma fase de suas vidas, e começaram a ensinar imediatamente ao retornar ao mundo.

P. Qual é a vantagem de um tal retiro? Nós pensaríamos que um homem que fizesse isto perceberia, ao voltar, que estava sem contato com sua época, e em tudo menos capaz do que era antes.

R. No entanto, cada um deles afirma, se bem que em linguagem diversa, que durante sua ausência obteve algum poder sobre-humano.

P. Você acredita nisso?

R. Não fica bem rejeitarmos sem exame as declarações de homens que são respeitados por tantos dos nossos semelhantes. Temos que refutá-las com provas, ou pelo menos explicar como eles se enganaram. Ora, cada um desses homens deixou regras para serem seguidas. O único método científico consiste em repetirmos os experimentos deles, e assim confirmar ou invalidar seus resultados.

P. Mas as regras que eles deram diferem tanto umas das outras!

R. Apenas no fato de que cada um deles estava limitado por condições de raça, clima, linguagem e período cultural. Existe uma identidade básica nos métodos de todos eles.

P. Prove isso!

R. Foi a grande obra da vida de Frater Perdurabo provar isso. Estudando as práticas de cada uma das grandes religiões em seu lugar de origem, ele pôde demonstrar a relação entre elas todas, e formulou um método livre de dogma, baseado apenas nos fatos comprovados da anatomia, da fisiologia e da psicologia.

P. Pode me dar um breve resumo desse método?

R. A ideia básica é a de que o Infinito, o Absoluto, Deus, a Sobre-Alma, ou como você quiser chamar aquilo, está sempre presente em todos nós, mas velado ou fantasiado pelos pensamentos de nossas mentes, da mesma forma que não podemos ouvir as batidas de nosso coração no meio do tráfego de uma cidade barulhenta.

P. E então?

R. Para obter conhecimento direto Daquilo, é apenas necessário parar todos os pensamentos.

P. Mas no sono o pensamento está parado.

R. Talvez sim, superficialmente falando; mas a função que percebe também está parada.

P. Então, você deseja obter uma perfeita vigilância e atenção por parte da mente, que não sejam interrompidas pela aparição de pensamentos?

R. Exato.

P. E como você faz para conseguir isso?

R. Primeiro, nós aquietamos o corpo através da prática chamada Asana. Segundo, asseguramos a regularidade e a saúde do corpo através da prática chamada Pranayama. Desta forma, nenhuma mensagem do corpo perturbará a concentração mental. Depois, através de Yama e Niyama, nós aquietamos as emoções e as paixões, e assim impedimos que também estas apareçam para perturbar a mente. Depois, através de Pratyahara, analisamos nossas mentes ainda mais a fundo, e começamos a suprimir os pensamentos em geral, de qualquer tipo. A seguir, suprimimos todos os pensamentos a não ser um só, no qual buscamos nos concentrar diretamente. Este processo, que leva à mais alta consecução, consiste de três fases, Dharana, Dhyana e Samadhi, as quais são agrupadas sob o nome único de Samyama.

P. Como posso obter maior conhecimento e experiência dessas coisas?

R. A A∴A∴ é uma organização cujos chefes obtiveram através de experiência pessoal o auge dessa ciência. Eles fundaram um sistema pelo qual qualquer pessoa persistente pode atingir a meta, e isto com uma rapidez e facilidade previamente impossíveis.

O grau preliminar de seu sistema é o de

ESTUDANTE.

Estudantes devem possuir os seguintes livros:

O Equinócio no Brasil, todos os volumes.

Raja Yoga, de Swami Vivekananda.

Dogma e Ritual da Alta Magia, de Eliphas Levi.

História da Filosofia Ocidental, de Bertrand Russell.

A Sabedoria da China e da Índia, traduzida por Lin Yutang.[113]

Esses livros devem ser bem estudados em qualquer caso, em conjunto com a segunda parte – "Magick"– deste *Liber ABA.* Darão aos interessados uma percepção básica do lado intelectual do sistema da A∴A∴.

---

113 N.E.: Este foi o currículo sugerido por Motta. Currículo original:

Equinox.

Liber 777.

Konx Om Pax.

Collected Works of A. Crowley; Tannhauser, The Sword of Song, Time, Eleusis. 3 vols.

Raja Yoga, de Swami Vivekananda.

O *Shiva Sanhita* ou o *Hathayoga Pradipika.*

O *Tao Teh Ching* e os Escritos de Chuang Tsu: *S.B.E. XXXIX, XL.*

O *Guia Espiritual*, de Miguel de Molinos.

Dogma e Ritual da Alta Magia, de Eliphas Levi.

A Goetia do Lemegeton, do Rei Salomão.

Após três meses, o Estudante é examinado nestes livros e, se o conhecimento que tem deles é considerado satisfatório, poderá se tornar um Probacionista, assumindo um Juramento e recebendo uma Tarefa. O ponto importante desse passo é que o Probacionista obtém um Instrutor que o orientará em seu trabalho.[114]

Qualquer pessoa, de qualquer sexo, raça, religião ou posição social, pode se candidatar à A∴A∴.[115]

Ele pode escolher qualquer prática que ele preferir, mas em qualquer caso, deve manter um registro exato, de modo que ele possa descobrir a relação de causa e efeito em seu trabalho, e para que a A∴A∴ possa julgar seu progresso, e dirigir seus estudos posteriores.[116]

Após um ano de probação, ele pode ser admitido como um Neófito da A∴A∴, e receber o livro sagrado secreto *Liber VII*.[117]

Estas são as principais instruções de práticas que todo Probacionista deve seguir: *Libri E, A, O, III, XXX, CLXXV, CC, CCVI* e *CMXIII*.[118]

---

114 N.E.: No original de Crowley, este parágrafo especifica que o Probacionista recebe os *Libri LXI* e *LXV*.

115 N.E.: Parágrafo adicionado por Motta. Após este, havia a seguinte nota, hoje descontextualizada: *A Ordem se encontra agora no seu Período de Silêncio, e só voltará a aceitar Probacionistas a partir do meio-dia de 8 de abril de 1986 e.v., hora do Cairo, Egito. Os leitores podem, entretanto, estudar o currículo e nossas publicações, se quiserem, a fim de se prepararem para inscrição no futuro. O currículo será ampliado e modificado à medida que as obras disponíveis em português aumentem de qualidade e número.*

O público fica categoricamente avisado de que quaisquer pessoas que "aceitarem" Probacionistas em nome da A∴A∴ antes daquela data estarão mentindo, e absolutamente não nos representam nem poderiam nos representar nunca.

Para contato com a A∴A∴, veja-se as páginas finais deste livro.

116 N.E.: Parágrafo omitido por Motta.

117 N.E.: *Idem*.

118 N.E.: *Ibidem*. Foram omitidos aqui o Manifesto da O.T.O. de Motta, *Liber OZ* e uma propaganda de *O Equinócio dos Deuses*. É importante frisar que sempre que ele se refere à O.T.O. (após a morte de Germer), evidentemente se trata do seu "ramo" da Ordem.

Na publicação original de 1912 e.v., seguiam-se um formulário de inscrição da A∴A∴ e um anúncio da vindoura Parte II deste *Liber ABA*.

Parte II

MAGICK[119]

TEORIA ELEMENTAR

MAGIA CERIMONIAL

TREINO PARA MEDITAÇÃO

119 A antiga ortografia MAGICK foi adotada para distinguir a Ciência dos Magi de todas as suas falsificações.

Observações Preliminares

Até agora falamos do caminho místico, e particularmente de seu aspecto exotérico. As dificuldades que mencionamos eram apenas obstáculos naturais. Por exemplo, a grande questão da entrega do ser, que aparece tão profusamente na maior parte dos tratados de misticismo, não foi discutida por nós. Dissemos apenas o que o homem deve fazer; não examinamos as implicações de tudo que ele faz. A rebelião da vontade contra a terrível disciplina da meditação não foi discutida; podemos agora dedicar algumas palavras ao assunto.

Não existe limite para aquilo que os teólogos chamam de "maldade". Somente através da experiência pode o estudante perceber a engenhosidade com que a mente tenta escapar ao controle. **O estudante está perfeitamente a salvo enquanto persiste em meditação, praticando nada a mais ou a menos do que aquilo que nós prescrevemos; mas a mente, é provável, não permitirá que ele permaneça nessa simplicidade.** Este fato é a raiz de todas as lendas sobre a tentação do "Santo" pelo "Diabo". Considere-se a parábola do Cristo no Deserto, quando ele é tentado a usar seu poder mágico para fazer tudo, menos o que deve ser feito. Estes ataques contra a vontade são tão maus quanto os pensamentos que se intrometem em Dharana.[120] Parece quase como se não pudéssemos praticar meditação com sucesso antes que a vontade se tenha tornado tão forte que nenhuma força no Universo possa desviá-la ou quebrá-la. **Antes que concentremos o princípio mais baixo, a mente, é necessário concentrarmos o princípio mais alto, a Vontade.** A falta de compreensão disto tem anulado o valor de todas as tentativas de ensinar "Yoga", "Cultura Mental", "Novo Pensamento" etc.

Existem métodos para treinar a vontade, através dos quais se torna fácil verificarmos nosso progresso.

Todo o mundo conhece a força do hábito. Todo o mundo sabe que, se persistirmos em agir de uma maneira particular, aquela ação torna-se progressivamente mais fácil e, por fim, absolutamente natural.

Todas as religiões criaram práticas com este objetivo. Se você persistir em rezar com os lábios durante um suficiente período de tempo, você se perceberá um dia rezando em seu coração.

O problema todo foi analisado e organizado pelos antigos sábios; eles construíram uma Ciência da Vida completa e perfeita; e eles deram a esta ciência o nome de MAGIA. Ela é o principal segredo dos Antigos, e se as chaves nunca foram realmente perdidas, certamente têm sido pouco usadas.[121]

Mais: a confusão acerca do assunto, causada pela ignorância de gente que nada entendia dele, levou-o ao descrédito. E agora nossa tarefa é restabelecer esta ciência em sua perfeição.

---

120 N.M.: Tais "ataques" são causados pelo fato de o intelecto ser a aquisição mais recente da espécie humana, estando ainda em desenvolvimento. A disciplina mental ainda não faz parte da herança genética de todos; é uma qualidade de alguns, não muitos. A maioria de nós tem que dedicar uma parcela considerável de nossas vidas treinando-nos nela, se quisermos ser seres humanos (no melhor sentido dessas palavras) ao invés de apenas bípedes implumes.

121 Os possuidores das chaves têm sido sempre muito discretos a respeito do fato de sua posse. Isto foi especialmente necessário na Europa, devido à prevalência de igrejas perseguidoras.

Para fazê-lo, devemos criticar as Autoridades; algumas tornaram a ciência demasiadamente complexa, outras fracassaram completamente em assuntos tão simples quanto a coerência. Muitos dos escritores são empiristas, outros meros escribas, enquanto a maior parte é composta de estúpidos charlatões.

Tomaremos em consideração uma forma simples de magia, harmonizada de muitos sistemas velhos e novos, e descreveremos as diversas armas do Magista e o mobiliário de seu templo. Explicaremos a que cada um destes objetos corresponde, e discutiremos a construção e o uso de tudo.

O Magista trabalha em um *Templo*: o Universo, que é (lembremo-nos disto!) contérmino com o Magista mesmo.[122] Neste templo, um *Círculo* é desenhado no chão para limitar o trabalho do Magista. Este círculo é protegido por nomes divinos, por influências nas quais ele confia para manter de fora pensamentos hostis.[123] Dentro do círculo está um *Altar*, a base sólida sobre a qual ele trabalha, a fundação do edifício.[124] Sobre o altar estão sua *Baqueta*, *Taça*, *Espada*, e o seu *Pantáculo*,[125] para representar respectivamente sua Vontade, Compreensão, Razão e as partes mais baixas do seu ser.[126] Sobre o Altar está também um frasco de *Óleo*, rodeado por um *Flagelo*, uma *Adaga* e uma *Corrente*, enquanto que acima do Altar pende uma *Lâmpada*. O Magista usa uma *Coroa*, um *Robe* único, e um *Lâmem*, e ele carrega na mão um *Livro* de Conjurações e um *Sino*.

O óleo consagra tudo o que toca; é a sua aspiração; todos os atos executados de acordo com ela são santos. O flagelo tortura o Magista; a adaga o fere; a corrente o encadeia. É por virtude destes três que sua aspiração se conserva pura e é capaz de consagrar todas as outras coisas. Ele usa uma coroa para afirmar o seu senhorio, a sua divindade; um robe para simbolizar o silêncio, e um lâmem para declarar o seu trabalho. O livro de encantamentos ou conjurações é o seu relatório mágico, seu Carma. No Oriente[127] está o Fogo Mágico, em que tudo é consumido por fim.[128]

Consideremos cada uma destas detalhadamente.

---

122 Isto é, com o conteúdo de sua mente. Nada de que você não possa se tornar consciente existe para você.

123 N.M.: Observe a exata correspondência com a Yoga. Os nomes "divinos" não têm valor em si mesmos: seu valor depende da importância que a mente do Magista lhes atribui. Eles simplesmente auxiliam a memória a lembrar a necessidade de controlar os pensamentos. Tais nomes, portanto, nitidamente variarão de acordo com o psicossoma e o condicionamento cultural de cada praticante.

124 N.M.: O altar representa o agregado daquilo que os hindus chamam de *Sthula Sharira*, *Kama Rupa* e *Manas*; isto é, o Corpo Físico, o Corpo de Desejos (ou Emoções) e o Corpo Mental. A expressão "corpo" deve, novamente, ser compreendida no sentido de um agregado, e não no sentido de um formato ou sólido particular. Tais "corpos" são campos de força entretecidos em diferentes níveis de vibração. Eventualmente eles serão avaliados, exatamente como a assim chamada "matéria" está sendo avaliada, e então a descrição não mais será tão inconvenientemente vaga, ou variará tanto na terminologia. Seu formato não varia muito pois que representa a herança genética de qualquer ser humano.

125 N.M.: Estas "Armas Mágicas" representam as faculdades do Magista, e correspondem aos "Elementos" dos antigos "rosa-cruzes", respectivamente Fogo, Água, Ar e Terra; ou, em nomenclatura hindu, Tejas, Apas, Vayu e Prithivi. Elas serão detalhadamente descritas nesta Parte II.

126 N.M.: Novamente estas "partes mais baixas" são precisamente seu psicossoma. Diferem do Altar pois representam o controle consciente de traços herdados; isto sendo verdade, o Pantáculo é muito mais individualizado do que o Altar possivelmente poderia ser – como se tornará claro adiante.

127 N.M.: O "Leste" Espiritual, não o geográfico; de fato, o Oriente. Ele corresponde ao Elemento do Espírito (o Akasha hindu), a Cabeça do Pentagrama. Para os judeus e crististas em geral está em Jerusalém; para os católicos romanos "praticantes" está no Vaticano, Roma; para os muçulmanos em Meca, para os budistas no Ceilão, para os hindus em diversas partes da Índia ou Tibete, dependendo de seus credos particulares. Para os Thelemitas (no sentido de pessoas que aceitam e praticam *Liber AL vel Legis*) está em Boleskine, a Casa d'A Besta 666, L.N. 57° 14', L.O. 4° 28'. Entretanto, isso não se refere a qualquer construção ou local material em particular. Recentemente um músico de rock comprou Boleskine como uma especulação imobiliária: deve-se observar que sua popularidade e a qualidade de sua música começaram a se deteriorar nitidamente a partir daquela data. [N.E.: O músico referido aqui é o guitarrista Jimmy Page, que comprou a casa em 1970 e.v. e a reformou de modo a recuperar a aparência da época de Crowley, inclusive contratando um artista para pintar murais inspirados nos desenhos encontrados na Abadia de Thelema, em Cefalu. Ao contrário do que foi dito por Motta sobre a qualidade e sucesso das músicas, apenas um ano após comprar a casa, Page e sua banda lançaram um dos maiores álbuns da história, o *Led Zeppelin IV*.]

128 Para invocar, ele não necessita senão do aparato aqui descrito, por meio do qual chama aquilo que está acima dele e dentro dele; mas para evocações, através das quais chama à manifestação o que está abaixo e fora dele, pode colocar um triângulo fora do círculo.

CAPÍTULO I

O TEMPLO

O Templo representa o Universo externo. O Magista deve tomá-lo tal como o encontra, de forma que ele não tem nenhum formato em particular. No entanto, está escrito em *Liber VII* vi 2: "Nós nos fizemos um Templo de pedras na forma do Universo, mesmo como tu usavas abertamente e eu escondido". Esta forma é a *Vesica Piscis;*[129] mas é somente o maior dos Magistas que pode assim formar o Templo. No entanto, pode haver alguma escolha quanto ao aposento; isto se refere ao poder do Magista de se reencarnar em um corpo apropriado ao seu Trabalho.[130]

129 N.M.: Isto é, a forma do Princípio Feminino; a forma da Vulva. Veja-se *The Canon* ou *Two Essays on the Worship of Priapus*.

130 N.M.: Todo o assunto da reencarnação está aberto à discussão e permanecerá assim até que pesquisadores cientistas se deem ao trabalho de aprender como controlar e usar aquelas faculdades menos conhecidas da psique que foram englobadas sob o termo geral P.E.S. (Percepção Extrassensorial). O estudo e prática desse *Liber ABA*, especialmente Partes I e II, seria um passo vital àquele fim. Enfatizamos particularmente Partes I e II porque podem ser praticadas por qualquer um, não importa qual a preferência ideológica, sem qualquer necessidade de considerar as implicações de moralidade, filosofia, ética ou religião Thelêmicas.

CAPÍTULO II

O CÍRCULO

O Círculo

O Círculo anuncia a Natureza da Grande Obra.

Se bem que o Magista foi limitado em sua escolha do quarto, ele está mais ou menos livre para escolher em que parte daquele aposento trabalhará; levará em consideração o máximo de conveniência possível. Seu círculo não deve ser tão pequeno que estorve os seus movimentos, nem tão grande que ele tenha muita distância a percorrer.[131] Uma vez o círculo feito e consagrado, o Magista não deve deixá-lo ou mesmo debruçar-se além dele, para que as forças hostis que estão de fora não possam destruí-lo.

O círculo, e não outra figura linear, é escolhido por várias razões, por exemplo:

1. Ele afirma desta forma sua identidade com o infinito.

131 N.M.: Este é o princípio da eficiência: máximo de resultado com um mínimo de esforço. Não deveria ser confundido com preguiça!

2. Ele afirma a proporção equânime do seu trabalho; todos os pontos da circunferência são equidistantes do centro.

3. Ele afirma a limitação implicada em sua devoção à Grande Obra. Não perambula mais sem fito pelo mundo.[132]

O centro deste círculo é o centro do Tau de dez quadrados inscrito nele, como é mostrado na ilustração. O Tau e o círculo, juntos, são uma forma da Rosa Cruz: a união de sujeito e objeto que é a Grande Obra, a qual é às vezes simbolizada como esta cruz e círculo, às vezes como o Lingam-Yoni, às vezes como o Ankh ou Crux Ansata, outras como o Coruchéu e Nave de uma igreja ou templo, às vezes como um festim de casamento, bodas místicas, bodas espirituais, "bodas químicas" e de centenas de outras formas. Qualquer que seja a forma escolhida, ela é o símbolo da Grande Obra.

O local de trabalho, portanto, declara a natureza e o objetivo da Obra do Magista. As pessoas que supõem que o uso de tais símbolos implica na adoração dos órgãos genitais simplesmente atribuíram aos sábios de todas as épocas e todos os países mentalidades do calibre das suas.

O Tau é composto de dez quadrados, correspondentes às dez Sephiroth.[133] Em volta deste Tau está inscrito um triângulo, o qual está circunscrito pelo grande Círculo; mas no triângulo nada está marcado senão os três cantos, as áreas definidas pelo traçado das linhas encerrando este triângulo. Este triângulo só é visível nas partes que são comuns a dois dos lados; estas partes têm, portanto, a forma do losango mostrado na ilustração, o qual é uma forma do Yoni. O significado disto é demasiado complexo para nosso simples tratado; pode ser estudado no "Berashith" de Crowley.

O tamanho da figura inteira é determinado pelo tamanho de um quadrado do Tau. E o tamanho deste quadrado é o tamanho da base do Altar, que é colocado em Malkuth. Concluímos disto, portanto, que **a despeito da aparente liberdade do Magista de fazer o que lhe apraz, ele está na realidade absolutamente compelido e determinado;**[134] pois como o Altar deve ter uma base proporcional à sua altura, e como aquela altura deve ser conveniente para o Magista, o tamanho de tudo dependerá da própria natureza dele. É fácil extrair lições de moral destas considerações. Nós indicaremos aqui somente esta: **o alcance do trabalho de qualquer homem dependerá do próprio gênio original dele**. Mesmo o tamanho das armas deve ser determinado por uma necessária proporção. As exceções a esta regra são a Lâmpada, que está dependurada do teto, sobre o centro do Círculo, acima do quadrado de Tiphereth; e o Óleo, cujo frasco é tão pequeno que servirá a qualquer altar.

---

132 N.M.: Qualquer outra figura geométrica – o quadrado, por exemplo – afirmaria essa restrição autoimposta. A vantagem do círculo está nos outros dois pontos mencionados anteriormente.

133 As Dez Sephiroth são as Dez Unidades. Em um certo sistema de classificação (veja-se *777*) elas são arranjadas de tal forma, e várias ideias lhe são atribuídas de tal maneira, que elas podem ter qualquer significado. Quanto mais soubermos, mais significados estes números terão para nós.

134 N.M.: Estamos determinados, primeiro, pela nossa herança genética, segundo, pelo nosso ambiente, treino e educação anteriores e finalmente pela inércia – ou eficiência – de nossa própria Vontade. A Vontade é o único elemento de nossa constituição sobre o qual podemos adquirir controle totalmente autônomo, embora limitado pela nossa herança genética. Adquirimos o controle do nosso ambiente em proporção direta à eficiência com que treinamos nossa Vontade.

No Círculo estão inscritos os Nomes de Deus;[135] o Círculo é verde, e os nomes estão em vermelho de fogo, da mesma cor que o Tau. **Fora do Círculo estão nove pentagramas equidistantes,**[136] **no centro de cada um dos quais queima uma pequena Lâmpada**; estas são as "Fortalezas sobre as Fronteiras do Abismo". Veja-se o Décimo Primeiro Æthyr, *Liber 418* (*Equinox* I (5)). **Elas mantêm fora essas forças da escuridão que poderiam de outra forma invadir.**

Os nomes de Deus formam ainda outra proteção. O Magista pode escolher que nomes usará; mas cada nome deveria de alguma forma simbolizar a sua Obra em método e consecução. É impossível entrar aqui por completo neste assunto; a descoberta ou construção de nomes apropriados poderia ocupar o mais instruído Cabalista durante muitos anos.

Estas nove lâmpadas eram originalmente velas feitas de gordura humana, a gordura de inimigos[137] mortos pelo Magista; elas assim serviam de aviso a qualquer força hostil daquilo que poderia esperar se causasse incômodo. Hoje em dia tais velas são difíceis de conseguir; e é talvez mais fácil usar cera de abelha. O mel foi tomado pelo Magista; nada resta do trabalho de todas essas hostes de abelhas senão a mera casca, o combustível da luz. Esta cera de abelha é também usada na construção do Pantáculo, e isto forma um elo entre os dois símbolos. O Pantáculo é o alimento do Magus: ele renuncia a parte deste para dar luz àquilo que está fora. Pois **estas luzes são hostis à intrusão apenas em aparência; elas servem para iluminar o Círculo e os Nomes de Deus, e assim exibem os primeiros e mais externos símbolos da iniciação à visão dos profanos.**

Estas velas estão de pé sobre pentagramas, que simbolizam Geburah, severidade, e dão proteção; mas que também representam o microcosmo, os quatro elementos coroados pelo Espírito, a Vontade do homem tornada perfeita em sua aspiração ao mais Alto. Elas são colocadas fora do Círculo para atrair as forças hostis, para dar-lhes o primeiro vislumbre da Grande Obra, que também elas devem algum dia executar.[138]

---

135 N.M.: Estes naturalmente variarão de acordo com o credo religioso ou sistema de teurgia de nossa preferência. O sistema que está sendo descrito é basicamente Thelêmico.

136 Alguns magistas preferem sete lâmpadas, para os sete Espíritos de Deus que estão diante do Trono. Cada lâmpada está colocada em um heptagrama, e em cada ângulo do heptagrama está uma letra, de forma que os sete nomes (veja-se *Equinox* I (7)) são assim soletrados. Mas isto é um simbolismo bem diferente. Naturalmente, no trabalho especializado ordinário, o número das lâmpadas depende da natureza da obra: *e.g.*, três para trabalhos de Saturno, oito para trabalhos de Mercúrio, e assim por diante.

137 Ou, algumas vezes, de "criancinhas estranguladas ao nascer", isto é, pensamentos aniquilados antes que pudessem assomar à consciência.

138 N.M.: Esse é o verdadeiro significado do Círculo, que, de outra forma, somente representaria Ódio; e sabemos que Amor é a lei, amor sob vontade.

CAPÍTULO III

O ALTAR

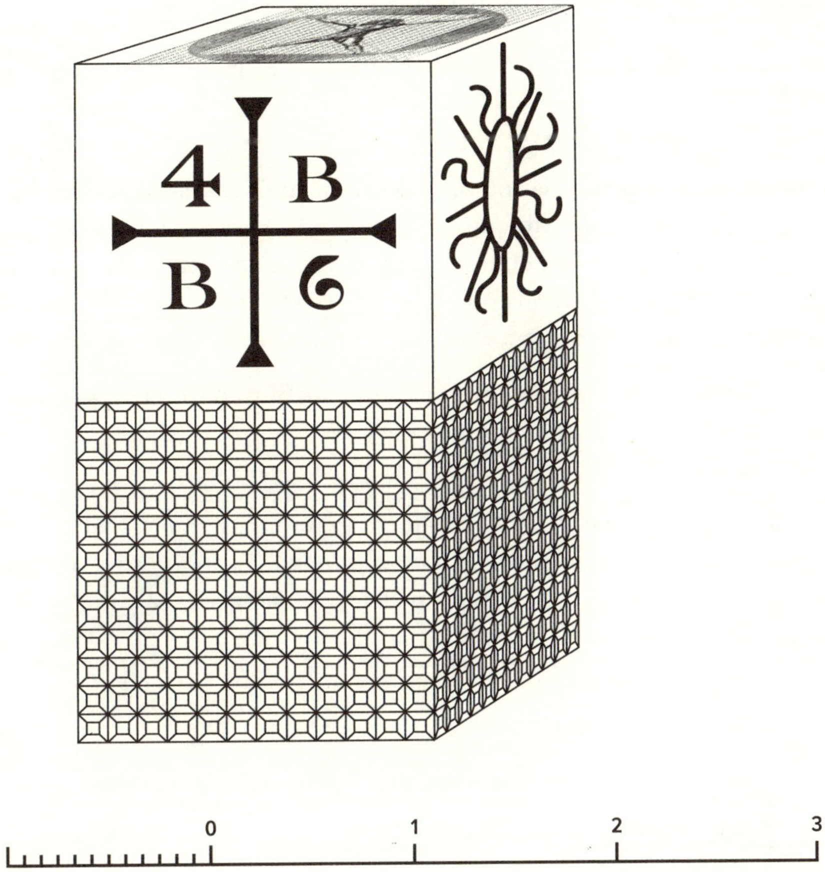

O altar. Arranjos laterais do dr. Dee, conforme mostrados no Equinox *I (7).*

O Altar representa a base sólida da obra, a Vontade fixa[139] do Magista; e a lei sob a qual ele trabalha. Dentro deste altar tudo é colocado, desde que tudo está sujeito à lei, com exceção da Lâmpada.

De acordo com algumas autoridades, o Altar deve ser feito de carvalho para representar a teimosia e rigidez da lei; outros o fariam de Acácia, pois a Acácia é o símbolo da ressurreição.[140]

O Altar é um duplo cubo, o que é uma maneira mais ou menos grosseira de simbolizar a Grande Obra; pois dobrar o cubo, da mesma forma que a quadratura do círculo, era um dos grandes problemas da antiguidade. A superfície deste Altar é composta de dez quadrados. O topo é Kether, e o fundo Malkuth. A altura do Altar iguala a distância do solo ao umbigo do Magista. O Altar está relacionado com a Arca da Aliança, a Arca de Noé, a nave (*navis*, um barco) da Igreja,[141] e muitos outros símbolos da

---

139 Ele representa a extensão da Vontade. A Vontade é a Díada (veja-se a seção sobre a Baqueta); 2 x 2 = 4. Portanto o altar é quadrangular, e também seus dez quadrados mostram o 4. 10 = 1 + 2 + 3 + 4.

140 N.M.: Estas madeiras são simbólicas em latitudes setentrionais, especialmente na Europa. Outras partes do mundo podem ter desenvolvido outras tradições culturais, caso em que o magista deveria usar aquelas que lhe são mais harmoniosas.

141 N.M.: Uma Igreja Cristã.

antiguidade, cujo significado foi bem estudado em um livro anônimo chamado *The Canon*, que deveria ser cuidadosamente consultado antes de construirmos o Altar.[142]

Pois este Altar deve incorporar o conhecimento que o Magista tem das leis da Natureza, que são as leis através das quais ele trabalha.

Ele deveria esforçar-se por fazer construções geométricas para simbolizar medidas cósmicas. Por exemplo, pode tomar as duas diagonais como se fossem, digamos, o diâmetro do Sol. Então descobrirá que o lado do Altar deverá ter um comprimento igual a alguma outra medida cósmica, uma vesica desenhada sobre um lado terá outra, uma "cruz de crucifixo" dentro da vesica ainda outra. Cada Magista deve construir o seu próprio sistema de simbolismo – e não precisa limitar-se a medidas cósmicas. Poderia, por exemplo, encontrar alguma relação para expressar a lei do inverso dos quadrados.[143]

O topo do Altar deve ser coberto com ouro, e sobre este ouro deveria ser gravada alguma figura tal qual a Oblação Santa, ou a Nova Jerusalém, ou, se ele tiver talento, o Microcosmo de Vitruvius,[144] dos quais nós damos ilustrações.

Sobre os lados do Altar algumas vezes são também gravadas as grandes tábuas dos elementos, e os selos dos santos reis elementais, como é mostrado no *Equinox* I (7); pois estes são sínteses das forças da Natureza. No entanto, estes são antes símbolos particulares, e não gerais, e o propósito do presente livro é tratar dos grandes princípios gerais do trabalho.

---

142 N.M.: *The Canon* tem sido constantemente reimpresso, como muitos livros de ocultismo de valor. Foi originalmente publicado por Elkin Mathews, Londres. Trata da relação entre a arquitetura e o simbolismo místico, especialmente da Europa e Oriente Médio.

143 N.M.: Ou qualquer outra relação matemática. De todas as ciências, a matemática é a que ativa os centros mais desenvolvidos da parte puramente intelectual do cérebro humano, o assim chamado "Corpo Mental" (*Manas*) dos hindus, e os conecta, através de sinapses puramente materiais e orgânicas, às intuições da "Mente Espiritual", ou *Buddhi Manas*. A matemática deveria ser estudada e praticada por todo Aspirante sério. Você não tem que se tornar um Leibnitz ou um Descartes ou um Whitehead; mas deveria pelo menos esforçar-se para compreender seus princípios básicos.

144 N.E.: Marcos Vitrúvio Polião foi um militar romano sob o comando de César, especialista no projeto e na construção de máquinas de artilharia e, posteriormente, em arquitetura. Após séculos sombrios, seu trabalho *De Architectura* (conhecido atualmente como *Dez Livros sobre a Arquitetura*) foi redescoberto num mosteiro suíço, no início do século XV, pelo humanista italiano pioneiro Poggio Bracciolini, que o enviou a Florença, onde se tornou parte do firmamento de obras clássicas redescobertas que serviram de base para o surgimento da Renascença. A ideia central por trás do Homem Vitruviano era fornecer uma representação concreta de uma analogia que remontava aos tempos de Platão e dos antigos, tendo se tornado uma metáfora definidora do Humanismo Renascentista: a relação entre o Microcosmo do Homem e o Macrocosmo do Universo. O mais famoso esquema foi desenhado por Leonardo da Vinci em 1490 e.v. em um de seus cadernos – conhecido hoje como *Codex Leicester*. Entretanto, a imagem utilizada como exemplo por Crowley neste livro foi feita por Robert Fludd, médico paracelsista, alquimista, astrólogo, matemático e cosmologista inglês, em seu livro *Utriusque cosmi Historia*, entre 1617 e 1621 e.v.

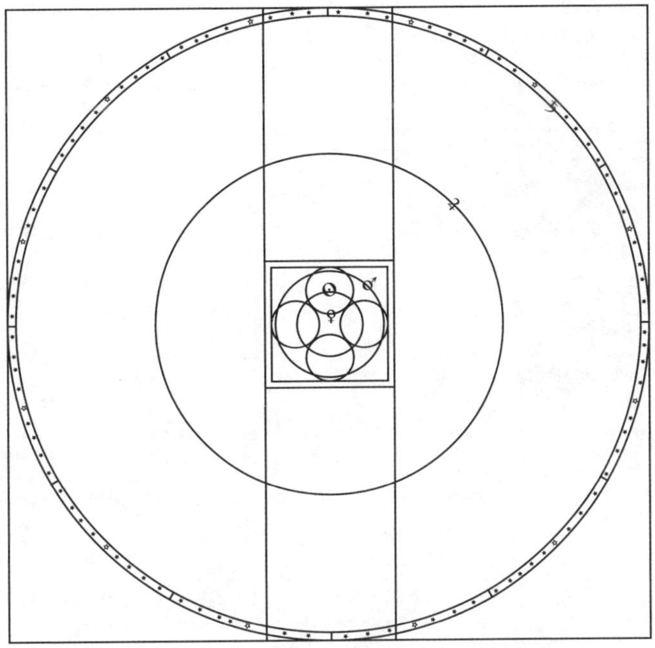

Santa Oblação

Desenho adequado para o topo do altar.

CAPÍTULO IV

O FLAGELO, A ADAGA E A CADEIA

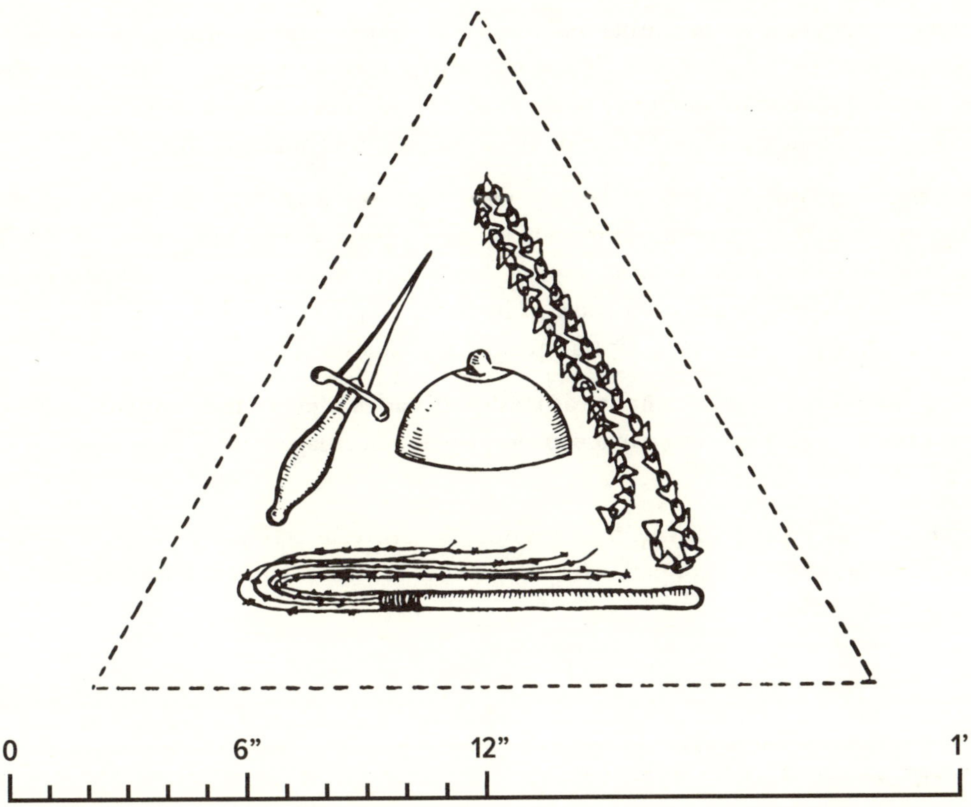

O Flagelo, a Adaga e a Cadeia; incluindo o frasco para o Óleo Santo

O Flagelo, a Adaga e a Cadeia representam os três princípios alquímicos de Enxofre, Mercúrio e Sal. Estes não são as substâncias atualmente designadas por tais nomes; representam "princípios" cuja operação os químicos têm achado mais conveniente explicar de outras formas. O Enxofre representa a energia das coisas, o Mercúrio a sua fluidez, o Sal, a fixidez. São análogos ao Fogo, ao Ar e à Água, mas significam muito mais, pois representam algo mais profundo e sutil, e, no entanto, mais verdadeiramente ativo.[145] Uma analogia quase exata é dada pelas Três Gunas dos hindus: Sattvas, Rajas e Tamas. Sattvas é Mercúrio, estável, calmo, claro; Rajas é Enxofre, ativo, excitável, feroz mesmo; Tamas é Sal, grosso, lerdo, pesado, escuro.[146]

Mas a filosofia hindu está tão preocupada com a ideia principal de que só o Absoluto tem valor, que ela tende a considerar estas três Gunas (mesmo Sattvas) como malignas. Este ponto de vista é correto, mas somente olhando de cima;[147] e nós preferimos, se somos realmente sábios, evitar a eterna queixa

145 N.M.: Eles estão relacionados à atividade das energias do assim chamado "Plano Etérico" dos hindus, e do Prana.

146 Existe uma longa descrição destas três Gunas no *Bhagavad-Gita*.

147 N.M.: A ideia hindu é transcender todas as formas mutáveis de energia, e viver para sempre na "Paz Incondicional" do Absoluto. O conceito é praticamente o mesmo daquele do Nirvana. Em um nível muito mais baixo, compare a "Terra Prometida" dos judeus e o "Céu" dos crististas. Mas este "Retiro no Absoluto" – supondo que seja possível – só é possível relativamente enquanto nos manifestamos como seres encarnados. A Lei do Ritmo impõe a necessidade de aceitar o constante intercâmbio das Três Gunas como necessário à existência fenomenal. O importante é que, em seu Âmago Espiritual, o Iniciado ou a Iniciada não deveria permitir-se apegar às "virtudes" ou aos "vícios" que as Gunas estimulam no Ego, ou Ahamkhara. Mas é claro que o Ahamkhara deve trabalhar através e com as Gunas!

que caracteriza o pensamento da península indiana: "Tudo o que existe é sofrimento" etc. Se aceitamos a doutrina deles das duas fases do Absoluto,[148] será necessário, se quisermos ser consistentes, classificarmos as duas fases juntas, quer como boas, quer como más; pois se uma é boa e a outra é má, nós voltamos à ideia de dualidade, justamente o que tentamos evitar quando inventamos o Absoluto.[149]

A ideia cristista de que o pecado valeu a pena porque deu à salvação tão maior valor, e de que a redenção é tão esplêndida que a perda da inocência valeu a pena, é mais satisfatória.[150] "São Paulo" diz: "Onde abundava o pecado, mais abundou a graça. Então devemos nós fazer o mal para que o bem nos venha? Deus proíba". Mas (claramente!) isto é exatamente o que Deus Mesmo fez, ou por que haveria Ele de criar Satã com o germe de sua própria "queda" em si mesmo?[151]

Em vez de condenar imediatamente as três qualidades, deveríamos considerá-las como partes de um sacramento. Este aspecto particular do Flagelo, da Adaga e da Cadeia sugere o sacramento da penitência.[152]

O Flagelo é Enxofre; sua aplicação excita nossas naturezas lerdas e pode, além disso, ser usado como um instrumento de correção, para castigar volições rebeldes. Isto é aplicado a Nephesh, à Alma Animal, os desejos naturais.[153]

---

148 N.M.: Isto é, do Dia e da Noite de Brahma, o Dia representando a manifestação fenomenal, e a Noite o Retiro ao Silêncio, que está além mesmo da existência numenal. Esses conceitos, em suas formas mais elevadas, estão respectivamente relacionados a Atmadarshana e Shivadarshana.

149 N.M.: A tendência natural de um místico que se apega a Samadhi é defini-lo como "bom" e qualquer outro estado de consciência como "ruim"; e quando tais místicos alcançam Atmadarshana e Shivadarshana, tendem a definir um ou outro daqueles dois Samadhis como "preferível" ou "melhor". Apego a Samadhi é um dos últimos obstáculos que um místico deve superar; uma das mais perigosas obsessões, pois Samadhi é – relativamente a outros – um estado mental muito elevado. Quem não pensaria que amar "Deus" é sagrado? Mas também é sagrado amar nosso vizinho, ou pedras, ou merda, ou demônios. Essas coisas também são formas de "Deus".

O conceito de Dualismo é o mesmo conceito persa de Aormuzdi e Ahrimanes, Bem e Mal, ou qualquer outro Par de Opostos. O problema envolvido é a confusão dos planos. Um místico quer "Deus" e alcança "Deus". Isto não significa que você não possa sofrer de indigestão. Buda, como todos sabem, morreu disso!

O que realmente ansiamos – e, se não ansiamos, deveríamos, se tivéssemos o mínimo de bom senso – é estabelecer uma relação harmoniosa entre os diferentes planos ou estados de consciência. Tal relação harmoniosa é possível; de fato, é a base de nossa estrutura psicossomática. Ansiamos continuamente em aperfeiçoar-nos, e isso manifesta-se como o processo de evolução. O propósito da religião e o propósito da ciência são os mesmos: ambas aspiram aperfeiçoar o bem-estar de nossa espécie. Quem quer que negue isto não está em bom estado de saúde mental, ou está sob a ilusão de que é impossível gozar sua vida sem prejudicar alguém ou algo. A mais nova e mais nobre ciência, a Ecologia – primeiro fruto do Novo Æon – trata precisamente disso. É um reflexo, no plano intelectual, daquela genuína Consciência Cósmica obtida pelos mais sublimes artistas, cientistas e místicos.

150 N.M.: Ele não quis dizer que era mais desejável!

151 N.M.: Veja-se *Carta a um Maçom*. A ideia de "pecado original" foi inventada precisamente para tentar explicar a aparente contradição dos dois aspectos do Absoluto. É obviamente menos sofisticada do que o conceito hindu e deve muito ao condicionamento cultural hebraico sob os assírios.

152 N.M.: Por incrível que pareça, a ideia judaico-cristista de "redimir o pecado original" representa a primeira ativação do espírito científico no fatalismo servil dos profetas hebreus. "Penitência" implica na possibilidade de purificação e progresso – que são os verdadeiros significados da palavra reparação. Rabinos ortodoxos resistiram ao conceito do Messias como um "Salvador Espiritual": eles queriam um rei temporal, enviado por Jeová para ajudá-los a derrotar os povos que os ameaçavam, especialmente os romanos. Outros fatores decorrentes da infiltração dos ensinamentos de Dionísio na Palestina – tal como a introdução do Princípio Feminino no conceito judeu ortodoxo de Deus – são por demais complexos para serem discutidos aqui.

O importante é que os leitores e as leitoras não se deixem conquistar pelo masoquismo cristista. A ideia de que a "penitência" por si é valiosa é totalmente errônea. A virtude do Flagelo, da Adaga e da Cadeia, como Crowley esclarecerá mais adiante, consiste na ajuda que proporcionam para treinar a Vontade. A penitência não é um suborno oferecido a uma Divindade vingativa: é uma correção que aplicamos às nossas faculdades mais grosseiras, para sintonizá-las àquela harmonia evolutiva entre os planos, que representa toda a diferença entre um Charles Darwin e um macaco.

153 N.M.: O *Nephesh* dos cabalistas hebreus corresponde aproximadamente a uma combinação dos "Corpos" Etérico, Energético e Emocional dos hindus (*Linga Sharira*, *Prana Sharira* e *Kama Rupa*); mas inclui também certos aspectos que os hindus estariam inclinados a atribuir a faculdades muito

A Adaga é Mercúrio; é usada para acalmar um calor demasiado através da sangria, e esta é a arma mergulhada no lado do Magista para encher a Santa Taça. As faculdades que estão entre os apetites e a razão são assim ordenadas.

A Cadeia é Sal; serve para limitar os pensamentos divagantes e, por este motivo, é colocada em volta do pescoço do Magista, onde está Daäth.[154]

Estes instrumentos também nos lembram a dor, a morte e a servidão. Os estudantes dos evangelhos se lembrarão de que no martírio de Cristo estes três são usados, a adaga sendo substituída pelos pregos.[155]

O Flagelo deveria ser feito com um punho de ferro; o látego é composto de nove tiras de fino arame de cobre, nas quais estão entrançados pedacinhos de chumbo. O ferro representa severidade, o cobre amor, e o chumbo austeridade.

A Adaga é feita de aço trabalhado com ouro; e o punho também é de ouro.

A Cadeia é feita de ferro doce. Tem 333 elos.[156]

Torna-se agora evidente porque estas armas estão agrupadas em volta do frasco de cristal de rocha que contém o Óleo Santo.

O Flagelo mantém intensa a aspiração; a Adaga expressa a determinação de sacrificar tudo; a Cadeia restringe qualquer divagação.

Podemos agora considerar o Óleo Santo propriamente dito.

---

mais elevadas em seu sistema de classificação (*Buddhi-Manas* e *Buddhi*). Tudo depende do Grau Iniciático (ou estágio de evolução espiritual) de uma pessoa.

154 N.M.: Os sistemas hindu e hebreu quase nunca coincidem em todos os detalhes. As faculdades "que estão entre os apetites e a razão" referem-se a Kama Rupa, mas no sistema Cabalístico correspondem aos elos psicossomáticos entre *Nephesh* e *Ruach*, entre as emoções e o intelecto. Novamente o grau de evolução de uma pessoa é importante. No entanto, Daäth corresponde exatamente ao *Visuddhi Chacra*, ou plexo cervical.

155 Isto é fato para todos os instrumentos mágicos. O Monte Gólgota é o círculo, e a Cruz é o Tau. Cristo tem robe, coroa, cetro etc.; esta tese deve algum dia ser desenvolvida por completo. [N.M.: Veja-se *Carta a um Maçom*.]

N.M.: No entanto, o significado e o uso desses instrumentos – assim como das outras Armas – em situações em que são úteis são tratados de maneira muito melhor no *Bagh-i-Muattar* do que nos "evangelhos". Veja-se *Equinox* V (4).

156 Veja-se o *Equinox* I (5), "A Visão e a Voz": décimo Æthyr.

CAPÍTULO V

O ÓLEO SANTO

O Óleo Santo é a Aspiração do Magista; é aquilo que o consagra à execução da Grande Obra; e tal é a sua eficácia que consagra também o mobiliário do Templo e os instrumentos. **É também a graça ou crisma; pois esta aspiração não é ambição, é uma qualidade conferida do alto.**[157] Por esta razão o Magista ungirá primeiro o topo de sua cabeça, procedendo então à consagração sucessiva dos centros mais baixos.

Este Óleo é de uma pura cor dourada; e quando colocado sobre a pele ele deverá queimar e vibrar através do corpo com uma intensidade como a do fogo. É a pura luz traduzida em termos de desejo. **Não é a Vontade do Magista, o desejo do mais baixo de alcançar o mais alto; é a centelha do mais alto no Magista, que deseja unir o mais baixo a si.**

A não ser, portanto, que o Magista seja primeiro ungido com este óleo, todo o seu trabalho será desperdiçado e maligno.

Este óleo é composto de quatro substâncias. A base de todas é o óleo de oliva. A oliveira é, tradicionalmente, a dádiva de Minerva, a Sabedoria de Deus, o Logos. Nisto são dissolvidos três outros óleos: óleo de mirra, óleo de canela, óleo de galanga. A Mirra é atribuída a Binah, a Grande Mãe, a qual é ao mesmo tempo a compreensão do Magista e aquela dor e compaixão que resultam da contemplação do Universo. A Canela representa Tiphereth, o Sol – o Filho, em quem Glória e Sofrimento são idênticos. A Galanga representa tanto Kether quanto Malkuth, o Primeiro e o Último, o Um e os Muitos, desde que neste Óleo eles são Um.[158]

Estes óleos em conjunto representam, portanto, a Árvore da Vida inteira. As dez Sephiroth são misturadas no ouro perfeito.

Este Óleo não pode ser preparado de mirra, canela e galanga em estado bruto. A tentativa de assim fazer dá apenas uma lama marrom com a qual o óleo não se misturará. Estas substâncias devem ser, elas mesmas, refinadas em puros óleos antes da mistura final.[159]

Este perfeito Óleo é extremamente penetrante e sutil. Gradualmente se espalhará, uma película brilhante, sobre todo objeto no Templo. Cada um destes objetos então flamejará à luz da Lâmpada. Este Óleo é aquele que estava na taça da viúva;[160] ele se renova e multiplica milagrosamente; seu perfume enche o Templo inteiro; é a alma de que o perfume mais grosseiro é o corpo.[161]

O frasco que contém o Óleo deveria ser de claro cristal de rocha, e alguns magistas o têm moldado na forma do seio da mulher, porque é a verdadeira nutrição de tudo quanto vive. Por este motivo, também tem sido feito de madrepérola, e tampado com um rubi.

---

157 N.M.: Isto é, vem daquela faculdade do ser humano que nos leva a aspirar ao progresso evolucionário: a Intuição Espiritual, chamada *Neschamah* pelos cabalistas hebreus e *Buddhi* pelos hindus. O "Céu" dos crististas refere-se àquelas qualidades que os cabalistas colocaram "acima do Abismo" – veja-se a Árvore da Vida, e os diagramas no *Equinox* V (3). Tais qualidades correspondem aos *Chacras* hindus *Visuddhi*, *Ajna* e *Sahashara*, ou aos "éteres" *Akasha*, *Adi* e *Anupadaka*.

158 N.M.: O "Óleo de Abramelin" – que é o óleo aqui descrito – está sendo vendido por inescrupulosos comerciantes "ocultistas" no ocidente, "preparado" com óleo de gengibre em vez da galanga. Ambas as plantas são da mesma família, mas totalmente diversas. A galanga vem da China Continental, o que faz com que seja cara e difícil de obter; daí o roubo. Aspirantes sérios são veementemente alertados quanto a esses preparados inescrupulosos: eles são totalmente inúteis.

159 N.M.: A proporção deve ser: oito partes de canela, quatro de mirra, duas de galanga e sete de óleo de oliva. O Óleo de Abramelin, a propósito, é exatamente o mesmo óleo descrito em Reis (no assim chamado "Velho Testamento") como sendo o Óleo de Salomão.

160 N.M.: Na realidade, claro, a deusa Isis nos Mistérios Menores do Egito.

161 N.M.: O "perfume mais grosseiro" é o incenso de invocação, também aquele de Abramelin. Mas pode significar também qualquer incenso.

CAPÍTULO VI

A BAQUETA

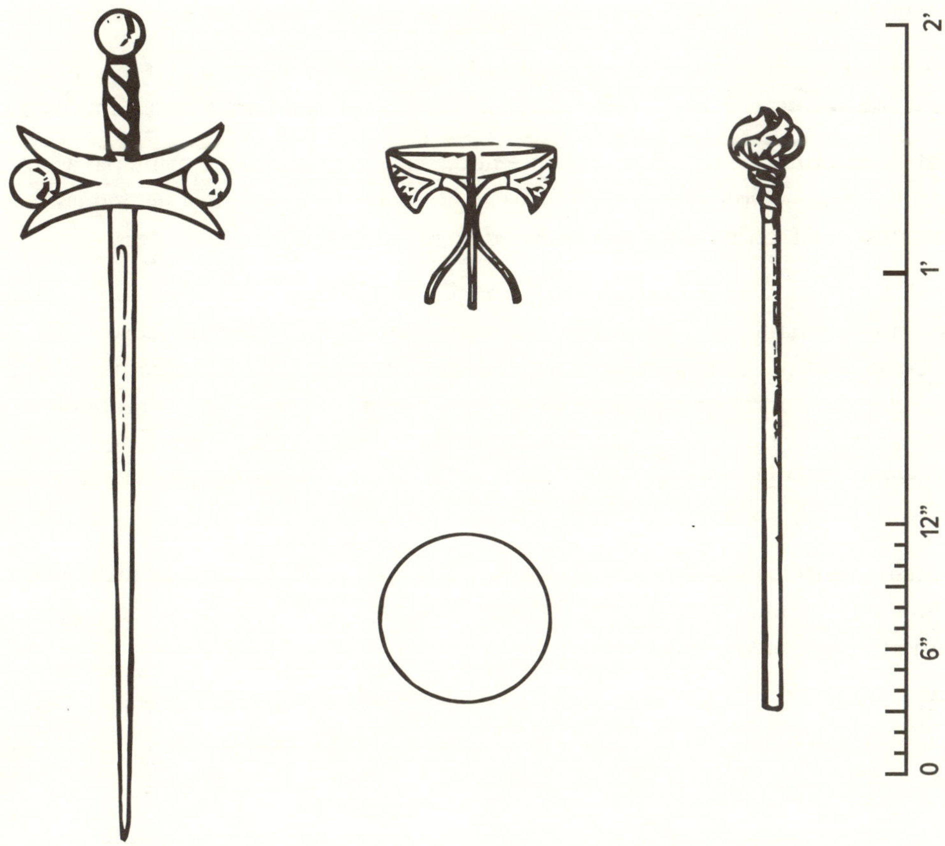

A Baqueta, a Taça, a Espada e o Disco ou Pantáculo (desenho em escala)

A Vontade Mágica é, em sua essência, dupla, pois pressupõe um começo e um fim; querer ser uma coisa é admitir que você não é a coisa que você quer ser.

Daí, portanto, querer qualquer coisa que não seja a coisa suprema é desviar-se mais ainda dela – **qualquer vontade que não seja a de entregar-se ao Bem-Amado é Magia Negra** – no entanto, esta entrega é um ato tão simples, que para as nossas complicadas mentes, é o mais difícil dos atos;[162] e, portanto, treinamento é necessário. Mais, o Ser que se rende não deve ser menos que o Ser do Todo; nós não devemos aparecer diante do altar do Altíssimo com uma oferenda imperfeita ou impura. Como está escrito em *Liber LXV*, “esperar por Ti é o fim, não o princípio”.

Este treino pode conduzir a toda sorte de complicações, variando de acordo com a natureza do estudante; e daí talvez lhe seja necessário a qualquer momento querer uma variedade de coisas que a outras pessoas poderia parecer sem relação com o alvo. Da mesma forma não é evidente *a priori* por qual razão um jogador de bilhar necessita de uma lima.

162 N.M.: O Psicossoma deve estar totalmente harmonizado antes que uma infusão dos princípios mais elevados seja possível sem causar um desequilíbrio, que pode variar de simples fanatismo a perniciosidade insana.

Já que, portanto, nós podemos vir a precisar de *qualquer coisa*, cuidemos para que a nossa vontade seja suficientemente forte de forma a obtermos aquilo de que necessitamos sem perda de tempo.

É, portanto, necessário desenvolver a vontade ao máximo, mesmo se a tarefa final for a completa entrega dessa vontade. Entrega parcial de uma vontade imperfeita é inútil em Magia.

A vontade sendo uma alavanca, um fulcro é necessário; este fulcro é a principal aspiração do estudante por alcançar. Todas as vontades que não derivam desta vontade principal são fendas no nosso barco, telhas soltas na nossa loja, goteiras nas nossas paredes; são como gordura no atleta.

A maioria das pessoas neste mundo é atáxica; elas não podem coordenar seus músculos mentais para fazerem um movimento com propósito. Não têm realmente uma vontade, somente um grupo de caprichos e desejos, muitos dos quais se contradizem uns aos outros. A vítima bamboleia de um a outro (e o bamboleio não é menor só porque os movimentos podem, às vezes, ser muito violentos), e no fim da vida os movimentos se cancelam. Nada foi alcançado, exceto a coisa única de que a vítima não está cônscia: a destruição do seu próprio caráter, a confirmação da indecisão. Tal pessoa é despedaçada, membro por membro, por Choronzon.

Como então será treinada a vontade? Todas essas cismas, caprichos, desejos, inclinações, tendências, apetites, devem ser percebidos, examinados, julgados de acordo com o padrão de se ajudam ou impedem o propósito original, e tratados de acordo.

Vigilância e coragem são, é claro, necessárias. Eu acrescentaria a autorrenúncia, em deferência à linguagem convencional; mas como poderia eu chamar autorrenúncia aquilo que é apenas renúncia a coisas que impedem e prejudicam o ser? Não é suicídio matar os germes de malária em nosso sangue.

Agora, existem enormes dificuldades a serem conquistadas no treino da mente. Talvez a maior seja a falta de lembrança, que é provavelmente a pior forma daquilo que os budistas chamam de ignorância. Práticas especiais para treino da memória podem ser úteis como preliminar para pessoas cuja memória é, por natureza, pobre. Em qualquer caso, **o Relatório Mágico prescrito para Probacionistas pela A∴A∴ é útil e necessário.**

Acima de tudo, as práticas em *Liber III* devem ser executadas repetidamente, pois estas práticas não só desenvolvem a vigilância como também esses centros inibidores cerebrais que são, de acordo com alguns psicólogos, a principal mola do mecanismo pelo qual o homem civilizado subiu acima dos selvagens.[163]

Até agora falamos, por assim dizer, no negativo. A vara de Aarão virou uma serpente, e engoliu as serpentes dos outros Magistas; é necessário que a tornemos agora, novamente, numa vara.[164]

---

163 N.M.: Esses centros inibidores são voluntários e conscientes, e não deveriam ser confundidos com o mecanismo de um bloqueio psicológico produzido por experiências dolorosas ou condicionamento externo, embora ajam ao longo dos mesmos caminhos nervosos em muitos modos. Os centros inibidores aos quais Crowley se refere são aqueles que não permitem que uma ação impulsiva seja cometida sem permissão da Vontade.

164 Como é sabido, a palavra usada no Livro do Êxodo para uma Vara de Amendoeira é מטה השקד, cuja soma é 463. Ora, 400 é Tau, o caminho que vai de Malkuth a Yesod; 60 é Samekh, o caminho que vai de Yesod a Tiphereth; e 3 é Gimel, o caminho que vai daí a Kether. A vara inteira, portanto, dá os caminhos do Reino à Coroa. [N.M.: "Como é sabido"... Se você considerar que ele pensava estar escrevendo para "mentes comuns", e até mesmo para pessoas com "inteligência bem inferior à média", isso é engraçado.]

Esta Vontade Mágica é a vara na sua mão pela qual a Grande Obra é executada, pela qual a Filha é não apenas colocada no trono da Mãe, mas assumida ao Altíssimo.[165]

A Baqueta Mágica é, assim, a arma principal do Magus: e o *nome* dessa baqueta é o Juramento Mágico.

A vontade, sendo dupla, está em Chokmah, que é o Logos, a palavra; daí alguns disseram que **a palavra é a vontade**. Thoth, o Senhor da Magia, é também o Senhor do Discurso; Hermes, o mensageiro, leva o Caduceu.

A palavra deveria expressar a vontade; daí, **o Nome Místico do Probacionista é a expressão da sua Vontade mais alta**.

Existem, é claro, poucos Probacionistas que se compreendem suficientemente para serem capazes de expressar esta vontade para si mesmos; por isso, no final de sua probação, eles escolhem um novo nome.

É conveniente, portanto, que o estudante expresse sua vontade assumindo Juramentos Mágicos.

Já que tal juramento é irrevogável,[166] deve ser bem ponderado; e é melhor não fazer nenhum juramento permanente; porque, com aumento de compreensão, pode vir uma percepção da incompatibilidade do juramento menor com o mais elevado.

Isto acontece quase sempre; e deve ser recordado que, desde que a essência inteira da vontade é que ela é única, com uma só ponta,[167] um dilema de tal tipo é o pior em que o Magista[168] pode vir a se encontrar.

Outra consideração importante a fazer sobre esta questão de Votos Mágicos é que é necessário conservá-los em sua própria perspectiva. Eles devem ser assumidos com um propósito claramente definido e compreendido, e não devem nunca ultrapassar os limites do propósito para o qual foram formulados.

---

165 Em um sistema de Magia (o melhor), o Absoluto é chamado de Coroa, Deus é chamado de Pai, a Alma Pura é chamada de Mãe, o Sagrado Anjo Guardião é chamado de Filho, e a Alma Natural é chamada de Filha. O Filho purifica a Filha, esposando-a; ela então se torna a Mãe, e da união dela com o Pai absorve todos na Coroa. Veja-se *Liber CDXVIII*. [N.M.: Você notará que esse "melhor" sistema, embora baseado na Cabala hebraica, não é o judaísmo ortodoxo do tipo que o rabino Kahane, o sr. Menachen Begin e seus partidários ideológicos teriam praticado, ou mesmo aceito pelo judeu, ou pelo Gentio. É irônico ponderar que o aiatolá Khomeini poderia simpatizar com a irritação deles: a introdução do Feminino na ideia de "Deus", e a elevação do Absoluto acima do sexo (ou de qualquer outro par de opostos) é tão repugnante a muçulmanos ortodoxos quanto a sionistas. Os Católicos Romanos e os crististas em geral também não concordam com isso, mais por que eles sentem falta de seu "Satã" e de seu "Jesus" do que por causa da equiparação do Espírito Santo ao Princípio Feminino (o que, pelo jeito, não está totalmente correto – aqueles felizardos o bastante para terem acesso a *Liber C*, especialmente na versão de Frater PARZIVAL XI°, compreenderão o que queremos dizer).

De qualquer modo, pode-se agora compreender melhor por que todos os judeus cabalistas da Idade Média da Europa foram perseguidos junto com as "feiticeiras", os Gnósticos e qualquer outro povo cujas opiniões religiosas negassem o conceito cristista de "diabo" e de "salvador"; e por que os Thelemitas são *personœ non gratœ* para o Vaticano e Tel Aviv atualmente.]

166 N.M.: Se os sentimentos que inspiram o Juramento forem verdadeiramente sinceros; pois em tal caso os "Senhores do Carma" (ou Deuses dos Cabeçalhos dos Cadernos, como Kipling diria) ficam alertas e arranjam as circunstâncias da vida da pessoa para que esta possa ter uma chance de provar sua palavra através de seus atos. Se o Juramento não for sincero, eles não se importam. Daí o caso recente de um Probacionista nosso, que ficava perguntando: "Onde estão as ordálias?" e não concluía que a única ordália era ele mesmo! Ele agora diz que é mais sábio. Mas duvidamos.

167 O Topo da Baqueta está em Kether – que é um; e o Qliphoth de Kether são os Thaumiel, cabeças opostas que despedaçam e devoram uma à outra.

168 N.E.: No original de 1913 e.v., a palavra usada aqui foi *Magus* e não *Magista* (*Magician*).

É uma virtude para um diabético abster-se de ingerir açúcar; mas somente com referência à sua condição pessoal. Não é uma virtude de importância universal. Elias disse em certa ocasião: "É bom que eu me zangue"; mas tais ocasiões são raras.

Além disto, a comida de um é o veneno de outro. Um juramento de pobreza poderia ser utilíssimo a alguém que fosse incapaz de empregar inteligentemente sua riqueza para o fim único que se propusera; para outra pessoa seria apenas desprover-se de energia, obrigando-a a desperdiçar seu tempo com insignificâncias.

Não existe nenhum poder que não possa ser voltado ao serviço da Vontade Mágica; é apenas a tentação de dar valor àquele poder em si mesmo que ofende.

Não se diz: "Derrube a árvore; para que deixá-la desperdiçar o solo?" a não ser que podas repetidas convençam o jardineiro de que esse tronco nunca prestará.[169]

"Se tua mão te ofende, corta-a!" é o grito de um fraco. Se matássemos um cachorro logo à primeira vez que se comporta mal, poucos passariam dos três meses de idade.[170]

O melhor voto, e o de aplicação mais universal, é o voto de Santa Obediência; pois não só leva à liberdade perfeita, mas é treino para aquela entrega que é a tarefa final.

Tem este grande valor: que nunca se enferruja. Se o superior para com o qual tomamos o voto sabe o que faz, ele rapidamente perceberá que coisas são realmente repugnantes ao seu discípulo, e o familiarizará com elas.

A desobediência ao superior é uma luta entre estas duas vontades no inferior. A vontade expressa em seu voto, que é a vontade ligada à sua vontade mais elevada (porque ele tomou o voto com o intuito de desenvolver essa vontade mais elevada), luta com a vontade efêmera, que é baseada apenas em considerações efêmeras.

O Instrutor deveria então procurar gentil e firmemente estimular o aluno, pouco a pouco, até que obediência siga o comando sem referência a qual o comando possa ser; como escreve Loyola: "*perinde ac cadaver*".[171]

Ninguém compreendeu a Vontade Mágica melhor que Loyola; em seu sistema o indivíduo era esquecido. A vontade do Geral era instantaneamente ecoada por todo membro da Ordem; por esta razão, a Sociedade de Jesus tornou-se a mais formidável organização religiosa do mundo.

Aquela do Velho Homem da Montanha foi talvez a segunda em eficiência.

---

169 N.M.: Isto, no entanto, infelizmente acontece.

170 N.M.: Normalmente a única justificativa para cortar contato com um Aspirante é que o desgraçado continua desperdiçando tempo e energia que poderiam ser mais lucrativamente aplicados de outro modo. Queremos dizer, claro, nosso tempo e nossa energia, desde que esse tipo de "Aspirante" cuidadosamente se abstenha de contribuir com qualquer porção do seu tempo ou de sua energia. Há também outro ponto, na O.T.O., que a conduta de algum "irmão" ou "irmã" traz descrédito público à Ordem, para não mencionar o fato de que oferecem um exemplo doentio aos que entram em contato com eles dentro dela. Tal tem sido o caso de pessoas como Kenneth Grant, Grady McMurtry, J. C. Ellis, Brian Ferguson e muitos outros. A tolerância do Mestre não pode ser infinita, não mais do que o tempo e a energia dele ou dela. (Os Teosofistas naturalmente observariam que isso significa que você não é um mestre verdadeiro, pois um Mestre verdadeiro é infinito, onipotente, onipresente, onisciente etc. etc. Também, geralmente, um milionário. Admitimos alegremente que os Teosofistas estão certos: não somos o tipo de Mestre deles. Nem quereríamos ser, apesar de que ser um milionário nos ajudaria. Não ajudaria, necessariamente, nossos discípulos. Certamente não tem ajudado aos Teosofistas!)

171 N.E.: Latim, *tal qual um cadáver*. Lema jesuíta significando obediência irrestrita a alguém.

O defeito no sistema de Loyola consistiu em que o Geral não era Deus, e que, devido a várias outras considerações, ele não era necessariamente nem sequer o melhor membro da Ordem.

Para tornar-se Geral da Ordem ele deveria ter querido tornar-se Geral da Ordem; e por causa disto ele não podia ser nada mais.[172]

Para voltar à questão do desenvolvimento da Vontade: é sempre alguma coisa desenraizar as ervas daninhas; mas além disso é preciso cultivar a flor. Tendo esmagado todas as volições em nós mesmos, e se necessário em outras pessoas, que verificamos serem opostas à nossa real Vontade,[173] aquela Vontade crescerá naturalmente com maior liberdade. Mas não é apenas necessário purificar e consagrar o templo: invocações devem ser feitas. Daí, é necessário fazer constantemente coisas de natureza positiva, não apenas coisas de natureza negativa, para afirmar aquela Vontade.

Renúncias e sacrifícios são necessários, mas comparativamente fáceis. Existem cem maneiras de falhar, e uma apenas de acertar. Evitar comer carne de boi é fácil; não comer nada senão carne de porco é dificílimo.[174]

Levi recomenda que em certas ocasiões a própria Vontade Mágica seja interrompida, baseando-se em que podemos sempre trabalhar melhor após uma "mudança completa".[175] Levi está, sem dúvida, com a razão; mas deve-se compreender que ele diz isto por causa da "dureza dos seus corações". A turbina é mais eficiente que o motor de explosão; e esse conselho de Levi é para o principiante.

Por fim, a Vontade Mágica se identifica de tal forma com o ser inteiro do homem que ela se torna inconsciente, e é uma força tão constante quanto a gravitação. Nós podemos até nos surpreender com nossos próprios atos, e ter que analisar e ponderar para determinar quais motivos os concatenam com as circunstâncias que os provocaram. Mas compreenda-se que, quando a Vontade assim realmente se elevou ao nível de Destino, o homem tem tanta possibilidade de cometer um erro quanto de sair flutuando pelo ar.

Pode-se perguntar se não existe um conflito entre este desenvolvimento da Vontade e o conceito de Ética.

A resposta é Sim.

No Grande Grimório nos é dito: "compre um ovo, sem regateares"; e a consecução, e o passo seguinte no caminho da consecução, é aquela pérola de grande preço, a qual, quando o homem encontra, imediatamente vende tudo o que possui e compra.[176]

---

172 N.M.: Isso, claro, foi muito útil a Loyola, cuja intenção foi criar uma Sociedade que transmitisse a sua vontade, e não aquela de qualquer de seus membros!

173 N.M.: Deveria sempre ser lembrado que, por definição, nenhuma Verdadeira Vontade pode se opor a outra; portanto, se você está fazendo sua Verdadeira Vontade, e outra vontade parece opor-se à sua, aquela é uma vontade falsa, com a qual deve-se lidar impiedosamente. Mas se você não está fazendo sua Verdadeira Vontade, você não tem o direito de interferir com quem quer que seja! Veja-se *Liber NV* 8-11.

174 N.M.: Também perigoso para a saúde.

175 N.M.: Veja-se Capítulo II do *Ritual*.

176 N.M.: Mas é melhor não se deixar levar. "Comprar um ovo sem regatear" significa simplesmente não ser mesquinho quanto à própria Aspiração: você realmente não pode alcançar Samadhi praticando apenas em suas horas de folga! Mas se você sair para comprar um ovo (para ser usado em Magia) e alguém pedir duas vezes seu preço normal, você certamente deverá pechinchar para que o preço caia a um nível decente antes de pôr a mão no bolso. Esse é um ponto muito delicado. Algumas vezes não regatear FAZ parte da ordália. Mas a recomendação no grimório foi escrita para o tipo

Com muita gente a tradição e o hábito – dos quais o conceito de ética é apenas a expressão social – são as coisas mais difíceis de abandonar; e **é uma prática útil quebrar qualquer hábito, simplesmente para se libertar desse tipo de escravidão**. Daí, nós temos práticas para interromper o sono, para colocar nossos corpos em posições tensas e antinaturais, para executar difíceis exercícios respiratórios – todos esses atos, à parte qualquer mérito especial que possam ter em si para algum propósito em particular, possuem o mérito principal de que o homem se força a executá-los a despeito de quaisquer condições que possam existir. Tendo conquistado a resistência interna, nós podemos conquistar a resistência externa mais facilmente.

Em um barco a vapor, a máquina deve primeiro conquistar a sua própria inércia antes de poder atacar a resistência da água.

Quando a vontade deixou assim de ser intermitente, torna-se necessário que consideremos seu alcance. A gravitação dá uma aceleração de aproximadamente dez metros por segundo ao quadrado neste planeta, na Lua muito menos. E uma Vontade, não importa quão única e quão constante ela seja, pode ainda assim ser sem nenhum valor particular, porque as circunstâncias que a opõem podem ser demasiado fortes, ou porque por algum motivo ela não consegue entrar em contato com elas.[177] É inútil desejar a Lua. Se assim fazemos, devemos considerar por que meios aquela Vontade pode se tornar eficiente.[178]

E se bem que uma pessoa pode ter uma tremenda Vontade em alguma direção, essa Vontade não será necessariamente suficiente sempre para auxiliá-la em outra direção; pode até ser estúpida.

Existe a história do homem que praticou durante quarenta anos como atravessar o Ganges caminhando sobre as águas; e, tendo por fim alcançado este poder, foi censurado pelo seu Santo Guru, que disse: "Você é um grande tolo. Todos seus vizinhos atravessam o Ganges diariamente numa jangada por dois tostões".

Isto acontece à maior parte, talvez a todos nós, em nossas carreiras. Damo-nos infinito trabalho para aprender alguma coisa, para alcançar alguma coisa; e, obtendo o sucesso, verificamos que esta não parece valer nem sequer a expressão do desejo original.

Mas esta perspectiva é errônea. A disciplina necessária para aprender o latim nos auxiliará quando desejarmos fazer algo bem diverso.

---

de mentalidade que automaticamente regateará, não importa quão decente o preço do ovo. São tais mentalidades que frequentemente entram em contato conosco exigindo ser nossos alunos, e então não concordam quando, por nossa vez, exigimos que eles AJAM tal como alunos deveriam. Um caso recente vem à mente: um certo Probacionista "queria" tornar-se membro da O.T.O., mas não concordou em ter que desembolsar cinco por cento de sua renda todo mês; ele pediu para pagar menos, o que, naturalmente, foi recusado. Sem se perturbar, ele nos mostrou sua mais nova aquisição: um Jaguar último tipo, e jactou-se que acabara de gastar quatro mil dólares para retificar o motor. Com quatro mil dólares a O.T.O. poderia ter publicado três livros de Aleister Crowley, ou processado pelo menos um dos ladrões que nos vêm prejudicando durante décadas. Não se trata de invejar os prazeres de tais indivíduos; mas sim uma questão de querer saber por que eles insistem em ter o nome de Probacionistas, ou de membros da O.T.O., sem despender nenhum dinheiro, esforço, dedicação, ou mesmo um senso de proporção. Se cinco por cento de sua renda mensal – dedutível do imposto de renda – é muito para pertencer à O.T.O., por que se incomodar? Se sua "aspiração" à A∴A∴ é tão intensa a ponto de poder desperdiçar quatro mil dólares com sua vaidade ao invés de ajudar a Obra, por que nos incomodar? Não é mais nem mesmo uma questão de estupidez ou de más maneiras: é uma questão de total falta de firmeza mental e moral. Tais pessoas não estão tentando ofender. Elas sempre "querem o bem" – da boca para fora. É desse tipo de "Aspirante" que Crowley está falando.

177 N.M.: Assim, está escrito em *Liber AL* que "existe um fator infinito & desconhecido". Esse fator, que geralmente é chamado de "sorte" – boa ou má – é resultante das forças que podem afetar qualquer sistema a qualquer momento, mas que são ainda desconhecidas ao sistema ou ao organizador do sistema. Quando as pessoas dizem "a vontade de Deus" estão realmente se referindo a esse fator, que em estatística é chamado de "aleatório". Em teologia é chamado de "milagre" e atribuído a "Deus". Mas os teólogos são mentirosos tão renitentes que mentem até para si mesmos.

178 N.M.: Quando Crowley ditou isso o mundo ainda estava a meio século dos astronautas!

Na escola fomos punidos por nossos mestres; quando deixamos a escola, se não tivermos aprendido a punir a nós mesmos, não aprendemos coisa alguma.

De fato, o único perigo é o de que demos valor à consecução em si mesma. O menino que se orgulha do seu conhecimento das matérias da escola corre o risco de se tornar um professor universitário.[179]

Portanto, o Guru do homem que caminhava sobre a água quis apenas dizer que agora era hora do homem ficar insatisfeito com o que conseguira – e empregar seus poderes para algum fito melhor.

E por falar nisto, já que a Vontade divina é única, verificaremos que não existe nenhuma capacidade que não seja necessariamente subserviente ao destino do homem que a possui.

Nós podemos ser incapazes de predizer quando um fio de uma determinada cor será tecido no tapete do Destino. É apenas quando o tapete está terminado, e o contemplamos de alguma distância, que a posição daquele fio particular nos parece como necessária. Daí somos tentados a mencionar aquele velho problema de fatalidade e livre arbítrio.

Mas se bem que todo homem é "determinado" de forma que toda ação é apenas a resultante passiva da soma total das forças que têm agido sobre ele desde a eternidade, de forma que a Vontade dele é apenas o eco da Vontade Universal, mesmo assim aquela consciência de "livre-arbítrio" é valiosa; e se ele realmente a compreende como sendo a expressão parcial e individual daquele movimento interno em um Universo cuja soma é equilíbrio, tanto mais ele sentirá aquela harmonia, aquela totalidade. E se bem que a felicidade que ele experimenta possa ser criticada como apenas um prato de uma balança em cujo outro prato está uma miséria de igual peso, existem aqueles que afirmam que a miséria consiste apenas no sentimento de separação do Universo, e que, consequentemente, tudo pode ser cancelado entre os sentimentos menores, deixando apenas aquele infinito gozo que é uma fase da infinita consciência daquele TODO.[180] Tais especulações estão um pouco fora dos limites do presente tratado. Não é de particular importância perceber que o elefante e a pulga não poderiam ser diversos do que são; mas nós percebemos que um é maior que o outro. Este é o fato de importância prática.

Sabemos que as pessoas podem ser treinadas para fazerem coisas que elas não poderiam fazer sem treino – e quem quer que diga aqui que nós não podemos treinar uma pessoa a não ser que seja o destino daquela pessoa ser treinada, não está sendo muito prático. Igualmente, treinar é o destino do treinador. Existe uma falácia no argumento do filósofo determinista, semelhante à falácia que é a raiz de todos os "sistemas" de jogar roleta. As probabilidades são exatamente de três contra uma que o vermelho apareça duas vezes consecutivas; mas quando o vermelho aparece pela primeira vez, as condições mudam.

Seria inútil insistir sobre este ponto se não fosse pelo fato que muita gente confunde Filosofia com Magia. A Filosofia é a inimiga da Magia. A Filosofia nos assegura que nada tem importância, e que *che sarà, sarà.*

---

179 N.M.: Isso refere-se a um velho ditado: Quem pode faz; quem não pode, ensina. O paradoxo por trás dessa atitude explica por que professores são mal pagos, em todos os países.

180 N.M.: No espaço, toda estrela tem sua órbita, absolutamente individual e única; no entanto, todas as órbitas fazem parte da Harmonia Universal, da qual toda estrela é ao mesmo tempo uma função e um dos fatores. Esse conceito é tratado em detalhes em todos os três Capítulos de *Liber AL*, especialmente no Capítulo Um. Veja-se *AL* i 1-4, 12-14, 22, 27-30, 44-47, 51-53, 57-61, em *O Equinócio dos Deuses.* [N.E.: Parte IV deste *Liber ABA*.]

Na vida prática, e a Magia é a mais prática de todas as Artes da vida, esta dificuldade não ocorre. É inútil dizer a um homem que está correndo para pegar um trem que talvez não seja seu destino pegar aquele trem; ele simplesmente corre; e, se tivesse fôlego de sobra, diria: "Que se dane o destino!".

Foi dito antes que a verdadeira Vontade Mágica deve ser em direção ao mais elevado fito, e isto nunca pode acontecer até que a Compreensão Mágica floresça.[181] É necessário fazer com que a Baqueta cresça em alcance ao mesmo tempo em que cresce em poder; nem sempre ela faz isto por si mesma.

A ambição de um menino é ser maquinista de trem. Alguns conseguem a ambição, e permanecem nela a vida inteira.

Mas na maioria dos casos a Compreensão cresce mais rapidamente que a Vontade, e muito antes do menino ser capaz de realizar sua ambição, ele já a terá esquecido.

Em outros casos, a Compreensão nunca cresce além de um certo ponto, e a Vontade persiste sem inteligência.[182]

O homem de negócios (por exemplo) desejou segurança e conforto, e para este fim vai diariamente ao seu escritório labutar sob o chicote de um capataz muito mais cruel que o mais humilde dos seus empregados; finalmente decide aposentar-se, e descobre que sua vida está vazia. O fim foi engolido pelos meios.

Somente aqueles que desejam o inalcançável são felizes.[183]

Todas as possessões, as materiais como as espirituais, são apenas pó.

Amor, sofrimento e compaixão são três irmãs que, se parecem livres desta maldição, parecem-no apenas por causa de sua relação com O Insatisfeito.

A beleza mesma é tão inatingível que escapa por completo; e o verdadeiro artista, como o verdadeiro místico, não pode descansar nunca. Para ele, o Magista é apenas um servo. A baqueta do artista é de comprimento infinito; é o Mahalingam criador.

A dificuldade de um tal homem é naturalmente que sua baqueta, sendo muito delgada em proporção ao seu comprimento, tende a bambear. Pouquíssimos artistas estão cônscios do seu verdadeiro propósito, e em muitos casos nós vemos essa ânsia infinita suportada por uma constituição tão débil que nada é conseguido.[184]

O Magista deve construir tudo que ele tem em sua pirâmide; e se essa pirâmide deve tocar as estrelas, quão ampla deve ser a sua base! Não existe nenhum conhecimento ou poder que seja inútil ao Magista. Diríamos quase que não há coisa alguma no Universo inteiro que ele possa dispensar. Seu maior inimigo

---

181 N.M.: Veja-se o próximo capítulo, "A Taça".

182 N.M.: Esse fato importantíssimo não é notado por pensadores superficiais. Suponha-se que uma pessoa tenha treinado para se tornar um grande guerreiro: como essa pessoa usará esse talento? Para manter a lei, a ordem e o governo? Intenção louvável! Mas suponha-se que o governo e a lei sejam opressivos, e a "ordem" totalitária e restritiva?

183 N.M.: Perfeição é um limite matemático ao qual aspiramos e do qual nos aproximamos, mas nunca alcançamos. Pois o progresso espiritual, como o Universo, é infinito.

184 N.M.: Daí a grande utilidade do treino mágico para o artista – ou, de fato, para qualquer pessoa que aspira fazer algo significativo com sua vida.

é o grande Magista, o Magista que criou a ilusão inteira do Universo;[185] e, para encontrá-lo em combate, de forma que nada reste nem dele nem de você, você deve ser exatamente seu igual.

Ao mesmo tempo, o Magista não deve nunca esquecer que todo tijolo deve tender na direção do píncaro da pirâmide – os lados dela devem ser perfeitamente lisos; não deve haver nenhum falso píncaro, nem mesmo nos níveis mais baixos.

Esta é a forma ativa e prática daquela obrigação de um Mestre do Templo na qual é dito: "Eu interpretarei todo fenômeno como um trato entre Deus e a minha alma".

Em *Liber CLXXV*[186] muitos conselhos práticos para conseguir esta concentração única são dados e, se bem que o assunto daquele livro é a devoção a uma Deidade em particular, suas instruções podem facilmente ser generalizadas para se adaptar ao desenvolvimento de qualquer tipo de vontade.

Esta vontade é então a forma ativa da compreensão. O Mestre do Templo se pergunta, vendo um caracol: "Qual é o propósito desta mensagem do Invisível? Como interpretarei esta Palavra de Deus Altíssimo?" O Magus pensa: "Como usarei este caracol?" E neste curso ele deve persistir. Se bem que muitas coisas inúteis, tanto quanto ele pode ver, lhe são mandadas, um dia ele achará aquela coisa única de que necessita; enquanto sua Compreensão apreciará o fato de que nenhuma dessas outras coisas era inútil.

Assim, com estas práticas preliminares de renúncia, será claramente compreendido que elas eram de utilidade apenas temporária. Elas tinham valor apenas como treinamento. O adepto rirá de seus absurdos de principiante; as desproporções terão sido harmonizadas, e a estrutura de sua alma será compreendida como perfeitamente orgânica, sem nada fora do lugar. Ele se verá como o Tau positivo com seus dez quadrados completos dentro do triângulo dos negativos;[187] e esta figura se tornará um, tão logo do equilíbrio dos pares de opostos ele chegue à identidade dos opostos.[188]

Nisto tudo será percebido que **a arma mais poderosa na mão do estudante é o Voto de Santa Obediência**; e muitos desejarão ter tido a oportunidade de se colocarem sob a direção de um santo Guru. Que eles se animem – pois qualquer ente capaz de dar ordens é um Guru eficiente para os fins deste Voto, contanto que não seja demasiado amigável e preguiçoso.

A única razão para escolher um Guru que alcançou, ele mesmo, a consecução, é que ele auxiliará a vigilância do sonolento Chela e, enquanto tempera os golpes contra os pontos mais sensíveis deste, o fortificará e enrobustecerá, alegrando-lhe os ouvidos com santos discursos. Mas se uma tal pessoa for inacessível, que ele escolha qualquer pessoa com a qual ele mantém frequentes relações, explique as circunstâncias e peça-lhe que aja.

A pessoa escolhida deve, se possível, ser de confiança; e lembre-se o Chela de que, se lhe for comandado pular num precipício, é muito melhor pular do que abandonar a prática.

---

185 N.M.: O Mago do Tarô, Mayan, Maya, a Ilusão Universal dos Budistas; Mara, o demônio que luta com Buda na lenda da Árvore Bo, que representa a Árvore da Vida etc. Esse "Mágico" faz parte do Inconsciente Coletivo, onde é um dos Arquétipos. Algumas vezes aparece como uma "Feiticeira". Você o encontrará em todo conto de fadas.

186 N.E.: *Liber Astarté vel Berylli*. Veja-se o Apêndice VII deste livro.

187 N.M.: Veja o simbolismo do Círculo, já explicado.

188 N.M.: O Magus, por assim dizer, alcançará o Grau de Ipsissimus.

E é da maior importância não limitar o voto de forma alguma. Você deve comprar o ovo sem regatear.[189]

Em uma certa Sociedade,[190] os membros eram obrigados por juramento a fazer certas coisas, sendo-lhes simultaneamente assegurado de que "não havia nada no juramento contrário às suas obrigações civis, morais ou religiosas". Assim, quando qualquer um desejava quebrar seu voto não tinha dificuldade de descobrir um bom motivo. O voto perdeu toda a força.

Quando o Buda se sentou sob a abençoada Árvore-Bo, ele jurou que nenhum dos habitantes dos 10.000 mundos poderia fazer com que ele se mexesse dali até ter alcançado a consecução; de forma que mesmo quando Mara, o Grão-Demônio, apareceu com suas três filhas, as grã-tentadoras, ele permaneceu quieto.

Mas para principiantes é inútil assumir um voto tão formidável; ele ainda não tem a força que pode desafiar Mara. **Que ele avalie sua força, e assuma um voto dentro dos limites desta; mas na beirada dos limites.** Milo começou carregando um bezerro recém-nascido; e enquanto dia a dia o bezerro crescia até virar um touro, a força de Milo cresceu também, e foi suficiente.

Repetimos que *Liber III* **é um método admirável para o principiante**[191] e será melhor, mesmo se ele tiver muita confiança em sua força, que ele tome o voto por períodos muito curtos, começando com uma hora e aumentando diariamente trinta minutos até que o dia inteiro seja preenchido pela prática. Então que ele descanse por algum tempo, e depois tente uma prática por dois dias; e assim por diante, até se tornar perfeito.

Ele deveria também começar com as práticas mais fáceis. Mas a coisa que ele jura evitar deve ser algo que normalmente ele faria com alguma frequência; pois de outra forma o esforço a que a memória é obrigada para conservar a vigilância seria muito grande, e a prática se tornaria difícil. É melhor no princípio que a dor no seu braço esteja presente *na hora em que ele normalmente perpetraria o ato proibido*, para preveni-lo contra a repetição desse ato.

Desta forma, haverá uma clara conexão na mente dele entre causa e efeito, até que terá tanto cuidado em evitar aquele ato particular que ele se determinou conscientemente a evitar, quanto aquelas outras coisas que na infância ele foi treinado para evitar.

Da mesma forma em que a pálpebra inconscientemente se fecha quando o olho é ameaçado,[192] **ele deve desenvolver no seu consciente este poder de inibição até que o poder se submerja no subconsciente**, aumentando o seu depósito de força automática, de forma que ele esteja livre para devotar sua energia consciente a uma tarefa ainda mais alta.

---

189 N.M.: Como se pode perceber, não há dinheiro envolvido nesse caso. Se houvesse, seria sábio regatear – mas não com relação à obediência ao Guru; mas apenas com respeito a quanto você deveria pagar para que ele lhe desse ordens. Caso você pagasse pouco ao Guru, naturalmente ele ou ela poderia muito bem dizer-lhe para se atirar de um penhasco. Moral: deixe a Magia àqueles que simplesmente não podem viver sem ela. A Magia não é um jogo para diletantes!

190 N.M.: A velha Golden Dawn, cuja estrutura pessoas como Israel Regardie fizeram o possível para ressuscitar, esquecendo que ela foi reformulada e incorporada na A∴A∴ como a Ordem Externa. O pobre Regardie pensou que, só porque tinha a moralidade de "McGregor Mathers", tinha também o talento e a inteligência do mesmo. Mas todos os ladrões estão enganados – caso contrário, não roubariam.

191 Este livro deve ser cuidadosamente lido. Sua essência é que o pupilo jura abster-se de uma certa palavra, ato ou pensamento; e cada vez que quebra o juramento, corta seu braço bruscamente com uma navalha. Isto é melhor que flagelação, porque pode ser feito em público sem atrair atenção. Pode, no entanto, tornar-se um dos mais absorventes e engraçados jogos de salão. Amigos e parentes estão sempre prontos a "pegar" você fazendo o que você se proibiu. [N.E.: *Liber III vel Jugorum*. Veja-se o Apêndice VII deste livro.]

192 Se não fosse assim, pouca gente haveria no mundo que não fosse cega.

É impossível exagerar a vantagem desta inibição para o homem quando ele começa a meditar. Ele guardou sua mente contra os pensamentos *A*, *B* e *C*; ele disse às sentinelas que não deixassem passar quem não estivesse de uniforme. E agora será muito fácil para ele ampliar aquele poder, e baixar a porta levadiça.

Que ele se lembre, também, de que existe uma diferença não só na frequência dos pensamentos como também na sua intensidade.

O pior de todos é, naturalmente, o ego, que é quase onipresente e quase irresistível, se bem que tão profundamente enraizado que no pensamento normal podemos não estar sempre cônscios dele.

Buda, tomando o touro pelos chifres, fez desta ideia a primeira a ser atacada.

Cada qual deve decidir por si mesmo se este é um curso sábio a seguir. Mas certamente parece mais fácil descartar primeiro as coisas que podemos mais facilmente dispensar.

A maioria das pessoas terá mais trabalho com as Emoções e os pensamentos que as excitam.

Mas é tão possível quanto necessário não só suprimir as emoções, mas fazer delas criadas fiéis. Assim, a emoção da cólera é ocasionalmente útil contra aquela porção do cérebro cujo relaxamento vicia o controle.

Se existe uma emoção que nunca é útil, é o orgulho; por este motivo que está inteiramente ligado ao Ego...

Não, não existe uso para o orgulho![193]

A destruição das Percepções, quer as mais grosseiras ou as mais sutis, parece muito mais fácil, porque a mente, não sendo movida, está livre para se lembrar do controle.[194]

É fácil nos absorvermos tanto em um livro que não notamos o mais lindo cenário. Mas se formos picados por uma vespa, o livro é imediatamente esquecido.

As Tendências são, no entanto, muito mais difíceis de combater do que as três Skandhas mais baixas juntas,[195] **pela simples razão de que estão, em sua maior parte, abaixo do nível do consciente, e devem, por assim dizer, ser despertadas a fim de serem destruídas**; de forma que a vontade do Magista está, em um certo sentido, tentando fazer duas coisas opostas ao mesmo tempo.

A Consciência mesma só é destruída por Samadhi.

---

193 N.M.: Essa é uma estranha afirmação considerando *Liber AL*; Crowley obviamente ficou empolgado por sua admiração pelo Budismo quando ditou isso. Sob certas circunstâncias, o orgulho é a única defesa que um ser humano possui contra tentativas de dominação psicológica por parte dos seguidores crapulosos – ou fundadores – de credos crapulosos. Mas se as palavras de Crowley podem ser consideradas incorretas, se o que ele quis dizer aqui foi orgulho *no sentido Thelêmico*, ele estava absolutamente correto se estivesse se referindo à vaidade, que é o que crististas e outros bípedes implumes sempre querem dizer – e a única coisa que remotamente poderiam querer dizer – quando falam de orgulho como um "pecado".

194 N.M.: As Percepções são aquelas conclusões a que já chegamos (ou que foram sugeridas, condicionadas ou instigadas) sobre nós mesmos e as coisas. Embora legítimas do ponto de vista da pessoa mediana, não o são para o Iniciado ou a Iniciada, que deve adquirir uma outra perspectiva, isto é, uma posição (ou ponto de vista) totalmente diferente sobre sua vida ou sobre suas prioridades. É muito difícil e muito necessário dissolver as Percepções.

195 N.M.: As Percepções são o fruto de nosso condicionamento ou de nossa experiência com nosso ambiente; mas não são senão funções de nossas Tendências, que resultam de nossa herança genética. Para tornar-se verdadeiramente livre, isto é, um Iniciado, uma pessoa deve também destruir as Tendências – evidentemente um processo muito mais difícil do que destruir as Percepções.

Os Skandhas são as classes de ilusões das quais o budista ou a budista deve livrar-se para alcançar o Nirvana. Mas estas são obviamente funções de suas Tendências.

Agora podemos perceber o processo lógico que começa recusando-se a pensar em um pé, e acaba destruindo o senso de individualidade.

Há muitos métodos para destruir ideias profundamente enraizadas.

O melhor talvez seja o método do equilíbrio. **Ponha a mente no hábito de evocar o oposto de todo pensamento que possa erguer-se**. Em conversação, sempre discorde. Examine e compreenda os argumentos do outro homem, mas não importa quanto o seu julgamento aprove os argumentos dele, ache uma resposta.[196]

Que isto seja feito desapaixonadamente; quanto mais convencido você está de que um certo ponto de vista é certo, tanto mais determinado você deveria estar por achar provas de que tal ponto de vista é errôneo.

Se você tiver feito isto com cuidado e exaustivamente, estes pontos de vista não mais perturbá-lo-ão; você então pode asseverar o seu próprio ponto de vista com a calma de um mestre, o que é mais convincente que o entusiasmo de um aprendiz.

Você não mais estará interessado em controvérsias; política, ética, religião lhe parecerão como tantos brinquedos, e sua Vontade Mágica estará livre dessas inibições.[197]

Em Burma existe apenas um animal que o povo mata sempre, a Víbora de Russell; porque, como eles dizem, "ou você a mata ou ela mata você"; é uma questão de quem vê o outro primeiro.

Ora, qualquer ideia que não seja A Ideia deve ser tratada desta maneira. Quando tiver matado a serpente, você pode usar-lhe a pele, mas enquanto ela está viva e livre, você está em perigo.[198]

E infelizmente a ideia-do-ego, que é a verdadeira serpente,[199] pode projetar-se em uma multidão de formas, cada qual vestida nas mais lindas roupagens. Assim é dito que o diabo é capaz de disfarçar-se em um anjo de luz.

---

196 N.M.: Você deveria ter em mente que este é um exercício mental, que não deveria degenerar em verborreia teosófica, marxista ou teológica. Se isto acontecer, você terá negligenciado o propósito da prática. O objetivo é tentar livrar-se dos preconceitos e dos conceitos; e não se tornar o joguete das circunstâncias ou da dialética.

197 N.M.: Quem quer que tenha praticado a Parte I deste *Liber ABA* terá descoberto, talvez com surpresa, que NADA que um ser humano faz tem sua origem no intelecto: esse é apenas um mecanismo através do qual as volições podem ser compreendidas, sendo transformadas em pensamentos e, eventualmente, em ações. O intelecto é como um computador: totalmente incapaz de proporcionar um fim, mas sempre pronto a nos ajudar a descobrir os meios. A política, a ética e a religião são expressões intelectuais da Vontade Mágica de outros seres humanos, alguns deles mortos há milhares de anos, mas ainda nos influenciando através de seus pensamentos, que são perpetuados e repetidos geração após geração. Nossa Vontade só é verdadeiramente livre quando não mais nos permitimos ser controlados por outras Vontades. Isto não significa que não podemos concordar com os conceitos políticos, éticos ou religiosos de outras pessoas; mas essa conformidade só será verdadeiramente positiva, isto é, eficiente, quando resultar de uma harmonia de tais conceitos com nossa própria Vontade, sem que nossa Vontade permita ser iludida no plano da mente. Tal ilusão é muito mais fácil do que se pensa; na realidade, é o estado normal da maioria dos seres humanos. Quem quer que não tenha controle de sua própria mente será sempre o escravo ou a escrava de outra mente – e não necessariamente uma mente melhor do que a sua. Apenas melhor treinada. É dessa forma que homens e mulheres modernos, por exemplo, obedecem cegamente a preceitos de ética, política ou religião que foram concebidos para condições culturais que há milhares de anos deixaram de existir sobre o planeta. Nossa ciência pertence ao último terço do século vinte. Nossa moral ainda é aquela dos trogloditas.

198 N.M.: Isto é, quando você aprender, treinando, a identificar os pensamentos, e a perceber quando eles não são seus, mas sim resultado de condicionamento ou de herança genética, você poderá usá-los para seus próprios propósitos, ao invés de ser usado por eles para o propósito de alguma outra pessoa – viva ou morta.

199 N.M.: O Ego é precisamente a projeção intelectual do Verdadeiro Ser – isto no Iniciado ou no gênio. No ser humano normal profano, o Ego é a projeção intelectual de vários feixes diversos de pensamentos, em sua maioria criados por outros Seres; e normalmente você nem mesmo obtém tais feixes em primeira ou mesmo em segunda mão: você os obtém de milésima mão, ou mesmo de milionésima mão. Essa ideia-do-Ego deve ser destruída,

Quando estamos sob o peso de um voto mágico, tal é terrivelmente o caso. Nenhum ser humano normal compreende ou pode compreender as tentações dos santos.

Uma pessoa normal que tivesse ideias como as que obcecaram São Patrício e Santo Antônio deveria estar num manicômio.[200]

Quanto mais você aperta a serpente (que estava previamente na madorna, e quase inofensiva, em aparência), tanto mais ela se contorce e luta; e é importante que você se lembre de que deve segurá-la com tanto mais força quanto mais ela luta, ou ela escapará e lhe morderá.

Da mesma maneira que, se você diz a uma criança para não fazer uma certa coisa, não importa o que, ela imediatamente quererá fazê-la, se bem que a ideia poderia não lhe ter jamais ocorrido por si só, da mesma forma ocorre com o santo. **Todos temos essas tendências latentes em nós**; poderíamos permanecer inconscientes da maior parte delas a nossa vida inteira – se elas não fossem despertadas pela nossa Magia. Elas estão de emboscada. **E toda e cada qual deve ser despertada, e toda e cada qual deve ser destruída.**[201] Toda pessoa que assina o Juramento de um Probacionista está mexendo em ninho de marimbondos.[202]

Um homem tem apenas que afirmar a sua aspiração consciente e o inimigo pula sobre ele.

Parece pouquíssimo provável que qualquer pessoa possa atravessar aquele terrível ano de probação,[203] e, no entanto, o aspirante não é obrigado a fazer qualquer coisa difícil; quase parece como se ele não estivesse obrigado a fazer coisa alguma – e no entanto a experiência nos ensina que o efeito é como arrancar o homem de sua poltrona favorita e arremessá-lo ao meio de uma tormenta no Atlântico. Talvez a verdade seja que a simplicidade mesma da tarefa a faz difícil.

O Probacionista deve agarrar-se à sua aspiração – afirmá-la de novo e de novo em desespero.

Ele quase a perdeu de vista, talvez; ela se tornou sem significado para ele; ele a repete mecanicamente enquanto é arremessado de onda em onda.

Mas, se puder persistir em sua aspiração, ele passará o ano.

---

isto é, percebida, analisada e controlada. Então você percebe que seu Ego deveria ser apenas a Máscara de sua Verdadeira Vontade, e você recria um Ego para ser seu instrumento, ao invés de instrumento de outros em você. Mas além disso você percebe que este Ego é apenas um instrumento conveniente, de modo que você pode trabalhar sua Vontade nos planos mais baixos da consciência. Você sabe que o Ego não é a sua Vontade, ou o verdadeiro Você. Essa "reforma interna", ou antes, reformulação, não é permanente. Ocorre repetidamente à medida que você ascende de Iniciação a Iniciação. Cada passo do Caminho é "uma morte e um nascimento". Veja-se *LXV* v 50.

200 N.M.: Novamente a intenção de Crowley de atingir uma ampla audiência para suas opiniões o conduz à indulgência. O lugar de "São Patrício" e "Santo Antônio" era o manicômio; o esforço deles para adaptar seus psicossomas aos falsos dogmas de um credo insano (veja-se nossas observações sobre Atanásio na Parte I) tornou-os insanos no *Buddhi Manas*. Observe os crimes da Irlanda e da Itália: que valor ético podem possivelmente ter tido estes dois homens? A "fama" deles deriva da loucura do cristismo; em qualquer sociedade sã eles estariam sob estrita vigilância psiquiátrica e policial – junto com a Cúria e o Papa. Em ética e religião, os números convencem somente aqueles que se impressionam pela quantidade, em vez da qualidade. Uma Joana D'Arc foi digna de mil Patrícios e Antônios; um Crowley, milhões deles.

201 N.M.: Isto é, postas sob controle. Então elas param de ser tendências e tornam-se facetas de sua capacidade, ferramentas de sua Vontade, para serem utilizadas quando e como você determinar.

202 N.M.: Mas as dificuldades que Crowley descreverá a seguir afetam somente a pessoa que assina o Juramento com sinceridade íntima. Aqueles que assinam fingindo, ou cuja sinceridade é meramente superficial, permanecem como eram. Nada acontece.

203 N.M.: Na realidade um ano é o mínimo que você pode permanecer como um Probacionista. A maioria das pessoas permanece como tal por muito mais tempo. Algumas, a vida inteira.

E uma vez que *tenha* passado, as coisas novamente assumirão o seu aspecto próprio; ele verá que mera ilusão era aquilo que parecia tão real, e terá sido fortificado contra as novas provações que o esperam.

Mas infeliz em extremo é aquele que não pode assim persistir. É inútil que ele diga: "Eu não gosto do Atlântico; eu vou voltar para a minha poltrona favorita".[204]

Dê apenas um passo no caminho e já não pode mais voltar atrás. Como diz o poeta Browning em seu poema "Childe Roland à Torre Negra Chegou":

Pois vede! tão cedo dediquei-me ao plano,
E dei na trilha o meu primeiro passo,
Quando volvendo os olhos sobre o ombro
A estrada que seguira já não vi:
Em meu redor, ao horizonte, nada
Senão deserto; para frente, a estrada.

E isto é universalmente verdadeiro.[205] A asseveração de que o Probacionista pode renunciar ao Caminho quando quiser é na realidade apenas para aqueles que assumiram superficialmente o juramento.

Um verdadeiro Juramento Mágico não pode ser quebrado; você pensa que pode, mas não pode.

Esta é a vantagem de um verdadeiro Juramento Mágico.

Não importa quantos rodeios você faça, você chega ao fim da mesma maneira; e tudo que você conseguiu tentando quebrar seu juramento foi envolver-se nas mais terríveis dificuldades.

Não pode ser demasiado claramente compreendido que tal é a natureza das coisas: não depende da vontade de quaisquer pessoas, não importa quão poderosas ou exaltadas; nem pode a força d'Elas, a força de Seus grandes juramentos, valer contra o mais fraco juramento do mais trivial principiante.[206]

A tentativa de interferir com a Vontade Mágica de outra pessoa seria maligna se não fosse absurda.[207]

Podemos tentar construir uma Vontade onde nada antes existia senão um caos de caprichos; mas uma vez que a organização se tenha processado, é sagrada. Como diz Blake, "Tudo que vive é santo"; e daí a criação de vida é a mais sagrada das tarefas.[208] Não importa muito ao criador o que é que ele cria; existe espaço no universo tanto para a aranha quanto para a mosca.

---

204 N.M.: Repetimos que o Juramento obriga somente aqueles que o fazem com suas Verdadeiras Vontades. Em tais casos, se a mente consciente for destreinada, ou condicionada por influências hostis ao autocontrole, os candidatos sofrerão até que destruam e reorganizem suas Personalidades em harmonia mais íntima com a Vontade.

205 N.M.: Isto é, acontece aos Aspirantes sérios em qualquer Sistema Iniciático legítimo.

206 N.M.: O processo não depende da intervenção de qualquer "Mestre da Compaixão", ou mesmo de qualquer Mestre do Templo. O processo todo é biológico. Resulta da própria natureza da espécie humana em sua espiral evolucionária em expansão. Neste sentido, podemos dizer que o processo é "cármico".

207 N.M.: Isto é, tal interferência é impossível nos planos espirituais, e pode acontecer somente nos planos de relação; ou, como os cabalistas dizem, "abaixo do Abismo". É, portanto, somente ilusão, ou glamour.

208 N.M.: Leitores obcecados pela teologia cristista, ou imbecis ao ponto de admirar Phyllis Schlafly (há alguma diferença?) não deveriam deduzir, da afirmação acima, que o controle da natalidade é uma invenção do "Diabo". A reprodução da espécie é um fenômeno puramente animal e instintivo. De fato, é uma das Tendências que deve ser colocada sob absoluto controle da Vontade. Por "criação de vida" Crowley quer dizer algo muito mais

É do monturo de lixo de Choronzon que a gente seleciona o material para um deus![209]

Esta é a última análise do Mistério da Redenção,[210] e é possivelmente a verdadeira razão para a existência (se de existência pode ser chamada) da forma, ou se você preferir, do Ego.

É surpreendente que este grito típico – "Eu sou eu" – seja o grito daquilo que, acima de tudo, não é eu.

Foi aquele Mestre cuja Vontade era tão poderosa que à sua mais leve expressão o surdo ouvia, o mudo falava, leprosos saravam e os mortos ressuscitavam; foi aquele Mestre e nenhum outro que no supremo momento de sua agonia pôde gritar: "Não a minha Vontade, mas a Tua, seja feita".[211]

---

amplo, elevado e profundo, que pode apenas ser verdadeiramente compreendido por membros do Grau de Magus, ou inventores, ou pioneiros das artes ou das ciências.

209 N.M.: Isto é, um Iniciado Maior, ou Irmão Mais Elevado, ou Mestre. Choronzon é a personificação do processo catabólico sobre todos os planos abaixo do Abismo e no próprio Ego. Veja-se *Liber 418*, O 10° Æthyr.

210 N.M.: Isto é: a lenda da "Queda" no Gênesis, com a consequente necessidade de um "Salvador", foi uma intuição rudimentar da Lei da Evolução, viciada por falta de treino equilibrado. O ser humano não era um "ser inocente e perfeito" que caiu de sua glória: foi e é um ser imperfeito que, tal como todas as outras formas conhecidas de vida, aspira ao desenvolvimento e expansão da consciência sobre tantos planos quantos possa atingir. As visões de perda da glória divina são apenas as premonições, em psiques sensitivas, dos estados mais evoluídos que a espécie humana atingirá, e que alguns de seus pioneiros já experimentaram, pelo menos parcialmente.

211 N.M.: A Tarefa do Adeptus Exemptus: a submissão às Supernas. "O propósito do discípulo é obter domínio sobre o seu próprio ser inferior; e por esta razão ele não deve se submeter à vontade de sua natureza mais baixa, mas seguir a vontade daquela natureza mais elevada, a qual ele ainda não conhece, mas deseja achar. Obedecendo à Vontade do Mestre, em vez de seguir a que ele crê ser a sua própria, mas que na realidade é apenas aquela de sua natureza inferior, ele obedece à Vontade de sua própria natureza superior, com a qual seu Mestre está associado para o propósito de auxiliar o discípulo a conseguir a conquista de si mesmo. A conquista do ser inferior pelo ser superior significa a vitória da consciência divina no ser humano sobre aquilo que nele é terreno e animal."

Novamente o último parágrafo de Crowley neste capítulo não tem por intuito insinuar que ele aceitava a fabricação dos "evangelhos". Ele estava usando um sistema de símbolos que esperava ser inteligível a um grande número de seus leitores. O que foi uma imprudência: os "milagres" dos evangelhos são mais do que absurdos: são degradantes. Se uma doutrina é digna ela não necessita de "milagres" para se provar. Ela se prova pelos seus frutos. Faze o que tu queres há de ser tudo da Lei.

Os leitores ou as leitoras argutos podem perguntar: "Mas que garantia temos de que o Mestre está realmente associado à nossa Vontade, e não apenas nos usando para seus próprios propósitos?". Uma questão muito perspicaz; de fato, uma questão vitalmente importante. A resposta é brutal: não há garantias. Mas se você não é o Mestre de si mesmo, você será um escravo, não importa o que faça. Todas as coisas que você ainda não tem ou que ainda não existem, mas que valem a pena ter e existirem, envolvem algum elemento de risco. O preço da existência é a morte; o preço da liberdade é a servidão consciente. Mesmo servindo ao Mestre errado durante algum tempo, desde que você o faça conscientemente, você aprenderá a diferença entre a consciência e o devaneio. E talvez você tenha sorte encontrando o Mestre "certo". Tenha em mente que todas as coisas estão corretas alguma vez em algum lugar; e que provavelmente nada está correto todo o tempo em todo lugar!

CAPÍTULO VII

A TAÇA

Tal como a Baqueta Mágica é a Vontade, a Sabedoria, a Palavra do Magista, assim também a Taça Mágica é a sua Compreensão.

Esta é a taça sobre a qual foi escrito: "Pai, se tal for Tua Vontade, deixa que esta Taça passe de Mim!". E também: "Podeis beber da taça em que bebo?".

É também a taça na mão de NOSSA SENHORA BABALON, e a taça do Sacramento.

Esta Taça está cheia de amargura, e de sangue, e de intoxicação.

A Compreensão do Magus é o seu elo com o Invisível do lado passivo.

Sua Vontade erra ativamente ao se opor à Vontade Universal.

Sua Compreensão erra passivamente quando aceita influência daquilo que não é a ultimal verdade.

No começo, a Taça do estudante está quase vazia; e mesmo a verdade que ele recebe pode escoar e ser perdida.

Dizem que os venezianos faziam um vidro que mudava de cor quando veneno era colocado nele; o estudante deve fabricar sua Taça com tal vidro.

A mínima experiência no caminho místico lhe mostrará que, de todas as impressões que ele recebe, nenhuma é verdadeira. Ou elas são intrinsecamente falsas, ou elas são erradamente interpretadas pela mente dele.

Existe apenas uma verdade, e uma só. Todos os outros pensamentos são falsos.

E à medida que ele progride no conhecimento de sua mente, ele virá a compreender que a estrutura inteira desta mente é tão defeituosa que é completamente incapaz, mesmo em seus momentos de exaltação, de verdade.

Ele reconhecerá que qualquer pensamento apenas estabelece uma relação entre Ego e não-Ego.

Kant demonstrou que mesmo as leis da natureza são apenas as condições do pensamento. E como a corrente dos pensamentos é o sangue da mente, diz-se que a Taça Mágica está cheia com o sangue dos Santos. **Todo pensamento deve ser oferecido como um sacrifício.**

A Taça dificilmente pode ser descrita como uma arma. Ela é redonda, como o pantáculo – não reta, como a baqueta e a adaga. Recepção, não projeção, é a sua natureza.[212]

Portanto, aquilo que é redondo[213] é para ele um símbolo da influência do mais alto. Este círculo simboliza o Infinito, tal como toda cruz ou Tau representa o Finito.[214] Aquilo que é quadrado mostra o Finito fixado em si mesmo; por esta razão, o altar é quadrado. É a base sólida da qual procede a operação inteira. Uma forma[215] de taça mágica tem uma esfera sob o bojo, e se apoia numa base cônica.

---

212 Tal como o Magista está na posição de Deus para com o Espírito que ele evoca, ele de pé no Círculo, e o espírito no Triângulo, assim também o Magista está no Triângulo com respeito ao seu próprio Deus. [N.M.: Veja-se *Liber AL* ii 3-4, 6-8, em *O Equinócio dos Deuses*. [N.E.: Parte IV deste *Liber ABA*.]]

213 N.M.: Isto é, que simboliza o Princípio Feminino.

214 N.M.: Ou o Princípio Masculino.

215 Uma forma feia. Melhor é a dada na ilustração.

Esta taça (crescente, esfera, cone) representa os três princípios de Lua, Sol e Fogo – os três princípios que, de acordo com os hindus, têm seu curso no corpo.[216]

Esta é a Taça de Purificação, como diz Zoroastro:

"Portanto, primeiro o sacerdote que governa os trabalhos do fogo deve aspergir com a água lustral do mar que ressoa."

O mar é que lava o mundo. E o "Grande Mar" é, na Cabala, um nome de Binah, a "Compreensão".

É pela Compreensão do Magus que seu trabalho é purificado.[217]

Binah, além disso, é a Lua, e o bojo desta taça é da forma da lua.

Esta Lua é o caminho de Gimel, através do qual a influência da Coroa desce sobre o Sol de Tiphereth.

E isto está baseado sobre a pirâmide de fogo que simboliza a aspiração do estudante.

No simbolismo hindu, o Amrita ou "orvalho da imortalidade"[218] goteja constantemente sobre o homem, mas é queimado pelo fogo grosseiro dos seus apetites. Os Yogis tentam preservar este orvalho virando a língua para trás dentro da boca.

A respeito da água nesta Taça, pode ser dito que, da mesma forma como a baqueta deveria ser perfeitamente rígida, o sólido ideal, assim também deveria a água ser o fluido ideal.

A Baqueta é ereta, e deve estender-se ao Infinito.

A superfície da água é lisa, e deve estender-se ao Infinito.

Uma é a linha, a outra o plano.

Mas da mesma forma como a Baqueta é fraca sem grossura, assim também a água é falsa sem profundidade. A Compreensão do Magus deve incluir todas as coisas, e aquela compreensão deve ser infinitamente profunda.

H.G. Wells disse que "toda palavra que um homem ignora representa uma ideia que ele desconhece". E é impossível compreender todas as coisas perfeitamente antes que todas as coisas sejam sabidas.

A Compreensão é a estruturação do conhecimento.

---

216 Estes "princípios" são vistos pelo aluno quando pela primeira vez ele é bem-sucedido em aquietar a mente. Aquele que está em curso no momento é o que ele vê. Isto é uma experiência tão maravilhosa, mesmo para alguém que tenha levado suas visões astrais a um altíssimo plano, que o aluno é capaz de confundi-la com o Fito. Veja-se o capítulo sobre Dhyana.

As letras hebraicas correspondentes a estes princípios são *Gimel* [N.E.: ג.], *Resh* [N.E.: ר.] e *Shin* [N.E.: ש.], e a palavra formada por elas significa "uma flor" e também "expulso", "expelido".

217 N.M.: Embora tenhamos tido o cuidado de mudar os pronomes originalmente usados por Crowley, para deixar absolutamente claro que suas observações podem aplicar-se tanto aos homens quanto às mulheres (como ele teria desejado; nunca lhe ocorreu quando escreveu isto que poderia ser de outra forma), no caso do Magus isso é impossível. O Magus é sempre Masculino; se você alcançar o Grau de Magus encarnado num corpo feminino, você ainda será Masculino. Mas não se pode aqui discutir este assunto em profundidade; e ninguém lucraria com isto.

(Lembro-me de uma certa ocasião em que Louis Culling e sua amante, ambos II° O.T.O., improvisaram um ritual para o Sr. Germer em minha presença. A amante, Meeka, recitou o Hino a Pã e mudou as palavras para 'Eu sou uma mulher; faze como tu queres, como pode um grande deus'. Após terminar o ritual, o Sr. Germer perguntou-lhe: "Por que você mudou os versos do hino daquela forma?" Ela respondeu, surpresa: "Porque sou uma mulher." O Sr. Germer disse: "Mas você também é um homem." Partindo dele, que era um porco chauvinista do mais grosso calibre – ou éramos todos tolos o bastante para nisso acreditar – esta observação desconcertou. Embora na época não pudesse compreender, nunca me esqueci disso.)

218 *A* – o prefixo de negação; *mrita*, mortal.

Todas as impressões são desconexas, como o Bebê do Abismo terrivelmente sabe;[219] e o Mestre do Templo deve permanecer sentado durante 106 estações na Cidade das Pirâmides porque esta coordenação é uma tarefa tremenda.

Não existe nada particularmente secreto nesta doutrina concernente ao conhecimento e à compreensão.

Um espelho recebe as impressões, mas não coordena nenhuma.

A mente do selvagem apresenta apenas a mais simples forma de associação de ideias.

Mesmo o homem civilizado ordinário vai pouco além.

Todo progresso do pensamento é feito colecionando o maior número possível de fatos, classificando-os e agrupando-os.

O filólogo, se bem que talvez fale apenas uma língua, tem um tipo de mente muito mais elevado que o linguista que fala vinte.

Esta Árvore de Pensamento possui um exato paralelo na árvore da estrutura nervosa.

Hoje em dia anda por aí muita gente que é "bem-informada", mas não tem a mínima concepção do significado dos fatos que conhece. Não desenvolveram a parte mais elevada do cérebro, necessária para este fim. A indução lhes é impossível.

Esta capacidade de acumular fatos na memória sem compreender-lhes o significado é compatível com a imbecilidade.[220] Alguns imbecis têm sido capazes de acumular mais conhecimento em suas memórias do que talvez qualquer ser humano sadio poderia ser capaz.

Este é o grande defeito da educação moderna – as crianças são entupidas com fatos, e nenhuma tentativa é feita para explicar a conexão entre tais fatos e as consequências deles. O resultado é que mesmo os fatos em si depressa são esquecidos.

Qualquer mente de alta qualidade é insultada e irritada por tal tratamento, e qualquer memória de alta qualidade corre perigo de ser estragada por ele.

Nenhum par de ideias tem significado até que as duas sejam harmonizadas em uma terceira; e a operação só é perfeita quando as ideias parceiradas são contraditórias. Esta é a essência da lógica de Hegel.[221]

A Taça Mágica, tal como descrita acima, é também a flor. É o lótus que se abre para o Sol e recolhe o orvalho.

Este Lótus está na mão de Isis, a Grande Mãe. É um símbolo semelhante ao da Taça na mão de NOSSA SENHORA BABALON.

---

219 N.M.: A expressão "Bebê do Abismo" representa o período de transição em que a mente de um ser humano é completamente destruída antes de ser novamente organizada de acordo com a perspectiva da Tríada Superna. Durante esse período a pessoa fica literalmente insana. Também, a insanidade pode repetir-se muitas vezes, até que o processo esteja concluído sobre todo plano de consciência abaixo do Abismo.

220 N.M.: A palavra *imbecilidade* é usada aqui em seu sentido psiquiátrico.

221 N.M.: Georg Wilhelm Friedrich Hegel, filósofo alemão, um dos pioneiros da lógica metafísica moderna. O desenvolvimento da lógica simbólica, que marcou um gigantesco passo avante no estudo da matemática, foi em boa parte devido ao estímulo provido a outras mentes pela obra monumental de Hegel.

Existem também os Lótus no corpo humano, de acordo com o sistema hindu de fisiologia a que nos referimos no capítulo sobre Dharana.[222]

Existe o lótus de três pétalas no Sacro, em que a Kundalini jaz adormecida. Este lótus é o receptáculo do poder reprodutor.

Existe também o lótus de seis pétalas oposto ao umbigo – que recebe as forças que nutrem o corpo.

Existe também um lótus no plexo Solar, que recebe as forças nervosas.

O lótus de seis pétalas no coração corresponde a Tiphereth, e recebe aquelas forças vitais que estão relacionadas com o sangue.

O lótus de dezesseis pétalas oposto à laringe recebe a nutrição necessária à respiração.

O lótus de duas pétalas da glândula pineal recebe a nutrição necessitada pelo pensamento, enquanto que acima da junção das estruturas cranianas está aquele sublime lótus, o lótus de mil pétalas, que recebe a influência do alto, e no qual, no Adepto, a Kundalini despertada desfruta seu prazer com o Senhor do Todo.[223]

Todos estes lótus estão representados pela Taça Mágica.

No homem comum eles estão apenas parcialmente abertos, ou abertos somente à sua nutrição natural. De fato, é melhor pensar neles como fechados, segregando aquela nutrição que, por falta de Sol, vira veneno.

A Taça Mágica não deve ter cobertura; no entanto, deve ser conservada cuidadosamente velada o tempo todo, a não ser quando estamos invocando o Altíssimo.

Esta Taça deve também ser escondida dos profanos. A Baqueta deve ser conservada secreta para que os profanos, tocando-a, não a quebrem; a Taça para que, desejando tocá-la, eles não a sujem.

No entanto, a aspersão com água da Taça não apenas purifica o Templo, mas abençoa aqueles que estão fora deste: livremente deve a água ser libada! Mas que ninguém conheça o vosso verdadeiro propósito, e que ninguém saiba o segredo da vossa força. Lembrai-vos de Sansão! Lembrai-vos de Guy Fawkes!

Dos métodos de aumentar a Compreensão, aqueles da Santa Cabala são talvez os melhores, contanto que o intelecto esteja completamente cônscio do absurdo desses métodos, e nunca se deixe convencer.[224]

Além disso, meditação de certos tipos é útil; não aquela estrita meditação que busca aquietar a mente, mas uma meditação tal como Sammasati.[225]

---

222 Estes Lótus estão todos situados na coluna espinhal, que tem três canais, *Sushumna* no meio, *Ida* e *Pingala* de cada lado (compare-se com a Árvore da Vida). O canal central é comprimido em sua base por *Kundalini*, o poder mágico, uma serpente adormecida. Despertai-a; ela roja espinha acima, e o *Prana* flui através do *Sushumna*. Veja-se *Raja Yoga* para mais detalhes. [N.M.: Ele se refere ao livro *Raja Yoga*, de Vivekananda.]

223 N.M.: Você notará que a polaridade é invertida: apesar de que Kundalini é feminina, ela é também Hadit, a Cobra; e o Senhor do Todo é também nossa Senhora Nuit das Estrelas.

224 Veja-se o "Interlúdio" que segue. [N.M.: A Cabala é simplesmente um método para relacionar os pensamentos uns com os outros em um sistema harmonioso com a constituição psicológica do Iniciado. Materializar o simbolismo Cabalístico é cair no mundéu do dogma religioso ou filosófico, limitando assim a própria mente e – infelizmente com frequência – buscando limitar as mentes de seus vizinhos.]

225 Veja-se *Equinox* I (5), "The Training of the Mind"; *Equinox* I (2), "The Psychology of Hashish"; *Equinox* I (7), *Liber DCCCCXIII*.

Do lado exotérico, se necessário, a mente deveria ser treinada pelo estudo de alguma ciência bem desenvolvida, tal como a química ou a matemática.[226]

A ideia de organização é o primeiro passo; a de interpretação, o segundo. O Mestre do Templo, cujo grau corresponde a Binah, está jurado a "interpretar todo fenômeno como um trato particular entre Deus e sua alma".

Mas mesmo o principiante pode com vantagem tentar esta prática.[227]

Ou um fato qualquer concorda e está em harmonia com o resto, ou não; se não, a harmonia Universal está quebrada; e, como a harmonia Universal não pode estar quebrada,[228] a discórdia deve estar na mente do estudante, assim demonstrando que ele não está *atunado* àquele coro Universal.

Que ele deslinde primeiro os grandes fatos, depois os pequenos; até que, num verão, quando ele já for careca e estiver sonolento após o almoço, ele compreenda e aprecie a existência das moscas![229]

Esta falta de Compreensão com a qual todos nós começamos é tão terrível, tão lamentável. Neste mundo existe tanta crueldade, tanto desperdício, tanta estupidez.

A contemplação do Universo deve, a princípio, ser quase que pura angústia. Esse fato é responsável pela maior parte das especulações da filosofia.

Filósofos medievais desviaram-se irreparavelmente em suas interpretações, porque sua teologia necessitava da referência de todas as coisas ao ponto de vista do bem-estar humano.

Eles até se tornaram estúpidos; Bernardin de St. Pierre (não foi?) disse que a bondade de Deus era tal que, onde quer que os homens tivessem construído uma grande cidade, Ele colocara um rio para auxiliá-los a transportar mercadoria. Mas a verdade é que de forma alguma podemos imaginar o Universo como tendo sido especialmente planejado. Se os cavalos foram criados para serem montados pelos homens, não foram os homens criados para alimentarem os vermes?

E assim nós vemos uma vez mais que **a ideia-do-Ego deve ser impiedosamente desenraizada antes que a Compreensão seja alcançada.**[230]

Existe uma contradição aparente entre esta atitude e aquela do Mestre do Templo. O que pode ser mais egoísta que sua interpretação de tudo como um trato particular entre Deus e sua alma?

Mas é Deus que é tudo e não qualquer das partes; e todo "trato" deve assim ser uma expansão da alma, uma destruição da sua separabilidade.

Todo raio de Sol expande a flor.

---

226 N.M.: Tal treino é sempre necessário quando a mente, não tendo uma facilidade natural para as ciências, é muito instruída nas artes e na literatura, em detrimento de suas faculdades menos conectadas com os sentimentos e as emoções. O aspirante deveria sempre tentar equilibrar seus pontos fracos. Nós mesmos repetimos três vezes um curso de cálculo na Universidade; não tínhamos qualquer facilidade natural para a matemática, mas persistimos até adquirirmos os rudimentos necessários para fazer de nossa personalidade puramente humana um instrumento mais adequado para a manifestação de nossas faculdades mentais mais elevadas. Isso não é gabolice; é um conselho sério.

227 N.M.: Não para o Ego dele ou dela!

228 N.M.: A simples existência do Cosmo prova isso!

229 N.M.: Elas o mantêm desperto. "Maldições estimulam; bênçãos relaxam." (Blake)

230 N.M.: Veja-se *Liber AL* i 1-4, 11, 22-23, 31, 42-45, 52-53.

A superfície da água na Taça Mágica é infinita; não existe nenhum ponto que difira de qualquer outro ponto.[231]

Portanto, ultimalmente, tal como a baqueta é um ligamento e uma restrição, assim é a Taça uma expansão – ao Infinito.

E este é o perigo da Taça; ela deve necessariamente estar aberta a tudo; no entanto, se algo é posto nela que seja desproporcionado, desequilibrado, ou impuro, ela é danificada.[232]

E aqui novamente nós temos dificuldade com os nossos pensamentos. A grosseria e estupidez de *impressões simples* enublam a água; *emoções* a agitam; *percepções* ainda estão longe da perfeita pureza da verdade, pois causam reflexos; enquanto que as *tendências* alteram o índice de refração, e decompõem a luz. Mesmo a *consciência* em si é aquilo que distingue entre o mais baixo e o mais alto, entre as águas que estão abaixo do firmamento e as que estão acima do firmamento, aquele pavoroso estágio na grande maldição da criação.[233]

Como na melhor das hipóteses esta água[234] é apenas um reflexo, quão tremendamente importante é que ela esteja quieta!

Se a taça for sacudida, a luz será decomposta.

Portanto, a Taça é colocada sobre o Altar, que é quadrado, a vontade multiplicada pela vontade, a confirmação da vontade no Juramento Mágico, sua fixação em Lei.

É fácil percebermos quando a água está enlameada, é fácil nos livrarmos da lama;[235] mas existem muitas impurezas que desafiam tudo a não ser destilação, e mesmo algumas devem ser fracionadas até 70 vezes 7![236]

---

231 "se confundis as marcas do espaço, dizendo: Elas são uma; ou dizendo, Elas são muitas... então esperai os terríveis julgamentos de Ra Hoor Khuit... Isto regenerará o mundo, o mundozinho minha irmã..." Estas são as palavras de NUIT, Nossa Senhora das Estrelas, de quem Binah não é mais que o agitado reflexo.

232 N.M.: A solução é que o dano é a ilusão, que será dissipada pelo Ajuste do Equilíbrio da Taça. Mas, se nos apegarmos à ilusão, não efetuaremos o ajuste. (Essa afirmação só é verdadeira no modo mais superficial. Quem realmente fez o Juramento de Aspiração descobrirá que o Reajuste acontece, quer se queira, quer não. Veja-se *Liber 156*.) O progresso da Ciência consiste em admitir que os fatos que nos surpreendem indicam erros em nossos cálculos prévios, que devem ser refeitos. O progresso da Religião só é possível se assumirmos exatamente a mesma atitude e se adotarmos exatamente o mesmo método com relação às nossas crenças e emoções. O "Diabo" não existe, e não poderia existir; a ideia do "Diabo" representa simplesmente um aspecto de "Deus" (ou, se preferir, do Universo) com o qual ainda não harmonizamos nossa consciência.

233 N.M.: Isto é, a mente consciente é simplesmente o Ego, o Antakharana dos hindus, ou Daäth dos Cabalistas.

234 A água nesta Taça (a Taça é também um coração, tal como é mostrado pela transição entre o antigo Tarô e o moderno: o naipe "Corações" em velhos baralhos, e mesmo em modernos baralhos espanhóis e italianos, é chamado "Copas") é a letra *Mem* (a palavra hebraica para água), que tem para seu Atu o Enforcado. Este Enforcado representa o Adepto pendurado por um tornozelo de uma forca, a qual tem a forma da letra Daleth – a letra da Imperatriz, a Vênus Celeste do Tarô. Suas pernas formam uma cruz, seus braços um triângulo, como se por seu equilíbrio e autossacrifício ele estivesse trazendo a luz do mais alto e estabelecendo-a mesmo no abismo.

Elementar como isto é, ainda assim é um hieróglifo muito satisfatório da Grande Obra, se bem que o estudante é aqui prevenido de que a óbvia interpretação sentimental deve ser abandonada logo que compreendida. É uma mui nobre ilusão e, portanto, uma ilusão muito perigosa, o figurarmo-nos como o Redentor. Pois quanto mais puras e sutis forem as ilusões desta Taça, tanto mais difíceis serão elas de se perceber. [N.M.: O "complexo de Salvador" é a última tentativa do Ego de prolongar sua existência!]

235 N.M.: Deixar a água permanecer tranquila já basta, como disse Lao Tse.

236 N.M.: No sentido cabalístico, embora, claro, possa ser interpretado literalmente.

Existe, no entanto, um solvente e harmonizador universal, um certo orvalho que é tão puro que uma única gota derramada na água da Taça trará temporariamente tudo à perfeição.

Este orvalho é chamado Amor. Mesmo tal como, no caso do amor humano, o Universo inteiro parece perfeito ao homem que está sob seu controle, da mesma forma, e muito mais, com o Amor Divino do qual agora falamos.

Pois o amor humano é uma excitação, e não uma aquietação da mente; e, como está ligado ao indivíduo, apenas redunda em mais perturbação no fim.[237]

Este Amor Divino, pelo contrário, não está apegado a nenhum símbolo.

Ele detesta limitação, quer em sua intensidade ou em seu alcance. E este é o orvalho das estrelas de que se fala nos Livros Santos, pois NUIT, a Senhora das Estrelas, é chamada "a Contínua do Céu", e é esse Orvalho que banha o corpo do Adepto "em um doce perfume de suor".[238]

Se bem, portanto, que todas as coisas são colocadas nesta Taça, pela virtude deste orvalho todas elas perdem sua identidade. E, portanto, esta Taça está na mão de BABALON, a Senhora da Cidade das Pirâmides, onde ninguém pode ser distinguido de qualquer outro, onde ninguém pode sentar-se até ter perdido seu nome.

Daquilo que está na Taça também é dito que é vinho.[239] Esta é a Taça de Intoxicação. Intoxicação significa envenenamento, e particularmente refere-se à peçonha em que flechas são banhadas. (A palavra grega τοξον significa "um arco".) Pense na Visão da Flecha em *Liber 418*, e consulte-se as passagens nos Livros Santos que falam da ação do espírito sob o símbolo de uma peçonha virulenta.[240]

Pois para cada coisa individual a consecução significa, antes de mais nada, a destruição da individualidade.

Cada uma de nossas ideias deve ser levada a entregar o Ser ao Bem-Amado, de forma que nós eventualmente possamos, por nossa vez, entregar o Ser ao Bem-Amado nós mesmos.[241]

---

237 N.M.: O ciúme, por exemplo, que é normal nas manifestações do amor egóico, não representa devoção ao ser "amado": representa devoção à nossa própria vaidade e senso de propriedade. Esse Amor Divino do qual Crowley está falando é também o Amrita dos hindus. É a fonte do Elixir da Vida dos antigos "rosa-cruzes" e da Pedra dos Filósofos e a Medicina Universal dos antigos alquimistas. Suas manifestações são estudadas e ensinadas na O.T.O., onde os membros começam a ser treinados ou treinadas desde o I° Grau. [N.E.: Lembrando que Motta se refere, obviamente, à sua vertente da O.T.O., atualmente extinta.]

238 Veja-se *Liber Legis* i 27.

239 N.M.: Esse é o Vinho do Graal. Veja-se o *Parsifal* de Wagner; também a simbologia do Selo da O.T.O.

240 N.M.: Essa simbologia é iniciática e secreta. No entanto, podemos dizer aqui que a letra Samekh na Cabala refere-se ao signo de Sagitário, ou a Flecha, e no Tarô representa a Temperança, ou Arte. Os gregos costumavam dizer que Eros, Amor, atingia suas vítimas com uma flecha. A Flecha simboliza a Vontade, ou Direção, e o Falo.

241 N.M.: Isso se refere ao Conhecimento e Conversação do Sagrado Anjo Guardião, ou Adonai. O próximo passo consiste em entregar o Ser à Nossa Senhora Babalon, a Guardiã do Abismo. Isto se refere à polaridade dos veículos nos planos de manifestação.

Talvez o processo seja inverso em algumas mulheres. Quem pode afirmar, exceto uma mulher, ou melhor, várias? E quando dizemos mulher, queremos dizer um ser humano encarnado num corpo feminino.

Veja-se *Liber AL* i 1 e ii 1, em *O Equinócio do Deuses.* [N.E.: Parte IV deste *Liber ABA*.]

Será lembrado da Lição de História[242] como os Adeptos, "que haviam com rostos sorridentes abandonando seus lares e suas posses, puderam com tranquilidade e firme correção abandonar a própria Grande Obra; pois esta é a última e a mais elevada projeção do Alquimista".

O Mestre do Templo cruzou o Abismo, entrou no Palácio da Filha do Rei; ele necessita apenas pronunciar uma palavra, e tudo será dissolvido. Mas, em vez disto, ele é encontrado escondido na terra, cuidando de um jardim.

Este mistério é demasiado complexo para ser elucidado nestes fragmentos de pensamento impuro; é um assunto para meditação.

242 *Liber LXI*, o livro dado àqueles que desejam tornar-se Probacionistas da A∴A∴.

UM INTERLÚDIO[243]

243 Este capítulo foi ditado em resposta a uma observação casual de Soror Virakam. Fra. P. disse, brincando, que tudo contém a Verdade, se soubermos como encontrá-la; e, sendo desafiado, passou à prova de sua asserção. O capítulo é aqui inserido não por qualquer valor que possa ter, mas a fim de provar o leitor. Se o que segue é considerado uma pilhéria, o leitor é um certo tipo de tolo inútil; se for pensado que Fra. P. acredita que os autores das rimas tinham qualquer intenção oculta, então o leitor é outro tipo de tolo inútil. Soror Virakam escolheu as rimas ao acaso.

Toda cantiga de ninar contém profundos segredos mágicos que estão a dispor de qualquer pessoa que tenha feito um estudo das correspondências da Santa Cabala.[244] O ato de desvendar um imaginário significado de tais "tolices" faz pensar nos Mistérios; nós entramos em profunda contemplação de coisas santas, e Deus Mesmo guia a alma a uma real iluminação. Daí também a necessidade de Encarnação; a alma deve descer a toda falsidade para poder alcançar Toda-Verdade.

Por exemplo:

A velha Mãe Hubbard
Foi à sua dispensa
Pegar um osso para seu pobre cão;
Quando ela chegou lá,
A dispensa estava vazia,
Assim o pobre cão não ganhou nada.

Quem é esta antiga venerável Mãe de quem se fala? Em verdade ela não é outra senão Binah, como é evidente do uso da santa letra H pela qual o nome dela principia.

Nem é ela a Mãe Ama, estéril – mas a fértil Aima;[245] pois ela tem Vau, o filho, como segunda letra do seu nome, e R, a penúltima letra, é o Sol, Tiphereth, o Filho.

As outras três letras do nome dela, B, A, e D, são os três caminhos que unem as três supernas.

A que dispensa foi ela? Mesmo às mais secretas cavernas do Universo. E quem é este cão? Não é ele o nome de Deus[246] soletrado cabalisticamente às avessas? E o que é este osso? Este osso é a Baqueta, o santo Ligam!

A completa interpretação da runa agora é evidente. Esta rima é a lenda do assassinato de Osiris por Tifão.

Os membros de Osiris foram espalhados no Nilo.

Isis buscou-os em todo canto do Universo, e encontrou todos com exceção do sagrado lingam dele, que não foi encontrado até bem recentemente (veja-se Fuller, *The Star in the West*).[247]

Tomemos outro exemplo deste rico armazém de lendas mágicas.

---

244 N.M.: De certo modo isso é verdade, pois toda canção folclórica – talvez devêssemos dizer qualquer canção – tem como fonte o Inconsciente Coletivo. Mas os leitores e as leitoras deveriam perceber que Crowley está apenas gracejando. Ele sabe muito bem que, para o Sistema de Correspondência da Cabala, qualquer fato ou qualquer coisa pode assumir um significado místico. Esse é um aspecto do Juramento do Mestre do Templo.

245 N.M.: Essas alusões são todas cabalísticas; discuti-las aqui estaria além dos limites deste livro ou destas notas. Uma nova edição da coleção Cabalística de Crowley, intitulada *777 Revisado 2*, está sendo preparada pela O.T.O. [N.E.: Ao que se sabe, esta versão do *777* nunca foi terminada.]

246 N.M.: Em inglês *dog* – cão – é o inverso de Deus – *god*.

247 N.M.: O livro de Fuller foi um estudo da filosofia Thelêmica. A referência é a Crowley como a encarnação de 666.

A pequena Bo Peep
Perdeu seus carneiros
E não sabia onde encontrá-los.
Deixe-os em paz!
E eles virão para casa,
Arrastando as caudas atrás.

"Bo" é a raiz significando Luz, da qual surgiram palavras tais como a Árvore-Bo, Bodhisattva e Buda.

E "Peep" é Apep, a Serpente Apófis. Este poema, portanto, contém o mesmo símbolo que aquele nas Bíblias egípcia e hebraica.

A serpente é a serpente da iniciação, da mesma forma que o Carneiro é o Salvador.[248]

Este venerável, a Sabedoria da Eternidade, senta-se em sua angústia fria à espera do Redentor. E este santo verso triunfantemente nos assegura que não há razão para ansiedade. Os Salvadores virão um atrás do outro, como quiserem, e conforme sejam necessários, e arrastarão as suas caudas, isto é, esses que seguem o santo mandamento deles, ao fito ultimal.[249]

Novamente, lemos:

A pequena Miss Muffett
Estava sentada num tufo,
Comendo coalhada e soro,
Lá vem uma enorme aranha,
E sentou-se ao seu lado,
E espantou a pobre Miss Muffett, que foi embora.

A pequena Miss Muffett inquestionavelmente representa Malkah; pois ela é solteira.[250] Ela está sentada sobre um "tufo"; isto é, ela é a alma não regenerada sobre Tophet, o abismo do inferno. E ela come coalhada e soro, isto é, não o puro leite da mãe, mas leite que se decompôs.

Mas quem é a aranha? Realmente, eis aqui oculto um venerável arcano! Como todos os insetos, a aranha representa um demônio. Mas por que uma aranha? Quem é esta aranha "que segura com as mãos, e está nos Palácios dos Reis"? O nome desta aranha é Morte. É o medo da morte que antes de mais nada torna a alma cônscia de sua miserável condição.[251]

Seria interessante se a tradição tivesse conservado para nós as aventuras subsequentes de Miss Muffet.

Mas devemos prosseguir à consideração da seguinte rima:

---

248 N.M.: Ou melhor, foi, no Æon de Libra-Áries, que era a Besta astronômica. Novamente não podemos nos aprofundar nesse assunto complexo, que está relacionado com as alterações políticas entre o sacerdócio egípcio, quando este ou aquele par divino dominava. No passado Æon de Osiris, o Peixe era a "Besta"; o Carneiro, entretanto, foi o animal sacrificial mais comum no oriente médio. A conveniência de tais sacrifícios é discutida em *Liber 418*. Veja-se a "Visão da Roda"!

249 N.M.: Iniciados do I° O.T.O. lembrarão aqui dos Discursos dos Magi, isto é, dos "Salvadores".

250 N.M.: *Miss* significa, em inglês, senhorita.

251 N.M.: Nem sempre. Algumas vezes – e, na opinião deste comentarista, mais inteligentemente – é frustração na vida.

O pequeno Jack Horner
Estava sentado em um canto,
Comendo um pastel de natal.
Ele enfiou seu polegar,
E tirou uma ameixa,
E disse: "Que bom menino que eu sou!".

Na interpretação deste notável poema existe uma divergência entre duas grandes escolas de Adeptos.[252]

Uma mantém que Jack é apenas uma corrupção de John, Ion, aquele que vai – Hermes, o Mensageiro. A outra prefere tomar Jack simplesmente e reverentemente como Iacchus, a forma espiritual de Baco. Mas não faz muita diferença se nós insistimos sobre a rapidez ou sobre a raptura do Santo Espírito de Deus; e que é d'Ele que aqui se fala é evidente, pois o nome Horner não poderia ser aplicado a nenhum outro, mesmo pelo leitor mais casual dos Santos Evangelhos e das obras de Congreve.[253] E o contexto torna isto ainda mais claro, pois ele está sentado em um canto, isto é, no lugar de Cristo, a Pedra Angular, comendo, isto é, deliciando-se, com aquilo que o nascimento do Cristo nos assegura.[254] Ele é o Consolador que substitui o Salvador ausente. Se existisse ainda qualquer dúvida quanto à Sua identidade, seria resolvida pelo fato que é o polegar, que é atribuído ao elemento de Espírito, e não um dos quatro dedos atribuídos aos elementos menores, que ele enfia no pastel da nova dispensação. Ele tira um que está maduro, sem dúvida para enviá-lo como um instrutor ao mundo, e regozija-se porque está assim executando tão bem a vontade do Pai.

Passemos deste mui abençoado assunto a ainda outro.

Tom, Tom, o filho do flautista,
Roubou um porco e fugiu.
O porco foi comido,
E Tom apanhou,
E Tom desceu a rua rugindo.

---

252 N.M.: Novamente, isso é um gracejo. Ele quer dizer que há duas maneiras diferentes de interpretar a rima cabalisticamente.

253 N.M.: Novamente, em tom de brincadeira, divertindo-se tremendamente; mas, como em toda brincadeira de um Alto Iniciado, há uma lição de sabedoria e um tapa na cara dos "fariseus", isto é, os puritanos e os moralistas. Congreve foi um dramaturgo da Restauração inglesa cuja especialidade foi a comédia dos costumes e especialmente os "chifrudos", isto é, os cornudos ou maridos "enganados". "Horner" (vem do inglês *Horn*, que significa chifre, e é uma das gírias mais antigas e difundidas no mundo para o falo, o órgão viril), claro, refere-se ao "Chifrudo". O Mestre sugere aqui, rindo, que o "Chifrudo", o "Diabo" e o "Salvador" são a mesma pessoa. Leitores ou leitoras que possuam um pouco de conhecimento de iconologia se lembrarão que em imagens antigas, especialmente gregas ortodoxas e góticas, os "santos" eram frequentemente representados com chifres. Os textos mais antigos dos "Evangelhos" em aramaico referem-se a "Jesus" como um 'chifre na Casa de Davi'. Chifre significa, nesse sentido, um varão.

Em muitas tribos indo-europeias, chifres eram símbolos de virilidade e de liderança – no último caso eles também eram exibidos na coroa das rainhas. Estas tribos invariavelmente praticavam a liberdade sexual, isto é, as esposas podiam copular com outros homens além de seus maridos, se assim lhes aprouvesse (comumente os filhos eram automaticamente considerados do marido, cujo clã era, dessa maneira, fortalecido em quantidade). Quando o cristismo começou sua expansão doentia, seus missionários temeram e ridicularizaram esta generosa tradição, e a chamaram de "anticristã" – esquecendo que o mandamento central da doutrina Cristã original era o Amor. Daí, atualmente, a tradição puramente ocidental de que um "cornudo" tem chifres, e também que chifres são o símbolo do "Mal". Membros dessas tribos perseguidas foram torturados e queimados vivos durante séculos pela heresia católica romana e seus ramos protestantes. Veja-se *The Witch-Cult in Western Europe*, de Margaret Murray. Também *Carta a um Maçom*.

254 N.M.: Iniciados do I° O.T.O. compreenderão este simbolismo. O leitor médio é novamente alertado a não pensar que Crowley acreditava num "Jesus" histórico. A "torta de natal" tem sido tradicionalmente preparada no Solstício de Inverno durante milhares de anos; a festa é muito mais antiga que o advento do cristismo. Esta "torta" representa o Corpo do Sol, isto é, o Salvador.

Esta é uma das mais exotéricas destas rimas. De fato, não é muito mais que um mito solar. Tom é Toum, o Deus do Poente (chamado o Filho de Apolo, o Flautista, o criador de música). A única dificuldade do poema consiste no porco; pois quem quer que tenha assistido a um violento pôr do Sol sobre o mar nos trópicos compreenderá que incomparável descrição daquele pôr do Sol é dada naquela maravilhosa última linha. Alguns têm opinado que o porco se refere ao sacrifício da tarde, outros que ele é Hathor, a Senhora do Oeste, em seu mais sensual aspecto.

Mas é provável que este poema seja apenas a primeira estrofe de uma epopeia.[255] Tem todas as marcas características. Alguém disse da Ilíada que ela não acaba, mas apenas para. Isto é a mesma coisa. Podemos estar certos de que existe mais deste poema. Diz demasiado e diz muito pouco. Como é que esta tragédia toda resulta da mera comilança de um porco roubado? Desvelai o mistério de quem o comeu!

Devemos então abandonar o caso como sendo pelo menos parcialmente insolúvel. Consideremos este poema:

Hickory, dickory, dock!
O camundongo subiu no relógio;
O relógio bateu uma,
E o camundongo desceu,
Hickory, dickory, dock!

Aqui estamos imediatamente em terreno mais claro. O relógio simboliza a espinha dorsal, ou, se preferires, o Tempo, escolhido como uma das condições de consciência. O camundongo é o Ego; "*Mus*", "*mouse*",[256] sendo apenas *Sum*, eu sou, soletrado ao contrário cabalisticamente.[257]

Quando este Ego ou Prana ou Kundalini[258] é impelido para cima ao longo da espinha, o relógio bate 1, isto é, a dualidade da consciência é abolida. E a força desce novamente ao seu nível original.

"Hickory, dickory, dock" talvez seja simplesmente o mantra que foi usado pelo Adepto que construiu esta rima, desta forma esperando fixá-la na mente dos homens, para que eles pudessem atingir Samadhi, pelo mesmo método. Outros lhe atribuem um significado mais profundo – que é impossível considerar neste momento, pois devemos tratar agora de:

Humpty Dumpty estava sentado no muro;
Humpty Dumpty teve uma grande queda;
Todos os cavalos do rei
E todos os homens do rei
Não puderam colocar Humpty Dumpty de volta.

---

255 N.M.: Gracejando novamente – e habilmente se desculpando por não poder encontrar outros símbolos cabalísticos para aplicar a este poema. Entretanto, ele trabalhou com desvantagem. Ele poderia ter dito mais, mas estaria além do Grau de Virakam – muito mais, portanto, que o "grau" dos leitores ou das leitoras médias!

256 N.M.: Camundongo em inglês.

257 N.M.: Quando você possui uma inteligência brilhante, arrebatamentos ocorrem; se além disso você souber uma língua estrangeira, frenesis!

258 N.M.: Sábios, interpretem bem!

Isto é tão simples que quase não requer explicação. Humpty Dumpty é naturalmente o Ovo do Espírito,[259] e o muro é o Abismo – sua "queda" é, portanto, a descida do espírito à matéria; e é penosamente bem sabido que nem todos os cavalos nem todos os homens do rei podem colocar-nos de volta no alto.

Somente O Rei Ele-Mesmo pode fazer isso!

Mas a gente mal ousa comentar sobre um tema que foi tão frutuosamente tratado por Ludovicus Carolus, aquele mui santo iluminado homem de Deus.[260] Seu perito tratamento da identidade dos três caminhos recíprocos – de Daleth, Teth e Pe, é uma das mais maravilhosas passagens da Santa Cabala. A resolução feita por ele daquilo que nós supomos o jugo da escravidão em puro amor, o bordado colar honorífico para o pescoço que nos é concedido pelo Rei mesmo, é uma das passagens mais sublimes desta classe de literatura.[261]

Peter, Peter, comedor de abóbora,
Tinha uma esposa e não podia conservá-la.
Ele a botou em uma casca de amendoim;
Então ele a conservou muito bem.

Este antigo texto autêntico da escola Hinayana de Budismo é muito estimado até hoje pelos mais cultos e mais devotos seguidores daquela escola.[262]

A abóbora é naturalmente o símbolo da ressurreição, como é sabido por todos os estudantes da história de Jonas e a cabaça.[263]

Peter, portanto, é o Arahat que pôs fim à sua série de ressurreições. Que ele é chamado de Pedro é uma referência ao simbolismo de Arahats como pedras na grande muralha dos guardiães da humanidade. Sua esposa é naturalmente (no simbolismo usual) o seu corpo,[264] que ele não pode conservar até colocá-lo em uma casca de amendoim, o robe amarelo de um Bhikkhu.

Buda disse que se qualquer homem se tornasse um Arahat ele teria que tomar os votos de um Bhikkhu no mesmo dia, ou morrer; e é esta palavra de Buda que o desconhecido poeta queria comemorar.[265]

---

259 N.M.: Humpty Dumpty, personagem popular nos contos infantis folclóricos ingleses, é bojudo como um ovo.

260 N.M.: Referência ao matemático inglês Lewis Carroll e *Alice Através do Espelho*, em que Humpty Dumpty é um dos personagens.

261 N.M.: A brincadeira é um pouco séria, como Stapledon em *Odd John*.

262 N.M.: Pode-se visualizar Soror Virakam caindo de sua cadeira ou talvez de sua cama, rindo, e Crowley, com um ar muito sério, continuando seu sermão!

263 N.M.: Do budismo ao cristismo (e judaísmo, e até um pouco de cristianismo) num único lampejo.

264 N.M.: Recomendamos aos leitores ou leitoras sérios, *Equinox* V (4), pp. 248, primeiro parágrafo. [N.E.: Trata-se de parte de uma nota de Motta ao manuscrito "Not the Life and Adventures of Sir Roger Bloxham", a qual disponibilizamos a seguir: "Referência aos símbolos dos assim chamados "Rosa-Cruzes" antigos pode ajudar. Cf. *Equinox* I (2), Diagrama 33, chamado 'O Jardim do Éden'. 'Eva' é Porphyria Poppoea, 'Adão' é Sir Roger Bloxham. Sobre as bolas e o pênis (os ovários e o útero, incluindo a entrada deste último, a vagina, no caso de uma mulher) não falaremos. É lamentável que Yorke não tenha visto a necessidade de incluir o restante da estória, em que esses personagens interessantes, o Cardeal Mentula e o Signor Coglio e Don Cojone (respectivamente vernáculos italiano e espanhol para testículos) desempenham seu papel."]

265 N.M.: Aqui Virakam provavelmente mostrou-lhe a língua, ou deixou que ele botasse a sua – ou alguma outra coisa – para dentro. De um modo ou de outro, uma mulher sempre vence esse tipo de argumento.

Taffy era um homem do país de Gales,
Taffy era um ladrão;
Taffy veio à minha casa
E roubou uma perna de boi.
Eu fui à casa de Taffy;
Taffy estava na cama.
Eu peguei numa faca
E cortei a cabeça de Taffy.

Taffy é apenas um diminutivo de Taphtatharath, o Espírito de Mercúrio e o Deus dos homens no país de Gales, ou ladrões.[266] "Minha casa" é naturalmente equivalente a "meu círculo mágico". Note-se que Beth, a letra de Mercúrio e do "Mago",[267] significa "uma casa".

A carne é o símbolo do Boi, Ápis, o Redentor. Isto é, portanto, aquilo que está escrito: "Ó meu Deus, disfarça tua glória! Vem como um ladrão, e roubemos os sacramentos!".

No verso seguinte verificamos que Taffy "está de cama", devido à operação do sacramento.[268] A grande obra do Alquimista foi terminada; o mercúrio está fixado.

Nós então podemos tomar a Santa Adaga e separar o Caput Mortuum do Elixir. Alguns Alquimistas creem que a perna de boi representa aquela densa substância física que é embebida por Mercúrio para sua fixação; mas aqui, como sempre, deveríamos preferir a interpretação mais espiritual.

Adeus, Bebê Bunting!
Papai foi caçar.
Ele foi buscar uma pele de coelho
Para embrulhar meu Bebê Bunting.

Esta é uma recomendação mística à alma recém-nascida para que fique quieta, para que se mantenha firme em meditação; pois em Adeus,[269] Beth é a letra do pensamento, Yod a do Eremita. A rima diz à alma que o Pai de Tudo a vestirá com Seu próprio silêncio majestoso. Pois não é o coelho aquele "que se escondeu e ficou quietinho"?[270]

Bate um bolo, bate um bolo, ajudante de padeiro!
Assa-me um bolo tão depressa quanto possas!
Bate-o e fura-o e marca-o com um P!
Assa-o no forno para o bebê e para mim!

---

266 N.M.: Tradicional pilhéria inglesa sobre os galeses. Na realidade, como frequentemente acontece, era ao contrário; os galeses sendo os habitantes mais antigos da ilha, foram despojados pelos ingleses de suas terras.

267 N.M.: No Tarô.

268 N.M.: Aqui, seguramente, Virakam deve ter caído de sua cadeira, ou de sua cama, em gargalhadas.

269 N.M.: *Bye* no original.

270 N.M.: Referência a outro conto para crianças, porém de negros norte-americanos.

Esta rima é usualmente acompanhada (mesmo hoje em dia no quarto das crianças) por um bater de palmas cerimonial – o símbolo de Samadhi.[271] Compare-se o que é dito sobre o assunto em nosso comentário da famosa passagem sobre o "Advento" na epístola aos Tessalonicenses.

O bolo é, naturalmente, o pão do sacramento, e seria imodesto da parte de Frater P. comentar a terceira linha – se bem que podemos observar que, mesmo entre os Católicos Romanos, a hóstia tem sempre sido marcada com um falo ou cruz.

(Nota por Soror Virakam)

(Quase meia-noite. Neste momento interrompemos o ditado e começamos a conversar. Então Fra. P. disse: "Ó, se eu apenas pudesse ditar um livro como o *Tao Teh King*!".[272] Então ele fechou seus olhos, como se meditando. Um momento antes eu notara uma mudança no rosto dele, muito extraordinária, como se ele não fosse mais a mesma pessoa; de fato, nos dez minutos em que estivéramos conversando, ele parecera ser uma quantidade de pessoas diversas. Notei especialmente que as pupilas de seus olhos estavam tão dilatadas que o olho inteiro parecia negro.[273] (Tremo tanto e tenho uma tal sensação de trepidação interna, só de pensar em ontem à noite, que quase não posso escrever). Então, muito devagar, o quarto inteiro encheu-se de uma espessa luz amarela (de um dourado profundo, mas não brilhante. Eu quero dizer, não ofuscante, mas fosca). Fra. P. pareceu ser uma pessoa que eu não havia visto nunca, mas, no entanto, conhecia muito bem – sua face, roupas e tudo mais eram desse mesmo amarelo. Eu estava tão perturbada que olhei para o teto para ver se descobria o que estava causando aquela luz; mas somente pude ver as velas. Então a cadeira na qual ele estava sentado pareceu erguer-se; era como um trono, e ele parecia estar ou morto ou dormindo; mas certamente não era mais Fra. P. Isto me amedrontou, e eu tentei compreender olhando em volta do quarto; quando olhei de novo na direção dele, a cadeira estava erguida, e ele estava ainda da mesma maneira. Eu percebi que estava só; e, pensando que ele estava morto, ou que tinha partido – ou alguma outra coisa terrível – perdi os sentidos.)[274]

(Este discurso foi assim deixado por acabar; mas é apenas necessário acrescentar que a capacidade de extrair tal mel espiritual destas flores pouco promissoras é a marca de um adepto que tornou perfeita a sua Taça Mágica. Este método de exegese cabalística é uma das melhores maneiras de exaltar a razão à consciência mais alta. Evidentemente o método estimulou Fra. P. de tal forma que num instante ele se concentrou por completo e entrou em transe.[275] Ed.)

---

271 N.M.: De onde originou-se o hábito cristista de "juntar as mãos em oração". Não se deve esquecer que Dionísio veio para o oriente médio através da península de Bengala.

272 N.M.: Ele não ditou, mas escreveu, um livro que, no mínimo, é igualmente monumental: *Liber 333*.

273 N.M.: Crowley tinha olhos castanhos escuros.

274 N.M.: Não havia "drogas" envolvidas nessa experiência, pois do contrário teria sido de pouco valor. Não somente foi genuína, mas sabe-se que outros Iniciados tiveram experiências similares segundo nossos relatórios. (Naturalmente, todo o incidente está longe de ser tão edificante do quanto os "maharishis" e os "Mahatmas" e os "Gurujis" frequentemente ostentam, ou permitem que seus adoradores ostentem, do que acontece na presença divina deles. Mas não podemos fingir ser tão sagrados quanto eles.)

Muito mais tarde Crowley comentou que o relato de Virakam não poderia ser tomado como evidência de levitação, pois poderia ter havido elementos de fascinação em sua experiência. (Ele mesmo estivera totalmente inconsciente do que estava acontecendo, ou do que ela pensava que estava acontecendo.) A perda dos sentidos por parte da testemunha ou testemunhas profanas deve-se, via de regra, à incapacidade de uma constituição destreinada para suportar certos campos de força que algumas vezes se formam em tais momentos, afetando o sistema nervoso.

Segue uma nota escrita tempos depois por Crowley.

275 Veja-se os comentários sobre o absurdo da oração em "Eleusis" (Crowley, *Collected Works*, vol. III, pp. 223, 224).

CAPÍTULO VIII

A ESPADA

"A palavra do Senhor é rápida e poderosa, e mais afiada que uma espada de dois gumes."

Tal como a Baqueta é Chokmah, a Vontade, o "Pai", e a Taça é a Compreensão, Binah, a "Mãe", assim também a Espada Mágica é a Razão, o "Filho", as seis Sephiroth do Ruach, e nós veremos que o Pantáculo corresponde a Malkuth, a "Filha".[276]

A Espada é a faculdade analítica; dirigida contra qualquer demônio, ataca a complexidade deste.

Somente o simples pode resistir à espada. Como nós estamos abaixo do Abismo, portanto, esta arma é inteiramente destrutiva: ela divide Satã contra Satã. É somente nas formas mais baixas de Magia, as formas puramente humanas, que a Espada se tornou uma arma tão importante. Uma adaga deveria bastar.

Mas a mente do homem é normalmente tão importante para ele que a espada é no presente a mais volumosa de suas armas; feliz daquele que pode fazer com que a adaga baste![277]

O punho da Espada deve ser feito de cobre.

A guarda é composta de dois arcos da lua crescente e minguante – um de costas para o outro. Esferas são colocadas entre eles, formando um triângulo equilátero com a esfera na extremidade do punho.

A lâmina é reta, pontiaguda e afiada até a guarda. É feita de aço, para ser equilibrada com o punho, pois o aço é o metal de Marte, tal como o cobre é o metal de Vênus.

Estes dois planetas são macho e fêmea – e assim refletem a Baqueta e a Taça, se bem que num senso muito mais baixo.

O punho é de Vênus, pois **o Amor é a causa desta análise impiedosa** – pois, se assim não fosse, a espada seria uma arma de Magia Negra.

O punho da Espada está em Daäth, a guarda se estende para Chesed e Geburah; a ponta está em Malkuth. Alguns magistas fazem as três esferas respectivamente de chumbo, estanho e ouro; as luas de prata, e o punho enchem de mercúrio; assim tornam a Espada simbólica dos sete planetas. Mas isto é pedantismo e fantasia.

"Quem quer que empunhe a espada morrerá pela espada" não é uma ameaça, e sim uma promessa mística. É a nossa complexidade que deve ser destruída.

Aqui está outra parábola. Pedro, a Pedra dos Filósofos, decepa a orelha de Malco, o servo do Sumo Sacerdote (a orelha é o órgão do Espírito). Em análise, a parte espiritual de Malkuth deve ser separada desta pela pedra filosofal, e então Christus, o Ungido, as junta novamente. "*Solve et coagula*!"

Note-se que isto acontece na hora da prisão de Cristo, que é o filho, o Ruach, imediatamente antes de sua crucificação.[278]

A Cruz do Calvário deveria ser de seis quadrados, um cubo desdobrado, e este cubo é esta mesma pedra filosofal.

---

276 N.M.: Isto se refere à Fórmula de Tetragrammaton, IHVH, à qual ele retornará na Parte III deste *Liber ABA*.

277 N.M.: "Abençoados são os humildes, pois deles é o Reino do Céu", diz o Talmude. Veja-se também o *Tao Teh King*.

278 N.M.: A Crucificação é um dos símbolos da Iniciação do Adepto Menor, ou de Tiphereth. *Manas*, ou do *Ruach*, é destruído e se regenera, ou "ressuscita", glorificado pela influência de *Buddhi*, a Compreensão ou *Neschamah*, tornando-se assim *Buddhi-Manas*. O Crucifixo representa o Elemento do Espírito ativando as Forças dos Quatro Elementos. O Pentagrama é outro símbolo do Adepto.

A meditação revelará muitos mistérios que estão ocultos neste símbolo.

A Espada ou Adaga é atribuída ao Ar, que circula em toda parte, que penetra em toda parte, mas é instável; não um fenômeno sutil como o fogo, não uma combinação química como a água; mas uma mistura de gases.[279]

A Espada, por necessária que seja ao Principiante, é uma arma grosseira. Sua função é manter os inimigos à distância ou forçar uma passagem através deles – e se bem que deve ser brandida para ganharmos admissão ao palácio, não pode ser levada à cinta durante o festim nupcial.

Poderíamos dizer que o Pantáculo é o pão da vida, e a Espada a faca que o corta. Devemos ter ideias, mas devemos criticá-las.

Também, a Espada é aquela arma com a qual aterrorizamos os demônios e os dominamos. Devemos manter o Ego senhor das impressões. Não devemos permitir que o círculo seja rompido pelo demônio; não devemos permitir que qualquer ideia nos arrebate.

Será visto prontamente como tudo isto é elementar e falso; mas, para o principiante, é necessário.

Em toda lida com demônios a ponta da Espada é mantida apontada para baixo; ela não deve ser usada para invocações, tal como ensinam certas escolas de magia.

Se a Espada é levantada em direção à Coroa, não é mais realmente uma espada. A Coroa não pode ser dividida. Certamente a Espada não deveria ser levantada.

Porém, a Espada pode ser empunhada com ambas as mãos e mantida firme e ereta, simbolizando que o pensamento se unificou com a aspiração única, e foi queimado como uma flama. Esta flama é Shin, o Ruach Alhim, não o mero Ruach Adam. A consciência divina, não a humana.[280]

O Magista não pode manejar a Espada a não ser que a Coroa esteja em sua cabeça.

Os Magistas que tentaram fazer da Espada a única ou mesmo a principal arma apenas destruíram a si mesmos, não pela destruição de combinação, mas pela destruição de divisão.[281] A fraqueza sobrepuja a força.

---

279 O oxigênio do ar seria demasiado violento para a vida se puro; deve ser bastante diluído pelo nitrogênio inerte. [N.M.: Lembramos os leitores ou as leitoras para que não tagarelem sobre a "bondade de Deus" colocando rios onde existem cidades, que o oxigênio não foi diluído pelo nitrogênio para que a vida se tornasse possível; a vida se desenvolveu de modo que pudesse funcionar dentro da mistura predominante de gases. Se a proporção fosse inversa, a vida provavelmente ainda teria se desenvolvido; mas de maneira diferente.

O parágrafo a seguir de Crowley usa "ar" como símbolo da mente um passo além; solicita-se que químicos com pouca inteligência (bem como temperamentos "religiosos" com inteligência mais curta ainda) não interpretem isso literalmente.]

A mente racional sustenta a vida, mas aproximadamente setenta e nove por cento dela não só se recusa a entrar em combinação, mas impede os restantes vinte e um por cento de assim fazer. Os entusiasmos são obstruídos; o intelecto é o grande inimigo da devoção. Uma das tarefas do Magista consiste em conseguir de algum modo separar o Oxigênio e o Nitrogênio em sua mente, sufocar quatro quintos para que possa queimar o restante, uma flama de santidade. Mas isto não pode ser feito pela Espada.

280 N.M.: O "Espírito Santo", no simbolismo cristão. No alfabeto hebraico, Shin representa ao mesmo tempo os elementos do Fogo e do Espírito, pois os místicos hebreus, menos desenvolvidos que os hindus, tinham experiência do Akasha somente através do efeito desse sobre o Ruach. Foi a influência de místicos orientais, ao visitarem estudantes hebreus, que originou a Cabala, com sua concepção do Abismo e das Supernas. O misticismo hebraico original chegava somente até Geburah e Chesed. Alguns dos "profetas" tinham, ocasionalmente, percepções superiores a essas Sephiroth, mas tais percepções nunca se tornaram parte da liturgia ortodoxa dos fariseus.

281 Deve ser notado que esta ambiguidade na palavra "destruição" tem sido causa de muita incompreensão. *Solve* é destruição, mas assim também é *coagula*. O fito do Magus é destruir o seu pensamento parcial unindo-o ao Pensamento Universal, não acrescentar uma quebra e divisão ao Todo.

O mais estável edifício político que a história conhece foi aquele da China, que estava baseado principalmente na polidez social; e o da Índia se tem provado suficientemente forte para absorver seus muitos conquistadores.[282]

A Espada foi a grande arma do século passado. Toda ideia foi atacada por pensadores, e nenhuma delas resistiu ao ataque. Daí a presente ruína da civilização.

Não sobrou nenhum princípio fixo. Hoje em dia todo estadismo construtivo é empirismo ou oportunismo. Tem-se duvidado se existe qualquer relação real entre Mãe e Prole, qualquer diferença verdadeira entre Macho e Fêmea.

A mente humana, em desespero, pressentindo insanidade iminente no estilhaçar destas imagens incoerentes, tem tentado substituí-las por ideias que são salvas da destruição, no momento mesmo de nascerem, apenas pelo fato de serem extremamente imprecisas.

A Vontade do Rei, pelo menos, era fácil de ser determinada a qualquer momento; ninguém ainda descobriu um meio de determinar a vontade do povo.

Toda ação voluntária consciente é impedida; a marcha dos acontecimentos é agora apenas inércia.[283]

Que o Magista considere estes fatos antes de empunhar a Espada. Que ele compreenda que o Ruach, esta frouxa combinação de seis Sephiroth, somente ligadas umas às outras pela conexão com a vontade humana em Tiphereth, deve ser rompido.

A mente deve ser decomposta em uma forma de insanidade antes que possa ser transcendida.[284]

Davi disse: "Odeio os pensamentos".[285]

O hindu diz: "Aquilo que pode ser pensado não é verdadeiro".

Paulo disse:[286] "a inclinação da carne é inimizade contra Deus".[287]

E todo aquele que medita, mesmo por uma hora, cedo descobrirá como este lépido vento vagabundo faz com que sua flama pisque. "O vento sopra onde quer." O homem normal é menos que uma palha.[288]

---

282 A casta dos brâmanes nunca foi tão estrita quanto a dos funcionários civis ingleses na Índia. [N.M.: Que eram brancos e ingleses.]

283 N.M.: Sob o nome de "determinismo histórico". Mas questiona-se se há muita diferença da época em que era chamada de "a Vontade de Deus".

284 N.M.: Esse fato da Iniciação a conserva rara. Poucas pessoas têm a coragem de encarar o perigo da insanidade permanente.

285 N.M.: O lendário "Rei Davi" da Bíblia. [N.E.: O Salmo 119 é comumente atribuído ao Davi bíblico, mas comentadores contemporâneos consideram mais provável que o verdadeiro autor seja Neemias ou Ezra. De toda forma, o texto bíblico em si não evidencia a autoria.]

286 N.M.: Ou antes, o verdadeiro místico Cristão cujas palavras foram plagiadas, expurgadas, e atribuídas ao fictício "São Paulo" dos crististas.

287 N.M.: O que a Igreja Romana preferiu interpretar, naturalmente, como querendo significar que qualquer pensamento que divergia do Credo de Niceia era iníquo, devendo o pensador ser queimado vivo.

288 Mas, como é dito, *Similia similibus curantur*, nós verificamos que este Ruach é também o símbolo do Espírito. RVCh ALHIM, o Espírito de Deus, é 300, o número da santa letra Shin. Como isto é o alento, que por natureza é duplo, os dois gumes da Espada, a letra H simboliza o alento, e H é a letra de Áries – a Casa de Marte, da Espada [N.M.: Fra. P. ditou isto antes de ter decifrado a mensagem no *Livro da Lei* sobre a letra H, que corresponde a Aquário, e à Estrela no Tarô. À luz desta descoberta, a ligação entre a Espada e a Taça que ele procura demonstrar se torna ainda mais cogente. A letra H tem o número 5 na Cabala, e 5 é o Pentagrama, e também o número de Geburah, a Casa de Marte. Aquário é o signo do Querubim do Ar, e a Estrela é um símbolo da Mãe.]: e H é também a letra da Mãe; este é o elo entre a Espada e a Taça.

A conexão entre o Alento e a Mente tem sido suposta por alguns como apenas etimológica. Mas a conexão é mais verdadeira que isso.[289]

Em qualquer caso, **existe indubitavelmente uma conexão entre as funções respiratória e mental. O estudante verificará isto pela prática de Pranayama. Através deste exercício, certos pensamentos são barrados, e aqueles que, mesmo assim, vêm à mente, vêm mais devagar, de forma que a mente tem tempo de perceber a falsidade deles e destruí-los.**

Na lâmina da Espada Mágica está gravado o nome AGLA, um Notariqon formado pelas iniciais da sentença *Ateh Gibor Leolahm Adonai*, "A Ti seja o Poder através das Idades, Ó meu Deus".

E o ácido que corrói o aço deveria ser óleo de vitríolo. Vitríolo é um Notariqon[290] de "*Visita Interiora Terræ Rectificando Invenies Occultum Lapidem*". Isto quer dizer: Pela investigação de tudo e pela colocação de tudo em harmonia e proporção, você encontrará a pedra oculta, a mesma pedra dos filósofos já mencionada, a qual transforma tudo em ouro. Este óleo que pode corroer o aço é, além disso, aquele de que está escrito, *Liber LXV* i 16: "Como um ácido corrói o aço... assim sou Eu para o Espírito do Homem".

Note-se como está estreitamente entrelaçado todo este simbolismo!

O centro do Ruach sendo o coração, é visto que esta Espada do Ruach deve ser mergulhada pelo Magista em seu próprio coração.

Mas existe uma tarefa subsequente, da qual é falado – *Liber VII* v 47. "Ele esperará pela espada do Bem-Amado, e oferecerá sua garganta para o golpe." Na garganta está Daäth – o trono do Ruach. Daäth é o Conhecimento.[291] **Esta destruição final do conhecimento abre o portal da Cidade das Pirâmides.**

Está escrito também, *Liber CCXX* iii 11: "Que a mulher seja cingida com uma espada diante de me". Mas isto se refere a Saññа armando Vedana, a conquista de emoção pela clareza de percepção.[292]

Também é dito, *Liber LXV* v 14, da Espada de Adonai, "... que tem quatro lâminas; a lâmina do Raio, a lâmina do Pilone, a lâmina da Serpente, a lâmina do Falo".

---

289 É indubitável que Ruach significa primariamente "aquilo que se move ou revolve", "uma ida", "uma roda", "o vento", e que o seu significado secundário era *mente* devido à observada instabilidade da mente, e à tendência desta a se movimentar em círculo. "Spiritus" apenas veio a significar "Espírito" no moderno senso técnico devido aos esforços dos teólogos. Nós temos um exemplo do uso apropriado da palavra no termo: Espírito de Vinho – a porção aérea do vinho. Mas a palavra "inspirar" foi talvez derivada da observação do desarranjo do alento em pessoas tomadas de êxtase divino. [N.M.: Veja-se *AL* ii 63.]

290 N.M.: "Notariqon" é um dos métodos cabalísticos de procura dos símbolos. Consiste em juntar as iniciais de alguma sentença mística, ou alguma frase de algum livro considerado sagrado (geralmente o "Velho Testamento") e computar o número da "palavra" assim formada; encontrando então os símbolos místicos que correspondem ao número computado.

Vitríolo era o nome Alquímico do ácido sulfúrico. A Alquimia era praticada em três níveis diferentes: o material, que deu origem à química moderna; o psicológico, que pode ser estudado no interessante livro de Jung (porém, em sua maior parte, plagiado de Crowley, que Jung e Adler liam em segredo, aconselhados pelo mesmo professor: Freud), *Psicologia e Alquimia*; e o espiritual. Os diversos níveis de interpretação desta palavra VITRIOL dão um excelente exemplo da complexidade – e profundidade – do simbolismo Alquímico.

291 N.M.: No sentido místico. Significa Consciência da Dualidade do Sujeito e Predicado. Corresponde ao Antakharana dos hindus. O Chacra que lhe é atribuído é o Visudhi.

292 N.M.: Saññа e Vedana são termos técnicos do budismo, que descrevem certas modalidades de consciência. Vedana pode ser traduzido como *sentimentalismo*; Saññа significa clareza de percepção, ou *objetividade*. Saññа é o estado mental normal dos verdadeiros cientistas.

Vedana corresponde ao Nephesh, ou "Alma Animal", que os Cabalistas (e "rosa-cruzes") simbolizaram como uma mulher. A "mulher cingida com uma espada", portanto, simboliza o Corpo de Desejos disciplinado, servindo uma mente equilibrada e atenta, isto é, um Manas Superior. Apesar do sexo real da pessoa envolvida não importar, talvez as feministas encontrarão algo útil nas observações acima. Se não, deveriam!

Mas esta Espada não é para o Magista ordinário. Pois esta é a Espada flamejando em todas as direções que guarda o Éden, e nesta Espada a Baqueta e a Taça estão escondidas – de forma que, embora o ser do Magista seja fulminado pelo Raio e envenenado pela Serpente, ao mesmo tempo os órgãos cuja união é o supremo sacramento são deixados intactos nele.

À vinda de Adonai, o indivíduo é destruído em ambos os sensos. Ele é estilhaçado em mil pedaços; no entanto, é simultaneamente unido ao simples.[293]

Disto também fala "São Paulo" em sua Epístola à Igreja de Tessalônica: "Pois o Senhor descerá do Céu, com um grito, com a voz do Arcanjo, e com a trombeta de Deus; e os que morreram em Cristo se erguerão primeiro. Então nós que estamos vivos e permanecemos seremos arrebatados com eles às nuvens para encontrar o Senhor no ar; e assim estaremos para sempre com o Senhor".

A estúpida interpretação deste verso como profético de uma "segunda vinda" não necessita nos preocupar; toda palavra dele, é, no entanto, digna da mais profunda consideração.

"O Senhor" é Adonai – que é o hebreu para "meu Senhor"; e Ele desce do céu, o Éden superno, o Sahashara Chacra no homem, com um "grito", uma "voz" e uma "trombeta", novamente símbolos aéreos, pois é o ar que transmite o som. Estes sons referem-se àqueles ouvidos pelo Adepto no momento de raptura.[294]

Isto é mui acuradamente simbolizado no Trunfo do Tarô chamado "O Anjo", que corresponde à letra Shin, a letra do Espírito e do Alento.

A mente inteira do homem é rompida pela vinda de Adonai, e instantaneamente arrebatada à união com Ele. "No ar", o Ruach.

Note-se que, etimologicamente, a palavra συν, "junto com", é o sânscrito *Sam*; e o hebreu ADNI é o sânscrito ADHI.

A frase "com o Senhor" é, então, literalmente idêntica à palavra Samadhi, que é o nome sânscrito para o fenômeno descrito por "São Paulo", esta união do ego e do não-ego, sujeito e predicado, este casamento químico; e, assim, idêntica ao simbolismo da Rosa Cruz, sob um aspecto ligeiramente diverso.

E desde que casamento só pode ocorrer entre um e um, é evidente que nenhuma ideia pode ser assim unida, a não ser que seja simples.

Portanto, **toda ideia deve ser analisada pela Espada. Portanto, também, deve haver apenas um único pensamento na mente da pessoa que medita.**

Podemos agora passar à consideração do uso da Espada na purificação das emoções em percepções.

Foi a função da Taça interpretar as percepções pelas tendências; **a Espada livra as percepções da Teia da emoção.**

---

293 Compare-se o primeiro grupo de versos em *Liber XVI*. (XVI no Tarô é Pé, Marte, a Espada.)

294 N.M.: A referência acima ao ar como condutor de som tem em mira leitores sem cultura. O som é conduzido por qualquer meio material. O sentido da audição é atribuído ao Akasha, ou Elemento do Espírito, precisamente porque as alucinações sensoriais que acompanham Samadhi quase sempre são de natureza auditiva. Daí a frase repetitiva no "Novo Testamento", "aqueles que têm ouvidos para ouvir"; isto é, aqueles que têm intuição espiritual. Muito provavelmente o místico que originalmente escreveu as linhas, atribuídas a "São Paulo" nas falsificações crististas, descrevia o êxtase mais claramente; mas os falsificadores, desconhecendo essa experiência, explicaram o texto original com paráfrases teológicas; talvez até pensassem que as estavam melhorando!

As percepções são sem significado em si mesmas; mas as emoções são piores, pois levam sua vítima a supor que elas são significativas e verdadeiras.

Toda emoção é uma obsessão; a mais horrível das blasfêmias é atribuir qualquer emoção a Deus, no macrocosmo, ou à alma pura, no microcosmo.

Como pode aquilo que é autoexistente, completo, ser *movido*? Está até escrito que "torsão em volta de um ponto é iniquidade".

Mas se o ponto mesmo pudesse ser movido, deixaria de ser o ponto, pois o único atributo do ponto é posição.

O Magista, portanto, deve se tornar absolutamente livre neste respeito.

É a prática constante de Demônios o tentar aterrar, chocar, desgostar, seduzir. Contra tudo isto deve ele opor o Aço da Espada. Se ele se livrou da ideia-do-ego, esta tarefa será comparativamente fácil; se não se livrou assim, a tarefa será quase impossível. Diz o *Dhammapada*:

> Ele me abusou, ele me bateu, ele me roubou, ele me insultou.
> Quem se permite tais pensamentos nunca deixará de odiar.[295]

E este ódio é o pensamento que inibe o amor, cuja apoteose é Samadhi.

Mas é demasiado esperar que o Magista noviço pratique apego ao que é desagradável;[296] que ele primeiro se torne indiferente. Que ele se esforce por encarar fatos como fatos, com tanta simplicidade quanto ele os encararia se os fatos fossem históricos. Que ele evite uma interpretação imaginativa de quaisquer fatos. Que ele não se ponha no lugar das pessoas de quem os fatos são relatados; ou, se ele assim fizer, que isto seja feito apenas com a finalidade de compreender. Simpatia,[297] indignação, elogio ou condenação não têm lugar no observador.

Ninguém até hoje considerou a questão da quantidade e qualidade da luz provida por velas feitas de cristãos azeitados.[298]

Quem sabe que parte do missionário ordinário é preferida pelos canibais gastrônomos? É simples conjectura que os católicos são mais gostosos que os protestantes.[299]

No entanto, estes pontos, e outros do mesmo tipo, são os únicos que têm qualquer importância no momento em que os eventos ocorrem.

---

295 N.M.: Isto de forma alguma significa que você não deveria reagir e neutralizar um ataque contra si; mas isto deve ser feito objetivamente, sem permitir emoções pessoais. Platão conta que certa vez um dos escravos de Sócrates deu o chicote a um amigo, dizendo: "Você o chicoteia para mim, estou muito zangado com ele para fazê-lo eu mesmo".

296 N.M.: Uma prática mística avançada para conquistar as emoções.

297 É verdade que algumas vezes a simpatia é necessária para a compreensão.

298 N.M.: Um dos atos atribuídos ao Imperador Nero pelos "historiadores" crististas. Veja-se *Carta a um Maçom* quanto à exatidão histórica dessas acusações.

299 N.M.: Teoricamente, poderíamos postular que devem ser, pois são sempre mais gordos.

Nero não considerou o que a posteridade ainda por nascer pensaria dele;[300] e é difícil acreditar que os canibais calculem que a descrição dos seus feitos incitará velhas carolas a lhes renovar a despensa.

Pouquíssimas pessoas já *viram* uma tourada. Um certo tipo de gente vai para ser excitada; outro tipo pelo prazer perverso que o horror, real ou simulado, lhes oferece. Pouca gente sabe que sangue fresco derramado à luz do Sol é talvez a cor mais linda encontrada em estado livre na natureza.

É um fato notório que é praticamente impossível obter uma descrição merecedora de confiança do que ocorre numa *sessão* espírita; as emoções enublam a visão.[301]

Somente na absoluta calma do laboratório, onde o observador está perfeitamente indiferente ao que possa ocorrer, e preocupa-se apenas em observar, medir e pesar o que acontece através de instrumentos incapazes de emoção, é que podemos sequer começar a ter esperança de que um registro verdadeiro dos acontecimentos seja obtido.[302] Mesmo as bases fisiológicas comuns da emoção, os sensos de prazer e de dor, infalivelmente levam o observador a errar. Isto se bem que os sentidos possam não estar suficientemente excitados para lhe perturbarem a mente.

Mergulhemos uma das mãos numa bacia cheia de água quente, a outra numa bacia cheia de água fria, depois ambas as mãos numa bacia de água morna; uma mão dirá quente, outra frio.

Mesmo quando usamos instrumentos, as qualidades físicas destes, tais como expansão e contração (as quais podem ser chamadas, de certo modo, as raízes do prazer e da dor), causam erro.

Façamos um termômetro; o vidro fica tão excitado pela fusão necessária que ano após ano, durante trinta anos ou mais, a altura da coluna de mercúrio continuará a alterar-se;[303] quanto mais então uma matéria tão plástica quanto a mente! **Não existe emoção que não deixe uma marca na mente; e todas as marcas são más**. Esperança e medo são apenas fases opostas de uma emoção única; ambas são incompatíveis com a pureza da alma. Com as paixões do homem, o caso é um pouco diverso, pois que elas são funções da própria vontade dele. As paixões devem ser disciplinadas, não suprimidas. Mas a emoção é impressa de fora para dentro. É uma invasão do círculo.

Como diz o *Dhammapada*:

---

300 N.M.: Repetimos que não há prova de que Nero azeitava e queimava "cristãos": todas as acusações contra ele tiveram como fonte documentos romano-alexandrinos, que peritos certificaram como tendo sido falsificados de três a cinco séculos após a morte do imperador romano. Do mesmo modo, a famosa carta do senador Publius Lentulus ao senado romano, descrevendo "Jesus Cristo", é uma falsificação. Não há evidência de qualquer profeta judeu com tal nome, exceto nos documentos romano-alexandrinos, todos forjados entre os séculos três e quatro da era "cristã". É por essa razão que os judeus nunca aceitaram o "Cristo". Eles poderiam, talvez, pelo menos agora que não mais precisam temer a perseguição Vaticana, protestar contra o mito que matou tantos deles por muitos séculos; mas quando certa vez indaguei a um jovem sionista, que fora treinado num kibbutz, por que não faziam isso, respondeu com um sorriso hipócrita: "É porque ainda esperamos convencer a todos que ele era um bom rabino".

Muito obrigado: sem dúvida isso ajudará Tel Aviv. Mas ajudará a dignidade e respeitabilidade dos judeus?

301 N.M.: De fato, os "médiuns" insistem na participação emocional. Quando percebem que alguém está tentando manter a cabeça fria, eles acusam a pessoa de hostilidade e "emoções negativas".

302 N.M.: E, por gentileza, notem que verdadeiros cientistas são muito raros. A maioria deles é emocionalmente apegada a suas teorias. Os erros mais crassos de observação ocorrem diariamente em laboratórios científicos. A única salvação consiste em que o método científico exige que o experimentador descreva seus experimentos quantitativa e qualitativamente em todos os detalhes, de modo que possam ser reproduzidos e verificados por terceiros. Desse modo os pesquisadores inspecionam e controlam uns aos outros. Mesmo assim, algumas vezes, desastres acontecem. Aqueles que desejam dedicar-se à pesquisa científica, especialmente à pesquisa pura, fariam bem em primeiro treinarem-se em meditação!

303 N.M.: Esse fato é desconhecido do grande público. As alterações são infinitesimais, e normalmente podem ser ignoradas; mas em experimentos delicados mesmo uma fração de mil é importante; e a "idade" do termômetro deve ser levada em conta.

Uma casa mal telhada está aberta a chuva e vento;
Assim a paixão tem poder para invadir a mente irrefletida.
Uma casa bem telhada é à prova da fúria de chuva e vento;
Assim a paixão não tem poder para invadir uma mente bem arrumada.

Portanto, que o estudante pratique observar as coisas que normalmente lhe causariam emoção; e que, tendo escrito uma cuidadosa descrição do que vê, ele compare tal descrição com a de alguma pessoa familiarizada com tais coisas.[304]

Operações cirúrgicas e *stripteases* são excelentes escolhas para o principiante.

Ao ler livros emocionais, do tipo que é impingido a crianças, que ele sempre se esforce por contemplar o que é descrito do ponto de vista oposto àquele do autor. No entanto, que ele não emule aquela criança parcialmente emancipada que se queixou, de uma gravura do Coliseu, que "havia um coitadinho de um leão que não tinha nenhum cristão", a não ser no primeiro caso. Crítica adversa é o primeiro passo; o segundo passo deve ir adiante.

Tendo simpatizado suficientemente tanto com os leões quanto com os cristãos, que ele abra seus olhos àquele fato que sua simpatia o impediu de perceber até agora: que a gravura foi abominavelmente concebida, abominavelmente composta, abominavelmente desenhada, e abominavelmente colorida, como seguramente será o caso.

Que ele, além disto, estude aqueles mestres, na ciência ou na arte, que observaram com mentes imperturbadas por emoção.

Que ele aprenda a perceber idealizações, a criticá-las e corrigi-las.

Que ele compreenda a falsidade de Rafael, de Watteau, de Leighton, de Bouguereau; que aprecie a veracidade de John,[305] de Rembrandt, de Ticiano, de O'Conor.

Estudos análogos em literatura e filosofia levarão a resultados análogos. Mas que ele não negligencie a análise de suas próprias emoções; pois até que estas tenham sido conquistadas, ele será incapaz de julgar as dos outros.

Esta análise pode ser executada de diversas formas; um método é o materialístico. Por exemplo, se oprimido por um pesadelo, que ele explique: "Este pesadelo é uma congestão cerebral".

A maneira estrita de fazer isto através da meditação é Mahasatipatthana;[306] mas a prática deve ser auxiliada a todo momento da vida diária pelo esforço por interpretar ocorrências com objetividade. A relatividade do valor delas, em particular, deve ser cuidadosamente considerada.

A sua dor de dentes não incomoda ninguém a não ser dentro de um círculo muito limitado. Inundações na China significam para você apenas um parágrafo num jornal. A destruição do mundo,

---

304 N.M.: Isto pode fazer com que você seja acusado de ser pervertido ou um monstro; especialmente se for observado por mentes do calibre daquela de Phyllis Schlafly ou Tomás de Aquino (que, caso não conheça, alcançou a "santidade" ajudando discretamente o Vaticano a varrer sujeira sob o tapete da razão).

Todavia, é uma prática muito útil. Veja-se um de seus aspectos, em *Liber HHH*, Seções I e II.

305 N.M.: Augustus John, o artista, não "São João Apóstolo", idiota!

306 Veja-se Crowley, *Collected Works* vol. II, pp. 252-254.

mesmo, não teria nenhum significado em Sirius. Não podemos sequer imaginar que os astrônomos de Sirius perceberiam uma perturbação tão insignificante.[307]

Agora, se considerarmos que mesmo Sirius é, tanto quanto você saiba, apenas uma, e uma das menos importantes, das ideias na sua mente,[308] por que deverá outra mente ser perturbada pela sua dor de dentes? Não é possível elaborarmos este ponto sem tautologia, pois é um ponto muito simples; mas devemos dar-lhe ênfase, precisamente porque é muito simples. **Au! Au! Au! Au! Au!**[309]

Na questão da ética, isto novamente se torna de importância vital, pois muita gente parece incapaz de ponderar os méritos de qualquer ato sem introduzir uma quantidade de assuntos completamente irrelevantes.

A Bíblia foi mal traduzida por letrados perfeitamente competentes, porque eles tiveram que levar em consideração a teologia da época. O mais flagrante exemplo é o "Cântico dos Cânticos", uma típica peça de erotismo oriental. Mas como era impossível admitir tal coisa num livro "sagrado",[310] eles tentaram fazer de conta que a obra era simbólica.

Tentaram refinar a grosseria das expressões, mas mesmo seu esforço provou ser incapaz disto.

Esta forma de desonestidade atinge o cume na expurgação dos clássicos. "A Bíblia é a Palavra de Deus, escrita por homens santos durante inspiração pelo Espírito Santo. Mas nós omitiremos essas passagens que consideramos impróprias." "Shakespeare é o nosso maior poeta – mas, é claro, ele é terrivelmente indecente." "Ninguém pode sobrepujar o lirismo de Shelley, mas devemos fazer de conta que ele não era um ateísta."

Alguns tradutores não puderam aturar que os chineses pagãos usassem a expressão Shang Ti, e fizeram de conta que a expressão não significava Deus. Outros, compelidos a admitir que a expressão *significa* Deus, explicaram que o uso do termo demonstra que "Deus não se deixara sem testemunho mesmo nessa mais idólatra das nações. Eles foram misteriosamente compelidos a utilizar a palavra, sem compreenderem o significado." Tudo isto por causa do preconceito emocional deles de que eram melhores que os chineses.[311]

O mais flagrante exemplo disto está na história do estudo do Budismo.

---

307 N.M.: Vários lacrimosos representantes de várias "ordens rosa-cruzes legítimas" nos imploraram, comovidamente, a censurar este parágrafo, pois não somente implica que Crowley não acreditava que os Rosa-cruzes (os verdadeiros) vieram de Sirius, mas também que ele não acreditava que Aiwass veio de Sirius! Simpatizamos com as solicitações, mas a consciência de um editor deve ser mantida pura – pelo menos a deste editor.

308 N.M.: Desçam, crianças, desçam!

309 Ao nos interrompermos desta forma canina, o latido de um cão lhe recordará durante uma ou duas semanas o que acabamos de dizer. [N.M.: Relaxem, meus queridos "rosa-cruzes", ele não quis inferir que vocês são cães (apesar de que o são, vocês sabem). É meramente que Sirius é a Estrela Cão, sendo a alfa de Canis Major.]

310 N.M.: Um livro "sagrado" cristista; isto é, publicado por idiotas moralmente castrados que, como a raposa sem cauda da fábula, estavam tentando transformar outras pessoas em suas próprias imagens.

311 N.M.: Os primeiros tradutores de tratados chineses eram missionários crististas. Foi humilhante para aqueles entre eles que, mesmo possuindo uma inteligência rudimentar, notaram as éticas do Novo Testamento refletidas em escritores que viveram cerca de quinhentos a mil anos antes do período cristista – e não somente refletidas, mas ultrapassadas. Tais coisas seriam cômicas se não fossem trágicas. Há hoje em dia no Brasil, por exemplo, uma organização flagrantemente neonazista (perdão, Bernard Fréon) que se chama "Sociedade Brasileira de Defesa da Tradição, Família e Propriedade" (T.F.P.) – que nega que a raça negra tenha algo a ver com a tradição brasileira! O capital por trás desse grupo é, obviamente, católico romano.

Os primeiros letrados a estudar o Budismo simplesmente não podiam compreender que o cânon budista negasse a existência da alma, considerasse o ego uma ilusão causada por uma faculdade especial da mente doentia; não podiam conceber que o fito do Budista, Nibbana, fosse de qualquer forma diverso do fito deles mesmos, o "Céu", a despeito da completa franqueza da linguagem em diálogo tais como aquele do Arahat Nagasena e o Rei Melinda; e as tentativas deles de adaptar o texto aos seus preconceitos perdurarão como uma das grandes tolices dos sábios.[312]

Da mesma forma, é quase impossível para o cristista bem-educado conceber que "Jesus Cristo" comia com os dedos. O entusiasta pela temperança faz de conta que o vinho das Bodas de Canaã não continha álcool.[313]

É uma espécie de silogismo doido.

Ninguém que eu respeito faz isto.
Eu respeito Fulano.
Portanto, Fulano não fazia isto.

O moralista de hoje em dia fica furioso quando mencionamos o fato de que praticamente todos os grandes homens da história eram "grossos" e notoriamente imorais.

Chega deste assunto penoso!

Enquanto nos esforçamos por adaptar fatos e teorias, em vez de adotarmos a atitude científica de alterar as teorias (quando necessário) para que se adaptem aos fatos, permaneceremos atolados em falsidade.

O religioso zomba do cientista por causa desta atitude de mente-aberta, por causa desta adaptabilidade. "Diga uma mentira e persista nela!" é o lema *dos* religionários.

Não é necessário explicar mesmo ao mais humilde estudante da magia da luz a que tende um tal curso de ação.

Quer o Livro do Gênese seja verdade, quer a geologia seja verdade, um geólogo que crê no Livro do Gênese irá para Gehenna. "Não podeis servir a Deus e Mammon."[314]

---

312 N.M.: Sábios no próprio conceito deles, certamente. [N.E.: Um aprofundado estudo da visão ocidental do mundo "oriental", deturpada de modo a servir aos interesses eurocentristas colonialistas, foi realizado por Edward Said, um intelectual palestino radicado nos EUA, em seu livro *Orientalismo*: *O Oriente como invenção do Ocidente*, publicado pela primeira vez em 1978 e.v.]

313 N.M.: Muitos Batistas do Sul dos Estados Unidos, de fato, consideram esse episódio espúrio, introduzido por semitas maliciosos para difamar seu Jesus.

314 N.M.: Isto é, o geólogo irá para o inferno teológico, por acreditar na evidência geológica que o planeta é um pouco mais velho do que os teólogos dizem, ou para o inferno psicológico, por tentar conservar duas ideias contraditórias em existência separada em sua mente.

Mas Crowley parece ter esquecido que você pode servir a Deus e a Mammon ao mesmo tempo. É muito simples, se Mammon é seu Deus. Mas talvez ele tenha sentido que já havia suficientemente contrariado os crististas com suas observações prévias – para não citar os sionistas.

CAPÍTULO IX

O PANTÁCULO

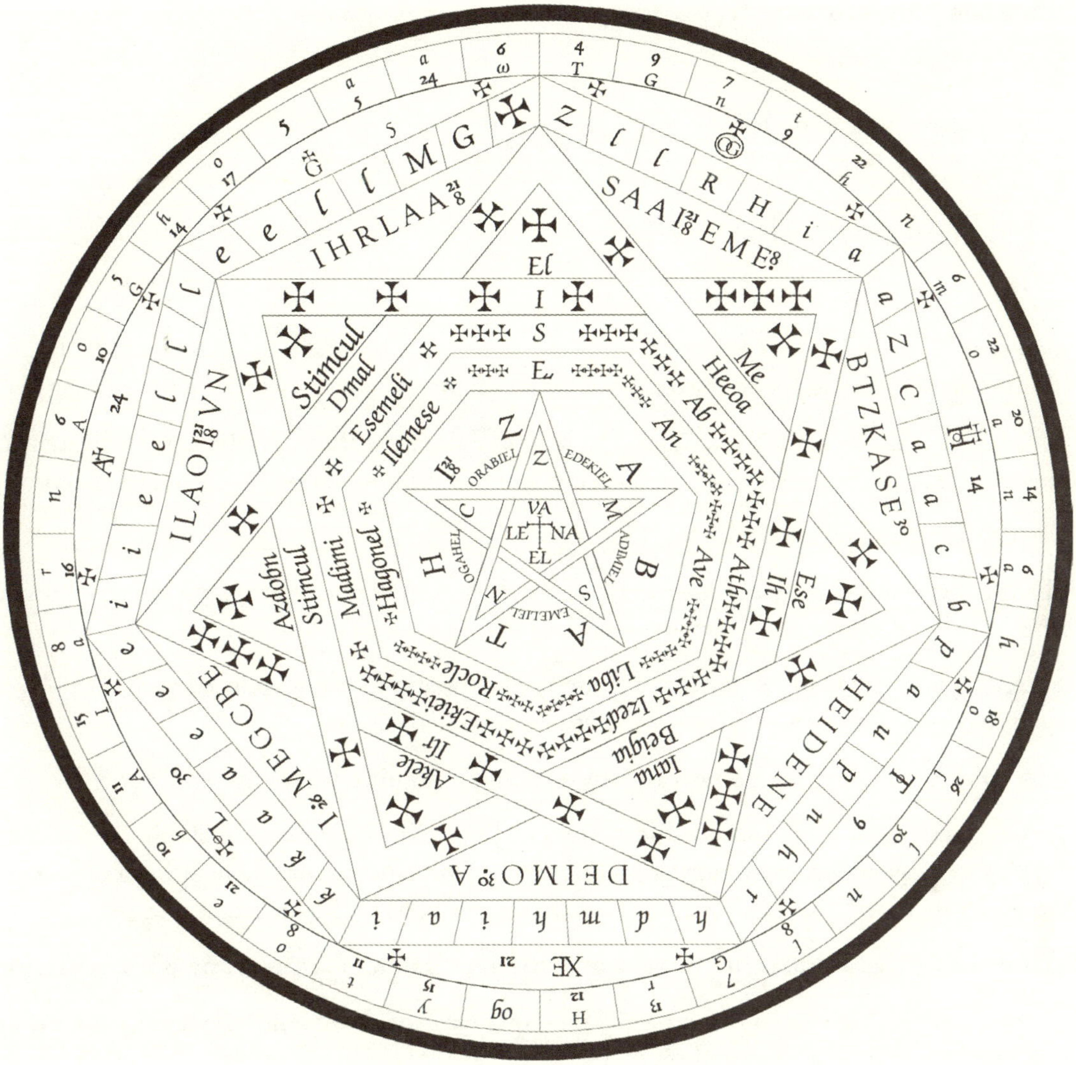

O SIGILLUM DEI ÆMETH, UM PANTÁCULO FEITO PELO DR. JOHN DEE

Tal como a Taça Mágica é a comida divina do Magus, o Pantáculo Mágico é a comida terrena dele.

A Baqueta era a sua força divina, e a Espada a sua força humana.

A Taça é oca para receber a influência do alto. O Pantáculo é plano como as planícies férteis da Terra.

O nome Pantáculo implica numa imagem do Todo, *omne in parvo*; mas isto é através de uma transformação mágica do Pantáculo. Assim como tornamos a Espada simbólica de tudo pela força da nossa Magia, assim também nós trabalhamos sobre o Pantáculo. Aquilo que é meramente um pedaço de pão comum será o corpo de Deus!

A Baqueta era a vontade do homem, a sabedoria dele, o seu verbo; a Taça era a sua compreensão, o veículo da graça; a Espada era a sua razão; e **o Pantáculo será seu corpo, o templo do Espírito Santo**.

Qual o comprimento deste Templo?

Do Norte ao Sul.

Qual a largura deste Templo?

Do Leste ao Oeste.

Qual é a altura deste Templo?

Do Abismo ao Abismo.

Não existe, pois, qualquer coisa móvel ou imóvel sob os céus que não esteja incluída neste pantáculo, se bem que ele seja apenas de "oito polegadas de diâmetro, e da grossura de meia polegada".[315]

O fogo não é, de forma alguma, matéria; a água é uma combinação de elementos; o ar é quase inteiramente uma mistura de elementos; a terra contém todos tanto em mistura quanto em combinação.

Assim deve ser com este Pantáculo, o símbolo da terra.

Tal como este Pantáculo é feito de pura cera de abelhas, não nos esqueçamos de que "tudo quanto vive é santo".

Todos os fenômenos são sacramentos. Todo fato, e mesmo toda falsidade, deve entrar no Pantáculo; ele é o grande depósito do qual o Magista tira aquilo de que necessita.

"Nos bolos castanhos de trigo provaremos da comida do mundo, e seremos fortes."[316]

Quando falamos da Taça, foi mostrado como todo fato deve ser tornado significativo, como toda pedra deve ter seu lugar próprio no mosaico. Ai, se houver uma pedra fora de lugar! Mas aquele mosaico não pode ser construído, quer bem quer mal, a não ser que toda pedra ali esteja.

Estas pedras são **as simples impressões ou experiências; nem sequer uma pode ser ignorada.**

Não recuse coisa alguma só porque você sabe que é a taça de veneno oferecida pelo seu inimigo; beba confiantemente; é ele quem cairá morto!

Como posso eu dar à arte do Camboja seu devido lugar no estudo da arte, se eu nunca ouvi falar do Camboja? Como pode o geólogo avaliar a idade daquilo que jaz abaixo do giz, a não ser que ele tenha um tipo de conhecimento sem qualquer relação com a geologia: a história da vida dos animais dos quais aquele giz é o que resta?

Esta, pois, é uma dificuldade muito grande para o Magista. Ele não pode abarcar a soma total de experiências possíveis, e se bem que ele possa se consolar filosoficamente com a ideia de que o Universo é contérmino com aquela experiência que ele tem,[317] ele verificará que esta experiência cresce tão rapidamente durante os primeiros anos de sua vida que ele quase será tentado a crer na possibilidade da

---

315 N.M.: Uma citação direta de *Liber A vel Armorum*.

316 Evitamos tratar do Pantáculo como a Patena do Sacramento, se bem que instruções especiais sobre o assunto são dadas no *Livro da Lei*. É composto de farinha integral, mel, vinho, óleo santo, e sangue. [N.M.: O óleo sagrado é o Óleo de Abramelin.]

317 N.M.: Isto é, o que você não conhece não existe para você; um dos sofismas favoritos de certas escolas de filosofia.

existência de experiências além das dele mesmo;[318] e do ponto de vista prático ele se verá confrontado por tantas avenidas de conhecimento que ficará sem saber qual escolher entre elas.

O asno hesitou entre dois tufos de capim; quanto mais aquele asno maior, aquele asno incomparavelmente maior, entre dois mil![319]

Felizmente, isto não tem muita importância;[320] mas ele deveria pelo menos escolher aqueles ramos de conhecimento que lidam diretamente com problemas de ordem universal.

Deveria escolher não um ramo apenas, mas vários; e estes deveriam ser tão diversos uns dos outros quanto possível em suas naturezas.

É importante que ele cultive excelência em algum esporte e que esse esporte seja o mais bem calculado para lhe manter o corpo em bom estado de saúde.[321]

Ele deveria ter uma sólida base de estudos dos clássicos, da matemática e da ciência; também, suficiente conhecimento geral das línguas modernas e das maneiras de viver para lhe permitir viajar em qualquer parte do mundo com facilidade e segurança.

História e geografia ele pode assimilar quando e como lhe convier; e o que deveria interessá-lo mais em qualquer assunto são os laços deste com algum outro assunto, para que o seu Pantáculo não seja sem aquilo que pintores chamam de "composição".[322]

Ele perceberá que, não importa quão boa seja a sua memória, dez mil impressões entram em sua mente para cada uma que ele é capaz de reter por um dia que seja. E a excelência de uma memória jaz na sabedoria de sua seleção.

As melhores memórias selecionam e julgam de tal forma que praticamente nada é retido, a não ser que tenha alguma coerência com o plano geral da mente.[323]

Todos os Pantáculos conterão as concepções ultimais do círculo e da cruz; se bem que alguns preferirão substituir a cruz por um ponto, ou por um Tau, ou por um triângulo. A *Vesica Piscis* é algumas vezes usada em vez do círculo, ou o círculo pode ser simbolizado como uma serpente. Tempo e espaço,

---

318 N.M.: Isto está sendo dito com pura ironia; claro que uma pessoa inteligente enxerga além de seu nariz; o que explica por que os crististas não veem. O condicionamento psicológico deles é que eles já sabem tudo de que necessitam saber. Quando atingem a maioridade física, a vitalidade saltitante da juventude já foi sistematicamente restringida; tornam-se incapazes de entusiasmo ou de curiosidade. Ai daqueles que se permitem tornarem-se impotentes no espírito! Eles são mortos-vivos, robôs que seguem uma rotina programada há séculos. Eles sobrevivem sobre o excremento de seus ancestrais, e sentem-se "seguros" assim.

319 N.M.: O asno a que ele se refere é o da fábula, que morreu de fome por não ser capaz de escolher entre duas fontes de comida. Nenhum asno é tão idiota assim; de fato, o asno é um animal muito inteligente. Os seres humanos o chamam de estúpido porque raramente podem obrigá-lo a fazer o que eles querem, a menos que ele queira fazê-lo.

320 N.M.: Porque todo Conhecimento é relativo.

321 N.M.: Para cada tipo somático um esporte em particular será mais vantajoso do que qualquer outro; o que é uma das razões da O.T.O. solicitar fotografias de corpo inteiro nu dos candidatos (a outra é que qualquer tipo de verdade nua mantém os crististas longe, sempre uma coisa boa). Cada pessoa deveria escolher o seu, e tentar exceder-se nele. Ninguém pode passar ao Círculo Interno da O.T.O., por exemplo, sem mostrar evidência da excelência em algum esporte. (Não, bunda gorda, xadrez é um jogo, não um esporte).

322 N.M.: Isto é, a estruturação do conhecimento. Esta é a qualidade mais comum de grandes intelectos.

323 N.M.: Este plano geral depende da Vontade da qual a mente é o instrumento.

e a ideia de causalidade, são algumas vezes representados; assim também os três estágios na história da filosofia, em que os três assuntos de estudo foram, sucessivamente, a Natureza, Deus e o Homem.

A dualidade da consciência é também algumas vezes representada; e a Árvore da Vida mesma pode ser ali figurada, ou as categorias.[324] Um emblema da Grande obra deve ser adicionado. Mas **o Pantáculo será imperfeito a não ser que cada ideia seja contrastada de uma maneira equilibrada com o seu oposto, e a não ser que haja uma conexão necessária entre cada par de ideias e todo outro par.**

O Neófito[325] talvez faça bem em executar os primeiros esboços do seu Pantáculo de forma muito ampla e complicada, simplificando subsequentemente, nem tanto por exclusão como por combinação, da mesma forma que um zoólogo, começando com os quatro grandes símios e o homem, os combina sob a palavra única "primatas".

Não é prudente simplificar demasiado, desde que o hieróglifo final deve ser um infinito. A última resolução não tendo sido executada, seu símbolo não deve ser representado.

Se qualquer pessoa conseguisse acesso a V.V.V.V.V.[326] e Lhe solicitasse discursar sobre qualquer assunto, é quase certo que Ele poderia fazê-lo apenas através de um silêncio ininterrupto; e mesmo isto poderia não ser por completo satisfatório, desde que o *Tao Teh King* diz que o Tao não pode ser declarado, quer pelo silêncio, quer pela fala.

Nesta tarefa preliminar de coligir materiais, a ideia do Ego não é de grande importância; todas as impressões são fases do não-ego, e o Ego serve apenas de receptáculo. De fato, para a mente bem treinada, não existe dúvida de que as impressões são reais, e de que a mente, se não é uma *tabula rasa*, só não o é por causa das "tendências" ou "ideias inatas" que impedem certas ideias de serem recebidas com a mesma facilidade que outras.[327]

Estas "tendências" devem ser combatidas; fatos desagradáveis devem ser insistentemente considerados até que o Ego seja perfeitamente indiferente quanto à natureza da sua comida.[328]

"Mesmo como o diamante brilhará rubro para a rosa e verde para a folha da roseira; assim tu permanecerás à parte das Impressões."

---

324 N.M.: Ele quer dizer as categorias budistas.

325 N.M.: Especificamente um Neófito ou uma Neófita da A∴A∴ que, como parte de sua Tarefa, deve construir um Pantáculo. Mas a palavra pode ser aplicada, em geral, a qualquer iniciante; o Pantáculo simboliza a estruturação de qualquer mente.

326 O Motto do Chefe da A∴A∴, "a Luz do Mundo em pessoa".

327 Não ocorre a um pintinho recém-saído da casca comportar-se da mesma forma que uma criança recém-nascida. [N.M.: Crowley está novamente tentando apontar a importância da herança genética no condicionamento de nossas mentes. O ser humano médio é uma função do ambiente e da herança genética. O propósito dos Aspirantes à Iniciação é tornarem-se uma função de suas Verdadeiras Vontades.]

328 N.M.: O Ego é um instrumento do verdadeiro Ser Espiritual de qualquer ser humano – aquilo que em *Liber AL* é simbolizado como uma "estrela", isto é, um ponto no espaço que brilha com a sua própria luz. Nosso instrumento somente será eficiente se tivermos o cuidado de evitar que as mensagens que recebemos através dele sejam restringidas por limites alheios a nossa própria conveniência. Desde que o Ego é uma função do ambiente e da herança genética, ele deve ser destruído e reorganizado toda vez que nossa perspectiva se expande. Do mesmo modo, um astrônomo, examinando as galáxias, deve levar em conta o índice de refração do vidro do qual as lentes de seu telescópio são feitas, e construir um instrumento melhor quando aquele usado antes se tornar insuficiente à pesquisa. Frequentemente este instrumento será construído com algum outro tipo de material e baseado em outros princípios – veja-se o radiotelescópio. Do mesmo modo, o Iniciado pode ter que construir um "corpo" de "matéria sutil" – ou mais.

Esta grande tarefa de separar o ser das impressões, ou "vrittis", é um dos muitos significados do aforismo "solve", correspondente ao "coagula" implicado em Samadhi; e **este Pantáculo, portanto, representa tudo o que somos, a resultante de tudo que nós temos uma tendência a ser.**

No *Dhammapada* lemos:

> Tudo que somos resulta da mente; na mente é fundado, construído da mente;
> Quem age ou fala maus pensamentos é seguido pela dor certa e cega.
> Assim o boi firma seu pé, e a roda da carroça o segue.
>
> Tudo que somos resulta da mente; na mente é fundado, construído da mente;
> Quem age ou fala com pensamento reto, a felicidade certamente o segue.
> Da mesma forma, não deixa a sombra de cair em seu lugar próprio.[329]

O Pantáculo é, então, em certo senso, idêntico com o Carma ou Kamma do Magista.

O Carma de um homem é seu *livro de contas*. O balanço não foi ainda estabelecido, e ele não sabe quanto é; ele nem sequer sabe bem que dívidas ele poderá ter que pagar, ou quais lhe são devidas; nem sabe em quais datas mesmo esses pagamentos que ele prevê poderão vir a ser cobrados.

Um negócio conduzido em tais linhas estaria numa confusão terrível; e verificamos que de fato o homem comum está justamente numa tal confusão. Enquanto trabalha dia e noite em algum detalhe sem importância dos seus negócios, alguma força gigantesca pode estar avançando *pede claudo* para ele.

Muitos dos lançamentos neste "livro de contas" são, para o homem comum, necessariamente ilegíveis;[330] o método de lê-los é dado naquela importante instrução da A∴A∴ chamada "Thisharb", *Liber CMXIII.*

Agora, considere que este Carma é tudo que um homem tem ou é. Seu objetivo final é livrar-se disto por completo – quando chega a hora de entregar[331] o Ente ao Bem-Amado; mas, no princípio, o Magista não é aquele Ente; ele é apenas o monturo de lixo do qual aquele Ente será construído. Os instrumentos Mágicos têm que ser fabricados antes que possam ser destruídos.

Esta ideia de Carma tem sido confundida por muita gente que deveria ter mais senso (inclusive Buda), com ideias de justiça poética e retribuição.[332]

---

329 N.M.: Não esqueça: se os budistas não definirem o que é "pensamento reto", eles não estarão em melhor situação do que um cristista. Não importa quem possa ser seu dono; se você tem um, você é um escravo.

"Maus pensamentos" é, como de costume, uma tradução muito ruim feita por alguém treinando no cristismo, isto é, dualismo entre "bem" e "mal". A palavra original significava um pensamento sem controle ou inecológico – acredite ou não, todos os verdadeiros místicos conheciam a Ecologia. Leia-os e você concluirá isto.

A concepção cristista de "virtude" e "pecado" é totalmente alheia ao pensamento budista. Na realidade, a concepção budista de "mal" é semelhante à concepção Thelêmica. Aquilo sobre o qual não temos controle nos restringe; e "A palavra de Pecado é Restrição".

330 N.M.: Porque a pessoa comum pensa que é seu Ego, e, portanto, não sequer percebe que o Ego pode ser aperfeiçoado e funcionar mais eficientemente.

331 Para entregar-se, a pessoa tem que entregar não apenas o que é mau, mas também o que é bom; não apenas a fraqueza, mas também a força. Como pode o místico entregar tudo, enquanto se apega às suas virtudes?

332 N.M.: Não sabemos se o Buda foi na realidade tão estúpido a ponto de contar o tipo de estória que nos dizem que ele contou; sabendo o que sabemos do homem, daríamos a ele o benefício da dúvida, e aos seus "seguidores" nenhum benefício sequer.

Existe a história de um dos Arahats do Buda que, sendo cego, ao andar de um lado para outro matou sem saber um certo número de insetos (os budistas consideram a destruição da vida como o crime mais chocante).[333] Seus irmãos Arahats inquiriram como isto pôde acontecer, e Buda inventou para eles uma longa história de como, numa encarnação prévia, aquele indivíduo maliciosamente privara uma mulher do sentido da visão. Isto é apenas uma história de fadas, um lobisomem para amedrontar as crianças, e provavelmente a pior maneira de influenciar as mentes jovens que já foi inventada pela estupidez humana.[334]

O Carma não trabalha de jeito algum desta forma.

Em qualquer caso, parábolas morais devem ser cuidadosamente construídas, ou podem provar-se um perigo para aqueles que as usam.

Vocês devem se recordar do apólogo da Paciência e da Paixão, por Bunyan:[335] a malvada Paixão brincou com todos os seus brinquedos e quebrou-os; a bondosa Paciência guardou os seus com todo cuidado. Bunyan esquece de mencionar que quando a Paixão quebrou seus brinquedos, ela já havia crescido além da capacidade deles.

O Carma não age desta forma, "olho por olho, dente por dente" etc. Um olho por um olho é uma espécie primitiva de justiça; e a ideia de justiça, no nosso senso humano da palavra, é completamente estranha à constituição do Universo.

Carma é a Lei de Causa e Efeito. Não existe proporção em suas operações. Uma vez que um acidente ocorra, é impossível prevermos o que poderá acontecer; e o Universo é um estupendo acidente.

Saímos mil vezes para tomar chá à tarde sem qualquer incidente; e logo na milésima primeira vez encontramos alguém que muda radicalmente o curso de nossas vidas.

Existe uma espécie de senso em que toda impressão impingida sobre nossas mentes é a resultante de todas as forças do passado; nenhum incidente é tão insignificante que não tenha de alguma forma moldado a nossa disposição. Mas não existe nada dessa ideia crua de "retribuição" nisso. Podemos matar cem mil piolhos no curso de uma breve hora ao pé do Glaciar Baltoro, como Frater P. fez certa vez. Seria estúpido supor, como desejam os teosofistas, que esta ação nos condena a sermos mortos cem mil vezes por um piolho.[336]

Este livro de contas do Carma é conservado separado do livro de lançamentos diário; e com respeito ao volume, este livro de lançamentos diário é bem maior que o de contas.

Se comemos demasiado salmão, temos indigestão e talvez um pesadelo. É tolo supormos que virá um dia em que um salmão nos comerá e ficará indisposto.

---

333 N.M.: Neste caso, os budistas deveriam cometer suicídio ao nascerem; e mesmo assim eles destruiriam a vida das células de seus corpos. Você não pode se mover – literalmente – sem matar algo. Mesmo que seja alguns microorganismos. Toda esta obsessão com a santidade da vida é totalmente ridícula. Considere que tudo quanto vive deve morrer – inclusive você – e verá como é estúpido todo este conceito. (Se você é um cristista é ainda mais estúpido, desde que você postula que terá vida eterna em "Jesus"! O que é talvez o porquê de crististas, a despeito da hipocrisia – para desarmar oponentes, presume-se – estarem sempre assassinando alguém em algum lugar.)

334 N.M.: Pode-se ver que ele nunca abriu uma cartilha católica romana destinada às crianças.

335 N.M.: Os leitores médios não se lembrarão! Bunyan foi um escritor inglês "moralista" – o tipo cristista, claro.

336 N.M.: Uma vez que o Carma inclui todas as forças no Universo, é definitivamente imprevisível. "Existe um fator infinito & desconhecido." Qualquer profecia nada mais é do que uma forma de cálculo de probabilidades.

Por outro lado, somos constantemente punidos de forma terrível por atos que absolutamente não são culpa nossa.[337] Mesmo as nossas virtudes provocam a natureza insultada à vingança.[338]

O Carma cresce do que se alimenta; e se vamos criar bem o nosso Carma, necessitamos fiscalizar-lhe a dieta.

Na maioria das pessoas, seus atos cancelam uns aos outros; tão logo algum esforço seja feito, é contrabalançado pela preguiça. Eros é substituído por Anteros.

Nem sequer um homem em cada mil escapa, mesmo em aparência, dos lugares-comuns da vida animal.

Nascer é dor;
A vida é dor;
Dolorosas são a velhice, a doença e a morte;
Mas a ressurreição é a maior miséria.

"Ó, que miséria nascer incessantemente!", como disse Buda.

Capengamos de dia a dia com um pouco disto e um pouco daquilo, uns poucos bons pensamentos e uns poucos pensamentos maldosos; nada realmente é feito. Corpo e mente mudaram inexoravelmente e estão inelutavelmente mudados ao cair da noite. Mas que *significado* tem toda essa mudança?

Quantos podem olhar para trás, contemplar o curso dos anos, e concluir que avançaram em qualquer direção definida? E em quão poucos é aquela mudança, tal qual ela é, uma variável com inteligência e volição conscientes! O peso morto das condições originais sob as quais nós nascemos é muito maior que todo o nosso esforço. As forças inconscientes são incomparavelmente maiores do que aquelas das quais temos qualquer conhecimento.[339] Esta é a *solidez* do nosso Pantáculo, o Carma do nosso planeta que nos impele, queiramos ou não, em torno do seu eixo à velocidade de mil milhas por hora. E mil é Aleph, um Aleph maiúsculo, o microcosmo do ar que vagabundeia em toda parte, o tolo do Tarô, a incertidão e fatalidade das coisas!

É, pois, muito difícil de qualquer forma *construir* este pesado Pantáculo.[340]

---

337 N.M.: "Culpa" no mesmo sentido que "justiça", do ponto de vista humano.

338 N.M.: Os animais adaptam-se ao ambiente; seres humanos procuram adaptar o ambiente a si mesmos. A menos que esta adaptação proceda ecologicamente, isto é, com equilíbrio no intercâmbio entre as partes, os seres humanos destroem o seu meio ambiente ou o seu meio ambiente os destrói. Em ambos os casos somos os perdedores. Não existe "justiça" em todo esse processo. A deusa romana da Justiça é cega não porque as leis humanas deveriam ser cegas, mas porque representa o Equilíbrio Universal no qual sempre existe um fator "infinito & desconhecido". Quando um cristista, um judeu ou um muçulmano diz "a vontade de Deus", eles simplesmente estão expressando este fator aleatório que limita até a maior "certeza" teórica. Na realidade, não existe um "Deus" particularmente envolvido neste processo. Tudo é um Jogo de nossa Senhora das Estrelas. Nós sabemos que o resultado final é a Harmonia do Universo. Mas como podemos saber se amanhã esta Harmonia não exigirá como fator a completa extinção de nossa espécie? Portanto, o sábio busca o que é provável, mas mantém um olho fixo no imprevisível. Em parte, isto é o que os hindus queriam dizer com "fritar suas sementes". Eliminando a probabilidade indesejável, e cultivando a probabilidade desejável, melhoramos nosso Carma – ou até mesmo o do Universo! Mas não existe "justiça" ou "imparcialidade" nisto, a não ser a nivelação dos pratos da Balança nas mãos daquela Deusa cega e austera que está continuamente nos ameaçando com a Espada do Acaso.

339 N.M.: É por esta razão que o Magista tenta familiarizar-se com aquelas forças em si das quais a pessoa comum não está cônscia. O propósito fundamental da Yoga ou da Magia é obter autonomia sobre todos os planos possíveis de existência.

340 N.M.: A palavra *pesado* deveria ser considerada em seu pleno sentido científico. Peso implica em inércia. Um corpo está inerte quando seu *momentum* normal é tão forte que resiste a quaisquer tentativas de mudança. É o giro da Terra ao redor de seu próprio eixo que dá peso às coisas – e este

Podemos gravar letras sobre ele com a adaga; mas elas durarão pouco mais do que durou a estátua de Ozymandias, Rei dos Reis, no meio do deserto sem fim.[341]

Patinando, cortamos uma figura no gelo; ela é apagada em uma manhã pelos sulcos de outros patins; aquela figura nada mais fez que arranhar a superfície do gelo; e o gelo deve, ele mesmo, derreter-se diante do Sol. **Em verdade o Magista pode se desesperar quando é hora de fazer o Pantáculo! Todos possuem o material, o de um homem é tão bom quanto o de qualquer outro, ou quase;[342] mas para que aquele Pantáculo seja de qualquer forma construído com um propósito voluntário, com um propósito inteligível, ou mesmo com um propósito conhecido: "Hoc opus, Hic labor est". É, em verdade, o trabalho de subir das profundezas do Averno, e escapar ao ar livre.**

A fim de fazer isto, é muito necessário que compreendamos nossas tendências, e que nos decidamos a desenvolver umas, a destruir outras. E se bem que todos os elementos do Pantáculo devam no final ser destruídos,[343] no entanto alguns nos auxiliarão ativamente a atingir uma posição partindo da qual esta tarefa de destruição se torna possível; **e não existe qualquer elemento ali que não possa ser ocasionalmente útil.**

Portanto – cuidado! Seleciona! Seleciona! Seleciona!

Este Pantáculo é um depósito infinito; sempre haverá coisas ali quando forem necessárias. Devemos de vez em quando espaná-las e evitar que deem traças, mas usualmente estaremos demasiado atarefados para fazer mais que isto. Lembremo-nos que ao viajar da Terra para as estrelas não nos atrevemos a carregar demasiada bagagem. Nada que não seja uma parte necessária da máquina deve entrar em sua composição.

Agora, se bem que este Pantáculo é composto apenas de aparências, algumas parecem ser mais falsas do que outras.[344]

---

peso é uma forma de inércia.

Os aspirantes deveriam se acostumar a perceber a inércia como a manifestação de uma força. Desta forma torna-se mais fácil conquistar a inércia em nós mesmos, pois as inércias emocional, mental ou moral agem de uma maneira precisamente análoga à inércia física. Nossas faculdades opõem resistência a serem conscientemente movidas na direção que desejamos, porque elas já estão se movendo em outra direção: a da herança genética, das condições ambientais, do treino a que cada um de nós é submetido desde o nascimento em algum grupo cultural. Tudo isto molda a vida do ser humano passivo, "lunar" (na nomenclatura védica); lunar significando, neste contexto, reflexo. Mas todo homem e toda mulher é uma estrela. É a vida do ser humano "solar" védico – isto é, a vida que brilha com sua própria luz – que os Iniciados buscam ativar e manter em si mesmos.

341 N.M.: Isto é uma referência a um famoso soneto de Shelley.

342 N.M.: Todo ser humano traz dentro de si a herança genética de toda a espécie, ou quase – este quase sendo os fatores externos que podem introduzir mutações em nosso código genético. É neste sentido – e somente neste sentido – que todos os seres humanos são "iguais". E mesmo neste sentido não somos totalmente "iguais" – devido, como sempre, ao fator "infinito & desconhecido".

Você compreenderá que esta igualdade (relativa) é racial e não individual. E como cada pessoa deve realizar-se a partir de sua combinação genética e cultural individual, torna-se absolutamente necessário não impor conformidade ou padrões de comportamento ou códigos morais além do mínimo necessário para manter viva precisamente esta liberdade de cada indivíduo de ser diferente dos outros. A defesa do individualismo significa a preservação da saúde e progresso da evolução da espécie. Este é um dos paradoxos (aparentes) da parapsicossociologia. Veja-se *Liber OZ*.

343 N.M.: O Pantáculo do Aspirante perfeitamente treinado torna-se contérmino com seu Ego; e esse deve ser destruído na Travessia do Abismo, ou parcialmente demolido e reconstruído em cada Iniciação prévia. Qualquer Iniciação representa uma expansão do Ponto de Vista, e o Ego não deveria ser mais do que um reflexo e instrumento de seu Ponto de Vista. Não é a lente – o Ego – que é importante, mas o Olho que observa através daquela lente. E o Olho é outro símbolo da Vontade Mágica.

344 N.M.: Isto é relativo ao seu Ponto de Vista. Até onde vai nosso conhecimento, esta limitação existe, até que se alcance o Grau de Ipsissimus.

O Universo inteiro é uma ilusão;[345] mas é uma ilusão difícil da gente se livrar. É verdadeiro, comparado com a maioria das coisas. Mas noventa e nove em cada cem impressões são falsas, mesmo em relação às coisas em seu próprio plano.

Tais distinções devem ser profundamente gravadas sobre a superfície do Pantáculo pela Santa Adaga.

Resta agora apenas um outro dos Instrumentos elementais a ser considerado; a saber, a Lâmpada.[346]

---

345 N.M.: Isto é, o Universo que podemos perceber, pois o percebemos através de nosso Ego. As limitações inerentes do material do qual a lente é feita restringem e distorcem nossa percepção. Daí, então, a necessidade de dissolver e remodelar o instrumento numa estrutura mais conveniente toda vez que o depósito de fatos que ele coletou pressione sua presente capacidade de suportar.

346 N.M.: Esta representa o Quinto Elemento, o Elemento do Espírito, o Akasha dos hindus ou Fogo Espiritual (ש) dos hebreus.

CAPÍTULO X

A LÂMPADA

Em *Liber A vel Armorum*, a instrução oficial da A∴A∴ para o preparo das armas elementais, está escrito que cada representação simbólica do Universo deve ser aprovada pelo Superior do Magista. A esta regra, a Lâmpada é uma exceção. Está escrito:

"... uma Lâmpada Mágica que queimará sem pavio ou óleo, sendo alimentada pelo Æthyr. Isto ele fará secretamente e à parte, sem pedir conselho ou aprovação ao seu Adeptus Minor."

Esta Lâmpada é a luz da alma pura; ela não tem necessidade de combustível, ela é a Sarça Flamejante inconsumível que Moisés viu, a imagem do Altíssimo.

Esta Lâmpada está pendurada sobre o Altar, não é sustentada por algo abaixo dela; sua luz ilumina o Templo inteiro; no entanto, nenhuma sombra cai sobre ela, nenhum reflexo. Ela não pode ser tocada, não pode ser extinguida, não pode ser mudada de nenhuma forma; pois está completamente à parte de todas aquelas coisas que têm complexidade, que têm dimensão, que mudam e podem ser mudadas.

Quando os olhos do Magus são fixados sobre esta Lâmpada, nada mais existe.

Os Instrumentos jazem sem uso no Altar; somente aquela Luz queima para sempre.

A Divina Vontade que era a Baqueta não mais é; pois o caminho se tornou um com o Fito.

A Divina Compreensão que era a Taça não mais é; pois o sujeito e o Objeto da inteligência são um.

A Divina Razão que era a Espada não mais é; pois o complexo foi resolvido no Simples.

E a Divina Substância que era o Pantáculo não mais é; pois os muitos se tornaram o Um.

Eterna, ilimitada, não extensa, sem causa e sem efeito, a Santa Lâmpada misteriosamente brilha. Sem quantidade ou qualidade, incondicionada e sempiterna, é esta Luz.

Não é possível a qualquer pessoa aconselhar ou aprovar; pois esta Lâmpada não é feita pela mão humana; ela existe sozinha para sempre; não tem partes ou personalidades; é, antes do "Eu sou". Poucos podem contemplá-la; no entanto, está sempre ali. Para ela não há *aqui* e nem *ali*, nem *então* nem *agora*; todas as partes da linguagem estão abolidas, a não ser o substantivo; e este substantivo não é encontrado quer na fala humana, quer na fala Divina. É a Palavra Perdida, cujo sétuplo eco IAO e AUM são a música moribunda. Sem esta Luz o Magista não poderia trabalhar; no entanto, poucos são os Magistas que souberam dela, e menos ainda Aqueles que contemplaram seu brilho![347]

O Templo e tudo nele deve ser repetidamente destruído antes que se torne digno de receber aquela Luz. Daí parecer tão frequentemente que o único conselho que qualquer instrutor pode dar a um discípulo é que destrua o Templo.[348]

Tudo que você tem e *tudo que você é* são véus diante daquela Luz.

---

347 N.M.: Todos estes alcançaram o Grau de Ipsissimus na A∴A∴ ou seu equivalente em algum outro sistema. A soma deles é um pouco mais de quarenta, em toda a história da humanidade.

348 N.M.: É a maneira mais rápida de se livrar de covardes e fracos.

No entanto, num assunto tão importante, qualquer conselho é vão. Não existe nenhum mestre tão grande que possa apreender claramente o caráter inteiro de um discípulo. O que lhe foi de auxílio no passado pode ser no futuro um obstáculo para outro.[349]

No entanto, desde que o Mestre está jurado a servir, ele pode assumir seu serviço nestas simples linhas: **uma vez que todos os pensamentos são véus diante desta Luz, pode aconselhar a destruição de todos os pensamentos; e para este fim ele pode ensinar aquelas práticas que claramente conduzem a tal destruição.**

Estas práticas felizmente foram agora escritas em linguagem clara e simples por ordem da A∴A∴.

Nestas instruções, a relatividade e limitação de cada prática é claramente exposta, e toda interpretação dogmática é cuidadosamente evitada. Cada prática é em si um demônio que deve ser destruído; mas, para destruí-lo, é primeiro necessário evocá-lo.

Vergonha caia sobre o Mestre que evita qualquer destas práticas, por mais desagradável ou inútil que ela seja para ele! Pois no conhecimento detalhado dela, que somente a experiência lhe outorgará, pode estar sua oportunidade de ser de crucial auxílio a algum discípulo. Por tediosa que seja a rotina, ela deve ser aturada. Se fosse possível nos arrependermos do que quer que fosse na vida, o que felizmente não é o caso, poderia ser das horas que desperdiçamos em práticas frutuosas, horas que poderiam ter sido mais lucrativamente empregadas em práticas estéreis; pois NEMO,[350] ao cuidar do seu jardim, não busca distinguir a flor que será NEMO após ele. E não nos é dito que NEMO poderia ter usado outras coisas que não aquelas que ele usa; parece possível que, se ele não tivesse o ácido, ou a faca, ou o fogo, ou o óleo, ele poderia não ter com que cultivar precisamente aquela flor que deveria ser NEMO após ele!

---

349 N.M.: Esta é uma consequência inevitável da existência nos planos de relação ou manifestação. Todo homem e toda mulher é uma estrela, e órbitas estelares, se fossem representadas sobre um plano, apareceriam como linhas paralelas. Todas elas, no entanto, tendem ao Infinito, e isto, geometricamente, seria representado como um ponto. Este é um paradoxo geométrico que somente pode ser resolvido pela geometria e pela matemática avançadas.

Na prática, o Mestre tem um ponto fraco que é representado pelo seu Ponto de Vista. Não importa quão vasta sua experiência, o Mestre nunca seria capaz de indicar aos alunos a direção de sua Verdadeira Vontade. Podemos orientar os alunos somente na direção de nossa própria Verdadeira Vontade. Até que um certo estágio seja alcançado (que, naturalmente, varia de aluno para aluno), isto lhes é útil; mas quando alcançarem um certo estágio em sua carreira aquele em que se cruza o Abismo – os alunos devem deixar o Mestre. Se eles não o fazem por sua própria vontade, o Mestre deve fazê-lo pelos alunos. Isto foi simbolizado pela frase aramaica hierática: “Senhor, Senhor, por que tu me abandonastes?”. [N.E.: Veja-se *Salmos* 22:1.] Uma certa corrente iniciática falsa, influenciada (naturalmente!) pelo cristismo, interpreta a frase de outra forma: “Senhor, Senhor, como tu me glorificas!” Esta é uma tentativa de manter a Imagem Paterna (ou Imagem Materna, conforme o caso!) viva na alma dos alunos. O Mestre realmente retirou-se; mas os alunos insistem que ainda estão sendo “protegidos”. É um grave erro espiritual insistir nisto. Não é o Mestre que glorifica os alunos, mas os alunos que se glorificam, e a única maneira de fazer isto é tornarem-se o seu próprio Caminho, sua própria Verdade e sua própria Luz. Em resumo, tornarem-se Hadit.

Todo Mestre verdadeiro finalmente esquecerá os alunos. Aqueles que não o fazem são “Irmãos Negros”. Ai daqueles que serão consolados: invariavelmente eles encontrarão alguma coisa que os consolará! Mas “Eu não consolo: Eu odeio o consolado & e o consolador”. *AL* ii 48.

A Natureza de Hadit está clara e completamente descrita em *Liber AL*. Veja-se *Equinox* V (1).

350 NEMO é o Mestre do Templo, cuja tarefa é desenvolver o principiante. Veja-se *Liber CDXVIII*, Æthyr XIII. [N.M.: A palavra *NEMO* vem do latim, e significa *NINGUÉM*.]

CAPÍTULO XI

A COROA

A Coroa do Magista representa a Consecução de sua Obra.[351] É uma tira de ouro puro, tendo na frente três pentagramas, e nas costas um hexagrama. O pentagrama central contém um diamante ou uma grande opala; os outros três símbolos contêm o Tau. Em volta desta Coroa está enrolada a áurea serpente Uraeus, com cabeça ereta e capelo inflado. Sob a Coroa está o gorro carmesim de suporte, que cai sobre os ombros.

Em vez dessa, a Coroa Ateph de Thoth[352] é algumas vezes usada; pois Thoth é o Deus da Verdade, da Sabedoria, e o Instrutor de Magia. A Coroa Ateph tem dois chifres de carneiro selvagem, mostrando energia, domínio, a força que quebra obstáculos, o signo da primavera.[353] Entre estes chifres está o disco do Sol; desse nasce um Lótus sustentado pelas plumas gêmeas da verdade,[354] e três outros discos solares estão levantados, um na corola do Lótus, os outros sobre as plumas que se curvam.

Existe ainda outra Coroa, a Coroa de Amoun, o oculto, de quem os hebreus tiraram sua palavra sagrada "Amen". Esta Coroa consiste simplesmente das plumas da verdade. Mas não é necessário entrarmos no simbolismo destas, pois tudo isto e mais está na Coroa que foi primeiro descrita.

O gorro carmesim implica ocultamento, e é também simbólico do dilúvio de glória que desce do altíssimo sobre o Magista. É de veludo para a maciez daquele beijo divino, e carmesim porque o que lhe dá vida é o vero sangue de Deus. A tira de ouro é o círculo eterno da perfeição. Os três pentagramas simbolizam o Pai, o Filho e o Espírito Santo, enquanto que o Hexagrama representa o Magista mesmo. Ordinariamente, pentagramas representam o microcosmo, hexagramas o macrocosmo; mas aqui o reverso é o caso, porque nesta Coroa de Perfeição aquilo que está embaixo se tornou aquilo que está em cima, e aquilo que está em cima se tornou aquilo que está embaixo. Se um diamante é usado, é para simbolizar a Luz que está antes de toda manifestação em forma; se uma opala, é para comemorar aquele sublime plano do Todo, dobrar-se e desdobrar-se em raptura eterna, manifestar-se como os Muitos para que os Muitos possam se tornar o Um Imanifesto. Mas este assunto é demasiado extenso para um tratado elementar sobre a Magia.

---

351 N.M.: Isto é, representa o sinal de que ele é um Rei ou ela uma Rainha, isto é: a pessoa alcançou um completo autocontrole.

A Coroa é um símbolo do Sahashara Chacra aberto e funcionando. Os cocares dos pele-vermelhas americanos, os ornamentos na cabeça de chefes em todas culturas, em todas as partes do mundo e em todas as raças da humanidade significam exatamente a mesma coisa.

A ideia de que o "Rei" ou a "Rainha" governava o "povo" vem de uma época muito antiga da história da humanidade, na qual os Iniciados realmente funcionavam também como líderes políticos. Finalmente, a evolução da espécie diminuiu a necessidade de tais Magos-Monarcas; eles se recolheram ao Silêncio, para permitir uma maior expansão anímica naquelas pessoas que tinham sido governadas por eles. A tradição, no entanto, permaneceu, e foi repetidamente mal-usada por falsos governantes, a ponto de o conceito de monarquia ser repulsivo a pensadores políticos modernos.

Para que os Iniciados uma vez mais ocupem uma posição de poder temporal, seria necessário que a Lei de Thelema fosse estabelecida no planeta; pois de outra forma os excessos se repetiriam. Os "Irmãos Negros" renovariam, de uma forma ou de outra, a ideia estúpida do "direito divino" dos reis, do direito hereditário (!) à coroa, e outros falsos privilégios intoleráveis.

O conceito do Mago-Monarca ainda vive no Inconsciente Coletivo. Tal arquétipo, entretanto, não se manifestou na carne exceto nos casos mais raros nos últimos dez mil anos; e sempre inesperadamente.

352 N.M.: Veja-se um bom manual de Egiptologia.

353 N.M.: Mas somente no Hemisfério Norte. É o signo do outono ao Sul do Equador; e, portanto, ao Sul do Equador, um símbolo apropriado às Latitudes Meridionais deve ser escolhido.

354 N.M.: Isto é, as plumas de Maat, a Deusa egípcia do Equilíbrio, que, de acordo com a profecia no *Livro da Lei*, será a Senhora do próximo Æon. Veja-se *AL* iii 34.

A Serpente que está enrolada em volta da Coroa significa muitas coisas; ou, antes, uma coisa de muitas maneiras diversas. É o símbolo da realeza e da iniciação, pois o Magista é ungido Rei e Sacerdote.[355]

Ela também representa Hadit, de quem podemos aqui apenas citar estas palavras: "Eu sou a secreta Serpente enroscada a ponto de pular: em minhas roscas há alegria. Se Eu levanto minha cabeça, Eu e minha Nuit somos um. Se Eu abaixo minha cabeça, e ejaculo veneno, então há raptura da terra, e Eu e a terra somos um".

A serpente é também a serpente Kundalini, a Força Mágica em si, o aspecto manifestado da Divindade do Magista, cujo aspecto imanifesto é paz e silêncio, para o que não existe símbolo.

No sistema hindu, a Grande Obra é representada dizendo-se que esta serpente, que normalmente está enrodilhada na base da espinha, levanta-se com seu capelo sobre a cabeça do Yogi, para ali se unir com o Senhor do Todo.[356]

A serpente é também aquela que envenena. É a força que destrói o Universo manifestado. Isto é, também, a serpente de esmeralda que circunda o Universo. Este assunto deve ser estudado em *Liber LXV*,[357] onde é incomparavelmente discutido. No capelo desta serpente há seis joias, três de cada lado: Rubi, Esmeralda e Safira, os três elementos santos tornados perfeitos, em equilíbrio dos dois lados.

---

355 N.M.: Ou Rainha e Sacerdotisa.

356 N.M.: Estudantes do *Livro da Lei* e da mitologia comparada notarão a ambivalência de tais símbolos. As "palavras de Hadit" no *Livro da Lei* (na realidade as palavras de Aiwass, isto é, de um Iniciado que alcançou o Grau de Ipsissimus, que corresponde a Kether, Coroa em hebraico) tentam descrever de um modo inteligível à mente profana o nível de Consciência alcançado pelo despertar da Cobra. Hadit é "masculino", enquanto que Kundalini é "feminino". Levantando-se, ele (ela) se une com Nuit, que é "feminino", enquanto o Senhor do Todo é (tradicionalmente) "masculino". Mas Had é a manifestação de Nuit, assim como Nu é o esconder de Hadit. Os símbolos essenciais da mais alta iniciação são os mesmos em todos os sistemas. Crédito deve ser dado à Mme. Blavatsky como a primeira Iniciada (ela era uma Magister Templi) a chamar a atenção para esse fato. (Em *Isis Sem Véu*.)

357 N.M.: Veja-se *Equinox* V (2).

CAPÍTULO XII

O ROBE

O Robe do Magista pode variar de acordo com o grau dele e a natureza do seu trabalho.

Há dois Robes principais, o branco e o preto; destes, o preto é mais importante que o branco, pois o branco não tem capuz. Estes Robes podem ser variados pela adição de vários símbolos, mas em qualquer caso a forma do Robe é um Tau.

O simbolismo geral que adotamos[358] nos leva, no entanto, a preferir a descrição de um Robe que poucos ousam envergar. Este Robe é de uma rica seda de puro azul profundo, o azul da noite estrelada: está bordado com estrelas douradas, e com rosas e lírios. Em volta da fímbria, cauda na boca, está a grande serpente, enquanto sobre a frente, do pescoço à barra, cai a Flecha descrita na Visão do Quinto Æthyr. Este Robe está forrado com seda púrpura na qual está bordada uma serpente verde enrodilhada do pescoço à barra.[359] O simbolismo deste Robe trata de altos mistérios que devem ser estudados em *Liber CCXX* e *Liber CDXVIII*; mas, tendo assim tratado de Robes especiais, consideremos agora o uso do Robe em geral.

O Robe é aquilo que oculta e que protege o Magista dos elementos; é o silêncio e segredo com os quais ele trabalha, seu ocultamento na vida secreta da Magia e Meditação. Isto é o "retiro no deserto" que encontramos na vida de todos os homens do mais elevado tipo de grandeza. E é também o retiro de nós mesmos da existência como tal.[360]

Em outro senso, é a "Aura" do Magista, aquele ovo ou invólucro invisível que o rodeia. Esta "Aura" deve ser brilhante, elástica, impenetrável mesmo pela luz; isto é, por qualquer luz parcial que venha de uma direção apenas.[361]

A única luz do Magista é a da Lâmpada pendurada acima de sua cabeça quando ele está de pé no centro do Círculo; e o Robe, sendo aberto no pescoço, não opõe obstáculo à passagem desta luz. Sendo aberto, e largamente aberto, embaixo, permite que aquela luz passe e ilumine aqueles que estão sentados na escuridão e na sombra da morte.

---

358 N.M.: Isto é, interpretando os Instrumentos Mágicos de acordo com um particular Sistema Ocidental de Magia.

359 N.M.: Abaixo de um certo Grau, se o Magista for uma mulher, a parte descrita como sendo o forro poderia constituir o aspecto externo do robe, e a parte descrita como sendo o exterior do robe poderia constituir o forro, se assim quiser; pois Nuit e Hadit são complementares.

360 N.M.: Este "retiro no deserto" pode ser observado mesmo na vida de gênios das ciências ou das artes. Pode tomar a forma de prisão ou exílio.

361 N.M.: Pois a verdadeira luz não deve vir nem mesmo de todas as direções, mas de dentro, e para os profanos isto geralmente parece total escuridão. Veja-se *AL* i 60, ii 14, ii 51, iii 74.

CAPÍTULO XIII

O LIVRO

O Livro de Encantamentos ou Conjurações é o Registro de todo pensamento, palavra e ato do Magista; pois tudo que ele quis, quis com um propósito. É o mesmo que se tivesse jurado executar alguma coisa.

Agora, esse Livro deve ser um Livro santo; não um livro de notas no qual você escreve tudo quanto é tolice que lhe vem à cabeça. Está escrito, *Liber VII* v 22, 29: "Todo alento, toda palavra, todo pensamento, todo ato é um gesto de amor Contigo... Seja esta devoção um encantamento possante para exorcizar os demônios dos Cinco!".

Neste Livro deve então assim ser escrito. Em primeiro lugar, o Magista deve executar a prática dada em *Liber CMXIII*[362] até que compreenda perfeitamente quem ele é, e a que seu desenvolvimento necessariamente tenderá. Isto para a primeira página do Livro.[363]

Que ele tome cuidado de não escrever coisa alguma ali que seja desarmoniosa ou mentirosa. Nem pode ele evitar escrever, pois este é um Livro Mágico. Se você deixa mesmo por uma hora o propósito único de sua vida, você encontrará um número de arranhões sem significado e rabiscos no pergaminho branco; e estes não podem ser apagados. Em tal caso, quando você for conjurar um demônio pelo poder do Livro, ele zombará de você; ele apontará toda essa escritura tola, mais parecida com a dele que com a sua. Em vão você prosseguirá com os encantamentos subsequentes; você quebrou, por sua própria tolice, a cadeia que o teria aprisionado.

Mesmo a caligrafia do Livro deve ser firme, clara e bela; na nuvem de incenso é difícil ler as conjurações. Enquanto você tenta ver através da fumaça, o demônio desaparecerá, e você terá que escrever a terrível palavra "fracasso".

E, no entanto, não existe página deste Livro na qual esta palavra não esteja escrita; mas enquanto ela é imediatamente seguida por uma nova afirmação, nem tudo está perdido; e assim como neste Livro a palavra "fracasso" é, desta maneira, tornada de pouca importância, assim também nunca deve a palavra "sucesso" ser empregada; pois é a última palavra que pode ser escrita ali, e é seguida por um ponto final.[364]

Este ponto final jamais pode ser escrito em qualquer outro lugar; pois o escrever deste Livro continua eternamente; não existe maneira de fechar o registro até que a meta de tudo tenha sido alcançada. **Que cada página deste Livro esteja cheia de canto – pois é um Livro de encantamento!**[365]

As páginas deste Livro são de pergaminho virgem, tirado do novilho que é engendrado em Isis-Hathor, a Grande Mãe, por Osiris-Ápis, o Redentor. É encadernado em couro azul no qual a palavra *Thelema* está escrita em ouro. Que a pena com a qual a escrita é feita seja a pena de um jovem cisne macho – o cisne cujo nome é Aum. E que a tinta seja feita da bílis de um peixe, o peixe Oannes.

Isto no que concerne ao Livro.

---

362 N.M.: Que trata de como obter a memória de encarnações passadas.

363 N.M.: Que deveria conter o Juramento Mágico.

364 N.M.: Veja-se *AL* iii 16-17.

365 N.M.: O simbolismo do Livro torna-se o simbolismo do Relatório Cármico: primeiro do Magista, segundo do Mestre, terceiro do Magus e, finalmente, do Universo. Isto foi porque, enquanto Crowley ditava, seus pensamentos ascendiam de plano a plano, nos quais o Livro tem um significado simbólico.

CAPÍTULO XIV

A CAMPAINHA

O melhor é pendurar a Campainha Mágica na cadeia. Em alguns sistemas de Magia, várias Campainhas são usadas, costuradas na orla do robe, e a ideia é simbolizar que cada movimento do Magista deve produzir música. Mas a Campainha de que falaremos é um instrumento mais importante. **Esta Campainha chama e dá alarme; e é também aquela Campainha que soa no momento de elevar a Hóstia.**

É também a "Campainha Astral" do Magista.[366]

A Campainha de que nós falamos é um disco de aproximadamente duas polegadas de diâmetro, ligeiramente curvado em uma forma não muito diversa daquela de um címbalo. Um buraco no centro permite a passagem de uma curta tira de couro, pela qual a Campainha pode ser ligada à cadeia. Na outra extremidade da cadeia está o percursor, que no Tibete é usualmente feito de osso humano.[367]

A Campainha mesma é feita de *electrum magicum*, uma liga dos "sete metais" misturados de maneira especial. Primeiro o ouro é derretido com a prata durante um aspecto favorável do Sol e da Lua; então estes são fundidos com estanho quando Júpiter está bem dignificado. Chumbo é acrescentado sob um Saturno auspicioso; e assim mercúrio, cobre e ferro, quando Mercúrio, Vênus e Marte são de bom augúrio.

O som desta Campainha é indescritivelmente compelidor, solene e majestoso. Sem sequer a mais diminuta desarmonia, suas notas solitárias soam mais e mais fracamente até o silêncio. **Ao som desta Campainha, o Universo cessa por um indivisível momento de tempo, e atende à Vontade do Magista.** Que ele não interrompa o ressoar desta Campainha. Que isto seja aquilo que está escrito, *Liber VII* v 31: "Há uma solenidade de silêncio. Não existe mais nenhuma voz de todo".

Tal como o Livro Mágico era o registro do passado, assim é a Campainha Mágica a profecia do futuro. O manifestado se repetirá de novo e de novo, sempre uma clara nota fina, sempre uma simplicidade de música; no entanto, cada vez menos perturbando o silêncio infinito até o fim.

---

366 Durante certas práticas de meditação, o estudante escuta uma campainha ressoando nas profundezas de seu ser. Isto não é subjetivo, pois algumas vezes é ouvido por outras pessoas. Alguns Magistas são capazes de chamar a atenção daqueles com os quais desejam comunicar-se à distância através deste meio, ou pelo menos assim é alegado.

367 N.M.: Ou era. Era uma tradição entre os tibetanos atirar os cadáveres humanos aos animais que se alimentam de carniça; esta era a forma de sepultamento deles. [N.E.: Essa tradição tibetana é conhecida como "Funeral Celeste", uma cerimônia contemplativa e musical em que um cadáver (ou mais) é cortado em diversos pedaços e dado de comer aos urubus, ou Dakinis (Dançarinos Celestes). As origens do costume são incertas, mas, enquanto que a cremação é o método normalmente usado no budismo, a altíssima altitude do Tibete impede o crescimento de árvores, além do solo ser duro demais para ser escavado. Durante o funeral, geralmente é feita uma leitura do *Livro Tibetano dos Mortos*, também chamado de *Bardo Thodöl*. Sua prática foi proibida em 1960 e.v. mas voltou a ser permitida em 1980 e.v.] Desta maneira, ossos humanos ficavam à disposição de todos os interessados. Do ponto de vista dos budistas tibetanos, usar ossos humanos era prestar uma homenagem aos mortos – um ponto de vista muito mais saudável do que o dos crististas, que deixam os mortos apodrecerem inutilmente dentro de caixões. Se os mortos fossem enterrados em covas nos campos ou em jardins, pelo menos a carne em decomposição fertilizaria a terra, sendo assim mais útil às criaturas vivas. [N.E.: Motta de fato acreditava neste uso ecológico dos restos mortais. Em seu livro *Chamando os Filhos do Sol*, primeira publicação thelêmica feita no Brasil, em 1962 e.v., ele diz: "Ó geração covarde e hipócrita! Dai um festim quando alguém morre, dai o cadáver de comer às bestas (ou ofertai-o ao hospital mais próximo), e confiai a alma às mãos de sacerdotes iniciados para que a acompanhem e aconselhem na viagem às plagas divinas, tal qual fazem ainda os simples povos do Tibete!". Falecido em 26 de agosto de 1987 e.v., Motta foi enterrado como indigente na cidade de Teresópolis, Rio de Janeiro. A *causa mortis* em sua Certidão de Óbito diz "Infarto do miocárdio, Edema dos Pulmões, doença".]

CAPÍTULO XV

O LÂMEM

Exemplo de um desenho para o Lâmem

O peitoral ou Lâmem do Magista é um símbolo muito elaborado e muito importante. No sistema judaico lemos que o Alto Sacerdote deveria usar uma placa com doze pedras, para as doze tribos de Israel (com todas as suas correspondências); e nesta placa eram guardados o Urim e o Thummim.[368]

O moderno Lâmem, no entanto, é uma simples placa que (sendo usada sobre o coração) simboliza Tiphereth, e **deveria, portanto, ser uma harmonia de todos os outros símbolos em um só**. Ele se relaciona naturalmente por sua forma com o Círculo e o Pantáculo; mas não é suficiente repetir o desenho de qualquer dos dois.

O Lâmem do espírito que desejamos evocar é ao mesmo tempo colocado no triângulo e usado sobre o peito; mas no caso presente, desde que aquilo que desejamos evocar não é uma coisa parcial, mas sim inteira, nós teremos apenas um símbolo único para combinar o Círculo e o Pantáculo. **A Grande Obra será, portanto, o assunto do desenho.**[369]

Neste Lâmem o Magista deve colocar as chaves secretas do seu poder.

---

368 Os historiadores são incertos quanto ao que estes eram realmente, se bem que aparentemente eram métodos de divinação.

369 Alguns escritores chegaram a confundir o Lâmem com o Pantáculo, usualmente por falta de compreensão da natureza deste último. O *Sigillum Dei Æmeth* do Dr. Dee é um belo pantáculo, mas seria inútil como lâmem. Eliphas Levi tentou várias vezes desenhar uma coisa ou a outra, ele parece nunca ter estado certo de qual. Felizmente ele agora sabe mais. Os lâmens dados nas Chaves Menor e Maior de "Salomão" são bem melhores; mas nós não conhecemos nenhum exemplo perfeito. O desenho na capa de *Star in the West* representa um esforço de principiante de Fra. P.

O Pantáculo é meramente o material a ser trabalhado, reunido e harmonizado, mas não ainda em operação, as partes da máquina arranjadas para uso, ou mesmo juntadas, mas não ainda postas em movimento. No Lâmem estas forças já estão trabalhando; mesmo a consecução está prefigurada.

No sistema de Abramelin, o Lâmem é uma placa de prata sobre a qual o Sagrado Anjo Guardião escreve com orvalho. Esta é outra forma de expressar a mesma coisa; pois é Ele quem confere os segredos daquele poder que deveria ser ali expressado. "São Paulo" diz a mesma coisa quando escreve que o peitoral é a fé, e pode arrostar os dardos flamejantes dos malvados. Esta "fé" não é cega autoconfiança e credulidade; é aquela autoconfiança que só vem quando o ego é esquecido.

É o "Conhecimento e Conversação do Sagrado Anjo Guardião" que confere esta fé. A tarefa de atingir este Conhecimento e Conversação é a única tarefa daquele que quereria ser chamado Adepto. Um método absoluto de conseguir isto é dado no Oitavo Æthyr (*Liber CDXVIII*, *Equinox* I (5)).

CAPÍTULO XVI

O FOGO MÁGICO, COM CONSIDERAÇÕES SOBRE O TURÍBULO, O CARVÃO E O INCENSO

O Incensário (modelo patenteado por Crowley)

Todas as coisas são lançadas ao Fogo Mágico. Ele simboliza a consumação final de todas as coisas em Shivadarshana. É a destruição absoluta tanto do Magista quanto do Universo.[370]

O Turíbulo está sobre um pequeno altar. "Meu altar é de latão rendado: queimai sobre ele em prata ou ouro!" Este altar está no Oriente, como que para simbolizar a identidade de Esperança e Aniquilação. Este latão contém os metais de Júpiter e Vênus fundidos em uma liga harmoniosa. Isto é então simbólico do amor divino, e é "rendado" porque este amor não está fechado em direção ou extensão; não é particularizado, é universal.

Sobre este altar está o Incensário propriamente dito; tem três pernas, simbólicas do fogo.[371] Seu bojo é um hemisfério e, apoiada nas bordas, está uma placa peneirada de buracos. Este Incensário é de prata ou ouro, porque estes são chamados os metais perfeitos; é sobre a perfeição que o imperfeito é queimado. Sobre esta placa queima um grande fogo de carvão, impregnado com nitrato de potássio. Este carvão é (como os químicos estão começando a perceber) o elemento proteico definitivo: absolutamente negro, porque absorve toda a luz; não passível de fusão pela aplicação de qualquer calor conhecido; o mais leve elemento que ocorre na natureza em estado sólido; e o constituinte essencial de todas as formas conhecidas de vida.

Foi tratado com nitrato de potássio, cujo potássio tem a flama violeta de Júpiter, o pai de todos; cujo nitrogênio é aquele elemento inerte que, por apropriada combinação, se torna um constituinte da maior parte dos explosivos conhecidos; e oxigênio, o alimento do fogo. Este fogo é soprado pelo Magista; este braseiro de destruição foi aceso pela sua palavra e pela sua vontade.

370 N.M.: Esta é a visão do "Inferno" tão temida pelos crististas.

371 Porque Shin [N.E.: ש.], a letra hebraica para o Fogo, tem três línguas de flama, e seu valor é 300.

Neste Fogo ele joga o Incenso, simbólico de oração, o veículo grosseiro ou imagem de sua aspiração. Devido à imperfeição desta imagem, nós obtemos mera fumaça em vez de perfeita combustão. Mas não podemos usar explosivos em vez de incenso, porque não seria verdade. **Nossa oração é a expressão do mais baixo aspirando ao mais alto**; está sem a clara visão do mais alto, não compreende o que é que o mais alto deseja. E, não importa quão doce o seu aroma, é sempre nublada.

Nesta fumaça surgem visões. Nós buscamos a luz, e vede, o Templo escurece! Na escuridão esta fumaça parece assumir estranhas formas, e podemos ouvir o grito de bestas. Quanto mais densa a fumaça, mais escuro torna-se o Universo. Nós exclamamos e trememos ante as coisas imundas e insubstanciais que evocamos!

No entanto, não podemos trabalhar sem o Incenso! A não ser que nossa aspiração tome forma, ela seria incapaz de influenciar forma. Isto também é o mistério da encarnação.

A base deste Incenso é Resina de Olíbano, o sacrifício da vontade humana do coração. Este olíbano foi misturado com metade de seu peso de estoraque, os desejos terrenos, escuros, doces e pegajosos; e este novamente com metade do seu peso de madeira de aloés, que simboliza Sagitário, a flecha,[372] e assim representa a aspiração em si; é a flecha que atravessa o arco-íris. Esta flecha é a "Temperança" no Tarô; é uma vida equanimemente equilibrada e reta que torna nosso trabalho possível; no entanto, esta vida deve, ela mesma, ser sacrificada!

Na combustão destas coisas surgem em nossa imaginação estes aterradores ou tentadores fantasmas que pululam o "Plano Astral". Esta fumaça representa o "Plano Astral", que jaz entre o material e o espiritual. Podemos agora devotar alguma atenção à consideração deste "plano", a respeito do qual já foi escrita uma grande quantidade de tolice.

Quando um homem fecha seus olhos e começa a olhar em sua volta, no começo não vê nada senão escuridão. Se ele continua tentando penetrar a penumbra, um novo par de olhos gradualmente se abre.

Certas pessoas pensam que estes são os "olhos da imaginação". Aqueles com mais experiência compreendem que isto verdadeiramente representa coisas vistas; se bem que aquelas coisas são, em si mesmas, totalmente falsas.

A princípio, o vidente perceberá uma penumbra cinzenta; em experimentos subsequentes talvez apareçam figuras com as quais o vidente pode conversar, e sob cuja orientação ele poderá viajar. Este "plano", sendo tão grande e tão variado quanto o Universo material, não pode ser efetivamente descrito por nós; devemos referir o leitor a *Liber O* e ao *Equinox* I (2), pp. 295-334.

Este "Plano Astral" foi descrito por Homero na *Odisseia.* Aí estão Polifemo e os Lestrigões, aí estão Calipso e as Sereias. Aí, também, estão aquelas coisas que muitos têm imaginado serem os "espíritos" dos mortos. Se o estudante alguma vez toma qualquer dessas coisas por verdade, ele deve adorá-la, desde que toda verdade merece adoração. Em tal caso, ele está perdido; o fantasma terá poder sobre ele e o obcecará.

Enquanto uma ideia está sendo examinada, você está livre dela. Não faz mal que um homem experimente fumar ópio, ou comer nozes; mas no momento em que para de examinar e começa a agir por hábito e sem reflexão, ele está em perigo. Todos nós comemos demais, porque gente de uniforme e prestativa tem sempre aparecido cinco vezes por dia com provisões para seis meses, e dava menos trabalho

---

372 Note-se que há duas flechas: a Divina, desfechada para baixo; a humana, desfechada para cima. A primeira é o Óleo; a segunda o Incenso, ou antes, a parte mais sutil deste. Veja-se *Liber CDXVIII*, Quinto Æthyr.

comer e acabar logo com a coisa do que nos perguntarmos se estávamos com fome. Se você prepara a sua própria comida, você logo verificará que não prepara mais nem menos do que quer; e a saúde retorna. Se, no entanto, você vai ao outro extremo, e não pensa em nada senão em dieta, quase certamente contrairá aquela típica forma de melancolia em que o paciente está convencido de que o mundo inteiro está unido para envenená-lo. O Professor K. Xorro[373] demonstrou que carne de boi causa gota; o professor Q. Tossi provou que o leite é a causa da tuberculose. Sir Ruffon Wratts nos diz que comer repolho causa velhice. Pouco a pouco você chega àquele estado de que Mr. Hereward Carrington se gaba: a única coisa que você come é chocolate, e mastiga chocolate incessantemente, mesmo em seus sonhos. No entanto, tão logo você o ingere, desperta para a terrível verdade por Guterbock Q. Hosenscheisser,[374] Quarta Avenida, Grand Rapids, E.U.A., de que o chocolate é a causa da prisão de ventre, e a prisão de ventre é a causa do câncer, e você passa a extrair de si o chocolate por meio de um enema que lançaria um camelo em convulsões.

Uma semelhante loucura ataca até mesmo verdadeiros cientistas. Metchnikoff estudou as doenças do intestino grosso até não poder ver outra coisa, e então calmamente propôs cortar o intestino grosso de todo mundo, apontando que o abutre (que não tem intestino grosso) é uma ave de grande longevidade. Mas a longevidade do abutre deve-se ao seu pescoço retorcido, e muita gente bem-pensante tenciona experimentar com o Prof. Metchnikoff.

Porém, **os piores de todos os fantasmas são as ideias morais e as ideias religiosas**. A sanidade consiste na faculdade de ajustar as ideias em devida proporção. Qualquer pessoa que aceita uma verdade moral ou religiosa sem compreensão é mantida fora do manicômio somente porque não raciocina logicamente partindo das premissas. Se realmente acreditássemos no cristismo,[375] se realmente acreditássemos que a maioria da humanidade está condenada à punição eterna, correríamos sem parar tentando "salvar" os outros. Não seria possível dormir até que o horror da mente deixasse o corpo exausto.[376] De outra forma, seríamos moralmente insanos. Quem entre nós pode dormir se alguém que amamos está em mero perigo de vida? Não podemos sequer ver um cão se afogando sem pelo menos parar o que estamos fazendo para olhar. Quem poderia então viver em Londres e refletir sobre o fato de que a população inteira, com exceção de uns mil Irmãos de Plymouth, está condenada?[377] No entanto, os mil Irmãos de Plymouth (que são os mais insistentes em proclamar que serão os únicos a serem salvos) parecem passar muito bem, obrigado. Se eles são hipócritas ou moralmente loucos, isto é um assunto que podemos deixar à consciência deles mesmos.

Todos estes fantasmas, de qualquer natureza, devem ser evocados, examinados e dominados; outrossim perceberemos que, justamente quando precisamos dela, há alguma ideia com a qual jamais lidamos; e talvez aquela ideia, pulando sobre nós de surpresa, e como se fosse pelas costas, nos estrangule. Esta é a lenda do feiticeiro estrangulado pelo Diabo!

---

373 N.E.: Uma anedota de Crowley, devidamente contextualizada por Motta. No original, o "professor" se chamava Schweinhund. Em seguida, novamente, com "professor Q. Tossi" (Naschtikoff, no original). Os nomes e fatos fictícios continuam mas, por algum motivo, Motta os manteve inalterados.

374 N.E.: A grafia correta do trocadilho com o idioma alemão seria Hosenscheißer.

375 "Nós ficaríamos loucos se levássemos a Bíblia a sério; mas para levar a Bíblia a sério seria necessário já estar louco". – *Crowley*.

376 N.M.: Na verdade, isto é o que acontece com algumas pessoas que, pelo jeito, são o único tipo de crististas realmente sinceros a respeito de sua "fé".

377 N.M.: Esta foi a seita protestante fanática na qual Crowley foi educado enquanto criança. Mas existem outras com a mesma certeza de sua "salvação" e da "danação" de todas as outras pessoas.

GLOSSÁRIO

Somente as palavras que não foram explicadas em páginas precedentes são dadas nesta lista. Muitas outras, apenas mencionadas de passagem na primeira parte do livro, são suficientemente explicadas mais tarde no texto.

A∴A∴. A Grande Fraternidade Branca que está dando este Método de Consecução ao mundo. Veja-se *Uma Estrela à Vista*.[378]

Adeptus Minor. Um grau do adeptado. Veja-se *Uma Estrela à Vista*.[379]

Æthyrs. Veja-se *Liber CDXVIII* e *Equinox* I (7).

Aima. A Grande e Fértil Mãe Natureza.

Ama. A Grande Mãe ainda não fértil.

Amoun. O Deus Amen = Zeus = Júpiter etc. etc.

Ankh. O Símbolo de "Vida". Uma forma da Rosa Cruz. Veja-se *Equinox* I (3).

Apófis. O Deus-Serpente que matou Osiris. Veja-se *Equinox* I (3).

Babalon, Nossa Senhora. Veja-se *Equinox* I (5), 14° Æthyr.

Bebê do Abismo. Veja-se *Equinox* I (8), "The Temple of Solomon the King".

Bhagavad-Gita. Hino Sagrado da Índia, traduzido por Sir Edwin Arnold como "A Canção Celestial".

Binah. Compreensão, a terceira "emanação" do Absoluto.

Cabala. Veja-se *Equinox* I (5), *The Tradition of Secret Wisdom of the Hebrews*.

Caduceu. A Baqueta de Mercúrio. Veja-se *Equinox* I (2) e (3).

Caminhos. Veja-se *777*, *Equinox* I (2) e alhures.

Carma. "Aquilo que é feito", "A lei de causa e efeito". Veja-se *Ciência e Budismo*, Crowley, *Collected Works*, Vol. II.

Chela. Aluno.

Chesed. Misericórdia, a quarta "emanação" do Absoluto.

Chokmah. Sabedoria, a segunda "emanação" do Absoluto.

Choronzon. Veja-se *Equinox* I (5), 10° Æthyr.

Cidade das Pirâmides. Veja-se *Equinox* I (5), 14° Æthyr.

Crux Ansata. Mesmo que **Ankh**, *q.v.*

Daäth. Conhecimento, filha de Chokmah e Binah em um senso; em outro, a habitação de Choronzon.

Dhammapada. Um livro sagrado budista.

Elementais, Reis. Veja-se *777*.

---

378 N.E.: No original, ao invés de *Uma Estrela à Vista* (que faz parte dos Apêndices deste livro), Crowley sugere a consulta do *Equinox* I (1).

379 N.E.: No original, ao invés de *Uma Estrela à Vista* (que faz parte dos Apêndices deste livro), Crowley sugere a consulta do *Equinox* I (3).

Geburah. Força, a quinta "emanação" do Absoluto.

Gunas. Três princípios. Veja-se *Bhagavad-Gita*, *777* etc.

Guru. Professor.

Hadit. Veja-se *Liber Legis*, *Equinox* I (7). Também *Liber 555*.

Hathayoga Pradipika. Um livro sobre treinamento físico para fins espirituais.

Hod. Esplendor, a oitava "emanação" do Absoluto.

Kamma. Dialeto pali para Carma, *q.v.*

Kether. A Coroa, primeira "emanação" do Absoluto.

Lao Tse. Grande instrutor chinês, fundador do Taoísmo. Veja-se *Tao Teh King*.

Liber Legis. Veja-se *Equinox* I (7) e *O Equinócio dos Deuses* para reprodução fac-símile do manuscrito.[380]

Lingam. A Unidade ou Princípio Masculino. Mas estes têm muitos símbolos, por exemplo, algumas vezes Yoni é 0 ou 3 e Lingam 2.

Lingam-Yoni. Uma forma da Rosa-Cruz.

Macrocosmo. O grande Universo, do qual o homem é uma imagem exata.

Magus. Um magista. Tecnicamente, também, um Mestre de grau 9° = 2▫. Veja-se *Equinox* I (7), *Liber I* e alhures.

Mahalingam. Veja-se **Lingam**. *Maha* significa grande.

Maha Sattipatthana. Um modo de meditar. Veja-se *Ciência e Budismo*, de Crowley.

Malkah. Uma jovem. A "noiva". A alma irredimida.

Malkuth. "O reino", décima "emanação" do Absoluto.

Mantrayoga. Uma prática para alcançar união com Deus através da repetição de uma frase sagrada.

Mestre do Templo. Um do grau 8° = 3▫. Completamente discutido em *Equinox* I (8), (9) e (10), "The Temple of Solomon the King".

Microcosmo. O homem, considerado como uma imagem exata do Universo.

Nephesch. A "alma animal" do homem.

Netzach. Vitória, a sétima "emanação" do Absoluto.

Nibbana. O estado chamado, por falta de melhor nome, aniquilação. A meta final.

Nirvana. Veja-se **Nibbana**.

Nuit. Veja-se *Liber Legis*.

Perdurabo, Frater. Motto do Mestre THERION na Ordem Externa.

---

380 N.E.: Parte IV deste livro.

Prana. Veja-se *Raja Yoga*, de Vivekananda.

Qliphoth. "Cascões" ou demônios. O excremento de ideias.

Ra-Hoor-Khuit. Veja-se *Liber Legis*.

Ruach. O intelecto e outras qualidades mentais. Veja-se *777* etc.

Sahashara Chacra. Veja-se *Equinox* I (4), "The Temple of Solomon the King".

Sammasati. Veja-se *The Training of the Mind*, *Equinox* I (5) e "The Temple of Solomon the King", *Equinox* I (8). Também *Ciência e Budismo*, Crowley, *Collected Works*, Vol. II.

Sankhara. Veja-se *Ciência e Budismo*, Crowley, *Collected Works*, Vol. II.

Sanna. Veja-se *Ciência e Budismo*.

Sephiroth. Veja-se *Equinox* I (5), "The Temple of Solomon the King".

Shin. "Um dente". A letra hebraica equivalente a *Sh*; corresponde a Fogo e Espírito.

Shiva Sanhita. Um tratado hindu sobre treino físico para fins espirituais.

Skandhas. Veja-se *Ciência e Budismo*, Crowley, *Collected Works*, Vol. II.

Tao. Veja-se *Konx Om Pax*, *Thien Tao*, *777* etc.

Tao Teh King. Clássico chinês sobre o Tao.

Tarô. Veja-se *777*, *Equinox* I (3) e (8) etc. etc.

Tau. "Uma cruz", a letra hebraica equivalente a *Th;* corresponde a "Terra". Veja-se *777*.

Teosofista. Uma pessoa que tagarela incessantemente sobre Yoga, e não a pratica.

Thaumiel. Os demônios correspondentes a Kether. Duas forças opostas em luta.

Thoth. O deus egípcio da Fala, Magia, Sabedoria.

Tifão. O destruidor de Osiris.

Tiphereth. "Beleza" ou "Harmonia", a sexta "emanação" do Absoluto.

Udana. Um dos "nervos" imaginários da pseudofisiologia hindu.

Vedana. Veja-se *Ciência e Budismo*, Crowley, *Collected Works*, Vol. II.

Vesica, Vesica Pisces. Veja-se **Yoni**. A oval formada pela interseção dos círculos em Euclides I, i.

Virakam, Soror. Uma *chela* de Frater Perdurabo.

Vrittis. "Impressões".

Yesod. "Fundação", a nona "emanação" do Absoluto.

Yogi. Um que busca atingir "União" (com Deus). Uma palavra hindu correspondente à palavra maometana *Fakir*.

Yoni. A Díada, ou o Princípio Feminino. Veja-se **Lingam**.

Zohar. Esplendor, uma coleção de livros sobre a Cabala. Veja-se *Equinox* I (5), "The Temple of Solomon the King".

Parte III

MAGICK
EM TEORIA E PRÁTICA

Hino a Pã[381]

ἔφριξ' ἔρωτι, περιχαρὴς δ' ἀνεπτόμαν.
ἰὼ ἰὼ Πὰν Πάν,
ὦ Πὰν Πὰν ἁλίπλαγκτε, Κυλλανίας χιονοκτύπου
πετραίας ἀπὸ δειράδος φάνηθ', ὦ
θεῶν χοροποί' ἄναξ[382]

– Sófocles, *Ájax*.

Vibra do cio subtil da luz,
Meu homem e afã!
Vem turbulento da noite a flux
De Pã! Iô Pã!
Iô Pã! Iô Pã! Do mar de além
Vem da Sicília e da Arcádia vem!
Vem como Baco, com fauno e fera
E ninfa e sátiro à tua beira,

---

381 N.E.: Poema traduzido por Fernando Pessoa, considerado um Mestre do Templo por Motta; palavras com acentuação e grafia distintas nos diferentes registros da língua portuguesa foram deixadas inalteradas.

382 N.E.: Primeiro trecho da estrofe iniciada na linha 693, reproduzido aqui em tradução de Trajano Vieira, em *Três Tragédias Gregas* (Perspectiva, 1997 e.v., p. 205):

Freme o prazer. Me enleva o júbilo.
Pã, Pã, ah, Pã,
incerto vulto oceânico,
deixa Cilene, colo níveo,
me ensina, dançarino-mor
do Olimpo, o passo típico
de Nisa e Cnossos.
A dança preme.
Do pélago de Ícaro,
Apolo Délio, todo-luz,
divide o ânimo propício.

Num asno lácteo, do mar sem fim
A mim, a mim!
Vem com Apolo, nupcial na brisa
(Pegureira e pitonisa),
Vem com Artémis, leve e estranha,
E a coxa branca, Deus lindo, banha
Ao luar do bosque, em marmóreo monte,
Manhã malhada da âmbrea fonte!
Mergulha o roxo da prece ardente
No ádito rubro, no laço quente,
A alma que aterra em olhos de azul
O ver errar teu capricho exul
No bosque enredo, nos nós que espalma
A árvore viva que é espírito e alma
E corpo e mente – do mar sem fim
(Iô Pã! Iô Pã!),
Diabo ou deus, vem a mim, a mim!
Meu homem e afã!
Vem com trombeta estridente e fina
Pela colina!
Vem com tambor a rufar à beira
Da primavera!
Com frautas e avenas vem sem conto!
Não estou eu pronto?
Eu, que espero e me estorço e luto
Com ar sem ramos onde não nutro
Meu corpo, lasso do abraço em vão,
Áspide aguda, forte lião –
Vem, está vazia
Minha carne, fria

Do cio sozinho da demonia.
À espada corta o que ata e dói,
Ó Tudo-Cria, Tudo-Destrói!
Dá-me o sinal do Olho Aberto,
E da coxa áspera o toque erecto,
E a palavra do Louco e do Secreto,
Ó Pã! Iô Pã!
Iô Pã! Iô Pã Pã! Pã Pã! Pã,
Sou homem e afã:
Faze o teu querer sem vontade vã,
Deus grande! Meu Pã!
Iô Pã! Iô Pã! Despertei na dobra
Do aperto da cobra.
A águia rasga com garra e fauce;
Os deuses vão-se;
As feras vêm. Iô Pã! A matado,
Vou no corno levado
Do Unicornado.
Sou Pã! Iô Pã! Iô Pã Pã! Pã!
Sou teu, teu homem e teu afã,
Cabra das tuas, ouro, deus, clara
Carne em teu osso, flor na tua vara.
Com patas de aço os rochedos roço
De solstício severo a equinócio.
E raivo, e rasgo, e roussando fremo,
Sempiterno, mundo sem termo,
Homem, homúnculo, ménade, afã,
Na força de Pã.
Iô Pã! Iô Pã Pã! Pã! Iô Pã!

INTRODUÇÃO

"ἔσσεαι ἀθάνατος, θεὸς ἄμβροτος, οὐκέτι θνητός."[383]

– Pitágoras

"A Magia é o Conhecimento mais Elevado, mais Absoluto e mais Divino da Filosofia Natural, avançado em suas obras e operações maravilhosas por um entendimento correto da virtude interior e oculta das coisas; de modo que, sendo verdadeiros Agentes aplicados a Pacientes adequados, efeitos estranhos e admiráveis serão produzidos. Onde magistas são pesquisadores profundos e diligentes da Natureza; eles, por sua habilidade, sabem como antecipar um efeito que, para o vulgar, parecerá um milagre."

– *A Goécia de Lemegeton do Rei Salomão*[384]

"Sempre que a Magia simpatética ocorre em sua forma pura e inalterada, assume-se que, na natureza, um evento segue outro necessária e invariavelmente sem a intervenção de qualquer agente espiritual ou pessoal.

Assim, seu conceito fundamental é idêntico ao da ciência moderna; todo o sistema é entendido como uma crença implícita, mas real e firme, na ordem e uniformidade da natureza. O magista não duvida que as mesmas causas sempre produzam os mesmos efeitos, nem que os resultados desejados inevitavelmente ocorrerão na execução das cerimônias apropriadas, a menos que seus encantamentos sejam interrompidos e neutralizados por feitiços mais poderosos de outro feiticeiro. Ele não suplica a nenhum poder superior; ele não exige o favor de nenhum ser inconstante e hesitante; ele não se humilha diante de nenhuma divindade terrível. Nem seu próprio poder, por maior que ele pense que seja, é arbitrário ou ilimitado. Ele só pode lidar com isso desde que cumpra estritamente as regras de sua arte, o que poderíamos chamar de leis da natureza, como ele as concebe. Negligenciar essas regras ou cometer a menor infração delas é incorrer em fracasso e até expor o praticante inexperiente aos perigos mais extremos. Se ele reivindica uma soberania sobre a natureza, é uma soberania constitucional, estritamente limitada em escopo e exercida exatamente de acordo com a experiência. **Assim, vemos que a analogia entre as concepções mágicas e científicas do universo é estreita. Em ambos, supõe-se que a sucessão de eventos seja perfeitamente regular e verdadeira, sendo determinada por leis imutáveis, cuja ação pode ser prevista e calculada com precisão;** os elementos do capricho, do acaso e do acidente são banidos do curso natural. Antes de ambos, uma visão aparentemente ilimitada das possibilidades se abre para quem conhece as causas das coisas e pode lidar com as fontes secretas que acionam o vasto e intricado mecanismo do universo. Daí a forte atração que a magia e a ciência exerceram na mente humana; daí os poderosos estímulos que ambos deram à conquista do conhecimento. Elas encorajam o inquiridor desgastado, o investigador cansado, através do deserto das decepções atuais, com promessas sem limites no futuro; elas o colocam no cume de uma montanha muito alta e elas mostram, além das nuvens escuras e da neblina em que pisam, a visão da cidade celestial, talvez distante, mas radiante de esplendor sublime, banhada pela luz do sonho."

– Dr. J. G. Frazer, *O Ramo de Ouro*

---

383 N.E.: Grego, "Você será um Deus eterno, imortal, não mais mortal". Veja-se os "Versos de Ouro", linha 71. Cf. Johan C. Thom, 1995 e.v., Brill.

384 N.E.: Trata-se da "Definição Preliminar" em *The Book of the Goetia of Solomon the King*, Boleskine, Foyers, Inverness: Society for the Propagation of Religious Truth, publicado por Aleister Crowley em 1904 e.v.

"Até agora, portanto, **como a profissão pública de magia tem sido um dos caminhos pelos quais os homens passaram ao poder supremo, contribuiu para emancipar a humanidade da escravidão da tradição e elevá-la a uma vida maior e mais livre, com uma perspectiva mais ampla do mundo. Este não é um pequeno serviço prestado à humanidade**. E quando lembramos também que, em outra direção, a magia abriu o caminho para a ciência, somos forçados a admitir que, se a arte negra fez muito errado, também foi a fonte de muito bem; que, se ela é filha do erro, **ainda é a mãe da liberdade e da verdade.**"

– *Ib.*

"Prova todas as coisas; mantém o que é bom."

– *São Paulo*[385]

"Também os mantras e os encantamentos; o obeah e o wanga;[386] o trabalho da baqueta e o trabalho da espada: estes ele aprenderá e ensinará."

"Ele deve ensinar; mas ele pode fazer severas as ordálias."

"A palavra da Lei é *Θελημα*."

– LIBER AL vel XXXI:[387] *O Livro da Lei*[388]

* * * * *

Este livro é para

TODOS:

para cada homem, mulher e criança.

Meu trabalho anterior foi mal compreendido, e sua divulgação foi limitada pelo meu uso de termos técnicos. Atraiu muitos diletantes e excêntricos, débeis buscando na "Magia" um escape da realidade.

---

385 N.M.: Máxima gnóstica, falsamente atribuída a "São Paulo".

386 N.E.: Aspectos da Magia de tribos africanas que são centradas na prática do Vodu.

387 N.M.: *Liber L vel Legis* foi o título original dos comunicados de Aiwass. Em 1918 e.v., Frater Achad, o "Filho Mágico" de Crowley, descobriu as chaves Cabalísticas para os mistérios ocultos deste livro. A chave é a palavra AL, um dos muitos significados para designar Deus. Seu número é 31, por este motivo vel XXXI.

388 N.M.: Leitores sérios devem prestar atenção estrita às citações acima, especialmente as de *O Ramo de Ouro*: elas farão muito para explicar o propósito de Crowley na vida, e até mesmo o significado inerente em sua Palavra como o Magus do Æon.

Eu mesmo fui atraído ao assunto desta forma.[389] E tem repelido muitas mentes práticas e científicas, as que Eu mais desejara influenciar.[390]

Mas

MAGICK

é para

TODOS.

Eu escrevi este livro para ajudar o Banqueiro, o Pugilista, o Biólogo, o Poeta, o Marinheiro, o Comerciante, a Operária da Indústria, o Matemático, a Estenógrafa, o Jogador de Golfe, a Esposa, o Cônsul – e todos mais – a se realizarem por completo, cada um e cada uma em sua própria função.

Deixem-me explicar em poucas palavras como foi que Eu vim a estampar a palavra

MAGICK

no Estandarte que tenho carregado diante de mim durante toda minha vida.

Antes de chegar à adolescência, Eu já estava cônscio de que era a BESTA cujo número é 666. Eu não compreendia de forma alguma o que isto significava; era apenas um apaixonado senso de identidade.[391]

No meu terceiro ano na Universidade de Cambridge, eu me dediquei conscientemente à Grande Obra, compreendendo por isso o Trabalho de me tornar um Ente Espiritual, livre das restrições, acidentes e decepções da existência material.[392]

Eu encontrei dificuldade em achar um nome que definisse minha Obra, bem como ocorrera com Blavatsky alguns anos antes. "Teosofia", "Espiritualismo", "Ocultismo", "Misticismo" – todas estas designações sugeriam conotações indesejáveis.

Eu escolhi, portanto, o nome

"MAGICK"

---

389 N.M.: Eu também, e provavelmente a maioria das pessoas. O ponto importante é que aquelas pessoas que são atraídas pela Magia, porque estão frustradas pelo *status quo*, podem – se tiverem inteligência e vontade – se tornar recursos inestimáveis para nossa espécie. Eles mudam o mundo. Não é provável que essa observação nos favoreça com o Mossad, o "Opus Dei", a KGB ou a C.I.A. Mas, de qualquer forma, nós nunca fomos *persona grata* com eles.

390 N.M.: Mais uma vez, o leitor sério deve notar este ponto muito importante.

391 N.M.: Sua atenção foi atraída pela primeira vez para o nome quando sua mãe, raivosamente cristista, irritada com alguma brincadeira infantil, gritou para ele: "Você é a Besta do Apocalipse!". Ele tinha seis anos de idade na época. Estudantes sérios não devem prestar atenção ao "Apocalipse", a propósito. É uma falsificação desajeitada repleta de mentiras, e a única intenção por trás disso é tentar manter o cristismo doentio e rico. A "Besta 666" é um dos símbolos mais antigos da humanidade. Blavatsky tocou nisso cautelosamente em *Isis Sem Véu*. Seu verdadeiro significado sempre foi conhecido por Iniciados da chamada Tradição Ocidental – isto é, aqueles que seguem o Caminho da Escola Branca de Magia. Lembramos ao leitor que "branco" aqui se refere à etnia branca de nossa espécie; a palavra não tem conotações "morais" para nós. Cf. *Magia Sem Lágrimas* – [N.E.: Única ocorrência em que Motta se refere ao *Magick Without Tears* por seu título em português.] Parte I, Cartas 6, 7 e 8. [N.E.: Embora a terminologia aqui empregada pareça estranha aos olhos do leitor contemporâneo, recomendamos detida leitura das cartas supracitadas antes de se depreender insinuações de racismo.] A melhor descrição do "Livro das Revelações" é dada no verdadeiro Livro das Revelações, *Liber CCCCXVIII*.

392 N.M.: Por favor, observe a grandeza de sua concepção. Muitos pensaram que a "Grande Obra" era aprender como se tornar rico ou "poderoso"; e muitos se tornaram assim, em detrimento de nossa espécie e do próprio planeta.

como em essência o mais sublime, e na realidade o mais desacreditado de todos os termos ao meu dispor.

Eu jurei reabilitar o nome

MAGICK

e identificá-lo com minha própria carreira; compelir a humanidade a respeitar, amar e confiar naquilo que eles escarneciam, odiavam e temiam. Eu cumpri minha Palavra.

Mas é chegada a hora de conduzir o meu pendão ao centro da vida dos homens.

Eu devo tornar a

MAGICK

o fator essencial da vida de

TODOS.

Apresentando este livro ao mundo, Eu devo explicar e justificar minha posição formulando uma definição de

MAGICK

e definindo seus princípios fundamentais de tal forma que

TODOS

possam compreender instantaneamente que suas almas, suas vidas, em qualquer relação com outro ser humano, em qualquer circunstância, dependem da

MAGICK

e da reta compreensão e reta aplicação desta.

I – Definição

MAGICK

é a Ciência e a Arte de causar Mudanças de acordo com a Vontade.[393]

393 N.M.: Observe que ele chama isso tanto de ciência quanto de arte. É uma ciência, ou melhor ainda, é a ciência naqueles aspectos que já foram totalmente registrados, medidos e reproduzidos por gerações de praticantes. É uma arte em dois sentidos: primeiro, em seus aspectos que ainda não se renderam à análise quantitativa por falta de dados suficientes; segundo, nos aspectos que dependem de aptidão ou idiossincrasias pessoais. O segundo sentido é muitas vezes negligenciado, para o prejuízo não apenas dos cientistas oficiais, mas também dos magistas amadores. Para fazer uma analogia, o fato de eu não conseguir levantar duzentos quilos ou pular dez metros não significa que outro ser humano seja incapaz de tais proezas. O fato de que muitas pessoas são incapazes de reproduzir os feitos de um Levi ou de uma Blavatsky ou de um Crowley ou um Germer não significa que aqueles experimentadores estivessem mentindo quando os descreveram. Eles podem ter ocorrido, ou não. Um cientista treinado faria bem em pesquisar o assunto antes de chegar a uma

(*Ilustração*: é meu desejo informar ao Mundo certos fatos do meu conhecimento. Eu, portanto, tomo as "armas mágicas", caneta, tinta e papel; escrevo "encantamentos" – estas frases – em "linguagem mágica", isto é, a qual é entendida por pessoas que desejo instruir; invoco "espíritos", tais como tipógrafos, editores, livreiros, e assim por diante, e os instruo a passar minha mensagem àquelas pessoas. A composição e distribuição é um ato de

MAGICK

pelo qual provoco Mudanças de acordo com minha Vontade.[394]

II – Postulado

QUALQUER Mudança que se queira, pode ser conseguida com a aplicação de Força do tipo e grau próprios, de maneira apropriada, através de meio adequado ao objeto desejado.[395]

(*Ilustração:* Desejo preparar um grama de Cloreto de Ouro. Preciso pegar o tipo certo de ácido, nitro-clorídrico e nenhum outro, na quantidade suficiente e com energia adequada, e colocá-lo em um recipiente que não se quebrará, ou no qual não possa haver corrosão, de tal maneira que não produza resultados indesejáveis, com a quantidade suficiente de ouro, e assim por diante. Toda Mudança tem suas próprias condições.

No presente estado de nosso conhecimento e poder, algumas mudanças não são possíveis na prática; não podemos causar eclipses, por exemplo, ou transformar chumbo em lata, ou gerar homens a partir de cogumelos. Mas é teoricamente possível provocar em qualquer objeto qualquer mudança da qual este objeto seja capaz por natureza; e as condições são descritas no postulado acima.)[396]

---

conclusão; o leitor leigo médio deve calar a boca; opinião desinformada é totalmente inútil, seja a favor ou contra as reivindicações de atletas campeões. É claro que um cientista sério pode responder que um registro de atletismo é um assunto facilmente comprovável, enquanto magistas ocultam seus supostos feitos em segredo. Muito verdadeiro; mas não suficiente para descartar as alegações dos magistas. Nossos métodos de treinamento estão claramente descritos. Tente reproduzir nossos resultados. Você pode até ser agradavelmente surpreendido.

394 Em um sentido, a Magia pode ser definida como o nome dado à Ciência pelo vulgar.

395 N.M.: O leitor sério compreenderá prontamente que o postulado acima cobre todas as aplicações práticas da ciência, particularmente as chamadas "tecnologias".

396 N.M.: Por favor, note que o conhecimento e o poder não andam necessariamente de mãos dadas. Por exemplo, já temos o conhecimento de como causar eclipses, mas ainda não o poder. É possível que, uma vez obtido o conhecimento, o desenvolvimento do poder não fique muito atrás. Por outro lado, algumas das descobertas mais importantes foram produtos de acidentes aleatórios. Estes foram casos em que o poder precedeu o conhecimento. É claro que um Magista de verdade – ou um cientista de verdade – objetará que o poder só é possível quando uma operação pode ser repetida à vontade.

III – Teoremas

1. **Todo ato intencional é um Ato de Magick.**[397]

(*Ilustração*: Veja-se "Definição" acima.)

2. **Todo ato bem-sucedido enquadra-se ao postulado.**
3. **Todo fracasso prova que um ou mais requisitos do postulado não foram atendidos.**

(*Ilustração:* Pode haver fracasso em compreender o caso, como quando um médico faz o diagnóstico errado e seu tratamento prejudica o paciente. Pode haver fracasso em aplicar o tipo certo de força, como quando um selvagem tenta apagar uma lâmpada elétrica com um sopro. Pode haver fracasso em aplicar a quantidade necessária de força, como quando o lutador de luta livre perde a "chave" aplicada em seu oponente. Pode haver fracasso em aplicar a força de maneira certa, como quando alguém apresenta um cheque na janela errada de um banco. Pode haver fracasso em empregar o meio de transmissão adequado, como quando Leonardo da Vinci viu suas obras primas desbotarem. A força pode ser aplicada ao objeto errado, como quando tentamos quebrar uma pedra pensando que é uma noz.)

4. **O primeiro requisito para provocar qualquer mudança é através do entendimento qualitativo e quantitativo das condições.**

(*Ilustração:* A causa mais comum de fracasso na vida é a ignorância de nossa própria Verdadeira Vontade, ou dos meios pelos quais aquela Vontade pode ser realizada. Um homem pode se imaginar pintor e, no entanto, fracassar em compreender e medir as dificuldades peculiares àquela carreira.)

5. **O segundo requisito para se provocar qualquer mudança é a habilidade prática para se colocar em movimento as forças necessárias.**

(*Ilustração:* Um banqueiro pode ter um conhecimento perfeito de uma certa situação; no entanto, pode lhe faltar a qualidade de decisão ou o capital necessários para aproveitar a ocasião.)

6. **"Todo homem e toda mulher é uma estrela"**.

Quer dizer, todo ser humano é intrinsecamente um indivíduo independente com seu papel e direção próprios.

---

397 Por "intencional" eu quero dizer "voluntário". Mas mesmo atos aparentemente sem intenção não são assim realmente. Por exemplo: respirar é um ato da Vontade de Viver.

7. **Todo homem e toda mulher tem um curso, dependendo parcialmente do indivíduo e parcialmente do ambiente, que é natural e necessário para cada um. Qualquer um que seja forçado a sair de seu próprio caminho, por não entender a si mesmo ou por oposição externa, entra em conflito com a ordem do Universo, e sofre de acordo.**

(*Ilustração:* Podemos pensar que é nosso dever agir de certo modo, tendo feito uma pintura imaginária de nós mesmos, ao invés de investigar nossa Verdadeira Natureza. Uma mulher pode ser infeliz a vida inteira por julgar que ela prefere o amor ao prestígio social, ou vice-versa. Uma pode permanecer com um marido que ela não ama, quando na realidade seria feliz em um sótão com um amante, enquanto outra pode procurar uma aventura romântica, quando na realidade seus únicos prazeres são aqueles de presidir a bailes de gala e jantares da sociedade.[398] Os instintos de um menino podem levá-lo para o mar, enquanto seus pais insistem que ele se forme em medicina. Em tal caso, ele será tanto mal-sucedido quanto infeliz na medicina.)[399]

8. **Um homem cujo desejo consciente disputa com sua Verdadeira Vontade está desperdiçando suas forças. Ele não pode esperar influenciar seu ambiente com eficiência.**[400]

(*Ilustração:* Quando explode uma guerra civil em um país, esse país não se encontra em condições de invadir outros países. Um homem com câncer emprega sua nutrição tanto para seu próprio uso como para uso do inimigo, que é parte dele mesmo. Depressa ele se torna incapaz de resistir à pressão de seu ambiente. Na vida diária, um homem que está fazendo aquilo que sua consciência lhe diz que está errado o fará com pouquíssima habilidade. A princípio!)[401]

9. **Um homem que faz sua Verdadeira Vontade tem a inércia do Universo para ajudá-lo.**

---

398 N.M.: Este foi exatamente o caso da amante de Crowley celebrada em seu poema "Alice: Um adultério", que John Symonds, em sua biografia obtusa, alega que Crowley "hipnotizou" em um encontro de rua através de sua "magia maligna" e depois, "cansando-se" dela, impiedosamente a descartou, dizendo-lhe para "voltar ao seu Provedor". Deve-se realmente encontrar um biógrafo mais inteligente e mais informado sobre Aleister Crowley do que este ladrão inglês comum disfarçado de escritor!

399 N.M.: Mas não necessariamente pobre, ou mesmo necessariamente consciente de sua infelicidade. Tais "médicos" incluem aqueles que se tornam médicos não por amor à medicina, mas por ganância calculada e deslocada; e, infelizmente, formam a esmagadora maioria dos médicos no mundo hoje, mesmo nos países comunistas, onde, teoricamente, o sucesso financeiro na vida não deveria ter consequências. Eles causam imensa miséria a seus semelhantes. Este escritor certa vez ouviu um tio por casamento, que era um médico, declarar abertamente em uma reunião de família (ah, a família!) que sempre que uma pessoa pobre vinha ao seu consultório ele prescrevia erroneamente, para que o cliente indesejável não voltasse. O participante exemplar do Juramento de Hipócrates acabou se tornando o feliz proprietário de vários condomínios. O escritor, tolo cego, evitou o escritório e o "lar" de seu tio a partir de então, mas pôde apreciar a lição moral do sucesso material do homem, que é: em um chiqueiro, o maior porco é sempre rei. Ou, em outras palavras, você pode medir o nível ecológico de uma sociedade pela forma como aqueles que não fazem sua Verdadeira Vontade "prosperam" nela.

400 N.M.: O leitor sério deve tentar entender que a elevada concepção de Crowley da moralidade social (surpresa, surpresa) não permitiria qualquer definição de "eficiência" que não fosse ecológica. No caso do tio rico mencionado acima, o homem se tornou um abastado senhorio. Ele também contribuiu para a disseminação de doenças, pobreza e desonestidade pública e privada em proporção exata ao seu "sucesso". Homens e mulheres como ele são mais diretamente responsáveis pela fome, guerra e revolução do que qualquer outro político no mundo de hoje. Exceto, talvez, os "papas" romanistas.

401 N.M.: Novamente, é mais fácil ou mais difícil fazer a Verdadeira Vontade de uma pessoa em proporção direta à moralidade geral ou à imoralidade da sociedade em que se vive. Os pioneiros frequentemente morrem em miséria e opróbrio, mas são abençoados por membros inteligentes e honestos das futuras gerações.

(*Ilustração:* A primeira condição de sucesso na evolução é que o indivíduo seja fiel à sua própria natureza e ao mesmo tempo se adapte ao seu ambiente.)

10. **A Natureza é um fenômeno contínuo, embora não saibamos, em todos os casos, como os fatos são conectados.**

(*Ilustração:* A consciência humana depende das propriedades do protoplasma, cuja existência depende de inúmeras condições físicas peculiares a este planeta; e este planeta é determinado por equilíbrio mecânico do universo material inteiro. Podemos, então, dizer que nossa consciência está causalmente ligada às galáxias mais remotas; no entanto, não sabemos sequer como ela surge de – ou com – mudanças moleculares no cérebro.)

11. **A ciência nos torna aptos a tirar proveito da continuidade da Natureza pela empírica aplicação de certos princípios cuja interação envolve diferentes tipos de pensamentos, conectados uns aos outros de modo além de nossa atual compreensão.**

(*Ilustração:* Nós somos capazes de iluminar cidades usando métodos totalmente pragmáticos. Não sabemos o que a consciência é, ou como ela se relaciona com a ação muscular; não sabemos o que a eletricidade é,[402] ou como ela se relaciona com as máquinas que a geram; e nossos métodos dependem de cálculos que envolvem ideias matemáticas que não têm qualquer correspondência no Universo tal como nós conhecemos.)[403]

12. **O homem ignora a natureza de seu próprio ser e seus poderes. Até mesmo suas ideias sobre suas limitações estão baseadas em experiências do passado, e cada passo no seu progresso aumenta seu império. E não há, portanto, razão para se designar limites teóricos[404] ao que se possa ser, ou mesmo ao que ele possa fazer.**

(*Ilustração:* Uma geração atrás, era considerado teoricamente impossível que o homem pudesse chegar a conhecer a composição química das estrelas fixas.[405] Sabemos que nossos sentidos estão adaptados para perceber somente uma fração infinitesimal da escala de vibrações possíveis. Mas instrumentos modernos nos têm habilitado a determinar alguns desses suprassensíveis por meios indiretos, e até a usar suas peculiares qualidades a serviço da humanidade, como no caso dos raios de Hertz e Röntgen. Como disse Tyndall, o homem pode a qualquer momento aprender a perceber e utilizar as vibrações de

---

402 N.E.: Observe-se que este livro foi escrito em 1929 e.v., uma época na qual o conhecimento sobre eletricidade e eletromagnetismo, embora já bem consolidado, estava restrito a círculos acadêmicos especializados.

403 Por exemplo, expressões "irracionais", "irreais" e "infinitas".

404 Isso é, exceto – possivelmente – no caso de problemas logicamente absurdos, como os que os Educadores discutiram em conexão com "Deus".

405 N.M.: Significando, realmente, todas as estrelas. A denominação "fixa" deriva da astrologia medieval, quando os objetos celestes eram divididos em duas classes: estrelas "fixas", aquelas que aparentemente nunca mudavam de posição umas em relação às outras; e estrelas "móveis", que incluíam os planetas, o Sol, e a Lua. De fato, a palavra "planeta" vem do grego para "vagar". A percepção de que todo o cosmos está se movendo é muito recente em astronomia. Só se tornou geralmente aceito depois que o *Liber AL* foi dado ao mundo, sem dúvida devido ao desenvolvimento de melhores telescópios e do espectrógrafo. É interessante considerar que a visão do cosmos dada em *AL* precedeu e foi confirmada por pesquisas científicas posteriores – e aparentemente não relacionadas.

todos os tipos concebíveis e inconcebíveis. O problema da Magia é descobrir e empregar forças naturais até agora desconhecidas. Nós sabemos que tais existem, e não devemos duvidar da possibilidade de instrumentos mentais ou físicos capazes de nos colocar em relação com elas.)

13. **Todo homem sabe, mais ou menos, que sua individualidade compreende várias ordens de existência, até mesmo quando ele sustenta que seus princípios mais sutis são simplesmente sintomáticos das mudanças em seu veículo grosseiro. Pode-se supor que uma ordem semelhante se estenda por toda a natureza.**

(*Ilustração:* Nenhum de nós confunde dor de dentes com a cárie que a causa. Objetos inanimados sentem certas forças físicas, tais como condutividade elétrica ou térmica; mas nem em nós e nem neles – tanto quanto sabemos – há qualquer percepção direta consciente destas forças. Influências imperceptíveis estão, portanto, associadas a todos os fenômenos materiais; e não há motivo para que não devamos agir sobre a matéria através dessas forças sutis, como fazemos através de suas bases materiais. De fato, nós utilizamos a força do magnetismo para mover o ferro e a radiação solar para reproduzir imagens.)

14. **O homem é capaz de ser e usar qualquer coisa que percebe; porque tudo que ele percebe é, de certo modo, uma parte de seu ser. Ele pode, desta forma, subjugar todo o Universo do qual ele é ciente à sua Vontade individual.**

(*Ilustração:* O homem tem usado a ideia de Deus para ditar sua conduta pessoal, para obter poder sobre os seus semelhantes, para desculpar seus crimes, e para inumeráveis outros propósitos, inclusive aquele de se realizar como Deus. Ele tem usado as concepções irracionais e irreais da matemática para o auxiliar a construir mecanismos. Ele tem usado sua força moral para influenciar a conduta mesmo de animais selvagens. Ele tem empregado o gênio poético para fins políticos.)

15. **Toda força no Universo é capaz de ser transformada em qualquer outro tipo de força pelo uso de meios adequados.**[406] **Há, desta forma, uma inesgotável fonte de qualquer tipo de força que precisemos.**

(*Ilustração:* O calor pode ser transformado em luz e força quando é usado para impelir dínamos. As vibrações do ar podem ser usadas para matar homens, se as organizamos em um discurso de modo a inflamar paixões guerreiras. As alucinações relacionadas às misteriosas energias sexuais resultam na perpetuação da espécie.)

16. **A aplicação de qualquer força dada afeta todas as ordens de existência incluídas no objeto ao qual é aplicada, qualquer que seja a ordem diretamente afetada.**

(*Ilustração:* Se eu firo um homem com uma adaga, a consciência dele, e não apenas seu corpo, é afetada por meu ato; se bem que a adaga, como tal, não tem nenhuma relação direta com a consciência

---

406 N.M.: O leitor sério compreenderá prontamente que esse é agora um princípio geralmente aceito na ciência física; mas em 1929 e.v., quando este livro foi publicado pela primeira vez, uma teoria de campo unificada ainda estava longe no futuro.

dele. Da mesma forma, a força do meu pensamento pode agir de tal maneira na mente de outra pessoa que pode chegar a produzir profundas mudanças físicas nessa pessoa, ou em outras pessoas através dela.)

17. **Um homem pode aprender a usar qualquer força, para servir a quaisquer propósitos, tirando proveito dos teoremas acima.**

(*Ilustração:* Um homem pode usar uma navalha para se tornar vigilante sobre sua fala,[407] cortando-se quando deixa escapar uma palavra que se proibiu dizer. Ele pode obter concentração determinando que todo incidente de sua vida lhe recordará alguma coisa particular, fazendo de cada impressão o ponto de partida de uma sequência de pensamentos que termina naquela coisa. Ele pode também devotar todas as suas energias a um particular objetivo, resolvendo não executar coisa alguma que divirja daquele objetivo, e fazer com que todo e cada ato tenda à realização daquele objetivo.)

18. **Ele poderá atrair para si qualquer força do Universo, tornando-se um receptáculo adequado para ela, estabelecendo uma conexão com ela e organizando condições para que sua natureza lhe force a fluir em sua direção.**[408]

(*Ilustração:* Se eu quero beber água pura, eu cavo um poço em um local onde haja água subterrânea; eu calafeto as paredes do poço; e eu tomo vantagem do fato de que a água obedece às leis da hidrostática para encher o poço.)

19. **O senso que o homem tem de si mesmo como sendo um ser à parte e oposto ao Universo é um obstáculo para a condução de suas correntes. Isso o isola.**

(*Ilustração:* Um líder popular tem tanto mais sucesso quanto mais se esquece de si mesmo e pensa apenas na "causa". O amor próprio engendra ciúmes e cisões. Quando os órgãos do corpo declaram sua presença ao consciente, isto é sinal de que estão doentes. A exceção única é o órgão da reprodução. E mesmo neste caso, sua autoasserção é testemunha de sua insatisfação consigo mesmo, pois ele não pode satisfazer sua função senão quando completado por sua contraparte noutro organismo.)

20. **O homem pode somente atrair e empregar as forças para as quais ele é realmente apto.**

(*Ilustração:* Você não pode fazer uma bolsa de seda com uma orelha de porco. O verdadeiro cientista aprende de qualquer fenômeno. Mas a Natureza é muda para o hipócrita, pois nela nada há de falso.)[409]

---

407 N.E.: Veja-se Apêndice VII.

408 N.M.: Esta é a teoria geral por trás da Magia Ritual. Nesse sentido, a diferença entre Magia e Yoga é simplesmente que, no Yoga, as forças que se pretende invocar são pressupostas como parte do próprio universo interior.

409 Não há objeção aqui de que o hipócrita faz parte da Natureza. Ele é um produto "endotérmico", dividido contra si mesmo, com a tendência de se desintegrar. Ele verá suas próprias qualidades refletidas em toda parte, e obterá assim uma concepção radicalmente errada dos fenômenos. A maior parte das religiões do passado fracassaram por esperarem que a Natureza se adaptasse aos seus ideais do que deveria ser uma conduta apropriada.

N.M.: Esta, aliás, é a verdadeira esperança e paciência dos verdadeiros santos. Por sanções da Natureza todos os pioneiros são eventualmente justificados.

21. **Não há limite para a extensão das relações de cada homem com o Universo em essência; porque, tão logo o homem se faça uno com qualquer pensamento, os meios de medição deixam de existir. Mas seu poder de utilizar esta força é limitado por seu poder mental e capacidade, e pelas circunstâncias de seu ambiente.**

(*Ilustração:* Quando um homem se apaixona, o mundo inteiro lhe parece ser amor imanente e ilimitado; mas seu estado místico não é contagioso; seus semelhantes se divertem ou se entediam com ele. Ele pode comunicar aos outros os efeitos que seu amor tem sobre ele apenas através de suas qualidades físicas e mentais. Assim Catulo, Dante e Swinburne fizeram de seus amores uma poderosa alavanca para mover a humanidade em virtude do poder que eles tinham de expressar seus pensamentos sobre o assunto em linguagem musical e eloquente. Da mesma forma, Cleópatra e outros em posições de autoridade moldaram o destino de muitas outras pessoas ao permitir que o amor influenciasse sua conduta política. O Magista, por mais que obtenha sucesso em estabelecer contato com as fontes secretas de energia na Natureza, pode usá-las apenas no âmbito permitido por suas qualidades intelectuais e morais. O contato de Maomé com Gabriel foi efetivo apenas por causa da habilidade de militar e de estadista de Maomé, e do seu sublime domínio da língua árabe. A descoberta de Hertz dos raios que nós agora usamos para a telegrafia sem fio permaneceu estéril até ser refletida através das mentes e vontades das pessoas capazes de tomar a verdade dele e transmiti-la ao mundo da ação através de meios mecânicos e econômicos.)

22. **Cada indivíduo é essencialmente suficiente a si mesmo. Mas ele é insatisfatório a si mesmo até que estabeleça uma correta relação com o Universo.**

(*Ilustração:* Um microscópio, por mais perfeito que seja, é inútil nas mãos de selvagens. Um poeta, por mais sublime que seja, deve impor-se à sua geração se há de se apreciar, e até de se compreender a si mesmo, como teoricamente deveria ser o caso.)

23. **Magick é a Ciência de entender a si mesmo e suas condições. É a Arte de aplicar este entendimento à ação.**

(*Ilustração:* Usa-se um bastão de golfe especial para mover uma bola especial de maneira especial em circunstâncias especiais. Um taco do tipo *niblick* raramente deve ser usado no golfe para se iniciar uma partida, ou um *brassie* com a inclinação de um areal. Mas também o uso de qualquer tipo de taco exige habilidade e prática.)

24. **Todo homem tem o direito de ser o que é.**

(*Ilustração:* Insistir que qualquer pessoa deva se submeter aos nossos padrões pessoais é ultrajar, não só a outra pessoa, mas a nós mesmos, desde que tanto a outra pessoa como nós somos igualmente oriundos da necessidade universal.)

25. **Todo homem deve praticar Magick cada vez que age ou pensa, visto que o pensamento é um ato interno cuja influência finalmente afeta a ação, embora isto talvez não ocorra no momento.**

(*Ilustração:* O mínimo gesto causa uma mudança no corpo de um homem e no ar em volta dele; perturba o equilíbrio do Universo inteiro, e seus efeitos continuam eternamente através de todo o espaço. Todo pensamento, não importa quão depressa suprimido, tem seu efeito na mente. Permanece como uma das causas de todo pensamento subsequente, e tende a influenciar todo ato subsequente.[410] Um jogador de golfe pode perder alguns metros em sua primeira tacada, um pouco mais com sua segunda e terceira; ele pode lançar a bola no gramado até alguns centímetros de distância do buraco; mas a soma final de cada um destes acidentes insignificantes equivale à perda de uma jogada inteira e, assim, provavelmente, um empate ou a perda do buraco.)

26. **Todo homem tem o direito da autopreservação, para satisfazer-se ao extremo.**[411]

(*Ilustração:* Uma função imperfeitamente executada agride não só a si mesma, mas a tudo associado a ela. Se o coração tem receio de bater, com medo de perturbar o fígado, o mesmo fica sem sangue, então se vinga do coração causando perturbações na digestão, que, eventualmente, atrapalha a função respiratória, da qual depende o bem-estar do coração.)

27. **Todo homem deveria fazer de Magick a chave de sua vida. Deveria aprender suas leis e viver por elas.**

(*Ilustração:* O banqueiro deveria descobrir o verdadeiro significado de sua existência, o verdadeiro motivo que o levou a escolher aquela profissão. Ele deveria compreender o processo bancário como um fator necessário à existência econômica da humanidade, ao invés de apenas um negócio cujos propósitos independem do bem-estar geral. Ele deveria aprender a distinguir falsos valores dos reais, e agir não de acordo com flutuações acidentais, mas de acordo com considerações de verdadeira importância. Tal banqueiro se provará superior a outros; ele não será um indivíduo limitado por coisas transitórias, mas uma força natural, tão paciente e irresistível quanto as marés. Seu sistema não estará sujeito ao pânico mais do que a Lei do Inverso dos Quadrados é perturbada por Eleições. Ele não estará ansioso a respeito de seus negócios, porque eles não serão "dele"; e, por este motivo, ele será capaz de dirigi-los com a calma

---

410 N.M.: O leitor sério deve ser lembrado que foi a partir desta ilustração, como do resto do trabalho de Crowley, e particularmente de *Liber Thisharb*, que L. Ron Hubbard deduziu seus esquemas de "Dianética" e "Cientologia".

411 Homens de "natureza criminosa" simplesmente estão em conflito com suas Verdadeiras Vontades. [N.M.: O leitor não deve esquecer que há uma grande diferença entre um criminoso compulsivo e uma pessoa que está em desacordo com o *Establishment* – qualquer que seja este *Establishment*. Seria fácil e "lógico" dizer que qualquer pessoa que reaja ativamente ao seu ambiente está cometendo um crime. "Se Deus quisesse que os homens voassem (note que as mulheres não são mencionadas em tais provérbios antigos!) 'ele' lhes daria asas" é uma afirmação perfeitamente lógica se você presumir que vive no melhor de todos os mundos possíveis; e se tivesse sido aceito por todos, não apenas o progresso da ciência teria sido impossível, mas até o progresso da religião. As pessoas que discordavam de Tomás de Aquino e dos "papas" foram torturadas até a morte ou queimadas vivas nas praças da cidade por mil anos, com o caloroso aplauso de ovelhas humanas. Qualquer sociedade que não seja baseada no *Livro da Lei* é, por definição, criminosa; aqueles que reagem à sua tirania devem ser julgados em termos da Lei de Thelema, não em termos de dogmas judaico-crististas, budistas, muçulmanos, brâmanes ou marxistas. Cf. *Liber OZ*. Um criminoso compulsivo em uma Sociedade Thelêmica é uma pessoa doente e deve ser tratada como tal. A eutanásia pode, às vezes, fazer parte do tratamento; estas são questões de sociologia, psiquiatria, economia e política. É essencial, no entanto, que elas sejam resolvidas por cientistas e estadistas, e não por teólogos (de qualquer persuasão) e "políticos".] O assassino tem a Vontade de Viver; e sua vontade de assassinar é uma falsa vontade divergindo da sua Verdadeira Vontade, uma vez que ele arrisca morte às mãos da sociedade ao obedecer ao seu impulso criminoso. [N.M.: Repetimos a advertência anterior. Sem dúvida, Ronald Reagan consideraria um Sandinista um criminoso. Um Sandinista (provavelmente com mais sinceridade, se não com mais justiça) aplicaria o termo a um "Contra" – e ao próprio Ronald Reagan.]

e esclarecida confiança de um observador à distância, com sua inteligência imperturbada por interesses pessoais e seu poder livre de paixão.)[412]

28. **Todo homem tem o direito de executar sua própria vontade sem temer que isto possa interferir com a vontade dos outros; porque se ele estiver em seu próprio caminho, a falha será dos outros, caso interfiram com ele.**

(*Ilustração:* Se um homem como Napoleão tivesse sido realmente designado pelo destino para controlar a Europa, ele não deveria ser acusado de exercer seus direitos.[413] Opor-se a ele seria um erro. Qualquer pessoa assim fazendo teria se enganado quanto ao seu próprio destino, exceto quanto à sua necessidade de aprender as lições da derrota.[414] O Sol se move no espaço sem interferência.[415] A ordem da Natureza provê uma órbita para cada estrela. Um choque prova que uma ou outra se afastou de seu curso.[416] Mas quanto a cada homem que se mantém em seu verdadeiro curso, quanto mais firme ele age, menos pessoas se intrometem em seu caminho. Seu exemplo ajudá-los-á a encontrar seus próprios caminhos e a segui-los. Todo homem que se torna um Magista ajuda outros a fazerem o mesmo. Quanto mais firme e com mais segurança o homem se mover, e quanto mais tal ação for aceita como padrão de moral, menos conflito e confusão atordoará a humanidade.)

* * * * *

412 N.M.: Emoção, ao invés de paixão, poderia ter sido uma palavra melhor aqui.

413 N.M.: Veja-se, no entanto, *AL* iii 17. Funciona nos dois sentidos. A longo prazo, o sucesso de qualquer líder é uma função do esmagador consenso popular. Paradoxalmente, isso é especialmente verdadeiro quando o líder é um tirano. A objeção ao chamado sistema "democrático" americano é que ele interpõe a vontade de alguns poucos oligarcas privilegiados entre a cidadania como um todo e a escolha de liderança do país. Isso funcionou suficientemente bem enquanto aqueles oligarcas sinceramente tiveram os melhores interesses da nação no coração; mas a poça genética que tornou possível a Declaração de Independência e a Constituição Americana foi diluída há muito tempo pelo acoplamento disgênico. Nos últimos quatro séculos, os oligarcas herdaram dinheiro, não talento. No tempo presente da história, os Estados Unidos da América são governados por super ricos quase imbecis. Eles são os únicos com dinheiro para financiar uma eleição; especialmente no nível presidencial. Este assunto é muito longo para uma nota.

414 N.M.: Isso na medida em que sua oposição não se juntou à de outros em número suficiente. De fato, quando Napoleão foi finalmente derrotado, ele foi derrotado pela inércia de uma população desiludida pela percepção de como sua ambição pessoal havia interferido no Serviço dos Franceses – e em grande parte da Europa! No momento em que ele acedeu à velha obsessão *homo saps* [N.E.: Termo cunhado por Motta baseado em Odd John. Relaciona-o ao ser humano medíocre, em contraposição ao *Übermensch* nietzschiano. Motta recorre a ele algumas vezes ao longo do *Liber ABA* e em em outros trabalhos.] da perpetuação de si mesmo através dos filhos (um ramo "sapiente" do instinto reprodutivo dos mamíferos), fez um acordo com o Vaticano com um olho no "direito divino dos reis", começou a "monarquizar" sua "família" incompetente e finalmente se divorciou de Josephine para casar com uma "princesa" austríaca; ficou claro que ele não podia mais ser confiado em colocar os interesses do mundo civilizado acima de sua herança animal. Deve-se notar que os únicos reis criados por Napoleão que conseguiram estabelecer-se como monarcas hereditários foram aqueles que não eram de seu próprio sangue. Até agora, os gênios sempre foram acidentes da evolução; não há registro de mais do que um em uma "família" em qualquer geração. [N.E.: Esta nota foi inserida originalmente na versão em inglês publicada por Motta com o título *Thelemic Magick, Part I*. Nela, o termo aqui traduzido como "família", foi grafado "*fimmily*", exatamente assim, entre aspas. Existe o uso dessa grafia também em escritos específicos de História.]

415 N.M.: Isso é colocado relativamente. Outra maneira de afirmar isso (tão verdadeira quanto) seria dizer que o Sol se move apenas por causa da interferência do resto do Universo. Incidentemente, Crowley estava bastante ciente deste paradoxo, como não apenas a continuação deste parágrafo, como também toda a sua obra, deixa claro.

416 N.M.: Mas veja-se *Liber VII* ii 3-4; iv 30-32; v 17-26, 35-36.

Eu espero que os princípios acima expostos demonstrem a

TODOS

que seu bem-estar, sua própria existência, estão ligados à

MAGICK.

Eu confio que eles entenderão não apenas a razoabilidade, mas a necessidade da verdade fundamental que eu fui encarregado de dar à humanidade:

"Faze o que tu queres há de ser tudo da Lei."

Espero que eles se afirmem como individualmente absolutos, que eles percebam de fato que é seu direito se impor assim e executar a tarefa para qual sua natureza os habilitou. Sim. Mais: Isto é o dever deles, dever não só para consigo mesmos, mas também para com seus semelhantes; um dever fundamentado na necessidade universal, que não pode ser negligenciado devido a qualquer casual circunstância momentânea que aparente colocar uma tal conduta sob o aspecto de inconveniência ou mesmo de crueldade.[417]

Espero que os princípios acima os auxiliem a compreender este livro e impeçam que o estudo chegue a ser impossibilitado pela linguagem mais ou menos técnica em que foi escrito.

A essência de

MAGICK

é, em verdade, muito simples. Passa-se com ela o que se passa com a arte de governar. A finalidade desta é simplesmente prosperidade;[418] mas a teoria está embaralhada e a prática emaranhada de espinhos.

Da mesma forma, a

MAGICK

consiste simplesmente em ser e fazer. Eu deveria adicionar "sofrer". Pois Magick é verbo; e é parte do Treino usar voz passiva.[419] Isto, entretanto, é mais uma matéria de Iniciação que de Magick no senso ordinário da palavra. Não é minha culpa se "ser" é desnorteante e "fazer" é desesperador![420]

---

417 N.M.: Foi indubitavelmente cruel de Stalin dizer a Đilas que, embora a morte de um indivíduo seja uma questão deplorável, a morte de um milhão de indivíduos é uma questão de estatística. Nada muito "comunista" sobre essa afirmação, aliás, como Đilas foi o primeiro a apontar! No entanto, parece ter sido a Vontade de Đilas passar a maior parte de sua vida na prisão, e a Vontade de Stalin colocar a Rússia a seus pés após a Segunda Guerra Mundial. Qual dos dois homens foi mais importante para a humanidade? Eu diria que ambos têm um serviço maior do que qualquer Reagan, qualquer Kennedy, ou qualquer Kissinger, que foram desnecessariamente mais cruéis do que Stalin e todos se mostraram incapazes da virtude cívica de Đilas – para não falar de Thoreau.

418 N.M.: De todos, não de alguns, queridos – ou melhor, não tão caros – oligarcas americanos! O leitor sério deve ponderar o porquê de Crowley fazer essa referência repentina, aparentemente desconectada, à arte do governo aqui.

419 N.M.: Cf. *Liber VII* iii 54-56; v 46-47; vii 13-14. Parte do treinamento, sadomasoquistas não queridos (entre os quais, sem dúvida, devemos incluir a esmagadora maioria dos oligarcas americanos, se a política interna e internacional dos Estados Unidos nos últimos cinquenta anos for qualquer indício); não tudo.

420 N.M.: De fato, todo o seu trabalho tinha a intenção de tornar o primeiro menos desnorteante e o segundo menos desesperador para seus companheiros; e quão ricamente lhes agradeceram – e aos seus pupilos – por isso!

Porém, uma vez que os princípios acima estejam fixados à mente, é bastante fácil resumir a questão. Nós devemos descobrir por nós mesmos, e nos assegurar além de qualquer dúvida, *quem* somos, *o que* somos, e *por que* somos. Isto feito, podemos formular em palavras a Vontade que está implícita no "porquê"; ou, antes, podemos formulá-la em Uma Palavra. Estando assim cônscios do curso de ação apropriado, o passo seguinte é compreender as condições necessárias para seguir este curso. Após isto, devemos eliminar de nós mesmos todo elemento estranho ou hostil ao sucesso, e desenvolver essas partes nossas que são especialmente necessárias ao controle das condições previamente mencionadas.

Estabeleçamos uma analogia.[421] Uma nação deve se tornar consciente de seu próprio caráter antes que possamos dizer que ela existe. Daquele conhecimento ela deve adivinhar o seu destino. Deve então considerar as condições políticas do mundo; como outros países podem auxiliá-la ou impedi-la. Deve então destruir em si mesma quaisquer elementos discordantes de seu destino. Finalmente, deve desenvolver aquelas qualidades que habilitam a combater com sucesso as condições externas que ameaçam se opor ao seu propósito. Nós tivemos um exemplo recente no caso do jovem Império Germânico que, conhecendo a si mesmo e à sua Vontade, treinou e se disciplinou, dessa forma tratando de conquistar os países vizinhos, que o haviam oprimido durante muitos séculos. Mas após 1866 e 1870, 1914! Enganou-se a se considerar sobre-humano, quis uma coisa impossível, fracassou em eliminar seus conflitos e animosidades internas, falhou em compreender as condições de vitória, não treinou para vencer as fronteiras marítimas e, assim, tendo violado todos os princípios da

MAGICK,

foi derrubado e despedaçado por provincialismo e democracia, e nem excelência individual e nem virtude cívica têm sido capazes de elevá-lo novamente àquela unidade majestosa que ousou aspirar à maestria da raça humana.[422]

O estudante sincero descobrirá, atrás das tecnicalidades simbólicas deste livro, um método prático para se tornar um Magista.[423] Os processos descritos lhe permitirão distinguir entre aquilo que ele na realidade é e as coisas que ele se imaginou ser.[424] Ele deve contemplar sua alma em sua plena e terrível

---

421 N.M.: Observe a relação entre a analogia e a referência aparentemente desconectada à arte do governo acima.

422 Pelo menos permitiu que a Inglaterra descobrisse suas intenções e, com isso, pôde combinar o mundo contra ele. [N.M.: Quando novamente se uniram abaixo de Hitler, mais uma vez se permitiram a ilusão de serem super-humanos. Se os Sharons, os Begins, os Shamirs e os rabinos que puxam suas cordas continuarem a dominar Israel, o mesmo destino acontecerá a toda essa patota.]

423 N.M.: Naquele raro sentido de um verdadeiro Iniciado da verdadeira "Tradição Esotérica Ocidental", ou Escola Branca de Magia. Lembramos ao leitor sério que "branco" se refere simplesmente a características étnicas e não tem qualquer conotação moral. Além disso, devemos lembrar ao leitor que é perfeitamente possível para uma pessoa negra ou amarela treinar a si mesmo sob os métodos da Escola Branca, se assim o desejar. Tanto Crowley quanto Blavatsky, por exemplo, embora etnicamente brancos, treinaram durante algum tempo sob os mestres da Escola Amarela. O próprio Crowley, embora tenha sido muito cauteloso, estudou a Escola Negra o suficiente para ajudar William Seabrook a escrever um excelente livro sobre Vodu (*The Island*) que irritou os teólogos crististas por décadas.

424 Recentemente, o Professor Sigmund Freud e sua escola descobriram parte deste método de Verdade e que tem sido ensinado durante séculos nos Santuários de Iniciação. Mas fracassando em abarcar toda a Verdade do assunto, especialmente no que concerne o meu Sexto Teorema e seus corolários, ele e seus seguidores caíram no erro de declarar que o "Censor", cuja tendência é reconhecidamente suicida, é o verdadeiro árbitro da conduta individual. A psicanálise oficial está, portanto, comprometida a defender uma fraude, embora o fundamento da ciência tenha sido a observação dos efeitos desastrosos sobre o indivíduo de ser falso ao seu Eu Inconsciente, cujo "aviso na parede" na linguagem dos sonhos é o registro da soma das tendências essenciais da verdadeira natureza do indivíduo. [N.E.: A expressão "aviso na parede", do inglês "writing on the wall", pode ser interpretada como tendo havido sinais claros de que algo iria falhar ou não existiria mais. Sinais que apontavam para um agravamento da situação. Também de perigo iminente, sinal de maus tempos, véspera de dias sombrios, sinal de desgraça, época de vacas magras, o que vem por aí, o destino está traçado.] O resultado é que a psicanálise interpreta erroneamente a vida, e proclama a absurda tese de que todo ser humano é essencialmente um animal antissocial, criminoso e insano. É evidente que os erros do Inconsciente, dos quais os psicanalistas se queixam, são nem mais nem menos que o "pecado original" dos teólogos que eles desprezam tanto.

nudez; ele não deve temer ver aquela pavorosa realidade. Ele deve abandonar as vistosas roupagens com que sua vergonha o cobriu; ele deve aceitar o fato que nada pode fazer dele o que quer que seja senão aquilo que ele é. Ele pode mentir para si mesmo, embriagar-se, esconder-se; mas ele está sempre ali. A Magick lhe ensinará que sua mente o está traindo. É como se dissessem que manequins de alfaiate são o padrão da beleza humana, de forma que ele tentasse se tornar informe e inexpressivo como eles, e tremesse de horror à ideia de ter seu retrato pintado por Holbein. A Magick lhe ensinará a beleza e a majestade do ente que ele tem tentado suprimir e disfarçar.

Tendo descoberto sua identidade, cedo ele perceberá seu propósito. Outro processo lhe ensinará como tornar aquele propósito puro e poderoso. Ele então aprenderá a avaliar seu ambiente, a encontrar aliados, a se fazer prevalecer contra todos os poderes cujo erro os levou a vagar por seu caminho.

No curso deste Treinamento ele aprenderá a explorar os Mistérios Ocultos da Natureza e a desenvolver novos sensos e faculdades em si mesmo, através dos quais ele poderá comunicar-se com, e controlar, Entes e Forças pertencentes a ordens de existência que foram até agora inacessíveis à pesquisa profana, e estiveram à disposição apenas da

Magick

não científica e empírica (tradicional) que eu vim destruir de modo a concluí-la.

Eu envio este livro ao mundo para que todo homem e toda mulher possa tomar as rédeas de sua própria vida em suas próprias mãos, da maneira apropriada. Não importa se a casa carnal presente de qualquer pessoa é o casebre de um pastor; por virtude de minha

Magick

ele será um pastor tal qual foi Davi. Se for o estúdio de um escultor, ele de tal forma esculpirá de si mesmo o mármore que vela sua ideia de que ele se tornará um Mestre não menor que Rodin.

E quanto a mim, conquanto este meu livro alcance esse fim, eu terei conquistado o objetivo da minha própria peregrinação pelo mundo.

Testemunha minha mão:

TO MEΓA ΘHPION (תריון),[425] A BESTA 666; MAGUS 9° = 2▫ A∴A∴, que é o Logos do Æon THELEMA; cujo nome é V.V.V.V.V.[426] 8° = 3▫ A∴A∴ na Cidade das Pirâmides; **OY MH** 7° = 4▫; OL SONUF VAORESAGI 6° = 5▫; e .... 5° = 6▫ A∴A∴ na Montanha de Abiegnus; mas FRATER PERDURABO na Ordem Externa da A∴A∴, e no Mundo dos homens sobre a Terra, ALEISTER CROWLEY de Trinity College, Cambridge.[427]

---

425 N.E.: Em grego, "A Grande Besta".

426 N.E.: *Vi Veri Vniversum Vivus Vici*, em latim, "Pelo poder da Verdade, Eu, um homem vivo, conquistei o Universo".

427 N.E.: Estes são os diferentes Nomes Mágicos de Crowley na A∴A∴. OY MH (O NADA), o nome de Nuit; OL SONUF VAORESAGI, (Eu Reino Sobre Ti), a primeira chave do sistema Enoquiano; os pontos (... ...) referentes ao grau 5°=6▫ representam que o Nome Mágico do iniciado neste grau não pode ser revelado; e Abiegnus é a Montanha Sagrada dos Rosa-Cruzes.

CAPÍTULO 0

A TEORIA MÁGICA DO UNIVERSO[428]

428 N.E.: Crowley quase sempre começa um tratado com o capítulo 0, que é o símbolo do Silêncio. De 0, que é a matriz, saiu o mundo manifestado.

Existem três teorias principais do Universo em filosofia: Dualismo, Monismo e Niilismo. É impossível discutirmos os méritos relativos de cada uma em um manual popular deste tipo. Elas devem ser estudadas em compêndios de História da Filosofia como o de Erdmann.[429]

Todas as três são reconciliadas e unificadas na teoria que exporemos a seguir. A base desta Harmonização é dada por Crowley no ensaio "Berashith", ao qual fazemos algumas referências.

O Espaço infinito é chamado a Deusa NUIT, e o ponto infinitamente pequeno e atômico, no entanto onipresente, é chamado de HADIT.[430] Estes são imanifestos. Uma conjunção destes dois infinitos é chamada RA-HOOR-KHUIT,[431] uma Unidade que inclui e dirige todas as coisas.[432] (Existe também a Sua Natureza especial, em certas condições, tais como as ativas desde a Primavera de 1904 e.v.) Esta concepção profundamente mística está baseada em experiência espiritual iniciática; mas mesmo a razão, se treinada,[433] alcança um reflexo desta ideia pelo método de contradições lógicas, que termina com a razão transcendendo a si mesma. O leitor deveria consultar "O Soldado e o Corcunda" em *Equinox* I (1), e *Konx Om Pax.*

A *Unidade* transcende a *consciência.* Está acima de toda divisão. O Pai do pensamento – a Palavra – é chamado CAOS – a díada. O número Três, a Mãe, é chamada Babalon. Quanto a isto, o leitor deveria estudar "The Temple of Solomon the King" em *Equinox* I (5) e *Liber 418.*

Esta primeira tríade é em sua essência uma unidade, de uma forma que transcende a razão. A compreensão desta Tríade é resultado de experiência espiritual. **Todos os verdadeiros deuses são atribuídos a esta Trindade.[434]**

Um imensurável abismo separa essa Trindade de todas as manifestações da Razão ou das qualidades mais baixas do homem. Analisando por completo a Razão, verificamos que ela é idêntica a esse abismo. No entanto, este abismo é a coroa da mente. Faculdades puramente intelectuais estão todas contidas ali. Este abismo não tem número, pois nele tudo é confusão.

Abaixo deste abismo, encontramos as qualidades morais do Homem, das quais existem seis. A mais alta é simbolizada pelo número Quatro. Sua natureza é paternal;[435] Misericórdia e Autoridade são os atributos de sua dignidade.

---

429 N.M.: O trabalho de Erdmann é abrangente, mas caro e difícil de encontrar. Além disso, um pouco datado. O estudante pode usar a *História da Filosofia Ocidental* de Bertrand Russell proveitosamente, embora seja menos abrangente que o de Erdmann.

430 Eu apresento apenas um esboço dessa teoria. Não posso sequer explicar – por exemplo – que uma ideia pode não se referir de forma alguma a Ser, mas a Ir. O *Livro da Lei* exige estudo especial e compreensão iniciática.

431 Mais corretamente, HERU-RA-HA, para incluir HOOR-PAAR-KRAAT.

432 A base desta teologia é dada em *Liber CCXX, AL vel Legis.* Assim, só passarei para o leitor o assunto de uma forma muito generalizada. Um tratado à parte seria necessário apenas para discutirmos o verdadeiro significado dos termos empregados, e para mostrarmos como o *Livro da Lei* antecipa as recentes descobertas de Frege, Cantor, Poincaré, Russell, Whitehead, Einstein e outros.

433 Todo avanço em compreensão exige a aquisição de um novo ponto de vista. As modernas concepções da matemática, da química e da física são simples paradoxos para o "homem comum", que pensa que a Matéria é alguma coisa contra a qual ele pode dar topadas.

434 Considerações sobre a Trindade Cristã são de natureza apropriada apenas a Iniciados do IX° O.T.O., uma vez que incluem o segredo final de toda Magia prática.

435 Cada concepção é, no entanto, equilibrada em si mesma. Quatro é também Daleth [ד], a letra de Vênus, de forma que a ideia da mãe está incluída. Novamente, a Sephira de 4 é Chesed, fazendo referência a Água. 4 é regido por Júpiter, O Senhor do Raio (Fogo), no entanto, regente do Ar. Cada Sephira é completa à sua maneira.

O número Cinco está equilibrado com o Quatro. Os atributos de Cinco são Energia e Justiça. Quatro e Cinco são combinados e harmonizados no número Seis, cuja natureza é beleza e harmonia, mortalidade e imortalidade.

No número Sete a natureza feminina predomina novamente, mas é o tipo masculino da fêmea, a Amazona que é equilibrada no número Oito pelo tipo feminino do macho.

No número Nove alcançamos a última das qualidades puramente mentais. Este número identifica mudança com estabilidade.

Pendendo a este sistema está o número Dez,[436] que inclui toda Matéria tal como a conhecemos através dos sentidos.

É impossível explicarmos aqui definitivamente a concepção acima; pois não pode ser claramente compreendido que isto é uma *classificação* do Universo; não existe coisa alguma que não possa ser colocada aí; tudo está incluído.

O Artigo sobre Cabala em *Equinox* I (5) é o melhor que já foi escrito sobre o assunto.[437] Deveria ser profundamente estudado em conexão com os Diagramas Cabalísticos nos números 2 e 3 de "The Temple of Solomon the King".

O que foi escrito acima é o esboço cru e elementar deste sistema.

A fórmula do Tetragrammaton[438] é a mais importante de todas para o Magista praticante. Aí, Yod (י) = 2, He (ה) = 3, Vau (ו) = 4 a 9 e He final (ה) = 10.

O Número Dois representa Yod, o Mundo Divino ou Arquetípico, e o Número Um só pode ser atingido pela destruição do Deus e do Magista em Samadhi. O mundo dos Anjos está sob os números de Quatro a Nove, e o dos espíritos sob o número Dez.[439] Todos estes números são, é claro, partes do

---

436 O equilíbrio das Sephiroth:

Kether	(1) "Kether está em Malkuth e Malkuth está em Kether, mas de outra maneira."
Chokmah	(2) é *Yod* de Tetragrammaton, e, portanto, é também a Unidade.
Binah	(3) é *He* de Tetragrammaton, a Mãe; mas *He* é cinco, o número do Pentagrama ou Homem, e também o número de Marte, o Deus másculo por excelência. [N.E.: No original de Crowley, esse trecho está escrito da seguinte forma: "é *He* de Tetragrammaton, e portanto, 'O Imperador'".]
Chesed	(4) é *Daleth*, Vênus, a fêmea. [N.M.: Não exatamente: aqui ele esquece a natureza dual do planeta Vênus: a Estrela Matutina é Lúcifer e macho; a Estrela Vespertina é Vênus e fêmea. Por isso, é dito que o Mestre do Templo é derrubado dos Céus como uma Estrela Matutina ou Vespertina. Todo este simbolismo é muito antigo e muito sagrado.]
Geburah	(5) é a Sephira de Marte, o Macho; mas cinco é a letra *He*, a letra da Mãe e da Filha, a Estrela no Tarô. [N.E.: No original de Crowley, este trecho vai apenas até "macho".]
Tiphereth	(6) é o Hexagrama, harmonizado, o mediador entre Kether e Malkuth. Também reflete Kether. "Aquilo que está acima é como aquilo que está abaixo, e aquilo que está abaixo é como aquilo que está acima."
Netzach	(7) e Hod (8) estão equilibrados como descrito no texto.
Yesod	(9) como no texto.
Malkuth	(10) contém todos os números.

437 N.E.: *Liber LVIII*. Veja-se também *Liber 777* e sua edição revisada de 1955 e.v.

438 N.E.: O Nome Impronunciável (IHVH, Jehovah).

439 Não é possível darmos uma descrição completa dos 22 "caminhos" neste reduzido tratado. O assunto deve ser estudado com todos os atributos em *777*, mas em especial as tabelas dos elementos, dos planetas, dos signos e também as cartas do Tarô, enquanto que suas posições na Árvore e as Sephiroth que eles ligam são as chaves para sua compreensão. Será notado que cada capítulo deste livro faz referência a cada Sephira. Isso não

magista, considerando-o como microcosmo. **O microcosmo é uma imagem exata do Macrocosmo; a Grande Obra consiste em levar o homem inteiro em perfeito equilíbrio à potência do Infinito.**

O leitor observará que toda tentativa de criticar a Hierarquia Mágica é fútil. Não se pode chamá-la de incorreta; o máximo que se poderia dizer é que ela é inconveniente. Da mesma forma, não podemos dizer que o alfabeto latino seja melhor ou pior do que o alfabeto grego para representar línguas ocidentais, pois todos os sons destas podem ser mais ou menos satisfatoriamente representados pelas letras de qualquer dos dois; no entanto, ambos se mostram tão insatisfatórios para representar os fonemas de idiomas orientais que foi necessário acrescentar o uso de itálicos e outras marcas diacríticas.[440] Da mesma maneira, nosso alfabeto mágico das Sephiroth e dos Caminhos (trinta e dois no total) foi expandido nos quatro mundos que correspondem às quatro letras do nome יהוה; e convencionou-se que cada Sephirah contém a Árvore da Vida em si mesma. Assim, temos quatrocentas Sephiroth em vez das dez originais, e os Caminhos podendo ser similarmente multiplicados, ou antes, subdivididos, o número é expandido ainda mais. É claro que este processo poderia ser continuado indefinidamente, sem destruir o sistema original.

A Apologia deste Sistema é que nossas mais puras concepções são simbolizadas pela Matemática. "Deus é o Grande Arquiteto". "Deus é o Grande Geômetra". É melhor, portanto, prepararmo-nos para entendê-Lo organizando nossas mentes de acordo com essas medidas.[441]

Continuando: cada letra deste alfabeto pode ter seu símbolo mágico especial. O estudante não deve esperar que lhe demos uma definição dogmática definitiva e exata do que significa cada uma destas coisas. Pelo contrário, ele deve trabalhar em retrospecto, colocando toda a sua estrutura mental e moral nestas classes. Você não espera comprar um fichário com os nomes de todos os seus correspondentes passados, presentes e futuros registrados de antemão; o fichário contém um sistema de letras e números sem significados em si mesmos, mas prontos a adquirir significado para você à medida que vá preenchendo as fichas. Seus negócios se expandindo, cada letra e número adquirirá significado para você; e adotando este arranjo você terá todas as suas atividades "na ponta dos dedos", por assim dizer, coordenadas e prontas a cada momento para exame, verificação e uso; muito mais do que você teria de outra forma. **Pelo uso deste sistema o magista finalmente é habilitado a unificar todo seu conhecimento – a transmutar, mesmo no Plano Intelectual, os Muitos no Um.**

O leitor poderá agora compreender que o esquema acima dado da Hierarquia mágica não é sequer um esboço da verdadeira teoria do Universo. Esta teoria pode de fato ser estudada no artigo já mencionado, *Equinox* I (5) e, mais profundamente, no *Livro da Lei* e seus comentários pertinentes, mas a verdadeira compreensão depende inteiramente do próprio trabalho do Magista. Sem experiência mágica não há significado.

---

foi premeditado. Este livro era, originalmente, uma coleção de diálogos entre Frater Perdurabo e Soror Achita (Roddie Minor). Mas, ao se reunir este manuscrito, houve a necessidade desta divisão. Por outro lado, meu conhecimento do esquema indicou-me diversas lacunas em minhas exposições originais; graças a isso, pude fazer dele um tratado completo e sistemático. Isto é, quando minha preguiça foi despojada pelas críticas e sugestões de vários colegas, aos quais eu tive o prazer de submeter os manuscritos originais. [N.M.: O leitor sério faria bem em comparar a sequência de capítulos com a do *Dogma e Ritual* de Levi; de fato, o estudante sério faria bem em ler cada livro em conexão com o outro.]

440 N.M.: Os Chineses Vermelhos agora criaram um sistema melhor de transliteração fonética dos sons chineses no estilo ocidental, chamado Pinyin. Cf. *Equinox* V (3), *The Chinese Texts of Magick and Mysticism.*

441 Pela palavra "Deus" eu quero aqui significar a Ideal Identidade da natureza mais íntima de um homem. "Algo em nós mesmos (eu omito aqui o 'não nós mesmos', imbecil e culpado, da definição original de Edwin Arnold) que nos impele ao que é correto"; correção sendo apropriadamente definida como coerência interna. (A Coerência Interna implica aquilo que está escrito: *Detegitur Yod*). [N.M.: Como observamos em nossas anotações para o *Bagh-i-Muattar* (*Equinox* V (4), *Sex and Religion*), a palavra inglesa "holy" vem da raiz sânscrita *kailo*, que significa todo. Cf. *LXV* iv 7 e seus comentários no *Equinox* V (2).]

Nisto nada há de peculiar. O mesmo ocorre com todo conhecimento científico. Um cego poderia acumular dados sobre astronomia para passar em um exame, mas seu conhecimento estaria quase que inteiramente sem relação com sua experiência e certamente não lhe outorgaria a faculdade da visão.[442] Um fenômeno similar pode ser observado quando um cavalheiro possuidor de um diploma honorário de Cambridge em línguas modernas chega a Paris e é incapaz de pedir o seu jantar. Acusar o Mestre Therion seria agir como uma pessoa que, observando o cavalheiro em questão, atacasse tanto os professores de francês quanto os habitantes de Paris, e passasse, talvez, a negar a existência da França.[443]

Repetimos que a linguagem mágica não é mais que um sistema conveniente de classificação para habilitar o magista a fichar suas experiências à medida que ele as obtém.

No entanto, isso também é fato: que, uma vez que a linguagem esteja dominada, nós podemos adivinhar o desconhecido por estudo do conhecido, como nosso conhecimento do latim e do grego nos habilita a compreender uma palavra inglesa derivada destes idiomas. Também há o caso similar da Lei de periodicidade em Química, que habilitou cientistas a predizerem, e por fim descobrirem, a existência na natureza de certos elementos previamente desconhecidos.[444] **Todas as discussões sobre filosofia são necessariamente estéreis, pois a verdade transcende a linguagem.[445] Tais discussões são, entretanto, úteis, se levadas longe o bastante – se levadas ao ponto em que se torna aparente que todos os argumentos são argumentos em círculos.[446]** Mas discussões dos detalhes de qualidades puramente imaginárias são frívolas, e podem se tornar mortíferas. Pois o grande perigo desta teoria mágica é que o estudante pode tomar o alfabeto pelas coisas que as palavras representam.[447]

---

442 N.M.: De fato, mesmo uma pessoa com visão normal era totalmente incapaz de visualizar a glória dos céus até que o progresso tecnológico tornasse possíveis não apenas telescópios poderosos o suficiente para mostrar o óbvio, mas processos fotográficos adequados para produzir livros e manuais mostrando corpos celestes em detalhes e até em cores.

443 N.M.: Isso me lembra os tristes olhares desiludidos que recebo de "alunos" que, com preguiça ou desorganização para fazer viagens astrais sistemáticas, trabalhos mágicos sistemáticos ou práticas sistemáticas de Yoga, preferem pensar que estou mentindo, sonhando ou delirando quando lhes passo *insights* simples o suficiente para serem entendidos por tolos que perseveraram em sua tolice.

444 N.M.: Vários, incidentalmente, foram descobertos depois que ele escreveu isso: todos eles se encaixam perfeitamente em espaços anteriormente vazios da Tabela Periódica dos Elementos. O estudante deve, no entanto, ter cuidado com qualquer raciocínio do conhecido para o desconhecido que não seja imediatamente verificado por – você adivinhou – prática perseverante e metódica. As únicas coisas que a especulação ociosa já produziu foram o dogmatismo religioso, a tirania religiosa, a perseguição religiosa e o genocídio. Os judeus fizeram nos amalequitas, os nazistas fizeram nos judeus, e os "israelenses" estão fazendo na Palestina precisamente por causa de tais mentiras especuladas por loucos preguiçosos e egocêntricos.

445 N.M.: Não se deve confundir verdade com fatos. É fácil para o vendedor usar a linguagem para explicar a um comprador em potencial como funciona um eletrodoméstico; mas até mesmo os melhores cérebros acharam impossível explicar em linguagem a natureza da eletricidade. As verdades da filosofia são, na realidade, apenas alcançáveis por meio da experiência religiosa, e são incomunicáveis para qualquer pessoa que não tenha experimentado o transe específico que uma pessoa gostaria de explicar a outra. Daí os dois axiomas aparentemente contraditórios de Crowley, que "O Mistério é o inimigo da Verdade" e que "Os verdadeiros segredos não podem ser revelados".

446 Veja-se "O Soldado e o Corcunda", *Equinox* I (1). O aparato da razão humana é simplesmente um sistema particular para a coordenação de impressões; [N.M.: O leitor deve perceber que, quando Crowley escreveu isso, os computadores e a cibernética ainda eram apenas um raio nos olhos de um punhado de sonhadores e gênios. Ele pode ser creditado como o primeiro observador a postular a relatividade da razão e a sistematizar a experiência religiosa em termos inteligíveis para os cientistas.] sua natureza foi determinada pelo curso da formação da espécie. [N.M.: O que – verdadeiros cientistas não precisam ser lembrados disso! – é relativo a muitos fatores, um deles (pelo menos) infinito & desconhecido.] Não é mais "absoluto" que a evolução da espécie. Não é mais "absoluto" que o mecanismo de nossos músculos é um tipo "completo", com o qual todos os outros sistemas de transmissão de força devessem se conformar.

447 N.M.: Deste ponto de vista, é de fato um alívio que a esmagadora maioria dos "estudantes" seja tão incapaz de aspiração persistente quanto de trabalho persistente; pois o dogmático se parece com um sábio idiota, mas é mais perigoso que um cão com raiva: os tolos costumam confundi-lo com um sábio, e por que não? Ele ou ela é o primeiro a confundir a si mesmo ou si mesma!

Um excelente homem de grande inteligência, cabalista mui letrado, em certa ocasião espantou Mestre Therion ao asseverar que a Árvore da Vida é a estrutura do Universo.[448] Isso é como se alguém afirmasse seriamente que um gato é uma criatura construída ao colocarmos as letras G.A.T.O. nesta ordem. Não espanta que a Magia tenha provocado o ridículo das pessoas menos inteligentes, se até seus estudantes educados podem cometer uma violação tão grosseira das mais simples regras do bom senso.[449]

Uma sinopse dos Graus da A∴A∴ como ilustrativos da Hierarquia Mágica no Homem é dada em *Uma Estrela à Vista.*[450] Este opúsculo deveria ser examinado antes do leitor continuar com a leitura deste capítulo. O assunto é muito difícil. Tratar dele por inteiro estaria completamente além dos limites deste pequeno tratado.

Mais Quanto ao Universo Mágico

Todas estas letras do alfabeto mágico a que nos referimos são como nomes em um mapa. O homem é, ele mesmo, um completo microcosmo. Poucos outros seres possuem essa equilibrada perfeição. É claro que todo Sol, todo planeta, pode ter habitantes similarmente constituídos.[451] Mas quando falamos de

---

448 N.M.: Espero que não tenha sido um judeu! No entanto, é esse tipo de aprendizagem árida sem experiência espiritual que produz perseguição e genocídio. Lembro-me da ocasião em que Oskar Schlag (alguém longe de ser um cabalista, apesar de suas ilusões pessoais) ficou extremamente indignado com minha sugestão de que os Mestres, ou Deuses, ou Chefes Secretos, manipulavam a Árvore da Vida para servir a Seus propósitos e, ocasionalmente, até mesmo mudar os símbolos ou trocá-los. No entanto, o Sr. Schlag não estava apenas disposto a mudar ou trocar meus símbolos, ele também estava ansioso para me manipular! [N.E.: Para entender essa história, veja-se *Os Serviços de Inteligência não são Inteligentes.*]

449 Muito tempo depois que escrevi o acima, uma imbecilidade ainda maior foi cometida. Alguém que deveria ter sido mais sábio tentou melhorar a Árvore da Vida virando a Serpente da Sabedoria de cabeça para baixo! Ele não foi sequer capaz de tornar seu sistema simétrico; o pouco que lhe restava de seu bom senso revoltou-se com as supremas atrocidades que resultaram. No entanto, ele conseguiu reduzir todo o alfabeto mágico à tolice, e demonstrou que nunca compreendera seu real significado. [N.M.: Este foi Charles Stansfeld Jones, já no meio da egomania que, finalmente, não apenas o impediu de atravessar completamente o Abismo, mas o mergulhou tão profundamente nas Qliphoth que, apropriadamente, ele se juntou à Igreja Romana perto do fim de sua vida. Deixe os mortos enterrarem seus mortos.]

A absurdidade de qualquer modificação deste tipo de arranjo dos Caminhos será evidente a qualquer estudante sóbrio de exemplos como os que se seguem: Binah, a Compreensão Suprema, está ligada a Tiphereth, a Consciência Humana, por *Zain* [ז], Gemini, os Oráculos dos Deuses ou a Intuição. Isto é, a atribuição representa um fato psicológico: substituí-la pelo "Diabo" é piada ou idiotice. [N.M.: A menos, claro, que você seja um Jerry Falwell, um Jesse Helms, um Ronald Reagan ou um "papa" romanista. Então é obsessão qliphótica ou malícia maligna. Por favor, note que o ponto de tudo isto é simplesmente que a Cabala deve ser testada pela sua consonância prática com os fatos; não o contrário!] Também o trunfo Força, Leão, equilibra Majestade e Misericórdia com Força e Severidade: de que adianta colocar Morte, o Escorpião, em seu lugar? Existem vinte outros erros na nova e maravilhosa atribuição "iluminada de cima"; o estudante pode, portanto, estar seguro de que dará mais vinte novas gargalhadas se estudá-la. [N.M.: A motivação básica de "Achad" ao fazer isso era argumentar que ele era um Ipsissimus pois ele era um Neófito, já que "Kether está em Malkuth, Malkuth está em Kether, mas por uma outra maneira". Foi um "caminho" de contornar a necessidade de alcançar o Grau de Magus e, portanto, ser "melhor que o professor" sem trabalhar para isso! Esse tipo de síndrome de "manter seu bolo enquanto o come" não é tão divertido quanto parece. Milhões de pessoas foram barbaramente abatidas por mil anos porque os "papas" romanistas se consideravam melhores que Dionísio; não poucos judeus (e comunistas e ciganos – mas esses nunca são mencionados) foram massacrados pelos nazistas porque Hitler se achava melhor do que Therion; e hoje em dia milhões de árabes são abatidos pelos sionistas porque os sionistas pensam, ou fingem pensar, que têm um "direito divino" à Palestina, para não falar do resto do Oriente Médio.]

450 N.E.: Veja-se o Apêndice II.

451 Igualmente, é claro, nós não temos meios de saber o que realmente somos. Estamos limitados a símbolos. E é certo que todas as nossas percepções sensoriais dão apenas aspectos parciais de seus objetos. A visão, por exemplo, nos diz pouquíssimo sobre a solidez, o peso, a composição química, a capacidade elétrica, a condutividade térmica etc. [N.M.: E quando nos diz algo sobre eles, não é o sentido da visão em si que nos dá essa informação,

lidar com planetas em Magia, em geral a referência não é aos planetas em si, mas às partes da Terra que são da natureza atribuída a esses planetas.[452] Assim, quando dizemos que Nakhiel é a "Inteligência" do Sol, não queremos dizer que Nakhiel vive no Sol, mas apenas que Nakhiel pertence a uma certa classe e tem um certo caráter; e se bem que nós podemos invocar Nakhiel, isso não quer necessariamente dizer que ele exista no mesmo senso em que nosso açougueiro existe.[453]

Quando nós "conjuramos Nakhiel a aparição visível", pode ser que o processo que usamos se assemelhe muito mais a criação – ou antes, a imaginação – do que a invocação. A aura de um homem é chamada de o "espelho mágico do universo" e, tanto quanto podemos afirmar, nada existe fora desse espelho. É pelo menos conveniente representar o todo como se fosse o subjetivo. Causa menos confusão. E como o homem é um perfeito Microcosmo,[454] torna-se perfeitamente fácil remodelar nossa concepção a qualquer momento para incluir novas descobertas.[455]

---

mas nossa experiência pessoal ou cultural anterior com as coisas vistas.] Não nos diz coisa alguma sobre a existência de ideias importantes como o calor, a solidez e assim por diante. A impressão que a mente coordena das mensagens dos sentidos não pode jamais ser apurada ou completa. De fato, as mais recentes descobertas científicas nos têm ensinado precisamente que nada é em si aquilo que nos aparenta ser.

452 N.M.: Por favor, entenda que eles são de uma natureza atribuída aos planetas; é apenas uma correspondência simbólica conveniente. Se realmente corresponde a fatos astronômicos ainda é assunto de décadas, talvez séculos, de pesquisas práticas por observadores treinados.

453 N.M.: Esse tipo de reserva é extremamente confuso para intelectos rudimentares, como a maioria dos iniciantes possui; e pode até enfraquecer a capacidade inicial do aluno sério de invocar Nakhiel – ou qualquer outro – com sucesso. Durante mil anos, magistas realizaram tais invocações na firme crença de que Nakhiel (ou qualquer outro) realmente viria do Sol (ou de qualquer outro corpo celestial) quando chamado. É claro que durante mil anos eles também acreditavam que o Sol girava em torno da Terra; alguns podem até ter acreditado que esse era o melhor de todos os mundos possíveis, exceto talvez quando, amarrados a estacas, viram as chamas sendo iniciadas em meio aos aplausos da ralé. Mas uma vez que frequentemente tais "magistas" simplórios foram os que iniciavam as chamas, ao invés dos infelizes na outra extremidade da estaca, a atitude de ceticismo resoluto de Crowley é muito mais segura para todos a longo prazo, e não desanima os intelectos excepcionais que, percebendo a relatividade de todas essas correspondências e conceitos, são capazes de perceber que o fato de as coisas serem relativas não as torna menos verdadeiras dentro de seu universo de discurso, desde que esse universo de discurso seja coerente consigo mesmo. Provavelmente, continuará a ser uma questão de incompreensão para pessoas como Jerry Falwell, Jesse Helms, Ronald Reagan, rabinos sionistas e "papas" romanos por séculos que, embora expressões matemáticas "irracionais", "irreais" e "infinitas" sejam irracionais, irreais, ou infinitas, uma multiplicidade de coisas racionais, reais e finitas, extremamente úteis para nossa espécie – e mesmo para outras espécies – pode ser realizada usando-as. Talvez pessoas como Jerry Falwell, Jesse Helms, Ronald Reagan e até mesmo rabinos sionistas e "papas" romanistas tenham o direito de existir; mas eles não têm o direito de nos infectar com sua estupidez, ou de nos forçar a nos conformar com ela.

454 Ele o é apenas por definição. O universo pode conter uma infinita variedade de ideias inacessíveis à apreensão humana. Mas por isso mesmo, tais ideias não existem para os propósitos de nossa discussão. O homem, no entanto, possui alguns instrumentos através dos quais pode obter conhecimento; podemos definir o Macrocosmo como a totalidade de coisas que o homem pode perceber. À medida que a evolução desenvolve nossos instrumentos de percepção, o Macrocosmo e o Microcosmo se ampliam; mas sempre mantêm sua relação mútua. Nenhum dos dois pode possuir qualquer significado a não ser em termos do outro. Nossas "descobertas" são tanto de nós mesmos como da Natureza. A América e a Eletricidade existiam, em certo senso, antes de nos tornarmos cônscios delas; mas ambas são, mesmo agora, não mais que ideias incompletas, expressas em termos simbólicos de uma série de relações entre dois conjuntos de fenômenos inescrutáveis.

455 N.M.: Agora, esta última afirmação é da maior importância para quem quer que siga o Método de Thelema. É, de fato, difícil de entender, e até mesmo incompreensível para um religioso dogmático, particularmente crististas. Por que (diriam eles) deveria ser perfeitamente fácil remodelar a concepção de alguém? Não é um ser humano uma coisa permanente e estática? O cosmos não é imutável? Não são o bem e o mal e todas as coisas absolutas perenes? Mas ser humano não é ser rígido. Dentro dos limites de pertencer à espécie humana, pode-se mudar, pode-se adaptar, pode-se evoluir. Os limites das espécies também não são absolutos fixos: as mutações acontecem ao acaso (e às vezes podem acontecer propositadamente – em um sentido, o que a Iniciação significa) tanto no indivíduo quanto em níveis específicos. Novas espécies aparecem constantemente – e seus membros fundadores são geralmente mutações de outras espécies. O cosmo, longe de ser imutável, está em fluxo contínuo. Nada fica parado exceto em relação a si mesmo; e, se você incluir mais coisas em sua consciência do que aquela coisa que você pensava ser você, todo o microcosmo deve ser reajustado toda vez que você adicionar um novo fator à sua equação pessoal. Daí o Louco ou o Prestidigitador. [N.E.: *Fool* e *Juggler*, em inglês.] Quanto mais complexa sua consciência se torna, mais abrangente ela fica; quanto mais movimento houver, mais fluxo, mais mudança, mais ritmo, mais dança. Longe de ser estática, a vida é dinâmica. Até mesmo a aparente solidez da matéria é uma ilusão conveniente dos sentidos (simplifica o processo de consciência); se fôssemos acreditá-la "real" por um momento, a ciência moderna seria tão impossível novamente como foi por mil anos. A estabilidade psíquica depende de mudanças equilibradas; e crescimento psíquico exige ajuste. É assim que AL – o Prestidigitador e o Dançarino juntos – são a própria raiz da Fórmula do Æon.

Agora, existe uma correspondência tradicional que recente verificação comprovou merecer certa confiança. Existe uma certa conexão natural entre certas letras, palavras, números, gestos, formas, perfumes etc., de maneira que qualquer ideia ou, como poderíamos chamá-la, "espírito", pode ser composta ou invocada pelo uso dessas coisas que lhe são harmoniosas e que expressam partes particulares de sua natureza. Essas correspondências foram cuidadosamente registradas no *Liber 777*, de uma maneira muito conveniente e compreensiva. Será necessário que o estudante faça um estudo cuidadoso deste livro em conexão com alguns rituais práticos de Magia, por exemplo, o da evocação de Taphtatharath,[456] no qual ele verá exatamente porque estas coisas devem ser usadas. **Claro, à medida que o estudante progride em conhecimento através da prática, ele encontrará uma progressiva sutileza no universo mágico, que corresponde à sua própria; pois – diga-se uma vez mais! – não é só a aura do estudante um espelho mágico do universo, mas o universo é um espelho mágico da sua aura.**[457]

Neste capítulo podemos dar apenas uma pequena ideia da teoria mágica – traçado débil por dedos frágeis e hesitantes –, pois este assunto, podemos quase dizer, é coextensivo com a existência inteira de cada um de nós.

O conhecimento da ciência exotérica está comicamente limitado pelo fato de que não temos acesso, a não ser de maneira mais indireta, a qualquer corpo celeste senão o nosso.[458] Nos últimos anos, o homem semieducado adquiriu a impressão de que sabe muito sobre o universo, e o principal motivo desta impressão usualmente é o Sputnik ou a bomba atômica.[459] É triste lermos sobre a bombástica tolice escrita sobre "progresso" por jornalistas e outras pessoas que desejam evitar que os homens pensem.[460] **Nós sabemos pouquíssimo sobre o universo material. Nosso conhecimento detalhado é tão exíguo que quase não vale a pena mencioná-lo, a não ser que nossa vergonha nos leve a um esforço maior.[461] O pouco conhecimento[462] que nós temos é de caráter abstruso e genérico, de caráter filosófico e, quase diríamos, mágico. Consiste principalmente nas concepções da matemática abstrata. É, portanto, quase legítimo dizermos que a matemática abstrata é nosso elo com o resto do universo e com "Deus".**

Ora, as concepções da Magia são, elas mesmas, profundamente matemáticas. A base de toda nossa teoria é a Cabala, que corresponde à matemática e à geometria. O método de operação na Magia está

---

456 N.E.: Allan Bennett, "O Ritual de Evocação para a aparição visível do Grande espírito Taphtatharath" publicado no *Equinox* I (3).

457 N.M.: É por essa razão que a estagnação psíquica torna impossível o crescimento, não apenas do eu, mas da ciência – e, consequentemente, da verdadeira religiosidade. O desconhecido é uma coisa assustadora – para covardes e fracos. Cf. *AL* i 28-31; ii 70-72; iii 17, 57.

458 N.M.: Isso foi minimamente alterado pela exploração russa e americana do espaço, uma vez que o objetivo foi principalmente militar de ambos os lados, para o desgosto dos cientistas de ambos os lados. Se um terço do dinheiro que a administração Reagan pretende gastar em seu insano projeto "Guerra nas Estrelas" fosse gasto no estabelecimento de colônias na Lua e em Marte, e ao enviar sondas robóticas para os outros planetas do sistema, ainda haveria dinheiro suficiente para financiar pesquisas para acabar com todas as doenças e prolongar a vida humana, em vez de encurtá-la. Mas o verdadeiro propósito do projeto da administração Reagan é tornar possível que seus patrocinadores ocultos – a maioria deles idiotas oligárquicos – sejam pagos pelo cidadão americano médio na linha de dois mil dólares por um parafuso, ou três mil dólares por um prego.

459 N.E.: No original de Crowley, em vez de *Sputnik* e *bomba atômica*, foram usados *telefone* e *dirigível*. Na versão publicada por Motta em inglês (*Thelemic Magick*), ao invés de alterar o texto principal, ele adicionou a seguinte nota: *Agora, é claro, pode-se incluir televisão, mísseis guiados e vários tipos de bombas atômicas na lista.*

460 N.M.: Na verdade, a culpa deve ser colocada na porta de editores, não de jornalistas, que apenas seguem ordens ou algo do tipo. No entanto, esta defesa não funciona para Adolf Eichmann, embora pareça ter funcionado para o general Westmoreland e Ariel Sharon.

461 N.M.: Naturalmente, isso pressupõe que não somos apenas brilhantes o suficiente para estar conscientes de nossa ignorância, mas corajosos o suficiente para querer diminuí-la.

462 Conhecimento é, além do mais, um conceito impossível. Todas as proposições do intelecto finalmente se resumem em "A é A".

baseado na Cabala, muito da mesma forma que as leis da mecânica estão baseadas na matemática. Tanto, pois, quanto poderíamos dizer que possuímos uma teoria mágica do universo, ela estará circunscrita apenas a leis fundamentais, com umas poucas proposições simples e compreensíveis expressadas de maneira muito generalizada.[463]

Eu poderia passar uma vida inteira experimentando os detalhes de um plano, da mesma maneira que um explorador poderia dedicar sua existência inteira a um recanto da África, ou um químico a um subgrupo de compostos. Cada uma de tais pormenorizadas peças do estudo pode ser muito valiosa; mas em regra não esclarece os princípios gerais do universo. Sua verdade é a verdade de um ângulo. Pode até conduzir ao erro, se alguma pessoa de menor inteligência começar a generalizar partindo de demasiados poucos fatos.

Imagine um marciano que desejasse filosofar sobre a Terra e não tivesse nada em que se basear a não ser um diário de um terráqueo explorando o Polo Norte! Mas o trabalho de todo explorador, sobre qualquer ramo da Árvore da Vida que seja, é imensamente auxiliado por uma compreensão dos princípios gerais. Todo magista, portanto, deveria estudar a Santa Cabala.[464] Uma vez ele tenha dominado os princípios gerais, ele verá que seu trabalho se torna mais fácil.

Solvitur ambulando;[465] **o que não quer dizer: "Chame a ambulância!"**[466]

---

463 N.M.: Deve-se observar que a maioria dos cientistas está consciente dessa limitação e é tolerante em relação a ela; sua queixa contra magistas, iogues e místicos em geral se refere à dificuldade em reproduzir nossos resultados e, portanto, verificar nossas supostas descobertas. Mas, como muitas vezes leva uma vida inteira de esforço para produzir um resultado mágico ou místico significativo, seus argumentos são tão fúteis quanto irrespondíveis. A única solução será que, graças a Crowley, a teoria geral está agora abertamente disponível ao público (cultos estabelecidos, particularmente o cristismo, não obstante). Em cada geração, mais cientistas se interessarão por Magia e Misticismo, e a cada geração a massa de relatórios crescerá. Além disso, a própria espécie crescerá na consciência herdada geneticamente desses assuntos. Cf. *LXV* v 52-56.

464 N.M.: O leitor sério pode entender agora uma das razões pelas quais os nazistas queimaram os livros de Crowley, o Sr. Germer, seu tradutor, colocado na cadeia, e a O.T.O. banida no Terceiro Reich. O leitor sério também poderá entender quão estúpidas e maliciosas são as pessoas que igualam os Thelemitas aos nazistas. Tão estúpidos ou maliciosos quanto aqueles que poderiam querer equacionar Thelemitas com sionistas, a propósito.

465 N.E.: Do latim, *resolve-se caminhando.*

466 N.M.: Significa, grosseiramente, atravesse suas pontes quando chegar a elas.

CAPÍTULO I

OS PRINCÍPIOS DO RITUAL

Existe uma única definição geral do propósito de qualquer Ritual mágico: é a união do Microcosmo com o Macrocosmo. O Supremo e Completo Ritual é, portanto, a Invocação do Sagrado Anjo Guardião;[467] ou, na linguagem do Misticismo, União com Deus.[468]

Todos os outros Rituais mágicos são casos particulares deste princípio geral, e a única desculpa para utilizá-los consiste em que algumas vezes uma porção particular do microcosmo é tão fraca que sua imperfeição de impureza viciaria o Macrocosmo, do qual ele é a imagem, Eidolon, ou Reflexo.[469] Por exemplo, Deus está além do sexo; portanto, nem o homem e nem a mulher, como tais, podem ser considerados como abarcando por completo, muito menos como representando, Deus. É, portanto, de suma importância que o magista masculino cultive as virtudes femininas nas quais ele é deficiente, e esta tarefa ele deve, claro, executar sem prejudicar de forma alguma a sua virilidade.[470] Será, então, permissível que um Magista invoque Isis e se identifique com ela; se ele fracassar nisto, sua apreensão do Universo quando atingir Samadhi não incluirá a concepção da maternidade. O resultado será uma limitação metafísica e – por corolário – uma limitação ética na Religião que ele fundar. Judaísmo e Islamismo são flagrantes exemplos desse fracasso.

Para dar outro exemplo, a vida ascética, que a dedicação à Magia tão frequentemente provoca, indica uma pobreza da natureza íntima do asceta, uma limitação, uma falta de generosidade.[471] A Natureza é infinitamente prodigiosa – nem sequer uma semente em um milhão chega a dar fruto. Quem tem dificuldade em perceber isso, que invoque Júpiter.[472]

O perigo da magia cerimonial – o perigo mais sutil e mais profundo – é este: o magista naturalmente tenderá a invocar aquele ente parcial que mais fortemente o atrai, de forma que seu excesso natural naquela direção será exagerado ainda mais. **Portanto, que ele, antes de começar sua Obra, se esforce por traçar o plano de seu próprio ser, e arranje suas invocações de maneira a restabelecer**

---

467 Veja-se *O Livro da Magia Sagrada de Abramelin, o Mago*; e *Liber 418*, 8°Æthyr, *Liber Samekh*; veja-se o Apêndice III deste livro.

468 A diferença entre estas operações é mais de importância teórica do que prática.

469 N.M.: Esta afirmação não é precisa e pode confundir iniciantes. Não é o Macrocosmo objetivo que pode ser impuro ou imperfeito: o Macrocosmo objetivo contém todas as coisas; portanto, elas são equilibradas umas contra as outras. É o Macrocosmo subjetivo que pode tornar-se viciado, uma vez que o Microcosmo cresce visualizando o Macrocosmo de maneira cada vez mais complexa e abrangente, ajustando-se a esse novo conceito. O poema de Oliver W. Holmes, "The Chambered Nautilus", refere-se a este processo de crescimento contínuo. Em *Liber VII*, a distinção entre Marocosmos objetivos e subjetivos é feita pelo uso de "Universo" com "U" maiúsculo, para se referir ao primeiro, e "universo" com "u" minúsculo, para se referir ao último.

470 N.M.: Exatamente o inverso se aplica a magistas femininas, é claro. Tal treinamento pode, e em alguns casos deve, incluir a prática da homossexualidade. Deve-se notar, no entanto, que ser mulher não é ser uma "rainha", e ser homem não é ser um "açougueiro"! Esse assunto difícil é ainda mais esclarecido neste livro; estudantes sérios também devem consultar nossas outras publicações e, em particular, o *Equinox* V (4), *Sex and Religion*.

471 N.M.: Ele não quer dizer que uma vida ascética seja frequentemente necessária pelo devoto da magia; ele quer dizer que os devotos da magia praticam frequentemente o ascetismo sob a ilusão de que é necessário para os resultados. Na verdade, o atletismo, não o ascetismo, é a chave aqui. A "natureza" a que ele se refere é a natureza pessoal de alguém. A próxima sentença usa a Natureza, com letra maiúscula, para significar o que os cientistas entendem pelo termo.

472 Há certas considerações, muito mais profundas, em que parece que "Tudo o que é está certo". Elas estão formuladas em outro lugar; podemos apenas resumi-las aqui dizendo que a sobrevivência dos mais aptos é resultado delas. [N.M.: Para um cristista, especialmente um teólogo, esta nota será totalmente ininteligível. Ela mantém profunda ironia – e a mais profunda sabedoria – em que parece concordar com Tomás de Aquino de um lado, mas elogia Charles Darwin do outro. Para a dicotomia cristista, os dois homens são incompatíveis e representam pontos de vista irreconciliáveis. Mas cf. a "Maldição dos Æthyrs" no *Liber 418*! A chave, é claro, é que o Macrocosmo está sempre em fluxo e o Microcosmo está sempre crescendo. Se for saudável! Esta não é a concepção cristista, de forma alguma.]

o equilíbrio.[473] Isto, é claro, deveria ter sido feito, até certo ponto, durante a preparação das armas e o mobiliário do Templo.[474]

Considerando de uma maneira mais particular essa questão da Natureza do Ritual, suponhamos que o magista se perceba sem aquela percepção do valor da Vida e da Morte, tanto de indivíduos como de raças, que é característico da Natureza. Ele talvez tenha uma tendência a acentuar a "primeira nobre verdade" enunciada por Buda de que "Tudo é sofrimento". A Natureza, lhe parece, é uma tragédia. Talvez ele já tenha experimentado o Grande Transe chamado Dor. Ele deveria, então, ponderar se não existe alguma Deidade que expresse esse Ciclo e, no entanto, cuja natureza seja alegria. Ele encontrará o que necessita em Dionísio ou Baco.

Existem três métodos especiais de invocar qualquer Deidade.

O *Primeiro Método* consiste em devoção àquela Deidade e, sendo, principalmente místico por natureza, não é necessário discuti-lo aqui, principalmente desde que uma perfeita instrução existe em *Liber 175*.[475]

O *Segundo Método* é a invocação cerimonial. É o método que usualmente era empregado na Idade Média. Sua vantagem é ser um método direto; porém, sua desvantagem é ser cru. A *Goécia* dá clara instrução neste método, e assim fazem muitos outros Rituais, negros e brancos. Mais adiante dedicamos algum espaço à clara exposição desta Arte.

No caso de Baco, entretanto, podemos esboçar o método de proceder.[476] Observamos que o simbolismo de Tiphereth expressa a natureza de Baco. É então necessário construir um Ritual de Tiphereth. Abrindo o *Liber 777*, veremos, na linha 6 de cada coluna, as várias partes das correspondências necessárias. Tendo organizado tudo na devida forma, nós exaltamos a mente através de repetidas invocações ou conjurações, até atingirmos a mais alta concepção daquele Deus; até que, em um senso ou outro da palavra, ELE NOS APAREÇA e inunde nossa consciência com a luz de Sua divindade.

O *Terceiro Método* é o Dramático, talvez o mais atraente de todos; certamente assim o é para aqueles de temperamento artístico, pois apela à imaginação por meio dos sentidos.

Sua desvantagem está principalmente na dificuldade de sua execução por uma só pessoa. Mas tem a sanção da mais alta antiguidade e é provavelmente o mais útil para se fundar uma religião. É o método da Cristandade Católica, e consiste na dramatização da lenda do Deus. A peça intitulada *Bacchæ*,[477] de Eurípides, é um magnífico exemplo de um Ritual dramático; assim também, se bem que em menor grau, é a Missa romana.[478] Nós podemos ainda mencionar muitos dos graus da Maçonaria, principalmente o Terceiro. O Ritual 5° = 6□ publicado no *Equinox* I (3) é outro exemplo.

---

473 O método ideal de se fazer isso está descrito em *Liber 913*, *Equinox* I (7) e Apêndice VII deste livro. Veja-se também *Liber CXI vel Aleph*.

474 N.M.: Veja-se a Parte II deste livro para estes.

475 *Liber Astarté vel Berylli Sub Figura CLXXV*. Veja-se Apêndice VII.

476 N.M.: Isto porque ele dará a invocação de Baco como um exemplo de uso do Terceiro Método, e deseja que o leitor seja capaz de comparar os dois procedimentos.

477 N.E.: *As Bacantes*.

478 N.M.: Em um grau muito menor, e no Æon atual, esse ritual é negro. Veja-se *AL* ii 5. Mesmo no último Æon, ele era contaminado, sendo uma versão mutilada do verdadeiro Ritual Gnóstico da Missa. A forma correta da Missa Cristã para o presente Æon é aquela dada em *Liber XV*. Veja-se Apêndice VI.

No caso de Baco, primeiro comemoramos seu nascimento de uma mãe mortal que entregou sua Casa-de-Tesouro ao Pai de Tudo,[479] o ciúme e raiva excitados por esta encarnação, e a proteção celeste outorgada ao menino. Em seguida, deve-se comemorar a jornada em direção ao ocidente montando sobre um asno.[480] Agora chega a grande cena do drama: o gentil, lindo mancebo com seus seguidores (principalmente mulheres)[481] parece ameaçar a ordem estabelecida das coisas, e aquela Ordem Estabelecida se prepara para por fim ao perigo.[482] Vemos Dionísio confrontar o Rei enfurecido, não com desafio, mas com doçura; no entanto, com uma sutil confiança, um riso disfarçado. Ele está coroado com vinhas. Ele fica afeminado com essas folhas que coroam sua cabeça? Mas as folhas ocultam chifres. O Rei Penteu, que representa o respeito,[483] é destruído por seu orgulho.[484] Ele sobe as montanhas para atacar as mulheres que seguiram Baco, o mancebo que ele escarneceu, fustigou e encadeou, o qual, no entanto, apenas sorriu; e por estas mulheres, embriagadas de êxtase, divinamente enlouquecidas, ele é despedaçado.

Já nos parece impertinente ter dito tanto, quando Walter Pater contou a história com tanta simpatia e percepção. Não nos alongaremos em demonstrar a identidade desta lenda com o curso da Natureza, com a loucura desta, com sua prodigalidade, sua intoxicação, sua alegria e, acima de tudo, sua sublime persistência através dos ciclos de Vida e Morte. O leitor pagão deve trabalhar para entender isto nos *Estudos Gregos* de Pater, e o leitor cristão o reconhecerá, incidente por incidente, como o conto de Cristo.[485] Essa lenda é simplesmente a dramatização da Primavera.

O magista que deseja invocar Baco através do método dramático deve, portanto, organizar uma cerimônia em que ele assume o papel de Baco, incorre as peripécias do Deus, e emerge triunfante além da morte.[486] Ele deverá, entretanto, estar atento contra a possibilidade de confundir o simbolismo. Nesse caso, por exemplo, a doutrina da imortalidade individual foi arrastada até aqui para a destruição da verdade. Não é a parte absolutamente inútil do homem, sua consciência individual como "Fulano", que desafia a morte – aquela consciência que morre e renasce em cada pensamento. O que persiste (se alguma coisa persistir) é a verdadeira essência de "Fulano", uma qualidade da qual ele provavelmente nunca esteve consciente em toda sua vida.[487]

---

479 N.M.: Neste caso, Júpiter.

480 N.M.: Símbolo de Príapo, o Deus da virilidade e geração.

481 N.M.: Uma das razões pelas quais Baco era impopular com o *Establishment* Romano: muito equivalente às feministas modernas no culto! De fato, o nome alternativo pelo qual Baco foi chamado, Liber (o Livre), deu origem ao termo "libertino".

482 N.M.: Aqui ele faz um daqueles trocadilhos sutis, característicos de todo o seu trabalho. Pela capitalizada "Ordem Estabelecida", ele quer dizer o que hoje chamamos de *Establishment*.

483 Existe uma interpretação muito mais profunda em que Penteu é, ele mesmo, o "Deus sacrificado". Veja meu poema "Good Hunting!" e *O Ramo de Ouro*, do Dr. J. C. Frazer. [N.M.: Nesta interpretação, Penteu é o candidato sob a fórmula do "Deus Sacrificado", e Dionísio-Baco é o Hierofante. Esta foi a antiga chave secreta egípcia para o Ritual, e nesta forma mais elevada e pura o Ritual ainda é um Ritual Cristão básico neste Æon. Cf. *AL* i 49 novamente! Não confunda o cristão com o cristista: a interpretação nicena da Peça do Mistério sempre foi uma blasfêmia e uma profanação.]

484 N.M.: Não por seu orgulho, mas por sua intolerância arrogante. Crowley, mesmo nos anos vinte, ainda estava marcado o bastante por seu condicionamento cristista inicial para não entender a diferença entre orgulho, que é uma virtude Thelêmica, e vaidade, que é a marca do pior tipo de tolo: o tolo rejeita o que é incomum, ou melhor, novo; e, portanto, não pode se tornar sábio.

485 N.M.: O leitor cristista, no entanto, especialmente se for um teólogo, sempre recusar-se-á a reconhecê-lo: tal reconhecimento significaria o fim da impostura cristista. *O Ramo de Ouro* está no "*Index Expurgatorius*" do Vaticano até hoje.

486 N.M.: Ou, se ele ou ela for suficientemente avançado, deixe que ele ou ela aceite o papel de Penteu.

487 Veja-se *O Livro das Mentiras* (*Liber 333*) para diversas elucidações deste assunto. Em particular os capítulos Α, Δ, Η, ΙΕ, ΙΣ, ΙΗ, ΚΑ e ΚΗ. A reencarnação do *Khu* ou Ente mágico é um assunto inteiramente diverso, complicado em demasia para ser tratado neste manual elementar. [N.M.: Cf. *Liber Aleph*,

Mesmo aquilo não persiste sem mudança. Está sempre crescendo. A Cruz é um graveto seco e as pétalas da Rosa caem e apodrecem; mas na união da Cruz e da Rosa há uma constante sucessão de novas vidas.[488] Sem esta união, e sem esta morte do indivíduo, o ciclo seria interrompido.

Nós dedicaremos um capítulo à remoção das dificuldades práticas deste método de Invocação. Sem dúvida, terá sido notado pela astúcia do leitor que no essencial estes três métodos são um. Em cada caso, o magista se identifica com a Deidade invocada. *Invocar* é *chamar para dentro*, interiorizar, da mesma forma que *evocar* é *chamar para fora*, exteriorizar. Essa é a diferença essencial entre os dois ramos da Magia. Em Invocação, o macrocosmo inunda a consciência. Em evocação, o magista, tendo se tornado o macrocosmo, cria um microcosmo. Você *in*voca um Deus para dentro do Círculo. Você *e*voca um Espírito para dentro do Triângulo. No primeiro método, identidade com o Deus é conseguida por amor e rendição, por abandono ou supressão de todas as partes irrelevantes (e ilusórias) de você mesmo. É o mesmo que limpar um jardim.

No segundo método, a identificação é conseguida por concentração na parte desejada de você mesmo: positivo, enquanto o primeiro método é negativo. O segundo método equivale a colocar uma flor particular do jardim em um pote, regá-la e expô-la ao Sol.

No terceiro método, a identificação é conseguida por simpatia. É muito difícil para o homem ordinário identificar-se por completo com o personagem de uma peça ou de uma novela; mas para aqueles que assim podem fazer, este método é indubitavelmente o melhor.

Observe: cada elemento deste ciclo é de valor idêntico. É errôneo dizer, triunfante, *Mors janua vitæ,* a não ser que você acrescente, com igual triunfo, *Vita janua mortis.*[489] Para aquele que compreende esta cadeia de Æons do mesmo ponto de vista da Isis sofredora e do Osiris triunfante, sem esquecer o elo entre eles representado pelo destruidor Apófis, não existe nenhum segredo da Natureza que permaneça velado. Ele grita aquele nome de Deus que através da História tem sido ecoado de uma religião a outra, o infinito, exsurgente peã I.A.O.![490]

---

caps. 192-193.]

N.M.: Esta é a qualidade em si mesmo da qual nos tornamos progressivamente mais conscientes à medida que avançamos ao longo do Caminho, seja da Magia ou do Misticismo.

488 Veja-se *Liber 333* para este assunto. Toda a teoria da Morte deve ser estudada em *Liber Aleph*.

489 N.E.: *Mors janua vitæ* (A Morte é a porta da Vida). *Vita janua mortis* (A Vida é a porta da Morte).

490 Esse nome, I.A.O., é cabalisticamente idêntico àquele da Besta e Seu número 666, de forma que quem invoca o primeiro também invoca o segundo. Também com Aiwaz e o número 93. Veja-se o capítulo V. [N.M.: Na verdade, a fórmula correta permaneceu em segredo até o final do Æon passado. O "Osiris" triunfante não é o Asar morto, mas Asar e Isis unidos (Asar + Isis). Este era o nome que os egípcios davam à alma do falecido, quer o corpo da múmia fosse masculino ou feminino. "Osiris" é uma pronúncia errada. A alma ressuscitada não é, portanto, nem masculina nem feminina: é ambos ao mesmo tempo, o andrógino celestial. Cf. o segundo parágrafo de Crowley deste capítulo. Blavatsky profetizou que neste Æon, o Æon da "Sexta Raça" – observe o número! – a humanidade se tornaria andrógina. É este segredo, agora abertamente revelado, que ela estava insinuando. Os Livros Sagrados de Thelema referem-se constantemente a essa necessidade de equilibrar o masculino e o feminino em si mesmo. Cf. por exemplo, *Liber LXV* ii 3, 7-16, iii 40-50, iv 27, 52-53, 60, v 8-10, 44; *Liber VII* i 49. Também, e especialmente, veja a análise de Crowley da nova forma de I.A.O. no capítulo V.]

CAPÍTULO II

AS FÓRMULAS DAS ARMAS ELEMENTAIS

Antes de discutirmos as fórmulas mágicas em detalhes, devemos observar que rituais em sua maioria são compostos por e contêm muitas fórmulas que devem ser harmonizadas em uma única.[491]

A primeira fórmula é a da baqueta. Na esfera do princípio que o magista deseja invocar ele se ergue de estágio a estágio em uma linha perpendicular, e depois desce; ou então, começando do topo, ele desce diretamente, *invocando* primeiramente o deus daquela esfera por *devota súplica*[492] para que Ele se digne enviar o Arcanjo apropriado. Ele então *solicita* ao Arcanjo que lhe envie o Anjo ou Anjos daquela esfera como auxílio; ele *conjura* este Anjo ou Anjos que lhe envie a Inteligência em questão, e esta Inteligência ele *conjurará com autoridade*, para obrigar a obediência do espírito e sua manifestação. A este espírito ele *dá ordens*.

Será visto que esta é mais uma fórmula de evocação do que de invocação. Para invocação, o procedimento, se bem que aparentemente o mesmo, deveria ser interpretado de outra forma, o que o colocará sobre outra fórmula, a do TETRAGRAMMATON. A essência da força invocada é única, mas o "Deus" representa o germe ou início da força; o "Arcanjo", o seu desenvolvimento; e assim por diante, até que, com o "Espírito", nós temos a compleição e o pleno desenvolvimento daquela força.

A fórmula da Taça não é assim tão apropriada para Evocações, e a Hierarquia mágica não está envolvida da mesma forma; pois a Taça, sendo passiva antes que ativa, não é apropriado que o magista a utilize para o que quer que seja senão o Altíssimo. No trabalho prático, a Taça representa meramente a oração, e esta oração é a "oração do silêncio".[493]

Novamente, a fórmula da adaga não é apropriada a nenhum dos dois propósitos, uma vez que a natureza da adaga é criticar, destruir, dispersar, e todas as verdadeiras cerimônias mágicas tendem à concentração. A adaga, portanto, aparecerá principalmente nos banimentos, preliminares às cerimônias.[494]

A fórmula do pantáculo é, novamente, de pouco uso aqui; pois o pantáculo é inerte.[495] Em suma, a fórmula da baqueta é a única com a qual necessitamos nos preocupar mais particularmente.[496]

---

491 N.M.: As seguintes referências às fórmulas das Armas Elementais devem ser estudadas em conexão com a explicação do significado místico e espiritual dessas armas em *Magia e Misticismo*. [N.E.: *Magia e Misticismo* é a Parte II deste livro.] Muitas pessoas acham o *Liber ABA*, Parte III, difícil de entender. Isso porque eles pensam na Magia como um meio de poder material ou riqueza, ao invés de um meio de evolução espiritual ou, se preferir, expansão da consciência. Se você tem a atitude certa, o livro pode ser difícil de estudar, mas não é mais difícil de entender do que um tratado sobre álgebra ou cálculo é para um estudante. É simplesmente uma questão de aplicação. Se você não tiver a atitude correta, não entenderá o livro mais do que uma pessoa que, pensando que um tratado sobre álgebra ou cálculo era na verdade uma lista em cifra da localização dos tesouros escondidos, entenderia o que ela estava procurando.

492 Cuidado! Irmão, não te ajoelhes! *Liber CCXX* ensina a atitude apropriada. Veja-se também *Liber CCCLXX*. [N.E.: *Liber A'ASH vel Capricorni Pneumatici*. Veja-se Apêndice VII.] Mais adiante, além disto, há instrução especial no assunto: Capítulo XV e outros.

493 Considerações que poderiam levar a uma conclusão oposta não são adequadas a este tratado elementar. Veja-se *Liber LXXXI*. [N.M.: Este é o seu romance *Moonchild*. O tipo de operação descrita, no entanto, não é famosa por produzir resultados tão satisfatórios quanto as pessoas que a realizam desejariam. É muito limitante e limitada. O tipo geral (O.T.O.) ou o tipo particular (A∴A∴) da espécie pode não parecer mais imediatamente recompensadora, mas o é muito mais, a longo prazo. Cf. *Liber 418*, 12º Æthyr, para o último tipo.]

N.M.: Cf. *Liber VII* v 46.

494 N.M.: Ou após a cerimônia, para avaliar os resultados. Isso é pelo menos tão importante quanto os próprios banimentos.

495 N.M.: Na época, ele ainda não havia desenvolvido plenamente a concepção dinâmica do Pantáculo como um Disco Giratório, que encontramos no *Livro de Thoth*; mas a nota de rodapé a seguir indica que ele já estava trabalhando nisso. As Fórmulas das Armas Elementais são tão completa e maravilhosamente desenvolvidas no *Livro de Thoth* que possivelmente séculos se passarão antes que sejam feitas adições ou alterações ao que está escrito sobre o assunto. O estudante sério deve se referir a esse livro, tanto quanto à Parte II, enquanto estuda este *Liber ABA*, Parte III.

496 Posteriormente, estas observações serão ampliadas e, até certo ponto, modificadas.

Agora, a fim de se invocar qualquer ente, é dito por Hermes Trimegistus que os magi empregam três métodos. O primeiro, para pessoas vulgares, é o da súplica. Nisto, a crua teoria objetiva é assumida como verdadeira. Existe um deus chamado *A*, a quem você, *B*, pede coisas, precisamente no mesmo senso em que um menino poderia pedir ao seu pai uma mesada.[497]

O segundo método envolve um pouco mais de sutileza, porquanto o magista busca harmonizar-se com a natureza do deus, e até certo ponto exalta sua consciência no decurso da cerimônia; mas o terceiro método é o único que merece nossa consideração.[498]

Este consiste em uma **real identificação do magista com o deus.** Note que **para conseguir isto com perfeição é necessário uma espécie da Samadhi; e este fato por si só é o suficiente para ligar irrevogavelmente a magia com o misticismo.**

Descrevamos o método mágico de identificação. *Primeiro*, a forma simbólica do deus é estudada com tanto cuidado quanto um artista daria ao seu modelo, de maneira que uma ideia mental completamente firme e clara do deus esteja presente na mente. Também, os atributos do deus são formulados em linguagem, e tais discursos são decorados por completo. A invocação então começará com uma oração ao deus, comemorando os atributos físicos deste, sempre com uma profunda compreensão dos verdadeiros significados destes atributos.[499] Na *segunda parte* da invocação, a voz do deus é ouvida, e seu discurso característico é recitado.

Na *terceira parte* da invocação, o magista assevera sua identidade com o deus. *Na quarta parte*, o deus é novamente invocado, mas desta vez como se fosse Si Mesmo, como se fosse a enunciação da vontade do deus que ele se manifeste no magista. Ao final disto, o propósito original da invocação é afirmado.

Assim, na invocação de Thoth que é encontrada no rito de Mercúrio[500] e em *Liber LXIV*,[501] a primeira parte começa com as palavras "Majestade da Divindade! TAHUTI coroado de Sabedoria! A Ti, a Ti, eu invoco! Ó Tu da Cabeça de Íbis! A Ti, a Ti eu invoco" etc. À conclusão desta parte, uma imagem mental do Deus, infinitamente vasta e infinitamente esplêndida, deveria ser percebida, no mesmo senso em que um homem poderia ver o Sol.

A segunda parte começa com as palavras:

"Vede! Eu sou o Ontem, o Hoje e o Irmão do Amanhã."

---

497 N.M.: Isso geralmente só funciona se o suplicante for realmente infantil. Especialmente se pedindo dinheiro!

498 N.M.: Balançando a cenoura na frente do nariz do burro, mas com intenções mais louváveis. Percebe-se o desprezo que ele devia sentir pelos feiticeiros e pela busca da Magia para lucro material em geral.

499 N.M.: Isso é especialmente importante com divindades que combinam características animais e humanas em sua interpretação, ou que tradicionalmente podem aparecer sob certas formas animais, como os deuses e deusas egípcios. Nesse sentido, as divindades gregas (e depois as romanas) estão muito mais próximas da humanidade (como a entendemos); mas mesmo com eles as características físicas são simbólicas. A beleza madura e suave de Vênus, a beleza madura e majestosa de Ceres, a austera beleza jovem de Minerva, a vigorosa masculinidade de Marte, a jovial maturidade de Júpiter, o enorme falo de Príapo, e assim por diante, têm um significado simbólico que deve ser mantido em mente. Essas características físicas são extensões visuais, por assim dizer, das qualidades que esses deuses e deusas devem irradiar para a vida da humanidade.

500 *Equinox* I (6). [N.E.: Suplemento especial, p. 93, "Os Ritos de Eleusis". Segundo nota de Crowley, parte dos ritos de Mercúrio e de Marte "foram escritos por um adepto que deseja permanecer anônimo".]

501 N.E.: *Liber Israfel*. Este liber anteriormente foi chamado de "Anúbis" e se refere à 20ª chave, "O Anjo". Foi adaptado por Crowley a partir de um ritual escrito por seu grande amigo e professor, Allan Bennett, que, por sua vez, teria se inspirado no *Livro dos Mortos* egípcio, mais especificamente no Capítulo 64, "De Como Sair à Luz no Outro Mundo".

O magista deveria imaginar que ele está ouvindo esta voz e, ao mesmo tempo, que ele a está ecoando, de forma que seja verdadeira dele mesmo. Este pensamento deveria exaltá-lo a tal ponto que ele se torne capaz, à sua conclusão, de pronunciar as sublimes palavras que abrem a terceira parte: "Vede! Ele está em mim, e eu Nele". Neste momento, ele perde a consciência de seu ser mortal; ele é aquela imagem mental que ele previamente apenas viu. Esta divina consciência se completa à medida que ele prossegue: "Meu é o Esplendor, sobre o qual Ptah flutua sobre o firmamento! Eu viajo no alto! Eu ando sobre o firmamento de Nu! Eu levanto uma chama cintilante, com o relâmpago de Meu Olho! Sempre correndo, no esplendor do diariamente glorificado Rá: dando minha vida aos Habitantes da Terra". Este pensamento dá a relação entre Deus e Homem do ponto de vista divino.[502]

O magista só é lembrado de si mesmo à conclusão da terceira parte; em que ocorre, quase como um acidente, a frase: "Portanto, todas as coisas obedecem à minha Palavra". No entanto, na quarta parte, que principia: "Portanto, vinde Tu a mim", não é realmente o magista que se dirige ao Deus; é o Deus que ouve as palavras, muito distantes, do magista. Se esta invocação foi corretamente executada, as palavras da quarta parte parecerão distantes e estranhas. É surpreendente que um boneco (assim o magus agora aparece a Si mesmo) seja capaz de falar![503]

Os Deuses egípcios são tão completos em sua natureza, tão perfeitamente espirituais e, no entanto, tão perfeitamente materiais, que esta única invocação é o suficiente. O Deus pondera que o espírito de Mercúrio deveria agora aparecer ao magista; e assim ocorre. Esta fórmula egípcia é, portanto, preferível à fórmula hierárquica dos hebreus, com suas tediosas preces, conjurações e maldições.

Será notado, entretanto, que nesta invocação de Thoth que mencionamos está contida outra fórmula, a da Reverberação ou Reciprocidade, que pode ser chamada de a fórmula de Horus e Harpocrates. O magista dirige-se ao Deus com uma projeção ativa de sua vontade; e então se faz passivo enquanto o deus se dirige ao Universo. Na quarta parte ele permanece silente, escutando a oração que se ergue.

A fórmula desta invocação de Thoth também pode ser classificada sob o TETRAGRAMMATON. A primeira parte é fogo, a ardente oração do magista; a segunda é água, em que o magista escuta, ou vê, o reflexo do deus. A terceira parte é ar, o casamento de fogo e água; o deus e o homem se tornam um; enquanto a quarta parte corresponde à terra, à condensação ou à materialização daqueles três princípios mais altos.

No que concerne às fórmulas hebraicas, é duvidoso se a maior parte dos magistas que as empregam compreende os princípios fundamentais do método de identidade.[504] Nenhuma passagem de tais

---

502 N.M.: Não apenas de Deus e da humanidade, mas de Deus e de todos os que caminham sobre a Terra, ou rastejam sobre ela ou sob sua superfície. A expansão da consciência divina em nossa espécie (cf. *LXV* v 5) criou o conceito de ecologia e estimulou o movimento de conservação em todas as partes do globo.

503 N.M.: O primeiro Transe Iniciático, ao expandir nossa consciência, nos mostra a insignificância daquilo que éramos iludidos o suficiente em pensar que éramos. Paradoxos abundam no trabalho mágico ou místico, pois o crescimento psíquico equilibrado (ou Iniciação) depende da solução de antinomias aparentes, tais como o fato de sermos criaturas que nascem, vivem e morrem, e ainda assim sermos (ou potencialmente nos tornaremos) Aquilo que perdura ao longo das eras. Isso explica a conduta dos adeptos que muitas vezes confunde a multidão, e a estranha risada que vem de seus lábios em momentos em que os *homo saps* estariam chorando amargamente e invocando sua Imagem Parental para o resgate. Alguns crististas (especialmente os descendentes dos inquisidores) instintivamente sabem que o riso é "o riso do diabo", e temem o som dele. Isso os lembra de suas atrocidades inúteis e prediz sua derrota final. Cf. *Liber Aleph*, caps. 188-191; também o fim de *Odd John*, de Olaf Stapledon.

504 N.M.: Eles têm milhares de anos de condicionamento inibindo-os: o "Antigo Testamento" mostra que os judeus não apenas foram cuidadosamente treinados para serem totalmente servis para com o seu Deus; eles eram originalmente servis por natureza. Para o judeu comum, Deus está lá, e ele, o judeu, está aqui, e nunca os dois se encontrarão, exceto no nível da trovejante barba branca e escravo prostrado. Os judeus compensam isso considerando-se superiores a todos os demais. Mas em um relacionamento Deus-adorador basicamente servil, identificar-se com Deus é impensável.

invocações que indique isto ocorre à memória; e os rituais existentes não dão o menor sinal de uma tal concepção, ou de qualquer ponto de vista a não ser o mais pessoal e mais grosseiro quanto à natureza das coisas. Os hebreus parecem ter pensado que havia um Arcanjo chamado Ratziel exatamente no mesmo senso em que houve um estadista chamado Richelieu; um ente individual vivendo em certo lugar. Ratziel possivelmente tinha certos poderes de um tipo mais ou menos metafísico – ele podia aparecer em dois lugares ao mesmo tempo,[505] por exemplo, se bem que mesmo a possibilidade de um feito tão simples (para espíritos)[506] parece ser negada por certas passagens de conjurações existentes, que dizem ao espírito que, se por um acaso ele estiver encadeado em algum ponto do Inferno, ou se algum outro magista o está conjurando, de maneira que ele não possa vir, então que ele mande um espírito de natureza semelhante à sua, ou, caso contrário, evite a dificuldade. Mas é claro que uma concepção tão vulgar não ocorreria ao estudante da Cabala.[507] Possivelmente os magi que escreveram estas conjurações grosseiras tencionavam evitar que a mente do principiante se perturbasse por dúvidas e especulações metafísicas.[508]

Aquele que se tornou MESTRE THERION foi, em certa ocasião, confrontado precisamente por esta dificuldade. Estando decidido a instruir a humanidade, Ele buscou uma maneira simples de expressar o seu propósito. Sua vontade estava suficientemente infundida de bom senso para decidi-lo a ensinar aos homens O *Próximo Passo*, o que está imediatamente além dele. Ele poderia ter chamado isso de "Deus", ou "Eu Superior", ou "Augoeides", ou "Adi-Buda",[509] ou 61 outras coisas – mas Ele descobrira que estas são todas uma só, no entanto, que cada uma representa uma teoria do Universo que enfim será despedaçada pela crítica – pois ele já havia passado pelo reino da Razão, e sabia que toda afirmação contém um absurdo. Ele disse, portanto: "Eu chamarei esta Obra de 'A Consecução do Conhecimento e da Conversação do Sagrado Anjo Guardião'", porque a teoria implicada nestas palavras é tão absurda que somente pessoas muito ingênuas perderiam tempo analisando-a. A expressão seria aceita como uma convenção, e ninguém incorreria o sério perigo de fundar um sistema filosófico baseando-se nela.[510]

Isto compreendido, podemos reabilitar o sistema hebraico de invocações. **A mente é o grande inimigo; portanto, invocando entusiasticamente uma pessoa que sabemos que não existe, estamos refutando aquela mente.** Porém, não devemos deixar de filosofar de todo à luz da Santa Cabala. Nós deveríamos aceitar a Hierarquia Mágica como uma classificação mais ou menos conveniente dos fatos do Universo tais como eles nos são conhecidos; e, à medida que nosso conhecimento e compreensão destes

---

Muitas pessoas foram apedrejadas até a morte ou queimadas vivas ou colocadas em manicômios em sociedades judaico-crististas por se atreverem a dizer que são Deus.

505 Ele poderia fazer isto se pudesse se mover mais rápido que a luz. Veja-se o tratado de A. S. Eddington intitulado *Space, Time and Gravitation*. E além do mais: O que significa "ao mesmo tempo"?

506 N.M.: Simplesmente por que as condições nas quais o tempo funciona não são as mesmas nos planos sutis, como no plano material. Esse fato interessante necessita fortemente de pesquisadores treinados e qualificados – assim como tudo o mais, na verdade, quando se trata dessas questões.

507 N.M.: Sua modéstia inata em ação novamente. Eu conheci muitos estudantes estúpidos e obstinados da Cabala; e a maioria deles eram judeus.

508 N.M.: A mente do cabalista judeu médio, isto é.

509 N.E.: *Augoeides* vem de *Augos*, a Luz Matutina, a *Alba*. *Adi-Buda* é *A Raiz-Buda* ou o Buda primário, ou seja, aquele que Ilumina a si próprio.

510 N.M.: O que Crowley não percebeu foi que, sendo muito mais fácil construir um sistema filosófico em uma convenção do que pesquisar a própria mente e alma, o grave perigo pode não apenas ser incorrido, mas também bem-vindo. Simplórios são superados em número por ociosos e covardes. Tentar colocar o místico "Sião", ou a "Jerusalém Celestial", ou a "Cidade de Deus" em qualquer localização geográfica específica no plano material é zombar e impedir uma ideia antiga e genuína que incitou muitos grandes seres humanos ao autoaperfeiçoamento e, portanto, à melhoria da nossa espécie.

fatos aumentam, deveríamos nos esforçar por ajustar nossas ideias daquilo que nós queremos dizer com qualquer símbolo.

Ao mesmo tempo, lembremo-nos de que **existe uma definida concordância da correlação dos vários itens da hierarquia com os fatos observados da Magia, uma concordância que é demonstrada pela experimentação.** No simples assunto de visões astrais, por exemplo, um caso significativo pode ser mencionado.

Sem lhe dizer o que era, o MESTRE THERION em certa ocasião recitou, à guisa de invocação, a "Ode a Vênus", diante de um Probacionista da A∴A∴ que ignorava a língua grega. Recitada a Ode, o discípulo saiu em uma viagem astral, e tudo o que ele viu, sem qualquer exceção, estava em harmonia com Vênus. Isto foi correto nos mínimos detalhes. Ele obteve até as quatro escalas de cor de Vênus com absoluta correção. Considerando que ele viu aproximadamente cem símbolos ao todo, as probabilidades de coincidência são quase nulas. Tal experiência (e os arquivos da A∴A∴ contêm dúzias de casos similares) proporciona prova tão absoluta quanto qualquer prova pode ser, neste mundo de Ilusão, de que as correspondências em *Liber 777* representam fatos da Natureza.

É possível que este sistema "direto" de Magia jamais tenha sido realmente empregado. Pode ser sugerido que as invocações que nos chegaram às mãos são apenas as ruínas dos Templos da Magia. Os exorcismos podem ter sido escritos para o propósito de serem memorizados, enquanto era proibido fazer qualquer registro das partes verdadeiramente importantes da cerimônia. Os detalhes de Ritual que nós possuímos são escassos e pouco convincentes; se bem que muito sucesso tem sido conseguido de maneira exotérica convencional tanto por FRATER PERDURABO quanto por muitos de seus colegas; entretanto, cerimônias deste tipo têm permanecido sempre tediosas e difíceis. Parece que o sucesso é adquirido quase a despeito da cerimônia. Em qualquer caso, foram as partes mais misteriosas do Ritual que evocaram a força divina. Conjurações como a "Goécia" nos deixam indiferentes, se bem que, notavelmente na segunda conjuração, exista uma grosseira tentativa de usar aquela fórmula de Comemoração de que falamos no capítulo precedente.

CAPÍTULO III

A FÓRMULA DO TETRAGRAMMATON[511]

511 יהוה; Yod, He, Vau, He, o Nome Inefável (Jehovah) dos hebreus. As quatro letras são referentes, respectivamente, aos quatro "elementos": Fogo, Água, Ar e Terra.

Esta fórmula é de tipo extremamente universal, pois todas as coisas estão necessariamente compreendidas nela; mas seu emprego em uma cerimônia mágica é mal compreendido.

O clímax da fórmula está, em certo senso, antes mesmo da formulação do Yod (י). Pois o Yod é o aspecto mais divino da Força – as letras restantes são apenas uma solidificação da mesma coisa. Deve ser entendido que falamos da cerimônia inteira, compreendida como uma unidade; não meramente daquela fórmula em que o Yod é o Deus invocado,[512] He (ה) o Arcanjo etc. A fim de compreendermos a cerimônia sob esta fórmula, devemos obter uma perspectiva mais extensa das funções das quatro armas do que fizemos até agora.[513]

A fórmula do Yod é a formulação da primeira força criadora, aquele pai que é chamado "nascido de si mesmo", e ao qual é dito: "Tu formulastes teu Pai, e fertilizastes tua Mãe".[514] A adição do He ao Yod é o casamento daquele Pai com a Grande Mãe que lhe é igual, que reflete Nuit como Ele reflete Hadit. Sua união engendra o filho Vau (ו), que é o herdeiro. Finalmente a filha He (ה) é produzida. Ela é tanto a irmã gêmea quanto a filha de Vau.[515]

A missão dele é redimi-la tornando-a sua noiva;[516] o resultado disso é colocá-la sobre o trono da mãe; e é apenas o jovem abraço desta filha que pode despertar novamente a velhice do Pai de Tudo.[517] Nesta complexa relação familiar[518] o curso inteiro do Universo está simbolizado.[519] Será visto que (afinal

---

512 N.M.: O iniciante não deve se confundir aqui. Ele não quer dizer que "Yod" é um "deus"; ele quer dizer que representa um Nome Divino de acordo com o arranjo da Cabala. No entanto, é claro, há uma correspondência cabalística entre Yod e o conceito hebraico de força divina entrando em manifestação. Para o propósito de usar esta fórmula, o Yod poderia representar qualquer Deus de qualquer religião. Restringir a fórmula meramente à tradição hebraica é um pedantismo rabínico.

513 N.M.: Foi seu contínuo desenvolvimento dessa "visão estendida" que culminou na síntese magistral do *Livro de Thoth*.

514 N.M.: O leitor inteligente perceberá que, de acordo com essa definição, o processo de Iniciação é a criação de um(a) Deus(a) ou um Ser Humano, onde havia apenas o filho de um macaco e o neto do verme cego do lodo. Cf. *LXV* iii 9. Iniciação e Evolução são, nesse sentido, sinônimos.

515 Existe ainda outro mistério aqui, muito mais profundo, e é reservado aos Iniciados.

N.M.: O leitor sério, especialmente se feminino, deve entender claramente que através desta simbologia está sendo descrito um processo psicobiológico definido, e que o processo se aplica a todos os seres humanos, independentemente de seu sexo físico. É especialmente importante que as feministas, em particular, compreendam que este Par Superno, Pai e Mãe, Chokmah e Binah, são coiguais. O sofrimento dos últimos cinco mil anos ou mais se deveu às mulheres que enfatizavam a mulher no Matriarcado ou aos homens que enfatizavam o homem no Patriarcado. O conceito Thelêmico é de equilíbrio. Mesmo no plano material, deve ficar claro que os sexos são complementares: são especializações de um organismo originalmente único, cuja escolha de diferenciação sexual como método de reprodução foi puramente um acidente de evolução.

516 N.M.: A reflexão material desta percepção espiritual criou miséria intensa neste mundo; homens imaturos decidindo que eles devem "redimir" alguma mulher de sua "depravação" ou de suas dificuldades financeiras sem levar em conta se a "depravação" da mulher é desejada ou se as dificuldades são uma consequência natural da estupidez ou da indolência. Em um sentido muito definido, o desejo de "salvar uma mulher de si mesma" é uma manifestação de vaidade egóica.

O "Vau" que está sendo falado na fórmula é o equivalente do Ruach Iniciado, e o "*He* final" é o equivalente do Nephesch Ininiciado. O "Filho" deve primeiro nascer antes que "ele" possa redimir sua irmã gêmea não regenerada, a "Filha". O leitor sério é referido ao *Símbolos Secretos dos Rosa-Cruzes* e ao "Sexo e Religião". [N.E.: *Sex and Religion*, sendo o *Equinox* V (4), publicado por Motta nos EUA em 1981 e.v.] O corpo físico é apenas um apêndice da Árvore neste ponto, e seu sexo físico é totalmente irrelevante para o processo que está sendo descrito.

517 N.M.: Assim começando todo o ciclo novamente, mas numa espiral mais alta da Hélice em Expansão que simboliza a Evolução e o Universo. Além disso, a operação dessa Fórmula seria um círculo vicioso.

518 A fórmula do TETRAGRAMMATON, tal como ordinariamente compreendida, terminando com a aparição da filha, é na realidade uma degradação. [N.M.: Este não é nem um elogio à homossexualidade nem um insulto gratuito às mulheres, mas uma sugestão e lembrete para os membros de um certo corpo esotérico, de ambos os (ou melhor, qualquer dos) sexos. O que ele está falando é uma interpretação muito especializada da fórmula, que nada tem a ver com o simbolismo geral da Iniciação. Não podemos aprofundar isso em um livro dirigido ao público.]

519 N.M.: A interpretação Thelêmica da Fórmula expressa na nota anteanterior, no entanto, é mais avançada do que o antigo conceito rabínico, que tornou o processo de iniciação estático. Uma vez que a velhice do Pai de Tudo foi despertada e a regeneração completa, o processo chegou ao fim, e

de contas) o Clímax vem no fim. A segunda parte da fórmula é a que simboliza a Grande Obra que estamos jurados a executar. O primeiro passo para isso é a consecução do Conhecimento e Conversação do Sagrado Anjo Guardião, que constitui o Adepto da Ordem Interna.[520]

A reentrada destes cônjuges gêmeos[521] no útero da mãe é aquela iniciação descrita em *Liber 418*, que dá admissão à Ordem Suprema da A∴A∴. Do último passo não podemos falar.[522]

Será agora percebido que planejar uma cerimônia de magia prática que corresponda ao TETRAGRAMMATON neste elevado senso seria difícil, se não impossível. Em uma tal cerimônia, os Rituais de purificação, por si só, poderiam ocupar muitas encarnações.[523]

Será necessário, portanto, voltar ao aspecto mais simples do TETRAGRAMMATON, lembrando-nos apenas de que o He final é o Trono do Espírito, do Shin (ש) do PENTAGRAMMATON.[524]

O Yod representará uma energia criadora violenta e rápida; a seguir vem um fluir da vontade mais calmo e mais reflexivo, porém mais poderoso; a força irresistível de um grande rio. Este estado mental será seguido por uma expansão da consciência; ele penetrará todo o espaço, e isso finalmente passará por uma cristalização resplandecente com luz interna. Tais modificações da Vontade original podem ser observadas no curso das invocações quando estas são devidamente executadas.

---

foi tudo pelo melhor no melhor de todos os mundos possíveis. Outra razão para voltar à Palestina e matar mais árabes!

O ponto é que existe um fator infinito e desconhecido, e que o Progresso é eterno. "Edifica mansões cada vez mais majestosas, ó minha alma!" A Árvore não é estática: está crescendo continuamente. Cf. *Liber LXV* i 62-63; ii 3-6, 20-25; iii 1-20, 51-56; iv 48-51; v 23-26, 30-33, 42, 57, 59-60; *Liber VII* vii 42-43.

520 N.M.: Da A∴A∴. Este é o Filho que redime a Filha. Cf. *The Bagh-i-Muattar* e "O Mundo da Vigília" no *Equinox* V (4), *Sex and Religion*. Pode-se observar, de passagem, que o simbolismo de gênero de *Liber LXV* teria sido muito mais claro para todas as pessoas, independente do sexo, se Crowley tivesse encarnado como uma mulher quando ele o organizou [N.E.: Neste comentário, Motta usou a expressão "set it down", traduzida aqui como "organizou". Isso se deve ao fato de ele estar se referindo a um Liber de Classe A, ou seja, um dos livros inspirados recebidos pelo Profeta, onde não deve ser mudado sequer o estilo de uma letra. Sendo assim, seria demasiado simplista o uso de uma palavra como "escrever".]; mas poderia ter sido menos útil para os homens e muito mais fácil de ser interpretado erroneamente por todos.

521 N.M.: Ou seja, este Andrógino (se encarnado no corpo de um homem) ou este Ginandro (se encarnado no corpo de uma mulher). Cf. *Liber LXV* v 44 novamente.

522 N.M.: Por "Ordem Suprema", ele quer dizer a S.S. Essas iniciais, aliás, não significam nem *Schutzstaffel* nem Seguridade Social, nem, infelizmente, Stella Stevens. Elas foram frequentemente traduzidas como "Estrela de Prata". [N.E.: *Silver Star*.] Este é um simbolismo inofensivo, mas o verdadeiro significado está oculto a todos, exceto àqueles que realmente alcançarem essa "Ordem Suprema".

523 N.M.: Isso não se aplica àquela interpretação muito especializada da Fórmula à qual ele aludiu antes.

524 N.E.: O PENTAGRAMMATON é o TETRAGRAMMATON mais a letra hebraica *Shin*, ou seja, a palavra de cinco letras hebraicas que designa Deus, *Jeheshuah*, cabalisticamente IHShVH, יהשוה.

N.M.: O fato básico por trás do uso religioso universal da imagem da mulher como receptora é a boceta. Isso pode ser uma defesa irrefutável da Sociobiologia. Em *Bagh-i-Muattar*, Crowley criou um tratado místico (que, aliás, pode ser estudado em conjunto com *Liber LXV* com muito lucro), no qual ele deliberadamente substituiu a boceta pelo ânus como outro receptáculo para o falo, que por sua vez é um símbolo religioso universal do Princípio Criativo, referido na Cabala como Shin ou Vau ou Yod. Cada referência se aplica a uma manifestação diferente desse Princípio Criativo. As sociedades judaico-crististas deveriam ser capazes de apreciar o simbolismo do *Liber LXV* e do *Bagh-i-Muattar* melhor do que, digamos, os ilhéus do Mar do Sul, já que são basicamente sociedades patriarcais. [N.E.: Segundo antropólogos, no Mar do Sul há sociedades onde ambos os sexos são exatamente iguais; portanto, nem patriarcais, nem matriarcais.]

Os perigos peculiares a cada estágio são óbvios – o primeiro estágio pode ser fogo de palha, pouco durando e logo se extinguindo,[525] o segundo pode resultar em "sonhos acordados";[526] o perigo do terceiro é perda de concentração.[527] Um erro em qualquer um destes estágios impedirá, ou prejudicará, a formação correta do quarto estágio.[528]

Na expressão que usaremos no capítulo XV: "Inflama-te" etc., apenas o primeiro estágio é especificado; mas se este é devidamente executado, os outros o seguirão como que por necessidade. Aqui termina nossa explicação da fórmula do TETRAGRAMMATON.

---

525 N.M.: Isso geralmente é o resultado de poucas reservas de energia física ou de confundir um entusiasmo passageiro com um aspecto da Vontade de alguém. O primeiro pode ser evitado por um cuidadoso treinamento atlético antes de uma cerimônia mágica; o segundo, infelizmente, muitas vezes só é conhecido depois de acontecer. Uma capacidade impressionante de autoengano é um dos menos atraentes traços da nossa espécie.

526 N.M.: Isso é mais comum com pessoas que praticaram masturbação habitual durante seus anos em desenvolvimento. A cura deve incluir treinamento esportivo, do qual a atividade sexual deve ser uma parte vital; mas pode levar anos, e a tendência a imaginar, mais do que fazer, pode permanecer pelo resto da vida e deve ser vigiada e corrigida em todos os momentos.

527 N.M.: Isto é prevenido pela prática contínua de Rituais e Viagem Astral ou por Hatha e Raja Yoga. Cf. *Liber Aleph*, cap. 16.

528 N.M.: Isso se aplica tanto à fórmula geral quanto àquela variação muito especializada à qual ele se referiu tão cautelosamente.

CAPÍTULO IV

A FÓRMULA DE ALHIM E ALIM

Alhim (אלהים – Elohim) é a palavra exotérica para Deuses.[529] É o masculino plural de um substantivo feminino, mas sua natureza é principalmente feminina.[530] É um perfeito hieróglifo do número 5. Isto deveria ser estudado em *A Note on Genesis*.[531]

Os Elementos estão todos representados, como no TETRAGRAMMATON, mas não há desenvolvimento de uns para os outros. Eles estão, por assim dizer, misturados – indisciplinados, simpatizando uns com os outros apenas em virtude de sua energia selvagem e tempestuosa, mas elasticamente sem resistência. A letra Central é *He* (ה) – a letra do alento – e representa o Espírito. A primeira letra, *Aleph* (א), é a letra natural do Ar, e o *Mem* final (ם) é a letra natural da Água. Juntos, *Aleph* e *Mem* fazem *Am* (אם) – a mãe dentro de cujo útero o Cosmo é concebido. Mas *Yod* (י) não é a letra natural do Fogo. Sua justaposição com *He* santifica aquele Fogo ao *Yod* de TETRAGRAMMATON. Similarmente, nós vemos *Lamed* (ל) correspondendo à Terra, onde deveríamos esperar *Tau* (ת) – a fim de dar ênfase à influência de Vênus, que rege Libra.[532]

Alhim, portanto, representa melhor uma fórmula de Consagração que uma cerimônia completa. É o alento da bendição; mas tão potente que pode dar vida ao barro e luz à escuridão.[533]

Usada no consagrar de uma arma, *Aleph* é a força devastadora do raio, o relâmpago que flameja do Oriente ao Ocidente. É a concessão do poder de controlar o raio de Zeus ou Indra, o Deus do Ar. *Lamed* é o Aguilhão, a força que impele; e é também a Balança, representando a verdade e o amor do Magista.

---

529 Os "Deuses" são as Forças da Natureza; seus "Nomes" são as Leis Naturais. Portanto, Eles são eternos, onipotentes, onipresentes e assim por diante; e, portanto, suas "Vontades" são imutáveis e absolutas. [N.M.: Esta definição pressupõe que o "Deus" ou a "Deusa" é uma personificação ou uma visualização da lei natural, na medida em que os adoradores são capazes de concebê-lo e compreendê-lo no momento em que inventam essa Deidade em particular. Se o Deus ou Deusa deriva da história ou da lenda da vida de um ser humano real, essa harmonia entre Ele e a Lei Natural é axiomática, uma vez que os seres humanos só podem existir e funcionar de acordo com a Lei Natural.

Assim, "Deuses" ou "Deusas" que são invenções ou cujas "aventuras" são explicadas em termos que contradizem a Lei Natural são falsos Deuses ou "demônios" – criaturas da ilusão. A adoração de tais falsas divindades traz muito sofrimento ao mundo. Um excelente exemplo é o *"Jesus" Niceno*.]

530 Representa Shakti, ou Teh; feminilidade sempre significa forma, manifestação. O Shiva masculino, ou Tao, é sempre uma força oculta. [N.M.: O leitor deve ser lembrado de que essa interpretação é um *mamiferismo* sociobiológico. Uma espécie inteligente que não se reproduzisse da maneira como fazemos poderia ter uma concepção totalmente diferente dos Princípios Criativos.]

N.M.: Embora o Magus cuja Palavra foi יהוה e que os judeus conhecem como "Moisés" – um nome extremamente comum no antigo Egito, a propósito – tenha tentado, por este arranjo visivelmente estranho da palavra que significa "Os Deuses", lembrar aos israelitas tanto da Mãe de Tudo quanto da pluralidade de Seres Divinos, Ele também não estava imune à Maldição do Seu Grau, como podemos ver pela estrutura cega monoteísta-paternalista do Judaísmo até hoje.

531 N.E.: Um ensaio de Allan Bennett em *Equinox* I (2).

532 N.M.: A complexidade do conceito, em nítido contraste com a simplicidade básica de יהוה, e a óbvia construção artificial da palavra sugerem que essa fórmula sofisticada era originalmente egípcia, não semítica, e dada aos hebreus em uma tentativa de atenuar seu primitivismo semítico natural e selvageria consequente. A tentativa de enfatizar o Feminino e o pluralismo das Forças Divinas é especialmente sugestiva.

533 N.M.: "Gênesis" sendo o primeiro livro do "Antigo Testamento" ortodoxo, podemos supor que foi escrito por um dos primeiros líderes religiosos dos hebreus, talvez o próprio Legislador (como, de fato, é reivindicado pela maioria dos rabinos). Deveria ser sugestivo que a palavra ALHIM, não a palavra יהוה, seja usada para indicar as Forças Criativas – não singular, mas plural! – e que o Ser Humano foi originalmente criado por Eles à sua própria imagem e só sexualmente dividido em dois em uma data posterior. "Ad + Am", aliás, é tanto uma cifra Iniciática quanto Tao-Teh: "Ad", o Pai Primordial, junto com "Am", a Mãe Primordial.

Deve-se enfatizar mais uma vez que tais conceitos só são culturalmente bem-sucedidos quando concordam com os fatos da Natureza ou colidem muito pouco com eles. Deve-se também enfatizar que são de origem sociobiológica. É óbvio que o conceito cabalístico de Kether, o Indiviso, está enraizado na memória celular dos organismos monocelulares que deram origem a toda vida sexualmente diferenciada em nosso planeta. Assim, apesar da selvageria dos hebreus, que nos grita de seus próprios registros, o conceito se infiltrou em outras religiões do Oriente Médio, sobreviveu ao tempo em que esses outros selvagens, os romanos, predominaram através de seus maiores talentos práticos e maior tolerância religiosa, e subsiste até hoje.

É o cuidado carinhoso que ele outorga ao aperfeiçoamento de seus instrumentos e o equilíbrio daquela ardente força que inicia a cerimônia.[534]

Yod é a energia criadora – o poder procriador; e, no entanto, *Yod* é a solidão e o silêncio do eremita na qual o Magista se encerrou. *Mem* é a letra da Água, e é o *Mem* final, cujas longas linhas planas sugerem o Mar quieto: ם; não o *Mem* comum (inicial e medial) cujo hieróglifo é uma onda מ.[535] E no Centro de tudo paira o Espírito, que combina a meiguice do Cordeiro com os chifres do Bode, e é a letra de Baco ou "Cristo".[536]

Quando o magista acaba de criar seu instrumento e o equilibra de verdade, enchendo-o com raios de sua Vontade, então a arma é posta à parte para descansar; e **neste Silêncio há uma verdadeira Consagração.**

A FÓRMULA DE ALIM

É extremamente interessante comparar com o acima a fórmula dos Deuses elementais desprovidos do espírito criador. Poder-se-ia supor que, como ALIM (אלים) é o masculino plural do substantivo masculino AL (אל), sua fórmula seria mais viril que a de ALHIM, que é o masculino plural do substantivo

534 As letras *Aleph* e *Lamed* são infinitamente importantes neste Æon de Horus; são, em verdade, a Chave do *Livro da Lei*. Podemos dizer aqui apenas que *Aleph* é Harpocrates, Bacchus Diphues, o Espírito Santo, o "Tolo Puro" ou Bebê Inocente que é também o Bardo Errante que impregna a Filha do Rei com Ele mesmo como Seu Filho; *Lamed* é a Filha do Rei, satisfeita por Ele, segurando Sua "Espada e Balança" em seu colo. Estas armas são o Juiz, armado com o poder de executar Sua Vontade, e Duas Testemunhas, "nas quais toda Verdade deverá ser estabelecida", de acordo com o testemunho das quais ele passa julgamento. [N.M.: Deveria ser óbvio para o leitor inteligente que essa simbologia não é apenas fálico-kteica, mas também harmonizada com os fatos da biologia humana, embora interpretada especialmente do ponto de vista masculino (o trocadilho não é intencional). A "Espada" é, naturalmente, o Falo funcionando em um plano inferior, e as "Testemunhas" são os testículos, nos quais, de fato, toda "Verdade" é estabelecida por herança genética. Os Arquétipos do Bardo Errante e da Filha do Rei podem ser encontrados nos contos de fadas europeus e estão relacionados às tradições culturais das tribos europeias.]

535 No simbolismo expresso acima, *Yod* é a "Palavra Virgem" Mercurial, o Espermatozoide que oculta sua luz sob um manto; o *Mem* é o fluido amniótico, o fluido em que flutua a Arca que transporta a Vida. Veja-se "The Ship", de Aleister Crowley, *Equinox* I (10).

536 A letra *He* é a fórmula de Nuit, [N.M.: Na edição original deste livro, como fez durante muitos anos de sua vida, Crowley escreveu "Nuit" como "Nuith". Durante o mesmo período, ele, para mostrar consistência, frequentemente soletrava "Hadit" como "Hadith". Isto foi devido ao seu aborrecimento com o fato de que seus discípulos franceses estavam dando, erroneamente, especial significado para a língua francesa (e falantes dela) devido à coincidência entre o nome da Deusa Nuit e *nuit*, "noite" em francês. Nos últimos anos, ele voltou para a grafia correta como em *Liber AL*. Ele não deveria, é claro, se incomodar. Em muitas línguas haverá coincidências desse tipo, e tais coincidências podem ter um significado especial para a cultura que fala essa língua. Inevitavelmente, o que circula sob o nome de "patriotismo" (geralmente uma mera projeção de vaidade egoísta na própria ideia de um país) produzirá excessos. Mas como **a Lei é para todos**, tais excessos serão eventualmente corrigidos, e os países envolvidos podem aprender muito no processo.] que torna possível o processo descrito nas notas precedentes. Mas não é permissível aqui explicar completamente o assunto ou a maneira exata deste ajustamento. [N.M.: Ele ainda estava trabalhando nisso e, naturalmente, não queria que sua pesquisa fosse roubada ou distorcida.] Eu preferi as atribuições exotéricas, que são suficientemente informativas para o principiante. [N.M.: Nesta nota, Crowley muito cautelosamente alude ao fato de que esta interpretação de *He* está errada, já que a atribui a Áries em vez de Aquário. A propósito, é bem possível que essa má interpretação tenha ocorrido devido a uma reação masculina deliberada aos excessos do Matriarcado no momento em que o Æon de Isis foi sucedido pelo Æon de Asar. Cf. *A Deusa Branca*, de Robert Graves. Deveria ter sido o Æon de Asar-Isis, mas, como os seres humanos não são perfeitos, tivemos que esperar trinta séculos para que o conceito de igualdade e cooperação entre os sexos se infiltrasse na sociedade civilizada.]

feminino ALH (אלה). Um momento de pesquisa é suficiente para dissipar a ilusão. A palavra "masculino" não tem significado a não ser em relação a algum correlativo feminino.[537]

A palavra ALIM, de fato, pode ser considerada como neutra. Por uma convenção decididamente absurda, objetos neutros são tratados como se fossem femininos, devido à sua superficial semelhança em passividade e inércia com a fêmea ainda não fertilizada.[538] Mas a fêmea produz vida pela intervenção do macho, enquanto o neutro somente o faz quando impregnado pelo Espírito. Assim vemos o feminino AMA se tornar AIMA[539] através da operação do Yod fálico enquanto ALIM, o congresso de elementos mortos, apenas dá fruto através da presença do Espírito.[540]

Isto sendo assim, como podemos descrever ALIM como contendo uma fórmula Mágica? Investigação desvela o fato de que esta fórmula é de um tipo muito especial.

A palavra soma 81, que é o número da Lua. É, então, a fórmula da bruxaria, que está sob Hécate.[541] Foi apenas a perversão romântica da ciência medieval que criou a tradição de que mulheres jovens são bruxas. A bruxaria propriamente dita[542] está restrita a mulheres que já não são mulheres no senso Mágico da palavra, porque não são mais capazes de corresponder à fórmula do macho; e, portanto, são entes neutros, em vez de femininos.[543] É por este motivo que o método delas tem sempre sido mencionado como o método da Lua, no senso do termo em que o globo lunar é considerado não como a contraparte feminina do Sol, mas como o satélite apagado da Terra, morto, sem ar.[544]

---

537 N.M.: Feministas – e porcos chauvinistas machos – deveriam prestar muita atenção a isso e ao que se segue.

538 N.M.: O leitor, especialmente se for mulher, deve ter em mente que ele está se referindo a fórmulas simbólicas, não a pessoas. A materialização de tais símbolos é um erro grave a ser evitado, uma vez que invariavelmente limita homens e mulheres à ruína da sociedade – ou dos indivíduos – que prega tamanhas asneiras.

539 AMA é 42, o número da esterilidade. AIMA é 52, o número da fertilidade, de BN, o FILHO.

540 N.M.: Tornando-se *ALHIM* pela queda de *He*, a Estrela, a Fêmea Superna e Mãe Universal. A mulher leitora e o leitor masculino inteligente podem agora perceber por que a atribuição de *He* a Áries era um dispositivo político masculino para desencorajar o maternalismo na época em que Isis estava sendo substituída por Asar. Já assinalamos que esse foi um erro que atrasou seriamente o amadurecimento psíquico de todas as culturas que o fizeram; o Judaísmo (com seu desdobramento, o Cristismo) e o Islamismo vêm especialmente à mente.

541 Veja-se *Orpheus* de A. Crowley para uma Invocação desta Deusa. [N.E.: *Orpheus* é uma coleção de poemas, publicado por Crowley em 1905 e.v.]

542 N.M.: Isto é, falando na linguagem dos símbolos. Essa interpretação não tem nada a ver com os fatos históricos relacionados ao culto Wiccano, dos quais Crowley estava perfeitamente consciente. Tanto homens quanto mulheres eram recrutados para o culto ainda muito jovens, geralmente por membros de sua própria família. Além disso, é apenas um aspecto de Hécate, muito limitado. Cf. *Liber 418*, o 27º Æthyr. A interpretação do culto às bruxas dada em *La Sorcière*, de Michelet, embora igualmente romântica, é muito mais próxima dos fatos da época da caça às bruxas cristista na Europa.

543 N.M.: Isso, no entanto, aplica-se apenas ao nível mais baixo de manifestação, o corpo físico – e não afeta certos usos especializados da Fórmula de ALHIM e de ALIM. Que, de qualquer forma, é o que ele está insinuando nesses parágrafos.

544 N.M.: Na verdade, os *Wiccanos*, sendo caçadores em vez de agricultores, adoravam a Lua (em terras romanas, Diana era a máscara para sua Deusa) e contavam o tempo pela Lua, não pelo Sol. Eram celtas, de baixa estatura e de pele escura, e, quando os anglo-saxões começaram a arrasar cruelmente suas florestas, foram desdenhosamente chamados de "Gente Pequena" pelos invasores mais altos – e geralmente loiros. Sendo uma cultura da Idade da Pedra, eles caçavam e faziam guerra com arcos de madeira, flechas e lanças com pontas de sílex, machados de sílex e facas. Eles naturalmente temiam "ferro frio", que poderia facilmente quebrar suas melhores armas. O ferro foi introduzido nas Ilhas Britânicas pelos invasores anglo-saxões. A maior parte do conhecimento do "Povo das Fadas" tem uma explicação antropológica simples. Mesmo o fato de os homossexuais ainda serem chamados de "fadas" em inglês está relacionado aos hábitos sexuais (e cerimônias religiosas) da Wicca. Este assunto está além do escopo de uma nota. O leitor deve apenas ter em mente que quando Crowley fala de "Bruxaria" ele não está falando da Wicca, mas do Cristismo.

Nenhuma verdadeira operação Mágica pode ser executada pela fórmula de ALIM.[545] **Todas as obras de bruxaria são ilusórias;[546] e seus efeitos aparentes dependem da noção de que é possível mudar as coisas pelo mero rearranjo delas.** Não devemos depender da falsa analogia dos Xilénios para refutar este argumento. É fato que os isômeros geométricos agem de diferentes formas para com as substâncias com as quais eles são postos em relação. E está claro que algumas vezes é necessário rearranjar os elementos de uma molécula antes que ela possa formar o elemento masculino ou o feminino em uma verdadeira combinação Mágica com alguma outra molécula.[547]

Portanto é ocasionalmente inevitável que um Magista tenha que reorganizar a estrutura de certos elementos antes de poder iniciar a sua operação propriamente dita. Se bem que tal trabalho é tecnicamente bruxaria,[548] não deve ser considerado indesejável por este único motivo, pois todas as operações que não transmutam matéria caem, estritamente falando, sob esta classificação.

A verdadeira objeção a esta fórmula não é inerente em sua própria natureza. Bruxaria consiste em tratá-la como a única preocupação da Magia, e especialmente em negar ao Espírito Santo o direito de habitar no Seu Templo.[549]

545 N.M.: Como muitas vezes com Crowley e outros iniciados sérios, esta afirmação está em contradição com a longa nota de rodapé no final deste capítulo. Como de costume, a antinomia é iniciática. Novamente citamos *Liber LXV* v 44 ao leitor. Deixe aquele ou aquela que tem inteligência resolver o quebra-cabeça.

546 N.M.: Repetimos, ele não está aqui falando do culto wiccano, mas da "feitiçaria" amada – e, em grande parte, criada – pelos inquisidores crististas. Quer você vire o cristismo de cabeça para baixo quer não, você ainda é um escravo do credo niceno. Daí a importância do "Diabo" na iconografia do Vaticano. Os inquisidores sabiam muito bem que as verdadeiras "bruxas" riam de seu "Satã" e de seu "Cristo", e mantinham esse fato como um segredo bem guardado. Os propósitos por trás da caça às bruxas não eram religiosos: como de costume com a heresia romanista, eles eram econômicos e políticos.

547 N.M.: Todo esse final de parágrafo é ao mesmo tempo sagacidade, instrução, punição, "poeira nos olhos do profano" e um aviso. É típico de Crowley. Ninguém mais na história conhecida, com a possível exceção de Rabelais, foi capaz de combinar tantas intenções com tanto sucesso em poucas frases.

548 N.M.: No sentido simbólico que ele tem usado; mas não necessariamente no sentido cristista.

549 O iniciado do XI° O.T.O. observará que existe uma fórmula totalmente diversa de ALIM, complementar àquela que foi discutida aqui. 81 pode ser considerado um número de Yesod antes que da Lua. O significado etimológico da palavra pode ser tomado como indicativo da fórmula. Aleph pode ser referido a Harpocrates, com alusão ao conhecido poema de Catulo. Lamed pode implicar a exaltação de Saturno, e sugerir o Três de Espadas de uma maneira particular. Yod então lembrará Hermes, e Mem o Enforcado. Temos assim um Tetragrammaton que não contém nenhum componente feminino. A Força inicial é aqui o Espírito Santo, e seu veículo ou arma é a "Espada e Balança". Justiça é então executada sobre a "Virgem" Mercurial, com o resultado de que o homem é "Enforcado" ou estendido, e é morto desta forma. Uma tal operação torna a criação impossível, como no caso anterior; mas não há aqui questão de rearranjo; a força criadora é deliberadamente empregada para destruir, e é inteiramente reabsorvida em sua própria esfera (ou cilindro, nas equações de Einstein) de ação. Esta Obra deve ser considerada como "Santidade para o Senhor". Os hebreus, efetivamente, conferiam o título de Qadosh (santo) a seus adeptos. Seu efeito é consagrar os Magistas que a executam, de uma forma muito especial. [N.M.: Cf. *Liber 813* vii.] Podemos notar também as correspondências do Nove com Teth, XI, Leão e a Serpente. Os grandes méritos desta fórmula são que ela evita o contato com os planos inferiores, é autossuficiente, não implica em responsabilidades e deixa seus praticantes não apenas mais fortes em si mesmos, mas completamente livres para satisfazer suas Naturezas essenciais. Seu abuso é uma abominação. [N.M.: O estudante sério deve consultar também *Liber Aleph*, Capítulos 90-92, com relação a certos aspectos dessa fórmula.]

N.M.: Nesse sentido, é "magia negra". O leitor inteligente deve ponderar que chamar o Espírito Santo de "*he*" [N.E.: Em inglês, *ele*.] (o trocadilho não é intencional) aqui pressupõe que a letra *He* é atribuível a Áries, em vez de Aquário.

CAPÍTULO V

A FÓRMULA DE I.A.O.

Esta fórmula é a principal e mais característica de Osiris, da Redenção da Humanidade. *I* é Isis, Natureza, arruinada por *A*, Apófis o Destruidor, e restaurada à vida pelo Redentor Osiris.[550] A mesma ideia é expressada pela fórmula Rosa-Cruz da Trindade:

Ex Deo nascimur.

In Jesu morimur.

Per Spiritum Sanctum reviviscimus.[551]

Isso também é idêntico à Palavra Lux, L.V.X., que é formada pelos braços de uma cruz. É esta fórmula que é implicada naqueles antigos e modernos monumentos em que o falo é adorado como o Salvador do Mundo.

A doutrina da ressurreição tal como vulgarmente compreendida é falsa e absurda. Não está sequer na "Escritura". "São Paulo" não identifica o corpo glorificado que se ergue com o corpo mortal que morre. Pelo contrário, ele repetidamente insiste na diferença.[552]

O mesmo se passa com uma cerimônia mágica. O magista que é destruído por absorção na Divindade é realmente destruído. O miserável autômato mortal permanece no Círculo. Não é de mais importância para Ele que o pó no chão.[553]

Mas antes de entrarmos nos detalhes de I.A.O. como fórmula mágica, deve ser observado que é essencialmente a fórmula de Yoga ou meditação; de fato, o misticismo elementar em todos os seus ramos.

Ao iniciarmos uma prática de meditação, existe sempre[554] **um prazer tranquilo**, um gentil crescimento natural; nós nos interessamos vivamente pelo trabalho; parece fácil; estamos muito contentes de termos começado. Este estágio representa Isis. Mais cedo ou mais tarde **ele é sucedido por depressão** – a Noite Escura da Alma, um infinito cansaço e desagrado pelo trabalho. Os atos mais simples e mais

---

550 Existe uma fórmula bem diversa em que I é o Pai, O a Mãe, A a criança – e ainda outra, em que I.A.O. são todos três Pais de diferentes tipos, equilibrados por H.H.H., três Mães, para completar o Universo. [N.M.: Veja-se *Liber HHH* sub Figura 341.] Em uma terceira, a verdadeira fórmula da Besta 666, I e O são os opostos que formam o campo para a operação de A. Mas isto é um assunto mais elevado, inapropriado para este tratado elementar. Veja-se, porém, *Liber Samekh*, Ponto II, Seção J.

551 N.M.: Esta não é a verdadeira fórmula Rosa-Cruz, mas a representação exotérica dela, que os Rosa-Cruzes usavam para evitar perseguições. A verdadeira fórmula é dada pelos sinais de *L.V.X.*; "*Jesu*", claro, sendo apenas uma cortina de fumaça para o "*Asar-Isis*", "*Asarisis*", "*Osiris*". Não podemos aprofundar isso aqui, pois se refere aos Círculos Secretos da O.T.O.

N.E.: Latim, *Nós nascemos por Deus, morremos em Jesus e renascemos pelo Espírito Santo*. Veja-se *Fama Fraternitatis* (1614 e.v.) para maiores informações.

552 N.M.: Esta doutrina está conectada com o desenvolvimento do Corpo Astral, que é a técnica básica da Magia. Cf. caps. 81, 82 e 83 de *Magick Without Tears Unexpurgated Commented* e o capítulo 16 de *Liber Aleph*. [N.E.: *Magick Without Tears Unexpurgated Commented* é a versão completa e comentada, publicada por Motta nos EUA na década de 1980 e.v. em dois volumes, sendo os *Oriflamme* VI (3) e (4).]

553 Não deixa, por isto, de ser seu instrumento, adquirido por Ele como um astrônomo compra um telescópio. Veja-se *Liber Aleph* para uma completa explicação dos objetivos conseguidos pelo estratagema da encarnação; também a Parte IV deste livro.

N.M.: Essa experiência ocorre na primeira iniciação e pode ser extremamente perturbadora para um "escriba" terrestre. [N.E.: Para o uso da expressão escriba, veja-se os comentários de Motta ao *Liber LXV*, Cap. I.] De fato, é o medo de que aconteça que impede que a maioria dos Aspirantes seja iniciada, pois a mente sente o que está vindo como uma ameaça à sua integridade e a evita, a menos que a Vontade seja forte o suficiente para se impor. Eu repetidamente tive estudantes que não conseguiram alcançar nem mesmo a Iniciação Neófita e perderam todo o senso de perspectiva e até mesmo de moralidade como resultado. Os casos nas últimas duas décadas foram Euclydes de Almeida, Oseas de Almeida, James Wasserman, J. C. Ellis, J. D. Gunther, Richard Gernon, M. P. Starr, J. A. Queiroz. É claro, embora antes de meu tempo, Francis "Israel" Regardie, Kenneth Grant, G. J. Yorke, G. L. McMurtry, H. P. Smith e Phyllis Seckler são casos clássicos de fracasso iniciático que leva à insanidade moral permanente.

554 Assim não sendo, não estamos trabalhando direito.

fáceis se tornam quase impossíveis de serem executados. Essa impotência é tão forte que enche a mente de desespero. A intensidade deste desgosto dificilmente poderia ser compreendida por qualquer pessoa que não o tenha experienciado. Este é o período de Apófis.

É seguido pelo erguimento, não de Isis, mas de Osiris. **A condição antiga não é restaurada, mas uma condição nova e superior é criada**; uma condição que só se tornou possível através do processo da morte.[555]

Os Alquimistas ensinaram esta mesma verdade. A primeira matéria da obra era grosseira e primitiva, se bem que "natural". Após passar por vários estágios, o "dragão negro" aparecia; mas disto surgia o ouro puro e perfeito.

Mesmo na lenda de Prometeu encontramos uma fórmula idêntica escondida; e uma observação semelhante se aplica às fórmulas de Jesus Cristo, e de muitos outros místicos homens-deuses adorados em diversas nações.[556]

Uma cerimônia mágica baseada nesta fórmula está em harmonia essencial com o processo místico natural. Nós a encontramos como base de muitas iniciações importantes, notavelmente o Terceiro Grau da Maçonaria, e a cerimônia 5° = 6□ da G.D., descrita em *Equinox* I (3). Uma autoiniciação cerimonial pode ser construída sendo totalmente baseada nesta fórmula. A essência dela consiste em nos vestirmos como reis ou rainhas, depois nos despirmos e nos sacrificarmos, e erguemos daquela morte ao Conhecimento e Conversação do Sagrado Anjo Guardião.[557] Existe uma identidade etimológica entre o TETRAGRAMMATON e **I.A.O.**, mas as fórmulas mágicas são inteiramente diversas, como as descrições aqui dadas mostram.

O professor William James, em *As Variedades da Experiência Religiosa,* classificou bem os tipos como "nascido uma vez" e "nascido duas vezes"; mas a religião agora proclamada em *Liber Legis* harmoniza estas duas, transcendendo-as. Não existe tentativa de negar a morte negando sua existência, como fazem os "nascidos uma vez"; ou de aceitar a morte como o portal de uma nova vida, como fazem os "nascidos duas vezes". Com a A∴A∴, vida e morte são igualmente incidentes em uma carreira, muito como dia e noite são na história de um planeta. Mas para continuarmos o uso desta imagem, nós contemplamos o planeta de longe. **Um Irmão da A∴A∴**[558] **enxerga** (o que outra pessoa chamaria de) **a "si mesmo" como um – ou, ainda, alguns – em meio a um grupo de fenômenos. Ele é aquele "nada" cuja consciência é em um senso o universo considerado como um único fenômeno no tempo e no espaço, e noutro**

555 N.M.: O magista deve, é claro, estar disposto a enfrentar essa morte; caso contrário, ele ou ela não alcançará a "ressurreição". Quase invariavelmente, quando a dor e o fracasso começam, o instrutor é culpado por tudo. A culpa é dele: conselhos são interpretados como tentativas de dominação e críticas são interpretadas como insultos gratuitos. O Juramento original é completamente esquecido. De que adianta um Guru, eles choram, se Ele ou Ela não está disposto a morrer em meu lugar? O fato de que já morremos, mais de uma vez, é convenientemente esquecido ou resolutamente desacreditado. Qualquer um pode cobiçar as promessas; pouquíssimos estão dispostos a sofrer as maldições!

556 Veja-se J. G. Frazer, *O Ramo de Ouro*; J. M. Robertson, *Pagan Christs*; A. Crowley, "Jesus" etc. etc. [N.E.: O escrito de Crowley referido aqui é *Liber 888*.]

557 Esta fórmula, se bem que agora sucedida por aquela de HORUS, a Criança Coroada e Conquistadora, permanece válida para aqueles que ainda não assimilaram a Lei de Thelema. Veja-se *Liber Samekh*. Compare também "The Book of the Spirit of the Living God", onde há um ritual *em extenso*, se bem que em linhas ligeiramente diversas: *Equinox* I (3), pp. 269-272. [N.E.: Veja-se *Liber Samekh*, Ponto II, Linha 5; *Liber ABA* Parte IV, cap. VI e VII; e *O Livro de Thoth*, Atus V e XX.]

558 N.E.: Irmãos da A∴A∴ são todos aqueles que chegaram à Terceira Ordem, ou seja, os Mestres do Templo e acima. Todos abaixo disso são chamados de Aspirantes. Veja-se *Liber 333, O Livro das Mentiras*, Cap. 3, "A Ostra".

senso a negação daquela consciência.[559] O corpo e mente do homem são importantes (se o são) apenas como o telescópio é importante para o astrônomo. Se o telescópio fosse destruído, isto não causaria apreciável diferença no Universo que ele revela.

Será agora compreendido que esta fórmula de I.A.O. é uma fórmula de Tiphereth. O magista que a emprega está cônscio de si mesmo como um homem sujeito a sofrimento, e está ansioso por transcender este estado unindo-se a Deus.[560] Isto lhe parecerá ser o Supremo Ritual, o último passo; mas, como já foi mencionado, é apenas uma preparação. Para o homem normal de hoje em dia, entretanto, representa uma notável consecução; e existe uma fórmula muito mais antiga que será investigada no Capítulo VI.

O MESTRE THERION, no décimo sétimo ano do Æon,[561] reconstruiu a Palavra IAO para satisfazer as novas condições da Magia impostas pelo progresso. A Palavra da Lei sendo Thelema, cujo número é 93, esse número deveria ser o cânone de uma Missa correspondente. Consequentemente, ele expandiu IAO tratando o "O" como Ayin (ע), e adicionando Vau (ו) como prefixo e sufixo. A palavra inteira, então, é:

ויאעו [562]

cujo número é 93. Nós podemos analisar esta Palavra em detalhes e demonstrar que ela é um hieróglifo apropriado do Ritual de Autoiniciação neste Æon de Horus. Para as correspondências nas notas que seguem, veja-se *Liber 777*. Os pontos principais são estes:

Atu (Trunfo do Tarô)	Nº do Atu	Letra Hebraica	Nº da Letra	Correspondência na Natureza	Outras Correspondências
O Hierofante (Osiris coroado e no trono, com a Baqueta). Quatro Adorantes; os quatro elementos.	V	[ו] – Vau (um prego), V, W ou vogal entre O e U – ma'ajab e ma'aruf	6	Touro (um signo de Terra regido por Vênus; a Lua exaltada ali – mas é macho). Liberdade, isto é, livre arbítrio.	O Sol. O filho em Tetragrammaton. (veja-se cap. III) O Pentagrama que mostra o Espírito mestre & reconciliador dos Quatro Elementos. O Hexagrama que une Deus e Homem. A consciência, ou Ruach. Parzival como a Criança aos cuidados de sua mãe viúva: Horus, filho de Isis e de Osiris morto. Parzival como Rei & Sacerdote em Montsalvat realizando o milagre da redenção; Horus coroado e conquistador, assumindo o lugar de seu pai. Cristo-Baco no Céu-Olimpo salvando o mundo.

559 N.M.: Cf. *AL* i 22, 52.

560 N.M.: Essa é a percepção parcial e imperfeita que leva a maioria das pessoas a buscar a Iniciação; quando o fato de que "Deus" experimenta "sofrimento" – ou qualquer outra coisa – muito mais profunda e fortemente do que os aspirantes a comedores de lótus, a maioria deles desiste e volta para brinquedos como ganhar dinheiro ou travar guerras. Cf. *AL* i 31; *LXV* v 47.

561 N.E.: Ou seja, em 1921 e.v., quando estava na Abadia de Thelema, em Cefalù, Sicília.

562 N.E.: *VIAOV* ou *ϜIAOϜ*. Vau = 6; Yod = 10; Aleph = 1; Ayin = 70; Vau = 6. Total = 93.

Atu (Trunfo do Tarô)	Nº do Atu	Letra Hebraica	Nº da Letra	Correspondência na Natureza	Outras Correspondências
O Eremita (Hermes com a Lâmpada, Asas, Baqueta, Manto e Serpente).	IX	[י] – Yod (uma mão), I ou Y anglo-saxão.	10	Virgem (um signo de Terra regido por Mercúrio, que ali está exaltado; sexualmente ambivalente). Luz, isto é, da Sabedoria, a Luz Interna.	A raiz do Alfabeto. O Espermatozoide. O jovem saindo para suas aventuras após ter recebido a Baqueta. Parzival no deserto. Cristo se refugiando no Egito, e no Monte tentado pelo Diabo. A Vontade Inconsciente ou Palavra.
O Louco (o Bebê no Ovo sobre o Lótus, Baco Diphues etc.).	0	[א] – Aleph (um boi), A, mais ou menos.	1	Ar (a condição de toda a Vida, o veículo imparcial. Sexualmente não desenvolvido). Vida, isto é, o órgão de possível expressão.	O livre alento. A Suástica. O Espírito Santo. O Útero da Virgem. Parzival como "der reine Thor",[563] que nada sabe. Horus. Cristo-Baco como o bebê inocente, perseguido por Herodes-Hera. Hércules estrangulando as serpentes. O Ente Inconsciente ainda indeterminado em qualquer direção.
O Diabo (Baphomet sobre o trono e adorado por Macho & Fêmea. Veja-se o desenho de Eliphas Levi).	XV	[ע] – Ayin (um olho), A ou O, mais ou menos – um bode grunhindo, A'a.	70	Capricórnio (um signo de Terra regido por Saturno; Marte exaltado ali. Sexualmente macho). Amor, isto é, o instinto de satisfazer a Divindade unindo-se com o Universo.	Parzival em Armadura Negra, pronto para retornar a Montsalvat como Salvador-Rei: Horus adulto. Cristo-Baco com Cruz de Calvário, Kithairon-Thyrsus.

IAF varia de significado com sucessivos Æons.

Æon de Isis

Idade Matriarcal. A Grande Obra concebida como um assunto direto e simples.

563 N.E.: No libreto de *Parsifal* consta "der reine Tor", não "der reine Thor" – "um mero tolo" ou "nada além de um tolo", em tradução livre. Não há, portanto, ligação alguma com a divindade Thor.

Nós vemos esta teoria refletida nos hábitos do Matriarcado. Acreditava-se que a Partenogênese fosse um fato.[564] A Virgem (י – Yod-Virgo) continha em si mesma o Princípio do Crescimento – a epicena semente Hermética.[565] Esta se tornava o Bebê no Ovo (א – *A*, Harpocrates) por virtude do Espírito (*A* = Ar, impregnando a Abutre-Mãe) e isto se tornava o Sol ou Filho (ו – *F* = a letra de Tiphereth, 6, mesmo quando soletrado como Ômega, em copta. Veja-se *777*.)

Æon de Osiris

Idade Patriarcal. Dois sexos. י (*I*): Concebido como o Pai-Baqueta (Yod em Tetragrammaton). א (*A*): O Bebê é perseguido pelo Dragão, que vomita um dilúvio de sua boca para engoli-lo. Veja-se *Rev*. VII. O Dragão era também a Mãe – a "Mãe Maligna" de Freud. Era Harpocrates, ameaçado pelo crocodilo no Nilo.[566] Nós encontramos o simbolismo da Arca, o Ataúde de Osiris etc.[567] O Lótus é a Yoni; a Água é o Fluido Amniótico. A fim de viver sua própria vida, a criança devia deixar a Mãe e vencer a tentação de voltar a ela para refúgio. Kundry, Armida, Jocasta, Circe etc. são símbolos desta força que tenta o Herói.[568] Ele pode tomá-la como serva[569] quando a tiver dominado, a fim de curar seu Pai (Amfortas), vingá-lo (Osiris) ou apaziguá-lo (Jehovah). Mas para se tornar um homem ele deve parar de depender dela, ganhando a Lança (Parzival), exigindo suas armas (Aquiles),

---

564 N.M.: A partenogênese (ou, mais corretamente, a reprodução assexuada) ocorre naturalmente em algumas espécies, mas não entre os mamíferos. A clonagem – procedimento relativamente recente – é um caso especial, sendo uma forma artificial de autorreprodução. O antigo mito do "Nascimento Virginal" na religião está relacionado ao fato estabelecido de que a Autoiniciação, ou seja (nos níveis inferiores, pelo menos), "Regeneração" ou "Ressurreição", ocorre. E ocorreria com mais frequência se os estudantes tivessem menos medo disso!

565 N.M.: Esta "Virgem" não significa um *corpo feminino material*: é, em um sentido especializado e limitado, a *Anima* dos Junguianos ou, em um sentido especializado e limitado, o *Nephesch*. Isso faz parte da constituição de qualquer ser humano, homem ou mulher. Cf. *Equinox* V (4), onde o assunto é tratado extensamente, particularmente em "Teoria Eletromagnética do Sexo", "O Mundo da Vigília", "The Paris Working", o "Bagh-i-Muattar" e "Heavenly Bridegrooms".

566 N.M.: A frase não está clara na forma como foi colocada. Refere-se ao Bebê, não à "Mãe Maligna" de Freud. O leitor sério deve lembrar-se de que Freud era um gênio e que sua análise dos mecanismos psicológicos era um processo de clivagem; mas ele também era um judeu vivendo entre os crististas, e suas interpretações morais do "Mau", "Bom" e do valor ético do Id, da Libido etc. estavam, como no Judaico-Cristismo em geral, totalmente em desacordo com a realidade social. O Dragão, é claro, é Draco, e é referido a Nuit. Daí o simbolismo sexual peculiar da "posição de São Jorge" no folclore britânico etc.

567 N.M.: Cf. *Liber XV* e "The Ship".

568 N.M.: A infeliz prevalência de símbolos femininos "maus" no folclore e nas lendas se deve ao fato de que o viés do Inconsciente Coletivo nos últimos dois mil e quinhentos anos (o Æon de Osiris) foi predominantemente patriarcal. Os contos relacionados aos problemas de uma mulher na luta por sua liberdade social ou psíquica foram fortemente censurados ou totalmente suprimidos. A heroína está exatamente na mesma posição que o herói no que se refere à Mãe, apesar de em uma posição diferente em relação ao Pai. Nos contos de fadas, a relação restrita da filha com os pais sobreviveu apenas na persona da madrasta e do padrasto tradicionalmente "maus".

569 A sua única fala no último Ato é "Dienen: dienen". [N.M.: A referência não é clara como está. Ele está citando o libreto de *Parsifal* de Wagner; o discurso é de Kundry. "Dienen: Dienen" significa, grosseiramente, "Servir; servir". O discurso tem vários significados secretos apenas passíveis de compreensão por Iniciados, homens ou mulheres. A etimologia de "dienen" pode ser útil para o estudante sério. Cf. também *AL* ii 21. Grosso modo, Kundry, no último ato de *Parsifal*, simboliza o Nephesch Iniciado.] [N.E.: Embora ambas as versões – de Motta e de Crowley – estejam de acordo sobre a fala "Dienen: dienen", o texto que consta no libreto de *Parsifal* é "Dienen... dienen.", o que evoca entonação e carga dramática distintas.]

ou fabricando sua maça (Hércules),[570] e vagando no deserto selvagem como Krishna, Jesus, Édipo, χ.τ.λ. – até que, como "Filho do Rei" ou cavaleiro errante, ele deve conquistar a Princesa e sentar-se sobre um trono distante. Quase todas as lendas de heróis implicam esta mesma fórmula em símbolos notavelmente similares. ו (*F*): Vau, O Sol – Filho. Supostamente mortal; mas como isto é mostrado? Parece uma absoluta perversão da verdade; os símbolos sagrados não dão qualquer indicação. Esta mentira é a essência da Grande Fetiçaria.[571] A religião Osiriana é uma fantasia freudiana fabricada do pavor da morte e da ignorância dos fatos naturais. A ideia da partenogênese persiste, mas agora é a fórmula para encarnar semideuses, ou reis divinos; estes devem ser assassinados e erguidos de entre os mortos de uma maneira ou de outra.[572]

Æon de Horus

Dois sexos em uma só pessoa.[573]

ויאעו (FIAOF): 93, a fórmula completa, reconhecendo o Sol como Filho (Estrela), como a Unidade preexistente manifestada da qual tudo surge e à qual tudo retorna.[574] A Grande Obra é transmutar o *FF* inicial de Assiah (o mundo da ilusão material) no *FIF* final de Atziluth,[575] o mundo da pura realidade.[576]

Soletrando o Nome por inteiro, *FF* + *IFD* + *ALP* + *OIN* + *FI* = 309 = *ShT* = XX + XI = 31, a Chave secreta da Lei.[577]

570 Note que todos estes três permanecem durante um período entre as mulheres, impedidos de viver a própria vida máscula. [N.M.: Veja-se a "Teoria Eletromagnética do Sexo", parágrafos 6-8.]

571 N.M.: Ele quer dizer a ideia de que o Deus – ou o Rei – deve morrer para "redimir" seus adoradores ou apaziguar seu povo. Cf. *AL* ii 21.

572 Todas essas ideias podem ser explicadas por referências à antropologia. Mas isto não é condená-las, e sim justificá-las; pois os costumes e lendas da humanidade refletem a verdadeira natureza da espécie.

573 N.M.: Cf. A profecia de Blavatsky de que a "Sexta Raça Raiz" seria hermafrodita ou andrógina. O significado esotérico disso pode ser encontrado nas seções já citadas do *Equinox* V (4). Já se admitiu e aceitou socialmente que homens e mulheres compartilham muitas perspectivas e sentimentos que antes eram, por convenção, tolerados ou acreditava-se existir apenas em membros de um sexo em particular. Essa admissão social e aceitação da bissexualidade continua aumentando e se espalhando. A diferença entre os anos 50 e 80 apenas nos Estados Unidos é flagrante, embora somente pessoas com idade suficiente para lembrar o Macarthismo consigam entender a fúria dos Helmses, dos Falwells, dos Reagans e dos Schlaflies contra mudanças que eles temem. Cf. *LXV* v 30-33.

574 N.M.: Observe que o Sol também poderia ser interpretado como a Filha – a "Mulher Vestida do Sol". O Arquétipo está lá, sempre esteve lá e está vivo; até a insanidade do cristismo foi incapaz de destruí-lo. No presente Æon, no entanto, Horus é uma divindade "masculina" nos níveis mais baixos. O que estamos tentando dizer é que a interpretação do Sol como o Filho não deve ser sexista. Não deve ser a interpretação única ou permanente. É a presente interpretação ontológica, e é uma espiral viva, desdobrável, não um círculo fechado. Cada Æon deve sempre ser visto como a preparação para o próximo; além disso, o progresso pode ser impedido e até temporariamente bloqueado, como a Idade das Trevas da Europa demonstrou amplamente.

575 Para as grafias, veja-se *Liber 777*.

576 N.M.: Observe que todos os mundos estão constantemente mudando e crescendo; ou, pelo menos, nossa percepção deles está. Cf. *LXV* iii 1-20.

577 N.M.: Cf. *Liber V vel H vel Reguli*, O Ritual da Marca da Besta, contido no Apêndice VI deste livro.

ו (*F*): é a Estrela manifestada.

י (*I*): é a secreta	Vida	Serpente
–	Luz	Lâmpada
–	Amor	Baqueta
–	Liberdade	Asas
–	Silêncio	Manto

Estes símbolos são todos mostrados no Atu "O Eremita". Estes são os poderes do Yod, cuja extensão é Vau. Yod é a Mão com a qual o homem executa sua Vontade. É também a Virgem; sua essência inviolada.[578]

א (*A*): é o Bebê que "formulou seu Pai e fertilizou sua Mãe" – Harpocrates etc., como antes; mas ele se desenvolve em

ע (*O*): o "Diabo" exaltado (também o *outro* Olho secreto),[579] pela fórmula de Iniciação de Horus alhures descrita em detalhes.[580] Este "Diabo" é chamado Satã ou Shaitan, e considerado com horror por gente que ignora sua fórmula e, imaginando-se a si mesma como maligna, acusa a Natureza de seu próprio crime imaginário.[581] Satã é Saturno, Set, Abraxas, Adad, Adônis, Átis, Adão, Adonai etc. A mais

578 N.M.: Observe que neste Æon a forma feminina da Virgem é qliphótica, a menos que seja equilibrada pela Prostituta.

579 N.E.: Ou seja, o Falo.

580 N.M.: Cf. "Um Ritual para Invocar Hice", *Equinox* I (10).

581 N.M.: "Satã" é, evidentemente, uma corruptela de "*Sanatanas*", a palavra sânscrita para "Eterno", ou "Divinamente Imortal", que era um dos títulos dos seis membros da Trimurti (três homens com três mulheres – ou vice-versa). Muitos leitores superficiais das obras de Crowley são confundidos pelo fato de que ele usou o nome "Satã" em muitos poemas, rituais e invocações, mas negava enfaticamente ser um "satanista" no sentido cristista. De fato, o Satã teológico, o "Adversário" ou "Maligno", é uma invenção tão falsa quanto o "Jesus" teológico.

Muito pouco se sabe sobre a adoração de Set, a quem o egípcio médio considerava mau porque ele era o Matador – o que quer dizer o Iniciador – de Asar. Quando Tifão foi incorporado à teogonia egípcia, ele foi vagamente identificado com Set. O mesmo acontecia com qualquer divindade que fosse considerada desagradável, hostil ou má.

Na verdade, Set era o Deus dos cientistas e pesquisadores – ou, alguém poderia dizer, o símbolo espiritual, e talvez o Guru original, de céticos inteligentes entre os egípcios. Ele era o Deus da mecânica, dos engenheiros, dos inventores, dos cirurgiões, dos ferreiros, dos químicos (na verdade, um de seus nomes ou títulos era Khem, e como tal ele pode muito bem ter sido o mentor espiritual original dos egípcios, já que estes chamavam sua terra de Khem) etc. Algumas de suas correspondências em outras teogonias foram Hefesto, Hades, Vulcano, Plutão (ele se identificou com Pã e Príapo apenas por causa dos problemas sexuais dos romano-alexandrinos: a ênfase de sua adoração estava na pesquisa pura, que naturalmente incluía sexo, mas que também, naturalmente, transcendeu a erotomania. Pã e Príapo são incompreendidos até hoje). Na Trimurti ele representa os aspectos menos "benevolentes" de qualquer um dos membros, embora haja uma tendência equivocada a identificá-lo exclusivamente com Shiva e Kali, os Destruidores.

Os adoradores de Set eram temidos pelo vulgar, já que Set era "mau". O sacerdócio geral cooperou tacitamente ou ativamente para dar a Set essa reputação, uma vez que seus sacerdotes (ou seja, os estudantes de ciência e tecnologia entre os egípcios) eram muito bem-sucedidos e, se assim o desejassem, teriam controlado completamente o país. Eles não queriam, e disseram isso claramente nos conselhos sazonais; mas pouquíssimos dos outros sacerdotes acreditavam neles. Os sacerdotes de Set, no entanto, estavam realmente interessados apenas no tipo de poder que o conhecimento confere, não no tipo de poder conferido pelas superstições. Sua posição ética era exatamente a que Ambrose Bierce colocou em seu inestimável *The Devil's Dictionary*. É significativo que Bierce tivesse atribuído o seu Dicionário ao "Diabo"; ele era definitivamente um adorador de Set, ou talvez até mesmo um sacerdote de Set em uma encarnação passada, assim como Mark Twain (cf. *O Estranho Misterioso*) e Ralph Waldo Emerson (surpresa, surpresa! – mas veja *Self-Reliance*) foram. É claro que a atitude "iconoclasta" fez com que os sacerdotes de Set fossem ainda mais evitados pelo restante do sacerdócio: os adoradores em geral eram severamente aconselhados a ficar longe deles, e todos os tipos de contos assustadores a seu respeito eram fabricados e propagados. Isso causou-lhes mais diversão do que desgosto, uma vez que garantiu que apenas os egípcios mais moralmente corajosos e de mente aberta se aplicassem a eles para instrução. O resto do sacerdócio, é claro, estava sempre comprando dispositivos dos sacerdotes de Set, ou assistindo secretamente a conferências e demonstrações nos Templos de Set.

Descrever longamente a atividade dos sacerdotes de Set, ou sua interação com o restante do sacerdócio egípcio, tomaria muitos volumes. O leitor deve entender que um indivíduo a quem as mentes vulgares se aproximam para assegurar que vivemos no melhor de todos os mundos possíveis, mas que insistentemente aponta para a imperfeição e estreiteza dessa crença, provavelmente não será votado para o cargo ou considerado santo; não por mentes vulgares, de qualquer forma. Pelo contrário, essa é uma companhia desconfortável e desconcertante, a ser evitada por todos os

séria acusação contra ele é apenas que ele é o Sol no Sul.[582] Os Antigos Iniciados, vivendo em terras cujo sangue era as águas do Nilo ou do Eufrates, associavam o Sul com o calor consumidor da vida, e amaldiçoavam aquele ponto cardeal onde os raios do Sol eram mais mortíferos. Mesmo nas lendas de Hiram, é no meio-dia que ele é golpeado e sacrificado. Capricórnio é, além do mais, o signo em que o Sol entra quando alcança sua extrema inclinação no Sul no Solstício de Inverno, a estação da morte da vegetação, para pessoas do hemisfério norte. Isso lhes deu um segundo motivo para amaldiçoar o Sul. Um terceiro: a tirania dos ventos quentes, secos, venenosos; a ameaça de desertos e oceanos, pois misteriosos e intransponíveis. Isso tudo estava relacionado em suas mentes tendo uma ligação com o Sul.[583] Mas para nós, cônscios de fatos da astronomia, este antagonismo para com o Sul é uma superstição tola, que os acidentes de suas condições locais sugeriram aos nossos antepassados animistas. Nós não vemos nenhuma inimizade entre Direita e Esquerda,[584] Acima e Abaixo, e similares pares de opostos. Estas antíteses são verdadeiras apenas como termos de relação; elas são convenções arbitrárias pelas quais representamos nossas ideias em um sistema pluralístico baseado em dualidade. "Bom" tem que ser definido em termos dos ideais e instintos humanos.[585] "Leste" não tem significado a não ser como referência dos assuntos internos de nosso planeta; como uma direção absoluta no espaço, ele muda um grau a cada quatro minutos. "Acima" não tem o mesmo significado para dois homens, a não ser que um esteja de pé sobre a cabeça do outro, e ambos em linha com o centro da Terra. "Duro" é a opinião privada de nossos músculos. "Verdadeiro" é um epíteto totalmente ininteligível que se tem provado refratário à análise dos nossos mais hábeis filósofos.

Nós, portanto, não temos o menor escrúpulo em restabelecer a "adoração diabólica" de ideias tais como essas que as leis do som e os fenômenos de fala e audição nos compelem a associar ao grupo de "Deuses" cujos nomes são baseados em *ShT* ou *D*, vocalizados pelo livre alento *A*. Pois esses nomes implicam as qualidades de coragem, franqueza, energia, orgulho, poder e triunfo; elas são as palavras que expressam a vontade criadora e paternal.[586]

---

membros da verdadeira fé, como demonstra amplamente a administração Reagan. Os dissidentes são sempre maus e satânicos, e nos bons e velhos tempos, em partes virtuosas e tementes a Deus do mundo, eles costumavam ser queimados vivos em praças públicas.

582 N.M.: Isso, é claro, do ponto de vista dos povos que vivem no hemisfério norte! Depois de cruzar o Equador, as atribuições do Norte e do Sul são invertidas. Além disso, a conotação do Sol no Sul como o "mau" era peculiar, como Crowley na verdade não aponta na continuação deste parágrafo, para as culturas mediterrânea, norte-africana e do Oriente Médio antes do advento do ar-condicionado. As mitologias do norte da Europa – a mitologia anglo-saxônica, por exemplo – não ligavam o Sol no Sul a calor insuportável. Na mitologia nórdica, "Inferno" não deveria ser extremamente quente, mas extremamente frio. *Suum cuique*! [N.E.: Latim, *A cada um o que é seu*.]

583 N.M.: Para os nórdicos, no entanto, o sul significava terras para saques.

584 N.M.: Isso, para Thelemitas, aplica-se mesmo à política, o que não nos aproxima nem dos bilionários nem dos comunistas. No entanto, está se tornando óbvio para os povos mais inteligentes (como os chineses e os romenos) que o capitalismo e o comunismo não passam de diferentes abordagens para diferentes arranjos dos mesmos problemas e devem coexistir, às vezes até na mesma economia.

585 N.M.: Com o aumento da Corrente Thelêmica no mundo, a definição humana de "Bom" está finalmente se tornando mais eficiente, sendo ampliada além do antropocentrismo para incluir os fatos da ecologia.

586 N.M.: Isso porque, como apontamos no caso de Set, essas divindades eram temidas pelo vulgar e, portanto, eram adoradas – ou entendidas – apenas pelos membros mais corajosos das culturas que estavam expostas a elas. Elas só estavam ligadas ao paternalismo porque nas culturas semitas, nas quais eram adoradas – ou temidas –, apenas os homens podiam se expressar livremente. Quando eles ousavam! Entre os egípcios, no entanto, Deusas como Sekhet, Néftis, Hathor e Maat expressavam qualidades femininas de coragem e liberdade que foram suprimidas pelo judaísmo por três mil anos, e pelo cristismo por dois mil. Divindades paralelas existiam em culturas não infectadas pelos semitas: Palas Atena, Afrodite e Ártemis entre os gregos, Minerva, Vênus e Diana entre os romanos, por exemplo. O domínio de uma divindade única, apenas "boa" e apenas masculina, anunciava mil e quinhentos anos de ignorância, opressão e perseguição. Só agora estamos começando a sair desse pesadelo – e há aqueles que nos devolveriam se pudessem!

Assim, o "Diabo" é Capricórnio, o Bode que pula sobre as mais altas montanhas, a Divindade que, se manifestada no homem, faz dele Egipã, o Todo.[587]

O Sol entra neste signo quando retorna para renovar o ano no Norte. Ele é também a vogal *O,* própria para rugir, para retumbar e comandar, sendo um sopro vigoroso controlado pelo firme círculo da boca.

Ele é o Olho Aberto do exaltado Sol, diante do qual todas as sombras fogem; também, aquele Olho Secreto que faz uma imagem de seu Deus, a Luz, e lhe dá poderes para pronunciar oráculos, iluminando a mente.

Assim, ele é o homem feito Deus, exaltado, lépido; ele chegou conscientemente à sua verdadeira estatura, e está assim pronto para iniciar sua jornada de redenção do mundo.[588] Mas ele não pode aparecer nesta verdadeira forma; a Visão de Pã levaria os homens à loucura pelo medo que causaria. Ele deve se ocultar em seu disfarce original.[589]

Portanto, ele se torna aparentemente o homem que era ao começar; ele vive a vida de um homem; de fato, ele é inteiramente um homem. Mas sua iniciação tornou-o mestre do Acontecimento, dando-lhe a impressão de que o que quer que aconteça é a execução de sua verdadeira vontade.[590] Assim, o último estágio da iniciação dele é expresso em nossa fórmula como o:

ה (*F*) final: a série de transformações não afetou a identidade dele; mas explicou-o a si mesmo. De forma semelhante, cobre ainda é cobre após $Cu + O = CuO$: $+ H_2SO_4 = CuS_4O(H_2O)$: $+ K_2S = CuS(K_2SO_4)$: + maçarico de sopro e agente redutor = $Cu(S)$.

---

587 N.M.: Deve ser lembrado que a manifestação mais alta de Pã é Nuit. Também deve ser lembrado que qualquer verdadeiro Arquétipo Divino ou Ideia Divina contém em si não apenas suas contradições, mas sua contraparte masculina ou feminina. Este é o princípio básico do Æon de Horus, já expresso por Crowley. Se não for assim, o eidolon não é das Supernas: é um aspecto inferior atribuível a uma das Sephiroth ou Caminhos mais baixos, ou é uma entidade demoníaca ou ilusória atribuível apenas às Qliphoth.

Deve-se lembrar também ao leitor que esta tese está totalmente em desacordo com a fabricação de Niceia e a ortodoxia hebraica. Desperta hostilidade maligna em rabinos judeus e no clero cristista. Essa hostilidade nem precisa ser consciente. Daí as perseguições contra Thelema.

588 N.M.: Esta não é a "tarefa" ou "dever moral" de um Deus; o fato é que a mera presença de uma inteligência superior inevitavelmente evolui o ambiente em que ela se move. Um ser humano honesto e correto fornece não apenas um exemplo, mas um desafio para os macacos falantes. Um Crowley, um Gengis Khan, uma Blavatsky, uma Safo, um Ramakrishna ou um Lao Zi nos confrontam com suas próprias imperfeições. Eles não podem deixar de despertar emulação em naturezas mais nobres ou ódio maligno nas mais baixas. Daí a advertência aos reis que não devem cair na armadilha do autossacrifício (*AL* ii 21. Isto simplesmente remove o farol pelo qual os outros podem aprender a traçar seus próprios cursos: a "Luz do Mundo").

589 N.M.: Que pode ser um corpo humano masculino ou feminino; e, até onde sabemos, pode ser um corpo pertencente a outra espécie. Em nosso planeta, é bem possível que os cetáceos possam alcançar todos os nossos níveis de Iniciação, e até mesmo além. A comunicação com eles é de suma importância antes de nos comprometermos a colonizar outros mundos. A Lei de Thelema é a primeira Lei dada à nossa espécie que não nos transformaria em destruidores tirânicos – ou totalmente escravos – quando fazemos contato com outros seres inteligentes ou mais inteligentes que nós mesmos. Devemos aprender, por exemplo, a diferença entre comer espécimes e extinguir uma espécie. Obviamente não aprendemos esta lição até agora, embora uma boa proporção da humanidade esteja se tornando consciente disso.

590 N.M.: Isto não está bem expresso: dá a impressão de que o Deus ou a Deusa Encarnada reage passivamente ao curso dos acontecimentos. Pelo contrário, Ele ou Ela expressa constantemente a Sua natureza divina através do instrumento humano. Mas porque o Perfeito e o Perfeito são um Perfeito e não dois; não, são nenhum; por causa disso, o que quer que aconteça com tal ser é, em última instância, a expressão de sua Verdadeira Vontade, quer pareça ser a consequência de suas ações, quer consequências de eventos aleatórios forçados sobre Ele ou Ela de fontes externas. O acaso faz o acaso acontecer; mas isso *afeta* a um Deus ou Deusa com menos frequência do que a uma pedra, embora isso aconteça mais frequentemente ao Deus ou à Deusa do que a uma pedra. O paradoxo é meramente aparente. Um Deus ou Deusa personifica, em certo sentido, a vontade de toda a nossa espécie. Há mais fatores incluídos; assim, mais chance de manifestação de um fator infinito e desconhecido; mas há mais fatores incluídos, portanto, mais compensação automática é fornecida "contra" o fator infinito e desconhecido. Este é um problema da mais alta matemática, envolvendo tanto considerações vetoriais quanto escalares.

É o mesmo cobre;[591] mas nós aprendemos algumas de suas propriedades. Observamos especialmente que é indestrutível, inviolavelmente o mesmo através de todas as suas aventuras e em todos os seus disfarces.[592] Vemos, além do mais, que pode apenas usar seus poderes, satisfazer as possibilidades de sua natureza e equilibrar suas equações, em assim se combinando com suas contrapartes. Sua existência como substância separada é evidência de sua sujeição à tensão; e isso é sentido como a dor de uma fome incompreensível até que ele percebe que toda experiência é um alívio, uma expressão de si mesmo; e que não pode ser danificado por coisa alguma que lhe aconteça. No Æon de Osiris foi verdadeiramente compreendido que o Homem deve morrer a fim de viver.[593] Mas agora no Æon de Horus nós sabemos que todo evento é uma morte; sujeito e objeto matam um ao outro em "amor sob vontade"; cada uma de tais mortes é em si vida, o meio pelo qual realizamos a nós mesmos através de uma série de episódios.[594]

O segundo ponto principal é a conclusão do *A,* Bebê Baco, pelo *O,* Pã (Parzival ganha a Lança etc.).

O primeiro processo consiste em achar o י (*I*) no ו (*V*) – iniciação, purificação, descobrimento da Raiz Secreta de si mesmo, a Virgem epicena que é 10 (Malkuth), mas soletrada por extenso é 20 (Júpiter).[595]

Este Yod (י) na *Virgem* se expande como o Bebê no Ovo pela formulação da Secreta Sabedoria da Verdade de Hermes no Silêncio do Tolo. Ele adquire a Baqueta-Olho,[596] vendo, agindo e sendo adorado. O Pentagrama Invertido – Baphomet – o Hermafrodita que chega à idade adulta – engendra a si mesmo como Vau (ו) novamente.[597]

Note que agora há dois sexos em uma só pessoa do início ao fim, de forma que cada indivíduo é autoprocriativo sexualmente, enquanto Isis conhecia apenas um sexo, e Osiris pensava que os dois sexos

---

591 N.M.: Na verdade não: trocas atômicas ocorrem mesmo durante combinações químicas, e o cobre terá sido sutilmente alterado até certo ponto. Este fato inescapável da Natureza é o que os "Irmãos Negros" (assim chamados) mais temem. A própria existência está constantemente erodindo a Torre – ou Torres – do Ser.

592 N.M.: Isto é, sem a aplicação de energia atômica. O leitor deve ter em mente que, quando Crowley escreveu a analogia acima, a possibilidade de desintegração atômica estava apenas começando a ser contemplada. Quando estudou Química em Cambridge – muito antes do *Livro da Lei*! – o átomo era considerado a forma última e indestrutível da matéria. A própria palavra "átomo" expressava essa ideia. No momento em que Crowley estava escrevendo seus livros posteriores, ele não teria feito essa analogia dessa maneira particular, ou teria qualificado isso. Cf. sua abordagem à matéria física no *Livro de Thoth*.

593 N.M.: Na verdade, "Æon de Osiris" é enganoso: era o Æon de Asar. "Osiris" é apenas uma corruptela de "Asarisis", significando a combinação de Asar + Isis, que representava a alma humana para os antigos egípcios: novamente a ideia de dois sexos em uma pessoa! Esse fato psicológico, é claro, sempre foi conhecido e reconhecido pelos Iniciados. Agora chegou a hora de se infiltrar na vida de nossa espécie em geral, gradualmente chegando a todos os níveis da atividade humana, política e lei incluídas. Wilhelm Stekel pode ter sido o primeiro dos discípulos de Freud a dar a isso um tratamento psicanalítico.

594 N.M.: Além disso, essa percepção é infinita, uma vez que o Universo está sempre Mudando e – até onde percebemos – Crescendo.

595 N.E.: Malkuth é conhecida como *O Reino* ou *A Noiva* que se atribui a 10 (Yod). Yod soma 20 quando contada como letra cheia, ou seja, Y = 10; V = 6; D = 4, que é o número da letra Kaph, a letra de Júpiter, *O Rei*.

596 N.E.: O poder fálico.

597 N.M.: O processo é ligeiramente diferente para as mulheres do que para os homens, devido a considerações anatômicas do instrumento – o corpo físico. Como o Movimento Feminista está constantemente sendo infiltrado pelo cristismo, pelo sionismo e por outras abominações, não iremos mais longe no assunto em um tratado dirigido ao público em geral, exceto para afirmar que as mulheres interessadas em alcançar esta Iniciação deveriam estudar *Liber AL* e aplicá-lo na prática em todos os níveis em que elas possam ter percepções do Livro.

eram opostos.[598] Também, agora a fórmula é Amor em todos os casos;[599] o fim é o começo em um plano mais elevado.[600]

O י (*I*) é formado do ו (*V*) removendo a cauda deste; o א (*A*) equilibrando quatro Yods (י); o ע (*O*) formando um triângulo invertido de Yods (י), que sugere a fórmula de Nuit-Hadit-Ra-Hoor-Khuit. א (*A*) são os elementos girando como uma Suástica – a Energia criadora em ação equilibrada.

---

598 N.M.: Novamente, lembramos ao leitor que o nome apropriado é Asar – exatamente como aparece em *Liber Legis* – e não Osiris. O nome "Osiris" entrou em uso popular através de iniciados gregos de Eleusis que viajaram para o Egito para um estudo mais aprofundado, numa época em que os Iniciados Egípcios, prevendo o declínio total da Terra de Khem e as trevas da Passagem dos Æons, foram comunicando os segredos a qualquer um que viesse a eles; muito como Crowley foi ordenado a fazer e fez publicando a série *Equinox*.

599 N.M.: Amor sob vontade.

600 N.M.: Em resumo, a fórmula agora não é "morte", mas transmutação. Cf. *LXV* v 50. Aliás, isso pode se tornar um fato, mesmo no sentido material. Veja, por exemplo, *The City and the Stars*, de Arthur C. Clarke. No último parágrafo, Crowley novamente cobre a fórmula; é uma síntese brilhante de outro ângulo, cheia de sugestões para um tipo de mente que ele não vinha abordando até agora.

CAPÍTULO VI

A FÓRMULA DO NEÓFITO[601]

601 Veja-se a Cerimônia de Neófito, *Equinox I (2)*.

Esta fórmula tem por "matéria-prima" o homem ordinário inteiramente ignorante de tudo e incapaz de coisa alguma. Ele é, portanto, representado como vendado e amarrado.[602] Seu único auxílio é sua aspiração, representada pelo oficiante que o guiará ao interior do Templo. Antes de entrar ele deve ser purificado e consagrado. Uma vez dentro do Templo, é requerido que ele se sujeite a um juramento. Sua aspiração está agora formulada como Vontade. Ele executa a circum-ambulação mística do Templo por motivos que serão descritos no capítulo sobre os "Gestos".[603] Após passar por mais purificações e consagrações, é-lhe permitido ver por um momento o Senhor do Oeste,[604] e ele ganha coragem[605] para persistir. Pela terceira vez ele é purificado e consagrado, e vê o Senhor do Leste,[606] que empunha a balança, mantendo-o em uma linha reta. No Oeste ele ganha energia. No Leste ele é impedido de dissipá-la. Assim fortificado, ele pode ser recebido na ordem como um neófito pelos três oficiantes principais, assim unindo a Cruz e o Triângulo. Ele pode então ser colocado entre os pilares do Templo,[607] para receber a quarta e última consagração. Nesta posição, os segredos do grau lhe são comunicados, e a última de suas amarras é removida. Tudo isso é selado pelo sacramento dos Quatro Elementos.

Será percebido que o **efeito de toda essa cerimônia é impregnar uma coisa inerte e impotente com movimentos equilibrados em uma direção única.** Numerosos exemplos desta fórmula são dados nos *Equinox* I (2) e (3). Essa é a fórmula da Cerimônia do Neófito da G.D.[608] Deve ser empregada na consagração das armas usadas pelo magista, e pode ser também utilizada como a primeira fórmula de iniciação.

No livro chamado Z-2[609] são dados detalhes completos desta fórmula que deveria ser bem estudada e praticada. Infelizmente, é a mais complexa de todas as fórmulas. Mas este é o defeito da matéria-prima da obra, que está tão misturada que repetidas operações são necessárias para unificá-la.[610]

---

602 N.M.: Isto descreve a cerimônia de iniciação do Primeiro Grau em muitas tradições maçônicas Asarianas. Apenas homens eram admitidos na esmagadora maioria delas. Costuma-se dizer que a razão para isso é que as mulheres não podem guardar um segredo, e os perigos de serem identificados como maçons eram terríveis. Mas a verdadeira razão era que a maioria desses movimentos maçônicos havia sido infiltrada por interesses sionistas – note a ênfase no "Templo de Jerusalém" em sua maioria – e na ortodoxia judaica as mulheres não são admitidas para adorar.

Quanto às mulheres não serem capazes de guardar um segredo... Esta fábula foi propagada por machistas superficiais autocentrados. As mulheres são capazes de guardar um segredo – mas somente quando há uma vantagem prática em fazê-lo, do ponto de vista delas. Elas guardam segredos de homens – especialmente maridos, amantes e namorados – há milhares de anos.

603 N.E.: Veja-se o Capítulo X.

604 N.M.: Nos Mistérios Menores Egípcios, este era Asar.

605 O medo é a fonte de toda percepção falsa. Até Freud vislumbrou isto.

606 N.M.: Entre os egípcios, essa posição nos Mistérios Menores pertencia a Horus; mas nos Mistérios Maiores o Deus ou Deusa que a ocupava variava com os Æons. As coisas começaram a dar errado quando os sacerdotes de Amon, a época do Deus encerrada, recusaram-se a entregar o poder temporal que adquiriram durante o Seu período.

O ritual maçônico no último Æon era uma forma muito mais simples desse ritual que ele está descrevendo, que é o da "Golden Dawn" de "McGregor" Mathers & Cia.

607 N.M.: A ênfase sempre foi em equilibrar os pares de opostos. Isso não mudou. Não é apenas a fórmula do "amor sob vontade": também tem sido a fórmula científica para adquirir conhecimento e organizá-lo em um todo coerente e vivo.

608 N.M.: Não desde que a "Golden Dawn" foi incorporada como a Ordem Externa da A∴A∴ na Passagem dos Æons. Pode ainda ser útil para aqueles incapazes de absorver a verdade de Horus, no entanto.

609 *Equinox* I (3). Aquela seção lidando com divinação é obscura e não-prática, e a seção tratando de alquimia é grotesca tolice.

610 N.M.: Essa unificação consiste em encontrar o "centro de gravidade" (leia-se Tiphereth) e depois "cair livremente ao longo da órbita" (leia-se "fazer a Vontade"). Não se deve esquecer, entretanto, que mudanças periódicas de equilíbrio em torno do centro de gravidade (leia-se "iniciações") e desvios orbitais (*ibidem*) são inevitáveis, pois os seres humanos estão sempre crescendo e encontrando outras coisas vivas (leia-se "praticando amor sob vontade") ao longo do caminho.

CAPÍTULO VII

A FÓRMULA DO SANTO GRAAL, DE ABRAHADABRA E DE CERTAS OUTRAS PALAVRAS. TAMBÉM: A MEMÓRIA MÁGICA

I

O hieróglifo mostrado na Sétima Chave do Tarô (descrita no 12º Æthyr, *Liber 418*, *Equinox* I (5)) é a Carruagem de Nossa Senhora Babalon, que leva em sua mão a Taça ou Graal.

Agora, esta é uma fórmula importante. É a Primeira das Fórmulas, em certo senso, pois é a fórmula da Renúncia.[611] É também a Última!

É dito que esta Taça está cheia do Sangue dos Santos; isto é, **todo "santo" ou magista deve dar até a última gota de seu sangue para esta taça.**[612] É o preço original pago pelo poder mágico. E **se por poder mágico nós queremos dizer verdadeiro poder**, a assimilação de toda força com a Luz Ultimal, a verdadeira Boda Rosa-Cruz, **então aquele sangue é a oferenda da Virgindade, o único sacrifício que agrada ao Mestre**, o sacrifício cuja única recompensa é a dor de dar-lhe um rebento.[613]

Mas "vender a alma ao diabo", **renunciar, não importa o que, em troca de ganho pessoal,**[614] **é magia negra.** Você não é mais um nobre doador de tudo o que é seu, mas um vigarista barato.

Esta fórmula é, porém, um pouco diferente em simbolismo, desde que é uma Mulher cuja Taça deve ser enchida. É antes o sacrifício do Homem, que transfere vida aos seus descendentes. Pois uma mulher não leva em si mesma o princípio de uma nova vida, exceto temporariamente, quando este lhe é confiado.[615]

---

611 Não há aqui implicação moral. Porém, escolher *A* significa renunciar a *não-A*; ao menos é assim abaixo do Abismo.

612 N.M.: Ele está usando o termo "magista" em um sentido muito alto, o sentido do Caminho da Iniciação. É claro que o homem ou mulher comum pode praticar "magia" e alcançar resultados, mesmo que não seja sua intenção aspirar à Iniciação; mas esses são meros pequenos feiticeiros ou bruxas ou necromantes do ponto de vista de Crowley. Esta é a principal razão pela qual as pessoas acham difícil entender seus trabalhos sobre a Magia. Eles não são destinados ao vulgar, nem são dirigidos ao vulgar.

613 N.M.: Mesmo durante o Æon de Asar, a doutrina dos romano-alexandrinos, expressa no Credo Niceno, era uma abominação. Produziu mil anos de ignorância e medo. Não é o Mestre que deve morrer por seus "pecados": se alguém deve pagar por sua própria insensatez, deverá ser você mesmo. Mas não há questão de "pecado" realmente envolvido. "Não há graça; não há culpa." É tudo uma questão da Verdadeira Vontade. O que você realmente quer da vida? Ou da morte?

614 *Suposto* ganho pessoal. Não há na realidade uma pessoa para ganhar; portanto, a transação é um roubo dos dois lados. [N.M.: O leitor médio ficará confuso com o exposto; ainda assim, é essencial se você quiser entender o que Crowley quis dizer com Magia. Observe que "vender a alma para o diabo" – o velho bicho-papão cristista – significa simplesmente, do seu ponto de vista, usar os poderes e faculdades mais sutis da alma para propósitos egóicos. Quer você faça um pacto com um falso Mestre para esse fim, ou faça um pacto com qualquer ser dos planos mais sutis para esse fim, ou apenas exercite seus talentos naturais ao longo de linhas egóicas de esforço, do ponto de vista de Crowley você está fazendo magia negra. Esse era o homem que foi chamado de "o pior homem do mundo"! E do ponto de vista dos escravos e dos homens baixos, é claro que ele era.]

615 N.M.: Mais tarde ele modificaria essa visão em *Liber Aleph*; e, na verdade, é geneticamente incorreto. O macho carrega o princípio da nova vida, mas ele é apenas uma especialização da fêmea. É possível que o objetivo fosse assegurar que, ao separar os sexos, a preservação das espécies em face de acidentes ou degradação ambiental seria estatisticamente mais provável. Um homem pode fertilizar centenas de mulheres em sua vida; muito possivelmente entre os trogloditas, que viviam sob condições extremamente perigosas, essa era a principal função do macho. Com o advento da civilização, os machos conseguiram sobreviver com mais frequência; isso tornou a situação mais complexa do que era e deu origem a convenções artificiais como "amor", casamento etc. [N.E.: Para compreender o motivo pelo qual Motta se refere ao "amor" profano como nada mais que uma convenção artificial, veja-se a visão thelêmica do Amor em *Pequenos Ensaios em Direção à Verdade*.]

O leitor deve ter em mente que, mesmo que Crowley não tivesse modificado sua visão do relacionamento espiritual entre Homem e Mulher nos últimos anos, esta Fórmula do Graal ainda funcionaria tanto para as mulheres quanto para os homens; pois nada tão elementar como o relacionamento físico heterossexual está sendo discutido aqui. Não se pode repetir com demasiada frequência que todo ser humano masculino contém uma mulher em sua alma, e que todo ser humano feminino contém um homem na dela. Você não pode ser humano se não satisfizer essas condições. O leitor sério é referido ao que foi dito sobre a Fórmula de FIAOF no Capítulo V.

Mas aqui a fórmula implica em muito mais do que isto. Pois é a sua vida inteira que o Magus oferece à NOSSA SENHORA.[616] A Cruz é tanto Morte quanto Geração; e é na Cruz que a Rosa floresce. A interpretação completa destes símbolos é tão elevada que não serve para um tratado elementar como este. A pessoa deve ser um Adeptus Exemptus, e estar pronta para ir além, antes de poder ver os símbolos mesmo de baixo. Apenas um Magister Templi pode compreendê-los por completo.

(Entretanto, o leitor pode estudar *Liber 156*,[617] o 12º e o 2º Æthyrs em *Liber 418* e o simbolismo do V° e VI° O.T.O.)

Da preservação deste sangue que NOSSA SENHORA oferece ao ANCIÃO DOS ANOS, CAOS,[618] o Todo-Pai, para revivê-lo, e de como a sua divina Essência enche a Filha (a alma do Homem)[619] e a coloca sobre o Trono da Mãe, satisfazendo a Economia do Universo e, assim, no final das contas, recompensando o Magista (o Filho)[620] dez mil vezes, seria ainda mais impróprio falarmos aqui. Um tão santo mistério é o Arcano dos Magister Templi que é aqui sugerido para cegar os presunçosos que possam, não merecendo, buscar erguer o véu; e ao mesmo tempo para iluminar a escuridão dos que podem requerer apenas um raio do Sol a fim de surgir para a vida e para luz.

II

ABRAHADABRA é uma palavra que deve ser estudada no *Equinox* I (5), "The Temple of Solomon the King". Representa a Grande Obra completa e é, portanto, um arquétipo de todas as operações mágicas menores. De certo modo, é demasiado perfeita para ser aplicada de antemão a qualquer delas. Mas um exemplo de uma tal operação pode ser estudado na Parte IV deste livro, em que uma invocação de Horus usando esta fórmula é dada na íntegra. Note a *reverberação* das ideias, uma contra a outra. A fórmula de Horus ainda não foi investigada minuciosamente em riqueza de detalhes para que se justifique um tratado sobre sua teoria e prática; mas podemos dizer que está para a fórmula de Osiris como a turbina está para o motor de pistão.[621]

---

616 N.M.: Esse fraseado pode confundir o leitor médio, a quem ele se dirigia até agora. Ele deveria escrever: "É a vida dele ou dela que o magista oferece à NOSSA SENHORA." O Magus, sendo um caso especial, sempre se manifesta como um "macho". Ele pulou para além do Abismo, enquanto antes ele estava lidando com um aspecto da fórmula que, embora cruze o Abismo, funciona normalmente da Ordem Interna para a Externa da A∴A∴.

617 N.E.: *Liber Cheth vel Vallum Abiegni*. Veja-se Apêndice VII.

618 CAOS é um nome genérico para a totalidade das Unidades de Existência; é, assim, um nome feminino em forma. Cada unidade de CAOS é em si Todo-Pai.

619 N.M.: Nós mantivemos a frase original aqui, "alma do Homem", ao invés de mudá-la para "alma do Ser Humano", para deixar bem claro para o leitor que Crowley não está falando sobre "machos" – ou "fêmeas"! – neste capítulo. Como, de fato, na maior parte do tempo no resto de seus livros. Referimos o leitor sério ao nosso "Editorial" no *Oriflamme* VI (3) para o uso de "Homem" por Crowley como genérico para a espécie humana.

620 N.M.: O *Ruach* Iniciado em certo sentido; em um sentido ainda mais alto, o *Khu*. Mais uma vez, enfatizamos que este "Filho" está presente em homens e mulheres!

621 N.M.: Significa que é mais eficiente. A maioria de nossas anotações às obras de Crowley baseiam-se em nossa percepção e pesquisa da Fórmula de Horus (ou assim acreditamos!) nas linhas propostas por AC. Nossas notas, mesmo quando baseadas em fatos, devem sempre ser tomadas com

III

Existem muitas outras palavras sagradas que encerram fórmulas muito úteis para operações especiais.

Por exemplo, V.I.T.R.I.O.L.[622] fornece um certo regime dos Planetas que é útil para o trabalho Alquímico. ARARITA é uma fórmula do macrocosmo, potente em certas elevadíssimas Operações da Magia da Luz Interna (veja-se *Liber 813*).

A fórmula de *THELEMA* pode ser sumarizada assim:

Θ "Babalon e a Besta conjugados".

ε A Nuit (*CCXX* i 51).

λ A Obra executada em Justiça.

η O Santo Graal.

μ A Água ali contida.

α O Bebê no Ovo (Harpocrates sobre o Lótus).

De *AGAPE* é como segue:

A Dionísio.

γ A Terra Virgem.

α O Bebê no Ovo (a imagem do Pai).[623]

π O Massacre dos Inocentes (lagar).

η O Gole de Êxtase.

O estudante lucrará bastante se buscar investigar estas ideias em detalhe, e desenvolver suas técnicas de aplicação.

Existe também o Nome Gnóstico das Sete Vogais, que fornece uma fórmula musical muito poderosa em evocações da Alma da Natureza. Há, além disto, ABRAXAS; XNOUBIS; MEITHRAS; e, em verdade, podemos declarar em suma que **todo verdadeiro nome de Deus provê a fórmula da invocação daquele Deus.**[624]

---

ceticismo científico pelo aspirante sério de qualquer sexo e de qualquer persuasão sexual; pois pode ser que o que estamos dizendo seja geralmente útil, ou pode ser que o que estamos dizendo seja útil apenas para nós e alguns outros. Nossas percepções não são necessariamente sociobiológicas no sentido mais amplo; mas elas são expostas porque, entre outras coisas, o que é mais necessário no momento são dados experimentais sobre o Novo Æon. Daí a importância do Registro Mágico, como o próprio Crowley escreveu claramente em *Liber E vel Exercitiorum*.

622 N.E.: *Visita Interiora Terræ Rectificando Invenies Occultum Lapidem*. Visita o Interior da Terra que por Retificação Encontrarás a Pedra Oculta.

623 N.M.: Mais uma vez, fraseologia imprecisa. É a imagem do Pai-Mãe, Kether, estando no Primeiro Caminho da Coroa.

624 Os Membros do IV° O.T.O. estão bem a par de uma certa Palavra Mágica cuja análise contém toda Verdade, humana e Divina; uma palavra verdadeiramente potente para qualquer grupo que ousa utilizá-la.

N.M.: Deus ou Deusa, claro. O estudante sério pode experimentar por si mesmo nos moldes que Crowley exemplificou acima. A prova do pudim está em comê-lo.

Seria, portanto, impossível, ainda que se desejasse, analisar todos esses nomes. O método geral de se fazer isso foi dado acima, e o próprio magista deve analisar suas próprias fórmulas para casos particulares.[625]

IV

Devemos também mencionar que todo grau tem sua própria fórmula mágica particular. Assim, a fórmula de Abrahadabra nos concerne, como seres humanos, principalmente porque cada um de nós é a viva representação do pentagrama ou microcosmo; então devemos estar em equilíbrio com o hexagrama ou macrocosmo. Em outras palavras, 5° = 6□ é a fórmula da operação Solar; mas depois, 6° = 5□ é a fórmula da operação Marcial, e essa reversão dos algarismos simboliza um Trabalho muito diverso. No caso anterior, o problema era dissolver o microcosmo no macrocosmo; mas este outro problema é separar uma força particular do macrocosmo, tal como um selvagem poderia escavar um machado de sílex dos depósitos num barranco de giz.[626] Da mesma forma, a operação de Júpiter consiste em equilibrá-lo com Vênus.[627] Sua fórmula gráfica é 7° = 4□, e haverá uma palavra em que o caráter desta operação é descrito, tal como Abrahadabra descreve a Operação da Grande Obra.[628]

Podemos afirmar, sem exageros, que quanto mais longe da igualdade original estiverem os dois lados da equação, tanto mais difícil será executar a operação.

Assim, para considerarmos o caso da operação pessoal simbolizada pelos graus, é mais difícil se tornar um Neófito, 1° = 10□, do que passarmos daquele grau para Zelator, 2° = 9□.[629]

A Iniciação é, portanto, progressivamente mais fácil, num certo senso, após o primeiro passo. Mas (principalmente após passarmos por Tiphereth) a distância entre grau e grau aumenta numa proporção geométrica com um fator tremendamente alto, que por si só progride.[630]

---

625 A Santa Cabala (*Liber D* em *Equinox* I (8), Suplemento, e *Liber 777*) fornece os meios de análise e aplicação requeridos. Veja-se também *Equinox* I (5), "The Temple of Solomon The King".

626 N.M.: A Operação é, portanto, uma forma de *Coagula*, assim como a Operação anterior era uma forma de *Solve*. É análogo à Operação do Probacionista, apenas em um plano muito mais alto.

627 N.M.: Ele quer dizer *Chesed* e *Netzach*, não necessariamente os Deuses. Mas cf. *Equinox* V (4), "The Paris Working".

628 N.M.: Ou mais de uma palavra. Quanto mais geralmente útil é uma palavra que expressa uma fórmula mágica, maior é a probabilidade de sua aceitação geral, como foi o caso de *Abrahadabra* e outras já analisadas por Crowley. Algumas palavras são úteis apenas para indivíduos específicos. Esse é o propósito e significado dos *Mottos Mágicos*. [N.E.: Motto Mágico é um Nome que o estudante escolhe/assume para seu Trabalho Iniciático.]

629 N.E.: Essa afirmação é uma generalização e nem sempre é válida. Cada indivíduo é único; as experiências diferem. O que é uma ordália para um é um "passeio no parque" para outro.

630 Foi sugerido recentemente que a Hierarquia dos Graus deveria ser "destruída e substituída por" um sistema em cadeia de 13 graus, todos iguais. [N.M.: Esta sugestão ridícula, como de costume, veio de um pupilo que estava sendo vigiado bem de perto. Cf. *Liber 333*, cap. 45, e o respectivo comentário de Crowley.] Existe, é claro, um senso em que cada grau é uma Coisa em Si. Mas a Hierarquia é apenas um método conveniente de classificar fatos observados. Nós pensamos na democracia que, sendo informada pelo Ministro do Interior de que a escassez de provisões era devida à Lei de Procura e Demanda, aprovou unanimemente uma resolução para revogar imediatamente aquela lei iníqua! [N.M.: O Concílio de Niceia fez um trabalho semelhante em teologia, com os maravilhosos resultados que todo cidadão sensato, em particular, deveria estudar no presente, uma vez que a asinidade de Niceia está por trás de todas as travessuras da "Maioria Moral" e da administração Reagan.]

É evidente a impossibilidade de darmos detalhes sobre todas essas fórmulas. Antes de começar qualquer operação, o magista deve fazer um completo estudo Cabalístico dela, a fim de estabelecer-lhe a teoria em perfeita simetria. Preparação prévia e rigorosamente calculada é tão importante na Magia quanto na Guerra.

V

Seria lucrativo fazermos um estudo um pouco detalhado da aparentemente estranha palavra AUMGN, pois sua análise permite um excelente exemplo dos princípios sobre os quais o Practicus pode se basear para construir suas próprias Palavras Sagradas.

Esta palavra foi proferida pelo Mestre Therion como um meio de declarar seu trabalho pessoal como A Besta, o Logos do Æon. Para compreendê-la, devemos considerar preliminarmente a palavra que ela substitui e da qual foi desenvolvida: a palavra AUM.

A palavra AUM é o mantra sagrado hindu que foi o supremo hieróglifo da Verdade, um compêndio do Conhecimento Sagrado. Muitos volumes foram escritos sobre ela; mas para nosso propósito no presente será suficiente explicar como ela veio a servir de representação para os principais dogmas filosóficos dos Rishis.

Antes de mais nada, ela representa o curso completo do som. É pronunciada forçando-se o alento, do fundo da garganta com a boca bem aberta, através da cavidade bucal, com os lábios colocados de maneira a modificar o som aos poucos de *A* para *O* (ou *U*), até que os lábios se fecham, quando o som se torna *M*. Simbolicamente, isto anuncia o curso da Natureza, começando da criação livre e informe, continuando através de preservação formada e controlada, até chegar ao silêncio da destruição. Os três sons são harmonizados em um e, assim, a palavra representa a Trindade Hindu de Brahma, Vishnu e Shiva;[631] e as operações no Universo da triuna energia desses deuses. É, pois, a fórmula de um Manvantara, ou período de existência manifestada, que se alterna com um Pralaya, durante o qual a criação está em estado latente.

Toda pessoa, qualquer que seja seu grau na Ordem, tem além do mais um grau "natural" apropriado à sua virtude intrínseca. [N.M.: Ele está falando sobre a A∴A∴, é claro. Na O.T.O., por exemplo, haveria uma situação paralela, mas ligada à Verdadeira Vontade da pessoa na vida temporal. Cf. *Liber 111*, cap. 188.] Ela pode esperar ser "arremessada" àquele grau quando se torna 8° = 3□. Assim, uma pessoa, através de sua carreira, pode ser essencialmente do tipo de Netzach; outra, de Hod. Da mesma forma, Rembrandt e Raphael retiveram cada qual seu ponto de vista durante cada estágio da sua arte. A consideração prática é que alguns aspirantes usualmente experimentam dificuldades em alcançar certos graus; ou, pior, permitem que suas predisposições internas os influenciem a negligenciar tipos antipáticos de trabalho e enfatizar os tipos simpáticos. Eles poderiam assim se tornar ainda mais desequilibrados do que já eram, com resultados desastrosos. [N.M.: Um desses resultados desastrosos sendo sugestões, como a acima, de acabar com a Hierarquia (e, portanto, com a autoridade do Professor, que continua apontando os enganos) e tornando todos os graus "iguais".] Sucesso em nossa ocupação favorita é uma tentação; quem cede ao seu encanto limita seu próprio crescimento. É verdade que toda Vontade é parcial, mas mesmo assim, ela só pode ser satisfeita por uma expansão simétrica. Deve ser ajustada ao Universo, ou fracassará em alcançar a perfeição.

631 N.M.: Com suas contrapartes femininas. Elas variam em forma, se não em essência, de acordo com a seita hindu em particular com a qual você pode conversar; mas o consenso geral é que elas são respectivamente Sarasvati, a Deusa do Conhecimento Iluminado, Lakshmi, a Deusa da Prosperidade, e Parvati (Kali). Em última análise, todas elas são manifestações ou modulações de Shakti. Não podemos entrar nessas correspondências em profundidade neste momento.

Analisando cabalisticamente, a palavra demonstra possuir propriedades análogas. *A* é o negativo, e também a unidade que concentra o negativo em uma forma positiva. *A* é o Espírito Santo que engendra Deus na carne da Virgem, de acordo com a fórmula conhecida pelos estudantes de *O Ramo de Ouro*. *A* é também o "bebê no Ovo", assim produzido. A qualidade de *A*, então, é bissexual. É o ente original – Zeus Arrhenothelus, Baco Diphues, ou Baphomet.[632]

U ou *V* é o filho manifestado, ele mesmo. Seu número é 6. Refere-se, portanto, à natureza dual do Logos como divino e humano;[633] no entrelaçamento dos triângulos direto e averso no hexagrama. É o primeiro número[634] do Sol, cujo último número é 666, "o número de um homem".[635]

A letra *M* exibe o término deste processo. É o Enforcado do Tarô; a formação do individual pelo absoluto é concluída por sua morte.[636]

Nós vemos, de acordo com isso, como Aum é, em qualquer dos dois sistemas, a expressão de um dogma que afirma catástrofe na natureza. É cognata com a fórmula do Deus Sacrificado. A "ressurreição" e "ascensão" não estão implicadas aqui. São invenções posteriores, sem base na necessidade; podem, em verdade, ser descritas como fantasmas freudianos, conjurados pelo medo de encarar a realidade. Para o hindu, de fato, são ainda menos respeitáveis. Do ponto de vista indiano, a existência é essencialmente objetável;[637] e a principal preocupação do místico hindu é invocar Shiva[638] para destruir a ilusão cuja opressão é a maldição do Manvantara.

A revelação central do Grande Æon de Horus é que esta fórmula Aum não representa os fatos da natureza. O ponto de vista que Aum expressa está baseado na falta de perspectiva quanto ao caráter da existência. Logo se tornou claro ao Mestre Therion que Aum era um hieróglifo inadequado e enganador. Expressava apenas parte da verdade, e insinuava uma falsidade fundamental. Consequentemente, Ele modificou a palavra de maneira que ela se tornasse capaz de representar os Arcanos desvelados pelo Æon do qual Ele é o Logos.

A tarefa essencial consistia em enfatizar o fato de que a natureza não é catastrófica: ela funciona através de ondulações. Poderia ser sugerido neste ponto que Manvantara e Pralaya são na verdade curvas complementares; mas a doutrina Hindu insiste categoricamente em negar continuidade entre as fases

---

632 N.M.: Estes são todos andróginos – ou ginandros, faça a sua escolha. Cf. *LXV* v 44 e Capítulo V da Parte III deste livro.

633 N.M.: A dualidade tem outros aspectos que podem ser buscados na edição de Frater Parzival XI° de *Liber C* pelos afortunados o suficiente para possuir uma cópia genuína.

634 O Sol sendo 6, um quadrado 6 × 6 contém 36 quadrados. Organizamos os números de 1 a 36 neste quadrado, para que cada linha, coluna e diagonal somem o mesmo número. Esse número é 111; o total de tudo é 666.

635 N.M.: Ele é, portanto, o Alfa e o Ômega da Corrente Cristã (não Cristista!) neste Æon de Horus.

636 N.M.: Cf. *LXV* iii 58-59. Não se pode enfatizar demasiadamente que as obras de Crowley não são dirigidas a "homens", mas à humanidade como um todo. Neste Æon, a Iniciação exige que um homem se torne uma mulher e que uma mulher se torne um homem. Este aforismo, absorto no plano material no tempo presente, pode não permanecer assim nos séculos seguintes – cf. o magnífico conto de John Varley, "Options". E, claro, o leitor inteligente terá percebido que nos planos mais sutis esse aforismo sempre foi uma realidade, agora trazida à consciência humana normal. Cf. *LXV* v 5.

637 Thelemitas concordam que existência manifesta implica Imperfeição. Mas eles entendem porque a Perfeição cria esse disfarce. [N.M.: Cf. *AL* i 28-32.] A Teoria é desenvolvida totalmente em *Liber Aleph* e na Parte IV deste *Liber ABA*. Veja-se também Cap. V, parágrafo sobre o F final de FIAOF.

638 A teoria Vaishnava, superficialmente oposta a isso, revela, em análise, ser praticamente idêntica. [N.M.: A teoria Vaishnava é aquela dos adoradores de Vishnu. Veja-se sua descrição como o Destruidor no *Bhagavad-Gita*.]

sucessivas.[639] Apesar disto, era importante evitar perturbar o arranjo Trinitário da palavra, o que aconteceria com a adição de outras letras. Era igualmente importante tornar claro que a letra *M* representa uma operação que não ocorre realmente na natureza a não ser como um retiro dos fenômenos para dentro do absoluto; um processo que mesmo assim não é uma verdadeira destruição, mas, pelo contrário, é a emancipação de qualquer coisa das modificações que ela tomara por si mesma. Ocorreu a ele que a verdadeira natureza do Silêncio é permitir a vibração ininterrupta da energia ondulatória, livre das falsas concepções a ela adicionadas pelo Ahamkara, ou a faculdade que cria o Ego, cuja suposição de que individualidade consciente constitui existência, levou-a a considerar seu próprio caráter, aparentemente catastrófico, como sendo parte da ordem natural.

A fórmula ondulatória de putrefação é representada na Cabala pela letra *N,* que se refere a Escorpião, cuja tripla natureza combina a Águia, a Cobra e o Escorpião. Estes hieróglifos indicam as fórmulas espirituais de encarnação. Ele estava tão ansioso por usar a letra *G,* outra tripla fórmula expressiva dos aspectos da Lua, que além do mais declara a natureza da existência humana da seguinte maneira: a Lua é em si um corpo sem luz; mas uma aparência luminosa lhe é comunicada pelo Sol; e é exatamente desta forma que encarnações sucessivas criam a aparência,[640] da mesma forma como a estrela individual, que todo ser humano é, permanece ela mesma, independentemente de a Terra perceber isso ou não.

Ora, acontece que a raiz de *GN* significa conhecimento e geração combinados em uma ideia única, de uma forma absolutamente independente de personalidade. O *G* é uma letra silente, como em nossa palavra Gnose; e o som *GN* é nasal, sugerindo, portanto, o alento de vida como oposto àquele da fala. Impelido por estas considerações, o Mestre Therion se propôs a substituir o *M* de Aum por uma letra composta *MGN,* simbolizando por esta a sutil transformação do aparente silêncio e morte que terminam a vida manifestada do Vau pela vibração contínua de uma energia impessoal da natureza de geração e conhecimento; a Lua Virgem e a Serpente, além do mais, operando para incluir na ideia uma comemoração daquela tradição tão grosseiramente deformada na lenda Hebraica do Jardim do Éden, e ainda mais rebaixada pela sua falsificação naquele malicioso ataque sectário, o Apocalipse.

Um trabalho em harmonia com a ordem natural das coisas é comprovado por corolários que não haviam sido contemplados pelo cabalista. No caso presente, o Mestre Therion ficou deleitado ao perceber que sua letra composta *MGN,* construída sob princípios teóricos a fim de incorporar as descobertas do Novo Æon, tinha o valor de 93 (*M* = 40, *G* = 3, *N* = 50). 93 é o número da palavra da Lei – THELEMA – Vontade, e de AGAPE – Amor, que indica a natureza da Vontade. É, além do mais, o

639 N.M.: É claro que a teoria de Manvantara e Pralaya é tão especulativa quanto a controvérsia recorrente da teoria astronômica do "Big Bang" *versus* "criação contínua" ou qualquer outra teoria que esteja na moda na época. Quando o hindu – ou o astrônomo – o aborda sobre o Começo – ou o Fim – do Cosmos, você sempre pode perguntar: "Como você sabe?". Na experiência deste escritor, isso não é conducente à sua popularidade pessoal com místicos hindus ou astrônomos. O ponto é que a vida humana é tão curta, e a história da ciência tão breve, que é extremamente presunçoso que nós tentemos medir o começo ou o fim das coisas; além do que, a existência do nosso planeta, para não falar da existência da nossa espécie, é um piscar de olhos. E por que se supõe que o Cosmos tenha um começo ou um fim só porque nós temos? A imortalidade da alma é uma boa teoria, mas permanece uma teoria. O que sabemos é que a natureza é contínua. É interessante que o *Liber AL* enfatize esse ponto fortemente. De qualquer forma, é óbvio que a palavra de Crowley, AUMGN, representa os fatos da natureza, como os conhecemos atualmente, muito melhor do que AUM. Humanos morrem, sem dúvida. Mas também, sem dúvida, a vida continua, apesar de nossa morte pessoal. Nossa enorme significância é principalmente para nós mesmos, como Stephen Crane foi tão rude a ponto de salientar.

Essas observações não são, naturalmente, entendidas como um depreciativo do AUM, que foi uma observação brilhante da natureza – tanto humana quanto geral – por pelo menos cinco mil anos. Foi preciso o avanço da ciência para que a inadequação desse mantra se tornasse evidente; a nobreza do inventor – Krishna – não pode ser questionada mais do que a inteligência de Aristóteles. Ambos fizeram o seu melhor com o que estava disponível para eles na época.

640 N.M.: Isto é, nossa "existência" – por um tempo! – como este milionário, ou aquele comissário, ou aquele mendigo, todos igualmente seguros de sua realidade pessoal, importância e permanência.

número da Palavra que vence a morte, como sabem os membros do Grau M.M. da O.T.O., e é também o número da fórmula completa da existência, qual expressada na Verdadeira Palavra do Neófito, em que existência é tomada como significando aquela fase do Todo que é a resolução finita do Zero Cabalístico.

Finalmente, a numeração total da Palavra AUMGN é 100, que, como se ensina aos iniciados do Santuário da Gnose da O.T.O., expressa a unidade sob a forma de completa manifestação através do simbolismo de puro número, sendo Kether por Aiq Bkr;[641] também Malkuth multiplicada por si mesma,[642] e assim estabelecida no universo fenomênico. Mas, além disso, este número 100 misteriosamente indica a fórmula Mágica do Universo como uma máquina reverberatória para a extensão do Nada através de opostos equilibrados.[643]

É também o valor da letra *Qoph*, que significa "a parte de trás da cabeça", o cerebelo, onde a força criadora ou reprodutiva está primariamente situada. *Qoph* no Tarô é "a Lua", uma carta sugerindo ilusão, no entanto mostrando forças parciais e opostas operando na escuridão, e o Escaravelho Alado, ou Sol da Meia-Noite, em sua Barca, viajando através do Nadir. Sua atribuição Yetzirática é Peixes, símbolo das correntes positivas e negativas das energias fluídicas, o macho *Ichthus* ou *Pesce,* e a fêmea *Vesica*, buscando respectivamente o ânodo e o cátodo. O número 100 é, portanto, um glifo sintético das sutis energias empregadas na criação da Ilusão, ou Reflexo da Realidade, que nós chamamos de existência manifestada.

O que vai acima são as principais considerações sobre o assunto de AUMGN. Deveriam ser suficientes para mostrar ao estudante os métodos empregados na construção dos hieróglifos da Magia, e para armá-lo com um mantra de tremendo poder, por virtude do qual ele pode apreender o Universo, e controlar em si mesmo as consequências Cármicas deste.

VI

A MEMÓRIA MÁGICA

1

Não há tarefa mais importante que a exploração de nossas encarnações passadas.[644] Como diz Zoroastro: "Explora o rio da alma; de onde e de que maneira tu vieste". Não podemos executar nossa

641 Um método de exegese no qual 1 = 10 = 100, 2 = 20 = 200 etc.

642 $10^2 = 100$.

643 כף = 100 (20 + 80). כ = κ = Κτεις [N.E.: Grego; "vulva".]; ף = φ = Φαλλος [N.E.: Grego; "pênis".] (por Notariqon).

644 A reencarnação tem sido contestada pelo argumento de que a população deste planeta tem aumentado rapidamente. De onde vêm as novas almas? Não é necessário inventar teorias sobre outros planetas; é suficiente dizer que a Terra está passando por um período em que as unidades humanas estão sendo construídas a partir dos elementos com maior frequência. A evidência dessa teoria vem à tona: em que outra época houve tal puerilidade, tal falta de experiência racial, tal confiança em fórmulas incoerentes? (Contraste o emocionalismo infantil e credulidade do anglo-saxão

Verdadeira Vontade inteligentemente a não ser que saibamos o que ela é. *Liber Thisharb* dá instruções para descobrirmos isso pelo cálculo da resultante das forças que fizeram de nós o que somos. Mas esta prática está limitada a nossa encarnação presente.

Se despertássemos de repente num bote em um rio desconhecido, seria imprudente concluirmos que a direção da pernada visível é a da corrente inteira. Seria de grande auxílio se pudéssemos nos lembrar das orientações de outras partes do rio, atravessadas antes de tirarmos nosso cochilo. Aliviaria ainda mais a nossa ansiedade se nos tornássemos cônscios de que uma força constante e uniforme era a determinante única de todas as curvas da corrente: a gravitação. Nós poderíamos nos regozijar sabendo que "mesmo o mais cansado dos rios por fim desemboca no mar".[645]

Liber Thisharb descreve um método de obter a Memória Mágica. Isto consiste em aprendermos a nos lembrar das coisas em reverso. Mas a cuidadosa prática de Dharana talvez seja geralmente mais útil. À medida que impedimos que os pensamentos mais suscetíveis surjam no consciente, nós tocamos camadas mais profundas – memórias da infância não despertadas. Ainda mais profundamente jaz uma classe de pensamentos cuja origem nos intriga. Alguns destes, aparentemente, pertencem a encarnações passadas.[646] Cultivando esses departamentos de nossas mentes, nós podemos desenvolvê-los, tornando-nos peritos. Formamos assim uma memória coerente desses elementos originalmente desconexos. A faculdade se desenvolve com espantosa rapidez uma vez que aprendemos a técnica.

É muito mais fácil (por motivos óbvios) adquirir a Memória Mágica se estamos jurados desde muitas existências a reencarnar imediatamente. O maior obstáculo é o esquecimento freudiano; isto consiste em que, se bem que um acontecimento desagradável possa estar fielmente registrado pelo mecanismo do cérebro, nós não conseguimos nos lembrar dele, ou recordamo-nos erroneamente, porque ele nos é penoso.[647] *A Psicopatologia da Vida Cotidiana*[648] analisa e exemplifica este fenômeno em detalhe. Ora, o Rei dos Terrores sendo a Morte, é realmente difícil encará-lo face a face. Os homens têm criado uma quantidade de máscaras fantásticas; fala-se de "ir para o céu", ou de "passar a um mundo melhor", e assim por diante; bandeiras hasteadas em torres de papel sem bases teóricas. Instintivamente evitamos

---

"bem-educado" médio com o astuto senso comum do camponês analfabeto normal.) Uma grande proporção hoje em dia é composta de "almas" que estão vivendo a vida humana pela primeira vez. Note especialmente a incrível propagação da homossexualidade congênita e outras deficiências sexuais em muitas formas. [N.M.: Você pode ver que este é um Crowley muito mais jovem do que aquele que escreveu: "Nós vamos enterrá-lo debaixo de outro gramado". A chave é que, embora ele não soubesse no momento da escrita deste livro, a forma escolhida de expressão de amor é imaterial. O ponto importante é que o amor deve ser sob vontade. Cf. *Equinox* V (4), *Sex and Religion*.] Estas são pessoas que não entenderam, aceitaram e usaram nem mesmo a Fórmula de Osiris. Seus parentes são os "nascidos uma vez" de William James, que são incapazes de filosofia, magia ou mesmo religião, mas buscam instintivamente um refúgio do horror de contemplar a Natureza, que eles não compreendem, em afirmações calmantes, como as da Ciência "Cristã", do Espiritismo e de todos os falsos credos ocultos, assim como as formas emasculadas do chamado Cristianismo. [N.M.: Na verdade, Cristismo, como Fernando Pessoa brilhantemente apontou.]

645 N.M.: Uma citação de um dos maiores poemas de Swinburne.

646 N.M.: No entanto, deve-se ter cuidado ao examinar esses pensamentos. Podem ser os pensamentos de outra pessoa – ou várias pessoas – que ressoam geneticamente no "comprimento de onda" – por assim dizer – em que o estudante está trabalhando nesse momento. E muitos não se referem a encarnações passadas. Uma prática extremamente útil para evitar "teleatmosferia" – e muitas outras coisas! – é dado em *Liber XVI*. [N.E.: *Liber Turris vel Domus Dei*. Uma instrução para a consecução pela destruição direta dos pensamentos conforme eles surgem na mente.]

647 N.M.: Este talvez seja o maior obstáculo que qualquer Probacionista da A∴A∴ tenha que enfrentar. Cf. *Liber Pyramidos*. Esse tipo de "esquecimento", aliás, é um dos "pecados" hindus.

648 N.M.: De Freud, e talvez sua maior obra-prima.

nos lembrar de nossa última morte, tal como evitamos pensar em nossa próxima.[649] O ponto de vista do iniciado é de uma ajuda imensa.

Tão logo se passa o *pons asinorum*,[650] a prática se torna muito mais fácil. Dá muito menos trabalho rememorarmos a morte anterior à última; familiaridade com a morte resulta em descaso por ela.

É de grande auxílio para o principiante se ele tiver algum motivo intelectual para se identificar com alguma definida pessoa do passado imediato. Um breve relato da boa sorte de Aleister Crowley nisto deverá ser instrutivo. Será visto que os pontos de contato variam muito em caráter.

1. A data da morte de Eliphas Levi foi cerca de seis meses antes do nascimento de Aleister Crowley. Supõe-se que o ego, se reencarnando, toma posse do feto neste estágio de desenvolvimento.[651]
2. Eliphas Levi possuía uma notável semelhança com o pai de Aleister Crowley. Isto, naturalmente, apenas sugere certo grau de adequação do ponto de vista físico.[652]
3. Aleister Crowley escreveu uma peça intitulada "The Fatal Force" em uma ocasião em que ele ainda não havia lido nenhuma das obras de Eliphas Levi. O tema dessa peça é uma Operação Mágica de um tipo muito peculiar. A fórmula que Aleister Crowley supusera ser sua ideia original é mencionada por Levi. Não pudemos encontrá-la em qualquer outra fonte com tão exata correspondência em tantos detalhes.
4. Aleister Crowley descobriu que certo quarteirão de Paris lhe era incompreensivelmente familiar e atraente. Isto não era o fenômeno ordinário de um *déjà vu;* era principalmente a sensação de estar em casa novamente. Ele descobriu, tempos depois, que Levi vivera naquela vizinhança durante muitos anos.[653]

---

649 Esta última é uma prática muito valiosa para se realizar. Veja-se *Liber HHH*; leia também as meditações budistas sobre as Dez Impurezas.

N.M.: No entanto, alguém se esquece de lembrar a própria morte (se é que alguém se lembra disso), não tanto por causa do fenômeno da própria morte *material*, mas pelo horror da percepção de que alguém pode ter quase, mas não totalmente, cortado os elos com as Supernas durante a "vida". Isto teria sido a verdadeira morte – que ainda poderia ter deixado "você" muito "vivo", em um sentido nada saudável – e até mesmo "imortal". Mas essa experiência é ininteligível para qualquer um que não tenha sofrido seu terror. O pavor, aliás, não é o medo da "morte"; é o medo da "vida" sem espírito. É um pavor que talvez afete apenas Iniciados. Eu entendo que algumas pessoas tenham se divertido porque eu falei do "falecido James Wasserman" em algumas dessas edições Thelêmicas, quando é bem sabido que o Sr. Wasserman está, ao que tudo indica, passando muito bem, obrigado – ou estava, quando deste escrito. Mas Wasserman está espiritualmente morto há anos. Claro, se ele fosse capaz de perceber esse fato, ele não estaria morto de jeito nenhum. Este é um dos muitos paradoxos da Iniciação, e foi expresso no aforismo dionisíaco: "Que os mortos enterrem seus mortos".

650 N.E.: Latim, *ponte de burros*. Também chamada de Teorema do Triângulo Isósceles, é uma expressão cunhada pelo matemático Euclides e é usada metaforicamente para representar um teste crítico de capacidade ou compreensão.

651 N.M.: Isso porque o feto recapitula toda a história da evolução de nossa espécie e atinge o estágio humano – como atualmente definido – apenas no final do terceiro mês de gestação. Esta é a razão pela qual o aborto só tem implicações éticas após o terceiro mês de gravidez. Também deve interessar ao estudante sério que é somente depois do terceiro mês da gravidez que o aborto apresenta riscos estatísticos significativos para a saúde da futura mãe. Cf. Carta 27 de *Magick Without Tears Unexpurgated Commented Part I.*

652 N.M.: Ou, para colocá-lo livremente, ressonância genética. Esta é uma dica útil para futuros pesquisadores científicos.

653 N.M.: Deve ser mencionado que, quando Motta visitou a Inglaterra no final de 1952 e.v., ele achou Londres notavelmente familiar – como se tivesse vivido lá antes (como de costume!). Isso foi particularmente impressionante no que dizia respeito à parte da cidade em torno do Museu Britânico. Motta, aliás, não acredita que ele seja a "reencarnação" de Aleister Crowley – ou mesmo uma "encarnação" da Besta, ai! Ele suspeita, no entanto, ser uma reencarnação (o que quer que isso signifique) de Edward Bulwer Lytton, e que ele ainda segue o hábito, em sua vida atual, de ter sido um dos pupilos de Mestre Therion. Ele também suspeita ser a reencarnação (o que quer que isso signifique) de "Swami" Vivekananda, e que Karl Johannes Germer foi a reencarnação (o que quer que etc.) de Sri Ramakrishna, e que o Mestre Hindu disse a seus alunos que ele teria que incorrer antes que alcançasse a libertação total – ou, se desejar, a maestria *real*. Além disso, ele acredita ser a "reencarnação" de um pupilo chinês da encarnação de

5. Existem muitas semelhanças curiosas entre os acontecimentos da vida de Eliphas Levi e a de Aleister Crowley. A intenção dos pais de que seu filho seguisse a carreira religiosa; a inabilidade de usar muitos talentos notáveis de qualquer maneira regular; o inexplicável ostracismo que o afligia, e cujos autores pareciam de algum modo ter vergonha de si mesmos; os acontecimentos relativos ao casamento[654] – tudo isso oferece paralelos surpreendentes.

6. O temperamento dos dois homens é sutilmente idêntico em muitos pontos. Ambos parecem estar constantemente tentando reconciliar insuperáveis antagonismos. Ambos experimentam dificuldade em abandonar a ilusão de que as crenças e hábitos fixos dos homens podem ser radicalmente alterados por umas poucas explicações amistosas. Ambos demonstram uma curiosa predileção por conhecimentos exóticos, preferindo fontes recônditas de ciência. Ambos levam nomes e trajes muito a sério; eles adotam aparências excêntricas. Ambos inspiram o que pode ser chamado de medo e pânico em completos desconhecidos, que não conseguem prover qualquer explicação racional para uma repulsa que às vezes chega quase a uma insanidade temporária. A paixão dominante em cada caso é de ajudar a humanidade. Ambos demonstram um desinteresse por sua prosperidade pessoal, e até por seu conforto; no entanto, ambos demonstram amor ao luxo e ao esplendor. Ambos são de um orgulho satânico.[655]

7. Quando Aleister Crowley se tornou Frater OY MH e teve de escrever sua tese para o Grau de Adeptus Exemptus, ele já havia coligido suas ideias quando *A Chave dos Grandes Mistérios* de Levi lhe caiu nas mãos. Foi notável que ele, tendo admirado Levi durante anos, e mesmo começando a suspeitar de sua identidade, não tivesse se preocupado (se bem que era um extravagante comprador de livros) em adquirir este particular volume. Ele descobriu, para seu espanto, que quase tudo que tencionava dizer estava escrito ali. O resultado foi que ele abandonou sua tese, e em vez de concluí-la, traduziu para o inglês a obra-prima em questão.

8. O estilo dos dois homens é notavelmente semelhante em numerosos pontos sutis e profundos. O ponto de vista geral é quase idêntico. A qualidade da ironia é a mesma. Ambos têm um prazer perverso em armar ciladas ao leitor. Em um ponto, acima de tudo, a identidade é absoluta – não

---

Crowley como Ko Yuen. Sua alegação de ser a reencarnação de Zhuang Zi, feita no *Equinox* V (3), era uma piada sobre si mesmo: ele foi um escriba, que é (em certo sentido) um copista, por várias encarnações; e Zhuang Zi era um "escriba" de Lao Zi, embora não um pupilo do Antigo em um sentido material.

654 Levi, ao ser deliberadamente abandonado, retirou sua proteção de sua esposa; [N.M.: Isto é baseado na incompreensão de Crowley de uma declaração de Levi de que um certo sábio, ao ser traído por sua esposa, impôs apenas esta frase a ela: "Eu tiro de você sua inteligência e sua beleza". Levi não estava se referindo a si mesmo, mas a seu pupilo, Edward Bulwer-Lytton. Levi nunca impôs qualquer sentença à sua esposa quando esta o deixou, e ela viveu muitos anos feliz – do seu ponto de vista, pelo menos (e até onde sabemos, possivelmente também do ponto de vista de Levi) – como uma agitadora socialista na França. Por outro lado, Bulwer-Lytton impôs uma sentença contra sua primeira esposa e a sentença se cumpriu, como demonstra o testemunho da história. Observamos ao leitor sério que Bulwer-Lytton era um homem menor do que Levi. Crowley nunca impôs qualquer sentença sobre suas esposas; quaisquer que sejam as "sentenças" em que tenham incorrido, elas se impuseram a si mesmas. Crowley impôs uma sentença a uma de suas amantes, a célebre "Cat". Ele ainda era relativamente jovem e questionamos a sabedoria do gesto. Nós não sabemos se Crowley – ou mesmo A Besta – possuía essa sabedoria. *Suum cuique!*] ela perdeu sua beleza e inteligência e se tornou presa de um pitecóide velho e medonho. [N.M.: Repetimos, isso não é histórico.] A esposa de Aleister Crowley insistiu em fazer sua própria vontade, como ela definiu; isso o obrigou a ficar de lado. O que aconteceu com a sra. Constant aconteceu com ela, embora de forma mais violenta e desastrosa. [N.M.: Presumimos que isso se refira a Ouarda (Rose Crowley), sua primeira esposa, que se tornou alcoólatra e precisou passar por tratamento psiquiátrico.]

655 N.M.: Uma maneira muito romântica – e basicamente desajeitada – de colocá-lo. Este famoso "orgulho satânico" remonta ao "Paraíso Perdido" de Milton, onde o chefe dos anjos caídos diz "*Melhor governar no inferno que servir no céu*" – um sentimento que os lobos magros sempre compartilharão e os cães gordos desacreditam. Nossa objeção pessoal a tais imagens é que leva os desavisados à ilusão de que já houve um "demônio" no sentido judaico-cristista. O uso recorrente de Crowley do nome "Satã" como um artifício literário causou muita confusão em mentes simples, e muito medo em mentes desonestas ocupando altos cargos, e o colocou na posição divertida (se você é uma pessoa de fora) de ser repudiado por crististas e "satanistas".

existe um terceiro nome na literatura que possa ser colocado na mesma classe. O ponto é este: em uma sentença única são combinados sublimidade e entusiasmo com sardônica amargura, ceticismo, grosseria e desprezo. Evidentemente é o supremo prazer de ambos emitir um acorde composto de tantos elementos antagônicos quanto for possível. O prazer parece derivar da gratificação do senso de poder, o poder de compelir todo possível elemento de pensamento a contribuir ao espasmo.

Se a teoria da reencarnação fosse geralmente aceita, as considerações acima estabeleceriam um caso forte. Frater Perdurabo estava completamente convencido em uma parte de sua mente quanto a esta identidade, muito antes de ter experimentado memórias diretas do assunto.[656]

2

A não ser que tenhamos uma base deste tipo, da qual começar, devemos retraçar os acontecimentos prévios de nossa vida tão bem quanto possamos pelos métodos sugeridos acima. Pode ser de algum auxílio se dermos alguma característica da genuína Memória Mágica; se mencionarmos algumas fontes de erro, e estabelecermos regras críticas para a verificação de nossos resultados.

O primeiro grande perigo é a vaidade. Devemos estar sempre de sobreaviso quanto a "lembranças" de que fomos Cleópatra ou Shakespeare.

Também, semelhanças superficiais são em geral enganadoras.

Um dos grandes testes para a genuinidade de qualquer lembrança é a recordação das coisas realmente importantes daquela existência, não das coisas de que a maioria comumente considera importante.[657] Por exemplo, Aleister Crowley não se recorda de quaisquer dos acontecimentos decisivos da vida de Eliphas Levi. Ele se recorda de trivialidades íntimas da infância. Ele tem uma lembrança vívida de certas crises espirituais; particularmente uma que ocorreu enquanto Levi caminhava de baixo para cima ao longo de uma seção de estrada solitária, em um distrito plano e desolado. Ele se recorda de incidentes ridículos, tais como frequentemente ocorrem na hora da ceia, quando a conversação toma cursos em que uma palavra jovial ao acaso cala fundo em nós, e recebemos uma suprema revelação que, no entanto, é perfeitamente inarticulada.[658] Ele esqueceu seu casamento e seus trágicos resultados,[659] se bem que o plágio que o Destino ousou perpetrar em sua existência presente deveria, poderíamos supor, reabrir naturalmente a ferida.[660]

Existe uma sensação que nos assegura intuitivamente quando estamos na pista certa: há uma *estranheza* na memória que de algum modo nos perturba. Dá-nos um sentimento de vergonha e culpa. Há uma

656 Muito depois do escrito acima, a publicação da biografia de Eliphas Levi por M. Paul Chacornac confirmou a hipótese em inúmeras maneiras impressionantes. [N.M.: Este Paul Chacornac, que era membro da filial francesa da O.T.O. sob Papus (Dr. Gerard Encausse), também escreveu a única biografia sensata de "St. Germain" existente.]

657 N.M.: Este é um ponto muito importante.

658 N.M.: Sem o benefício de coca com anfetamina, para inicializar.

659 Talvez seja significativo que, embora o nome da mulher lhe seja familiar desde 1898 e.v., ele nunca foi capaz de memorizá-lo.

660 N.M.: Na verdade, o fato de esquecê-lo simplesmente significa que não foi realmente importante (do ponto de vista espiritual), embora o sofredor possa ter pensado assim na época! Também explica, neste caso, como Crowley confundiu Bulwer-Lytton amaldiçoando sua esposa com Levi não fazendo o mesmo.

tendência a nos ruborizarmos. Sentimo-nos como um garoto de escola, descoberto a rabiscar um poema.[661] É a mesma sensação que ocorre quando encontramos uma fotografia desbotada, ou um anel de cabelos de vinte anos atrás, no meio das quinquilharias de um baú velho. Esse sentimento independe de a coisa em questão ter sido uma fonte de prazer ou de dor. Será que nos ressentimos da ideia de nossa "prévia condição de servidão"?[662] Queremos esquecer o passado, por mais razão que haja para nos orgulharmos dele. É bem sabido que muitos homens educados se sentem embaraçados na presença de um macaco.[663]

Quando este constrangimento não ocorre, desconfie da exatidão da recordação. As únicas lembranças legítimas que se apresentam serenamente são invariavelmente conectadas àquilo que os homens chamam de desastres. Em vez da sensação de ter sido pego nos deslizamentos, sente-se como se tivesse sido esquecido no postigo.[664] Temos a maliciosa satisfação de termos perpetrado uma tremenda tolice, e escapado sem um arranhão. Quando vemos a vida em perspectiva, é um imenso alívio descobrir que coisas como a falência, o casamento e a forca não fizeram, afinal de contas, nenhuma diferença. Foram apenas acidentes, como os que podem ocorrer com qualquer um; não influenciaram o que havia de real importância. Consequentemente nos lembramos de que nos cortaram as orelhas como se o fato fosse uma saída de sorte, enquanto a pilhéria casual de um colega de bar embriagado em um café noturno nos ferroa com a vergonha de um alpinista social a quem um desconhecido educado casualmente menciona "Meu Tio".[665]

O testemunho da intuição é, no entanto, puramente subjetivo, e exige provas colaterais. Seria um grande erro pedir demasiado. Em consequência do caráter peculiar das lembranças que estão sobre o microscópio, uma confirmação grosseira quase sugere perjúrio. Um patologista criaria suspeitas se afirmasse que seus bacilos se haviam arranjado na lâmina de modo a soletrar Staphylococcus. Desconfiamos de um arranjo floral que nos diz que "Vale a pena viver em Detroit, Michigan". Suponhamos que Aleister Crowley se recorde de ter sido Sir Edward Kelly.[666] Não significa que ele será capaz de nos dar detalhes da cidade de Cracóvia tal como ela era na época de James I da Inglaterra. Acontecimentos materiais são palavras de uma linguagem arbitrária; os símbolos de uma cifra escolhida de antemão. O que aconteceu a Kelly em Cracóvia pode ter tido significado para ele; mas não há motivo para presumir que tenha qualquer significado para o seu sucessor.[667]

---

661 N.M.: Uma referência pungente! Foi um crime do qual tinha sido culpado quando estudante. Como você sabe, só as bichas escrevem poesia, especialmente em uma idade em que deveriam estar intimidando garotos mais fracos ou se masturbando no banheiro. Não há nada como ser educado em uma sociedade cristista para incutir em você uma sensação de verdadeira masculinidade. Pergunte a Norman Mailer.

662 N.M.: Mais uma vez, é a vergonha de lembrar quão mal alguém serviu à Alma Superior, quantas vezes alguém tomou brinquedos por tesouros, e com que frequência alguém se confundiu com o Um – ou o Nenhum.

663 N.M.: Isso era verdade antes mesmo de Darwin apontar que, quando homens se fazem macacos de si mesmos, estão recapitulando a evolução.

664 N.M.: A referência é ao jogo de críquete.

665 N.M.: O "tio" em questão é, naturalmente, endinheirado ou "de sangue azul" – ou, na Rússia, um desmancha-prazeres. Esse tipo de esnobismo pode um dia morrer; mas ainda não, infelizmente.

666 N.M.: É divertido como Crowley insistiu em dar a Kelly o cavalheirismo que ninguém mais fez. Uma de suas ambições secretas era ser condecorado pelo governo britânico por serviços ao seu país. Ele nunca foi – mas nem Charles Darwin também.

667 N.M.: "Espíritas" constantemente interpretam erroneamente os fatos da reencarnação porque ficam horrorizados com a extinção pessoal. Toda a sua ladainha de mentiras tem como único propósito um mecanismo de defesa contra o pensamento da morte. A ideia de que aquilo que era importante para alguém em uma vida passada pode não importar muito para o seu "sucessor", como Crowley coloca, os amedronta. Não é de admirar que o Espiritismo e o Cristismo tendam a insistir na realidade de "Jesus", para não falar da realidade de "Deus".

Existe uma linha óbvia para avaliarmos qualquer lembrança. Ela não pode estar em conflito com fatos estabelecidos. Por exemplo, não podemos ter duas vidas que se interceptam,[668] a não ser que haja motivo para supor que a primeira pessoa morreu espiritualmente antes de seu corpo parar de respirar. Isto poderia acontecer em certos casos, como insanidade.[669]

Não é conclusivo contra uma encarnação prévia que nossa condição presente seja inferior à passada. Nossa vida presente pode representar as possibilidades integrais de certo *Carma* parcial. Podemos ter devotado esta nossa encarnação à liquidação das dívidas de uma parte de nosso caráter prévio. Por exemplo, nós poderíamos dedicar uma existência a liquidar a conta acumulada por Napoleão de sofrimentos desnecessários causados a outros, a fim de recomeçarmos, sem dívidas, uma existência dedicada a colher a recompensa dos imensos serviços que o corso prestou à raça.[670]

O Mestre Therion, de fato, se recorda de diversas encarnações de quase desequilibrada miséria, angústia e humilhação, incorridas a fim de que ele pudesse retomar seu trabalho espiritual sem oposição por parte de credores cármicos.[671]

Estas são as marcas. A memória se coaduna com os fatos observados da vida presente. Esta correspondência pode ser de dois tipos. É raro (e, pelos motivos declarados acima, não tem importância) que nossa memória possa ser confirmada pelo que podemos chamar, desdenhosamente, de evidência externa. Foi de fato uma contribuição confiável para a psicologia observar que uma geração má e adúltera buscava um sinal.[672]

(Ainda assim, o valor permanente da observação é traçar a genealogia do fariseu – desde Caifás até o Cristão moderno.)

Sinais enganam, conduzem a caminhos errôneos. O fato de que qualquer coisa é inteligível prova que está endereçada à pessoa errada; porque a própria existência de linguagem pressupõe incapacidade de nos comunicarmos diretamente. Quando Sir Walter Raleigh estendeu seu manto sobre a estrada enlameada, ele meramente expressou, em uma cifra possibilitada por uma combinação de circunstâncias, seu desejo, outrossim inexprimível, de cair nas boas graças da Rainha Elizabeth I. O significado de sua ação foi determinado pelo concurso das circunstâncias. A realidade não pode se reproduzir exclusivamente desta forma especial. Não há motivo para nos lembrarmos de que um ritual tão extravagante era necessário à

668 N.M.: Esta afirmação pressupõe que uma Tríade Superior não pode se manifestar por mais de um instrumento físico simultaneamente, e está tão aberta a questionamento quanto a própria reencarnação. Como Motta ainda na adolescência colocou a um cristista, “talvez você não possa servir a dois mestres ao mesmo tempo, mas um mestre pode sempre ser servido por mais de um servo a qualquer momento”.

669 N.M.: Novamente, a ideia de um cascão insano descartado por seu Mestre, que alegremente vai construir outro templo em outro lugar enquanto aquele se decompõe mecanicamente ao longo da vida, é tão intolerável para os Espíritas quanto para os Crististas. Isso é especialmente verdade, já que eles se identificam com o templo, e não com o seu Mestre. [N.E.: Para a expressão “cascão”, veja-se *Ataque e Defesa Astral*, de Marcelo Ramos Motta.]

670 N.M.: Isso pressupõe que o Carma tenha conotações éticas e está em total desacordo com a filosofia de Thelema. Cf. *Liber 44*. Nos últimos anos, ele superou tal antropomorfismo. Veja, por exemplo, sua explicação do Atu VIII em *O Livro de Thoth*.

671 N.M.: Interpretação incorreta. As encarnações foram experienciadas para que ele pudesse aprender certas lições necessárias para melhor usar seu instrumento de carne em sua próxima missão. Cf. *LXV* v 8-13. Não era questão de “pagar dívidas cármicas”.

672 N.M.: Uma citação de um dos “evangelhos”, provavelmente extraída da queixa de algum místico genuíno. Realmente, é um fato da psicologia que quanto mais as pessoas estragam suas próprias vidas, mais elas anseiam por intervenção divina milagrosa para desfazer a bagunça que fizeram. Testemunhe a administração Reagan.

adulação naqueles dias.[673] Portanto, não importa o quão bem um homem se lembre de sua encarnação como Júlio César, não há necessidade de reencenar seu poder e colocar tudo em risco por imaginar o Rio Rubicão.[674] Qualquer estado espiritual pode ser simbolizado por uma infinita variedade de atos em uma infinita variedade de circunstâncias. Deveríamos nos recordar apenas daqueles acontecimentos que estejam imediatamente ligados às nossas tendências peculiares de imaginar uma coisa antes que outra.[675]

Lembranças genuínas quase invariavelmente nos explicam a nós mesmos. Suponha, por exemplo, que você sinta uma repulsa instintiva por algum tipo particular de vinho. Por mais que tente, você não encontra motivos para sua idiossincrasia. Suponha então que, quando você explora alguma encarnação prévia, se recorda que morreu por causa de um veneno administrado em um vinho daquele tipo; sua aversão é explicada pelo provérbio "gato escaldado tem medo de água fria". Pode-se contestar que em um tal caso sua libido criou um fantasma de si mesmo, da maneira explicada por Freud. Esta crítica é justa, mas seu valor diminui se você se tornou cônscio da existência dessa repulsa depois que sua Memória Mágica atraiu sua atenção para o fato. Realmente, a essência do teste consiste nisso: que sua memória lhe notifica de alguma coisa nesta vida que é a conclusão lógica das premissas postuladas pela encarnação passada.[676]

Como exemplo, podemos citar certas memórias do Mestre Therion. Ele seguiu uma cadeia de pensamentos que o levou a recordar de sua existência como um Romano chamado Marius de Aquila. Seria forçar a lei de probabilidade se presumíssemos uma conexão entre (α) este método hieroglificamente registrado de autoanálise e (β) a introspecção comum, realizada com princípios inteligíveis a ele mesmo. Ele se recorda diretamente de várias pessoas e diversos acontecimentos relacionados com essa encarnação; e, aparentemente, tanto as pessoas existiram quanto os acontecimentos realmente ocorreram. Não há motivo pelo qual tais memórias, antes de quaisquer outras, tivessem penetrado ao acaso na mente de Mestre Therion. Ele não encontra qualquer motivo para relacioná-las com qualquer coisa em sua vida presente. Mas um exame subsequente do registro indica que o resultado lógico da Obra de Marius de Aquila não ocorreu com aquele romântico patife; de fato, ele morreu antes que qualquer coisa pudesse ocorrer. Podemos supor que qualquer coisa que seja possa ser impedida em seu efeito? O Universo é unânime em refutação. Se, então, os exatos efeitos que poderíamos supor que resultariam daquelas causas estão manifestados na carreira de Mestre Therion, seguramente a explicação mais fácil e mais razoável é assumirmos uma identidade entre os dois homens. Ninguém se choca ao observar que a ambição de Napoleão diminuiu a estatura do francês médio.[677] Nós sabemos, que de uma forma ou de outra, toda força tem de ser

---

673 N.M.: Este é um parágrafo difícil de entender se você não teve alguma experiência de Transe. No entanto, talvez por isso mesmo, é um parágrafo muito valioso para o leitor sério.

674 N.E.: A travessia do rio Rubicão por Júlio César e seu exército culminou na Guerra Civil Romana, que por fim possibilitou que ele se tornasse um ditador e desse início à era imperial de Roma. Segundo Suetônio, foi na ocasião da travessia que César teria então proferido a famosa frase *Alea jacta est* ("a sorte está lançada").

675 A exceção é quando alguma circunstância extravagante prende um nó no canto do lenço mnemônico de alguém. [N.M.: Ou seja, que algum incidente aparentemente trivial ajuda a lembrar de uma lição espiritual útil para a realização da Verdadeira Vontade.]

676 N.M.: Você deve, entretanto, tomar cuidado com a construção de uma encarnação imaginária para "explicar" uma aversão que pode simplesmente ser causada por traços físicos herdados e, como tais, deve ser atribuída não a Neschamah, mas a Nephesch. Cf. Carta 49 de *Magick Without Tears Unexpurgated Commented Part II*.

677 N.M.: Isto, seja verdadeiro ou não, dificilmente é passível de medição por meios presentes. Havia alguma estatística sobre a altura média antes da instituição do censo científico naquele país?

satisfeita; e pessoas que percebem o fato de que acontecimentos externos são meros sintomas de ideias externas não encontram dificuldade em atribuir as correspondências de uns às identidades dos outros.[678]

Que nenhum defensor da Magia insista na validade objetiva de tais concatenações! Seria infantil apegarmo-nos à ideia de que Marius de Aquila realmente existiu; isso não nos deve importar mais do que importa ao matemático se o uso do símbolo X^{22} implica na "realidade" de 22 dimensões de espaço. O Mestre Therion pouco se importa se ele foi realmente Marius de Aquila, ou se alguma vez existiu tal pessoa, ou se o próprio Universo não é mais que um pesadelo que ele criou por uma excessiva ingestão de rum e água. A sua memória sobre Marius de Aquila, das aventuras dele em Roma e na Floresta Negra pouco importa, quer ao Mestre Therion, quer a qualquer outra pessoa. O que importa é isto: fato ou ilusão, ele encontrou uma forma simbólica que o habilitou a se governar melhor para seus próprios propósitos. *Quantum nobis prodest hæc fabula Christi!*[679] A "falsidade" das Fábulas de Esopo não diminui seu valor para humanidade.[680]

Esta redução da Memória Mágica ao nível de um artifício através do qual nossa sabedoria interna se exterioriza não deve ser considerada como cética, a não ser em último caso. Nenhuma hipótese científica pode dar evidência mais forte de sua validade do que as confirmações de suas predições por evidência experimental. O que é objetivo sempre pode ser expresso por símbolos subjetivos, se necessário. A controvérsia, no fim, perde todo significado. Como quer que interpretemos a evidência, sua verdade relativa depende de sua coerência interna. Nós, portanto, podemos dizer que qualquer lembrança mágica é genuína se explica as nossas condições externas ou internas. Qualquer coisa que esclareça o Universo para nós, qualquer coisa que nos revele a nós mesmos, deveria ser bem-vinda neste mundo de enigmas.

À medida que nossa lembrança se estende no passado, a evidência de sua verdade se torna cumulativa. Toda encarnação de que nos lembramos deve aumentar nossa compreensão de nós mesmos. Qualquer obtenção de conhecimento deve indicar com precisão certeira a solução de algum enigma proposto pela Esfinge de nossa cidade nativa desconhecida, Tebas.[681] A complicada situação em que nos encontramos é composta de elementos, e nenhum desses elementos saiu do nada. A Primeira Lei de Newton se aplica a todo plano do pensamento. A teoria da evolução é oniforme. Há um motivo para a nossa predisposição para a gota, ou para o formato de nossa orelha, no passado. O simbolismo pode mudar; os fatos, não. De uma maneira ou de outra, tudo quanto existe é derivado de alguma manifestação prévia. Acreditemos, se quisermos, que a memória de nossas encarnações passadas são sonhos; mas sonhos são determinados pela realidade, tanto quanto os acontecimentos da vida diária. A verdade deve ser apreendida pela

---

678 N.M.: Seria de inestimável ajuda científica, no entanto, se lembrássemos de uma encarnação passada e depois, por meio de pesquisa histórica ou arqueologia, pudéssemos verificar nossas memórias daquela vida em particular. Suponhamos, por exemplo, que embora Marius de Aquila seja geralmente desconhecido da história no momento, existam registros de sua existência e aventuras – ou desventuras – que confirmam as memórias de Crowley daquela vida (que infelizmente ele não cita em detalhes). Memórias pessoais não sustentadas são geralmente inúteis para alguém que não seja a própria pessoa; especialmente quando a memória é de alguém bem conhecido da história! Até que um número razoável de casos como o episódio de Marius de Aquila seja pesquisado e esteja documentadamente à disposição dos cientistas para análise, a teoria da reencarnação permanecerá apenas isso: uma teoria. A disponibilidade de registros apropriados seria de imenso valor na investigação da própria vida orgânica. Até agora, os relatos mais geralmente disponíveis de "encarnações passadas" são, na melhor das hipóteses, anedóticos.

679 N.E.: Latim. *Quanto nos é útil esta fábula de Cristo!* Creditado ao Papa Leão X.

680 N.M.: No entanto, Esopo nunca tentou fingir que suas fábulas eram relatos reais de animais falantes. No argumento da "fabula Christi" há dois pontos importantes a se considerar: primeiro, que as falsificações do "Novo Testamento" não ajudaram ninguém a não ser a uma das teocracias mais tirânicas e insanas que já infestaram a Terra; e segundo, o Cristo é uma fábula apenas para aqueles incapazes de alcançar o Adeptado. Cf. *Carta a um Maçom*.

681 N.M.: A referência a mais uma fábula, a tragédia de Édipo, é intencional.

correta tradução da linguagem simbólica. A última seção do Juramento do Magister Templi é: "Eu juro interpretar todo fenômeno como um trato particular entre Deus e minha alma". A Memória Mágica é, em última análise, uma maneira; e, como a experiência testemunha, uma das maneiras mais importantes, de cumprir este voto.[682]

---

682 N.M.: Isto é, naturalmente, uma posição puramente mística. Mas desde que através da prática de *Liber Thisharb* pode-se desenvolver uma memória de encarnações passadas, nós repetimos que é da maior importância científica que tais memórias deveriam ser – se possível – validadas. Se elas são objetivas em qualquer sentido, as implicações não apenas para a Biologia, Psicologia e Bioquímica, mas para a própria Física, são surpreendentes.

CAPÍTULO VIII

DO EQUILÍBRIO, E DO MÉTODO GERAL E PARTICULAR DE PREPARAR A MOBÍLIA DO TEMPLO E DOS INSTRUMENTOS DA ARTE

I

"Antes que houvesse equilíbrio, a face não contemplava a face."[683] Assim diz o mais santo dos Livros da antiga Cabala (*Siphra Tzeniutha* I. 2.).[684] Uma das faces aqui mencionadas é o Macrocosmo e a outra o Microcosmo.[685]

Como dito acima, o propósito de qualquer cerimônia mágica é unir o Macrocosmo e o Microcosmo.

É como em ótica: os ângulos de incidência e reflexão são iguais. **Você deve equilibrar exatamente seu Macrocosmo e Microcosmo, verticalmente e horizontalmente, ou as imagens não coincidirão.**

Este equilíbrio é afirmado pelo magista quando arranja o interior do Templo. Nada deve estar assimétrico. Se você tem qualquer coisa no Norte, você deve por algo igual e oposto no Sul. **A importância disto é tão grande, e a verdade disto tão óbvia, que nenhuma pessoa com a mais medíocre capacidade para a magia pode tolerar qualquer objeto fora de equilíbrio por um momento que seja. Seu instinto se revolta instantaneamente.**[686] Por essa razão as armas, altar, círculo e magus são todos cuidadosamente proporcionados um ao outro.[687] Não dará certo se tivermos uma taça do tamanho de um dedal e uma baqueta do tamanho de um poste.[688]

Novamente, o arranjo das armas no altar deve ser de maneira que elas *pareçam* equilibradas. Nem deve o magista usar qualquer ornamento desequilibrado. Se ele empunha a baqueta na mão direita, que ele tenha o Anel[689] na esquerda, ou o Ankh, ou a Campainha, ou a Taça. E por motivos que ele se mova para direita, que ele faça este movimento por um motivo equivalente para a esquerda;[690] ou se para frente, para trás; **e que ele corrija cada ideia indicando a contradição contida nessa ideia**. Se ele

---

683 O significado completo deste aforismo é um Arcano do grau de Ipsissimus. Pode, no entanto, ser parcialmente apreendido pelo estudo de *Liber Aleph*, *O Livro da Lei* e os Comentários sobre ele. Isso explica a Existência.

684 N.E.: Primeira parte de *The Kabbaalah Unveiled*, traduzido por Samuel Liddell MacGregor Mathers.

685 Este é o caso porque nós somos Microcosmos cuja Lei é "amor sob vontade". Mas também é Magia para uma unidade que atingiu a Perfeição (em nada absoluto, 0°), para se tornar "dividida por amor ao amor, pela chance de união".

686 Isso se dá porque a essência de ser um Magista é a sua apreensão intuitiva dos princípios fundamentais do Universo. Seu instinto é uma afirmação subconsciente da identidade estrutural do Macrocosmo e do Microcosmo. Equilíbrio é a condição da existência manifestada.

N.M.: Motta estava tão obcecado com essa ideia de equilíbrio em sua adolescência que não conseguia fazer um movimento casual com um braço sem reproduzir imediatamente o mesmo movimento com o outro braço. Ele se preocupou com essa compulsão e uma vez perguntou ao seu superior na "Fraternitas Rosicruciana Antiqua" sobre isso. A pessoa não pôde oferecer uma explicação satisfatória.

687 N.M.: Veja-se a Parte II deste *Liber ABA*, capítulos 2 e 3.

688 Veja-se *Bagh-i-Muattar*, V., par. 2.

689 Este Anel não foi descrito na Parte II deste livro, por razões que podem ou não ser aparentes para o leitor. É o símbolo de Nuit, a totalidade das maneiras possíveis pelas quais ele pode se representar e se realizar. [N.M.: É um conceito muito avançado para principiantes. Cf. *LXV* iii 1-17.]

690 N.M.: Ler este parágrafo em sua adolescência teria feito maravilhas pela paz de espírito de Motta, e talvez até por seu progresso mágico. Mas embora este livro fosse conhecido por seus "superiores" na "Fraternitas Rosicruciana Antiqua", foi mantido em segredo por aqueles que possuíam uma cópia. De vez em quando um capítulo era traduzido e impresso em "Gnose", seu periódico mensal. O nome do autor nunca era dado, nem a fonte; presume-se que esperavam que os leitores pensassem que seus "superiores" eram os autores.

invoca Severidade, que ele declare que Severidade é o instrumento da Misericórdia;[691] se Estabilidade, que ele mostre que a base daquela Estabilidade é uma mudança contínua, tal como a Estabilidade de uma molécula é assegurada pelo momento dos céleres átomos nela contida.[692]

Desta maneira, que cada ideia forme uma espécie de triângulo baseado em dois opostos, sendo a própria ideia o ápice que transcende a contradição da base em uma harmonia mais alta.[693]

Não é prudente utilizar qualquer pensamento em Magia, a não ser que o pensamento tenha sido previamente equilibrado e destruído.[694]

Da mesma maneira com os instrumentos: a Baqueta deve estar pronta para se transformar em uma Serpente, e o Pantáculo na Suástica cíclica ou no Disco de Javé, como que para executar as funções da Espada. A Cruz é tanto a morte do "Salvador"[695] quanto o símbolo fálico da Ressurreição. A própria Vontade deve estar pronta a culminar na entrega daquela Vontade:[696] a flecha da aspiração que é desfechada contra o Pombo Sagrado[697] deve se transmutar na Virgem maravilhada que recebe em seu útero aquele mesmo Espírito de Deus.[698]

Qualquer ideia que seja em si mesma positiva e negativa, ativa e passiva, macho e fêmea, está apta a existir acima do Abismo; qualquer ideia que não esteja equilibrada desta maneira está abaixo do Abismo, contém em si uma inegável dualidade ou falsidade e, nisto, é perigosa e qliphótica.[699] Mesmo uma ideia como a "verdade" é perigosa a não ser que seja compreendido que toda Verdade é, em um sentido, falsidade. Pois toda Verdade é relativa; e, se supormos absoluta, ela nos desencaminhará.[700]

---

691 Por exemplo, como quando a Firmeza com o próprio eu ou outro é a bondade mais verdadeira; ou quando a amputação salva a vida.

692 Veja-se *Liber 418*, 11° Æthyr.

N.M.: A analogia com a estabilidade de um ser humano não é coincidência; pode-se dizer que somos "moléculas macrocósmicas". Cf. *LXV* iv 7.

693 N.M.: Esse hábito produz um gigantesco passo à frente na ética pessoal e na sociologia geral, e é a base de qualquer conceito de ecologia.

694 N.M.: Caso contrário, o verdadeiro – significando thelêmico – sucesso em Magia é impossível. Cf. *AL* i 44; também, *Liber NV* 9-11.

695 É a extensão em questão do Eu Individual, o Ponto Indivisível determinado pela referência aos Quatro Quadrantes. [N.M.: Este "Ponto" é o Khabs, e a "pedra-bezoar" entrelaçada em torno dele é o Khu. Ou, pelo menos, esta analogia é adequada abaixo do Abismo, até certo ponto (trocadilho intencional). Todos devem ter um Khu ou pelo menos um Ka; a qualidade deste Khu, ou deste Ka, é, no entanto, passível de escolha consciente. Se você escolher escolher!

Além disso, a referência aos Quatro Quadrantes pode limitar o Aspirante preguiçoso ou insensível, sendo puramente tridimensional (você também pode chamá-lo de quatro dimensões, incluindo o Tempo; mas o Tempo pode realmente ser meramente a Resultante das outras dimensões interpretadas pela mente humana). Existem outros "Quadrantes". Espírito, por exemplo, é referido pelos judeus ortodoxos a Jerusalém, pelos muçulmanos ortodoxos a Meca, e Thelemitas confirmados a Boleskine.] Esta é a fórmula que permite expressar seu Eu Secreto; seu orvalho caindo sobre a Rosa é desenvolvido em um Eidolon de Si mesmo, na devida estação. [N.M.: A Rosa pessoal de alguém é a "Virgem de todos os homens", num sentido. Cf. *VII* i 49. A Rosa mística média, a menos que despertada por amor sob vontade, parece muito com um repolho, como Judy Chicago deveria saber. Esta é uma dica para as feministas e para *Philosophi* avançados.]

696 Veja-se *Liber LXV* e *Liber VII*.

697 N.M.: Ou o Cisne. Cf. *Liber 333*, cap. 17; também *Parsifal* de Wagner.

698 N.M.: Novamente, cf. *LXV* v 28; também *Liber 418*, 5° Æthyr.

699 Veja-se a Cabala para o uso desta palavra, e estude a doutrina sobre os Reis de Edom. [N.M.: Nunca esquecendo que, se Edom realmente existiu, a "doutrina" se aplica a ele e aos seus reis apenas na medida em que o deus de uma cultura derrotada geralmente é forçado a se tornar o demônio sob os vencedores. Esta verdade, que é um axioma antropológico, não diminui o valor filosófico – e até mesmo psicológico – de qualquer "doutrina" cabalística. Apenas não assuma que exista algum valor automático nela!]

700 Veja-se Poincaré para a prova matemática desta tese. Mas a Experiência Espiritual vai ainda mais fundo e destrói o Cânone da Lei de Contradição. [N.M.: Ele se refere à sua afirmação, corroborada pela experiência de todos os genuínos místicos e pesquisadores "ocultistas" que alcançaram aquele nível, de que "acima do Abismo" nenhum pensamento é verdadeiro a menos que contenha sua contradição em si mesmo.] Há uma quantidade imensa

O Livro das Mentiras, falsamente assim chamado (*Liber 333*), merece cuidadoso estudo quanto a isto. O leitor deveria também consultar a "Introdução" de *Konx Om Pax* e *Thien Tao*, no mesmo volume.

Tudo isso deve ser expresso nas palavras do próprio ritual e simbolizado em cada ato executado.

II

É dito nos antigos livros de Magia que tudo o que o Magista usa deve ser "virgem". Isto é: não deve nunca ter sido usado por qualquer outra pessoa ou para qualquer outro fim. Os Adeptos antigos davam a máxima importância a isto, o que tornava a tarefa do Magista bem difícil. Ele queria uma baqueta, e a fim de cortá-la e apará-la ele necessitava de uma faca. Não era meramente suficiente comprar uma faca nova; ele sentia que deveria fazer a faca.[701] Para fazê-la, era requerido cem coisas mais, sendo que a requisição de cada uma poderia requerer mais cem; e assim por diante. Isto demonstra a impossibilidade de nos desvencilharmos do nosso meio ambiente. **Mesmo em Magia não podemos avançar sem o auxílio de outros.**[702]

Havia, além disto, outro propósito nesta recomendação.[703] Quanto mais trabalho e mais dificuldades a sua arma lhe custar, mais útil ela lhe será.[704] "Se você quer que uma coisa seja bem-feita, faça-a você mesmo." Seria inútil levar este livro a uma loja de departamentos e solicitar aos funcionários que lhe forneçam um Templo de acordo com as especificações.[705] Vale realmente a pena, ao Estudante que

---

de trabalho de MESTRE THERION sobre este assunto; refere-se especialmente ao Seu grau de 9° = 2▫. Tal nível de aprofundamento não é adequado ao Estudante e pode desestabilizá-lo seriamente. [N.M.: A palavra "Estudante" é usada aqui em seu sentido técnico na A∴A∴ para se referir a um Aspirante que ainda não experimentou um Transe, e cujo conhecimento, portanto, é meramente intelectual.] Será melhor que ele considere (provisoriamente) a Verdade no sentido em que é tomada pela Ciência Física. [N.M.: No entanto, até mesmo a ciência física deu saltos gigantescos desde 1904 e.v. e o Princípio da Incerteza de Heisenberg abalou a autossatisfação presunçosa dos newtonianos e romano-alexandrinos!]

701 N.M.: Uma razão para isso era garantir a segurança pessoal. Nos dias em que as facas eram feitas aos poucos, sob contrato, pelo ferreiro da vila, e custavam uma fortuna, qualquer um que comprasse uma faca com o propósito de praticar as artes proibidas, em pouco tempo a Igreja Romana bateria à sua porta com a língua para fora e com os instrumentos de tortura prontos. Toledo, uma cidade espanhola, por muito tempo pertenceu aos mouros e era famosa por sua cutelaria; tornou-se conhecida como um refúgio para feiticeiros e magistas durante a Idade Média. Muitos dos judeus espanhóis mais influentes e eruditos viveram e trabalharam lá.

Você também pode perceber como era difícil para as mulheres praticarem Magia; pois se um homem poderia tentar aprender a arte de ferreiro sem muito esforço, o artifício era uma ocupação desconhecida para as mulheres; as fêmeas que brincavam com fogo acabaram pegando fogo na praça da aldeia.

702 É – e este fato é ainda mais importante – absolutamente fatal e desmoralizante adquirir o hábito de depender dos outros. O Magista deve conhecer todos os detalhes de seu trabalho e ser capaz e disposto a arregaçar as mangas e fazê-lo, não importa o quão trivial ou servil possa parecer. Abramelin (é verdade) proíbe o Aspirante de realizar quaisquer tarefas de um tipo humilhante; [N.M.: Durante a operação em si, contudo!] mas ele nunca será capaz de comandar um serviço perfeito a menos que tenha experiência de tal trabalho necessário, dominado durante seu treinamento inicial.

703 N.M.: Ele quer dizer a recomendação de que tudo o que se usa deveria ser "virgem", não a proibição de Abramelin.

704 N.M.: Este é um fato mágico bem conhecido. Provavelmente está relacionado à concentração necessária para realizar bem qualquer tarefa – enquanto se está aprendendo, de qualquer modo. Cf. *Liber 333*, cap. 32.

705 N.M.: Não é totalmente inútil; mas levaria mais tempo para "carregar" a atmosfera de tal Templo do que se você se desse ao trabalho de improvisar tudo sozinho.

precisa de uma Espada, ir escavar minério de ferro, derretê-lo com carvão preparado por ele mesmo, forjar a arma com suas próprias mãos; e até dar-se ao trabalho de sintetizar o óleo de vitríolo com o qual a lâmina será gravada.[706] Ele terá aprendido várias coisas úteis na sua tentativa de fabricar uma espada realmente virgem; ele compreenderá como uma coisa depende da outra; ele começará a apreciar o significado das palavras "a harmonia do Universo", tão frequentemente usadas, estúpida e superficialmente pelo apologista ordinário da Natureza; e ele também perceberá a verdadeira operação da lei do Carma.[707]

Outra notável injunção da antiga Magia era que o que quer que pertencesse à Obra deveria ser *único*.[708] A Baqueta deveria ser cortada com um único golpe de faca. Não deveria haver qualquer corte errado ou repetido, nenhum desajeitamento ou hesitação.[709] Se você golpeia, golpeie com toda sua força! "O que quer que tua mão faça, faça com todo o seu poder!" **Se vai se dedicar à Magia, não faça concessões**. Você não pode fazer revoluções com água de rosas, ou praticar luta romana usando cartola. Logo descobrirá que ou perde a luta ou perde a cartola. A maior parte das pessoas fazem ambas as coisas. Eles tomam o caminho da Magia sem suficiente reflexão, sem aquela determinação diamantina que fez o autor deste livro exclamar, ao pronunciar seu primeiro juramento, "PERDURABO" – "Eu perdurarei até o fim!".[710] Eles começam a grandes passos, e de repente descobrem que seus sapatos estão se sujando na lama. Ao invés de persistirem, eles correm de volta para o Piccadilly.[711] Essas pessoas têm apenas que agradecer a si mesmas se os próprios moleques de rua zombam delas.

Outra recomendação era esta: **compra o que necessitas sem regatear!**

Você não pode estabelecer uma proporção entre os valores de coisas incomensuráveis.[712] **O mais ínfimo dos Instrumentos Mágicos vale infinitamente mais que tudo o que você possui**, ou melhor, que tudo o que você estupidamente pensa que possui.[713] Quebre esta regra, e a Nêmese usual dos mornos

---

706 N.M.: Lembre-se de que a Espada é a Arma do Ar, da Mente ou do Intelecto; e que, no seu melhor sentido, este "Vitríolo" simboliza a operação pela qual se santifica a Mente. Esta operação inclui a autoanálise extensiva. Cf. *Liber ABA* Parte II, Caps. IV e VIII; também Cap. VII desta Parte III.

707 Nesse sentido, especialmente: qualquer coisa envolve e está envolvida em outras aparentemente totalmente estranhas. [N.M.: O leitor sério compreenderá que não há "retribuição divina" ou "justiça divina" do tipo antropomórfico aqui envolvido. Esse conceito de "justiça" geralmente não passa de um sentimento subjetivo de culpa e de "tolice contra si mesmo". Se, como Crowley disse, você matar cem mil piolhos em um minuto em uma encarnação, isso não significa que você será morto por um piolho – ou por cem mil piolhos – cem mil vezes em uma vida futura! Mas a "onipresença do corpo Dela" – que é o que realmente se quer dizer aqui – pode produzir efeitos inesperadamente perturbadores de causas mal consideradas; como por exemplo, quando você usa DDT para matar insetos que destroem as colheitas, e assim danifica a cadeia alimentar da qual essas culturas são apenas um dos muitos elos. Em um sentido social, Carma é Ecologia!]

708 N.M.: Mais uma vez, o objetivo era simplificar e intensificar a concentração, no sentido hindu de *Ekagrata*, "unidirecionado". [N.E.: Sânscrito, एकाग्रता. É a busca intencional de um objeto; atenção rigorosa e imperturbável.]

709 N.M.: Lembro-me de mim, em uma visita ao Sr. Germer, tentando duas vezes matar um mosquito que ficava zumbindo ao nosso redor, e falhando. Ele protestou: "Como de costume, você não está concentrando sua mente! Você deve praticar Yoga mais estritamente." Eu era imaturo o suficiente para me surpreender com sua associação entre minha tentativa inapta de matar um mosquito e minha fraca prática de Dharana. Minha mente se tornou um pouco mais eficiente durante os anos; mas não muito.

710 "Pois, suportando até o Fim, no Fim havia Nada a suportar." *Liber 333*, Cap. Z.

711 N.M.: O tradicional quarteirão boêmio de Londres por dois séculos.

712 Por mais próximo que o quadrado de qualquer fração se aproxime de 2, nenhuma fração iguala $\sqrt{2}$. $\sqrt{2}$ não está na série; é um tipo totalmente diferente de número.

713 N.M.: Tem sido nossa experiência que os Aspirantes de mente generosa têm problemas com esta regra, como o próprio Crowley teve até certo ponto. Não se deve abandonar o senso comum. Se, por exemplo, você gasta tudo o que tem para fazer a Baqueta, você não vai praticar Magia de forma muito eficiente com apenas uma Arma. (Claro, pode-se usar a Baqueta para obter outras Armas, mas esta é outra história. O iniciante médio é incapaz de tal feito.) A injunção de "não pechinchar" é, como dissemos antes, dirigida aos mesquinhos, que tentarão automaticamente negociar até o último centavo de qualquer negócio. É perfeitamente correto pechinchar quando os avarentos estão no outro lado da transação. Levar o preço da

lhe aguarda. Não só você adquire instrumentos de qualidade inferior, mas também perde de alguma outra forma aquilo que julgou ser bastante esperto em conservar. Lembre-se de Ananias![714]

Por outro lado, se você compra sem regatear, perceberá que o vendedor juntou à sua compra a bolsa de Fortunatus. Não importa em que emergência você pareça se encontrar, na última hora suas dificuldades serão solucionadas.[715] **Pois não existe poder do firmamento ou do éter, sobre a terra e sob a terra, na terra seca e na água; do ar rodopiante e do fogo crepitante, e todo encanto e flagelo de Deus que não seja obediente à necessidade do Magista!** Aquilo que ele tem ele não tem; mas aquilo que ele é ele é; e aquilo que ele vai ser, ele será. E nem Deus nem Homem, nem toda a malícia de Choronzon, pode impedi-lo ou fazer com que ele se desvie um momento de seu Caminho. Este comando e esta promessa têm sido dados por todos os Magi, sem exceção. E onde este comando foi obedecido, esta promessa infalivelmente foi cumprida.

III

Em todos os atos, as mesmas fórmulas se aplicam. **Para invocarmos um deus, isto é, para nos elevarmos ao plano de consciência representado por aquela divindade, o processo é triplo**: PURIFICAÇÃO, CONSAGRAÇÃO e INICIAÇÃO.

Portanto, toda arma mágica, e até o mobiliário do Templo, deve passar por este triplo regime. Os detalhes variam apenas em pontos não essenciais. Por exemplo, para se preparar, o magista purifica-se mantendo sua castidade[716] e se abstendo de qualquer contaminação.[717] Para preparar, digamos, a Taça,

---

madeira ou do petróleo a um nível decente é uma coisa; tentar manter o bolo e comê-lo ao mesmo tempo é bem diferente. Este paradoxo é perfeitamente expresso em *Liber VII* ii 10. Andar no fio da navalha entre mesquinharia e desperdício demanda equilíbrio – que é o tema do sermão de Crowley neste momento.

Repetimos que a advertência acima se aplica ao Aspirante de mente generosa. O problema do Aspirante mesquinho é bem diferente; pessoas como Grady Louis McMurtry, Martin Patrick Starr e Gerald Joseph Yorke são bons exemplos a não seguir!

714 Observe bem que nunca existe qualquer equivalência real ou relação mensurável entre quaisquer duas coisas, pois cada uma delas é inexpugnavelmente Ela mesma. A troca de propriedade não é uma equação matematicamente precisa. [N.M.: Valores expressos em termos monetários são subjetivos demais para isso.] A Baqueta é meramente uma expressão convencional da Vontade, assim como uma palavra o é de um pensamento. Nunca poderá ser outra coisa; assim, embora o processo de fazê-la, seja envolvendo tempo, dinheiro ou trabalho, seja uma síntese espiritual e moral, não é mensurável em termos de seus elementos. [N.M.: É, como ele disse, o consenso dos magistas de que quanto maior o problema que se tem ao fazer as Armas, mais Magia parece capaz de executar com elas. No entanto, é inútil tentar produzir artificialmente esse efeito de "carregamento" fabricando obstáculos desnecessários ao caminho de alguém. Este, de fato, foi o ponto por trás da crítica do Buda aos excessos ascéticos. "Fingir" não funcionará; na verdade, "fingir" é uma forma de pechinchar!]

715 N.M.: Mais uma vez, este é o consenso dos verdadeiros magistas.

716 Veja-se o *Livro da Lei* e os Comentários sobre a verdadeira definição desta virtude. [N.M.: Cf. *The Commentaries of AL* i 51-52; ii 67-72; iii 55-56, especialmente. Na época em que o *Liber ABA* Parte III foi publicado, Crowley ainda não havia escrito sobre o tema da castidade especificamente em termos de O.T.O. ou A∴A∴. Ele fez isso mais tarde. Veja-se os ensaios "Castidade" e "Energia" em *Pequenos Ensaios em Direção à Verdade* e "Artemis Iota" em *Magick Without Tears Unexpurgated Commented Part I*.]

717 N.M.: Observe que "contaminação" deve ser definida de acordo com as condições da Operação, não por referência a algum padrão "ideal", "absoluto", de "pureza".

nós nos certificamos de que o metal nunca foi empregado para qualquer outro propósito – nós derretemos minério virgem e refinamos o metal com o máximo cuidado – ele deve ser quimicamente puro.

Para resumir isto tudo em uma frase: todo artigo empregado deve ser tratado como se fosse um candidato à iniciação; mas naquelas partes do ritual em que o candidato é vendado,[718] nós embrulhamos a arma em um pano negro.[719] O juramento que o candidato faz é substituído por uma "injunção" em termos semelhantes. Os detalhes do preparo de cada arma deveriam ser cuidadosamente planejados pelo magista.

Além disto, a atitude do magista para com suas armas deveria ser aquela do Deus para com o suplicante que O invoca.[720] Deveria ser o amor do pai por seu filho, a ternura e o cuidado do noivo por sua noiva, e aquele sentimento peculiar que o criador de toda obra de arte experimenta por sua obra-prima.

Onde isto tenha sido claramente compreendido, o magista não experimentará dificuldade em observar o ritual apropriado; não só na atual consagração ritualística de cada arma, mas na sua preparação, um processo que deveria adumbrar esta cerimônia; por exemplo, o magista cortará a baqueta da árvore,[721] tirará as folhas e brotos, removerá a casca.[722] Ele aparará bem as pontas e aplainará os nós – isto é o banimento.

Ele então esfregará a baqueta com óleo consagrado até que ela se torne lisa, brilhante e dourada. Ele então a embrulhará em seda da cor apropriada – isto é a Consagração.

Ele então a empunhará, e imaginará que ela é aquele tubo oco com que Prometeu trouxe fogo do Céu, formulando para si mesmo a passagem da Santa Influência através dela. Desta e de outras formas ele executará a iniciação; e, isto sendo realizado, ele repetirá o processo todo em uma cerimônia elaborada.[723]

---

718 N.M.: Isso se refere especificamente a rituais iniciáticos tradicionais, como o do Grau de Aprendiz da Maçonaria do antigo Æon e a antiga Iniciação de Neófito da "Golden Dawn". Para o novo Ritual, veja-se *Liber 671 vel Pyramidos*.

719 Isso se refere à "formula do Neófito". Existem alternativas. [N.M.: Veja-se os capítulos II e VI deste *Liber ABA* Parte III.]

720 N.M.: A descrição a seguir pressupõe que a Deidade invocada é benevolente! De modo geral, a humanidade fabrica suas divindades ou deifica seus heróis e heroínas para ter apoio espiritual ou moral. Quando uma "divindade" é maligna, ou isso é um aspecto de um Arquétipo complexo ou a cultura que adora aquela divindade se desviou para as Qliphoth. Uma pessoa sã não invoca como mentor central de sua consciência uma força que fomentará a involução, a inecologia ou a superstição. Esta sempre foi a situação dos Crististas, e agora se tornou o sofrimento dos Sionistas também.

721 N.M.: Encontre sua Verdadeira Vontade como uma discreta marca no espaço; novamente, Cf. *Liber NV* 9-11; também *Liber HAD* 3-6, 23.

722 N.M.: Cf. *Liber HAD* 8, 12-13; *Liber NV* 9-11.

723 Eu omiti o fato de que todo o assunto de Magia é um exemplo de Mythopœia naquela forma específica chamada Doença da Linguagem. Thoth, Deus da Magia, era apenas um homem que inventou a escrita, como seus monumentos declaram com clareza suficiente. "Gramarye", Magia, é apenas o grego "Gramma". Assim também o antigo nome de um Ritual Mágico, "Grimoire", é meramente uma Gramática.

Parecia maravilhoso para o vulgar que os homens pudessem se comunicar à distância, e eles começaram a atribuir outros poderes, meramente inventados, às pessoas que eram capazes de escrever. A Baqueta não é nada além da caneta bico de pena; a Taça, o Tinteiro; a Adaga, a faca para afiar a caneta; e o disco (Pantáculo) é o próprio rolo de papiro, ou o peso que o manteve em posição, ou a caixa de areia para absorver a tinta. E, claro, o "Papiro de Ani" é apenas o latim para papel higiênico. [N.M.: Esta nota confundirá totalmente os pedantes e os puritanos e poderá desanimar os Aspirantes simplórios. Está escrito em vários níveis de uma só vez e alguns desses níveis serão ininteligíveis para qualquer pessoa abaixo do Grau do escritor. Vamos tentar traduzir alguns dos significados em "palavras mais claras":

Em primeiro lugar, a nota é uma advertência contra a obsessão pelo assunto da Magia como um todo; como disse Levi, a melhor maneira de ver algo claramente é não olhar para aquilo o tempo todo. Deve-se manter a perspectiva de qualquer assunto.

Em segundo lugar, a nota indica que escrever e publicar um livro pode ser uma operação mágica de enormes consequências. Testemunhe, por exemplo, a redação e publicação de *O Capital*, de Marx.

Terceiro, a nota toca na Maldição do Magus: pomposidade, pedantismo e fanatismo são apenas alguns dos seus perigos. Cf. *Liber I vel Magi* 1, 5, 12-14, 19-20.

Para tomarmos um exemplo totalmente diverso, o do Círculo: o magista sintetizará o Vermelhão requerido de Mercúrio e Enxofre sublimados por ele mesmo. Este puro vermelhão, ele misturará com óleo consagrado, e enquanto aplica esta tinta ele pensará intensamente e com devoção nos símbolos que está desenhando.[724] Este círculo pode, então, ser iniciado por uma circum-ambulação, durante a qual o magista invoca os nomes de Deus que ali estão pintados.

Qualquer pessoa sem suficiente engenho para desenvolver os métodos apropriados de preparação para os outros artigos provavelmente nunca será um magista; e nós apenas desperdiçaríamos nosso tempo se tratássemos em detalhe da preparação de cada instrumento.

Existe uma instrução definida em *Liber A vel Armorum*, no *Equinox* I (4), para o preparo da Lâmpada e das Quatro Armas Elementais.[725]

Em quarto lugar, a nota aponta a "onipresença do corpo Dela" de uma maneira hilária. É claro que o Papiro de Ani é uma das cópias originais mais famosas do *Livro dos Mortos* egípcio, encontrado no túmulo de um egípcio chamado Ani. (É famoso porque o texto estava quase intacto.) Mas em latim, o cu é chamado "anus" – uma palavra que sobrevive no inglês moderno com o mesmo significado – e o genitivo de "anus" é "ani". Então, se você diz "Papyrus Ani" em latim, significa ao mesmo tempo "o Papiro de Ani" e "papel para o cu". Este é um dos muitos trocadilhos hilários, eruditos e iniciáticos de Crowley.

O leitor sério está, portanto, sendo advertido contra tornar-se obcecado pelo assunto da Magia, sendo lembrado que todos os verdadeiros deuses e deusas da humanidade eram originalmente seres humanos, e sendo indiretamente encorajado a persistir no estudo e prática da Arte e Ciência dos Magi. A nota também inclui um lamento humorístico e tocante; mas isso – e até mesmo sua causa – permanecerá além da compreensão do leitor comum.

Deve-se acrescentar que não foi possível cobrir todos os aspectos da nota de rodapé e sua intenção nestes poucos parágrafos: uma discussão completa levaria um volume e significaria que o comentarista se tornou pedante ele mesmo!]

724 N.M.: Lembre-se de que o Círculo em si deve ser verde, com os Nomes em escarlate, de acordo com a Parte II deste livro; mas se o próprio chão for verde, será necessário usar um tom diferente de verde para o círculo ou usar outra cor.

725 N.E.: Veja-se o Apêndice VII deste livro.

CAPÍTULO IX

DO SILÊNCIO E DO SEGREDO, E DOS NOMES BÁRBAROS DE EVOCAÇÃO

É verificado pela experiência (confirmando a asserção de Zoroastro) que as mais potentes conjurações são aquelas em linguagens antigas e talvez esquecidas, ou as que estejam em um jargão corrupto, até uma língua que possivelmente nunca teve significado. Destas, há diversos tipos principais. A "invocação preliminar" na *Goécia* é constituída principalmente por corruptelas de nomes gregos e egípcios. Por exemplo, "Osorronnophris" para "Asor Un-Nefer".[726] As conjurações dadas pelo Dr. Dee (*Equinox* I (7)) são em uma linguagem chamada angélica ou enoquiana. Sua fonte original até agora ainda não foi identificada por pesquisa, mas é uma linguagem e não um jargão, pois tem estrutura própria, e há traços de gramática e sintaxe.

Seja lá como for, ela *funciona*. Mesmo o principiante descobre que "coisas acontecem" quando ele a emprega: e isto é uma vantagem – ou desvantagem! – que nenhuma outra linguagem conhecida tem. Para tudo isso é necessário perícia. Isto requer Prudência!

As Invocações Egípcias são muito mais puras, mas seu significado não tem sido suficientemente estudado por pessoas magicamente competentes. Nós possuímos um número de invocações em grego de todo grau de excelência; em latim apenas poucas, e estas de qualidade inferior. Será notado que, em todos os casos, as conjurações são muito sonoras, e há certa voz mágica na qual elas deveriam ser recitadas. Esta voz especial foi nativa com MESTRE THERION; mas pode ser facilmente ensinada – para as pessoas certas.[727]

Várias considerações impeliram-No a tentar conjurações na língua inglesa.[728] Existia já um exemplo, o encanto das feiticeiras em "Macbeth"; se bem que talvez não tenha sido escrito a sério, seu efeito é indubitável.[729]

Tetrâmetros iâmbicos enriquecidos com muitas rimas, tanto externas quanto internas, têm se mostrado muito úteis. "The Wizard Way" (*Equinox* I (1)) nos dá uma boa ideia deste tipo de construção na língua inglesa. Assim como a "Evocação de Bartzabel", no *Equinox* I (9). Existem muitas invocações entremeadas nas obras poéticas do Mestre Therion, em muitas variedades de métricas, de muitos tipos de entes e para muitos propósitos diversos.[730]

Outros métodos de encantamentos são relatados como eficazes. Por exemplo, Frater I.A., quando menino, ouviu dizer que poderia invocar o demônio recitando o "Pai-Nosso" ao contrário. Ele foi para o jardim e experimentou. O Demônio apareceu e quase o fez morrer de medo.[731]

---

726 Veja-se *Liber Samekh* no Apêndice IV; esta é uma edição desta Invocação, com uma elaborada Rubrica, tradução, *scholia* e instrução.

727 N.M.: Também pode ser aprendido pela prática. Os diferentes "chacras" podem ser estimulados pela ressonância de tal voz, e as próprias paredes de uma sala podem vibrar. O tom e o volume devem variar de acordo com as circunstâncias.

728 N.M.: Uma delas é que o inglês, sendo a língua na qual o *Liber AL* foi originalmente dado ao mundo, é agora a língua hierática, e permanecerá assim durante todo o Æon.

729 Um verdadeiro poeta não pode deixar de se revelar a si mesmo e à verdade das coisas em sua arte, quer ele esteja cônscio do que está escrevendo ou não.

730 N.M.: O leitor sério pode notar que Crowley às vezes usa um pronome em maiúsculo quando se refere a "ele mesmo"; na maior parte do tempo usa o pronome com letra minúscula. Ao usar o maiúsculo, ele está se referindo a alguma atividade ou decisão do Magus encarnado nele; ao usar o minúsculo, está se referindo ao "escriba". Cf. *Liber LXV Comentado* para isto. [N.E.: *Equinox* V (2).]

731 N.M.: Alguns gostariam de mais detalhes desta aventura. Ele viu um elemento básico, uma imagem de sua própria mente, a egrégora cristista ou um certo Adepto em seu disfarce favorito? O uso de "Demônio" em letras maiúsculas parece indicar o último. [N.E.: Frater I.A. é, naturalmente, Allan Bennett. I.A. é uma abreviação de *Iehi Aour*, "Que haja luz".]

Não é, pois, bem certo, no que exatamente concerne a eficácia das conjurações. A peculiar excitação mental requerida pode até ser provocada pela percepção da absurdidade do processo inteiro, e pela persistência nele a despeito dessa percepção, como quando Frater Perdurabo (após esgotar todos os Seus recursos mágicos) recitou "From Greenland's Icy Mountains" e obteve Seu resultado.[732]

Pode ser concedido, em qualquer caso, que **as longas linhas de formidáveis palavras que rugem e gemem através de tantas conjurações têm um real efeito de exaltar a consciência do magista ao nível requerido** – que isso aconteça não é mais extraordinário que o fato de a música ser capaz de uma influência análoga.

Magistas não se têm limitado ao uso da voz humana. A Flauta de Pã, com suas sete notas, correspondendo aos sete planetas, a matraca, o tom-tom, e mesmo o violino, têm sido usados, assim como muitos outros, dos quais o mais importante é a Campainha,[733] se bem que esta não é usada tanto para conjurações, a não ser para marcar estágios na cerimônia. De todos estes instrumentos, verificar-se-á que o tom-tom é geralmente o mais útil.

Já que estamos no assunto dos nomes bárbaros de evocação, não podemos omitir a pronúncia de certas palavras supremas que encerram (α) a fórmula completa do Deus invocado ou (β) a cerimônia inteira.

Exemplos do primeiro tipo são Tetragrammaton, **I.A.O.** e Abrahadabra.

Um exemplo do segundo tipo é a grande palavra *StiBeTTChePhMeFSHiSS,* que é uma linha traçada na Árvore da Vida (atribuições Coptas) de uma certa maneira.[734]

Com todas essas palavras, é da máxima importância que nunca sejam pronunciadas até o momento supremo; e mesmo assim, estas deveriam irromper o magista quase a despeito dele mesmo – tão grande deveria ser sua relutância[735] em pronunciá-las. De fato, elas deveriam ser a voz do Deus nele, no primeiro instante da possessão divina. Pronunciadas dessa forma, não podem deixar de ter efeito, visto que elas se tornam o efeito.

Todo magista precavido terá construído (de acordo com os princípios da Santa Cabala) muitas dessas palavras, e ele deveria ter quintessencializado todas em uma só Palavra, a qual, uma vez ele a tenha

---

732 Veja-se "Eleusis", A. Crowley, em *Collected Works*, Vol. III, Epílogo.

733 Veja-se este *Liber ABA* Parte II. Deve ser dito que, na prática, nenhuma campainha, salvo o Seu próprio sino tibetano de Electrum Magicum, jamais soou satisfatoriamente ao Mestre Therion. A maior parte das campainhas dissona e repele.

734 Ela representa a descida de uma certa Influência. Veja-se a "Invocação de Taphtatharath", *Equinox* I (3). As atribuições são dadas em *777.* Essa palavra expressa a corrente Kether–Beth–Binah–Cheth–Geburah–Mem–Hod–Shin–Malkuth, a forma de descida de 1 a 10 através do Pilar da Severidade.

735 Essa relutância é freudiana, devida ao poder que estas palavras têm de despertar a libido subconsciente reprimida. [N.M.: A própria ideia de possessão, mesmo divina, perturba o ego; e este é um exemplo em que é "razoável" que isso seja assim. Há sempre um perigo de desequilíbrio qliphótico para qualquer ego que não tenha sido harmonizado e submetido ao controle pela Vontade do magista – ou, em termos mais simples, qualquer ego que não tenha se tornado um Khu. Uma Força verdadeiramente Divina pode possuí-lo, mas não te obcecará. Uma força qliphótica sempre tentará obcecá-lo se for permitida a entrada livre na fortaleza. Há realmente muito pouca diferença entre esta situação e qualquer situação na sociedade em que um ser humano tenta sujeitar a vontade de outra pessoa por coerção. Governos abusivos, serviços de "inteligência" corruptos, "líderes" subornados ou egoístas são apenas exemplos de desequilíbrio qliphótico na humanidade. Possessão divina é uma visita de um amigo, possessão qliphótica é invasão por um inimigo.

A chave mística consiste em que o Ego deve ser destruído para progredir no Caminho; para esse fim, até mesmo a obsessão pode ser útil! Cf. *LXV* i 44-46; ii 4-6, 33-34; iii 30-32; iv 7, 18-21; v 8-9. Enquanto o ego se apegar à Vontade e se esforçar para permanecer um verdadeiro servo do Altíssimo, a obsessão qliphótica não prevalecerá, e o magista emergirá da luta com experiência adicional e compreensão enriquecida.

O perigo da entrega do ego às Qliphoth, é claro, é básico em qualquer possessão. Mas esse perigo é inerente à própria vida! As obsessões mais perigosas são sempre agradáveis: como disse Levi, uma corrente de ferro nunca é tão perigosa quanto uma corrente de flores.]

formulado, não deve jamais pronunciar conscientemente, nem sequer em pensamentos, até, talvez, quando a pronuncia com seu derradeiro alento. **Realmente, tal Palavra deveria ser tão potente que o homem não possa ouvi-la e ainda permanecer vivo.**

Tal palavra era, de fato, o Tetragrammaton[736] perdido. É alegado que, na pronúncia deste nome, o Universo desaba em dissolução. **Que o Magista busque ardentemente essa Palavra Perdida, pois sua pronúncia é o sinônimo da consecução da Grande Obra.**[737]

Nesse assunto da eficácia de palavras há, novamente, duas fórmulas de natureza extremamente oposta. Uma palavra pode se tornar potente e terrível em virtude de repetições constantes. É dessa forma que muitas religiões ganham força. **No princípio a asserção "Tal e tal é Deus" não desperta interesse. Persista, e você encontrará escárnio e ceticismo; possivelmente perseguição. Persista, e a controvérsia se torna tão familiar que ninguém mais se preocupa em contradizer sua asserção.**[738]

Nenhuma superstição é tão perigosa e tão viva quanto uma superstição explodida. Os jornais de hoje em dia (escritos e editados quase exclusivamente por homens sem nenhuma centelha de religião ou moralidade) não ousam sugerir que qualquer pessoa descreia no culto oficial prevalente; eles deploram o ateísmo – quase universal na prática e implícito na teoria de quase todas as pessoas com inteligência – como se fosse excentricidade de algumas poucas pessoas inconvenientes ou desagradáveis. Essa é a história ordinária da propaganda: o que é falso tem exatamente a mesma chance do que o que é real. Persistência é a única qualidade requerida para o sucesso.[739]

A fórmula oposta é a do segredo. Uma ideia é perpetuada porque não deve nunca ser mencionada. Um maçom nunca esquece as palavras secretas que lhe são confiadas,[740] se bem que estas palavras, na maioria dos casos, não significam absolutamente nada para ele; o único motivo porque ele se lembra delas é que lhe foi proibido de mencioná-las, se bem que elas têm sido repetidamente publicadas, e são tão acessíveis ao profano quanto ao iniciado.

Em uma obra prática de Magia, tal como a pregação de uma nova Lei, esses métodos podem ser vantajosamente combinados; de um lado, a infinita franqueza e presteza em comunicar todos os segredos; de outro, a sublime e terrível certeza de que todos os segredos legítimos são incomunicáveis.[741]

---

736 O Mestre Therion recebeu esta Palavra; é comunicada por Ele aos postulantes apropriados, no lugar e momento devidos, nas devidas circunstâncias. [N.M.: Qualquer um que pense que com isso se entende que, em tais ocasiões, Ele te ensina elocução ou ortografia, não compreedeu uma palavra do que Crowley estava falando. Leia a próxima nota de rodapé!]

737 Cada homem tem uma Grande Obra diversa, mesmo como quaisquer dois pontos da circunferência de um círculo não podem ser ligados ao centro pelo mesmo raio. A Palavra será correspondentemente única.

738 N.M.: É útil, é claro, queimar vivos (como fizeram os Crististas), torturar até a morte (como fizeram os Crististas), apedrejar até a morte (como fizeram os Sionistas) ou simplesmente prender (como fazem os Marxistas) as pessoas que discordam de você.

739 N.M.: Não deve ser entendido pelo leitor superficial que a descrição acima é uma negação da Magia: a força de vontade e a concentração de propósito necessárias para continuar repetindo a Palavra são muito angustiantes para o mentiroso mediano da Madison Avenue contemplar, a menos que ele seja pago com dinheiro, e muito dinheiro.

740 N.M.: Aqui Crowley está fazendo aos "maçons" um elogio que a maioria deles não merece; mas eles sempre podem usar como pretexto a necessidade de sigilo se forem desafiados a repetir as "palavras secretas" aprendidas! "Você os conhecerá pelos seus frutos" aplica-se brilhantemente àqueles infelizes pomposos. A senha do Grau eles provavelmente se lembram; afinal, é a entrada deles na segurança do rebanho burguês. Relembre aos "maçons" americanos médios, por exemplo, que antigamente maçons matavam traidores e morriam sob tortura sem nomear seus irmãos, e ele ficará pálido e estremecerá!

741 Se assim não fosse, a individualidade não seria inviolável. [N.M.: Essa observação absolutamente profunda e supremamente importante provavelmente escapará ao leitor comum, a menos que chamemos atenção para ela. A continuação da nota de rodapé de Crowley deve ser lida com a maior

De acordo com a tradição, é vantajoso, em conjurações, empregar mais de uma linguagem. Provavelmente o motivo é que qualquer mudança estimula a atenção oscilante. Um homem envolvido em intenso labor mental frequentemente se interromperá e dará uma volta ao redor do aposento – podemos supor que por este motivo – mas é um sinal de fraqueza que isto seja necessário. Para o principiante em Magia, porém, é permissível[742] empregar quaisquer artifícios que assegurem o resultado.

Conjurações deveriam ser recitadas, não lidas;[743] e a cerimônia deveria ser tão perfeitamente executada que as pessoas não deveriam se tornar conscientes de qualquer esforço da memória. **A cerimônia deveria ser construída com tal fatalidade e lógica que um erro seria impossível.**[744] O ego consciente do Magista deve ser destruído para que seja absorvido naquele do Deus que ele invoca; e o processo não deveria interferir com o autômato que está executando a cerimônia.

Mas este ego de que aqui falamos é o verdadeiro e definitivo ego.[745] O autômato deveria possuir vontade, energia, inteligência, razão e resolução. Esse autômato deveria ser o homem perfeito, muito mais do que qualquer outro homem pode ser.[746] É apenas o ente divino dentro deste homem, um ente tão acima da ideia de vontade, ou de quaisquer outras qualidades, quanto o Céu está acima da Terra, que deveria se reabsorver naquela radiância ilimitável, da qual ele é uma fagulha.[747]

---

atenção pelos teólogos e pregadores de qualquer religião ("democracia" e "comunismo" incluídos); mas provavelmente não será. Os aspirantes devem ser advertidos de que, a menos que compreendam este ponto, confundirão a aquisição de informações teóricas com a conquista da experiência prática; eles ou vão insultar seus professores por não dizer "o suficiente", ou achar que seus professores são charlatães tagarelas. Em ambos os casos, esses aspirantes falharão na Iniciação.] Nenhum homem pode comunicar o mais simples pensamento a qualquer outro homem em um senso acurado e completo. Pois aquele pensamento é semeado em outro solo, e não pode produzir um efeito idêntico. Eu não posso colocar um pontinho vermelho sobre duas pinturas diversas sem alterá-las de maneira diversa. Poderia ter pouco efeito em um pôr do Sol por Turner, mas muito num noturno por Whistler. A identidade dos dois pontinhos como pontinhos seria, assim, uma falácia. [N.M.: Segue-se daí que os únicos pensamentos que podem sempre ser úteis aos outros são pensamentos biologicamente equilibrados e "abertos" – pensamentos com a capacidade de crescimento. Tais pensamentos não oferecem "consolação", "certeza" ou "segurança" a qualquer outro senão aos mais ousados de nossa espécie: os verdadeiros humanos entre nós.]

742 Isso não quer dizer que seja aconselhável. Quão vergonhosa é a fraqueza humana! Mas é encorajador – seria inútil negá-lo – quando somos derrubados por um Demônio de cuja existência estávamos um pouco duvidosos. [N.M.: Na teoria cristista, supõe-se que, se os demônios existem, talvez também os deuses! Brincadeiras à parte, qualquer confirmação dos aspectos "parapsicológicos" da natureza é naturalmente encorajadora para quem dedicou uma fração séria de sua vida à pesquisa de Magia e/ou misticismo. Nisso há sempre a atração de adulterar a evidência (geralmente não tanto para enganar os outros quanto para enganar a si mesmo!) ou deixar que o julgamento de alguém seja ofuscado por fantasmas de desejo. No entanto, uma verdadeira experiência mágica ou espiritual pode encorajar um buscador por toda a vida. Cf. *Liber VII* vii 15-16.]

743 Mesmo isso é para os irmãos mais fracos. O grande Magus fala e age *impromptu* e *extempore*. [N.M.: A palavra Magus não é aqui usada em seu sentido técnico de 9° = 2▫.]

744 Poesia realmente boa é facilmente memorizada, porque as ideias e valores musicais correspondem à estrutura mental e sensória do homem. [N.M.: A experiência, no entanto, indica que certos ritmos são mais fáceis para algumas culturas e outros ritmos mais fáceis para outras. Além disso, atitudes e emoções trogloditas, sendo intimamente conectadas a valores trogloditas simplistas, são mais facilmente memorizadas pelos macacos falantes do que as atitudes e pensamentos modernos e mais complexos.]

745 N.M.: Isto é, o Khu.

746 N.M.: Este é um fato que a maioria das pessoas que se aproximam de nós para Instrução são totalmente incapazes de entender ou realizar. É difícil e doloroso melhorar a humanidade, e a maioria das pessoas procura a Magia sob a ilusão de que tornará sua vida agradável e fácil.

747 Isso é dito dos Trabalhos parciais, ou elementares, de Magia. Este tratado é elementar; não podemos discutir Trabalhos mais avançados, como por exemplo aqueles de "The Hermit of Aesopus Island". [N.M.: Os quais estavam no nível de Magus no sentido técnico de um 9° = 2▫ A∴A∴. Tais registros, a propósito, sempre permanecem, na melhor das hipóteses, apenas parcialmente inteligíveis para qualquer um que não esteja no nível em que foram realizados. Recebemos perguntas de leitores (e espiões) sobre o assunto dos "inestimáveis manuscritos secretos" de Crowley que (naturalmente) "são a chave para toda a Magia" e que devemos ter egoisticamente guardado para nosso próprio benefício. Mas estes já foram publicados: veja-se *Liber 333*, Caps. 52 e 88. O que não foi publicado aguarda publicação; enquanto isso, devemos lidar com questões elementares e desagradáveis de trabalho de base, aspiração, reverência, simpatia etc., que parecem estar totalmente ausentes na história da maioria daqueles que nos procuram clamando por "poderes". A menos que alguém dê o próximo passo, qualquer passo adiante não serve para nada.]

A grande dificuldade para o Magista que trabalha só é se aperfeiçoar de tal maneira que esses múltiplos deveres do Ritual sejam adequadamente executados. A princípio ele verificará que a exaltação destrói a memória e paralisa os músculos. Esta é uma dificuldade primária do processo mágico, e pode apenas ser conquistada por prática e experiência.[748]

A fim de auxiliar a concentração e aumentar o suprimento de energia, tem sido habitual que o Magista empregue assistentes ou colegas.[749] É duvidoso se as óbvias vantagens desse plano contrabalançam a dificuldade de acharmos pessoas competentes[750] e a possibilidade de um conflito de vontade ou até mesmo de desentendimento no próprio círculo. Em certa ocasião, Frater Perdurabo foi desobedecido por um assistente; se não fosse por Sua prontidão em usar a compulsão física da espada, é provável que o círculo tivesse sido quebrado. Tal como foi, felizmente, o incidente terminou sem um problema mais sério do que a destruição do culpado.[751]

Porém, não há dúvidas de que uma assembleia de pessoas que realmente estejam em harmonia pode produzir um efeito com muito mais facilidade que um magista trabalhando sozinho.[752] A psicologia de "assembleias de Revivalismo" é conhecida por quase todas as pessoas e, se bem que tais reuniões[753] sejam dos mais sujos e degradados rituais de magia negra, as leis da Magia não são suspensas por isto. **As leis da Magia são as leis da Natureza.**

Um exemplo mundialmente conhecido e pitoresco ainda é bastante recente para que gente viva se lembre. Em uma assembleia revivalista de negros dos Estados "Unidos" da América, devotos foram

---

N.M.: Esta descrição irá confundir o leitor médio, que simplesmente não tem (e geralmente não quer passar pelo trabalho de ter) a experiência necessária para compreendê-la. "Qual é o ponto", ele ou ela pode perguntar, "de passar pelo trabalho de desenvolver a Vontade de alguém se ter uma Vontade é imaterial para aqueles Transes superiores?". Em primeiro lugar, a menos que você desenvolva a sua Vontade, você será, de qualquer forma, incapaz de experimentar qualquer Transe. Em segundo lugar, uma pessoa pode construir-se com armas finas e tornar-se hábil em seu uso e, ainda assim, deitá-las (embora estejam sempre ao alcance e em prontidão) para fazer amor, comer ou apreciar boa música ou poesia. Os amarelos, sendo mais sutis e mais civilizados do que os brancos, geralmente são capazes de compreender mais facilmente as aparentes contradições das experiências místicas. Ambos Zen e Bushido estão cheios de máximas, anedotas e exemplos enfatizando esse ponto. Para o moderno ponto de vista branco, cf. *AL* ii 69-72.

748 Veja-se *O Livro das Mentiras*; há diversos capítulos sobre esse assunto. [N.M.: Cf. *Liber 333*, Caps. 13 e 32, por exemplo.] Mas Reta Exaltação deveria produzir espontaneamente as reações mentais e físicas apropriadas. [N.M.: Correto, mas muito raro. É fácil culpar o próprio Guru por não exaltar alguém corretamente, quando o fato real é que você, o escriba, continua interpondo seus próprios comentários e remexendo, emburrado e ansioso, durante o ditado. Cf. *LXV* i 30-40; ii 63-64; iv 17, 28, 59; v 1-2, 23-25.] Tão cedo o desenvolvimento seja assegurado, haverá "justeza" automática reflexa, exatamente como, em assuntos normais, a mente e o corpo respondem, com livre inconsciente retidão, ao chamado da Vontade.

749 N.M.: Assistentes sendo de Graus mais baixos, e colegas do mesmo Grau como a si mesmo (a).

750 O desenvolvimento orgânico da Magia no mundo devido à Vontade criativa de Mestre Therion faz com que a cada ano seja mais fácil encontrar colegas de trabalho cientificamente treinados.

751 N.M.: Este foi Raoul Loveday. Por favor note que Crowley não o espetou, meramente o obrigou a obediência; mas Crowley o espetaria se ele não tivesse obedecido. Loveday, no entanto, já havia quebrado o círculo, tanto que ele próprio estava preocupado; e logo depois morreu de "causas naturais", para grande desgosto de Crowley. [N.E.: Detalhes sobre a morte de Loveday podem ser encontrados na biografia *Perdurabo*, de Richard Kaczynski.]

Os muitos idiotas e/ou espiões que me escreveram cartas nos últimos anos professando estar esperando com suas línguas penduradas para o meio-dia (Cairo, Egito, horário local) de 8 de abril de 1986 e.v. deveriam ter em mente que quem não está disposto a morrer ou a matar pela Iniciação, não tem nada que tocar a campainha de um verdadeiro Iniciado. Se você vier a mim, certamente morrerá (ou fugirá); e pode ter que matar. A vocês mesmos, no mínimo.

752 N.M.: Os aspectos éticos do efeito, naturalmente, dependerão do nível de Iniciação dos participantes. Ou da falta deles.

753 Veja-se, para um relato de cerimonial congregacional retamente conduzido, *Equinox* I (9), "Entusiasmo Energizado", *Equinox* III (1) e *Liber XV*, no Apêndice VI. As "assembleias de Revivalismo" aqui mencionadas eram deliberadas explorações da histeria religiosa. [N.M.: Na maioria das vezes, para fins financeiros ou políticos, ou ambos.]

levados a tamanha excitação que toda a assembleia desenvolveu uma forma furiosa de histeria. Os gritos, comparativamente inteligíveis, de "Glória" e "Aleluia" já não podiam expressar a situação. Alguém gritou "Ta-ra-ra-boom-de-ay!" e o grupo inteiro tomou o refrão e gritou continuamente até a reação despontar. O assunto chegou aos jornais, e algum discípulo mais arguto do logicista e economista John Stuart Mill ponderou que estas palavras, tendo entusiasmado um grupo de tolos, poderiam talvez ter o mesmo efeito sobre o resto dos tolos do mundo. Assim, ele escreveu uma canção, e produziu o resultado desejado.[754] Esse é o exemplo mais notório, em tempos recentes, do poder exercido por um nome bárbaro de evocação.

Umas poucas palavras podem ser úteis para reconciliar a noção geral de Causalidade com a de Magia. Como podemos estar certos de que uma pessoa brandindo um pedaço de pau e gritando produzirá tempestades? Somente da maneira já conhecida pela Ciência: nós notamos que quando jogamos um fósforo aceso em pólvora seca um fenômeno ininteligivelmente arbitrário, aquele do som, ocorre; e assim por diante.[755]

Não é necessário alongarmo-nos sobre esse ponto; mas parece valer a pena responder a uma das objeções quanto à possibilidade de Magia, escolhendo uma que à primeira vista parece "fatal". É conveniente citarmos aqui uma passagem verbatim do Diário[756] de um distinto Magista e filósofo.

"Eu tenho notado que às vezes o efeito de um Trabalho Mágico o segue tão de perto que deve ter começado antes do Trabalho ter sido feito. Exemplo, eu trabalho hoje à noite para fazer com que fulano em Paris, me escreva. Eu recebo a carta dele amanhã de manhã, de forma que ela teve que ser escrita antes do meu Trabalho. Isso nega que o Trabalho causou o efeito?"

"Se eu dou uma tacada numa bola de bilhar, e ela se move, tanto minha vontade quanto o movimento da bola são devidos a causas que antecederam longamente o ato. Eu posso considerar tanto o meu Trabalho quanto sua reação como efeitos gêmeos do eterno Universo. O braço e a bola que eu movo são

---

754 N.M.: A música ainda é ouvida de vez em quando. As letras consistiam inteiramente em "Ta-ra-ra-boom-de-ay", repetidas várias e várias vezes.

755 N.M.: No entanto, há sempre, como no atletismo, um fator pessoal envolvido. Sabemos, em teoria, que um ser humano pode levantar duzentos e trinta quilos, saltar três metros, saltar, à vara, seis ou correr um quilômetro e meio em oitenta segundos; mas, na prática real, muito poucos seres humanos são capazes de fazer qualquer uma dessas coisas. Da mesma forma – como a maioria dos supostos "magistas" eventualmente descobre – pouquíssimos seres humanos produziram tempestades agitando gravetos e uivando ao ar. Uma vez que essa dolorosa compreensão acontece, os professores têm algumas reações típicas a serem observadas: *A* percebe que é difícil e desiste; *B* percebe que é difícil, culpa seu professor por não lhe ensinar melhor como fazê-lo, e se ramifica em um dos seguintes: *B1*, que descaradamentemente para os outros, afirmando que ele pode fazer isso e fica atento aos boletins meteorológicos daí em diante; *B2*, que mente para si mesmo e às vezes vê tempestades onde ninguém vê (se outras pessoas as vissem, pelo menos seria alguma coisa, mas geralmente não é isso que acontece); *B3*, que conclui que a tempestade que ele produziu é a que está ocorrendo agora na Mongólia Exterior; e *B4*, que tenta arrancar o "Segredo" de fazê-lo do professor, falha e se torna um inimigo (e muitas vezes um traidor) para a vida. As duas últimas reações, *C* e *D*, são menos usuais: *C* percebe desde o início o quão difícil seria, então nunca se deu ao trabalho de aprender como fazê-lo, sabendo que falsários enriquecem em todos os lugares enquanto professores passam fome (seu único desapontamento é que o professor geralmente começa a evitá-lo, mas quando políticos, estrelas de cinema e ídolos do rock se juntam a ele, logo é consolado); e *D* trabalha duro até a proficiência ou a morte chegarem.

Muitas vezes, os últimos serão os primeiros. Assim como os atletas têm diferentes capacidades, os magistas têm diferentes talentos. *E* pode ser capaz de produzir tempestades e ser um fracasso total em evocações, enquanto *F* pode produzir um demônio materializado com um estalar de dedos e morrer de sede, a menos que a Natureza forneça chuva no devido curso das coisas. É compreensível, portanto, que os cientistas suspeitem da Magia e dos Magistas. Mas, exatamente como há mil anos ninguém acreditaria que um quilômetro e meio pudesse ser percorrido em oitenta segundos, ou que uma pessoa pudesse levantar duzentos e trinta quilos, ou pular à vara seis metros, ou pular três, porque ninguém tinha visto alguém fazer isso, quando a Magia se tornar mais comum e os Magistas forem treinados nos moldes das recomendações de Mestre Therion, a ciência poderá aceitar fatos incontestáveis – e dar um gigantesco passo à frente. "É uma consumação a ser desejada devotadamente."

756 Em outra anotação, mais adiante, verificamos que o diarista encontrou um argumento similar em *Space, Time and Gravitation*, p. 51. Ele ficou muito encorajado com esta confirmação de sua tese num sistema de pensamento tão alheio ao seu.

partes de um estado do Cosmo que resultou, necessariamente, de seu momentaneamente prévio estado, e assim para trás, eternamente."

"Dessa forma, meu Trabalho Mágico é apenas uma das causas-efeitos que puseram a bola em movimento. Eu posso, portanto, considerar o ato de dar a tacada como uma causa-efeito da minha Vontade original de mover a bola, se bem que necessariamente prévio ao movimento dela. Mas o caso do Trabalho mágico não é exatamente análogo. Pois minha natureza é tal que eu sou compelido a praticar a Magia a fim de fazer com que minha vontade prevaleça; de forma que a causa de eu executar o Trabalho é também a causa do movimento da bola, e, assim, não há razão pela qual um deva preceder o outro. (Cf. Lewis Carroll, *Alice Através do Espelho*, onde a Rainha Vermelha grita antes de picar o dedo.)"

"Deixem-me ilustrar a teoria com um exemplo concreto."

"Eu escrevo da Itália a um homem na França e a outro na Austrália, no mesmo dia, dizendo-lhes que venham se juntar a mim. Ambos chegam dez dias depois; o primeiro em resposta à minha carta, que ele recebeu; o segundo 'de sua própria iniciativa', ao que parece. Mas eu o chamei porque eu o queria; e eu o queria porque ele era meu representante; e sua inteligência o fez resolver juntar-se a mim porque julgou corretamente que a situação (tanto quanto ele sabia) era de modo a me fazer desejar sua presença."

"A mesma causa, portanto, que me fez escrever-lhe, fez com que ele viesse a mim; e se bem que seria impróprio dizer que o ato de escrever a carta foi a causa direta da chegada dele, é evidente que se eu não tivesse escrito a carta eu seria diferente do que sou e, portanto, minhas relações com ele seriam diferentes do que são. Neste senso, portanto, a carta e a jornada estão relacionadas causalmente."

"Não podemos ir além, e dizer que nesse caso eu deveria escrever a carta mesmo se ele tivesse chegado antes de eu escrevê-la; pois é parte de todo o conjunto de circunstâncias que eu não uso um pé de cabra numa porta que já está aberta."

"A conclusão a tirar disto é que devemos fazer nossa Vontade 'sem ânsia de resultado'. Se estamos trabalhando de acordo com as leis de nossa própria natureza, estamos agindo 'retamente'; e nenhum Trabalho tal pode ser chamado de 'inútil', mesmo em casos do tipo discutido aqui. Enquanto nossa Vontade prevalece, não há motivo para queixa."

"Abandonar nossa Magia seria demonstrar falta de confiança em nossos poderes e dúvida quanto à fé mais íntima em nosso Eu e na Natureza.[757] É claro que mudamos os nossos métodos de acordo com os ditames da experiência; mas não há necessidade de mudá-los pelos motivos expostos acima."

"Além do mais, o argumento aqui apresentado elimina a necessidade de explicarmos o *modus operandi* da Magia. Uma operação bem-sucedida não implica em qualquer teoria, nem sequer na existência da causalidade mesma. O conjunto inteiro de fenômenos pode ser concebido como único."

"Por exemplo, se eu vejo uma estrela (e eu vejo a estrela tal qual ela era há anos),[758] eu não preciso assumir que relações causais existam entre ela, a Terra e eu mesmo. A conexão existe; eu não posso predicar mais que isso. Eu não posso postular propósito, ou mesmo determinar a maneira em que o evento

---

757 Isto é, devido a que não podemos compreender como é que a Magia pode produzir os efeitos desejados. Pois se possuímos a inclinação de praticar a Magia, isso é evidência de uma tendência em nossa Natureza. Ninguém compreende por completo como é que a mente move os músculos; mas sabemos que falta de confiança neste ponto resulta em paralisia. "Se duvidassem, Sol e Lua Apagariam a luz sua", como disse Blake. Também, como eu mesmo disse, "Quem tem o Como não cuida do Porquê".

758 N.M.: Até a luz da estrela mais próxima do nosso Sol, *Proxima*, leva quatro anos para chegar até nós. [N.E.: Tecnicamente, *Proxima Centauri*.]

ocorre. Da mesma forma, quando pratico a Magia, é em vão inquirir o motivo de eu agir assim ou de o resultado esperado ocorrer ou não. Nem posso eu saber como as condições prévias e subsequentes estão ligadas. Quando muito, eu posso descrever a consciência que interpreto como uma imagem dos fatos e generalizar empiricamente dos aspectos superficiais do caso."

"Assim, eu tenho minhas próprias impressões pessoais do ato de telefonar; mas eu não posso estar cônscio do que consciência, eletricidade, mecânica, som etc. são em si mesmos. E, se bem que eu possa apelar para a experiência a fim de enunciar 'leis' quanto às condições que acompanham o ato, eu não posso jamais estar seguro de que as condições têm sempre sido, ou serão novamente no futuro, idênticas. (Aliás, um evento não pode jamais ocorrer duas vezes seguidas precisamente nas mesmas circunstâncias.)"[759]

"Além disso, minhas 'leis' sempre precisam considerar quase todos os elementos mais importantes do conhecimento. Eu não posso dizer – de uma maneira definitiva – como uma corrente elétrica é gerada. Eu não posso ter certeza de que alguma força totalmente insuspeitada não esteja agindo de alguma forma inteiramente arbitrária. Por exemplo, supunha-se que Hidrogênio e Cloro se unem sempre que uma faísca elétrica passa através da mistura; agora nós 'sabemos' que a presença de uma diminuta quantidade de vapor d'água (ou algum *tertium quid*)[760] é essencial à reação. Antes dos dias de Ross, nós formulávamos as leis da malária sem referência ao mosquito; talvez descubramos algum dia que o germe só é ativo quando certos eventos estão ocorrendo em alguma distante nebulosa,[761] ou quando uma substância aparentemente inerte, como o Argônio, está presente no ar em certas proporções."

"Podemos admitir, com muito bom humor, que a Magia é tão misteriosa quanto a matemática, tão empírica quanto a poesia, tão incerta quanto o golfe e tão dependente da equação pessoal quanto o Amor."

"Isso não é motivo para que não a devamos estudar, praticar e dela usufruir; pois é uma Ciência exatamente no mesmo senso que a Biologia; não é menos uma Arte que a Escultura; e é um Esporte tanto quanto o Alpinismo."

"Realmente, não parece ser demasiada presunção declararmos que nenhuma Ciência possui iguais possibilidades de proporcionar profundo e importante Conhecimento;[762] que nenhuma Arte oferece tais

---

759 Se não, por que dizemos "duas vezes"?

760 N.E.: Latim, *terceira coisa*.

761 A história de nosso planeta está incluída no período de alguma tal relação; de forma que não podemos ter absoluta certeza de que podemos negar a asserção: "A malária é uma função da presente precessão dos Equinócios".

762 A Magia é menos suscetível a erro que qualquer outra Ciência, porque seus termos são permutáveis, por definição, de forma que está baseada na relatividade desde o início. Não corremos o risco de asseverar proposições absolutas. Além disso, estabelecemos nossas medidas em termos do objeto medido, assim evitando a absurdidade de definir ideias metafísicas por padrões mutáveis (Cf. Eddington, *Space, Time and Gravitation*, Prólogo.), de sermos forçados a atribuir as qualidades da consciência humana as coisas inanimadas (Poincaré, *La mesure du temps*), e asseverarmos que não sabemos coisa alguma do universo em si, se bem que a natureza de nossos sentidos e de nossas mentes necessariamente determina nossas observações, de forma que o limite de nosso conhecimento é subjetivo, tal como um termômetro não pode registrar coisa alguma senão sua própria reação a um tipo particular de Energia. [N.M.: E mesmo sua reação não nos expressa nada a não ser nossa medida convencional e arbitrária de nossas próprias reações às nossas próprias noções de "quente" ou "frio". Nossos instrumentos científicos não são mais que extensões de nossa subjetividade. Nenhum avanço verdadeiro em direção à objetividade que os cientistas visam virá até que façamos contato com uma espécie inteligente diferente da nossa. Mais uma vez, é da maior importância que tentemos nos comunicar em pé de igualdade com os cetáceos. Enquanto continuarmos a tratá-los como inferiores, é improvável que consigamos fazê-lo. Continuamos tentando ensiná-los nossa língua quando deveríamos estar tentando aprender; não usando instrumentos, eles não podem facilmente produzir os sons que fazemos; usando instrumentos, podemos reproduzir os seus e os passos sonoros nos quais eles são proferidos.]

A Magia reconhece francamente: (1) que a verdade é relativa, subjetiva e aparente; (2) que Verdade implica Onisciência, a qual é inalcançável pela mente, sendo transfinita; tal como se tentássemos desenhar um mapa exato da Inglaterra na Inglaterra: aquele mapa deveria conter um mapa do mapa, e assim por diante, *ad infinitum*; (3) que contradições lógicas são inerentes à faculdade do raciocínio (Russel, *Introduction to Mathematical*

oportunidades à ambição da Alma de expressar sua Verdade em Êxtase através de Beleza; e que nenhum Esporte pode competir com suas fascinações de perigo e deleite, pode excitar, exercitar e provar tanto seus devotos, ou pode recompensá-los com tal bem-estar, orgulho, e ardentes prazeres do triunfo pessoal."

"A Magia toma todo pensamento e ato como aparato; tem o Universo por Biblioteca e Laboratório; a Natureza inteira é seu Assunto; e sua Caça, livre de estações preestabelecidas e de restrições protetoras, sempre abunda em variedade infinita, sendo tudo quanto existe."[763]

Philosophy, p. 136; Crowley, *Eleusis* e outros escritos); (4) que um Contínuo requer outro Contínuo para ser comensurável; (5) que o Empirismo é inelutável e, portanto, que ajustamento é o único método de ação; e (6) que podemos evitar erro evitando resistir à mudança e registrando fenômenos observados na própria linguagem deles. [N.M.: No entanto, não se deve levar a filosofia longe demais! Como não podemos evitar a subjetividade, devemos nos opor a qualquer mudança que possa diminuir nosso controle sobre nosso ambiente, restringindo assim nossa Vontade; embora devamos acolher qualquer mudança que expanda nosso ambiente, aumentando assim as potencialidades para o exercício da nossa Vontade. A autopreservação é o objetivo principal de qualquer espécie; autoaperfeiçoamento deve ser a ambição secundária dos inteligentes.]

763 A elasticidade da Magia a torna apta a todo tipo possível de ambiente e, portanto, biologicamente perfeita. "Faze o que tu queres" implica em autoajustamento, de forma que fracasso não pode ocorrer. [N.M.: Interpretar "Faze o que tu queres" como uma licença para "abusar de todas as coisas" é a reação característica de todos aqueles que nasceram e foram criados sob uma religião escrava; os exemplos mais comuns são o sionismo e o cristismo em todos os seus ramos. A necessidade de autoajustamento e a possibilidade de fracasso não ocorrem àqueles crentes em um "Deus onipotente", que pode derrubar as leis de "sua" própria criação por capricho. Por que tal deidade não deveria condenar almas imortais à dor eterna, exigir sacrifício ritual de crianças e colocar limites arbitrários ao desenvolvimento das criaturas feitas (assim nos é dito com ênfase untuosa) à sua própria imagem? Tais contradições éticas não são importantes: o deus dos escravos está acima da consistência, assim como está acima de tudo mais. Que este "deus" é uma imagem psicológica do próprio escravo nunca ocorre a essas pessoas e, por um longo tempo, não ocorreu às suas vítimas, que estavam muito ocupadas esquivando-se de tortura e fogueira para ter tempo de parar e pensar. Invariavelmente, você encontrará adoradores de deuses escravos ansiosos por tiranizar outros, especialmente quando tais adoradores se movem como um rebanho; os rebanhos de Marx, Lenin e Mao tão ansiosos quanto as manadas de Jeová e "Jesus". Sempre pelo bem do "comunismo" ou "democracia", é claro. Aos olhos deles, o indivíduo é sempre dispensável; especialmente o indivíduo que não acredita como eles.] Nossa própria Verdadeira Vontade está necessariamente adaptada ao Universo inteiro com a máxima exatidão, porque cada termo na equação $a + b + c = 0$ deve ser igual e oposto à soma de todos os outros termos. Nenhum indivíduo pode jamais ser mais que ele mesmo, ou fazer algo senão a sua Vontade, a qual é a sua relação necessária com o seu ambiente considerada em seu aspecto dinâmico. [N.M.: Isso significa, como alguém já colocou e colocou bem, que o preço da liberdade é a eterna vigilância. Ou você conquistará seu ambiente ou seu ambiente conquistará você. Existe uma grande lacuna entre isso e a "Onipotência Divina" judaico-cristista, para não falar da "Justiça Divina" judaico-cristista!] Todo erro não é mais que uma ilusão que depende da natureza dele; ele mesmo deve dissipar a miragem, e é uma lei geral que o método de se realizar isto consiste em perceber a, e aquiescer na, ordem Universal, e abster-se de tentar a impossível tarefa de derrotar a inércia das forças que se opõem e, portanto, são idênticas a nós mesmos. [N.M.: É fácil transformar esse fato em uma desculpa para não agir de todo e não tentar alterar o ambiente de alguém. O leitor inteligente deve ter em mente que o que se entende aqui é o que Blake disse: "Você nunca saberá o que é suficiente enquanto não souber o que é mais que suficiente". Não tentar é o único fracasso do qual um ser humano deve ter vergonha; fracasso em fazer o impossível é a única cicatriz que qualquer guerreiro pode orgulhosamente carregar.] Erro no pensamento é, portanto, fracasso em compreender, e na ação, em executar nossa própria Verdadeira Vontade.

CAPÍTULO X

DOS GESTOS

Este capítulo pode ser dividido nas seguintes partes:

1. Atitudes.
2. Circum-ambulações (e movimentos similares).
3. Mudanças de posição (isto depende da teoria da construção do círculo).
4. Batidas e Toques de Campainha.

I

Atitudes são de dois Tipos: naturais e artificiais. Do primeiro tipo, prostrar-se é o exemplo óbvio. É natural ao homem (pobre criatura!) atirar-se ao solo na presença do objeto de sua adoração.[764]

Entre essa e a forma puramente artificial de atitudes existe uma classe que depende de hábitos adquiridos. Por exemplo, é natural para um oficial europeu oferecer sua espada como sinal de rendição. Um tibetano, porém, se agacharia, mostraria a língua, e poria sua mão atrás da orelha direita.

Atitudes puramente artificiais incluem em sua classe a maioria dos sinais claramente mágicos, se bem que alguns desses simulam uma ação natural – por exemplo, o sinal de Abrir o Véu. Mas o sinal de Auramoth (veja-se a ilustração do *Equinox* I (2), "Sinais dos Graus")[765] apenas imita um hieróglifo que tem remota conexão com qualquer fato da Natureza. Todos os sinais devem, é claro, ser estudados com infinita paciência, e praticados até que a conexão entre eles e a atitude mental que eles representam pareça *necessária*.

---

764 O Magista deve evitar prostrar-se, ou mesmo "ajoelhar-se em súplica", como infame e ignominioso, uma abdicação da sua soberania. [N.M.: É, no entanto, apropriado que os Servidores da Estrela & da Cobra prestem homenagem à Besta em sua Dedicação formal, no antigo gesto feudal, que muito antecedeu a perversão cristista de todos os valores. A diferença é aquela entre um cavaleiro ou dama dobrando um joelho ante seu soberano e um escravo ajoelhado diante de seu mestre.

Além disso, na execução do *Liber 175*, a prostração pode às vezes ser apropriada. Em qualquer caso, é essencial não permitir que a mente fique confusa. Os planos não devem ser misturados!]

765 N.E.: Também no Apêndice VII, *Liber O*, deste *Liber ABA*.

II

O principal movimento no círculo é a circum-ambulação.[766] Esta tem um resultado muito definido, mas é muito difícil de descrever. Uma analogia é o dínamo. **Circum-ambulação devidamente executada em combinação com o Sinal de Horus** (ou "O Entrante") **ao passar pelo Oriente é um dos melhores métodos de despertar a força macrocósmica no Círculo.** Nunca deve ser omitida, a não ser que haja algum motivo especial contra ela.[767]

Uma passada peculiar parece apropriada a essa circum-ambulação. Deve ser leve e alerta, quase furtiva; no entanto, cheia de propósito. É o passo do tigre que persegue o corço.

O número de circum-ambulações deveria, está claro, corresponder à natureza da cerimônia.

Outro importante movimento é a espiral, da qual há duas formas principais; uma centrípeta, outra centrífuga. Elas podem ser executadas em qualquer direção; e, como a circum-ambulação, se executadas em sentido horário, elas invocam; se executadas em sentido anti-horário, elas banem.[768] **Na espiral, a passada é leve e saltitante, quase se aproximando de uma dança**; enquanto a executa, o magista usualmente gira em volta de seu próprio eixo, quer na mesma direção da espiral, quer na direção contrária. Cada combinação implica num simbolismo diverso.

Existe também a dança propriamente dita; tem muitas formas diferentes, cada Deus tendo sua dança especial. Uma das mais fáceis e mais efetivas é o passo de valsa ordinário combinado com os três sinais de L.V.X. É muito mais fácil atingir êxtase assim do que se supõe. A essência do processo consiste na luta da Vontade contra a tontura; mas essa luta deve ser prolongada e severa; e da intensidade dessa luta dependerá a qualidade e intensidade do êxtase atingido.

Com a prática, a tontura é conquistada por completo; o cansaço então toma seu lugar como inimigo da Vontade. **É através da mútua destruição desses antagonismos no ser mental e moral do magista que Samadhi é produzido.**

---

766 Na Parte II deste *Liber ABA* foi presumido que o Magista anda descalço. Isto significaria a intenção dele de entrar em íntimo contato com seu Círculo. Mas ele pode usar sandálias, pois o Ankh é uma tira de sandália; isso é originado dos Deuses Egípcios, para significar seu poder de Ir, que é a sua energia eterna. Por forma, o Ankh (ou Crux Ansata) sugere a fórmula pela qual esta Ida é efetuada na prática.

767 N.M.: O leitor sério é lembrado de que o "Oriente" mencionado aqui é o Oriente Espiritual, que para os Thelemitas está localizado em Boleskine, na Escócia. [N.E.: A Mansão Boleskine está próxima do Lago Ness, a 17,8 milhas de Inverness, Latitude 57°15'55.5" Norte, Longitude 4°28'28.8" Oeste (57.265333, -4.474777; Plus Code: 7G8G+444 Easter Boleskine, Inverness, Reino Unido). Para fins práticos, no Brasil, seria algo aproximadamente voltado para o nordeste.]

768 Tal, pelo menos, é a interpretação tradicional. Mas há um propósito mais profundo que pode ser expressado através do sentido de rotação. Certas forças de formidável caráter podem ser invocadas por circum-ambulação anti-horária, quando essa é executada com intenção concentrada nestas forças, e com técnica iniciática. [N.M.: Cf. *Liber H*, O Ritual da Marca da Besta. [N.E.: Motta está se referindo ao *Liber V vel Reguli*. No trabalho de Neófito da A∴A∴, é dito que uma das tarefas é estudar "Liber H"; entretanto, não existe um Liber que tenha oficialmente este nome. Algumas tradições o associam ao *Liber HHH*, mas Motta ensinava que este *H* se referia à letra hebraica *He*, cujo valor gemátrico é 5; sendo V o 5 romano, assim, *Liber V*. Também no *Liber Viarum Viæ*, o Ritual da Marca da Besta, é associado ao *He*.]] Dessas forças, o tipo é Tifão, e a luta dos Titãs contra os Olímpicos é a lenda. (*Teitan*, Titã em grego, tem o valor numérico de 666.)

III

Bons exemplos do uso da mudança de posição são dados nos manuscritos Z-1 e Z-3,[769] os quais explicam o Ritual do Neófito da G.D., onde o candidato é conduzido a diversas partes do Templo, cada parte tendo um significado simbólico intrínseco; mas em invocação pura um exemplo melhor é dado em *Liber 831*.[770]

Planejando uma cerimônia, é importante decidir se você empregará ou não esses movimentos. Pois cada Círculo tem seu simbolismo natural,[771] e mesmo que não faça uso deles, é preciso ter cuidado para que nada seja desarmonioso para com as atribuições naturais.[772] Pois a aura sensitiva do magista poderia ser perturbada e o valor da cerimônia completamente destruído pelo embaraço causado pela descoberta de algum tal erro, como se um abstêmio distraído se achasse vagando num Templo do Demônio do Rum! É, portanto, impossível negligenciar a teoria do Círculo.

Para dar um exemplo simples, suponhamos que, numa Evocação de Bartzabel, o planeta Marte, cuja esfera é Geburah (Severidade), estivesse situado (de fato, isto é, no céu) em oposição ao Quadrado de Chesed (Misericórdia) no Tau inscrito no Círculo, e o triângulo fosse disposto considerando isso.[773] Seria impróprio que o Magista se pusesse de pé naquele Quadrado, a não ser usando esta fórmula: "Eu, de Chesed, rejo Geburah através do Caminho de Leão", enquanto – dando um caso extremo – estar de pé no Quadrado de Hod (que é naturalmente dominado por Geburah) seria uma loucura que somente uma fórmula da mais elevada Magia poderia neutralizar.

Certas posições, porém, tais como Tiphereth,[774] são tão simpáticas para com o Magista que ele pode utilizá-las sem referência à natureza do espírito ou da operação; a não ser que necessite de um espírito excepcionalmente preciso, livre de todos os elementos estranhos; ou um cuja natureza seja dificilmente compatível com Tiphereth.

Para mostrar como estas posições podem ser utilizadas em conjunção com as espirais: suponha que você está invocando Hathor, Deusa do Amor, para que desça ao Altar. De pé no Quadrado de Netzach você A invocará, e então dançará numa espiral centrípeta e horária, terminando ao pé do altar, onde você cai lentamente de joelhos com seus braços erguidos sobre o altar, como se convidando o abraço d'Ela.[775]

---

769 *Equinox* I (2), pp. 244-260.

770 *Equinox* I (7), pp. 93 e seguintes. [N.E.: Encontrado no Apêndice VII, *Liber Yod*, deste *Liber ABA*.]

771 N.M.: Ele quer dizer cada Círculo com diferentes Nomes ou design – essa palavra referida em todos os sentidos. Cf. este *Liber ABA*, Parte II, cap. II.

772 As necessidades práticas do trabalho provavelmente exigirão certos movimentos. Deve-se ou excluir por completo esse simbolismo ou planejar tudo detalhadamente de antemão, e dar significado a cada detalhe. Não deixe que certas ações sejam simbólicas e outras sejam ao acaso. [N.M.: Por outro lado, não se deve ficar obcecado pela necessidade de simbolismo. Algumas ações – como caminhar de um ponto a outro do Círculo – não estão necessariamente imbuídas de qualquer simbolismo especial além daquele simbolismo mais importante de todos: o simbolismo de Ir, de Mudar, de Ser e de Tornar-se. Mas o sábio Magista sabe que esse simbolismo é sinônimo de Vida. Mais uma vez, cf. *Liber 333*, cap. 13.]

773 N.M.: O estudante sério deve considerar cuidadosamente as sugestões inestimáveis por trás desse exemplo.

774 Tiphereth não se pode dizer que seja "dominado" sequer por Kether. É o filho, não o servo.

775 Mas NÃO "suplicando".

Para concluir, pode-se acrescentar que habilidade artística natural, se você a possui, forma um excelente guia. **Toda Arte é Magia.**

Isadora Duncan tem este talento do gesto num grau muito elevado. Que o leitor estude-a dançando; se possível, em privado e não em público, e aprenda a esplêndida "inconsciência" – a qual é consciência mágica – com que ela adapta a ação à melodia.[776]

Não existe meio mais potente que a Arte de chamar Deuses verdadeiros à aparição visível.

IV

As batidas ou toques de campainha são todos do mesmo tipo. Podem ser descritos coletivamente – a diferença entre eles consiste apenas nisto: que o instrumento com o qual são executados os imbui de suas propriedades particulares. Não é de grande importância (mesmo assim) se eles são feitos batendo palmas ou dando com o pé no chão, por pancadas com uma das armas ou pelo instrumento teoricamente apropriado, a campainha. Pode, no entanto, ser admitido que eles se tornam mais importantes na cerimônia se o Magista considera que vale a pena pegar[777] num instrumento com o único propósito de produzi-los.

Seja dito, antes de mais nada, que uma batida assevera uma conexão entre o Magista e o objeto em que ele bate. Assim, o uso da campainha, ou das mãos, significa que o Magista deseja impressionar a atmosfera do círculo inteiro com o que foi feito ou está a ponto de ser feito. Ele deseja formular sua vontade em som, e radiá-la em toda direção; além disso, ele deseja influenciar aquilo que vive pela respiração no sentido do seu propósito, e chamá-lo para que testemunhe sua Palavra. As mãos são usadas como símbolos do seu poder executivo, a campainha representa sua consciência exaltada em música. Bater com a baqueta é pronunciar o fiat de criação; a taça vibra com seu deleite ao receber vinho espiritual. Uma batida com a adaga é como o sinal para encetar uma luta. O disco é usado para expressar a redução do preço daquilo que se compra. Bater com o pé é declarar nossa maestria sobre a matéria em questão. Semelhantemente, qualquer outra forma de dar batidas tem sua virtude própria. Dos exemplos acima, o estudante inteligente terá percebido o método de interpretar cada caso individual que possa se apresentar.

Como já foi dito, o objeto em que se bate é o objeto impressionado. Assim, uma pancada sobre o altar afirma que o magista cumpriu as leis da operação encetada. Bater na lâmpada é chamar a Luz divina. E assim para o resto.

Deve também ser observado que muitas combinações de ideias são tornadas possíveis por esta convenção. Bater com a baqueta na taça é aplicar a vontade criadora ao seu complemento apropriado, e assim executar a Grande Obra pela fórmula de Regeneração. Bater com a mão na adaga declara que

---

776 Esta passagem foi escrita em 1911 e.v. "Acordar Duncan com tua Batida? Quem dera se pudesses!" [N.M.: Esse é um dos trocadilhos literários hilários de Crowley, uma citação direta de *Macbeth* de Shakespeare. Sua principal irritação era que a dançarina preferisse ignorá-lo e reprovar o caso de sua amiga Mary d'Este com ele. É um fato, no entanto, que nos anos anteriores à sua morte, Isadora Duncan estava se tornando cada vez mais extravagante, e sua dança desleixada.]

777 Qualquer ação que não seja puramente rítmica é um distúrbio.

exigimos o uso da adaga como um instrumento para ampliar o nosso poder executivo. O leitor então se lembrará de como Siegfried desferiu Nothung, a espada da Necessidade, sobre a lança de Wotan. Por esse ato, Wagner (que aprendeu de um dos chefes de nossa Ordem como aplicar fórmulas mágicas) tencionou que sua audiência compreendesse que o reino da autoridade e do poder paternal chegara ao fim; que o novo mestre do mundo era o intelecto.

O propósito geral de uma batida ou de um toque de campainha é assinalar um estágio na cerimônia. Sasaki Shigetz nos diz, em seu ensaio sobre Xintoísmo, que os japoneses costumam bater palmas quatro vezes "para afastar os maus espíritos". Ele explica que o que realmente ocorre é que o impacto súbito e seco do som choca a mente em um estado de atenção alerta, que a habilita a se desvencilhar da obsessão do seu estado prévio. Ela é despertada para se aplicar agressivamente às ideias que a oprimiram. Existe, portanto, uma interpretação perfeitamente racional do poder psicológico da batida ou toque.

Numa cerimônia Mágica, a batida é empregada com um propósito semelhante ao dos japoneses xintoístas. O Magista a utiliza como o coro era utilizado no drama grego clássico. Ela o auxilia a estabelecer um parágrafo, a passar sua atenção de um estágio do trabalho ao estágio seguinte.

Isto no que concerne ao caráter geral da batida ou do toque da campainha. Mesmo este ponto de vista limitado oferece grandes oportunidades ao Magista engenhoso. Mas outras possibilidades estão ao nosso dispor. Usualmente não é desejável tentar comunicar qualquer impressão exceto ênfase, e possivelmente declarar um estado emocional, variando a força do golpe. É óbvio, além do mais, que há uma correspondência natural entre a batida forte e brusca de um comando imperioso de um lado e a batida gentil e macia de compreensão do outro. É fácil distinguir entre o murro do credor furioso na porta da rua e o leve dedilhar da amante na porta do quarto. A teoria mágica não pode adicionar instruções ao instinto.

Mas uma batida não é necessariamente única; as combinações possíveis são evidentemente infinitas. Necessitamos apenas discutir os princípios gerais que determinam que número de pancadas será apropriado em qualquer caso, e como podemos dividir esse número em intervalos de forma a expressar nossa ideia por meio dessa estrutura do ritmo.

A regra geral é que uma pancada única não tem significado especial como tal, porque a unidade é uniforme. Ela representa Kether, que é a fonte de todas as coisas igualmente, sem partilhar de qualquer qualidade pela qual distinguimos uma coisa de outra. Continuando nessas linhas, o número de batidas referirá à Sephira ou outra ideia cabalisticamente cognata àquele número. Assim, 7 pancadas indicarão Vênus, 11 a Grande Obra, 17 a Trindade de Pais, e 19 o Princípio Feminino em seu senso mais genérico.

Analisando o assunto um pouco mais, percebemos primeiro que uma bateria de demasiadas pancadas confunde, e pode desviar a atenção das outras partes do ritual. Na prática, 11 é mais ou menos o limite. Usualmente não é difícil arranjar as coisas de forma a expressar qualquer significado com aquele número.

Em segundo lugar, cada número de batidas pode significar tanto, e inclui aspectos tão diversos de um ponto de vista prático, que o nosso perigo consiste em vagueza. As batidas devem ser bem definidas; seu significado deve ser preciso. O ato mesmo de dar as batidas sugere atenção e acuidade. Devemos, portanto, conceber algum meio de fazer com que o número delas expresse o significado especial apropriado. Nosso único recurso é o uso de intervalos.

É evidentemente impossível conseguir grande variedade com os números menores. Mas esse fato demonstra a excelência do nosso sistema. Existe apenas uma maneira de bater 2 batidas, e isto está de acordo com a natureza de Chokmah: existe apenas uma maneira de criar. Podemos expressar apenas a nós mesmos, se bem que o fazemos de forma dupla. Mas há três maneiras de bater 3 batidas, e estas 3 maneiras correspondem à tripla forma em que Binah pode receber a ideia criadora. Há três tipos possíveis de triângulo. Nós podemos compreender uma ideia quer como uma unidade tripartida, como uma unidade se dividindo em uma dualidade, ou como uma dualidade harmonizada numa unidade. Cada um destes métodos pode ser indicado por: 3 pancadas iguais; 1, seguida após uma pausa por 2; e 2, seguida após uma pausa por 1.

À medida que a natureza do número se torna mais complexa, as variedades possíveis aumentam rapidamente. Há muitas maneiras de dar 6 pancadas, cada uma das quais está adaptada à natureza dos diversos aspectos de Tiphereth. Nós podemos deixar a determinação destes detalhes ao engenho do estudante.

A batida mais geralmente útil e adaptável é composta de 11 pancadas. Os principais motivos para isto são: *Primeiro*, 11 é o número da própria Magia. Serve, portanto, a todos os tipos de operação. *Segundo*, 11 é o número sagrado por excelência do novo Æon. Conforme está escrito no *Livro da Lei*: "Onze, como todos os seus números que são de nós". *Terceiro*, é o número de letras da palavra ABRAHADABRA, que é a palavra do Æon. A estrutura dessa palavra é tal que ela expressa a Grande Obra em todos os seus aspectos. *Finalmente*, é possível, através desse número, expressar todas as esferas em que operamos, qualquer que seja a natureza delas. Isso é conseguido pelo processo de estabelecermos uma equação entre o número da Sephira e a diferença entre esse número e 11. Por exemplo, $2^\circ = 9^\square$ é a fórmula do grau iniciático correspondente a Yesod. Yesod representa a instabilidade do ar, a esterilidade da Lua; mas essas qualidades são ali balanceadas pela estabilidade implicada na posição de Yesod como a Fundação, e por sua função de geração. Esse complexo é equilibrado ainda mais ao ser identificado com o número 2, de Chokmah, que possui a qualidade aérea, sendo a Palavra, e a qualidade lunar, sendo o reflexo do Sol de Kether, como Yesod é o reflexo do Sol de Tiphereth. É a sabedoria que é a fundação por ser a criação. Este ciclo inteiro de ideias é expressado pela fórmula dupla $2^\circ = 9^\square$, $9^\circ = 2^\square$; e qualquer uma destas ideias pode ser selecionada e expressada pela bateria correspondente.

Podemos concluir com um único exemplo de como os princípios acima podem ser colocados em prática. Suponhamos que o Magista projeta uma operação para o propósito de auxiliar sua mente a resistir à tendência a divagar. Isto será uma obra de Yesod. Mas ele deve acentuar a estabilidade daquela Sephira em vez da qualidade aérea que ela possui. Seu primeiro ato será colocar o 9 sob a proteção do 2; a bateria neste ponto será 1-9-1. Mas este 9, assim, sugere a mutabilidade da Lua. Pode lhe ocorrer dividir isto em 4 e 5, 4 sendo o número da fixidez, lei e poder autoritário; e 5 aquele de coragem, energia e triunfo do espírito sobre os elementos. Ele refletirá, além do mais, que 4 simboliza a estabilidade da matéria, enquanto 5 expressa a mesma ideia aplicada a movimento. Neste ponto a bateria aparecerá como 1-2-5-2-1. Após a devida consideração, ele provavelmente concluirá que dividir o 5 central tenderia a destruir a simplicidade da sua fórmula, e decidirá usá-la tal qual está. A alternativa possível seria fazer de uma batida única o centro de sua bateria, como se ele apelasse à ultimal imutabilidade de Kether, invocando aquela unidade pelo ato de colocar uma quádrupla batida de cada lado dela. Nesse caso, a bateria seria 1-4-1-4-1. Ele naturalmente terá tido o cuidado de preservar o equilibrio de cada seção da bateria com a seção correspondente. Isto seria particularmente necessário em uma operação tal como a que escolhemos para exemplo.[778]

---

778 N.M.: Talvez um comentário final seja útil: o leitor sério perceberá, a partir do exemplo acima, pacientemente desenvolvido, que a menos que alguém se aproxime de uma operação de Magia com a maior concentração da mente, intenção e sentimento, não obterá resultado ou, pior, obterá resultados apenas da operação das leis do acaso. Isso é pior porque, quando acontece, os estudantes preguiçosos tendem a se enganar, dizendo que são adeptos ou até mestres do assunto, assim como um atirador de precisão pode acertar uma mosca, ficar convencido de que não precisa de prática e ser derrubado pelo primeiro assaltante que ele encontrar por acaso na rua ou atirar em um espectador inocente ao tentar derrubar o assaltante.

CAPÍTULO XI

DE NOSSA SENHORA BABALON E DA BESTA SOBRE A QUAL ELA CAVALGA. TAMBÉM QUANTO A TRANSFORMAÇÕES

I

Os conteúdos desta seção, no que concerne à NOSSA SENHORA, são demasiadamente importantes e sagrados para serem impressos. Eles só são comunicados por MESTRE THERION aos alunos escolhidos e em instrução privada.[779]

II

O trabalho mágico essencial, à parte de qualquer operação em particular, é a formação adequada do Ente Mágico ou Corpo de Luz. Esse processo será discutido com algum pormenor no Capítulo XVIII.[780]

Nós assumiremos aqui que o magista teve sucesso em desenvolver seu Corpo de Luz até que este seja capaz de ir a qualquer parte e fazer qualquer coisa. Haverá, no entanto, certa limitação ao seu trabalho, porque ele formou seu corpo mágico da matéria mais fina do seu próprio elemento. Portanto, se bem que ele pode ser capaz de penetrar nos mais longínquos recessos do céu, ou de conduzir vigorosos combates com os mais impronunciáveis demônios do abismo, talvez não lhe seja possível sequer derrubar um vaso de uma prateleira. Seu corpo mágico é composto de matéria demasiado tênue para afetar diretamente a matéria grosseira da qual ilusões como mesas e cadeiras são fabricadas.[781]

Houve muita discussão no passado, em Colégios do Espírito Santo, quanto à legitimidade de tentarmos transcender essa limitação. Não é necessário expressar uma opinião quanto a isso. Pode-se deixar que cada magista decida de acordo com sua própria vontade.

O *Livro dos Mortos* contém muitos capítulos para habilitar a entidade mágica de um homem que está morto e, assim, privado (de acordo com a teoria da morte então aceita) de veículo material para a execução de sua vontade, a tomar a forma de certos animais, tais como um falcão dourado ou um crocodilo, e

---

779 N.M.: Veja-se, contudo, *Liber 156*. [N.E.: Constando no Apêndice VII, *Liber Cheth vel Vallum Abiegni*, deste *Liber ABA*.]

780 N.M.: O estudante sério deve sempre considerar cuidadosamente o *número* dos capítulos deste livro em relação aos temas tratados nele. Ele também achará útil comparar a numeração com a do *Dogma e Ritual da Alta Magia* de Levi, da qual estamos preparando uma versão em inglês anotada. [N.E.: Não há registros de que tal versão comentada por Motta foi realmente feita.]

781 A única operação "física" que o Corpo de Luz pode executar com real facilidade é "*Congressus subtilis*". [N.M.: Significando relação sexual entre um corpo astral e um corpo físico.] As emanações do "Corpo de Desejos" do ser material a quem se visita são, se a visita for agradável, tão potentes que se ganha espontaneamente substância no abraço. Há muitos casos registrados de Crianças nascidas como resultado de tais uniões. Veja-se o trabalho de Sinistrari sobre *Incubi e Succubi* [N.E.: *De Daemonialitate et Incubis et Succubis*.] para uma discussão de fenômenos análogos. [N.M.: O leitor inteligente perceberá que o uso de "Crianças" em letras maiúsculas deve significar algo bem diferente da usual infestação de *Homo saps*; Crowley enfatiza isso ainda mais falando da pesquisa de Sinistrari em fenômenos análogos. O estudante sério é referido ao *Sex and Religion* (*Equinox* V (4)), particularmente *Bagh-i-Muattar*, *The Paris Working*, *Heavenly Bridegrooms* e "O Mundo da Vigília". O aspirante sério também é referido aos Sinais de N.O.X. e ao Capítulo V deste livro.]

nela percorrer a Terra "tomando seu prazer entre os vivos".[782] Via de regra, material era fornecido a partir do qual ele poderia construir partes do Corpo de Luz, sendo, a seguir, denominado falcão.[783]

Não necessitamos, porém, considerar esta questão dos mortos. Pode frequentemente ser conveniente aos vivos que eles saiam pelo mundo num tal disfarce. **Então, conceba-se este corpo mágico como uma força criadora buscando manifestação; como um Deus buscando encarnação.**

Há dois métodos pelos quais este fito pode ser conseguido. **O primeiro é construir um corpo apropriado a partir de seus elementos.** Isso é, de um modo geral, muito difícil de fazer, pois a constituição física de qualquer ente material com muito poder é, ou pelo menos deveria ser, resultado de eras de evolução. Porém, existe um método permissível de se produzir um *homunculus*, o qual é ensinado em uma certa organização secreta, talvez conhecida de alguns dos que podem vir a ler este livro; um método que pode muito facilmente ser adaptado a um propósito como este que estamos discutindo.[784]

O segundo método parece muito fácil e divertido. Você pega algum organismo já existente, o qual seja apto para o seu propósito. Você expulsa o ente mágico que o habita e toma posse. Fazer isto à força não é nem fácil nem justificável, porque o ente mágico do outro estava encarnado de acordo com a Vontade dele. E "tu não tens direito a não ser fazer a tua vontade." Essa frase dificilmente poderia ser interpretada como significando que nossa vontade poderia interferir com a vontade de alguma outra pessoa![785] Além disso, é extremamente difícil expatriar, assim, outro ente mágico; pois, a menos que seja um microcosmo completo como o ser humano, não pode ser chamado de estrela; no entanto, é um pedacinho de estrela e parte do corpo de Nuit.

Mas não há motivo para tanto sobressalto. Não há motivo para se bater na moça, a não ser que ela se recuse a fazer o que você quer, e ela sempre concordará se você lhe disser umas coisinhas doces.[786] **Pode-se sempre usar o corpo habitado por um elemental, tal como uma águia, lebre, lobo, ou qualquer animal conveniente, estabelecendo um pacto muito simples. Você assume a responsabilidade pelo animal, assim incorporando-o à sua própria hierarquia mágica.[787] Isso representa um tremendo ganho para o animal.[788] Satisfaz por completo a ambição dele por uma aliança desse tipo,**

---

782 Veja-se *O Livro de Mentiras*, cap. 44 e *The Collected Works* de Aleister Crowley, Vol. III, onde ocorrem traduções parafraseadas de certos rituais egípcios clássicos.

783 N.M.: A teoria parece ter sido de maneira que uma forma específica tornaria a "jornada" mais fácil do que outra, dependendo da região que se desejasse visitar ou das circunstâncias da visita. Apenas a pesquisa prática pode realmente responder a essas perguntas para cada estudante. Em uma série de experimentos com outro iniciado, por exemplo, Crowley achou mais fácil viajar a distância entre eles (sobre a água), assumindo a forma de um falcão dourado do que indo em sua própria forma humana. É claro que é extremamente fácil mudar a "forma física" no astral.

784 N.E.: Crowley provavelmente se refere aqui ao *Liber CCCLXVII*.

785 No entanto, poderia ser a Vontade do outro ser convidar o Magista a habitar em seu instrumento.

786 Especialmente no assunto da Baqueta ou do Disco. [N.M.: Isso, assim como os poderes atléticos e mágicos, ainda depende muito da equação individual, não importa quão grande seja sua Baqueta ou quão abundante seja seu Disco!]

787 N.M.: Os totens de algumas tribos amarelas (lembre-se de que "vermelho" é um subgrupo de amarelo) indicam precisamente esse tipo de pacto; e a ordem em que as formas animais aparecem no poste indica o nível em que o pacto funciona em cada caso. Esse é um segredo bem guardado de tais tribos, muito sagrado para elas, e não invadiremos sua privacidade com uma discussão mais aprofundada do assunto aqui.

N.E.: Mais informações sobre esse tipo de pacto podem ser encontradas no Ensaio "On Familiars", em *Essays to Keph Ra*, de Ray Eales.

788 Esse é o aspecto mágico da ingestão de carne animal, e sua justificativa; ou, antes, a reconciliação da aparente contradição entre os elementos carnívoros e os elementos humanitários na natureza do *Homo sapiens*. [N.M.: Naturalmente, o tipo mais digno de pessoa demonstra reverência e respeito pelos animais cuja carne eles comem. Lembramo-nos de uma fábula Zen: um mestre em artes marciais conta a um estudante samurai: "*Certa vez um peixe salvou minha vida*". O estudante, surpreso: "*Como assim?*". O mestre: "*Eu o comi*".

extremamente íntimo, com uma Estrela. O magista, por outro lado, é habilitado a se transformar e retransformar em mil formas diversas, aceitando uma comitiva de tais aderentes. Dessa forma, a projeção do "astral", ou Corpo de Luz, pode ser tornada absolutamente tangível e prática. **Ao mesmo tempo, o magista deve compreender que, ao tomar responsabilidade pelo Carma de qualquer elemental, ele está assumindo uma responsabilidade muito séria. O laço que o une àquele elemental é amor; e, embora seja apenas uma pequena parte do aparato do magista, é o ente inteiro do elemental.** O magista, portanto, sofrerá intensamente caso qualquer erro ou infortúnio ocorra com seu protegido. Esse sentimento é bastante peculiar. É bem instintivo com os padrinhos. Eles ouvem falar da destruição de uma cidade de milhares de habitantes com fria indiferença; mas quando escutam que um cão machucou a pata, sentem *Weltschmerz*[789] agudamente.

Não é necessário dizermos muito mais que isso sobre transformações. Aqueles a quem o assunto atrai compreenderão prontamente a importância do que já foi dito. Aqueles cuja inclinação é outra podem ponderar que um aceno de cabeça vale tanto quanto uma piscadela para um cavalo cego.

Há uma distância muito grande entre essa atitude e a atitude das pessoas que prendem os animais em gaiolas estreitas, de modo que são forçados à inatividade e, em seguida, os empurram hormônios pela garganta. O teor de gordura da carne torna-se excessivo, a própria carne se torna doente e a contagem anormal de hormônios afeta o equilíbrio endócrino dos comedores. Essas pessoas não apenas torturam animais da mais grosseira e cega forma de ganância: eles também envenenam aqueles que consomem seus produtos.

Deve-se notar que a maneira pela qual os judeus abatem animais para comida "kosher" mostra uma reverência pela vida que vem de mil anos em terras áridas, onde um animal se torna um tesouro. Resta saber se os ricos judeus proprietários de matadouros demonstram a mesma reverência à carne que destinam aos *goyim*! [N.E.: *Goyim* é a palavra hebraica para nação ou povo, também utilizada pela comunidade judaica para se referir aos não judeus ou gentios.]]

789 N.E.: "Weltschmerz" é um termo cunhado pelo autor alemão Jean Paul e denota o tipo de sentimento experimentado por alguém que acredita que a realidade física nunca pode satisfazer as exigências da mente. Também chamada "dor de mundo".

CAPÍTULO XII

DO SACRIFÍCIO DE SANGUE: E ASSUNTOS COGNATOS

É necessário que consideremos cuidadosamente os problemas relacionados com o sacrifício de sangue, pois esta questão é, de fato, de importância tradicional na Magia. Quase toda a Magia antiga gira em torno deste assunto. Em particular, todas as religiões osirianas – os ritos do Deus Sacrificado – referem-se a isto. O assassinato de Osiris e Adônis; a mutilação de Átis; os cultos de México e Peru; a história de Hércules ou Melcarte; as lendas de Dionísio e Mitra, todas estão relacionadas com esta única ideia. Na religião hebraica nós vemos a mesma coisa inculcada. A primeira lição ética da Bíblia é que o único sacrifício agradável ao Senhor é o sacrifício de sangue; Abel, ao fazer isto, encontrou benevolência do Senhor, enquanto Caim, que ofereceu repolhos, naturalmente foi considerado um sovina.[790] A ideia ocorre repetidamente. Logo após o conto de Abraão recebendo ordens de sacrificar seu filho primogênito, nós vemos o sacrifício da Páscoa, com a ideia de substituição de vida animal por vida humana. A cerimônia anual dos dois bodes perpetuou essa ideia. De novo vemos sua importância entre os judeus no romance de Ester, em que Hamã e Mardoqueu são os dois bodes, ou deuses; finalmente, na representação do rito de Purim na Palestina, em que Jesus e Barrabás foram os Bodes naquele particular ano de que tanto ouvimos falar, sem que haja qualquer acordo quanto à data.

Esse assunto deve ser estudado em *O Ramo de Ouro*, onde é exposto com extrema competência pelo Dr. J. G. Frazer.

Bastante já foi dito para mostrar que o sacrifício de sangue tem sido, desde épocas imemoriais, a parte mais considerada da Magia. Aparentemente, a moral da coisa nunca preocupou a ninguém; nem, sinceramente, precisa preocupar. Como diz São Paulo, "Sem verter sangue, não há remissão"; e quem somos nós para discutir com São Paulo?[791] Mas, afinal de contas, qualquer pessoa tem o direito de ter a opinião que queira sobre este assunto, ou sobre qualquer outro assunto, graças a Deus![792] Ao mesmo tempo, é muito necessário estudar o sacrifício de sangue, não importa o que tencionamos fazer a respeito; pois nossa ética pessoal naturalmente dependerá da nossa teoria do universo. Se estivéssemos bem certos, por exemplo, de que todo mundo vai para o céu quando morre, não poderia haver séria objeção contra o assassinato ou o suicídio, já que é geralmente admitido – por gente que não conhece nem um nem outro – que a Terra não é um lugar tão agradável quanto o céu.

Porém, existe nesta teoria do sacrifício de sangue um mistério velado, o qual é da máxima importância para o estudante; e, portanto, nós não pediremos mais desculpas por nos ocuparmos com o assunto. Nós não teríamos sequer esboçado este projeto de desculpas se não fosse pela solicitude de um pio jovem amigo nosso, de grande austeridade de caráter, que insistiu que a parte deste capítulo que segue – a parte que foi originalmente escrita – pode fazer com que sejamos mal compreendidos pelo público. Isto não deve acontecer.[793]

---

790 N.M.: A sanguinolência da religião hebraica foi cuidadosamente escondida pelos judeus nos últimos vinte séculos para fins de autoproteção; mas é evidente em seu ramo mais bem-sucedido, o cristismo.

791 N.M.: O leitor inteligente – e até mesmo o leitor não inteligente, mas saudável – perceberá a ironia devastadora pretendida aqui.

792 N.M.: Isto é, agora que os seguidores de "São Paulo" são incapazes de derramar sangue com tanta frequência ou abertamente, como costumavam fazer!

793 N.M.: Este último parágrafo é perfeitamente hilário e, à luz de eventos subsequentes, profundamente tocante; mas duvidamos que o jovem amigo austero em questão (Loveday? Mudd?) tenha percebido como Crowley estava rindo dele – e de si mesmo – enquanto escrevia.

* * * * *

O sangue é a vida. Essa simples asserção é explicada pelos hindus dizendo que o sangue é o principal veículo do *Prana* vital.[794] Existe certa base para a crença de que há uma definida substância,[795] ainda não isolada, cuja presença significa a diferença inteira entre matéria viva e matéria morta. Nós omitiremos com o devido desprezo os experimentos pseudocientíficos de charlatões norte-americanos que alegam ter estabelecido que o corpo perde peso no momento da morte, e as informações incomprovadas de supostos clarividentes de que eles viram a alma saindo como um vapor da boca de pessoas *in articulo mortis*;[796] mas as experiências pessoais de MESTRE THERION como alpinista e explorador convenceram-No de que a carne perde uma notável porção do seu valor nutritivo poucos minutos após a morte do animal; e que esta perda continua com rapidez sempre maior com a passagem do tempo. É, além disso, geralmente admitido que alimento vivo, tal como ostras, é a forma de energia mais rapidamente assimilável e mais concentrada.[797] Experimentos de laboratórios quanto a valores de alimentos parecem ser quase por completo sem valor, por motivos que não podemos elaborar aqui; o testemunho geral da humanidade parece um guia mais seguro.

Seria imprudente condenar como irracional a prática desses selvagens que arrancam o coração e o fígado de um adversário e os devoram enquanto ainda quentes. Em qualquer caso, **a teoria dos antigos Magistas era que qualquer ser vivo é um reservatório de energia variando em quantidade de acordo com o tamanho e saúde do animal, e em qualidade de acordo com o seu caráter mental e moral.** No momento da morte do animal, esta energia é subitamente liberada.

O animal deveria, portanto, ser morto[798] dentro do Círculo, ou no Triângulo, como for o caso, de forma que sua energia não possa escapar. Dever-se-ia escolher um animal cuja natureza estivesse de

---

794 *Prana*, ou "força", é frequentemente usado como um termo genérico para todos os tipos de energia sutil. O *prana* do corpo é apenas um dos seus *vayus*. *Vayu* significa ar ou espírito. A ideia é que todas as forças corporais são manifestações das forças mais finas do corpo mais real; este corpo real sendo uma coisa sutil e invisível.

795 Essa substância não precisa ser concebida como "material" no cru senso da ciência da época vitoriana; sabemos agora que fenômenos tais como os raios e emanações de substâncias radioativas ocupam uma posição intermediária. Por exemplo, massa não é, como foi suposto, necessariamente impermeável a massa, e a matéria mesma pode apenas ser interpretada em termos de movimento. Assim, quanto ao *prana*, pode-se conjecturar um fenômeno no éter análogo ao isomerismo. Já conhecemos corpos quimicamente idênticos cuja estrutura molecular torna um ativo, outro inativo, a certos reagentes. Metais podem ser "fadigados", ou até "exauridos" quanto a algumas de suas propriedades, sem qualquer mudança química discernível. Pode-se desoxidar o aço, "matando-o", e "ressuscitá-lo"; e moscas afogadas em água gelada podem ser ressuscitadas. [N.M.: Esta descoberta foi o começo de experimentos modernos em criobiologia.] Que seja impossível criar vida orgânica de tipo mais elevado é cientificamente inadmissível, e MESTRE THERION crê que poucos anos passarão antes que isso seja feito em laboratórios. Conseguimos ressuscitar gente que aparentemente se afogou. Por que não gente morta de causas tais como a morte súbita? [N.M.: Tudo isso aconteceu como ele previu. A previsão de Crowley, neste caso, não era misticismo ou "magia"; foi inteligência.] Se compreendêssemos toda a química do breve momento da morte, poderíamos nos apossar da força de alguma maneira, suprir o elemento que falta, reverter as condições elétricas, ou o que seja. Já evitamos certos tipos de morte suprindo necessidades, como no caso da deficiência da tiroide.

796 N.E.: Latim, *na hora da morte*.

797 Pode-se ficar realmente embriagado comendo ostras, mastigando-as completamente. Rigidez cadavérica parece ser um sintoma da perda daquilo que eu posso chamar energia Alpha, e marca uma súbita queda na curva. As energias Beta, e outras energias, dissipam-se mais lentamente. Fisiologistas deveriam considerar seu principal dever medir estes fenômenos; pois o estudo deles é evidentemente uma linha direta de pesquisa quanto à natureza da Vida. A analogia entre elementos inorgânicos do grupo do urânio complexados em moléculas de seres vivos e grupos orgânicos de elementos do protoplasma é extremamente sugestiva. [N.M.: O leitor sério deve ser lembrado de que este livro foi publicado originalmente em 1929 e.v. e escrito muito antes disso.] Às faculdades de crescimento, ação, autorrecuperação etc. devem ser atribuídas propriedades similares em ambos os casos; e, tal como nós identificamos, medimos e parcialmente explicamos a radioatividade, deve ser possível acharmos meios de fazer o mesmo com a Vida.

798 É um erro supor-se que a vítima é "prejudicada". Pelo contrário; é a mais abençoada e misericordiosa das mortes, pois o espírito elemental é adicionado estruturalmente à Divindade – o fito exato dos seus esforços através de inúmeras encarnações. Por outro lado, a prática de torturar animais até

acordo com aquela cerimônia; por exemplo, sacrificando um cordeiro fêmea, não se obteria qualquer quantidade apreciável da ardente energia útil a um Magista que estivesse invocando Marte. Em um tal caso, um carneiro[799] seria mais apropriado. E este carneiro deveria ser virgem – o potencial inteiro de sua total energia original não deveria ser diminuído de qualquer forma.[800] Para o mais elevado trabalho espiritual, dever-se ia, portanto, escolher aquela vítima que contém a maior e mais pura força. Um filho, de perfeita inocência e alta inteligência,[801] é a vítima mais apropriada e mais satisfatória.

---

a morte para obter o elemental como escravo é indefensável, completamente magia negra da pior espécie, desde que insinua uma base metafísica de dualismo. [N.M.: Isso significa que o magista, em vez de *compartilhar* sua essência com o animal, incorporando-o em sua hierarquia anímica (o que um totem simboliza), o aprisiona astralmente e vampiriza sua energia até o final de seu próprio propósito. Não há troca – não há "amor sob vontade". Isso é estupro do pior tipo, e reflete em planos mais baixos a atitude dos chamados "Irmãos Negros". Esse crime é mais grave quando cometido contra uma forma de vida inferior do que quando é cometido – ou melhor, quando é tentado – contra um ser humano, pois a forma inferior de vida não tem recurso.

A prática de sujeitar os animais a uma existência privada e envenenada, a fim de assegurar um aumento artificial e rápido de seu peso corporal e, assim, obter mais dinheiro em sua morte última, é uma reflexão dessa atitude no plano material. É moralmente indefensável e intelectualmente estúpido, já que a carne "melhorada" é venenosa, com radicais livres, excesso de hormônios e gorduras insalubres. As auras etéricas e astrais dessa carne devem ser consideradas com ainda mais força. Os animais que são criados para a alimentação devem ser tratados com amor e respeito, e mortos com o mínimo de dor – mortos, se possível, sob as circunstâncias de um rito religioso, como fazem os judeus, por exemplo. A atitude certa é brilhantemente descrita em *Odd John*, de Olaf Stapledon.

Este também é o significado por trás do *Proverbs of Hell* de Blake: "Toda comida saudável é pega sem rede ou armadilha." O melhor tipo de caçador esportista entende bem esse provérbio.

A forma mais estúpida – e mais antiga – dessa tortura de animais para a alimentação começou com a castração para torná-los mais dóceis e aumentar sua gordura. Por milhares de anos, temos ingerido carne gordurosa de animais sem os hormônios que dão a eles o elã, grande parte de sua personalidade individual e todo o seu poder reprodutivo. Nossos próprios níveis hormonais foram alterados para compensar a digestão de tais vitelas. Nós nos tornamos aquilo que comemos: domar rebanhos acima do peso à disposição de bilionários inescrupulosos e políticos corruptos, ou povos explorados famintos sem a coragem de se defender contra a opressão eficientemente ou a inteligência de reagir construtivamente a ela.] Não existe, porém, qualquer objeção ao dualismo ou à magia negra quando corretamente compreendidos. Veja-se o relato do Grande Retiro Mágico de MESTRE THERION perto do Lago Pasquaney, onde Ele "crucificou um sapo na habitação do Basilisco".

799 Um lobo seria ainda melhor no caso de Marte. Veja-se *777* para as correspondências entre vários animais e os "32 Caminhos" da Natureza.

800 Há também o problema de sua liberdade mágica. Congresso sexual cria um elo entre os que o praticam e, portanto, uma responsabilidade.

801 Vemos, dos Relatórios Mágicos de FRATER PERDURABO, que Ele executou esse particular sacrifício numa média de 150 vezes por ano, todo ano, entre 1912 e.v. e 1928 e.v. [N.M.: Agora, obviamente, essa declaração, publicamente impressa e aparentemente confessando 150 infanticídios, teria levado Crowley para a prisão se fosse "verdadeira" no sentido usual. Na verdade, não passavam de barrigadas cometidas pela imprensa marrom de vários países, o que deve lembrar o leitor inteligente da observação irônica feita no quarto parágrafo deste capítulo, sobre não ser mal interpretado.

Ainda sobre o assunto do leitor inteligente: *todos os comentários* neste capítulo, inclusive aqueles aparentemente casuais "feitos de passagem", fornecerão informações preciosas, e continuarão fornecendo novos dados (e *insights*) por décadas, para qualquer pessoa interessada em Magia ou Thelema.] Contraste-se com *Là-Bas*, de J. K. Huysman, em que uma forma pervertida de Magia de ordem análoga é descrita.

"É o sacrifício de si mesmo espiritualmente. E a inteligência e inocência daquele filho são a perfeita compreensão do Magista, seu fito único, sem ânsia de resultado. E macho ele deve ser, porque o que ele sacrifica não é o sangue material, e sim seu poder criador." Esta interpretação iniciática do texto foi enviada espontaneamente por Soror I.W.E., para proveito dos Irmãos inexperientes. [N.M.: Sobre o assunto da alimentação constante de desinformaçãodo do público sobre Crowley: em seu lixo *Satan and the Swastika*, "Francis King" alegou que escrevera a essa senhora na Alemanha, depois da guerra, sobre a declaração de Crowley, na Carta 48 de *Magick Without Tears*, de que ela havia considerado Hitler sua "criança mágica"; e alegou que ela respondeu negando que tivesse feito isso, e (naturalmente) ridicularizando Crowley. Essa foi uma correspondência muito milagrosa, já que Soror I.W.E. estava morta há dez anos quando "King" escreveu seu "livro".] [N.E.: Soror I.W.E., também conhecida como Martha Küntzel. Seu motto, do alemão, "Ich will es", significa "Eu quero isso". É sugerido que fosse 7° = 4▫ no Imprimatur da A∴A∴ de *The Equinox of the Gods*, 1936 e.v. Posteriormente ela aparece como 8° = 3▫ na Nota Bibliográfica do *Livro de Thoth* publicado em 1944 e.v., mas há indícios de que, na verdade, isso tenha sido trabalho do próprio Crowley. Em março de 1955 e.v., Eugen Grosche disseminou o boato de que Küntzel havia desaparecido em um campo de concentração nazista, o que não está de acordo com a história de Friedrich Lekve de que ela teria falecido em 8 de dezembro de 1942 e.v. em um asilo: "Até o último momento de sua vida, eu estive com ela". Lekve foi o sucessor legítimo de Küntzel, chegando inclusive a criar uma Abadia de Thelema na Alemanha, conforme relatado em uma carta de Germer para Jane Wolf, datada de 6 de setembro de 1949 e.v. Em correspondência de Herbert Schmolke para Germer, de 2 de fevereiro de 1946 e.v., é dito que "Soror I.W.E. deixou Leipzig em junho de 1937 e foi para Bad Blankenburg-Thur. Em uma casa para professores idosos (...) ela morreu por senilidade aos 85 anos".]

Para evocações seria mais conveniente colocar o sangue da vítima no Triângulo – a ideia sendo que o espírito poderia obter do sangue essa substância sutil, mas física, que era a quintessência da vida da vítima, de forma a poder assumir um aspecto visível e tangível.[802]

Magistas que objetam contra o uso de sangue têm tentado substituí-lo por incenso. Para um tal propósito, o incenso de Abramelim pode ser queimado em grandes quantidades. Dictamo de Creta também é um meio valioso. Ambos estes incensos são universais por natureza, e servem para quase qualquer materialização.

Mas o sacrifício de sangue, se bem que mais perigoso, é mais eficaz; e, para quase todo fim, o sacrifício humano é o melhor.[803] O Magista verdadeiramente grande será capaz de usar seu próprio sangue, ou possivelmente o sangue de um discípulo, e isto sem sacrificar irrevogavelmente a vida física.[804] Um exemplo desse sacrifício é dado no capítulo 44 de *Liber 333*. Essa Missa pode ser recomendada para prática diária.

Uma última palavra sobre o assunto. **Existe uma Operação Mágica da máxima importância: a Iniciação de um Novo Æon. Quando se torna necessário proclamar uma Palavra, o Planeta inteiro deve ser banhado em sangue.[805] Antes que o homem esteja pronto para aceitar a Lei de Thelema, a Grande Guerra deve ocorrer. Esse Sacrifício Sangrento é o ponto crítico na Cerimônia Planetária da Proclamação de Horus, a Criança Coroada e Conquistadora, como Senhor do Æon.[806]**

Toda esta questão é profetizada no próprio *Livro da Lei*; deixe o aluno tomar nota e entrar nas fileiras da Hoste do Sol.

---

802 Veja-se *Equinox* I (5), Suplemento, 10° Æthyr, para um Relato de uma Operação onde isto foi feito. Fenômenos mágicos de ordem criadora são concebidos e germinam em uma escuridão peculiar, espessa, veludosa, carmesim, púrpura ou azul profundo, aproximando-se do negro: como se fosse dito, No Corpo de Nossa Senhora das Estrelas. [N.M.: Ou, mais especificamente, no útero. A pesquisa mostrou que o útero humano libera radiação ultravioleta durante o orgasmo; muito provavelmente também o faz durante a concepção e a gestação. É muito provável que emita radiações infravermelhas também.]

Veja-se *777* para as correspondências das várias forças da Natureza com drogas, perfumes etc.

803 N.M.: Cf. *AL* iii 24. Observe que o sangue de um animal é a escolha menos conveniente.

804 Tais detalhes, entretanto, podem com segurança ser deixados ao bom senso do Estudante. [N.M.: Na medida em que o Estudante usufrua desse bem.] Aqui, como em outras coisas, a prática é a melhor conselheira. No Sacrifício durante Invocação, porém, podemos afirmar sem medo de contradição que a morte da vítima deve coincidir com a invocação suprema.

805 N.M.: Isso quando, como no caso de THELEMA, a Palavra é de importância geral. Palavras passadas, mais restritas, afetaram diretamente apenas as nações ou grupos culturais pelos quais elas foram inicialmente destinadas. THELEMA é a primeira Palavra na história conhecida destinada a todo o Planeta Terra; e teria sido impossível por talvez milhares de anos ainda, não fosse pela preparação fornecida pelas Palavras que a precederam. Cf. *Liber 333*, cap. 7 e *Liber Aleph*, caps. 68-75.

806 Nota: Esse parágrafo foi escrito no verão de 1911 e.v., exatamente três anos antes de se cumprir. [N.M.: A informação veio da Evocação de Bartzabel descrita no *Equinox* I (9), a qual ocorreu algum tempo antes da data da publicação desse número, Equinócio de Março (Localidade Norte) de 1913 e.v.]

II

Existe outro sacrifício que os Adeptos têm sempre mantido no mais profundo segredo. É o supremo mistério da Magia prática. Seu nome é a Fórmula da Rosa-Cruz. Neste caso a vítima é sempre – em certo senso – o Magista mesmo, e o sacrifício deve coincidir com a pronunciação do mais sublime e mais secreto nome do Deus que ele deseja invocar.

Propriamente executado, nunca deixa de ter efeito. Mas é difícil para o principiante executá-lo satisfatoriamente, pois é um grande esforço manter a mente concentrada sobre o propósito da cerimônia. Vencer esta dificuldade provê poderosíssimo auxílio ao Magista.[807]

É imprudente que ele tente este sacrifício antes de ter recebido iniciação regular na verdadeira[808] Ordem da Rosa-Cruz, e ele deve ter assumido os votos com a mais completa compreensão e experiência do significado deles. É também extremamente desejável que ele tenha alcançado um grau absoluto de emancipação moral,[809] e aquela pureza de espírito que resulta de uma perfeita compreensão tanto das diferenças como das harmonias dos planos sobre a Árvore da Vida.

Por este motivo, FRATER PERDURABO nunca ousou empregar esta fórmula de uma maneira completamente cerimonial, a não ser numa ocasião apenas, uma ocasião de tremenda importância, quando, em verdade, não foi Ele quem fez a oferta, mas UM n'Ele. Pois ele percebeu um grave defeito em seu caráter moral que ele já eliminou no plano intelectual, mas até agora ainda não em planos mais elevados. Antes de acabar de escrever este livro ele assim terá feito.[810]

Os detalhes práticos do Sacrifício de Sangue podem ser estudados em diversos manuais de etnologia, mas as conclusões gerais são resumidas em *O Ramo de Ouro* de Frazer, que recomendamos tão enfaticamente ao leitor.

---

807 N.M.: A prática de *Liber III* é muito útil para superar essa desvantagem. [N.E.: Encontrado no Apêndice VII, *Liber III vel Jugorum*, deste *Liber ABA*.]

808 Torna-se aqui desejável prevenir o leitor contra as numerosas falsas ordens que descaradamente assumiram o nome de Rosacrucianas. A Societas Rosicruciana Maçônica é honesta e inofensiva; e não tem falsas pretensões; se seus membros são, em regra, pomposos intrometidos, e se estão preocupados em limpar o exterior da taça e da bandeja; se as máscaras dos oficiantes em seus Mistérios sugerem a Coruja, o Gato, o Papagaio e o Cuco, enquanto o Robe de seu Mago Chefe é uma Pele de Leão, é problema deles. Mas essas ordens estabelecidas por pessoas que *afirmam* serem representantes da Verdadeira Antiga Fraternidade são meras vigarices. Os representantes do falecido S. L. Mathers (Conde McGregor) são a fosforescência do apodrecimento da madeira de um ramo que foi podado da árvore no fim do século dezenove. As de Papus (Dr. Encausse), Stanislas de Guaita e Péladan merecem respeito como sérias, mas não possuem completo conhecimento e autoridade. [N.M.: Ele quer dizer a antiga "Golden Dawn", tão cara ao falecido "Israel" Regardie.] A "Ordo Rosæ Crucis" [N.M.: O conventículo do falecido Max Heindel.] é uma massa de ignorância e falsidade, mas talvez isto seja um deliberado estratagema de disfarce. O teste de qualquer Ordem é a atitude dela para com a Lei de Thelema. A Verdadeira Ordem apresenta os Verdadeiros Símbolos, mas evita dar-lhes o Verdadeiro Nome; é apenas quando o Postulante assumiu Juramentos irrevogáveis e foi recebido formalmente que ele descobre a que Fraternidade se juntou. Se ele tomou símbolos falsos por verdadeiros, e se descobre magicamente ligado a uma cambada de ladrões, tanto pior pra ele! [N.M.: O que pode parecer injusto; mas, se assim for, não será mais injusto do que a justiça humana, em que é axiomático que a ignorância da lei não seja desculpa para infringi-la. (Isto, aliás, é uma convenção pragmática – se arbitrária – caso contrário, os infratores sempre poderiam alegar inocência por ignorância, e seria impossível provar o contrário.)

Mas o fator mágico é que nessas coisas a *intuição* conta absolutamente e, se você está ligado a pessoas indignas, isso aconteceu porque havia algo em sua natureza que ressoava nas delas. O Carma deve ser pago antes do próximo passo.]

809 Isto resulta da completa aceitação da Lei de THELEMA, persistentemente posta em prática.

810 P.S.: Com os mais felizes resultados. P.

N.M.: Este defeito foi a compaixão, com uma tendência à piedade. Cf. *The Commentaries of AL* para isso.

Detalhes cerimoniais reais também podem ser deixados à experimentação. O método de matar é praticamente o mesmo. O animal deveria ser apunhalado no coração, ou ter sua garganta cortada, em qualquer dos casos com a faca. Todos os outros métodos de matar são menos eficazes; mesmo no caso de Crucificação, a morte é dada por uma estocada.[811]

Pode-se mencionar que apenas animais de sangue quente são utilizados como vítimas, com duas exceções importantes. A primeira é a serpente, que só é usada num Ritual muito especial;[812] a segunda são os escaravelhos mágicos de *Liber Legis*. (Veja-se Parte IV.)

Uma palavra de aviso é talvez necessária para o iniciante. A vítima deve estar gozando de perfeita saúde, ou sua energia pode estar como que envenenada.[813] Também não deve ser muito grande;[814] a quantidade de energia desprendida é difícil de mensurar pelo raciocínio, sendo tão grande, e não segue uma proporção previamente dimensionada, de acordo com a força do animal. Consequentemente, o Magista pode facilmente ser sobrepujado e obsediado pela força que ele desprendeu;[815] ela então provavelmente se manifestaria em sua forma mais baixa e objecionável. **A mais intensa espiritualidade de propósito[816] é absolutamente essencial à segurança.**

Em evocação o perigo não é tão grande, pois o Círculo forma uma proteção; mas o círculo, em tal caso, deve ser protegido não só pelos nomes de Deus e pelas Invocações usadas por ocasião, como também por um longo hábito de defesa bem-sucedida.[817] Se você facilmente se perturba ou se alarma, ou se ainda não conquistou a tendência da mente a divagar, não é aconselhável que você execute o *Sacrifício de Sangue*.[818] No entanto, não deve ser esquecido que este, e aquela outra arte que ousamos obscuramente sugerir, são as supremas fórmulas da Magia Prática.

---

811 Porém, pode-se conceber métodos de execução apropriados às Armas: Lancear ou aporretar para a Lança ou Baqueta, afogar ou envenenar para a Taça, decapitação para o Disco, combustão para a Lâmpada, e assim por diante.

812 A Serpente não é realmente morta; ela é fervida num vaso apropriado, e em sua devida estação sai dele refrescada e modificada, mas essencialmente ainda ela mesma. A ideia é transmissão de vida e sabedoria de um veículo que cumpriu sua fórmula a outro capaz de maior extensão. O desenvolvimento de um fruto silvestre por repetidas plantações em solo adequado é uma operação análoga.

813 N.M.: Mais uma vez, isso reflete sobre o que já dissemos sobre a carne de animais. Mas o significado é muito mais extenso que isso.

814 O sacrifício (por exemplo) de um touro é suficiente para um grande número de pessoas; daí ser comumente executado em cerimônias públicas, e em algumas iniciações, como a de um Rei, que necessita de força para o seu reino inteiro. Ou, ainda, na Consagração de um Templo.

Veja-se *The Blessing of Pan*, de Lord Dunsany – uma nobre e mui notável profecia do lindo futuro da Vida. [N.M.: Não na opinião deste comentarista.]

815 N.M.: Este é um perigo muito real e sério.

816 Isto é um problema de concentração, sem qualquer implicação ética. O perigo é que alguém obtenha algo que não deseja. Isto é "mau" por definição. Nada é, em si, bom ou mau. Os escudos dos Sabinos, que esmagaram Tarpeia não eram mortíferos para eles; pelo contrário. A crítica de Tarpeia contra eles foi simplesmente que os escudos eram o que ela não queria em sua Operação.

817 O uso habitual do Ritual Menor do Pentagrama Banindo (digamos, três vezes ao dia) [N.E.: Note-se que, apesar de se referir ao ritual como "Ritual Menor do Pentagrama Banindo", logo em seguida Crowley indica o cap. XXV do *Liber 333*, ou seja, o Rubi Estrela, e não o RmP da G.D. Veja-se também o penúltimo parágrafo do Capítulo XIII deste livro.] durante meses e anos, e a constante assunção da Forma-Deus de Harpocrates (Veja-se *Equinox* I (2) e *Liber 333*, cap. XXV para ambos) deverão produzir o *verdadeiro círculo*, isto é, a Aura do Magista, inexpugnável.

Esta Aura deveria ser nítida, resiliente, radiante, iridescente, luminosa, rebrilhante. "Uma bolha de sabão de fino aço inoxidável, jorrando luz interna" foi minha primeira tentativa de descrição; e não é ruim, a despeito de suas incongruidades. P.

"FRATER PERDURABO, na única ocasião em que eu pude vê-Lo tal como Ele realmente aparece, era mais brilhante que o Sol do meio-dia. Eu caí instantaneamente no chão em um desmaio que durou várias horas, durante o qual eu fui iniciada." Soror A∴. Veja-se *Apocalipse* i 12-17.

818 A ideia toda da palavra Sacrifício, tal como é comumente compreendida, está baseada em erro e superstição, e não é científica, além de ser falsa do ponto de vista metafísico. A Lei de Thelema mudou totalmente o Ponto de Vista quanto a isso. A não ser que você tenha assimilado por completo

Também, você pode se meter em problemas por causa deste capítulo, a não ser que você verdadeiramente compreenda o significado dele.[819]

a Fórmula de Horus, é absolutamente perigoso se meter com este tipo de Magia. Que o jovem Magista reflita sobre a Conservação da Matéria e da Energia.

819 Existe um tradicional aforismo de que, quando qualquer Adepto parece ter feito uma asserção direta e compreensível, é quase certo que Ele quer dizer algo completamente diverso. A Verdade está, no entanto, claramente expressada nas Palavras d'Ele: é a simplicidade d'Ele que confunde os indignos. Eu escolhi as expressões neste Capítulo de tal forma que ele provavelmente desencaminhará esses magistas que permitem que interesses egoístas enublem suas inteligências, mas dará sugestões úteis àqueles que estão obrigados pelos Juramentos apropriados a devotarem seus poderes a fins legítimos. "... tu não tens direito a não ser fazer a tua vontade." "É uma mentira, esta tolice contra si mesmo." A raiz do erro de todos os profanos é que eles definem "si-mesmo" como irreconciliavelmente opostos a "não si-mesmo". Cada elemento de si-mesmo, pelo contrário, é estéril e sem significado até que se cumpra, por "amor sob vontade", em sua contraparte no Macrocosmo. Separar si-mesmo dos outros é destruir si-mesmo; o caminho para a realização e extensão de si-mesmo é perder a si-mesmo – seu senso de separatividade – nos outros. Assim: Criança mais alimentação: isso não preserva uma à custa da outra; "destrói", ou melhor, muda ambas, a fim de satisfazer a ambas no resultado da operação: um adulto. É, de fato, impossível preservar o que quer que seja tal qual é, por ação positiva sobre ela. Sua integridade exige inação; e inação, resistência à mudança, é estagnação, morte e dissolução devido à putrefação interna dos elementos esfomeados.

CAPÍTULO XIII

DOS BANIMENTOS E DAS PURIFICAÇÕES

Limpidez está próxima da Divindade, e é melhor que venha primeiro. Pureza significa unicidade. Deus é um.[820] A baqueta não é uma baqueta se tem algo acrescentado que não é parte essencial dela. Se você deseja invocar Vênus, não terá sucesso se há traços de Saturno misturados ali.[821]

Isto é um mero lugar-comum da lógica: na Magia, é preciso ir muito além disso. Encontra-se uma analogia na eletricidade. Se o isolamento for imperfeito, toda a corrente retornará à terra. É inútil reclamar se em vários quilômetros de fio houver apenas um milímetro desprotegido. Não vale a pena construir um navio se a água pode entrar, por menor que seja o buraco por onde ela entra.[822]

A primeira tarefa do Magista em toda cerimônia é, portanto, tornar seu Círculo absolutamente inexpugnável.[823] Se o mínimo pensamento se intromete na mente do Místico, a concentração dele é destruída por completo; e sua consciência permanece exatamente no mesmo nível que a do corretor da bolsa de valores. Mesmo a menor criancinha é incompatível com a virgindade de sua mãe.[824] Se você deixa um espírito que seja permanecer dentro do círculo, o efeito da conjuração será inteiramente absorvido por ele.[825]

---

820 N.M.: Isso é verdade para qualquer um abaixo do Grau de Ipsissimus. No entanto, não deve ser interpretado teologicamente: é um fato psicológico. Como todo homem e toda mulher é uma estrela, o ponto de vista de alguém é o centro supremo de sua consciência. Além disso, há apenas a aniquilação de Pã. As alternativas são as fortalezas solitárias dos "Irmãos Negros".

821 N.M.: Mais uma vez, isso é para o iniciante. Em operações mais complexas, é possível invocar tanto Vênus quanto Saturno de uma só vez; no entanto, normalmente só se toma cuidado para fazê-lo quando os dois planetas estão muito bem aspectados.

822 N.M.: Isto é confirmado pela experiência de todos os magistas bem-sucedidos e faz parte dos axiomas da Escola Amarela. Cf. *Equinox* V (3), pp. 308-309, Comentário de Motta a Xiao Chu. Negligência deste ponto simples é a causa mais comum de falha entre os Aspirantes. [N.E.: O comentário é apresentado a seguir (por "A-1", entenda-se "de qualidade superior aos demais"): "Não é sábio, da parte de A.C., discriminar os Hexagramas, chamando Nove (*Xiao Chu*) de 'A-1'; é, no entanto, uma tendência normal quando alguém os usa regularmente. Deveria ser evitado: os Hexagramas fluem um para o outro e nenhum deles é 'melhor' ou 'pior' que os outros. O desapego absoluto dos resultados da divinação é uma das condições necessárias para uma previsão eficiente.

Xiao Chu significa 'pequena restrição' ou restrição nas pequenas coisas a fim de acumularmos virtude. Apomos um profundo comentário taoísta:

'O Mestre disse: O homem mesquinho não se envergonha daquilo que não é benevolente, nem teme fazer o que não está direito. Sem perspectiva de lucro, ele não se dedica ao que é bom e, sem ser compelido por outros, ele não corrige seus erros. Autocorreção, entretanto, nas pequeninas coisas, o tornaria cuidadoso nas coisas de maior consequência. Se atos de bondade não são acumulados, eles não serão suficientes para criar caráter em nós; se atos de maldade não são acumulados, eles não serão suficientes para nos destruir a vida. O homem mesquinho pensa que pequenos atos de bondade não têm importância, e não os faz; e que pequenos atos de maldade não têm importância e, portanto, não se abstém deles. Desta forma, a maldade dele se acumula até que não pode mais ser encoberta, e sua culpa cresce até se tornar intolerável.'

Leitores não devem interpretar a expressão 'ato de bondade' no sentido piegas e morno de 'benevolência' ou 'dar esmolas'. Atos de bondade consistem em correção de conduta, virtude, honestidade, autodisciplina. E atos de maldade são o contrário disto: relaxamento, mentira, pequeninos furtos ou hipocrisias. Não há qualquer 'sanção' ou 'recompensa' por parte de 'entes divinos' para com tais atos. Não há ninguém 'nos vigiando' para nos mandar para o 'céu' ou para o 'inferno' conforme a nossa conduta. A importância de correta conduta é que 'cria caráter' em nós, e isto eventualmente faz do homem um Deus encarnado. Veja-se o *Tao Teh King*, caps. XVI, XVII, LIV, LIX, LXIII, LXIV".]

823 Veja-se, porém, o Ensaio sobre a Verdade em *Konx Om Pax*. De certo ponto de vista, o Círculo assevera Dualidade e acentua Divisão.

824 N.M.: Ou, em outras palavras, você não pode estar "um pouco grávida", apesar de toda a teologização da heresia romanista em torno da doutrina do "nascimento virginal".

825 Enquanto alguém permanece exposto à ação de todos os tipos de forças, elas mais ou menos contrabalançam umas às outras, de maneira que o equilíbrio geral, produzido pela evolução, é (mais ou menos) mantido. Mas se suprimos todas, menos uma, a ação dela se torna irresistível. Assim, a pressão da atmosfera nos esmagaria se "baníssemos" a pressão interna dos nossos corpos; e nós nos desfaríamos em pó se conseguíssemos nos rebelar com sucesso contra a coesão. Um homem que normalmente é considerado "gente fina e boa-praça" frequentemente se torna intolerável quando se livra da sua coleção de vícios; ele é arrastado à monomania pelo orgulho espiritual que estava previamente restringido por paixões contrabalançantes. [N.M.: É por isso que os Probacionistas geralmente se tornam pútridos. Além disso, é uma das razões pelas quais é impossível prever de antemão quem terá sucesso e quem fracassará na Iniciação. O máximo que o instrutor pode fazer, para não desperdiçar seu tempo e energia com os inaptos, é impor os termos do Juramento à letra; especialmente no que diz respeito à reverência, dever, simpatia, devoção, assiduidade e confiança!] Novamente, há uma corrente de ar pior quando uma porta mal assentada se fecha do que quando ela está aberta. Não é tão necessário proteger sua mãe e seu gado do Don Juan como era necessário protegê-los dos Eremitas da Tebaida.

O Magista deve, portanto, tomar o máximo cuidado no assunto da purificação, *primeiro*, de si mesmo, *segundo*, dos seus instrumentos, *terceiro*, do lugar de trabalho. Antigos Magistas recomendavam uma purificação preliminar de três dias a muitos meses. Durante esse período de treino eles tomavam o máximo cuidado com sua dieta. Eles evitavam comida de origem animal, para que o espírito elemental do animal não pudesse penetrar na atmosfera deles. Eles praticavam abstinência sexual, para não serem influenciados de qualquer maneira pelo espírito da esposa. Mesmo quanto às eliminações corporais, eles eram igualmente cuidadosos; ao cortar o cabelo e as unhas, eles destruíam cerimonialmente[826] a porção cortada. Eles jejuavam, a fim de que o próprio corpo pudesse destruir tudo o que não fosse absolutamente necessário à sua existência. Eles purificavam a mente através de preces e vigilância especiais. Eles evitavam a contaminação de relações sociais, especialmente do tipo conjugal; e seus servidores eram discípulos especialmente escolhidos e consagrados para o trabalho.

Em tempos modernos, nossa compreensão superior dos princípios essenciais deste processo nos permite dispensar até certo ponto seus rigores externos; mas a purificação interna deve ser ainda mais cuidadosamente executada. Assim, nós podemos comer carne, contanto que, ao fazê-lo, afirmemos que a comemos a fim de nos fortificar com o propósito especial de nossa invocação proposta.[827]

Evitando assim esses atos que poderiam excitar o comentário de nossos vizinhos, nós evitamos os graves perigos de cair no orgulho espiritual.[828]

Nós compreendemos o ditado: "Para o puro, todas as coisas são puras", e aprendemos a agir de acordo com ele.[829] Nós podemos analisar nossa mente muito mais profundamente do que podiam os antigos, e podemos, portanto, distinguir o sentimento verdadeiro e correto de suas limitações. Um

---

826 Tal destruição deveria ser por combustão, ou outro meio que produza uma completa mudança química. Ao fazê-lo, deve-se tomar o cuidado de abençoar e libertar o elemental nativo da coisa queimada. [N.M.: Uma melhor compreensão do significado disso vem através do treinamento. Mas considere que nossos corpos são formados de células vivas e que cada célula tem sua própria consciência e, em certo sentido, sua própria "alma".] Esta máxima é de aplicação universal.

827 Numa Abadia de Thelema, dizemos "Vontade" antes das refeições. [N.M.: "Vontade", não "Graça"!] A fórmula é como segue: "Faze o que tu queres há de ser tudo da Lei." "Qual é a tua vontade?" "É minha vontade comer e beber." "Para que fim?" "Para que meu corpo seja assim fortificado." "Para que fim?" "Para que eu possa realizar a Grande Obra." "Amor é a lei, amor sob vontade." "Assim seja!" Isso pode ser adaptado como um monólogo. [N.E.: Antes do diálogo, é realizada uma bateria 3-5-3 e, após tudo ser dito, dá-se uma única batida.] Pode-se acrescentar a pergunta: "O que é a Grande Obra?" e responder apropriadamente, quando parece útil especificar a natureza da Operação em progresso naquele momento. O ponto é aproveitar toda ocasião de aplicar toda força disponível ao propósito de nossa vida. Não importa o que é a força (de qualquer ponto de vista); contanto que ela contribua para assegurar o sucesso do propósito geral. Assim, mesmo a preguiça pode ser usada para aumentar nossa indiferença a impulsos que interferem, ou a inveja para contrabalançar o desleixo. [N.M.: Produzindo emulação. Mas a maioria das pessoas invejosas não se dá ao trabalho. Homens baixos sempre acham que você ganha o seu sem trabalho duro, mesmo no caso de coisas que o dinheiro não pode comprar, como experiência, discernimento, caráter e sabedoria.] Veja-se *Liber CLXXV*, *Equinox* I (7), p. 37. [N.E.: Veja-se o Apêndice VII, *Liber Astarté vel Berylli*, deste *Liber ABA*.] Isto é especialmente verdadeiro desde que as forças são destruídas no processo. Isto é, destrói-se um complexo que em si mesmo é "maligno", e coloca seus elementos a reto uso.

N.M.: A equação pessoal é muito importante nesses assuntos. Esse comentarista acha difícil sobreviver emocionalmente em uma cidade grande sem comer carne: uma dieta puramente vegetariana o torna hipersensível à rudeza, grosseria e selvageria franca das pessoas ao seu redor.

828 N.M.: Por não permitir que outros pensem em nossa santidade espiritual e, assim, bajular nossos egos. É claro que, se você é um Thelemita, raramente corre o risco disso: suas virtudes geralmente são do tipo que os macacos falantes chamam de vícios.

A expressão "orgulho espiritual" merece algum comentário. O orgulho é uma virtude Thelêmica; você deveria estar orgulhoso. Esse orgulho, no entanto, é a consciência da própria dignidade soberana e não exclui a mesma atitude nos outros; ao contrário, acolhe sua presença e lamenta sua ausência. O orgulho espiritual ao qual Crowley se refere é aquela desordem do Ahamkara que leva você a pensar que só você tem o direito de se considerar o centro do Universo. Daí a considerar o próprio deus o único deus verdadeiro que já existiu ou que sempre existirá, falta apenas um pequeno passo.

829 N.M.: Todo mundo sabe que isso não é verdade no que concerne à maioria dos macacos falantes; mas o conceito predominante de relatividade da moral entre as pessoas cultas é um muito importante passo à frente na civilização. Simplesmente expressar tal posição na Idade Média da Europa teria levado o imprudente à tortura e à fogueira.

homem pode comer carne por gula, ou a fim de evitar os perigos do ascetismo.[830] **Nós devemos constantemente examinar a nós mesmos e nos assegurarmos de que toda ação é realmente subserviente ao Propósito Único.**[831]

É cerimonialmente desejável selar e afirmar esta pureza mental através de Ritual; e, de acordo com isto, a primeira operação no decurso de qualquer cerimônia consiste em nos banharmos e nos vestirmos, com palavras apropriadas. O banho significa a remoção de todas as coisas estranhas ou antagônicas ao pensamento único. Vestir o robe é o lado positivo da mesma operação. É a assunção da atitude mental apropriada àquele pensamento único.

Um processo semelhante ocorre na preparação de todo instrumento, como já foi visto no Capítulo dedicado a esse assunto. Na preparação do lugar de trabalho, as mesmas considerações são aplicáveis. Primeiro, removemos daquele lugar todos os objetos; então colocamos lá aqueles objetos, e somente aqueles, que sejam necessários. Durante muitos dias nos ocupamos com este processo de limpeza e consagração; e isto novamente é confirmado no uso da cerimônia.[832]

O Magista limpo e consagrado leva seus instrumentos limpos e consagrados àquele lugar limpo e consagrado, e lá passa a repetir esse duplo processo na cerimônia mesma, que tem estas mesmas duas partes principais. **A primeira parte de toda cerimônia é o banimento; a segunda, a invocação.** A mesma fórmula é repetida até na própria cerimônia de banimento, pois no ritual de banimento do pentagrama nós não apenas ordenamos aos demônios que partam,[833] mas invocamos os Arcanjos e suas hostes para que ajam como guardiões do Círculo enquanto nossa atenção estiver dedicada à cerimônia propriamente dita.

Em cerimônias mais elaboradas é costumeiro banir tudo pelo nome. Cada elemento, cada planeta e cada signo, talvez mesmo as Sephiroth; tudo é removido, inclusive precisamente aquilo que desejamos invocar, pois aquela força, tal qual ela existe na Natureza, é sempre impura. Mas este processo, sendo longo e cansativo, não é completamente aconselhável no trabalho de rotina.[834] Usualmente basta executar um banimento geral e confiar no auxílio dos guardiões invocados. Que o banimento, portanto, seja curto, mas sempre bem pronunciado e gesticulado, pois é útil, desde que tende a produzir a atitude mental apropriada para as invocações. "O Ritual de Banimento do Pentagrama" (tal como agora

---

830 N.M.: Cf. seu ensaio "Os Perigos do Misticismo", *Equinox* I (6), pp. 153-158.

831 N.M.: Escusado será dizer – exceto para os macacos falantes – que isso implica vigilância contínua e autoanálise. A Lei de Thelema o liberta do controle dos outros somente com a condição de que você aprenda a se controlar: "tu não tens direito a não ser fazer a tua vontade".

832 N.M.: A palavra operativa aqui é *muitas*. Muitas horas, muitos dias, muitos anos. Eu tive um estudante certa vez – ou assim ele chamou a si mesmo – que não conseguiu nenhum resultado significativo em seis anos de "tentativas" que consistiram – depois de ouvir meu discurso sagrado – em um, no máximo três dias de tentativas reais seguidas por meses intermináveis de falação. Naturalmente, quando ele não conseguiu chegar a algum lugar, a falha foi considerada minha. Por fim, passei-o para outro instrutor, que havia sido colega e inquilino dele; a pessoa não morava mais na mesma cidade e achei que a familiaridade não provocaria desprezo; também, a pessoa tinha conseguido sucesso onde ele falhou, e eu esperava que isso criasse emulação, se não despeito. Não tive essa sorte. Por fim, fui obrigado a ordenar ao instrutor que cortasse o contato com o falso aluno: o desleixo se tornara desrespeito.

833 N.M.: Um detalhe essencial em que falharemos, a propósito, a menos que tenhamos conseguido nos elevar acima do nível deles.

834 N.M.: Entretanto, veja-se (para ilustrar) o Primeiro Método dado em *Liber Yod vel 831*. [N.E.: Encontrado no Apêndice VII, *Liber Yod*, deste *Liber ABA*.]

reescrito, *Liber 333*, Cap. XXV)[835] é o melhor de se usar.[836] Somente os quatro elementos são especificamente mencionados, mas estes quatro elementos contêm os planetas e os signos[837] – os quatro elementos são Tetragrammaton; e Tetragrammaton é o Universo.[838] Esta especial precaução é, porém, necessária: **certifique-se por completo de que a cerimônia de banimento é efetiva!** Esteja sempre alerta e em guarda! Vigie antes de orar! A sensação de sucesso em banimento, uma vez adquirida, é inconfundível.[839]

O banimento estando concluído, em geral vale a pena fazer uma pequena pausa e nos assegurarmos uma vez mais de que tudo o que é necessário à cerimônia está à mão. O Magista pode então passar à consagração final do mobiliário do Templo.[840]

---

835 N.E.: A melhor versão do ritual referido aqui, o *Liber XXV*, é a que se encontra no Apêndice VI deste *Liber ABA*. É provável que Crowley, quando escreveu este Capítulo XIII, não havia feito as alterações encontradas na versão do Apêndice, sendo esta, portanto, uma atualização da versão do *333*.

836 Veja-se também o Ritual chamado "A Marca da Besta", dado no Apêndice. Mas este é pantomorfo. [N.M.: Uma comparação cuidadosa entre *Liber V* e *Liber XXV* ajudará o estudante sério a entender o que Crowley quer dizer com isso.]

837 Os signos e os planetas, é claro, contêm os elementos. É importante lembrar deste fato, pois auxilia a perceber o que esses termos realmente significam. Nenhum dos "Trinta e dois Caminhos" é uma ideia simples; cada um é uma combinação, diferenciada das outras por sua estrutura e proporções. Os elementos químicos são analogamente constituídos, como os críticos da Magia recentemente foram forçados a admitir. [N.M.: Ele quer dizer, claro, que são combinações particulares de partículas subatômicas. Assim, não apenas a transmutação de chumbo em ouro é possível, como é teoricamente possível transmutar qualquer elemento em qualquer outro.]

838 N.M.: Esta é uma referência à Cabala, não à física ou à astronomia; além disso, a atribuição do Universo ao Tetragrammaton é agora um conceito muito limitado – e limitante. Cristianismo – pelo qual não nos referimos ao cristismo! – introduziu o conceito do Quinto Elemento; *Liber AL* expandiu isso introduzindo o conceito do sexto (Hadit) e do sétimo (Nuit).

839 N.M.: É, no entanto, facilmente confundido com boa digestão, indigestão ou "disposição" por qualquer um que ainda não tenha experimentado a atmosfera produzida por um genuíno banimento. Deve-se observar, também, que muitas vezes uma pessoa consegue alcançar um verdadeiro banimento e doravante evita deliberadamente repetir sua façanha; porque a imundície se apega à imundície, e os escravos detestam a responsabilidade.

Um verdadeiro banimento e seus efeitos são mais bem reconhecidos por aqueles que tiveram o privilégio de visitar os alojamentos de um verdadeiro Iniciado, especialmente em sua presença.

840 Isto é, do arranjo especial daquele mobiliário. Cada objeto deveria ter sido separadamente consagrado de antemão. O ritual da sua cerimônia deveria sumarizar a situação e dedicar o particular arranjo ao seu particular propósito pela invocação das forças apropriadas. Seja recordado sempre que cada objeto está obrigado pelos Juramentos da consagração original do objeto. Assim, se um Pantáculo foi consagrado a Vênus, ele não pode ser utilizado numa operação de Marte; a Energia do Exorcista seria absorvida no esforço por vencer a oposição do "Carma", ou inércia, ali inerente.

CAPÍTULO XIV

DAS CONSAGRAÇÕES, COM UM RELATO DA NATUREZA E CRIAÇÃO DO ELO MÁGICO

I

Consagração é a dedicação ativa de uma coisa a um propósito único. Banimento impede seu uso para qualquer outro propósito, mas ela permanece inerte até ser consagrada. Purificação é executada por água e banimento por ar, cuja arma é a espada. Consagração é executada por fogo, usualmente simbolizado pelo óleo santo.[841]

Na maior parte dos rituais mágicos existentes, as duas operações são executadas simultaneamente; ou (pelo menos) o banimento tem mais destaque, e parece que mais atenção lhe é dedicada; mas, à medida que o estudante avança para o Adeptado, o banimento diminuirá de importância, pois não será mais tão necessário.[842] O Círculo do Magista terá sido consolidado pelo seu hábito de trabalho Mágico. Em verdade, ele não sairá mais do Círculo a sua vida inteira.[843] Mas a consagração, sendo a aplicação de uma força positiva, pode ser sempre mais e mais aproximada da perfeição. Sucesso completo em banir logo é conseguido; mas não pode haver completude do avanço à santidade.[844]

O método de consagração é muito simples. Tome a baqueta, ou o óleo santo, e desenhe sobre o objeto a ser consagrado o símbolo supremo da força à qual você o dedica. Confirme esta dedicação em palavras, invocando o Deus apropriado para habitar naquele puro templo que você preparou para Ele. Faça isto com fervor e amor, como se para contrabalançar a apática indiferença que é a atitude mental apropriada ao banimento.[845]

As palavras de purificação são: *Asperges me, THERION, hyssopo, et mundabor; lavabis me, et super nivem dealbabor.*[846]

As de consagração são: *Accendat in nobis THERION ignem sui amoris et flammam æternæ caritatis.*[847]

Estas palavras, como iniciados do VII° da O.T.O. sabem, significam mais do que parece.[848]

---

841 A concepção genérica é que os três elementos ativos cooperam para afetar a terra; mas a terra mesma pode ser empregada como instrumento. Sua função é a solidificação. O uso do Pantáculo é, em verdade, muito necessário em certos tipos de operação, especialmente aquelas cujo propósito envolve manifestação material e a fixação em forma permanente (mais ou menos) das forças sutis da Natureza.

842 N.M.: Isso está completamente incorreto. Banir forças "más" ou disruptivas inferiores tornar-se-á menos necessário, porque o fortalecimento da aura do estudante afugenta ou subjuga seres que antigamente não o eram; mas existem formas mais sutis de forças disruptivas ou hostis que devem ser banidas com muito cuidado. Isto é particularmente verdadeiro no que diz respeito a *AL* iii 49-57.

843 N.M.: Completamente correto. No entanto, ainda é necessário aplicar a máxima seletividade ao que se permite entrar nele!

844 N.M.: Devemos enfatizar mais uma vez que não pode haver "completude de banimento" abaixo do Abismo. O preço da liberdade – e até da boa saúde – é a eterna vigilância. É assim "enquanto tu és tu".

845 As lendas hebraicas nos fornecem o motivo das virtudes respectivas de água e fogo. O mundo foi purificado por água no Dilúvio, e será consagrado por fogo no Juízo Final. Só depois que aquilo estiver acabado é que a *verdadeira cerimônia* pode começar.

846 N.M.: Uma mulher aspirante deve dizer "*nivea*" em vez de "*nivem*"; ao menos na Externa.

847 Estas formas podem ser vantajosamente substituídas por *(a)* "vontade pura, desembaraçada de propósito, livre da ânsia de resultado, é toda via perfeita" (*CCXX* i 44) para banir; e *(b)* "Eu estou erguido em teu coração; e os beijos das estrelas chovem forte no teu corpo", (*CCXX* ii 62) para consagrar. Pois o *Livro da Lei* contém os Supremos Encantamentos. [N.M.: Bem correto; mas às vezes, e para o trabalho rotineiro, o estudante descobrirá que as palavras ou gestos mais primitivos do trabalho de banimento são mais simples: os versos de *AL* são tão sublimes e tão sagrados que ninguém os emprega a não ser nas ocasiões mais sérias, assim como não se costuma vestir as melhores roupas para cozinhar ou cortar a grama.]

848 N.M.: Sua modéstia natural. Na versão original destes versos, "*Domine*" (latim para "Senhor"), não "*THERION*" foi usado. Ele decidiu "confessar", mas ficou envergonhado! A referência ao VII° O.T.O. deve passar sem comentário.

II

É um fato estranho que nenhum escritor de Magia até hoje tratou do imensamente importante assunto do Elo Mágico. Poderia quase ser chamado o Elo Perdido. Aparentemente, tem sempre sido tomado como certo; somente escritores leigos sobre Magia, como o Dr. J. G. Frazer, trataram do assunto de acordo com a importância que o assunto tem.

Tentemos considerar a natureza da Magia num espírito estritamente científico, tão bem quanto, privados da orientação dos antigos, **podemos fazer**.

Que é uma Operação Mágica? Pode ser definida como qualquer acontecimento na Natureza que seja realizado por Vontade. Não devemos excluir o cultivo de batatas ou a movimentação bancária de nossa definição.[849]

Tomemos um exemplo muito simples de um Ato Mágico: aquele de um homem assoando o nariz. Quais são as condições de sucesso nessa Operação? Primeiro, que seja a Vontade do homem assoar o nariz; segundo, que ele tenha um nariz para ser assoado; terceiro, que ele esteja de posse de um aparato capaz de expressar sua Vontade espiritual em termos de força material, e de aplicar aquela força ao objeto que ele deseja afetar. Sua Vontade pode ser tão forte e concentrada quanto a de Júpiter, e seu nariz totalmente incapaz de resistir; mas, a não ser que o elo seja estabelecido pelo uso dos seus nervos e músculos, de acordo com leis psicológicas, fisiológicas e físicas, o nariz continuará escorrendo por toda eternidade.

Escritores de Magia não têm poupado esforços em nos instruir na preparação da Vontade, mas eles parecem ter imaginado que nenhuma outra precaução é necessária. Existe um exemplo flagrante de uma epidemia deste erro, cuja história é conhecida de todos: refiro-me à Ciência Cristã, e às doutrinas com ela cognatas de "cura mental" etc. A teoria dessa gente, despida de seus enfeites dogmáticos, é uma Mágica que se encaixa bem em seu tipo, o tipo negróide. A ideia é suficientemente correta: a matéria é uma ilusão criada pela Vontade através da mente e, portanto, suscetível de alteração às ordens do seu criador. Mas a prática tem sido deficiente. Os "cientistas cristãos" não desenvolveram uma técnica científica para aplicar a Vontade. É como se eles esperassem que o vapor d'água da chaleira de Watt transporte gente de um lugar para outro sem que alguém se dê ao trabalho de inventar e usar a locomotiva.

Apliquemos estas considerações à Magia no sentido restrito da palavra, o sentido em que sempre foi encarada até que MESTRE THERION ampliou-a para incluir todas as operações da Natureza.

Qual é a teoria inerente em rituais como aqueles da Goécia? O que faz o Magista? Ele invoca um Deus, e esse Deus compele a aparição de um espírito cuja função é executar a Vontade do Magista no momento. Não há nenhum vestígio do que pode ser chamado de maquinário no método. O exorcista nem se preocupa em preparar a base material para que o espírito se encarne, a não ser pela simples conexão de si mesmo com o selo do espírito. Aparentemente, é assumido que o espírito já possui os meios de manipular a matéria. A concepção parece a de um garoto pueril que pede a seu pai que diga ao mordomo

---

849 N.M.: Veja-se a Introdução da Parte III deste *Liber ABA*. A definição thelêmica de Magia é de vital importância por duas razões principais: inclui ciência no domínio mágico e enfatiza Vontade *versus* aceitação passiva e adaptação dócil a qualquer tipo de restrição ambiental. A eventual aceitação de nossa Lei pela parte inteligente de qualquer população humana produzirá um imenso passo à frente, não apenas nas ciências e artes, mas na organização social, cidadania eficiente e governo responsável.

que faça algo para ele. Em outras palavras, a teoria é grosseiramente animista. As tribos selvagens descritas por Frazer tinham uma teoria muito mais científica. O mesmo pode ser dito dos feiticeiros, que parecem ter sido mais sábios que os taumaturgos que os desprezavam. Os feiticeiros pelo menos fabricavam imagens de cera – identificadas por batismo – da gente que eles desejavam controlar.[850] Eles usavam bases materiais apropriadas para manifestações mágicas, tais como o sangue e outros veículos de força animal, e aquelas de virtude vegetal, como ervas. Eles tomavam também cuidado de pôr seus produtos enfeitiçados em contato real – material ou astral – com suas vítimas. Os exorcistas clássicos, ao contrário, apesar de toda a sua erudição, descuidavam-se quanto a esta condição essencial. Eles agiram tão estupidamente quanto gente que escreve cartas de negócios e esquece de pô-las no correio.

Não é exagero dizer que este fracasso em compreender as condições do sucesso explica o descrédito em que a Magia caiu até que Eliphas Levi se lançou à tarefa de reabilitá-la, duas gerações atrás. Mas mesmo ele (por mais profundamente que tenha estudado, e por mais luminosamente que tenha exposto, a natureza da Magia considerada como uma fórmula universal) não prestou qualquer atenção ao assunto do Elo Mágico, se bem que em toda página ele implique que este é essencial à Obra. Ele evadiu à questão pelo *petitio principii* de atribuir à Luz Astral o poder de transmitir vibrações de todos os tipos. Ele não entra em detalhes quanto à maneira como os efeitos dela são produzidos. Ele não nos informa quanto às leis qualitativas ou quantitativas desta luz. (O estudante cientificamente treinado observará a analogia entre o postulado de Levi e aquele da ciência ordinária *in re*, o éter luminoso.)

É deplorável que ninguém tenha ainda registrado de forma sistemática os resultados de nossa investigação da Luz Astral. Não temos descrições de suas propriedades ou das leis que atuam em sua esfera. No entanto, estas são suficientemente notáveis. Por exemplo, na Luz Astral, dois ou mais objetos podem ocupar o mesmo espaço ao mesmo tempo, sem interferirem um com outro e sem perderem seus contornos.

Naquela Luz, objetos podem mudar de aparência por completo sem mudarem em Natureza. O mesmo objeto pode se revelar num número infinito de aspectos diversos; de fato, ele se identifica assim fazendo, muito como um escritor ou pintor se revela numa sucessão de romances ou pinturas, cada um dos quais é ele, e apenas ele, sob diversas condições, se bem que cada obra pareça completamente diferente das outras. Naquela Luz somos "velozes sem termos pés e voamos sem termos asas"; podemos viajar sem nos movermos e nos comunicar com outros sem usar linguagem. Somos insensíveis ao calor, ao frio, à dor e a outras formas de percepção, pelo menos nas maneiras familiares aos nossos veículos corporais. Elas existem, mas são apreciadas por nós, e nos afetam, de um jeito diferente. Na Luz Astral, nós estamos submetidos ao que, aparentemente, é uma série completamente diversa de leis. Nós encontramos obstáculos de um caráter sutil e estranho; e nós os sobrepujamos por uma energia e astúcia de uma ordem inteiramente alheia àquela que nos serve na vida terrena. Naquela Luz, símbolos não são convenções, mas realidades; no entanto, os entes que encontramos são apenas símbolos das realidades de nossa própria natureza. Nossas operações naquela Luz são realmente as aventuras de nossos próprios pensamentos personificados.[851] **O universo é uma projeção de nós mesmos; uma imagem tão irreal quanto aquela de nossas faces num espelho; no entanto, tal como aquela face, é a necessária forma**

---

850 N.M.: Ou assim foi alegado pelos Inquisidores; mas os registros de interrogatórios de "bruxas" sob tortura provam abundantemente que o clero romano fazia perguntas e não aceitava respostas além daquelas que se encaixavam em sua teologia.

851 N.M.: Este é um ponto extremamente importante para se lembrar. Aqueles que esquecem podem causar danos enormes a si mesmos e a seus semelhantes na "vida normal".

de expressão nossa, que não pode ser alterada salvo na medida em que nos alteramos a nós mesmos.[852] O espelho pode ser defeituoso, embaçado, sem polimento ou rachado; e, neste sentido, o reflexo de nós mesmos pode ser falso mesmo em sua representação simbólica. Naquela Luz, portanto, tudo que nós fazemos é descobrir a nós mesmos através de uma sequência de hieróglifos; e as mudanças que nós aparentemente causamos são, no sentido objetivo da palavra, ilusões.

Mas a Luz astral nos é útil desta forma: ela nos habilita a ver a nós mesmos e, portanto, nos auxilia a nos iniciarmos, mostrando-nos o que estamos fazendo. Da mesma maneira, um relojoeiro usa uma lente, se bem que a lente exagere e falsifique a imagem do sistema de engrenagens que ele está tentando ajustar. Da mesma maneira, também, um escritor emprega letras arbitrárias de acordo com uma convenção sem significado a fim de habilitar seu leitor, uma vez que este as retraduza, a obter uma aproximação da ideia daquele.

Tais são algumas das principais características da Luz Astral. Suas leis quantitativas são muito menos diferentes daquelas da física material. Magistas têm frequentemente sido tolos ao ponto de supor que todos os tipos de Operações Mágicas são igualmente fáceis. Eles parecem ter assumido que o "onipotente poder de Deus" era uma quantidade infinita, na presença da qual todos os finitos eram igualmente insignificantes. "Um dia para o Senhor é como mil anos" é a primeira lei do Movimento para eles. "A fé move montanhas," eles dizem; e desdenham em medir, quer a fé, quer as montanhas. Se você pode matar um frango com Magia, por que não destruir um exército com o mesmo esforço? "Para Deus tudo é possível."[853]

---

852 Esta passagem não deve ser interpretada como asseverando que o Universo é puramente subjetivo. [N.M.: Observe o uso do U maiúsculo para diferenciar entre os universos "subjetivo" e "objetivo". O mesmo dispositivo é usado nos Livros Sagrados de Thelema, particularmente no *Liber VII*.] Pelo contrário, a Teoria Mágica aceita a realidade absoluta de todas as coisas no mais objetivo senso da palavra. Mas todas as percepções não são nem o observador nem a coisa observada; elas são representações da relação entre eles. Não podemos afirmar que qualquer qualidade exista num objeto independentemente do nosso *sensorium*, ou que ela seja em si mesma aquilo que nos parece ser. Nem podemos assumir que aquilo que nós percebemos seja mais que um fantasma parcial da sua causa. Não podemos sequer determinar o significado de ideias tais como "movimento", ou distinguir entre o tempo e o espaço, a não ser em relação a algum observador em particular. [N.M.: O leitor deve perceber que Crowley já estava perfeitamente familiarizado com a teoria da relatividade geral, numa época em que poucos cientistas estavam sequer aceitando-a.] Por exemplo, se eu deflagro um canhão duas vezes no intervalo de três horas, um observador no Sol notaria uma diferença de uns 322.000 quilômetros no espaço entre os tiros, enquanto a mim eles pareceriam "no mesmo lugar". Mais, eu sou incapaz de perceber qualquer fenômeno a não ser por meio daqueles instrumentos arbitrários que são os meus sentidos; portanto, é correto dizermos que o Universo, tal como eu o conheço, é subjetivo, sem por isso negar sua objetividade.

853 N.M.: Mesmo se você quiser raciocinar teisticamente e igualar a Natureza a Deus, você deve admitir a onipresença do Criador; um corolário natural é que Deus está presente em seus inimigos, em pedras, e certamente em pequenas coisas como a lei da inércia, a lei da termodinâmica e a lei dos rendimentos decrescentes. A menos que você faça isso, você continuará tendo uma mentalidade da Idade Média da pior espécie, como Ronald Reagan ou os "papas" romanistas.

A "onipresença de Deus" deve explicar por que exércitos, países e pessoas que eram virtuosas e "no direito" perderam guerras, eleições e ações judiciais! Nunca é suficientemente claro que "Deus" não "recompensa a virtude" ou "pune o vício".

Por tudo que é belo e que é puro;
São graça e culpa só dizeres:
A Lei é: FAZE O QUE TU QUERES!

Então, você pode perguntar, qual é o sentido de ser honesto? Por que a honestidade é a melhor política?

Tudo é relativo, senhoras e senhores. A honestidade não levará muito longe em qualquer sociedade humana existente, de qualquer persuasão política; mas te levará longe conosco. E somente conosco. É melhor morrer na miséria de uma Sascha Germer do que morrer na miséria de um Donald Weiser ou de um Ronald Reagan. Nós não vemos o mundo com os olhos deles. Ou melhor, podemos ver o mundo os olhos deles, se assim o desejarmos; mas nosso ponto de vista continua sendo o dos Iniciados. A Luz dos sábios é a escuridão do profano.

Se você se sentir inclinado a chamar-Nos de visionários, maníacos ou enganadores, considere que Nós, sendo humanos, aprendemos com os erros do passado; macacos falantes não. Nós olhamos para o registro das eras. Muitos exércitos virtuosos perderam batalhas para exércitos de vilões; muitos países virtuosos foram vítimas dos viciosos; muitas pessoas virtuosas foram oprimidas, derrotadas, torturadas, mutiladas e massacradas por mentirosos, ladrões e loucos. A riqueza da maioria das nações foi construída sobre a desonestidade. Mas olhe para o tipo de sociedade em que você vive! É o produto de tal abuso e tal erro. Você está feliz? Você está satisfeito? Você está livre? E mesmo se você estiver, é a mesma verdade de uma maioria significativa de seu povo e outros povos da Terra?

Esta absurdidade é um erro da mesma classe daquele mencionado acima. Os fatos são completamente opostos. Dois mais dois são quatro no Astral, tão rigorosamente quanto em qualquer outro lugar. A distância do nosso alvo Mágico e a precisão do nosso rifle Mágico são fatores no sucesso do nosso tiro Mágico, precisamente como em qualquer concurso de pontaria. A lei da gravitação Mágica é tão rígida quanto a de Newton. A lei do Inverso dos Quadrados pode não atuar; mas alguma lei análoga atua. Assim para tudo. Você não pode produzir uma trovoada a não ser que os materiais existissem no ar na ocasião; e um Magista que pode fazer chover em Cumberland poderia fracassar lamentavelmente no Saara. Pode-se fabricar um talismã para conquistar o amor de uma vendedora de balcão, e ter sucesso; e, no entanto, poderíamos fracassar no caso de uma condessa, ou vice-versa. Pode-se impor sua Vontade numa fazenda e ser esmagado por aquela de uma cidade; ou vice-versa. Até o MESTRE THERION, com todo o seu sucesso em todos os tipos de Magia, algumas vezes parece completamente incapaz de executar feitos que praticamente qualquer amador poderia executar, porque Ele equiparou sua Vontade àquela do mundo, tendo encetado o Trabalho de um Magus, de estabelecer a palavra da Sua Lei sobre a humanidade. Ele será bem-sucedido, sem dúvida; mas Ele certamente não espera ver mais que uma amostra do Seu produto durante a Sua presente encarnação. Porém, Ele se recusa a desperdiçar a mínima fração da Sua força em trabalhos alheios ao SEU TRABALHO, por mais óbvio que pareça ao observador que seria vantajoso para Ele mandar que pedras virassem pão, ou de algum outro modo facilitar Sua vida pessoal.[854]

Estas considerações sendo perfeitamente compreendidas, nós podemos voltar ao problema da fabricação do Elo Mágico. No caso citado acima, FRATER PERDURABO compôs Seu talismã ao invocar Seu Sagrado Anjo Guardião de acordo com a Magia Sagrada de Abramelim, o Mago. Aquele Anjo escreveu no lâmem a Palavra do Æon. O *Livro da Lei* é esta escritura. A este lâmem o MESTRE THERION deu vida dedicando-lhe Sua própria vida. Nós podemos então considerar este talismã, a Lei, como o mais poderoso que já foi feito na história do mundo, pois talismãs prévios do mesmo tipo foram limitados em alcance por condições de raça e de país. O talismã de Maomé, *Allah*, serviu apenas da Pérsia aos Pilares de Hércules. O de Buda, *Anatta*, operou apenas no Sul e Leste da Ásia. O novo talismã, *Thelema*, é mestre do planeta.[855]

Mas agora observe-se como a questão do Elo Mágico surge! Não importa quão poderosa a verdade de Thelema, ela não pode prevalecer a não ser que seja aplicada à humanidade e por ela. Enquanto o *Livro da Lei* estava em manuscrito, podia apenas afetar o pequeno grupo entre o qual era circulado. Era necessário executar a Operação Mágica de publicá-lo. Quando isto foi feito, foi feito sem a devida perfeição. Os comandos no Livro mesmo quanto à maneira em que este trabalho deveria ser feito não foram

---

Pois se não é – e sabemos que não é – algo está errado com a riqueza da sua sociedade, algo está errado com sua saúde, algo está errado com seu bem-estar. Nada disso é para Nuit. Tudo isso cairá, perecerá ou espalhará sua doença para as futuras gerações ao longo de séculos de restrição, abuso e estupidez.

Honestidade é a melhor política, senhoras e senhores. O egoísmo inteligente é humano; o egoísmo brutal nem mesmo é puramente animal: é uma qualidade de macacos falantes, que são avançados o suficiente para imitar a humanidade, mas não avançados o suficiente para servi-la.

854 N.M.: Um cético poderia, é claro, interpretar isso como uma desculpa do charlatão para sua incapacidade. Mas um especialista cético sabe que os charlatães nunca se desculpam: "*Qui s'excuse, s'accuse!*". Além disso, os charlatães geralmente levam vidas prósperas e desonestas.

855 N.M.: Vários críticos expressaram a opinião de que Crowley não terminou a Operação de Abramelin, que ele mesmo admitiu ter abandonado para ajudar Samuel Liddell "MacGregor" Mathers, a pedido deste. Nenhum desses críticos, é claro, já realizou a Operação. Pelo menos aquele cujo nome eu esqueci – mas seu nome é tão insignificante quanto seu caráter – também opinou que Karl Germer não poderia realizar a Operação em confinamento solitário em um campo de concentração nazista, já que os requisitos dados por Abramelin são muito específicos e difíceis de efetuar. E alguns críticos duvidam que o Sr. Germer esteve em um campo de concentração alemão.

Não se pode entrar nesse assunto em profundidade, exceto para dizer que a Operação de Abramelin é apenas um, e muito especializado, meio de alcançar o Beijo do Anjo. Este Beijo, de uma forma ou de outra, é essencial para a passagem em qualquer Grau da Externa. Além disso, quando o propósito de quem conseguir a Operação é tão cósmico quanto o de Crowley, todo o planeta pode facilmente tornar-se o Oratório do postulante.

completamente obedecidos.[856] Havia dúvida e repugnância na mente de FRATER PERDURABO, e isto prejudicou Seu trabalho. Ele trabalhou a contragosto. No entanto, mesmo assim, o poder intrínseco da verdade da Lei e o impacto da publicação foram suficientes para sacudir o mundo: uma guerra crítica estourou, e as mentes dos homens foram movidas de uma maneira misteriosa.[857] O segundo golpe foi desferido pela republicação do Livro em setembro de 1913; e desta vez o poder dessa Magia explodiu, e causou uma catástrofe à civilização. Neste momento o MESTRE THERION está escondido, reunindo Suas forças para um golpe final. Quando o *Livro da Lei* e seu Comentário[858] forem publicados, com as forças da Vontade inteira d'Ele obedecendo perfeitamente as instruções que até agora foram mal compreendidas ou negligenciadas, o resultado será incalculavelmente efetivo. O evento estabelecerá o reino da Criança Coroada e Conquistadora na Terra inteira, e todos os homens se submeterão à Lei, que é "amor sob Vontade".[859]

Isto é um caso extremo; mas só existe uma lei para governar tanto o pequeno quanto o grande. As mesmas declaram e medem o movimento da formiga e das estrelas. A luz das estrelas não é mais rápida que a de uma centelha. Em toda operação de Magia, o laço deve ser bem feito. O primeiro requisito é a aquisição de força suficiente, do tipo requerido para o propósito. Nós devemos ter eletricidade de um certo potencial em suficiente quantidade se desejamos aquecer comida num forno elétrico. Nós necessitamos de uma corrente mais intensa em um suprimento maior para iluminar uma cidade do que para eletrificar um fio telefônico. Nenhum outro tipo de energia servirá. Nós não podemos utilizar a força do vapor d'água diretamente para impulsionar um avião ou nos embebedar. Devemos aplicá-la com força adequada e de maneira apropriada.

É, portanto, absurdo invocar o espírito de Vênus para nos conseguir o amor de uma Imperatriz, a não ser que tomemos providências para transmitir a influência de nossa obra àquela senhora. Nós podemos, por exemplo, consagrar uma carta expressando nossa Vontade; ou, se sabemos como, podemos usar algum objeto relacionado com a pessoa cujos atos estamos tentando controlar (tal como um uma mecha de cabelo, ou um lenço que lhe tenha pertencido), e assim em sutil conexão com a aura dela. Mas, para fins materiais, é melhor ter meios materiais. Não devemos usar linha de pesca fina quando vamos pescar peixes pesados. Nossa vontade de matar um tigre é mal transmitida por uma carga de chumbo miúdo deflagrada de uma distância de cem metros. Nosso talismã deverá, portanto, ser um objeto apropriado à natureza da nossa Operação, e nós devemos ter algum meio de aplicar sua força de tal forma que ela compelirá naturalmente a obediência daquela porção da Natureza que estamos tentando mudar. Se alguém quer a morte de um pecador, não é suficiente odiá-lo, mesmo se admitirmos que as vibrações do pensamento, quando suficientemente poderosas e puras, podem modificar a Luz Astral o bastante para imprimir sua intenção, até certo ponto, em pessoas que sejam sensíveis. É muito mais seguro usarmos

---

856 N.M.: Na verdade, eles não foram obedecidos! Ele deveria ter imprimido o livro "belamente em tinta vermelha e negra sobre belo papel feito à mão", e simplesmente entregar uma cópia gratuita para qualquer casal heterossexual que pudesse oferecer-lhe hospitalidade doravante. Cf. *AL* iii 39. Ele não fez isso. Ele deveria "abstruir" a Estela da Revelação original da (então) "casa mal-ordenada" – o Museu Boulak – no Cairo, deixando uma cópia em seu lugar. Cf. *AL* iii 10-11. Ele também não fez isso. É impossível dizer com certeza qual dessas duas desobediências lhe causou mais problemas, e outros problemas que o seguiram depois.

857 N.M.: Mas talvez uma lenta supressão da Lei em toda a sociedade humana, feita com toda a prudência e discrição – seu templo, o Oratório em Boleskine, deveria ter permanecido em segredo e seu Kiblah para sempre (*AL* iii 10) – era o que o Senhor do Æon tinha em mente.

858 N.M.: Mas o comento, o Comento original, que está na Classe A junto com o livro, indica precisamente que a intenção do Senhor do Æon era uma disseminação suave, lenta e ponderada de Sua Regra; catástrofes, tanto as já suportadas como as que ainda estão por vir, poderiam ter sido evitadas.

859 N.M.: Observe o maiúsculo em "Vontade"! Ele ainda não estava ciente do que estava errado com seus esforços. Mas a essa altura as instruções originais teriam sido extremamente difíceis, se não impossíveis, de obedecer. Boleskine fora vendida e o Museu Boulak tornara-se menos acessível a um homem sem dinheiro, infame em todo o mundo.

nossa mente e músculos ao serviço daquele ódio, planejando e fabricando uma adaga, e então aplicando a nossa adaga no coração do nosso inimigo. É preciso dar ao ódio um corpo de matéria do mesmo tipo daquela que o inimigo tomou para sua manifestação. Seu espírito só pode entrar em contato com o dele por meio dessa fabricação mágica de fantasmas; da mesma maneira, só se pode comparar a mente (parte dela) com a de outro homem apenas expressando ambas em alguma forma tal como o jogo de xadrez. Não se pode usar peças de xadrez contra outro homem a não ser que ele concorde em usá-las no mesmo sentido que você. O tabuleiro e as peças formam o Elo Mágico pelo qual você pode provar o seu poder de obrigá-lo a se render. O jogo é um arranjo pelo qual você o força a inclinar seu rei em sinal de derrota, um ato muscular que ele executa em obediência à sua vontade, se bem que ele possa ser duas vezes mais forte e mais pesado.

Estes princípios gerais e básicos deveriam habilitar o estudante a compreender a natureza do trabalho de construção do Elo Mágico. É impossível dar instruções detalhadas, porque cada caso exige tratamento específico. As vezes é extremamente difícil conceber medidas apropriadas.

Lembre-se de que a Magia inclui todos os atos possíveis. Qualquer coisa pode servir como arma Mágica. Para impor sua Vontade sobre uma nação, por exemplo, o talismã pode ser um jornal, um triângulo uma igreja, ou um círculo um Clube. Para conquistar uma mulher, o pantáculo pode ser um colar; para descobrir um tesouro, a baqueta pode ser a caneta de um dramaturgo, ou o encantamento uma canção popular.

Muitos fins, muitos meios; é apenas importante lembrar a essência da operação, que é desejar seu sucesso com intensidade suficientemente pura, e encarnar aquela vontade num corpo capaz de expressá-la; um corpo tal que seu impacto na expressão corporal da ideia que se deseja mudar o faz mudar. Por exemplo, é minha vontade tornar-me um médico famoso? Eu bano todos os "espíritos hostis" (tais como a preguiça, interesses alheios, prazeres contrários) do meu "círculo", o hospital; eu consagro minhas "armas" (minhas várias habilidades) ao estudo da medicina; eu invoco os "Deuses" (autoridades médicas), estudando e obedecendo às leis deles em seus livros. Eu incorporo as "Fórmulas" (as maneiras em que causa e efeito influenciam doença) num "Ritual" (meu estilo pessoal de fazer com que a doença se conforme com minha vontade). Eu persisto nessas conjurações ano após ano, executando os gestos mágicos de curar os doentes, até que eu forço a aparição visível do Espírito do Tempo, e o faço reconhecer-me seu mestre. Eu sei o tipo apropriado de meios, em medida adequada, e os apliquei de formas pertinentes ao meu propósito, pela projeção da minha ideia incorpórea de ambição, num curso de ação tal que induziu outros a ideia incorpórea de satisfazer a minha. Eu fiz com que minha Vontade se manifestasse aos sentidos dos meus semelhantes; os sentidos influenciaram as Vontades de meus semelhantes; mente agiu sobre mente através da matéria.

Eu não me sento de boca para o ar, esperando que uma medalha pelos meus serviços médicos caia do céu, nem executo um "ato de fé", nem rezo a Deus para que "mova o coração de Faraó", como nossos monges mentais modernos, ou místicos medievais, eram e são confusos e sentimentais o suficiente para nos aconselharem a fazer.

Umas poucas observações genéricas sobre o Elo Mágico podem vir a calhar, na falta de detalhes; não se pode escrever um Manual de Como Cortejar, com um Abre-te Sésamo para cada particular Caverna de Quarenta Ladrões, mais do que alguém pode dar a um ladrão principiante uma lista contendo a combinação de todo e cada cofre no mundo. Mas pode-se apontar as diferenças genéricas entre as mulheres que cedem, algumas à lisonja, outras à eloquência, outras à aparência, outras à posição social, outras à riqueza, outras ao ardor, e outras à autoridade. Nós não podemos esgotar as possíveis combinações do

Xadrez dos Amantes, mas podemos enumerar os principais gambitos: o Buquê, a Caixa de Bombons, a Ceia a Sós, o Talão de Cheques, o Poema, o Passeio de Automóvel ao Luar, a Certidão de Casamento, o Chicote e a Simulação do Êxtase.

O Elo Mágico pode ser classificado em três tipos principais; conforme envolva:

(1) um plano e uma pessoa;

(2) um plano e duas ou mais pessoas;

(3) dois planos diversos.[860]

Na classe (1), a maquinaria da Magia – o instrumento – já existe. Assim, eu posso desejar curar meu próprio corpo, aumentar minhas próprias energias, desenvolver meus próprios poderes mentais, ou inspirar minha própria imaginação. Aqui o Exorcista e o Demônio já estão ligados, consciente ou subconscientemente, por um excelente sistema de símbolos. A Vontade já foi fornecida pela Natureza com um aparato adequadamente equipado para comunicar e executar as suas ordens.

É apenas necessário inflamar a Vontade até o nível apropriado e proclamar seus comandos; eles são instantaneamente obedecidos, a não ser que – como no caso de doença orgânica – o aparato esteja danificado além da arte da Natureza de repará-lo. Em tal caso, pode ser necessário auxiliar os "espíritos" internos com a "purificação" de remédios, o "banimento" de dieta ou algum outro meio extrínseco.

Mas pelo menos não há necessidade de qualquer arranjo especial *ad hoc* para se efetuar contato entre o Círculo e o Triângulo. Operações desta classe são, portanto, frequentemente bem-sucedidas, mesmo quando o Magista tem pouco ou nenhum conhecimento técnico de Magia. Quase qualquer um pode "tomar vergonha na cara", dedicar-se ao estudo, quebrar um mau hábito ou vencer uma covardia. Esta classe de trabalho, se bem que a mais fácil, é, no entanto, a mais importante; pois inclui a iniciação mesma, no mais elevado senso da palavra. Estende-se ao Absoluto em todas as dimensões; implica a mais íntima análise e a mais completa síntese. Num senso, é o único tipo de Magia quer necessário, quer próprio ao Adepto; pois inclui tanto a consecução do Conhecimento e Conversação do Sagrado Anjo Guardião quanto a Aventura do Abismo.

A classe (2) inclui todas as operações pelas quais o Magista se esforça por impor sua Vontade sobre objetos fora de seu controle pessoal, mas dentro do controle de outras vontades que sejam simbolizáveis através de um sistema semelhante ao seu próprio. Isto é, elas podem ser compelidas naturalmente através de consciência cognata.

Por exemplo, alguém pode desejar obter o conhecimento exposto nesse livro. Não sabendo que este livro existe, ainda assim a pessoa poderia induzir outra a lhe oferecer uma cópia. A operação consistiria em inflamar a Vontade de conhecimento ao ponto de dedicar sua vida a isso, expressando aquela vontade na busca por gente que pareça saber o que é preciso, e impondo aquela vontade sobre esta gente pela exibição de um entusiasmo tão sério que eles lhe dirão que este livro lhe satisfará as necessidades.

Isto soa muito simples? Pode esta óbvia conduta, fruto do bom senso, ser aquela maravilhosa Magia que amedronta tanta gente? Sim, mesmo essa trivialidade é um exemplo de como a Magia opera.

Mas o programa prático delineado acima pode ser um fiasco. A pessoa poderia então recorrer à Magia no senso convencional da palavra, construindo e carregando um Pantáculo apropriado ao objetivo;

---

860 N.M.: O leitor sério é aconselhado a prestar a máxima atenção a esta classificação e à explicação que se segue.

este Pantáculo poderia então causar uma tal pressão na Luz Astral que as vibrações compeliriam alguma consciência alheia a restaurar o equilíbrio, trazendo o livro.

Suponha um objetivo mais severo e mais sério: suponha que eu queira conquistar uma mulher que não gosta de mim e ama outra pessoa. Neste caso, não só a Vontade dela, mas a Vontade do seu amante, devem ser conquistadas pela minha própria. Eu não tenho controle direto sobre qualquer das duas. Mas minha Vontade está em contato com a da mulher através de nossas mentes; tenho apenas que fazer de minha mente a mestre da mente dela através dos meios de comunicação existentes; a mente dela, então, apresentará sua carta de renúncia à Vontade; a Vontade dela renunciará de sua prévia decisão, e então seu corpo se submeterá ao meu, como selo de sua rendição.

Aqui o Elo Mágico existe; apenas é complexo, em vez de simples, como na Primeira Classe.

Há possibilidade de todo tipo de erro na transmissão da Vontade; um mal-entendido pode prejudicar o assunto; um capricho pode perturbar; acontecimentos externos podem interferir; o amante pode me igualar em Magia; a Operação mesmo pode ofender a Natureza de muitas formas; por exemplo, se há uma incompatibilidade subconsciente entre mim e a mulher, eu me iludo ao pensar que a desejo. Uma tal falha é suficiente para anular a operação toda, da mesma maneira que nenhum esforço de Vontade pode fazer com que óleo se misture com água.

Eu posso, claro, trabalhar "naturalmente", cortejando. Mas, magicamente, eu posso atacá-la no astral, de forma que a aura dela fique desconfortável, e não responde mais ao seu amante. A não ser que eles identifiquem a causa, uma briga pode ocorrer, e o Corpo de Luz da mulher, confuso e faminto, pode se voltar, em sua inquietação, para o Magista que o dominou.

Tome um terceiro exemplo desta classe (2). Eu desejo recuperar meu relógio, que foi furtado numa multidão.

Aqui não tenho nenhum meio direto de controle sobre os músculos que poderiam devolver meu relógio, nem sobre a mente que move esses músculos. Eu não sou sequer capaz de informar àquela mente de minha Vontade, pois não sei onde aquela mente está. Mas sei que é uma mente fundamentalmente igual à minha; e tento estabelecer um Elo Mágico com ela anunciando minha perda nos jornais na esperança de alcançá-la, tendo o cuidado de acalmá-la prometendo-lhe imunidade, e apelando à sua motivação, que já conheço, oferecendo-lhe recompensa. Eu também tento usar a fórmula oposta: alcançá-la enviando os meus "espíritos familiares", a polícia, para caçá-la, e compelir sua obediência através de ameaças.[861]

Novamente, um feiticeiro poderia possuir um objeto pertencente magicamente a um ricaço, tal como uma carta comprometedora, que realmente é tão parte dele quanto seu fígado; o feiticeiro poderá então dominar a vontade do ricaço intimidando a mente deste. Seu poder de publicar a carta é tão efetivo quanto se ele pudesse ferir o corpo do ricaço diretamente.[862]

Estes casos "naturais" podem ser transpostos a termos mais sutis: por exemplo, alguém poderia dominar outro homem, mesmo um desconhecido, pela pura concentração da vontade, cerimonialmente (ou de alguma outra forma) elevada ao potencial necessário. Mas, em qualquer caso, aquela vontade tem

---

861 O método cerimonial consistiria em transferir para o relógio – que está naturalmente ligado a mim pela posse e pelo uso – um pensamento calculado para aterrorizar o ladrão e induzi-lo a se desfazer dele imediatamente. Observando *clarisentientemente* este efeito, eu sugiro alívio e recompensa como resultados da devolução.

862 N.M.: Note que ele chama um chantagista de feiticeiro. Isso é deliberado e está relacionado às nossas observações anteriores sobre honestidade.

que ser impingida sobre o homem; pelos meios normais de contato, se possível; se não, atacando algum ponto sensitivo no sensório subconsciente dele. Mas a mais forte vara de pescar não pescará o menor peixe, a não ser que haja algum tipo de linha ligando firmemente um ao outro.

A Terceira Classe é caracterizada pela inexistência de qualquer Elo entre a Vontade do Magista e aquela que controla o objeto a ser afetado. (A Segunda Classe se aproxima da Terceira quando não há possibilidade de comunicação com a segunda mente por meios normais, qual às vezes ocorre.)

Esta classe de operações exige não só imenso conhecimento da técnica da Magia combinada com tremendo vigor e perícia, mas um grau de consecução mística que é extremamente raro, e quando encontrado usualmente inclui uma absoluta apatia quanto a qualquer tentativa de praticar Magia. Suponha que eu deseje produzir uma tempestade. Este acontecimento está além de meu controle ou do controle de qualquer outro homem; é inútil tanto operar sobre a mente alheia quanto sobre a minha própria. A Natureza independe dos assuntos humanos, e é indiferente a eles. Uma tempestade é causada por condições atmosféricas numa escala tão grande que os esforços reunidos de todos nós, vermes terrestres, dificilmente poderiam dispersar uma nuvem, ainda que pudéssemos estabelecer contato com ela.[863] Como pode, então, qualquer Magista, acima de tudo um conhecedor da Natureza, ser tão absurdo a ponto de querer manejar o Martelo de Thor? A não ser que ele esteja totalmente louco, ele deve estar iniciado numa Verdade que transcende os fatos aparentes. Ele deve estar cônscio de que a Natureza inteira é um *continuum,*[864] de forma que a mente e o corpo dele são consubstanciais com a tempestade, são igualmente expressões de Uma Existência, todos partes da mesmíssima ordem de artifícios através dos quais o Absoluto se aprecia a si próprio. Ele deve também ter assimilado o fato de que Quantidade é uma forma tanto quanto Qualidade; que, como todas as coisas são modalidades de uma só Substância, assim suas medidas são módulos da relação entre elas. Não só são ouro e chumbo meras letras, sem significado em si próprias, mas decretadas para soletrar o Nome Único; mas também a diferença entre o volume de uma montanha e aquele de um camundongo não é mais que um método para diferenciá-los, tal como a letra "m" não é "maior" que a letra "i" em qualquer senso real da palavra.[865]

Nosso Magista, com tudo isto em mente, provavelmente deixará as tempestades cuidarem de si próprias; mas se, afinal de contas, ele se decidir a tornar uma palestra vespertina mais interessante, ele trabalhará da seguinte forma.

Primeiro, quais são os elementos necessários à sua tempestade? Ele deve ter certas reservas de energia elétrica, e o tipo correto de nuvens para contê-las.

---

863 N.M.: O leitor sério deve saber que, pelo menos uma vez, este trapaceiro gozador deu a um aluno, como parte do exame de *Practicus*, a produção de uma tempestade. Na verdade, ele foi ainda mais meticuloso: o aluno deveria produzir um raio em uma área específica, dentro de um limite de tempo específico.

864 N.M.: É por isso que a honestidade é a melhor política, gentil (?) leitor.

865 O Professor Rutherford considera teoricamente possível construir um detonador capaz de destruir todos os átomos de matéria desprendendo as energias de um, de forma que as vibrações excitem o resto a que se desintegrem explosivamente. [N.M.: Esse tipo de raciocínio acabou produzindo a bomba atômica. Por um tempo, receava-se que a detonação de uma levasse à combustão universal; as fórmulas matemáticas foram trabalhadas com muito cuidado antes de começar a construção do dispositivo. Ainda é teoricamente possível explodir um planeta inteiro, ou incitar uma estrela a se transformar em uma *nova*, o que sem dúvida agradaria mentes do calibre de Ronald Reagan.

Por outro lado, é possível transformar um satélite em um Sol em miniatura e, assim, fertilizar uma superfície planetária, como especulou Arthur C. Clarke em um de seus magníficos romances. Feiticeiros e Iniciados – e um verdadeiro cientista é, acima de tudo, um Iniciado – são diferentes. Se não em métodos, pelo menos em objetivos.]

N.M.: A escrita de um pode ocupar mais espaço do que a escrita do outro; mas esta é uma questão diferente, ou melhor, um universo diferente de discurso.

Ele deve se certificar de que a força não escoará para a Terra quieta e disfarçadamente.

Ele deve provocar uma tensão tão severa que se torne, por fim, intolerável ao ponto de se romper explosivamente.

Agora, ele, como homem, não pode orar a Deus para que cause estas coisas, **pois os Deuses são apenas nomes para as forças da Natureza mesmas.**

Mas, *como um Místico*, ele sabe que todas as coisas são fantasmas de Uma Só Coisa, e que elas podem ser recolhidas lá para saírem novamente sob outras formas. Ele sabe que todas as coisas estão nele mesmo, e que ele é Todo-Um com o Todo. Portanto, não há qualquer dificuldade teórica em converter a ilusão de um céu limpo naquela de um céu tempestuoso.[866] Por outro lado, *como Magista*, ele está cônscio de que as ilusões são governadas pelas leis da natureza delas. Ele sabe que duas vezes dois são quatro, se bem que "dois" e "quatro" são meras propriedades de Um. Ele pode usar a identidade mística de todas as coisas apenas num senso estritamente científico. É verdade que a experiência que ele tem de céus limpos e de tempestades prova que a natureza dele contém elementos cognatos com ambas as coisas; pois, se assim não fosse, elas não poderiam afetá-lo. Ele é o Microcosmo do seu próprio Macrocosmo, independentemente de um ou o outro se estender além do conhecimento que ele tem deles. Ele deve, portanto, despertar em si mesmo aquelas ideias que são parentes da Tempestade; reunir todos os objetos disponíveis da mesma natureza que ela, para os talismãs, e passar a excitá-los todos ao máximo através de uma cerimônia Mágica; isto é, insistindo na divindade deles, de forma que eles flamejem dentro e fora dele, as ideias dele vitalizando os talismãs. Há assim uma vívida vibração de alto potencial em um certo grupo de substâncias e forças simpáticas; e esta se espalha, como as ondas de uma pedra atirada num lago, aumentando e enfraquecendo, até que o distúrbio seja compensado. Da mesma maneira que um punhado de fanáticos, obcecados por uma verdade a ponto de exagerá-la, pode infeccionar um país inteiro, por algum tempo, inflamando aquele pensamento nos seus concidadãos, assim o Magista cria uma comoção perturbando o equílibrio de poder. Ele transmite sua vibração particular como um operador de rádio faz com seu raio: a relação do comprimento de onda determina uma seleção exclusiva.

Na prática, o Magista deve "evocar os espíritos da tempestade", identificando-se com as ideias que expressam fenômenos atmosféricos, tal como a sua humanidade é a expressão de si mesmo; isto conseguido, ele deve impor sua Vontade sobre eles em virtude da superioridade de sua inteligência e da integração de seu propósito acima dos impulsos não direcionados e da interação sem sentido.

Toda Magia deste tipo exige a máxima precisão na prática. É verdade que os melhores rituais nos instruem em como selecionar nossos veículos de Força. No *777* encontramos "correspondências" de muitas classes de seres com os vários tipos de operações, de forma que sabemos quais armas, joias, figuras, drogas, perfumes, nomes etc. podemos empregar em qualquer trabalho particular.[867] Mas sempre se assumiu que a força invocada é inteligente e competente, que ela se dirigirá a si mesma como é desejado, sem necessidade de maior trabalho de nossa parte, se usarmos esse método de vibrações simpáticas.

A necessidade de cronometrar a força tem sido ignorada; e, por isso, a maioria das operações, mesmo quando a invocação foi bem executada, é tão inofensiva quanto a combustão de um rastro de pólvora.

---

866 N.M.: Veja-se a explicação de John sobre seu "milagre" para seu Fido no capítulo XII de *Odd John*, de Stapledon.

867 N.M.: Caracteristicamente, ele não mencionou que era o autor do livro (na época poucas pessoas sabiam disso); nem que tenha sido o primeiro trabalho desse tipo. Depois de meio século, continua a ser o melhor manual de correspondências mágico-místicas existente. A única maneira de melhorá-lo é expandindo-o.

Mas, mesmo admitindo que basta a Vontade para determinar a direção e impedir a dispersão da força, dificilmente podemos ter certeza de que ela agirá sobre o seu objeto, a não ser que aquele objeto esteja bem preparado para recebê-la. O Elo deve estar perfeitamente criado. O objeto deve possuir em si mesmo uma quantidade de material simpático suficiente ao nosso trabalho. Não podemos fazer amor com um tijolo, ou mandar um carvalho dar recados.

Vemos, pois, que não podemos jamais afetar qualquer coisa externa a nós mesmos, a não ser que ela esteja também dentro de nós. O que quer que eu faça a outrem eu faço a mim mesmo. Se eu mato um homem, eu destruo a minha própria vida ao mesmo tempo. Este é o significado mágico da assim-chamada "Regra Áurea", que não deveria estar no imperativo, mas sim no indicativo. Cada vibração desperta todas as outras do seu comprimento de onda particular.[868]

Existe, pois, alguma justificativa para a suposição, por parte de antigos escritores de Magia, de que o Elo está implícito, e não necessita atenção especial. No entanto, na prática, nada é mais certo do que devemos confirmar nossa Vontade por todos os atos possíveis, em todos os planos possíveis. A cerimônia não deve ser limitada aos ritos formalmente mágicos. Não devemos negligenciar quaisquer meios que conduzam ao nosso fim, nem menosprezando o bom senso nem duvidando de nossa sabedoria secreta.

Quando Frater I.A. estava em perigo de morte em 1899 e.v., Frater V. N. e FRATER PERDURABO de fato invocaram o espírito Buer à aparição visível, a fim de que o espírito curasse o irmão deles; mas também, um deles forneceu dinheiro para enviá-lo a um clima menos cruel que o da Inglaterra.[869] Ele está vivo hoje;[870] quem se importa se espíritos ou dinheiro fizeram o que esses Magistas queriam?

Faça o Elo Mágico forte! É "amor sob vontade"; isso assevera a identidade da Equação da obra; isso torna o sucesso Inevitabilidade.

868 N.M.: O fato de que alguns homens – e mulheres – se beneficiem de uma miniobliteração não tem nada a ver com isso. A "Regra Áurea" não é um axioma moral, é um fato psicológico. Um jardineiro sábio poda uma árvore; se esta é a Árvore do Ser, talvez ela possa precisar ser podada ainda mais que as outras.

869 N.M.: Novamente, ele não menciona que foi ele quem forneceu o dinheiro, obtido de uma amante que queria impressioná-lo com sua generosidade.

870 Ele morreu alguns meses após esta passagem ter sido escrita; mas foi habilitado a viver e trabalhar quase um quarto de século mais do que teria sido capaz de outra forma.

CAPÍTULO XVI[871]

(PARTE I)

DO JURAMENTO

871 N.M.: O motivo pelo qual parte do Capítulo XVI vem antes do Capítulo XV deve ser clareado pela comparação entre o arranjo de Crowley de seus capítulos e o arranjo dos capítulos no *Dogma e Ritual*, de Eliphas Levi.

A terceira operação em qualquer cerimônia mágica é o juramento ou proclamação. O Magista, armado e pronto, está de pé no centro do Círculo, e toca uma vez a campainha, como que para chamar a atenção do Universo. Ele então declara *quem ele é*, recitando sua história mágica pela proclamação dos graus que ele já alcançou, dando os sinais e palavras daqueles graus.[872]

Então ele **declara o propósito da cerimônia e prova que é necessário executá-la e ser bem-sucedido em sua execução.** A seguir ele jura perante o Senhor do Universo (não o particular Senhor que ele está invocando),[873] como que para chamá-Lo a testemunhar o ato. Ele jura solenemente que a executará – que nada o impedirá de executá-la – que não abandonará a operação até que ela tenha sido executada com sucesso – e, uma vez mais, toca a campainha.

No entanto, tendo desta forma se demonstrado ao mesmo tempo ocupando uma posição infinitamente elevada e infinitamente sem importância, como sendo, de fato, o instrumento do destino, ele deve contrabalançar isso pela *Confissão*, em que há novamente uma infinita exaltação harmonizada com uma infinita humildade. Ele se admite um fraco ser humano, aspirando humildemente a algo mais elevado; uma criatura de circunstâncias, completamente dependente – mesmo para o alento da vida – de uma série de acidentes afortunados. Ele faz esta confissão prostrado[874] diante do altar, em agonia e suor de sangue. Ele treme ao pensar na operação que ousou encetar, dizendo: "Pai, se for Tua Vontade, deixa que esta taça passe de mim! No entanto, que não minha vontade, mas a Tua seja feita".[875]

A terrível resposta vem, que Isto Deve Ser; e essa resposta o fortifica com tal zelo santo que lhe parecerá que ele é como que levantado por mãos divinas daquela posição prostrada; com um frêmito de santa exaltação, ele renova alegremente o Juramento, sentindo-se de novo não mais o mero homem, mas o Magista; e mais que apenas o Magista: a pessoa escolhida e designada para executar uma tarefa que, por mais aparentemente sem importância que seja, é, no entanto, uma parte integrante do destino universal, de forma que se não fosse executada o Reino dos Céus se estilhaçaria.[876]

---

872 Isto não é apenas para se provar a si mesmo uma pessoa com autoridade. É para traçar a cadeia de causas que o trouxeram à posição atual, de forma que a operação é percebida como carma.

873 N.M.: Neste Æon, o Senhor do Universo é *Heru-ra-ha*. O leitor não deve ser confundido por gênero. O Senhor do Universo neste Æon passa a ser um "macho"; o Senhor do Universo no próximo Æon será uma "fêmea", a Deusa Maat. (Se Ela deve ser chamada de "Senhor" ou a "Senhora" do Universo, só diz respeito a Ela!) Mas no nível em que essas Entidades existem e funcionam, tais distinções de sexo são verdadeiras apenas para os adoradores, e isso apenas abaixo do Abismo. Nossa persistente capina de termos aparentemente sexistas no texto de Crowley tem como propósito apenas tornar mais fácil para ativistas feministas compreendê-lo. Enfatizamos novamente, como já fizemos antes, que o uso do pronome masculino durante a maior parte de sua escrita – mas não, o leitor sério pode notar, em muitas passagens cruciais – era meramente o dispositivo literário convencional da época.

874 Compare-se com as observações em um capítulo prévio. [N.M.: Ele quer dizer sua primeira nota de rodapé no Capítulo II.] Mas este é um caso particular. Nós deixamos sua justificativa como um problema para o estudante resolver.

875 Claro que isso é para o iniciante. Tão certo quanto for assimilado como verdadeiro, ele dirá: "Minha vontade, que é a tua, seja feita!" e, finalmente, não mais distinguir "meu" de "teu". Uma compreensiva mudança de gesto acompanhará a mudança mental. [N.M.: O leitor sério perceberá que, no decurso de uma Cerimônia Mágica, as práticas ficam extremamente complexas. Outra prova da relação íntima entre Yoga e Magia.]

N.M.: Tais expressões são basicamente imaturas e devem ser evitadas pelos Thelemitas. Como este comentarista uma vez proclamou em voz alta em um estúdio da TV mais fanaticamente Cristista do Brasil, você é seu pai e sua mãe, e Deus e o Diabo. Seus pais materiais são apenas intermediários em sua autorrealização em carne; eles merecem respeito por aturar você, mas você também merece o respeito devido a um conviva – se você se comportar como um. Como Khalil Gibran colocou apropriadamente em *O Profeta*, abordando o maternalismo ou o paternalismo em geral, "Seus filhos não são seus filhos". As notas de rodapé de Crowley se ampliam sobre esse tema do servilismo teísta ou afiliação teísta.

876 N.M.: As Supernas, não o infantilismo medieval cristista. Mas é claro que esse sentimento, embora muitas vezes anunciando sucesso na Operação, é ilusão devido às limitações da mente racional. Cf. *Liber 418*, o 11° Æthyr.

Ele está agora pronto para começar invocações. Ele olha uma última vez em volta do Templo para se assegurar da perfeita disponibilidade de todas as coisas necessárias, e acende o incenso.

* * * * *

O Juramento é a fundação de todo Trabalho em Magia, pois é uma afirmação da Vontade. Um Juramento vincula o Magista para sempre. Na Parte II deste *Liber ABA* algo já foi dito sobre este assunto; mas sua importância merece elaboração. Por exemplo, se alguém, amando uma mulher, fizer um encanto para compelir os abraços dela, e, cansando-se deles um pouco após, invocar Zazel para matá-la, verificará que as implicações do seu Juramento prévio entram em conflito com aquelas próprias para invocar a Unidade da Divindade de Saturno. Zazel recusará obedecê-lo no caso da mulher que ele jurou amar. A isto alguns podem objetar que, desde que todos os atos são mágicos, todo homem que ama uma mulher assume implicitamente um Juramento de amor e, portanto, não seria jamais capaz de assassiná-la mais tarde, como ocasionalmente ocorre. A explicação é esta: é verdade que quando Bill Sykes[877] deseja possuir Nancy ele evoca um espírito da natureza de Vênus, compelindo-o pelo seu Juramento de Amor (e pelo seu poder mágico como homem) a lhe trazer a moça. Assim também, quando ele quer matá-la, ele evoca um espírito de Marte ou Saturno, com um Juramento de ódio. Mas estes não são puros espíritos planetários, movendo-se em esferas bem definidas, de acordo com leis rigidamente corretas. Eles são grosseiras concreções de impulsos confusos, "incapazes de compreender a natureza de um juramento". Eles são de tal textura que a ideia de assassinato não é de forma alguma ofensiva ao Espírito do Amor.

É de fato o critério da *casta* espiritual que elementos conflitantes não devem coexistir na mesma consciência.[878] O puritano cantador de salmos que persegue os publicanos e secretamente se embebe em aguardente; o filantropo solene que contribui para "caridades", mas explora seus fregueses e paga mal seus empregados; estes homens não devem ser condenados como canalhas propositais, que utilizam a religião e a respeitabilidade para esconderem sua vileza num deliberado disfarce sugerido pela sua astúcia criminal. Longe disso, eles são até demasiados sinceros em suas "virtudes"; seu medo da morte e da condenação sobrenatural é genuíno; vem de uma parte deles que está em irreconciliável conflito com sua canalhice. Nenhuma das duas partes pode conciliar, suprimir ou ignorar a outra; no entanto, cada parte é tão covarde que atura a presença da sua inimiga. Tais homens, portanto, são destituídos de princípios puros; eles sempre encontram uma desculpa para todo truque sujo que lhes traga uma aparente vantagem.[879]

---

877 N.M.: A referência é a personagens em *Oliver Twist* de Charles Dickens.

878 N.M.: Ele quer dizer com isso que seres espirituais mais refinados são incapazes de se contradizerem. Por outro lado, uma contradição pode ser aparente; tais casos ocorrem, no entanto, com microcosmos, e não com espíritos. Como Walt Whitman diz em um de seus poemas: "Eu me contradigo? Muito bem, então me contradigo, (Sou vasto, contenho multidões.)".

Isso, é claro, não deve ser usado como desculpa para o tipo de contradição que a melhor classe de espíritos não tolerará. Enquanto os planos não estiverem misturados, você terá pouco ou nenhum prejuízo; mas você deve manter as coisas simples. Por exemplo, é perfeitamente possível amar seu inimigo e, ainda assim, matar seu corpo; a obliteração é feita em um plano, a afeição em outro. Mas é inútil esperar que os espíritos que não são microcosmos aceitem esse tipo de contradição. Eles não têm os meios para isso; eles vivem em um plano ou outro, não em ambos ao mesmo tempo.

879 N.M.: É sobre esses tipos de homens que as sociedades capitalistas foram construídas até agora.

O primeiro passo do Aspirante em direção ao Portal da Iniciação lhe diz que pureza – unidade de propósito – é essencial acima de tudo.[880] "Faze o que tu queres" o golpeia, um raio de viva flama branca consumindo tudo que não é completamente Deus. Depressa ele percebe que não pode se contradizer conscientemente. Ele desenvolve um sentido sutil que o avisa quando dois cursos de pensamento, os quais ele nunca percebera relacionados um com o outro, são incompatíveis. Ainda mais fundo penetra "Faze o que tu queres"; oposições subconscientes são evocadas à aparição visível.[881] Os santuários secretos da alma são purificados. "Faze o que tu queres" purga toda parte dele. Ele se tornou UM, um apenas.[882] Sua Vontade é consequentemente libertada da interferência de oposição interna, e ele é um Mestre de Magia.[883] Mas, por isso mesmo, ele é agora completamente incapaz de conseguir o que quer que seja que não esteja de acordo com o seu Juramento Original, com a sua Verdadeira Vontade, por virtude da qual ele se encarnou como homem. Para Bill Sykes, amor e assassinato não são mutuamente excludentes; mas, para o Rei Artur, eles são. Quanto mais elevado o tipo de homem, mais sensitivo ele se torna; de forma que o mais nobre amor adivinha intuitivamente quando uma palavra ou gesto descuidado pode ferir; e, vigilante, os evita como sendo da família do assassinato. Na Magia, igualmente, o Adepto que está jurado a alcançar o Conhecimento e Conversação do Sagrado Anjo Guardião pode, nos seus dias mais grosseiros, ter sido um perito Curador; e agora descobre que se tornou incapaz de tal trabalho. Ele provavelmente se intrigará e se perguntará se perdeu todo o seu poder. No entanto, a causa pode ser apenas que a Sabedoria de seu Anjo deprecia a interferência de uma ignorância bem-intencionada com doenças que podem ter sido enviadas ao sofredor para algum propósito profundamente importante ao progresso deste.

No caso de MESTRE THERION, originalmente ele era capaz de todo tipo de Orgia.[884] Ele curava doentes, enfeitiçava obstinados, fascinava sedutores, derrotava agressivos, se fazia invisível, e em geral "pintava o sete" em todos os planos possíveis. Ele afligia uma vampira com um envio de gatos,[885] e designava outra para sua bruxa privada, nem cônscio de qualquer paradoxo, nem impedido pela implícita incongruidade dos juramentos implicados em tais operações.

Mas à medida que Ele avançou ao Adeptado, esta peraltice foi sendo tolhida; tão logo Ele assumiu Juramentos sérios e foi admitido à Ordem que nós não nomeamos, estes Juramentos O impediram de usar Seus poderes como brinquedos. Operações insignificantes, que Ele executara no passado com um simples aceno, se tornaram impossíveis, a despeito de repetidos esforços. Muitos anos se passaram antes que Ele compreendesse a causa disso. Mas, aos poucos, Ele se absorveu tanto no Trabalho de Sua verdadeira Vontade que não mais Lhe ocorreu ocupar-Se com tais infantis diversões e caprichos.

No entanto, mesmo agora, se bem que Ele é em verdade um Magus da A∴A∴, se bem que Sua Palavra é a Palavra do Æon, se bem que Ele é a Besta 666, o Senhor da Mulher Escarlate, "em quem

---

880 N.M.: Esta definição de pureza é extremamente importante para os candidatos; essencial, na verdade. As conotações habituais de "pureza" com "sexo" são totalmente irrelevantes para o problema.

881 N.M.: Isso, claramente, significa que seus complexos ou inibições, ou o que quer que seja, são projetados em *Assiah* de *Assiah*, e atuaram como psicodramas nos quais outras pessoas participam; a diferença entre esses psicodramas e aqueles que estão no palco ou nas clínicas é que os participantes não sabem que estão atuando, e o público geralmente está entediado, desinteressado ou ativamente hostil.

882 N.M.: Isto supondo que você possa suportar a dor e o fracasso. A maioria abandona a escola enquanto ainda está no jardim de infância.

883 N.M.: Não confunda com Mestre do Templo, no entanto.

884 N.M.: O leitor sério é lembrado, por razões importantes, que a palavra inglesa "orgy" vem do grego, e que a palavra em grego significa "Trabalho". [N.E.: Veja-se *The Sense of the World*, de Jean-Luc Nancy.]

885 N.M.: Com alguma ajuda de seus amigos no começo. Cf. "At the Fork of the Roads", *Equinox* I (1).

todo poder é dado", ainda há certas Orgias que Ele não pode executar, porque executando-as Ele afirmaria coisas que Ele negou nesses Juramentos por virtude dos quais Ele é Aquilo que Ele é. Isso acontece mesmo quando o espírito de tais Orgias está em completa harmonia com a Vontade d'Ele. O senso literal do Seu Juramento original insiste em ser respeitado.

Por exemplo: FRATER PERDURABO especificamente jurou que Ele renunciaria às Suas posses pessoais até o último vintém; também que Ele não permitiria que qualquer afeição humana O impedisse. Estes termos foram aceitos; foi-Lhe concedido infinitamente mais do que Ele imaginara possível a qualquer homem encarnado. Por outro lado, o preço oferecido por Ele foi cobrado tão estritamente quanto se tivesse sido estipulado por Shylock.[886] Todo tesouro que Ele tinha sobre a Terra foi-Lhe arrebatado; e isto, usualmente, de uma maneira tão brutal ou cruel que a perda material foi em si a menor parte da dor da ocasião. Toda afeição humana que Ele tinha em Seu coração – e aquele coração anseia por Amor como poucos corações podem conceber – foi arrancada e espezinhada com uma ingenuidade tão infernal em intensificar a tortura que a resistência d'Ele é inacreditável. Inexplicáveis são as atrocidades que acompanham cada passo de Sua Iniciação! A morte Lhe arrebatou os filhos com lenta selvageria; as mulheres que Ele amou se embebedaram ao ponto de demência e delírio diante de Seus olhos, ou retribuíram Sua apaixonada devoção com fria traição no momento em que longos anos de lealdade O haviam tentado a confiar nelas. Seu amigo, que levava a sacola, roubou o que era posto ali, e traiu seu Mestre o quanto pôde.[887] Ao primeiro distante rumor de que os fariseus estavam em marcha, seus discípulos "todos O abandonaram e fugiram". Sua mãe O pregou à cruz com suas próprias mãos, e durante nove anos O escarneceu enquanto Ele pendia ali.[888]

Agora, tendo durado até o fim, sendo Mestre de Magia, Ele é poderoso para Trabalhar Sua verdadeira Vontade: que é estabelecer sobre a Terra Sua Palavra, a Lei de Thelema. Ele não tem nenhuma outra Vontade senão esta; de forma que tudo que Ele faz é com este fim. Todas as Suas Orgias frutificam; o que era trabalho de um mês quando Ele era um Adeptus Major completo é hoje executado em poucos minutos pelas Palavras da Vontade, pronunciadas com as retas vibrações na Orelha preparada.[889]

Mas nem pelo uso natural de Suas habilidades (se bem que estas O tornaram conhecido no mundo inteiro), nem pela máxima força de sua Magia, é Ele capaz de adquirir riqueza material além do mínimo necessário para mantê-Lo vivo e trabalhando. É em vão que Ele protesta que não Ele, mas a Obra está necessitada de dinheiro; Ele é circunscrito pela estrita letra do Seu Juramento: dar tudo o que Ele tem para Sua Consecução mágica.[890]

Ainda mais terrível é o destino que Ele invocou sobre Si mesmo ao renunciar ao Seu direito humano de desfrutar o Amor daqueles que Ele ama com paixão tão desinteressada, tão pura, e tão intensa, em troca

886 N.M.: O miserável agiota judeu de *O Mercador de Veneza*, de Shakespeare, no qual Sir Walter Scott obviamente baseou seu próprio prestamista judeu em *Ivanhoé*. A expressão "exigindo uma libra de carne" vem dessa peça.

887 N.M.: Este foi G. M. Cowie, a quem foi confiado o produto da venda de Boleskine em nome da O.T.O. Mas, como dissemos antes, Boleskine nunca deveria ter sido vendida, e a injunção de *Heru-ra-ha* em *AL* iii 10-11, 39, 41 já havia sido totalmente desobedecida.

888 N.M.: O significado dessas referências está na vida de Crowley, e está além do escopo de uma nota. Mas o paralelo com a parábola dos "Evangelhos" mostra que, na data da redação deste Lamento, ele ainda não conseguia se desfazer totalmente das desvantagens de uma criação cristista.

889 N.M.: Esta última sentença não pode ser ampliada; o único propósito desta nota é chamar a atenção do leitor sério para ela.

890 N.M.: No entanto, até onde isso foi devido ao seu Juramento, e até que ponto à sua desobediência, apenas *Heru-ra-ha* sabe.

do poder de amar tanto a Humanidade que Ele fosse escolhido para pronunciar a Palavra do Æon em prol dela, Sua recompensa o desprezo universal, dificuldades materiais, desespero mental e paralisia moral.[891]

No entanto, Ele, que tem o poder sobre a Morte, com um alento capaz de recuperar a saúde, com um toque capaz de ressuscitar à vida, Ele deve ver Sua própria filhinha definhar mês a mês, cônscio de que Sua Arte não poderá intervir; Ele que vendeu o anel de sinete que possuía para comprar uma modesta aliança de ouro para o dedo canalha da sua noiva, aquela viúva debochada, o Mundo![892]

891 N.M.: Tudo isso é bem correto, e deve servir como um aviso para as *Bestas* em desenvolvimento. Mas provavelmente não vai.

892 N.M.: A referência é basicamente a duas crianças, ambas meninas, uma pela sua primeira esposa, Rose (Ouarda) Crowley (Kelly, sobrenome de solteira), a primeira Mulher Escarlate, e a outra por Ninette Shumway. Mas todos os seus filhos foram tirados dele; alguns ainda estão vivos. Não se sabe o que eles pensam do pai deles. Se é que eles pensam nele. Um destino semelhante aconteceu a este escritor que, aliás, nunca se considerou da classe de Crowley.

CAPÍTULO XV

DA INVOCAÇÃO

I

No sistema direto, ou "Protestante", de Magia, há pouco a adicionar ao que já foi dito. O Magista endereça uma petição direta ao Ente invocado. Mas o segredo do sucesso em invocação não foi desvelado até agora. É extremamente simples. Quase não tem importância se a invocação é "bem recitada". Há mil maneiras diversas de executar o fito proposto, no que concerne às coisas externas. O segredo inteiro pode ser resumido nestas poucas palavras: **"Inflama-te em oração"**.[893]

A mente deve ser exaltada até perder consciência de si mesma. O Magista deve ser propelido cegamente por uma força que, embora nele e dele, não é de forma alguma aquilo que, em seu estado normal de consciência, ele chama de Eu. Precisamente como o poeta, o amante, o artista, são transportados fora de si mesmos num frenesi criador, assim deve acontecer com o Magista.

É impossível estabelecermos regras para a obtenção deste estímulo especial. Para um, o mistério de toda a cerimônia pode ser atraente; outro pode ser movido pela estranheza das palavras, até mesmo pelo fato de os "nomes bárbaros" serem ininteligíveis para ele. Às vezes, no decurso de uma cerimônia, o verdadeiro significado de algum nome bárbaro, que até agora evadira sua análise, pode lampejar-lhe a mente, luminoso e esplêndido, de forma que ele é levado ao orgasmo. O aroma de um particular incenso pode excitá-lo efetivamente, ou talvez o êxtase físico da dança mágica.

Todo Magista deve compor sua cerimônia de maneira que ela atinja um clímax dramático. No momento em que a excitação se torna ingovernável, quando todo o ente consciente do Magista experimenta um espasmo espiritual, nesse momento ele deve pronunciar a suprema adjuração.

Um método muito efetivo consiste em parar de súbito, por um supremo esforço de Vontade, repetidamente, à beira do espasmo, até que um momento chega em que a ideia de exercer este controle não mais ocorre.[894] **Inibição não é mais possível ou sequer imaginável, e todo o ser do Magista, sem que o seu mais íntimo átomo diga não, é irresistivelmente lançado. À luz cegante, em meio ao rugido de dez mil trovões, a União de Deus e do homem é consumada.**

Se o Magista ainda está de pé no Círculo, silenciosamente perseguindo suas invocações, é que a parte consciente dele se separou do verdadeiro ego que está por trás dessa consciência normal. Mas o círculo está totalmente cheio dessa essência divina; tudo mais é apenas um acidente e uma ilusão.

As invocações subsequentes, o gradual desenvolvimento e materialização da força, não requerem esforço. É um grande erro do iniciante concentrar sua energia no propósito declarado da cerimônia. Esse erro é a mais frequente causa de fracassos em invocação.

Um corolário deste Teorema é que o Magista cedo descarta evocações quase que por completo – só raras circunstâncias exigem qualquer ação que seja no plano material. O Magista dedica-se inteiramente

---

893 Isso é expresso cabalisticamente na velha Fórmula: *Domine noster, audi tuo servo! kyrie Christe! O Christe!* [N.E.: Latim, *Nosso Senhor, ouve o teu servidor! Senhor Cristo! Oh, Cristo!*]

894 Este esquecimento deve ser completo; é fatal tentarmos "relaxar" conscientemente. [N.M.: "Fatal" no sentido de que você não atingirá o espasmo. Além disso, a aproximação desse espasmo é muito assustadora para a mente, pois a desintegra, pelo menos momentaneamente. Esse medo, que chega a todos nós, produziu muitos fracassos iniciáticos.]

à invocação de um deus; e, tão logo seu equilíbrio se aproxima da perfeição, ele deixa de invocar qualquer deus incompleto; somente aquele deus verticalmente acima dele está em seu caminho.[895] E assim, um homem que talvez tenha começado a praticar Magia somente com a ideia de adquirir conhecimento, amor, ou dinheiro descobre-se irrevogavelmente dedicado à execução d'*A Grande Obra*.

Tornar-se-á agora aparente que não há nenhuma diferença entre magia e meditação, a não ser de um tipo muito arbitrário e acidental.[896]

II

Além desses métodos abertos, há também vários métodos mentais de Invocação, dos quais podemos dar três.

O primeiro concerne o assim chamado corpo astral. O Magista deveria praticar a formação deste corpo tal qual recomenda *Liber O*[897] e aprender a ascender nos planos de acordo com as instruções naquele livro; porém, limitando sua "subida" ao particular símbolo, cujo Deus ele deseja invocar.

O segundo é recitar um mantra adequado ao Deus.

O terceiro consiste em assumir a forma do Deus – transmutando o corpo astral na forma d'Ele. Este último método é realmente essencial a toda invocação propriamente executada, e nunca é demasiado cultivado.

Há muitas outras maneiras de auxiliar a invocação, tantas que é impossível enumerá-las; e o Magista será sábio se procurar inventar novas.

Nós daremos um exemplo.

Suponha que a Suprema Invocação consiste de 20 ou 30 nomes bárbaros; que ele imagine que estes nomes ocupam seções de uma coluna vertical, cada uma com o dobro do comprimento da anterior; e que ele imagine que sua consciência sobe a coluna em cada nome. A mera multiplicação produzirá, então, um sentimento de espanto e desnorteamento que é o precursor adequado do êxtase.

No ensaio "Entusiasmo Energizado" em *Equinox* I (9), é dado um relato conciso de um dos clássicos métodos de despertar a *kundalini*. Este ensaio deveria ser estudado com cuidado e determinação.[898]

---

895 N.M.: Isso é sempre o que convencionamos chamar de "O Sagrado Anjo Guardião".

896 Existe a antítese geral, metafísica, de que Magia é a Arte da Vontade de Viver, o Misticismo da Vontade de Morrer; mas – "Sobe a Verdade de mim: Vida e Morte são um, sim!". [N.M.: A citação é de sua bela peça, *The Scorpion*.]

N.M.: Por "meditação" aqui ele quer dizer Yoga. O leitor sério é referido às Partes I e II deste *Liber ABA*.

897 N.E.: Veja-se o Apêndice VII.

898 Os verdadeiros e primitivos cristãos utilizavam, em todos os detalhes essenciais, este método. Veja-se *Fragments of a Faith Forgotten*, pp. 80-81, de G. R. S. Mead, Esq. B.A. [N.E.: Esq., abreviação de *Esquire*, no Reino Unido, historicamente, era um título de nobreza dado a homens de classe social

mais alta, particularmente membros da *landed gentry*, acima da patente de cavalheiro e abaixo da patente de cavaleiro. B.A., *bachelor of arts* (do latim, *baccalaureus artium* ou *artium baccalaureus*), é um sufixo acadêmico concedido ao grau de bacharel obtido em curso ou programa de graduação em artes liberais, ciências ou em ambos.] [N.M.: Esse tipo de vanglória é perfeitamente legítimo. Por outro lado, é difícil pensar em alguém falando de Albert Einstein, Ph.D., ou de Aurelius Theophrastus Bombastus, M.D., ou Jacob Boehme, D.D.!] [N.E.: Note-se a ironia de Motta com referência ao destaque dado ao grau acadêmico de Mead, algo dispensável quando a trajetória da pessoa fala por ela. Ph.D. (latim: *philosophiae doctor* ou *doctor philosophiae*) titulado ao doutorado, M.D. (latim: *Medicinae Doctor*) titulado ao médico e D.D. (latim: *Divinitatis Doctor*) titulado ao teólogo.]

Existe uma conexão real entre o que os vulgares chamam de blasfêmia e o que eles chamam de imoralidade, no fato de que a lenda cristã é meramente um eco de um rito fálico. Há também uma conexão verdadeira e positiva entre a Força Criativa do Macrocosmo e a do Microcosmo. Por esta razão, o último deve ser feito tão puro e consagrado quanto o primeiro. O enigma para a maioria das pessoas é como fazer isso. O estudo da Natureza é a Chave para esta Porta. [N.M.: Com isso, ele quer dizer que considerações "morais" devem brotar de fatos fisiológicos; a tentativa inversa produziu apenas loucura, doença ou miséria nos últimos dois mil anos.]

CAPÍTULO XVI

(PARTE II)

DA INJUNÇÃO AO ESPÍRITO: COM ALGUM RELATO DAS CONSTRIÇÕES E MALDIÇÕES OCASIONALMENTE NECESSÁRIAS

I

Quanto à aparição do espírito, ou à manifestação da força no talismã que está sendo consagrado, é necessário obrigá-las por um Juramento ou Injunção.[899] O espírito deveria ser obrigado a pôr sua mão visivelmente sobre a arma por cujo poder ele foi evocado e a "jurar obediência e fé Àquele que vive e triunfa, que reina sobre ele em Seus palácios como a Balança de Retidão e Verdade", pelos Nomes usados naquela evocação.

É apenas necessário formular o Juramento ou a Injunção em linguagem harmoniosa com o propósito previamente anunciado da operação.

A precaução única é não nos deixarmos recair em nossa humanidade enquanto a arma está estendida além do Círculo. Se a força fluísse da arma para você em vez de você para ela, você seria infalivelmente fulminado; ou, pelo menos, se tornaria o escravo do espírito.[900]

Em nenhum momento é mais importante que a Força Divina não só inunde, mas irradie da aura do Magista.

II

Ocasionalmente, pode ocorrer que o espírito se mostre recalcitrante e se recuse a aparecer.

Que o Magista considere a causa de tal desobediência!

Pode ser que o lugar e o momento estejam errados. Não se pode evocar facilmente espíritos aquáticos no Saara, ou salamandras na Região dos Lagos da Inglaterra. Hismael não aparecerá prontamente quando Júpiter estiver abaixo do horizonte.[901] A fim de neutralizar uma deficiência natural desse tipo, seria necessário fornecer uma quantidade suficiente do tipo apropriado de material. Não se pode fazer tijolos sem palha.[902]

---

899 N.M.: A diferença básica entre o Juramento ou Injunção mencionada na Parte I e este é que o anterior é endereçado a nós mesmos; nós mesmos somos o talismã sendo carregado, ou o espírito sendo invocado. O *Khu*, ou Eu Mágico, é uma criação nossa. É um Templo que construímos e no qual os verdadeiros Nós – os *Khabs* – habitarão. É o "Corpo de Glória" dos antigos cristãos verdadeiros e o "Templo do Deus Vivo" dos antigos israelitas verdadeiros.

900 N.M.: Isso aconteceu com muitos e explica as curiosas oscilações morais de algumas pessoas que se interessaram por Magia ao longo da história.

901 Não é possível, neste tratado elementar, explicarmos a natureza exata da conexão entre os raios daquele planeta chamado Júpiter e os elementos jupiterianos que existem, em diversos graus, em objetos terrestres.

902 N.M.: No Saara, por exemplo, é preciso fornecer água para o uso exclusivo da ondina e acender uma fogueira na Região dos Lagos para o benefício da salamandra.

Quanto à invocação dos Deuses, tais considerações não se aplicam. Os Deuses estão além da maioria das considerações materiais. É necessário apenas preencher o *coração* e a *mente* com as bases apropriadas para manifestação. Quanto mais alta a natureza do Deus, tanto mais verdadeiro é isto. **O Sagrado Anjo Guardião tem sempre a base necessária. Sua manifestação depende apenas do preparo do Aspirante, e todas as cerimônias mágicas utilizadas naquela invocação são apenas para preparar o Aspirante; absolutamente não são para atrair ou influenciar o Anjo. É a constante e eterna Vontade d'Ele[903] se unir ao Aspirante; e, no momento em que a condição deste último torna isto possível, Aquela Boda é consumada.**

III

A obstinação de um espírito (ou a inércia de um talismã) usualmente indica um defeito de invocação. O espírito não pode resistir, sequer por um momento, à constrição da Inteligência dele, quando aquela Inteligência está trabalhando de acordo com a Vontade do Anjo, do Arcanjo e do Deus acima dele.[904] É, portanto, melhor repetir as Invocações do que passar imediatamente às maldições.

O Magista deveria também considerar[905] se a evocação é na verdade uma parte necessária do Carma do Universo, como ele afirmou em seu próprio Juramento (veja-se Cap. XVI.I, par. 2). Pois, se tal não é fato, o sucesso é impossível.[906] Será melhor, então, voltar ao princípio, e recapitular com maior intensidade e poder de análise, o Juramento e as Invocações. E isso pode ser feito três vezes.

Mas, se isso tiver sido satisfatoriamente executado, e o espírito ainda se mostrar desobediente, a implicação é que alguma força hostil está tentando impedir a operação. Será então aconselhável descobrir a natureza dessa força, atacá-la e destruí-la. Isso torna a cerimônia mais útil do que nunca ao Magista, que pode, através dela, ser levado à descoberta de uma quadrilha de magistas negros de cuja existência ele ainda não suspeitara.

Um espírito elementar muito desenvolvido pode ter sucesso em superar tais dificuldades materiais sem ajuda física; mas tais elementais desenvolvidos geralmente atendem ao chamado apenas de Magistas muito desenvolvidos!

903 Uma vez que este Conhecimento e Conversação não é universal, parece a princípio como se uma vontade onipotente estivesse sendo restringida. Mas a Vontade d'Ele e a sua vontade juntas compõem aquela vontade única, porque você e Ele são um. Essa vontade é, portanto, dividida contra si mesma, enquanto sua vontade falha em aspirar firmemente.

Também, a Vontade d'Ele não pode restringir a sua. [N.M.: Caso contrário, essa Vontade d'Ele/d'Ela'/d'Isso seria a de um "Irmão Negro", o que é um absurdo.] Ele é tão uno com você que até mesmo a sua vontade de separar é a vontade Dele. Ele confia tanto em você a ponto de não Se regozijar menos por sua inquietude e seus flertes do que por sua entrega. Essas relações são totalmente explicadas no *Liber LXV*. Veja também *Liber Aleph vel CXI*.

904 N.M.: A maioria das invocações mágicas ocidentais até agora tem sido baseada na abordagem cabalista ortodoxa, que é irremediavelmente sexista. Daí "Deus" em vez de "Deusa", e "ele" em vez de "isso" quando se refere ao espírito. Todos os Deuses verdadeiros são, obviamente, andróginos, ou melhor, polissexuais – incluindo o bom e velho Jeová!

905 Naturalmente, isso deveria ter sido feito durante o preparo do Ritual. Mas ele renova essa consideração do novo ponto de vista que alcançou durante a invocação.

906 N.M.: Isto é, se o Magista verdadeiramente aspira ao Serviço à Humanidade. Embriões de "Irmãos Negros" não terão problemas desse tipo.

A necessidade de impedir, em Paris, a vampirização de uma senhora por uma feiticeira, em certa ocasião, levou FRATER PERDURABO à descoberta de um grupo muito forte de magistas negros, os quais ele se viu obrigado a combater durante quase 10 anos antes que a ruína deles fosse completa e irremediável, como agora é.[907]

Tal descoberta não impedirá, necessariamente, a cerimônia. Uma maldição geral pode ser pronunciada contra as forças que impedem a operação (*ex hypothesi*[908] nenhuma força divina pode estar interferindo); e, tendo assim temporariamente anulado a oposição – pois o poder do Deus invocado será suficiente para este propósito –, pode-se prosseguir, com certa aspereza, a conjurar o espírito, pois ele agiu mal ao submeter-se às conjurações dos Irmãos Negros.

Realmente, certos demônios são de tal natureza que compreendem apenas maldições, e não são dóceis a comandos corteses: –

"um escravo,

Movido por chicote, não bondade."[909]

Como último recurso, pode-se queimar o Selo do Espírito numa caixa negra com substâncias fedorentas, tudo tendo sido preparado corretamente de antemão, bem como os elos mágicos apropriadamente feitos, de forma que o espírito seja realmente torturado pela Operação.[910]

Isto, porém, é um acontecimento raro. Apenas uma vez em toda a sua carreira mágica, FRATER PERDURABO foi levado a uma medida tão severa.

IV

Nesse contexto, **cuidado com uma obediência muito diligente por parte do espírito**. Se alguma Loja Negra recebeu indicações quanto à operação, ela pode enviar o espírito, cheio de submissão hipócrita, para destruir você. Tal espírito provavelmente pronunciará o juramento erroneamente, ou procurará de alguma forma evitar suas obrigações.

---

907 N.M.: Cf. *Equinox* I (4), "The Temple of Solomon the King", para um breve relato disto.

908 N.E.: Latim, *para esta hipótese*.

909 N.M.: Eu conheci alguns desses no meu tempo, encarnados em carne pseudo-humana.

N.E.: Trecho da peça *A Tempestade*, de William Shakespeare, referente ao personagem Calibã, um escravo selvagem e deformado.

910 O significado preciso dessas frases é obscuro à primeira vista. O espírito é aparentemente uma parte recalcitrante de nosso próprio organismo. [N.M.: Um ponto importante; mas não faria diferença se fosse de outra forma, pois os seres menos evoluídos estão sujeitos à Vontade dos mais evoluídos. Isso é um fato da Natureza; a única moralidade envolvida é a da "Maldição" dos Æthyrs. O fato de você abster-se de arrombar o habitat de um animal doméstico preocupa apenas a você e sua família, sem beneficiar o animal. Se você quiser que esse animal seja "livre", envie-o para seu ambiente natural. É discutível se levará uma vida melhor e se melhorará as chances de evolução da espécie lá, mais do que na sua companhia.] Evocá-lo é, pois, tornar-se cônscio de alguma parte de nosso próprio caráter; comandá-lo e constrangê-lo é trazer aquela parte à obediência. Isso será melhor compreendido pela analogia de nos treinarmos em alguma habilidade psicofísica (por exemplo, o jogo de bilhar) através de persistente e paciente estudo e prática, o que frequentemente nos causa tanto considerável dor quanto aborrecimento.

É um truque perigoso, porém, para a Loja Negra; pois, se o espírito estiver devidamente sob seu controle, ele será forçado a revelar a transação, e a corrente retornará à Loja Negra com força fulminante. Os mentirosos estarão sob o poder de sua própria mentira; seus próprios escravos se levantarão e os escravizarão. Os ímpios caem na cova que eles mesmos cavaram.

E assim perecem todos os inimigos do Rei!

V

A injunção ao espírito é usualmente incorporada, exceto em trabalhos de pura evocação, os quais, afinal de contas, são comparativamente raros,[911] em algum tipo de talismã. Em certo sentido, o talismã é a Injunção escrita em hieróglifos. **No entanto, todo objeto é, em certo sentido, um talismã**, pois a definição de um talismã é: alguma coisa sobre a qual um ato de vontade (isto é, de Magia) foi executado a fim de torná-la apta a um propósito. Repetidos atos de vontade dirigidos a qualquer objeto consagrarão esse objeto sem mais esforço. Sabe-se que milagres podem ser executados com um taco de golfe favorito! Usando-se o taco repetidamente, o amor por ele cresce proporcionalmente ao seu sucesso com ele; e esse sucesso se torna mais e mais certo e completo pelo efeito do "amor sob vontade" que se concede ao usá-lo.[912]

É, naturalmente, muito importante manter tal objeto livre do contato do profano. É instintivo não permitir que qualquer outra pessoa utilize nossa vara de pescar ou nossa arma de fogo. Não é que eles possam danificá-las num senso material. É a sensação de que nosso uso dessas coisas as consagrou a nós mesmos.[913]

Naturalmente, o exemplo mais notável de todos esses talismãs é a esposa.[914] Uma esposa pode ser definida como um objeto especialmente preparado para assumir o selo de nossa vontade criadora. Este é um exemplo de uma operação mágica muito complicada, que se estende por séculos. Mas, teoricamente,

---

911 N.M.: Ele quer dizer que geralmente se evoca um espírito para fazê-lo executar alguma tarefa, não apenas para conversar com ele ou investigar sua natureza.

912 N.M.: É claro que é possível argumentar que o sucesso de alguém com esse taco deriva do fato de que a habilidade de alguém no golfe é boa, e que o uso constante dessa ferramenta tornou uma musculatura subconscientemente familiarizada com sua forma, peso, sensação, resistência à tração etc. Assim, a virtude do taco está em você, não nele. A virtude do talismã, por outro lado, está nele, não em você.

Esta é uma visão superficial; o debate, de qualquer forma, é um exemplo de "contar os músculos". [N.E.: Veja-se *Liber LXV* i 56.] Pois é a sua virtude que obriga o espírito a carregar o talismã. Deixe um aprendiz invocar o mesmo espírito com sua invocação e usando um talismã exatamente como o seu, e deixe o aprendiz fazer isso sem o benefício de sua ajuda pessoal: o resultado pode muito bem ser um fracasso total. É nesse sentido que a Magia compartilha as qualidades tanto da Ciência quanto da Arte. É ciência na medida em que suas leis estão ligadas a leis físicas, ainda que por conexões sutis; e é arte na medida em que é uma função de aplicação e talento.

913 N.M.: Esta é uma reação de Leão. A maioria dos esportistas temem que a vara de pescar, ou a arma, sejam danificadas por um manejo inadequado – e, naturalmente, nenhum manejo é tão hábil quanto o deles!

914 N.M.: Ou o marido, conforme o caso. Esta é uma questão de quem atira primeiro! O que se segue é uma linguagem irônica, especialmente a última frase.

é apenas um caso comum de magia talismânica. É por essa razão que tanto cuidado foi tomado para impedir uma esposa de ter contato com o profano; ou, pelo menos, tentar impedi-la.

Leitores da Bíblia se recordarão de que Absalão publicamente adotou as esposas e concubinas de Davi no teto do palácio, a fim de significar que obtivera sucesso em quebrar o poder mágico de seu pai.[915]

Agora, há um grande número de talismãs neste mundo que estão jogados por aí de uma maneira repreensivelmente descuidada. Tais são os objetos de adoração popular, como ícones e ídolos. É um fato de que grande quantidade de verdadeira Força mágica está armazenada em tais objetos; consequentemente, destruindo esses símbolos sagrados, você pode conquistar magicamente as pessoas que os adoram.[916]

Não é de todo irracional lutar pela bandeira de alguém, desde que a bandeira seja um objeto que realmente significa algo para alguém. Semelhantemente, no caso do talismã mais espalhado e mais devotadamente adorado de todos, o dinheiro, você pode evidentemente quebrar a vontade mágica de um adorador do dinheiro, tirando o dinheiro dele, ou destruindo o valor do dinheiro dele de uma maneira ou de outra. Mas, no caso do dinheiro, a experiência geral nos diz que há muito pouco jazendo às soltas por aí para ser apanhado. Nesse caso, acima de tudo, o público reconheceu uma virtude talismânica, isto é, seu poder como instrumento da vontade.

Mas, com muitos ícones e imagens, é fácil roubar-lhes a virtude. Isso ocorre, por vezes, em uma escala enorme, como, por exemplo, quando todas as imagens de Isis e Horus, ou combinações similares de mãe-e-filho, foram apossadas por atacado pelos cristãos. O milagre, porém, é de um tipo um tanto perigoso, como neste caso, em que pesquisas arqueológicas desmascararam o truque. Está demonstrado que as assim chamadas imagens de Maria com o Menino Jesus são apenas imitações das imagens de Isis com Horus. Honestidade é a melhor política, em Magia como em outras linhas de vida.[917]

---

915 N.M.: Essa pode ser a interpretação correta; este comentarista não leu muito da "Bíblia" ultimamente, e não o faria agora apenas para entender as motivações de israelitas ortodoxos, sejam eles lendários ou não. Mas muitos chefes patriarcais, em circunstâncias semelhantes, adotaram as esposas e concubinas de um chefe derrotado ou de um parente como um gesto de caridade, para impedir as mulheres de mendigar ou se prostituir e permitir que continuassem vivendo no estilo ao qual se acostumaram. Nesse caso, mesmo uma feminista radical pode admirar o gesto sem admirar a sociedade que o ocasionou.

916 N.M.: Isso, no entanto, é um tipo de vitória muito limitado e circunscrito. O que se segue é novamente irônico, e o paralelo estabelecido não faz jus aos ídolos e ícones!

917 N.M.: Duvida-se que a descoberta tardia, pelos arqueólogos, tenha sido um grande consolo para milhões de pessoas prejudicadas pela desonestidade cristista nos últimos mil e quinhentos anos. O mal que o cristismo fez à espécie não pode ser pago nem mesmo pelo massacre dos cristãos. Ela só pode ser corrigida pela adoção da Lei de Thelema e total desprezo pelos mentirosos e assassinos de Niceia e seus atuais enganadores e bajuladores.

CAPÍTULO XVII

DA LICENÇA DE PARTIR

Após uma cerimônia ter chegado ao clímax, o anticlímax deve inevitavelmente seguir-se. Mas se a cerimônia foi bem-sucedida, o anticlímax é meramente formal. O Magista deveria permanecer no alto plano de consciência ao qual aspirou.[918] **A força inteira da cerimônia deveria ser absorvida**; mas é quase certo que haverá um resíduo, desde que nenhuma operação é perfeita; e (mesmo se fosse) haveria um número de coisas, simpáticas à operação, atraídas ao Círculo. Estas devem ser devidamente dispersadas, ou degenerarão e se tornarão malignas. É sempre fácil fazer isso em evocações; a mera remoção da tensão imposta pela vontade do magista restaurará as coisas ao estado normal, de acordo com a grande lei da inércia. Em uma evocação mal executada, porém, isto nem sempre ocorre; o espírito pode recusar ser controlado e pode recusar partir – mesmo após ter jurado obediência. Em tal caso há extremo perigo.

Ordinariamente, o Magista dispensa o espírito com estas palavras: "E agora eu te digo, vai em paz para as tuas habitações e esferas – e possa a bênção do Altíssimo estar contigo em nome de (aqui se menciona o nome divino apropriado à operação, ou um Nome apropriado para resgatar aquele espírito); e haja paz entre ti e mim; e sê sempre pronto a vir, quando fores invocado e chamado!".[919]

Se ele não desaparecer imediatamente, é sinal de que há algo muito errado. O Magista deveria imediatamente reconsagrar o Círculo com o máximo cuidado. Ele deveria então repetir a fórmula de dispensa; e se isso não for suficiente, ele deveria executar o ritual de banimento apropriado à natureza do espírito e, se necessário, adicionar conjurações para o mesmo fim. Em casos como este, ou em quaisquer circunstâncias suspeitas, ele não deve se contentar com o aparente desaparecimento do espírito, o qual poderia facilmente se fazer invisível e ficar de tocaia para causar dano ao Magista assim que este sair do Círculo – ou, até mesmo, meses após.[920]

Qualquer símbolo que tenha claramente entrado em seu ambiente, com seu próprio consentimento, é extremamente perigoso; a não ser que esteja sob absoluto controle. Os amigos de um homem são muito mais capazes de lhe causar dano que estranhos; e seu maior perigo reside em seus próprios hábitos.

Está claro que é a própria condição do progresso acrescentar ideias à estrutura do subconsciente. A necessidade de seleção deveria, pois, ser óbvia.

É fato que chega um momento em que todos os elementos possíveis devem ser assim assimilados. Samadhi é, por definição, esse processo mesmo. Mas, do ponto de vista do magista principiante, há um jeito certo – e difícil – de fazer tudo isso. **Não se pode repetir com demasiada frequência que o que é legítimo e correto num Caminho é alheio a outro.**

Imediatamente após a Licença de Partir e o encerramento geral do trabalho, é necessário que o Magista assente-se e escreva seu registro mágico. Por mais que ele esteja cansado[921] pela cerimônia, ele deve se esforçar em fazer isso até que se torne um hábito. Em verdade, é melhor fracassar na cerimônia mágica do que deixar de fazer um registro acurado dela. Não haja dúvida quanto a esta asserção.

---

918 O alpinista que relaxa a atenção na face do precipício cai; mas, uma vez que tenha alcançado uma plataforma segura, ele pode sentar-se.

919 É costumeiro acrescentar: "seja por uma palavra, seja por uma volição, ou por essa poderosa Conjuração da Arte Mágica".

920 N.M.: Este aviso deve ser levado a sério.

921 Ele deveria estar mais descansado e refrescado que após uma noite inteira de sono profundo. Isto forma um dos testes de habilidade dele.

Mesmo que alguém seja comido vivo por Malkah be-Tarshishim ve-Ruachoth ha-Schehalim,[922] não tem muita importância, porque acaba muito depressa. Mas o registro da transação é, outrossim, importante.[923] Ninguém se importa com o fato de que Macbeth assassinou Duncan. Foi apenas um entre muitos assassinatos semelhantes. Mas o relato que Shakespeare fez do incidente é um tesouro único da humanidade. E, além da questão do valor para outros, há a questão do valor para o próprio magista. **O registro do magista é seu maior apoio.**

É tolice praticar a Magia sem método, como se fosse outra coisa qualquer. Praticar a Magia sem manter um registro é como tentar administrar um negócio sem manter a contabilidade.[924] Há um grande número de pessoas que entende mal a natureza da Magia. Eles têm uma ideia de que é algo vago e irreal, em vez de ser, como é, um meio direto de entrar em contato com a realidade. São essas pessoas que se consolam com frases, que estão sempre usando palavras difíceis sem conotação definida, que se emplastram com títulos e ornamentações pomposas que não significam nada. Com essas pessoas, não temos nada a fazer. Mas para aqueles que buscam a realidade, a Chave da Magia é oferecida, e eles são aqui advertidos de que a chave para a sala de tesouros é inútil sem a combinação; e a combinação é o registro mágico.

De um ponto de vista, o progresso mágico realmente consiste em decifrar nossos próprios diários.[925] Por esta razão, é a coisa mais importante a fazer, por motivos estritamente mágicos. Mas, além disso, é absolutamente essencial que o registro seja claro, completo e conciso, porque é apenas através de tal registro que seu instrutor pode julgar como melhor ajudá-lo. Seu instrutor tem mais o que fazer além de correr atrás de você o tempo todo; e a mais importante das funções dele é a de auditor. Agora, se você chama um auditor para investigar seu negócio, e quando ele pede seu livro de contas e você lhe diz que não julgou necessário mantê-los, você não deve se surpreender se ele lhe considerar um completo idiota.

É – ou pelo menos, era – perfeitamente incrível para o MESTRE THERION que gente que exibe bom senso noutros assuntos da vida diária perca por completo a cabeça quando lida com a Magia. Chega ao ponto de justificar a crença dos semieducados, de que a Magia é uma coisa sem pé nem cabeça, afinal. No entanto, não há desses avoados na A∴A∴, porque a necessidade de trabalho persistente e severo, de se submeter a exames a intervalos regulares e de manter um relatório inteligível do que se está fazendo, amedronta os tolos, os preguiçosos e os histéricos.

Numerosos modelos de relatórios mágicos e místicos podem ser examinados nos vários números do *Equinox;* e o estudante não terá dificuldade em adquirir a técnica necessária, se praticar com diligência.

---

922 N.E.: Veja-se a Coluna 65 do Apêndice V deste *Liber ABA* e a N.E. referente a essa Inteligência.

923 N.M.: Para futuros observadores, claro; especialmente os cientistas.

924 N.M.: Olha quem está falando! Não se pode dizer que ele tenha aprendido até então. A teoria, talvez, mas não a prática.

925 Como somos uma Estrela no Corpo de Nuit, toda encarnação sucessiva é um Véu, e a aquisição da Memória Mágica é uma gradual Desvelação daquela Estrela, daquele Deus.

CAPÍTULO XVIII

DA CLARIVIDÊNCIA E DO CORPO DE LUZ, SEU PODER E SEU DESENVOLVIMENTO; TAMBÉM SOBRE A DIVINAÇÃO

I

Dentro do corpo humano há outro corpo aproximadamente do mesmo tamanho e aspecto,[926] **mas feito de um material mais sutil e menos ilusório.** Está claro que não é "real"; mas, ao se aprofundar a questão, o outro corpo tampouco é "real". Antes de tratar da clarividência, deve-se discutir brevemente esta questão de "realidade", pois falta de compreensão sobre o assunto tem causado intermináveis problemas.

Existe uma anedota de um norte-americano no trem que viu outro norte-americano carregando uma cesta de formato esquisito. Sua curiosidade o dominou, e ele foi perguntar ao outro: "Escute aqui, estranho, o que é que você tem nessa cesta?". O outro, de queixo quadrado e taciturno, respondeu lacônico: "Mangusto". O primeiro americano ficou muito intrigado, porque nunca tinha ouvido falar desse bicho. Após uma pausa, ele arriscou, sob o risco de ser rejeitado: "Mas o que é mangusto?". "Mangusto come cobras", disse o outro, sempre lacônico. Esta informação também era nova, e o perguntador insistiu: "Para que diabos você quer um mangusto?". O outro se inclinou para ele e confidenciou num cochicho: "Meu irmão vê cobras". O perguntador ficou mais confuso do que nunca, mas depois de muito matutar, persistiu, patético: "Mas escute aqui, essas cobras que ele vê não são reais". "Claro", disse o homem com a cesta, "mas o mangusto também não".

Esssa é uma perfeita parábola da Magia. **Não existe verdade no universo perceptível;**[927] **cada ideia, quando analisada, contém uma contradição.** É completamente inútil (a não ser como expediente temporário) comparar uma classe de ideias com outra em termos de que uma é "mais real" que a outra. O avanço do homem em direção a Deus não é necessariamente um avanço em direção à verdade.[928] Todos os sistemas filosóficos desmoronaram. Mas cada classe de ideias possui relações que são verdadeiras dentro de si. É possível, com Berkeley,[929] negar a existência de madeira e água; mas, apesar disso, a madeira flutua na água. O Magista se torna idêntico ao imortal Osiris; no entanto, o Magista morre. Neste dilema, os fatos devem ser enunciados de outra forma. Seria preferível dizer que o Magista se torna cônscio daquela parte de si mesmo que ele chama de Osiris imortal; e aquela Parte não "morre".

Agora, este corpo interior do Magista, a que nos referimos no primeiro parágrafo deste capítulo, existe e pode exercer certos poderes que seu corpo natural não pode fazer. Pode, por exemplo, atravessar a "matéria" e mover-se livremente em todas as direções do espaço. Mas isso ocorre porque a "matéria", no senso em que nós comumente empregamos esta palavra, está em outro plano.[930]

Agora, este corpo sutil percebe um universo que nós não percebemos ordinariamente. Não percebe necessariamente o universo que nós normalmente percebemos; portanto, embora neste corpo

---

926 Isto é, como regra geral. Pode ser bastante alterado quanto a estes predicados.

927 N.M.: Ele está falando sobre verdade "absoluta", é claro. Este é um problema de lógica simbólica.

928 N.M.: Certamente não o "Deus" cristista, pelo menos.

929 Berkeley mesmo nunca disse isto; a referência aqui é a um animal imaginário que o Dr. Samuel Johnson fabricou de sua robusta ignorância britânica.

930 Nós não chamamos a resistência elétrica, ou as leis da economia, de irreais porque não são diretamente percebidas pelos sentidos. Nossa doutrina mágica é universalmente aceita pelos céticos – mas eles desejam fazer da própria Magia uma exceção!

eu possa atravessar o teto, não significa que eu seja capaz de dizer como está o tempo lá fora. Eu poderia ser capaz de dizê-lo, ou poderia não ser;[931] mas, se eu não pudesse, não provaria que eu me iludira ao supor que passara através do teto. **Este corpo, que diferentes autores chamam de duplo Astral, corpo de Luz, corpo de fogo, corpo de desejos, corpo sutil, *scin-læca* e incontáveis outros nomes, está naturalmente capacitado para perceber objetos de sua própria classe; em particular, os fantasmas do plano astral.**

Existe uma espécie de relação vaga e indeterminada entre o Astral e o Material; e é possível, com grande experiência, deduzir fatos sobre coisas materiais baseando-nos na aparência astral que elas apresentam aos olhos do Corpo de Luz.[932] Este plano astral é tão variado e tão mutável que diferentes clarividentes olhando a mesma coisa poderiam dar descrições totalmente diversas do que viram; no entanto, cada um poderia deduzir corretamente da visão. Olhando um homem, o primeiro clarividente poderia dizer: "As linhas de força estão murchas e caídas"; o segundo: "Parece tudo sujo e manchado"; um terceiro: "A Aura parece muito esfarrapada". No entanto, todos os três poderiam deduzir que o homem estava mal de saúde. Em qualquer caso, tais deduções são todas bastantes duvidosas. É preciso ter grande experiência e perícia antes de poder confiar na própria visão. Muitas pessoas se julgam extremamente bons clarividentes, quando na realidade elas apenas deram um ocasional palpite certo (o qual, é claro, se recordam) no curso de centenas de fracassos esquecidos.

A única maneira de testar a clarividência é manter um relatório cuidadoso de todo experimento feito. Por exemplo, Frater O.M. em certa ocasião deu a um clarividente um colete para psicometrizar. O clarividente fez 56 asserções sobre o proprietário do colete; destas, 4 foram notavelmente corretas; 17, embora corretas, eram do tipo de asserção que é verdade para quase todo mundo. O restante estava errado. Conclui-se disto que o "clarividente" não demonstrara evidência de qualquer poder especial. De fato, seus olhos materiais – se ele fosse capaz de reconhecer a marca de um famoso alfaiate – lhe teriam sido de maior auxílio, pois ele pensou que o dono do colete era um mercador de trigo, em vez de um lorde, como era o caso.[933]

O Magista não deve poupar esforços ao procurar desenvolver este poder em si mesmo. É-lhe extremamente útil para se proteger contra ataque; para obter avisos, para julgar caráter, e especialmente para observar o progresso de suas Cerimônias.

Há muitas maneiras de adquirir o poder. Olhe um cristal, ou numa poça de tinta na palma da mão, ou num espelho, ou numa xícara de chá. Assim como, usando um microscópio, o operador perito mantém ambos os olhos abertos, ainda que veja apenas através do olho aplicado à lente ocular do instrumento,[934]

---

931 N.M.: Dependeria muito do treinamento especial ou da equação pessoal, incluindo a Verdadeira Vontade.

932 Isso ocorre porque existe certa correspondência necessária entre os planos, como no caso do fígado de um anglo-indiano e o humor dele. A relação parece "vaga e indeterminada" somente porque ignoramos as leis que embasam o caso. A situação é análoga àquela do químico antes da descoberta da Lei das Proporções Múltiplas etc. [N.E.: Às vezes chamada de Lei de Dalton. Essa é uma das leis básicas da estequiometria, usada para estabelecer a teoria atômica, juntamente com a Lei da Conservação das Massas (Lei de Lavoisier) e a Lei das Proporções Definidas (Lei de Proust).]

N.M.: O "clarividente" médio, contudo, como os videntes habituais, é totalmente incompetente e pode ser extremamente perigoso para os crédulos ou ingênuos. Não se trata apenas do dinheiro pago a eles numa consulta: eles adquirem, se puderem, domínio psicológico sobre você; essa é a fonte do poder deles, e é assim que conseguem continuar extraindo seu dinheiro, seu tempo, suas ambições e manipulando seus sonhos para os próprios propósitos egóicos deles. Evite-os. O leitor sério é referido à nossa análise do *The Psychic Mafia* no *Oriflamme* VI (2).

933 N.M.: Muito possivelmente o Conde de Tankerville; cf. Diários de Crowley no *Equinox* V (4).

934 N.M.: Uma prática muito comum em microscópios monoculares. O pesquisador se concentra na placa e nem vê o que o outro olho está vendo. Experimente-o em algum momento, é uma boa lição sobre como Yoga e "visões" funcionam.

assim também os olhos físicos, cessando de enviar qualquer mensagem ao cérebro, a atenção se retira deles, e o homem começa a ver através dos olhos Astrais.

Estes métodos parecem poucos satisfatórios ao MESTRE THERION. Frequentemente eles não dão resultado algum. É difícil ensinar uma pessoa a usar estes métodos; e, pior de tudo, são métodos puramente passivos! Você vê apenas o que lhe é mostrado, e provavelmente lhe mostram coisas completamente inúteis e irrelevantes.

O método apropriado é como segue: – **Desenvolva o corpo de Luz até que ele seja tão real para você quanto o seu outro corpo; ensine-o a viajar a qualquer símbolo desejado e habilite-o a executar todos os Ritos e Invocações necessários. Em suma, eduque-o.**[935] No fim, a relação entre aquele corpo e o seu corpo físico deve ser extremamente íntima; mas, antes que esta harmonização ocorra, você deve começar por uma diferenciação cuidadosa. A primeira coisa a fazer, portanto, é deixar o corpo astral de fora do corpo físico. Para evitar confundir os dois, você começa a imaginar uma forma semelhante à sua diante de você. Não diga: "Ora, isso é apenas imaginação!". Deixe para usar esse teste depois, quando você tiver assegurado uma imagem mental razoavelmente precisa deste corpo. Tente imaginar como o seu próprio corpo físico lhe pareceria se você estivesse de pé onde você imagina o Corpo de Luz; tente transferir sua consciência ao Corpo de Luz. Seu corpo físico está com os olhos fechados. Use os olhos do Corpo de Luz para descrever os objetos no quarto atrás do seu corpo físico. Não diga, "Isso é apenas um esforço de memória subconsciente" – a hora de testar isso é mais tarde.

Tão logo você se sinta mais ou menos à vontade no corpo sutil, deixe-o subir no ar. Mantenha a sensação de subida; continue olhando em sua volta enquanto você sobe, até que você veja paisagens e seres do plano astral. Tais possuem uma qualidade extremamente própria. Não são como coisas materiais – não são como imagens mentais –, parecem jazer entre os dois tipos.[936]

Depois que alguma prática tenha tornado você perito, de forma que, no curso de uma hora de jornada, você possa se lembrar de ter passado por uma porção de peripécias, dedique sua atenção à tarefa de atingir um lugar definido no plano astral; invoque Mercúrio, por exemplo, e examine cuidadosamente seu registro resultante da visão – descubra se os símbolos que você viu correspondem aos símbolos convencionais de Mercúrio.

Este teste dos espíritos é o ramo mais importante de toda a árvore da Magia. Sem ele, a pessoa está perdida na selva da ilusão. Todo espírito, até o próprio Deus, está pronto a enganá-lo, se possível, para se mostrar mais importante do que é; em suma, para espreitar sua alma em 333 formas diferentes. Lembre-se de que, acima do mais elevado, acima de todos os Deuses, está, sozinho, o Magus,[937] **Mayan, o maior de todos os diabos.**

Você pode também experimentar "ascensão nos planos" de acordo com as recomendações na Seção VI de *Liber O.*[938] Com alguma prática, principalmente se você tiver um bom Guru, você deve se tornar capaz de entrar e sair do seu corpo astral com a mesma facilidade com que você põe ou tira um roupão.

---

935 N.M.: Isso é mais fácil do que parece, mas envolve treino paciente por um período de meses ou anos. Olhe para ele como uma forma de atletismo. É atletismo, embora em outro plano do ser. Os princípios são os mesmos e as exigências da Vontade são exatamente comparáveis.

936 N.E.: Veja-se *Essays in the Astral Light* e *Magick Revised*, de Ray Eales, também conhecido como Frater 939.

937 Veja-se *Liber 418*, 3° Æthyr.

938 N.E.: Veja-se o Apêndice VII.

Então não mais será necessário que o seu corpo astral seja enviado à distância; sem se mover um centímetro você será capaz de "abrir" seus olhos e orelhas astrais – tão simplesmente quanto o homem com o microscópio (mencionado acima) pode transferir sua completa atenção de um olho para outro.

Agora, por mais aparentemente malsucedido que você tenha sido em sair do corpo físico, é extremamente necessário usar de todo esforço para trazer o astral de volta por completo. Faça com que o Corpo de Luz coincida com o corpo físico, assuma a Forma-Deus e vibre o nome de Harpocrates com a máxima energia; então recupere a unidade da consciência. Se você falhar em fazer isso corretamente, poderá encontrar sérias dificuldades. Seu Corpo de Luz pode vagar sem controle, ser atacado e obsediado. Você se tornará cônscio disso através de dores de cabeça, pesadelos ou até sinais mais sérios, como histeria, desmaios, possivelmente loucura ou paralisia. Mesmo o pior de tais ataques provavelmente passará, mas pode deixar você permanentemente danificado de um modo ou de outro.[939]

A grande maioria de "espiritistas", "ocultistas", "teosofistas", são exemplos lamentáveis de repetidas perdas por essa causa.[940]

O tipo emocional de religioso também sofre dessa forma. Devoção projeta o corpo sutil, que é capturado e vampirizado pelo demônio disfarçado de "Cristo" ou "Maria", ou quem quer que seja o objeto da adoração. A completa ausência de todo poder de concentrar o pensamento, de seguir um argumento, de formular uma Vontade, de manter uma opinião ou um curso de ação, ou mesmo de manter um juramento solene, marca indelevelmente aqueles que perderam partes de suas almas. Eles gravitam de um novo culto para outro ainda mais louco. Ocasionalmente tais pessoas entram por algum tempo na esfera de MESTRE THERION e são expelidas pelo simples processo de fazê-las tentar executar, por meia hora que seja, qualquer esforço honesto.

Ao projetar o Astral, é uma valiosa salvaguarda adicional executar a operação toda em um círculo devidamente consagrado.

Proceda com grande cautela, então, mas proceda. Com o tempo, seu Corpo de Luz se tornará tão forte contra os espíritos quanto o seu corpo físico contra os ventos do Céu. Tudo depende do desenvolvimento desse Corpo de Luz. Ele deve ser provido de um organismo tão ramificado e equilibrado quanto seu irmão sombrio, o corpo material.

Para recapitular uma vez mais, então, **a primeira tarefa é desenvolver seu próprio Corpo de Luz dentro de seu próprio círculo,** sem referência a quaisquer outros habitantes do mundo ao qual ele pertence.

Aquilo que você conseguiu com o sujeito você pode agora fazer com o objeto. Você aprenderá a ver a aparência astral de coisas materiais; embora isso não seja propriamente o que se chama de pura clarividência, pode-se repetir que **você deve se esforçar ao máximo em desenvolver e fortificar esse Corpo de Luz. O melhor e mais simples método de fazer isso é usá-lo constantemente, exercitá-lo de todas as maneiras.** Em particular, ele pode ser empregado em cerimônias de iniciação ou de invocação – enquanto o corpo físico permanece calado e imóvel.

Fazendo isto, será frequentemente necessário criar um Templo no plano astral. **É uma excelente prática criar símbolos. Esta única precaução é necessária: depois de usados, eles devem ser reabsorvidos.**

---

939 N.M.: Mais uma vez, outra advertência a ser levada muito a sério.

940 N.M.: Nem sempre lamentável. Alguns deles se deliciam com afinidades sujas.

Tendo aprendido a criar formas astrais, o passo seguinte será, a princípio, bem difícil. Por mais fantasmais e fugazes que sejam as formas astrais em geral, aquelas que estão definitivamente ligadas ao material possuem enorme poder de resistência e, consequentemente, é necessário um potencial muito alto para influenciá-las. Seus análogos materiais parecem servir-lhes como uma fortaleza. Mesmo quando um efeito temporário é produzido, a inércia da matéria a leva de volta ao normal. No entanto, o poder da vontade treinada e consagrada em um corpo astral bem-desenvolvido é tanto que pode até produzir uma mudança permanente no material em cujo Corpo de Luz você está trabalhando, por exemplo: pode-se curar os doentes restaurando uma aparência saudável às suas formas astrais. Por outro lado, é possível desintegrar de tal maneira o Corpo de Luz, mesmo de um homem robusto, que ele cairá morto.

Tais operações exigem não só poder, mas discernimento. Nada pode afetar a soma total do destino – tudo deve ser pago até o último vintém. Por esse motivo, um grande número de operações teoricamente possíveis não pode ser executado. Suponha, por exemplo, que você vê dois homens de aparência astral igualmente prejudicada. Em um caso, o motivo pode ser leve e temporário. Seu auxílio é suficiente para restaurá-lo em poucos minutos. O outro, que não parece pior, está na realidade sendo oprimido por uma força incalculavelmente maior do que você poderia controlar, e você apenas prejudicaria a si mesmo tentando auxiliá-lo. A diagnose entre os dois casos poderia ser feita por uma investigação das camadas mais profundas do astral, tais como as que compõem o "corpo causal".

Um grupo de magistas negros sob o comando de Anna Kingsford,[941] em certa ocasião tentou matar um vivisseccionista pouco conhecido; e eles conseguiram adoentá-lo seriamente. Mas, ao tentarem o mesmo com Pasteur, eles não produziram nenhum efeito, porque Pasteur era um grande gênio – um adepto muito mais avançado em sua área de atuação que ela na dela – e porque milhões de pessoas o abençoavam diariamente. **Não pode ser demasiado compreendido que a força mágica está sujeita às mesmas leis de proporção que qualquer outro tipo de força.** É inútil que um mero milionário tente levar à bancarrota um homem que tem atrás de si o Banco da Inglaterra.

Resumindo: a primeira tarefa é separar a forma astral do corpo físico; a segunda, desenvolver os poderes do corpo astral, particularmente os de visão, locomoção e interpretação; a terceira, unificar os dois corpos sem confundi-los.

Feito isso, o Magista está pronto para lidar com o invisível.

II

Agora é útil continuar com considerações de outros planos, que comumente têm sido classificados sob o Astral. Há alguma razão para isto, uma vez que as delimitações são um tanto vagas. Justo como o reino vegetal se funde com o animal e o plano material possui seres que invadem os limites do astral, também o encontramos nos planos mais elevados.

---

941 Anna Kingsford, no que concerne ao "seu" bom trabalho, participou *de jure*, quando, *de facto*, é obra de Edward Maitland.

As imagens mentais que aparecem durante a meditação são subjetivas, e não pertencem de forma alguma ao plano astral.[942] Só muito raramente imagens astrais ocorrem durante meditação. De regra, é uma péssima quebra do círculo quando elas ocorrem.

Existe também um Plano Mágico. Este toca o material e até inclui parte deste. Inclui o Astral, principalmente um vigoroso e sanguíneo tipo de Astral. Alcança e inclui a maior parte dos, se não todos, planos espirituais.

O Plano Mágico é, portanto, o mais abarcante de todos. Deuses Egípcios são habitantes típicos desse plano, e é o lar de todo Adepto.[943]

Os planos espirituais são de vários tipos, mas todos se distinguem por uma realidade e intensidade que não são encontradas em nenhuma outra parte. Seus habitantes são sem forma, livres do espaço e do tempo, e se distinguem por um brilho incomparável.[944]

Há também vários subplanos, como, por exemplo, o Alquímico. Este plano aparecerá frequentemente na prática de "Ascensão nos Planos"; suas imagens em geral são de jardins curiosamente dispostos, montanhas decoradas com símbolos peculiares, animais hieroglíficos, figuras como aquelas do "Arcano Hermético" e pinturas como os "Buscadores de Ouro" e o "Massacre dos Inocentes", de Basílio Valentim. Há uma qualidade especial no plano Alquímico que torna suas imagens imediatamente reconhecíveis.

Há também planos correspondentes a várias religiões passadas e presentes, todos os quais têm sua unidade peculiar.

É da máxima importância que o "Clarividente" ou "viajante no corpo sutil" seja capaz de encontrar seu caminho a qualquer plano desejado e operar ali como seu governante.

O Neófito da A∴A∴ é examinado com o máximo rigor nesta prática antes que lhe seja permitido passar ao grau de Zelator.

---

942 N.M.: Esse é um ponto muito importante, que os iniciantes devem tentar ter em mente, uma vez que a faculdade da própria imaginação é primeiramente usada no desenvolvimento de faculdades astrais. Mas uma imagem que pode ser classificada como tendo alguma qualidade astral é totalmente diferente de uma imagem puramente mental. Apenas a experiência ensina a diferença – e um guru competente, se tiver a sorte de encontrar essa *rara avis* por aí. [N.E.: Latim, *ave rara*.]

943 N.M.: Seja desencarnado ou não. Um Adepto encarnado é um caso especial do Adeptado em geral; você pode dizer que a pessoa fisicamente visível é apenas a ponta do iceberg; o resto dele ou dela só pode ser encontrado nos Planos Mágico e Espiritual. Este é um assunto muito difícil, impossível para qualquer um que não tenha tido alguma experiência de transe, seja mágico ou místico: mesmo a experiência mais simples e elementar dará ao Aspirante alguma percepção. Um profano, no entanto, não pode entender o Adeptado, e tenderá a negar que existe ou, o que é pior, criar para si mesmo – e às vezes para seus companheiros – um conceito mítico, exagerado ou totalmente errôneo de "santidade" ou "divindade".

A Igreja Católica Romana, por exemplo, sempre foi severamente limitada em seu conceito de santidade pelo fato de que a primeira e inalienável condição para um místico dessa denominação ser "canonizado" é que ele ou ela deve demonstrar – pelo menos em público – aceitação total do dogma de Niceia e da autoridade "divinamente delegada" dos "papas". Agora, isso é realmente muito difícil para qualquer um que tenha tido uma experiência genuína dos Dhyanas mais avançados, e impossível para qualquer um que tenha atingido até mesmo o primeiro e mais simples Samadhi.

Aqueles místicos que, por uma razão ou outra, fazem contato com a corrente cristã original e verdadeira, aprendem imediatamente que o "Jesus" dos Romano-Alexandrinos é uma deplorável invenção e uma perversão nada sutil do Dionísio histórico.

Consequentemente, os "santos" católicos romanos geralmente não existem nos planos espirituais, no mínimo, – aqueles que ali existem têm uma influência espiritual que tende à contestação do dogma romano e à dissolução do poder temporal do romanismo – e a adoração dos "fiéis", deixando de fazer contato com uma entidade espiritual real, constrói egrégoras no astral. Essas egrégoras podem se tornar poderosas o suficiente para produzir resultados materiais; daí os "milagres" que multiplicam a fé, alimentando assim a vitalidade das egrégoras. O resultado final é o aumento do romanismo, que nunca significou a melhoria da civilização ou a aceleração da evolução das espécies.

944 N.M.: Esse brilho, no entanto, parece para os iniciantes ou para o profano como uma escuridão total – e assustadora. É a luz "mais alta que a visão".

Na "Ascensão aos Planos", geralmente é preciso passar do Astral para o Espiritual. Alguns não serão capazes de fazer isto. O "corpo sutil", que é suficiente para subsistir em planos mais baixos, uma sombra entre sombras, não conseguirá penetrar as camadas mais altas. Requer-se um grande desenvolvimento deste corpo, e uma intensa infusão dos mais elevados constituintes espirituais do homem, antes que ele se torne capaz de penetrar os véus. A prática constante da Magia é a melhor preparação possível.[945] Mesmo que a consciência humana falhe em alcançar o alvo, a consciência do corpo sutil pode consegui-lo, de maneira que quem viaja naquele corpo numa ocasião subsequente[946] pode ser considerado digno; o sucesso da consciência sutil reagirá favoravelmente na consciência humana[947] e aumentará a probabilidade de sucesso desta em sua próxima operação mágica.

Similarmente, os poderes obtidos dessa maneira fortificarão o Magista em suas práticas de meditação. A Vontade dele se tornará mais apta a auxiliar a concentração, a destruir as imagens mentais que perturbam e a rejeitar as recompensas mais baixas daquela prática, as quais tentam, e com demasiada frequência interrompem o progresso do místico.[948]

Embora diga-se que o espiritual está "além do astral", isso é teórico;[949] o Magista avançado verificará que as coisas não são assim na prática. Ele será capaz, através de invocações adequadas, de viajar a qualquer plano desejado. Em *Liber 418* encontra-se um exemplo de perfeição nesta técnica. O Adepto que explorou esses Æthyrs não teve que passar através e além do Universo, o qual está, inteiro, ainda dentro do mais interno dos Æthyrs, o 30°.[950] Ele foi capaz de invocar os Æthyrs que ele queria, e sua maior dificuldade consistiu em que, a princípio, Ele se percebeu incapaz de atravessar os véus. Realmente, como o Livro mostra, foi apenas em virtude de sucessivas e elevadíssimas Iniciações nos próprios Æthyrs que Ele se tornou apto a penetrar além do 15°. Os Guardiões de tais fortalezas sabem como guardar.

MESTRE THERION publicou os mais importantes segredos da Magia prática na linguagem mais clara. Ninguém, por virtude de ser inteligente ou instruído, entendeu uma palavra; e os indignos que profanaram o sacramento apenas comeram e beberam danação para si mesmos.[951]

---

945 N.M.: Constante ao longo dos anos, até décadas. Qualquer um pode pensar que está obtendo resultados espirituais rápidos com a prática de alguns minutos, ou com alguns dias de prática e, na maioria dos casos, mesmo com alguns meses de prática, está enganando a si mesmo.

946 N.M.: Ou seja, com a memória física de que ele ou ela está fazendo isso, ou o fez – o tempo subjetivo nessas circunstâncias ainda não foi medido cientificamente. O leitor sério é referido ao *Equinox* V (2), "Liber 231: A Personal Research"; e particularmente para a nota de rodapé na p. 311. [N.E.: Segue a referida nota: "Esse é sempre um problema com Visões. Ter um escriba (de preferência treinado em escrita rápida!) ou um gravador pode ajudar aqueles que conseguem verbalizar essas experiências no plano físico enquanto passam por elas em outro. O Vidente frequentemente percebia, ao retornar ao seu corpo, que havia esquecido partes de suas Visões que estavam perfeitamente claras na memória do corpo astral. Naturalmente, a memória persiste na consciência astral; mas isso muitas vezes não é um grande consolo para o 'escriba' (cf. *LXV* i 41)!"]

947 N.M.: Isto foi mal expressado: ele se refere à consciência física. A consciência astral também é humana – no caso dos seres humanos, pelo menos.

948 N.M.: Ele quer dizer os "Siddha" ou "poderes" descritos por Patanjali.

949 O *Principia Mathematica,* do honorável Bertrand Russell, pode ser mencionado como "estando além" da aritmética do ensino básico de Colenso; mas pode-se ler o livro de Russell – e todos deveriam fazê-lo – sem ter que, previamente, fazer uma revisão de aritmética básica.

950 N.M.: Infelizmente, não está claro se ele se refere ao universo físico, mágico, astral, ou tudo de uma vez. O Sr. Germer era da opinião de que se passariam séculos antes que alguém conseguisse fazer *scrying* pelos Æthyrs tão completamente quanto Crowley, não sendo permitido por ser desnecessário. Nesse caso, talvez tenhamos que aguardar esclarecimentos.

951 N.M.: Isso é bastante verdadeiro; mas no processo eles fizeram muito mal aos outros. A alegação de Crowley de que manter segredos é tolice, portanto, está aberta a vários questionamentos. Uma arma carregada é uma coisa útil para se ter em casa; mas deve ser mantida longe das crianças. O paralelo não é muito adequado, mas é suficiente.

Pode-se trazer à Terra fogo roubado do Céu, em um tubo oco, como o MESTRE THERION realmente fez de uma forma que nenhum outro adepto ousou antes dele. Mas o ladrão, o Titã, deve saber de antemão, e consentir em seu destino de ser acorrentado sobre um rochedo solitário, o abutre lhe devorando o fígado, por um período, até que Hércules, o homem forte armado pela virtude daquele mesmo fogo, virá e o libertará.[952]

O TEITAN[953] – cujo número é o número de um homem, seiscentos e sessenta e seis[954] – indomado, consolado por Asia e Pantea,[955] deve enviar frequentes chuvas de benção não só sobre o Homem, cuja encarnação ele é,[956] mas sobre o tirano e o perseguidor.[957] Sua infinita dor deve lhe fazer vibrar o coração com alegria, uma vez que cada pontada é apenas o eco de alguma nova flama que surge sobre a terra iluminada por seu crime.

Pois os Deuses são os inimigos do Homem; é a Natureza que o Homem deve conquistar antes de entrar em seu reino.[958] **O verdadeiro Deus é o homem. No homem, todas as coisas estão ocultas.**

---

952 N.M.: O Titã foi tornado "bissexado"; [N.E.: Isto é, encontra paralelo no sexo masculino, Τιτάν, e feminino, Τιτανίδες.] é impossível "bissexar" Hércules; mas o herói grego sem dúvida tem uma heroína paralela em outras culturas, especialmente aquelas que antecederam o Æon de Osiris. Cabe às pesquisadoras feministas identificá-las e trazer sua sabedoria de volta à consciência social. O Titã tem que ser "bissexado"; é incontável o número de mulheres que tentaram "roubar fogo do céu" para seus companheiros, especialmente para suas companheiras em muitos casos; e que foram acorrentadas à rocha e torturadas por isso. Precisamos apenas citar Ida Craddock, cujo caso foi detalhado no *Equinox* V (4), *Sex and Religion*; mas a história conta muitas outras. O fato de que seus esforços foram concentrados principalmente nas áreas sociais e éticas, em vez de mágicas ou místicas, não é um demérito; alguns podem até considerar que isso trouxe ainda mais honra à sua paixão.

953 TEITAN = 300 + 5 + 10 + 300 + 1 + 50 = 666. [N.E.: Grego, *Titã*.]

954 N.M.: Não de um "homem", mas do ser humano manifestado em Tiphereth de Tiphereth; o corpo pode ser feminino. O arquétipo em si é geralmente representado como masculino, porque está diretamente conectado, magicamente, com o Falo, assim como 156 está diretamente conectado magicamente com o Kteis. Essas não são limitações "sexistas"; são fatos biológicos. Nossa espécie evoluiu como um organismo sexualmente diferenciado; e o caminho que escolheu na evolução foi o caminho bissexual. Fisicamente, somos homens ou mulheres ou anomalias. Os fatos psicológicos, astrais, mágicos e espirituais, no entanto, sofrem dessa limitação biológica apenas na medida em que é difícil para o cérebro físico médio absorver e aceitar o fato de que a "alma" é hermafrodita. No entanto, o hermafroditismo da "alma" é espelhado no próprio cérebro; a maioria das pessoas hoje em dia não percebe isso apenas por causa do condicionamento social sexista da ideologia judaico-cristista. O leitor sério é novamente referido ao *Equinox* V (4); mas toda a nossa série de textos comentados de Crowley até agora traz essa identidade básica dos sexos. Não se deve misturar os planos, é claro, mas sempre buscar a correspondência harmoniosa e equilibrada entre eles. Há sempre um "Caminho do Meio"; de outra forma, nem poderíamos nos organizar como matéria viva. Um centro de gravidade – ou ponto de vista – é a primeira condição de existência no universo material.

955 N.M.: Observe que esses são arquétipos "femininos".

956 N.M.: Observe o homem usado no sentido da humanidade em geral. O Mistério da Besta não será discutido aqui, mas o leitor sério encontrará material útil para meditação na descrição de Crowley do Atu XI no *Livro de Thoth*.

957 N.M.: Essa é sempre a divindade reinante da sociedade em que o arrivista aparece. O leitor sério é referido ao "Ritual to Invoke Hice or Any Other Divine One", de Crowley.

Deve-se perceber, no entanto, que os verdadeiros Seres Divinos não tiranizam ou perseguem. Cf. *AL* i 43; ii 22. Essa aparente contradição está relacionada ao horror descrito em *Liber B vel Magi* 00, 1, 5, 14 e explicado, brevemente, mas claramente, no *Liber 418*, o 3° Æthyr.

958 Num outro senso, num sentido mais elevado, a Natureza está absolutamente correta desde o início. A posição é que o Magista se descobre aprisionado em uma Natureza de Iniquidade distorcida; e sua tarefa é desembaralhá-la. Isto tudo deve ser estudado no *Livro da Sabedoria ou da Tolice* (*Liber Aleph vel CXI)*, e na edição do *Tao Teh King* pelo MESTRE THERION. Uma nota em rascunho do Seu Diário Mágico é adicionada aqui:

"Todos os elementos precisam ser separados de uma só vez – que seria o caso sob intenso calor. Ora, quando átomos chegam ao Sol, quando nós chegamos ao Sol, obtemos esse calor imenso e extremo, e todos os elementos são eles mesmos novamente. Imagine que cada átomo de cada elemento possui a memória de todas as suas aventuras em combinação. Por sinal: aquele átomo, fortificado por sua memória, não seria mais o mesmo átomo; mas, no entanto, ainda seria, porque não ganhou coisa alguma de qualquer de suas aventuras a não ser essa memória. Portanto, com a passagem do tempo, e por virtude da memória, uma coisa se tornaria algo mais que ela mesma; e, assim, um verdadeiro desenvolvimento é possível. Podemos então perceber o motivo pelo qual um elemento se decide a incorrer esta série de encarnações: é porque assim, e somente assim, ele pode ir; e ele aceita o lapso de memória que ele experimenta durante essas encarnações, porque sabe que passará inalterado através delas.

Destes,[959] os Deuses, Natureza, Tempo, todos os poderes do universo, são escravos rebelados. São esses que os homens devem combater e conquistar, com o poder e em nome da Besta que lhes valeu, do Titã, do Magus, do Homem cujo número é seiscentos e sessenta e seis.[960]

III

A prática de Ascensão nos Planos é de tal importância que lhe devemos dar atenção especial. É parte da técnica essencial da Magia. Instrução nesta prática foi dada de maneira tão soberbamente concisa em *Liber O* que não podemos fazer melhor do que citar textualmente (o "experimento anterior" referido na primeira frase é a viagem astral comum):

1. O experimento anterior tem pouco valor e leva a poucos resultados importantes. Porém, é suscetível a um desenvolvimento que mescla em uma forma de Dharana – concentração – e, como tal,

---

Portanto, você pode ter um número infinito de deuses, todos individuais e iguais, se bem que diversos, cada qual supremo e completamente indestrutível. Esta é também a única explicação de como um ser criaria um mundo em que guerra, mal etc. existem. O mal é apenas uma aparência, porque (como o "bem") não pode afetar a substância mesma, mas apenas multiplicar suas combinações. Isso é o mesmo que monoteísmo místico, mas a objeção a essa teoria é que Deus precisa criar coisas que são todas partes dele mesmo, de forma que a interação delas é falsa. Se nós pressupomos muitos elementos, a interação deles é natural. [N.E.: Veja-se "O Arranjo de Nápoles" no *Livro de Thoth.*] Não é uma objeção a essa teoria perguntar quem fez os elementos – os elementos, pelo menos, estão ali, e Deus, quando você o procura, não está ali. Teísmo é *obscurum per obscurius.* Uma estrela masculina é construída do centro para fora; uma feminina, da circunferência para dentro. É isso que significa quando se diz que a mulher não tem alma. Explica completamente a diferença entre os sexos." [N.M.: Mais uma vez, fica claro que quando Crowley fala de "um número infinito de deuses, individuais e iguais, embora diversos", a única razão pela qual ele não acrescenta "e deusas" é que seu conceito de tais seres divinos – tais "estrelas" – está além das características biológicas físicas em si. Também está claro que seu conceito de "mulher não tem alma" não tem a conotação teológica depreciativa dada no islamismo e no judaísmo ortodoxo.]

959 N.M.: Deixamos o começo do parágrafo acima como originalmente impresso, para mostrar mais uma vez ao leitor que o uso de Crowley da palavra "homem" não implicava viés sexista. O "destes" – plural – refere-se não às coisas escondidas no homem, mas aos humanos, no plural. Isso fica claro com o início da próxima sentença, em que vemos homens, no plural, sendo usados.

Pode-se argumentar, com alguma justificativa, que era desnecessário mudar o texto de Crowley em alguns de seus pronomes; pode-se dizer que qualquer pessoa culta entenderá que ele não está falando exclusivamente de homens ou para homens. No entanto, aconteceu – ou pelo menos foi relatado a nós – que algumas feministas australianas reclamaram contra o *Liber OZ*, alegando que falava apenas dos direitos do homem. Uma vez que o caráter é mais importante que cultura, não desejamos que essas mulheres iletradas evitem os escritos mais importantes de nossa época por razões relacionadas a uma ferida. (O leitor sério é referenciado à Carta 78 de *Magick Without Tears*. O trocadilho é intencional.) Especialmente se considerarmos que as mulheres têm todo o direito de se ressentirem e que qualquer mulher que não o faça, pelo menos até certo ponto, é uma escrava. [N.E.: Como fica evidente ao se ler este parágrafo, a questão sobre a alteração dos pronomes se deveu ao fato de Motta, em sua publicação em língua inglesa destes escritos, ter adicionado pronomes femininos junto às aparições dos pronomes masculinos, de forma a deixar claro a todos e todas, que Crowley não se referia, em seus ensinamentos, exclusivamente a aspirantes de sexo masculino.]

960 N.M.: A última afirmação não é totalmente correta, e mostra que, nessa idade precoce, Crowley ainda não tinha muita clareza sobre sua missão. É em seu próprio poder e em seu próprio nome que os humanos devem lutar e conquistar – imitando o Titã. Esta é a mais alta interpretação possível para formular inteligivelmente abaixo do Abismo. Mas nos planos inferiores a Maldição prevalecerá. A Besta será adorada como Salvador por todos os fracassos e reverenciada como pioneira por todos os sucessos.

Deve ser observado que, embora a Besta deste Æon seja o Leão – Leo, no Zodíaco – em todo Æon existe uma Besta. Isso está relacionado à simbologia dos signos zodiacais, nos quais formas humana e animal se alternam. E o número desta Besta é sempre 666, embora a "Besta" necessariamente varie em tipo de Æon para Æon. A história ainda mantém a tradição do Cordeiro (na verdade, o Carneiro – o "Cordeiro" foi a emasculação Cristã do símbolo), o Peixe, o Bode e o Touro. Outras precessões foram perdidas na noite do tempo, e sua história é lembrada apenas pelos Iniciados que, por alguma razão ou por outra, estão em contato ou decidem investigar os Registros.

pode levar a fins muito mais elevados. A principal utilização da prática do último capítulo é familiarizar o estudante com qualquer tipo de obstáculo e ilusão, para que ele possa, então, ter perfeito controle de toda ideia que possa surgir em seu cérebro, descartá-la, transmutá-la, fazê-la obedecer instantaneamente a sua vontade.

2. Então, que ele comece exatamente como antes; porém, com a mais intensa solenidade e determinação.
3. Que ele seja muito cuidadoso fazendo com que seu corpo imaginário se erga numa linha exatamente perpendicular à tangente da Terra do ponto onde seu corpo físico está situado (ou, para explicar de forma mais simples, reto e subindo).
4. Em vez de parar, que ele continue a elevar-se até a fadiga tomar conta. Se ele achar que parou, sem ter desejado fazê-lo, aparecendo figuras em volta, que ele a todo custo eleve-se mais acima delas. Sim, embora toda a sua vida trema em seus lábios, que ele force seu caminho para cima e adiante!
5. Que ele continue com isso até quando existir o alento da vida nele. Seja qual for a ameaça, seja qual for a atração, mesmo estando Tifão e todas as suas hostes vindo juntas das covas contra o estudante, ainda que venha do Trono do Próprio Deus uma voz ordenando que ele permaneça no lugar e se contente, que ele persista, sempre adiante.
6. Por fim, chegará um momento em que todo seu ser estará imerso em fadiga, vencido por sua própria inércia. Que ele mergulhe (quando não mais puder lutar, ainda que sua língua esteja mordida pelo esforço e o sangue escorrendo pelas narinas) nas trevas do inconsciente; e então, ao voltar a si mesmo, escreva precisa e sobriamente um registro de tudo que ocorrera: sim, um registro de tudo que ocorrera.

É claro, a Ascensão pode ser feita partindo de qualquer ponto. Pode-se subir (por exemplo) à esfera de Júpiter, e os resultados, especialmente nos planos mais baixos, serão muito diferentes daqueles obtidos de um ponto de partida saturniano.

O estudante deveria encetar uma série **regular** de tais experimentos, a fim de se familiarizar não só com a natureza das diversas esferas, mas também com o significado interno de cada. É claro que não é necessário sempre levar a prática a ponto de exaustão, como descrito nas instruções; mas isso é o que se deve fazer quando praticamos a sério, a fim de obter o poder da Ascensão. Mas, tendo obtido esse poder, torna-se, evidentemente, permissível subir a qualquer plano particular que possa ser necessário para o propósito de exploração; como no caso das visões registradas em *Liber 418*, onde o método pode ser descrito como misto. Em tal caso, não é suficiente invocar o lugar que você deseja visitar, porque você pode não ser capaz de suportar a pressão lá, ou de respirar aquela atmosfera. Diversas ocasiões são descritas naquele relatório em que o vidente foi incapaz de passar por certos portais, ou de permanecer em certas contemplações. Ele teve que se submeter a diversas Iniciações antes de se tornar capaz de prosseguir. **Assim, é necessário que a técnica da Magia seja completamente aperfeiçoada. O Corpo de Luz deve ser tornado capaz de ir a qualquer parte, e fazer qualquer coisa. É, pois, sempre a questão de exercício que é importante.** Você deve Ascender nos Planos diariamente, ano após ano. Você não deve se desencorajar com o fracasso, ou se entusiasmar demais com o sucesso, em qualquer uma prática ou grupo de práticas. O que você está fazendo é que será de real valor para você no fim; e isto é, desenvolvendo um caráter, criando um Carma, que lhe dará o poder de fazer sua Vontade.

IV

A divinação é um ramo da Magia tão importante que quase merece um tratado à parte.

A faculdade do gênio é composta de dois aspectos: o ativo e o passivo. O poder de executar a Vontade é apenas uma força cega, a não ser que a Vontade seja iluminada. Em cada estágio de uma Operação Mágica é necessário saber o que estamos fazendo e ter certeza de que estamos agindo sabiamente. **Sensitividade aguda está sempre associada com o gênio**; o poder de perceber o universo acuradamente, de analisar, coordenar e julgar impressões é a fundação de toda grande Obra. Um exército é apenas uma multidão desajeitada se o seu departamento de inteligência não trabalha como deve.[961]

O Magista obtém o conhecimento transcendental necessário a um curso inteligente de conduta diretamente no consciente, através de clarividência e clariaudiência; mas comunicação com inteligências superiores exige elaborada preparação, mesmo após anos de prática bem-sucedida.

É, portanto, útil possuir uma arte através da qual possamos obter rapidamente qualquer informação que possa se tornar necessária. Esta arte é a divinação. As respostas às perguntas em divinação não são transmitidas diretamente, mas através de uma série adequada de símbolos. Estes símbolos devem ser interpretados pelo divinador em termos do problema dele. Não é viável construir uma lista em que a solução de toda dificuldade é dada em tantas palavras. Seria um volume enorme, difícil de transportar;[962] além disso, acontece que a natureza não trabalha desta forma.

A teoria de qualquer processo de divinação pode ser enunciada de maneira muito simples.

1. Nós postulamos a existência de inteligências, quer dentro, quer fora do divinador, das quais ele não está imediatamente cônscio. (Não importa à teoria se o assim chamado espírito informante é uma entidade objetiva ou uma porção oculta da mente do próprio divinador.) Nós assumimos que tais inteligências são capazes de responder corretamente – dentro de certos limites – às perguntas feitas.
2. Nós postulamos que é possível construir um compêndio de hieróglifos suficientemente elástico em significado para incluir toda ideia possível; e que um ou mais desses hieróglifos pode sempre ser tomado como significando qualquer ideia. Nós assumimos que qualquer desses hieróglifos será compreendido pelas inteligências com as quais desejamos nos comunicar, e que elas lhe atribuirão o mesmo significado que nós mesmos. Temos, portanto, uma espécie de linguagem. Pode-se compará-la a uma *lingua franca*, que é, talvez, deficiente na expressão de nuances mais sutis, e, portanto, não serve para literatura; mas que, no entanto, serve para a comunicação cotidiana em locais onde muitos idiomas são falados. Hindustâni é um exemplo disso. Porém, melhor ainda é a

961 N.M.: Pode ser por esta razão que os Estados Unidos da América perderam tantas guerras ultimamente.

962 N.E.: Como este *Liber ABA*.

analogia entre os sinais e símbolos convencionais empregados pelos matemáticos, que podem, através deles, comunicar perfeitamente as suas ideias sem falar uma palavra das línguas uns dos outros.[963]

3. Nós postulamos que as inteligências que desejamos consultar estão dispostas, ou podem ser compelidas, a nos responder com veracidade.

Consideremos antes de mais nada a questão do compêndio de símbolos. O alfabeto de uma língua é um meio mais ou menos arbitrário de transcrever os sons empregados na fala daquela língua. As letras, em si, não possuem necessariamente qualquer significado. Mas **num sistema de divinação cada símbolo representa uma ideia definida.** Não interferiria com a língua inglesa se lhe adicionássemos algumas letras a mais ao alfabeto; de fato, alguns sistemas de taquigrafia já fizeram isto. Mas um sistema de símbolos adequado para operações divinatórias deve ser uma completa representação do Universo, de forma que cada símbolo seja absoluto, e o conjunto insuscetível de aumento ou diminuição. Deve, de fato, ser tecnicamente um pantáculo no mais completo senso da palavra.

Consideremos alguns exemplos mais conhecidos de tais sistemas. Um método comum de divinação consiste em fazer perguntas a livros, colocando o polegar ao acaso entre as folhas. Os *Livros Sibilinos*, as obras de Virgílio e a Bíblia têm sido frequentemente usados para este fim. Para justificação teórica, deve-se assumir que o livro empregado é uma representação perfeita do Universo. Mas, mesmo que fosse esse o caso, um livro é uma forma inferior de construção, porque a única concepção razoável do Cosmo é matemática e hieroglífica, antes que literária. **No caso de um livro como O *Livro da Lei*, que é a suprema verdade e a perfeita regra de vida, não é repugnante ao bom senso derivar um oráculo de suas páginas. Será, é claro, observado que O *Livro da Lei* não é meramente uma compilação literária, mas sim uma complexa estrutura matemática. Portanto, preenche as condições requeridas.**

Os principais métodos de divinação conhecidos da História são a astrologia, a geomancia, o Tarô, a Santa Cabala e o I Ching. Há centenas de outros: piromancia, oneiromancia, augúrios de sacrifícios, a ciclomancia de antigos oráculos, os presságios deduzidos do voo dos pássaros e da profecia das folhas de chá. Será suficiente para nosso propósito presente discutirmos apenas os cinco sistemas primeiro enumerados.

A ASTROLOGIA é, teoricamente, um método perfeito, posto que os símbolos empregados realmente existem no macrocosmo e, assim, possuem uma correspondência natural com assuntos microcósmicos. Mas na prática os cálculos necessários são extremamente complicados. Um horóscopo nunca está completo. Deve ser suplementado por inumeráveis outros horóscopos. Por exemplo, para obter um julgamento sobre os mais simples problemas requeremos não só dados completos quanto ao nascimento das pessoas implicadas (alguns dos quais provavelmente não podemos obter), mas também dados secundários para direções e trânsitos, assim como progressões, para não mencionarmos dados pré-natais, mundanos e até horários. Avaliar a massa inteira de dados, balancear os elementos de tal vasto concurso de forças e extrair um julgamento único disso tudo é praticamente uma tarefa sobre-humana.[964] Como se não bastasse, os verdadeiros efeitos das posições e dos aspectos planetários ainda são quase que por completo desconhecidos. Não se encontra dois astrólogos que concordem em todos os pontos; e a maioria

963 Aliás, eles não podem. Quanto mais qualificado o matemático, mais cauteloso ele é antes de afirmar que percebeu o significado das equações de algum colega com toda exatidão; criticando o trabalho uns dos outros, eles frequentemente se desculpam de antemão por qualquer possível mal-compreendido.

964 N.M.: Talvez não, se alguém tiver o auxílio de um computador.

deles discorda uns dos outros quanto a princípios fundamentais.[965] É melhor não empregar esta ciência a não ser que o estudante se sinta fortemente atraído por ela. É utilizada pelo MESTRE THERION com resultados satisfatórios, mas só em casos especiais, numa esfera estritamente limitada, e com particulares precauções. Mesmo assim, Ele hesita muito em basear Sua conduta nos resultados assim obtidos.

A GEOMANCIA tem a vantagem de ser rigorosamente matemática. Um manual desta ciência pode ser encontrado no *Equinox* I (2).[966] A objeção contra seu uso é o número limitado dos símbolos. Representar o Universo por apenas 16 combinações é sobrecarregá-las de trabalho. Há também uma grande restrição devida ao fato de que, embora 15 símbolos apareçam na figura final, eles são, na realidade, apenas 4, os 11 restantes sendo tirados, por um processo imutável, das "Mães". Pode-se acrescentar que as tábuas dadas no manual do *Equinox* para interpretação das figuras são, por um lado, extremamente vagas e, por outro, insuficientemente amplas. Alguns Adeptos, entretanto, parecem achar este sistema admirável, e obtêm grande sucesso com o seu uso. Aqui, novamente, a equação pessoal deve ser admitida em todo o seu peso. Durante algum tempo, o MESTRE THERION empregou muito a Geomancia; mas Ele nunca Se sentiu completamente à vontade com o sistema; Ele experimentava muita dificuldade com a interpretação. Além disso, parecia-Lhe que as inteligências geomânticas eram de uma classe baixa, e o alcance delas estava confinado apenas a uma pequena seção dos problemas que interessavam a Ele; também, elas possuíam um ponto de vista próprio, o qual estava longe de ser simpático com o d'Ele; de forma que mal-entendido constantemente interferia com o Trabalho.

O TARÔ e a SANTA CABALA podem ser discutidos juntos. A base teórica de ambos é a mesma: A Árvore da Vida.[967] Os 78 símbolos do Tarô estão admiravelmente contrabalançados e combinados. Eles são adequados a qualquer pergunta que lhes seja feita; cada símbolo é não só matematicamente preciso, mas possui um significado artístico que auxilia o divinador a compreendê-lo, estimulando as percepções estéticas. O MESTRE THERION tem achado o Tarô infalível em questões materiais. As operações sucessivas descrevem o curso dos eventos com uma espantosa riqueza de detalhes; e os julgamentos merecem confiança em todos os respeitos. Mas uma divinação bem feita exige pelo menos duas horas de trabalho árduo, mesmo se usando o método melhorado que Ele desenvolveu das tradições de iniciados. Qualquer tentativa de encurtar as operações leva a desapontamento; além disso, os símbolos não se adaptam prontamente à solução de problemas espirituais.

A Santa Cabala, baseada sobre puro número, evidentemente possui uma infinita quantidade de símbolos. Seu alcance é coextensivo com a existência mesma; e não lhe falta coisa alguma em precisão, pureza ou qualquer outra perfeição que seja. Mas não pode ser ensinada;[968] cada homem deve selecionar por si mesmo os materiais para a estrutura principal de seu sistema. Anos de trabalho são necessários para erigir um edifício de valor. Tal edifício nunca está completo; todo dia em que nos ocupamos com ele acrescenta novos ornamentos. A Cabala é, portanto, um Templo vivo do Espírito Santo. Ela é o homem mesmo, e seu universo, expressados em termos de pensamento cuja linguagem é

965 Quase todos os astrólogos profissionais ignoram seu próprio ramo de conhecimento; como, aliás, ignoram todos os outros ramos do conhecimento.

966 N.E.: Trata-se de *Liber XCVI*. No entanto, apesar de se tratar de material oficial de instrução da A∴A∴, este Liber talvez não seja uma das melhores opções sobre o assunto. Sugerimos o estudo de *A Practical Guide to Geomantic Divination*, de Israel Regardie, ou *The Art and Practice of Geomancy*, de John Greer.

967 Ambos estes assuntos podem ser estudados no *Equinox*, em vários artigos que aparecem em diversos números.

968 É fácil ensinar os Princípios Gerais de exegese e as doutrinas principais. Há um vasto cabedal de conhecimento em ambos os casos; mas isto não é mais que a base sobre a qual o estudante deve erigir sua Pesquisa pessoal.

tão rica que mesmo as letras do seu alfabeto são sem limite. Este sistema é tão sublime que não serve à solução dos enigmas mesquinhos da nossa existência terrena. À luz da Cabala, as sombras de coisas transitórias são instantaneamente banidas.[969]

O I CHING é o sistema mais satisfatório para trabalho geral. O MESTRE THERION está ocupado na elaboração de um tratado sobre o assunto; mas o trabalho necessário é tão grande que Ele não pode prometer aprontá-lo em qualquer data definida.[970] O estudante deve, portanto, executar suas próprias investigações quanto ao significado dos 64 hexagramas o melhor que ele possa.

O I Ching é matemático e filosófico em forma. Sua estrutura é análoga àquela da Cabala;[971] **a identidade é tão íntima que a existência de dois sistemas tão superficialmente diversos é um transcendente testemunho quanto à verdade de ambos.** É, de algumas formas, o mais perfeito hieróglifo construído. É austero e sublime; no entanto, tão adaptável a toda emergência possível que seus símbolos podem ser interpretados para responder qualquer tipo de pergunta. Pode-se solucionar as dificuldades espirituais mais obscuras não menos que os dilemas mais mundanos; e o símbolo que abre os portais dos mais elevados palácios da iniciação é igualmente eficiente quando empregado para nos aconselhar nos assuntos da vida ordinária. O MESTRE THERION tem achado o I Ching inteiramente satisfatório em todo respeito. As inteligências que o dirigem não demonstram tendência a fugir do questionamento ou enganar o querente. Outra vantagem é que o aparato é simples. Também, o sistema é fácil de manipular, e cinco minutos são suficientes para se obter uma resposta bastante detalhada para as perguntas mais obscuras.

* * * * *

Quanto às inteligências cuja tarefa é dar informação ao divinador, suas naturezas variam muito, e correspondem mais ou menos ao caráter do meio de divinação empregado. Assim, as inteligências geomânticas são gnomos, espíritos de natureza terrena, distinguidos uns dos outros pelas modificações causadas pelas várias influências planetárias e zodiacais relacionadas com cada um dos símbolos. A inteligência governando Puella não deve ser confundida com a de Vênus ou a de Libra. É simplesmente um particular dæmon terrestre que partilha dessas naturezas.[972]

O Tarô, por outro lado, sendo um livro, está sob Mercúrio, e a inteligência de cada carta é, fundamentalmente, Mercurial. Tais símbolos são, portanto, peculiarmente adequados para comunicar

---

969 N.M.: Isso se refere, deve-se notar, à Cabala Prática dos Iniciados, não às engenhocas ossificadas da Ortodoxia Judaica.

970 N.M.: Ele terminou a estrutura deste tratado antes de sua morte; a obra foi reunida por Marcelo Motta e será publicada no *Equinox* VII com o nome que o próprio Crowley escolheu para ela: *Shih Yi Jien*. [N.E.: Motta não chegou a publicar esta obra. Um *Equinox* com esta numeração (VII), conhecido como *The Red Equinox*, foi publicado em 1992 e.v. por seu discípulo, 939 (Ray Eales).]

971 N.M.: Bem verdade; mas foi preciso que a genialidade de Crowley notasse isso.

972 N.M.: Crowley usa aqui a forma latina de "demônio", derivada do grego. Isso é feito de propósito. Nem os romanos nem os gregos tinham qualquer conotação de "mal" quando usavam essa palavra. Um dæmon era meramente uma entidade de planos de existência mais sutis do que o material, e poderia ser "bom" ou "ruim", dependendo de suas inclinações. A teologia católica romana deliberadamente desacreditou o substantivo "demônio" a fim de enfraquecer os cultos pagãos – assim chamados –, que (é evidente) sempre foram imensamente mais saudáveis do que o romanismo.

pensamentos. Eles não são grosseiros, como os dæmons geomânticos; mas, por outro lado, eles não têm escrúpulos em enganar o divinador.[973]

O I Ching é servido por seres livres destes defeitos. A intensa pureza dos símbolos evita que eles sejam usurpados por inteligências com interesses pessoais a servir.[974]

É sempre essencial que o divinador obtenha absoluto controle mágico das inteligências do sistema que ele adota. Ele não deve permitir a mínima possibilidade de ser enganado, iludido ou escarnecido. Ele não deve permitir que elas usem ambiguidade na interpretação das perguntas dele. É um truque frequente, especialmente em geomancia, dar uma resposta que é literalmente correta, no entanto, enganadora. Por exemplo, alguém pode perguntar se tal e tal transação comercial será lucrativa, e descobrir, depois de receber uma resposta afirmativa, que o lucro será da outra parte da transação!

Não há, na aparência, qualquer dificuldade em obter respostas. De fato, o processo é mecânico; sucesso é garantido, a não ser no caso de um ataque de apoplexia.[975] Mas, mesmo supondo que estamos a salvo de fraude, como podemos ter certeza de que a pergunta realmente foi feita a outra mente, foi retamente compreendida e está sendo respondida com conhecimento de causa? É obviamente possível verificar as operações através de clarividência; mas isto seria como comprar um cofre para guardar um tijolo. A prática é o único mestre. **Adquire-se o que quase se pode chamar de um novo sentido. Sente-se em si mesmo se está certo ou não. O divinador deve desenvolver esse sentido.** Assemelha-se à enorme sensitividade de toque do grande jogador de bilhar, cujos dedos podem avaliar graus infinitesimais de força; ou ao caso análogo dos provadores de chá ou vinho, que são capazes de distinguir diferenças de sabor fantasticamente sutis.

É uma verdade difícil; mas **a fim de divinar sem erro, é preciso ser um Mestre do Templo.** A divinação é uma excelente prática para aqueles que aspiram a essa elevada eminência, pois **o mínimo alento de preferência pessoal desviará a agulha do polo da verdade na resposta.** A não ser que o divinador tenha banido por completo de sua mente qualquer átomo de interesse na resposta à sua pergunta, é quase certo que ele influenciará aquela resposta em favor de suas inclinações pessoais.

O psicanalista recordará o fato de que sonhos são representações fantasmagóricas da Vontade inconsciente do adormecido, e que não só são eles imagens daquela Vontade, em vez de representações de verdade objetiva, como a imagem mesma é tornada confusa por mil correntes cruzadas, postas em movimento pelos vários complexos e inibições do caráter dele. Se, portanto, alguém consulta o oráculo, deve-se garantir que não esteja, consciente ou inconscientemente, pressionando-o. É como quando um inglês interroga um hindu: a resposta final será a que o hindu imagina que mais agradará ao perguntante.[976]

---

973 Isto não quer dizer que eles sejam malignos. Eles têm um justificável orgulho em seus cargos como Oráculos da Verdade; se recusam em serem profanados pela contaminação de inteligências inferiores e impuras. O Magista cuja pesquisa esteja completamente adaptada ao seu Neschamah os encontrará lúcidos e merecedores de confiança.

974 Elementais maliciosos ou arteiros instintivamente evitam a austera sinceridade das Figuras de Fu e do Rei Wan. [N.M.: Respeitosamente os gênios chineses que criaram os Trigramas e os Hexagramas que compõem o I Ching. O leitor sério é referido ao *Equinox* V (3), *The Chinese Texts of Magick and Mysticism*. [N.E.: A Sociedade Novo Æon possui em seus arquivos os manuscritos da maior parte deste *Equinox* V (3), traduzidos e comentados por Motta, e pretende publicá-los no futuro.]]

975 N.M.: Deve-se observar que divinação legítima é fatigante; muita energia é gasta no processo. Normalmente, no entanto, a apoplexia indicaria uma predisposição e um excesso de desejo de resultado.

976 N.M.: Ou assim foi nos dias do Império Britânico. Principalmente isso indicava resistência passiva por parte dos hindus, e total indiferença aos melhores interesses do invasor, se não hostilidade velada. Exércitos conquistadores têm esse mesmo problema em todos os lugares.

A mesma dificuldade aparece de forma mais grosseira quando se recebe uma resposta perfeitamente verdadeira, mas insiste-se em interpretá-la de modo a adequá-la aos próprios desejos. A vasta maioria das pessoas que vão a "adivinhos" não têm mais nada em mente senão o desejo de obter sanção sobrenatural para suas tolices. Além do ocultismo, todo mundo sabe que, quando alguém pede conselhos, o que ele deseja é que lhe digam o quanto é sábio. Pouquíssimos seguem o mais sensato dos conselhos se este não coaduna com as suas intenções prévias. Realmente, quem pediria conselhos, se não estivesse de antemão prevenido por algum sussurro em seu coração de que está a ponto de proceder como um tolo, o que ele vai fazer de qualquer modo, e apenas deseja ser capaz de culpar o seu melhor amigo, ou o oráculo, quando incorrer nas desastrosas consequências que o seu próprio mentor interno previu?[977]

Aqueles que se decidem por empregar a divinação serão prudentes se considerarem antes, profundamente, as observações prévias. Eles saberão quando estão se aprofundando o suficiente pelo fato de o pensamento começar a prejudicá-los.[978] É essencial investigarmo-nos ao máximo, analisar nossas próprias mentes até que estejamos certos, além de qualquer possibilidade de erro, de que somos capazes de nos desapegarmos por completo de ânsia de resultado quanto à pergunta. O oráculo é um juiz; ele deve estar além de suborno e preconceito.

É impossível, na prática, estabelecer regras para a interpretação de símbolos. A natureza deles deve ser investigada por métodos intelectuais como a Cabala, mas o significado preciso da resposta em cada caso, e a esfera e tendência de sua aplicação devem ser adquiridas, em parte, pela experiência, isto é, pela indução, registrando e classificando os experimentos durante um longo período; e – esta é a melhor parte – refinando o raciocínio de um indivíduo até o ponto em que ele se torna instinto ou intuição, o que quer que se queira chamá-lo.

É legítimo, em casos em que o âmbito da pergunta está bem demarcado, começarmos a divinação com invocações das forças apropriadas a ela. Mas erro de julgamento quanto ao verdadeiro caráter da pergunta implicará em penalidades proporcionais à extensão daquele erro; e as ilusões decorrentes de uma divinação fortificada por invocação serão mais sérias do que se não tivéssemos empregado tal artilharia pesada.[979]

Não pode, entretanto, haver objeção ao **preparo do divinador através de uma purificação e consagração gerais, concebidas com o objetivo de nos desprendermos de nossa personalidade e aumentarmos a sensitividade de nossas faculdades.**

Toda divinação entra sob o tipo geral do elemento Ar. As propriedades peculiares do ar são, em consequência, suas características uniformes.[980] A divinação é sutil e intangível. Move-se com misteriosa

---

977 N.M.: Normalmente, somos o nosso melhor conselheiro sobre qual curso de conduta devemos escolher. A tendência de perguntar aos outros o que fazer com nossas próprias vidas é uma tendência escrava. O relacionamento Chela-Guru não se encaixa exatamente nessa categoria, já que o Chela é livre a qualquer momento para deixar o Guru, vai ao Guru por razões específicas, e (presumivelmente!) decidiu buscar a Iniciação antes do relacionamento começar. Seria ridículo argumentar que alguém que vai para a faculdade está abdicando de sua liberdade, exceto em termos muito limitados. O leitor sério é referido ao *Liber Aleph*, Caps. 36-37.

978 N.M.: É por isso que os verdadeiros Gurus são frequentemente abandonados e traídos por Chelas moralmente deficientes. Os falsos gurus são universalmente reverenciados por seus alunos e são tolerados, até mesmo encorajados, pelos governos totalitários: eles sabem que não devem esfregar os narizes dos filhotes em suas próprias "bagunças"; ao menos quando estes filhotes andam sobre dois pés.

979 A aparente sanção do "Alto" para o erro fortificará a obstinação da mula.

980 N.M.: O leitor inteligente entenderá que "pelas propriedades peculiares do ar" Crowley não se refere às propriedades físico-químicas da mistura de gases que compõe a atmosfera da Terra. Ele está falando sobre o elemento mágico-místico, chamado *Vayu* por iniciados hindus.

facilidade, expandindo-se, contraindo-se, fluindo, reagindo à mínima tensão. Recebe e transmite toda vibração sem reter nenhuma. Torna-se venenosa quando seu oxigênio é conspurcado pela passagem através de pulmões humanos.

Existe uma peculiar atitude mental necessária à divinação bem-sucedida. As condições do problema são difíceis. É obviamente necessário que a mente do divinador se concentre absolutamente sobre sua pergunta. Qualquer pensamento intrusivo perturbará o oráculo da mesma forma que o leitor de um jornal fica confuso quando lê um parágrafo em que algumas linhas de outra coluna foram acidentalmente inseridas. É absolutamente necessário que **os músculos com os quais o divinador manipula o aparato de divinação estejam inteiramente independentes de qualquer volição dele. Ele deve emprestá-los, durante a manipulação, à inteligência que ele está consultando**, para que sejam guiados por ela ao executarem as necessárias operações mecânicas que determinam o fator físico da divinação. Será óbvio que isto é um tanto difícil para o divinador que é também um magista, pois como magista ele tem trabalhado constantemente para manter todas as suas forças sob seu próprio controle, e para impedir a mínima interferência com elas por parte de qualquer Vontade alheia. É, de fato, comumente o caso, ou pelo menos assim diz a experiência do MESTRE THERION, que os Magistas mais promissores são os divinadores mais deploráveis, e vice-versa. É apenas quando o aspirante se aproxima da perfeição que ele se torna capaz de reconciliar estas duas faculdades aparentemente opostas. Em verdade, não há sinal mais seguro de sucesso absoluto do que essa habilidade de empregar todos os poderes de alguém a serviço de qualquer tipo de tarefa.

Com respeito à mente, novamente, pareceria que concentração sobre a pergunta torna mais difícil a atitude de desapego necessária. Novamente aqui, o divinador necessita de um considerável grau de consecução nas práticas de meditação. **Ele deve ter se tornado capaz de destruir a tendência do ego de interferir com o objeto do pensamento. Ele deve ser capaz de conceber uma coisa fora de qualquer relação com qualquer outra coisa.** A prática regular da concentração leva a este resultado; de fato, destrói a coisa mesma como até agora nós a concebíamos; pois a natureza das coisas está sempre velada de nós pelo nosso hábito de considerá-las como em relação essencial conosco, e com nossas reações para com elas.[981]

Dificilmente poderíamos esperar que o divinador execute Samadhi com sua pergunta – isto seria ir longe demais, destruiria o caráter da operação ao remover a pergunta da classe de ideias concatenadas. Significaria interpretar a pergunta em termos de "sem limite", e isto implicaria numa resposta similarmente informe. Mas ele deve se aproximar suficientemente deste extremo para **permitir à pergunta completa liberdade de estabelecer seus próprios elos com as inteligências que dirigem a resposta**, preservando sua posição em seu próprio plano, e evocando a necessária reação ao seu próprio desvio da norma de não-existência.

Podemos recapitular as ponderações acima de uma forma prática. Suponhamos que alguém deseja adivinhar por geomancia se alguém deve ou não se casar, assumindo que seus impulsos emocionais sugerem um curso tão temerário. O divinador toma sua baqueta e a sua areia; ele traça a pergunta, faz o pentagrama apropriado e desenha o sigilo do espírito. Antes de executar os traços que determinarão as quatro "Mães", ele deve examinar-se rigorosamente. Ele deve banir de sua mente todo pensamento que possa agir como um apego à sua proposta parceira. Ele deve banir todos os pensamentos que concernem

981 N.M.: O leitor sério pode agora entender melhor porque a Parte I deste *Liber ABA* é chamada de *Yoga* e *Magia*. [N.E.: Conforme mencionado na Nota do Editor que inicia este livro, a edição da Parte I publicada por Motta na década de 1980 e.v. foi intitulada *Yoga e Magia*.]

a ele mesmo, os de dúvida não menos que os de desejo. Ele deve executar esta introspecção tão profundamente quanto lhe for possível. Ele deve observar, com toda argúcia a seu comando, se dói abandonar qualquer desses pensamentos. Enquanto a mente dele estiver agitada, ainda que ligeiramente, por qualquer um aspecto do assunto, ele não estará preparado para formar a figura. **Ele deve mergulhar sua personalidade naquela da inteligência, de modo que, quando ele faz a pergunta, parece a si mesmo ser essa inteligência ouvindo a pergunta proposta por um estranho a quem ele é indiferente, mas a quem lhe cabe servir fielmente.** Ele deve agora rever o assunto inteiro em sua mente, certificando-se desta total indiferença daí decorrente. Ele deve também assegurar-se de que seus músculos estão perfeitamente livres para responder ao toque da Vontade daquela inteligência. (É claro que ele não deve estar tão familiarizado com a geomancia, através da prática, a ponto de tornar-se capaz de calcular subconscientemente que figuras formará; pois isto viciaria o experimento inteiramente. É, de fato, uma das objeções à geomancia que mais cedo ou mais tarde nos tornamos cônscios, no momento de traçá-los, se os pontos vão ser pares ou ímpares. É necessário um treino especial para corrigir isso.)[982]

A teoria fisiopsicológica provavelmente sustentará que a ação "automática" da mão é controlada pelo cérebro não menos do que no caso da volição consciente;[983] mas este é um argumento adicional para identificar o cérebro com a inteligência invocada.

Tendo assim se identificado, tanto quanto possa, com aquela inteligência, e se concentrando na questão como se o "espírito profético" estivesse dedicando a esta toda a sua atenção, o querente deve esperar pelo impulso de traçar as marcas na areia; tão cedo este venha, deve dar-lhe livre curso até o fim. Aqui surge outra dificuldade técnica. Deve-se fazer 16 fileiras de pontos; e, especialmente no iniciante, a mente deve lutar contra o receio de que a mão talvez não execute o número requerido. A mente também se preocupa com a ideia de exercer esse número; mas excesso não tem importância. Traços extras são simplesmente considerados nulos e sem valor, de forma que o melhor plano consiste em banirmos esta preocupação, e nos certificarmos apenas que não paramos depressa demais.[984]

As linhas tendo sido traçadas, a operação acabou no que concerne à influência do oráculo, por algum tempo. O processo de erigir a figura para julgamento é puramente mecânico.

---

982 N.M.: No entanto, mais cedo ou mais tarde, alguém ficará muito familiarizado com a mecânica de qualquer sistema que se possa usar, não apenas geomancia. O treinamento especial é, naturalmente, fornecido através de Yoga e Magia Ritualística; veja também *Liber III*. O iniciante astuto, no entanto, pode inventar truques para enganar a faculdade de criação do ego, muito parecido com Ulisses quando desejou ouvir as sereias sem ser escravizado por sua música. Por exemplo, a mente destreinada deste comentarista chegou ao ponto de tentar antecipar qual linha se formaria a seguir durante suas adivinhações pelo *I Ching*. Para evitar essa interferência do ego, ele começou a usar seis conjuntos de três moedas, em vez de apenas um conjunto, e lançava um hexagrama inteiro sem olhá-lo até que a última linha tivesse sido lançada. Isso gerou respostas menos "agradáveis" às suas perguntas. Também gerou respostas mais verdadeiras.

983 N.M.: Este é o rochedo inescapável contra o qual todos os fantasmas do desejo se partem. Como até mesmo a iniciativa mais "etérea" ou "espiritual" do ser humano encarnado depende do cérebro, a mente deve ser treinada para não interferir em tais iniciativas e cooperar estritamente com elas. Temos assim o paradoxo iniciático de que a mente é o grande inimigo; contudo, que a Vontade deve trabalhar através da mente para influenciar o mundo físico. O leitor sério então entenderá por que a Parte II deste *Liber ABA* é chamada de *Magia e Misticismo*. [N.E.: Mesmo caso da nota anteanterior.] O gênio de Crowley iniciou seu monumental tratado sobre Magia com uma exposição brilhante e sucinta do treinamento básico de Yoga do ponto de vista de um Magista Thelemita aspirante, seguido por uma exposição ainda mais brilhante das ligações entre a Magia e os símbolos místicos dos melhores sincretismos religiosos. O estudo das Partes I e II do *Liber ABA* é essencial para o entendimento – e uso! – da Parte III. Muitos leitores se queixaram de que o *Liber ABA* Parte III é "incompreensível" ou "desconexo" ou "abstruso". Tais leitores não são estudantes sérios. Crowley é apenas para os mais sérios, mais trabalhadores e mais elevados de nossa espécie.

O estudante sério é novamente referido ao *Liber Aleph*, desta vez Caps. 128-132.

984 A prática cedo nos ensina a contar subconscientemente... sim, e isto é outra dificuldade novamente!

Mas, no julgamento, o divinador precisa mais uma vez de suas consecuções mais íntimas e mais externas. **Ele deve exaurir as fontes intelectuais de informação ao seu dispor e formar delas o seu julgamento. Mas, isto feito, ele deve desapegar sua mente daquilo que ele acaba de formular e passar a concentrá-la na figura como um todo, quase como se a figura, e não a resposta, fosse o objeto de sua meditação.** Não deveria ser necessário repetir que, em ambas as operações, o desapego de nossas inclinações pessoais é tão necessário quanto foi na primeira parte do trabalho. Ao erigir a figura, o viés geraria um fantasma freudiano para tomar o lugar da imagem de verdade que a figura deve ser; e não é demasiado dizermos que o inteiro maquinismo subconsciente de corpo e mente se presta com horrível prontidão a esta macaquice traiçoeira. Mas, agora que a figura está erigida e pode ser julgada, o mesmo viés tenderia a formar seu fantasma de realização de desejos de uma maneira diferente. Poderia, por exemplo, induzir alguém a acentuar o elemento venusino em Puella às custas do saturniano. Poderia levar o divinador a subestimar a influência de uma figura hostil, ou a negligenciar algum elemento importante. O MESTRE THERION tem visto casos em que o divinador estava com tanto medo de uma resposta desfavorável que cometeu erros grosseiros na simples construção mecânica da figura! Enfim, resumindo: é fatalmente fácil varrer o desagradável para debaixo do tapete, e soprar sobre a mínima fagulha que prometa acender o fogo – os trapos podres! – da esperança.[985]

A operação final é, portanto, **obter um julgamento da figura, independente de toda restrição intelectual ou moral.**[986] **É preciso tentar apreendê-la como algo absoluto em si mesmo.** É preciso tratá-la, em suma, da mesma forma que se tratava da pergunta; como uma entidade mística, até agora sem relação com outros fenômenos. É preciso, por assim dizer, adorá-la como um deus, acriticamente: "Fala, Senhor, pois teu servo escuta". **Deve ser-lhe permitido impor sua individualidade intrínseca na mente**, colocar seus dedos independentemente sobre quaisquer notas que prefira.[987]

Desta maneira, obtém-se uma impressão do verdadeiro significado da resposta; e obtém-se armado com uma sanção superior a quaisquer sugestões sensíveis. Vem de e para uma parte do indivíduo independente da influência do ambiente: está ajustada àquele ambiente por uma verdadeira necessidade, e não pelos artifícios de adaptação que os preconceitos e preferências de nossa personalidade nos induzem a fabricar.[988]

---

985 N.M.: Cf. *LXV* v 35-36.

986 N.M.: O leitor sério compreenderá que isso só é possível quando a mente e as faculdades morais tiverem sido completamente treinadas para serem restringidas apenas pela Vontade. Os estudantes são novamente referidos às nossas notas anteriores sobre a estrutura deste *Liber ABA*; e aspirantes inteligentes são também referidos ao *Liber XVI*. Talvez eles agora entendam seu propósito austero e sublime.

Talvez uma observação adicional sobre as "faculdades morais", no sentido em que Crowley usa a expressão aqui, seja útil para a discriminação. Elas estão apenas indiretamente relacionadas com *Buddhi*, ou mesmo com *Buddhi Manas*. Elas são o produto da educação, ambiente e instinto: agregados nodais de *Cama* e *Linga Sharira*, ligeiramente modificadas por *Manas* e distantemente – muito distantemente na pessoa comum – influenciadas por *Buddhi*. Elas não podem sequer estar conectadas com as Tendências, pois não pertencem ao que é básico no indivíduo, exceto através das emoções e dos apetites. Elas são o que torna possível aos homens baixos manter ideais sublimes, na teoria, e mentir, trapacear e matar, na prática, sem o menor escrúpulo ou remorso genuíno. As "faculdades morais" nem sequer estão, em homens baixos, ligadas ao sentimento; apenas ao sentimentalismo. [N.E.: Veja-se "A Natureza Setenária do Homem" em *A Chave da Teosofia*, de Helena P. Blavatsky.]

987 N.M.: O leitor sério compreenderá que, se o divinador se coloca em tal estado de absoluta receptividade e permite a menor tendência a se inclinar em mente ou emoção, há um sério perigo de perturbação e até de obsessão. O paralelo com a Passagem do Abismo é exato; daí a afirmação de Crowley de que, para se divinar eficientemente, alguém deveria ser pelo menos um Mestre do Templo.

988 N.M.: Ele se refere aqui a algo que poucos experimentaram em carne viva; dos poucos que a experimentaram, a maioria recuou aterrorizada. Por "verdadeira necessidade", ele quer dizer aquele núcleo de Esforço que está por trás de todos os esforços do nosso tipo particular de matéria viva para manipular o ambiente de maneira eficiente, a fim de evoluir. Este núcleo é totalmente "inescrupuloso" e "impiedoso"; não se importa, absolutamente, com unidades humanas individuais, exceto na medida em que a atividade dessas unidades humanas individuais possa aumentar as chances da espécie como um todo; e suas decisões sobre o que pode aumentar nossas chances não têm nada a ver com conceitos habituais de moralidade

O estudante observará, do exposto acima, que a **divinação é, em certo sentido, uma arte inteiramente alheia à da Magia; no entanto, interpenetra a Magia em todo ponto.** As leis fundamentais de ambas são idênticas. O reto uso da divinação já foi explicado; mas deve-se acrescentar que **proficiência nela**, por maior que seja sua importância para fornecer ao Magista a informação necessária aos seus planos estratégicos e táticos, **de forma alguma o habilita a conseguir o impossível**. Não está no âmbito da divinação predizer o futuro (por exemplo) com a certeza de um astrônomo calculando o retorno de um cometa.[989] Há sempre muita virtude na divinação; pois (Shakespeare nos assegura!) há "muita virtude no SE!"

Ao se avaliar definitivamente um julgamento divinatório, deve-se levar em conta mais que as numerosas fontes de erro inerentes ao processo em si. O julgamento não pode fazer mais do que lhe permitem os fatos que lhe foram apresentados. Naturalmente, é impossível, na maioria dos casos, estarmos certos de que algum fator importante não foi omitido. Ao perguntar, "Serei sábio em casar-me?" abre-se a porta para a definição da sabedoria em diversas formas. Só se pode esperar uma resposta no sentido da pergunta.[990] A conotação de "sábio" implicaria, então, às limitações "na definição particular de sabedoria do divinador", "em referência às suas circunstâncias presentes". A resposta não poderia dar garantias contra um desastre subsequente, nem pronunciar um ditame filosófico sobre a "sabedoria", no sentido abstrato da palavra. **Não se deve assumir que o oráculo é onisciente.** Pela natureza mesma do caso, ao contrário, é a resposta de um ente cujos poderes são parciais e limitados, embora não na mesma extensão ou nas mesmas direções que os seus. Se um homem é aconselhado a comprar as ações de certa companhia, ele não deve queixar-se caso um pânico geral no mercado anule o valor dessas ações poucas semanas depois. O conselho referia-se apenas aos prospectos das ações em si. Não devemos culpar a divinação mais do que culparíamos um homem por construir uma casa em Ypres três anos antes da Guerra Mundial.[991]

Por outro lado, é preciso insistir que é obviamente vantajoso para o divinador obter sua resposta de entes da mais elevada essência possível. Uma feiticeira velha, que tem um espírito familiar de reputação meramente local, tal como um sapo na árvore do quintal, dificilmente pode esperar que ele lhe conte muito mais sobre assuntos íntimos do que o folhetim paroquiano já publica de fofoca. Depende inteiramente do Magista a maneira como ele é servido. Quanto maior o homem, maior deve ser seu instrutor. Segue disto que os mais elevados tipos de dæmons informadores, esses que sabem, por assim dizer, "os segredos da corte", desdenham de lidar com assuntos que considerem indignos de si.[992] Não se deve

---

ou justiça, uma vez que os conceitos habituais de moralidade ou justiça não refletem as realidades do Universo, mas nossas tentativas de proteger nosso ego deles. As mentes mais fracas, ao longo das eras, sentiram essa Influência Raiz e associaram isso à destruição ou ao mal. Divindades como Kali, Shiva, Tifão, Set, Ahrimanes, Loki, Hefesto, Saturno, Huracán foram equiparadas a isso; erroneamente, já que está além de toda manifestação separada na espécie, mesmo no nível das Supernas. Cf. *Liber VII* vii 42-43. Mitos como Satã e o Adversário são fracas tentativas judaico-crististas de defender os acampamentos do ego do duro ataque d'AQUILO. No *Livro da Lei*, este Princípio Raiz é chamado Hadit.

989 O astrônomo mesmo tem que fazer uma ressalva. Ele pode apenas calcular a probabilidade dos fatos observados. Alguma força pode interferir no movimento previsto.

990 N.M.: O leitor sério compreenderá então a necessidade absoluta de formular a questão muito claramente na mente, definindo para si os limites das conotações de cada palavra usada na formulação e os limites do discurso da questão em si, antes de colocá-la no oráculo. Aqui, acima de tudo, o treinamento técnico em Meditação é muito útil. Um iniciante pode achar útil escrever um primeiro rascunho de sua pergunta e revisá-lo cuidadosamente antes de colocar a versão final em teste.

991 N.M.: Ele se refere à Primeira Guerra Mundial. No entanto, é "sábio" e útil divinar antes de comprar uma casa em qualquer lugar! Os chineses costumavam ser muito cuidadosos com as compras de imóveis, consultavam divinadores especiais sobre a relação do local com a paisagem e a região, e a orientação da estrutura proposta em relação ao lugar; eles provavelmente ainda fazem isso, mesmo que não oficialmente, na China Vermelha.

992 N.M.: O leitor é novamente lembrado de que a palavra "dæmon" é usada aqui em seu sentido grego, e não tem absolutamente nenhuma conotação cristista de "malignidade".

cometer o erro de chamar um médico famoso para tratar do nosso cãozinho de estimação. Devemos também ter o cuidado de não perguntar, mesmo ao mais inteligente dos anjos, uma coisa fora do âmbito dele. Um cardiologista não deve prescrever para doenças de garganta.

O Magista deveria, portanto, se tornar mestre de diversos métodos de divinação; usando um ou outro conforme a ocasião. Ele deveria se dar ao cuidado de organizar tal seleção de tais espíritos para emprego em ocasiões diversas. Estes deveriam ser espíritos "familiares", no estrito sentido da palavra: membros de sua família. Ele deveria lidar com eles constantemente, evitando mudanças impulsivas ou caprichosas.[993] Ele deveria selecioná-los de forma que as capacidades deles cubram o campo inteiro do trabalho dele; mas ele não deveria multiplicá-los desnecessariamente, pois ele se torna responsável por cada um que ele emprega. Tais espíritos deveriam ser cerimonialmente invocados a aparição visível ou semivisível. Um estrito contrato deveria ser estabelecido e juramentado. Esse contrato deve ser cumprido religiosamente pelo Magista, e qualquer transgressão por parte do espírito deve ser severamente punida. Relações com esses espíritos deveriam ser confirmadas e encorajadas por frequente contato. Eles deveriam ser tratados com cortesia, consideração, e até com afeição. Eles deveriam ser ensinados a amar e respeitar seu mestre, e a se orgulharem de merecerem a confiança dele.

Algumas vezes é melhor agir de acordo com o conselho de um espírito, mesmo quando se sabe que ele está enganado; embora nesse caso deva-se tomar as medidas necessárias para evitar um resultado indesejável. O motivo é que espíritos deste tipo são muitos sensíveis.[994] Eles sofrem agonias de remorso ao perceberem que causaram danos ao seu Mestre; pois ele é o Deus deles; eles se conhecem como uma parte dele, a aspiração deles é alcançar absorção nele.[995] Eles compreendem, portanto, que os interesses dele são os seus. Deve-se tomar cuidado em empregar apenas espíritos qualificados – não apenas no sentido de serem capazes de suprir informação, como também no sentido de estarem em simpatia com a personalidade do Magista. Qualquer tentativa de coagir espíritos recalcitrantes é perigosa. Eles obedecem por medo; seu medo os faz lisonjear, contar mentiras amáveis. Também, o medo cria projeções fantasmagóricas deles para personificá-los;[996] e esses fantasmas, além de não terem valor, tornam-se presas de espíritos maliciosos que os usam para atacar o Magista de várias maneiras, cuja perspectiva de sucesso é reforçada pelo fato de que o Magista mesmo criou um vínculo com os fantasmas.[997]

Uma observação mais quanto a este assunto: divinação de qualquer tipo é imprópria em assuntos diretamente relacionados com a Grande Obra em si. **No Conhecimento e Conversação do Sagrado**

---

993 N.M.: Esta é uma precaução muito importante, e mais difícil de ser observada porque alguém será tentado por alguns espíritos a agir de forma dispersiva. O teste é mútuo!

994 N.M.: Quanto mais sensível você for, mais sensíveis eles serão. Você deve perceber também que alguns dos componentes de sua personalidade podem ser menos que diplomáticos – para dizer o mínimo. Essas partes ásperas devem ser mantidas estritamente sob controle. Para dar um exemplo, este escritor uma vez recitou o Capítulo II de *Liber LXV*, e as sílfides atraídas por sua aura pela intensidade e pureza de sua aspiração decidiram tratá-lo com um presente; era perto do pôr do Sol e formavam acima da linha do horizonte, usando nuvens, um cisne de fogo. O escritor viu este presente espontâneo e inocente, e escolheu observar, de forma bastante sarcástica, que a forma do cisne não era perfeita! Imediatamente, ele sentiu o recuo em nível abaixo do nível de sua estrutura celular; as entidades ficaram profundamente feridas e se retiraram em perigo. Não havia absolutamente nada que ele pudesse fazer para reviver seu entusiasmo. Até mesmo suas desculpas eram inúteis. Demorou anos para desfazer a dissonância causada por uma fração de segundo de autoindulgência.

995 N.M.: A palavra "Mestre" não é usada aqui no sentido especial de Magister Templi.

996 N.M.: Sendo escudos que eles levantam entre si e a fonte do seu medo; assim como uma pessoa que é intimidada por outra, muitos preferem escrever uma carta ou falar pelo telefone, em vez de ficar cara a cara.

997 N.M.: Com as projeções fantasmagóricas, não com os dæmons. Ressalta-se novamente que a palavra "dæmons" não é empregada aqui no sentido cristista.

Anjo Guardião, o adepto possui tudo que ele pode desejar. Consultar qualquer outro é insultar seu Anjo. Mais: é abandonar o único que realmente sabe, e realmente se importa, em prol de outro que, pela natureza mesma do caso, deve ser ignorante[998] quanto à essência do problema – outro, cujo interesse no caso é apenas (se tanto) como o de um estranho bem-intencionado. Não deveria ser necessário dizermos que até que o Magista tenha alcançado o Conhecimento e Conversação com seu Sagrado Anjo Guardião ele estará exposto a contínuas decepções. Ele não conhece a Si Mesmo; como pode ele explicar seus problemas a outros? Como podem esses outros, por mais bem-dispostos que estejam para com ele, aconselhá-lo, a não ser em insignificâncias? Deve-se, portanto, estar preparado para desapontamento a cada estágio até que se atinja o adeptado.[999]

Isso é especialmente verdadeiro da divinação, porque a essência do horror de desconhecermos nosso Anjo é a completa desorientação e angústia da mente, complicada pela perseguição do corpo e envenenada pela dor da alma. Faz-se perguntas erradas e com palavras erradas; recebe-se respostas erradas, faz-se julgamento errado e age-se erroneamente baseado no julgamento. Deve-se, no entanto, persistir, aspirando com ardor ao Anjo, e confortado com a segurança de que Ele o está guiando secretamente em direção a Ele, e que todos os erros são preparações necessárias para a hora prescrita do encontro com Ele. Cada erro é um desemaranhado de algum emaranhado no cabelo da noiva durante seu penteado de bodas.[1000]

Por outro lado, se bem que o adepto está em comunicação diária com seu Anjo, ele deveria ter cuidado em consultá-Lo somente em assuntos próprios à dignidade da relação. Não se deve consultar o Anjo sobre demasiados detalhes, ou mesmo sobre quaisquer assuntos que estejam sob os cuidados de seus próprios espíritos familiares. Não se vai ao Rei sobre frivolidades pessoais insignificantes.[1001] **O romance e**

---

998 Nenhuma inteligência do tipo que opera divinações é um completo Microcosmo como o Homem é. Elas sabem perfeitamente aquilo que concerne às suas respectivas esferas e pouco, ou nada, além disso. Graphiel sabe tudo que é possível saber sobre assuntos Marcianos, como nenhum homem poderia saber (pois mesmo o mais marcial dos homens está limitado quanto a Madim pelo fato de Marte ser apenas um elemento de sua molécula; os demais elementos tanto inibem ensimesmação no colega quanto o ocultam, insistindo que ele seja interpretado em referência a eles próprios). Nenhuma entidade cuja estrutura não inclua a Árvore da Vida inteira é capaz das Fórmulas de Iniciação. Graphiel, consultado pelos Aspirantes ao Adeptado, forçosamente consideraria a Grande Obra como uma pura questão de Combate, e ignoraria todas as outras considerações. Seu conselho seria absoluto em pontos técnicos deste tipo; mas a perfeição mesma desse conselho persuadiria o Aspirante a adotar um curso de ação desequilibrado, que resultaria em fracasso e destruição. É pertinente mencionar, nesse contexto, que não se deve esperar "absoluta" informação quanto ao que vai acontecer. "Ler a sorte" é um abuso da divinação. No máximo,é possível apenas descobrir aquilo que pode razoavelmente ser esperado. A reta função do processo é guiar o julgamento. O diagnóstico é bastante confiável; conselho pode ser confiável, em geral; mas o prognóstico deve sempre ser evitado. A essência da atividade é a consulta de especialistas.

999 N.M.: "Adeptado", por outro lado, é aqui empregado definitivamente no sentido técnico da A∴A∴. Iniciantes não devem ser confundidos com a palavra "desapontamento". Todos esperam que as profecias em *AL* sobre as mulheres (sejam elas heterossexuais ou lésbicas!), mercadorias, espécias etc. se tornem operacionais no momento em que se atinge o "adeptado". O ponto é se você está se colocando contra o Universo manifestado ou confortavelmente preparando uma pequena parte dele para um refúgio pessoal. No primeiro caso, o desapontamento o acompanhará a cada passo da vida, como bem sabem os Iniciados que prestam juramento ao Serviço. Todo homem e toda mulher é uma estrela; mas as estrelas, como qualquer astrônomo lhe dirá, não são "iguais" no sentido vulgar. Pelo contrário, elas aparecem em diferentes tamanhos, cores e formas, e cada uma tem uma órbita totalmente individual. Conte seus anos pelas suas feridas e conheça a si mesmo pela companhia que mantém.

1000 N.M.: Não se deve pensar que a Fórmula do Adeptado seja necessariamente menos perturbadora para as mulheres do que para os homens, devido ao fato de que grande parte do relacionamento é entre a parte feminina da estrutura psíquica do Aspirante com uma força masculina incidente; primeiro porque o Anjo não é "masculino", mas omnissexual: as limitações da simbologia denotam simplesmente as partes da psique de um aspirante masculino que geralmente precisam mais de equilíbrio; afinal de contas, foi um "escriba masculino" que registrou o Livro!

E segundo, porque, precisamente pela mesma razão, uma aspirante feminina precisará equilibrar partes do eu que, em uma mulher, são frequentemente subdesenvolvidas por razões sociobiológicas. Cf. *LXV* i 65 e seus comentários no *Equinox* V (2).

1001 N.M.: Ai! Mais que um Rei deve ter desejado que isso fosse verdade. Como de costume, Crowley estava extrapolando da nobreza de sua personalidade para um tipo humano tão raro quanto joias.

Não se deve cair na ilusão de que a energia de um Anjo é infinita. Por maior que seja, o Anjo pode ter muitos clientes além de você (nesse contexto, a observação de Crowley sobre seu sonho registrada às 5h45 do sétimo dia em *João São João* é bastante engraçada). Além disso, o Anjo tem o Seu

arrebatamento da união inefável que constitui o Adeptado não devem ser profanados pela introdução de cuidados comuns. Não se deve aparecer com os cabelos em papelotes, nem se queixar da insolência da cozinheira, se se quiser aproveitar o máximo da lua de mel.[1002]

Para o Adepto, a divinação se torna, pois, uma consideração secundária, embora ele possa agora empregá-la com absoluta confiança, e provavelmente a usará com muito mais frequência que antes da sua consecução. Em verdade, isto acontece na proporção em que ele aprende a recorrer à divinação (em toda ocasião em que sua Vontade não instrui instantaneamente), com implícita obediência aos seus conselhos, sem se importar se estes o levarão a desastre ou não, é um meio admiravelmente eficaz de manter sua mente livre de impressões externas e, portanto, na condição apropriada para receber as reiteradas pinceladas de arrebatamento com as quais o amor de seu Anjo o arrebata.[1003]

Nós acabamos de cobrir as possibilidades e limites da divinação. O estudante deve estar sempre em guarda contra a tendência de supor que esta arte proporciona qualquer meio absoluto de se descobrir a "verdade". Ele deveria inclusive evitar usar a palavra "verdade" como se significasse mais que a relação entre duas ideias, cada uma das quais está, ela mesma, sujeita a "mudança sem aviso prévio" como uma grade de programação.

A divinação, pela natureza mesma das coisas, não pode fazer mais do que colocar a mente do divinador em conexão consciente com outra mente, cujo conhecimento do assunto em questão está para o do divinador como o conhecimento de um perito está para o de um leigo. O perito não é infalível. O cliente pode enunciar a pergunta de uma maneira ambígua, ou mesmo baseá-la numa concepção completamente errônea dos fatos. Ele pode compreender mal os termos da resposta do perito, e ele pode interpretar mal o significado desses termos.[1004] Além de tudo isso, excluindo o erro, tanto a pergunta quanto a resposta são limitadas em validade por suas próprias condições; e essas condições são tais que a verdade pode deixar de ser verdadeira, quer com a passagem do tempo, quer porque ela não incluíra alguma circunstância oculta cujo efeito cancela toda a operação.

---

próprio Trabalho particular a fazer, do qual o treinamento de almas humanas pode, pelo que sabemos, ser apenas uma parte muito pequena. [N.E.: *João São João*, Sétimo Dia: "5h45 Novamente desperto, e pacientemente ansioso. Os sonhos passam através de mim sem cessar.

Desta vez uma casa onde eu, como um novo Barba Azul, tinha que esconder minhas esposas umas das outras. Mas minha tola omissão de esfaqueá-las redundou em que eu tinha trinta e nove câmaras secretas, e uma única aberta, em cada caso.

Ó, quilômetros disto! E todo tipo de gente veio para cear – e não havia ceia, e nós tivemos todos que nos revezar – e todas as esposas se consideravam negligenciadas – como elas têm que se considerar, se somos loucos a ponto de ter quarenta delas – e eu as detestei tanto! Era horrível ter que ficar correndo e consolando, e explicando; a dificuldade cresce (julgo eu) como mais ou menos a quinta potência do número de esposas...

Eu Estou contente de ter acordado!

Sim, e como estarei contente quando tiver realmente despertado desta vida de glamour, despertado para o amor de meu Senhor Adonai! É amargamente frio o amanhecer. Parece-me um frio consagrador – porém, eu não o confrontarei para me regozijar nele – eu já estou contente, tendo cessado de me esforçar".]

1002 Como diz o poeta: "Psique, cuidado, não mostres teus truques de toucador. Eros não deve saber que os lábios rosados teus são bem capazes de queixas; que tuas mãos carinhosas podem puxar-lhe os cabelos e dar tapas no bebê!". [N.M.: Não confie em Crowley para resistir a uma piada. "O poeta" é, naturalmente, ele mesmo, e o poema é uma paródia de poesias românticas clássicas.]

1003 N.M.: É, além disso, um bom treinamento em direção a esse estado de não haver "nenhuma diferença feita entre vós entre qualquer coisa & qualquer outra coisa", e em direção ao Juramento do Abismo.

1004 N.M.: A má interpretação é mais frequentemente devida à ânsia de resultado.

Numa palavra, divinação, como qualquer outra ciência, será julgada por seus filhos. Seria extraordinário se uma mãe tão fértil fosse imune aos natimortos, malformados e abortos.[1005]

Nenhum de nós despede a nossa criada, a ciência, com um pontapé e um insulto cada vez que o telefone fica sem linha. A companhia telefônica não afirma que o telefone estará sempre funcionando sem falhas.[1006] A divinação, com igual modéstia, admite que "frequentemente erra; mas, na média, funciona bem, se considerarmos o fato de que está na sua infância. Só podemos fazer o nosso melhor. Nós não pretendemos ser mais infalíveis que o mineralogista perito, o qual se considera afortunado se acerta o alvo quatro vezes em cada dez".

O erro de todos os dogmatistas (do mais antigo profeta com sua "palavra de Deus literalmente inspirada"[1007] até o mais recente professor alemão de filosofia com a sua obstinada "explicação" do Universo) consiste em tentar provar demais; eles se defendem contra críticas repuxando uma teoria, provavelmente muito boa, para incluir todos os fatos e todas as fábulas, até que ela rebenta como um balão muito cheio.

A divinação não é mais que um método prático e disponível, cuja teoria nós compreendemos mal, mas que utilizamos na base do empirismo. O melhor divinador vivo nunca poderá ter mais certeza de sucesso em qualquer divinação do que um campeão de golfe pode ter certeza do sucesso de uma tacada antes de fazer a jogada. Os cálculos são infinitamente mais difíceis que o xadrez; é um xadrez jogado num tabuleiro infinito, com peças cujos movimentos não são fixos, e que são tornados ainda mais complexos pela intervenção de forças imponderáveis e leis que ainda não foram formuladas; jogá-lo exige não só as virtudes, em si bastante raras, de integridade moral e intelectual, mas também intuição; uma intuição em que delicadeza e força se combinam com tal perfeição e a tal grau que a existência dessa intuição parece miraculosa, monstruosa, antinatural.

Admitir isto não é desacreditar oráculos. Pelo contrário; os oráculos caíram em descrédito justamente porque pretenderam fazer mais do que podiam. Divinar quanto a um assunto é pouco mais que calcular probabilidades. Através da divinação obtemos a cooperação de mentes que têm acesso ao conhecimento além do nosso, mas não à onisciência. HRU, o grande anjo que preside sobre o Tarô, está tão além de nós como nós estamos além da formiga; mas, tanto quanto sabemos, o conhecimento de HRU pode ser excedido pelo de alguma mente ainda mais poderosa, na mesma proporção. Nem temos nós qualquer direito de acusar HRU de ignorância ou erro se lermos o Tarô para nossa própria ilusão. Ele pode ter sabido, ele pode ter dito a verdade; a culpa pode ser da nossa falta de perspicácia.[1008]

1005 N.M.: Esta declaração profunda toca no "ponto sensível" para acabar com todos os pontos sensíveis da teologia cristista: o medo obsessivo do "mal", que – como Motta disse uma vez a Phyllis Seckler, sem sucesso – cria o mal.

1006 A não ser na cidade de Nova Iorque.

1007 N.M.: Na verdade, este escritor nunca encontrou isso escrito e duvida que qualquer pretenso profeta tenha feito essa afirmação. São sempre os seguidores que fazem isso; e quanto mais *cabeça oca* o seguidor, mais altas suas vociferações, e mais cruel sua perseguição aos hereges.

1008 A questão do sentido em que uma resposta é verdadeira se apresenta. Não se deve misturar os planos. No entanto, como demonstra Sr. Russell, *Op. cit.*, p. 61, os mundos que estão por trás dos fenômenos devem possuir a mesma estrutura que o nosso. [N.M.: Por "estrutura" entenda-se aqui o conjunto de leis operativas. A proposição de Russell, entretanto, foi superada até certo ponto pela física matemática contemporânea. Pode-se dizer que o Princípio de Heisenberg é uma expressão matemática da afirmação direta de *AL* ii 32: "Também a razão é uma mentira; pois existe um fator infinito & desconhecido; & todas as suas palavras são meandros".] "Toda proposição que tem um significado comunicável deve pertencer justamente àquela essência de individualidade que, por este motivo mesmo, é irrelevante para a ciência." [N.M.: Já que, segundo a definição de Russell, o propósito da ciência é encontrar explicações gerais, não individuais, dos fenômenos universais. Tais explicações são aquilo que é expresso por "leis" científicas. O leitor de "inclinação mística" não deve, portanto, ridicularizar a ciência; os dois universos de discurso tocam onde um místico enlouquece. Negar a ciência leva o místico a praticar a teologia em vez de praticar a Teurgia.] Exato; mas isso é confessar a impotência da ciência para alcançar a verdade, e admitir a urgência de desenvolver um instrumento mental de superior capacidade. [N.M.: Ele não quis dizer que a ciência é um instrumento mental,

O MESTRE THERION observou em inumeráveis ocasiões que divinações feitas por Ele e descartadas por dar respostas falsas justificaram-se meses ou anos depois, quando Ele foi capaz de revisar Seu julgamento em perspectiva, imperturbado por sua paixão pessoal.[1009]

É de fato surpreendente com que frequência as mais descuidadas divinações dão respostas acuradas. Quando as coisas saem erradas, o erro é quase sempre atribuível à própria presunção voluntária e insolente de alguém insistindo que os eventos devem se acomodar ao nosso egoísmo e vaidade. É comicamente não científico apontar erros dos divinadores como evidência de que a arte deles não presta. Todo mundo sabe que os mais simples experimentos químicos frequentemente dão errado. Todos conhecem as excentricidades das canetas tinteiro; mas ninguém (fora de círculos evangélicos) ridiculariza o experimento de Cavendish ou assevera que, se canetas tinteiro indubitavelmente funcionam de vez em quando, isso é mera coincidência.[1010]

O fato é que as leis da natureza são incomparavelmente mais sutis do que a ciência mesma suspeita.[1011] Os fenômenos de todo e cada plano estão intimamente entrelaçados.[1012] Os argumentos de Aristóteles dependiam da pressão atmosférica, que impedia que o sangue dele evaporasse por ebulição. **Não há nada no universo que não influencie toda outra coisa de uma maneira ou de outra.** Não há motivo na Natureza pelo qual as permutações de posição, aparentemente casuais, de meia dúzia de varetas de casco de tartaruga[1013] não possam estar ligadas tanto à mente humana quanto à estrutura do Universo inteiro, de forma que o exame da queda das varetas nos habilite a medir todas as coisas na Terra e no céu.

Com um pedaço de vidro curvo, descobrimos incontáveis galáxias de sóis; com outro, intermináveis ordens de existência infinitesimal. Com o prisma, analisamos a luz, de maneira que matéria e força se tornaram inteligíveis apenas como formas de luz. Com a pressão de um botão, nós convocamos as energias invisíveis da eletricidade para que sejam nossos espíritos familiares, servindo-nos na realização de nossas Vontades, quer seja para voarmos mais alto que o condor, quer para mergulharmos mais profundamente no mundo demoníaco da doença que qualquer dos nossos visionários ousou sonhar.

Se com quatro pedaços de vidro comum a humanidade aprendeu tanto, conseguiu tanto, quem ousará negar que o *Livro de Thoth,* a sabedoria quintessencial dos nossos ancestrais, cujas civilizações, por defuntas que estejam, deixaram monumentos que apequenam de tal forma os nossos, que chegamos

---

mas que o cérebro humano – o presente instrumento mental em uso – deve ser desenvolvido para que as deficiências da ciência sejam eliminadas. O desenvolvimento do cérebro humano é, portanto, o verdadeiro propósito por trás das disciplinas que geralmente chamamos de Misticismo, Magia e Religião. Por "verdadeiro propósito" entende-se aqui o propósito dos Deuses (ou "Chefes Secretos") que estimulam essas atividades na espécie.]

1009 N.M.: Isso também aconteceu com este pesquisador.

1010 N.M.: Certamente, pelo Princípio de Heisenberg, é coincidência; mas não meramente. O experimento de Cavendish determinou a densidade da Terra.

1011 N.M.: O leitor médio pode se perguntar o porquê de Crowley abordar isso com tamanha extensão aqui. É simplesmente porque ele está tentando explicar como as manipulações aleatórias e arbitrárias de qualquer sistema de divinação podem resultar em avaliações precisas e previsões de processos dos fenômenos ambientais, às vezes completamente distantes fisicamente do divinador e de sua pesquisa, ou aparentemente em outro plano de raciocínio, quais sejam, as varetas, ou areia, ou cartas, ou moedas, ou folhas de chá, ou qualquer outra coisa.

1012 N.M.: Misturar os planos significa esquecer como as leis que operam em um plano interagem com as leis que operam em outro; isso não significa que os planos não estejam conectados. No entanto, o fato de que não se pode respirar água no plano físico, não significa que não se possa respirar água no plano astral; ou que a estrutura do organismo que respira água no astral não está conectada com a estrutura do organismo que não pode respirar água na Terra.

A consciência das analogias, correspondências e diferenças entre os planos é o que produz sucesso na Magia; e, numa extensão menor e mais especializada, na vida.

1013 N.E.: Referência a uma técnica de I Ching.

a nos perguntar se degeneramos deles ou evoluímos dos macacos, quem ousará negar que tal livro possa possuir poderes inimagináveis?

Não faz muito tempo, os métodos da ciência moderna eram escarnecidos por todo o mundo cultural. Nos templos oficiais da ciência, o telhado tremia com as gargalhadas sardônicas dos sumos sacerdotes quando algum novo postulante exibia a sua oferenda nada ortodoxa. Não há praticamente nenhuma descoberta científica na história que não tenha sido desdenhada como charlatanice precisamente pelos homens cujos méritos ainda não haviam sido admitidos por mais de meia dúzia de seus pares intelectuais, ainda que reconhecidas pelo mundo em geral.

Ainda há gente viva que se lembra de quando a possibilidade de aviões era ironicamente negada precisamente pelos engenheiros julgados mais capacitados para darem opinião.

O método da divinação, o *ratio*[1014] dele, é tão obscuro hoje em dia quanto era o da análise espectral uma geração atrás. Que a composição química das estrelas fixas pudesse vir a ser conhecida pelo homem parecia uma insana fantasia, demasiado ridícula para ser discutida. Hoje em dia parece igualmente ridículo indagarmos da areia do deserto qual será o destino de impérios. No entanto, se há quem saiba, seguramente é essa areia!

Hoje, pode parecer impossível que objetos inanimados sejam capazes de revelar os segredos mais íntimos da humanidade e da natureza. Não podemos dizer por que a divinação é válida. Não podemos traçar o processo pelo qual ela executa suas maravilhas.[1015] Mas as mesmíssimas objeções se aplicam ao telefone. Ninguém sabe o que é eletricidade, ou a natureza das forças que determinam a ação desta. Nós sabemos apenas que, fazendo certas coisas, nós obtemos certos resultados; e que o mínimo erro de nossa parte anulará o nosso esforço. O mesmo é exatamente verdadeiro da divinação. A diferença entre as duas ciências é simplesmente que, mais mentes tendo refletido sobre a eletricidade, nós aprendemos a manipular seus truques com maior sucesso do que no caso de oráculos.

1014 N.E.: Latim, *razão*.

1015 A principal diferença entre uma Ciência e uma Arte é que a Ciência admite medida. Seus processos devem ser suscetíveis à aplicação de padrões quantitativos. Suas leis rejeitam variáveis imponderáveis. A Ciência despreza a Arte pela recusa desta de se conformar com condições calculáveis. Mas mesmo hoje em dia, na assim chamada Idade da Ciência, o homem ainda depende da Arte na maioria dos assuntos que têm importância prática para ele; as Artes de Governar, de Guerrear, de Literatura etc. são de suprema influência, e a Ciência pouco mais faz que facilitá-las ao tornar seus materiais mecanicamente dóceis. A máxima extensão da Ciência pode apenas organizar o patrimônio da Arte. Assim, a Arte progride em percepção e poder pelo aumento de controle ou pela acuidade automática de seus detalhes. O MESTRE THERION marcou Época na Arte da Magia ao aplicar o Método da Ciência aos problemas dela. A Obra dele é uma contribuição de valor ímpar, comparável apenas à daqueles homens de gênio que revolucionaram a experimentação errática dos "filósofos naturais". Os Magistas de amanhã estarão armados com teoria matemática, observação organizada, e prática verificada por experimento. [N.M.: Aqueles que seguem o Seu sistema, pelo menos.] Mas a Arte deles continuará inescrutável em sua essência; talento nunca suplantará gênio. Educação é impotente para produzir um poeta maior que Robert Burns; a perfeição do aparato de laboratório pode em verdade preparar o caminho de um Pasteur, mas nunca transformará mediocridade em mestres.

CAPÍTULO XIX

DOS RITUAIS DRAMÁTICOS

A Roda gira para aqueles métodos eficientes de invocação empregados nos antigos Mistérios, e por certos corpos secretos de iniciados ainda hoje em dia. O objetivo deles é, quase invariavelmente,[1016] a invocação de um Deus; esse Deus sendo concebido de uma maneira mais ou menos material ou pessoal. Estes Rituais estão, pois, bem adaptados para pessoas capazes de compreender o espírito da Magia em oposição à letra. Uma das suas grandes vantagens é que um grande número de pessoas pode participar, e em consequência há mais força disponível; mas é importante que eles sejam todos iniciados nos mesmos mistérios, obrigados pelos mesmos juramentos, e cheios das mesmas aspirações. Eles deveriam se reunir exclusivamente para este único propósito.[1017]

Tal companhia estando preparada, a história do Deus deve ser dramatizada por um poeta competente, acostumado a esta forma de composição. Discursos e invocações longos devem ser evitados; mas a ação dramática deve ser bastante movimentada. Tais cerimônias devem ser cuidadosamente ensaiadas; mas nos ensaios deve-se tomar o cuidado de omitir o clímax, que deve ser estudado pelo personagem principal em privado. A peça deve ser organizada de tal maneira que esse clímax dependa apenas dele. Desta forma evita-se que a cerimônia se torne mecânica ou tediosa, e o elemento surpresa auxilia os personagens secundários a se esquecerem de si mesmos no momento supremo. Após o clímax, deveria sempre haver uma cerimônia não ensaiada, um *impromptu*. A forma mais satisfatória disto é a dança. Em tais cerimônias, libações apropriadas podem ser livremente usadas.

O Rito de Luna (*Equinox* I (6)) é um bom exemplo deste uso. Aqui o clímax é a música da deusa, os assistentes permanecendo em êxtase silencioso.

No rito de Júpiter, o *impromptu* é a dança; no de Saturno, longos períodos de silêncio.

Será notado que nestes Ritos poesia e música foram amplamente utilizados – em sua maior parte, peças publicadas, e por poetas e compositores bem-sucedidos. Seria melhor[1018] escrever e compor especialmente para a cerimônia.[1019]

1016 A palavra é injustificadamente universal. Não seria impraticável adotar este método para operações como a Magia Talismânica. Por exemplo, alguém pode consagrar e carregar um Pantáculo dramatizando a comunicação do *Livro da Lei* por AIWAZ ao Escriba, o Magista representando o Anjo, o Pantáculo representando o Livro, e a pessoa sobre quem tencionamos que o Pantáculo aja representando o Escriba.

1017 N.M.: Significa que eles não devem ter laços pessoais e mundanos um com o outro. Desta forma, o *momentum* de sua aspiração é aumentado.

1018 "TALVEZ! Pode-se pensar em certas Horríveis Consequências!" "Mas, afinal, elas não pareceriam assim aos seus autores." "Sim, mas – tenha pena dos pobres Deuses!" "Incomode os Deuses!" [N.M.: Diferentes camadas da mente do Iniciado, meio em tom brincadeira e meio a sério, discutem alguns dos aspectos secundários dos Rituais Dramáticos. Em um Iniciado tão avançado quanto Therion, esses estratos são frequentemente o equivalente de personalidades inteiras em pessoas menos evoluídas. Fernando Pessoa, o poeta português e primeiro Magister Templi thelemicamente treinado em um país latino, escreveu três livros de poesia sob o que chamou de "heterônimos". Cada livro estava em um estilo diferente, cada um expressava uma visão diferente do mundo, e cada um era uma obra-prima. Não há fenômeno comparável na literatura mundial em parte alguma, exceto, talvez, nas próprias piadas literárias magistrais de Crowley, cuja coroa é *The Bagh-i-Muattar*. (Veja *Equinox* V (4), *Sex and Religion*.)]

1019 Um grupo de Magistas experientes, que esteja acostumado a trabalhar em concerto, pode ser capaz de improvisar Orgias. Para citarmos um exemplo recente: o sangue de um cristão sendo requerido para algum fito, um frango foi obtido e batizado na Igreja Católica Romana por um homem que, sendo filho de um padre daquela instituição, era magicamente uma encarnação do Ser daquele padre e, portanto, congenitamente possuidor dos poderes necessários. [N.M.: Isso é totalmente bobo e não-Thelêmico. Todo homem e toda mulher é uma estrela, e a "ordenação" de um "padre" católico romano não tem nenhum valor mágico. Assim, nem o filho é um Eidolon do pai, nem quaisquer poderes são comunicados em rituais romanos de "ordenação"; especialmente não os tipos de poderes que permanecerão na semente! (Cf. *LXV* v 52-56.) No entanto, para pessoas obcecadas pela corrente de magia negra do romanismo, o ritual pode ser eficaz como um meio de alcançar a independência psicológica do dogma católico romano.] Este frango, "Pedro Paulo", tornou-se consequentemente, para todos os efeitos, um cristão batizado. Ordem então foi dada de aprisionar a ave; feito isto, os Magistas, assumindo respectivamente os papéis de Herodes, Herodias, Salomé e o Carrasco, representaram a cena da dança e decapitação nas linhas do drama de Oscar Wilde [N.M.: A peça *Salomé*, que é extremamente bonita (embora um pouco mórbida!), primeiramente escrita por ele em francês e depois traduzida para o inglês.], "Pedro Paulo" tendo o papel de João Batista. Esta cerimônia foi concebida e executada de improviso, e sua espontaneidade e simplicidade presumivelmente foram potentes fatores do seu sucesso.

Na questão da teologia, eu duvido que Dom Gorenflot tenha com sucesso evitado comer carne na Semana Santa ao batizar o frango como carpa. [N.M.: Esta é uma referência a um episódio muito espirituoso do romance histórico de Alexandre Dumas, *Les Quarante-Cinq*.] Pois desde que o sacramento – por sua intenção, a despeito dos defeitos de forma – não poderia falhar em sua eficácia, [N.M.: Assim afirma o dogma romano. Quando se considera que pessoas como Marcos, das Filipinas, e Pinochet, do Chile, (sem falar em Bush, Casey e Meese, dos EUA!) "comungavam" todos os domingos nos últimos trinta anos, assim como alguns milhares de torturadores e assassinos brasileiros e, quando se considera a verdadeira história da Igreja Romana, questiona-se a ideia de que um talismã possa ser carregado de santidade mesmo por alguém que é profano em si mesmo, desde que essa pessoa tenha uma garantia romanista de transformar matéria em divindade.] o frango deve ter se tornado um cristão, e consequentemente um ser humano. Carpa era apenas, pois, o seu nome de batismo – veja-se Policarpo de Esmirna – e Dom Gorenflot comeu carne humana na Semana Santa, de maneira que, se bem que mais tarde ele foi nomeado bispo, ele está condenado ao inferno por toda a eternidade. [N.M.: Não há registro em Dumas de que "Dom Gorenflot" se tornou um bispo, embora ele certamente estivesse indo nessa direção. A sagacidade de Crowley é tão engraçada quanto teologicamente correta.]

CAPÍTULO XX

DA EUCARISTIA E DA ARTE DA ALQUIMIA

I

Uma das mais simples e mais completas cerimônias de Magia é a Eucaristia.

Consiste em tomar coisas comuns, transmutá-las em coisas divinas e consumi-las.

Até aí, é um tipo de toda cerimônia mágica, uma vez que a reabsorção da força é uma espécie de consumo; mas tem uma aplicação mais restrita, como segue.

Tome uma substância[1020] simbólica do curso inteiro da natureza; torne-a Deus e consuma-a.

Há muitas formas de se fazer isto; mas elas podem facilmente ser classificadas de acordo com o número de elementos de que o sacramento é composto.

A mais elevada forma de Eucaristia é aquela em que o Elemento consagrado é Um.

É uma substância e não duas, nem viva nem morta, nem líquida nem sólida, nem quente nem fria, nem macho nem fêmea.

Este sacramento é secreto em todos os sentidos. Para aqueles que podem ser dignos, embora não oficialmente reconhecidos como tais, esta Eucaristia foi descrita em detalhe e claramente, *algures* nas obras publicadas de MESTRE THERION. Mas Ele não disse a ninguém onde. Está reservada aos mais altos iniciados, e é sinônima com a Obra Consecutida no plano material. É a Medicina de Metais, a Pedra dos Filósofos, o Ouro Potável, o Elixir da Vida que é consumido ali. **O altar é o seio de Isis, a eterna mãe; o cálice é, com efeito, a Taça de Nossa Senhora Babalon Mesma; a Baqueta é o que Foi, É e Será.**

A Eucaristia de *dois* elementos toma sua matéria dos passivos. A hóstia (pantáculo) é de trigo, típico da terra; o vinho (taça) representa a água. (Há certas outras atribuições. Por exemplo, a Hóstia é o Sol; e o vinho é apropriado a Baco.)

A hóstia pode, no entanto, ser mais complexa: o “Bolo de Luz” descrito em *Liber Legis.*

Este é usado na exotérica **Missa da Fênix** (*Liber 333*, cap. 44), misturado com o sangue do Magus.[1021] **Esta missa deveria ser executada diariamente ao pôr do Sol por todo Magista.**

Trigo e vinho são equivalentes a carne e sangue; mas é mais fácil converter substâncias vivas no corpo e sangue de Deus do que executar este milagre sobre matéria morta.[1022]

1020 Esta pode ser de caráter composto.

1021 N.M.: A palavra não é usada aqui no sentido técnico do Grau de Magus.

1022 N.M.: A palavra “Deus” não deve ser interpretada no sentido judaico-cristista limitado, mas no sentido Thelêmico.

A Eucaristia de *três* elementos tem por base os símbolos das três *Gunas*. Para *Tamas* (escuridão)[1023] tome-se ópio, solanácea ou algum remédio soporífico;[1024] para *Rajas* (atividade) tome-se estricnina ou outro estimulante;[1025] para *Sattvas* (calma) os Bolos de Luz podem novamente ser utilizados.[1026]

A Eucaristia de *quatro* elementos consiste de fogo, ar, água e terra. Estes são representados por uma flama para o fogo, por incenso ou rosas para o ar, por vinho para a água, e por pão e sal para a terra.

A Eucaristia de *cinco* elementos tem por base vinho para o paladar, uma rosa para o olfato, uma flama para a visão, um sino para a audição e uma adaga para o tato. Este sacramento está implicado na Missa da Fênix de uma maneira ligeiramente diversa.

A Eucaristia de *seis* elementos tem Pai, Filho e Espírito Santo acima;[1027] alento, água e sangue abaixo. É um sacramento reservado para altos iniciados.[1028]

A Eucaristia de *sete* elementos é misticamente idêntica com a de um.

Do método de consagrar os elementos é apenas necessário dizer que eles devem ser tratados como talismãs. O círculo e outro mobiliário do Templo devem receber o benefício usual dos banimentos e consagrações. O Juramento deve ser pronunciado e as Invocações feitas. Quando a força divina se manifestar nos elementos, eles devem ser solenemente consumidos. Há também um método mais simples de consagração, reservado aos iniciados de alto grau, do qual é proibido falar aqui.

De acordo com a natureza do Sacramento, assim serão seus resultados. Em alguns pode-se receber uma graça mística, culminando em *Samadhi*; em outros, um benefício mais simples e mais material pode ser obtido.

O mais elevado sacramento, aquele do elemento Único, é universal em sua operação; de acordo com o propósito declarado da operação, assim será o resultado dela. É uma Chave universal de toda Magia.

1023 N.M.: Isto é, para os hindus, não a escuridão de Binah, mas a escuridão da vida elementar grosseira. A escuridão de Binah é simbolizada no sistema hindu pelo Akasha. Naturalmente, essas distinções são expressas abaixo do Abismo.

1024 N.M.: Pois Tamas simboliza aquele estado de peso material no qual é difícil para a mente e a alma estimular a carne em reação ativa ao ambiente da pessoa.

1025 N.M.: O tipo de mente moralmente rudimentar de Jesse Helms-Reagan-Meese é aqui notificado de que todos os venenos são medicamentos se tomados em quantidades cuidadosamente medidas. Assim como estricnina.

1026 Os Bolos de Luz são universalmente utilizáveis; eles contêm trigo integral, mel e óleo (proteínas, carboidratos e gorduras, as três necessidades da nutrição humana); também, perfumes dos três tipos essenciais de virtudes curativa e mágica, e o princípio sutil da vida animal mesma são fixados neles pela introdução de sangue vivo, fresco. [N.M.: *AL* iii 23-25 e os Comentários sobre ele.]

1027 N.M.: Cf. *Liber C Revisado*.

1028 A Lança e o Graal são primariamente dedicados ao Espírito Santo da Vida, em Silêncio. O Pão e o Vinho são então fermentados e manifestados por vibração e recebidos pela Virgem Mãe. Os elementos são então misturados e consumidos após a Epifania de Iacchus, quando "Face contempla Face". [N.M.: Essas referências podem ser estudadas nas ilustrações de Michael Maier para seus folhetos alquímicos, ou suas reproduções em *Psicologia e Alquimia* de Jung. O texto deste último pode ser lucrativamente ignorado; os textos do primeiro são cortinas de fumaça deliberadas. Os projetos de Lady Frieda Harris sob as instruções de Crowley para os Atus VI e XIV de *O Livro de Thoth* também são altamente esclarecedores.]

Estes segredos são de suprema importância prática, e são guardados no Santuário com uma espada de dois gumes que flameja em toda direção;[1029] **pois este sacramento é a Árvore da Vida mesma,**[1030] **e quem partilha do fruto dela nunca morrerá.**[1031]

A não ser que ele queira. Quem não preferiria trabalhar através de encarnação, uma verdadeira renovação do corpo e cérebro, em vez de se contentar com uma imortalidade estagnada sobre este grão de pó na Luz do Sol do Universo, chamado por nós de Terra?[1032]

Quanto às preparações para tais Sacramentos, a Igreja Romana tem mantido bem as tradições da Igreja Católica Gnóstica, em cuja guarda estão os segredos.[1033]

A Castidade[1034] **é uma condição; jejum por algumas horas prévias é uma condição; uma aspiração contínua e séria é uma condição.** Sem estes antecedentes, mesmo a Eucaristia de Um e Sete é parcialmente impedida em seu efeito – embora seja de sua virtude intrínseca nunca poder sê-la por completo.

Uma Eucaristia de algum tipo deveria certamente ser consumida diariamente por todo magista, e ele deveria considerá-la como o sustento principal da sua vida mágica. É de maior importância que qualquer outra cerimônia mágica, porque é um círculo completo. A força gasta é toda ela reabsorvida; no entanto, a virtude é aquele vasto ganho representado pelo abismo entre Homem e Deus.[1035]

O Magista se enche de Deus, se alimenta de Deus, se embriaga com Deus. Pouco a pouco, seu corpo se purificará pela lustração interna de Deus; dia após dia, sua forma mortal, perdendo seus elementos terrenos, se tornará, em verdade, o Templo do Espírito Santo. Dia após dia, a matéria é substituída por Espírito, o humano pelo divino; finalmente, a mudança será completa; Deus manifestado em carne será o seu nome.

Este é o mais importante dos segredos mágicos que já foram ou são ou podem vir a ser. Para um Magista assim renovado, a consecução do Conhecimento e Conversação do Sagrado Anjo Guardião se torna uma tarefa inevitável; toda força da sua natureza, desimpedida, tende àquele fito e alvo de cuja

---

1029 J. K. Huysmans, que tinha medo deles, e tentou trair o pouco que sabia deles, tornou-se um papista e morreu de câncer de língua. [N.M.: Não fiquem, contudo, desanimados, o ladrão e o mentiroso médios dentre nossos leitores. No tipo de sociedade em que vivemos, a maioria dos traidores, papistas ou não, morrem de tumor na conta bancária. O que Crowley realmente quer dizer é que a ópera inflada de Huysman pode oferecer dicas úteis ao buscador sincero e resignado.]

1030 N.M.: A referência é ao apólogo iniciático em "Gênesis", não à Árvore da Vida Cabalística.

1031 O uso do Elixir da Vida só é justificável em circunstâncias especiais. Ir contra o curso natural de Mudança é aproximar-se perigosamente do erro dos "Irmãos Negros".

1032 N.M.: Há um fator de saturação, do qual as pessoas que envelhecem e amadurecem na época (os dois processos nem sempre são concomitantes!) estão cientes. É como se alguém tivesse se alimentado de experiência e, em seguida, precisasse de tempo após a digestão para reorganizar o instrumento de pesquisa com base nos dados recém-coletados. O poema de Holmes, *The Chambered Nautilus*, fala sobre esse assunto.

1033 Veja-se, no Missal Romano, o Cânone da Missa, e o capítulo sobre "defeitos". [N.M.: Isso, entretanto, foi "modernizado", de modo a perder qualquer contato que ainda tivesse com a genuína tradição gnóstica original. O leitor sério é referido ao "Breviário da Santa Igreja Católica Gnóstica", por Frater Parzival XI°.]

1034 A Palavra Castidade é empregada por iniciados para significar certo estado de mente e alma que determina certo hábito do corpo que não é de forma alguma idêntico àquilo que é geralmente entendido. Castidade, no verdadeiro sentido mágico da palavra, é inconcebível àqueles que não estão completamente emancipados da obsessão do sexo.

1035 N.M.: Então não é um círculo, mas uma espiral. Para a comunhão diária, invocações rituais ou oração podem ser suficientes; até mesmo um ritual de banimento, se realizado adequadamente, é, em certo sentido, uma invocação (isso é especialmente verdade com o Rubi Estrela). Pelo menos uma vez por semana, no entanto, idealmente, o Magista deve se comunicar em alguma forma de Missa. A da Fênix, na maioria dos casos, pode ser usada diariamente apenas por curtos períodos, devido ao constante ferimento do corpo.

natureza nem homem nem deus podem falar, pois está infinitamente além da fala, ou do pensamento, ou do êxtase, ou do silêncio. *Samadhi* e *Nibbana* são apenas suas sombras projetadas sobre o universo.[1036]

II

Se o MESTRE THERION **não conseguir com este livro mais do que demonstrar a continuidade da natureza e a uniformidade da Lei, Ele sentirá que Seu trabalho não foi em vão.** Em seu planejamento original da Parte III ele não tencionara incluir qualquer referência à alquimia. Tem sido geralmente considerado que este assunto nada tem com a Magia comum habitual, tanto em âmbito quanto em método. Será o principal objetivo da descrição que segue estabelecer a alquimia como um ramo da Magia, e mostrar que ela pode ser considerada simplesmente como um caso particular da proposição geral – diferindo da Magia evocatória e talismânica apenas nos valores representados pelas quantidades desconhecidas nas equações pantomórficas.[1037]

Não há necessidade de fazermos qualquer tentativa sistemática de decifrar o linguajar de tratados herméticos. Não precisamos entrar numa discussão da história da alquimia. É suficiente dizermos que a palavra alquimia é um termo árabe consistindo do artigo *al* e do adjetivo *khemi,* que significa "aquilo que é do Egito".[1038] Uma tradução tosca seria: "O assunto egípcio". A suposição é que os gramáticos maometanos defendiam tradicionalmente que a arte derivara daquela sabedoria dos egípcios de que Moisés,[1039] Platão e Pitágoras se gabaram como fonte de sua iluminação.[1040]

Pesquisa moderna (por estudiosos profanos) ainda deixa em dúvida se os tratados de alquimia devem ser classificados como místicos, mágicos, médicos ou químicos. A opinião mais razoável é que todos esses objetivos formaram a preocupação dos alquimistas, em proporções várias. Hermes é ao mesmo tempo o Deus de Sabedoria, Taumaturgia, terapêutica e ciência física.[1041] Todas essas podem consequentemente reclamar o título de Hermetismo. Não se pode duvidar que escritores como Fludd aspiraram à perfeição espiritual. É igualmente seguro que Edward Kelly escreveu primariamente do ponto de vista de um Magista; que Paracelso se dedicou à cura de doenças e à prolongação da vida como primeira consideração, embora suas maiores consecuções pareçam, a pensadores modernos, consistirem antes nas suas

---

1036 N.M.: Pode ser chamado de Passo ou Queda Livre.

1037 N.M.: "Pantomorfo" significa geral. Por fim, será possível estabelecer equações matemáticas para a operação dos fenômenos mágicos, como já está sendo feito para fenômenos físicos, biológicos e até mesmo para alguns sociobiológicos.

1038 Esta derivação difere daquela de certos etimologistas. Eu não posso fazer mais do que apresentar minha opinião.

1039 N.M.: Não de Moisés, mas dos hebreus através do pobre Magus.

1040 N.M.: Na verdade, é bastante claro que o pensamento religioso grego avançado extraiu sua teurgia dos iniciados egípcios durante os tempos clássicos.

1041 N.M.: No entanto, de pesquisa teórica ou pura, apenas em última instância. Set, o abominável, era o Deus da implementação da ciência física, e ele foi abominado precisamente porque desmascarou os "milagres" dos sacerdotes de Amon e Asar. Hereges nunca são apreciados!

descobertas do ópio, do zinco e do hidrogênio;[1042] de forma que tendemos a pensar nele como um químico não menos que um van Helmont, cuja concepção da natureza dos gases o qualifica como um desses raros gênios que aumentaram o conhecimento humano por alguma ideia de importância fundamental.[1043]

A literatura da Alquimia é imensa. Praticamente toda ela é total ou parcialmente ininteligível. Seus tratados, do *Æsch Metzareph* dos hebreus até a *Carruagem do Antimônio,* são deliberadamente enunciados em enigmas hieráticos. Perseguição eclesiástica e profanação dos segredos de poder eram igualmente temidas.[1044] Pior ainda, do nosso ponto de vista: este motivo induziu escritores a inserirem afirmações intencionalmente enganosas, para desnortear mais ainda os não merecedores que pretendessem aos seus mistérios.[1045]

Nós não nos propomos a discutirmos aqui qualquer dos processos em si. A maior parte dos leitores já estará cônscia de que os principais objetivos da alquimia eram a Pedra Filosofal, a Medicina de Metais, e várias outras tinturas e elixires possuindo diversas virtudes; em particular, as de curar doenças, prolongar a vida, aumentar as habilidades humanas, aperfeiçoar a natureza do homem em todos os respeitos, conferir poderes mágicos e transmutar substâncias materiais, especialmente os metais, em formas valiosas.

O assunto é complicado ainda mais pelo fato de que muitos dos autores eram charlatões sem escrúpulos.[1046] Ignorantes dos primeiros elementos da arte, eles copiavam sem pejo e colhiam ganhos fraudulentos. Eles se aproveitavam da ignorância geral e da convenção de mistério, precisamente da mesma forma que seus modernos sucessores no assunto de todas as ciências ocultas.[1047]

Mas, a despeito disto tudo, uma coisa é bastante clara: todos os escritores sérios, embora pareçam falar de uma infinidade de assuntos diversos, tanto que se provou impossível à moderna pesquisa analítica identificar a verdadeira natureza de qualquer dos seus processos, concordavam quanto à teoria fundamental na qual baseavam as suas práticas. Parece, à primeira vista, que sequer dois deles estavam de acordo quanto à natureza da "Matéria-Prima da Obra". Eles a descrevem em uma desnorteadora multiplicidade de símbolos ininteligíveis. Não temos motivos para supor que estavam todos falando da mesma coisa, ou até que não estavam. O mesmo se aplica a todo reagente e a todo processo, não menos que ao produto ou produtos finais.

No entanto, debaixo dessa diversidade toda, podemos perceber uma identidade obscura. Eles começam todos com uma substância natural que é descrita como existindo em quase toda parte e geralmente considerada sem valor. O alquimista deve, em todos os casos, tomar esta substância e submetê-la a uma série de operações. Assim fazendo, ele obtém seu produto. Este produto, não importa como seja nomeado ou descrito, é sempre uma substância que representa a verdade ou perfeição daquela Matéria-Prima

---

1042 N.M.: Isso ocorre porque os pensadores modernos não tiveram que se submeter aos cuidados dos "médicos" do tempo de Paracelso.

1043 N.M.: Crowley sendo outro; mas gerações podem passar antes que o consenso atinja essa consciência.

1044 N.M.: Cf. nossos comentários para *LXV* i 24 e iv 14 no *Equinox* V (2).

1045 N.M.: À primeira vista, não é uma atitude muito científica; mas, graças à Igreja Romana e seus inquisidores, esses não eram tempos muito científicos. Para aqueles que tinham a chave, os folhetos eram suficientemente inteligíveis; e entre si, os pesquisadores foram bastante francos na troca de dados.

1046 N.M.: Os que mais lucravam com a alquimia: negociavam a ganância e o pensamento desejoso dos burgueses e dos nobres, que eram condicionados pelo cristismo à má lógica e à fácil crença nas mais estúpidas irracionalidades.

1047 N.M.: O leitor sério é referido à nossa resenha de *A Máfia Psíquica* em *Oriflamme* VI (2). [N.E.: Livro publicado em 1976 e.v., de M. Lamar Keene e Allen Spraggett. Conta como M. Lamar Keene desempenhava suas atividades psíquicas por meios fraudulentos.]

original; e suas qualidades são invariavelmente as de um ser vivo, não de uma massa inanimada. Em uma palavra, **o alquimista deve tomar uma coisa morta, impura, sem valor e sem poder, e transformá-la numa coisa viva, ativa, preciosa e taumatúrgica.**

O leitor deste livro seguramente verá que esta é uma notável analogia com aquilo que já dissemos sobre os processos da Magia. Que é, na nossa definição, a Iniciação? A Matéria-Prima é um homem, isto é, um parasita perecível, engendrado da crosta da Terra, que rasteja irritado nesta crosta por algum tempo e finalmente retorna ao pó de que se ergueu. O processo da iniciação consiste em remover suas impurezas e encontrar em seu verdadeiro ser uma inteligência imortal para a qual a matéria não é mais que um meio de manifestação. O iniciado é eternamente individual; ele é inefável, incorruptível, imune a tudo. Ele possui infinita sabedoria e infinito poder em si mesmo. Esta equação é idêntica com a de um talismã. O Magista toma uma ideia, purifica-a, intensifica-a ao invocar a inspiração de sua alma. Não é mais um rabisco num pergaminho, mas uma palavra de Verdade, imperecível, com poder para prevalecer dentro de sua esfera de propósito. A evocação de um espírito é precisamente similar em essência. O exorcista toma substâncias materiais mortas, de uma natureza simpática ao ente que ele tenciona invocar. Ele bane todas as impurezas daquilo, evita toda interferência com aquilo, e passa a dar a vida à substância sutil assim preparada, instilando nela sua alma.

Novamente, nada há nisto de exclusivamente "mágico". Rembrandt van Ryn costumava juntar certo número de minérios e de outras substâncias em estado grosseiro. Destes, ele bania as impurezas e consagrava-os ao seu trabalho, pela preparação de telas, pincéis e cores.[1048] Isto feito, ele compelia essas coisas a assumirem a estampa da alma dele; dessas baças, inválidas criaturas da terra ele criava um ente vital e poderoso de verdade e beleza. Qualquer pessoa que tenha chegado a uma clara compreensão da natureza se surpreenderia se houvesse qualquer diferença na essência dessas várias fórmulas. As leis naturais se aplicam igualmente em todas as possíveis circunstâncias.

Nós estamos agora aptos a compreender o que é a alquimia. Nós poderíamos até ir além, e dizer que, mesmo que não tivéssemos jamais ouvido falar dela, saberíamos o que ela deve ser.

Acentuemos o fato de que o produto final é, em todos os casos, um ser vivo. Tem sido a grande dificuldade de investigadores modernos que as afirmações dos alquimistas não podem ser interpretadas de outra forma. Do ponto de vista da química, não parece ser impossível, *a priori,* que o chumbo possa ser transmutado em ouro. Nossa recente descoberta da periodicidade dos elementos faz parecer provável, pelo menos em teoria, que os nossos elementos aparentemente imutáveis são todos modificações de um elemento único.[1049] A química orgânica, com suas metáteses e sínteses dependentes da concepção das moléculas como estruturas geométricas, demonstrou uma prática que dá corpo a esta teoria; e as propriedades do Rádio[1050] impulsionaram a Velha Guarda do reduto que arvorava a bandeira da heterogeneidade essencial dos elementos. As doutrinas da Evolução alinharam a teoria alquímica e monística da

---

1048 N.M.: Nos dias de Rembrandt, os pintores costumavam preparar todos os seus materiais, e suas formulações de tintas eram, às vezes, segredos comerciais zelosamente guardados. Os pintores modernos mais sérios fazem o mesmo. É apenas o amador comum que vai casualmente até a "oficina de arte" mais próxima e compra material já pronto.

1049 Veja-se *The New Knowledge*, de R. K. Duncan, para uma popularização de resultados recentes. Aleister Crowley manteve essa doutrina em sua adolescência em um período em que era a mais grosseira heresia.

N.M.: Como qualquer estudante do ensino médio deveria saber agora, chumbo foi transmutado em ouro pela radiação; mas o processo não é comercialmente lucrativo.

1050 N.E.: O elemento químico, Rádio.

matéria com a nossa concepção da vida; o colapso da muralha entre os reinos animal e vegetal fez estremecer aquela que separava os dois do reino mineral.

Mas, embora o químico avançado pudesse admitir a possibilidade de transmutar chumbo em ouro, ele não poderia conceber aquele ouro senão como metálico, da mesma ordem natural do chumbo do qual foi derivado. Que esse ouro possuísse o poder de se multiplicar, ou de agir como um fermento sobre outras substâncias, parecer-lhe-ia tão absurdo que ele se sentiria obrigado à conclusão de que os alquimistas que reclamavam estas propriedades para seu Ouro deveriam, afinal de contas, estar se referindo não à química, mas a operações espirituais cuja santidade exigia um véu de simbolismo, tal como o uso criptográfico da linguagem do laboratório.

O MESTRE THERION acha que sua presente redução de todos os casos da arte da Magia a uma fórmula única elucidará e reivindicará a Alquimia, e estenderá a concepção da química para incluir todas as classes de *Mudança*.

Existe uma óbvia limitação de nossas operações propostas: como a fórmula de qualquer Obra extrai e torna visível a Verdade de qualquer Matéria-Prima, a "Pedra" ou "Elixir" que resultará de nossos trabalhos será o puro e perfeito Indivíduo originalmente inerente à substância escolhida, e nada mais. O jardineiro mais perito não pode produzir lírios de uma roseira silvestre; suas rosas sempre são rosas, por mais que ele tenha aperfeiçoado as qualidades da planta.[1051]

Não há nisto contradição com nossa tese prévia da definitiva unidade de todas as substâncias. É verdade que Fulano e Sicrano são ambos modificações do Pleroma. Ambos desaparecem no Pleroma quando atingem Samadhi. Mas eles não são permutáveis como modificações individuais; o iniciado Fulano não é o iniciado Sicrano, mais do que Fulano, o alfaiate, é Sicrano, o dono da loja de ferragens. Nossa habilidade na produção de anilinas não nos habilita a abandonar a anilina como matéria básica de nossas tinturas, e a usar açúcar no lugar dela. Assim, os alquimistas disseram: "Para fazer ouro você deve usar ouro"; a arte deles consistia em trazer cada substância à perfeição de sua natureza.

Sem dúvida, parte deste processo incluía a retirada da essência da Matéria-Prima à homogeneidade de "Hyle", da mesma forma que a iniciação consiste na aniquilação do indivíduo na Infinidade Impessoal da Existência, para emergir uma vez mais como um Eidolon menos confuso e deformado da Verdade de Si Mesmo. Esta é a garantia de que ele não é contaminado por elementos alienígenas.[1052] O "Elixir" deve possuir a atividade de uma substância "nascente", da mesma forma que o hidrogênio "nascente" se combina com o arsênico (no teste de Marsh), enquanto a forma ordinária do gás é inerte. Novamente, o oxigênio satisfeito pelo sódio ou diluído pelo nitrogênio não atacará materiais combustíveis com a veemência característica do gás puro.

Nós podemos resumir esta tese dizendo que **a Alquimia inclui tantas possíveis operações quanto há ideias originais inerentes na natureza.**

1051 N.M.: Agora, com engenharia genética, até isso se tornou teoricamente possível. Ainda não se pode, no entanto, teoricamente, transformar uma planta de lírio em uma roseira.

1052 N.M.: A piada, é claro, é que não existem elementos alienígenas! Veja-se *Liber 333*, cap. 14.

A Alquimia se assemelha à evocação[1053] em sua seleção de bases materiais apropriadas para a manifestação da Vontade; mas difere dela por operar sem personificação ou intervenção de planos alheios.[1054] Pode ser melhor comparada com a Iniciação; pois o elemento ativo do Produto é da essência da própria natureza deste, e inerente a ela; a Obra consiste, da mesma forma, em isolá-lo de seus acréscimos.[1055]

Agora, tal como o Aspirante, no Umbral da Iniciação, se vê atacado pelos "complexos" que o corromperam, a exteriorização deles o excruciando, e sua agoniada relutância à eliminação deles mergulhando-o em ordálios tais que ele parece (tanto a si quanto a outros) ter se tornado, de um homem nobre e correto, em um canalha inominável;[1056] da mesma maneira a Matéria-Prima se enegrece e putrefaz na medida em que o Alquimista quebra as suas coagulações de impureza.

O estudante pode elaborar para si mesmo as várias analogias envolvidas e descobrir o "Dragão Negro", o "Leão Verde", a "Água Lunar", a "Cabeça de Corvo" e assim por diante. As indicações dadas acima deveriam ser suficientes para todos que possuam aptidão para Pesquisa Alquímica.

1053 N.M.: O leitor médio pode não entender essa analogia. Refere-se às "equações gerais da Magia" que ele já sugeriu que eventualmente serão formuladas. Uma certa base matemática é muito útil para o pensamento Thelêmico.

1054 Alguns alquimistas podem protestar contra esta declaração. Eu prefiro não expressar qualquer opinião final quanto ao assunto.

1055 N.M.: Esta é a fase *Solve* da Operação; *Coagula* consiste em selecionar e reorganizar acréscimos (através da faculdade de criação do Ego) que serão mais eficientes no trabalho do original. Ponto-evento (ou "Estrela") através da verdadeira Vontade. O leitor sério perceberá que a principal diferença entre a Iniciação e a morte é que a Iniciação é "desejada" e a morte não. Mas a Estrela que reencarnava passa exatamente pelo mesmo processo de seleção e rearranjo; e, exceto no caso de Iniciados muito altos, de uma maneira muito mais completa do que é possível no processo iniciático durante apenas uma vida. Daí a expressão de Crowley de sua preferência pessoal pela morte, em vez do uso do "Elixir da Vida" para prolongar apenas uma encarnação particular.

1056 N.M.: Esse processo, como o orgasmo, é geralmente catastrófico no caso de aspirantes encarnados em um corpo masculino, e ondulatório no caso de aspirantes encarnadas em um corpo feminino. Isso se deve provavelmente ao fato de que a "alma" (ou Nephesch) é "feminina": as repercussões das ordálias iniciáticas da "Noiva" no cérebro físico são menos perturbadoras quando esse cérebro governa um equilíbrio hormonal predominantemente feminino.

Este processo também não deve ser confundido com a homossexualidade. A "alma" é feminina. Para expressar isso grosseiramente, um Iniciado encarnado em um corpo masculino é (em certos planos e em certos sentidos) uma mulher, não um viado. Ou, para colocá-lo ainda de outra maneira, a feminilidade da alma humana é um acidente da evolução; comportamento sexual passivo de um homem no plano físico é uma questão de escolha pessoal consciente. Ao contrário das alegações de um certo subgrupo de pederastas (e uma moda passageira entre alguns psicólogos americanos), os homossexuais não nascem e, na maioria das vezes, não são feitos; eles se fazem. A "moralidade" de tal escolha é totalmente irrelevante para esse discurso. Cada caso especial precisa ser pesado em seus próprios méritos ou deméritos, e isso apenas por pessoas que possam se sentir envolvidas no caso. Em última análise, não é da conta de ninguém, mas da pessoa, exceto na medida em que as atividades da pessoa possam interferir na liberdade de escolha de outra pessoa. Um convite simples, direto e cortês para foder não pode, entre as pessoas civilizadas, ser considerado uma séria interferência na vontade de outra pessoa, ou "sedução" ou "corrupção" ou "estupro" de alguém. Nem sequer ocorre com pessoas que foram bem criadas.

Por outro lado, o principal problema de aspirantes humanas encarnadas em corpos femininos é, na maioria das vezes, desenvolver estruturas comportamentais mais fáceis de serem manipuladas pelos equilíbrios hormonais masculinos. Agressividade, autoafirmação, reação positiva ao invés de passiva ao ambiente, são essas qualidades. O leitor inteligente notará que estes estão relacionados aos mecanismos pelos quais a Vontade colide com a matéria. (Daí a sugestão de Crowley, para uma aspirante feminina, que ela adote o lema "*Fiat Yod*" – cf. *Oriflamme* VI (3), *Magick Without Tears*, Cartas E e F.) Assim, fica claro por que as mulheres sofrem menos convulsões internas "catastróficas" pela Iniciação do que homens até Dominus Liminis. Suas ordálias mais difíceis consistem em desenvolver a projeção da Vontade (Chiah) em Nephesch e Ruach e colocá-la para trabalhar no ambiente. E, visto que qualquer iniciado humano é um homem em certos planos e em certos sentidos, novamente no caso das mulheres, a homossexualidade é uma questão de escolha pessoal, não uma imposição de circunstâncias.

Deve-se acrescentar que as observações acima se aplicam apenas até o limite de Adepto Minor. O Conhecimento e Conversação do Sagrado Anjo Guardião é tão revolucionário para as mulheres quanto para os homens; para os homens porque envolve ser arrebatado; e, para as mulheres, porque elas devem se tornar do mesmo sexo que seu Anjo, que nesse nível se manifesta como um homem. Novamente, deve ser enfatizado que para uma mulher, ser homem não é a mesma coisa que ser homossexual. Para colocar de forma grosseira, mas clara, um homem não é um pinto. Entre as mulheres, exatamente como entre os homens, a homossexualidade é uma questão de escolha consciente. As observações anteriores sobre interação social também se aplicam.

Apenas uma reflexão mais parece necessária: a saber, que a Eucaristia, que é o assunto com o qual este capítulo apropriadamente se ocupa, pode ser concebida como um caso – como o caso crítico – da Arte do Alquimista.

O leitor terá observado, talvez com surpresa, que o MESTRE THERION descreveu diversos tipos de Eucaristia.[1057] O motivo é o dado acima; não existe nenhuma substância incompetente para servir de elemento em algum Sacramento; também, cada Graça espiritual deveria possuir sua forma peculiar de Missa e, portanto, sua própria *materia magica.*[1058] É completamente contra o espírito científico tratar "Deus" como uma homogeneidade universal e usar os mesmos meios para prolongar a vida que usamos para enfeitiçar gado. Não invocamos a "Eletricidade" indiscriminadamente para iluminar nossa casa e propelir nosso carro; trabalhamos pela aplicação ponderada de nossos poderes à compreensão analítica inteligente das condições de cada caso separado.[1059]

Existe uma Eucaristia para toda Graça de que podemos necessitar; devemos perceber características essenciais em cada caso, selecionar Elementos apropriados e imaginar processos apropriados.

Considerando os problemas clássicos da Alquimia: a Medicina dos Metais deve ser a quintessência de alguma substância que serve para determinar a estrutura (ou escala vibratória), cuja manifestação são as qualidades metálicas características. Isso não precisa ser uma substância química, no sentido comum da palavra.

O Elixir da Vida consistirá, da mesma forma, de um organismo vivo capaz de crescer à custa de seu ambiente; e de tal natureza que a sua "verdadeira Vontade" é fazer com que aquele ambiente lhe sirva como meio de expressão no mundo físico da vida humana.

A Medicina Universal deverá ser um mênstruo de tal sutileza que seja capaz de penetrar toda matéria e transmutá-la no senso de sua própria tendência, e de tal imparcial pureza que aceitará perfeitamente a impressão da Vontade do Alquimista. Esta substância, adequadamente preparada e adequadamente carregada, é capaz de executar todas as coisas fisicamente possíveis dentro dos limites das proporções de seu *momentum* para a inércia do objeto ao qual é aplicada.

Concluindo, pode-se observar que, lidando com formas de Matéria-Movimento sutis como estas, não é suficiente atravessarmos o *Pons asinorum* do conhecimento intelectual.[1060]

O MESTRE THERION possui há muitos anos a teoria destes Poderes; mas Sua prática ainda está em progresso em busca da perfeição. Mesmo a eficiência na preparação não é tudo; há necessidade de ser criterioso na manipulação e destro na administração do produto. Ele não executa milagres ao acaso, mas aplica Sua ciência e habilidade em conformidade com as leis da natureza.

1057 N.M.: O leitor sério não deve se surpreender, porém, com o fato de Ele ter escolhido comentar sobre isso aqui, em vez de onde as descreveu.

1058 N.E.: Latim, *material mágico*.

1059 N.M.: Esta é uma espécie de dica para o leitor sério olhar novamente o Capítulo XIV, Parte II.

1060 N.M.: Em outras palavras, não basta saber intelectualmente o que deve ser feito; assim como saber como um campeão olímpico de levantamento de peso iça quinhentos quilos do chão não permite que alguém sem treinamento e aptidão faça o mesmo. No último parágrafo, ele deixa isso bem claro para quem tem cérebro.

CAPÍTULO XXI

DA MAGIA NEGRA, DOS TIPOS PRINCIPAIS DAS OPERAÇÕES DE ARTE MÁGICA E DOS PODERES DA ESFINGE

I

Como foi dito na abertura do segundo capítulo, o Único Ritual Supremo é a consecução do Conhecimento e Conversação do Sagrado Anjo Guardião. *É a ascensão do homem completo em uma linha reta vertical.*

Qualquer desvio desta linha tende a se tornar magia negra. Qualquer outra operação é magia negra.

Na Verdadeira Operação, a Exaltação é equilibrada por uma expansão nos outros três braços da Cruz. Assim, o Anjo imediatamente dá ao Adepto poder sobre os Quatro Grandes Príncipes e os seus servidores.[1061]

Se o magista necessita executar qualquer outra operação além desta, será legítima apenas se for uma preliminar necessária Àquele Trabalho Único.

Há, no entanto, muitos tons de cinza. Não é todo magista que está tão bem armado com a teoria quanto o leitor deste livro. Talvez um desses invoque Júpiter com o desejo de curar outra pessoa de mazelas físicas. Este tipo de coisa é inofensivo,[1062] ou quase inofensivo. Não é maligno em si; é o resultado de um defeito de compreensão. **Até que a Grande Obra tenha sido executada, é presunçoso da parte do magista pretender compreender o universo e ditar-lhe a política. Somente o Mestre do Templo pode dizer se qualquer particular ato é um crime.** "Matar aquela criança inocente?" (Eu ouço o ignorante gritar.) "Que horror!" "Ah!", replica o Conhecedor, com presciência da História, "mas aquela criança será Nero. Apressai-vos em estrangulá-la!".

Há um terceiro, acima destes, que compreende que Nero era tão necessário quanto Júlio César.[1063]

O Mestre do Templo, consequentemente, não interfere com o esquema das coisas, a não ser no quanto ele está executando o Trabalho que ele foi enviado para executar. Por que deveria ele lutar contra aprisionamento, banimento, morte? É tudo parte do jogo no qual ele é um peão. "Era necessário que o Filho do Homem sofresse estas coisas, e entrasse em Sua glória."[1064]

O Mestre do Templo está tão longe do homem em que Ele se manifesta que todas essas coisas são sem importância para Ele. Pode ser necessário ao Trabalho d'Ele que aquele homem se sente sobre um

---

1061 Veja-se *O Livro da Magia Sagrada de Abramelin, o Mago.*

1062 Existe, no entanto, a objeção genérica ao desvio de rios da Iniciação ao Mar da Consecução, para servirem de canais de irrigação nos campos da vantagem material. É mau negócio pagar moedas de ouro por produtos perecíveis; como casar por dinheiro ou prostituir o gênio poético a fins políticos. O curso oposto, se bem que igualmente censurável por poluir a pureza dos planos, pelo menos é respeitável por sua nobreza. O asceta da Tebaida ou do Mosteiro Trapista é infinitamente mais merecedor que o curandeiro mentalista e o pregador de "fortuna pela oração" de Boston ou Los Angeles; pois o primeiro oferece lixo temporal para ganhar riqueza eterna, enquanto os outros encaram substância espiritual apenas como um meio de obter melhores condições físicas e engordar sua conta bancária.

1063 N.M.: Mas o Credo Niceno não era necessário em absoluto. Tolerância excessiva pode se tornar falta de discriminação e o tipo de fraqueza que permite o mal. Isso é, de fato, misturar os planos.

1064 N.M.: Esse "Filho do Homem" sendo, claro, o cabalístico Ben Adam; e "Homem" sendo o cabalístico Adam Kadmon, que, aliás, é andrógino-ginadélico, sendo feito à imagem dos Elohim.

trono, ou seja, enforcado. Em tal caso, Ele informa seu Magus, que exerce o poder que Lhe foi confiado, e tudo ocorre de acordo. No entanto, tudo ocorre naturalmente, e necessariamente, e em toda aparência sem uma palavra por parte d'Ele.

Nem presumirá o mero Mestre do Templo, de regra, agir sobre o Universo, salvo como servo de seu próprio destino. É apenas o Magus, Aquele do grau acima, que atingiu Chokmah, Sabedoria, e, assim, ousa agir. Ele deve ousar agir, se bem que Ele não goste. Mas Ele deve assumir a Maldição do Seu grau, como está escrito no *Livro do Magus.*[1065]

Existem, claro, formas inteiramente negras de Magia. Para aquele que não deu toda gota do seu sangue para a taça de BABALON, todo poder mágico é perigoso. Há formas ainda mais degradadas e malignas, coisas negras em si mesmas. Tais como o uso de forças espirituais para fins materiais. Cientistas cristãos, curandeiros mentalistas, divinadores profissionais, psiquistas e tais, são todos *ipso facto* Magistas Negros.

Eles trocam ouro por lixo. Eles vendem seus poderes mais elevados para obter benefícios temporários e grosseiros.

Que a mais crassa ignorância da Magia é a principal característica deles não é desculpa, mesmo se a Natureza aceitasse desculpas, o que ela não faz. Se você bebe veneno por engano como se fosse vinho, seu "engano" não lhe salvará a vida.

Abaixo desses, em um sentido, mas muito acima, em outro, **estão os Irmãos do Caminho da Esquerda.**[1066] Estes são aqueles que se "fecham", que recusam dar seu sangue à Taça, que espezinham o Amor na corrida por autoengrandecimento.[1067]

Até o grau de Adeptus Exemptus, eles estão no mesmo caminho que a Fraternidade Branca;[1068] **pois até aquele grau ser atingido o fito não é desvelado.** Apenas, então, são os bodes, os solitários puladores mestres da montanha, separados dos gregários, tímidos carneiros presos ao vale.[1069] Então aqueles

---

1065 *Equinox* I (7), 5-9. [N.E.: *Liber B vel Magi*, veja-se Apêndice VII.]

1066 Veja *Liber 418*, e estude-se bem este assunto. *Equinox* I (5), Suplemento. [N.M.: Infelizmente, mesmo lá a expressão "Irmãos Negros" é usada, em vez de uma expressão mais apropriada; mas a descrição do que se entende por um "Irmão Negro" deixa bem claro que nenhuma conotação racial está envolvida, e não se está falando aqui da verdadeira Escola Negra de Magia.]

1067 N.M.: Deve-se afirmar categoricamente que a expressão "Irmãos do Caminho da Mão Esquerda" não é aqui usada em seu único sentido técnico, isto é, os tantristas hindus que praticam magia sexual heterossexual. Como qualquer um com a menor inteligência entenderá ao olhar para Seu Selo, a O.T.O. é – magicamente – uma Fraternidade-Sororidade heterossexual. Não podemos aprofundar aqui os problemas que isso pode causar às pessoas com inclinações homossexuais que desejam se juntar a nós – ou aos problemas que eles causam!

As expressões "Irmãos Negros" e "Irmãos do Caminho da Mão Esquerda" foram extensamente usadas por *Toshosofistas* (trocadilho muito apropriado de Crowley para "Teosofista", pelo qual ele se referia aos seguidores de Besant e Leadbeater, não aos seguidores de Blavatsky, a quem ele considerava verdadeiros teósofos); daí a sua utilização aqui, apenas por uma questão de inteligibilidade geral. Podemos desejar que ele não tivesse feito isso. Um termo mais técnico, thelemicamente correto, mais cedo ou mais tarde terá que ser desenvolvido. O leitor sério é referido às nossas anotações aos três capítulos do *Magick Without Tears*, dedicados às "Três Escolas de Magia" (*Oriflamme* VI (3)).

1068 N.M.: Não é fácil dizer se ele usa a expressão "Fraternidade Branca" aqui no sentido técnico, thelêmico ou no sentido *Toshosófico*. Crowley era da opinião de que a "Irmandade Negra" dos Toshosofistas era um desdobramento da Escola Branca de Magia, e não tinha nada a ver com a Escola Amarela ou a Escola Negra. Estamos inclinados a pensar que a desordem descrita no *Liber 418* não se limita a pessoas treinadas na Escola Branca que dão errado, mas é encontrada também entre alguns aprendizes fracassados das Escolas Negra e Amarela.

1069 N.M.: Isso é duplamente interessante, tendo em vista o fato de que os "Irmãos Negros" são descritos em outros lugares como aqueles que se recusam a pertencer à espécie (com seus deveres concomitantes se alguém é um Iniciado!) e residem em suas "Fortalezas Solitárias" abaixo do Abismo. O leitor estaria inclinado a pensar que sua influência estimularia a independência e a autonomia da espécie, não o gregarismo que busca segurança nos números. O aparente paradoxo é um assunto adequado para meditação por Aspirantes.

que aprenderam bem as lições do Caminho estão prontos para serem despedaçados, para entregarem sua vida inteira ao Bebê do Abismo que é – e não é – eles.

Os outros, orgulhosos em sua púrpura, recusam. Eles se fabricam uma coroa falsa do Horror do Abismo;[1070] eles colocam a Dispersão de Choronzon sobre suas testas; eles se vestem nos robes envenenados da Forma;[1071] eles se fecham; e, quando a força que os fez o que eles são é exaurida, suas fortes torres caem, eles se tornam os Comedores de Esterco no Dia de Sê-Conosco, e seus farrapos, espalhados no Abismo, perdem-se.[1072]

Não é assim com os Mestres do Templo, que estão sentados como pilhas de pó na Cidade das Pirâmides, esperando a Grande Flama que os fará em cinzas.[1073] Pois o sangue que eles entregaram está entesourado na TAÇA DE NOSSA SENHORA BABALON, uma poderosa medicina para despertar a Velhice do Pai de Tudo, e redimir a Virgem do Mundo de sua virgindade.

II

Antes de deixar o assunto da Magia Negra, pode-se tocar de leve na questão de Pactos com o Diabo.

O Diabo não existe. É um falso nome inventado pelos Irmãos Negros para implicar uma Unidade em seu ignorante amontoado de dispersões.[1074] Um diabo que tivesse unidade seria um Deus.[1075]

1070 N.M.: Na linguagem hindu, podemos dizer que eles definem o *Anthakarana* como sendo o *Atman*, e recusam qualquer contato adicional com *Buddhi*. Na linguagem hebraica, eles residem em *Daäth* em vez de passar para *Binah*; e aquele *Daäth*, assim separado de suas ligações com as Supernas, deixa de ser o Conhecimento Imaculado e se torna uma encarnação do Horror do Egoísmo.

1071 N.M.: *Rupa*. Em vez de dizer que "se vestem", deve-se dizer que eles se enfaixam. Forma é sua "proteção".

1072 N.M.: Isso, no entanto, pode levar séculos, ou mesmo milênios, para acontecer. Além disso, não é tão "ruim" quanto parece, embora seja o que eles temem acima de tudo. Significa simplesmente que ninguém pode enganar a Natureza para sempre.

1073 N.M.: Este escritor não pode esquecer uma carta de um leitor aflito, afirmando que o missivista tinha estado por toda a Cidade das Pirâmides, e não nos tinha visto lá. Como ousamos nos chamar de Magister, então? Esta carta interessante não foi respondida: quem pode limpar a água barrenta? Além disso, era irrespondível, de qualquer maneira.

1074 N.M.: Aqui, é óbvio que Crowley está equiparando os "Irmãos Negros" aos criadores – e mantenedores – do cristismo. Ainda achamos que a condição é mais abrangente do que isso.

A existência do "Mal Absoluto" é necessária para os Crististas, pois de outro modo seria impossível manter sua teologia e, portanto, seu dogma, intactos contra o ataque da realidade e do senso comum. Se não há diabo, qual a necessidade do "Cristo"? (O conceito deles de "Cristo".) Nenhum "Cristo", nenhum dinheiro e nenhum poder, nenhum "Diabo", nenhum domínio psicológico sobre suas ovelhas através da ameaça velada do inferno e do tormento eterno; portanto, novamente sem dinheiro e sem poder. Que os Céus não permitam!

1075 O "Diabo" é, historicamente, o Deus de qualquer povo hostilizado. [N.M.: Foi o gênio de Frazer quem primeiro estabeleceu a regra antropológica de que o Deus de uma tribo derrotada sempre se torna o "Diabo" dos veneradores. Isto, aliás, nem sempre é assim: depende muito do baixo nível de inteligência e da hipocrisia da teologia dos conquistadores. O judaico-cristismo é o único credo conhecido na história moderna que sempre adotou esse atalho nas relações públicas. Até mesmo o Islã tem sido forte o suficiente para desdenhar os deuses dos vencidos sem identificá-los com o seu "Shaitan". Muito provavelmente, o Islã não teria Shaitan se Maomé tivesse mais escolaridade e não tivesse sido tão influenciado pela "Bíblia".] Isto causou tanta confusão que A BESTA 666 preferiu deixar os nomes como estão, e proclamar simplesmente que AIWAZ – o "Lúcifer" solar-fálico-hermético [N.M.: No sentido do Portador da Luz, para o qual o leitor sério é referido aos nossos muitos comentários ao longo de toda esta série de edições anotadas de Crowley.] – é Seu próprio Sagrado Anjo Guardião, e "O Diabo", SATÃ ou HADIT de nossa particular unidade do Universo de Estrelas.

Foi dito pelo Feiticeiro de Jura que, **a fim de invocar o Diabo, é apenas necessário chamá-lo com a nossa vontade inteira.**[1076]

Isto é uma verdade mágica universal, e se aplica a todo e qualquer outro ser, tanto quanto ao Diabo. Pois a vontade inteira de cada homem é, na realidade, a vontade inteira do Universo.[1077]

É, porém, sempre fácil chamar os demônios, porque eles estão sempre chamando você; e você tem apenas que descer ao nível deles e confraternizar com eles. Eles, então, despedaçarão você a seu bel-prazer. Não imediatamente; eles esperarão até que você tenha rompido por completo o elo entre você e seu Sagrado Anjo Guardião antes de pularem, a fim de que você não escape no último instante.

Antônio de Pádua e (em nossa própria época) "MacGregor" Mathers são exemplos de tais vítimas.[1078]

No entanto, todo magista deve firmemente estender seu império às profundezas do inferno. "Meus adeptos estão retamente erguidos, suas cabeças acima dos céus, seus pés abaixo dos infernos."[1079]

Este é o motivo pelo qual o magista que executa a Operação da *Magia Sagrada de Abramelin, o Mago,* imediatamente após atingir o Conhecimento e Conversação do Sagrado Anjo Guardião, deve evocar os Quatro Grandes Príncipes do Mal do Mundo.

"Obediência e fé Àquele que vive e triunfa, que reina sobre vós em seus palácios como a Balança de Retidão e Verdade", é o seu dever para com o seu Sagrado Anjo Guardião, e o dever do mundo demoníaco para com você.

[N.M.: Ele quer dizer Sol. No entanto, é incorreto equiparar Aiwass ou "Satã" com Hadit. É (talvez) correto dizer que um Ipsissimus é Hadit. Mas não é correto dizer que Hadit é um Ipsissimus.

Além disso, pode ser correto dizer que Sol é Hadit; mas não é correto dizer que Hadit é o Sol. Está claramente escrito: "Eu sou a flama que queima em todo coração de homem, e no âmago de toda estrela". Todo coração de homem, no sentido do coração de qualquer membro da espécie humana – membro iniciado, pelo menos. E o núcleo de toda estrela, não apenas do Sol.

Este é um conceito desconcertantemente amplo, aberto a pesquisas e testes por milhares de anos. Poderia, por exemplo, aplicar-se apenas à nossa galáxia em particular. Quer isso aconteça quer não, como observamos em outro lugar, antes do advento de *Liber Legis*, a espécie humana não tinha bases iguais – as mesmas coisas que um terreno comum – para lidar com pequenos homens verdes em discos voadores, ou o que fosse.] Esta serpente, SATÃ, não é o Inimigo do Homem, mas Aquele que fez Deuses de nossa raça, conhecendo o Bem e o Mal; Ele comandou "Conhece-te a Ti mesmo!" e ensinou a Iniciação. Ele é "o Diabo" no *Livro de Thoth,* e seu emblema é Baphomet, o Andrógino [N.M.: Notem este ponto importante, mulheres – e porcos chauvinistas machistas também.] que é o hieróglifo da perfeição secreta. O número de Seu ATU é XV, que é Yod (י) He (ה), o Monograma do Eterno, aquele do Pai uno com a Mãe, aquele da Semente Virgem una com o Espaço que tudo contém. [N.M.: Nuit.] Ele é, portanto, Vida e Amor. Mas, além disso, sua letra é Ayin (ע), o Olho; ele é Luz, e sua imagem zodiacal é Capricórnio, aquele bode saltitante cujo atributo é a Liberdade. (Note-se que o "Jehovah" dos hebreus está etimologicamente relacionado com estes. O exemplo clássico desta antinomia, uma que tem causado tantos desentendimentos desastrosos, é aquele entre NU e HAD, Norte e Sul, Jesus e João. O assunto é demasiado abstruso e complicado para ser discutido em detalhe aqui. O estudante deveria consultar os escritos de Sir Richard Payne Knight, do General Forlong, de Gerard Massey, Fabre d'Olivet etc. para os dados sobre os quais as considerações acima estão fundamentalmente baseadas.)

1076 N.M.: O feiticeiro pode ter se referido ao "diabo" cristista, e não ao Deus das Bruxas. Caso seja o primeiro, de fato, se você invocar a ilusão com toda a sua vontade, isso se tornará verdade – para você e somente para você – e, mais cedo ou mais tarde, isso o destruirá; se o último, como diria Kipling, isso é outra história. O leitor sério é referido ao *La Sorciere* de Michelet [N.E.: Em português, *A Feiticeira*, obra de Jules Michelet publicada em 1862 e.v.] como um ensaio magistral sobre o Deus das Bruxas durante a Idade das Trevas da Europa. (Essa Idade das Trevas realmente acabou? Ou acabou de ser transferida para a América de Ronald Reagan?)

1077 N.M.: A criação da ilusão é a única ocupação dos "Irmãos Negros". Eles não podem fazer mais nada, porque não querem fazer mais nada.

1078 N.M.: Este Antônio de Pádua é o feiticeiro mencionado pelo autor anônimo da *Magia Sagrada de Abramelin, o Mago*, e não deve ser confundido com o monge franciscano que foi "canonizado" por – naturalmente! – puxar o saco do papado.

1079 *Liber XC,* verso 40. Veja-se *Equinox* I (6).

Estes poderes de natureza "má" são bestas selvagens; devem ser domados, treinados para a sela e o freio; eles o carregarão bem. Nada há de inútil no Universo: não embrulhe seu Talento em um guardanapo porque é apenas "dinheiro sujo"![1080]

Quanto ao assunto de Pactos, eles raramente são permissíveis. Não deveria haver nenhuma barganha feita. Magia não é comércio, e vigaristas não precisam se candidatar. Assenhore-se de tudo, mas dê generosamente aos seus servos, uma vez que eles se tenham submetido incondicionalmente.

Existe também o problema de aliança com diversos Poderes. Novamente, tais alianças são raramente permissíveis.[1081] Nenhum Poder que não seja em si mesmo um microcosmo – e mesmo os arcanjos raramente atingem este centro de equilíbrio – está habilitado a tratar com o Homem em pé de igualdade. O estudo próprio da humanidade é Deus;[1082] com Deus é o negócio dela; e com Deus apenas. Alguns magistas contrataram legiões de espíritos para algum propósito especial; isto sempre provou ser um sério erro. A inteira ideia de troca é alheia à Magia. A dignidade do magista proíbe pactos. "A Terra é do Senhor, e a fartura dela."[1083]

III

As operações da arte da Magia são difíceis de classificar, pois se fundem umas nas outras, devido à unidade essencial de seu método e resultado. Podemos mencionar:

1. Operações como a evocação, em que um espírito vivo é levantado de matéria morta.
2. Consagrações de talismãs, em que um espírito vivo é encerrado em matéria "morta", vivificando-a.
3. Trabalhos de divinação, em que um espírito vivo é encarregado de controlar as operações da mão ou do cérebro do Magista. Tais trabalhos são consequentemente perigosíssimos, e devem ser praticados somente por magistas avançados, e então com grande cuidado.[1084]

1080 N.M.: A referência é a uma das parábolas dos "evangelhos". "Talento" aqui é a moeda de ouro grega clássica, não uma qualidade.

1081 No entanto, existem certas organizações de seres espirituais, em cujas fileiras estão não apenas forças angélicas, mas elementais, e até demônios, as quais atingiram tal reta Compreensão do Universo que se organizaram com o objetivo de se tornarem Microcosmos, e percebem que a melhor maneira de conseguir este fito é dedicarem-se ao serviço dos verdadeiros interesses da Humanidade. [N.M.: Com ênfase em *verdadeiros*.] Sociedades de forças espirituais, organizadas nestas linhas, dispõem de enormes reservas. O Magista que está, ele mesmo, jurado ao serviço da humanidade pode contar com o mais caloroso auxílio dessas Ordens. A sinceridade delas sempre pode ser assegurada pondo-as ao teste da aceitação da Lei de Thelema. Quem nega que "Faze o que tu queres há de ser tudo da Lei" confessa que ainda está apegado ao conflito em sua própria natureza; ele não é, e não deseja ser, verdadeiro para consigo próprio. *A fortiori,* ele se provará falso para com você.

1082 N.M.: Esta é uma paródia de Alexander Pope, poeta e ensaísta inglês.

1083 N.M.: Outra citação da "Bíblia", desta vez o "Antigo Testamento".

1084 N.M.: Agora ele nos fala! Antes tarde do que nunca, supõe-se.

4. Obras de fascinação, tais como operações de invisibilidade e transformações da aparência física da pessoa ou coisa interessada. Isso consiste quase sempre em distrair a atenção ou perturbar o julgamento da pessoa que desejamos enganar. Há, no entanto, "verdadeiras" transformações do adepto mesmo, que são muito úteis. Veja o *Livro dos Mortos* quanto a métodos.[1085] A assunção de Formas-Deus pode ser levada ao ponto da transformação real.

5. Obras de Amor e Ódio, que são também executadas (de regra) por fascinação. Estas obras são demasiado fáceis e raramente úteis. Elas têm uma desagradável tendência a retornarem sobre o magista.

6. Obras de destruição, que podem ser feitas de muitas maneiras diferentes. Alguém pode se fascinar e se curvar à vontade de alguém que tenha, por direito próprio, o poder de destruir. Pode-se empregar espíritos ou talismãs. Os magistas mais poderosos dos últimos séculos empregaram livros.

   Em assuntos privados, essas operações são todas muito fáceis, se forem necessárias. Um adepto conhecido de MESTRE THERION achou preciso em certa ocasião matar uma Circe que estava enfeitiçando irmãos. Ele meramente foi até a porta do quarto dela e desenhou um *T* astral (*traditore,* – traidor – e o signo de Saturno) com uma adaga astral. Em quarenta e oito horas, ela se suicidou.[1086]

7. Trabalhos de criação e dissolução, e as invocações mais elevadas.

Há também centenas de outras operações;[1087] para trazer objetos requeridos – ouro, livros, mulheres e outros tais; para portas trancadas; para descobrir tesouros; para nado subaquático; para termos homens armados ao nosso comando – etc. Tudo isto são, na realidade, detalhes; o Adeptus Major facilmente compreenderá como executar tais operações, se necessário.[1088]

1085 N.M.: Ele se refere ao *Livro Egípcio dos Mortos*, que nunca foi realmente destinado aos mortos. Era o manual padrão da viagem astral; aqueles que eram iniciados, mesmo de baixo grau, possuíam uma cópia. A cópia pessoal do proprietário era colocada em seu caixão. Acreditava-se que o magnetismo do livro, supostamente manipulado e trabalhado diariamente, ajudasse o corpo astral do falecido a permanecer coerente até a próxima encarnação, conseguindo assim a continuidade da consciência de uma existência para a seguinte – um tipo de imortalidade muito melhor do que aquela provida pelo prolongamento da existência de qualquer corpo físico.

1086 Como foi explicado acima, noutra conexão, quem "destrói" qualquer ente deve aceitá-lo, com todas as responsabilidades decorrentes, como parte de si mesmo. O Adepto deste caso foi, portanto, obrigado a incorporar o espírito elemental da moça (ela não era humana, um invólucro de uma Estrela, mas um demônio planetário avançado, cuja temerária ambição capturara um corpo além de sua capacidade de conduzir) em seu próprio veículo mágico. Ele assim se prontificou a subordinar toda a ascensão súbita de qualidades – apaixonadas, caprichosas, impulsivas, irracionais, egoístas, improvidentes, sensuais, inconstantes, doidas e desesperadas – em sua Verdadeira Vontade; a discipliná-las, coordená-las e empregá-las na Grande Obra, sob pena de ser despedaçado pelos cavalos bravios que ele ligara a seu próprio corpo pelo ato de "destruir" a consciência e controle independentes que eles tinham do veículo por eles escolhido. Veja o Relatório Mágico desse Adepto, An XX, ⊙ in ♎, e daí em diante. [N.M.: O registro citado não se refere ao assassinato de "Circe", mas ao trabalho de disciplinar as novas faculdades.]

1087 Exemplos de Rituais para diversos desses fins são dados em *Equinox*.

1088 Moral: Torne-se um Adeptus Major!

Deve-se acrescentar que todas essas coisas acontecem "naturalmente".[1089] Execute uma operação para lhe trazer Ouro – seu tio rico morre e lhe deixa seu dinheiro;[1090] livros – naquele mesmo dia você vê o livro que queria num catálogo, embora tenha anunciado nos jornais, em vão, durante um ano inteiro; mulheres – mas se você fez com que espíritos lhe trouxessem ouro em quantidade suficiente, esta operação não será necessária.[1091]

Deve-se observar, ainda, que é absoluta Magia Negra usar qualquer desses poderes se o objetivo puder ser atingido de outra forma. Se seu filho está se afogando, você deve pular na água e tentar salvá-lo; não adianta invocar as Ondinas.

Nem é lícito, em todas as circunstâncias, invocar as Ondinas mesmo quando não há outro jeito; talvez seja necessário a você e à criança que ela morra. Um Adeptus Exemptus no caminho certo não cometerá erro aqui – um Adeptus Major muito provavelmente errará. A completa absorção do significado deste *Liber ABA* armará adeptos de quaisquer graus contra os mais sérios desacertos consequentes à infortunada posição deles.

IV

A necromancia é de importância suficiente para exigir uma seção para si mesma.

É justificável em certos casos excepcionais. Suponha que o magista não consiga acesso a Instrutores vivos, ou necessite algum detalhe especial de conhecimento que ele tem motivo para crer que desapareceu com algum instrutor[1092] do passado; pode ser útil evocar a "sombra" de um tal, ou ler o "registro *akashico*" da mente dele.

1089 O valor da evidência de que as suas operações influenciaram o curso dos acontecimentos só pode ser medido pela aplicação das leis da probabilidade. MESTRE THERION não aceitaria qualquer caso particular como conclusivo, não importa quão improvável uma coincidência pudesse parecer. Um homem poderia dar um palpite certo numa chance em dez milhões, não menos que numa em três. Se apanhamos um pedregulho do chão, a chance era infinitamente grande contra aquele particular pedregulho; no entanto, qualquer pedregulho que tivéssemos escolhido, a chance teria sido a mesma. É necessário que haja uma sequência de eventos antecedentemente improváveis para que possamos deduzir que há desígnio operando, que as mudanças operadas estão sendo causalmente, não casualmente, produzidas. A predição de eventos é outra evidência de que eles estão sendo afetados pela vontade. Assim, qualquer homem pode por acaso executar dez lances consecutivos de bilhar, ou mesmo mais, sem errar, e sem nunca antes ter pegado num taco. Mas o acaso não pode explicar o sucesso análogo, mesmo mais moderado, se a coisa acontece assim, noite após noite. E a habilidade do jogador campeão de anunciar de antemão qual vai ser a sua jogada manifesta um conhecimento das relações de causa e efeito que confirma e testemunha a habilidade empírica dele, e prova que o sucesso dele não é nem acaso nem coincidência.

1090 N.M.: Isto é uma alusão à notável parábola mágica de Balzac, *La Peau de Chagrin*.

1091 Esta cínica asserção é um absurdo de Magia Negra.

1092 As únicas mentes capazes de serem úteis ao Magista pertencem a Adeptos que estão jurados a se reencarnarem a curtos intervalos, e os melhores elementos de tais mentes são ligados ao "Ser Inconsciente" do Adepto; não são abandonados para vagarem pelo Plano Astral. Será assim mais lucrativo tentar entrar em contato com o "Instrutor Morto" no presente avatar dele. Além disso, Adeptos se esforçam por registrar seus ensinamentos em livros, monumentos ou pinturas, e designam guardiões espirituais para preservar tais legados através das gerações. Quando tais registros são destruídos, ou se perdem, o motivo usualmente é que o próprio Adepto julga que a utilidade deles terminou, e retirou as forças que os protegiam. O estudante é, portanto, aconselhado aqui a aquiescer; as fontes de informação ao seu dispor foram provavelmente selecionadas para ele pelos Guardiões da Humanidade, tendo em vista as verdadeiras necessidades deles. Devemos aprender a confiar em nosso Sagrado Anjo Guardião como

Se isto for feito,[1093] que seja bem feito, e de acordo com as linhas da evocação de Apolônio de Tiana, que Eliphas Levi executou.[1094]

O máximo cuidado deve ser tomado para evitar a personificação da "sombra". É, está claro, fácil, mas raramente pode ser aconselhável, evocar a sombra de um suicida, ou de alguém cuja morte foi violenta ou súbita.[1095] De que utilidade é tal operação, salvo para satisfazer curiosidade ou vaidade?

É preciso acrescentar uma palavra sobre espiritismo, que é uma espécie de necromancia indiscriminada – pode-se preferir a palavra necrofilia – por amadores. Eles se tornam perfeitamente passíveis e, longe de empregar quaisquer métodos de proteção, deliberadamente convidam todo e cada espírito, demônios, cascões, todo excremento e imundície da Terra e do inferno, a que espirrem sua gosma sobre eles. Este convite é prontamente aceito, a não ser que um homem limpo esteja presente com uma aura suficientemente boa para amedrontar essas imundas criaturas do fosso.

Nenhuma manifestação espiritista jamais ocorreu na presença sequer de FRATER PERDURABO; quanto mais na de MESTRE THERION![1096]

De todas as criaturas que Ele já encontrou, o mais proeminente dos espiritistas ingleses (um jornalista e pacifista de fama europeia) tinha a mente mais imunda e a boca mais suja. Essa pessoa interrompia qualquer conversação para contar uma estúpida anedota obscena, e não podia conceber qualquer sociedade secreta que se congregasse para outro propósito que não fossem "orgias fálicas," o que quer que elas sejam. Completamente incapaz de se concentrar num argumento, ele arrastava a conversação repetidamente para a única coisa que o interessava – sexo e perversões sexuais, e sexo e sexo e sexo e sexo outra vez.

Isto era o evidente resultado do espiritismo dele. Todos os espiritistas são mais ou menos similarmente afligidos. É possível sentir a sujeira deles mesmo do outro lado da rua; suas auras são esfarrapadas, enlameadas e malcheirosas; eles segregam o lodo de cadáveres em putrefação.[1097]

Nenhum espiritista, uma vez que esteja completamente enredado em sentimentalismo e nos fantasmas freudianos de medo, é capaz de concentrar o pensamento, ou de vontade persistente, ou de caráter moral. Desprovido de toda centelha da luz divina, que era sua primogenitura, uma presa antes da morte para os horrendos habitantes da sepultura, o desgraçado, como o corpo mesmerizado e vivo do Monsieur Valdemar, de Edgar Allan Poe, é "uma massa quase líquida de repugnante, detestável putrescência".

O estudante desta Magia Sagrada é seriamente avisado a não frequentar as "sessões" deles, e mesmo a não os admitir em sua presença.

---

capaz de arranjar as nossas circunstâncias com perícia. Se alguém é absorvido no ardor de sua aspiração a Ele, bem cedo a Experiência o convence de que Seus trabalhos e Seus caminhos são infinitamente aptos às suas necessidades.

1093 N.M.: Isto é, evocação da "sombra". O último processo envolve *scrying* em um nível muito alto, não a evocação.

1094 Veja-se *Dogma e Ritual da Alta Magia*; "Ritual", Cap. XIII.

1095 N.M.: Fácil porque o corpo astral ainda será muito coerente, talvez muito aflito ou muito desorientado.

1096 Mesmo as primeiras Iniciações conferem proteção. Compare-se o medo que D. D. Home tinha de Eliphas Levi. Veja-se *Equinox* I (10), *A Chave dos Grandes Mistérios*.

1097 N.M.: Além disso, às vezes eles são possuídos ou ofuscados por demônios malignos, especialmente se são crististas.

Eles são tão contagiosos quanto a sífilis e mais mortíferos e repugnantes. **A não ser que a sua aura seja suficientemente forte para inibir qualquer manifestação das detestáveis larvas que os infestam, evite-os, pois você não precisa de meros leprosos!**[1098]

V

Dos poderes da Esfinge muito já foi escrito.[1099] Sabiamente, eles foram mantidos na vanguarda da verdadeira instrução mágica. Mesmo o principiante pode sempre recitar que ele deve saber, ousar, querer e calar. É difícil escrever sobre este assunto, pois estes poderes são realmente abrangentes, e o intercâmbio deles uns com os outros se torna mais e mais evidente à medida que penetramos mais profundamente em seu estudo.

Mas há um princípio geral que merece ênfase especial aqui. Estes quatro poderes são assim complexos porque são poderes da Esfinge, isto é: são funções de um único organismo.[1100]

Agora, aqueles que compreendem como organismos crescem estão cônscios de que evolução depende de adaptabilidade ao meio ambiente.[1101] Se um animal que não sabe nadar é ocasionalmente jogado n'água, ele poderá escapar por um golpe de sorte; mas se ele é continuamente jogado n'água, ele mais cedo ou mais tarde se afogará, a não ser que aprenda a nadar.

Organismos sendo, até certo ponto, elásticos, depressa se adaptam ao novo ambiente, contanto que a mudança não seja brusca a ponto de destruir aquela elasticidade.

Agora, uma mudança no ambiente envolve um encontro repetido de novas condições, e se você quiser se adaptar a qualquer conjunto de condições, a melhor coisa que você pode fazer é se colocar com cautela e persistência entre elas. Essa é a base de toda a educação.

Os pedagogos antiquados não eram tão estúpidos como alguns educadores modernos nos fariam pensar.[1102] O princípio do sistema era atacar o cérebro com uma série de golpes constantemente repetidos até que a reação apropriada se tornasse normal ao organismo.

Não é desejável usar ideias que excitem interesse, ou que possam mais tarde ser utilizadas como armas, neste treino fundamental da mente. É muito melhor compeli-la a se ocupar com ideias fundamentais

---

1098 Ocorre, em certos casos raros, que um grau muito incomum de pureza pessoal, combinado com integridade e força de caráter, proporciona ao ignorante até mesmo uma certa defesa natural, e atrai para sua aura apenas entidades inteligentes e benéficas. Tais pessoas podem praticar o espiritualismo sem resultados ruins óbvios e mesmo com bons resultados, dentro de limites. Mas tais exceções em nada invalidam a regra geral, ou de alguma maneira servem como argumento contra a teoria mágica delineada acima com tal persuasão suave.

1099 Em *Liber Aleph vel CXI* o assunto é tratado com sabedoria profunda e abrangente.

1100 N.M.: A Esfinge representa o Adepto na Tradição Oculta Ocidental, assim como o Dragão no Oriente.

1101 N.M.: Ou modificação biologicamente bem-sucedida do mesmo.

1102 N.M.: Colocando ênfase na mnemônica, isto é.

que não terão grande significado para a criança, porque você não está tentando excitar o cérebro, mas sim treiná-lo. **Por isto, todas as melhores mentes foram treinadas por estudo preliminar dos clássicos e da matemática.**

O mesmo princípio se aplica ao treino do corpo. Os exercícios no começo deveriam ser de um tipo que treine os músculos em geral para executarem qualquer tipo de trabalho, em vez de algum trabalho especializado, concentração no qual incapacitaria esses músculos para outras tarefas, desprovendo-os daquela elasticidade que é a condição própria à vida.[1103]

Na Magia e na meditação este princípio se aplica com tremenda força. É completamente inútil ensinar as pessoas a executarem operações mágicas, pois pode ser que tais operações, quando eles tiverem aprendido a executá-las, não estejam em harmonia com as vontades deles. O que deve ser feito é treinar o Aspirante na dura rotina dos elementos da Régia Arte.

No que concerne ao misticismo, a técnica é extremamente simples, e foi claramente descrita na Parte I deste *Liber ABA*. **Não pode ser dito com demasiada ênfase que qualquer quantidade de sucesso místico não compensa negligência quanto à técnica.**[1104] **Pode vir uma época em que Samadhi não será parte do trabalho do místico. Mas o caráter desenvolvido pelo treino original permanece uma habilidade.** Em outras palavras, a pessoa que fez de si um cérebro de primeira classe, capaz de elasticidade, é competente para enfrentar qualquer tipo de problema, enquanto aquela que meramente se especializou, entrou num ritmo, e não consegue mais se adaptar e ajustar a novas condições.

O princípio é universal. Você não treina um violinista para tocar o concerto de Beethoven; você o treina a tocar qualquer concebível sequência de notas com perfeita facilidade, e você o mantém ocupado com a prática mais monótona possível durante anos e anos antes de permitir que ele suba ao palco. Você faz dele um instrumento perfeitamente capaz de se ajustar a qualquer problema musical que seja posto diante dele. Esta técnica de Yoga é o detalhe mais importante de todo o nosso trabalho. O MESTRE THERION mesmo se expôs a censura por apresentar esta técnica como de valor apenas porque ela conduz às grandes recompensas, tais como Samadhi. Ele teria sido mais sábio se tivesse baseado seus ensinamentos apenas no terreno da evolução das espécies. Mas provavelmente ele pensou nas palavras do poeta:

"Sacuda uma cenoura na cara dela,
E onde quer que a cenoura vá, lá vai ela."

Pois, afinal de contas, não se pode explicar a necessidade do estudo do latim, quer a crianças tolas, quer a educadores tolos; pois, não tendo aprendido latim, eles não desenvolveram o cérebro para aprenderem o que quer que seja.[1105]

1103 Algumas poucas formas de exercício estão isentas dessas restrições. A escalada, em particular, treina todos os músculos de uma infinidade de maneiras. Além disso, obriga o aprendiz a usar seu próprio julgamento, confiar em si mesmo, desenvolver recursos e depender de sua própria originalidade para atacar cada novo problema que se apresenta. Este princípio pode ser estendido a todos os departamentos da educação de crianças. Eles devem ser colocados em contato com todos os tipos de verdade [N.M.: Moral, científica, social, artística, filosófica, religiosa etc. etc. *Liber Aleph*, Caps. 30-42.] e autorizados a fazer suas próprias reflexões sobre o assunto e suas reações sem a menor tentativa de enviesar seu julgamento. [N.M.: Este último exige um autocontrole de que "homens baixos" parecem, infelizmente, incapazes.] Pupilos mágicos devem ser treinados em linhas semelhantes. Eles devem ser obrigados a trabalhar sozinhos desde o início, para cobrir todo o terreno com imparcialidade, planejar suas próprias experiências e tirar suas próprias conclusões.

1104 N.M.: É a técnica que treina a Vontade inferior.

1105 N.M.: Do ponto de vista do desenvolvimento do cérebro, o alemão seria tão útil quanto para falantes nativos de inglês; e do ponto de vista etimológico, seria melhor. Por outro lado, o latim é melhor para falantes nativos de línguas românicas.

Os hindus, compreendendo estas dificuldades, assumiram uma atitude de Deus Todo-Poderoso quanto ao assunto. Se você vai a um instrutor indiano, ele trata você como inferior a uma minhoca. Você tem que fazer isto, você tem que fazer aquilo, e não lhe é permitido saber por que você está fazendo tudo isso.[1106]

Após anos de experiência no ensino, MESTRE THERION não está completamente convencido de que esta não é a melhor atitude. Quando as pessoas começam a discutir sobre as coisas, em vez de fazê-las, elas se tornam absolutamente impossíveis. Suas mentes começam a andar em círculos, e eles saem pela mesma porta pela qual entraram. Permanecem grosseiros, volúveis e sem compreensão.

A técnica da Magia é tão importante quanto a do misticismo, mas aqui temos um problema muito mais difícil, porque a unidade original da Magia, o corpo de Luz, já é alguma coisa com a qual a pessoa média não está familiarizada. No entanto, este corpo deve ser desenvolvido e treinado exatamente com a mesma rígida disciplina com que é o cérebro no caso do misticismo.[1107] A essência da técnica da Magia é o desenvolvimento do corpo de Luz, que deve ser expandido para incluir todos os membros do organismo e, em verdade, do cosmo.

As mais importantes práticas para treino são:

1. A fortificação do Corpo de Luz pelo constante uso de rituais, pela assunção de Formas-Deus, e pelo reto uso da Eucaristia.
2. A purificação, consagração e exaltação daquele Corpo pelo uso de rituais de invocação.
3. A educação daquele Corpo pela experiência. Ele deve aprender a viajar em todo plano; a quebrar todo obstáculo que possa confrontá-lo. Esta experiência deve ser tão sistemática e regular quanto possível; é inútil viajar apenas até as esferas de Júpiter e Vênus, ou mesmo explorar os 30 Æthyrs, e negligenciar meridianos pouco atraentes.[1108]

O objetivo é possuir um Corpo capaz de executar facilmente qualquer tarefa particular à sua frente. Não deve haver seleção de experiências especiais que apelam aos nossos desejos imediatos. É preciso atravessar metodicamente todos os pilones possíveis.

FRATER PERDURABO foi muito infortunado em não ter instrutores mágicos para Lhe explicarem estas coisas. Ele foi antes encorajado a trabalho errático. Muito afortunado, por outro lado, foi Ele ao encontrar um Guru que O instruiu nos retos princípios da técnica de Yoga, e Ele, tendo suficiente

1106 Isto não entra em conflito com o plano de "vá como queira" apresentado na nota prévia. Um Adepto autocrático é, na verdade, uma benção para o discípulo; não porque ele seja capaz de "guiar bem" o discípulo no particular caminho que se adapta à personalidade deste, mas porque ele pode compelir o principiante a se dedicar à mais rotineira tarefa, e assim adquirir habilidade geral, em vez de se especializar e colher apenas os frutos que lhe agradam ao paladar, até que lhe deem indigestão ou ele enfraqueça por falta de outros elementos nutritivos no organismo.

1107 N.M.: Sentimentalistas chorões que se consideram "misticamente inclinados" ou até mesmo vão ao extremo de autoilusão de se considerarem Iogues ou, de algum outro modo, "santos", devem prestar muita atenção à advertência acima.

1108 O Aspirante deveria se lembrar de que ele é um Microcosmo. *Universus sum et Nihil universi a me alienum puto* [N.E.: Latim, *Eu sou o Universo, e nada no Universo é estranho para mim.*] deveria ser seu motto. Ele deveria praticar diariamente viagens no Plano Astral, tomando sucessivamente as seções mais sintéticas, as Sephiroth e os Caminhos. Estes estando bem compreendidos, bem como a cada Anjo de lá juramentado a guardá-lo ou guiá-lo quando necessário, ele deveria iniciar uma nova série de expedições para explorar as seções subordinadas de cada um. Ele pode, então, praticar Ascensão nos Planos partindo dessas esferas, uma após a outra, sucessivamente. Quando ele estiver familiarizado com os vários métodos de enfrentar emergências inesperadas, ele pode passar à investigação das regiões das Qliphoth e das Forças Demoníacas. Deveria ser seu fito obter um conhecimento abarcante do Plano Astral inteiro, com amor imparcial à verdade por si só; tal como uma criança aprende a geografia do planeta inteiro, se bem que possa nunca tencionar sair de sua terra natal.

senso para reconhecer a aplicação universal desses princípios, foi capaz, até certo ponto, de corrigir Seus defeitos originais. Mas até hoje, apesar do fato de que Sua inclinação original é muito maior para a Magia que para o misticismo, Ele é muito menos competente em Magia.[1109] Um traço disto pode ser visto mesmo no Seu método de combinar as duas divisões de nossa ciência, pois Ele faz a concentração suportar a Cruz da obra.[1110]

Isso é possivelmente um erro, provavelmente um defeito, certamente uma impureza de pensamento, e a raiz disso está na Sua falta de disciplina original quanto à Magia.

Se o leitor examinar agora o relato das Suas viagens astrais, *Equinox* I (2), ele verificará que esses experimentos foram bastante erráticos. Mesmo quando, no México, teve a ideia de explorar os 30 Æthyrs sistematicamente, abandonou a visão após ter investigado apenas dois Æthyrs.

Muito diferente é o Seu registro após o treino de Yoga em 1901 e.v. tê-lo colocado no caminho da disciplina.[1111]

Concluindo esta parte deste livro, pode-se resumir todo o assunto com estas palavras: **não há qualquer objetivo digno de ser atingido senão o desenvolvimento regular do Aspirante através de trabalho metódico e científico; ele não deve tentar correr antes de poder andar; ele não deve desejar ir a parte alguma até que saiba ao certo aonde deseja ir.**

1109 Reconsiderando estas afirmações a convite de um leal colega, Ele é compelido a admitir que talvez não seja este o caso. É verdade que Ele atingiu toda Consecução Mística que é teoricamente possível, enquanto Seus poderes em Magia parecem enviesados e imperfeitos. A despeito disto, pode ser, no entanto, que Ele compreendeu o Possível. Pois Consecuções Místicas nunca são mutuamente excludentes; por exemplo, o Transe de Dor não é incompatível com a Visão Beatífica ou com a "Piada Universal". [N.M.: Para o significado destes termos, veja-se *Pequenos Ensaios em Direção à Verdade*. [N.E.: Veja-se, também, *Liber 333, cap. 14,* "ΚΕΦΑΛΗ ΙΔ".]] Mas em Magia, qualquer Operação impede o operador da consecução de alguma outra. O motivo disto é que o Juramento de qualquer Obra obriga o Magista permanentemente, no que concerne aos princípios ali enunciados. Veja o Capítulo XVI, Parte I. Além disso, é obviamente possível alcançar a essência do que quer que seja sem interferir com outras coisas que se obstruem mutuamente. Mas cortar caminho através de terrenos cultivados ou bravios saindo da estrada principal é frequentemente difícil.

1110 N.M.: Veja-se a Parte II deste *Liber ABA*.

1111 Circunstâncias recentes O habilitaram a corrigir estas condições, de maneira que este Livro (agora finalmente revisado para publicação) pode ser considerado como praticamente livre de qualquer sério defeito neste ponto.

Parte IV

ΘΕΛΗΜΑ
A LEI

O EQUINÓCIO DOS DEUSES

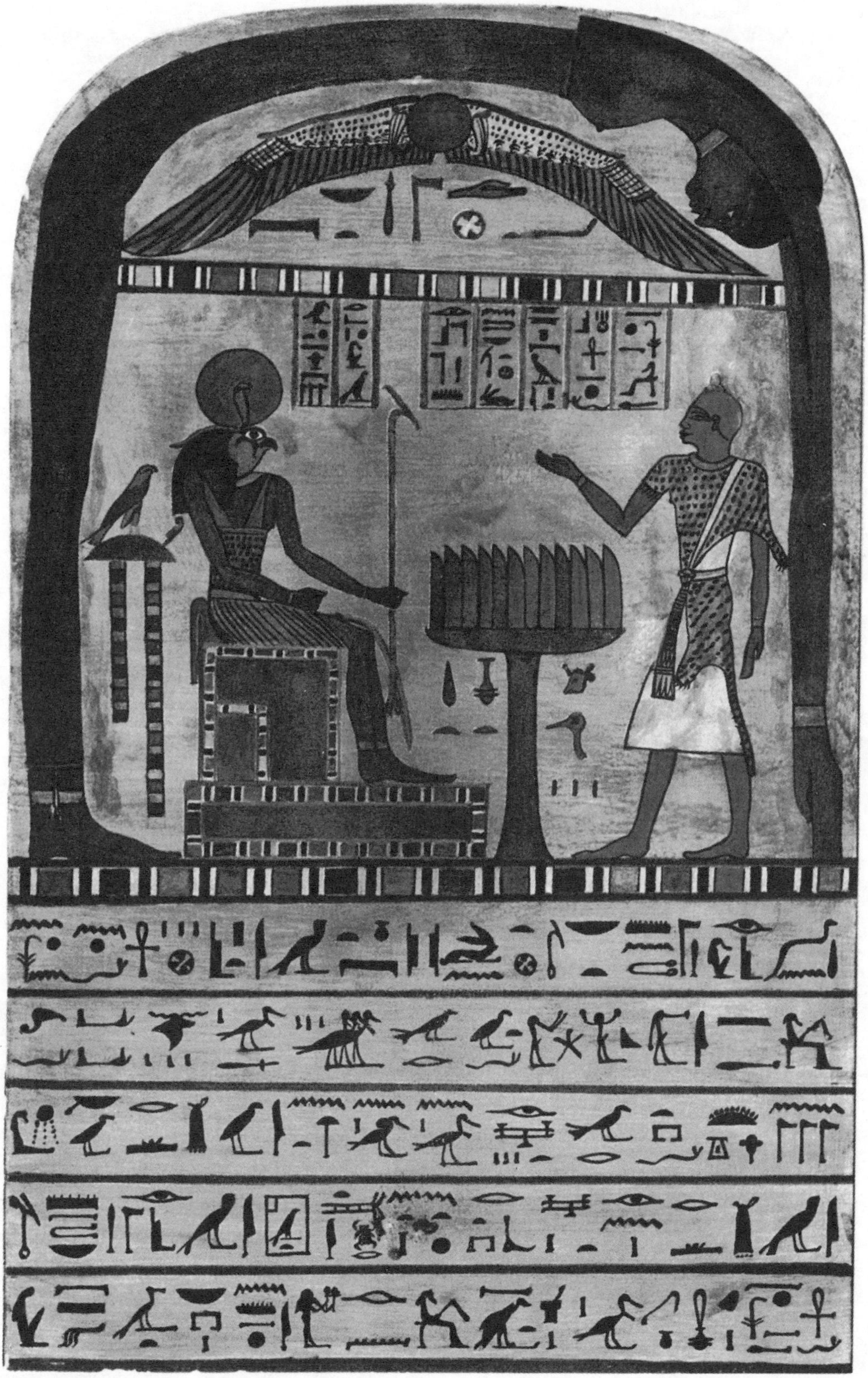

UMA PARÁFRASE DAS INSCRIÇÕES SOBRE O OBVERSO DA ESTELA DA REVELAÇÃO

Acima, o enfeitado azul
É de Nuit o esplendor nu
Curvado em prazer taful;
Hadit secreto é beijado.
Céu de estrela e globo alado
São meus, Ó Ankh-af-na-khonsu!

Eu sou o senhor de Tebas, e eu
O vate inspirado de Mentu.
Para mim desvela o véu do céu,
O sacrificado Ankh-af-na-khonsu
Cujo verbo é lei. Deixa que eu incite
Tua presença aqui, Ó Ra-Hoor-Khuit!

Ultimal Unidade demonstrada!
Adoro Teu poder, Teu sopro forte,
Deus terrível, suprema flor do nada,
Que fazes com que os deuses e que a morte
Tremam diante de Ti:
Eu, Eu adoro a ti!

Aparece no trono de Ra!
Abre os caminhos do Khu!
Ilumina os caminhos do Ka!
Nas rotas do Khabs sê tu,
Para mover-me ou parar-me!
Aum! enche meu carme!

É minha a luz; faz que eu me vá
Com os seus raios. Sou o autor
De oculta porta ao Lar de Ra
E Tum, de Kephra e de Ahathoor.
Eu sou teu Tebano, Ó Mentu,
O profeta Ankh-af-na-khonsu!

Por Bes-na-Maut bato no peito;
E por Ta-Nech lanço o feitiço.
Brilha, Nuit, ó céu perfeito!
Alada cobra, luz e viço,
Abre-me tua Casa, Hadit!
Mora comigo, Ra-Hoor-Khuit!

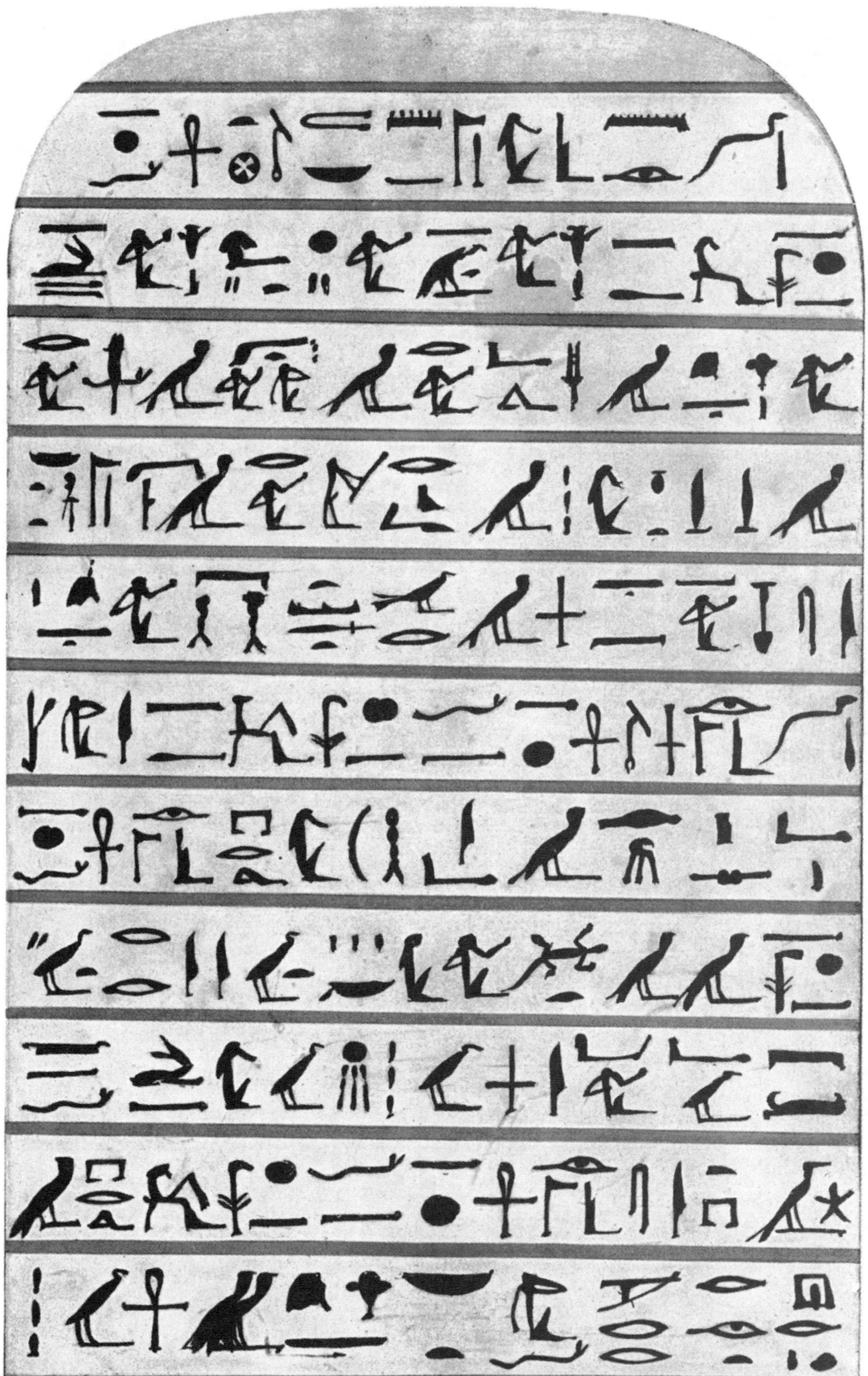

UMA PARÁFRASE DAS 11 LINHAS SOBRE O REVERSO DA ESTELA

Quem diz o fato é Mentu irmão
Que sempre foi de Tebas o mestre:
Ó minha mãe, e o meu coração!
Ó coração, sei que és terrestre!
Não fiques contra mim em juízo
Não te ocupes de minha mente!
Não me digas que não tenho siso
Frente ao Sol, Senhor de Poente!
Pois tanto um ou outro espanto
O cinjo com um místico encanto.
A terra é o lindo Oeste,
Flori a terra, teu seio veste!

Ankh-af-na-khonsu, o homem morto
Com voz de verdade, diz absorto:
Ó tu que tens um único braço!
Que brilhas na lua um pedaço!
Eu te lancei um longo encanto;
E te seduzo com crespo canto.

Ankh-af-na-khonsu, o homem morto
Das trevas do povo em conforto
Juntou-se aos da luz e vivendo
Nas estrelas abriram o porto
A Ankh-af-na-khonsu, homem morto
As chaves delas recebendo
Da passagem noturna era vez
Seu prazer sobre a terra sendo
Entre os viventes ele se fez.

A∴A∴
Publicação em Classe E

93	10°= 1□	Pro Coll. Summm.
666	9°= 2□	
216	8°= 3□	

P.	3°= 8□	Pro Coll. Ext.
939	2°= 9□	

O.M.	7°= 4□	Pro Coll. Int.
ABMN∴	6°= 5□	
Φ	5°= 6□	

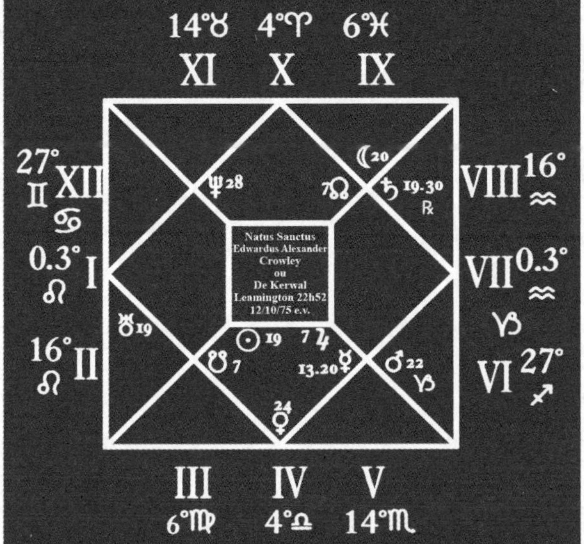

O NASCIMENTO DE FRATER P.
[Leamington, Inglaterra: 22h52, 12/10/1875 E.V.]

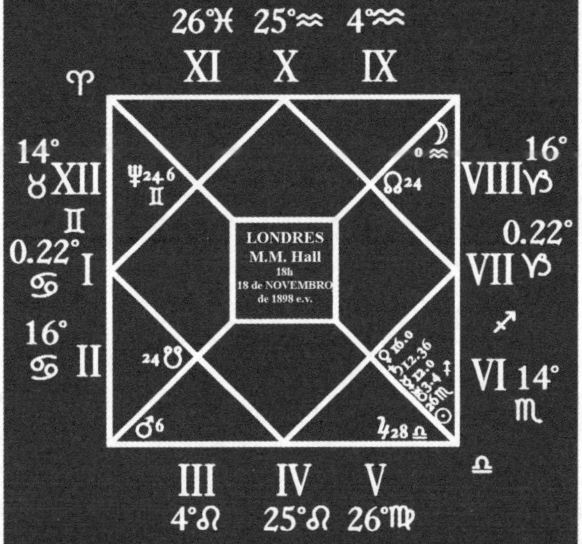

A PRIMEIRA INICIAÇÃO DE FRATER P.
[M.M. Hall, Londres, Inglaterra: 18h, 18/10/1898 E.V.]

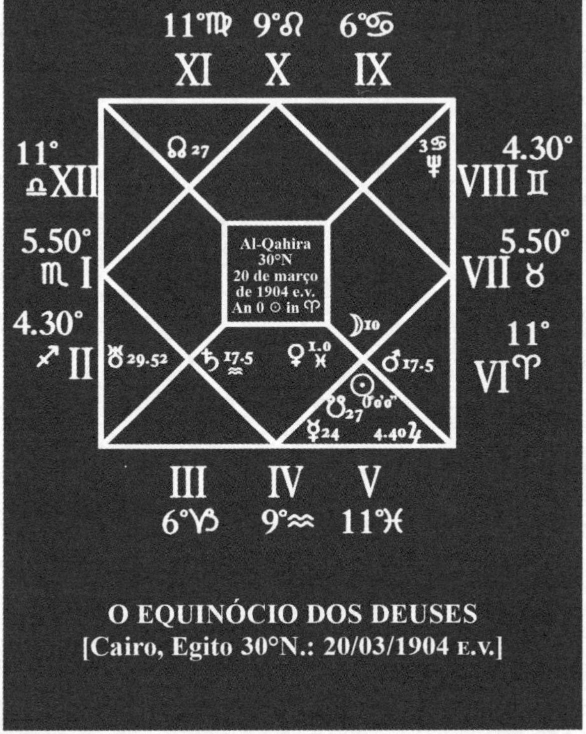

O EQUINÓCIO DOS DEUSES
[Cairo, Egito 30°N.: 20/03/1904 E.V.]

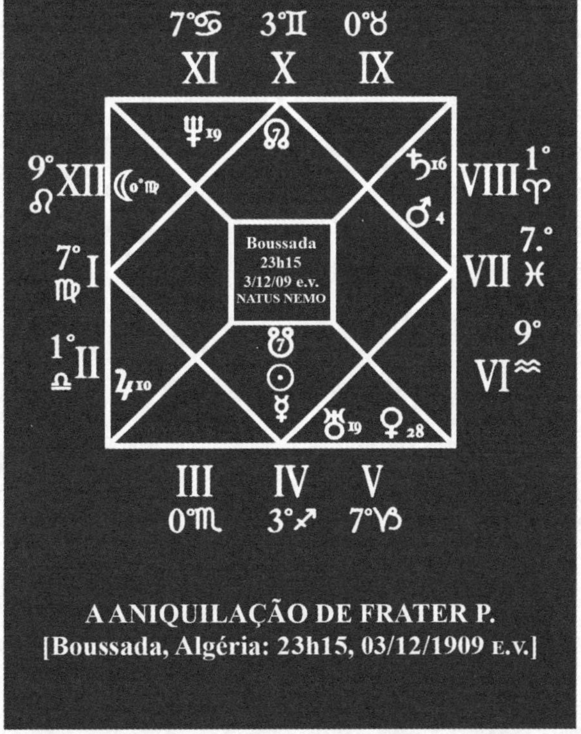

A ANIQUILAÇÃO DE FRATER P.
[Boussada, Algéria: 23h15, 03/12/1909 E.V.]

N.E.: Os mapas são apresentados conforme publicados no *Equinox* I (10), 1913 e.v. Entretanto, são passíveis de aperfeiçoamento com técnicas e cálculos mais exatos, como fez o próprio Aleister Crowley em seu *The Confessions*, em 1929 e.v. Nessa Auto-hagiografia, Crowley deixou em aberto o horário, limitando-se a indicar que ficaria entre 23h00 e 00h00, tão cedo quanto seja verificável a ascensão de Leão. Fernando Pessoa explorou essa lacuna. O poeta português era hábil e habilitado para analisar mapas astrológicos, e, ao comprovar o horário de nascimento de Aleister Crowley às 23h16, em correspondência trocada com A Besta, conquistou-lhe o prestígio e confiança. Essa amizade culminou na ida do Mago inglês a Portugal e ao "Mistério da Boca do Inferno", no início de 1930 e.v.

O CHAMADO

Nos dias 8, 9 e 10 de abril de 1904 e.v. este livro[1112] foi ditado a 666 (Aleister Crowley) por Aiwass, um Ente cuja natureza ele não compreende por completo, mas que Se descreveu a Si Mesmo como "o ministro de Hoor-paar-Kraat" (O Senhor do Silêncio).

O conteúdo do livro prova, de maneira estritamente científica, e demonstrável como tal, que Aiwass possui conhecimento e poder além de tudo que foi até agora associado com as faculdades humanas.

As circunstâncias do ditame foram descritas no *Equinox* I (7); mas um relato mais completo, com um resumo da prova do caráter do livro, é aqui dado a público.

O livro anuncia uma Nova Lei para a humanidade.

Substitui as sanções morais e religiosas do passado, que em toda parte se deterioraram, por um princípio válido para cada homem e mulher no mundo inteiro, e evidente por si mesmo.

A Revolução espiritual anunciada pelo livro já ocorreu; não há nenhuma nação onde ela não se manifeste abertamente.

A ignorância do verdadeiro significado desta nova Lei conduziu a grosseira anarquia. Sua adoção consciente, em seu correto senso, é a única cura para o desassossego político, social e racial que causou a Grande Guerra, a catástrofe da Europa e da América, e a ameaçadora atitude da China, da Índia e do Islã.

A solução, no livro, dos problemas fundamentais da matemática e da filosofia, estabelecerá uma nova época na história.

Mas não se deve supor que um instrumento tão potente de energia possa ser usado sem perigo.

Portanto, convoco, pelo poder e autoridade que me foram confiados, todo grande espírito e mente agora encarnado sobre este planeta, para que assuma controle efetivo desta força transcendente, e a aplique para o progresso e o bem-estar da raça humana.

Pois como a experiência destes trinta e dois anos terrivelmente mostrou, o livro não pode ser ignorado. Ele fermentou a Humanidade sem que esta percebesse: e o Homem deve dele amassar o Pão da Vida. Seu lêvedo começou a agir na uva do pensamento: o Homem deve espremer desta o Vinho do Êxtase.

Vinde então, todos vós, em Nome do Senhor do Æon, a Criança Coroada e Conquistadora, Heru-ra-ha: eu vos chamo a partilhar deste sacramento.

Sabei – querei – ousai – e calai-vos!

O Sacerdote dos Príncipes,

ANKH-AF-NA-KHONSU.

1112 N.M.: *O Livro da Lei.*

UM SUMÁRIO[1113]

1113 N.E.: Traduzido por Vinícius de Mesquita.

MARSYAS
(A Besta 666)

Eu carrego uma mensagem. O Céu enviou
O conhecimento de um novo e encantador caminho
Para o Elemento Secreto.

OLYMPAS
(Qualquer Aspirante)

Mestre, ainda enquanto à glória se une,
Proclame este mistério mágico!

MARSYAS

Estou mesmo amparado nas asas azuis
Da Essência do Todo.
Mas agora eu estou na terra novamente,
Conquanto, brilhando através de cada nervo e veia,
A luz ainda mantém seu curso coral,
Enchendo meu corpo com uma força ardente
Como a de Deus. Agora ouça o Apocalipse
Penujado nestes lábios relutantes!

OLYMPAS

Eu tremo como um álamo, tremo
Como luz sobre um rio chuvoso!

MARSYAS

Faze o que tu queres! é a única palavra
Da lei que a minha consecução proclama.
Levanta-te, e estende tua mão sobre Deus!
Levante-te, e estabelece uma era
Para a Restrição! Isto é pecado:
Conter o teu espírito santo!
Ó tu que te irritas em tuas dificuldades,
Invoque Nuit sob suas estrelas
Com um coração puro (incenso a Ela queimando,
De gomas e madeiras, numa urna de ouro)
E deixe a ali contida chama serpentina
Um pouco, e tua alma vencerá
Para se deitar no seio dela! Veja!
Tu darias tudo – e ela exclama: Não!
Aproveita de tudo, e toma-me! Adquire especiarias
E virgens e grandes pérolas de valor!
Adora-me em uma vestimenta única,
Coroado ricamente! Cinturão do globo,
Eu te amo! Pálido ou púrpura, velado,
Voluptuoso, cisne prateado,
Eu te amo! Eu sou embriaguez
Do senso mais íntimo, a carícia da minha alma
É para ti! Deixa minha sacerdotisa ficar
Nua e regozijando, suavemente abanada
Por acólitos de macios lábios, sobre
Meu iridescente altar de pedra,
E em teu canto-de-amor desfalecente
Diz sempre: Para me! Para me!
Eu sou a filha de pálpebras azuis
Do pôr-do-Sol; a água tudo circundante;
O brilho nu do céu
Na noite voluptuosa sou Eu!
Com música, com joia, com perfume,
Desperta todo rubor de minha rosa e floresce!
Bebei a me! Ama me! Eu te amo,
Meu amor, meu senhor – a me! a me!

OLYMPAS

Inexiste aspereza no sussurrar
Disso – a vida é superada, e a morte?

MARSYAS

Existe a Cobra que dá deleite
E Conhecimento, excita o coração corretamente
Com embriaguez. Estranhas drogas são tuas,
Hadit, e tonéis de vinho encantador!
Estes não fazem mal. Teus eremitas habitam
Não na fria e escondida cela,
Mas sob purpúreas abóbadas
Com amantes de poderosos seios
Magníficas como leoas –
Carícias tenras e terríveis!
O fogo vive, e ilumina, com olhos ardentes;
E farta cabeleira a elas cobrem.
Eles levam sua tropa à vitória:
Em toda alegria eles são reis; então vê
Aquela secreta serpente enroscada a ponto de pular
E conquistar o mundo! Ó sacerdote e rei,
Que haja banquete, esfaqueamento, briga,
Uma orgia luxuriosa, cantos e pancadas!
Trabalha; sê talentoso! Firma! Firma!
O beijo das estrelas é como ouro fundido.
Endurece! Conserva-te a prumo! agora morre...
Ah! Ah! Excede! Excede!

OLYMPAS

E eu?

MARSYAS

Minha estatura sobrepassará as estrelas:
Ele disse! Os homens devem me adorar
Em bosques ocultos, em descampados estéreis,
De agora em diante para toda a eternidade.

OLYMPAS

Salve! Eu te adoro! Festejemos-nos.

MARSYAS

Eu sou a Besta consagrada.
Eu construo a Casa Abominável.
A Mulher Escarlate é minha Esposa –

OLYMPAS

Qual palavra é essa?

MARSYAS

Tu não sabes
Até que passes da Quarta Ordália.

OLYMPAS

Eu te adoro. Os raios da lua fluem
Magistralmente ricos e reais
De tua boca vermelha, e explodem, jovens sóis
Cantando diante dos Santos
Tuas Oito Misteriosas Orações!

MARSYAS

O último encantamento! A palavra proveitosa!
Os dois completados pelo terceiro!
O Senhor da Guerra, da Vingança
Que destrói com um relance!
Esta luz está em mim do meu Senhor.
Seu Nome é essa espada remotamente rodopiante.
Eu impulsiono Sua ordem. Ágeis e velozes
Flamejam meus olhos de Falcão; estes braços empunham
O Estandarte do Silêncio e da Força –
Salve! Salve! tu estás aqui, meu senhor, finalmente!
Veja, o Senhor Cabeça de Falcão sou Eu:
Minha nêmes cobre o céu azul-noturno.
Salve! vós gêmeos guerreiros que guardam
Os pilares do mundo! Seu tempo
Está próximo. A cobra que arruinou
O céu com seu lodo inesgotável
Está morta; Eu carrego a Baqueta de Poder,
A Baqueta que cresce e que diminui;
Esmago o Universo agora
Na minha mão esquerda; e nada resta!
Vê! Pelo esplendor em meu nome
Oculto e glorioso, uma chama
Secretamente partindo do Sol.
Aum! Ha! – minha sina está concluída.
A Palavra é proferida e escondida.

OLYMPAS

Estou atordoado. Que maravilha foi revelada?

MARSYAS

O ritual é secreto.

OLYMPAS

Isso é vantajoso?

MARSYAS

Apenas para sabedoria e inteligência.

OLYMPAS

O contrário não fazia menos.

MARSYAS

Então prova
Ambos pela chave-mestra do Amor.
A fechadura fica rígida? Você vai evitar
De usar o óleo sagrado do trabalho?
Não do vale arrancarás
Os ovos que forram o ninho da águia!
Sobe, com a tua vida em risco, o gelo,
A descascada parede do precipício!
Domina a cornija, atinge a brecha,
E aprende o que a próxima cordilheira pode ensinar!
No entanto – nem ela poderia falar
O segredo do pico final.

OLYMPAS

Todas as cordilheiras se juntam no final.

MARSYAS

Confesso,
Ó tu astuto e sutil!
Ainda que um – frouxo, chanfrado, vestido de névoa!
Outro – firme, polido, amado e beijado
Pelo Sol suave! Nossa ordem tem
Este segredo do caminho solar,
Assim como nosso Senhor a Besta ganhou
O Número místico do Sol.

OLYMPAS

Esses segredos são elevados demais para mim.

MARSYAS

Não, irmãozinho! Vem e vê!
Não pela fé, nem pelo medo, nem o temor
Aproxima da doutrina da Lei!
Verdade, Coragem, Amor vencerão a luta,
E aqueles outros três serão expulsos.

OLYMPAS

Leva-me, Mestre, pela mão
Delicadamente a esta terra graciosa!
Deixa-me beber da doutrina,
Um remédio que a tudo cura!
Deixa-me levantar, correto e firme,
Passadas largas e estáveis para o fim,
Mestre do meu destino, para ascender
Aos destinos imperiais;
Com o dardo ensanguentado do Sol
Lança brilhantemente no meu coração ardente,
E sê o basílico de meu íntimo
Brilhante e duro como diamante!

MARSYAS

Lá, levemente luminoso,
O amarelado deserto espera por nós.
Ágil e ansioso, de mãos dadas,
Viajamos para a terra solitária.
Lá, sob as estrelas, a fumaça
De nosso incenso invocará
A Rainha do Espaço; e sutilmente Ela se
Curvará de Seu infinito
Como uma lambente chama de azul
Tocando-nos e perfurando
Todas as teias sensoriais que somos
Como o æthyr penetra uma estrela!
Suas mãos acariciando a terra negra,
Seu doce corpo ágil arqueado para o amor,
Seus pés, um Zéfiro para as flores
Ela chama meu nome – ela dá o sinal
Que ela é minha, supremamente minha,
E se apegando ao infinito tamanho
Minha alma atinge perfeita alegria disso
Além dos abismos e das horas;
Então eu beijo suas sobrancelhas adoráveis;
Ela banha meu corpo em perfume
De suor.... Ó tu minha esposa secreta,
Contínua Mulher dos Céus! ilumina

Minha alma com este deleite arcano,
Voluptuosa Filha da Noite!
Devora-me totalmente com o olhar
De teu brilho luxuoso!

OLYMPAS O deserto chama.

MARSYAS Então vamos embora!
Ou busca a neve sacramental,
Onde, como um sumo sacerdote, posso ficar
Com acólitos em todos os lugares,
Os picos menores – minha vontade aposentada
Para invocar a aurora desde o amanhecer,
Mudando aquela rosada fumaça de luz
Para um puro branco cristalino;
Ainda que a névoa da mente, distorcida como
Uma dançarina envolvendo seus membros de neblina,
Vista Luz, e mostre o virginal Sol
Um citrino-pálido medalhão!
De lá saltamos sem esforço para o objetivo,
Imaculado êxtase estelar da alma.
Então os fogos do altar se apagam
Conforme a Divindade é exibida.
Não, não nos mexemos. Em tudo
Nosso templo está corretamente ordenado.
Toda a terra é encantadoramente justa
Para nós. Eu não sou ungido?
O Sigilo queima na testa
Pelo esconjuro – aqui e agora.

OLYMPAS O ar está carregado de perfumes.

MARSYAS Contempla! ele irradia – ele queima – ele floresce.

* * * *

OLYMPAS Mestre, quão sutilmente tiraste
A luz do dia da Aurora Dourada,
Ordenando à Porosa Montanha revelar
Sua Rosa Rubi, sua Cruz de Ouro;
Até que eu vi, brilhando de longe,
O Olho do Falcão na Estrela de Prata!

MARSYAS Paz para todos os seres. Paz para ti,
Co-herdeiro da minha eternidade!
Paz ao maior e ao menor,
À nebulosa e nenúfar!
Luz em abundância seja acrescida
A eles que sonham que as sombras são!

OLYMPAS Bênção e veneração à Besta,
O profeta da amorável Estrela!

LIBER AL VEL LEGIS

SUB FIGURA

CCXX

TAL QUAL ENTREGUE POR

XCIII = 418

A

DCLXVI

A∴A∴
Publicação em Classe B

93	$10° = 1^{\square}$	Pro Coll. Summ.
666	$9° = 2^{\square}$	
216	$8° = 3^{\square}$	

P.	$3° = 8^{\square}$	Pro Coll. Ext.
939	$2° = 9^{\square}$	

O.M.	$7° = 4^{\square}$	Pro Coll. Int.
ABMN∴	$6° = 5^{\square}$	
Φ	$5° = 6^{\square}$	

O COMENTO

Faze o que tu queres há de ser tudo da Lei.

O estudo deste Livro é proibido. É sábio destruir esta cópia após a primeira leitura.

Quem não presta atenção a isto incorre em perigo e risco pessoais. Estes são dos mais pavorosos.

Aqueles que discutem o conteúdo deste Livro devem ser evitados por todos, como focos de pestilência.

Todas as questões da Lei devem ser decididas apenas por apelo aos meus escritos, cada qual por si mesmo.

Não existe lei além de Faze o que tu queres.

Amor é a lei, amor sob vontade.

O sacerdote dos príncipes,

Ankh-f-n-khonsu

I

1. Had! A manifestação de Nuit.
2. A desvelação da companhia do céu.
3. Todo homem e toda mulher é uma estrela.
4. Todo número é infinito; não há diferença.
5. Ajuda-me, ó guerreiro senhor de Tebas, em minha desvelação diante das Crianças dos homens!
6. Sê tu Hadit, meu centro secreto, meu coração & minha língua!
7. Vede! é revelado por Aiwass, o ministro de Hoor-paar-kraat.
8. O Khabs está no Khu, não o Khu no Khabs.
9. Identificai-vos pois com o Khabs, e vede minha luz derramada sobre vós!
10. Que meus servidores sejam poucos & secretos: eles regerão os muitos & os conhecidos.
11. Estes são tolos que os homens adoram; seus Deuses & seus homens são tolos.
12. Aparecei, ó crianças, sob as estrelas, & tomai vossa fartura de amor!
13. Eu estou sobre vós e em vós. Meu êxtase está no vosso. Minha alegria é ver vossa alegria.
14. Acima, o enfeitado azul

    É de Nuit o esplendor nu

    Curvado em prazer taful;

    Hadit secreto é beijado.

    Céu de estrela e globo alado

    São meus, Ó Ankh-af-na-khonsu!
15. Agora sabereis que o escolhido vate & apóstolo do espaço infinito é o sacerdote-príncipe a Besta; e em sua mulher chamada a Mulher Escarlate é todo poder dado. Eles ajuntarão minhas crianças em seu cercado: eles trarão a glória das estrelas para dentro dos corações dos homens.
16. Pois ele é sempre um sol, e ela uma lua. Mas a ele é a alada chama secreta, e a ela a descendente luz estelar.
17. Mas vós não sois assim escolhidos.
18. Queima sobre suas testas, ó serpente esplendorosa!
19. Ó mulher de pálpebras azuis, curva-te sobre eles!

20. A chave dos rituais está na palavra secreta que Eu dei a ele.

21. Com o Deus & o Adorante Eu nada sou; eles não me veem. Eles são como sobre a terra; Eu sou o Céu, e não há ali outro Deus que me, e meu senhor Hadit.

22. Agora, portanto, Eu vos sou conhecida por meu nome Nuit, e dele por um nome secreto que Eu lhe darei quando ele por fim me conhecer. Desde que Eu sou o Espaço Infinito, e as Infinitas Estrelas de lá, fazei vós assim também. Nada amarreis! Que não haja nenhuma diferença feita entre vós entre qualquer uma coisa & qualquer outra coisa; pois daí vem dor.

23. Mas quem quer que valha nisto, seja ele o chefe de tudo!

24. Eu sou Nuit, e minha palavra é seis e cinquenta.

25. Dividi, somai, multiplicai e compreendei.

26. Então diz o profeta e escravo da bela: Quem sou Eu, e qual há de ser o sinal? Assim ela lhe respondeu, curvando-se, uma lambente chama de azul, tudo-tocando, tudo-penetrando, suas mãos amoráveis sobre a terra negra, & seu corpo flexível arqueado para o amor, e seus pés macios não machucando as pequeninas flores: Tu sabes! E o sinal será meu êxtase, a consciência da continuidade da existência, a onipresença do meu corpo.

27. Então o sacerdote respondeu & disse à Rainha do Espaço, beijando suas amoráveis sobrancelhas, e o orvalho da luz dela banhando o corpo inteiro dele em um doce perfume de suor: Ó Nuit, contínua mulher do Céu, que seja assim sempre; que os homens não falem de Ti como Uma, mas como Nenhuma; e que eles não falem de ti de todo, desde que tu és contínua!

28. Nenhuma, respirou a luz, tênue & encantada, das estrelas, e dois.

29. Pois Eu estou dividida por amor ao amor, pela chance de união.

30. Esta é a criação do mundo, que a dor de divisão é como nada, e a alegria da dissolução tudo.

31. Por estes tolos dos homens e suas penas de todo não te cuides! Eles sentem pouco; o que é, é balançado por fracas alegrias; mas vós sois meus escolhidos.

32. Obedecei meu profeta! cumpri as ordálias do meu conhecimento! buscai-me apenas! Então as alegrias do meu amor vos redimirão de toda pena. Isto é assim; Eu o juro pela cúpula do meu corpo; por meu sagrado coração e língua; por tudo que Eu posso dar, por tudo que Eu desejo de vós todos.

33. Então o sacerdote caiu em um profundo transe ou desmaio, & disse à Rainha do Céu; Escreve para nós as ordálias; escreve para nós os rituais; escreve para nós a lei!

34. Mas ela disse: as ordálias Eu não escrevo: os rituais serão metade conhecidos e metade escondidos: a Lei é para todos.

35. Isto que tu escreves é o tripartido livro de Lei.

36. Meu escriba Ankh-af-na-khonsu, o sacerdote dos príncipes, não mudará este livro em uma só letra; mas para que não haja tolice, ele comentará a respeito pela sabedoria de Ra-Hoor-Khu-it.

37. Também os mantras e encantamentos; o obeah e o wanga; o trabalho da baqueta e o trabalho da espada; estes ele aprenderá e ensinará.

38. Ele deve ensinar; mas ele pode fazer severas as ordálias.

39. A palavra da Lei é *Θελημα*.

40. Quem nos chama Telemitas não fará erro, se ele olhar bem de perto na palavra. Pois há ali Três Graus, o Eremita, e o Amante, e o homem da Terra. Faze o que tu queres há de ser tudo da Lei.

41. A palavra de Pecado é Restrição. Ó homem! Não recuses tua esposa, se ela quer! Ó amante, se tu queres, parte! Não existe laço que possa unir os divididos a não ser o amor: tudo mais é maldição. Maldito! Maldito seja para os eons! Inferno.

42. Deixa estar aquele estado de multiplicidade amarrada e odiando. Assim com teu tudo: tu não tens direito a não ser fazer a tua vontade.

43. Faze aquilo, e nenhum outro dirá não.

44. Pois vontade pura, desembaraçada de propósito, livre da ânsia de resultado, é toda via perfeita.

45. O Perfeito e o Perfeito são um Perfeito e não dois; não, são nenhum!

46. Nada é uma chave secreta desta lei. Sessenta e um os Judeus a chamam; Eu a chamo oito, oitenta, quatrocentos & dezoito.

47. Mas eles têm a metade: une por tua arte para que tudo desapareça.

48. Meu profeta é um tolo com seu um, um, um; não são eles o Boi, e nenhum pelo Livro?

49. Abrogados estão todos os rituais, todas as ordálias, todas as palavras e sinais. Ra-Hoor-Khuit tomou seu assento no Oriente ao Equinócio dos Deuses; e que Asar seja com Isa, que também são um. Mas eles não são de me. Que Asar seja o adorante, Isa o sofredor; Hoor em seu secreto nome e esplendor é o Senhor iniciando.

50. Existe uma palavra a dizer a respeito do trabalho Hierofântico. Vede! existem três ordálias em uma, e pode ser dada em três caminhos. O grosseiro deve passar por fogo; que o fino seja provado em intelecto, e os elevados escolhidos, no altíssimo. Assim vós tendes estrela & estrela, sistema & sistema; que nenhum conheça bem o outro!

51. Há quatro portões para um palácio; o chão daquele palácio é de prata e ouro; lápis-lazúli & jaspe estão ali; e todos perfumes raros; jasmim & rosa, e os emblemas da morte. Que ele entre sucessiva ou simultaneamente pelos quatro portões; que ele fique de pé no chão do palácio. Não afundará ele? Amn. Ho! guerreiro, se teu servo afunda? Mas há meios e meios. Sede bons portanto: vesti-vos finamente; comei comidas ricas e bebei vinhos doces e vinhos que espumejam! Também, tomai vossa fartura e vontade de amor como quiserdes, quando, onde e com quem quiserdes! Mas sempre para me.

52. Se isto não for correto; se confundis as marcas do espaço, dizendo: Elas são uma; ou dizendo, Elas são muitas; se o ritual não for sempre para me: então esperai os terríveis julgamentos de Ra Hoor Khuit!

53. Isto regenerará o mundo, o mundozinho minha irmã, meu coração & minha língua, a quem Eu mando este beijo. Também, ó escriba e profeta, se bem que tu és dos príncipes, isto não te redimirá nem te absolverá. Mas êxtase seja teu e alegria da terra: sempre A me! A me!

54. Não mudes nem mesmo o estilo de uma letra; pois vê! tu, ó profeta, não verás todos estes mistérios escondidos aí.

55. A criança das tuas entranhas, *ele* os verá.

56. Não o esperes do Oriente, nem do Ocidente; pois de nenhuma casa esperada vem aquela criança. Aum! Todas as palavras são sagradas e todos os profetas verdadeiros; salvo apenas que eles compreendem um pouco; resolvem a primeira metade da equação, deixam a segunda inatacada. Mas tu tens tudo na luz clara e algo, mas não tudo, na escuridão.

57. Invocai-me sob minhas estrelas! Amor é a lei, amor sob vontade. Nem confundam os tolos o amor; pois existem amor e amor. Existe o pombo, e existe a serpente. Escolhei bem! Ele, meu profeta, escolheu, conhecendo a lei da fortaleza, e o grande mistério da Casa de Deus.

Todas essas velhas letras de meu Livro estão corretas, mas צ não é a Estrela. Isto também é secreto: meu profeta o revelará aos sábios.

58. Eu dou alegrias inimagináveis sobre a terra; certeza, não fé, enquanto em vida, sobre a morte; paz inominável, descanso, êxtase; nem exijo Eu coisa alguma em sacrifício.

59. Meu incenso é de madeiras resinosas & gomas; e não existe sangue ali: por causa de meu cabelo as árvores da Eternidade.

60. Meu número é 11, como todos os seus números que são de nós. A Estrela de Cinco Pontas, com um Círculo no Meio, e o círculo é Vermelho. Minha cor é negra para os cegos, mas o azul & ouro são vistos dos videntes. Também Eu tenho uma glória secreta para aqueles que me amam.

61. Mas amar-me é melhor que toda coisa: se sob as estrelas da noite no deserto tu presentemente queimas meu incenso diante de me, invocando-me com um coração puro, e a chama Serpentina ali contida, tu virás deitar-te em meu seio um bocadinho. Por um beijo tu então quererás dar tudo; mas quem quer que dê uma partícula de pó perderá tudo naquela hora. Vós ajuntareis mercadorias e quantidades de mulheres e espécias; vós usareis ricas joias; vós excedereis as nações da terra em esplendor & orgulho; mas sempre no amor de me, e assim vireis à minha alegria. Eu te urjo seriamente a que venhas diante de me em uma vestimenta única, e coberto com um rico diadema. Eu te amo! Eu te desejo! Pálido ou púrpura, velado ou voluptuoso, Eu que sou todo o prazer e púrpura, e embriaguez do senso mais íntimo, te desejo. Põe as asas, e acorda o esplendor enroscado dentro de ti: vem a me!

62. Em todos os meus encontros convosco a sacerdotisa dirá – e seus olhos queimarão com desejo enquanto ela está de pé nua e regozijante em meu templo secreto – A me! A me! evocando a flama dos corações de todos em seu cântico de amor.

63. Cantai a canção de amor feliz para me! Queimai perfumes para me! Usai joias para me! Bebei a me, pois Eu vos amo! Eu vos amo!

64. Eu sou a filha do Poente, de pálpebras azuis; Eu sou o brilho nu do voluptuoso céu noturno.

65. A me! A me!

66. A Manifestação de Nuit está em um fim.

II

1. Nu! o esconder de Hadit.

2. Vinde! todos vós, e aprendei o segredo que ainda não foi revelado. Eu, Hadit, sou o complemento de Nu, minha noiva. Eu não sou estendido, e Khabs é o nome de minha Casa.

3. Na esfera Eu sou em toda parte o centro, tal qual ela, a circunferência, em parte alguma é encontrada.

4. No entanto, ela será conhecida & Eu nunca.

5. Vede! os rituais do velho tempo são negros. Que os ruins sejam jogados fora; que os bons sejam purgados pelo profeta! Então este Conhecimento irá corretamente.

6. Eu sou a flama que queima em todo coração de homem, e no âmago de toda estrela. Eu sou Vida, e o doador de Vida, no entanto por isto conhecer-me é conhecer a morte.

7. Eu sou o Mago e o Exorcista. Eu sou o eixo da roda, e o cubo no círculo. "Vinde a mim" é uma palavra tola; pois sou Eu que vou.

8. Quem adorou Heru-pa-kraath adorou-me; erro, pois Eu sou o adorante.

9. Lembrai-vos todos vós de que existência é pura alegria; de que todos os sofrimentos são apenas como sombras; eles passam & estão acabados; mas existe aquilo que resta.

10. Ó profeta! tu tens má vontade de aprender esta escritura.

11. Eu te vejo odiar a mão & a pena; mas Eu sou mais forte.

12. Por causa de me em Ti que tu não conhecias.

13. por que? Porque tu eras o conhecedor, e me.

14. Agora haja um velar deste sacrário: agora que a luz devore os homens e os engula com cegueira!

15. Pois Eu sou perfeito, Não sendo; e meu número é nove pelos tolos; mas com o justo Eu sou oito, e um em oito: O que é vital, pois Eu nenhum sou de fato. A Imperatriz e o Rei não são de me; pois existe um outro segredo.

16. Eu sou A Imperatriz & o Hierofante. Assim onze, como minha noiva é onze.

17. Ouvi, vós que suspirais!

    As dores de pena infinda

  Queda aos mortos e mortais,

    Quem me não conhece ainda.

18. Estes são mortos, esta gente; eles não sentem. Nós não somos para os pobres e tristes: os senhores da terra são nossos parentes.

19. Há um Deus de viver em um cão? Não! mas os mais elevados são de nós. Eles se regozijarão, nossos escolhidos: quem se amargura não é de nós.

20. Beleza e força, riso pulante e langor delicioso, energia e fogo, são de nós.

21. Nós nada temos com o incapaz e o expulso: deixai-os morrer em sua miséria. Pois eles não sentem. Compaixão é o vício dos reis: calcai aos pés os desgraçados & os fracos: esta é a lei do forte: esta é a nossa lei e a alegria do mundo. Não penses, ó rei, naquela mentira: Que Tu Deves Morrer: em verdade, tu não morrerás, mas viverás. Agora seja isto compreendido: Se o corpo do Rei se dissolve, ele permanecerá em puro êxtase para sempre. Nuit! Hadit! Ra-Hoor-Khuit! O Sol, Força & Visão, Luz; estes são para os servidores da Estrela & da Cobra.

22. Eu sou a Cobra que dá Conhecimento & Deleite e brilhante glória, e movo os corações dos homens com embriaguez. Para adorar-me tomai vinho e estranhas drogas das quais Eu direi ao meu profeta, & embriagai-vos deles! Eles não vos farão mal de forma alguma. É uma mentira, esta tolice contra si mesmo. A exibição de inocência é uma mentira. Sê forte, ó homem! Arde, usufrui todas as coisas de senso e raptura: não temas que qualquer Deus te negará por isto.

23. Eu sou só: não existe Deus onde Eu sou.

24. Vede! estes são graves mistérios; pois há também de meus amigos quem são eremitas. Agora não penseis encontrá-los na floresta ou na montanha; mas em camas de púrpura, acariciados por magníficas bestas de mulheres com longos membros, e fogo e luz em seus olhos, e massas de cabelo flamejante em volta delas; lá vós os encontrareis. Vós os vereis governando, em exércitos vitoriosos, em toda a alegria; e haverá neles uma alegria um milhão de vezes maior que isto. Cuidado para que algum não force outro, Rei contra Rei! Amai-vos uns aos outros com corações ardentes; nos homens baixos pisai no enérgico ímpeto do vosso orgulho, no dia de vossa cólera.

25. Vós sois contra o povo, Ó meus escolhidos!

26. Eu sou a secreta Serpente enroscada a ponto de pular: em minhas roscas há alegria. Se Eu levanto minha cabeça, Eu e minha Nuit somos um. Se Eu abaixo minha cabeça, e ejaculo veneno, então há raptura da terra, e Eu e a terra somos um.

27. Existe grande perigo em me; pois quem não compreende estas runas fará uma grande falha. Ele cairá dentro do mundéu chamado Porque, e lá ele perecerá com os cães da Razão.

28. Agora uma maldição sobre Porque e seus parentes!

29. Seja Porque amaldiçoado para sempre!

30. Se a Vontade para e grita Por Que, invocando Porque, então a Vontade para & nada faz.

31. Se o Poder pergunta por que, então o Poder é fraqueza.

32. Também a razão é uma mentira; pois existe um fator infinito & desconhecido; & todas as suas palavras são meandros.

33. Bastante de Porque! Seja ele danado para um cão!

34. Mas vós, ó meu povo, levantai-vos & acordai!

35. Que os rituais sejam retamente executados com alegria & beleza!

36. Há rituais dos elementos e festas das estações.

37. Uma festa para a primeira noite do Profeta e sua Noiva!

38. Uma festa para os três dias da escritura do Livro da Lei.

39. Uma festa para Tahuti e a criança do Profeta – Secreta, Ó Profeta!

40. Uma festa para o Supremo Ritual, e uma festa para o Equinócio dos Deuses.

41. Uma festa para o fogo e uma festa para a água; uma festa para a vida e uma festa maior para a morte!

42. Uma festa diária em vossos corações na alegria de minha raptura!

43. Uma festa toda noite para Nu, e o prazer do mais transcendente deleite!

44. Sim! festejai! regozijai-vos! não existe pavor no além. Existe a dissolução, e eterno êxtase nos beijos de Nu.

45. Há morte para os cães.

46. Falhas? Arrependes-te? Há medo em teu coração?

47. Onde Eu sou estes não são.

48. Não tenhais piedade dos caídos! Eu nunca os conheci. Eu não sou para eles. Eu não consolo: Eu odeio o consolado & o consolador.

49. Eu sou único & conquistador. Eu não sou dos escravos que perecem. Sejam eles danados & mortos! Amen. (Isto é dos 4: existe um quinto que é invisível, & ali sou Eu como um bebê em um ovo.)

50. Azul sou Eu e ouro na luz de minha noiva: mas o brilho vermelho está nos meus olhos; & minhas escamas são púrpura & verde.

51. Púrpura além do púrpura: é a luz mais alta que a visão.

52. Existe um véu; aquele véu é negro. É o véu da mulher modesta; é o véu de sofrimento, & o manto de morte: isto nenhum é de me. Rasgai abaixo aquele mentiroso espectro dos séculos: não veleis vossos vícios em palavras virtuosas: estes vícios são meu serviço; vós fazeis bem, & Eu vos recompensarei aqui e no além.

53. Não temas, ó profeta, quando estas palavras forem ditas, tu não te arrependerás. Tu és enfaticamente meu escolhido; e abençoados são os olhos que tu contemplares com alegria. Mas Eu te esconderei em uma máscara de sofrimento: eles que te verem recearão que tu és caído: mas Eu te levanto.

54. Nem valerão aqueles que gritam alto sua tolice que tu não significas nada; tu o revelarás; tu vales: eles são os escravos de porque: Eles não são de me. A pontuação como quiseres; as letras? não as mude em estilo ou valor!

55. Tu obterás a ordem & valor do Alfabeto Inglês: tu acharás novos símbolos aos quais atribuí-las.

56. Ide! vós escarnecedores; apesar de que rides em minha honra vós não rireis longamente: então quando estiverdes tristes sabei que Eu vos abandonei.

57. Ele que é correto será correto ainda; ele que é imundo será imundo ainda.

58. Sim! não penseis em mudança: vós sereis como sois, & não outro. Portanto os reis da terra serão Reis para sempre: os escravos servirão. Nenhum existe que será derrubado ou elevado: tudo é sempre como foi. No entanto existem uns mascarados meus servidores: pode ser que aquele mendigo ali seja um Rei. Um Rei pode escolher sua roupa como quiser: não existe teste certo: mas um mendigo não pode esconder sua pobreza.

59. Cuidado portanto! Amai a todos, pois pode ser que haja um Rei escondido! Dizeis assim? Tolo! Se ele é um Rei, tu não podes feri-lo.

60. Portanto, golpeia duro e baixo, e para o inferno com eles, mestre!

61. Existe uma luz diante dos teus olhos, ó profeta, uma luz indesejada, muito desejável.

62. Eu estou erguido em teu coração; e os beijos das estrelas chovem forte no teu corpo.

63. Tu estás exausto na fartura voluptuosa da inspiração; a expiração é mais doce que a morte, mais rápida e cheia de riso que uma carícia do verme do Inferno.

64. Ó! tu estás sobrepujado: nós estamos sobre ti; nosso deleite está sobre tu todo: salve! salve: profeta de Nu! profeta de Had! profeta de Ra-Hoor-Khu! Agora regozija-te! agora vem em nosso esplendor & raptura! Vem em nossa paz apaixonada, & escreve doces palavras para os Reis!

65. Eu sou o Mestre: tu és o Santo Escolhido.

66. Escreve, & encontra êxtase na escrita! Trabalha, & sê nossa cama trabalhando! Freme com a alegria de vida & morte! Ah! tua morte será linda: quem a ver se alegrará. Tua morte será o selo da promessa do nosso anciente amor. Vem! levanta teu coração & regozija-te! Nós somos um; nós somos nenhum.

67. Firma! Firma! Aguenta em tua raptura; não caias em desmaio dos beijos excelentes!

68. Endurece! Conserva-te a prumo! Levanta tua cabeça! não respires tão fundo — morre!

69. Ah! Ah! Que sinto Eu? Está a palavra exausta?

70. Existe auxílio & esperança em outros encantamentos. Sabedoria diz: sê forte! Então tu podes suportar mais alegria. Não sejas animal; refina tua raptura! Se tu bebes, bebe pelas oito e noventa regras de arte: se tu amas, excede em delicadeza; e se tu fazes o que quer que seja de alegre, que haja sutileza ali contida!

71. Mas excede! excede!

72. Esforça-te sempre por mais! e se tu és verdadeiramente meu – e não o duvides, e se tu és sempre alegre! – a morte é a coroa de tudo.

73. Ah! Ah! Morte! Morte! tu ansiarás pela morte. Morte está proibida, ó homem, para ti.

74. A duração da tua ânsia será a força da sua glória. Aquele que vive longamente & deseja muito a morte é sempre o Rei entre os Reis.

75. Sim! escuta os números & as palavras:

76. 4 6 3 8 A B K 2 4 A L G M O R 3 Y X 24 89 R P S T O V A L. Que significa isto, ó profeta? Tu não sabes; nem tu saberás sempre. Vem um para te seguir: ele o exporá. Mas lembra-te, ó escolhido,

de ser me; de seguir o amor de Nu no céu iluminado de estrelas; de contemplar os homens, de dizer-lhes esta palavra alegre.

77. Ó sê tu orgulhoso e pujante entre os homens!

78. Levanta-te! pois nenhum existe como tu entre homens ou entre Deuses! Levanta-te, ó meu profeta, tua estatura sobrepassará as estrelas. Elas adorarão teu nome, quadrangular, místico, maravilhoso, o número do homem; e o nome de tua casa 418.

79. O fim do esconder de Hadit; e bênção & veneração ao profeta da amorável Estrela!

III

1. Abrahadabra: a recompensa de Ra Hoor Khut.

2. Existe divisão daqui em direção ao lar; existe uma palavra não conhecida. Soletrar está defunto; tudo não é alguma coisa. Cuidado! Firmai! Levantai o encanto de Ra-Hoor-Khuit!

3. Agora seja primeiramente compreendido que Eu sou um deus de Guerra e de Vingança. Eu lidarei duramente com eles.

4. Escolhei uma ilha!

5. Fortificai-a!

6. Cercai-a de engenharia de guerra!

7. Eu vos darei uma máquina de guerra.

8. Com ela vós golpeareis os povos; e nenhum ficará de pé diante de vós.

9. Espreitai! Retirai-vos! Sobre eles! esta é a Lei da Batalha de Conquista: assim será meu culto em volta de minha casa secreta.

10. Toma a estela de revelação mesma; coloca-a em teu templo secreto – e aquele templo já está corretamente disposto – & ela será vossa Kiblah para sempre. Ela não desbotará, mas cor miraculosa voltará a ela dia após dia. Fechai-a em vidro trancado como uma prova para o mundo.

11. Esta será vossa única prova. Eu proíbo argumento. Conquistai! Isso basta. Eu farei fácil para vós a abstrução da casa mal-ordenada na Cidade Vitoriosa. Tu a transportarás tu mesmo com veneração, ó profeta, se bem que tu não gostas. Tu terás perigo & tribulação. Ra-Hoor-Khu está contigo. Adorai-me com fogo & sangue; adorai-me com espadas & com lanças. Que a mulher seja cingida com uma espada diante de me; que sangue corra em meu nome. Calcai aos pés os Gentios; sede sobre eles, ó guerreiro, Eu vos darei da carne deles para comer!

12. Sacrificai gado, pequeno e grande: depois uma criança.

13. Mas não agora.

14. Vós vereis aquela hora, ó Besta abençoada, e tu a Concubina Escarlate do desejo dele!

15. Vós ficareis tristes por isto.

16. Não penseis demasiado avidamente em apossar-vos das promessas; não temais incorrer nas maldições. Vós, mesmo vós, não conheceis este significado todo.

17. De todo não temais; não temais nem homens nem Fados, nem deuses, nem coisa alguma. Dinheiro não temais, nem risada da tolice do povo, nem qualquer outro poder no céu ou sobre a terra ou debaixo da terra. Nu é vosso refúgio como Hadit vossa luz; e Eu sou a potência, força, vigor, de vossas armas.

18. Misericórdia esteja fora: amaldiçoai os que se apiedam! Matai e torturai; não poupeis; sede sobre eles!

19. Aquela estela eles chamarão de Abominação da Desolação; contai bem seu nome, & será para vós em 718.

20. Por que? Por causa da queda de Porque, que ele não é lá novamente.

21. Coloca minha imagem no Este: tu te comprarás uma imagem que Eu te mostrarei, especial, não dessemelhante àquela que tu conheces. E será subitamente fácil para ti o fazer isto.

22. As outras imagens agrupa em volta minha para suportar-me: sejam todas adoradas, pois elas se reunirão para exaltar-me. Eu sou o objeto visível de adoração; os outros são secretos; para a Besta & sua Noiva são eles: e para os vencedores da Ordália x. O que é isto? Tu saberás.

23. Para perfume misturai farinha & mel & grossa borra de vinho tinto: então óleo de Abramelin e óleo de oliva, e depois amolecei & amaciai com rico sangue fresco.

24. O melhor sangue é da lua, mensal: então o sangue fresco de uma criança, ou pingando da hóstia do céu: então de inimigos: então do sacerdote ou dos adorantes: por último de alguma besta, não importa qual.

25. Isto queimai: disto fazei bolos & comei para me. Isto tem também um outro uso; seja depositado diante de me, e conservado impregnado com perfumes de vossa prece: encher-se-á de escaravelhos como se fosse e coisas rastejantes sagradas a me.

26. Estes matai, nomeando vossos inimigos; & eles cairão diante de vós.

27. Também estes engendrarão ardor & poder de ardor em vós ao serem comidos.

28. Também sereis fortes na guerra.

29. Além disto, sejam eles longamente conservados, é melhor; pois incham com minha força. Tudo diante de me.

30. Meu altar é de latão rendado: queimai sobre ele em prata ou ouro!

31. Vem um homem rico do Oeste que derramará seu ouro sobre ti.

32. De ouro forja aço!

33. Sê pronto a fugir ou a golpear!

34. Mas vosso lugar santo será intocado através dos séculos: se bem que com fogo e espada ele seja queimado & despedaçado, no entanto uma casa invisível está de pé ali, e estará de pé até a queda do Grande Equinócio; quando Hrumachis se erguerá e o da dupla baqueta assumirá meu trono e lugar. Outro profeta se erguerá, e trará febre nova dos céus; outra mulher despertará o ardor & adoração da Cobra; outra alma de Deus e besta misturar-se-á no sacerdote globado; outro sacrifício manchará a tumba; outro rei reinará; e bênção não seja mais derramada Ao místico Senhor de Cabeça de Falcão!

35. A metade da palavra de Heru-ra-ha, chamado Hoor-pa-kraat e Ra-Hoor-Khut.

36. Então disse o profeta ao Deus:

37. Eu te adoro na canção –

Eu sou o Senhor de Tebas, e eu
O vate inspirado de Mentu;
Para mim desvela o véu do céu,
O sacrificado Ankh-af-na-khonsu
Cujo verbo é lei. Deixa que eu incite
Tua presença aqui, Ó Ra-Hoor-Khuit!

Ultimal Unidade demonstrada!
Adoro Teu poder, Teu sopro forte,
Deus terrível, suprema flor do nada,
Que fazes com que os deuses e que a morte
Tremam diante de Ti:
Eu, Eu adoro a ti!

Aparece no trono de Ra!
Abre os caminhos do Khu!
Ilumina os caminhos do Ka!
Nas rotas do Khabs sê tu,
Para mover-me ou parar-me!
Aum! enche meu carme!

38. De forma que tua luz está em mim; & sua flama rubra é como uma espada em minha mão para empurrar tua ordem. Existe uma porta secreta que Eu farei para estabelecer tua rota em todos os quadrantes (estas são as adorações, como tu escreveste), como é dito:

É minha a luz; faz que eu me vá
Com os seus raios. Sou o autor
De oculta porta ao Lar de Ra
E Tum, de Khephra e de Ahathoor.
Eu sou teu Tebano, Ó Mentu,
O profeta Ankh-af-na-khonsu!
Por Bes-na-Maut bato no peito;
E por Ta-Nech lanço o feitiço.
Brilha, Nuit, ó céu perfeito!
Alada cobra, luz e viço,
Abre-me tua Casa, Hadit!
Mora comigo, Ra-Hoor-Khuit!

39. Tudo isto e um livro para dizer como tu chegaste aqui e uma reprodução desta tinta e papel para sempre – pois nisto está a palavra secreta & não apenas no Inglês – e teu comento sobre este o Livro da Lei será impresso belamente em tinta vermelha e negra sobre belo papel feito à mão; e a cada homem e mulher que tu encontras, fosse apenas para jantar ou beber a eles, esta é a Lei a dar. Então talvez eles decidam permanecer nesta felicidade ou não; não tem importância. Faze isto rápido!

40. Mas o trabalho do comento? Aquilo é fácil; e Hadit ardendo em teu coração fará célere e segura tua pena.

41. Estabelece em tua Kaaba um escritório; tudo deve ser bem feito e com jeito de negócios.

42. As ordálias tu fiscalizarás tu mesmo, salvo apenas as cegas. Não recuses ninguém, mas tu conhecerás & destruirás os traidores. Eu sou Ra-Hoor-Khuit; e Eu sou poderoso para proteger meu servo. Sucesso é tua prova; não discutas; não convertas; não fales demais! Aqueles que buscam armar-te uma cilada, derrubar-te, esses ataca sem dó nem trégua; & destrói-os por completo. Célere como uma serpente pisada vira-te e dá o bote! Sê tu mais mortífero ainda que ele! Puxa para baixo suas almas a tormento horrível: ri do medo deles: cospe sobre eles!

43. Que a Mulher Escarlate se precate! Se piedade e compaixão e ternura visitarem seu coração; se ela deixar meu trabalho para brincar com velhas doçuras; então minha vingança será conhecida. Eu me matarei sua criança: Eu alienarei seu coração: Eu a expelirei dos homens: como uma encolhida e desprezada rameira ela rastejará por ruas molhadas e escuras, e morrerá fria e faminta.

44. Mas que ela se erga em orgulho! Que ela me siga em meu caminho! Que ela obre a obra de maldade! Que ela mate seu coração! Que ela seja gritona e adúltera! Que ela esteja coberta de joias, e ricas roupas, e que ela seja sem vergonha diante de todos os homens!

45. Então Eu a levantarei a pináculos de poder: então Eu engendrarei dela uma criança mais pujante que todos os reis da terra. Eu a encherei de alegria: com minha força ela verá & dará o golpe à adoração de Nu: ela conseguirá Hadit.

46. Eu sou o guerreiro Senhor dos Quarentas: os Oitentas se acovardam diante de me, & são afundados. Eu vos trarei a vitória & alegria: Eu estarei nas vossas armas em batalha & vós deleitareis em matar. Sucesso é vossa prova; coragem é vossa armadura; avante, avante em minha força; & vós não retrocedereis de qualquer!

47. Este livro será traduzido em todas as línguas: mas sempre com o original pela mão da Besta; pois na forma ao acaso das letras e sua posição umas com as outras: nestas há mistérios que nenhuma Besta adivinhará. Que ele não procure tentar: mas um vem após ele, de onde Eu não digo, que descobrirá a Chave disso tudo. Então esta linha traçada é uma chave; então este círculo esquadrado em seu fracasso é uma chave também. E Abrahadabra. Será sua criança & isso estranhamente. Que ele não busque após isto; pois dessa forma apenas pode ele cair.

48. Agora este mistério das letras está acabado, e Eu quero prosseguir para o lugar mais santo.

49. Eu estou em uma secreta palavra quádrupla, a blasfêmia contra todos os deuses dos homens.

50. Maldição sobre eles! Maldição sobre eles! Maldição sobre eles!

51. Com minha cabeça de Falcão Eu bico os olhos de Jesus enquanto ele se dependura da cruz.

52. Eu ruflo minhas asas na face de Mohammed & cego-o.

53. Com minhas garras Eu dilacero e puxo fora a carne do Hindu e do Budista, Mongol e Din.

54. Bahlasti! Ompehda! Eu cuspo nos vossos credos crapulosos.

55. Que Maria inviolada seja despedaçada sobre rodas: por causa dela que todas as mulheres castas sejam completamente desprezadas entre vós!

56. Também por causa da beleza e do amor!

57. Desprezai também todos os covardes; soldados profissionais que não ousam lutar, mas brincam; todos os tolos desprezai!

58. Mas os afiados e os altivos, os régios e os elevados; vós sois irmãos!

59. Lutai como irmãos!

60. Não existe lei além de Faze o que tu queres.

61. Há um fim da palavra do Deus entronado no assento de Ra, tornando leves as vigas da alma.

62. A Me reverenciai! a me vinde através de tribulação de ordália, que é deleite.

63. O tolo lê este Livro da Lei, e seu comento; & ele não o compreende.

64. Que ele passe pela primeira ordália, & será para ele como prata.

65. Pela segunda, ouro.

66. Pela terceira, pedras de água preciosa.

67. Pela quarta, ultimais fagulhas do fogo íntimo.

68. No entanto a todos ele parecerá belo. Seus inimigos que não dizem assim, são meros mentirosos.

69. Existe sucesso.

70. Eu sou o Senhor de Cabeça de Falcão do Silêncio & da Força; minha nêmes cobre o céu azul-noturno.

71. Salve! vós gêmeos guerreiros em volta dos pilares do mundo! pois vossa hora está próxima.

72. Eu sou o Senhor da Dupla Baqueta de Poder; a baqueta da Força de Coph Nia — mas minha mão esquerda está vazia, pois Eu esmaguei um Universo; & nada resta.

73. Empastai as folhas da direita para a esquerda e do topo ao pé: então contemplai!

74. Existe um esplendor em meu nome oculto e glorioso, como o sol da meia-noite é sempre o filho.

75. O fim das palavras é a Palavra Abrahadabra.

O Livro da Lei está Escrito

e Escondido.

Aum. Ha.

GENESIS LIBRI AL

A∴A∴
Publicação em Classe B

GENESIS LIBRI AL

93	10° = 1□	Pro Coll. Summ.
666	9° = 2□	
216	8° = 3□	

O.M.	7° = 4□	Pro Coll. Int.
ABMN.·.	6° = 5□	
Φ	5° = 6□	

P.	3° = 8□	Pro Coll. Ext.
939	2° = 9□	

CAPÍTULO I[1114]

A INFÂNCIA DE ALEISTER CROWLEY

1114 No *Livro da Lei* encontramos no Terceiro Capítulo, versos 39-41, instruções para se publicar um livro dizendo como esta Revelação foi obtida, e dando certos detalhes quanto ao estilo em que a publicação deve ser feita.

Até este momento foi impossível obedecer a essa injunção, se bem que foi feita uma tentativa em "The Temple of Solomon the King". Mas agora assim faremos; o assunto se divide em Oito Capítulos.

Em Clarendom Square, nº 36, na cidade de Leamington, condado de Warwickshire, na Inglaterra, às 22h 50m do décimo segundo dia de outubro do ano de mil oitocentos e setenta e cinco da era vulgar, nasceu a pessoa cuja história vai ser contada.

Seu pai chamava-se Edward Crowley; sua mãe, Emily Bertha, nascida Bishop. Edward Crowley era um Irmão Exclusivo da Irmandade Plymouth,[1115] o mais respeitado chefe daquela seita. Este ramo da família Crowley se estabelecera na Inglaterra desde a época dos Tudors, mas sua origem é celta, pois Crowley é um clã de Kerry e de outros condados do sudoeste da Irlanda, do mesmo sangue que os "de Queroauille" ou "de Kerval" bretões, que deram uma Duquesa de Portsmouth à Inglaterra. Supõe-se que o ramo inglês – os ancestrais diretos de Edward Alexander Crowley – veio para a Inglaterra com o Duque de Richmond, e se estabeleceu em Bosworth.

Em 1881 Edward Crowley foi viver em "The Grange", na cidade de Redhill, condado de Surrey. Em 1884, o menino, que até então fora educado por governantas e tutores, foi mandado para uma escola em St. Leonard, mantida por certos evangelistas[1116] extremistas chamados Habershon. Um ano mais tarde foi transferido para outra escola, esta em Cambridge e sob a responsabilidade de um Irmão de Plymouth chamado Champney. (As datas neste parágrafo possivelmente não são exatas. Não temos evidência documental a nosso dispor no momento presente – Ed.)

Em 5 de março de 1887 e.v., Edward Crowley morreu. Dois anos mais tarde o menino foi retirado da escola. Esses dois anos foram de incrível tortura, cujos detalhes foram mencionados no prefácio ao seu poema "A Tragédia do Mundo". Esta tortura minou-lhe seriamente a saúde. Durante dois anos ele viajou com seus tutores, na maior parte por Gales e pela Escócia. Em 1890, tendo sua mãe se mudado para Streatham, a fim de estar mais próxima do irmão, Tom Bond Bishop, um evangelista de mente extremamente estreita, foi o menino mandado, por pouco tempo, para uma escola situada neste lugar, mantida por um homem chamado Yarrow. Isto preparou o adolescente para Malvern, onde ingressou no verão de 1891. Ali permaneceu durante um termo apenas, pois sua saúde ainda era muito delicada. No outono foi matriculado no Colégio de Tonbridge, mas adoeceu seriamente, e teve que ser removido. O ano de 1893 ele passou com tutores, principalmente em Gales, no norte da Escócia e em Eastbourne. Em 1895 completou seus estudos de química em King's College, Londres, e em outubro daquele ano entrou para Trinity College, Cambridge.

Com isto finda o primeiro o período de sua vida. É apenas necessário declararmos que seu cérebro se desenvolveu cedo. Aos quatro anos de idade era capaz de ler a Bíblia em voz alta, demonstrando uma grande predileção pelas listas de longos nomes, a única parte da Bíblia não deturpada por teólogos.[1117] Também era ele um enxadrista suficientemente forte para derrotar o amador médio, e, se bem que jogasse continuamente, nunca perdeu um jogo até 1895 e.v.[1118] O xadrez foi-lhe ensinado por um alfaiate que havia sido chamado à sua casa a fim de medir roupas para seu pai, e que foi tratado como um hóspede porque era também um "Irmão de Plymouth". Derrotou seu professor invariavelmente após o primeiro jogo: deveria ter uns seis ou sete anos de idade nessa época.

1115 N.M.: A Irmandade Plymouth foi uma das mais puritanas seitas protestantes inglesas.

1116 N.M.: Outra das mais fanáticas seitas protestantes inglesas.

1117 Este traço curioso pode ser interpretado como evidência do senso poético dele, da sua paixão pelo bizarro e pelo misterioso, ou mesmo de sua aptidão para a Cabala Hebraica. Também pode ser interpretado como uma indicação da sua ancestralidade mágica.

1118 O primeiro homem a derrotá-lo foi H. E. Atkins, campeão amador de xadrez da Inglaterra durante muitos anos.

Começou a escrever poesia em 1886, se não mais cedo. Veja-se “Oráculos”.

Após a morte de seu pai, que era um homem de grande bom senso, e nunca permitiu que sua religião interferisse com sua afeição natural, o menino caiu nas mãos de gente de uma disposição totalmente diversa. Sua atitude mental logo se concentrou em ódio à religião que ensinavam, e sua vontade, em revolta contra as opressões dessa religião. Seu principal alívio era o alpinismo, que o deixava a sós com a natureza, longe dos tiranos.

Os anos compreendidos entre março de 1887 até sua entrada em Trinity College, Cambridge, em outubro de 1895, representaram uma luta contínua pela liberdade. Em Cambridge ele se sentiu seu próprio mestre, recusou-se a ir à Capela, aulas ou conferências, e seu tutor, o falecido Dr. A. W. Verrall, foi sábio o bastante para deixar que seu tutelado trabalhasse à sua maneira.

Devemos mencionar que possuía habilidade intelectual em grau extraordinário. Sua faculdade de memória, principalmente de memória verbal, tinha uma espantosa perfeição.

Quando menino, podia encontrar quase qualquer versículo da Bíblia em poucos minutos de busca. Em 1900 foi testado em seus conhecimentos das obras de Shakespeare, Shelley, Swinburne (1ª Série de Poemas e Baladas), Browning, e da *A Pedra da Lua,* de Wilkie Collins. Foi capaz de identificar a posição exata de qualquer frase em qualquer desses livros, e de recitar quase sempre o resto da passagem da qual a frase fazia parte.

Demonstrou notável facilidade para absorver os elementos de latim, grego antigo, francês, matemática e ciência. Aprendeu “little Roscoe”,[1119] quase que de cor, por iniciativa própria. Quando em Malvern, tirou o sexto lugar da escola no exame anual sobre Shakespeare, se bem que houvesse levado apenas dois dias a se preparar para a prova.[1120] Em certa ocasião, quando o professor de matemática quis dedicar uma aula a uma sabatina dos alunos mais avançados, e deu à classe uma série de equações do segundo grau para resolver, o rapaz se levantou ao fim de quarenta minutos para perguntar o que deveria fazer a seguir, entregando a série de 63 equações, todas com as soluções corretas.

Ele passou com honras em todos os exames, tanto nas escolas quanto na universidade, se bem que consistentemente se recusasse a se preparar para esses exames.[1121]

Por outro lado, não era possível persuadi-lo ou constrangê-lo a se aplicar a qualquer assunto que não lhe agradasse. Demonstrava intensa repugnância pela história, pela geografia e pela botânica, entre outras matérias, e nunca pôde aprender a escrever latinos ou gregos, possivelmente porque as regras de metrificação nesses idiomas lhe pareciam arbitrárias e formais.

Também lhe era impossível interessar-se por qualquer coisa desde o momento em que já tivesse absorvido os princípios de “como a coisa era ou podia ser feita”. Este traço o impedia de pôr retoques finais em tudo que encetava.

1119 N.M.: Um compêndio popular nos colégios ingleses da época.

1120 N.M.: Ele não menciona que esperava tirar primeiro lugar; se soubesse que tiraria sexto, teria se preparado durante uma semana.

1121 N.M.: O aluno que tem que “se preparar” para um exame final não estudou durante o ano.

Por exemplo, recusou-se ele a se apresentar para a segunda parte do exame final do diploma de Bacharel em Artes, simplesmente porque sabia que tinha domínio absoluto da matéria![1122]

Esta característica se estendia aos seus prazeres físicos. Ele era de uma abjeta incompetência na prática fácil de escalar rochedos, porque sabia que podia fazê-lo. Parecia incrível aos alpinistas que excursionavam com ele que tal completo preguiçoso pudesse ser o mais ousado e o mais destro montanhista da sua geração, como demonstrava ser quando quer que o precipício fosse um que ninguém mais tivesse conseguido escalar antes.[1123] Da mesma forma, uma vez que tivesse elaborado teoricamente um método de escalar uma montanha, estava perfeitamente disposto a confiar a outros o segredo, e a deixar que eles se apropriassem da glória da descoberta para si mesmos. (A primeira ascensão do Dent de Géant, partindo de Montanvers, é um exemplo.) Pouco lhe importava que fosse ele a pessoa a fazer alguma coisa; o que lhe importava é que a coisa fosse feita.

Este altruísmo quase inumano não era incompatível com uma ambição pessoal consumidora e insaciável. A chave do enigma provavelmente era esta: ele queria ser alguma coisa que ninguém jamais tivesse ou pudesse ter sido antes dele. Perdeu interesse pelo xadrez tão logo se provou, para sua própria satisfação (aos 22 anos de idade), mestre do jogo, tendo vencido os mais fortes amadores da Inglaterra e mesmo um ou dois "mestres" profissionais.[1124] Trocou a poesia pela pintura, quase por completo, tão logo tornou evidente ser o maior poeta de seu tempo. Mesmo em Magia, tendo se tornado a Palavra do Æon, e assim assumido seu lugar com os outros Sete Magi conhecidos pela história, inteiramente além da possibilidade de qualquer competição,[1125] começou a negligenciar o assunto. Só é capaz de se devotar à Magia como faz por haver eliminado toda ideia pessoal de sua Obra; ela se tornou tão automática quanto a respiração.

Devemos também registrar aqui seus extraordinários poderes em certas esferas pouco usuais. Ele pode rememorar o mínimo detalhe de uma escalada, após anos de ausência. Pode retraçar seu percurso em qualquer caminho que tenha algum dia atravessado, por pior que seja o tempo ou por mais escura que seja a noite. Pode adivinhar a única passagem possível através da geleira mais complexa e mais perigosa. (Exemplos, o Vuibez Séracs em 1897 e.v.; o Mer de Glace, centro-direita, em 1899 e.v.)

Possui um senso de direção independente de qualquer método físico para identificarmos nossa posição em algum lugar; e este senso funciona tanto em cidades que lhe são estranhas quanto em montanhas ou desertos. Ele pode farejar a presença de água, de neve, e de outras substâncias supostamente inodoras. Sua resistência física é excepcional. Já escreveu durante 67 horas consecutivas: seu *Tannhäuser* foi redigido desta forma em 1900 e.v. Já percorreu mais de 160 quilômetros em dois dias e meio, no deserto, como ocorreu no inverno de 1910 e.v. Já fez estágios frequentes de mais de 36 horas em montanhas, sob as condições mais adversas. Retém o recorde mundial do maior número de dias passados sobre uma geleira – 65 dias no Baltoro em 1902 e.v.; também, o recorde para a mais rápida subida íngreme acima de

1122 Similarmente, Swinburne recusou ser examinado nos clássicos em Oxford, declarando que sabia mais que os examinadores.

1123 Também em xadrez tem derrotado muitos mestres internacionais, e no Continente é considerado um Mestre Menor. Mas não se pode ter certeza de que vencerá um jogador de segunda classe num torneio interno de clube.

1124 N.M.: Seu último contato sério com o jogo foi quando se apresentou para competir num campeonato. A atmosfera de ânsia de resultado era tão patética entre os jogadores que ele se retirou e nunca mais se candidatou em tais competições.

1125 N.M.: É impossível "destronar" um Mago. O máximo que se pode fazer é sucedê-lo – quando é tempo!

5000 metros de altitude: 1300 metros em 1h 23m, no Iztaccíhuatl em 1900 e.v.; o recorde do mais alto pico (primeira ascensão por um só alpinista) – o Nevado de Toluca em 1901 e.v.; e numerosos outros.[1126]

No entanto, sente-se completamente exausto à mera ideia de uma caminhada de algumas centenas de metros, se não lhe interessa, ou se não lhe excita a imaginação; e é só com o máximo esforço que ele pode escrever algumas linhas se, em vez de desejar escrevê-las, ele apenas sabe que elas devem ser escritas!

Este relato foi considerado necessário para explicar como é que um homem cujas excepcionais qualidades chegaram a torná-lo mundialmente famoso em tantas e tão diversas esferas de ação pode ser tão grotescamente incapaz de utilizar suas faculdades, ou mesmo suas consecuções, em qualquer dos campos usuais da atividade humana; incapaz de consolidar sua proeminência pessoal, ou mesmo de assegurar sua posição do ponto de vista social e econômico.

1126 Isto foi escrito em 1920 e.v.; estes recordes podem não mais ser válidos.

CAPÍTULO II

ADOLESCÊNCIA: COMEÇO DA MAGIA

O NASCIMENTO DE FRATER PERDURABO

0° = 0□ a 4° = 7□

Tendo obtido sua liberdade, ele foi bastante sensato para não perder tempo em gozá-la. Durante os anos de sua infância e adolescência fora privado de toda a literatura inglesa, com exceção da Bíblia; e assim empregou seus três anos em Cambridge na reparação deste defeito. Estava também se preparando para o Serviço Diplomático, pois o falecido Lord Salisbury e o falecido Lord Ritchie haviam se interessado pela carreira dele, e lhe prometido nomeações. Em outubro de 1897 sua percepção dos males da assim chamada "religião" vigente foi-lhe bruscamente relembrada, e ele experimentou um transe em que percebeu a completa tolice de toda ambição humana. A fama de um embaixador raramente dura mais de um século. A de um poeta é quase tão efêmera. A terra mesma deve algum dia perecer. Ele tinha, portanto, que construir usando algum material mais permanente. Esta percepção o impeliu ao estudo da Alquimia e da Magia. Escreveu ao autor de *O Livro da Magia Negra e dos Pactos,* um americano pomposo chamado Arthur Waite, notório pelas afetações e obscuridades do seu estilo, e pelo sentimentalismo confuso do seu misticismo. (Este gosmento *impresario*, apresentando uma Isis asmática na Ópera "Bull-Frogs", insinuara em seu prefácio que conhecia certos santuários ocultos onde a Verdade e a Sabedoria eram ciosamente guardadas por um corpo de Iniciados, para serem concedidas apenas ao postulante que se provasse digno de partilhar dos privilégios destes.) Sr. Waite recomendou ao seu correspondente que lesse um livro chamado *A Nuvem sobre o Santuário.*[1127]

Seu gosto pelo alpinismo se tornara uma poderosa paixão, e ele estava escalando na Cumberlândia quando conheceu Oscar Eckenstein, talvez o maior alpinista de seu tempo, com o qual ele estava destinado a praticar escaladas até 1902 e.v.

No verão, um grupo foi formado para acampar na Geleira Schömbul, ao pé do Dent Blanche, como treino para uma planejada futura expedição aos Himalaias. Durante as semanas na geleira, onde o mau tempo era contínuo, estudou assiduamente a tradução, por S. L. Mathers, de três livros que formam parte da *Kabbalah Denudata* de von Rosenroth. Em uma de suas descidas a Zermatt, encontrou um farmacêutico ilustre, Julian L. Baker, que estudara Alquimia. Perseguiu esta pista através do vale, e fez Baker prometer que se encontraria com ele em Londres no fim da estação, e o apresentaria a outras pessoas interessadas em ocultismo. Isto ocorreu em setembro; através de Baker, entrou em contato com outro farmacêutico, chamado George Cecil Jones, que o apresentou à Hermetic Order of the Golden Dawn. Progrediu rapidamente nesta Ordem, e na primavera de 1900 e.v. era o seu chefe na Inglaterra.[1128] Os detalhes deste período devem ser estudados em "The Temple of Solomon the King", onde se encontra uma descrição circunstanciada da Ordem. Nesta Ordem conheceu um certo Allan Bennett, Frater Iehi Aour. Jones e Bennett eram ambos verdadeiros Adeptos de alto grau.[1129] Bennett veio viver com ele em seu apartamento, e juntos executaram muitas operações de magia cerimonial. Allan Bennett sofria de asma, e transferiu-se para o clima mais clemente do Ceilão no fim de 1899 e.v. Foi ao ingressar nesta Ordem que nosso biografado assumiu o motto de "Perdurabo" – "perdurarei até o fim".

Em julho de 1900 e.v. foi para o México, e lá dedicou seu tempo inteiramente a uma prática contínua de Magia, no que obteve extraordinário sucesso. (Veja-se *Equinox* I (3) para um relato resumido desse período. Podemos mencionar de passagem que ele invocou certos Deuses, Deusas e Espíritos a aparição visível, aprendeu como curar doenças físicas e morais, como se tornar invisível, como obter comunicações de fontes espirituais, como controlar outras mentes etc. etc.) E então...

1127 N.E.: Posteriormente, Crowley fez um trabalho baseado neste livro. Trata-se do *Liber XXXIII.*

1128 N.M.: Nomeado pelo então chefe internacional, S.L. Mathers; mas violentamente oposto pelos outros membros, invejosos de sua promoção rápida, e rebelados contra Mathers. Veja-se *Liber LXI,* "A Lição de História", vv. 7-32.

1129 N.M.: O Motto de Jones como Adeptus Exemptus foi D.D.S.

CAPÍTULO III

COMEÇOS DE MISTICISMO

O NASCIMENTO DE FRATER OY MH

7° = 4□

Oscar Eckenstein, ao chegar ao México, onde ia praticar escaladas com o biografado, encontrou-o num estado de grande desalento. O rapaz alcançara os resultados mais satisfatórios. Era capaz de se comunicar com as forças divinas, e operações como a invisibilidade e a evocação haviam sido dominadas. No entanto, com tudo isto sentia um certo dissabor. O sucesso não lhe dera tudo o que ele esperara. Expôs a situação a seu companheiro, mais para aclarar sua própria mente do que esperando qualquer auxílio, pois supunha ser Eckenstein totalmente ignorante destes assuntos, aos quais habitualmente tratava com desagrado e desprezo.[1130] Imagine-se sua surpresa, então, ao descobrir nesta pessoa pouco promissora um mensageiro da Grande Fraternidade Branca! Seu companheiro lhe disse que abandonasse todo trabalho mágico.

– A Tarefa – disse Eckenstein – necessita do controle da mente. Tua mente divaga demais.

Isto foi indignamente negado.

– Experimenta – disse o Mestre.

Um curto experimento foi conclusivo. Era impossível ao rapaz manter sua mente fixa em qualquer objeto único, mesmo durante alguns segundos. A mente, se bem que perfeitamente estável em movimento, era incapaz de descansar; tal como um giroscópio, cai quando para de girar. Um curso inteiramente novo de exercícios foi, portanto, encetado. Meia hora de manhã e pela noite foram dedicadas a tentativas de controlar a mente pelo simples processo de imaginar um objeto bem familiar, e tentar permanecer concentrado sobre este.[1131]

Logo se tornou suficientemente perito nesta prática inicial para passar à concentração em objetos em movimento regular, como um pêndulo, e finalmente à concentração em objetos vivos. Outra série de experimentos lidou com os outros sentidos. Ele tentou imaginar e reter o gosto de chocolate ou de quinino, o cheiro de diversos perfumes que lhe eram familiares, o som de sinos, de quedas d'água etc., e o toque de substâncias como o veludo, a seda, peles, areia e aço.

Na primavera de 1901 e.v. ele partiu do México para São Francisco, daí para Honolulu, Japão, China e Ceilão, sempre continuando seus novos exercícios. Seu Mestre não lhe dissera aonde estas práticas o levariam por fim. No Ceilão ele encontrou Frater I.A. (Allan Bennett), com quem foi para Kandy, onde alugou um bangalô chamado Marlborough, com vista para o lago.

I.A. estivera se desenvolvendo em linhas similares sob a orientação de P. Ramanathan, o Solicitador-Geral do Ceilão, conhecido dos ocultistas sob o nome de Sri Parananda.[1132] I.A. disse ao jovem que, a fim de se concentrar, ele primeiro deveria assegurar que nenhuma interrupção lhe atingisse a mente vinda do corpo, e aconselhou a adoção de Asana, uma posição única do corpo, em que todo movimento externo deve ser suprimido. Além disto, ele deveria praticar Pranayama, ou controle do alento, que tem um efeito análogo, reduzindo ao mínimo possível os movimentos internos do corpo.[1133]

1130 N.M.: Eckenstein, que já faleceu, fora encarregado de equilibrar o treino de Crowley por atividade física, evitando nestas ocasiões que o jovem iniciado se preocupasse com assuntos de ocultismo. Eckenstein só se revelou a Crowley quando este chegou ao estágio em que uma intervenção direta era necessária.

1131 Veja-se Parte I deste *Liber ABA* para uma descrição desta prática, e uma explicação da dificuldade da tarefa, mesmo no caso de uma pessoa cujos poderes de atenção concentrada, no senso ordinário da frase, estão muito desenvolvidos.

1132 Ele é o autor de comentários sobre os Evangelhos de Mateus e João, que explica como contendo muitos dos aforismos de Yoga.

1133 Veja-se Parte I deste *Liber ABA*. *Equinox* I (4) contém alguns dos relatórios de Frater Perdurabo quanto a estas práticas.

Durante os meses de estadia em Kandy ele praticou tudo isto. Obteve sucesso em Asana: a dor intensa das práticas foi conquistada, e mudada em um senso de conforto e bem-estar físico indescritíveis.

Em Pranayama, ele passou pelo primeiro estágio, que é caracterizado por uma profusa transpiração de um tipo peculiar; pelo segundo, que é acompanhado de rigidez corporal; e pelo terceiro, em que o corpo inconscientemente saltita pelo chão, sem de forma alguma perturbar o Asana.

Entre fins de agosto e meados de setembro, tornou suas práticas contínuas dia e noite, a fim de produzir na mente um ritmo semelhante àquele que Pranayama produz no corpo. Adotou um Mantra, ou sentença sagrada, o qual por constante repetição se tornou automático em seu cérebro, de maneira que perdurava durante o sono, e ele já acordava repetindo mentalmente as palavras. O próprio sono também foi dividido em curtos períodos de um sono muito leve, de tipo peculiar, em que a consciência quase não é perdida, se bem que o corpo obtém perfeito descanso.[1134] Estas práticas continuaram assim até outubro, e no princípio deste mês atingiu o estado de Dhyana, uma tremenda experiência espiritual, em que o sujeito e o objeto da meditação se unem com extrema violência, brilho ofuscante, e música tal que a harmonia terrena não oferece qualquer paralelo.[1135]

Isto, porém, causou uma satisfação tão intensa com seu progresso que ele parou de trabalhar.[1136] Ele então visitou Anuradhapura e outras das cidades soterradas do Ceilão. Em novembro ele viajou para a Índia, e em janeiro visitou I.A. em Akyab, Burma, onde o Adepto estava vivendo em um mosteiro, com a intenção de se preparar para assumir o Robe Amarelo do Sangha Budista. O verão de 1902 e.v. inteiro foi dedicado à planejada expedição a Chogo-Ri (K2) nos Himalaias. Durante esta expedição ele não executou quase nenhum trabalho oculto.[1137]

Novembro de 1902 e.v. encontrou-o em Paris, onde ele permaneceu quase constantemente até a primavera de 1903 e.v., quando regressou à sua casa na Escócia.[1138]

Devemos agora retroceder no passado, para tomarmos um fio que ocorrera através de todo o seu trabalho; um fio tão importante que exige um capítulo à parte: –

1134 N.M.: Isto é um dos possíveis efeitos da prática intensiva.

1135 Veja-se Parte I deste *Liber ABA,* e *Equinox* I (4).

1136 N.M.: Este é o grande perigo dos transes iniciais, quer de Magia ou de Misticismo. A alegria do estudante é tanta que ele perde controle da energia acumulada, a qual se descarrega numa espécie de "curto-circuito", após o que a consciência dele retorna ao normal, em vez de fortificar sua posição no plano mais elevado cuja "abertura", por assim dizer, foi o Dhyana. Veja-se *AL* ii 69-72 para os remédios contra isso.

1137 Um relato da expedição é dado em *Six mois dans l'Himalaya,* pelo Dr. Jacot-Guillarmod. A versão do nosso biografado pode ser encontrada em *The Spirit of Solitude* (*The Confessions of Aleister Crowley*), vol. II.

1138 N.M.: Os leitores observarão que nosso jovem se movimentava com a facilidade de um homem de posses. Ele herdara uma razoável fortuna de seu pai, a qual mais tarde ele despendeu totalmente em publicações da Lei de Thelema.

CAPÍTULO IV

A MAGIA SAGRADA DE ABRAMELIN O MAGO

O NASCIMENTO DE FRATER ——,[1139]

5° = 6□ A∴A∴

1139 O nome místico de um Adepto deste grau não é divulgado sem motivo especial para isto. [N.M.: O Nome indica de que correntes especiais o Adepto assumiu gestão ao atingir o Grau, e se for revelado os “Irmãos Negros” causarão interferência. Outro motivo, que deixou de ter significado neste Æon, é que o Nome podia causar confusão dogmática. Na tradição “cristã” era SATAN-JEHESHUA; na egípcia, OSIRIS-SET; na budista, BUDHA-MARA; na islâmica, ALLAH-SHAITAN; na judaica, OZ-AL. Veja-se *Liber XC:* “Meus adeptos estão retamente erguidos, suas cabeças acima dos céus, seus pés abaixo dos infernos”.

O Nome Místico de Aleister Crowley no Grau de 5° = 6□ A∴A∴ pode agora ser revelado. É Aum.Ha, o que quer dizer que Ele assumiu, como Adepto, gestão espiritual de *todas* as correntes religiosas sobre a face da Terra. Aum.Ha = 111 × 6 = 666. [N.E.: Um fragmento encontrado em um dos diários não publicados de Crowley indica que o Nome usado para este grau era CHRISTEOS LUCIFTIAS.]

Devemos observar que A.C. não percebeu isto, a não ser muitos anos mais tarde. Ele pensara que seu Nome no Grau era Satan-Jeheshua, e que ele assumira gestão exclusivamente da corrente cristã-satânica. Somente muito mais tarde veio a compreender o alcance de sua Iniciação. A Lei é para todos.

Isto não quer dizer que um Adepto não possa mais, por exemplo, assumir o nome de ALLAH-SHAITAN ao alcançar o Grau de Adepto Menor. Mas este Adepto estará submetido à Besta 666, e terá que canalizar as tendências dos ritos de que são a inspiração para que adotem a Lei de Thelema, tal como é expressada em *Liber OZ.*

Que é precisamente isto que está ocorrendo no momento presente; com todas as correntes religiosas do mundo, tornar-se-á evidente a qualquer pessoa que leia jornais ou escute o rádio.]

No outono de 1898 e.v. George Cecil Jones chamara a atenção de Frater Perdurabo para um livro intitulado *O Livro da Magia Sagrada de Abramelin o Mago.* A essência deste livro resume-se no que se segue:

O aspirante deve possuir uma casa livre de espionagem ou interferência. Nesta deve haver um oratório, com uma janela para o Oriente e uma porta ao Norte abrindo para um terraço, do outro lado do qual deve haver um quiosque ou cabana. O aspirante deve possuir um Robe, uma Coroa, uma Baqueta, um Altar, Incenso, Óleo de Unção e uma Lâmina de Prata. O terraço e o quiosque ou cabana devem ter o pavimento coberto de areia fina. O aspirante gradualmente se retira do contato humano, para se dedicar mais e mais à oração durante o espaço de quatro meses. Deve então passar os dois meses seguintes em oração quase contínua, falando o mínimo possível com quem quer que seja. Ao fim deste período, invoca um ente descrito como o Sagrado Anjo Guardião, que lhe aparece (ou a uma criança que ele emprega), e que escreve em orvalho sobre a Lâmina, que é colocada sobre o Altar.

O Oratório se enche de um Divino Perfume sem intervenção por parte do aspirante.[1140]

Após um período de comunhão com o Anjo, o aspirante evoca os Quatro Grandes Príncipes do Mundo Demoníaco, e os força a jurarem obediência.

No dia seguinte ele chama e subjuga os Oito Sub-Príncipes; e no dia após, os muitos Espíritos que servem a estes Sub-Príncipes. Estes Dæmons inferiores, dos quais quatro agem como espíritos familiares, então operam uma coleção de talismãs para diversos propósitos. Tal é um breve relato da Operação descrita no livro.

Esta Operação atraiu fortemente o nosso estudante. Imediatamente começou a procurar uma casa apropriada, e a arranjar todo o necessário para a operação. Tudo estava preparado para começar no princípio da Páscoa de 1900 e.v. (deve ser mencionado que só o trabalho preliminar é tão vasto que uma longa história poderia ser escrita quanto aos acontecimentos desses 18 meses de preparação). A Operação mesma nunca foi encetada. Duas semanas, mais ou menos, antes da data estabelecida para seu início, ele recebeu um urgente apelo do seu Mestre para que o salvasse, e à Ordem, da destruição.[1141] Nosso biografado abandonou seus prospectos de avanço pessoal sem hesitação, e foi às pressas para Paris.

Que o Mestre provou não ser Mestre, e a Ordem nenhuma Ordem, mas a encarnação da Desordem, não influenciou o bom Carma gerado por esta renúncia a um projeto ao qual ele aspirara por tanto tempo.

No México, permaneceu em vigília durante várias noites no Templo da Ordem da Lâmpada da Luz Invisível, uma Ordem cujo Alto Sacerdote está jurado a manter uma Lâmpada Secreta e Eterna sempre acesa. Neste sacrário recebeu um prenúncio da Visão do Sagrado Anjo Guardião, e daquela dos Quatro Grandes Príncipes; ali, também, ele renovou o Juramento da Operação.

(A sua carreira mágica inteira é melhor interpretada como a execução desta Operação.[1142] Não devemos supor que a Iniciação seja formal, seguindo as "unidades" do drama grego, como a iniciação maçônica, por exemplo. A vida inteira do Iniciando está envolvida no processo, que impregna a personalidade inteira; o título oficial da consecução é apenas um sinal daquilo que ocorreu.)

1140 N.M.: Compare-se com *Zanoni.* Eliphas Levi conhecia este Livro de Abramelin (há uma cópia manuscrita na Biblioteca do Arsenal, em Paris, com anotações em sua caligrafia), e confiou-o a Bulwer-Lytton, seu discípulo predileto.

1141 Veja-se *Equinox,*" The Temple of Solomon the King", para um relato razoavelmente circunstanciado destes vários assuntos. O "Mestre" era o falecido S. L. Mathers.

1142 N.M.: A recepção do *Livro da Lei* foi a escritura na Lâmina de Prata.

Ao retornar à Escócia em 1903 e.v. ele encontrou em sua casa ampla evidência da presença das forças da Operação; mas agora, tendo concebido a Obra de uma maneira mais sutil, e decidido a executá-la no Templo de seu próprio corpo, tendo encarado a Magia, em suma, mais ou menos como ela é encarada nas Partes II e III deste *Livro Quatro,* ele estava habilitado a descartar as condições materiais externas desta Operação.

Nós devemos agora passar por alto em alguns anos, e tratar do acabamento da Operação, se bem que isto é, num senso, irrelevante ao propósito deste Livro.[1143]

Durante o inverno de 1905-6 ele estava viajando através da China. Chegara à fase da conquista da mente, e a sua própria se desmoronara. Viu que a mente humana é, por natureza, evanescente, porque sua natureza não é unidade, e sim dualidade. A verdade é relativa. Todas as coisas terminam em mistério. Em tais frases os filósofos do passado formularam esta proposição, anunciando a bancarrota intelectual que ele, com maior franqueza, descreve como insanidade.

Passando por isto, tornou-se ele como uma criancinha, e alcançando a Unidade além da mente descobriu o propósito de sua vida formulado nestas palavras: **A Obtenção do Conhecimento e Conversação do Sagrado Anjo Guardião**.

Percebeu-se, então, tendo destruído todo outro Carma, perfeitamente livre para encetar este trabalho único. Realizou, pois, os seis meses de Invocação prescritos no Livro da Magia Sagrada, e foi recompensado em outubro de 1906 e.v. por um completo sucesso.[1144]

Ele passou a seguir à evocação e conquista dos Quatro Grandes Príncipes e dos Inferiores destes, um trabalho cujos resultados devem ser estudados à luz de sua carreira subsequente.[1145]

Terminamos agora de dizer todo o necessário sobre ele, pois o relato de algumas de suas Consecuções seguintes é dado por completo em *Liber CDXVIII,* "A Visão e a Voz". Também no *Equinox* I (10), "The Temple of Solomon the King", onde os resultados inesperados da Comunhão do Sagrado Anjo Guardião estão descritos por uma simbologia que mal poderá ser compreendida sem referência aos acontecimentos do ano de 1904 e.v., que são agora completamente pertinentes a este Ensaio.

1143 N.M.: Cuja finalidade é narrar as circunstâncias do Ditame do *Livro da Lei.* O completar da Operação ocorreu após a recepção do Livro, a qual, como declaramos acima, equivaleu à escritura na Lâmina de Prata.

1144 Um relato parcial destes assuntos pode ser encontrado no *Equinox* I (7), e no seu próprio poema "Aha!" [N.M.: No seu próprio poema porque os relatos no *Equinox,* a não ser quando são cópias diretas dos relatórios dele, foram em sua maior parte redigidos pelo então Capitão J. F. C. Fuller.]

1145 N.M.: Veja-se os Comentários aos versos 51-53 do terceiro capítulo do *Livro da Lei*, e a passagem de *Liber 418* ali citada.

CAPÍTULO V

OS RESULTADOS DA RECESSÃO

O mais sábio dos papas, ao lhe serem mostrados alguns milagres, recusou-se a se impressionar, dizendo não crer neles, por haver visto demasiados. O resultado das práticas de Meditação e seus efeitos, e, a seguir, daqueles da Magia, deu a nosso estudante uma concepção puramente mental do Universo. Tudo era um fenômeno na mente. Ele não percebera ainda que esta concepção é autodestrutiva; mas ela o tornou cético e indiferente a qualquer acontecimento. Você não pode se impressionar de verdade com qualquer coisa que saiba não ser mais que seus próprios pensamentos. Qualquer ocorrência pode ser interpretada como um pensamento, ou como uma relação entre dois pensamentos. Na prática, isto leva a uma profunda indiferença, pois os milagres já se tornaram rotina. Mas qual não seria o espanto do padre que, colocando a hóstia sobre a língua, sentisse sua boca cheia de carne sangrenta! Neste momento em que escrevemos, é-nos evidente o propósito para o qual nosso estudante fora conduzido a este estado de alma. Não era ao Magista, nem ao Místico: era a um Membro Militante da Associação da Imprensa Racionalista que a grande revelação seria feita. Era necessário provar-lhe que há na realidade um Santuário, que existe realmente um Corpo de Adeptos. Não importa se estes Adeptos estão encarnados ou desencarnados, se são humanos ou divinos. Importa é que haja Seres conscientes, possuidores dos mais profundos segredos da Natureza, dedicados a elevar a humanidade; cheios de Verdade, Sabedoria e Compreensão. É inútil provar a existência de indivíduos cujo conhecimento e poder, se bem que incompletos (pois a natureza de Conhecimento e Poder é tal que eles nunca podem ser completos – mesmo a ideia de Conhecimento e Poder, em si, inclui imperfeições), são, no entanto, enormemente mais desenvolvidos do que tudo que o resto da humanidade conhece.

Era a respeito de um tal corpo de Adeptos que nosso estudante lera em "*A Nuvem Sobre o Santuário*"; a admissão a esse corpo fora a esperança que lhe guiara a vida. Sua consecução prévia enfraquecera, em vez de fortalecer, sua crença na existência de uma tal organização. Não havia ainda ponderado os eventos de sua vida, não adivinhara ainda a serena direção e o firme propósito velados sob o curso aparentemente errático daqueles eventos. Poderia ter sido por acaso que, quando quer que alguma dificuldade se lhe confrontara, a pessoa exata instantaneamente aparecera para resolver o problema, quer nos vales da Suíça, nas montanhas do México, ou nos jângales do Oriente.

Neste período de sua vida, teria rejeitado a ideia como fantástica. Tinha ainda que aprender que a história de Balaão e seu asno profético pode ser literalmente verdadeira. Pois a grande Mensagem que lhe veio não veio através da boca de alguma pessoa com quaisquer pretensões de conhecimento, quer oculto, quer de qualquer outro tipo: mas através da cabeça oca de uma fútil mulher da sociedade. Os fatos evidentes desta revelação devem ser sucintamente descritos em um novo capítulo.

CAPÍTULO VI

A GRANDE REVELAÇÃO

A APARIÇÃO DE A BESTA 666

9° = 2▫

Foi julgado melhor reimprimir, intacto, o relato destes assuntos originalmente compilado para "The Temple of Solomon the King", *Equinox* I (7), pp. 357-386.[1146]

O Sacerdote

Ao abrirmos esta seção, da máxima importância na carreira de Frater P., pessoas imponderadas podem oferecer a crítica que, desde que os acontecimentos a serem narrados tratam mais das relações dele com outros que do seu avanço iniciático pessoal, estes acontecimentos não deveriam ser incluídos neste volume.[1147]

Uma tal crítica é, em verdade, superficial. Certo, os incidentes que vamos relatar ocorreram no plano material, ou em planos contíguos a este; certo, a luz pela qual os examinamos é tão obscura que muito é deixado em dúvida; certo, a suprema consecução mística ainda está por ser registrada; mas, por outro lado, é nossa opinião que o Selo aposto à Consecução pode ser bem descrito pela história daquela Consecução, e nenhuma fase do progresso é mais importante que aquela em que é dito ao aspirante: "Agora que você é capaz de caminhar sozinho, empregue sua força para auxiliar outros a se tornarem capazes de fazer o mesmo!". E assim, este grande evento que estamos a ponto de descrever, um evento que levará (como o tempo demonstrará) ao estabelecimento de um Novo Céu e de uma Nova Terra para todos os homens, veio no disfarce mais humilde e mais simples. Com frequência os deuses vêm assim, vestidos de camponeses ou crianças; mais, eu já escutei em pedras e árvores.

No entanto, não devemos esquecer que há pessoas tão impressionáveis e tão crédulas que qualquer coisa as convence. Suponho que existam quase tantas camas no mundo quanto existe gente; no entanto, para um membro da TFP, toda cama esconde um comunista. Vemos "Victor Hugo" escrevendo sem estilo e "Humberto de Campos" rabiscando sem humor revelações do "além" que chocariam a inteligência até de um marxista ou de um prelado romano; e vemos tais "revelações" e tais "obras de homens ilustres falecidos" protegidas e defendidas com perícia e até coragem.[1148]

Portanto, já que vamos anunciar a revelação divina que foi feita a Frater P., é da máxima importância que estudemos sua mente tal qual era na época da Desvelação. Se verificarmos que era a mente de um neurótico, de um místico, de uma pessoa predisposta, daremos pouca importância à revelação; se era a mente de um sensato homem do mundo, dar-lhe-emos mais atenção.

1146 As notas para esse relato foram elaboradas em colaboração com o Capitão (agora Major-General) J. F. C. Fuller. Todos os possíveis meios de verificação foram empregados.

1147 "The Temple of Solomon the King" fora concebido por Fuller apenas como um registro da consecução pessoal de Aleister Crowley.

1148 N.M.: Modernizamos essa passagem irônica, e a transferimos às condições locais brasileiras; de outra forma faria pouco sentido para o leitor médio. Em matéria de "revelação divina", este editor não pode esquecer uma obra espírita que viu certa vez em uma livraria do Rio, intitulada *A Vida de Jesus Ditada por Ele Mesmo*. [N.E.: TFP é a Sociedade Brasileira de Defesa da Tradição, Família e Propriedade. O trecho original, substituído por Motta, fala de evangélicos e jesuítas, Milton e Locke, ovelhas e saxões.]

Se algum alquimista considerado meio doido sai do seu laboratório e grita da janela que descobriu ouro, seus vizinhos duvidam; mas a conversão ao espiritismo do Professor Lombroso causou grande Impressão àqueles que não compreenderam que a criminologia do professor era apenas a ilusão acumulada de um cérebro doentio.[1149]

Assim, veremos que a A∴A∴ preparou Frater P. sutilmente, por mais de dois anos de treino em racionalismo e indiferentismo, para receber a mensagem d'Eles. E veremos que Eles executaram tão bem Seu trabalho que ele recusou a mensagem por cinco anos mais, a despeito de muitas estranhas provas da verdade dela. Veremos até que Frater P. teve que ser despido de si mesmo antes de poder transmitir a mensagem com eficiência.

A batalha foi entre toda aquela poderosa vontade desenvolvida por ele e a Voz de um Irmão que falou uma vez, e Se calou; e não foi Frater P. quem saiu vencendo.

Deixamos Frater P.[1150] no outono de 1901, tendo alcançado considerável progresso em Yoga. Notamos que em 1902 pouco ou nada praticou de Magia ou Misticismo. Ocupou-se exclusivamente em interpretar os fenômenos ocultos que observara, e sua mente foi mais e mais atraída ao materialismo.

"Que são fenômenos?" – ele se perguntara. "De número não sei, e não posso saber coisa alguma. Tudo que sei é, tanto quanto eu saiba, uma mera modificação da minha mente, uma fase da minha consciência. E o pensamento é uma secreção do cérebro. A consciência é uma função do cérebro."

Se esse pensamento foi contradito pelo óbvio "E o que é o cérebro? Um fenômeno na mente!", isto pesou menos para ele. Parecia à sua mente, ainda desequilibrada (pois todos os homens são desequilibrados até que tenham cruzado o Abismo), que era mais importante dar ênfase à matéria que à mente. O idealismo tinha sido a causa de tanta miséria no mundo! Fora o pai de toda ilusão, sem nunca levar ninguém à pesquisa científica. E, no entanto, que importância tem isto? Todo ato ou pensamento é determinado por uma infinidade de causas; é a resultante de uma infinidade de forças. Analisou Deus: percebeu que todo homem fizera Deus à sua própria imagem. Viu os judeus selvagens e canibais adorando a um Deus selvagem e canibal, que comandava o estupro de virgens e o assassinato de criancinhas. Viu os tímidos habitantes da Índia, raças constantemente vítimas de toda tribo ladra, inventando um efeminado Vishnu; no entanto, sob este mesmo nome, seus conquistadores adoravam um guerreiro, o conquistador de cisnes demoníacos. Contemplou a fina flor da raça humana em qualquer época, os graciosos gregos: que deuses graciosos inventaram! Viu Roma, em sua força dedicada a Marte, Júpiter e Hércules, em sua decadência adorando Átis castrado, Adônis trucidado, Osiris assassinado, Jesus crucificado. Até em sua própria vida pôde perceber toda aspiração, toda devoção, como um reflexo de suas próprias necessidades físicas e intelectuais. Viu também a tolice de todo esse supernaturalismo. Ouviu os bôeres e os ingleses rezarem ao mesmo Deus protestante pedindo vitória na guerra, e ocorreu-lhe que o sucesso inicial dos bôeres foi devido antes a superior coragem do que a rezas superiores, e que sua eventual derrota deveu-se a só poderem levantar sessenta mil homens, na luta contra duzentos e cinquenta mil ingleses.

1149 N.M.: O leitor arguto notará que o paralelo que o parágrafo acima pretende estabelecer é desfeito pela crítica final a Lombroso. A explicação é que Fuller tencionara elogiar o professor; mas A.C., revisando o texto de Fuller para introdução no *Equinox*, mudou o sentido da frase, desta forma repreendendo, ao mesmo tempo, o discípulo. Naquela época, Lombroso, com sua teoria do "tipo criminal congênito", estava tendo grande repercussão; mas hoje em dia a maior parte dos criminologistas considera a tese do professor como simples preconceito disfarçado de ciência. A.C. antecipou-se a esse juízo meio século.

1150 N.M.: No número anterior do *Equinox*, publicado seis meses antes.

Viu, também, a face da humanidade: uma lameira de sangue pingando das sanguessugas da religião grudadas às suas têmporas.

Em tudo isto percebeu ser o homem a única coisa de real valor, a única coisa que valia a pena "salvar"; mas também a única coisa que poderia efetuar a salvação.

Tudo o que conseguira, portanto, abandonou. As intuições da Cabala pôs para trás, sorrindo da tolice de sua juventude; a magia, se verdadeira, não conduzia a parte alguma; Yoga virou psicologia. Para a solução de seus problemas originais quanto ao universo, voltou-se para a metafísica: dedicou seu intelecto ao culto da razão absoluta. Aplicou-se uma vez mais ao estudo de Kant, Hume, Spencer, Huxley, Mansel, Fichte, Schelling, Hegel[1151] e muitos outros; quanto à sua vida, não era ele um homem? Tinha uma esposa; conhecia seu dever para com a raça, e para com seu próprio ilustre ramo desta. Era um viajador e um desportista; pois bem, então, o negócio era viver sua vida! Assim, vemos que de novembro de 1901 até o equinócio de primavera de 1904 não se dedicou a quaisquer práticas, com a exceção de uma semana casual no verão de 1903, e de uma exibição de brinquedo de magia na Câmara do Rei da Grande Pirâmide em novembro de 1903, quando por suas invocações encheu aquela câmara de uma claridade como a da lua cheia. (Isto não foi ilusão subjetiva. A luz era suficiente para que ele lesse o ritual sob ela.) E foi apenas para dizer, no fim: "Viu? E que adianta tudo isto?".[1152]

Vemo-lo escalando montanhas, patinando, pescando, indo atrás de caça grossa, cumprindo os deveres de um esposo; vemo-lo ter aquela antipatia por todas as formas de pensamento e de atividade espiritual que o desapontamento provoca.

Se a gente escala a montanha errada por engano (como pode acontecer), as belezas daquela montanha, por maiores que sejam, não compensam o desapontamento quando o erro é descoberto. Léa pode ter sido muito boa moça, mas Jacó nunca mais quis saber dela após aquele terrível amanhecer quando ele acordou e viu-lhe a face no travesseiro onde, após sete anos de labuta, ele esperara a prometida Raquel.[1153]

Assim, Frater P., após passar cinco anos subindo na árvore errada, perdera o interesse por árvores, ao menos no que concerne o trepar nelas. Poderia se dar à vaidade inocente de dizer: "Vê, Fulano, aquele foi o ramo onde eu marquei minhas iniciais quando era garoto!"; mas ainda que tivesse visto na floresta a Árvore da Vida mesma, com o fruto dourado da Eternidade pendendo de seus ramos, não teria feito mais que levantar sua espingarda de caça e atirar no pombo esvoaçando pela folhagem.

A prova deste "retiro da visão" não é apenas deduzida da falta de quaisquer documentos ocultos em seu fichário da época, ou da completa ocupação da sua vida diária com prazeres e deveres externos e mundanos: a prova é tornada irretorquível e enfática pela evidência positiva de suas composições literárias do período. Destas temos diversos exemplos. Duas são dramatizações da mitologia grega, um assunto que oferece amplas oportunidades ao ocultista; nenhuma das duas apresenta qualquer alusão oculta. Vemos também um poema, "Rosa Mundi", em que as alegrias do puro amor humano são pintadas sem a mínima

---

1151 N.E.: Constam no texto original publicado no *Equinox*, mas foram omitidos da relação traduzida, os nomes de Tyndall e Maudsley.

1152 N.M.: A Câmara do Rei estava, então, como agora, aberta ao turismo; supomos que dinheiro passou de mão apenas para a visita noturna, que deve ser relativamente rara. Adicionamos esta nota para evitar que leitores de mentalidade romântica considerem que foi um "grande feito", ou o produto de "palavras de passe com as antigas fraternidades", efetuar tal cerimônia no "Egito Secreto" de jornalistas charlatães!

1153 N.M.: Note-se, no entanto, que só quando o Sol raiou foi que ele percebeu que Léa não era Raquel. Grande Amante!

nuance de emoção mística. Mais, temos uma peça, "O Come-Deus",[1154] em que a origem das religiões, tal como concebida por Spencer ou Frazer, é exposta em forma dramática; e por fim temos uma sátira, "Por que Jesus chorou";[1155] dura, cínica e brutal em sua avaliação da sociedade, mas descuidosa de qualquer remédio para as mazelas desta.

É como se o passado inteiro do homem, com toda a sua aspiração e consecução, tivesse sido apagado. Ele viu a vida (pela primeira vez, quiçá) com olhos humanos comuns. O cinismo ele podia compreender, o romance podia compreender; fora disto, só a escuridão. A felicidade dormia na mesma cama com o desprezo.

Vemos que, no fim de 1903, ele se dispunha a visitar a China numa expedição desportiva quando uma comunicação muito corriqueira de sua esposa o fez pospor a ideia. "Vamos caçar alguma coisa por um mês ou dois", ele disse a ela, "e se você estiver certa, então voltaremos para babás e médicos".

Assim, nós os encontramos em Hambantota (a província do sudeste do Ceilão), ocupados somente com búfalos, elefantes, leopardos, sambares e cem outros objetos da caça.

Aqui inserimos extratos do diário, indicando uma parca produção se comparado com o que citamos de seu registro prévio no Ceilão.[1156]

Semanas inteiras se passam sem uma palavra: o grande homem jogava bridge, pôquer ou golfe!

A nota de 19 de fevereiro de 1904 parece indicar que a coisa vai se tornar interessante; mas é seguida pela de 20 de fevereiro. É, no entanto, certo que por volta de 14 de março ele alugou um apartamento no Cairo em plena estação de turismo!

Pode haver coisa mais patética?

De forma que a anotação de 16 de março está datada do Cairo. Nossas notas (*de Fuller*) são dadas entre parênteses.

O Diário de Frater P.

(Este diário é extremamente incompleto e fragmentário. Muitas anotações, também, são evidentemente irrelevâncias ou disfarces. Omitimos muito dos dois últimos tipos.)

"Este ano cheio de acontecimentos, 1903, encontra-me num campo sem nome no jângal de uma província do sul do Ceilão; meus pensamentos, outrossim divididos entre Yoga e a caça, são desviados pelo fato de uma esposa..."

1154 N.E.: *The God-Eater: A Tragedy of Satire.*

1155 N.E.: *Why Jesus Wept: A Study of Society and of the Grace of God.*

1156 N.M.: Fuller se refere aos relatórios de Yoga de Frater P. durante seu treino no Ceilão, publicados no *Equinox* I (4). A presente narrativa foi publicada no nº 7.

(Esta referência a Yoga é a Vontade Mágica subconsciente do Iniciado Votado. Ele não estava fazendo coisa alguma, mas ao se examinar, como era seu hábito em certas estações, sentiu-se obrigado a afirmar sua Aspiração.)

1 de Jan.: ... (muitos borrões)... Não acertei nem no corço nem na lebre. Fiquei danado. Porém, o augúrio é que o ano é bom para as obras de Amor e União; mau para as de Ódio. Sejam as minhas de Amor! (Note-se que ele não acrescenta "e União".)[1157]

28 de Jan.: Embarcamos para Suez.

7 de Fev.: Suez.

8 de Fev.: Chegamos a Port Said.

9 de Fev.: Para o Cairo.

11 de Fev.: Vi b.f.g.

b.f.b.

(Esta anotação é completamente ininteligível para nós.)

19 de Fev.: Para Helwan como Déspota Oriental. (Aparentemente, P. assumira algum disfarce, provavelmente com a Intenção de estudar o Islã de dentro, como fizera com o Hinduísmo.)[1158]

20 de Fev.: Começo golfe.

16 de Mar.: Começo inv. (invocação) IAΩ.[1159]

17 de Mar.: ⲑⲱⲟⲩⲑ apareceu.[1160]

18 de Mar.: Devo inv. (invocar) ϩⲱⲱⲣⲓ[1161] como ☉[1162] por novo método.

19 de Mar.: Isto foi feito (mal), meio-dia e trinta.

20 de Mar.: Às 10 da noite melhor – Equinócio dos Deuses – οὔ μή Nov – (novo?) C.R.C. (Christian Rosencreutz; conjeturamos). Hoori agora Hft. (evidentemente "Hierofante")

21 de Mar.: ☉ em ♈ I.A.M. (uma hora da manhã?)

22 de Mar.: X.P.B. احيحا[1163]

1157 Para um praticante de Yoga, "União" serviria.

1158 N.M.: Este era um hábito em que ele imitava Sir Richard Burton, por quem tinha grande admiração.

1159 Dada em *Liber Samekh.*

1160 Thoth, o deus egípcio de Sabedoria e Magia.

1161 Horus.

1162 Sol.

1163 N.E.: Uma expressão em árabe, talvez *aḥīrā* ou *aḥīdā.* O contexto sugere um nome próprio.

(Poderá isto, e a anotação de 24 de março, referir-se ao irmão da A∴A∴ que se encontrou com ele?)

E.P.D. em 84 m.

(Sem significado para nós; provavelmente um disfarce).

23 de Mar.: Y.K. feito. (Seu trabalho sobre o Yi Ching?)[1164]

24 de Mar.: Encontro com احي يحا novamente.

25 de Mar.:	823	Assim
	461	“ ” = p f l y 2 b z
	218	

(Borrão) wch dificuldade com ds.

(Borrão) P.B.

(Tudo ininteligível; possivelmente um disfarce.)

6 de Abr.: Vou novamente a H, levando p. de A.

(Isto é provavelmente um disfarce.)

Antes de prosseguirmos com a história deste período, devemos estabelecer a seguinte premissa:

Frater P. nunca fez um relatório completo deste período. Ele parece ter oscilado entre um absoluto ceticismo (no mau senso da palavra: desgosto pela revelação) de um lado, e um real entusiasmo de outro. E a primeira atitude o induziu a fazer coisas para estragar o efeito da segunda. Daí os “disfarces”e cifras estúpidas e sem significado que desfiguram o diário.

E, como se os Deuses mesmos desejassem obscurecer o Portal, vemos mais tarde que, quando a orgulhosa vontade de P. foi quebrada, e ele desejou tornar mais fácil o trabalho do historiador, sua memória (uma das melhores do mundo) foi completamente incapaz de aclarar as coisas.

Porém, nada de que ele não esteja bem certo será incluído aqui.

Temos um documento completamente sem “disfarces” e digno de estudo: “O Livro de Resultados”, escrito em um dos cadernos japoneses de pergaminho que ele costumava levar consigo. Infelizmente, parece ter sido abandonado após cinco dias. O que aconteceu entre 23 de março e 8 de abril?

1164 Provavelmente um disfarce.

O Livro de Resultados

16 de Mar.: Quarta-feira. Invoco IAΩ.

(Frater P. nos diz que isto foi feito pelo ritual do "não-nascido", idêntico à "Invocação Preliminar"[1165] da *Goécia,* meramente para divertir sua esposa mostrando-lhe os silfos. Ela se recusou a ver quaisquer silfos, ou foi incapaz de fazê-lo; mas ficou "inspirada" e repetia: "Eles estão esperando por você!")

(Nota do Editor: O nome de solteira da mulher dele era Rose Edith Kelly. Ele a chamava de Ouarda, a palavra árabe para "Rosa". Ela é daqui em diante designada por "Ouarda a Vidente", ou "W.", para encurtar.)

16 cont.: W. diz que "eles" estão "me esperando".

17 de Mar.: Quinta-feira. É tudo "sobre a criança". Também, tudo "sobre Osiris".

(Note-se o tom cínico e cético desta anotação. Quão diferente parece à luz de *Liber 418*!)

17 cont.: Thoth, invocado com grande sucesso, está em nós.

(Sim, mas o que aconteceu? Frater P. não tem a mínima ideia.)

18 de Mar.: Sexta-feira. Revelou que quem espera por mim é Horus, que eu ofendi e devo invocar. O ritual dado em esquema. Promessa de sucesso sábado ou domingo, de Samadhi.

(Será "quem espera por mim" outra ironia? Não temos certeza. A revelação do ritual (por W. a vidente) consistiu principalmente numa proibição de todas as fórmulas até então usadas, como se verá do texto impresso mais adiante.)

Foi provavelmente nesse dia que P. examinou W. sobre Horus. Só a notável identificação que ela fez do Deus, seguramente, o teria feito dar-se ao trabalho de obedecer às instruções dela. Ele se lembra de que apenas concordou em obedecer a fim de mostrar-lhe quão tola ela era; e ele a desafiou, dizendo que "nada acontece se a gente quebra todas as regras".

Aqui, pois, inserimos uma curta nota por Frater P., descrevendo como W. identificou R.H.K. (Ra-Hoor-Khuit):

1165 Veja-se *Liber Samekh.*

Como W. Identificou R.H.K. (Ra Hoor Khuit)

1. Força e Fogo. — *(Eu lhe pedi que descrevesse as qualidades morais dele.)*
2. Luz azul-profundo. — *(Eu lhe pedi que descrevesse as condições causadas por ele. Esta luz é inconfundível, e nenhuma outra se lhe assemelha; mas é claro que as palavras dela, se bem que uma descrição razoável desta luz, poderiam se aplicar a alguma outra cor.)*
3. Horus. — *(Eu lhe pedi que apontasse o nome dele numa lista de dez que escrevi ao acaso.)*
4. Reconheceu sua imagem quando a viu. — *(Isto se refere à notável cena no Museu de Boulak, que narraremos em detalhe.)*
5. Conhecia minhas relações passadas com o Deus. — *(Isto quer dizer, eu creio, que ela sabia que eu assumira a função dele em trabalho ritual no templo*[1166] *etc. e que nunca o invocara.)*
6. Conhecia seu inimigo. — *(Eu perguntei, "Quem é o Inimigo dele?". Resposta, "Forças das águas – do Nilo". W. não sabia bulhufas de Egiptologia – ou de qualquer outro assunto.)*
7. Conhecia sua figura lineal e a cor desta. — *(Uma chance em 84.)*
8. Conhecia a posição dele no templo. — *(Uma chance em 4, pelo menos.)*
9. Apontou a arma dele. — *(Em uma lista de 6.)*
10. Apontou a sua natureza planetária. — *(Em uma lista de 7 planetas.)*
11. Apontou seu número. — *(Em uma lista de 10 unidades.)*
12. Selecionou-o de entre
    a) Cinco,
    b) Três símbolos indiferentes, isto é, arbitrários. — *(Isto quer dizer que eu decidi que, entre A, B, C, D e E, D o representaria, e ela então disse D.)*

1166 Veja-se *Equinox* I (2), o Ritual do Neófito da G.D.

Não podemos insistir demasiado quanto ao caráter extraordinário desta Identificação.[1167]

W. nunca pretendera ser clarividente; nem P. jamais tentara treiná-la para tal.

P. tinha grande experiência com clarividentes, e sempre fora um ponto de honra para ele desmascará-los. E aqui estava uma noviça, uma mulher que nunca deveria ter saído de um salão de baile, falando com a autoridade de Deus, e provando-se com toda correção, sem hesitação alguma.

Um só fracasso e P. tê-la-ia mandado às favas. E o fracasso não ocorreu. Calcule-se as probabilidades contra! Não conseguimos encontrar uma expressão matemática para os testes 1, 2, 3, 4, 5 ou 6, mas os outros 7 testes nos dão:

$$\frac{1}{10} \times \frac{1}{84} \times \frac{1}{4} \times \frac{1}{6} \times \frac{1}{7} \times \frac{1}{10} \times \frac{1}{15} = \frac{1}{21.168.000}$$

Vinte e um milhões contra *uma* probabilidade dela passar na metade da prova!

Mesmo se supusermos, o que é absurdo, que ela conhecia as correspondências da Cabala tão bem quanto Frater P., e conhecia as relações secretas dele com o Invisível, precisaríamos esticar a telepatia para explicar o teste 12.[1168]

(Nota: Podemos acrescentar que Frater P. crê, mas não tem certeza, que, além disto, ele testou-a pelo alfabeto hebraico e pelos trunfos do Tarô, em cujo caso as chances contra ela devem ser multiplicadas ainda por 484, elevando-as acima de um bilhão!)

Mas sabemos que ela ignorava por completo as correspondências sutis, que naquela época existiam apenas no cérebro do próprio P.

E mesmo se ela as conhecesse, como poderíamos explicar o que aconteceu a seguir – a descoberta da Estela de Revelação?

Para aplicar o teste 4, Frater P. levou-a ao museu em Boulak, que ainda não haviam visitado. Ela passou (P. notou com silencioso riso) por várias imagens de Horus sem indicá-las. Eles subiram as escadas para o segundo andar. Uma caixa de vidro estava demasiado distante para que seu conteúdo fosse reconhecível. Mas W. o reconheceu! "Lá", gritou ela, "lá está ele!".

Frater P. caminhou até a caixa. Havia ali a imagem de Horus na forma de Ra-Hoor-Khuit, pintada sobre uma estela de madeira da 26ª dinastia – e a caixa tinha o número 666![1169]

1167 N.M.: Aspirantes à A∴A∴ farão bem em estudar este teste, e em aplicar o mesmo rigor à verificação de quaisquer "mensagens do invisível" que venham a receber. É notório que em círculos "ocultistas" ou "espiritualistas" qualquer menção de interrogar o "Mestre", ou "Victor Hugo", ou "Humberto de Campos", ou "Ramatís", ou "Jesus Cristo", ou "Ishmael", ou até mesmo "o guia" por estes métodos provoca queixas de "falta de fé" ou de "desrespeito" por parte do "blasfemador" que ousa sugerir tal coisa!

1168 N.M.: A telepatia explicaria todos os testes, menos a ocorrência no Museu de Boulak, que é inexplicável por simples telepatia, ou até por clarividência. Mas telepatia em tal grau de perfeição é desconhecida mesmo em laboratórios de parapsicologia. Além do mais, por que haveria W. de ser clarividente e telepata *somente* nesta ocasião, nunca antes, e nunca depois? O leitor deve levar tudo isto em consideração, e aplicá-lo à sua própria experiência de fenômenos "ocultos".

1169 Frater P. adotara 666 como o número de seu próprio nome (A Besta) muitos anos antes, em sua infância. [N.M.: A criança manifestara sua vivacidade em alguma arte, e a mãe fanática arrepelara os cabelos e lhe gritara: "Você é a Besta do Apocalipse!". Em sinal de protesto, ele adotara o nome.] Não

(E após isto ainda se passaram cinco anos antes de Frater P. ser compelido a obedecer!)

Este incidente deve ter ocorrido antes de 23 de março, desde que a anotação daquela data se refere a Ankh-f-n-khonsu.

Eis aqui a descrição que P. fez da Estela:

"No museu no Cairo, o Nº 666 é a estela do sacerdote Ankh-f-n-khonsu.

Horus tem um Disco vermelho e um Uraeus verde.

Sua face é verde, sua pele índigo.

Seu colar, tornozeleiras e braceletes são de ouro.

Sua nêmis é azul quase negro.

Sua túnica é a pele de leopardo, e seu avental é verde e ouro.

Verde é a baqueta de duplo Poder; sua m.d. está vazia.[1170]

Em seu trono é índigo o gnômon, vermelho o esquadro.

A luz é *gamboge*.[1171]

Acima dele estão o Globo Alado e a figura curvada da Isis celeste, suas mãos e pés tocando a terra".

Existe um outro objeto para completar o segredo de Sabedoria (P. anota "talvez um Thoth") – ou está nos hieróglifos. (Este último parágrafo foi, nós supomos, ditado por W.)

Incluímos aqui a mais recente tradução da Estela, pelos Srs. Alan Gardiner, Doutor em Literatura, e Battiscombe Gunn. Difere ligeiramente daquela usada por Frater P., a qual foi devida ao curador-assistente do Museu de Boulak.

Estela de ANKH-F-NA-KHONSU

Obverso

Registro do topo (sob Disco Alado):

Behdet (? Hadit?), o Grande Deus, o Senhor do Céu.

pode ter havido conexão causal física aqui; e a coincidência, suficiente para explicar este fato isolado, perde o sentido diante do resto da evidência.

1170 N.M.: Este detalhe está errado; em sua mão direita, Ra-Hoor-Khuit na estela empunha o látego. Este está caído e é difícil de perceber; talvez por isso tenha escapado à atenção de P. durante essa descrição preliminar.

1171 N.M.: Uma mistura harmoniosa de amarelo, alaranjado e ouro.

Registro médio: (duas linhas verticais para a esquerda):

Ra-Harakhti, Mestre dos Deuses.[1172]

(Cinco linhas verticais para a direita):

Osiris, o Sacerdote de Montu, Senhor de Tebas, Porteiro de Nut em Karnak, Ankh-f-n-Khonsu, o Justificado.

(Sob o Altar):

Gado, Gansos, Vinho (?), Pão.

Atrás do deus está o hieróglifo de Amenti.

Registro baixo:

(1) Diz Osiris, o Sacerdote de Montu, Senhor de Tebas, o abridor das Portas de Nu em Karnak, Ankh-f-n-Khonsu, (2) o Justificado: "Salve, Tu cujo elogio é grande (o grandemente elogiado), tu de vontade grande. Ó Alma (ba) mui terrível (literalmente, poderosa, de terror) que dá o terror dele (3) entre os Deuses, brilhando em glória sobre seu grande trono, abrindo caminhos para a Alma (ba) para o Espírito (yekh) e para a Sombra (khabt): Eu estou preparado e eu brilho como quem está preparado. (4) Eu abri caminho ao lugar onde estão Ra, Tom, Khepri e Hathor. Osiris, o Sacerdote de Montu, Senhor de Tebas (5) Ankh-f-na-Khonsu, o Justificado; filho de MNBSNMT;[1173] nascido da portadora-do-Sistro de Amon, a Senhora Atne-sher.

Reverso

Onze linhas de escritura.

(1) Diz Osiris, o Sacerdote de Montu, Senhor de Tebas, Ankh-f-(2)na-Khonsu, o Justificado: Meu coração de minha mãe, meu coração de minha mãe, meu coração[1174] de minha existência (3) sobre a terra, não fiques diante de mim contra mim como uma testemunha, não me repilas (4) entre os Juízes

---

1172 N.M.: Transliterações de hieróglifos egípcios são, por muito favor, tentativas. Os hieróglifos eram hierogramas, não fonogramas. Daí a grande variedade de versões, cada egiptologista preferindo a sua. Mas desde que o *Livro da Lei* foi *ditado,* podemos sem receio adotar a fonética sugerida pelo manuscrito quanto às palavras egípcias que aparecem no texto. Ra-Hoor-Khuit (Ra-Harakhti e Ra-Herakhti são formas comuns entre egiptólogos) significa "Sol dos Dois Horizontes" ou "Sol que nunca morre". É, consequentemente, um conceito completamente diverso do de Osiris, que é identificado com o Oeste, isto é, com o Reino dos Mortos, com a "Morte do Sol". Isto sugere (desde que Ra-Hoor-Khuit era a divindade adorada pelos reis e príncipes, e seus ritos pertenciam aos Mistérios Maiores) que os Iniciados egípcios sabiam que a Terra gira em volta do Sol, e que, consequentemente, mesmo à meia-noite, isto é, na hora de máxima escuridão, o *Sol está fulgindo.*

1173 O nome do pai. O método de soletrar indica que ele era um estrangeiro. Não há pista quanto à vocalização.

1174 Diferente palavra, aparentemente sinônima, mas provavelmente não é.

Soberanos,[1175] nem inclines contra mim na presença do Grande Deus, o Senhor do Ocidente,[1176] (5) agora que eu estou unido à Terra no Grande Ocidente, e não duro mais sobre a Terra".

(6) Diz Osiris,[1177] ele que está em Tebas, Ankh-f-na-Khonsu, o Justificado: "Ó Único, (7) que brilhas como (ou na) Lua; Osiris Ankh-f-(8)na-Khonsu veio ao alto de entre estas tuas multidões. (9) Ele que ajunta esses que estão na Luz, o Mundo Inferior (duat) é (também) (10) aberto para ele: vê, Osiris Ankh-f-na-Khonsu vem (11) de dia para fazer tudo que ele deseja sobre a terra entre os viventes.

Existe um outro objeto para completar o segredo de Sabedoria (P. Anota "talvez um Thoth") ou está nos hieróglifos. (Este último parágrafo foi, nós supomos, ditado por W.)

Nós agora retornamos ao "Livro de Resultados".

19 de Mar.: ♄. O ritual foi escrito e a invocação feita – pouco sucesso.

20 de Mar.: ☉. Revelou (Não podemos estar certos se esta revelação provém de W. ou é um resultado do ritual. Mas quase certamente vem de W., desde que precede a anotação "Grande Sucesso") que o Equinócio dos Deuses chegou, com Horus assumindo o Trono do Oriente, e todos os rituais etc. sendo ab-rogados.

(Para explicar isto, apendemos a este capítulo o Ritual do Equinócio da G.D., que era celebrado na primavera e no outono, dentro de 48 horas após a entrada do Sol em Áries ou Libra.[1178])

20 de Mar. (cont.): Grande sucesso na invocação da meia-noite.

(O outro diz 10 da noite. "Meia-Noite" pode ser uma expressão descuidada, ou talvez marque o momento do clímax do ritual.)

20 de Mar. (cont.): Devo formular um novo elo de uma Ordem com a Força Solar.

(Não fica claro o que aconteceu nesta invocação; mas é evidente, de outra anotação que certamente foi feita mais tarde, que o "grande sucesso" não significa "Samadhi". Pois P. escreve: "Eu estabeleço como absoluta condição que eu devo atingir Samadhi, no próprio interesse do deus". A memória dele concorda quanto a isto. Foi o Samadhi obtido em outubro de 1906 que o colocou novamente no caminho de obediência a esta revelação.

Mas está claro que "grande sucesso" significa algo muito Importante. O cético zombeteiro de 17 de março deve ter tido um choque antes de escrever estas palavras.)

Segunda-feira 21 de Mar.: ☽. O Sol entra em Áries.[1179]

1175 Uma tradução muito convencional e arbitrária da palavra original.

1176 Osiris, claro.

1177 N.M.: Isto é, o morto. A alma do morto, fosse homem ou mulher, era sempre chamada de Osiris. Veja-se *O Livro dos Mortos*. O significado místico era, claro, o de ressurreição da alma, identificada como o Deus. O paralelo com o cristianismo é perfeito. A teologia cristã foi uma tentativa deturpada de adaptar os Mistérios Menores do Egito à mentalidade europeia. Dizemos deturpada porque foi misturada com política pelos iniciados essênios, numa tentativa de fazer dos judeus os regentes religiosos do Ocidente. Deve ser observado que esta tentativa foi bem-sucedida: o cristianismo se tornou um ramo, ou derivação, do judaísmo.

1178 A analogia é entre a "nova fórmula" dada pela "Palavra" semestral na Ordem, e aquela dada cada dois mil anos (mais ou menos) pela Palavra de um Magus à humanidade inteira, ou a parte desta.

1179 Isto é, começa a primavera. [N.E.: O símbolo da lua faz alusão à segunda-feira, *Monday* em inglês.]

Terça-feira 22 de Mar.: ♂. O dia de descanso, em que nada de magia deve ser feito. A quarta-feira deve ser o grande dia de invocação.

(Esta nota é devida à insistência de W., ou à própria imaginação dele racionalizando.)

23 de Mar.: ☿. O Segredo de Sabedoria.

(Omitimos o registro de uma longa e fútil adivinhação pelo Tarô.)[1180]

Neste ponto podemos inserir o Ritual que teve tanto sucesso no dia 20 de março.

Invocação de Horus de Acordo com a Divina Visão de W., a Vidente

Para ser executado diante de uma janela aberta para o L. ou N., sem incenso. O quarto deve estar repleto de joias, mas apenas diamantes serão usados sobre o corpo. Uma espada, não consagrada, um fio de 44 pérolas para contar. De pé. Clara luz do Sol ao meio-dia e meia. Tranque portas. Robes brancos. Pés nus. Grite muito. Sábado. Use o Sinal de Apófis e Tifão.

(O acima é a resposta de W. a várias perguntas feitas por P.)

Preliminar

Banir. Ritual Menor do Pentagrama Banindo. Ritual Menor do Hexagrama Banindo. Espada flamejante. Abrahadabra, Invoque. Como antes.

1180 N.E.: O registro, como encontrado em um dos manuscritos de Crowley, foi publicado em versões posteriores do *Liber ABA* e é reproduzido aqui:

O manuscrito preserva esta adivinhação pelo Tarô:

1. ☿ ou Ank-f-n-khonsu [sic] = οὔ μή.

2. ♂ em ♎ = o ritual é de sexo; ♂ na casa de ♀ excitando o ciúme de ♄ ou Vulcano.

3. ☽ em ♋. 4 de Taças significa Pureza no Caminho.

Este produz

1a. R[ei ou Príncipe] de B[astões] = Força.

2a. Papa [Hierofante] ♉ = Iniciação.

3a. ☿ em ♉ = Sabedoria no Trabalho.

Aquele que permanece no meio é ♂ em ♓ dando-nos o símbolo de Horus como Khephra: – etc., mas 666 explica tudo isto e mais.

(Estas são as ideias de P. para o ritual. W. replicou: “Omita tudo isso”.)

(O Manuscrito deste Ritual exibe muitos indícios textuais de que foi escrito extremamente de improviso, e de que não foi revisado, salvo talvez por uma única leitura. Há erros de gramática e de grafia que não são exceções em todos os Manuscritos de Fra. P.; o uso de maiúsculas é irregular, e a pontuação praticamente inexistente.)

Confissão

Sem estar preparado e sem Te invocar, eu, OY MH (οὔ μή), Frater R.R. et A.C., aqui estou em Tua Presença – pois Tu estás em Toda Parte, ó Senhor Horus! – para confessar humildemente diante de Ti minha negligência e meu desprezo por Ti.

Como me humilharei suficientemente diante de Ti? Tu és o poderoso e inconquistado Senhor do Universo: eu sou uma fagulha da Tua Radiância indizível.

Como me aproximarei de Ti? Mas Tu estás em Toda Parte.

Mas Tu graciosamente Te dignaste chamar-me a Ti, a este Exorcismo de Arte, para que eu possa ser Teu Servo, Teu Adepto, Ó Brilhante, Ó Sol de Glória; Tu me chamaste – então não correrei eu à Tua Presença?

De mãos sujas, portanto, eu venho a Ti, e lamento porque me afastei de Ti – mas tu sabes!

Sim, eu fiz mal!

Se um (Sem dúvida uma referência a S.R.M.D.,[1181] que era muito obcecado por Marte. P. viu Horus primeiro como Geburah; mais tarde, como um aspecto de Tiphereth, incluindo Chesed e Geburah – o Triângulo Vermelho Invertido – uma ideia oposta a Osiris.)[1182] Te blasfemou, por que deveria eu Te abandonar? Mas Tu és o Vingador; tudo é Contigo.

Eu inclino meu pescoço ante Ti; e tal como uma vez Tua espada pousou sobre ele (veja-se a Cerimônia do Neófito da G.D., a Obrigação), assim estou eu em Tuas mãos. Golpeia se Tu queres; poupa se Tu queres; mas aceita-me como sou.

Minha confiança está em Ti; estarei enganado? Este Ritual de Arte; esta Invocação Quarenta e Quatro Vezes; este Sacrifício de Sangue (meramente, supomos, que 44 = DM, sangue. Possivelmente uma tigela de sangue foi usada. P. crê que foi, em algum dos rituais daquela época, mas não está certo de que o tenha sido neste) – estes eu não compreendo.

1181 N.M.: Um dos mottos de S.L. Mathers.

1182 N.M.: Leitores que desejam assimilar o Método Thelêmico devem procurar se abster de interpretar a expressão “ideia oposta” como “ideia hostil”. Os pares de opostos se equilibram mutuamente. Deles depende a harmonia do universo. Nenhuma ideia pode existir acima do “Abismo” que separa o *Manas* de *Buddhi-Manas* (*Neschamah*) a não ser que ela contenha sua contradição em si mesma. Os comentários de *AL* explicam isto circunstancialmente, mas é bom procurar absorver o conceito logo de entrada.

É bastante que eu obedeça ao Teu decreto; se Teu *fiat* proclamar minha miséria eterna, não seria minha alegria executar Tua Sentença sobre mim mesmo?

Por quê? Porque Tudo está em Ti e de Ti; é bastante se eu queimar na glória intolerável de Tua presença.

Chega! Eu me volto para Tua Promessa.

Duvidosas são as Palavras: Escuros são os Caminhos: mas em Tuas Palavras e Caminhos há Luz. Portanto, agora como sempre, eu entro na Trilha da Escuridão, se talvez assim eu puder alcançar a Luz.

Salve!

α **I** א

Soa, toca o mestre acorde!

Puxa, mostra a Espada em Flama!

Criança Rei, Vingador Lorde,

Horus, ouve quem Te chama!

1. Ó Tu da Cabeça de Falcão! Tu, Tu eu invoco! (A cada "Tu eu invoco", no ritual todo, dê o Sinal de Apófis.)

A. Tu, filho único de Osiris Teu Pai, e de Isis Tua Mãe. Ele que foi morto; Ela que Te carregou em Seu útero fugindo do Terror da Água. Tu, Tu eu invoco!

2. Ó Tu cujo Avental é de branco lampejante, mais níveo que a Testa da Manhã! Tu, Tu eu invoco!

B. Ó Tu que formulaste Teu Pai e fertilizaste Tua Mãe! Tu, Tu eu invoco!

3. Ó Tu cuja veste é de glória dourada com as barras azul celeste! Tu, Tu eu invoco!

C. Tu, que vingaste o Horror da Morte; Tu, o matador de Tifão! Tu que levantaste Teus braços e os Dragões da Morte se foram como pó; Tu que levantaste Tua Cabeça, e o Crocodilo do Nilo se abateu diante de Ti! Tu, Tu eu invoco!

4. Ó Tu cuja Nêmes cobre o Universo com noite, o Azul Impermeável! Tu, Tu eu invoco!

D. Tu que viajas no Barco de Rá, governando o Leme do Barco Aftet e do barco Sektet! Tu, Tu eu invoco!

5. Ó Tu que leva a Baqueta de Duplo Poder! Tu, Tu eu invoco!

E. Tu em volta de cuja presença é derramada a escuridão de Luz Azul, a glória insondável do mais externo Éter, a inimaginável imensidade do Espaço. Tu que concentras todos os Trinta Éteres em uma escura esfera de Fogo! Tu, Tu eu invoco!

6. Ó Tu que levas a Rosa e Cruz de Vida e Luz! Tu, Tu eu invoco!

A Voz dos Cinco.

A Voz dos Seis.

Onze são as Vozes.

Abrahadabra!

β II ב

Toca, toca o mestre acorde!

Puxa, mostra a Espada em Flama!

Criança Rei, Vingador Lorde,

Horus, ouve quem Te chama!

1. Pelo teu nome de Rá, eu Te invoco, Falcão do Sol, Tu glorioso!
2. Pelo teu nome Harmachis, mancebo da Manhã Brilhante, eu Te invoco!
3. Pelo teu nome Mau, eu Te invoco, Leão do Sol do Meio-Dia!
4. Pelo teu nome Tum, Falcão da Tarde, esplendor carmesim do Poente, eu Te invoco!
5. Por teu nome Khep-Ra eu Te invoco, Ó Escaravelho da Mestria oculta da Meia-Noite!

A. Pelo teu nome Heru-pa-Kraat, Senhor do Silêncio, Linda Criança que estás de pé sobre os Dragões da Profundeza, eu Te invoco!

B. Por teu nome Apolo eu Te invoco, ó homem de Força e esplendor, ó poeta, ó pai!

C. Pelo teu nome de Febo, que diriges tua carruagem pelo Céu de Zeus, eu Te invoco!

D. Pelo teu nome de Odin eu Te invoco, Ó guerreiro do Norte, Ó Renome das Sagas!

E. Pelo teu nome de Jeheshua, Ó rebento da Estrela Flamígera, eu Te invoco!

F. Pelo Teu próprio, Teu nome secreto Hoori, Tu eu invoco!

Os Nomes são Cinco.

Os Nomes são Seis.

São Onze os Nomes!

Abrahadabra!

Vê! Eu estou de pé no meio. Meu é o símbolo de Osiris; a Ti meus olhos se dirigem sempre. Ao esplendor de Geburah, à Magnificência de Chesed, ao mistério de Daäth, para lá eu levanto meus olhos. Isto busquei, e busquei a Unidade: ouve-me Tu!

γ III ג[1183]

1. Minha é a Cabeça do Homem, e minha visão é penetrante como a do Falcão. Pela minha Cabeça eu Te invoco!

A. Eu sou o filho único de meu Pai e de minha Mãe. Meu Pai está morto. Minha Mãe me deu à luz com o trabalho, a dor e o medo. Por meu corpo eu Te invoco!

2. Em volta minha brilham os Diamantes de Radiância branca e pura. Pelo brilho deles eu Te invoco!

B. Meu é o Triângulo Vermelho Invertido, o Signo dado de nenhum, salvo de Ti, Ó Senhor! (Este sinal fora previamente comunicado por W. Era inteiramente novo para P.) Pelo Lâmem eu Te invoco!

3. Minha é a vestimenta branca bordada a ouro, o abbai lampejante que eu envergo. Pelo meu robe eu Te invoco!

C. Meu é o sinal de Apófis e Tifão! Pelo sinal eu Te invoco!

4. Meu é o turbante de branco e ouro, e meu é o vigor azul do ar íntimo! Pela minha coroa Te invoco!

D. Meus dedos viajam nas Contas de Pérola; assim eu corro atrás de Ti em teu carro de glória. Por meus dedos eu Te invoco! (No sábado a fieira de pérolas rompeu-se; de forma que mudei a invocação para "Meus sigilos místicos viajam no Barco do Akasha etc. Pelos encantamentos Te invoco!". – P.)

5. Levo a Baqueta de Duplo Poder na Voz do Mestre – Abrahadabra! Pela Palavra Te invoco!

E. Minhas são as ondas azul escuro de música na canção que fiz a tempo Te invocando –

Soa, toca o mestre acorde!
Puxa, mostra a Espada em Flama!
Criança Rei, Vingador Lorde,
Horus, ouve quem Te chama!

Pela Canção eu Te invoco!

6. Em minha mão está a tua Espada da Vingança; golpeia à Tua Ordem! Pela Espada que eu Te invoco!

A Voz do Cinco.
A Voz do Seis.
Onze são as Vozes.
Abrahadabra!

1183 N.E.: Esta sessão estava consideravelmente diferente na tradução publicada por Motta (e também no manuscrito) e optou-se por seguir o original de Crowley. Compare-se *O Equinócio dos Deuses* p. 85 e o *Equinox* I (7) p. 381.

δ IV ד

(Esta seção meramente repete a Seção 1 na primeira pessoa. Assim, começa:

1. "Minha é a Cabeça do Falcão! Abrahadabra!"

e termina:

6. "Eu levo a Rosa e Cruz de Vida e Luz! Abrahadabra!"

dando o Sinal a cada Abrahadabra. Permanecendo no Sinal, a invocação finda:)

Portanto, digo a ti: Vem Tu e habita em mim, para que todo Espírito meu, quer do Firmamento, ou do Éter, ou da Terra ou sob a Terra; em terra firme ou na Água, de Ar Regirante ou de Fogo Corrente; e todo encanto e flagelo de Deus o Vasto possa ser Tu.

Abrahadabra!

A Adoração – impromptu.

Feche por banimento. (Creio que isto foi omitido por ordem de W. – P.)

* * * *

O que quer que tenha ocorrido, durante o período de 23 de março a 8 de abril, é pelo menos certo que o trabalho foi continuado até certo ponto, que as inscrições da estela foram traduzidas para Frater P., e que ele as parafraseou em verso. Pois nós o vemos usando ou preparado para usar as mesmas no texto de *Liber Legis.*

Talvez nessa época, talvez mais tarde, ele tenha escrito as "coincidências de nomes da Cabala", às quais agora devemos dirigir a atenção do leitor.

(O manuscrito é um mero esboço fragmentário.)

Nomes-Coincidências da Cabala

ח = 8 = ChITh = ♌ um signo de ☉ = תיח = 418 = Abrahadabra = RA-HVVR (רווה-אר) = Boleskine ניכשלוב.

Também, 8 é o grande símbolo que adoro. (Isto pode ser por causa de sua semelhança com ∞ ou por causa de suas (antiga G.D.) atribuições a Daäth, Perdurabo sendo então um racionalista; ou por alguma outra razão.)

Assim também é 0 (Zero).

0 = א no *Livro de Thoth* (O Tarô).

א = 111 com todos os seus grandes significados, ☉ = 6.

Agora, 666	=	Meu nome
	=	o número da Estela
	=	o número d'A Besta (veja-se Apocalipse)
	=	o número do Homem ☉.

A Besta 666 = אחיהא somando-se as letras em cheio.[1184] (A grafia usual é חיוא)

(א = 111, ח = 418, י = 20, ה = 6, א = 111.)

HRV-RA-HA. [הרו רא הא] 211 + 201 + 6 = 418.

(Este nome ocorre apenas em *Liber Legis,* e é um teste daquele Livro antes que da estela.)

ANKH-P-N-KHONShU-T = אנכה-פ-נ-כהענשו-ט = 666. (Confiamos em que a adição da terminação T será considerada justificada.)

Bes-n-maut	ביש-נא-מאות [= 810]	= 888
Ta-Nich	טא-ניח [= 78]	= ח × א [8 × 111]
Nuteru	נתירו = 666	
Montu	מונטו = 111	
Aiwass	איואס = 78, a influência ou mensageiro, ou o *Livro de Thoth.* (PS.: Note este erro! – Ed.)	
Ta-Nich	טא-ניח = 78[1185]	

Este tanto extraímos de volumes cheios de cálculos minuciosos, a maioria dos quais não é mais inteligível nem mesmo para Frater P.

1184 N.M.: Em cheio, isto é, cada letra sendo igualada à soma das letras que escrevem o nome em hebraico daquela letra. Por exemplo, 1 = א, mas também, ALP (Aleph por extenso em hebraico) = 111 = אלף.

1185 Alternativamente, ש em vez de ח dá 370, עש, Criação.

A memória dele, no entanto, nos assegura que as coincidências foram muito mais numerosas e notáveis que aquelas que podemos reproduzir aqui; mas compreendemos que, afinal de contas, sua atitude é a de que "está tudo em *Liber Legis*". "Sucesso é tua prova; não discutas; não convertas; não fales demais!"

E, de fato, no Comentário àquele Livro será encontrado o suficiente para o mais desconfiado examinador.

Agora, pode ser perguntado, quem era Aiwass? Este é o nome que W. deu a P. como do seu informante. Também é o nome dado como aquele do revelador de *Liber Legis.* Mas quer Aiwass seja um ente espiritual ou um homem conhecido de Frater P., é assunto de mera conjetura. Seu número é 78,[1186] o número de Mezla, o Canal através do qual Macroprosopus Se revela ou derrama Sua influência sobre Microprosopus.[1187]

Assim, nós vemos que Frater P. fala de Aiwass em certas ocasiões como de outro homem, porém mais avançado; em outras ocasiões, como se fosse o nome do seu próprio superior na Hierarquia Espiritual. E para todas as nossas perguntas Frater P. tem uma resposta, quer apontando "a sutil distinção metafísica entre a curiosidade e o trabalho honesto", ou dizendo que entre os Irmãos "nomes são apenas mentiras", ou de alguma outra forma derrotando o propósito chão e simples do historiador.

O mesmo se aplica a todas as perguntas quanto a V.V.V.V.V.,[1188] com esta diferença, que neste caso ele condescende em argumentar e instruir. Em certa ocasião ele disse ao presente escritor:[1189]

"Se eu te disser que V.V.V.V.V. é um Sr. Smith que vive em Clapham, tu imediatamente sairás por aí anunciando a todo mundo que V.V.V.V.V. é um Sr. Smith de Clapham, o que não é verdade. V.V.V.V.V. é a Luz do Mundo mesma, o único Mediador entre Deus e o Homem; e no teu presente estado mental (aquele de um boçal) tu não podes perceber que as duas asserções podem ser idênticas para os Irmãos da A∴A∴! Não foi teu tataravô quem disse que nada de bom poderia sair de Nazaré? "Não é este o filho do carpinteiro? Não é a mãe dele chamada Maria? E seus irmãos, Jaime e José e Simão e Judas? E as irmãs dele, não estão todas elas conosco? De onde então tem este homem tudo isto? E eles se ofenderam com ele".

Similarmente, com respeito à redação de *Liber Legis,* Frater P. diz apenas que não foi de forma alguma uma "escritura automática"; que ele ouviu clara e distintamente os acentos humanos, articulados, de um homem falando. Uma vez, na página 6, foi-lhe dito que editasse uma sentença; e uma vez, na página 19, W. põe uma sentença que ele não tinha conseguido ouvir.

A essa redação agora nos voltamos.

Deve ter sido no dia primeiro de abril que W. ordenou a P. (agora um tanto escabreado) que entrasse no "templo" exatamente às 12 horas do meio-dia em três dias sucessivos, e que escrevesse o que ouvisse, levantando-se da cadeira exatamente às treze horas.

Isto ele fez. No momento em que se sentou a Voz começou o seu Ditame, parando exatamente no fim da hora.

1186 Mas veja-se os miraculosos acontecimentos relacionados com "A Renascença da Magia", em que ele é mostrado como 93.

1187 Isto é, é o mensageiro de Deus ao Homem.

1188 O motto de Frater P. como Magister Templi 8° = 3□. Ele o usou em Sua função de dar os "Livros Oficiais da A∴A∴" ao mundo no *Equinox.*

1189 J. F. C. Fuller.

Estes são os três capítulos de *Liber Legis,* e nós não temos mais nada a acrescentar.

O título completo do livro é, como P. primeiro decidiu chamá-lo,

Liber L vel Legis

sub figura CCXX

qual dado por LXXVIII a DCLXVI

e esta é a Primeira e Maior dessas publicações em Classe A da A∴A∴, das quais "não se deve alterar sequer o estilo de uma letra".

(Este foi o título original idealizado por 666 para aparecer na publicação de 1909. A "Chave de tudo", e a verdadeira grafia de Aiwass, ainda não haviam sido descobertas.)

FESTIVAL DO EQUINÓCIO

(Templo arranjado como para 0° = 0□)

Hierofante. (*bate*) Fratres e Sorores de todos os graus da Aurora Dourada na Externa, celebremos o Festival do Equinócio (*Vernal*) Outonal!

Todos se levantam.

Ht. Frater Kerux, proclame o fato, e anuncie a ab-rogação da Palavra de Passe presente.

Kerux (*indo para a direita do Ht., saudando, e voltando-se para o Oeste*) Em nome do Senhor do Universo, e por ordem do M.G.Ht., eu proclamo o Equinócio (*Vernal*) Outonal, e declaro que a Palavra de Passe .... está abrogada.

Ht. De acordo com o antigo costume, consagremos o retorno do Equinócio (Vernal) Outonal.

Luz.

Hs. Escuridão.

Ht. Leste.

Hs. Oeste.

Ht. Ar.

Hs. Água.

Hg. (*bate*) Eu sou o Reconciliador entre eles.

(*Todos dão os sinais)*

D. Calor.

S. Frio.

D. Sul.

S. Norte.

D. Fogo.

S. Terra.

Hg. (*bate*) Eu sou o Reconciliador entre eles.

(*Todos dão os sinais)*

Cada oficial que se retira, começando pelo Ht., deixa por sua vez sua posição pelo lado esquerdo, e caminha para o pé do Trono. Ele ali se despe, colocando o robe e o lâmem ao pé do Trono ou Plataforma. Então segue o curso do Sol até o Altar, e ali depõe sua insígnia especial, a saber: Ht., o Cetro; Hs., a Espada; Hg., o Cetro; K., Lâmpada e Baqueta; S., Taça; D., Incensário; repetindo, enquanto assim faz, a Palavra de Passe que está sendo ab-rogada.

Ht. *Tomando a Rosa de sobre o Altar, retorna com o Sol à sua posição.*

Hs. *Toma a Taça de Vinho.*

Hg. *Espera pelo Kerux e toma a Lâmpada Vermelha deste.*

K. *Não toma coisa alguma.*

S. *Toma a bandeja com sal.*

D. *Toma o emblema do Fogo Elemental.*

Cada um deles retorna ao seu lugar.

Os membros restantes formam uma coluna ao Norte e, liderados pelo K., procedem para o Leste; quando todos estão em coluna ao longo do Lado Leste do Templo, cada qual se vira para a esquerda e encara o Hierofante.

Ht. Adoremos o Senhor do Universo.

Santo és Tu, Senhor do Ar, que criaste o Firmamento. (*Fazendo com a Rosa o sinal da Cruz no Ar em direção ao Leste.*)

Todos fazem sinais. A procissão se move para Oeste, para, e encara o Oeste.

Hs. (*encarando o Oeste*) Adoremos o Senhor do Universo.

Santo és Tu, Senhor das Águas, onde Teu Espírito Se moveu no começo. (*Fazendo com a Taça o sinal da Cruz no Ar diante dele.*)

Todos fazem sinais. A procissão passa ao Norte. Todos param e encaram o Norte.

S. (*encarando o Norte*) Adoremos o Senhor do Universo.

Santo és Tu, Senhor da Terra, da qual fizeste o Teu escabelo. (*Fazendo com a bandeja de Sal o sinal da Cruz em direção ao Norte.*)

Todos dão sinais. Todos reassumem seus lugares e encaram a direção usual.

Hg. Adoremos o Senhor do Universo.

Santo és Tu, Quem estás em todas as coisas, em Quem todas as coisas estão.

Se subo ao Céu, Tu lá estás.

Se desço ao Inferno, Tu lá estás também.

Se tomo as Asas da Manhã, e permaneço nas mais longínquas partes do Mar, mesmo lá Tua mão me guiará e Tua mão direita me sustentará.

Se digo "Talvez a Escuridão me envolva", mesmo a Noite será Luz para Ti.

Teu é o Ar com seu Movimento.

Teu é o Fogo com sua Flama que lampeja.

Tua é a Água com seu Fluxo e Refluxo.

Tua é a Terra com sua Eterna Estabilidade.

(Faz o sinal da Cruz com a Lâmpada Vermelha.)

Todos fazem sinais. Ht. vai para o Altar e deposita a Rosa. Enquanto isso, Imperator assume o Trono.

Ht. retorna a um assento à esquerda imediata como Ex-Hierofante. Cada Oficial antigo agora vai por sua vez ao Altar e coloca sobre este a insígnia que retirara dali. Eles voltam de mãos nuas às posições dos seus graus, não aos seus Tronos; sentam-se como membros comuns, deixando todas as posições oficiais vagas.

Imperator. Pelo Poder e Autoridade em mim investidos, eu confiro sobre vós a nova Palavra de Passe. É ....

Os oficiais do Templo para o semestre que começa são: – *(Lê lista dos Novos Oficiais.)*

Os Novos Oficiais vêm, um de cada vez, e são vestidos pelo Imperator. Cada novo Oficial por sua vez vai ao Altar e apanha sua insígnia, repetindo em voz alta:

Pela Palavra de Passe .... eu reclamo minha (meu) ....

S., após apanhar sua Taça, purifica a Sala e os Membros com Água, sem que Ht. diga nada a não ser que S. se esqueça deste dever.

D., após tomar seu Incensário, consagra a Sala e os Membros com Fogo, sem fala desnecessária por parte do Ht.

A CIRCUM-AMBULAÇÃO MÍSTICA

Isto deveria ocorrer em Silêncio, mas se os Membros não tiverem Rituais o Ht. pode organizar a coisa como segue: Todos entram em forma ao Norte, K., Hg., Membros, Hs., S., D.

Cada Membro ao passar pelo Trono repete a Palavra de Passe em voz alta.

Ht. Invoquemos o Senhor do Universo.

Senhor do Universo, Abençoado seja Teu Nome Eternamente. Olha com favor esta Ordem, e concede que seus membros possam por fim alcançar o verdadeiro *Summum Bonum*, a Pedra dos Sábios, a Sabedoria Perfeita e a Luz Eterna. Para Glória do Teu Nome Inefável. AMEN.

Todos saúdam.

Ht. Frater Kerux, em Nome do Senhor do Universo, eu te ordeno que declares que o Equinócio (*Vernal*) Outonal retornou e que .... é a Palavra de Passe para os próximos seis meses.

K. Em Nome do Senhor do Universo e por ordem do M.G. Ht., eu declaro que o Sol entrou em (*Áries*) Libra e que a Palavra de Passe para o meio ano que começa será ....

Ht. Khabs. Pax. Em.

Hs. Am. Konx. Extensão.

Hg. Pekht. Om. Luz.

CAPÍTULO VII

OBSERVAÇÕES SOBRE A MANEIRA COMO LIBER LEGIS FOI RECEBIDO, SOBRE AS CONDIÇÕES EXISTENTES DURANTE O DITAME E SOBRE CERTAS DIFICULDADES LIGADAS À FORMA E AO ESTILO DO LIVRO[1190]

1190 Este ensaio foi escrito independentemente de qualquer ideia de sua presente inclusão neste Livro, por A Besta 666 Ele mesmo, na Abadia de Thelema em Cefalù, Sicília. Nenhuma desculpa mais é oferecida por quaisquer repetições de coisas já ditas em capítulos prévios.

I

Certas perguntas muito sérias têm se erguido com respeito ao método pelo qual este Livro foi obtido. Não me refiro às dúvidas – reais ou fingidas – que a hostilidade engendra, pois todas estas são dissipadas por estudo do texto; nenhum falsário poderia ter preparado uma rede de enigmas numéricos e literal tão difícil a ponto dele se ver:

A. Dedicado à solução anos e anos após;

B. Despistado por uma simplicidade que, quando desvelada, deixa a gente boquiaberta ante a sua profundidade;

C. Esclarecido apenas por progressiva iniciação, ou por eventos "acidentais" aparentemente sem conexão com o Livro, que ocorreram muito após sua publicação;

D. Hostil, confuso e desgostoso, mesmo em face de testemunho independente quanto ao poder e clareza do Livro, e do fato de que, por Sua luz, outros homens têm atingido os mais elevados cumes da iniciação em uma mínima fração do tempo que o passado e a tradição nos levariam a esperar; e

E. Enraivecidamente indisposto a executar aquela parte da Obra que lhe foi designada (detalhada no Capítulo III), mesmo quando o curso de eventos no planeta – guerra, revoluções e o colapso dos sistemas sociais e religiosos – lhe provava claramente que, quer ele gostasse quer não, Ra-Hoor-Khuit era de fato Senhor do Æon, a Criança Coroada e Conquistadora, cuja inocência significava apenas inumana crueldade e insensata destrutibilidade quando ele vingou Isis, nossa mãe a Terra e o Céu, do assassinato e mutilação de Osiris, o Homem, seu filho.

A Guerra de 1914-1918 e as seguintes provaram, até aos mais obtusos estadistas, além da possibilidade de disfarce mesmo por parte dos teólogos mais astuciosamente sofísticos, que a morte não é um benefício sem inconvenientes, quer para o indivíduo, quer para a comunidade; que força inteligente e virilidade sadia são mais úteis a uma nação que uma respeitabilidade covarde e um servilismo emasculado; que o gênio marcha ombro a ombro com a coragem, enquanto o senso de vergonha e de pecado rasteja com o derrotismo.

Por estes motivos e muitos mais estou certo, eu a Besta, cujo número é Seiscentos e Sessenta e Seis, de que este Terceiro Capítulo do *Livro da Lei* é nada menos que a autêntica Palavra, a Palavra do Æon, a Verdade sobre a Natureza nesta época e sobre este planeta. Eu o escrevi, odiando-o e escarnecendo dele, secretamente alegre de que poderia utilizá-lo para me revoltar contra esta Tarefa terribilíssima que os deuses atiraram sem remorso sobre os meus ombros: a Cruz deles de aço em brasa, que devo carregar até o meu Calvário, o lugar do crânio, para lá ser desembaraçado de seu peso, apenas para que possa ser crucificado sobre ela. Mas, sendo erguido, eu atrairei o mundo inteiro a mim, e os homens me adorarão, A Besta, Seiscentos e Sessenta e Seis, celebrando a mim sua Missa da Meia-Noite toda vez que eles fizerem aquilo que querem, e matando para mim sobre Meu altar aquela vítima que mais me agrada, Eles Mesmos; quando o Amor planejar, e a Vontade executar o Rito pelo qual (saibam eles ou não) seu Deus-no-homem me é oferecido, a mim A Besta, Deus deles; o Rito cuja virtude (fazendo o Deus deles da sua Besta entronada) nada deixa, por bestial que seja, por divinizar.

Em tais linhas, minha própria "conversão" a minha própria "religião" ainda pode vir a ocorrer, se bem que enquanto escrevo estas palavras faltem apenas doze semanas para completar dezesseis anos da escritura do Livro.[1191]

II

Esta longa digressão é apenas para explicar que eu, mesmo eu, que publico *Liber Legis,* não sou um partidário fanático. Obedecerei a certas de minhas ordens (III, 42) "Não discutas, não convertas"; ainda que evitando algumas outras. Não me dignarei responder a perguntas céticas quanto à origem do Livro. "Sucesso é tua prova." Eu, entre todos os homens sobre a Terra, reputado como o mais poderoso em Magia, por meus inimigos mais que por meus amigos, tentei perder este Livro, esquecê-lo, desafiá-lo, criticá-lo, escapar dele, durante quase dezesseis anos; e o Livro me mantém no curso que o Livro estabelece, assim como a Montanha de Pedra-Ímã atrai os navios, ou como Hélios por laços invisíveis controla seus planetas; sim, ou como Babalon aperta entre suas coxas a Grande Besta Selvagem em que ela cavalga!

Tanto para os céticos; ponde vossas cabeças na boca do Leão: assim podereis certificar-vos se estou estufado com palha!

Mas no texto do Livro mesmo há espinhos para a carne do cortejador mais ardente quando ele mergulha sua face nas rosas; uma parte da vima que sobe no Tirso deste Dionísio é venenosa. A pergunta se levanta, especialmente quando o manuscrito original, em minha caligrafia, é examinado: "Quem escreveu estas palavras?".

Está claro que eu as escrevi, tinta no papel, no senso material; mas elas não são Minhas palavras, a não ser que Aiwass seja considerado não mais que o meu subconsciente, ou parte deste; nesse caso, com o meu consciente ignorando a Verdade do Livro, e sendo hostil à maior parte de sua ética e filosofia, Aiwass torna-se uma parte severamente suprimida de mim.[1192] Se assim for, o teórico deverá sugerir um motivo para esse desabafo explosivo, no entanto cerimoniosamente controlado, e fornecer uma explicação de como Eventos em anos subsequentes se conformaram com a palavra d'Ele, seja escrita ou publicada. Em qualquer caso, o que quer que "Aiwass" seja, "Aiwass" é uma Inteligência possuidora de poder e conhecimento absolutamente além da experiência humana; e, portanto, Aiwass é um Ente merecedor, tanto quanto o uso corrente da palavra permite, do título de um Deus; sim, em verdade e amém, de um Deus. A humanidade não tem registro de um fato como este, estabelecido por provas asseguradas além de quaisquer sofismas críticos; não tem outro Livro como este para testemunhar a existência

---

1191 Escrito em 1920 e.v.

1192 Uma tal teoria, além do mais, implicaria que eu, sem saber, possuo tudo quanto é conhecimento e poder preternaturais. A lei de Parcimônia de Pensamento (Sir W. Hamilton) refuta isto. Aiwass Se chama a Si Mesmo de "ministro de Hoor-paar-kraat", o gêmeo de Heru-ra-ha. Esta é a forma dual de Horus, filho de Isis e Osiris. [N.M.: Hoor-paar-kraat é o gêmeo de Ra-Hoor-Khuit; Heru-ra-ha inclui ambas as formas. Esta confusão é outra prova da hostilidade subconsciente que ainda subsistia na mente de A.C. na época em que ele escreveu isto.]

de uma Inteligência præter-humana e articulada, propositalmente intervindo na filosofia, religião, ética, economia e política do Planeta.

A prova da Natureza præter-humana de Aiwass – chamem-n'O de Diabo, ou Deus, ou mesmo de Elemental, se quiserem – é em parte externa, dependendo de eventos e pessoas fora da esfera da Sua influência; e em parte interna, dependendo da cifra de:

A. certas Verdades, algumas previamente conhecidas, outras não, mas a maior parte além do alcance de Minha mente na época do ditame;

B. de uma harmonia de letras e números sutil, delicada e exata; e

C. de Chaves de todos os mistérios da vida – tanto pertinentes à ciência oculta quanto a outras coisas – e de todas as Fechaduras do Pensamento; estas três galáxias de glória, repito, encerradas numa cifra simples e luminosa, no entanto ilegível durante mais de quatorze anos, e mesmo então traduzida não por Mim, mas por Minha misteriosa Criança, de acordo com a Presciência escrita no próprio Livro em termos tão complexos que o cumprimento exato das condições do nascimento da Criança, que ocorreram com incrível precisão, parecia impossível; uma cifra envolvendo matemática avançada e um conhecimento das cabalas hebraica, grega e arábica, assim como da Verdadeira Palavra Perdida dos Franco-Maçons; uma cifra que, no entanto, está encerrada no tecido casual de palavras inglesas comuns, e mais – até na circunstância, aparentemente acidental, das letras traçadas pelo rabisco apressado da Minha pena.

Muitos destes casos de duplo sentido, paranomásia em um idioma ou em outro, e mesmo (numa ocasião) de uma iluminadora ligação de letras em linhas diversas por um rabisco brusco, serão expostos na seção cabalística do Comentário.[1193]

III

Como um exemplo do primeiro método mencionado acima, temos, no Cap. III: "O tolo lê este Livro da Lei, e seu comento; & ele não o compreende". Isto tem um senso-inverso secreto, significando: O tolo (Parzival = Fra. O.I.V.V.I.O.) o compreende (sendo um Magister Templi, o Grau atribuído à Compreensão) não (isto é, como sendo "não").

Este Parzival, cuja soma é 418, é (na lenda do Graal) o filho de Kamuret, cuja soma é 666, sendo o filho de mim, A Besta, pela Mulher Escarlate, Hilarion. Este foi um nome que ela escolheu enquanto meio ébria, como um plágio da lenda teosófica, mas contendo muitas das nossas letras-números-chaves dos Mistérios; também, o número de pétalas do mais sagrado lótus. Sua soma é 1001, que é também Sete vezes Onze vezes Treze, uma série de fatores que pode ser lida como: o Amor da Mulher Escarlate

1193 Em preparação.

pela Magia produz Unidade, em hebraico Achad. Pois 7 é o número de Vênus, e o Nome secreto de sete letras de minha concubina Babalon é escrito com Sete Setes, assim:

$$77 + \frac{7+7}{7} + 77 = 156, \text{ o número de Babalon.}$$

418 é o número da Palavra da Fórmula Mágica deste Æon. (666 sou Eu, A Besta.)

Parzival usou também o nome Achad como Neófito da A∴A∴, e foi Achad quem Hilarion Me deu como filho. E Achad significa Unidade, e a letra da Unidade é Aleph, a letra d'O Tolo no Tarô. Agora, este Tolo invocou a Fórmula Mágica do Æon ao assumir como seu Nome Mágico, ou Verdadeiro, um cuja soma também é 418.

Ele tomou este Nome ao entrar para a Gnose onde está a Compreensão; e ele compreendeu este Livro como não. Isto é, ele compreendeu que este Livro era, por assim dizer, uma vestimenta ou véu sobre a ideia de "não". Em hebraico *não* é *LA,* 31, e *AL* é Deus, 31, enquanto há um terceiro 31 escondido ainda mais profundamente na letra dupla *ST,* que é um glifo gráfico do Sol e da Lua conjugados para aparentarem um Falo em ereção, encurtado por perspectiva, assim – ©[1194] – quando escrito em maiúsculas [CΘ]. O *S* [C] ou Sigma é como um falo, assim, σ quando escrito minúsculo; e como uma serpente ou espermatozoide quando escrito final, assim, ς. O *T* ou Teta [Θ] é o ponto no círculo, ou *phallus* no *kteis,* e também o Sol, tal como *C* é a Lua, macho e fêmea.

Mas Sigma [σ] em hebraico é Shin [ש], 300, a letra do Fogo e do "Espírito dos Deuses", que paira sobre o Abismo Amorfo no Começo, sendo por forma uma tripla língua de fogo, e por significado um dente, que é a única parte da secreta e sólida fundação do Homem (o esqueleto) que é normalmente visível. Dentes servem ao Homem para lutar, para esmagar, para rasgar, para morder e segurar sua presa; eles testemunham que ele é um animal feroz, perigoso e carnívoro. Mas eles são também as melhores testemunhas da maestria do Espírito sobre a Matéria, a extrema dureza da substância deles sendo esculpida e polida e coberta com uma camada lustrosa pela Vida, com tanta facilidade e beleza quanto ela exibe com tipos de substância naturalmente mais plásticos.

Os dentes são desvelados quando nosso Ente Secreto – nosso Eu Subconsciente, cuja Imagem Mágica é nossa individualidade expressada em forma mental e corporal – nosso Sagrado Anjo Guardião – se manifesta e declara nossa Verdadeira Vontade a nossos semelhantes, quer num arreganho ou repuxo dos lábios, quer num sorriso ou numa gargalhada.

Dentes nos servem para pronunciarmos as letras dentais, as quais em sua mais profunda natureza expressam decisão, fortaleza, resistência, tal como as guturais sugerem o alento da Vida mesmo, fluindo livremente, e as labiais as vibrações duplas de ação e reação. Pronuncie *T, D, S* ou *N,* e você as perceberá todas contínuas exalações bruscas, cuja diferença é determinada somente pela posição da língua, os dentes estando à mostra como quando uma besta acuada se vira e enfrenta os caçadores. O som sibilante de *S* ou *Sh* é a nossa palavra inglesa, e também hebraica, "**Hush**", um *S* fortemente aspirado, e sugere o silvo de uma cobra. Agora, este sibilo é o sinal comum de reconhecimento entre os homens quando um deseja chamar a atenção de outro[1195] sem perturbar o silêncio mais do que o necessário. (Temos também

---

1194 N.M.: A forma arcaica das duas maiúsculas gregas *S* e *T* era, respectivamente, ☾ e ⊙. Nas inscrições mais antigas elas são encontradas assim. A combinação das duas letras é, portanto, um hieróglifo do Falo em ereção, isto é, do "Diabo" ou do "Cristo".

1195 N.M.: Compare-se o português "Psiu" ou "Psst!".

***Hist**,* nossa Dupla Letra.) Este sibilo significa: "Atenção! Um homem!". Pois em todas as línguas semíticas, e em algumas arianas, *ISh* ou uma palavra muito similar significa "um homem". Pronuncie-a: você deve mostrar seus dentes cerrados como em desafio, e expirar fortemente como quando está excitado.

Hiss! Sh! Significa: "Fique quieto! Há perigo se você for ouvido. Atenção! Há um homem alhures, mortífero como uma cobra. Respire com força; vem briga aí".

Este *Sh* é então o forte, sutil criador Espírito de Vida, fogoso e triplo, contínuo, Silêncio de puro Alento modificado em som por trinta e dois obstáculos, tal como o Zero do Espaço Vazio, se bem que contenha toda Vida, apenas toma forma de acordo (como dizem os Cabalistas) com os trinta e dois "Caminhos" de Número e Letra que o obstruem.

Agora, a outra letra, Teta [Θ] ou Teth [ט], tem o valor de Nove, que é o valor de *AVB,* a Magia Secreta de Obeah, e da Sephira Yesod, que é o assento no homem da função sexual, pela Magia da qual ele vence mesmo a Morte, e isto em mais do que uma maneira; maneiras tais que são conhecidas apenas pelos mais elevados e mais dignos Iniciados, batizados pelo Batismo da Sabedoria, e comungantes naquela Eucaristia em que o Fragmento da Hóstia no cálice se torna inteiro.[1196]

Este *T* é a letra de Leo, o Leão, a casa do céu sagrada ao Sol. (Assim, nós o encontramos também no número 6, de onde vem 666.)[1197] E Teth [ט] significa a Serpente, o símbolo da Vida Mágica da Alma, senhor da "baqueta dupla" de vida e morte. A serpente é régia, encapuçada, sábia, silenciosa, salvo por um sibilo quando é necessário que desvele sua Vontade; devora sua cauda – o glifo da Eternidade, do Nada e do Espaço; ela se move ondulando, uma essência imaterial viajando através de crista e côncavo, como a alma de um homem através de vidas e mortes. Ela se endireita: é a Vara que golpeia, a Radiância-Luz do Sol ou a Radiância-Vida do Falo.

O som de *T* é tênue e bruscamente final; sugere um ato espontâneo súbito e irrevogável, como a mordida de uma cobra, a bocada do leão, a insolação e o golpe do Lingam.

Agora, no Tarô o Trunfo ilustrando esta letra *Sh* é uma velha forma da Estela de Revelação, Nuit com Shu e Seb, o pantáculo ou pintura mágica do velho Æon, tal como Nuit com Hadit e Ra-Hoor-Khuit é a forma do novo. O número deste Trunfo é XX. É chamado o Anjo, o mensageiro vindo do Céu com a nova Palavra, o Trunfo dando a pintura de *T* é chamado a Força. Mostra a Mulher Escarlate, Babalon, cavalgando a mim (ou conjugada comigo), A Besta; e esta carta é minha carta especial, pois eu sou Baphomet, "o Leão e a Serpente", e 666, o "número inteiro" do Sol.[1198]

Assim, pois, tal como *Sh,* XX, mostra os Deuses do *Livro da Lei* e *T,* XI, mostra os seres humanos naquele Livro (eu e minha concubina), as duas cartas juntas ilustram o Livro inteiro em forma pictórica.

Agora, XX + XI = XXXI, 31, o terceiro 31, que necessitamos colocar com *LA,* 31, e *AL,* 31, para que possamos ter 31 × 3 = 93, a Palavra da Lei, θελημα, Vontade, e a αγαπη, Amor, que sob Vontade é a Lei. É também o número de Aiwass, o Autor do Livro, é o número da Palavra Perdida cuja fórmula em sóbria verdade "levanta Hiram", e ainda de muitas outras Palavras de Verdade estreitamente ligadas.

1196 O Cálice não é apresentado a leigos. Esses que compreendem o motivo deste e de outros detalhes da Missa se maravilharão com a perfeição com que a Comunhão Romana preservou a forma, e perdeu a substância do Supremo Ritual Mágico da Verdadeira Gnose.

1197 N.M.: 6 de cabeça para baixo é 9, e 666 é um múltiplo de 9.

1198 Os "números mágicos" do Sol são, de acordo com a tradição, 6, (6 × 6) = 36, (666 ÷ 6) = 111, e Σ (1 – 36) = 666.

Portanto, esta letra Dois-em-Um © é a terceira Chave desta Lei; é com a descoberta deste fato, após anos de busca incessante, que súbitos esplendores de Verdade, tão sagrados quanto secretos, esbrasearam na meia-noite da minha mente! Observe-se: "este círculo quadrado em seu fracasso é uma chave também". Ora, eu sabia que no valor das letras de Alhim, "os Deuses", os judeus haviam velado um valor incorreto de π, a razão da circunferência de um círculo para com seu diâmetro, com uma aproximação de 4 decimais: 3,1415. Mais aproximado seria 3,1416. Se eu prefixo nossa Chave, 31, colocando ©, Set ou Satã, antes dos velhos Deuses,[1199] eu obtenho 3,141593, que é π correto até Seis decimais, Seis sendo o meu próprio número e aquele de Horus, o Sol. E o número inteiro deste novo Nome é 395,[1200] que analisado dá uma espantosa quantidade de "mistérios" numéricos.

IV

Agora, um exemplo de "paranomásia" ou trocadilho. Capítulo III, 17: "Vós, mesmo vós, não conheceis este significado todo". (Note-se como a gramática peculiar sugere um significado oculto.) Ora, *YE*[1201] é em hebraico Yod He, o homem e a mulher; A Besta e Babalon, a quem o Deus se estava dirigindo neste verso. "Know" sugere "no",[1202] que dá *LA,* 31; "not"[1203] é *LA,* 31, novamente, por significado mesmo; "all"[1204] se refere a *AL,* 31, novamente. Também, *ALL* é 61, *AIN,* "nada".[1205]

1199 N.M.: Set ou Satã deve ser colocado antes dos velhos deuses porque Ele é o mais velho dos Deuses: é Lúcifer, o Primogênito do Pai, o Porta-Luz, o Verbo.

1200 Shin (ש) 300, Teth (ט) 9, Aleph (א) 1, Lamed (ל) 30, He (ה) 5, Yod (י) 10, Mem (מ) 40. Note-se que 395 deve ser invertido, 593 sendo a correção requerida! Note também o 31 e o 93 neste valor de π.

1201 N.M.: O original inglês é "Ye, even ye, know not this meaning all". A paranomásia é intraduzível em todos os detalhes descritos por A.C. É por este motivo e outros que por melhor que seja uma tradução do *Livro da Lei* o original deve sempre ser publicado com a tradução, e o estudante do Livro fará bem em aprender a língua inglesa com tanta perfeição quanto possa.

1202 N.M.: *Know* – conheceis; *no* – não. Outro trocadilho impossível de traduzir. Os sons de *know* e *no* são idênticos em inglês, apesar da grafia diversa.

1203 N.M.: *Not* e *no,* negativas inglesas, só podem ser traduzidas em português pela mesma palavra, "não", ou por expressões em que entram negativas como "nenhum", "ninguém" etc.

1204 N.M.: *All* pode ser traduzido em português como "tudo", "todo" ou "todos" – o adjetivo em inglês sendo invariável. Agora, "tudo" ou "o todo" em grego é ΠΑΝ – Pã, o "Diabo", Lúcifer. Sempre que aparece este trocadilho tentamos vertê-lo para português de maneira a permanecer tão fiel quanto possível à intenção original.

1205 N.M.: ALL = Aleph + Lamed + Lamed = 1 + 30 + 30 = 61. Em hebraico Ain, nada, também é 61. Os gregos diziam que ver Pã era morrer, extinguir-se, ser aniquilado. Note-se que Nirvana e Nibbana são precisamente isto; Yoga e Budismo tendem ao mesmo fito. Pã é Nuit Ela mesma. O leitor não deve permitir a confusão do intelecto; estas ideias estão acima do Abismo, consequentemente contêm contradições em si mesmas. Somente a experiência iniciática trará compreensão – elucubrações intelectuais serão completamente estéreis. Veja *LXV* v 59.

V

Também temos problemas numéricos como este: "seis e cinquenta. Dividi, somai, multiplicai e compreendei" (*AL* i 24-25). 6 ÷ 50 dá 0,12, uma perfeita declaração em glifo da metafísica do Livro.[1206]

A evidência externa quanto ao Livro acumula-se de ano para ano: os incidentes relacionados com a descoberta da verdadeira grafia de Aiwass, por si sós, são suficientes para dissipar qualquer dúvida de que eu esteja realmente em contato com um Ente de inteligência e poder imensamente mais sutis e mais avançados do que tudo o que pode ser chamado humano.

Este tem sido sempre o Único Problema Fundamental da Religião. Sabemos que há poderes invisíveis, e de sobra! Mas existe alguma Inteligência ou Individualidade (do mesmo tipo geral que o nosso) independente de nossa estrutura cerebral humana? Pela primeira vez na história, sim! Aiwass nos deu prova: o mais importante Portal que leva ao Conhecimento está aberto.

Eu, Aleister Crowley, declaro sobre minha honra como homem de bem que considero esta revelação um milhão de vezes mais importante que a descoberta da Roda, ou até que as Leis da Física e da Matemática. Fogo e ferramentas fizeram do Homem mestre deste planeta: a Arte de Escrever lhe desenvolveu a mente; mas sua Alma era um palpite até que o *Livro da Lei* a provou.

Eu, que domino a língua inglesa, fui chamado em três horas a assentar no papel sessenta e cinco páginas em tamanho carta de palavras de um ditame não só estranhas, mas em si mesmas frequentemente desagradáveis para mim; palavras velando em cifra proposições que me eram desconhecidas, majestosas e profundas; predizendo eventos públicos e privados além do meu controle, ou do de qualquer homem.

Este Livro prova: há uma Pessoa pensando e agindo de uma maneira præter-humana, quer sem um corpo de carne, quer com o poder de se comunicar telepaticamente com os homens, inescrutavelmente dirigindo as ações deles.

VI

Escrevo isto, portanto, com um senso de responsabilidade tão grande que pela primeira vez na minha vida deploro meu senso de humor, e as brincadeiras literárias que ele me tem feito perpetrar. Alegro-me, porém, de que cuidado tenha sido tomado com o manuscrito mesmo, e com os diários e cartas daquele período, de forma que os fatos físicos são tão evidentes quanto possa ser desejado.

1206 N.M.: Veja-se *Liber NV.* Em inglês, decimais são marcados com um ponto, não com uma vírgula, assim: 0.12.

Minha sinceridade e seriedade são provadas pela minha vida. Lutei contra este Livro e fugi dele; conspurquei-o e sofri por causa dele. Presente ou ausente de minha mente, ele tem sido meu Governante Invisível. Ele me conquistou; ano após ano expande sua invasão de meu ser. Sou o cativo da Criança Coroada e Conquistadora.

O ponto então se apresenta: Como foi que o *Livro da Lei* veio a ser escrito? A descrição no *Equinox* I (7) poderia ter sido mais detalhada; e eu poderia também ter elucidado o problema das aparentes mudanças de quem fala, e os lapsos ocasionais de grafia por parte do escriba.

Posso dizer que, se tivesse forjado o manuscrito para que passasse incólume por olhos críticos, não teria permitido óbvios motivos de dúvida como estes; nem teria deixado tantas estranhas deformidades de gramática e sintaxe, tantos defeitos de ritmo, tanta fraseologia esdrúxula. Não teria impresso passagens, algumas palradoras e ininteligíveis, outras repugnantes à razão pelo seu absurdo, outras ainda repelentes ao coração por causa de sua ferocidade bárbara. Não teria permitido tais mixórdias de conteúdo, pulos tão bruscos de um assunto a outro, uma desordem que assola o raciocínio com seu desmazelo. Não teria tolerado as discordâncias de estilo, como quando um sublime panegírico sobre a Morte é seguido, primeiro de uma cifra, depois de uma profecia, antes do autor, sem tomar fôlego, se lançar à máxima magnificência de pensamento tanto místico quanto prático, em linguagem tão concisa, simples e lírica que atordoa até o nosso espanto. Não teria soletrado "Ay" como "Aye", ou permitido o horror "abstruction".[1207]

Compare-se com este Livro minhas brincadeiras, quando eu finjo editar o manuscrito de outra pessoa: "Alice", "Ânfora", "Nuvens sem Água". Observe-se em cada caso a perfeição técnica do manuscrito "descoberto" ou "traduzido": liso, habilidoso, cheio da elaborada arte e técnica de um estilista experiente; observe os tons e estilos cuidadosamente detalhados dos prefácios, e a diligente criação das personalidades do autor imaginário e do editor imaginário.[1208]

Note-se, além do mais, com que cobiçosa vaidade reclamo autoria mesmo de todos os outros Livros da A∴A∴ em Classe A, se bem que os escrevi inspirado além de tudo que conheço como eu. No entanto, destes Livros, Aleister Crowley, que domina a língua inglesa tanto em prosa quanto em verso, participou, no quanto ele era Aquilo. Compare-se estes Livros com o *Livro da Lei*! O estilo é simples e sublime; as imagens são suntuosas e impecáveis; o ritmo é sutil e intoxicante; o tema é interpretado numa sinfonia infalível. Não há erros de gramática ou infelicidade de frase. Cada Livro é perfeito em seu tipo.

Eu, ousando assumir crédito por estes, naquele brutal Índice do *Equinox* I, não ousei anunciar que toquei o *Livro da Lei* sequer com a ponta de um dedo.

Eu, gabando-me de meus muitos Livros; eu, jurando que cada um é uma obra-prima; eu ataco o *Livro da Lei* numa dúzia de pontos de arte literária. Ainda assim, admito, como Mestre da Língua Inglesa, que sou completamente incapaz, mesmo quando mais inspirado, de um inglês como aquele que vejo repetidamente nesse Livro.

Tersos, no entanto sublimes, são os versos de *Liber Legis;* sutis, no entanto simples; incomparáveis de ritmo, diretos como um raio de luz. Suas imagens são esplêndidas sem decadência. O Livro lida

---

1207 N.M.: Neste longo desabafo, as partes da personalidade de Crowley ainda hostis ao Livro tiveram uma folga! "Aye" foi traduzido como "sim"; "abstruction", palavra que não existia na língua inglesa, e que é composta, como "abstrução".

1208 N.M.: "Qui s'excuse s'accuse." Ele prova demais em sua preocupação de defender o Livro. Todos estes argumentos podem ser atacados; sempre haverá a possibilidade de alguém se perguntar se Crowley escreveu *Liber AL*, ou se o Livro lhe foi ditado por um tal de Aiwass; mas o fato permanece que o Livro tem poder absoluto e está se cumprindo ao pé da Letra. E isto não pode ser "explicado" nem atacado. "Existe sucesso."

com ideias primárias. Anuncia revoluções em filosofia, em religião, em ética, sim: na natureza toda do Homem. Para isto não necessita mais do que rolar ondas do mar solenemente avante, oito palavras, como **"Every man and every woman is a star"**,[1209] ou explodir numa torrente agreste de monossílabos, como **"Do what thou wilt shall be the whole of the Law"**.[1210]

Nuit grita: **"Eu vos amo"**, como uma amante; enquanto mesmo "João" pode apenas atingir a fria, impessoal proposição: "Deus é amor". Ela requesta como uma mulher apaixonada; sussurra "A me!" em cada ouvido; "Jesus", com desnecessária verborreia, apela veementemente para aqueles que "trabalham e estão curvados sob cargas". No entanto não pode prometer mais que "Eu vos darei descanso" no futuro; enquanto Nuit, no presente, diz: **"Eu dou inimagináveis alegrias sobre a terra"**, tornando a vida digna de ser vivida; **"certeza, não fé, enquanto em vida, quanto à morte"**, a luz elétrica do Conhecimento para o fogo-fátuo da Fé, tornando a vida livre de medo, e até mesmo a morte desejável: **"paz indizível, descanso, êxtase"**, pondo mente e corpo à vontade, para que a alma esteja livre para transcendê-los quando quiser.

Nunca escrevi tal inglês; nem o poderia jamais, bem sei. Shakespeare não poderia tê-lo escrito; muito menos Keats, Shelley, Swift, Sterne ou mesmo Wordsworth. Somente nos Livros de Jó e no Eclesiaste, nas obras de Blake, ou possivelmente nas de Poe, há qualquer aproximação de uma tal sucinta profundidade de pensamento expressa com tão musical simplicidade de forma; a não ser que seja nos poetas gregos ou latinos. Nem Poe nem Blake poderiam ter mantido seu esforço, qual faz este nosso *Livro da Lei;* e os hebreus usaram truques de versificação, artifícios mecânicos, como auxílio.

Então – voltando ao Assunto uma vez mais! – então como foi este Livro escrito?

VII

Farei o que poderíamos chamar um "inventário do mobiliário do Templo" – as circunstâncias do caso. Descreverei as condições do fenômeno, como se fosse qualquer outro evento inexplicado na Natureza.

1. A DATA:

O Capítulo I foi escrito entre meio-dia e treze horas de 8 de abril de 1904.

O Capítulo II foi escrito entre meio-dia e treze horas de 9 de abril de 1904.

O Capítulo III foi escrito entre meio-dia e treze horas de 10 de abril de 1904.

1209 N.M.: Todo homem e toda mulher é uma estrela.

1210 N.M.: *Faze o que tu queres há de ser tudo da Lei.* Foi impossível traduzir isto em monossílabos; o máximo que pudemos fazer foi nos aproximarmos do ritmo do original perdendo o mínimo possível do significado. Note-se onze palavras em ambos os casos. Se nosso falecido Instrutor, Frater SATURNUS, não tivesse chamado nossa atenção para as onze palavras que constituem, por assim dizer, a Declaração da Lei, este fato sutil nos teria escapado.

A escritura começou imediatamente ao soar da hora, e terminou exatamente uma hora mais tarde; foi constantemente apressada, sem quaisquer pausas.

2. O LUGAR:

A cidade foi Cairo, no Egito.

A rua, ou antes, ruas, não recordo. Há uma "Praça" onde quatro ou cinco ruas se cruzam; é perto do Museu de Boulak, mas bastante longe do Shepherd. O quarteirão é ocidental em aparência. A casa ficava numa esquina. Não me lembro de sua orientação; mas, das instruções para invocar Horus, uma janela do templo dava para o Leste ou para o Norte, O apartamento era de vários quartos no andar térreo, bem mobiliado em estilo anglo-egípcio. Foi alugado de uma firma chamada Congdon & Co.

O quarto usado foi uma sala de visitas, da qual obstáculos frágeis haviam sido retirados; mas não de outra forma preparada para servir de templo. Tinha portas duplas abrindo para um corredor ao Norte, e uma porta para o Leste levava a outra sala, a sala de almoço, creio. Havia duas janelas que davam para a Praça, para o Sul, e uma escrivaninha contra a parede entre as janelas.[1211]

3. AS PESSOAS:

A. Eu, idade: 28 anos e meio. Em bom estado de saúde, amante de esportes ao ar livre, especialmente do alpinismo e da caça pesada. Adeptus Major da A∴A∴, mas cansado do misticismo e desapontado com a Magia. Um racionalista, budista, agnóstico, anticlerical, antimoral, Tory e Jacobita. Jogador de xadrez, amador de primeira classe, capaz de jogar três jogos simultâneos às cegas. Viciado em ler e escrever. Educação: governanta e tutores privados, escola preliminar Habershon's em St. Leonard, Sussex, tutores particulares de novo, escola privada 51 Bateman St., Cambridge, tutores particulares de novo, Yarrow's School, Streatham, perto de Londres. Malvern College, Tonbridge School, tutores particulares, Eastbourne College, King's College em Londres, Trinity College, Cambridge.

Moralidade – sexualmente viril e apaixonado. Muito másculo com mulheres; livre de qualquer impulso similar para com meu próprio sexo.[1212] Minha paixão pelas mulheres extremamente altruísta; a principal motivação dar-lhes prazer. Daí, intensa ambição em compreender a natureza feminina; para este propósito, identificar-me com os sentimentos delas, e usar de todos os meios apropriados. Imaginativo, sutil, insaciável; a coisa toda uma mera tentativa desajeitada de saciar a sede da alma. Esta sede, em verdade, tem sido meu principal Senhor, dirigindo todos os meus atos sem permitir que quaisquer outras considerações a afetem no mínimo.

Estritamente temperado no beber, nunca estive perto da intoxicação. Vinho leve, meu único tipo de álcool.

Moralidade geral, aquela de um aristocrata normal.[1213]

1211 N.M.: Este ensaio foi evidentemente redigido às pressas, e nunca corrigido: veja-se como a orientação da sala, cuja memória ele negou no parágrafo anterior, aparece durante a descrição. É evidente que em 1920 e.v. muito da personalidade de Crowley ainda estava em conflito com o *Livro da Lei*.

1212 N.M.: Isto é, másculo com mulheres e feminino com homens.

1213 N.M.: Este esnobismo ingênuo era característico da classe média inglesa da época vitoriana. Na realidade, o *Livro da Lei* estabeleceria os padrões de conduta de uma verdadeira aristocracia. Os "gentlemen" da época de Crowley em sua maioria eram hipócritas que fingiam obedecer aos padrões de moral pública, mas em privado procediam conforme lhes aprazia. E o que lhes aprazia raramente era refinado. Ele não era assim.

Senso de justiça e equidade tão sensitivo, bem balanceado e compelidor que é quase uma obsessão.

Generoso, a não ser ao suspeitar que estava sendo explorado: "Poupando os tostões e desperdiçando as libras". Gastador, descuidado; não apostador, porque eu dava mais valor a vitórias em jogos de habilidade, que lisonjeavam minha vaidade.

Gentil, delicado, afetuoso, egoísta, vaidoso, alternadamente temerário e cauteloso.

Incapaz de guardar rancor, mesmo dos mais graves insultos e injúrias; no entanto, gosto de infligir dor pelo prazer da coisa. Sou capaz de perseguir um desconhecido inocente, e de torturá-lo cruelmente durante anos, sem sentir a mínima animosidade contra ele.[1214] Afeição por animais e crianças, que quase sempre retribuem meu amor. Considero o aborto a mais vergonhosa forma de assassinato, e abomino os códigos sociais que o encorajam.

Odiava e desprezava minha mãe e a família dela; amava e respeitava meu pai e a dele.

ACONTECIMENTOS CRÍTICOS DE MINHA VIDA:

Primeira viagem fora da Inglaterra, 1883.

Meu pai morreu em 5 de março de 1887.

Albuminúria interrompeu meus estudos escolares, 1890-1892.

Primeiro ato sexual, provavelmente 1889.

O dito com uma mulher, março de1891 (Torquay – uma moça de teatro).[1215]

Primeira escalada séria de montanha, em Skye, 1892. (O "Pinnacle Ridge", de Sgurr-nan-Gillean.)

Primeira escalada nos Alpes, 1894.

Admitido à Ordem Militar do Templo, meia-noite, 31 de dezembro de 1896.

Admitido a posição permanente no Templo, meia-noite, 31 de dezembro de 1897.

Compra de Boleskine em 1899.

Primeira escalada no México, 1900.

Primeira caça pesada, 1901.

Primeira escalada no Himalaia, 1902. (Expedição a Chogo-Ri, ou "K-2").

Meu casamento em Dingwall, Escócia, 12 de agosto de 1903.

1214 N.M.: Tortura psicológica, claro. Este traço é característico de Leo, e Crowley se engana ao dizer que não é provocado por animosidade. É provocado por uma percepção subconsciente de algum trauma (tal como covardia ou preconceito) no indivíduo atacado; se este cria coragem e reage, ou dissolve o trauma com hombridade, imediatamente o antagonismo de Leo se transforma em respeito e até em amizade – a qual, é claro, pode não ser retribuída depois de tanta zombaria! Este traço é encontrado em leões, que adoram assustar gente em quem farejam medo. É uma manifestação característica de humor felino.

1215 N.M.: Isto quer dizer que o primeiro ato sexual foi com um homem, provavelmente um tutor. Não pode ter sido masturbação, que não é "ação" sexual – é inação. É um ato que Crowley, como todo iniciado, abominava.

Lua de mel em Boleskine, depois em Londres, Paris, Nápoles, Egito, Ceilão, e de volta ao Egito, Helwan, e então Cairo no começo de 1904.

MINHA CARREIRA "OCULTA":

Pais, Irmãos de Plymouth, exclusivos.

Pai verdadeiro Irmão de Plymouth, portanto tolerante com o filho.

Mãe se tornou I. P. apenas para agradar meu pai, talvez para agarrá-lo; portanto, pedantemente fanática.

Após a morte dele fui torturado com insensata persistência, até dizer: Mal, sê tu meu bem! Pratiquei a maldade furtivamente, como uma fórmula mágica, mesmo quando era desagradável; exemplo, entrava furtivamente em igrejas[1216] – coisa que minha mãe não fez mesmo no ofício religioso pela morte de sua irmã mais querida.

Revoltei-me abertamente quando a puberdade me deu um senso moral.

Cacei novos "pecados" para cometer até outubro de 1897, quando um desses saiu pela culatra, e me auxiliou a experimentar o Transe de Dor (percepção da Impermanência mesmo dos mais elevados esforços humanos). Invoquei auxílio, Páscoa de 1898.

Iniciado na Hermetic Order of the Golden Dawn, 18 de novembro de 1898.

Comecei a executar a Operação de Abramelin em 1899.

Iniciado na Ordem R.R. et A.C., janeiro de 1900.

Recebi o 33° maçônico, 1900.

Comecei práticas de Yoga, 1900.

Obtive primeiro Dhyana, 1 de outubro de 1901.

Abandonei trabalho oculto sério de todos os tipos em 3 de outubro de 1901, e continuei neste curso de ação até julho de 1903, quando tentei em vão me forçar a tornar-me um eremita budista latifundiário escocês.[1217]

Meu casamento foi um ininterrupto deboche sexual até a época da escritura do *Livro da Lei.*

B. Rose Edith Kelly.

Nascida em 23 de julho de 1874. Por volta de 1895 casou-se com um tal Major Skerret, R.A.M.C., e viveu com ele uns dois anos na África do Sul. Ele morreu em 1897.

Ela se deu a algumas vagas intrigas amorosas até 12 de agosto de 1903, quando se tornou minha esposa, ficando grávida de uma menina nascida em 28 de julho de 1904. Saúde, admiravelmente

---

1216 Igreja Anglicana. Supunha firmemente, de tanto ouvir meus parentes maternos falarem, que o anglicanismo era uma forma peculiarmente virulenta de adoração diabólica, e me desesperava tentando descobrir em que consistia a Abominação de seus ritos.

1217 N.M.: Uma combinação difícil!

robusta em todos os pontos; era tão ativa quanto resistente, como nossas viagens juntos pelo Ceilão e através da China provaram. Corpo perfeito, nem grande nem pequeno, face bonita sem ser comum; não chegava a ser bela por não ter o "toque do bizarro" que Goethe menciona. Personalidade intensamente poderosa e magnética, intelecto nulo, mas mente adaptável àquela de qualquer companheiro, de forma que podia sempre dizer o nada certo.

Encanto, graça, vitalidade, vivacidade, tato, polidez; tudo indizivelmente fascinante.

De sua mãe herdou dipsomania, o pior caso que o especialista que consultei tinha visto em matéria de furtividade, astúcia, falsidade, traição e hipocrisia. Isto, porém, esteve latente durante a satisfação sexual,[1218] que era seu principal interesse na vida, como o meu.

Educação estritamente social e doméstica; não sabia sequer francês de escola. Não lera coisa alguma, nem sequer romances. Era um milagre de perfeição como ideal poético, amante, esposa, mãe, dona de casa, enfermeira, companheira e camarada.

C. Nosso mordomo, Hassan ou Hamid, esqueço qual. Um atleta alto, digno e belo de 30 anos mais ou menos. Falava bom inglês e administrava bem a casa; estava sempre ali, e nunca se esbarrava nele.

Suponho que praticamente nunca vi os criados sob a liderança dele; nem sequer sei quantos lá havia.

D. Tenente-Coronel Alguém (começando, creio, com B.), casado, de meia-idade, maneiras rígidas como as regras de uma prisão. Não me recordo de tê-lo jamais visto; mas o apartamento me foi sublocado por ele.

E. Brugsch Bey do Museu de Boulak: jantou conosco uma vez, para discutir a Estela sob sua responsabilidade, e para providenciar sua "abstrução".[1219] Seu curador assistente, francês, traduziu os hieróglifos da Estela para nós.

Um Sr. Back, proprietário do "Egyptian News", de um hotel, de parte de uma estrada de ferro etc. jantou conosco uma vez.

Outrossim, não lidamos com ninguém no Cairo a não ser nativos; ocasionalmente convivemos com um General Dickson, que se convertera ao Islã; mercadores de tapetes, proxenetas, joalheiros e gente assim. As insinuações contrárias em um dos meus diários foram deliberadamente introduzidas para despistar, por alguma tola falta de motivo sem conexão com a Magia.[1220]

1218 A doença irrompeu durante minha ausência em 1906, e tornou impossível reassumirmos nossas relações prévias.

1219 N.M.: A.C. interpretou a palavra como significando que uma cópia devia ser feita.

1220 Veja-se o capítulo prévio.

4. OS EVENTOS CONDUZINDO À ESCRITURA DO LIVRO:

Eu os sumarizo do *Equinox* I (7).

16 de março: Tentei mostrar os Silfos a Rose.[1221] Ela estava em um estado de aturdimento, estúpida, possivelmente embriagada; possivelmente histérica com a gravidez. Não pôde ver coisa alguma, mas ouvia. Estava muito excitada com suas "mensagens", e insistiu apaixonadamente que eu devia prestar atenção a elas.

Aborreci-me com sua irrelevância e insistência em me dizer tolices.

Nunca estivera ela em nenhum estado que se assemelhasse a este, nem remotamente, se bem que eu fizera a mesma invocação (completa) na Câmara do Rei da Grande Pirâmide, durante a noite que nós passáramos lá no outono prévio.

17 de março: Mais mensagens aparentemente sem sentido, desta vez espontâneas. Invoquei Thoth (provavelmente como em *Liber LXIV*), presumivelmente para aclarar a confusão.

18 de março: Thoth evidentemente entrou em contato com ela; pois Rose descobre que Horus está me falando através dela, e o identifica por um método que exclui qualquer possibilidade de acaso ou de coincidência, e que envolve conhecimentos que apenas eu possuía; um método em parte arbitrário, de forma que ela ou seu informante tinham que ser capazes de ler minha mente tão bem quanto se eu tivesse falado em voz alta.

Então, desafiada a apontar a imagem d'Ele, passa por muitas e aponta para a Estela! O interrogatório e o teste devem ter ocorrido entre 20 e 23 de março.

20 de março: Sucesso em minha invocação de Horus, "quebrando todas as regras" a comando dela. Este sucesso me convenceu magicamente, e me encorajou a testá-la, como mencionado acima. (Certamente me teria referido à Estela em meu ritual, se a tivesse visto antes desta data.) Fixaria segunda-feira, 21 de março, para a visita a Boulak.

Entre 23 de março e 8 de abril os hieróglifos na Estela foram evidentemente traduzidos pelo curador-assistente em Boulak, quer em francês quer em inglês – tenho quase certeza de que foi francês – e versificados (tal como agora impressos) por mim.

Entre estas datas, também, minha mulher deve ter me dito que o informante dela não era Horus, ou Ra-Hoor-Khuit, mas um mensageiro d'Ele, chamado Aiwass.

Pensei que ela podia ter inventado este nome de tanto ouvir "Aiwa", a palavra para "Sim" em árabe. Mas ela não tinha imaginação para tanto; o máximo de que era capaz era de usar uma frase como "totó lindo" para um amigo, ou de corromper um nome como Neuberg em um insulto obsceno.

O silêncio de meus diários parece provar que ela não me deu mais nada de importância. Eu estava deslindando o problema mágico que me fora apresentado pelos eventos de 15 a 21 de março. Quaisquer perguntas que eu fazia a ela ou não eram respondidas ou eram respondidas por um Ente cuja mente era tão diferente da minha que não podíamos conversar. Tudo que minha mulher conseguiu d'Ele foi me comandar a fazer coisas magicamente absurdas. Ele não jogaria de acordo com as minhas regras; eu é que tinha de jogar de acordo com as regras d'Ele.

1221 Invoquei-os pela seção do Ar de *Liber Samekh*, e pelos apropriados Nomes Divinos, Pentagramas etc.

7 de abril: Não depois desta data, foi-me ordenado que entrasse no "templo" exatamente ao meio-dia nos três dias seguintes, e escrevesse o que ouvisse durante uma hora, nem mais nem menos. Imagino que algumas preparações foram feitas, possivelmente precauções foram tomadas, possivelmente um pouco de sangue de touro foi queimado como incenso, ou ordens foram dadas quanto a detalhes de vestimenta ou de dieta; não me recordo de nada absolutamente disso tudo, de um jeito ou de outro. Sangue de touro foi certamente queimado em alguma ocasião durante esta estadia no Cairo; mas esqueço por que, ou quando. Creio que foi usado na "Invocação dos Silfos".

5. A ESCRITURA MESMA:

Os três dias foram precisamente similares, a não ser no último dia, quando fiquei nervoso, pensando que talvez não fosse capaz de ouvir a Voz de Aiwass. Podem eles, pois, ser descritos todos juntos.

Eu entrei no "templo" um minuto antes da hora, para poder fechar a porta e me sentar ao bater do meio-dia.

Na mesa estavam minha caneta – uma caneta tinteiro Swan – e suprimentos de papel tamanho carta, de oito por dez polegadas, para máquina de escrever.

Nunca olhei em volta em momento algum.

A Voz de Aiwass veio aparentemente por sobre meu ombro esquerdo, do canto mais longe da sala. Parecia ecoar em meu coração físico de uma maneira muito estranha, difícil de descrever. Tenho notado um fenômeno similar quando estou na expectativa de uma mensagem que pode conter grande esperança ou grande temor. A voz jorrava apaixonadamente, como se Aiwass estivesse alerta quanto ao limite de tempo. Escrevi 65 páginas deste presente ensaio, à minha velocidade usual de composição, em aproximadamente dez horas e meia, comparado com as 3 horas das 65 páginas do *Livro da Lei*. Tive de correr para manter o ritmo; o manuscrito demonstra isto claramente.

A voz era de timbre profundo, musical e expressiva, seus tons solenes, voluptuosos, ternos, ardentes, ou o que fosse apropriado às mudanças de humor na mensagem. Não era baixo – talvez um tenor cheio, ou um barítono.

A pronúncia inglesa era sem sotaque, quer nativo quer estrangeiro; completamente sem maneirismos provinciais ou de casta; assim, surpreendente, e até incrível, ao ser ouvida pela primeira vez.[1222]

Eu tive uma forte impressão[1223] de que quem falava estava realmente no canto onde parecia estar, num corpo de "matéria fina", transparente como um véu de gaze, ou como uma nuvem de fumaça de incenso. Ele parecia ser um homem alto, trigueiro, de seus trinta anos, bem coordenado, ativo e forte, com a face de um rei selvagem, de olhos velados para que sua olhada não destruísse o que ele via. A roupa não era Árabe; sugeria Assíria ou Pérsia, mas muito vagamente. Eu não notei muito, porque para mim naquela época Aiwass era um "anjo" tal como os que eu tenho frequentemente visto em visões; um ente puramente astral.

1222 O efeito era como se a linguagem fosse "inglês em si", sem nenhuma dessas pistas quanto à origem que sempre existem quando a gente ouve um ser humano falar, as quais nos habilitam a atribuir toda sorte de características a quem fala.

1223 Esta impressão parece ter sido uma espécie de visualização na imaginação. Não é incomum para mim receber impressões desta forma.

Agora eu me inclino à opinião de que Aiwass é não apenas o Deus, ou Demônio, ou Diabo que foi no passado considerado santo na Suméria, e meu próprio Anjo Guardião, mas também um homem como eu, em que Ele usa um corpo humano para manter Seu elo mágico com a Humanidade, a qual Ele ama; e assim Ele é um Ipsissimus, o Chefe da A∴A∴. Mesmo eu posso executar, de uma maneira muito mais fraca, este Trabalho de ser um Deus e uma Besta etc., tudo ao mesmo tempo, com igual fartura de vida.[1224]

6. EDITANDO O LIVRO:

"Não mudes sequer o estilo de uma letra", no texto, impediu que eu Crowleyficasse[1225] o Livro inteiro e estragasse tudo.

O manuscrito mostra o que foi feito, e por que, como segue:

A. Na página 6, Aiwass me instrui a escrever "isto (o que ele acabara de dizer) em palavras mais brancas", pois minha mente se rebelara ante a frase d'Ele. Ele acrescentou imediatamente, "Mas continua", isto é, a escrever Seu ditame, deixando a emenda para depois.[1226]

B. Na página 19 eu não consegui ouvir uma sentença e (mais tarde) a Mulher Escarlate, invocando Aiwass, colocou as palavras que faltavam. (Como? Ela não estava no quarto na ocasião, e não ouviu nada.[1227])

C. Na página 20 do Cap. III eu ouvi mal uma frase, e ela a inseriu, como em B.[1228]

D. Para poupar tempo, estando pronta a paráfrase versificada dos hieróglifos na Estela, foi-me permitido por Aiwass inseri-la mais tarde.[1229]

À parte estes quatro casos, o manuscrito está exatamente como foi escrito nesses três dias. A Recensão Crítica explicará estes pontos à medida que eles ocorrem.

1224 Não quero necessariamente dizer que ele é um membro da sociedade humana da maneira normal. Ele pode, antes, ser capaz de formar para Si Mesmo um corpo humano conforme as circunstâncias necessitem, dos Elementos apropriados, e de dissolvê-lo quando não precisa mais dele. Digo isto porque foi-me permitido vê-Lo em anos recentes numa variedade de aparências físicas, todas igualmente "materiais" no senso em que meu próprio corpo é "material".

1225 N.E.: Mantivemos como encontrado tanto no *Equinócio dos Deuses* de Motta quanto na sua tradução original nos Arquivos da SNÆ. No inglês aparece "*... saved me from Crowley-fying the whole Book*".

1226 N.M.: A frase fazia parte do capítulo I, v. 26, que originalmente terminava: "Tu sabes! E o sinal será meu êxtase, a consciência da continuidade da existência, o fato infragmentário, inatômico, da minha universalidade". Crowley, instruído por Rose, escreveu mais tarde em vez disso: "a onipresença de meu corpo". A inspiração foi dela, não dele.

1227 N.M.: A sentença faz parte do capítulo I, v. 60. Crowley escreveu originalmente: "Meu número é 11, como todos os seus números que são de nós. (Frase perdida – A forma da minha estrela é......) Minha cor é" etc. No manuscrito, na caligrafia de Rose, está inserida a sentença: "A Estrela de Cinco Pontas, com um Círculo no Meio, & o círculo é Vermelho".

1228 N.M.: A frase faz parte do capítulo III, v. 72. Crowley escreveu originalmente: "Eu sou o Senhor da Dupla Baqueta de Poder; a baqueta da....., mas minha mão esquerda", No manuscrito, na caligrafia de Rose, está inserido: "Força de Coph Nia –".

1229 N.M.: Na página 10 do manuscrito do capítulo III, verso 37, está escrito "Eu te adoro na canção..." e abaixo: "Eu sou o Senhor de Tebas" etc. do livro de velino – "enche meu carme!". No final do verso 38 está escrito: "(estas são as adorações, como tu escreveste), como é dito:" e embaixo disto está escrito: "A luz é minha" etc. do livro de velino até "Ra-Hoor-Khuit".

VIII

O problema da forma literária deste Livro é espantosamente complexo; mas a evidência interna do sentido é usualmente suficiente para tornar claro, por exame, quem está falando e quem está sendo endereçado.

Não houve, porém, qualquer voz audível a não ser a de Aiwass. Mesmo as minhas observações pessoais, quando quer que ocorram, foram feitas em silêncio e incorporadas audivelmente por ele.

Capítulo I

Verso 1. Nuit falando. Ela invoca seu amante e então começa a dar um título ao seu discurso no fim dos versos 1-20.

Nos versos 3 a 4 ela começa seu discurso. Até este momento, o que diz não está sendo dito a nenhuma pessoa em particular.

O verso 4 revoltou a minha inteligência.

No verso 5 ela explica que ela está falando, e apela a mim pessoalmente para auxiliá-la a desvelar-se, tomando nota da mensagem dela.

No verso 6 ela me declara seu escolhido, e creio que então temi que talvez demasiado fosse esperado de mim. Ela replica a este medo no verso 7, apresentando Aiwass como o atual ditante, em acentos humanos articulados, da mensagem dela.

No verso 8 a oração continua, e agora vemos que é endereçada à humanidade em geral. Isto continua até o verso 13.

O verso 14 é da Estela. Parece ter sido inserido por mim como uma espécie de apreciação daquilo que ela acabara de dizer.

O verso 15 acentua ser à humanidade em geral que ela está falando; pois a Besta é mencionada na terceira pessoa, se bem que o único humano a ouvir as palavras tenha sido ele.

Versos 18-19 parecem ser quase uma citação de algum hino. Não é muito natural que ela se enderece a si mesma como parece fazer no verso 19.

Verso 26. A pergunta "Quem sou Eu e qual será o sinal?" é meu próprio pensamento consciente. Nos versos prévios eu fora chamado à minha elevada missão, e naturalmente senti-me nervoso. Este pensamento é então introduzido no registro por Aiwass, como se fosse uma história que ele estava contando: e ele desenvolve esta história após a resposta dela, a fim de trazer de volta o fio do capítulo aos mistérios numéricos de Nuit, começando nos versos 24-25, e agora continuados no verso 28.

Outra dúvida deve ter surgido em minha mente no verso 30; e esta dúvida é interpretada e explicada a mim pessoalmente no verso 31.

O discurso à humanidade é retomado no verso 32, e Nuit acentua o ponto do verso 30 que me fez duvidar. Ela confirma isto com um juramento, que me convenceu. Pensei para mim mesmo: "Neste caso, que a gente tenha instruções por escrito quanto à técnica", e novamente Aiwass faz uma historieta do meu requerimento, como no verso 26.

No verso 35 parece que ela está falando a mim pessoalmente, mas no verso 36 ela fala de mim na terceira pessoa.

Verso 40. A palavra "nós" é muito enigmática. Aparentemente, significa "Todos aqueles que aceitaram a Lei cuja palavra é Thelema". Entre esses ela se inclui a si mesma.

Não há dificuldade agora por um longo período. É um discurso à humanidade em geral, e lida com diversos assuntos, até o fim do verso 52.

Nos versos 53-56 temos um discurso dirigido estritamente a mim.

No verso 57 Nuit retoma sua exortação genérica. E fala de mim uma vez mais na terceira pessoa.

Verso 61. A palavra "tu" não é dirigida a mim pessoalmente. Significa qualquer uma única pessoa, em contraste com uma companhia. O "Ye" (Vós – M.) na terceira sentença indica a conduta apropriada para adorantes em conjunto. "you" (vós – M.) na sentença 4 naturalmente se aplica a uma pessoa só; mas a forma plural sugere que é assunto para adoração coletiva, em contraste com a invocação no deserto da primeira sentença deste verso.

Não há mais dificuldade neste capítulo.

O Verso 66 é a declaração de Aiwass de que as palavras do verso 65, que foram pronunciadas de **diminuendo** para **pianíssimo**, indicaram a retirada da deusa.

Capítulo II

Hadit, ele mesmo, é evidentemente o discursante desde o início. As observações são genéricas. No verso 5 fala-se de mim na terceira pessoa.

Após o verso 9 ele percebe minhas veementes objeções à escritura de afirmativas às quais meu ente consciente era obstinadamente hostil.

O verso 10, endereçado a mim, menciona este fato; e no verso 11 ele declara ser meu mestre. O motivo disto é ser ele meu ente secreto, como explicado nos versos 12-13.

A interrupção parece ter acrescentado estímulo ao discurso, pois o verso 14 é violento.

Os versos 15 e 16 oferecem um enigma, enquanto o verso 17 é uma espécie de paródia poética.

O verso 18 continua o ataque de Hadit contra minha mente consciente. Nos versos 15-18 o estilo é complicado, brutal, sarcástico e zombador. Sinto a passagem inteira como uma investida cheia de desprezo contra a resistência de minha mente.

No verso 19 ele retorna ao elevado estilo com que começou até minha interferência.

A passagem parece endereçada aos que ele chama seus escolhidos, ou seu povo, se bem que não explica exatamente o que quer dizer com estas palavras.

A passagem do verso 19 ao 52 é de sustida e incomparável eloquência.

Devo ter objetado alguma coisa ao verso 52, pois o verso 53 é a mim endereçado, para me encorajar pessoalmente por haver transmitido esta mensagem.

O verso 55 me instrui para obter a Cabala Inglesa; fiquei incrédulo, pois a tarefa parecia impossível; provavelmente a percepção dele desta crítica inspirou o verso 56, se bem que "vós zombadores" evidentemente se aplica aos meus inimigos, mencionados no verso 54.

O verso 57 nos traz de volta ao assunto começado no verso 21. É uma citação verbatim do Apocalipse, e foi provavelmente sugerida pelo conteúdo do verso 56.

Não há qualquer mudança real na essência de qualquer coisa, por mais que suas combinações variem.

Os versos 58-60 concluem a mensagem.

Verso 61. A mensagem é agora estritamente pessoal. Durante todo este tempo Hadit estivera derrubando minha resistência com suas frases violentamente expressadas e variadas. Como resultado disto, atingi o transe descrito nestes versos de 61-68.

O verso 69 é o retorno de mim mesmo à consciência. Foi uma espécie de pergunta sufocada, como um homem saindo da influência do éter poderia perguntar "Onde estou?". Creio que esta é a única passagem no livro inteiro que não foi ditada por Aiwass; e devo mencionar que estes versos 63-68 foram escritos sem que eu tenha ouvido coisa alguma conscientemente.

O verso 70 não se digna a replicar às minhas perguntas, mas indica a maneira de regularmos a vida. Isto continua até o verso 74, e parece ser endereçado não a mim pessoalmente, mas a qualquer homem, a despeito do uso da palavra "Tu".

O verso 75 muda de assunto bruscamente, interpolando o enigma do verso 76 com sua profecia. Este verso é endereçado a mim pessoalmente, e continua, até o fim do verso 78, a misturar uma eloquência lírica com enigmas literais e numéricos.

O verso 79 é a asserção de Aiwass de que chegou o fim do capítulo. A isto ele acrescenta sua saudação pessoal a mim.

Capítulo III

O verso 1 parece completar o triângulo começado pelo primeiro verso dos dois capítulos prévios. É uma simples declaração; não implica em discursante nem em ouvinte. A omissão do "i" no nome do Deus parece ter me alarmado, e no verso 2 Aiwass oferece uma explicação apressada, de uma maneira um tanto excitada, e invoca Ra-Hoor-Khuit.

O verso 3 é falado por Ra-Hoor-Khuit. O "them" (eles – M.) evidentemente se refere a inimigos que não são descritos, e o "ye" ("Choose ye", literalmente "escolhei vós" – M.) aos que aceitam a fórmula de Ra-Hoor-Khuit. Esta passagem termina com o verso 9. O verso 10 e o verso 11 são endereçados a mim pessoalmente e à Mulher Escarlate, como demonstra a continuação desta passagem, que parece terminar com verso 33; se bem que há ocasiões em que fica bastante vago se é à Besta, à Besta e sua Concubina ou aos aderentes de Horus que a exortação está sendo dirigida.

O verso 34 é uma espécie de peroração poética, e não está endereçado a ninguém em particular. É uma asserção de eventos por vir.

O verso 35 assevera simplesmente que a primeira seção deste capítulo está completa.

Pareço então ter-me entusiasmado, pois há uma espécie de interlúdio, registrado por Aiwass, com minha canção de adoração traduzida da Estela; o incidente é paralelo àquele do Capítulo 1, verso 26 etc.

Deve ser notado que as traduções da Estela nos versos 37-38 não foram mais que injunções telepáticas, para serem inseridas mais tarde.

O verso 38 principia com meu discurso ao Deus na primeira sentença, enquanto na segunda está a resposta dele a mim. Ele então se refere aos hieróglifos da Estela e me comanda a citar minhas paráfrases. Esta ordem me foi dada por uma espécie de gesto sem palavras; nem visível nem audível, mas sensível de alguma forma oculta.

Os versos 39-42 são instruções a mim pessoalmente.

Os versos 43-45 indicam o correto curso de conduta para a Mulher Escarlate.

O verso 46 novamente é mais geral – uma espécie de discurso a soldados antes da batalha.

O verso 47 é novamente, em sua maior parte, instruções pessoais misturadas com profecias, prova da origem præter-humana do Livro, e outros assuntos.

Observarei que esta instrução, como aquelas de não mudar "sequer o estilo de uma letra" etc., implica em que minha pena estava sob o controle físico de Aiwass; pois o ditame dele não inclui recomendações quanto ao uso de maiúsculas, e os ocasionais erros de grafia certamente não são meus!

O verso 48 impacientemente põe de lado, como uma amolação, tais assuntos práticos.

Os versos 49-59 contêm uma série de declarações de guerra; e não há mais dificuldades quanto ao discursante ou ouvinte até o fim do capítulo, se bem que o assunto muda repetidamente, de forma incompreensível. Somente no verso 75 encontramos uma peroração sobre o livro inteiro, presumivelmente feita por Aiwass, terminando pela fórmula de retirada dele.

* * * * *

Concluo estabelecendo os princípios de Exegese nos quais eu baseei meu comento.[1230]

1. É "meu escriba Ankh-af-na-khonsu" (*AL* i 36) quem "comentará sobre este livro" "pela sabedoria de Ra-Hoor-Khuit"; isto é, Aleister Crowley escreverá o Comento do ponto de vista do manifestado, positivo, Senhor do Æon; do ponto de vista do finito, e não do infinito.

2. "Hadit queimando em teu coração fará rápida e segura tua pena" (*AL* iii 40). Minha própria inspiração, não qualquer conselho externo ou consideração intelectual, será a força energizadora deste trabalho.

3. Onde o texto estiver em inglês simples e direto, não buscarei nem permitirei qualquer interpretação que varie dele.

   Posso admitir a existência de um significado secundário cabalístico ou criptográfico se este confirma, amplifica, aprofunda, intensifica ou clarifica o significado óbvio e chão; mas apenas se esse significado for parte do plano geral da "luz latente", e se ele se provar a si mesmo por abundante testemunho.

   Por exemplo: "To me!" (A me – M.) (i 65) deve ser entendido primariamente em seu senso de Chamado de Nuit a nós, Suas estrelas.

   A transliteração "TO MH" pode ser admitida como a "assinatura" de Nuit, identificando-A como quem fala; porque estas palavras gregas significam "O Não", que é o Nome d'Ela.[1231]

   Esta Gematria de TO MH pode ser admitida como mais uma confirmação, porque a soma das letras, 418, está manifestada em outras partes do livro como o número do Æon.

   Mas TO MH não deve ser interpretado como negando os versos prévios, ou 418, como indicando a fórmula de contato com Ela (se bem que de fato assim é, sendo a Rubrica da Grande Obra). Recuso-me a considerar que uma mera pertinência confira título de autoridade; recuso-me a ler minhas próprias teorias no Livro. Insisto em que toda interpretação deve ser incontestavelmente autêntica; nem menos, nem mais, nem outra do que estava na mente de Aiwass.

4. Afirmo que sou a única autoridade competente para decidir pontos em disputa quanto ao *Livro da Lei*, desde que seu Autor, Aiwass, não é outro senão meu próprio Sagrado Anjo Guardião, Cujo Conhecimento e Conversação eu atingi, de forma que tenho exclusivo acesso a Ele. Tenho devidamente referido toda dificuldade diretamente a Ele, e tenho recebido Sua resposta; minha decisão é, portanto, final, absoluta e inapelável.

1230 N.E.: Conforme apontado por J. F. C. Fuller, as passagens citadas a seguir dizem respeito ao Comentário, e não ao Comento. O Comento faz parte do texto e é considerado uma mensagem inspirada.

1231 N.M.: Esse "To me" é outro exemplo da necessidade do estudante sério conhecer a língua inglesa (para não mencionarmos o árabe, o grego clássico e o hebraico!). O máximo que pudemos fazer na tradução foi manter o "me", MH, "não" em grego. *Me,* claro, é uma forma portuguesa arcaica de *mim.*

5. O verso iii, 47, "um vem após ele, de onde Eu não digo, que descobrirá a Chave disso tudo", foi cumprido por "um" Achad descobrindo o número 31 como a chave em questão. Mas não é dito que o trabalho de Achad se estenderá além deste simples feito; Achad não é, em parte alguma, indicado como designado, ou mesmo autorizado, a substituir A Besta em sua tarefa de Comento. Achad se provou a si mesmo[1232] e provou o Livro, por essa sua consecução; e isso bastará.

6. Onde quer que:

A. As palavras do Texto são obscuras em si mesmas; onde

B. A expressão é forçada; onde

C. A Sintaxe,

D. A Gramática,

E. A Grafia, ou

F. O uso de maiúsculas apresenta peculiaridades;

G. Palavras que não são inglesas ocorrem; onde o estilo sugere

H. Paranomásia,

I. Ambiguidade, ou

J. Obliquidade; onde

K. Um problema é explicitamente declarado como existindo; em todos esses casos buscarei um significado oculto através de correspondências cabalísticas, criptografia ou sutilezas literárias. Não admitirei qualquer solução que não seja simultaneamente simples, notável e consonante com o plano geral do Livro; e não só deve ser adequada, mas também necessária.

Exemplos:

i. i 4. Aqui, o sentido óbvio do texto é tolice; portanto, necessita de uma profunda análise.

ii. ii 17, linha 4. A ordem natural das palavras está forçada pela colocação do "me" antes do "não"; é correto inquirir qual o propósito conseguido por esta peculiaridade de fraseologia.

iii. ii 13. O texto como está é ininteligível; chama atenção para si mesmo; um significado deve ser encontrado que justifique não só o erro aparente como também a necessidade de empregar aquela expressão, e nenhuma outra.

1232 Noto que *AChD* é "seu filho", sem referência à Mulher Escarlate; enquanto a Criança que será "mais pujante que todos os reis da terra" deve ser engendrada d'Ela, sem referência à Besta. Não há indicação de que estas duas crianças não sejam idênticas; mas tampouco há qualquer indicação de que sejam. Hans "Carter" (ou Hirsig) poderia perfeitamente ser a última dessas crianças. [N.M.: A nota acima, como qualquer outra sem indicação em contrário, é por A.C. Efetivamente, Achad não era essa segunda "criança", e sua tarefa limitou-se à descoberta da Chave 31. Uma das possíveis – repetimos, possíveis – interpretações de *AL* iii 45 é que o Magister Templi é essa criança – uma vez que Ele é engendrado por A Besta de Sua Concubina, Babalon. É indubitável que qualquer Magister Templi é "mais pujante que todos os reis da Terra". Isto não obsta a que o verso possa se referir a um particular filho da Mulher Escarlate – isto é, a um particular Magister Templi, ao qual *Liber Aleph* está endereçado. Séculos futuros dirão.]

iv. ii 76. "ser me" em vez de "ser Eu". A gramática pouco usual provoca um inquérito; sugere que "me" é um nome velado, talvez ME, "Não", Nuit, desde que ser Nuit é satisfazer a fórmula do Ditante, Hadit.

v. iii 1. A omissão do "i" em "Khuit" indica que alguma doutrina velada está baseada sobre a variante.

vi. ii 27. A grafia de "Porque" com P maiúsculo sugere que pode ser um nome próprio, e que seu equivalente grego ou hebraico pode identificar a ideia, cabalisticamente, com algum inimigo de nossa Hierarquia; também, que tal palavra pode exigir maiúscula para sua inicial.[1233]

1233 N.M.: No verso original, "Porque" é *Because*. A soma cabalística das letras é 29; a soma cabalística das letras de Hadit também é 29. "Porque" indica, portanto, uma falsa identidade divina, *externa*, que pode ser por incautos tomada pela verdadeira, *interna*, Hadit. "Porque" é, pois, a "Imagem Paterna" dos psicanalistas. O fato de "Porque" ser uma palavra ligada ao processo de raciocínio indica que a Imagem Paterna existe exclusivamente na mente, isto é, no Manas, o Plano Mental. Não existe acima do Abismo. É uma forma de Maya, Ilusão.

O perigo no misticismo está em que o homem se identifique com a mente, com o Ego, em vez de perceber que a mente não é mais que o instrumento de sua verdadeira Identidade Interna, Hadit. O sintoma de que alguém está sob o domínio de "Porque" é a tendência a adorar "Deus" como "algo externo a nós mesmos"; ou a nos considerarmos como "pecadores", "indignos", "condenados ao inferno" etc.; a tendência a renunciar à liberdade espiritual em troca de uma falsa segurança. A manifestação de "Porque" é sempre piegas, "consoladora", "humilde", "altruísta", ou então é o extremo oposto: arrogante, presunçosa, ditando a conduta alheia, cruel e presunçosa. O "Jesus" dos católicos romanos e o "Jeová" dos judeus ortodoxos são perfeitos exemplos destes dois extremos. Qualquer "Irmão Negro" (tendo-se feito uma falsa coroa da mente) pode ser identificado com "Porque" em uma de suas formas. Mas "Porque" não é uma "entidade"; é um estado mental ou um hábito anímico. Não há inimigos de nossa Hierarquia no senso absoluto da palavra "inimigo". Todo homem e toda mulher é uma estrela. Nuit inclui todas as coisas, e nisto está a Vitória Ultimal de Babalon sobre os "escravos de Porque", isto é, os "Irmãos Negros".

"Porque" é um vício muito insidioso. O falecido Rudolf Steiner visualizou uma "entidade maligna" que ele chamou de "Lúcifer" (falso Lúcifer, pois ele corretamente insistia que o Cristo, 666, é o verdadeiro Lúcifer) e descreveu exatamente como os sintomas de "Porque". Mas ele não percebeu que sua concepção do Cristo também era uma forma de "Porque"! Rudolf Steiner era um alto membro da Ordem dos Iluminados. Mas Thelemitas não são "iluminados". A palavra "iluminado" indica que você não tem luz própria – e quem não tem luz própria não é (pelo menos temporariamente) um homem ou uma mulher, pois "Todo homem e toda mulher é uma estrela". O conceito de "iluminado" está dentro do domínio (plano) de "Porque". É outra forma da tendência de considerarmos Deus como externo a nós mesmos. A tradução do título latino do capítulo 188 de *Liber Aleph,* livro definido pelo próprio Profeta como "um extenso comentário sobre o *Livro da Lei*", é: "Dos diversos trabalhos dos iluminadores". *Iluminadores* – não "iluminados"!

A tendência natural de quem ainda não transcendeu a mente é de se irritar com a arrogância de homens que dizem de si mesmos: "Eu sou Deus". Adoradores de "Deus" adoram na realidade a essência deles mesmos, Hadit. Mas isto é um erro. Aiwass, falando por Hadit, o diz em *AL* ii 8: "Quem adorou Heru-pa-kraath adorou-me; erro, pois Eu sou o adorante". Enquanto adoramos um "Deus" – veja capítulos I, XV e XIX do *Liber ABA* Parte III – ainda não atingimos Samadhi, isto é, União, com aquele "Deus". Todos os deuses são partes de nossa consciência – partes elevadíssimas, claro, acima do Abismo; mas partes de Nós Mesmos. Você é Deus – não existe deus senão o homem. Os comentários ao segundo capítulo de *AL* explicam a natureza de Hadit claramente.

A inclusão desta longa nota teve por finalidade evitar que aspirantes de mente desregrada projetem seus conflitos internos no Astral, imaginando a existência de alguma entidade deliberadamente hostil – no sentido absoluto da palavra – ao progresso espiritual do homem. Não existe tal entidade. Todos os demônios são criaturas ilusórias. Certas entidades de outras linhas de evolução, chamadas *dæmons* pelos gregos, podem parecer incidentalmente hostis ao progresso humano. Elas não são mais "hostis" do que um tigre faminto é "hostil" quando ataca um homem (o que raramente ocorre, diga-se de passagem). É um interessante paradoxo que, enquanto os homens "adoram a Deus", em vez de compreenderem que "o reino de Deus está dentro de nós", eles tendam a interpretar a conduta alheia, e até mesmo os fatos naturais, inteiramente em termos de suas "conveniências" pessoais. Mas isto é inevitável. A essência de "Porque" é uma visão errônea do Universo. Quem está sob o domínio de "Porque" não está executando sua Verdadeira Vontade. É inevitável que entre em conflito com a vontade alheia, e é inevitável que acuse os outros de seus próprios erros. O primeiro passo para a sabedoria consiste em reconhecermos nossa própria ignorância.

O Egrégora de "Jesus", adorado pelos católicos romanos, é um excelente exemplo de "Porque". Mas assim também são "Buda", "Alá", "Brahma" ou qualquer outro. A essência do assunto é: tudo o que leva o homem a buscar segurança e apoio fora de si mesmo é de "Porque". E neste senso, "Porque" se torna uma força telepática. As correntes egoicas circulam constantemente, e quem não se isola poderá ter sua mente imantada por elas. É assim que "porque" se torna uma imitação, uma falsificação de Hadit.

É fatal ceder à atração da inércia da maioria. Os homens comuns, de mente desregrada, funcionam como demônios – isto é, determinados centros das mentes deles são ativados ao acaso, uns após outros; não existe um "quartel general" central; eles não atingiram a harmonização de Tiphereth; muitos nem sequer a harmonização parcial de Tiphereth de Malkuth. É assim que místicos inexperientes creem que estão "falando com o Diabo" através de um "possesso".

"Porque" inclui todos os cascões putrefatos do baixo astral, e quaisquer "adoradores de deuses" cuja adoração é mecânica (isto é, exclusivamente do baixo Manas) ou sentimental (isto é, exclusivamente das partes mais fracas do Corpo de Desejos), quaisquer espiritistas, e mesmo um certo tipo

vii. iii 11. "Abstrução" sugere que uma ideia inexprimível de outro jeito é comunicada desta forma. Paráfrase é aqui inadmissível como interpretação suficiente; deve haver uma correspondência entre a estrutura mesma da palavra e seu significado etimologicamente deduzido.

viii. iii 74. As palavras "sun" (sol – M.) e "son" (filho – M.) foram evidentemente escolhidas por causa da identidade do valor do som delas; a inelegância da frase exige, portanto, alguma justificação adequada, tal como a existência de um precioso significado oculto.[1234]

ix. iii 73. A ambiguidade da instrução permite a suposição de que as palavras devem, de algum jeito, conter uma fórmula criptográfica para arranjarmos as folhas do manuscrito de tal maneira que um Arcano se manifeste.

x. i 26. A aparente evasão de uma resposta direta em "Tu sabes!" sugere que as palavras velam uma resposta precisa, mais convincente em cifra do que seria seu equivalente expresso abertamente.

xi. ii 15. O texto explicitamente convida a uma análise cabalística.

7. O Comento deve ser consistente consigo mesmo em todos os pontos; deve exibir o *Livro da Lei* como de absoluta autoridade em todas as questões possíveis que concirnam à Humanidade; como oferecendo a perfeita solução de todos os problemas filosóficos e práticos, sem qualquer exceção.

8. O Comento deve provar além de qualquer possibilidade de erro que o *Livro da Lei*:

A. Testemunha internamente a autoria de Aiwass, uma Inteligência independente de encarnação; e

B. É, pela evidência de acontecimentos externos, demonstrado como merecedor do crédito que exige.

Por exemplo, a primeira proposição é provada pela criptografia relacionada com 31, 93, 418, 666, π etc.; e a segunda pela concordância de circunstâncias históricas com asserções no texto; uma concordância tal que as categorias de tempo e causalidade proíbem qualquer explicação que exclua os próprios postulados do texto, enquanto a lei de probabilidade torna impossível pretextarmos coincidência como uma evasão do problema.

---

de "ateu" (que não é ateu coisa nenhuma, é à toa) são focos deste veneno. A corrente se manifesta nos chacras mais baixos, principalmente o do umbigo e o do coração. As correntes prânicas do organismo são assim desviadas: elas devem subir do plexo sacro até os centros superiores da cabeça; em vez disto, dispersam-se numa atividade indirigida e confusa dos chacras mais baixos. Hadit, claro, corresponde ao Ajna; Nuit ao Sahashara. No Iniciado treinado, os centros inferiores funcionam exclusivamente sob a gestão dos centros mais altos. O Iniciado é, portanto, frequentemente considerado por "sensitivos" como "frio", "impiedoso", "sem amor". (No entanto, tais "sensitivos" nem sabem o que é o Amor! Conhecem apenas o deboche sexual ou o sentimentalismo doentio.) "Videntes" acham que a aura do Iniciado é "negra", sendo incapazes de perceber as radiações dos centros mais altos. "Irmãos Negros", por outro lado, lhes parecem resplendentes de luz. Pudera! A energia está toda sendo irradiada nos planos mais baixos.

O estudante sério compreenderá facilmente que todas as religiões, credos, filosofias políticas e sistemas de psicanálise que encorajam divisão entre o Deus e o Adorante – isto é, entre as faculdades superiores e as faculdades inferiores do homem – são inimigos de Thelema. Levam à escravidão psíquica, a qual se reflete no intelecto, nas emoções e, finalmente, inevitavelmente, nas condições materiais da vida física.

1234 N.M.: Esta homofonia também foi intraduzível: "o sol da meia-noite é sempre o filho". A meia-noite era a hora de terror da Idade Média. Era a hora em que "as forças do Mal" estavam mais ativas. Tradicionalmente, acredita-se que fantasmas aparecem à meia-noite; feiticeiros fazem seus "trabalhos" à meia-noite etc. Isto tudo é oriundo das superstições daquela Idade Média, em que o credo romano alcançou o auge do seu poder doentio. O medo da noite é atávico, datando da pré-história, em que a escuridão se enchia de animais predadores que caçavam o homem, o qual ainda desconhecia o uso do fogo. Foi uma coincidência infeliz, mas inevitável, que o trauma psicológico do romanismo despertasse esse medo atávico do seu estado latente, ou "inferno", na mente subconsciente da raça. Ra-Hoor-Khuit significa "O Sol dos Dois Horizontes", isto é, o Sol que não morre ao anoitecer nem ressuscita de manhã, *mas está sempre fulgindo no céu.* Isto implica uma teogonia completamente diversa da de Osiris – um ponto de vista mais avançado, tanto no senso científico quanto no senso psicológico da palavra.

9. O Comento deve ser expresso em termos inteligíveis às mentalidades de educação média, e sem minúcias abstrusas.[1235]

10. O Comento deve ser pertinente aos problemas de nossa própria época, e apresentar os princípios da Lei de uma maneira suscetível de aplicação prática imediata. Deve satisfazer a todos os tipos de inteligência; não deve nem revoltar os pensadores racionalistas, matemáticos ou filosóficos, nem repugnar os temperamentos religiosos e românticos.

11. O Comento deve apelar para a autoridade da Experiência em apoio da Lei. Deve tornar Sucesso a prova da Verdade do *Livro da Lei*, em todo ponto de contato com a Realidade.

A Palavra de Aiwass deve apresentar uma perfeita descrição do Universo como Necessário, Inteligível, Autossubsistente, Integral, Absoluto e Imanente. Deve satisfazer a todas as intuições, explicar todos os enigmas e harmonizar todos os conflitos. Deve revelar a Realidade, reconciliar a Razão com a Relatividade; e, dissolvendo não só todas as antinomias no Absoluto como todas as antipatias na apreciação da Aptidão, deve assegurar a aquiescência de toda faculdade humana na perfeição de sua adequação plenária.

Libertando-nos de toda restrição quanto ao Direito, a Palavra de Aiwass deve estender seu império alistando a lealdade de todo homem e toda mulher que puser sua verdade à prova.

Com base nestes princípios, ao auge da minha capacidade, Eu, a Besta 666, que recebi o *Livro da Lei* da Boca de meu Anjo Aiwass, comentarei sobre ele; estando armado com a palavra: "Mas o trabalho do comento? Isso é fácil; e Hadit queimando em teu coração fará rápida e segura tua pena".[1236]

1235 N.M.: Realmente, o Comento é inteligível a qualquer um; mas o Comentário exige cultura e estudo.

1236 N.M.: Repetimos que o Comento está impresso com o Livro, assinado Ankh-f-n-khonsu, e não deve ser confundido com o Comentário, que publicaremos a seguir. Mas o Comentário faz parte dos "escritos" do Profeta, e consequentemente todo Estudante está autorizado pelo Comento a consultá-lo – julgando e decidindo por si mesmo.

NOTA EDITORIAL A ESTE CAPÍTULO

O leitor está agora em completa posse do relato de "como tu vieste aqui". O estudante que deseja agir inteligentemente tomará o cuidado de se familiarizar por completo, logo de início, com todas as circunstâncias externas relacionadas com a Escritura do *Livro;* quer as de importância biográfica, quer as de qualquer outro tipo. Ele deveria assim se tornar capaz de se aproximar do *Livro* com sua mente preparada para apreender o caráter ímpar do conteúdo, em se levando em conta a sua verdadeira Autoria; as peculiaridades do método do *Livro* de comunicar Pensamento, e a natureza da sua asserção de que é o Padrão da Verdade, a Chave do Progresso, e o Árbitro da Conduta. O estudante poderá formar seu próprio julgamento sobre o *Livro* somente se ele se fixar no ponto de vista correto: o único problema para ele é decidir se o *Livro* é ou não é o que pretende ser: a Nova Lei (no mesmo senso em que os *Vedas,* o *Pentateuco,* o *Tao Teh Ching* e o *Qur'an* são Leis; mas com a Autoridade adicional de inspiração Verbal, Literal e Gráfica estabelecida e comprovada por evidência interna, com a precisão impecável de uma demonstração matemática). Se o *Livro* for tudo isto, é um documento único, absolutamente válido dentro dos termos de sua própria tese; incomparavelmente mais valioso que qualquer outro Registro de Pensamento que nós possuímos.

Se o *Livro* não for tudo isto, é uma curiosidade literária sem valor; pior, é uma espantosa prova de que nenhum grau ou tipo de evidência é suficiente para estabelecer qualquer proposição, uma vez que a mais estrita concatenação de circunstâncias pode ser não mais que um joguete do acaso, e os planos de mais amplo propósito não mais que uma pueril pantomima. Rejeitar este *Livro* é ridicularizar a Razão, e fazer da Lei de Probabilidade um capricho. Em Sua queda ele estilhaça a estrutura da Ciência, e enterra toda esperança do coração do homem nas ruínas, atirando sobre este monturo os céticos, os cegos, os aleijados e os maníaco-melancólicos.

O leitor deve enfrentar o problema; meias medidas não servirão. Se há no texto qualquer coisa que reconhece como Verdade transcendental, ele não pode admitir a possibilidade de que o Discursante, dando-Se a tais esforços para Se provar a Si mesmo e à Sua Palavra, pudesse também incorporar Falsidade no mesmo texto e cercá-la dos mesmos elaborados engenhos.[1237] E se o *Livro* for um monumento à loucura de um mortal, o leitor deve tremer ao pensar que tal poder e tal astúcia possam pertencer a super-anarquistas tão insanos e tão criminosos.

Mas se o leitor perceber que o *Livro* se justifica a Si Mesmo, o *Livro* será também justificado de Seus filhos: e o leitor arderá de alegria quando ler do sexagésimo terceiro ao sexagésimo sétimo verso do Terceiro Capítulo, e vislumbrar por vez primeira Quem ele mesmo é em verdade, e a que realização de Si Mesmo o *Livro* tem virtude para conduzi-lo.

1237 N.M.: Não há nenhum motivo *a priori* por que o leitor não possa admitir tal possibilidade; uma Entidade que tem mais sabedoria que o homem não é por isto obrigada a se conformar com as nossas noções de consistência. Não há "garantias" quanto ao *Livro da Lei.* Lede o Comento! Não existe lei além de Faze o que tu queres.

CAPÍTULO VIII

SUMÁRIO DO CASO

Nesta revelação está a base do presente Æon. Dentro do registro da História já tivemos o período pagão: a adoração da Natureza, de Isis, da Mãe, do Passado; o período cristão: a adoração do Homem, de Osiris, do Presente. O primeiro período foi simples, quieto, fácil e agradável; o material ignorava o espiritual. O segundo foi de sofrimento e morte; o espiritual se esforçava por ignorar o material. O cristianismo e todas as religiões análogas adoraram a morte, glorificaram o sofrimento, endeusaram cadáveres. O novo Æon é a adoração do espiritual unido ao material: de Horus, da Criança, do Futuro.

Isis foi Liberdade; Osiris, servidão; mas a nova Liberdade é a de Horus. Osiris conquistou Isis porque ela não o compreendia. Horus vinga tanto seu Pai quanto sua Mãe. Esta criança Horus é um gêmeo, dois em um. Horus e Harpocrates são um, e são também um com Set ou Apófis, o destruidor de Osiris. É pela destruição do princípio da morte que eles nascem. O estabelecimento deste novo Æon, deste novo princípio fundamental, é a grande obra agora a ser executada no mundo.

Frater Perdurabo, a quem esta revelação foi feita com tantos sinais e maravilhas, não ficou convencido. Contra ela ele lutou durante anos. Só após a conclusão de sua própria Iniciação, no fim de 1909 e.v., foi que compreendeu quão perfeitamente estava obrigado a executar este trabalho.[1238] Repetidamente ele se afastou da labuta, reencetou-a por alguns dias ou horas, só para pô-la de lado novamente. Repetidamente, a incessante vigilância dos Guardiões o impeliu de volta ao trabalho; e foi no momento preciso em que julgara ter escapado que ele se percebeu fixado para sempre, sem qualquer possibilidade de se desviar novamente do Caminho, sequer por uma fração de segundo.

A história disto deve ser contada algum dia por uma voz mais vivida, propriamente considerada; é uma história de milagre contínuo. É suficiente se for agora dito que nesta Lei jaz todo o futuro: é a Lei de Liberdade; aqueles que a recusam proclamam-se a si mesmos escravos, e como escravos serão encadeados e chicoteados. É a Lei do Amor; aqueles que a recusam se declaram a si mesmos filhos do ódio, e o ódio deles se voltará contra eles e os consumirá com suas torturas infindas. É a Lei da Vida; aqueles que a recusam serão submetidos à morte, e a morte os pegará distraídos. Mesmo a vida deles será uma morte em vida. É a Lei da Luz, e aqueles que a recusam se tornam assim escuros para sempre.

Faze o que tu queres há de ser tudo da Lei! Recusai isto, e caireis sob a maldição do destino. Dividireis a vontade contra si mesma: o resultado é impotência e conflito, conflito vão. A Lei não condena ninguém. Aceitai a Lei, e tudo é legítimo. Recusai a Lei, vos colocais fora de sua proteção. É a Lei que Jesus Cristo, ou antes, a tradição gnóstica da qual a lenda do Cristo é uma degradação, tentou ensinar; mas quase toda palavra que ele[1239] disse foi mal interpretada e corrompida por seus inimigos, particularmente aqueles que se intitularam seus discípulos. Em todo caso, o Æon passado não estava pronto para uma Lei de Liberdade. De todos os seus seguidores, somente Santo Agostinho parece ter tido talvez um vislumbre do que ele quis dizer.

Outra tentativa de ensinar esta Lei foi feita através de Sir Edward Kelly no fim do século dezesseis. A opressão da ortodoxia impediu que as palavras dele fossem ouvidas ou compreendidas. Em muitas

---

1238 De fato, foi só quando a Palavra dele se tornou contérmina com Ele mesmo e Seu Universo que todas as ideias alienígenas perderam significado para ele.

1239 Consulte-se *Liber 888,* "O Evangelho Segundo São Bernard Shaw", um estudo do Novo Testamento por A Besta 666, no qual é provado que "Jesus" é uma figura composta de diversos elementos incompatíveis. Não há, portanto, nenhum "ele" no caso. Os Evangelhos são uma crua compilação de gnosticismo, judaísmo, essenismo, hinduísmo, budismo, com as palavras de passe de diversos cultos sacerdotais-políticos atiradas ao acaso junto a uma mistura das lendas deformadas dos personagens do Panteão Pagão; tudo grudado com um simulacro de unidade com o interesse de apoiar a tela sacudida das fés locais contra os assaltos da consolidação da civilização, e de aplicar o princípio de cooperação a "negócios" que a competição estava destruindo.

outras fórmulas o espírito da verdade tem golpeado o homem, e sombras parciais desta verdade têm sido as maiores aliadas da ciência e da filosofia. Apenas agora o sucesso foi alcançado. Um perfeito veículo foi encontrado, e a mensagem foi entesourada numa caixeta ourivesada; quer dizer, num livro com a injunção: "Não mudes sequer o estilo de uma letra". Este livro está reproduzido em fac-símile, a fim de não haver possibilidade de corrompê-lo. Aqui, então, temos a base firme de uma perspectiva definida para a fundação de uma religião universal.[1240]

Possuímos a Chave da solução de todos os problemas humanos, tanto os filosóficos quanto os práticos. Se pareceu ao leitor que nos esforçamos demasiado por prová-lo, nosso zelo deverá explicar nossa falta; pois bem sabemos o que está escrito no Livro:

"Sucesso é tua prova."

Não necessitamos mais do que de uma testemunha: chamamos o Tempo, para que testemunhe quanto à Verdade de nossa causa.[1241]

1240 N.M.: Isto absolutamente não quer dizer que outras religiões serão abolidas ou perseguidas; a Lei é para todos. Veja-se nossa nota ao Comentário de *AL* iii 2.

1241 N.E.: Após esta parte havia uma Nota Final de Motta, que foi omitida por não constar no original e estar descontextualizada para os dias de hoje.

אלהים ⊙ 3·41593 = π até 6 decimais
האד = HAD = 11 = em cheio 555 = 5 energia
אל = 31. לא = 31
⊙ = σ (= 6) = XX + XI = 31
טש = 309 = XX + XI
Η ΚΟΚΚΙΝΗ ΓΥΝΗ = 667 = ΗΚΓ = 31
נו = NU = 56.
161 COPH NIA כת = 100 = איך = 61
כת = כ em cheio ⊙ + ⊙ em grego (veja I-46-47)
AIWASS AIVAS = 78 (erro de 666)
Ta-Nish TANICh = 78 ou
Sh para Ch dá 370. OSh, Criação
עיוז AIWAZ = 93.
ΘΕΛΗΜΑ = 93 em cheio 2542 } veja I 39
ΛΟΓΟΣ ΠΥΘΙΟΣ ΤΟΥ ΝΟΜΟΥ }
ΑΓΑΠΗ = 93.
M · · · M = 93.
III° + + + + = 93.
עבא = 93 Vontade; Estrêla; Hoste.
Montu MVNTV = 111
RPST = 311
חאבש = KHABS = 311 = BHTA.
AIFACC : AIWASS = 418
RPSTOVAL כרלשביו = 418.
ABRAHADABRA = 418
Ch = 8 = Ch I Th = 418 = ABRAHADABRA
= RA - HVVR (RA-HOOR).
ΠΑΛΛΑΣ ΑΘΗΝΗ = 418.
ΤΟ ΜΗ = 418.
PARZIVAL = 418.
חית (ח = 8 em cheio) = 418.
St Belsayfa בהמשאיפא = 418.

HRV-RA-HA = 211 + 201 + 6 = 418
הרו = HERU = 211 }
רא = RA = 201 } 418.
הא = HA = 6 }
הוור = HOOR = 217 } 418 }
רא = RA = 201 } } 444
כו = KHU = 26 }
ΝΟΜΟΣ = 430
ΜΟΥ = 510 = ΦΙ = ריש
תריון = THERION = 666.
ΤΟ ΜΕΓΑ ΘΗΡΙΟΝ = 666.
KAMURET = 666
666 - o número da ESTELA
o número de A BESTA O
Número de O HOMEM veja Apocalipse
A Bêsta AChIHA = 666 em cheio.
(Grafia usual é ChIVA)
A = 111 Ch = 418 I = 20 H = 6 A = 111
O A no Livro de Thoth (O Taro)
A = 111 ⊙ = 6
ANKH-F-N-KHONSU-T = 666.
Nuteru NVThIRV = 666.
CTHΛH 666 = 52 + 666 = 718
Bes-n-maut BISh NaMAVT } = 888
Ta-Nich ThA-NICh } ChxA
ΛΟΓΟΣ ΠΥΘΙΟΣ = Palavra = 1142
ΑΓΕ ΤΟ ΘΕΛΗΜΑ ΣΟΥ = 1142

ALGUMAS INDICAÇÕES AO ESTUDANTE DA LINHA A ADOTAR NA ELUCIDAÇÃO DE

LIBER AL

Primeiro Esboço de uma Chave Cabalística para o Liber AL.[1242]

1242 N.E.: Esta imagem é uma reprodução fac-símile da versão feita à mão e utilizada por Motta em *O Equinócio dos Deuses*, de 1976 e.v. Comparando com o original de 1936 e.v., nota-se que Motta reproduziu o erro no valor numérico de pi (apesar de haver uma marcação, a lápis, para correção, no manuscrito original de Motta, conforme consta nos Arquivos da Sociedade Novo Æon). Percebe-se também a correção feita por ele quanto ao valor gemátrico de HA, apresentado erroneamente como 26 na edição de Crowley.

AL

(LIBER LEGIS)

O LIVRO DA LEI

SUB FIGURA XXXI

TAL QUAL ENTREGUE POR
93 – עיוז – Αιϝασς – 418
A
ANKH-AF-NA-KHONSU
תריון – ΤΟ ΜΕΓΑ ΘΗΡΙΟΝ
666

A∴A∴
Publicação em Classe A

93	10° = 1□	Pro Coll. Summ.
666	9° = 2□	
31-93-31-1	8° = 3□	

P.	3° = 8□	Pro Coll. Ext.
939	2° = 9□	

O.M.	7° = 4□	Pro Coll. Int.
ABMN.·.	6° = 5□	
Φ	5° = 6□	

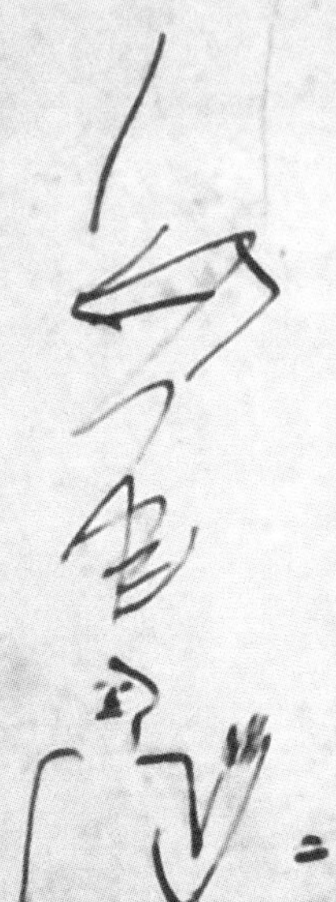

= N

Buddha pos = O

Liber L. vel Legis.

given from the mouth of Aiwass to the ear of

The Beast

on April 8, 9, & 10, 1904.

(i.e. I meant I wrote his words under from that date a.c. 6th 1904)

[This is a highly interesting example of genuine automatic writing (which came into my possession in July 1906). Though I am in no way responsible for any of these comments (except the versifications of the stele inscription), I publish them among my works, because I believe that their intelligent study may be interesting & helpful. A.C.]

Had! The manifestation of Nuit

The unveiling of the company of heaven

Every man and every woman is a star

Every number is infinite: there is no difference

Help me, o warrior lord of Thebes, in my unveiling before the Children of men

Be thou Hadit, my secret centre, my heart & my tongue.

Behold! it is revealed by Aiwass the minister of Hoor-paar-kraat

The Khabs is in the Khu, not the Khu in the Khabs

Worship then the Khabs, and behold my light shed over you.

Let my servants be few & secret: they shall rule the many & the known.

These are fools that men adore; both their Gods & their men are fools.

Come forth, o children, under the stars & take your fill of love. I am above you and in you. My ecstasy is in yours. My joy is to see your joy

v. 1. of Spell called the Joy.

Now ye shall know that the chosen priest & apostle of infinite space is the prince-priest the Beast and in

his woman, called the Scarlet Woman, is
all power given. They shall gather my
children into their fold: they shall bring the
glory of the stars into the hearts of men.
For he is ever a sun, and she a moon. But
to him is the winged secret flame and to
her the stooping starlight.
But ye are not so chosen
Burn upon their brows, o splendrous serpent!
O azure-lidded woman, bend upon them!
The key of the rituals is in the secret word
which I have given unto him

With the God & the Adorer I am nothing: they
do not see me. They are as upon the earth
I am Heaven, and there is no other God
than me, and my lord Hadit.
Now therefore I am known to ye by my
name Nuit, and to him by a secret name
which I will give him when at last he
knoweth me
Since I am Infinite Space and the Infinite
Stars thereof do ye also thus. Bind
nothing! Let there be no difference made
among you between any one thing & any

other thing; for thereby there cometh hurt.

But whoso availeth in this, let him be the chief of all!

I am Nuit and my word, is six and fifty

Divide, add, multiply and understand.

Then saith the prophet and slave of the beauteous one. Who am I, and what shall be the sign. So she answered him, bending down, a lambent flame of blue, all-touching all penetrant, her lovely hands upon the black earth & her lithe body arched for love and her soft feet not hurting the

little flowers Thou knowest! And the sign
shall be my ecstasy, the consciousness of
the continuity of existence, the ~~non-atomic~~
omnipresence of my body. ~~the unfragmentary non-atomic fact of my universality.~~

(~~Write this in whiter words~~)

(~~But go forth on~~)

| Done later as above.

Then the priest answered & said unto
the Queen of Space, kissing her lovely brows
and the dew of her light bathing his whole
body in a sweet-smelling perfume of sweat
O Nuit, continuous one of Heaven, let it

be ever thus that men speak not of Thee as One but as None and let them speak not of thee at all since thou art continuous.

None, breathed the light, faint & faery, of the stars, and two. For I am divided for love's sake, for the chance of union.

This is the creation of the world that the pain of ~~[illegible]~~ division is as nothing and the joy of dissolution all.

For these fools of men and their

8

ones care not thou at all! They feel little; what is, is balanced by weak joys: but ye are my chosen ones.

Obey my prophet! follow out the ordeals of my knowledge! seek me only! Then the joys of my love will redeem ye from all pain. This is so: I swear it by the vault of my body; by my sacred heart and tongue; by all I can give, by all I desire of ye all.

Then the priest fell into a deep trance or

swoon & said unto the Queen of Heaven
Write unto us the ordeals write unto
us the rituals write unto us the law.
But she said the ordeals I write not
the rituals shall be half known and
half concealed: the Law is for all
This that thou writest is the threefold
book of Law
My scribe Ankh-af-na-khonsu the
priest of the princes shall not in one
letter change this book; but lest there
be folly, he shall comment thereupon
by the wisdom of Ra-Hoor-Khu-it.

Also the mantras and spells; the obeah and the wanga; the work of the wand and the work of the sword: these he shall learn and teach. He must teach; but he may make severe the ordeals.

The word of the Law is Θελημα. Who calls us Thelemites will do no wrong, if he look but close into the word. For there are therein Three Grades, the Hermit and the Lover and the man of Earth. Do what thou wilt

shall be the whole of the Law.
The word of Sin is Restriction. O man!
refuse not thy wife if she will. O
lover, if thou wilt, depart. There is
no bond that can unite the divided but
love: all else is a curse. Accursèd!
Accursèd! be it to the aeons. Hell.
Let it be that state of manyhood
bound and loathing. So with thy all
thou hast no right but to do thy will
Do that and no other shall say nay.
For pure will, unassuaged of purpose,

delivered from the lust of result, is
every way perfect
The Perfect and the Perfect are one
Perfect and not two; nay, are none!
Nothing is a secret key of this law
Sixty-one the Jews call it; I call it
Eight, eighty, fourhundred & eighteen.
But they have the half: unite by thine
art so that all disappear.
My prophet is a fool with his one one
one: are not they the Ox and none
by the Book.

Abrogate ^are^ all rituals, all ordeals, all
words and signs. Ra-Hoor-Khuit hath
taken his seat in the East at the Equinox
of the Gods and let Asar be with Isa
who also are one. But they are not of
me Let Asar be the adorant, Isa the
Sufferer; Hoor in his secret name and
splendour is the Lord initiating.
There is a word to say about the Hierophantic
task. Behold! there are three ordeals in
one, and it may be given in three ways.
The gross must pass through fire; let the

fire be tried in intellect, and the lofty thrones ones with the highest. Thus ye have star & star system & system let not one know well the other.

There are four gates to one palace; the floor of that palace is of silver and gold, lapis lazuli & jasper are there, and all rare scents jasmine & rose, and the emblems of death. Let him enter in turn or at once the four gates; let him stand on the floor of the palace. Will he not sink? Amn. Ho! warrior, if thy servant sink? But there are means and means. Be goodly therefore: dress ye all in fine apparel; eat rich foods and drink sweet wines and wines that foam. ~~but~~ Also, take your fill and will of love as ye will, when, where and with whom ye will. But always unto me. If this be not aright; if ye confound the space-marks, saying: They are one or saying They are many; if the ritual be not ever unto me: then expect the direful judgments of Ra Hoor Khuit. This shall regenerate the world, the little world my sister, my heart & my tongue, unto whom I send this kiss. Also, o scribe and prophet though thou be of the princes it shall not assuage thee nor absolve thee. But ecstasy be thine and joy of earth: ever To me To me.

Change not as much as the style of a letter; for behold thou o prophet shalt not behold all these mysteries hidden therein.

The child of thy bowels, he shall behold them.

Expect him not from the East nor from

the West, for from no expected house cometh that child. Aum! All words are sacred and all prophets true; save only that they understand a little; solve the first half of the equation, leave the second unattacked. But thou hast all in the clear light, and some though not all in the dark.

I invoke ye under my stars. Love is the law, love under will. Nor let the fools mistake love; for there are love and love. There is the dove and there is the serpent. Choose ye well! He, my prophet, hath

chosen, knowing the law of the fortress
and the great mystery of the House of God
All these old letters of my Book are
aright; but צ is not the Star. This
also is secret: my prophet shall reveal
it to the wise.

I give unimaginable joys on earth: certainty,
not faith, while in life, upon death; peace
unutterable, rest, ecstasy: nor do I demand
aught in sacrifice.

My incense is of resinous woods & gums
and there is no blood therein: because of
my hair the trees of Eternity.

My number is 11, as all their numbers who are of us. (Lost) [illegible] The shape of my star is The Five Pointed Star, with a Circle in the Middle, & the circle is Red. My colour is black to the blind, but the blue & gold are seen of the seeing. Also I have a secret glory for them that love me.

But to love me is better than all things: if under the night-stars in the desert thou presently burnest mine incense before me, invoking me with a pure heart, and the Serpent flame therein, thou shalt come a little to lie in my bosom. For one kiss wilt thou then be willing to give all:

but whoso gives one particle of dust
shall lose all in that hour. Ye shall
gather goods and store of women and
spices; ye shall wear rich jewels; ye
shall exceed the nations of the earth
in splendour & pride; but always in the
love of me, and so shall ye come to
my joy. I charge you earnestly to come
before me in a single robe and covered
with a rich headdress. I love you! I yearn to
you. Pale or purple, veiled or voluptuous, I
who am all pleasure and purple

and drunkenness of the innermost sense
desire you. Put on the wings and arouse
the coiled splendour within you: come unto me
At all my meetings with you shall the
priestess say – and her eyes shall burn
with desire as she stands bare and rejoicing
in my secret temple – To me! To me!
calling forth the flame of the hearts of all in her
love-chant.
Sing the rapturous love-song unto me!
Burn to me perfumes! Wear to me jewels!
Drink to me, for I love you! I love you!

I am the blue-lidded daughter of Sunset; I am the naked brilliance of the voluptuous night-sky.

To me! To me!

The Manifestation of Nuit is at an end.

1 Nu! the hiding of Hadit.

2 Come! all ye, and learn the secret that
hath not yet been revealed. I Hadit am
the complement of Nu my bride. I am not
extended, and Khabs is the name of my House.

3 In the sphere I am everywhere, the centre, as
she, the circumference, is nowhere found.

4 Yet she shall be known & I never.

5 Behold! the rituals of the old time are black.
Let the evil ones be cast away; let the
good ones be purged by the prophet! Then shall
this Knowledge go aright.

6. I am the flame that burns in every heart of
man, and in the core of every star. I am

Life, and the giver of Life; yet therefore is the knowledge of me the knowledge of death.

7. I am the Magician and the Exorcist. I am the axle of the wheel, and the cube in the circle. "Come unto me" is a foolish word; for it is I that go.

8 Who worshipped Heru-pa-kraath have worshipped me; ill, for I am the worshipper.

9 Remember all ye that existence is pure joy; that all the sorrows are but as shadows; they pass & are done; but there is that which remains.

10. O prophet! thou hast ill will to learn this writing.

11. I see thee hate the hand & the pen; but I am

Stronger.

12 Because of me in Thee which thou knewest not.

13. for why? Because thou wast the knower,
and me.

14. Now let there be a veiling of this shrine: now
let the light devour men and eat them
up with blindness.

15. For I am perfect, being Not; and my number
is nine by the fools; but with the just I am
Eight, and one in Eight: Which is vital, for
I am none indeed. The Empress and the King
are not of me; for there is a further secret.

16 I am the Empress & the Hierophant. Thus
eleven, as my bride is eleven.

17. Hear me, ye people of sighing!
The sorrows of pain and regret
Are left to the dead and the dying,
The folk that not know me as yet.

18 These are dead, these fellows; they feel not. We
are not for the poor and sad: the lords of the
earth are our kinsfolk.

19 Is a God to live in a dog? No! but the
highest are of us. They shall rejoice, our chosen:
who sorroweth is not of us.

20 Beauty and strength, leaping laughter and
delicious languor, force and fire, are of us.

21 We have nothing with the outcast and the unfit:
let them die in their misery: For they feel
not. Compassion is the vice of kings: stamp
down the wretched & the weak: this is the
law of the strong: this is our law and the
joy of the world. Think not, o king, upon that
lie: That Thou Must Die: verily thou shalt
not die, but live! Now let it be understood:
If the body of the King dissolve, he shall remain
in pure ecstasy for ever. Nuit Hadit Ra-Hoor-
Khuit. The Sun, Strength & Sight, Light these
are for the servants of the Star & the Snake

22 I am the Snake that giveth Knowledge & Delight
and bright glory, and stir the hearts of men
with drunkenness. To worship me take wine
and strange drugs whereof I will tell my
prophet, & be drunk thereof! They shall not
harm ye at all. It is a lie, this folly
against self. The exposure of innocence
is a lie. Be strong, o man, lust, enjoy
all things of sense and rapture: fear not
that any God shall deny thee for this.
23 I am alone: there is no God where I am.
24 Behold! these be grave mysteries; for there
are also of my friends who be hermits. Now

think not to find them in the forest or on the mountain; but in beds of purple, caressed by magnificent beasts of women with large limbs, and fire and light in their eyes, and masses of flaming hair about them; there shall ye find them. Ye shall see them at rule, at victorious armies, at all the joy; and there shall be in them a joy a million times greater than this. Beware lest any force another, King against King! Love one another with burning hearts; on the low men trample in the fierce lust of your pride in the day of your wrath.

25. Ye are against the people, O my chosen!

26. I am the secret Serpent coiled about to spring: in my coiling there is joy. If I lift up my head, I and my Nuit are one. If I droop down mine head, and shoot forth venom, then is rapture of the earth, and I and the earth are one.

27. There is great danger in me; for who doth not understand these runes shall make a great miss. He shall fall down into the pit called Because, and there he shall

perish with the dogs of Reason.
28 Now a curse upon Because and his kin!
29 May Because be accursèd for ever!
30 If Will stops and cries Why, invoking
Because, then Will stops & does nought.
31 If Power asks why, then is Power weakness.
32 Also reason is a lie; for there is a
factor infinite & unknown; & all their
words are skew-wise.
33 Enough of Because! Be he damned for a dog!
34. But ye, o my people, rise up & awake!
35. Let the rituals be rightly performed with
joy & beauty!

36 There are rituals of the elements and feasts of the times.

37 A feast for the first night of the Prophet and his Bride!

38 A feast for the three days of the writing of the Book of the Law.

39 A feast for Tahuti and the child of the Prophet — secret, O Prophet!

40 A feast for the Supreme Ritual, and a feast for the Equinox of the Gods.

41 a feast for fire and a feast for water; a feast for life and a greater feast for death.

42 A feast every day in your hearts in the joy of my rapture.

43 A feast every night unto Nu, and the pleasure of uttermost delight.

44 Aye! feast! rejoice! there is no dread hereafter. There is the dissolution, and eternal ecstasy in the kisses of Nu.

45 There is death for the dogs.

46 Dost thou fail? Art thou sorry? Is fear in thine heart?

47 Where I am these are not.

48 Pity not the fallen! I never knew them.
I am not for them. I console not: I hate
the consoled & the consoler.
49 I am unique & conqueror. I am not of the
slaves that perish. Be they damned &
dead! Amen. [This is of the 4: there is
a fifth who is invisible & therein am I
as a babe in an egg.]
50 Blue am I and gold in the light of my
bride: but the red gleam is in my eyes
& my spangles are purple & green.
51. Purple beyond purple: it is the light higher

than eyesight.

52 There is a veil: that veil is black. It is
the veil of the modest woman; it is the veil
of sorrow, & the pall of death: this is none
of me. Tear down that lying spectre of
the centuries: veil not your vices in
virtuous words: these vices are my service;
ye do well, & I will reward you here and
hereafter.

53 Fear not, o prophet, when these words are
said, thou shalt not be sorry. Thou art
emphatically my chosen; and blessed are

the eyes that thou shalt look upon with
gladness. But I will hide thee in a
mask of sorrow: they that see thee shall
fear thou art falle: but I lift thee up.
54 Nor shall they who cry aloud their folly
that thou meanest nought avail; thou
shall reveal it: thou availest: they are
the slaves of because: They are not of
me. The stops as thou wilt; the letters
change them not in style or value!
55 Thou shalt obtain the order & value of
the English Alphabet; thou shalt find

new symbols to attribute them unto.

56 Begone! ye mockers; even though ye laugh
in my honour ye shall laugh not long: then
when ye are sad know that I have
forsaken you.

57. He that is righteous shall be righteous still;
he that is filthy shall be filthy still.

58 Yea! deem not of change: ye shall be as ye
are, & not other. Therefore the kings of
the earth shall be Kings for ever: the slaves
shall serve. There is none that shall
be cast down or lifted up: all is ever

as it was. Yet there are masked ones my servants: it may be that yonder beggar is a King. A King may choose his garment as he will: there is no certain test: but a beggar cannot hide his poverty.

59 Beware therefore! Love all, lest perchance is a King concealed! Say you so? Fool! If he be a King, thou canst not hurt him.

60 Therefore strike hard & low, and to hell with them, master!

61 There is a light before thine eyes, O prophet, a light undesired, most desirable.

62 I am uplifted in thine heart; and the kisses
of the stars rain hard upon thy body.
63 Thou art exhaust in the voluptuous fullness
of the inspiration: the expiration is sweeter
than death, more rapid and laughterful than
a caress of Hell's own worm.
64 Oh! thou art overcome: we are upon thee;
our delight is all over thee: hail! hail!
prophet of Nu! prophet of Had! prophet of
Ra-Hoor-Khu! Now rejoice! now come in
our splendour & rapture! Come in our passionate
peace, & write sweet words for the Kings!

65 I am the Master: thou art the Holy Chosen One.
66 Write, & find ecstasy in writing! Work, &
be our bed in working! Thrill with the
joy of life & death! Ah! thy death shall
be lovely: whoso seeth it shall be glad. Thy
death shall be the seal of the promise of
our agelong love. Come! lift up thine heart
& rejoice! We are one; we are none.
67 Hold! Hold! Bear up in thy rapture;
fall not in swoon of the excellent kisses!
68 Harden! Hold up thyself! Lift thine head!

breathe not so deep — die!

69 Ah! Ah! What do I feel? Is the word
exhausted?

70 There is help & hope in other spells. Wisdom
says: be strong! Then canst thou bear more
joy. Be not animal; refine thy rapture!
If thou drink, drink by the eight and ninety
rules of art: if thou love, exceed by
delicacy; and if thou do aught joyous, let
there be subtlety therein!

71 But exceed! exceed!

72 Strive ever to more! and if thou art truly

mine — and doubt it not, an if thou art
Ever joyous! — death is the crown of all.
73 Ah! Ah! Death! Death! thou shalt long for
death. Death is forbidden, O man, unto thee.
74 The length of thy longing shall be the strength
of its glory. He that lives long & desires
death much is ever the King among the Kings.
75 Aye! listen to the numbers & the words:
76 4 6 3 8 A B K 2 4 A L G M O R 3 Y
X 24 89 R P S T O V A L. What
meaneth this, O prophet? Thou knowest
not; nor shalt thou know ever. There
cometh one to follow thee: he shall

expound it. But remember, o chosen
one, to be me; to follow the love of
Nu in the star-lit heaven; to look forth
upon men, to tell them this glad word.
77 O be thou proud and mighty among men!
78 Lift up thyself! for there is none like unto
thee among men or among Gods! Lift up
thyself, O my prophet, thy stature shall
surpass the stars. They shall worship thy
name, foursquare, mystic, wonderful, the
number of the man; and thy name of

22

thy house 418.

79. The end of the writing of Habitt; and blessing & worship to the prophet of the lovely Star.

1 Abrahadabra! the reward of Ra Hoor Khut.
2 There is division hither homeward; there is a
word not known. Spelling is defunct; all is not
aught. Beware! Hold! Raise the spell of
Ra-Hoor-Khuit.
3 Now let it be first understood that I am
a god of War and of Vengeance. I shall
deal hardly with them.
4 Choose ye an island!
5 Fortify it!
6 Dung it about with enginery of war!
7 I will give you a war-engine.
8 With it ye shall smite the peoples and

none shall stand before you.
9 Lurk! Withdraw! Upon them! this
is the Law of the Battle of Conquest: thus
shall my worship be about my secret house.
10 Get the stélé of revealing itself; set it
in thy secret temple – and that temple
is already aright disposed – & it shall be your
Kiblah for ever. It shall not fade, but
miraculous colour shall come back to it
day after day. Close it in locked glass for a
proof to the world.
11 This shall be your only proof. I forbid argument.
Conquer! That is enough. I will make easy

to you the abstruction from the ill-ordered house in the Victorious City. Thou shalt thyself convey it with worship, o prophet, though thou likest it not. Thou shalt have danger & trouble. Ra-Hoor-Khu is with thee. Worship me with fire & blood; worship me with swords & with spears. Let the woman be girt with a sword before me: let blood flow to my name. Trample down the Heathen; be upon them, o warrior, I will give you of their flesh to eat!

12 Sacrifice cattle, little and big: after a child.

13 But not now.
14 Ye shall see that hour, o blessed Beast, and
thou the Scarlet Concubine of his desire!
15 Ye shall be sad thereof.
16 Deem not too eagerly to catch the promises; fear
not to undergo the curses. Ye, even ye, know not
this meaning all.
17 Fear not at all; fear neither men, nor Fates,
nor gods, nor anything. Money fear not, nor
laughter of the folk folly, nor any other power
in heaven or upon the earth or under the
earth. Nu is your refuge as Hadit your

light; and I am the strength, force, vigour, of
your arms.
18 Mercy let be off: damn them who pity.
Kill and torture; spare not; be upon them.
19 That stélé they shall call the Abomination
of Desolation; count well its name, & it shall
be to you as 718.
20 Why? Because of the fall of Because, that
he is not there again.
21 Set up my image in the East: thou shalt buy
thee an image which I will show thee, especial,
not unlike the one thou knowest. And it shall
be suddenly easy for thee to do this.

22. The other images group around me to support
me: let all be worshipped, for they shall
cluster to exalt me. I am the visible object
of worship; the others are secret; for the Beast
& his Bride are they: and for the winners of
the Ordeal x. What is this? Thou shalt know.
23 For perfume mix meal & honey & thick leavings
of red wine: then oil of Abramelin and
olive oil, and afterward soften & smooth
down with rich fresh blood!
24 The best blood is of the moon, monthly: then
the fresh blood of a child, or dropping from the

host of heaven: then of enemies; then
of the priest or of the worshippers: last of
some beast, no matter what.
25 This burn: of this make cakes & eat unto
me. This hath also another use; let it be
laid before me, and kept thick with perfumes
of your orison: it shall become full of beetles
as it were and creeping things sacred unto me.
26 These slay, naming your enemies & they shall
fall before you.
27 Also these shall breed lust & power of lust in
you at the eating thereof.
28 Also ye shall be strong in war.

29 Moreover, be they long kept, it is better; for
they swell with my force. All before me.
30 My altar is of open brass work: burn thereon
in silver or gold.
31 There cometh a rich man from the West who
shall pour his gold upon thee.
32 From gold forge steel:
33 Be ready to fly or to smite.
34 But your holy place shall be untouched
throughout the centuries: though with fire and
sword it be burnt down & shattered, yet
an invisible house there standeth and
shall stand until the fall of the Great

Equinox, when Hrumachis shall arise and the double-wanded one assume my throne and place. Another prophet shall arise, and bring fresh fever from the skies; another woman shall awake the lust & worship of the Snake; another soul of God and beast shall mingle in the globèd priest; another sacrifice shall stain the tomb; another king shall reign; and blessing no longer be poured To the Hawk-headed mystical Lord!

35. The half of the word of Heru-ra-ha, called Hoor-pa-kraat and Ra-Hoor-Khut.

36 Then said the prophet unto the God.

37 I adore thee in the song
"I am the Lord of Thebes" &c from vellum book
unity &c

—— fill me

38 So that thy light is in me & its red flame
is as a sword in my hand to push thy
order. There is a secret door that I shall
make to establish thy way in all the quarters
(these are the adorations, as thou hast written)
as it is said

"The light is mine" &c
from vellum book to "Ra-Hoor-Khuit"

39 All this and a book to say how thou
didst come hither and a reproduction of
this ink and paper for ever — for in it is
the word secret & not only in the English —
and thy comment upon this the Book of the Law
shall be printed beautifully in red ink and
black upon beautiful paper made by hand;
and to each man and woman that thou
meetest, were it but to dine or to drink
at them, it is the Law to give. Then they
shall chance to abide in this bliss or no;
it is no odds. Do this quickly!
40 But the work of the comment? That is easy; and

Hadit burning in thy heart shall make swift
and secure thy pen.

41. Establish at thy Kaaba ~~a~~ a clerk-house ~~ship~~:
all must be done well and with business
way.

42. The ordeals thou shalt oversee thyself, save only
the blind ones. Refuse none, but thou
shalt know & destroy the traitors. I am
Ra-Hoor-Khuit and I am powerful to protect
my servant. Success is thy proof: argue not:
convert not: talk not overmuch. Them
that seek to entrap thee, to overthrow thee, them
attack without pity or quarter & destroy them
utterly. Swift as a trodden serpent turn

and strike! Be thou yet deadlier than he!
4 Drag down their souls to awful torment: laugh
at their fear: spit upon them!

43 Let the Scarlet Woman beware! If pity and
compassion and tenderness visit her heart
if she leave my work to toy with old
sweetnesses then shall my vengeance be
known. I will slay me her child: I will
alienate her heart: I will cast her out
from men: as a shrinking and despised harlot
shall she crawl through dusk wet streets, and
die cold and an-hungered.

44. But let her raise herself in pride. Let
her follow me in my way. Let her
Work the work of wickedness! Let her kill
her heart! Let her be loud and adulterous;
let her be covered with jewels, and rich
garments, and let her be shameless before
all men!
45 Then will I lift her to pinnacles of power:
then will I breed from her a child mightier
than all the kings of the earth. I will fill
her with joy: with my force shall she see
& strike at the worship of Nu. she shall
achieve Hadit.

46. I am the warrior Lord of the Forties: the
Eighties cower before me, & are abased
I will bring you to victory & joy: I will be
at your arms in battle & ye shall
delight to slay. Success is your proof;
courage is your armour; go on, go on, in
my strength & ye shall turn not back for
any.
47 This book shall be translated into all
tongues: but always with the original in
the writing of the Beast; for in the

chance shape of the letters and their position to one another: in these are mysteries that no Beast shall divine. Let him not seek to try: but one cometh after him, whence I say not, who shall discover the Key of it all. Then this line drawn is a key: then this circle squared ⊕ in its failure is a key also. And Abrahadabra. It shall be his child & that strangely. Let him not seek after this; for thereby alone can he fall from it.

48 Now this mystery of the letters is done, and
I want to go on to the holier place.
49 I am in a secret fourfold word, the blasphemy against
all gods of men.
50 Curse them! Curse them! Curse them!
51 With my Hawk's head I peck at the eyes of
Jesus as he hangs upon the cross
52 I flap my wings in the face of Mohammed &
blind him
53 With my claws I tear out the flesh of the
Indian and the Buddhist, Mongol and
Din.
54 Bahlasti! Ompehda! I spit on your

crapulous creeds.

55 Let Mary inviolate be torn upon wheels: for her sake let all chaste women be utterly despised among you.

56 Also for beauty's sake and love's.

57 Despise also all cowards; professional soldiers who dare not fight, but play: all fools despise.

58. But the keen and the proud, the royal and the lofty; ye are brothers!

59 As brothers fight ye.

60 There is no law beyond Do what thou wilt.

61 There is an end of the word of the God

enthroned in Ra's seat, lightening the girders of the soul.

62 To Me do ye reverence; to me come ye through tribulation of ordeal, which is bliss.

63 The fool readeth this Book of the Law, and its comment & he understandeth it not.

64 Let him come through the first ordeal & it will be to him as silver

65 through the second gold

66 through the third, stones of precious water.

67 through the fourth, ultimate sparks of the intimate fire.

68 Yet to all it shall seem beautiful. Its enemies who say not so, are mere liars.

69 There is success

70 I am the Hawk-Headed Lord of Silence & of Strength; my nemyss shrouds the night-blue sky.

71 Hail! ye twin warriors about the pillars of the world! for your time is nigh at hand

72 I am the Lord of the Double Wand of Power the wand of the ~~Coph~~ force of Coph Nia — I but my left hand is empty, for I have crushed

an Universe & nought remains.

73 Paste the sheets from right to left and from top to bottom: then behold!

74 There is a splendour in my name hidden and glorious, as the sun of midnight is ever the son

75 The ending of the words is the Word Abrahadabra.

The Book of the Law is Written and Concealed

Aum. Ha.

APÊNDICES

APÊNDICE I[1243]

1243. N.E.: Neste Apêndice I foram adicionadas notas de edição entre colchetes, dando mais detalhes sobre as citações feitas por Crowley

O leitor encontrará excelentes exemplos clássicos de rituais de Magia no *Equinox*, Volume I, nos seguintes lugares –

Número 1. O suplemento contém considerações para preparar um ritual de autoiniciação. Este suplemento também é um modelo perfeito do que um registro mágico deveria ser, em relação à forma. ["João São João" (*Liber 860*). O ritual referido é *Liber Pyramidos.*]

Número 2. Nas páginas 244-288 são dados vários rituais de Iniciação. ["The Temple of Solomon the King", seção "The Neophyte". Os rituais em questão são aqueles dos graus de Neófito até o do Portal, da Hermetic Order of the Golden Dawn; a maioria é dada de uma forma um pouco abreviada.]

Páginas 302-317 dão conta de certas visões astrais. [*Ibidem*, seção "The Seer".]

Páginas 326-332 dão uma fórmula para Ascensão nos Planos. [*Ibidem*, seção "The Ladder".]

Número 3. Páginas 151-169 dão detalhes de certas fórmulas mágicas. ["The Temple of Solomon the King", seção "The Sorcerer". As fórmulas compreendem o Manuscrito Z.2, "As Fórmulas da Magia da Luz", de R.R. et A.C.]

Páginas 170-190 são um exemplo muito perfeito – clássico, estilo antigo – de um ritual mágico para a evocação do espírito de Mercúrio. [*Ibid*, "The Ritual for the Evocation unto Visible Appearance of the great Spirit Taphtatharath".]

Páginas 190-197 – um ritual para a consagração de um talismã. Um exemplo muito perfeito. [*Ibid*, "Talisman of Fire of Jupiter with Ritual".]

Páginas 198-205 – um exemplo muito bom de um ritual para invocar o Gênio Superior. [*Ibid*, "The Magical Invocation of the Higher Genius".]

Páginas 208-233 – Ritual de Iniciação, com explicação do mesmo. [*Ibid*, seção "The Adept". O ritual é a iniciação $5^\circ = 6^\square$ de Adeptus Minor da R.R. et A.C.]

Páginas 269-272 – Ritual de obtenção do Conhecimento e Conversação do Sagrado Anjo Guardião pela fórmula de I.A.O. [*Ibid*, seção "The Magician", "ספר הרוח האלהי" de "The Book of the Spirit of the Living God".]

Páginas 272-278 – Ritual para tornar-se invisível. [*Ibid*, seção "The Magician", "The Great Operation of Invisibility", de "The Book of the Spirit of the Living God".]

Número 4. Páginas 43-196 – Tratado, com modelo de Registros, de Treinamento Mental apropriado ao Magista. ["The Temple of Solomon the King".]

Número 5. O suplemento é o relato mais perfeito de visões que existe. Explora os recantos mais distantes do universo mágico. [*Liber XXX Ærum vel Sæculi sub figura CDXVIII, sendo dos Anjos dos Trinta Æthyrs A Visão e a Voz.*]

Número 6. O suplemento dá sete rituais de ordem dramática, como descrito no capítulo XIX.[1244] ["Os Ritos de Elêusis" (*Liber 850*).]

1244 N.E.: Capítulo XIX da Parte III.

Páginas 29-32 – Um ritual mágico muito importante para uso e trabalho diários. [*Liber Resh vel Helios sub figura CC*: veja-se também o Apêndice VII, *infra*.]

Número 7. Páginas 21-27 – Ritual clássico para invocar Mercúrio; para uso e trabalho diários. [*Liber Israfel sub figura LXIV.*]

Páginas 117-157 – Exemplo de um ritual dramático em estilo moderno. ["Adonis an Allegory" (*Liber 335*).]

Páginas 229-243 – Um elaborado mapa mágico do universo sobre princípios particulares. ["Um Breve Resumo da Representação Simbólica do Universo" (*Liber 84 vel Chanokh*, parte I).]

Páginas 372-375 – Exemplo de um ritual sazonal. ["The Temple of Solomon the King", "Festival de Equinócio" (da Hermetic Order of the Golden Dawn).]

Páginas 376-383 – Ritual para invocar Horus. [*Ibid*, "Invocação de Horus de Acordo com a Divina Visão de W., a Vidente". Veja-se este *Liber ABA*, Parte IV, Capítulo VI.]

Número 8. Páginas 99-128 – A conjuração dos espíritos elementais. ["Um Breve Resumo da Representação Simbólica do Universo: As Quarenta e Oito Chaves ou Chamados" (*Liber 84 vel Chanokh*, parte II).]

Número 9. Páginas 117-136 – Ritual para invocar o espírito de Marte. ["Uma Evocação de Bartzabel, o Espírito de Marte", veja-se "*Liber CCCXXV*, O Trabalho de Bartzabel".]

Número 10. Páginas 57-59 – Exemplo moderno de um ritual mágico em forma dramática, comemorando o retorno da Primavera. ["The Ship" (*Liber 800*).]

Páginas 81-90 – Fragmento de ritual de caráter muito avançado. ["Two Fragments of Ritual."]

VOL. III.[1245]

Número 1. Este volume contém um imenso número de artigos de importância primária para todo estudante de magia.[1246]

Número 3. *O Equinócio dos Deuses.*[1247]

1245 N.E.: O que seria o *Equinox* II nunca foi escrito. Esse período é referido como "um período de silêncio" por Crowley nos *Equinox* I (10) [publicação foi de 1909 a 1914 e.v.] e III (1) [1919 a 1924 e.v.]. "Pronunciamentos Oficiais da A∴A∴ cessarão, de acordo com a Regra da Ordem, que prescreve Cinco Anos de Silêncio alternando com Cinco Anos de Fala". Silêncio é a fórmula de Harpocrates, e Silêncio alterna com Fala, a fórmula de Ra-Hoor-Khuit (*AL* iii 2), os aspectos gêmeos de Horus. Veja-se o capítulo II da parte III deste *Liber ABA*, capítulos 161 e 162 de *Liber Aleph*, *O Coração do Mestre* e o Gesto Final de *Liber Samekh* para mais detalhes e aplicações dessas fórmulas.

1246 N.M.: A maioria desses artigos é especialmente importante para os candidatos à O.T.O. O *Equinox* III (2) nunca foi publicado: o Senhor do Æon interveio por razões que podem ser totalmente claras apenas para aqueles que leram *Liber AL*, seu Comento e seus Comentários atentamente.

1247 N.M.: Sendo este *Liber ABA* Parte IV, A Lei. Essencial para uma compreensão da Magia, Thelema e do Æon de Horus. Será reemitido em breve como *Equinox* VII (1), comentado por Marcelo Motta. Como Apêndice, incluirá o texto expandido do *Equinox* V (1), *The Commentaries of AL*. [N.E.: Conforme citado em outra nota na Parte III, este trabalho não chegou a ser realizado, muito provavelmente devido ao falecimento de Motta em agosto de 1987 e.v.]

N.E.: As entradas a partir deste ponto até o trecho que se inicia com "Os rituais do *Livro das Mentiras* e do *Goécia*..." foram adicionadas, *a posteriori*, por Motta.

Número 4. *Oito Palestras Sobre Yoga.*[1248]

Número 5. *O Livro de Thoth.*[1249]

Número 6. *Liber Aleph vel CXI.*[1250]

Os rituais do *Livro das Mentiras* e do *Goécia* também devem ser estudados. A "invocação preliminar" da Goécia é particularmente recomendada para uso e trabalho diários.[1251]

Orpheus, por Aleister Crowley, contém um grande número de invocações mágicas em verso. Há também muitos outros em outras partes de suas obras poéticas.

A seguir, um currículo completo de leitura oficialmente aprovado pela A∴A∴.[1252]

Currículo da A∴A∴ – Leitura Geral

SEÇÃO I. – Livros para Estudo Sério:

The Equinox. A Obra padrão de Referência em todos os assuntos ocultos. A Enciclopédia da Iniciação.

Collected Works of A. Crowley. Essas obras contêm muitos segredos místicos e mágicos, ambos claramente definidos em prosa e tecidos no Manto da poesia mais sublime.

I Ching. (Série S.B.E., Oxford University Press) O "Livro das Mutações"; apresenta o sistema iniciático chinês de Magia.

Tao Teh King. (Série S.B.E.) Apresenta o sistema iniciático chinês de misticismo.

Tannhäuser, por A. Crowley. Um drama alegórico relativo ao Progresso da Alma; a história de Tannhäuser ligeiramente remodelada.

1248 N.M.: Uma obra-prima de sagacidade e concisão, este livro é o complemento necessário para *Yoga e Magia*.

1249 N.M.: Vergonhosamente pirateado por Samuel Weiser, Inc. Este livro será reeditado por nós, anotado e corrigido, já que contém *cortinas de fumaça* [N.E.: No original, "*blinds*". Alteração deliberada com o objetivo de ocultar informação.] – as previsões de Crowley e Germer das tentativas de furtos por vir. [N.E.: Este trabalho também não foi realizado, infelizmente.]

1250 N.M.: Publicado por Germer e Motta, e pirateado e desfigurado por vários ladrões incompetentes. Uma nova edição está sendo preparada pela O.T.O.

1251 N.M.: Veja-se o Apêndice IV deste livro.

1252 N.M.: O currículo foi atualizado. Muitos dos trabalhos originalmente citados tornaram-se raros e alguns foram substituídos pelo tempo.

Os Upanishads. (Série S.B.E.) A Base Clássica do Vedantismo, a forma mais conhecida de Misticismo Hindu.[1253]

O Bhagavad-Gita. Um diálogo no qual Krishna, o "Cristo" hindu, expõe um sistema de Consecução.

A Voz do Silêncio, por H.P. Blavatsky, com um comentário elaborado por Frater O. M.

A Goécia. O mais inteligível dos rituais medievais de Evocação. Contém também a Invocação favorita de Mestre Therion.

O Shiva Sanhita. Um famoso tratado hindu sobre certas práticas físicas.

O Hathayoga Pradipika. Similar ao Shiva Sanhita.

História da Filosofia, de Erdmann. Um relato resumido da filosofia desde os primeiros tempos. Muito valioso como uma educação geral da mente.[1254]

O Guia Espiritual de Molinos. Um manual simples de misticismo cristão.[1255]

The Star in the West. (J. F. C. Fuller) Uma introdução ao estudo das obras de Aleister Crowley.

O Dhammapada. (Série S.B.E., Oxford University Press) O melhor dos clássicos budistas.

As Perguntas do Rei Milinda. (Série S.B.E.) Pontos técnicos do dogma budista, ilustrados por diálogos.

As Variedades da Experiência Religiosa. (William James) Valioso por mostrar a uniformidade da consecução mística.

Kabbala Denudata, de von Rosenroth: também ***A Kabbalah Revelada***, de S.L. Mathers.

O texto do ***Kabalah***, com comentários. Uma boa introdução elementar sobre o assunto.[1256]

Konx Om Pax. Quatro tratados inestimáveis e um prefácio sobre Misticismo e Magia.[1257]

O Pistis Sophia. Uma introdução admirável ao estudo do Gnosticismo.

Os Oráculos de Zoroastro. Uma coleção inestimável de preceitos místicos e mágicos.[1258]

O Sonho de Cipião, de Cícero. Excelente por sua Visão e sua Filosofia.[1259]

1253 N.M.: "S.B.E." significa "Sacred Books of the East", sob a direção geral de Max Miller. Esta série extraordinária está agora disponível na Dover Press Editions como brochuras de qualidade por um preço moderado. São as melhores traduções existentes, e cobrem apenas alguns volumes, conforme indicado aqui. Os editores da Dover Press devem ser parabenizados por disponibilizar esses livros inestimáveis aos leitores contemporâneos. [N.E.: No Brasil um trabalho semelhante foi publicado décadas atrás: *A Sabedoria da China e da Índia*, de Lin Yutang. Infelizmente está fora de catálogo, mas ainda pode ser encontrado em sebos.]

1254 N.M.: Este livro hoje é raro, caro e desatualizado. Ele pode ser substituído de maneira lucrativa pela *História da Filosofia Ocidental* de Bertrand Russell.

1255 N.M.: Perto do cristismo, mas não o suficiente para o Vaticano: Molinos era suspeito de heresia e seus seguidores eram vigiados de perto, ameaçados e perseguidos.

1256 N.M.: Esta, no entanto, é a Cabala Ortodoxa Hebraica, a maior parte dela tão absurda quanto tratados teológicos crististas.

1257 N.M.: Um dos tratados, "O Mundo da Vigília", pode ser encontrado no *Equinox* V (4), *Sex and Religion*.

1258 N.M.: Não, no entanto, pelo Magus de mesmo nome; nem Parsi do ponto de vista religioso.

1259 N.M.: As melhores traduções deste livro têm o original grego ao lado da tradução. [N.E.: Embora o texto de Cícero seja latino.]

Os Versos Dourados de Pitágoras, de Fabre d'Olivet. Um interessante estudo das doutrinas exotéricas deste Mestre.[1260]

O Divino Pymander, de Hermes Trismegistus. Inestimável por sua relação com a Filosofia Gnóstica.[1261]

Os Símbolos Secretos dos Rosa-Cruzes, reimpressão de Franz Hartmann. Um compêndio inestimável.[1262]

Scrutinium Chymicum, por Michael Maier. Um dos melhores tratados sobre alquimia.

Ciência e o Infinito, por Sidney Klein. Um dos melhores ensaios escritos nos últimos anos.[1263]

Two Essays of the Worship of Priapus, de Richard Payne Knight. Inestimável para todos os estudantes.

O Ramo Dourado, de J.G. Frazer. O livro-texto do folclore. Inestimável para todos os estudantes.[1264]

A Era da Razão, de Thomas Paine. Excelente, embora elementar, como um corretivo para a superstição.[1265]

Rivers of Life, do General Forlong. Um livro inestimável sobre antigos sistemas de iniciação.[1266]

Three Dialogues, do Bispo Berkeley. O clássico do idealismo subjetivo.

Essays of David Hume. O Clássico do Ceticismo Acadêmico.

Primeiros Princípios, de Herbert Spencer. O Clássico do Agnosticismo.

Prolegomena, de Immanuel Kant. A melhor introdução à Metafísica.[1267]

The Canon. O melhor livro sobre Cabala Aplicada.[1268]

The Fourth Dimension, de H. Hinton. O livro sobre este assunto.

The Essays of Thomas Henry Huxley. Obras-primas da filosofia, em prosa.[1269]

1260 N.M.: Uma nova edição de Crowley e Motta está sendo preparada. A tradução de D'Olivet é basicamente judaico-cristista. [N.E.: Não há indício de que este trabalho tenha sido realizado.]

1261 N.M.: Mais uma vez, as melhores traduções vêm lado a lado com o texto grego.

1262 N.M.: Este livro foi feito sob a inspiração de Blavatsky, a Mestre, após o qual o bom Franz abandonou o vinho de Iacchus pela cerveja burguesa. Foi descaradamente pirateado por muitos ladrões. É verdade que as obras de arte estavam todas em domínio público; mas o suor de Hartmann não.

1263 N.M.: Agora, no entanto, desatualizado. Qualquer uma das coleções de ensaios de Isaac Asimov ou Arthur C. Clarke sobre a ciência a substituirá com lucro.

1264 N.M.: Ainda assim, incrivelmente, o melhor livro sobre o assunto. Várias "edições anotadas" (leia-se expurgadas) foram feitas; o único propósito era disfarçar ou minimizar o fato de que o livro de Frazer é uma implacável exposição da teologia insana do cristismo. O estudante sério deve tentar adquirir a edição completa em vários volumes; em seguida, a única edição em um volume autorizada pelo próprio autor. Este é um dos livros mais importantes deste ou de qualquer outro século.

1265 N.M.: Deve-se notar que Paine experimentou tantas dificuldades em seu tempo quanto Crowley, Germer e nós no nosso.

1266 N.M.: Difícil de encontrar atualmente, mas vale a pena procurar.

1267 N.M.: Com relação aos quatro trabalhos anteriores, o estudante sério deve consultar *Liber Os Abysmi vel Daath, Equinox* I (7), p. 77.

1268 N.M.: Este livro está agora disponível em – naturalmente – uma edição pirata. Foi originalmente publicado anonimamente. [N.E.: Atualmente a autoria deste livro é creditada a William Stirling.]

1269 N.M.: Ainda muito atual como filosofia e monumental como estilo. Os livros a seguir foram adicionados por este editor: eles não existiam quando Crowley forneceu o currículo; de fato, muitos deles foram direta ou indiretamente inspirados pela Magia de Therion.

O objetivo deste curso de leitura é familiarizar o estudante com tudo o que foi dito pelos Grandes Mestres em todos os tempos e países.[1270] Ele deveria fazer um exame crítico deles; não tanto com a ideia de descobrir onde está a verdade, pois ele não pode fazer isso a não ser em virtude de sua própria experiência espiritual, mas sim descobrir a harmonia essencial nessas obras variadas. Ele deve estar em guarda contra o partidarismo de um autor favorito. Ele deve se familiarizar completamente com o método do equilíbrio mental, esforçando-se para contradizer qualquer afirmação, mesmo que possa ser aparentemente axiomática.

O objetivo geral deste curso, além do que já foi dito, é assegurar uma boa educação em assuntos ocultos, de modo que, quando a iluminação espiritual vier, possa encontrar um templo bem construído. Onde a mente é fortemente tendenciosa em relação a qualquer teoria especial, o resultado de uma iluminação é, muitas vezes, inflamar a porção da mente que é, assim, superdesenvolvida, com o resultado de que o aspirante, em vez de se tornar um Adepto, se torna fanático e intolerante.

A A∴A∴ não oferece exames neste curso, mas recomenda esses livros como base de uma biblioteca.

O Segundo Sexo, de Simone de Beauvoir. Embora este livro esteja agora ultrapassado em muitos aspectos, foi a primeira declaração do feminismo a se tornar internacionalmente famosa, e ainda dá o ponto de vista básico das mulheres modernas inteligentes com muita clareza. O leitor sério deve estudá-lo e

Mística Feminina, de Betty Friedan, antes de ler os seguintes livros nesta lista; pois as implicações revolucionárias do trabalho de Darwin e Wilson são ainda mais importantes para as mulheres do que para os homens no atual estágio da evolução social humana.

A Natureza e o Destino do Homem, de Garrett Hardin. A única crítica válida ao marxismo já escrita: vai ao âmago da falácia socialista sem prostrar-se ao que se diz em todo o mundo sob o rótulo de "democracia". O leitor sério não deve se surpreender ao descobrir que o livro é aparentemente sobre Darwin e a Lei da Evolução.

Sociobiology, de Edward O. Wilson. Provavelmente o livro mais importante desde *A Origem das Espécies*, de Darwin, e tão revolucionário em suas implicações quanto Darwin. O professor Wilson, naturalmente, tem sido alvo de escravos e escravistas desde que este livro apareceu pela primeira vez em 1975 e.v. Ler este livro é tão difícil quanto ler *A Origem das Espécies* – ambos são trabalhos notavelmente originais escritos para mentes científicas do mais alto calibre, expressando uma abordagem totalmente nova em meio a fatos apreciados e delírios entrincheirados. O leitor sério pode achar lucrativo ler primeiro

Sociobiology and Behavior, de David P. Barash. Atualmente, o livro do professor Wilson está disponível na Belknap Press, da Harvard University Press, em Cambridge, Massachusetts, e o do professor Barash, na Elsevier, em Nova Iorque.

1270 N.M.: Por favor, note que "Mestres" não exclui cientistas ou artistas. Qualquer um que tenha feito trabalhos surpreendentemente originais em nome de nossa espécie é um Mestre em uma escola ou outra; às vezes em várias ao mesmo tempo.

SEÇÃO II. – Outros livros, principalmente ficção, de um tipo geralmente sugestivo e útil:

Zanoni, de Sir Edward Bulwer Lytton. Valioso por seus fatos e sugestões sobre Misticismo.[1271]

A Strange Story, de Sir Edward Bulwer Lytton. Valioso por seus fatos e sugestões sobre Magia.[1272]

The Blossom and the Fruit, de Mabel Collins. Valioso por seu relato do Caminho.

Petronius Arbiter. Valioso para aqueles que têm inteligência para entendê-lo.[1273]

O Asno de Ouro, de Apuleio. Valioso para aqueles que têm inteligência para entendê-lo.

Le Comte de Gabalis. Valioso por suas sugestões daquelas coisas as quais ele zomba.[1274]

The Rape of the Lock, de Alexander Pope. Valioso por seu relato dos elementais.

Undine, por de la Motte Fouqué. Valioso como um relato dos elementais.

Black Magic, de Marjorie Bowen. Uma história intensamente interessante de feitiçaria.[1275]

Le Peau de Chagrin, de Honoré de Balzac. Uma magnífica alegoria mágica.[1276]

Number Nineteen, de Edgar Jepson. Um excelente conto de magia moderna.

Drácula, de Bram Stoker. Valioso por seu relato de lendas sobre vampiros.

Scientific Romances, de H. Hinton. Valioso como uma introdução ao estudo da Quarta Dimensão.

Alice no País das Maravilhas, de Lewis Carroll. Valioso para aqueles que entendem a Cabala.

Alice Através do Espelho, de Lewis Carroll. Valioso para aqueles que entendem a Cabala.

A Caça ao Snark, de Lewis Carroll. Valioso para aqueles que entendem a Cabala.

1271 N.M.: Lytton era o pupilo inglês favorito de Eliphas Levi e uma encarnação passada de Marcelo Motta. *Zanoni* deve ser lido em conexão com o *Livro da Magia Sagrada de Abramelin, o Mago*, no qual foi inspirado tanto quanto no ensinamento de Levi. Como filosofia ética, *Zanoni* é primário, mas como ficção oculta ainda funciona.

1272 N.M.: Este é, na verdade, um livro melhor que *Zanoni*; talvez por isso não tenha desfrutado de uma carreira tão popular.

1273 N.M.: Nisto ele se refere especialmente ao *The Satyricon*.

1274 N.M.: Este livro pretendia ser uma sátira contra os lendários "Rosa-Cruzes", que estiveram tão na moda na época como Cientologia e "Meditação Transcendental" em seus dias.

1275 N.M.: Embora descaradamente cristista em seus moralismos, este livro é interessante por ser talvez o primeiro romance ocultista feminista na história.

1276 N.M.: Mais útil para aqueles que leram o Sterne. Ensina Prudência no sentido da introdução a *Tristram Shandy*, que é o sentido de *Liber Aleph*, Cap. 53 e do Atu IX.

As Mil e Uma Noites, traduzido por Sir Richard Burton ou John Payne. Valioso como um repositório de sabedoria mágica oriental.

Le Morte d'Arthur, de Sir Thomas Malory. Valioso como um repositório de conhecimentos mágicos ocidentais.

The Works of François Rabelais. Inestimável para a Sabedoria.[1277]

The Kasidah, de Sir Richard Burton. Valioso como um resumo de filosofia.

The Song Celestial, de Sir Edwin Arnold. O *Bhagavad-Gita* em verso.

A Luz da Ásia, de Sir Edwin Arnold. Um relato da consecução de Gautama Buda.

The Rosicrucians, de Hargrave Jennings. Valioso para aqueles que conseguem ler nas entrelinhas.

The Real History of the Rosicrucians, de A.E. Waite. Uma boa peça de jornalismo vulgar sobre o assunto.

The Works of Arthur Machen. A maioria dessas histórias é de grande interesse mágico.[1278]

The Writings of William O'Neill (Blake). Inestimável para todos os estudantes.[1279]

The Shaving of Shagpat, de George Meredith. Uma excelente alegoria.

Lilith, de George MacDonald. Uma boa introdução do Astral.[1280]

Là-Bas, de J.K. Huysmans. Um relato das extravagâncias causadas pelo complexo do pecado.

The Lore of Proserpine, de Maurice Hewlett. Uma indagação sugestiva do Arcano Hermético.

En Route, de J.K. Huysmans. Um relato das tolices do misticismo cristão.

Sidonia the Sorceress, de Wilhelm Meinhold.

The Amber Witch, de Wilhelm Meinhold. Esses dois contos são altamente informativos.[1281]

Macbeth; Sonhos de Uma Noite de Verão; A Tempestade, de W. Shakespeare. Interessante pelas tradições tratadas.[1282]

Redgauntlet, de Sir Walter Scott. Também um ou dois outros romances. Interessante pelas tradições tratadas.

1277 N.M.: A melhor tradução para o inglês é de Samuel Putnam.

1278 N.M.: Basicamente cristista na moralidade; apesar de ter uma espécie de moralidade anglicana liberal e antiquada ao papismo, Machen era um excelente estilista e um dos poucos membros sérios da antiga *Golden Dawn*.

1279 N.M.: Nós questionamos. A maioria dos "escritos proféticos" é de interesse apenas aos ingleses (ingleses de verdade, do tipo que pensam que a infestação de Hanover deveria voltar ao lugar de onde veio). O estudante de ocultismo de outras praias deve se concentrar nos poemas mais curtos, aos quais as *Canções da Inocência e da Experiência* formam uma boa introdução, e em *O Casamento do Céu e do Inferno*, que é uma das mais notáveis peças de pensamento original já produzidas, e – como ele diz – inestimável para todos que entendam e pratiquem a ética thelêmica.

1280 N.M.: Basicamente cristista na moralidade, contudo.

1281 N.M.: Principalmente, porém, sobre o "amor e tolerância cristãos" praticados na Europa pouco antes do Renascimento. O conceito de magia e magia negra de Meinhold vem direto dos grimórios e do púlpito. Púlpito de Lutero, mas ainda púlpito.

1282 N.M.: Segundo Crowley, as invocações em verso podem ser usadas com proveito.

Rob Roy, de James Grant. Interessante pelas tradições tratadas.

O Magista, de W. Somerset Maugham. Uma "salada" de plágios.[1283]

A Bíblia, por vários autores desconhecidos. Os originais hebraicos e gregos são de valor cabalístico.[1284] Também contém muitos apólogos mágicos e relata muitos contos de folclore e rituais mágicos.

Kim, de Rudyard Kipling. Um admirável estudo do pensamento e da vida orientais.[1285] Muitas outras histórias deste autor são altamente sugestivas e informativas.[1286]

Para Mitologia, como Correspondências de ensino:

1283 N.M.: A introdução posterior de Maugham a este livro, no entanto, mostra que ele se tornou uma bicha mesquinha quando envelheceu. Vinhos inferiores se transformam em vinagre.

1284 N.M.: Originais? Talvez sim, no caso dos textos hebraicos. Os textos gregos são piratarias adulteradas de autores gnósticos e seu valor cabalístico depende de onde o texto é preciso e de onde não é. Como regra, somente um Iniciado da verdadeira corrente cristã será capaz de separar o joio do trigo.

1285 N.M.: Como era quando o livro foi escrito. A Índia se tornou independente desde então; o resultado parece provar que os escravos deveriam servir.

1286 N.M.: Ele quer dizer a formato de contos, dos quais Kipling era e continua sendo um mestre. Muito do seu verso também é extremamente útil para os Thelemitas.

Acrescentamos algumas obras de escritores contemporâneos:

The Magic Island, de William Seabrook. Inspirado e orientado por Crowley, continua a ser a única abordagem válida do Vodu haitiano por um estrangeiro. Foi, é claro, acaloradamente criticado por missionários crististas, e pelo menos um padre jesuíta o considerou totalmente absurdo – especialmente no que diz respeito ao significado místico por trás do sacrifício das cabras.

O Bebê de Rosemary, de Ira Levin. Total absurdo, claro; mas absurdo divertido, e útil como um tapa na cara da moralidade cristista convencional.

Woman's Mysteries, da Dra. M. Esther Harding. Outro estudo, do ponto de vista junguiano.

A Grande Mãe: uma Análise do Arquétipo, de Erich Neumann. Outra abordagem junguiana. Este livro é principalmente valioso por sua profusão de ilustrações maravilhosas. Elas podem, até certo ponto, iniciar aqueles sensíveis o suficiente para reagir a imagens e que tenham memória genética do Æon de Isis. O texto, como o próprio *Psicologia e Alquimia* de Jung, deve ser tomado com sérias reservas, especialmente por mulheres. Não seria o autor homem e judeu?!

The Encyclopaedia of Witchcraft and Demonology, do professor Rossell Hope Robbins. O único estudo moderno civilizado dos dois assuntos. Inestimável para todos os estudantes.

La Sorciere, de Jules Michelet. Inestimável para os estudantes de feitiçaria como praticada por mulheres na Idade Média na Europa, e as pressões psicológicas que levaram aquelas mulheres a enfrentar os terríveis perigos do ofício.

The God of the Witches and The Witch Cult in Western Europe, de Margaret A. Murray. Dois estudos antropológicos altamente originais da religião Wicca. Muitas de suas conclusões são saltos intuitivos, e não deduções de fatos, o que levou muitos estudiosos a verem seu trabalho com reservas. Eles são, no entanto, valiosos, especialmente para mulheres que também são estudantes ocultistas.

A Sacerdotisa do Mar e ***A Magia da Lua***, de Dion Fortune (Violet M. Firth). A primeira abordagem feminina (mas não feminista) à escrita de ficção oculta desde Marjorie Bowen. Primária do ponto de vista iniciático, mas legível.

The Secrets of Dr. Taverner, de Dion Fortune (Violet M. Firth). Os contos do ocultismo coletados sob este título são relatos supostamente fictícios das próprias experiências paranormais da Sra. Firth. Eles são todos legíveis; alguns são interessantes. *The Goat-Footed God*, no entanto, um romance que pretende fazer pelo ocultismo o que *Ulisses* fez pela literatura moderna, é mais pesado do que um touro, e tão cheio de merda quanto.

Autodefesa Psíquica, de Dion Fortune (Violet M. Firth). Esse teria ficado melhor como ficção, especialmente o *Scrying of Akasic Records*, de Firth, por explicar o comportamento atual de outras pessoas a partir de seu comportamento em supostas encarnações passadas. Mas nem todo mundo pode ser uma Blavatsky. A Sra. Firth certa vez escreveu uma carta para Aleister Crowley dizendo-lhe que ela iria segui-lo secretamente, mas negá-lo em público. Isso a levou a uma existência confortável e a uma reputação imerecida de sabedoria. Não é de conhecimento que a Sra. Firth alguma vez tenha estendido qualquer ajuda financeira ao homem cujo trabalho ela copiou e com o qual lucrou, nem mesmo quando, em seus últimos anos, ele esteve frequentemente próximo da fome. Francis "Israel" Regardie, enquanto morava na Inglaterra, tornou-se amante da Sra. Firth por um tempo. Semelhante atrai semelhante.

Moonchild e ***Diary of a Drug Fiend***, de Aleister Crowley. Esses dois romances são mais altamente informativos do que qualquer coisa que a Sra. Firth já escreveu. O primeiro está em uma veia leve e satírica; o segundo tem uma abordagem mais séria. Ambos são do maior valor para um estudante thelêmico.

Flim-Flam!, de James Randi. Este livro deve ser lido por todos os ocultistas sérios. Ele desmascara e expõe charlatanismo em todas as suas formas, consciente e inconsciente. Se isso não fizer de você um ocultista mais responsável, pelo menos pode torná-lo menos crédulo.

Livros de contos de fadas em geral.

Clássicos orientais em geral.

Poesia sufi em geral.

Sagas escandinavas e teutônicas em geral.

Folclore celta em geral.[1287]

Este curso é de valor geral para o iniciante. Embora não deva ser levado, em todos os casos, a sério demais, ele lhe dará uma familiaridade geral com a tradição mística e mágica, criará um interesse profundo no assunto e sugerirá muitas linhas úteis de pensamento.

Foi impossível fazer mais, nesta lista, do que sugerir um curso bastante abrangente de leitura.

SEÇÃO III. – Publicações Oficiais da A∴A∴

Liber I.

Liber B vel Magi.

Um relato do Grau de Magus, o mais alto grau que se pode manifestar de qualquer forma sobre este plano. Ou assim é dito pelos Mestres do Templo.

Equinox I (7), p. 5.

Liber II.

A Mensagem do Mestre Therion. Explica a Essência da nova lei de uma maneira muito simples.

Equinox III (1), p. 39.

1287 N.M.: Com relação aos futuros mitólogos e mitologias que estão surgindo das rápidas mudanças que estão ocorrendo no planeta devido ao impacto do Novo Æon, o estudante sério deve ler ficção científica, especialmente escritores como Arthur C. Clarke, Jack Vance e John Varley, os primórdios de Robert Heinlein, os primórdios de André Norton, Isaac Asimov, John Wyndham, Larry Niven, Frederik Pohl e CM Kornbluth, Theodore Sturgeon, Katherine MacLean, os romances de Anne McCaffrey, os romances de Vonda McIntyre, os contos de Ray Bradbury, Damon Knight, C.J. Cherryh e muitos outros talentos do passado e do presente.

Liber III.

Liber Jugorum.

Uma instrução para o controle da fala, ação e pensamento.

Equinox I (4), p. 9 & Apêndice VII deste *Liber ABA.*

Liber IV. ABA.

Um relato geral em termos elementares de poderes mágicos e místicos.

Parte 1. *Misticismo.*

Parte 2. *Magick* (*Teoria Elementar*).

Parte 3. *Magick em Teoria e Prática.*

Parte 4. *A Lei.*

Liber VI.

Liber O vel Manus et Sagittæ.

Instruções dadas para o estudo elementar da Cabala,[1288] Assunção de Formas-Deus, Vibração dos Nomes Divinos, os Rituais do Pentagrama e do Hexagrama e seus usos na proteção e invocação, um método de atingir as assim chamadas visões astrais e uma instrução na prática chamada de Ascensão nos Planos.

Equinox I (2), p. 11 & Apêndice VII deste *Liber ABA.*

Liber VII.

Liber Liberi vel Lapidis Lazuli, Adumbratio Kabbalæ Ægyptiorum.

sub Figura VII.

Sendo a Emancipação Voluntária de um certo Adepto Exempto de seu Adeptado. Estas são as Palavras do Nascimento de um Mestre do Templo.

Seus 7 capítulos são relacionados aos 7 planetas na seguinte ordem:

Marte, Saturno, Júpiter, Sol, Mercúrio, Lua, Vênus.

1288 N.M.: Na verdade, seria melhor dizer o estudo prático da Cabala. Não há nada elementar sobre isso depois de o estudante praticar o livro por duas ou três décadas, como deveria.

Liber VIII.

Veja CCCCXVIII.[1289]

Liber IX.

Liber E vel Exercitiorum.

Instrui o aspirante na necessidade de manter um registro. Sugere métodos de teste de clarividência física. Dá instrução em Asana, Pranayama e Dharana, e aconselha a aplicação de testes ao corpo físico, a fim de que o estudante possa entender completamente suas próprias limitações.

Equinox I (1), p. 25 & Apêndice VII deste *Liber ABA.*

Liber X.

Liber Porta Lucis.

Um relato do envio do Mestre Therion pela A∴A∴ e uma explicação da Sua missão.

Equinox I (6), p. 3.

Liber XI.

Liber NV.

Uma instrução para atingir Nuit.

Equinox I (7), p. 11.

Liber XIII.

Graduum Montis Abiegni.

Um relato da tarefa do Aspirante, desde Probacionista até Adepto.

Equinox I (3), p. 3.

Liber XV.

Ecclesiæ Gnosticæ Catholicæ Canon Missæ.

Representa o original e verdadeiro cristianismo pré-cristão.

Equinox III (1), p. 247 & Apêndice VI deste *Liber ABA.*

1289 N.E.: Trata-se do 8º Æthyr de *Liber CCCCXVIII*, também notado como *Liber CDXVIII*, "A Visão e a Voz". *Liber VIII* foi escrito por Aleister Crowley e publicado originalmente nas páginas 110 a 113 do Suplemento Especial do *Equinox* I (5), em março de 1911 e.v., sendo a maior parte do oitavo capítulo de *Liber XXX Ærum vel Sæculi sub figura CCCCXVIII* (Livro dos 30 Ares ou Livro da Era sob o número 418). *Liber VIII* foi identificado como uma publicação oficial separada no *Equinox* I (10), em setembro de 1913 e.v., e agora neste *Liber ABA*.

Liber XVI.

Liber Turris vel Domus Dei.

Uma instrução para a obtenção da destruição direta de pensamentos quando eles surgem na mente.

Equinox I (6),[1290] p. 9.

Liber XVII.

Liber I.A.O.

Dá três métodos de consecução através de uma série de pensamentos intencionais.

Não publicado. É a forma ativa do *Liber CCCLXI.*[1291]

Liber XXI.

O Clássico de Pureza, por Ko Hsuen.

Uma nova tradução do chinês pelo Mestre Therion.

Não publicado.[1292]

Liber XXV.

O Ritual do Rubi Estrela.

Uma forma melhorada do ritual menor do Pentagrama, *Liber CCCXXXIII, O Livro das Mentiras*, pp. 34 e 35.

Também no Apêndice VI deste livro.[1293]

Liber XXVII.

Liber Trigrammaton, sendo um livro de Trigramas das Mutações do Tao com o Yin e o Yang.

Um relato do processo cósmico: corresponde às estâncias de Dzyan em outro sistema.

Não publicado.[1294]

1290 N.M.: Uma instrução muito difícil e importante. Provê independência da influência telepática de qualquer tipo e em qualquer nível do Ruach.

1291 N.E.: Um esboço deste Liber (aparentemente perdido) pode ser encontrado no texto "Entusiasmo Energizado".

1292 N.E.: *Jin Gan Jing*, por Ge Yuan. Publicado por Motta no *Equinox* V (3), p. 5.

1293 N.E.: A versão contida no Apêndice VI deste *Liber ABA* é aquela do *Magick in Theory and Practice*, publicado em 1929 e.v., a qual é ligeiramente diferente da versão do *Livro das Mentiras*, primeiramente publicado em 1913 e.v. Segundo Motta, a "melhor versão" é a aqui apresentada.

1294 N.M.: Será publicado no *Equinox* VII juntamente com o "Shih Yi Jien", que é organicamente entrelaçado com ele. [N.E.: Conforme esclarecido outras vezes, este trabalho não foi realizado devido ao falecimento de Motta.]

Liber XXX.

Liber Libræ.

Um curso elementar de moralidade adequado para o homem comum.

Equinox I (1), p. 17.

Liber XXXIII.

Um relato da A∴A∴ escrito pela primeira vez na Língua de seu período pelo Conselheiro Von Eckartshausen e agora revisado e reescrito na Cifra Universal.

Equinox I (1), p. 4.

Liber XXXVI.

A Safira Estrela.

Um ritual aprimorado do Hexagrama. *Liber CCCXXXIII* (*O Livro das Mentiras*), pp. 46 e 47, e Apêndice VI deste *Liber ABA*.

Liber XLI.

Thien Tao.[1295]

Um Ensaio sobre a Consecução pelo Caminho do Equilíbrio.

Konx Om Pax, p. 52.

Liber XLIV.

A Missa da Fênix.

Um Ritual da Lei.

Liber CCCXXXIII (*O Livro das Mentiras*), pp. 55 a 57 & Apêndice VI deste *Liber ABA*.

Liber XLVI.

A Chave dos Mistérios.

Uma tradução de *La Clef des Grands Mysteres*, de Eliphas Levi. Especialmente adaptado à tarefa da Consecução de Bhakti-Yoga.

Equinox 1 (10), Suplemento.

1295 N.E.: 天道 (*Thien Tao*) ou A Sinagoga de Satã.

Liber XLIX.

Shi Yi Chien.

Um relato da perfeição divina ilustrado pela permutação sétupla da Díade.

Não publicado.

Liber LI.

O Continente Perdido.

Um relato do continente da Atlântida: as maneiras e os costumes, os rituais mágicos e as opiniões de seu povo, juntamente com um relato verdadeiro da dita catástrofe que terminou em seu desaparecimento.

Não publicado.[1296]

Liber LV.

The Chymical Jousting of Brother Perardua with the seven Lances that he brake.

Um relato do Caminho Mágico e Místico na linguagem da Alquimia.

Equinox I (1), p. 88.

Liber LVIII.

Um artigo sobre Cabala no *Equinox* I (5), p. 65.[1297]

Liber LIX.

Across the Gulf.

Um relato fantástico de uma Encarnação anterior. Seu principal interesse reside no fato de que sua história da derrubada de Isis por Osiris pode ajudar o leitor a entender o significado da derrubada de Osiris por Horus no presente Æon.

Equinox I (7), p. 293.[1298]

1296 N.M.: Toda esta descrição é enganosa. Na verdade, sob o pretexto de falar da Atlântida, *Liber LI* fornece uma série de dicas sobre possíveis benefícios e problemas do treinamento da O.T.O. [N.E.: Publicado como *Atlantis* (Malton, Ontario: Dove Press, 1974 e.v.) e em outras edições.]

1297 N.E.: Às vezes também referenciado como "Gematria" ou "Um Ensaio Sobre Números". Uma discussão geral do Método e usos da Cabala. Escrito por Aleister Crowley, com extensas citações da introdução ao *Kabbalah Revelada* escrito por Samuel Liddell MacGregor Mathers. O livro foi publicado nas páginas 65 a 120 do *Equinox* I (5), em março de 1911 e.v., como a parte 5 da série "The Temple of Solomon the King".

1298 N.M.: O leitor médio é fortemente advertido de que o adjetivo *fantástico* é aqui usado com a maior sinceridade.

Liber LXI.

Liber Causæ.

Explica a história real e a origem do movimento atual. Suas declarações são precisas no sentido comum da palavra. O objetivo do livro é descartar a Mitopeia.

Equinox III (1), p. 55.[1299]

Liber LXIV.

Liber Israfel, anteriormente chamado *Anubis.*

Uma instrução em um método adequado de pregação.

Equinox I (7), p. 21.

Liber LXV.

Liber Cordis Cincti Serpente.

Um relato das relações do Aspirante com seu Sagrado Anjo Guardião.

Equinox III (1), p. 65.[1300]

Liber LXVI.

Liber Stellæ Rubeæ.

Um ritual secreto, o Coração de IAO-OAI, entregue a V.V.V.V.V. para o seu uso em uma certa questão de *Liber Legis.*

Liber CCCXXXIII (*O Livro das Mentiras*), pp. 34 e 35. Também o Apêndice VI deste *Liber ABA.*[1301]

Liber LXVII.

A Espada da Canção.

Um estudo crítico de várias filosofias. Um relato do budismo.

Crowley, *Collected Works*, vol. II.

1299 N.M.: Da Escola Branca de Magia, ele quer dizer. "Mitopeia", neste contexto, é aproximadamente o equivalente de "mistificação" no sentido ativo.

1300 N.M.: Reimpresso com um extenso Comentário por Crowley e anotações esclarecedoras de Motta no *Equinox* V (2).

1301 N.E.: Veja-se também *Equinox* I (7), p. 31.

Liber LXXI.

A Voz do Silêncio, os Dois Caminhos, os Sete Portais, por H.P. Blavatsky, com um comentário elaborado por Frater O. M.

Equinox III (1), Suplemento.

Liber LXXIII. – The Urn.

Esta é a continuação de "The Temple of Solomon the King", e é o Diário de um Magus. Este livro contém um relato detalhado de todas as experiências passadas por Mestre Therion em sua obtenção deste grau de Iniciação, o mais alto possível para qualquer homem manifestado.

Não publicado.

Liber LXXVIII.

Um tratado completo sobre o Tarô, dando os desenhos corretos das cartas com suas atribuições e significados simbólicos em todos os planos.

Parcialmente publicado no *Equinox* I (8), p. 143.[1302]

Liber LXXXI.

The Butterfly Net.

Um relato de uma operação mágica, particularmente sobre o planeta Luna, escrito na forma de um romance.

Publicado sob o título *Moonchild* pela Mandrake Press, 41, Museum St., London, W.C.1.[1303]

Liber LXXXIV.

Vel Chanokh.

Uma breve abstração da representação simbólica do Universo derivada pelo Dr. John Dee através do Scrying de Sir Edward Kelly.

Parcialmente publicado nos *Equinox* I (7), p. 229 e I (8), p. 99.

1302 N.E.: Este número foi aplicado a "A description of the Cards of the Tarot, with their attributions, including a method of divination by their use", publicado no *Equinox* I (8), e que foi expandido em *The Book of Thoth*: A Short Essay on the Tarot of the Egyptians. *O Livro de Thoth* é o título do *Equinox* III (5), publicado por Crowley, em edição limitada a 200 cópias, em 1944 e.v.

1303 N.M.: A Mandrake Press foi forçada a deixar de publicar Crowley logo depois de publicar seu segundo longo trabalho de ficção, *The Diary of a Drug-fiend*. Ambos os livros estão, no entanto, disponíveis em várias edições piratas.

Liber XC.

Liber Tzaddi vel Hamus Hermeticus.

Um relato da Iniciação e uma indicação sobre aqueles que são adequados para a mesma.

Equinox I (6), p. 17.

Liber XCV.

O Mundo da Vigília.

Uma alegoria poética das relações da alma e do Sagrado Anjo Guardião.

Konx Om Pax, p. 52.

Liber XCVI.

Liber Gaias.

Um manual de Geomancia.

Equinox I (2), p. 137.

Liber CVI.

Um Tratado sobre a Natureza da Morte e a atitude apropriada a ser tomada em relação a ela.

Publicado em *The International*, Nova Iorque, 1917 e.v.

Liber CXI (Aleph).

O Livro da Sabedoria ou da Tolice.

Um extenso e elaborado comentário sobre o *Livro da Lei*, na forma de uma carta de Mestre Therion para seu filho mágico. Contém alguns dos mais profundos segredos da iniciação, com uma solução clara de muitos problemas cósmicos e éticos.[1304]

Liber CL.

De Lege Libellum.

Uma explicação adicional do *Livro da Lei*, com especial referência aos Poderes e Privilégios conferidos pela sua aceitação.

Equinox III (1), p. 99.

1304 N.E.: *Liber Aleph*: The Book of Wisdom or Folly, sendo o *Equinox* III (6), publicado em 1962 e.v., por Thelema Publishing Company. Todos os esforços foram envidados por parte de Marcelo Ramos Motta, durante 1961 e.v., no trabalho de edição, correção, impressão e publicação de *Liber Aleph*, incluindo a publicidade. Conseguiu, a muito custo, remetê-los aos EUA, a Karl Germer, que cuidou da venda e distribuição e reconheceu o trabalho do devotado discípulo.

Liber CLVI.

Liber Cheth vel Vallum Abiegni.

Um relato perfeito da tarefa do Adeptus Exemptus considerado sob os símbolos de um plano particular, não o intelectual.

Equinox I (6), p. 23.

Liber CLVII.

O Tao Teh King.

Uma nova tradução, com um comentário, por Mestre Therion.[1305]

Liber CLXV.

Um Mestre do Templo, sendo um relato da consecução de Frater Unus In Omnibus. O registro de um homem que realmente atingiu pelo sistema ensinado pela A∴A∴.

Parcialmente publicado no *Equinox* III (1), p. 127.[1306]

Liber CLXXV.

Liber Astarté vel Berylli.

Uma instrução para a consecução pelo método da devoção, ou Bhakti-Yoga.

Equinox I (7), p. 37 & Apêndice VII deste *Liber ABA*.

Liber CLXXXV.

Liber Collegii Sancti.

Sendo as tarefas dos Graus e seus Juramentos, próprios do *Liber XIII*. Este é o papel oficial dos vários graus. Inclui a Tarefa e o Juramento de um Probacionista.[1307]

1305 N.M.: *Equinox* V (3), *The Chinese Texts of Magick and Mysticism*.

1306 N.M.: Um dos muitos motivos pelos quais o *Equinox* III (2) nunca foi publicado foi a intenção de Crowley de publicar a segunda parte deste registro. No momento em que a edição teria sido impressa, ficara claro que "Frater Unus in Omnibus" não conseguira atravessar o Abismo. [N.E.: Charles Stansfeld Jones, também conhecido como Frater Achad. Foi a ele que Crowley escreveu o conteúdo posteriormente publicado como *Liber Aleph*.]

1307 N.M.: Este livro é dado a todo Probacionista que conclui com sucesso a Provação e se torna um Neófito. [N.E.: *Liber Collegii Sancti* sub figura CLXXXV pode ser traduzido como "Livro da Escola dos Santos, sob o número 185". Foi escrito por Aleister Crowley e publicado originalmente de maneira privada em 1910 e.v., em dez páginas soltas amarradas por uma fita verde. Crowley pretendia publicar o texto no *Equinox* III (2), em setembro de 1919 e.v., mas o livro nunca foi lançado.]

Liber CXCVII.

A Grande História do Bom Sir Palamedes, o Cavaleiro Sarraceno, e de sua perseguição pela Besta Ladradora.

Um relato poético da Grande Obra, e a enumeração de muitos obstáculos.

Equinox I (4), Suplemento Especial.[1308]

Liber CC.

Resh vel Helios.

Uma instrução para a adoração do Sol quatro vezes ao dia, com o objetivo de compor a mente para a meditação e regularizar as práticas.

Equinox I (6), p. 29 & Apêndice VII deste *Liber ABA.*

Liber CCVI.

Liber RV vel Spiritus.

Instrução completa em Pranayama.

Equinox I (7), p. 59 & Apêndice VII deste *Liber ABA.*

Liber CCVII.

Syllabus.

Uma enumeração das publicações oficiais da A∴A∴ com uma breve descrição do conteúdo de cada livro.

Equinox I (10), p. 41. Este apêndice é extraído dele.[1309]

Liber CCXX (L vel Legis).[1310]

O Livro da Lei, que é a base de todo o trabalho.

Texto no *Equinox* I (10), p. 9. Breve comentário no *Equinox* I (7), p. 387. O comentário completo de Mestre Therion, através de quem foi dado ao mundo, será publicado em breve.[1311]

1308 N.M.: Este é um trabalho notável, uma das muitas obras-primas da poesia iniciática de Crowley. No entanto, é preciso já estar bastante avançado no caminho para lucrar com suas referências aos obstáculos.

1309 N.E.: Veja-se *Equinox* III (1), p. 11, para o Currículo da A∴A∴ classificado de acordo com os Graus da Ordem.

1310 N.E.: Note-se que, em sua primeira edição, *O Livro da Lei* teve como título *Liber L vel Legis* sub figura CCXX as delivered by LXXVIII unto DCLXVI, como observado em *ΘΕΛΗΜΑ* (1909 e.v., impressão privada para circulação na A∴A∴) e no *Equinox* I (10), p. 11 (publicado pela Wieland & Co., em 1913 e.v.). No *Equinox* III (1), publicado em março de 1919 e.v., é referido como, além do já citado título, *Liber CCXX*, *Liber L vel Legis*, e *The Book of the Law*. Como poderá ser observado ao final do capítulo VI da Parte IV deste *Liber ABA*, este fora o título original idealizado por 666 para aparecer na publicação de 1909 e.v., antes de a "*Chave disso tudo*" (*AL* iii 47) e a verdadeira grafia de Aiwass serem descobertas. Veja-se o Apêndice III deste *Liber ABA* para mais informações sobre os "miraculosos acontecimentos" com Samuel Aiwaz Jacobs e como Aiwass foi identificado como 93.

1311 N.M.: "Em breve" levou mais de cinquenta anos. Veja-se *Equinox* V (1), *The Commentaries of AL*.

Liber CCXVI.

O I Ching.

Uma nova tradução, com um comentário por Mestre Therion.[1312]

Liber CCXXXI.

Liber Arcanorum τῶν ATV τοῦ TAHVTI QUAS VIDIT ASAR IN AMENNTI sub figura CCXXXI. Liber Carcerorum τῶν QLIPHOTH cum suis Geniis. Adduntur Sigilla et Nomina Eorum.

Este é um relato do processo cósmico tanto quanto é indicado pelos Trunfos do Tarô.

Equinox I (7), p. 69.[1313]

Liber CCXLII. AHA!

Uma exposição em linguagem poética de várias formas de consecução e os resultados obtidos.[1314]

Equinox I (3), p. 9.

Liber CCLXV.

A Estrutura da Mente.

Um Tratado sobre psicologia do ponto de vista místico e mágico. Seu estudo ajudará o aspirante a fazer uma análise científica detalhada de sua mente e, assim, aprender a controlá-la.

Não publicado.

Liber CCC. Khabs am Pekht.

Uma instrução especial para a Promulgação da Lei. Este é o primeiro e mais importante dever de todo Aspirante de qualquer grau. Ela acumula nele o caráter e o Carma que formam a Coluna Dorsal para a Consecução.

Equinox III (1), p. 171.

1312 N.M.: *Equinox* V (3), *The Chinese Texts of Magick and Mysticism*.

1313 N.E.: Veja-se *Equinox* V (2), p. 273, para um Diário Mágico de Marcelo Motta em sua Operação com este Liber.

1314 N.M.: Este livro difere do *Liber CXCVII* principalmente em que o último descreve obstáculos ao longo do Caminho, em vez do próprio Caminho.

Liber CCCXXXIII.

O Livro das Mentiras falsamente chamado.

Lida com muitos assuntos em todos os planos da mais alta importância. É uma publicação oficial para Bebês do Abismo, mas é recomendado até para iniciantes como altamente sugestivo.[1315]

Liber CCCXXXV. Adonis.

Um relato em linguagem poética da luta dos elementos humanos e divinos na consciência do homem, dando sua harmonia seguindo a vitória do último.

Equinox I (7), p. 117.

Liber CCCXLI.

Liber H.H.H.

Provê três métodos de consecução através de uma série de pensamentos intencionais.

Equinox I (5), p. 5 & Apêndice VII deste *Liber ABA*.

Liber CCCLXV vel CXX.

A Invocação Preliminar da Goécia assim chamada, com uma explicação completa dos nomes bárbaros de evocação usados nela, e a rubrica secreta do ritual, pelo Mestre Therion. Esta é a mais poderosa invocação existente, e foi usada pelo próprio Mestre em sua consecução.[1316]

Liber CD.

Liber TAU vel Kabbalæ Trium Literarum sub figura CD.

Uma interpretação gráfica do Tarô no plano de iniciação.

Equinox I (7), p. 75.

Liber CCCCXII.

Liber A vel Armorum.

Uma instrução para a preparação dos Instrumentos Elementais.

Equinox I (4), p. 15 & Apêndice VII deste *Liber ABA*.

1315 N.M.: Uma nova edição comentada por Crowley e comentada por Marcelo Motta está em preparação. [N.E.: Infelizmente nunca foi feita.]

1316 N.E.: *The Preliminary Invocation of the Goetia* é similar a *Liber Samekh*, mas com algumas diferenças. Veja-se Apêndice IV deste *Liber ABA*.

Liber CCCCXVIII.

Liber XXX ÆRUM vel Sæculi.

Sendo a Visão e a Voz dos Anjos dos Trinta Æthyrs. Além de ser o relato clássico dos trinta Æthyrs e um modelo de todas as visões, os clamores dos Anjos devem ser considerados precisos, e a doutrina da função da Grande Fraternidade Branca entendida como o fundamento da Aspiração do Adepto. O relato do Mestre do Templo deveria, em particular, ser considerado autêntico.

Equinox I (5), Suplemento Especial.[1317]

Liber CDLXXIV. Os Abysmi vel DAATH.

Uma instrução em um método puramente intelectual de entrar no Abismo.

Equinox I (7), p. 77.

Liber D. Sepher Sephiroth.

Um dicionário de palavras hebraicas dispostas de acordo com seu valor numérico. Esta é uma Enciclopédia da Santa Cabala, que é um Mapa do Universo, e permite ao homem alcançar o Entendimento Perfeito.

Equinox I (8), Suplemento Especial.

Liber DXXXVI.

Sobre a Astrologia.

Este é o único livro sobre astrologia composto em linhas científicas, classificando os fatos observados em vez de deduzir a partir de teorias *a priori*.[1318]

Liber DXXXVI.

ΒΑΤΡΑΧΟΦΡΕΝΟΒΟΟΚΟΣΜΟΜΑΧΙΑ

Uma instrução de expansão do campo da mente.

Equinox I (10), p. 35.

1317 N.M.: Este foi reimpresso como *A Visão e a Voz*, com extensas notas do Vidente, por Frater SATURNUS X°, Sr. Karl Johannes Germer, como *Oriflamme* II (1) no Solstício de Verão (LN) de 1952 e.v. Posteriormente, foi pirateado por um ex-secretário de Crowley e um Probacionista fracassado chamado Francis (vulgo "Israel") Regardie, que mutilou as anotações do autor e as misturou com seus próprios comentários estúpidos. Uma nova edição autorizada, com o texto original intacto e notas de Marcelo Motta, está sendo preparada pela O.T.O. [N.E.: Infelizmente nunca foi publicado.]

1318 N.M.: Parte deste trabalho foi pirateado em vários países. O texto completo foi recuperado e será publicado pela O.T.O. [N.E.: Também não foi concluído devido ao falecimento de Motta. Aleister Crowley foi contratado como escritor-fantasma de Evangeline Adams, que publicou *Astrology: Your Place in the Sun* (1927 e.v.) e *Astrology: Your Place among the Stars* (1930 e.v.). Na década de 1970 e.v., foram publicados *The Complete Astrological Writings* e *Astrology*. Todos esses trabalhos reunidos formariam o *Liber DXXXVI*.]

Liber DLV. Liber HAD.

Uma instrução para atingir Hadit.

Equinox I (7), p. 83.

Liber DCXXXIII.

De Thaumaturgia.

Uma declaração de certas considerações éticas concernentes à Magia.

Não publicado.[1319]

Liber DCLXVI.

A Besta.

Um relato da Personalidade Mágica que é o Logos do presente Æon.

Não publicado.[1320]

Liber DCCLXXVII. (777).

Vel Prolegomena Symbolica Ad Systemam Sceptico-Mysticæ Viæ Explicandæ, Fundamentum Hieroglyphicum Sanctissimorum Scientiæ Summæ

Um Dicionário completo das Correspondências de todos os elementos mágicos, reimpresso com extensivas adições, tornando-o o único livro de referência padrão e compreensivo já publicado. É para a linguagem do Ocultismo o mesmo que o Webster ou o Murray para o idioma inglês. A reimpressão com adições será publicada em breve.[1321]

Liber DCCCXI.

Entusiasmo Energizado.

Especialmente adaptado à tarefa de Consecução do Controle do Corpo de Luz, desenvolvimento da Intuição e Hathayoga.

Equinox I (9), p. 17.

1319 N.E.: Publicado originalmente na página 41 da revista *The International: A Review of Two Worlds*, Volume XII, Number 2, Nova Iorque, 1918 e.v.

1320 N.E.: Esse projeto não foi publicado, sendo possivelmente incorporado ao *The Equinox of the Gods* (1936 e.v.), a parte IV deste *Liber ABA*. A notação DCLXVI foi posteriormente aplicada a *Liber 666*, *Artemis Iota vel de Coitu Scholia Triviæ*, um anexo da 15ª carta publicada no livro *Magick Without Tears*, de Aleister Crowley, escrito em 1943 e.v., publicado por Karl Germer em 1954 e.v. e, em versão comentada, por Marcelo Ramos Motta em 1983 e.v.

1321 N.M.: Foi publicado por Frater SATURNUS X°, Sr. Karl Johannes Germer, e desde então pirateado por vários editores marginais inescrupulosos. Uma nova edição, bastante ampliada, está sendo preparada pela O.T.O. [N.E.: Outro projeto não finalizado.]

Liber DCCCXIII vel ARARITA sub figura DLXX

Um relato do Hexagrama e do método de reduzi-lo à Unidade e Além.

Equinox III (9).[1322]

Liber DCCCXXXI.

Liber IOD, antes chamado *VESTA.*

Uma instrução dando três métodos de reduzir a consciência múltipla à Unidade.

Adaptado para facilitar a tarefa de Consecução de Raja-Yoga e do Conhecimento e Conversação do Sagrado Anjo Guardião.

Equinox I (7), p. 93 & Apêndice VII deste *Liber ABA.*

Liber DCCCXXXVII.

A Lei da Liberdade.

Esta é uma explicação adicional do *Livro da Lei* em referência a certos problemas éticos.

Equinox III (1), p. 45.

Liber DCCCLX.

João São João.

O Registro do Retiro Mágico do G. H. Frater O∴M∴[1323]

Um modelo do que um registro mágico deveria ser, no que diz respeito à análise precisa e à plenitude da descrição.

Equinox I (1), Suplemento.[1324]

1322 N.E.: Publicado originalmente em 1909 e.v. nas páginas 49 a 64 do volume III de *ΘΕΛΗΜΑ*, impressão privada para circulação na A∴A∴.

1323 N.E.: Os seguintes títulos honoríficos, aplicados aos Iniciados, são advindos das tradições da Golden Dawn, e posteriormente modificados por Crowley para a A∴A∴:

H∴ — Philosophus (4° = 7□) e Dominus Liminis; H∴ de *Honored*;

V∴H∴ — Adeptus Minor (5° = 6□); V∴H∴ de *Very Honored*;

M∴H∴ — Adeptus Major (6° = 5□); M∴H∴ de *Most Honored*;

G∴H∴ — Adeptus Exemptus (7° = 4□); G∴H∴ de *Greatly Honored*;

S∴H∴ — Magister Templi (8° = 3□) ou superior; S∴H∴ de *Supremely Honored*.

1324 N.M.: Uma edição comentada deste livro está sendo preparada pela O.T.O. [N.E.: Motta nunca publicou este livro, mas sua tradução comentada faz parte dos Arquivos da Sociedade Novo Æon, que pretende publicá-la no futuro.]

Liber DCCCLXVIII.

Liber Viarum Viæ.

Um relato gráfico de poderes mágicos classificados sob os Arcanos do Tarô.

Equinox I (7), p. 101.

Liber DCCCLXXXVIII.

Um estudo completo das origens do Cristianismo.

Não publicado.[1325]

Liber CMXIII.

Liber תישארב. Viæ Memoriæ.

Provê métodos para alcançar a memória mágica, ou memória de vidas passadas, e uma visão da função do Aspirante na presente vida.

Equinox I (7), p. 105 & Apêndice VII deste *Liber ABA*.

Liber CMXXXIV.

O Cacto.

Um estudo elaborado dos efeitos psicológicos produzidos por *Lophophora williamsii* (brotos de peiote ou mescal), compilado a partir dos registros reais de algumas centenas de experimentos.

Não publicado.

Liber CMLXIII. Liber ΘΗΣΑΥΡΟΥ ΕΙΔΩΛΩΝ.

A Tesouraria de Imagens.

Uma soberba coleção de Litanias destinadas aos Signos do Zodíaco.

Equinox I (3), Suplemento.

Liber MCCLXIV.

A Cabala Grega.

Um dicionário completo de todas as palavras e frases sagradas e importantes dadas nos Livros da Gnose e outros escritos importantes tanto no grego quanto no copta.

Não publicado.

1325 N.M.: Publicado como *Oriflamme* II (2) por Frater SATURNUS X°, Sr. Karl Johannes Germer, em 1953 e.v. [N.E.: Publicado como *Crowley on Christ* em 1974 e.v.]

Liber MMCMXI.

Uma Nota Sobre o Gênesis.

Um modelo de raciocínio cabalístico. Especialmente adaptado ao Gnana Yoga.

Equinox I (3), p. 163.

APÊNDICE II

UMA ESTRELA À VISTA

Teus pés na lama, a tua face escura,
Ó homem, que penosa condição!
A dúvida te afoga, e a vida dura
Para sofrer: Vontade ou percepção
Para lutar te faltam. Nessa agrura,
Nenhuma estrela, não!

Teus deuses? São bonecos dos teus padres.
"Verdade? Tudo é relativo!", diz
O cientista. Querem que tu ladres
Com o teu cão... E por que não? Servis,
Ambos, e o amor-instinto os faz compadres.
Mas que vida infeliz!

Tua carniça estremeceu de ver-se
Um torrão, atirado pela chance,
Do barro universal; sem alicerce,
Sofrendo, e para quê? Pois que alcance
Dá o acaso e este barro a contorcer-se?
Mas que tolo rimance!

Todas as almas são, eternamente;
Cada uma indivídua, ultimal.
Perfeita; cada faz-se um véu da mente
E carne, e assim celebra o seu bridal
Com outra gêmea máscara que sente
Amar de amor lustral.

Alguns, embriagados com seu sonho,
Não querem que ele finde, e se confundem
Com o jogo de sombras enfadonho.
Um astro então que chame os que se afundem
Na ilusão, e eles brilham no risonho
Lago da vida, e fundem...

Tudo que começou não terá fim;
O universo perdura porque é.
Portanto, Faze o que tu queres; sim
Todo homem e mulher estrela é.
Pã não morreu; Pã, ele vive! Assim,
Quebra os grilhões! De pé!

Ao homem venho, número de um homem
Meu número, Leão de Luz; enrista
A Besta cuja Lei é Amor; pois tomem
Meu Amor sob vontade, e vejam! – Crista
De Sol interna, e não externa!... Homem!
Eis uma estrela à vista!

Uma Estrela à Vista

Um relance da estrutura e sistema da Grande Fraternidade Branca A∴A∴[1326]

Faze o que tu queres há de ser tudo da Lei.

1. A Ordem da Estrela chamada S.S. é, com respeito à sua existência sobre a Terra, uma organização de homens e mulheres distintos dos seus semelhantes pelas qualidades aqui enumeradas. Eles existem em sua própria Verdade, que é ao mesmo tempo universal e única. Eles se movem de acordo com suas próprias Vontades, que são cada qual única, entretanto coerentes com a vontade universal.

Eles percebem (isto é, compreendem, conhecem e sentem) em amor, o qual é ao mesmo tempo único e universal.

2. A Ordem consiste de onze graus ou degraus, numerados como segue. Esses números compõem três grupos, subdivisões da A∴A∴; respectivamente as Ordens da S.S., da R.C. e da A.D.

A Ordem da S.S.

Ipsissimus .... $10^{\circ} = 1^{\square}$

Magus .... $9^{\circ} = 2^{\square}$

Magister Templi .... $8^{\circ} = 3^{\square}$

A Ordem da R.C.

(Bebê do Abismo – o laço)

Adeptus Exemptus .... $7^{\circ} = 4^{\square}$

Adeptus Major .... $6^{\circ} = 5^{\square}$

Adeptus Minor .... $5^{\circ} = 6^{\square}$

A Ordem da A.D.

(Dominus Liminis – o laço)

Philosophus .... $4^{\circ} = 7^{\square}$

Practicus .... $3^{\circ} = 8^{\square}$

1326 O Nome da Ordem e esses de suas três divisões não são desvelados aos profanos. Recentemente certos charlatães e vigaristas roubaram as iniciais A∴A∴ a fim de lucrar pela sua reputação. [N.E.: Baseado em originais datilografados pré-publicação, observa-se que o texto dessa nota estava complementado com "A A∴A∴ não aceita nenhuma remuneração de qualquer tipo por Seus serviços".]

Zelator .... 2° = 9□

Neófito .... 1° = 10□

Probacionista .... 0° = 0□

(Estes números têm significados especiais para o iniciado e são comumente empregados para designar os graus.)

As características gerais e atribuições desses Graus são indicadas pelas suas correspondências sobre a Árvore da Vida,[1327] como pode ser estudado em detalhes no *Livro 777*.

Abaixo do Probacionista existe o

Estudante: Seu dever é adquirir um conhecimento intelectual generalizado de todos os sistemas de iniciação prescritos pelo currículo da A∴A∴.[1328]

Probacionista: Seu principal dever é começar quais práticas ele prefira e escrever um relatório cuidadoso delas por um ano.[1329]

Neófito: Deve adquirir perfeito controle sobre o Plano Astral.

Zelator: Seu trabalho principal é adquirir completo sucesso em Asana e Pranayama. Ele também começa a estudar a fórmula da Rosa-Cruz.

Practicus: Deve completar seu treino intelectual e, particularmente, estudar a Cabala.

Philosophus: Deve completar seu treino moral. Ele é provado em Devoção à Ordem.

Dominus Liminis: Deve demonstrar maestria em Pratyahara e Dharana.

Adeptus Minor (externo): Deve realizar a Grande Obra e alcançar o Conhecimento e Conversação do seu Sagrado Anjo Guardião.

Adeptus Minor (interno): É admitido à prática da fórmula da Rosa-Cruz ao ingressar no Colégio do Espírito Santo.[1330]

Adeptus Major: Obtém uma maestria geral de Magia prática, ainda que sem entendimento.

Adeptus Exemptus: Completa em perfeição todas essas matérias. Então, ele tem duas alternativas: ou se torna um Irmão do Caminho da Mão Esquerda ou é despido de todos os seus poderes e de si próprio, mesmo do seu Sagrado Anjo Guardião, e torna-se um Bebê do Abismo, o qual, tendo transcendido a Razão, nada faz senão crescer no útero de sua mãe. O Bebê então se percebe um

---

1327 N.M.: Ver Diagrama n° 2. [N.E.: Veja-se *Chamando os Filhos do Sol*, publicado por Motta em 1962 e.v.] Também *A Cabala Mística*, de Dion Fortune.

1328 N.M.: Ver o Currículo Preliminar ao fim desta pequena monografia. Outros livros, inclusive os mencionados aqui, serão publicados quando for conveniente, pela primeira vez em português, inclusive manuscritos conservados sob absoluto segredo durante o Æon de Osiris.

1329 N.E.: Motta preferiu enunciar o texto referente ao Probacionista da seguinte forma: "Assina o Juramento de Probacionista e escolhe um Nome Mágico. Seu principal dever é começar quais práticas ele prefira e escrever um relatório cuidadoso das mesmas".

1330 N.M.: Os verdadeiros segredos são segredos pela simples razão de que não podem ser compreendidos pelos profanos. A fórmula da Rosa-Cruz, se bem que parcialmente desvelada ao Zelator, só pode ser empregada quando, através da Conversação e Conhecimento do Sagrado Anjo Guardião, o Adepto é admitido ao Templo de Deus. [N.E.: Baseado em originais datilografados pré-publicação, observa-se que o texto estava complementado com "Ele deve ser um mestre em dhyana".]

Magister Templi – (Mestre do Templo): Suas funções estão circunstanciadamente descritas no *Livro 418*, como toda essa iniciação a partir do Grau de Adeptus Exemptus. Veja também *Aha!*. O principal dever do Mestre do Templo é cuidar do seu "jardim" de discípulos e obter uma compreensão perfeita do Universo. Ele é um Mestre de Samadhi.

Magus: Atinge a sabedoria, declara sua lei (veja-se *Liber I vel Magi*) e é um Mestre de Magia no senso mais amplo e mais elevado desta palavra.

Ipsissimus: Está além de tudo isso e além de toda compreensão daqueles de graus inferiores.

Porém, desses últimos três Graus, veja-se algumas informações adicionais em "The Temple of Solomon the King", *Equinox* I (1 a 10), e em outros libri mais.

Devemos observar aqui que esses Graus não são necessariamente atingidos por completo, ou manifestados por completo em todos os planos.

O assunto é muito difícil e inteiramente além dos limites desta pequena monografia.

Anexamos a seguir uma descrição mais detalhada.

A Ordem da S.S.

3. A Ordem da S.S. é composta daqueles que cruzaram o Abismo.[1331] As inferências desta expressão podem ser estudadas no *Liber 418*, especialmente os Æthyrs 14, 13, 12, 11, 10 e 9.

Todos os membros da Ordem estão em completa posse das Fórmulas de Consecução, tanto as místicas, ou de direção centrípeta, quanto as mágicas, ou de direção centrífuga. Eles têm completa experiência de ambos estes caminhos.

Eles estão ligados pelo Juramento original e fundamental da Ordem e, por esta razão, devem devotar suas energias a auxiliar o Progresso de seus inferiores. Aqueles que aceitam as recompensas de sua emancipação para si próprios não estão mais dentro da Ordem.

Membros da Ordem podem fundar Ordens dependentes deles mesmos, nas linhas das ordens R.C. e A.D., para cobrir tipos de emancipação e iluminação não contemplados pelo sistema original (ou principal). Tais ordens devem, no entanto, ser constituídas em harmonia com a A∴A∴ no que se refere aos princípios essenciais.

Todos os membros da Ordem estão de posse da Palavra do Æon em vigor, e governam-se de acordo com ela.

Eles podem comunicar-se diretamente com todo e qualquer membro da Ordem, como bem quiserem.

Todo Membro ativo da Ordem destruiu tudo que Ele é e tudo que Ele tem ao cruzar o Abismo; mas uma estrela é lançada aos Céus para iluminar a Terra, a fim de que ele possua um veículo através do qual possa comunicar-se com a humanidade. A qualidade e posição dessa estrela, e suas funções, são determinadas pela natureza das encarnações transcendidas pelo Membro.

1331 N.M.: Ver Diagrama nº 2. [N.E.: Veja-se *Chamando os Filhos do Sol*, publicado por Motta em 1962 e.v.] Todas as Sephiroth estão ligadas à precedente e à subsequente, com exceção de 3 e 4. Por esta razão, é impossível passar diretamente de Chesed a Binah; o Adeptus Exemptus tem que ser arremessado ao Abismo. Ai dele se o seu momento (carma) não for suficiente, ou sua aniquilação completa!

4. O Grau de Ipsissimus não deve ser descrito por completo; mas seu princípio é indicado em *Liber I vel Magi*.

Existe também uma descrição em certo documento secreto que será publicado quando conveniente. Aqui diz-se apenas: O Ipsissimus está completamente livre de toda e qualquer limitação, existindo na natureza de todas as coisas sem discriminação de quantidade ou qualidade. Ele identificou Ser, não-Ser e Vir-a-Ser, ação, inação e tendência à ação, com todas as outras triplicidades, não distinguindo entre elas com respeito a quaisquer condições, ou entre qualquer coisa e qualquer outra coisa com respeito a ser com ou sem condições.

Ele jura aceitar este Grau na presença de uma testemunha, e expressar sua natureza em palavra e ação; mas retirar-Se imediatamente para o interior dos véus de sua manifestação natural como ser humano e manter silêncio durante sua existência humana quanto à sua consecução, mesmo para com outros membros da Ordem.

O Ipsissimus é preeminentemente o Mestre de todas as modalidades de existência; isto é, seu ser está inteiramente livre da necessidade interna ou externa. Sua tarefa é destruir toda tendência a construir ou cancelar tais necessidades. Ele é o Mestre da Lei de Insubstancialidade (Anatta).

O Ipsissimus não tem relação como tal com qualquer Ente; Ele não tem vontade em qualquer direção, nem Consciência de qualquer tipo envolvendo dualidade, pois n'Ele está tudo realizado; como está escrito: "além da Palavra e do Louco, sim, além da Palavra e do Louco".

5. O Grau de Magus é descrito em *Liber I vel Magi*, e há também descrições do caráter deste Grau em *Liber 418*, nos Æthyrs mais altos.

Existe também uma completa e precisa descrição da consecução deste Grau no Registro Mágico da Besta 666.

A característica essencial do Grau é que seu possuidor pronuncia uma Palavra Mágica Criadora que transforma o planeta no qual ele vive pela instalação de novos oficiantes para presidir a iniciação planetária. Isto acontece apenas durante um "Equinócio dos Deuses" ao fim de um Æon; isto é, quando a fórmula secreta que exprime a Lei de ação do Æon que finda torna-se usada e inútil para o desenvolvimento subsequente do planeta.

(Por exemplo: "Sugar" é a fórmula de um bebê; quando os dentes aparecem, marcam o princípio de um novo "Æon", cuja "Palavra" é "Comer".)

Por esta razão um Magus pode aparecer completamente como tal ao mundo apenas em intervalos de alguns séculos; narrações de Magi históricos e suas Palavras são dadas em *Liber Aleph*.

Isto não quer dizer que um único homem possa atingir este Grau durante qualquer Æon, no que concerne à Ordem; um homem pode fazer progresso pessoal equivalente àquele de "Palavra de um Æon"; mas se não for tempo de um "Equinócio dos Deuses"[1332] ele se identificará com a palavra corrente, e exercerá sua vontade para estabelecê-la, a fim de que não haja conflito com o trabalho do Magus que pronunciou a Palavra do Æon em que Ele está vivendo.

1332 N.M.: Um "Equinócio dos Deuses" coincide geralmente com uma precessão dos equinócios, quando o trabalho de evolução é submetido a uma mudança das condições vibratórias do contínuo espaço-tempo.

O Magus é preeminentemente o Mestre de Magia, isto é, sua vontade está inteiramente livre de distração interna ou oposição externa.[1333] Seu trabalho é criar um novo Universo de acordo com Sua Vontade. Ele é o Mestre da Lei de Mudança (Anicca).

Para alcançar o Grau de Ipsissimus, ele deve realizar três tarefas, destruindo os Três Guardiões mencionados em *Liber 418* (Terceiro Æthyr): Loucura, Falsidade e Glamour; isto é, Dualidade em Ação, Palavra e Pensamento.

6. O Grau de Mestre do Templo é descrito em *Liber 418*, como indicamos acima. Existem completos relatórios nos Diários Mágicos da Besta 666, o qual foi lançado ao Céu de Júpiter,[1334] e de Omnia in Uno, Unus in Omnibus, o qual foi lançado à esfera dos Elementos.[1335]

A Consecução essencial é a aniquilação completa daquela personalidade que limita e oprime o verdadeiro ser.

O Magister Templi é preeminentemente o Mestre de Misticismo, isto é, Seu Entendimento está inteiramente livre de contradição interna ou obscuridade externa. Seu trabalho é compreender o Universo existente de acordo com Sua própria Mente. Ele é o Mestre da Lei de Sofrimento (Dukkha).

Para atingir o Grau de Magus ele deve realizar Três Tarefas: renúncia de Seu deleite no Infinito, para que ele possa formular-Se como o Finito; aquisição dos segredos práticos da iniciação e do governo de Seu proposto novo Universo; e identificação de si mesmo com a ideia impessoal do Amor. Qualquer Neófito da Ordem (alguns dizem que qualquer pessoa) tem o direito de exigir o Grau de Mestre do Templo tomando o Juramento do Grau. Não deve ser preciso dizer que fazer tal coisa é a mais sublime e mais terrível responsabilidade que se pode assumir, e uma pessoa imerecedora incorre nas mais tremendas penalidades pela sua presunção.[1336]

A Ordem da R.C.

7. O Grau de Bebê do Abismo não é exatamente um Grau, sendo, antes, uma passagem entre as duas Ordens. Suas qualidades são inteiramente negativas, sendo fruto da resolução do Adeptus Exemptus de abandonar para sempre tudo que ele tem e tudo que ele é. É, portanto, uma aniquilação de todos os ligamentos que compõem o ente ou constituem o Cosmos, uma decomposição de todos os complexos em seus elementos; e tais complexos cessam, portanto, de se manifestar, posto que as coisas só podem ser conhecidas em termos de suas relações com e de suas reações a outras coisas.

8. O Grau de Adeptus Exemptus confere autoridade para governar as Ordens da R.C. e da A.D.

O Adepto deve preparar e publicar uma tese declarando Seu conhecimento do Universo e suas propostas para seu bem-estar e progresso. Ele será, assim, conhecido como dirigente de uma escola de pensamento.

1333 N.M.: Ver *Liber II* (A Mensagem do Mestre Therion) para melhor compreensão do significado desta sentença. O Magus, entretanto, age na Sephira de *Chokmah*, isto é, do Logos. Sua Vontade é a expressão mais alta da Palavra, ou vice-versa. Isto pertence às Supernas. Ver, também, *A Cabala Mística*, de Dion Fortune, artigo *Chokmah*.

1334 N.M.: Isto é, Chesed.

1335 N.M.: Depois que isto foi escrito, tornou-se aparente que O.I.V.V.I.O. havia falhado em aniquilar completamente a personalidade.

1336 N.M.: O Juramento é ouvido pelos Mestres do Carma, Senhores do Destino. Não é preciso dizer mais.

(*A Chave dos Grandes Mistérios,* de Eliphas Levi, as obras de Swedenborg, von Eckartshausen, Robert Fludd, Paracelso, Newton, Bolyai, Hinton, Berkeley, Loyola etc. etc. são exemplos de tais teses.)

Ele terá alcançado tudo, exceto o pináculo da meditação, e deverá estar preparado para perceber que o único curso possível para si é devotar-se abertamente a ajudar suas criaturas companheiras.

Para atingir o Grau de Magister Templi ele deve executar duas tarefas: a emancipação do pensamento pela comparação de toda ideia com a ideia oposta, e recusa de preferir uma à outra; e a consagração de si mesmo como veículo puro para a influência da ordem a que aspira.

Ele deve, então, decidir-se quanto à aventura crítica da nossa Ordem: o abandono absoluto de si mesmo e suas consecuções. Ele não pode permanecer indefinidamente um Adepto Exempto; ele é impelido para a frente pelo irresistível *momentum* que ele gerou.

Se ele falhar, voluntariamente ou por fraqueza, em fazer a sua aniquilação absoluta, ainda assim ele é arremessado ao Abismo; mas em vez de ser recebido e reconstruído na Terceira Ordem, como um Bebê no útero de Nossa Senhora BABALON, sob a Noite de Pã, para crescer e ser Si Próprio como Ele não era previamente, ele permanece no Abismo, secretando seus elementos em torno de seu Ego, como que isolado do Universo, e torna-se o que é chamado um "Irmão Negro". Um tal ente é gradualmente desintegrado por falta de nutrição e pela lenta mas certa ação da atração do resto do Universo, a despeito de seus desesperados esforços para se isolar e proteger, e para se engrandecer através de práticas predatórias. Ele pode, de fato, prosperar por algum tempo; mas deve por fim perecer, principalmente quando, com um novo Æon, uma nova Palavra for proclamada, a qual ele não pode e não quer ouvir, de maneira que continua a trabalhar com a desvantagem de que tenta utilizar um método obsoleto de Magia – qual um homem com um bumerangue numa batalha em que todos os outros usam rifles.[1337]

9. O Grau de Adeptus Major confere Poderes Mágicos (propriamente ditos) de segunda ordem.

Seu trabalho é usá-los para manter a autoridade do Adepto Exempto seu superior. (Isto não deve ser entendido como uma obrigação de servidão pessoal, ou mesmo de lealdade; mas como uma parte necessária de seu dever de ajuda aos seus inferiores. A autoridade do Adepto Instrutor e Governante é a base de todo trabalho ordeiro.)

Para atingir o Grau de Adeptus Exemptus, ele deve realizar Três Tarefas: a aquisição de absoluta Confiança em Si mesmo, trabalhando em completo isolamento e, no entanto, transmitindo a palavra de seu superior clara, poderosa e sutilmente; compreensão e uso da Roda de Força sob suas três formas sucessivas de Radiação, Condução e Convecção (Mercúrio, Enxofre e Sal; ou Sattvas, Rajas, Tamas) com suas correspondentes naturezas em outros planos; emprego de seu completo poder e autoridade para governar os Membros dos Graus mais baixos, com vigor e iniciativa equilibrados, de forma a não admitir nem disputas nem queixas. Para este fim, ele deve empregar a fórmula chamada "A Besta copulando com a Mulher", que estabelece uma nova encarnação da deidade; como nas lendas de Leda, Semele, Miriam, Pasífae e outras. Ele deve estabelecer este ideal para as ordens que ele governa, para que elas possam ter um ponto de contato não tão abstrato para seus estágios pouco evoluídos.

10. O Grau de Adeptus Minor é o principal tema das instruções da A∴A∴. É caracterizado pela Consecução do Conhecimento e Conversação do Sagrado Anjo Guardião (Veja-se o *Equinox*, "O Templo

---

1337 N.M.: Tal é o caso dos "cristãos", e especialmente da Igreja Católica no presente. O "Irmão Negro" está sem contato com a Tríade Divina, e recusa a graça de Nossa Senhora BABALON, porque sabe que essa graça significa (do ponto de vista dele) a segunda morte.

do Rei Salomão"; *Liber 418*, Oitavo Æthyr; também *Liber Samekh* etc.). Esta é a tarefa essencial de todo homem; nenhum outro trabalho possui a mesma importância, quer para o progresso pessoal, quer para a capacidade de auxiliar o próximo. Sem isto, o homem não é mais que o mais infeliz e mais cego dos animais. Ele tem consciência de sua incompreensível calamidade, mas é desajeitadamente incapaz de repará-la. Com isto, ele é nada menos que o co-herdeiro de deuses, um Senhor de Luz. Ele está cônscio de seu próprio caminho consagrado e confiantemente pronto a percorrê-lo. O Adeptus Minor requer pouco auxílio ou direção, mesmo de seus superiores na nossa Ordem.

Seu trabalho é manifestar a Beleza da Ordem ao mundo, da maneira que os seus superiores prescrevem e seu gênio dita.

Para atingir o Grau de Adeptus Major ele deve realizar duas tarefas: equilíbrio de si mesmo, principalmente no que se refere às suas paixões, de forma que ele não tenha preferência por qualquer curso de conduta em relação a outro; e cancelamento de todo ato pelo seu complemento, de forma que o que quer que ele faça o deixe sem tentação de se desviar do caminho de sua Verdadeira Vontade.

Esse equilíbrio das paixões e dos atos compõe a primeira tarefa.[1338]

Segunda tarefa: Ele deve manter silêncio, enquanto prega seu corpo à árvore de sua vontade criadora, na atitude daquela Vontade, deixando que sua cabeça e braços formem o símbolo de Luz, como que para jurar que todo pensamento, palavra ou ato seu expressará a Luz derivada do Deus com o qual ele identificou sua vida, seu amor e sua liberdade, simbolizados pelo seu coração, seu falo e suas pernas. É impossível estabelecer regras precisas pelas quais um homem possa alcançar o Conhecimento e Conversação de Seu Sagrado Anjo Guardião; este é o segredo particular de cada um de nós; um segredo que não é para ser dito, ou mesmo adivinhado, por qualquer outro, qualquer que seja seu grau. Isto é o Santo dos Santos, em que cada um é seu próprio Alto Sacerdote; e ninguém conhece o Nome do Deus de seu irmão, ou o Rito pelo qual Ele é invocado.

Os Mestres da A∴A∴ não tentaram, portanto, instituir qualquer ritual para esta Tarefa central da Ordem, além das instruções generalizadas em *Liber 418* (Oitavo Æthyr) e o detalhado Cânon e Rubrica da Missa utilizada, com sucesso, por Frater Perdurabo em Sua consecução. Isto foi escrito por Ele mesmo em *Liber Samekh*. Mas eles têm tornado públicas narrações tais como aquelas no "The Temple of Solomon the King" e em *João São João*.[1339] Eles tomaram a única atitude apropriada: treinar aspirantes a esta consecução na teoria e prática de Magia e Misticismo em todos os seus ramos essenciais, para que cada homem possa se tornar perito em todas as armas conhecidas e, portanto, livre para escolher aquelas que (sua própria experiência e instinto ditarem como devidas) são apropriadas quando ensaia o Grande Experimento.

O Adeptus Minor é também treinado no único hábito essencial ao Membro da A∴A∴: ele deve considerar todas as suas consecuções como propriedade primária dos aspirantes menos avançados que são confiados aos seus cuidados.

Nenhuma consecução é oficialmente reconhecida pela A∴A∴ a não ser que o inferior imediato da pessoa em questão tenha sido preparado, por ele, para substituí-la.

1338 N.E.: Adição de Motta.

1339 N.M.: Tais narrações serão publicadas em português quando conveniente. [N.E.: Não existe, ao que tudo indica, tradução de "The Temple of Solomon the King" feita por Motta.]

Esta regra não é sempre rigidamente aplicada, pois causaria congestão, principalmente nos graus menos elevados, em que a necessidade é maior e as condições mais confusas; mas nunca é relaxada na R.C. ou S.S., salvo em Um Caso.

Existe também uma regra: que os Membros da A∴A∴ não se conhecerão uns aos outros oficialmente, salvo apenas cada Membro a seu superior, que o introduziu, e seu inferior, que foi por ele introduzido.

Esta regra foi relaxada, e um "Grão Neófito" foi nomeado para superintender todos os Membros da Ordem da A.D. O verdadeiro objetivo da regra era impedir que Membros do mesmo Grau trabalhassem juntos, obscurecendo assim cada um a individualidade do outro; e também para evitar que o trabalho se transformasse em contato social.

A Ordem da A.D.

Os Graus da Ordem da A.D. estão completamente descritos em *Liber 185*[1340] e não há necessidade de amplificar aqui o que lá foi dito. Deve-se, no entanto, cuidadosamente frisar que cada um desses Graus preliminares contém certas tarefas apropriadas, e insiste-se sobre a ampla consecução de absolutamente todas, da maneira mais rígida.[1341]

Membros da A∴A∴ de qualquer grau não são obrigados, não se espera deles, e nem mesmo são encorajados a trabalhar em quaisquer linhas especiais, ou com quaisquer objetivos exceto os estabelecidos acima. Existe, entretanto, uma proibição absoluta de aceitar dinheiro ou qualquer recompensa material, direta ou indiretamente, por qualquer serviço em relação à Ordem, para lucro ou vantagem pessoal. A penalidade é expulsão imediata, sem possibilidade de readmissão em quaisquer circunstâncias.

Mas todos os Membros devem necessariamente trabalhar de acordo com os fatos da Natureza, da mesma forma que um arquiteto deve tomar em consideração a Lei de Gravidade, ou um marinheiro calcular as correntes marítimas.

Portanto, todos os Membros da A∴A∴ trabalham pela Fórmula Mágica do Æon.

Eles aceitam o *Livro da Lei* como a Palavra e a Letra da Verdade, e a única Regra de Vida.[1342] Eles reconhecem a Autoridade da Besta 666 e da Mulher Escarlate tal como está definida no livro, e aceitam as Suas Vontades[1343] como concentradoras da Vontade de nossa Ordem Inteira. Eles aceitam a Criança

---

1340 Este livro foi publicado no *Equinox* III (2). [N.E.: O *Equinox* III (2) nunca chegou a ser publicado. Segundo Motta, "o Senhor do Æon interveio por razões que podem ser totalmente claras apenas para aqueles que leram *Liber AL*, seu Comento e seus Comentários". *Liber 185* veio a público com o *Gems From the Equinox*, compilado por Israel Regardie.]

1341 *Liber 185* não precisa ser citado detalhadamente. É necessário apenas dizer que o Aspirante é treinado de forma sistemática e abrangente nas várias práticas técnicas que formam a base do Nosso Trabalho. Alguém pode se tornar especialista em uma ou todas essas coisas sem necessariamente fazer progresso real, assim como um homem pode ter notas altas em gramática, sintaxe e prosódia sem ser capaz de escrever uma única linha de boa poesia. Contudo, o maior poeta da alma é incapaz de se expressar sem a ajuda desses três elementos da composição literária.

1342 Isso não está em contradição com o direito absoluto de toda pessoa fazer sua própria Verdadeira Vontade. Mas qualquer Verdadeira Vontade está, necessariamente, em harmonia com os fatos da Existência; e recusar-se a aceitar o *Livro da Lei* é criar um conflito dentro da Natureza, como se um físico insistisse em usar uma fórmula incorreta da mecânica como base de um experimento. [N.E.: Motta reformulou essa Nota de Crowley para seu *Chamando os Filhos do Sol*, base para essa tradução de *Uma Estrela à Vista*, como segue: "Toda Vontade Real está necessariamente de acordo com os fatos da Existência: recusar a aceitar o *Livro da Lei* como regra de vida é qual se um cientista teimasse em usar uma fórmula incorreta como base de um experimento. Isto é evidente a quem estuda o *Livro*".]

1343 "Sua Vontade" – e não, naturalmente, seus desejos como seres humanos. Sua Vontade como oficiantes do Novo Æon. [N.M.: Se eles tentassem imiscuir suas personalidades com Seus Cargos, sua punição seria instantânea às mãos da Criança Coroada e Conquistadora.]

Coroada e Conquistadora como o Senhor do Æon, e esforçam-se por estabelecer Seu reino na Terra. Eles admitem que "A palavra da Lei é ΘΕΛΗΜΑ" e que "Amor é a lei, amor sob vontade".[1344]

Cada Membro deve ter por principal propósito descobrir para si mesmo sua Verdadeira Vontade, e fazer essa vontade e nada mais.[1345]

Ele deve aceitar essas ordens no *Livro da Lei* que se aplicam a ele[1346] como necessariamente de acordo com sua Verdadeira Vontade, e executar as mesmas ao pé da letra com toda a energia, coragem e habilidade de que possa dispor. Isto se aplica especialmente ao trabalho de extensão da Lei no mundo, em que sua prova é seu próprio sucesso, testemunho de sua Vida à Lei que lhe deu luz em seus caminhos, e liberdade para percorrê-los. Assim fazendo, ele paga sua dívida para com a Lei que o libertou, ajudando sua vontade de libertar todos os homens; e se prova um verdadeiro homem em nossa Ordem por querer trazer seus semelhantes à liberdade.

Assim se dispondo, ele se preparará da melhor forma para a tarefa de compreender e adquirir os diversos métodos técnicos prescritos pela A.·.A.·. para consecução Mística e Mágica, assim se armando apropriadamente para a crise de sua carreira na Ordem: a obtenção do Conhecimento e da Conversação do seu Sagrado Anjo Guardião.

Seu Anjo o conduzirá logo ao pico da Ordem da R.C. e o preparará para enfrentar o indescritível horror do Abismo que divide a Humanidade da Divindade; ensiná-lo-á a Saber aquela agonia, Ousar aquele destino, Querer aquela catástrofe, e Calar para sempre quando efetua o ato de aniquilação.

Do Abismo sai Ninguém; mas uma Estrela surpreende a Terra, e nossa Ordem regozija-se acima do Abismo pois a Besta gerou mais um Bebê no Útero de Nossa Senhora, Sua Concubina, a Mulher Escarlate, BABALON.

Não há necessidade de instruir um Bebê assim nascido, pois no Abismo foi purificado de todo veneno da personalidade; sua ascensão ao mais alto está assegurada, em sua estação; e ele nem tem necessidade de estações, pois está consciente de que todas as condições não são mais que formas da sua fantasia.

Tal é um breve relato, adaptado tanto quanto possível à inteligência do aspirante médio ao Adeptado, ou à Consecução, ou Iniciação, ou Irmandade, ou União com Deus, ou Desenvolvimento Espiritual, ou estado de Mahatma ou Libertação, ou Ciência Oculta, ou qualquer outro nome que possa ser dado à mais íntima necessidade de Verdade de nossa Ordem da A.·.A.·..

Está redigido principalmente para despertar interesse nas possibilidades do progresso humano, e para proclamar os princípios da A.·.A.·..

O esquema dado acima dos diversos passos sucessivos é exato. As duas crises – o Anjo e o Abismo – são aspectos necessários de toda carreira. As outras tarefas não são sempre executadas na ordem dada. Um homem pode, por exemplo, adquirir muitas das qualidades peculiares do Adeptus Major e, no entanto,

1344 N.E.: No *Magick in Theory and Practice*, de 1929 e.v., Crowley utilizou uma grafia diversa daquela observada em *AL* i 39 e *AL* i 57, "The Word of the Law is ΘΕΛΗΜΑ" e "Love is the Law, love under Will", respectivamente, em vez de "The word of the Law is Θελημα" e "Love is the law, love under will". Motta aparentemente refutou essa alteração ao manter a grafia do Cânone.

1345 Não é considerado "essencial para a reta conduta" ser um propagandista ativo da Lei; ela pode ou não ser a Verdadeira Vontade de qualquer pessoa particular. Porém, como o propósito fundamental da Ordem é promover a Consecução da humanidade, ser um membro implica, por definição, a Vontade de ajudar a humanidade pelos meios mais adequados para tal.

1346 N.M.: É ele quem decide quais se aplicam e quais não, e ninguém mais.

faltarem-lhe algumas das qualidades do Prático.[1347] Mas o sistema aqui descrito mostra a correta ordem dos fatos, conforme são arranjados na Natureza; e em nenhum caso é seguro para um homem negligenciar a conquista de qualquer detalhe, por mais tedioso ou desagradável que pareça. É, de fato, comum que certos detalhes pareçam ser assim; isso apenas reforça a necessidade de lidar com eles. Desgosto ou desprezo para com o detalhe evidencia uma fraqueza e falta de integridade na natureza que o repudia; essa falha particular nas defesas pode ser aquela que abrirá a brecha para o inimigo no momento crítico de alguma batalha. Pior, a pessoa ficaria para sempre envergonhada se seu inferior viesse pedir-lhe conselho e auxílio em um assunto referente a um tal detalhe, e ela não pudesse lhe ser útil! O fracasso do inferior – seu próprio fracasso! Nenhum passo à frente, não importa quão bem conquistado, até seu inferior estar preparado para tomar o seu lugar!

Todo Membro da A∴A∴ deve estar armado em todos os pontos e ser perito no uso de todas as armas. Os exames em todos os Graus são estritos e severos; respostas vagas ou descuidadas não são aceitas. Em questões intelectuais, o candidato deve mostrar não menos domínio do assunto do que se estivesse passando pelo exame final para Doutor em Ciência ou em Direito numa das melhores Universidades.

No exame de práticas físicas existem testes estabelecidos. Em Asana, por exemplo, o candidato deve permanecer imóvel por um certo tempo,[1348] seu sucesso sendo medido por uma xícara cheia de água a transbordar que é colocada sobre a sua cabeça. Se ele derrama uma gota, é rejeitado.

Ele é provado em "Visão Espiritual" ou "Viagem Astral" através de um símbolo desconhecido e ininteligível para ele; ele deve interpretá-lo através de uma visão, tão exatamente quanto se tivesse lido seu nome e descrição no livro ou manuscrito de que foi tirado.

O poder de fazer e imantar talismãs é provado como se eles fossem instrumentos científicos de precisão, o que eles são.

Na Cabala, o candidato deve descobrir para si mesmo, e provar ao examinador além de qualquer disputa, as propriedades de um número nunca previamente examinado por qualquer estudante.

Em invocação, a força divina deve ser feita patente e tão facilmente reconhecível quanto os efeitos de clorofórmio; em evocação, o espírito chamado deve ser pelo menos tão visível e tangível quanto os vapores mais pesados; em adivinhação, a resposta deve ser tão precisa quanto uma tese, e tão acurada quanto um inventário; em meditação, os resultados devem soar como o relatório de um especialista sobre um caso clássico.

Através de tais métodos, a A∴A∴ pretende tornar a ciência oculta tão sistemática e científica quanto a química; salvá-la da má reputação que, por graças dos charlatões ignorantes e desonestos que têm

---

1347 Os talentos naturais do indivíduo diferem muito amplamente. O falecido Sir Richard Jebb, um grande letrado classicista dos tempos modernos, era incapaz, apesar dos repetidos esforços, de aprender mesmo a matemática elementar requerida para o exame preliminar da Universidade de Cambridge – o que as mentes mais tolas conseguem. Ele era tão profundamente estimado por seus clássicos que um "Favor" especial foi concedido para admitir sua matrícula. Similarmente, um brilhante Exorcista pode ser um Adivinho incompetente. Nesse caso, a A∴A∴ se recusaria a desviar-se de Seu sistema; o Aspirante seria compelido a ficar na Barreira até que conseguisse derrubá-la, embora uma nova encarnação seja necessária para permitir que isto acontecesse. Mas nenhuma falha técnica, de qualquer tipo que seja, poderia necessariamente impedi-lo de realizar as Duas Tarefas Críticas, uma vez que o fato de sua própria encarnação prova que ele tomou o Juramento que o intitula a alcançar o Conhecimento e Conversação de seu Sagrado Anjo Guardião, e a aniquilação desse Ego. Alguém poderia, no entanto, ser um Adeptus Minor ou mesmo um Magister Templi, em essência, embora recusado o reconhecimento oficial da A∴A∴ como Zelator devido a (digamos) um defeito nervoso que o impedia de adquirir uma Postura que fosse "firme e confortável", tal como é requerido pela Tarefa deste grau.

1348 N.M.: Em geral, uma hora.

prostituído o seu nome, e dos entusiastas fanáticos e cheios de preconceitos que têm feito dela um fetiche, a tornou um objeto da aversão precisamente dessas mentes cujo entusiasmo e integridade as fazem mais necessitadas dos seus benefícios, e mais merecedoras de recebê-los.

É a única ciência realmente importante, pois transcende as condições da existência material e, portanto, não perecerá com o planeta; e deve ser estudada como uma ciência, com ceticismo e com a máxima energia e paciência.

A A∴A∴ possui os segredos do sucesso; não faz mistério de seus conhecimentos, e se os seus segredos não são por toda parte conhecidos e praticados, é porque os abusos associados com o nome de ciência oculta desencorajam investigadores oficiais de examinar a evidência à sua disposição.

Esta monografia não foi escrita apenas com o objetivo de atrair pesquisadores individuais ao caminho da Verdade, mas também para afirmar a propriedade dos métodos da A∴A∴ como base para o próximo grande passo no progresso do conhecimento humano.

Amor é a lei, amor sob vontade.

O. M. 7° = 4□ A∴A∴
Præmonstrator da
Ordem da R… C...

Dado do

Collegium ad Spiritum Sanctum, Cefalù, Sicília,

no Décimo Sétimo Ano do Æon de Horus,

o Sol estando em 23° ♍ e a Lua em 14° de ♓.

APÊNDICE III

NOTAS PARA UM ATLAS ASTRAL

Notas sobre a natureza do "Plano Astral".[1349]

1. O que são Seres "Astrais" ou "Espirituais"?

   O homem é um: é o caso de qualquer consciência assumindo uma forma sensível.

   Microcosmos e elementais. Talvez um elemental (por exemplo, um cão) tenha uma concepção cósmica na qual ele é um microcosmo e homem incompleto. Não há como decidir, como no caso de tipos de espaço.[1350]

   Similarmente, nossa matéria grosseira pode parecer irreal aos Seres revestidos de matéria sutil. Assim, a ciência considera percepções vulgares um "erro". Nós não podemos perceber nada exceto dentro de nossa gama; como perfumes concentrados, que parecem malcheirosos, e fatos escondidos no tempo, tal como as pás de um ventilador girando, que moscas são capazes de distinguir.

   Consequentemente: não há razão alguma, *a priori,* para negar a existência de inteligências conscientes com corpos insensíveis. Na verdade, sabemos de outras *ordens* mentais (moscas etc., possivelmente vegetais) que pensam por meio de estruturas cerebrais não-humanas.

   Mas o problema fundamental da Religião é este: **existe alguma Inteligência præter-humana, da mesma ordem que a nossa, que não dependa de estruturas cerebrais constituídas de matéria no sentido vulgar da palavra?**

2. "Matéria" inclui tudo que é móvel. Assim, ondas elétricas são "matéria". Não há razão para negar a existência de Seres que percebem por outros meios as forças sutis que só percebemos por meio de nossos instrumentos.

3. Podemos influenciar outros Seres, conscientes ou não, como domadores de leões, jardineiros etc.; e somos influenciados por eles, como por tempestades, germes etc.

4. Há uma aparente lacuna entre nossos sentidos e suas correspondências na consciência. A teoria precisa de um meio para unir matéria e espírito, assim como a física outrora precisou de um "éter" para transmitir e transmutar vibrações.[1351]

1349 Em deferência, essas notas foram deixadas como foram originalmente escritas. Em An XVII [N.E.: 1921 e.v.], Sol em Virgem, Soror Rhodon [N.E.: Mary Francis Butts, a quem foi praticamente reconhecida a coautoria da parte 3 deste *Liber ABA*, além de Soror Virakam (Mary Estelle Dempsey, conhecida por Mary Desti ou Mary D'Este) e Laylah ou Soror Agatha (Leila Waddell). Veja-se *The Confessions of Aleister Crowley: An Autohagiography*, de 1929 e.v.], uma probacionista da A∴A∴, desfrutando do privilégio de residir em uma certa secreta Abadia de Thelema, pediu-Lhe [N.E.: To Mega Therion.] que escrevesse para este livro um esboço da uranografia dos Planos Astrais, em linguagem menos técnica que a do *Liber 777*. Essas anotações foram, então, escritas por Ele. Elaborá-las ainda mais seria torná-las desproporcionais ao restante deste tratado.

1350 Veja-se Poincaré, passagens citadas *infra*.

1351 N.E.: As teorias científicas envolvendo o "éter" foram completamente abandonadas com a Relatividade Especial (também conhecida como Teoria da Relatividade Restrita, de Albert Einstein, 1905 e.v.), teoria física, aceita e confirmada experimentalmente, sobre a relação entre tempo e espaço. Tal

5. Podemos considerar todos os seres como partes de nós mesmos, mas é mais conveniente considerá-los independentes. A máxima Conveniência é o nosso cânon de "Verdade".[1352] Podemos, assim, ligar fenômenos psíquicos à intenção de Seres "Astrais", sem nos comprometermos com nenhuma teoria. Coerência é a única qualidade exigida de nós.

6. A Magia nos permite receber impressões sensíveis de outros mundos além do universo "físico" (como geralmente entendido pela ciência profana). Esses mundos têm suas próprias leis; seus habitantes são frequentemente de inteligência quase humana; existe um conjunto definido de relações

---

conclusão foi alicerçada nos estudos de Henri Poincaré, autor que será mais detidamente abordado neste artigo. Para maiores detalhes sobre a relação entre as "descobertas" de Einstein e os estudos de outros cientistas, como Poincaré, veja-se *How Einstein Ruined Physics: Motion, Symmetry, and Revolution in Science*, de Roger Schlafly.

1352 As passagens citadas são as seguintes:

> "Les axiomes géométriques ne sont donc ni des jugements synthétiques *à priori* ni des faits expérimentaux.
> Ce sont des *conventions*...
> Dés lors, que doit-on penser de cette question: La géométrie euclidienne est-elle vraie?
> Elle n'a aucun sens.
> Autant demander si le système métrique est vrai et les anciennes mesures fausses; si les coordonnées cartésiennes sont vraies et les coordonnées polaires fausses. Une géométrie ne peut pas étre plus vraie qu'une autre; elle peut seulement étre *plus commode*...
> On veut dire que par sélection naturelle notre esprit s'est *adapté* aux conditions du monde extérieur, qu'il a adopté la géométrie *la plus avantageuse* à l'espèce; ou en d'autres termes la plus commode. Cela est conforme tout à fait à nos conclusions; la géométrie n'est pas vraie, elle est avantageuse." – Poincaré, *La Science et l'Hypothèse*.

[N.E.: "Axiomas geométricos não são, portanto, julgamentos sintéticos *a priori*, nem fatos experimentais.
Estes são *convenções*...
Então, o que devemos pensar da questão: a geometria euclidiana é verdadeira?
Isso não faz sentido.
Assim como perguntar se o sistema métrico é verdadeiro e as antigas medidas falsas; se as coordenadas cartesianas são verdadeiras e as coordenadas polares falsas. Uma geometria não pode ser mais verdadeira que outra; ela só pode ser *mais conveniente*...
Queremos dizer que, por seleção natural, nossa mente se adaptou às condições do mundo externo, que adotou a geometria *mais vantajosa* para as espécies; em outras palavras, a *mais conveniente*. Isso está inteiramente de acordo com nossas conclusões; a geometria não é verdadeira, é vantajosa." – Henri Poincaré, *A Ciência e a Hipótese* (1902 e.v.).]

> "Nous choisissons donc ces règles, non parce qu'elles sont vraies, mais parce qu'elles sont les plus commodes, et nous pourrions les résumer en disant:
> La simultanéité de deux événements, ou l'ordre de leur succession, l'égalité de deux durées, doivent être définies de telle sorte que l'énoncé des lois naturelles soit aussi simple que possible. En d'autres termes, toutes ces règles, toutes ces définitions ne sont pas que le fruit d'un opportunisme inconscient." – Poincaré, *La Valeur de la Science*.

[N.E.: "Portanto, escolheremos essas regras não porque sejam verdadeiras, mas porque são as mais convenientes, e poderíamos resumir dizendo:
A simultaneidade de dois eventos, ou a ordem de sua sucessão, a igualdade de duas durações, deve ser definida de tal maneira que a afirmação das leis naturais seja a mais simples possível. Em outras palavras, todas essas regras, todas essas definições são apenas fruto de um oportunismo inconsciente." – Henri Poincaré, *O Valor da Ciência* (1905 e.v.).]

O Estudante pode consultar *The Nature of Truth*, de H. H. Joachim, em réplica. Mas a maioria dessas sutilezas não entendem a verdade. A verdade deve ser definida. É um nome, sendo um substantivo (*nomen*); e todos os nomes são símbolos humanos das coisas. Também, Verdade é o poder de despertar certa reação ("assentimento") em um homem, sob certas condições ("inexperiência", autoridade, todas as outras qualidades também são poderes); ela existe no objeto, seja de forma latente ou manifesta; assim, experimentar ambos altera e não altera os fatos. Isso é Solipsismo [N.E.: Concepção filosófica de que, além de nós, só existem as nossas experiências.], porque só podemos ter consciência de nossa própria consciência; no entanto, não é Solipsismo, porque nossa consciência nos diz que suas mudanças se devem ao impacto de uma força externa. A Primeira Lei de Newton faz disso uma questão de definição. [N.E.: Um objeto está sempre "parado" ou em "movimento" (com velocidade constante), a menos que uma força externa atue sobre ele (claro, em um referencial inercial).]

What is Truth? [N.E.: Uma crítica de Bertrand Russell, publicada em 1906 e.v., sobre *The Nature of Truth*.], além disso, investiga a natureza desse poder. A Verdade é inerente a todas as coisas, já que todas as proposições possíveis, ou seus contraditórios, podem ser afirmadas como verdadeiras. Sua condição é a identidade da forma (ou estrutura) das Mônadas envolvidas.

É necessária uma qualidade da mente além do "normal" para apreciar 0° = X etc., completamente, assim como o raciocínio de H. H. Joachim exige um ponto de vista fora do alcance daquele do bosquímano.

entre certas "ideias" nossas e suas expressões e certos tipos de fenômenos. (Assim, os símbolos, a Cabala etc., permitem que nos comuniquemos com quem escolhemos.)

7. Os Seres "Astrais" possuem conhecimento e poder de um tipo diferente do nosso; seu "universo" é presumivelmente de tipo diferente do nosso, em alguns aspectos. (Nossa ideia de "osso" não é a mesma de um cachorro; um homem de visão deficiente vê as coisas diferentemente de um com visão normal.) É *mais conveniente* assumir a existência objetiva de um "Anjo" que nos dá conhecimento novo do que alegar que nossa invocação despertou um poder sobrenatural em nós mesmos. Incidentes como "Calderazzo"[1353] e "Jacob"[1354] tornam isso mais convincente.

8. A Cabala nos mapeia por meio de uma convenção. Cada aspecto de cada objeto pode, assim, ser relacionado à Árvore da Vida, e evocado usando as chaves apropriadas.

9. Tempo e Espaço são formas pelas quais obtemos imagens (distorcidas) de Ideias. Nossas medidas de Tempo e Espaço[1355] são convenções grosseiras e diferem amplamente para Seres diferentes. (O haxixe mostra como a mesma mente pode variar.)

10. Podemos admitir que qualquer aspecto de qualquer objeto ou ideia pode ser apresentado a nós de uma forma simbólica, cuja relação com o seu Ser é irracional. (Assim, não há ligação racional entre ver um sino bater e ouvir seu som. Nossa noção de "sino" não é mais que uma personificação de suas impressões em nossos sentidos. E nossa inteligência e poder para "montar" o objeto sino implicam uma série de correspondências entre várias ordens da natureza, precisamente similares à Magia, quando obtemos uma Visão de Beleza pelo uso de certas cores, formas, sons etc.)

11. Seres "Astrais" podem, assim, ser definidos da mesma maneira que "objetos materiais"; eles são as Causas Desconhecidas de vários efeitos observados. Nós damos uma forma física e nome a um sino, mas não a seu tom, embora em cada caso não conheçamos nada além de nossas próprias impressões. Mas gravamos sons musicais por uma convenção especial. Podemos, portanto, chamar um certo conjunto de qualidades "Ratziel", ou descrever uma impressão como "Saturnina", sem alegar saber o que qualquer coisa é em si. Tudo que precisamos é saber como projetar um sino que agrade nossos ouvidos, ou como evocar um "espírito" que nos dirá coisas que estão ocultas de nossas faculdades intelectuais.

12. A. Todo objeto, seja qual for, pode ser considerado como possuidor de uma "forma Astral", sensível às nossas percepções sutis. Esta "forma astral" está para sua base material assim como nosso caráter humano está para a nossa aparência física. Podemos imaginar esta forma astral: por exemplo, podemos "ver" um jarro de ópio como uma mulher doce e sedutora, com um sorriso cruel, assim como vemos na face de um homem astuto e desonesto as feições de algum animal, como uma raposa.

1353 Veja a história, *infra*, sobre a origem do *Liber ABA*. [N.E.: Essa história não foi originalmente publicada, apesar da referência dada. Para tal, veja-se o Anexo II deste livro; mais detalhes em *Perdurabo*, de Richard Kaczynski, cap. 10, ou *Liber LX, The Abuldiz Working*.]

1354 Veja a história, *infra*, sobre Amalantrah.

1355 Veja o ensaio de Poincaré sobre a Natureza do Espaço como uma ideia inventada por nós mesmos para medir o resultado e explicar nossos movimentos musculares.

B. Podemos selecionar qualquer propriedade particular de qualquer objeto e lhe dar uma forma astral. Assim, podemos pegar os perigos traiçoeiros de uma montanha e personificá-los como "trolls", ou as energias destrutivas do simum[1356] como "jinn".

C. Podemos analisar qualquer um desses símbolos, obtendo uma forma mais refinada; assim, o "espírito" contém um "anjo", o anjo um "arcanjo" etc.

D. Podemos sintetizar qualquer conjunto de símbolos, obtendo uma forma mais geral. Assim, podemos agrupar vários tipos de espírito da terra como gnomos.

E. Todos estes podem ser atribuídos à Árvore da Vida e tratados de acordo.

F. O Magista pode preparar um corpo sensível para qualquer um desses símbolos e evocá-los pelos ritos apropriados.

13. A "realidade" ou "objetividade" desses símbolos não é pertinente à discussão. As ideias de x^4 e $\sqrt{(-1)}$ provaram ser úteis para o progresso do avanço matemático em direção à Verdade; não faz diferença se uma Quarta Dimensão "existe", ou se $\sqrt{(-1)}$ tem "significado" da mesma forma como tem o $\sqrt{4}$, ou o número de unidades no lado de um quadrado de 4 unidades.

O Plano Astral – real ou imaginário – é um perigo para qualquer um que o tome sem o grão de sal contido na Sabedoria do ponto de vista acima; quem viola suas leis, voluntariamente, sem cuidado, ignorantemente ou presumindo que seu caráter psicológico as diferencia das leis físicas no sentido mais restrito; ou que abdica de sua autonomia, alegando que a natureza mais sutil dos fenômenos astrais garante sua autoridade e integridade.

14. A variedade do caráter geral dos "planos" do ser é indefinidamente grande. Mas existem vários tipos principais de simbolismo correspondentes às formas de representação plástica estabelecidas pelas mentes da Humanidade. Cada um desses "planos" tem suas aparências especiais, habitantes e leis – casos especiais da proposição geral. Destacam-se entre estes o plano "Egípcio", que se conforma com as ideias e métodos da magia outrora em voga no vale do Nilo; o plano "Celta", parecido com "Mundo das Fadas", tendo um panteísmo pagão como sua tônica, às vezes ocultado pela nomenclatura cristã; o plano "Alquímico", onde a Grande Obra é frequentemente apresentada sob a forma de paisagens simbolicamente ocupadas por animais quase heráldicos e tipos humanos hieroglificamente distintos, que realizam as operações misteriosas da Arte Hermética.

Há também "planos" de Parábola, de Fábula e de Folclore; em suma, cada país, credo e literatura conferiu seu modo característico de apresentação a algum "plano" ou outro.

Mas existem "planos" próprios de cada clarividente que explora a Luz Astral sem preconceito; em tais casos, as coisas assumem a forma de sua própria mente, e sua percepção será clara na proporção de sua pureza pessoal.

Nos planos superiores, a diversidade de formas, devido à grosseria, tende a desaparecer. Assim, a Visão Astral de "Isis" é totalmente diferente daquela de "Kali". A primeira, de Maternidade e Sabedoria, inefavelmente sincera, clara e amorosa; a outra, de Assassinato e Loucura, intoxicada por sangue, luxuriosa e cruel. O único elo é o símbolo da Mulher. Mas quem obtém Samadhi em

---

1356 N.E.: Simum ou samiel é um vento quente que sopra do centro da África em direção ao norte. No deserto do Saara, por exemplo, o simum é capaz de provocar grandes tempestades de areia.

Kali obtém a mesma Iluminação como se fosse Isis; pois, em ambos os casos, obtém identidade com a Quintessência da Ideia da Mulher, livre das qualidades com que os habitantes do Nilo e do Ganges a disfarçavam.

Assim, em baixos graus de iniciação, discussões dogmáticas são inflamadas pela experiência astral; como quando São João faz distinção entre a Prostituta BABALON e a Mulher Vestida com o Sol, entre o Cordeiro que foi morto e A Besta 666 cuja ferida mortal foi curada; nem compreende que Satã, a Velha Serpente, no Abismo, o Lago de Fogo e Enxofre, é o Pai-Sol, a vibração da Vida, Senhor do Espaço Infinito que arde com a Sua Energia Consumidora, e é também aquela Luz entronada cujo Espírito está inundado pela Cidade das Joias.

Cada "plano" é um véu daquele que está acima dele; as Ideias individuais originais diversificam-se à medida que expressam seus elementos. Dois homens com ideias quase idênticas sobre um assunto escreveriam dois tratados totalmente diferentes sobre ele.

15. O controle geral do Plano Astral, a capacidade de encontrar seu caminho por ele, de penetrar em santuários protegidos do profano, de ter tais relações com seus habitantes de modo que possam adquirir conhecimento e poder, ou comandar serviço; tudo isso é uma questão da consecução mágica geral do estudante.

Ele deve estar absolutamente à vontade em seu Corpo de Luz e torná-lo invulnerável. Ele deve ser perito em assumir todas as Formas-Deus, em usar todas as armas, sigilos, gestos, palavras e sinais. Ele deve estar familiarizado com os nomes e números pertinentes ao trabalho em mãos. Ele deve estar alerta, sensível e pronto para exercer sua autoridade; e, ainda assim, permanecer cortês, gracioso, paciente e simpático.

16. Existem dois métodos opostos de explorar o Plano Astral.

A. Pode-se tomar algum objeto real na Natureza e analisá-lo evocando sua forma astral, trazendo-o ao conhecimento e sob controle, aplicando as chaves da Cabala e da Magia.

B. Pode-se prosseguir invocando a ideia requerida e dando corpo a ela atraindo-lhe os elementos correspondentes na Natureza.

17. Todo Magista possui um Universo Astral peculiar a si mesmo, assim como a experiência de mundo de nenhum homem é coextensiva com a de outro. Haverá uma concordância geral sobre os principais pontos, é claro; e assim o Mestre Therion é capaz de descrever as principais propriedades desses "planos" e suas leis, assim como poderia escrever uma geografia dando conta dos Cinco Continentes, dos Oceanos e Mares, das mais notáveis montanhas e rios; ele não poderia fingir que sabia o que qualquer camponês sabe em relação ao seu distrito. Mas, para o camponês, esses pequenos detalhes são precisamente os itens mais importantes de sua vida cotidiana. Da mesma forma, o Magista será grato ao Mestre Therion pela Bússola que o guia durante a noite, o Mapa que amplia sua compreensão de seu país e mostra a ele a melhor maneira de viajar, os conselhos sobre Sandálias e Cajado que tornam mais firmes seus pés, e o Livro que diz a ele como, abrindo suas rochas com um Martelo, ele pode ser o mestre de seu Ouro Virgem. Mas ele entenderá que sua própria carreira na terra é seu reino, que até mesmo o Mestre Therion não é mais do que um homem de outro vale, e que deve explorar e tomar partido de sua própria herança com seus próprios olhos e mãos.

O Magista não deve aceitar o relato de Mestre Therion sobre o Plano Astral, Suas descobertas cabalísticas, Suas instruções em Magia. Elas podem estar corretas de forma geral para a maioria dos homens; todavia, elas não podem ser totalmente verdadeiras para qualquer um que não Ele mesmo, da mesma maneira que dois artistas não podem fazer retratos idênticos do mesmo sujeito.

Além disso, mesmo nos fundamentos, embora estas coisas sejam Verdade para toda a Humanidade, como nós descuidadamente dizemos, algum Magista em particular pode ser o único homem para quem elas são falsas. Não pode a bandeira que parece vermelha para dez mil homens parecer verde para outro? Então, todo homem e toda mulher sendo uma Estrela, aquilo que é verde para ele é verdadeiramente verde; se ele consente com a multidão e a chama de vermelha, não terá quebrado o Cajado da Verdade sobre o qual se apoia?

Todo e qualquer homem, portanto, que pretenda ser um Magista deve explorar o Universo por si mesmo. Isto aplica-se preeminentemente na questão do Plano Astral, porque os símbolos são tão sensíveis. Nada é mais fácil do que sugerir visões ou moldar fantasmas para se adequar às ideias de alguém. **Obviamente, é impossível comunicar-se com uma inteligência independente – o único objetivo real da pesquisa astral – se permitir que sua imaginação lhe envolva com cortesãos de sua própria criação.** Se alguém espera que as visões se assemelhem às do Mestre Therion, é muito provável que elas o façam; e se o seu respeito por Ele o induz a aceitar tais visões como autênticas, está sendo falso para com sua própria Alma; as próprias visões vingarão isto. Depois que o verdadeiro Guia se foi, o vidente se perderá em um deserto de terror, onde é enganado e torturado; ele invocará seu ídolo, o Mestre Therion, e moldará à sua imagem um fantasma medonho que zombará dele em sua miséria, até que sua mente cambaleie e caia; e, Loucura mergulhando em sua carniça, exploda seus olhos com o horror de ver seu Mestre se dissolver naquela espantosa alucinação, a "Visão do DIABRETE CROWLEY"!

Lembre-se então, sempre, mas especialmente quando se lida com o Plano Astral, de que a respiração do homem desperta a Pena da Verdade. O que se vê e ouve é "real" à sua própria maneira, seja ela própria, distorcida pelos desejos de alguém ou criada pela própria personalidade. Não há critério para a verdade: o Nakhiel autêntico é indistinguível da imagem da ideia privada de Nakhiel do Magista, tanto quanto ele sabe. Quanto mais forte se é ao criar, mais prontamente a Luz Astral responde e coagula criaturas desse tipo. Não que tal criação seja necessariamente um erro; mas é outro ramo do seu trabalho. Não se pode obter ajuda externa de fontes internas. É preciso usar precauções semelhantes às recomendadas no capítulo sobre Divinação.[1357]

O Magista pode continuar, por muito tempo, sendo enganado e lisonjeado pelos Astrais que ele próprio modificou ou fabricou. Sua subserviência natural a si mesmo irá agradá-lo, pobre macaco!

Eles fingirão mostrar-lhe mistérios maravilhosos, desfiles de beleza e maravilhas indescritivelmente esplêndidas; ele se inclinará a aceitá-las como verdadeiras, pela simples razão de serem imagens de si mesmo idealizadas pela imaginação.

Mas seu progresso real vai parar morto. Esses fantasmas o impedirão de entrar em contato com inteligências independentes, das quais, somente com elas, ele pode aprender algo novo.

1357 N.E.: Capítulo XVIII da Parte III.

Ele se tornará cada vez mais interessado em si mesmo, imaginar-se-á atingindo uma iniciação após a outra. Seu ego se expandirá sem controle, até que ele pareça ter o céu a seus pés. No entanto, tudo isso não será nada mais que a sua tola face de Narciso sorrindo da poça que irá afogá-lo.

Erros deste tipo no Plano Astral – em visões bastante comuns, sem significado moral aparente – podem conduzir aos mais sérios danos. Em primeiro lugar, os erros enganam; poluir a visão de Júpiter de um indivíduo, permitindo que a influência de Vênus a distorça, pode terminar por se encontrar em desacordo com Júpiter, mais tarde, em alguma crise de seu trabalho.

Em segundo lugar, o hábito de cometer erros e deixá-los sem correção cresce. Aquele que começa "soletrando Jeheshua com um '*Resh*'" pode acabar escrevendo o nome do Habitante do Umbral por engano em vez do de seu Anjo.

Por último, Magia é uma Pirâmide, construída camada por camada. O trabalho do Corpo de Luz – com a técnica de Yoga – é o alicerce do todo. A apreensão do Plano Astral deve ser precisa, pois Anjos, Arcanjos e Deuses derivam disso por análise. É preciso ter ingredientes puros se quisermos preparar cerveja pura.

Se alguém tem uma visão incompleta e incorreta do universo, como pode descobrir suas leis?

Assim, a omissão ou erro original tende a se estender aos planos superiores. Suponha que um Magista, invocando o Sol, tenha sido persuadido por um espírito plausível de Saturno de que ele era a Inteligência Solar necessária, e ordenado a evitar o amor humano para atingir o Conhecimento e a Conversação de seu Sagrado Anjo Guardião; e suponha que sua vontade e a natureza daquele Anjo eram tais que o Ponto Crucial de sua Fórmula fosse a Exaltação Lírica![1358]

Além dos testes convencionais – feitos na ocasião – da integridade de qualquer espírito, o Magista deve fazer um registro cuidadoso de toda visão, sem omitir detalhe algum; ele deve, então, certificar-se de que coincide em cada ponto com as correspondências no *Liber 777* e *Liber D*.[1359] Se ele descobrir (por exemplo) que, tendo invocado Mercúrio, sua visão contém nomes cujos números são marciais, ou elementos próprios de Peixes, que ele se empenhe seriamente em descobrir a fonte do erro, corrigi-la e impedir sua recorrência.

Mas esses testes, como sugerido acima, não servirão para detectar a personificação por fantasmas autossugeridos. A menos que a aura seja um emaranhado de símbolos confusos e irreconhecíveis, quanto mais auto-hipnótica for a visão, mais suavemente ela satisfará os padrões do Vidente. Não há nada para o confundir ou a ele se opor; por isso ele revela sua história com desprezo descuidado de críticas. Ele pode sempre comprovar que está certo; a Cabala sempre pode ser estendida; e Vermelho sendo tão próximo de Laranja, que é realmente um tom de Amarelo, e Amarelo de um componente de Verde que se funde em Azul, qual prejuízo se um Demônio em *Vermilion* aparecer em vez de um Anjo em *Azure*?

O teste verdadeiro, final, da Verdade das visões de alguém é o seu Valor. A mais gloriosa experiência no plano astral, por mais deslumbrante e emocionante que seja, não está necessariamente

1358 N.E.: Algumas publicações posteriores à primeira edição usam "Exaltação Sexual", em vez de "Exaltação Lírica".

1359 N.E.: *Liber D* é chamado também de *Sepher Sephiroth*, "Um dicionário de palavras hebraicas dispostas de acordo com seu valor numérico. Esta é uma Enciclopédia da Cabala Sagrada, que é um mapa do Universo, e permite que o homem atinja a Compreensão Perfeita".

de acordo com a Verdadeira Vontade do vidente; se não, embora nunca seja tão verdadeira objetivamente, não é verdade para ele, pois não é útil para ele. (Não dissemos um tempo atrás que a Verdade não era mais do que a Maneira Mais Conveniente de Afirmação?)

Pode intoxicar e exaltar o Vidente, pode inspirá-lo e fortalecê-lo em todos os sentidos, pode lançar luz sobre os mais santos mistérios, mas não deve ser mais do que uma interpretação do indivíduo para si mesmo, não a fórmula de Abraão, mas sim de Onã.

Estes plásticos *Retratos do Artista Quando Jovem*[1360] são bons o bastante para aqueles que ouviram "Conhece-te a ti Mesmo". Eles são necessários até mesmo para auxiliar naquela análise da própria natureza que o Probacionista da A∴A∴ jurou realizar. Mas "Amor é a lei, amor sob vontade". E Nossa Senhora Nuit é "dividida por causa do amor, pela chance de união". Essas miragens-espelho não são, portanto, Trabalhos de Magia, de acordo com a Lei de Thelema: a verdadeira Magia de Horus requer a união apaixonada dos opostos.

Ora, a prova de que alguém está em contato com uma entidade independente depende de uma sensação que deveria ser inconfundível se a pessoa estiver em boa saúde. Não se deve confundir as próprias impressões sensitivas com as de outra pessoa! É apenas a vaidade incurável do Homem que faz com que o "Turista" Astral ou o místico confundam seu próprio murmúrio bêbado com a voz do Altíssimo.

A essência da sensação correta consiste no reconhecimento da realidade do outro Ser. Como regra, haverá algum elemento de hostilidade, mesmo quando a reação é compreensiva. A "alma gêmea" de alguém (par) não é pensada como a si mesma, no primeiro contato.

Deve-se, portanto, insistir que qualquer aparência real no Plano Astral dê a sensação de encontrar um estranho. É preciso aceitá-lo como independente, seja Arcanjo ou Elfo, e medir sua reação a ele. É preciso aprender com ele, embora o despreze; e amá-lo, embora o odeie.

É preciso perceber, ao redigir o registro, que o encontro causou uma mudança definitiva em si mesmo. É preciso conhecer e sentir algo estranho, e não apenas experimentar um vestido novo.

Deve sempre haver uma ligeira pontada de dor em uma verdadeira Visão Astral; dói o Eu ter que admitir a existência de um não-Eu; e sobrecarrega o cérebro registrar um novo pensamento. Isso é verdade no primeiro toque, mesmo quando a exaltação e a estimulação resultam da alegria de fazer um contato agradável.

Há um efeito mais profundo da reação correta a um Eu estranho: o impacto invariavelmente tende a quebrar algum complexo no Vidente. A classe de ideia em questão sempre foi amarrada, rotulada e guardada. Agora é necessário descompactá-la e reorganizar seu conteúdo. No mínimo o aborrecimento é como o de um homem que fechou e amarrou sua mala para uma viagem e depois descobre que esqueceu seu pijama. No máximo, pode revolucionar suas ideias sobre o negócio, como um velho solteiro com planos estabelecidos de vida que encontra uma garota com muita frequência.

Qualquer Visão Astral de atestada boa qualidade, mesmo em planos baixos, deve, portanto, instruir o Vidente e prepará-lo para a Iniciação. Aquelas que não passarem neste teste devem ser classificadas como "prática".

1360 N.E.: *Retrato do Artista Quando Jovem* é o primeiro romance de James Joyce, publicado em 1916 e.v.

Uma última observação parece adequada. Não devemos aceitar a "realidade" ou a "objetividade" de um Ser Astral sem melhor evidência do que a sensação subjetiva de sua existência independente. Devemos insistir na patente de prova para todos os observadores qualificados, se quisermos estabelecer a principal premissa da Religião: que existe uma Inteligência Consciente independente do cérebro e do nervo como os conhecemos. Se ela também tem poder, tanto melhor. Mas já sabemos de forças inorgânicas; não temos evidência de Mente consciente inorgânica.

Como o Plano Astral pode nos ajudar aqui? Não basta provar, como fazemos facilmente, as correspondências entre Invocação e Aparição.[1361] Nós devemos excluir coincidência,[1362] telepatia[1363] e

---

1361 O teste habitual de Mestre Therion é escrever o nome de uma Força em uma carta e ocultá-la; invocar essa Força secretamente, enviar Seu pupilo no Plano Astral, e fazê-lo atribuir sua visão a alguma Força. O pupilo então olha a carta; a Força que ele nomeou é aquela escrita ali.

1362 O romance mais famoso de Fielding é chamado *Tom Jones*. Aconteceu que Frater Perdurabo estava hospedado em um hotel em Londres. Telefonou para um amigo chamado Fielding na casa deste e foi atendido pela secretária do Sr. Fielding, que disse que seu patrão deixara a casa alguns minutos antes, e só podia ser contatado telefonando para um certo escritório na cidade, entre 11:00 e 11:15. Frater Perdurabo tinha compromisso às 11 com uma estrela do *music-hall*, sendo o lugar a entrada de um teatro. Para se lembrar, anotou mentalmente que, assim que visse a dama, levantaria a mão e diria, antes de cumprimentá-la: "Lembre-se de que devo telefonar imediatamente para Fielding". Ele fez isso, e ela avançou em direção a Ele com o mesmo gesto, e disse ao mesmo tempo: – Lembre-me de que tenho que telefonar para Tom Jones – o nome de um agente do *music-hall* empregado por ela.

Ficará claro que aqui não há qualquer relação entre os elementos da coincidência. Se um acontecimento semelhante tivesse ocorrido durante a comunicação com um alegado espírito, teria sido considerado como um elevado grau de prova da existência de uma inteligência independente.

Para deixar isso claro, permita-me substituir os termos da equação. Suponha que dois médiuns independentes, *A* e *B*, recebessem, respectivamente, ao mesmo tempo, duas mensagens, a primeira: "Pergunte a *B* quem escreveu Hamlet", a segunda: "Pergunte a *A* o nome da tragédia mais famosa de Shakespeare". A coincidência aqui é muito mais simples e menos impressionante do que a registrada acima, pois não se trata de chegar à identidade por meio de sinônimos acidentais que escondem a sua ligação racional. No entanto, a maioria dos estudantes de fenômenos Ocultos admitiria que havia uma forte presunção de que uma única inteligência tinha deliberadamente concebido as duas mensagens como meio de provar sua existência.

1363 Na *The International*, de novembro de 1918 e.v., foi publicada a conclusão de um artigo chamado "The Revival of Magick", assinado pelo Mestre Therion. A última frase diz: aqui há sabedoria; aquele que tem entendimento, calcule o número da besta; porque é o número de um homem, e o seu número é seiscentos e sessenta e seis. ΤΟ ΜΕΓΑ ΘΗΡΙΟΝ, a Grande Besta Selvagem, tem o valor, de acordo com o sistema grego, de 666. É, naturalmente, o título do Mestre Therion.

Mestre Therion estava, nessa época, em comunicação com uma inteligência que dava o nome de Amalantrah. No domingo, 24 de fevereiro de 1918 e.v., às 21h30, Mestre Therion perguntou a Amalantrah se ele poderia usar a palavra ΘΗΡΙΟΝ como se fosse hebraico, com a ideia de obter mais informações sobre o significado místico da Palavra. A resposta foi "Sim". Ele então perguntou: "Eu devo tomar a Palavra ΘΗΡΙΟΝ apenas ou estas três palavras, ΤΟ ΜΕΓΑ ΘΗΡΙΟΝ?". A resposta foi pegar a palavra ΘΗΡΙΟΝ apenas. Mestre Therion perguntou, então, que letras hebraicas deveriam ser usadas para transliterar o grego. A resposta foi: "Tau, Yod, Resh, Yod, Ayin, Nun", que soma 740 ou 1390, caso a Nun seja dado seu valor ordinário de 50 ou o seu valor como a letra final de uma palavra, 700. Nenhum destes números possuía qualquer significado especial para o Mestre Therion. Ele ficou muito irritado por Amalantrah não ter sido útil; tanto que as comunicações ficaram confusas e os trabalhos da noite tiveram de ser abandonados. Ele tentou várias outras grafias hebraicas para a palavra ΘΗΡΙΟΝ, mas foi incapaz de obter qualquer coisa de interesse. Isso é bastante notável, já que é quase sempre possível obter resultados mais ou menos bons tentando várias possibilidades. Por exemplo, o Th pode ser representado por *Teth* ou *Tau*; o O pode ser tanto *Ayin* quanto *Vau* ou *Aleph*.

Na manhã de segunda-feira, Mestre Therion foi ao escritório da *The International*, da qual era editor. Nesse período, havia uma escassez de carvão em Nova Iorque e era proibido aquecer prédios de escritórios às segundas-feiras. Ele simplesmente pegou sua correspondência e foi para casa. Na manhã de terça-feira, encontrou em sua escrivaninha uma carta que chegara na segunda-feira para o editor geral, que a encaminhara a Ele para ser respondida, pois dizia respeito ao Mestre Therion, e não a si mesmo. Esta carta havia sido escrita e postada no domingo à noite, mais ou menos na mesma hora da comunicação de Amalantrah. A carta termina da seguinte maneira: "Por favor, informe a seus leitores que eu, Samuel bar Aiwaz bie Yackou de Sherabad [N.E.: Samuel Aiwaz Jacobs foi um tipógrafo e estilista de livros, que fundou a Golden Eagle Press. A citada carta se encontra, holograficamente, na Yorke Collection, Warburg Institute, Universidade de Londres. Também é apêndice de *Liber XCVII, The Amalantrah Working*.], contei o número da Besta, e é o número de um homem (leia da direita para a esquerda):

נ	ו	י	ר	ת
N	O	I	R	Th
50	6	10	200	400
		666		

conhecimento subconsciente.[1364] Nossa Inteligência præter-humana deve transmitir uma Verdade desconhecida para qualquer mente humana, passada ou presente. No entanto, esta Verdade deve ser verificável.

Há apenas um documento no mundo que apresenta evidências que satisfazem completamente as condições. Este é o

Liber AL vel Legis
o Livro da Lei

deste Novo Æon de Horus, a Criança Coroada e Conquistadora, o Æon cujo Logos é A Besta 666, cujo nome na Ordem Externa foi Frater Perdurabo.

A natureza da prova da existência separada da Inteligência præter-humana, independente de forma corpórea, é extremamente complicada. Suas principais divisões podem ser brevemente enumeradas.

AIWAZ, o nome da Inteligência em questão, prova:

A. Seu poder de pré-organizar eventos desconectados com o Seu escriba, para que eles pudessem se encaixar nos cálculos privados daquele escriba.

Por exemplo. A Estela que revela a Teogonia do Livro foi oficialmente numerada 666 no Museu de Boulak. O escriba havia adotado 666 como seu número mágico muitos anos antes. Novamente, a Casa mágica do escriba, comprada anos antes, tinha um nome cujo valor era 418. O escriba havia calculado 418 como o número da Grande Obra em 1901 e.v. Ele só descobriu que 418 era o número de sua casa por consequência de AIWAZ ter mencionado o fato.

Aqui, então, vemos a solução mais impressionante possível do problema apresentado a Amalantrah. Observe que Amalantrah recusou-se a fornecer a solução correta diretamente; ao que parece, a fim de enfatizar o caráter notável da intervenção desse correspondente assírio. Observe, também, que este último era totalmente ignorante da Cabala comum, sabendo-se que TO MEΓA ΘΗΡΙΟΝ soma 666 em grego. Observe, além disso, que quase quatro meses haviam se passado desde que o problema foi proposto no *The International*. O assírio morava a certa distância de Nova Iorque e era desconhecido de toda a equipe do *The International*. Parece haver evidência esmagadora da existência de Amalantrah, de que ele era mais experiente na Cabala do que o próprio Mestre Therion, e de que ele (ainda) possuía o poder de relembrar esse problema de quatro meses à mente de um desconhecido desconectado, fazendo com que ele comunicasse a resposta correta no mesmo momento em que a pergunta estava sendo feita a muitos quilômetros de distância.

A coincidência, tão completamente adequada para explicar o incidente de Fielding-Tom Jones, é completamente inapropriada como uma teoria alternativa. O caráter diretamente propositivo das circunstâncias é inegável; mas se estamos decididos a negar a possibilidade da existência de Amalantrah, a qual explicaria todo o caso de maneira tão simples, ainda temos um recurso. Envolve dificuldades que o Mestre Therion não pode conceber como menores do que aquelas que sobrecarregam o outro, mas pelo menos não é inteiramente impossível. Esta teoria é telepatia. Pode-se postular que a solução de seu problema existia na mente subconsciente do Mestre Therion ou na de Seu vidente, e que esta solução foi telepaticamente impressa na consciência do assírio de forma tão forçada que o impeliu a comunicá-lo ao colega de Mestre Therion no *The International*. Além da improbabilidade geral dessa hipótese, é estranho que, se "Amalantrah" fosse realmente a mente subconsciente do vidente, ele deveria ter dado uma ortografia errada. Sua ação (caso soubesse a grafia correta) é explicável apenas por seu desejo de não tirar vantagem de seu plano de tornar a carta do Assírio uma revelação fulminante de sua existência, como teria acontecido se o segredo tivesse sido revelado prematuramente.

O caso é aqui citado para ilustrar o cuidado extremo que deve ser tomado em excluir todas as hipóteses alternativas antes de admitir a existência de inteligências desencarnadas. Pode-se mencionar, no entanto, que, neste caso particular, existem inúmeros outros incidentes que tornam a teoria telepática insustentável.

1364 Há uma história bem conhecida, citada em vários tratados de psicologia, em que a heroína é uma serva inglesa ignorante, de inteligência bastante inferior, e não familiarizada com qualquer língua, nem mesmo a sua própria. Durante uma febre, ela estava delirando e começou a desenrolar longas passagens de hebraico erudito. A investigação mostrou que, em sua primeira juventude, ela esteve por algum tempo a serviço de um rabino judeu que estava acostumado a declamar seus sermões aos ouvidos da garota. Apesar de não atribuir significado às palavras, ela as armazenou mecanicamente em sua memória subconsciente, sendo reproduzidas quando a ação da febre excitou o grupo de células em que foram registradas.

B. Seu poder de ocultar um sistema coerente de números e letras no texto de um documento escrito rapidamente, contendo enigmas e cifras que se abrem para uma Chave-Mestra desconhecida do escriba, mas ligada a seu próprio sistema; esta Chave e seus subordinados são, além disso, um comentário sobre o texto.

Por exemplo. "A palavra da Lei é *Θελημα*" (Vontade); esta palavra tem o valor de 93.

"Amor é a lei, amor sob vontade." Amor, *Αγαπη*, como *Θελημα*, soma 93.

O próprio AIWAZ soma 93.[1365]

Isso tudo era estranho para o escriba; contudo, anos depois, ele descobriu a "Palavra Perdida" de uma de suas próprias Ordens; também era 93.

A Palavra de Sua mais sagrada Ordem provou igualmente somar 93.[1366] Ora, 93 é três vezes 31; 31 é LA, "Não", e AL "O" ou "Deus"; estas palavras correm ao longo do Livro, dando um duplo significado a muitas passagens. Um terceiro 31 é a letra composta ShT, sendo os dois hieróglifos de Sh e T (com muitos séculos de idade) imagens do "*Dramatis Personæ*" do Livro; e ShT, sendo escrita apressadamente e a esmo, pelo manuscrito, contata mensagens que somam 418, avaliando "este círculo esquadrado em seu fracasso" como π, correto até seis posições de casas decimais[1367] etc.

Mais uma vez: "Tu não sabes" significa "conhecerás LA"; e "que descobrirá a Chave disso tudo", *id est*, a Chave AL.

C. Seu poder de combinar eventos subsequentes além do controle do escriba ou de seus associados, de forma a confirmarem declarações no Livro. Ou, *per contra*, de prever tais eventos.

Por exemplo, a primeira Mulher Escarlate mostrou-se indigna e sofreu as penalidades previstas.

Mais uma vez, "um vem após ele, ... que descobrirá a Chave disso tudo". Esta seria a "criança" do escriba "e estranhamente".[1368]

Nove meses após A BESTA 666 ter conseguido uma "criança" Mágica com a Sua concubina Jane Foster, nasceu um "Bebê do Abismo", Frater Achad,[1369] afirmando o seu direito àquele grau, e assim "vindo depois" da BESTA 666, que tinha sido o último Adepto a fazê-lo. E essa "criança" era definitivamente "um", já que "um" é o significado de seu motto, Achad. Finalmente, ele de fato "descobriu a Chave disso tudo", após a própria BESTA não ter conseguido em 14 anos de estudo.

D. Seu poder de conceber e expressar em termos concisos as verdadeiras soluções dos principais problemas do Universo.

1365 Essa numeração foi descoberta anos depois. A questão então surgiu da consideração desta descoberta através de S. Jacobs [N.E.: O anteriormente citado Samuel Aiwaz Jacobs.]: "Por que é Aiwaz soletrado Aiwass, e não Aiwaz, no *Livro da Lei*?". Em grego, Αιϝασς = 418. O autor do Livro havia escondido em Seu próprio nome não apenas um, mas dois números, os números de suprema importância no Livro.

1366 Esta lista de modo algum esgota a série. Em particular, Frater Perdurabo descobriu em 1923 que a palavra hebraica para "*to will*" também é de valor 93: e suas menções técnicas especiais lançam ainda mais luz sobre o significado de Θελημα como usado por Aiwaz.

1367 N.E.: ShT, sendo aplicada a certos enigmas do texto, resolveu-os.

1368 N.E.: *AL* iii 47.

1369 N.E.: Veja-se notas de Motta sobre o *Equinox* III (2) no Apêndice I.

Por exemplo, as fórmulas de Nuit e de Hadit explicam a Existência nos termos da Filosofia Matemático-Lógica, de modo a satisfazer as dificuldades de conciliar o Dualismo, o Monismo e o Niilismo; todas as antinomias em todas as esferas; e a Perfeição Original com a Imperfeição Manifesta das Coisas.

Novamente, "Faze o que tu queres", o preceito ético mais subliminarmente austero já proferido, apesar de sua aparente licença, é visto na análise como sendo, de fato, "tudo da Lei", a única e suficiente garantia para a ação humana, o autoevidente Código de Justiça, a identificação do Destino com a Livre-arbítrio, e o fim da Guerra Civil na Natureza do Homem, nomeando o Cânon da Verdade, a conformidade das coisas consigo mesmas, para determinar todos os seus atos. "Faze o que tu queres" é fazer com que as Estrelas brilhem, as Videiras produzam uvas, a Água busque seu nível; o homem é o único ser na Natureza que se esforça para se colocar em desacordo consigo mesmo.

E. Seu poder de interpretar o Espírito do Novo Æon, a recaída à cruel selvageria das raças mais civilizadas, numa época em que a guerra era desacreditada pela maioria dos homens responsáveis.

F. Seu poder de compreender e controlar essas várias ordens de ideias e eventos, demonstrando assim uma mente e um meio de ação inteligível, mas imensamente acima, de toda capacidade humana; ligar o todo a um criptógrafo compacto, demonstrando o domínio do inglês, das concepções matemáticas e filosóficas, do esplendor poético e da intensa paixão, enquanto ocultava nas letras e nas palavras uma cifra complexa envolvendo o conhecimento de fatos que até então não existiam em qualquer mente humana, e dependendo do controle do braço do escriba, embora Ele pensasse escrever conscientemente a partir do ditado; e tecer em um único padrão tantas linhas de prova de ordens diferentes que todo tipo de mente que seja aberta e justa possa ter certeza da existência de AIWAZ como um ser independente de corpo, consciente e individual, com uma mente mais poderosa que a do homem, e um poder além daquele do homem posto em movimento pela vontade.

Em uma palavra, o *Livro da Lei* prova o postulado principal da Religião.

O Magista pode, portanto, estar confiante de que os Seres Espirituais existem, e buscar o Conhecimento e Conversação de Seu próprio Sagrado Anjo Guardião com o mesmo ardor que FRATER PERDURABO quando Ele abandonou tudo – amor, riqueza, posição, fama – para buscá-Lo. Não, ele deve fazer isso ou se condenar a ser dilacerado pelas Bacantes de seus impulsos insensatos; ele não tem nenhuma segurança a não ser de que ele mesmo é Baco! Baco, divino e humano! Baco, gerado em Semelé, por Zeus, o adúltero Senhor do Trovão, arrebatando brutalmente sua vítima virginal! Baco, bebê escondido do ódio no mais sagrado dos santos, o segredo do teu pai, no Canal Minado de Estrelas, De onde uma Serpente é tua Alma! Baco, duplamente formado, homem-mulher, Baco, cuja inocência domina o Tigre, enquanto seus chifres pingam sangue em sua boca e aguçam a alegria do vinho com a loucura do assassinato! Baco, Seu tirso exala seiva; tua hera se agarra a ele; a tua pele-de-Leão escorrega dos teus ombros magros, escorrega dos teus lombos ágeis; bêbado de prazer pela uva divina, não mais conheces o fardo do corpo e a aflição do espírito.

Vem, Baco, vem para cá, sai do Oriente; Sai do Oriente, montado no Asno de Príapo! Vem com tua patuscada de dançarinos e cantores! Quem te segue, evitando dançar e pular? Vem, em teu nome Dionísio, que as donzelas acasalem com a Divindade! Vem, em teu nome Iacchus, com teu leque místico para joeirar o ar, cada rajada do teu Espírito inspirando a nossa Alma, que nós tenhamos para ti Filhos à Tua Imagem!

Em verdade e Amen! Que o Magista não esqueça por um único segundo qual é sua única ocupação. Seu ininiciado "Eu" (como ele absurdamente pensa) é uma multidão de mulheres selvagens, histéricas por instinto animal incompreendido e inexpresso; elas destruirão Penteu, o rei meramente humano que ousa reprimi-las, em simples pedaços de carne; sua própria mãe, Natureza, a primeira a agarrar sua traqueia! Ninguém, a não ser Baco, o Sagrado Anjo Guardião, tem a graça de ser Deus para esse motim de maníacos; só ele pode transformar a plebe desordenada em um concurso de movimentos harmoniosos, sintonizar seus hinos à sinfonia de uma peã e sua raiva sem razão ao êxtase autocontrolado. Esse é o Anjo, cuja natureza é duplamente dupla, que Ele pode compartilhar em todo sacramento. Ele é, ao mesmo tempo, um Deus que está embriagado com o vinho da terra e o mamífero que bebe o Sangue de Deus para purificá-lo da mortalidade. Ele é uma mulher, conforme aceita todos os impulsos, não são eles Seus? Ele é um homem, para esmagar a Si sobre o que quer que se santifique para Ele. Ele empunha a Baqueta, com cone de pinheiros e gavinhas de hera; o Anjo cria continuamente, inspirando Sua Vontade na beleza apegada, imperecivelmente verde.

O Tigre, o símbolo das paixões brutais do homem, vagueia pelos calcanhares do seu mestre, e Ele cavalga o Asno de Príapo; Ele faz sua força sexual levá-lo para onde Ele quiser ir.

Que o Magista, portanto, se aventure no Plano Astral com o propósito declarado de penetrar num santuário de Seres desencarnados, que sejam capazes de instruí-lo e fortalecê-lo, também provar sua identidade por testemunho além da refutação. Todas as explicações, além destas, valem apenas para estender e equilibrar o Conhecimento ou, possivelmente, como fornecimento de Energia para os Magistas que possam ter encontrado o caminho para as Fontes de Força. Em todos os casos, nada vale sequer um óbolo, a menos que sirva para ajudar a Grande Obra.

Aquele que alcançar Inteligências do tipo discutido pode esperar dificuldade. Os caminhos são guardados; há um leão no caminho. Perícia técnica não servirá aqui; é necessário satisfazer os Guardas quanto ao direito de adentrar à presença do Mestre. Garantias particulares podem ser exigidas, provações impostas e iniciações conferidas. Estes são assuntos dos mais sérios; o Corpo de Luz deve ser totalmente adulto, irrevogavelmente firme, ou será desintegrado no início. Mas, estando apto a passar por tais experiências, é totalmente ligado às suas palavras e atos. Não pode sequer parecer quebrar um juramento, como seu companheiro de carne pode fazer.

Tal, então, é uma descrição geral do Plano Astral, e da conduta apropriada do Magista em suas relações com ele.

APÊNDICE IV

LIBER SAMEKH

THEURGIA GOETIA SUMMA

(CONGRESSUS CUM DÆMONE)

SUB FIGURA DCCC

Sendo o ritual empregado por A Besta 666 para a Consecução do Conhecimento e Conversação do seu Sagrado Anjo Guardião durante o semestre da Sua execução da Operação da Magia Sagrada de Abramelin o Mago.

(Preparado An XVII (1921 e.v.), ☉ in ♍, na Abadia de Thelema em Cephalœdium por A Besta 666 para servir a Frater Progradior.)[1370]

PUBLICAÇÃO OFICIAL da A∴A∴ Classe D para o Grau de Adeptus Minor. (Facultativo para Zeladores.)[1371]

PONTO I

Evangelii Textus Redactus [1372]

A Invocação

Magicamente restaurada, com o significado dos

Nomes Bárbaros

Etimologicamente ou Cabalisticamente determinados e parafraseados em Português.

1370 N.E.: Frater Progradior (Frank Bennett), fundador e chefe da Ordo Templi Orientis para a Austrália, membro da A∴A∴, residiu na Abadia de Thelema em 1921 e.v. *Progradior* é uma aproximação do latim para "Eu avanço".

1371 N.E.: Esta alusão entre parênteses foi adicionada por Motta.

1372 N.E.: Latim. *Texto Restaurado do Evangelho*.

Seção A – O Juramento

1. Tu eu invoco, o Inascido.
2. Tu, que criaste a Terra e o Céu.
3. Tu, que criaste a Noite e o Dia.
4. Tu, que criaste a Escuridão e a Luz.
5. Tu és ASAR UN-NEFER ("Eu feito Perfeito"): Que ninguém viu em qualquer tempo.
6. Tu és IA-BESZ ("A Verdade na Matéria").
7. Tu és IA-APOPHRASZ ("A Verdade em Movimento").
8. Tu distinguiste entre o Justo e o Injusto.
9. Tu criaste a Fêmea e o Macho.
10. Tu produziste as Sementes e o Fruto.
11. Tu formaste os Homens para amarem uns aos outros, e para odiarem uns aos outros.

Seção Aa

1. Eu sou ANKH-F-N-KHONSU teu Profeta, a Quem Tu confiaste Teus Mistérios, as Cerimônias de KHEM.
2. Tu produziste o úmido e o seco, e aquilo que nutre toda Vida criada.
3. Escuta-Me, pois Eu sou o Anjo de PTAH-APOPHRASZ-RA (veja-se a Rubrica): este é o Teu Vero Nome, comunicado aos Profetas de KHEM.

Seção B – Ar

Escuta-Me: –

AR	"Ó Sol respirando e fluindo!"
ThIAF[1373]	"Ó Sol IAF! Ó Sol Leão-Serpente, A Besta que avança regirante, um relâmpago, criador de Vida!"
RhEIBET	"Tu que fluis, Tu que vais!"
A-ThELE-BER-SET	"Tu Sol-Satã Hadit que vais sem Vontade!"
A	"Tu Ar! Alento! Espírito! Tu sem limite ou amarra!"
BELAThA	"Tu Essência, Ar Célere-corrente, Elasticidade!"
ABEU	"Tu Andarilho Vagabundo, Pai de Tudo!"
EBEU	"Tu Andarilho Vagabundo, Espírito de Tudo!"
PhI-ThETA-SOE	"Tu Brilhante Força de Alento! Tu Sol Leão-Serpente! Tu Salvador, salva!"
IB	"Tu Íbis, Ave secreta e solitária, Sabedoria inviolada, cuja Palavra é Verdade, criando o Mundo por sua Magia!"
ThIAF	"Ó Sol IAF! Ó Sol Leão-Serpente, A Besta que avanças regirante, um relâmpago, criador de Vida!"

(A concepção é de Ar, luminoso, habitado por uma Ave Solar-Fálica, o "Espírito Santo" de Natureza Mercurial.)

Ouve-Me, e sujeita a Mim todos os Espíritos; de forma que todo Espírito do Firmamento e do Éter; sobre a Terra e sob a Terra, sobre o Solo firme ou na Água; de Ar Regirante e de Fogo Corrente; e todo Encanto e Flagelo de Deus Me seja obediente.

1373 A Letra "F" é usada para representar o Vau hebreu e o Digama grego; seu som está entre aquele do nosso "ô" fechado e do nosso "u". [N.E.: A utilização do "ô" e "u" foi uma contextualização feita por Motta para o idioma português.]

Seção C – Fogo

Eu Te invoco, o Deus Terrível e Invisível: Que habita no Lugar Vazio do Espírito: –

AR-O-GO-GO-RU-ABRAO	"Tu Sol espiritual! Satã, Tu Olho, Tu Ardor! Grita alto! Grita alto! Impele a Roda, Ó meu Pai, Ó Satã, Ó Sol!"
SOTOU	"Tu, o Salvador!"
MUDORIO	"Silêncio! Dá-me Teu Segredo!"
PhALARThAO	"Deixa-me sugar, Tu Falo, Tu Sol!"
OOO	"Satã, tu Olho, tu Ardor!" "Satã, tu Olho, tu Ardor!" "Satã, tu Olho, tu Ardor!"
AEPE	"Tu autocausado, autodeterminado, exaltado, Altíssimo!"

O Inascido (vide *supra*).

(A concepção é de Fogo, luminoso, habitado por um Leão Solar-Fálico de natureza Uraniana.)

Ouve-Me, e sujeita a Mim todos os Espíritos; de forma que todo Espírito do Firmamento e do Éter; sobre a Terra e sob a Terra, sobre o Solo firme ou na Água; de Ar Regirante e de Fogo Corrente; e todo Encanto e Flagelo de Deus Me seja obediente.

Seção D – Água

Escuta-Me: –

RU-ABRA-IAF[1374]	"Tu a Roda, Tu o Útero, que conténs o Pai IAF!"
MRIODOM	"Tu o Mar, a Habitação!"
BABALON-BAL-BIN-ABAFT	"Babalon! Tu Mulher de Fornicação! Tu Portal do Grande Deus ON! Tu Senhora da Compreensão dos Caminhos!"
ASAL-ON-AI	"Salve Tu, cuja calma é intocada! Salve, irmã e noiva de ON, do Deus que é tudo e nenhum, pelo Poder de Onze!"
APhEN-IAF	"Tu Tesouro de IAO!"
I	"Tu Virgem de dois sexos! Tu Semente Secreta! Tu Sabedoria inviolada!"
PhOTETh	"Habitação da Luz..........."
ABRASAX	".......... do Pai, o Sol, de Hadit, do encantamento do Æon de Horus!"
AEOOU	"Nossa Senhora do Portal do Ocidente do Céu!"
ISChURE	"Poderosa és Tu!"

Poderoso e Inascido (vide *supra*).

(A concepção é de Água, luminosa, habitada por um Dragão-Serpente Solar-Fálico, de natureza Netuniana.)

Ouve-Me, e sujeita a Mim todos os Espíritos; de forma que todo Espírito do Firmamento e do Éter; sobre a Terra e sob a Terra, sobre o Solo firme ou na Água; de Ar Regirante e de Fogo Corrente; e todo Encanto e Flagelo de Deus Me seja obediente.

1374 Para a Fórmula de IAF, ou antes, FIAOF, veja-se este *Liber ABA*, Parte III, Capítulo V. A forma FIAOF será verificada preferivelmente na prática.

Seção E – Terra

Eu Te invoco: –

MA	"Ó Mãe! Ó Verdade!"
BARRAIO	"Tu Massa!"[1375]
IOEL	"Salve Tu que és!"
KOThA	"Tu que és oca!"
AThOR-e-BAL-O	"Tu Deusa de Beleza e Amor, a qual Satã, contemplando-a, deseja!"
ABRAFT	"Os Pais, macho-fêmea, Te desejam!"

(A concepção é de Terra, luminosa, habitada por um Hipopótamo[1376] *Solar-Fálico de natureza Venérea.)*

Ouve-Me, e sujeita a Mim todos os Espíritos; de forma que todo Espírito do Firmamento e do Éter; sobre a Terra e sob a Terra, sobre o Solo firme ou na Água; de Ar Regirante e de Fogo Corrente; e todo Encanto e Flagelo de Deus Me seja obediente.

1375 "Massa" no sentido que a Física dá à palavra. A impossibilidade de defini-la (porque a concepção fundamental está além das categorias racionais normais) não deterá o iniciado intrépido.

1376 Sagrada a AHAThOOR. A ideia é de Fêmea concebida como invulnerável, em repouso, de enorme capacidade para engolir etc.

Seção F – Espírito

Escuta-Me: –

AFT	"Espíritos Macho-Fêmea!"
ABAFT	"Ancestrais Macho-Fêmea!"
BAS-AUMGN	"Vós que sois Deuses, indo adiante, proferindo AUMGN."[1377]
ISAK	"Ponto Idêntico!"
SA-BA-FT	"Nuit! Hadit! Ra-Hoor-Khuit!"
	"Salve, Grande Besta Selvagem!" "Salve, IAO!"

Seção Ff

1. Este é o Senhor dos Deuses.
2. Este é o Senhor do Universo.
3. Este é Aquele a quem os Ventos temem.
4. Este é Aquele que, tendo feito a Voz por Seu mandamento, é o Senhor de todas as Coisas; Rei, Governante e Amparador. Ouve-Me, e sujeita a Mim todos os Espíritos; de forma que todo Espírito do Firmamento e do Éter; sobre a Terra e sob a Terra, sobre o Solo firme ou na Água; de Ar Regirante e de Fogo Corrente; e todo Encanto e Flagelo de Deus Me seja obediente.

1377 A palavra que vai do:

(A) Alento Livre.

(U) através da Respiração sob Vontade.

(M) e Respiração Interrompida.

(GN) para a Respiração Contínua.

simbolizando assim o curso completo da vida espiritual. A é o Herói sem forma; [N.E.: Por algum motivo, estas Seções F e Ff não aparecem na tradução original de Motta. Neste ponto, algumas edições colocam "formless Zero" no lugar de "formless Hero". Optamos aqui por manter conforme a primeira edição do *Liber ABA* Parte III publicada por Crowley em 1929 e.v.] U é o sêxtuplo som solar da vida física, o triângulo da Alma sendo entrelaçado com aquele do Corpo; M é o silêncio da "morte"; GN é o som nasal da geração & conhecimento.

Seção G – Espírito

Escuta-Me: –

IEOU	"Íntimo Sol de Mim Mesmo!"
PUR	"Tu Fogo! Tu iniciadora Estrela de Seis Raios cercada de Força e Fogo!"
IOU	"Interna Alma de Mim Mesmo!"
PUR	(vide *supra*)
IAFTh	"Sol-Leão-Serpente, salve! Todos saúdam, tu Grande Besta Selvagem, tu IAO!"
IAEO	"Alentos de minha Alma, alentos de meu Anjo!"
IOOU	"Ardor de minha Alma, ardor de meu Anjo!"
ABRASAX	(vide *supra*)
SABRIAM	"Ho para o Santo Graal! Ho para a Taça de Babalon! Ho para meu Anjo vertendo-se a Si próprio dentro de minha Alma!"
OO	"O Olho! Satã, meu Senhor! Ardor do Bode!"
FF	"Meu Anjo! Meu Iniciador! Tu um comigo – a Estrela de Seis Raios!"
AD-ON-A-I[1378]	"Meu Senhor! Meu secreto Ser além do Ser, Hadit, Pai do Todo! Salve, ON, tu Sol, tu Vida do Homem, tu Espada Flamejante de Cinco Pontas! Tu Bode exaltado sobre a Terra em Ardor, tu Cobra estendida sobre a Terra em Vida! Espírito Santíssimo! Semente mui Sábia! Criança Inocente! Virgem Inviolada! Gerador do Ser! Alma de todas as Almas! Palavra de todas as Palavras! Vem Secretíssima Luz!"
EDE	"Devora-me tu!"
EDU	"Tu Me devoras!"
ANGELOS TON ThEON	"Tu Anjo dos Deuses"

1378 Em hebraico, ADNI, 65. Os Iniciados Gnósticos transliteraram a palavra para implicar suas próprias fórmulas secretas; nós seguimos tão excelente exemplo. ON é um Arcano de Arcanos; seu significado é ensinado, gradualmente, na O.T.O. Também, AD é a fórmula paternal, Hadit; ON é seu complemento, NUIT; o Yod final, etimologicamente, significa "meu" e significa essencialmente a semente mercurial (transmitida) virginal hermafrodita – O Eremita do Tarô. O nome é, pois, usado para invocar o arcano pessoal mais íntimo, considerado como resultado da conjunção de Nuit e Hadit. Se o segundo A é incluído, sua importância consiste em afirmar a operação do Espírito Santo e a Formulação do Bebê no Ovo, que precede a aparição do Eremita.

ANLALA	"Ergue-te em Mim, fluindo livre, Tu que és Nada, que és Nada e pronuncia tua Palavra!"
LAI	"Eu também sou Nada! Eu Te Quero! Eu Te contemplo! Nada do meu Ser!"
GAIA	"Pula, tu Terra! (Isto é também um apelo agonizante à Terra, a Mãe; pois neste ponto da Cerimônia o Adepto deveria ser despregado de seus ligamentos mortais, e morrer para si mesmo no orgasmo da operação.)[1379]
AEPE	"Tu Exaltado! Isto (isto é, o "sêmen" espiritual, as ideias secretas do Adepto, irresistivelmente trazidas para fora do "Inferno"[1380] delas pelo amor do seu Anjo) pula para cima! Isso pula para fora![1381]
DIATHARNA THORON	"Vê! A ejaculação das sementes da Imortalidade!"

Seção Gg – A Consecução

1. Eu sou Ele! O Espírito Inascido! Com visão nos pés: Forte, e o Fogo Imortal!
2. Eu sou Ele! A Verdade!
3. Eu sou Ele! que odeia que o mal seja feito no Mundo!
4. Eu sou Ele, que ilumina e troveja!
5. Eu sou Ele, de quem vem a Chuva da Vida da Terra!
6. Eu sou Ele, cuja boca sempre flameja!
7. Eu sou Ele, o Criador e Manifestador à Luz!
8. Eu sou Ele, a Graça dos Mundos!
9. "O Coração Cingido com a Serpente" é meu nome!

1379 Uma completa compreensão da Psicanálise contribuiria notavelmente para a correta apreciação deste Ritual.

1380 Veja-se *Liber Aleph*, cap. 124. [N.E.: Diz-se entre os Homens que a palavra Inferno (*Hell*) deriva da palavra "*helan*", para esconder (*hele*) ou ocultar (*conceal*), na língua dos anglo-saxões. Ou seja, é o Lugar Oculto, que, como todas as coisas estão dentro de seu próprio Ser, é o Inconsciente.]

1381 Mas compare-se o uso da mesma palavra na Seção C.

Seção H – O "Comando ao Espírito"

Manifesta-te, e segue-me; sujeitem-se a Mim todos os Espíritos; de forma que todo Espírito do Firmamento e do Éter; sobre a Terra e sob a Terra; sobre o Solo firme ou na Água; de Ar Regirante ou de Fogo Corrente, e todo Encanto e Flagelo de Deus me obedeça!

Seção J – A Proclamação da Besta 666

IAF: SABAF[1382] Tais são as Palavras!

PONTO II

Ars Congressus Cum Dæmone[1383]

Seção A

Que o Adeptus Minor esteja de pé no círculo, no quadrado de Tiphereth, armado com sua Baqueta e sua Taça; mas que ele execute o Ritual inteiro em seu Corpo de Luz. Ele pode queimar os Bolos de Luz, ou o Incenso de Abramelin; ele pode estar preparado pelo *Liber CLXXV,* pela leitura do *Liber LXV* e pelas práticas de Yoga. Ele pode invocar HADIT com "vinho e drogas estranhas" se ele quiser.[1384] Ele prepara o círculo pelas fórmulas usuais de Banimento e Consagração etc.

Ele recita a Seção A como um resumo, diante de seu Sagrado Anjo Guardião, dos tributos daquele Anjo. Cada frase deve ser percebida com uma completa concentração de força, de forma a fazer Samadhi tão perfeitamente quanto possível com a verdade proclamada.

1382 Veja-se explicação no Ponto II.

1383 N.E.: Latim, *A Arte do Congresso com o Demônio*.

1384 Qualquer tal fórmula só deve ser empregada quando o Adepto tem completo conhecimento, baseado em experiências pessoais, de como manejar tais coisas. [N.M.: Veja-se *Liber XIII*.]

Linha 1: Ele identifica seu Anjo com o Ain Soph, e o Kether de Ain Soph; uma formulação de Hadit no infinito Corpo de Nuit.

Linhas 2, 3 e 4: Ele assevera que seu Anjo criou (para o fito de autorrealização através de projeção em Forma condicionada) três pares de opostos: (a) O Fixo e o Volátil; (b) O Imanifesto e o Manifesto; (c) O Imovido e o Movido. Outrossim, o Negativo e o Positivo com respeito a Matéria, Mente e Movimento.

Linha 5: Ele aclama seu Anjo como "Ele mesmo Feito Perfeito"; acrescentando que esta Individualidade é inescrutável e inviolável. No Ritual do Neófito da A∴D∴ (tal como impresso em *Equinox* I (2), para o velho Æon) o Hierofante é o Osiris feito perfeito, que traz o Candidato, o Osiris Natural, à identidade consigo mesmo. Mas no Novo Æon o Hierofante é Horus (*Liber CCXX* i 49), portanto, o Candidato será Horus também. Qual é então a fórmula de iniciação de Horus? Não será mais aquela do Homem, através da Morte. Será o crescimento natural da Criança. Suas experiências não serão mais consideradas como catastróficas. O hieróglifo delas é o Louco: o Bebê Harpocrates inocente e impotente torna-se Horus Adulto ao obter a Baqueta. "*Der Reine Thor*"[1385] empunha a Lança Sagrada. Baco torna-se Pã. O Sagrado Anjo Guardião é a Criatura-Ente Inconsciente – o Falo Espiritual. Seu conhecimento e Conversação outorga puberdade oculta. É, portanto, aconselhável substituir o nome Asar Un-nefer por aquele de Ra-Hoor-Khuit logo de início, e por aquele de nosso próprio Sagrado Anjo Guardião quando este for comunicado.

Linha 6: Ele O saúda como BESZ, a Matéria que destrói e devora Divindade, para o fim de Encarnação de qualquer Deus.

Linha 7: Ele O saúda como APOPHRAZ, o Movimento que destrói e devora Divindade, para o fim de Encarnação de qualquer Deus. A ação combinada destes dois Diabos permite ao Deus sobre o qual eles pascem que entre no prazer de existência através do Sacramento de "Vida" (Pão – a carne de BESZ) e "Amor" (Vinho – o sangue ou veneno de APOPHRASZ).

Linha 8: Ele aclama Seu Anjo como tendo "comido do Fruto da Árvore do Conhecimento do Bem e do Mal"; outrossim, como tendo se tornado sapiente (na Díade, Chokmah) para apreender a fórmula de Equilíbrio que é agora a Dele, sendo capaz de aplicar-Se a Si mesmo acuradamente às suas autoprescritas circunstâncias.

Linha 9: Ele aclama Seu Anjo como tendo estabelecido a Lei de Amor como fórmula Mágica do Universo, a fim de que Ele possa resolver o fenomenal novamente à sua fase numenal, através da união de quaisquer dois opostos em paixão arrebatadora.

Linha 10: Ele aclama Seu Anjo como tendo decretado que esta fórmula de Amor efetue somente a dissolução da dualidade dos Amantes[1386] na própria Divindade impessoal d'Ele, mas também a coordenação deles em uma "Criança" quintessencializada de seus progenitores para constituir uma ordem de existência mais alta que a deles; de forma que cada geração é um progresso alquímico à perfeição, através de complexidades sucessivas. A linha 9 afirma Involução, a Linha 10 afirma Evolução.

1385 N.E.: Veja-se nota 563, p. 238.

1386 N.M.: Isto é, os pares de opostos.

Linha 11: Ele aclama Seu Anjo como tendo estabelecido este método de autorrealização; o propósito da Encarnação é obter suas reações às suas relações com outros Seres encarnados, e observar as relações desses uns com os outros.

Seção Aa

Linha 1: O Adepto afirma o seu direito de entrar em comunicação consciente com Seu Anjo, argumentando que aquele Anjo Mesmo lhe ensinou a Magia Secreta através da qual ele pode estabelecer o elo apropriado. "Mosheh" é *MH,* a formação de Jechidah, Chiah, Neschamah, Ruach – as Sephiroth de Kether a Yesod – pois 45 é Σ1-9, enquanto *Sh,* 300, é Σ1-24, o que acrescenta a estes Nove mais Quinze números extras. (Veja-se em *Liber D* os significados e correspondências de 9, 15, 24, 45, 300, 345.) Além disso, 45 é *ADM,* homem. "Mosheh" é, assim, o nome do homem como uma Forma-que-oculta-Deus. Mas no Ritual, que o Adepto substitua este Mosheh pelo seu mote pessoal como Adeptus Minor. A "Ishrael" prefira ele sua própria Raça Mágica, de acordo com as obrigações dos seus Juramentos à Nossa Santa Ordem! (A Besta 666 usou, Ele Mesmo, "Ankh-f-n-khonsu" e "Khem" nesta seção.)

Linha 2: O Adepto lembra a Seu Anjo que Este criou Aquela Substância Única da qual Hermes escreveu na Tábua de Esmeralda, cuja virtude é unir em si mesma todos os modos opostos de Ser, servindo assim como um Talismã carregado com a Energia Espiritual da Existência, um Elixir ou Pedra composto da base física da Vida. Esta Comemoração é colocada entre os dois apelos pessoais ao Anjo, como que para afirmar o privilégio de partilhar desta Eucaristia que cria, sustenta e redime todas as coisas.

Linha 3: Ele mesmo agora assevera que é o próprio Anjo ou mensageiro do seu Anjo; isto é, que ele é uma mente e corpo cuja função é receber e transmitir a Palavra do seu Anjo. Ele saúda seu Anjo não somente como "un-nefer", a Perfeição de "Asar" mesmo como homem; mas como Ptah-Apophrasz-Ra, a Identidade (Hadit) envolta no Dragão (Nuit) e, portanto, assim manifestada como um Sol (Ra-Hoor-Khuit). O "Ovo" (ou Coração) "cingido com a Serpente" é um símbolo cognato; a ideia é expressa assim mais adiante no ritual. (Veja-se *Liber LXV*, que expande isso ao máximo.)

Seção B

O Adepto passa da contemplação à ação nas seções que agora seguem, de B a Gg. Ele deve viajar astralmente em volta do círculo, traçando os pentagramas, selos e sinais apropriados. Sua direção é contrária à dos ponteiros de um relógio. Ele executa, assim, três curvas, cada uma cobrindo três quartos do círculo. Ele deve dar o Sinal do Entrante ao passar a Kiblah, ou Direção de Boleskine. Isto apanha a Força naturalmente radiando daquele ponto[1387] e a projeta na direção da rota do Magista. Os Selos são dados no *Equinox* I (7), Lâmina X, fora do quadrado;[1388] os sinais são os "Sinais dos Graus". Nestas invocações, ele deveria expandir sua corpulência e estatura ao máximo, tendo experiência de sucesso nas práticas de *Liber 536*, assumindo a forma e a consciência do Deus Elemental do ponto cardeal correspondente. Após isto, ele começa a vibrar os "Nomes Bárbaros" do Ritual.

Agora, que ele não só encha seu ser inteiro ao máximo com a força dos Nomes, mas formule também sua Vontade, como o aspecto dinâmico do seu Ser Criador, em uma aparência simbolicamente apropriada; eu digo não na forma de um Raio de Luz, ou de uma Espada Flamejante, ou do quer que seja, salvo àquele Veículo corporal do Espírito Santo que é sagrado a BAPHOMET, por sua virtude que oculta o Leão e a Serpente para que Sua Imagem possa aparecer adoravelmente sobre a Terra para sempre.

Que o Adepto então estenda sua Vontade além do Círculo nesta Forma imaginada, e a deixe radiar com a Luz própria ao Elemento invocado, e deixe que cada Palavra surja ao longo da Verga com apaixonado impulso, como se a Voz dele lhe comandasse arrojar-se impetuosamente avante. Que também cada Palavra acumule autoridade, de forma que a Cabeça da Verga se estenda duas vezes mais distante para a Segunda Palavra que para a Primeira, e Quatro Vezes mais para a Terceira que para a Segunda, e assim até o fim. Além disso, que o Adepto projete aí a sua consciência por completo. Então, à Palavra final, que ele traga de volta velozmente sua Vontade para dentro de si mesmo, firmemente fluindo, e que ele ofereça a si mesmo a este ponto, como Ártemis para PÃ, para que esta perfeitamente pura concentração do Elemento o purgue por completo, e o possua com sua paixão.

Neste Sacramento, estando completamente unificado com aquele Elemento, que o Adepto pronuncie o Comando "Escuta-me e faz" etc.; sentindo fortemente que sua unidade com aquela parte do Universo confere sobre ele a mais completa liberdade e privilégio ali pertinentes.

Que o Adepto note a maneira como o Comando está formulado. O "Firmamento" é Ruach, o "plano mental"; é a região de Shu, ou Zeus, onde gira a Roda dos Gunas, as Três formas[1389] de Ser.

1387 Isto é uma assunção baseada em *Liber Legis* ii 78 e iii 34.

1388 N.M.: Os selos são os dos Quatro Reis Elementais.

1389 Elas correspondem ao Enxofre, Mercúrio e Sal da Alquimia; a Sattvas, Rajas e Tamas no sistema hindu; e são, antes, modalidades de ação que qualidades propriamente ditas, mesmo quando concebidas como em estado latente. Elas são o aparato de comunicação entre os planos; como tal, são convenções. Não existe qualquer validade absoluta em nenhuma forma de percepção mental; mas, a não ser que nós façamos com que estes espíritos do Firmamento se submetam a nós pelo estabelecimento da correta relação (dentro do possível) com o Universo, nós cairemos em erro ao desenvolvermos o nosso novo instrumento de compreensão direta. É vital que o Adepto treine suas faculdades intelectuais para que lhe digam a verdade, na medida da capacidade delas. Desprezar a mente por causa de suas limitações desta é o erro mais desastroso; é a causa comum das calamidades que espalham por tantas praias os destroços da Armada Mística. Preconceito, Arrogância, Confusão, todas três formas de desordem mental e moral, tão frequentemente observadas em pessoas de grande consecução espiritual, tem levado o Caminho mesmo ao descrédito; quase todas estas catástrofes se devem a tentativas de construir o Templo do Espírito sem dar a devida atenção às leis mentais de estrutura e às necessidades físicas da fundação. A mente deve ser treinada ao máximo de perfeição, mas conforme as suas propriedades internas; nós não podemos alimentar

O Éter é o "akasha", o "Espírito", o Éter da Física, que é a estrutura sobre a qual todas as formas são fundadas; ele recebe, registra e transmite todos os impulsos sem sofrer mutação por isto. A "Terra" é a esfera onde a operação dessas forças "fundamentais" e etéreas aparece à percepção. "Sob a Terra" é o mundo desses fenômenos que animam essas projeções percebidas e determinam o caráter particular delas. "Solo seco" é o lugar de "coisas materiais" mortas, secas (isto é, incognoscíveis), porque são incapazes de agir nas nossas mentes. "Água" é o veículo através do qual nós sentimos tais coisas; "Ar" é o mênstruo onde estes sentimentos são apreendidos mentalmente. É chamado "regirante" por causa da instabilidade do pensamento e da fatuidade da razão, da qual, no entanto, nós dependemos para aquilo que chamamos "vida". "Fogo que corre" é o mundo em que o pensamento vagante se incendeia em Vontade célere-projetante. Estes quatro estágios explicam como o não Ego é transmutado em Ego. Um "Encanto" de Deus é qualquer forma de consciência e um "Flagelo" é qualquer forma de ação.

Considerado em seu todo, o Comando exige do Adepto controle de todo detalhe do Universo que Seu Anjo criou como um meio de Se manifestar a Si mesmo. Inclui o comando de projeção primária do Possível em individualidade, no artifício antitético da formação da Mente, e numa balanceada triplicidade de modos ou estados de ser, cujas combinações constituem as características do Cosmo. Inclui também uma regra de estrutura, uma rigidez a fim de tornar referência possível. Sobre esta fundação de condições que não são coisas em si mesmas, mas que são o cânon ao qual as coisas se conformam,[1390] é construído o Templo do Ser, cujos materiais são eles mesmos perfeitamente misteriosos, inescrutáveis como a Alma e, como a Alma, se imaginam em símbolos que podemos sentir, perceber, e adaptar para nosso uso sem jamais conhecermos toda a Verdade quanto a eles. O Adepto resume todos estes itens ao afirmar sua autoridade sobre toda forma de expressão possível à Existência, quer seja um "encanto" (ideia) quer um "flagelo" (ato) de "Deus", isto é, de si mesmo. O Adepto deve aceitar todo "espírito", todo "encanto", todo "flagelo" como parte de seu ambiente, e "sujeitá-los" a si, isto é, considerá-los como causas contribuintes de si mesmo; eles o fizeram o que ele é. Eles correspondem às próprias faculdades dele. Em última análise, eles são todos de igual importância.[1391] O fato de que o Adepto é o que ele é prova que

---

um microscópio com costeletas de carneiro. Deve ser considerada como um instrumento mecânico de conhecimento, independente da personalidade de seu possuidor; devemos tratá-la exatamente como tratamos nossos eletroscópios ou nossos olhos; sem a influência de nossos desejos. Um médico chama um colega para tratar de sua família, sabendo que sua ansiedade pessoal pode perturbar seu julgamento. Um microscopista que confia em seus olhos quando sua teoria está sendo provada pode falsificar os fatos e perceber tarde demais que fez o papel de tolo.

No caso da iniciação mesma, sua história está marcada de cicatrizes causadas por esta Adaga. Elas nos lembram constantemente o perigo de confiarmos nas faculdades intelectuais. Um juiz precisa conhecer por completo as Leis, estar desapegado de preconceitos pessoais e ser incorruptível; de outra forma, a iniquidade triunfará. O dogmatismo – tendo perseguição, ilusão, paralisia do progresso e muitos outros males como seus sátrapas – tem sempre estabelecido uma tirania onde quer que seu Gênio o proclame. Islã queimando a Sabedoria escrita, Haeckel forjando evidências biológicas; físicos ignorantes da radioatividade, contestando as conclusões da geologia, e teólogos impacientes com a verdade, lutando contra a maré do pensamento; todos estes devem perecer por seu próprio erro ao tentar fazer de suas mentes, internamente defeituosas ou externamente desviadas, a medida do Universo.

1390 N.M.: Não há nisso "tirania" nem "arbitrariedade". A "Energia" que formou e anima a nossa Raça, estabeleceu esse cânon em relação às circunstâncias do nosso meio ambiente; e que novas faculdades têm sido criadas dentro da estrutura original, a fim de adaptar a raça melhor às condições vigentes, ou enfrentar as necessidades de novas condições, é evidente pelo próprio estudo da Biologia; e foi isto que levou Darwin a conceber a Lei de Evolução das Espécies. Da mesma forma, a Iniciação cria uma nova condição, pois a entidade humana passa a funcionar em mais um plano com cada Iniciação Mor – Veja-se *AL* iii 61-69 – e isto necessita a recriação da consciência que 666 se refere acima. Cada passo é uma morte e um nascimento. O estudo da Lei de Evolução nos leva à conclusão de que a raça humana é a mais velha das raças ou espécies manifestadas sobre este planeta; isso não obsta que em sua forma presente ela seja mais recente. Todas as espécies evoluem; o fato de que a nossa é a mais evoluída indica que é a mais antiga – com a possível exceção dos golfinhos, que podem representar uma outra ramificação da corrente original. É sabido que os golfinhos possuem cérebros tão complexos quanto o cérebro humano.

1391 N.M.: Pois o mais "ínfimo" deles (relativamente falando) é igualmente necessário à complexão do Todo. O universo está em equilíbrio somente porque inclui todas as forças. Qualquer força é, portanto, igual e oposta a todas as outras. E a soma delas é o Infinito (equilíbrio?). Para melhor compreensão disto, conceba-se a escala numérica, que tende ao limite do Infinito, mas nunca o alcança. Qualquer dos números da

cada item está equilibrado. O impacto de cada nova impressão afeta o sistema inteiro na medida devida. Ele deve, portanto, compreender que o todo está sujeito a ele.[1392] Ocorre porque ele tem necessidade de que ocorra. O ferro enferruja porque as moléculas exigem oxigênio para satisfação das suas tendências. Elas não anseiam por hidrogênio; portanto, combinação com aquele gás é um evento que não ocorre. Todas as experiências contribuem para que nos tornemos completos em nós mesmos.[1393] Nós apenas nos sentimos sujeitos a elas enquanto não compreendemos isto; quando o compreendemos, percebemos que elas nos são sujeitas. E quando quer que nós nos esforcemos por evitar uma experiência, qualquer que ela seja, prejudicamos a nós mesmos. Nós impedimos nossas tendências. Viver é mudar, e opormo-nos à mudança é revoltarmo-nos contra a lei que decretamos para governar nossas vidas. Ressentir o destino é, assim, abdicar de nossa soberania e invocar a morte. De fato, nós decretamos a pena de morte para todo infringimento da lei da vida. E todo fracasso em incorporar qualquer impressão à estrutura de nossa consciência esfomeia aquela particular faculdade que necessitava dela.

Esta Seção B invoca o Ar no Oriente, com uma verga de glória dourada.

Seção C

O adepto invoca o Fogo no Sul; vermelhos de fogo são os raios que jorram da Baqueta dele.

---

escala é necessário – absolutamente necessário – à obtenção do Infinito. E nenhum é mais necessário que qualquer outro. No entanto, cada número é completamente distinto de qualquer outro.

Ao mesmo tempo, dentro dos limites de qualquer número, é possível formarmos uma subescala numérica que tende à complexão do número, mas nunca a alcança; e, neste sentido, cada número é infinito em si.

1392 N.M.: Isso é um corolário natural do fato que ele é um dos fatores que compõem o Universo e é, portanto, igual e oposto à soma de todos os outros fatores. Ao mesmo tempo, claro, podemos adotar a posição de que o Adepto é uma função de todas as outras forças dentro do Universo. Mas esta posição não é mais válida, no sentido absoluto da palavra "validade", do que a prévia; e, relativamente ao Adepto, o ponto de vista ou posição prévia é mais conveniente para ele. Neste sentido, as "marcas do espaço" são muitas e, simultaneamente, uma. Perder o senso de que somos uma estrela entre tantas no cosmo é correr perigo de nos tornarmos um Irmão Negro; perder o senso de que, relativamente a nós mesmos, os demais são apenas partes de nossa consciência é corrermos o perigo de abjurar a nossa liberdade e nos tornarmos escravos; perdemos o senso de que ambos os pontos de vista são simultaneamente válidos é corrermos o risco de cair no "mundo" de "porque" e nos tornarmos cães – concebendo Deus como um "Criador" externo a nós mesmos, em vez de percebermos que somos Deus manifestado.

A atitude do Adeptus Exemptus, que jura "encarar todo fenômeno como uma tratativa particular entre Deus e sua Alma", inclui todos os três pontos de vista acima, como uma fórmula prática de atividade (ou existência) manifestada, naturalmente "prática", do ponto de vista do Iniciado, que tem que coordenar todas as suas recém-despertadas faculdades com as faculdades "normais" do *homo saps*.

O leitor imaginará facilmente que, para alguém que está procurando alcançar esta coordenação, mas ainda não conseguiu, os fenômenos mais corriqueiros da vida diária podem se tornar verdadeiros pesadelos. Isto é a origem das Tentações dos Santos. Veja-se *AL* i 31.

1393 N.M.: É por isso que piedade é um sentimento ilusório. Quando vemos uma pessoa em estado de indigência, por exemplo, e lhe damos dinheiro ou comida, fazemos mal; o que devemos fazer é examinar as causas, em vez de procurar anular efeitos; outrossim, no momento em que nos afastamos, aquela pessoa recairá nas mesmas condições, e continuará nelas até que de motto próprio – isto é, por iniciativa pessoal – queira mudar as condições; ou até que tiranos, se for o caso, sejam eliminados.

As exceções a esta regra são pouquíssimas. Veja-se *Liber Aleph*, cap. 148.

Se em vez de dar esmolas a mendigos as pessoas caridosas procurassem eliminar as causas de que a mendicância é um efeito, as condições sociais melhorariam com espantosa rapidez e os preguiçosos se veriam forçados a desenvolver iniciativa e coragem.

Seção D

Ele invoca a Água no Oeste, sua Baqueta produzindo ondas em radiância azul.

Seção E

Ele vai para o Norte a fim de invocar a Terra; flores de chamas verdes brotam de sua arma. À medida que a prática torna o Adepto perfeito neste Trabalho, torna-se automático para ele ligar estas complicadas ideias e intenções às suas correlacionadas palavras e gestos. Quando isto é conseguido, ele pode se aprofundar na fórmula através de amplificação das suas correspondências. Assim, ele pode invocar a água à maneira da água, estendendo sua vontade com movimento majestoso e irresistível, cônscio da gravitação do seu impulso, porém com uma aparência suave e tranquila de fraqueza. Novamente ele pode aplicar a fórmula da água ao seu propósito especial quando ela volta para dentro da esfera dele, usando-a com habilidade consciente para limpar e acalmar os elementos receptivos e emocionais do caráter dele, e para a solução ou varredura dessas entrançadas lianas daninhas de preconceito que o tolhem da liberdade de agir como ele quer. Similares aplicações das invocações restantes ocorrerão ao Adepto que está pronto para usá-las.

Seção F

O Adepto retorna agora ao quadrado de Tiphereth do seu Tau[1394] e invoca o Espírito, voltado para a direção de Boleskine, pelos Pentagramas Ativos, o Selo chamado a Marca da Besta e os Sinais de L.V.X. Ele então vibra os Nomes, estendendo a sua vontade da mesma forma que antes, mas desta vez numa direção verticalmente para cima. Ao mesmo tempo ele expande a Fonte daquela Vontade – o símbolo secreto de Ente – tanto em sua volta quanto abaixo, como que para afirmar aquele Ente, dupla como é a sua forma, relutante em aquiescer em seu fracasso em coincidir com a Esfera de Nuit. Agora que ele imagine, à última Palavra, que a Cabeça de sua Vontade, onde a sua consciência está fixada, abre a sua fissura (o *Brahmarandhra Chacra,* na juntura das suturas cranianas) e exsuda uma gota de orvalho claro e cristalino; e que esta pérola é a sua Alma, uma virgem oferenda ao seu Anjo, espremida de seu Ser pela intensidade da sua Aspiração.

1394 N.M.: Isto é, seu corpo astral retorna àquele quadrado; o corpo físico ali esteve este tempo todo.

Seção Ff

Com estas palavras o Adepto não recolhe sua vontade de volta para dentro dele como nas seções prévias. Ele pensa nelas como um reflexo de Verdade na superfície do orvalho, onde sua Alma se esconde trêmula. Ele as toma como a primeira formulação em sua consciência da natureza, do Seu Anjo Guardião.

Linha 1: Os "Deuses" incluem todos os elementos conscientes da natureza dele.

Linha 2: O "Universo" inclui todos os fenômenos possíveis que ele pode perceber.

Linha 3: Os "Ventos" são seus pensamentos, que o têm impedido de atingir o seu Anjo.

Linha 4: Seu Anjo fez a "Voz", a arma mágica que produz "Palavras", e estas palavras têm sido a sabedoria pela qual Ele criou todas as coisas. A "Voz" é necessária como o elo entre o Adepto e o seu Anjo. O Anjo é o "Rei", Aquele que "pode", a "fonte de autoridade e honra"; também é o "Rei" (ou Filho de Rei) que liberta a Princesa Encantada e a faz sua Rainha. Ele é o "Governante", a "Vontade inconsciente"; não mais para ser impedida ou desviada pela falsa, caprichosa e ignorante vontade do homem consciente. E Ele é o "Auxiliador", o autor do infalível impulso que arremessa a alma pelos Céus na órbita delas com tal força que a atração de outros orbes não mais é suficiente para desviá-la. O "Escuta-me" é agora pronunciado pela consciência humana normal, recolhida ao corpo físico; o Adepto deve deliberadamente abandonar sua consecução porque não é ainda seu ser inteiro que queima diante do Bem-Amado.

Seção G

O Adepto, embora recolhido ao corpo físico, terá mantido a Extensão do seu Símbolo. Ele agora repete os sinais como antes, com exceção de que traça o Pentagrama Passivo Invocando Espírito. Ele concentra sua consciência dentro do Seu Símbolo-Gêmeo do Ser e se esforça por fazê-la adormecer. Mas se a operação foi apropriadamente executada, seu Anjo terá aceitado a oferenda do Orvalho e se apossado com fervor do símbolo de Vontade estendido em direção a Ele. Isto então Ele sacudirá veementemente com vibrações de amor reverberando com as Palavras da Seção. Mesmo nos ouvidos físicos de Adepto ressoará um eco delas; no entanto, ele não poderá descrever este eco. Parecerá ao mesmo tempo mais forte que o trovão e mais doce que o murmúrio do vento da noite. Será ao mesmo tempo inarticulado e significará mais do que ele jamais ouviu.

Que ele então se esforce com toda a força da sua Alma por enfrentar a Vontade do seu Anjo, escondendo-se na mais fechada cela da cidadela da consciência. Que ele se consagre a resistir ao assalto da Voz e da Vibração até que sua consciência se esvaia no Nada, pois se restar inabsorvido um só átomo que seja do falso Ego[1395] aquele átomo mancharia a virgindade do Verdadeiro Ente e profanaria o Juramento; então aquele átomo seria inflamado de tal forma pela aproximação do Anjo que venceria o resto da mente, tiranizá-la-ia e tornar-se-ia um déspota louco, para total ruína do reino.[1396]

Mas tudo estando morto para a vida dos sentidos, quem então pode lutar contra o Anjo? Ele intensificará a pressão do Seu Espírito de forma que suas fiéis legiões de Leões-Serpentes saltarão da emboscada, despertando o Adepto para testemunhar a Vontade deles e o arrastarão com eles em seu entusiasmo, de maneira que ele participará (partilhará conscientemente do propósito deles) e verá na simplicidade desse propósito a solução de todos os seus problemas. Assim, então, o Adepto se tornará cônscio de que está sendo varrido através da coluna do seu Símbolo de Vontade, e de que Seu Anjo é de fato ele mesmo, com uma intimidade tão intensa que se torna identidade; e isto não apenas em um Ego único, mas em todo e cada elemento inconsciente que partilha desse múltiplo assomo.[1397]

Esta raptura é quase sempre acompanhada por uma tempestade de luz brilhante e também, em muitos casos, por um estampido de som sempre estupendo e sublime, ainda que seu caráter possa variar bastante.[1398]

1395 N.M.: Falso do ponto de vista iniciático. Como bem dizem os psicólogos, o ego – a personalidade – é o produto de herança genética e meio ambiente. Mas isto é tido como fato apenas para os homens comuns, sendo apenas parcialmente um fato. A energia que forma um Ser Humano utiliza, realmente, o material que tem a seu dispor naquela sessão particular do contínuo espaço-tempo em que a formação do corpo ocorre. Mas essa energia – que é o Anjo – transcende essas condições efêmeras. A prova é que o ser humano nasce – e morre. A Energia que o formou vai – aonde? "Nada se perde – tudo se transforma" é uma lei inexorável que opera em todo e qualquer plano.

No homem comum, a personalidade opera, durante a maior parte da existência, como uma síndrome de reflexos herdados e adquiridos. Raramente ocorre uma experiência psíquica de ordem "iniciática". Mesmo as experiências religiosas, amorosas, as crises morais de um tal homem raramente se elevam ao plano sequer da Iniciação do Neófito.

No Iniciado, entretanto, as coisas são diferentes. Faculdades de consciência mais elevadas são despertadas pelo processo iniciático – consequentemente, é necessário, mais cedo ou mais tarde, que uma destruição e uma reconstrução – uma morte e um nascimento – ocorram na personalidade. De início, as modificações demandam a destruição e reconstrução apenas de partes da personalidade – partes simbolizadas por diversas esferas do Ruach na Árvore da Vida.

A Iniciação de Tiphereth, porém, demanda uma completa reorganização da Personalidade, pois Tiphereth está diretamente ligado a toda seção de Ruach. O falso Ego – a personalidade reflexa ou "lunar" – tem que ser dissolvido e seu material reorganizado de maneira a refletir, nos planos da manifestação, a Vontade Real – isto é, a Palavra do Anjo.

A Passagem do Abismo significa uma completa aniquilação de todas as faculdades inferiores. "Há um Deus de viver em um cão?" Dessa passagem a Iniciação do Adeptus Minor é apenas um pálido reflexo.

O leitor talvez compreenda mais facilmente agora por que "santos" – isto é, pessoas passando através de estágios iniciáticos – de quaisquer religiões apresentavam frequentemente sintomas pouco diferentes daqueles que levam alienistas a hospitalizarem seus pacientes. A atitude de tribos primitivas era bastante mais sábia – os loucos eram considerados "aflitos dos Deuses" e tratados com respeito e paciência. Era-lhes permitido expressar livremente sua maluquice, e restringi-los era proibido. Nesta aura mental respeitosa e favorável, os distúrbios mentais eram muito mais raros do que estão se tornando na nossa sociedade atual, em que os avanços da ciência e a crescente complexidade da vida em sociedade entram em constante conflito com os tabus emocionais de tribos trogloditas, mantidos como "moralidades" pelas religiões vigentes – principalmente aquela peçonha, o romanismo, a mais atrasada de todas as religiões do mundo.

1396 N.M.: Num sistema de forças em equilíbrio, qualquer força aplicada ao centro de gravidade afetará igualmente todas as partes do sistema. Se o sistema não está em equilíbrio, a força aplicada aumentará o desequilíbrio precisamente na direção do desequilíbrio existente antes de ela ser aplicada.

1397 N.M.: Isto é, a "consciência de si mesmo" se expande de forma a incluir todos os elementos de que normalmente somos inconscientes. O que psicanalistas chamam de "consciente" é, na realidade, apenas a resultante de todas as forças psíquicas psicossomáticas. É como se fosse o cume visível do iceberg – enquanto a maior parte do volume desse fica oculta sob as águas. Em última análise, o ego é nada mais nada menos que a estruturação e coesão de todos os bilhões de consciências celulares que compõem o nosso organismo. Isto no homem normal – no iniciado, outros fatores latentes ou raramente manifestos no homem comum têm que ser incluídos no funcionamento daquilo que chamamos de consciente, isto é, o Ego.

Os Leões-Serpentes são, é claro, os espermatozoides.

1398 Estes fenômenos não são totalmente subjetivos; podem ser percebidos, ainda que muitas vezes sob outras formas, até mesmo pelo homem ordinário.

O esguicho de estrelas jorra da cabeça do Símbolo de Vontade e espalha-se pelo céu em galáxias brilhantes. Esta dispersão destrói a concentração do Adepto, cuja mente não pode dominar uma tal multiplicidade de majestade; via de regra, ele simplesmente desce atordoado à normalidade, para não recordar de sua experiência senão uma vaga, embora vívida, impressão de completa libertação e raptura inefável. Repetição o fortifica para realizar a natureza da sua consecução; e seu Anjo, uma vez o elo feito, frequenta e o treina sutilmente para ser sensitivo à sua Santa presença e persuasão. Mas pode ocorrer, especialmente depois de repetido sucesso, que o Adepto não seja mais arremessado de volta à sua mortalidade pela explosão do jorro de Estrelas; mas seja identificado com um "Leão-Serpente" particular, continuando cônscio deste até que este ache seu lugar apropriado no Espaço, quando então seu ente secreto floresce como uma verdade, a qual o Adepto pode levar de volta à terra consigo.

Isto é secundário. O principal propósito do Ritual é estabelecer a relação do ser subconsciente com o Anjo de tal forma que o Adepto fique cônscio de que seu Anjo é a Unidade que expressa a soma dos Elementos daquele Ser; de que sua consciência normal contém inimigos estranhos introduzidos pelos acidentes do seu meio ambiente[1399] e de que seu Conhecimento e Conversação do Seu Sagrado Anjo Guardião destrói todas as dúvidas e ilusões, confere todas as bênçãos, ensina toda a Verdade e contém todos os deleites. Mas é importante que o Adepto não permaneça na mera realização inexpressiva da sua ruptura, mas se esforce por fazer com que a relação se submeta a análise; por expressá-la em termos racionais, desta forma iluminando sua mente e coração de uma maneira tão superior ao entusiasmo do fanático quanto a música de Beethoven é superior aos tambores de guerra da África Ocidental.[1400]

Seção Gg

O Adepto deveria ter percebido que seu Ato de União com o Anjo implica (1) na morte de sua mente antiga, salvo quanto ao que os elementos inconscientes dele preservam da memória dela quando a absorvem,[1401] e (2) na morte desses elementos inconscientes mesmo. Mas a morte destes é, antes, um progresso avante para renovação de vida através de amor. Então o Adepto, pela consciente compreensão desses elementos, tanto de cada um deles em separado quanto em conjunto, torna-se o "Anjo" de seu Anjo, tal como Hermes é a Palavra de Zeus, cuja voz própria é Trovão. Assim, nesta seção o Adepto descreve articuladamente, tanto quanto palavras podem fazê-lo, o que seu Anjo é para si Mesmo. Ele diz isto com seu corpo físico,[1402] constrangendo Seu Anjo a habitar em seu coração.

1399 N.M.: Ou pelas tendências atávicas herdadas dos antepassados.

1400 N.M.: Veja-se *LXV* v 23-25.

1401 N.M.: Cada iniciação produz uma mudança permanente na mente do indivíduo; lapsos de memória quanto a experiências passadas que nada significam para as condições presentes são comuns. Este é um dos componentes do elemento "morte" da operação.

1402 N.E.: Na tradução de Motta está "corpo astral", o que provavelmente foi algum tipo de erro na datilografia. Optamos por manter conforme encontrado na primeira edição do *Liber ABA*, parte III, isto é, "corpo físico".

Linha 1: "Eu sou Ele" assevera a destruição do senso de separação entre ser e Ser. Afirma existência, mas da terceira pessoa apenas, "O Espírito Inascido" é livre de todo espaço, "tendo visão nos pés", para que estes possam escolher seu próprio trilho. "Forte" é *GBR,* o Magista escoltado pelo Sol e pela Lua (Veja-se *Liber D* e *Liber 777*). O "Fogo Imortal" é o Ser criador; energia impessoal não pode perecer, não importa que forma ela assuma. Combustão é Amor.

Linha 2: "Verdade" é a relação necessária entre quaisquer duas coisas; portanto, ainda que implique em dualidade, ela nos habilita a conceber duas coisas como uma única que deve ser definida por complementos. Por exemplo, uma hipérbole é uma ideia simples, mas sua construção exige duas curvas.

Linha 3: O Anjo, tal como o Adepto o conhece, é um ente de Tiphereth, que obscurece Kether. O Adepto não está oficialmente cônscio das Sephiroth mais altas. Ele não pode perceber, como o Ipsissimus, que todas as coisas são igualmente ilusão e igualmente Absolutas. Ele está em Tiphereth, cuja função é Redenção, e deplora os eventos que causaram o Sofrimento aparente do qual ele acaba de escapar. Ele está também cônscio, mesmo das alturas do seu êxtase, dos limites e defeitos de sua Consecução.

Linha 4: Isto se refere aos fenômenos que acompanham sua Consecução.

Linha 5: Isto significa o reconhecimento do Anjo como Verdadeiro Ser do ser subconsciente, a Vida secreta da sua vida física.

Linha 6: O Adepto percebe todo alento, toda palavra de seu Anjo como carregada de fogo criador. Tiphereth é o Sol, e o Anjo é o Sol espiritual da Alma do Adepto.

Linha 7: Aqui é resumido o processo inteiro de trazer o Universo condicionado ao conhecimento de si mesmo através da fórmula de geração;[1403] uma alma se implanta no corpo vendado pelos sentidos e na mente impedida pela razão, torna-os cônscios da Inquilina e, assim, capazes de partilhar da consciência da Luz própria a essa Inquilina.[1404]

1403 Isto é, Yod He realizando a Si Mesmos, Vontade e Compreensão, nos gêmeos Vau He, Mente e Corpo.

1404 N.M.: Ou em outra nomenclatura: certas regiões cerebrais que se encontram em estado latente no homem comum são postas em funcionamento pelo processo iniciático, enquanto as restantes, já funcionando, são postas em coordenação com essa nova região, que transcende e harmoniza todas as funções psicossomáticas anteriores, reorganizando tudo.

O fenômeno, em certo sentido, se assemelha ao fenômeno de ressonância de dois violinos. Se um violino toca, o outro ressoa. É importante que o Aspirante compreenda isto: que seu Anjo não é parte dele. Mas, ao mesmo tempo, é claro que o Anjo é parte dele. Veja-se *AL* i 45.

Uma das iniciações consiste na compreensão das palavras: "Eu Sou a Ressurreição e a Vida". Estas palavras simbolizam a realização, alcançada há muitos milênios, por um homem que compreendeu, pela primeira vez, que o Sol Espiritual não "morre". Desde então, durante o processo iniciático, Aspirantes chegam a esta realização e, por assim dizer, "rememorizam" aquela experiência, que faz parte integral da memória racial.

A hediondez do Romanismo consiste em que símbolos foram materializados. Em vez de perceber que é ele mesmo quem pronuncia estas palavras, em seu verdadeiro ser, o católico romano é levado a crer num "Salvador" sem o qual ele morreria, sem o qual ele é uma criatura condenada pelo "pecado original".

A oportunidade que esta atitude "canina" dá a entidades megalomaníacas – aos "Irmãos Negros" – é autoevidente a qualquer leitor inteligente. Diversos ocultistas inescrupulosos estão procurando utilizar a Egrégora para seus fins pessoais. Um judeu, vários jesuítas e diversos "iniciados" hindus assim estão fazendo. Infelizmente para eles, a corrente está morta. Seu ímpeto presente não é mais que a inércia de mil e seiscentos anos. Dia após dia sua força diminui. "E assim morram todos os inimigos do Rei." Veja-se *AL* i 49; ii 5-9, 21-23; iii 19, 49-55.

Linha 8: "Graça" aqui tem o seu significado literal de "Agradabilidade". A existência do Anjo é a justificação do artifício da criação.[1405]

Linha 9: Esta linha deve ser estudada à luz de *Liber LXV.*

Seção H

Esta recapitulação demanda a partida do Adepto e seu Anjo para "tomarem seu prazer na Terra entre os viventes".

Seção J

A Besta 666 tendo concebido o presente método de se usar este Ritual, tendo provado por sua própria prática que ele é de infalível potência quando devidamente executado, e tendo agora o redigido para o mundo, será um ornamento para o Adepto que adota o Ritual saudar o nome da Besta ao fim da obra.[1406] Isto, além do mais, o encorajará em Magia, a lembrança de que realmente houve Um que atingiu, através deste ritual, o Conhecimento e Conversação de Seu Sagrado Anjo Guardião, que não mais o abandonou, mas fez d'Ele um Magus, a Palavra do Æon de Horus.

Pois sabei isto, que o Nome IAF, em seu senso mais secreto e mais poderoso, declara a Fórmula da Magia d'A Besta, através da qual Ele executou muitas maravilhas. E porque Ele quer que o mundo inteiro atinja esta Arte, Ele agora a vela aqui de forma que os merecedores possam atingir a Sua Sabedoria.

1405 Mas veja-se também a solução geral do Enigma da Existência no *Livro da Lei* e seu Comentário – Parte IV deste *Liber ABA*.

1406 N.M.: Isto é, claro, a prática imemorial da Iniciação: a saudação do chela ao Guru que iniciou a corrente à qual ele pertence.

O que é necessário que Aspirantes compreendam a respeito da corrente Thelêmica é, antes de tudo, isto:

1. A corrente está em seu princípio. Está crescendo, e as correntes passadas estão todas morrendo (uma vez que a Corrente Thelêmica inclui a fonte espiritual de todas); mas no momento presente a inércia das outras correntes é enorme; um grande esforço é necessário; cada novo aspirante tem que acrescentar seu esforço ao impulso. (Veja-se *LXV* iii 56.)

2. A corrente não oferece "consolo" no sentido da personalidade e do baixo Manas. Ela não "orienta" nem "aconselha", ela apenas estimula toda manifestação das faculdades mais altas; mas em todo e cada caso é preciso que o Aspirante dê o primeiro passo. (Veja-se *LXV* iii 3-16 e o comentário. O Deus elefante é a força moral – a força de Caráter – do próprio aspirante. Se este não a manifesta – ai dele. Veja-se *AL* ii 48-49. É preciso ter ouro para fazer ouro.)

3. A corrente destrói e dissolve tudo na Personalidade que se opõe à manifestação da Verdadeira Vontade do Aspirante. Consequentemente, em muitos casos, a primeira impressão que o Aspirante terá de invocar a Corrente é que uma força negra e maligna o está perseguindo e destruindo. E assim é. (Veja-se *LXV* i 12-17; ii 7-15, 30-32, 62; iii 30, 37-48; iv 45-51; v 8-9, 14, 34-36, 51, 61-63; veja-se também *Liber 156;* e *Liber AL* i 32, 60; ii 14, 52-54, 60, 78-79; iii 18, 42-46. Tudo isto se aplica não só a inimigos como à nossa própria personalidade; acima de tudo à nossa própria personalidade. Veja-se *AL* i 17.)

Que *I* e *F* enfrentem tudo;[1407] no entanto, defendam seu *A* de ataque. O Eremita para si mesmo, o Louco para inimigos, o Hierofante para amigos, Nove por natureza, Zero por consecução, Cinco por função. Em fala, rápido, sutil e secreto; em pensamento, criador, sem preconceitos, ilimitado; em ação, gentil, paciente e persistente. Hermes para ouvir, Dionísio para tocar, Pã para ver.

Uma Virgem, um Bebê e uma Besta!

Um Mentiroso, um Idiota e um Mestre de Homens!

Um beijo, uma gargalhada e um urro; aquele que tem ouvidos de ouvir, que ouça!

Tomai dez que são um e um que é um em três, para ocultá-los em seis!

Tua Baqueta para todas as Taças e teu Disco para todas as Espadas, mas não traias teu Ovo!

Além disso, também é IAF verdadeiramente 666 por virtude de Número; e isto é um Mistério de Mistérios; Quem o conhece é adepto de adeptos e Poderoso entre Magistas!

Agora, esta palavra *SABAF*, sendo por número Setenta,[1408] é um nome de Ayin, o Olho, e o Diabo nosso Senhor, e o Bode de Mendes. Ele é o Senhor do Sabbath dos Adeptos; e é Satã, portanto, também o Sol, cujo número de Magia é 666, o selo de Seu servidor A BESTA.

Mas novamente, *SA* é 61, *AIN*, o Nada de Nuit; *BA* significa ir, a faculdade de HADIT; e *F* é o Filho deles, o Sol, que é Ra-Hoor-Khuit.

Assim, pois, que o adepto aponha seu selo a todas as palavras que ele escreveu no Livro das Obras da sua Vontade.

E que ele, então, finalize dizendo Tais são as Palavras![1409] Pois desta forma ele proclama a todos que estão em volta do seu Círculo que estas Palavras são verdadeiras e poderosas, amarrando o que ele queria amarrar, e desamarrando o que ele queria desamarrar.

Que o Adepto execute este Ritual corretamente, perfeito em cada parte, uma vez diariamente durante uma Lua; então duas vezes, ao amanhecer e ao entardecer, durante duas Luas; a seguir, três vezes adicionando o meio-dia, durante três Luas; após a meia-noite sendo acrescentada, quatro vezes por dia durante quatro Luas. Então, que a Undécima lua seja consagrada inteiramente a esta obra; que ele insista

---

1407 Se adotamos a nova ortografia VIAOV (*Liber ABA*, Parte III, Cap. V), devemos ler "O Sol-6-o Filho" etc. em vez de "tudo"; e elaborar esta interpretação aqui dada de acordo com isto, em outras formas. Assim, *O* (ou *F*) não será "cinco", mas sim "O Quinze por função" etc., e "em ação, livre, firme, aspirando, estático" em vez de "gentil" etc., como no texto acima.

1408 Existe uma ortografia alternativa *TzBA–F* na qual a Raiz, "uma Hoste", tem o valor 93. O Practicus deveria reavivar este Ritual completamente à Luz de suas pesquisas pessoais na Cabala, tornando-o, assim, sua propriedade particular. A grafia aqui sugerida implica que aquele que pronuncia a Palavra afirma sua fidelidade aos símbolos 93 e 6; que ele é um guerreiro no exército da Vontade e do Sol. 93 é também o número de AIWAZ, e 6 d'A Besta. [N.E.: Originalmente este Setenta é "Three score and Ten", ou "Três vigésimas/vintenas e Dez", totalizando, portanto, Setenta.]

1409 As consoantes de LOGOS, "Palavra", somam (em valores hebraicos) 93. E ΕΠΗ, "Palavras" (de onde temos Épico), tem também aquele valor. ΕΙΔΕ ΤΑ ΕΠΗ poderia ser a frase tencionada aqui; seu valor é 418. Isto asseveraria então a realização da Grande Obra; esta é a conclusão natural do Ritual. Cf. *CCXX* iii 75.

em ardor contínuo, indiferente a tudo senão às prementes necessidades de alimento e sono.[1410] Pois sabei que a verdadeira Fórmula;[1411] cuja virtude foi suficiente à Besta em sua Consecução, é esta:

INVOCAI COM FREQUÊNCIA[1412]

Assim possam todos os homens chegar por fim ao Conhecimento e Conversação do Sagrado Anjo Guardião: assim diz a Besta, e roga ao Seu próprio Anjo que este livro seja como uma Lâmpada acesa e como Uma Fonte viva, como Luz e Vida para aqueles que o lerem.

666

1410 Estas necessidades são modificadas durante o processo de Iniciação, tanto quanto a quantidade quanto a qualidade. Não devemos nos preocupar de antemão quanto à nossa saúde física ou mental, mas dar atenção apenas a indubitáveis sintomas de desconforto, caso tais apareçam.

1411 Os Oráculos de Zoroastro dizem assim: "E quando, por frequente invocação, todos os fantasmas se desvanecerem, tu verás aquele Santo e Informe Fogo, aquele Fogo que jorra e flameja através de todas as Profundezas do Universo; escuta a Voz do Fogo!

"Um fogo similar flamejando, estendendo-se através da rapidez do Ar, ou um Fogo informe de onde vem a Imagem de uma voz, ou mesmo uma Luz lampejante, abundando, regirando, espiralando avante, gritando alto. Também há a visão do flamejante Corcel de Luz, ou também de uma Criança, sobre o lombo do corcel Celeste, de fogo, ou vestida de ouro, ou nua, ou arremessando de um arco flechas de luz, e de pé nos ombros do corcel; então, se tua meditação se prolonga, tu unirás todos estes símbolos na Forma de um Leão."

Esta passagem – combinada com várias outras – está parafraseada em poesia por Aleister Crowley em seu *Tannhäuser*.

"E quando vires, *invocando com frequência*,
Aquele Fogo informe; quando o globo treme,
As estrelas se vão e a lua some,
O Tempo é esmagado de volta à Eternidade,
O Universo rui em terremoto;
Luz não é, trovões retumbam,
O Mundo está findado:
Quando na escuridão do Caos rola novamente
No cérebro excitado:
Então, não chames à tua vista a visível
Imagem da Natureza; é morte o nome dela!
Não deves teu Corpo contemplar
Aquela viva luz do Inferno,
A chama cega,
Até que aquele corpo do Crisol
Tenha passado, ouro de escol!
Pois dos confins do espaço físico,
Do lugar do crepúsculo movente,
Dos portais da matéria, e o escuro umbral,
Perante as faces dessas Coisas que se acoitam
Nas Moradias da Noite,
Pulam à vista demônios,
Demônios caras-de-cão,
Que não mostram aos mortais
Qualquer sinal de Verdade,
Mas sim profanam a Luz Divina,
Desviando dos mistérios consagrados.
Mas, esta Prole vã do Medo sendo expulsa
Diante do levante vingador
Que rompe os céus que se abrem,
Então contempla aquela Informe e
Santa Flama Inominada;
O Fogo que se lança e que lampeja,
Que se contorce e rasteja,
Qual serpente em régia veste
Enroscada em volta àquela
Oculta glória do globo,
Atingindo ao horizonte
Dos abismos estelares,
Além das Obras do Tempo;
Então formula.
Em tua mente, luminoso, concentrado,
O Leão mesmo da Luz;
Uma criança de Pé
Nos vastos ombros fogosos
Do grande Corcel de Deus:
Quer alada, ou de arco armada
Jogando flechas de Luz;
Quer de pés nus ou calçados
Com sandálias de flama.
Então levanta tuas mãos!
Concentra em teu coração
Um só pensamento rubro
Puramente rebrilhando
Com fulgor da Luz acima!
Atrai, atrai, para o Nada
Vida, morte, ódio, amor:
Todo o teu ser concentrado
No só anseio Sagrado,
Escutando a Voz do Fogo!

1412 Veja-se *Equinox* I (8), p. 22.

PONTO III

ESCÓLIO SOBRE AS SEÇÕES G & Gg

O Adepto que tiver dominado este Ritual, assimilando com sucesso o completo significado deste controlado arrebatamento, não deve permitir que sua mente perca controle das imagens astrais de Jorro de Estrelas, Símbolo-de-Vontade ou Símbolo da Alma, nem que ela negligencie seu dever para com o corpo e o ambiente físicos. Nem deve ele esquecer-se de manter seu Corpo Astral em íntimo contato com os fenômenos de seu próprio plano, de forma que a consciência particular desse corpo possa exercer sua função de proteger as ideias dispersas do Adepto do perigo de obsessão.

Ele deve ter adquirido, por prévia experiência prática,[1413] a faculdade de desprender estes elementos de sua consciência do centro articulado que os une, de forma que eles se tornem (temporariamente) unidades autônomas, capazes de receberem comunicações do quartel general à vontade, mas perfeitamente aptas a (1) cuidarem de si mesmos sem incomodarem seu chefe e (2) a se comunicarem com ele no devido momento. Em comparação, eles devem ser como oficiais subordinados: capazes de demonstrar autoconfiança, iniciativa e capricho na execução das Ordens do Dia.

O Adepto deveria, portanto, estar apto a confiar nestas suas mentes individuais para que cuidem de seus próprios afazeres sem necessidade de intervenção dele durante o tempo requerido;[1414] e apto a chamá-las de volta no momento exato, recebendo um acurado relatório de suas aventuras.

Desta maneira, o Adepto estará livre para concentrar seu mais profundo ser, aquela parte sua que inconscientemente integra sua verdadeira Vontade, na realização de seu Sagrado Anjo Guardião. A ausência de suas consciências corporal, mental e astral é, em verdade, de vital importância ao sucesso; foi a usurpação delas de sua atenção que o tornou surdo à sua Alma, e foi a preocupação dele com os probleminhas delas que o impediu de ver sua Alma.

O efeito do Ritual até agora terá sido:

A. manter essas consciências tão ocupadas com seus próprios afazeres que param de distraí-lo;

B. separá-las tão completamente que a alma dele é despida de seus véus;

C. despertar nele um entusiasmo intenso a ponto de intoxicá-lo e anestesiá-lo, para que ele não sinta nem ressinta a agonia dessa vivisseção espiritual; tal como amantes tímidos se embriagam na noite de núpcias a fim de enfrentarem a intensidade de vergonha que tão misteriosamente coexiste com o desejo deles um pelo outro;

D. atrair as necessárias forças espirituais de cada um dos elementos e arremessá-las simultaneamente na aspiração ao Sagrado Anjo Guardião; e

---

1413 N.M.: Isto acentua uma vez mais a absoluta necessidade de conquistarmos a Tarefa de Todo e cada grau da Ordem Externa antes de tentarmos a Operação de Tiphereth. Veja-se *Liber XIII* novamente.

1414 N.M.: Veja-se *LXV* ii 63-64.

E. atrair o Anjo pela vibração da voz mágica que O invoca.[1415]

O método do Ritual é, pois, múltiplo.

Há primeiramente uma análise do Adepto, a qual o habilita a calcular seu curso de ação. Ele pode decidir o que deve ser banido, o que deve ser purificado, o que deve ser concentrado. Ele se torna, assim, capaz de concentrar sua vontade sobre o seu único elemento essencial, conquistando a resistência deste – a qual é automática, como um reflexo fisiológico – ao destruir inibições pelo seu entusiasmo que sobrepuja o ego.[1416] A outra metade do trabalho não requer um esforço tão complicado; pois seu Anjo é simples e inconfuso; está sempre pronto a atender um chamado bem articulado.[1417]

Os resultados do Ritual são demasiados para permitirem uma descrição padrão. Presumindo que a união seja perfeita, o Adepto não reterá necessariamente qualquer memória do que ocorreu. Ele poderá estar cônscio apenas de um intervalo em sua vida consciente[1418] e julgará o conteúdo desse intervalo ao observar que sua personalidade está sutilmente transformada. Tal experiência, em verdade, poderia ser a prova de perfeição.

Se o Adepto há de se tornar cônscio de seu Anjo de alguma forma, é preciso que alguma parte de sua mente esteja preparada para perceber a ruptura e expressá-la para si mesma de alguma maneira. Isto requer perfeição daquela parte, completa ausência de preconceitos nela e completa liberdade das limitações da dita racionalidade. Por exemplo: não podemos experimentar a iluminação quanto à natureza da vida que a doutrina da evolução das espécies nos deveria outorgar se estamos apaixonadamente convictos de que a humanidade não é animal, ou de que a ideia de causalidade repugna a razão. O Adepto deve estar preparado para uma possível completa destruição do seu ponto de vista quanto a qualquer assunto, mesmo o da sua concepção inata das formas e leis do pensamento.[1419] Assim, ele poderá perceber que seu anjo considera os seus "negócios" ou seu "amor" como insignificâncias absurdas; também que ideias humanas de "tempo" são inválidas e que "leis" humanas de lógica são aplicáveis apenas às relações entre ilusões.

1415 N.M.: Essa voz tem que ser emitida simultaneamente em todos os planos em que o Adepto funciona; isto é, de todas as Sephiroth abaixo de Tiphereth. Daí a necessidade de treino preliminar. Veja-se *Liber XIII* e o cap. 160 de *Liber Aleph*.

1416 Um alto grau de iniciação é necessário. Isto significa que o processo de análise deve ter sido executado com grande profundidade. [N.M.: Veja-se *LXV* iii 40-46 e o Comentário.] O Adepto deve ter se tornado cônscio dos seus mais recônditos impulsos e compreendido o verdadeiro significado deles. A "resistência" aqui mencionada é automática; aumenta indefinidamente contra a pressão direta. É inútil tentar forçar-se nestes assuntos; o Aspirante não-iniciado, por mais disposto que esteja, seguramente fracassará. Nós temos que saber como lidar com cada ideia interna à medida que esta surge.

É impossível vencermos nossas inibições por um esforço consciente; a existência delas é sua suficiente justificativa. "Deus está do lado delas", como no caso da vítima no poema "Instans Tyrannus", de Browning. Um homem não se pode compelir a amar alguém, por mais que queira, através de argumentos racionais. Mas, por outro lado, quando o verdadeiro impulso vem, conquista todos os seus críticos; eles podem apenas testemunhar que encontraram seu mestre.

1417 N.M.: Quando o discípulo está pronto, o Mestre aparece.

1418 N.M.: Veja-se *LXV* iv 28-29.

1419 É claro que mesmo os falsos padrões e formas de raciocínio da mente são, de certa forma, verdadeiros. Copérnico não destruiu os fatos da Natureza nem mudou os instrumentos de observação. Ele simplesmente efetuou uma radical simplificação da ciência. Todo erro é, na realidade, um "nó falso". Além disso, a tendência responsável pela confusão é, ela mesma, um dos elementos necessários da situação. Nada é "errado", no final das contas; e não podemos alcançar o ponto de vista "certo" sem o auxílio do nosso particular ponto de vista "errôneo". Se rejeitarmos ou alterarmos o negativo de uma fotografia não obteremos um positivo perfeito.

Agora, o Anjo entrará em contato com o Adepto em qualquer ponto que esteja sensível à Sua influência. Tal ponto será, naturalmente, um ponto saliente no caráter do Adepto e também, no sentido adequado da palavra, puro.[1420]

Assim, um artista afinado à apreciação de beleza plástica poderá ter uma interpretação visual de seu Anjo em uma forma física que é uma sublime quintessência do seu ideal. Um músico poderá ser arrebatado em majestosas melodias que ele nunca sonhou poder ouvir. Um filósofo poderá alcançar a percepção de tremendas verdades, a solução de problemas que o intrigaram a vida inteira.

Igualmente, sabemos de iluminações experimentadas por homens de mentalidade simples, tais como a do lôbrego que "viu Deus" e O comparou a "uma quantidade de pequeninas peras". Também sabemos que o êxtase, impingindo-se sobre mentalidades desequilibradas, inflama a ideia idealizada e produz uma fé fanática, capaz de frenética intensidade, intolerante, de energia insanamente desordenada e, no entanto, poderosa a ponto de afetar o destino de impérios.[1421]

Mas os fenômenos causados pelo Conhecimento e Conversação do Sagrado Anjo Guardião são de importância secundária; a essência da União é a intimidade. A intimidade entre o Anjo e o Adepto (ou, mais corretamente, a identidade) independe de todas as formas parciais de expressão; em sua melhor manifestação é, portanto, tão inarticulada quanto o Amor.

A intensidade da consumação provavelmente compelirá um soluço ou um grito, algum gesto físico natural de simpatia animal com o espasmo espiritual. Isto deve ser criticado como incompleto autocontrole. Silêncio é mais nobre.

Em qualquer caso, o Adepto deverá estar em comunhão com seu Anjo, de maneira que sua Alma seja infundida com sublimidade, seja esta inteligível ou não em termos de intelecto. É evidente que o choque de tal possessão espiritual tenderá a atordoar a alma, principalmente no começo. Ela chega a sofrer de um excesso de êxtase, tal como extremo amor produz uma vertigem. A alma afunda e desfalece. Tal fraqueza é fatal, tanto para o gozo da alma quanto para sua percepção. "Sabedoria diz: sê forte. Então podes suportar mais alegria." Diz o *Livro da Lei.*[1422]

O Adepto deve bancar o homem, erguendo-se para endurecer sua alma.

Para este fim, eu, a Besta, experimentei e provei diversas medidas. Destas, a mais potente é fazer com que o corpo lute contra a alma. Que os músculos se retesem como se estivessem numa briga. Que a mandíbula e a boca, em particular, sejam retesadas ao máximo. Respire fundo, vagarosamente, porém fortemente. Mantenha domínio sobre a mente murmurando fortemente e audivelmente. Mas, para que este murmúrio não venha a perturbar a comunhão com o anjo, pronuncie apenas o Nome d'Ele, até que o Adepto tenha ouvido aquele nome, portanto, ele não poderá permanecer em perfeita posse do seu Amado. A mais importante tarefa dele é, pois, abrir seus ouvidos à voz de seu Anjo, para que ele possa conhecê-lo, como Ele é chamado. Pois saiba! Este Nome, bem compreendido por completo, declara a

---

1420 Isto é, despido de ideias, por mais excelentes que sejam em si mesmas, que lhe sejam alienígenas. Por exemplo: padrões de literatura nada têm a ver com uma pintura.

1421 N.M.: O caso do sistema insalubre do romanismo, com os desastres que produziu no Ocidente durante mil e seiscentos anos, vem imediatamente à memória. Veja-se *Carta a um Maçom*.

1422 *Liber AL vel Legis* ii 61-68 detalha a técnica para lidar com este problema.

natureza do Anjo em todo e cada ponto; portanto, também este nome é a fórmula da perfeição à qual o Adepto deve aspirar, assim como do poder de Magia em virtude do qual ele deve trabalhar.

Aquele, então, que ainda ignora o Nome do seu Anjo, que repita uma palavra digna deste particular Ritual. Tais são Abrahadabra, a Palavra do Æon, que significa "A Grande Obra Realizada", Aumgn, interpretada na Parte III do *Liber ABA*[1423] e o nome d'A BESTA, pois Seu número mostra esta mesma União com o Anjo e Seu Trabalho não é outro senão fazer com que todos os homens partilhem deste Mistério dos Mistérios da Magia.

Assim, pois, dizendo esta ou aquela palavra, que o Adepto lute com seu Anjo e O enfrente, para que possa constrangê-Lo a consentir a continuar em comunhão até que a consciência do Adepto se torne capaz de clara compreensão e de acurada transmissão[1424] da transcendente Verdade do Bem-Amado ao coração que O contém.

A firme repetição de uma dessas Palavras deveria habilitar o Adepto a manter o estado de União durante vários minutos, mesmo no princípio.

Em todo caso, ele deve reabrasar seu ardor, considerando seu sucesso mais como encorajamento a uma aspiração mais ardente do que como um triunfo. Ele deve aumentar seus esforços.

Que ele se precate de "ânsia de resultado", de demasiada expectativa, de perda de coragem se o seu sucesso preliminar for seguido de uma série de fracassos.

Pois o sucesso torna sucesso aparentemente tão incrível que podemos desenvolver uma inibição fatal a tentativas subsequentes. Tememos fracassar, o medo intromete-se na concentração e assim realiza sua própria profecia. Sabemos como demasiado prazer em uma relação amorosa nos faz temer fracassar nas ocasiões seguintes; em verdade, assim ocorre até que a familiaridade nos tenha acostumado à ideia de que nosso par nunca supôs que fôssemos mais que humanos. A confiança gradualmente retorna. O êxtase inarticulado é substituído por um desfrute mais sóbrio dos elementos da fascinação.

Assim mesmo, nosso primeiro deslumbramento com uma nova paisagem se torna, à medida que continuamos a contemplá-la, numa apreciação de seus lindos detalhes. A princípio estes eram imprecisos por causa da ofuscante impressão geral de beleza; eles emergem um por um, à medida que o choque amaina, e a apaixonada raptura dá lugar a um interesse inteligente.

Desta forma mesma, o Adepto quase sempre começa por torrentes líricas descrevendo extravagâncias místicas de "inefável amor", "inimaginável felicidade", "inexpressíveis infinidades de ilimitável além".[1425] Ele usualmente perde seu senso de proporção, de humor, de realidade e de juízo sadio. Seu ego frequentemente incha a ponto de estourar, até que ele seria abjetamente ridículo se não fosse pateticamente

---

1423 A essência desta questão é que a palavra AUM, que expressa o curso da Respiração (vida espiritual) da expressão livre através da concentração controlada ao Silêncio, é transmutada pela criação da letra composta MΓN para substituir M: ou seja, o Silêncio é percebido como passando para a vibração contínua em êxtase, da natureza do "Amor" sob "Vontade" como mostrado por MΓN = 40 + 3 + 50 = 93 ΑΓΑΠΗ, ΘΕΛΗΜΑ etc., e a palavra inteira tem o valor de 100, a Perfeição Aperfeiçoada, a Unidade em conclusão, e equivalente a KP a conjunção dos princípios essenciais macho e fêmea.

1424 O intelecto "normal" é incapaz disto; uma faculdade superior deverá ter sido desenvolvida. Como diz Zoroastro: "Estende a mente vazia de tua alma àquela Inteligível, para que possas aprender o Inteligível, porque ele subsiste além da Mente. Tu não O compreenderás da mesma forma que compreendes algo comum".

1425 Isto corresponde ao nevoeiro emocional e metafísico que é característico quando o pensamento primeiro sobe à tona da homogeneidade. A clara e concisa diferenciação de ideias marca a mente adulta.

perigoso para si mesmo e seus vizinhos.[1426] Ele tende também a tomar suas recém-obtidas "verdades de iluminação" pela estrutura total da verdade, insistindo que elas devam ser tão válidas e vitais a todos os homens quanto para ele mesmo.

É sábio mantermos silêncio sobre estas coisas "proibidas de dizer" que podemos ter ouvido no "sétimo céu". Isto pode não ser aplicável ao sexto.

O Adepto deve manter controle de si mesmo, não importa o quanto se sinta tentado a criar um novo céu e uma nova terra nos próximos dias trombeteando seus triunfos. Ele deve dar ao tempo uma oportunidade de restabelecer seu equilíbrio, fortemente balançado pelo impacto do Infinito.

À medida que ele se ajuste à relação com seu Anjo, ele perceberá que seu êxtase apaixonado desenvolve uma qualidade de paz e inteligibilidade que adiciona poder, ao mesmo tempo que infunde e fortifica as qualidades mentais e morais dele, em vez de obscurecê-las e perturbá-las. Ele agora se terá tornado capaz de conversar com seu Anjo, o que outrora parecera impossível; pois agora ele sabe que a tempestade de som, que ele supusera ser a Voz, era apenas o clamor das suas próprias confusões. A impressão de "infinidade" foi causada por sua própria inabilidade de pensar com clareza além dos seus limites prévios, da mesma forma como um Bosquímano que, quando confrontado com números acima de cinco, só consegue chamá-los de "muitos".

A verdade declarada pelo Anjo, por mais imensamente que amplie o horizonte do Adepto, é, no entanto, perfeitamente definida e precisa. Ela não lida com ambiguidades e abstração. Ela possui forma e confessa lei, exatamente do mesmo modo e no mesmo grau que qualquer outro corpo de verdade. Ela está para a verdade das esferas material e intelectual do homem como a Matemática da Filosofia, com suas "séries infinitas" e sua "continuidade Cantoriana", está para a aritmética do ensino fundamental. Uma implica a outra, ainda que através daquela nós podemos investigar a natureza essencial da existência, e através desta os lucros de um agiota.

Este, então, é o verdadeiro fito do Adepto nesta operação: assimilar-se ao seu Anjo por contínua comunhão consciente. Pois seu Anjo é uma imagem inteligível de sua própria Verdadeira Vontade, cuja execução é a completa lei do seu Ser.

Também o Anjo aparece em Tiphereth, que é o coração do Ruach e, portanto, o Centro de Gravidade da Mente. Tiphereth é também diretamente inspirado por Kether, o Ser Ultimal, através do Caminho da Grã-Sacerdotisa ou intuição iniciada. Daí o Anjo é, em verdade, o *Logos* ou expressão articulada do Ser inteiro do Adepto, de maneira que, à medida que o Adepto aumenta em perfeita compreensão do nome de seu Anjo, ele se aproxima da solução do ultimal problema. Quem ele mesmo em verdade é.

O Adepto pode confiar que seu Anjo guiará essa realização final; pois a Consciência-Tiphereth, e ela apenas, está ligada por caminhos a todas as outras partes da mente dele.[1427] Ninguém senão o Anjo tem, portanto, o conhecimento necessário para calcular as combinações de conduta que organizarão e equilibrarão as forças do Adepto de forma que este possa enfrentar o momento em que se torna necessário

---

1426 N.M.: Sabemos de pelo menos um caso em que o Aspirante levou dois anos para readquirir senso de proporção.

1427 Veja-se os diagramas da Árvore da Vida e as correspondências de *Liber 777*, as mais importantes são dadas em apêndice em *Liber O*.

confrontar o Abismo. O Adepto deve controlar uma massa compacta e coerente se há de se assegurar de arremessá-la de si com um único e direto gesto.[1428]

Eu, A Besta 666, levanto minha voz e juro que eu mesmo fui trazido aqui por meu Anjo. Após eu ter obtido o Conhecimento e Conversação d'Ele por virtude de meu ardor para com Ele, e deste Ritual que eu outorgo aos homens meus semelhantes e, acima de tudo, de Seu grande Amor que Ele tem por mim, sim, em verdade Ele me conduziu ao Abismo; Ele me convidou a arremessar de mim tudo que eu tinha e tudo que eu era; e Ele me abandonou naquela Hora. Mas quando eu surgi além do Abismo, para renascer no Útero de Babalon, então veio Ele a mim, habitando em meu coração virgem, seu Senhor e Amante.

Também Ele me fez um Magus, proclamando Sua Lei, a Palavra do novo Æon, o Æon da Criança Coroada e Conquistadora.[1429] Assim Ele satisfez minha vontade de trazer completa liberdade à raça humana.

Sim, ele realizou em mim um Trabalho de Maravilha, além disso; mas sobre este assunto eu estou jurado a manter silêncio.

1428 N.M.: O Aspirante não deve esquecer que cada Sephira contém a Árvore da Vida em miniatura; cada uma das Iniciações reflete, portanto, em sua estrutura, a Iniciação inteira com suas crises, o Anjo e o Abismo. "Cada passo é uma morte e um nascimento."

1429 Para relato destes assuntos veja-se "The Temple of Solomon the King"; *Liber 418; Liber Aleph; João São João, The Urn* e o *Liber ABA,* parte IV.

APÊNDICE V

ALGUMAS DAS PRINCIPAIS CORRESPONDÊNCIAS DA CABALA

(Reimpresso com adições de 777)

A fim de compreender completamente a Escala Chave, o estudante deve ter dominado "Um Artigo sobre a Cabala" e conhecer a si mesmo com o uso de *Liber D.*

Deve ser suficiente, portanto, neste local, explicar de forma simples o significado dos símbolos desta escala.

Os números 0 a 10 estão dispostos em bloco destacado (negrito). Eles se referem às três formas de zero e às dez Sephiroth ou números da escala decimal. O diagrama da página 675 mostra a disposição convencional geométrica dos símbolos 1-10. Os números 11-32 correspondem às 22 letras do alfabeto hebraico. Eles são atribuídos aos caminhos que unem as Sephiroth. Seu arranjo é mostrado no mesmo diagrama. 31 e 32 devem ser suplementados por 31-bis e 32-bis, pois estes dois caminhos possuem uma dupla atribuição, a saber: 31-bis para o Espírito contra 31 para o Fogo, 32-bis para a Terra contra 32 para Saturno.

Os números 11, 23, 31, 32-bis, 31-bis estão dispostos junto à margem esquerda da coluna para a conveniência de referência; eles se referem aos cinco elementos.

12, 13, 14, 21, 27, 30, 32 estão dispostos no centro da coluna; se referem aos planetas.

15, 16, 17, 18, 19, 20, 22, 24, 25, 26, 28, 29 estão dispostos no lado direito da coluna; eles se referem aos signos do Zodíaco.

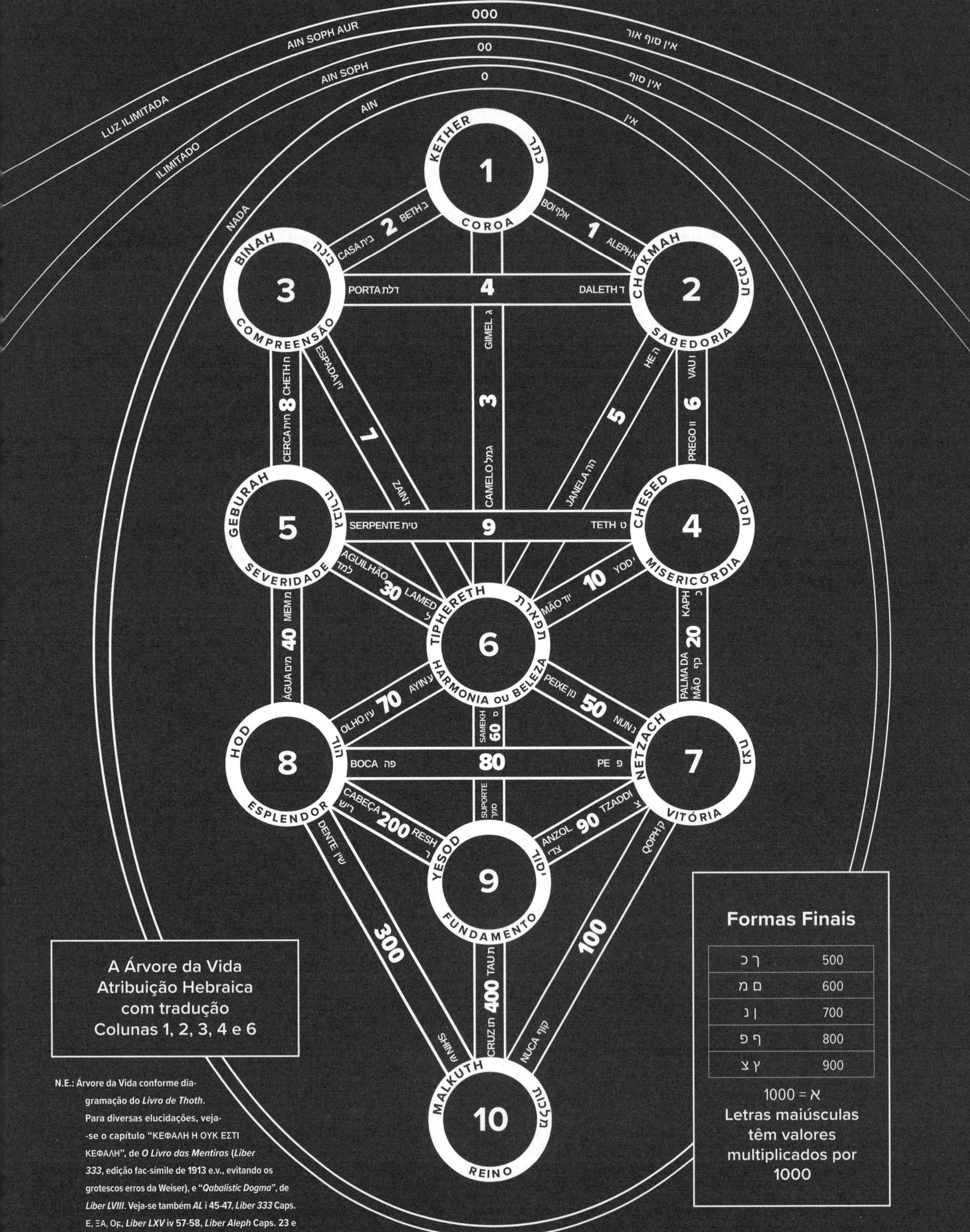

A Árvore da Vida
Atribuição Hebraica com tradução
Colunas 1, 2, 3, 4 e 6

N.E.: Árvore da Vida conforme diagramação do *Livro de Thoth*. Para diversas elucidações, veja-se o capítulo "ΚΕΦΑΛΗ Η ΟΥΚ ΕΣΤΙ ΚΕΦΑΛΗ", de *O Livro das Mentiras* (*Liber 333*, edição fac-símile de 1913 e.v., evitando os grotescos erros da Weiser), e "*Qabalistic Dogma*", de *Liber LVIII*. Veja-se também *AL* i 45-47, *Liber 333* Caps. E, ΞA, OϜ, *Liber LXV* iv 57-58, *Liber Aleph* Caps. 23 e 29, *Liber DCCCXIII* versos 0 e *Liber CLVII* Caps. XIV.

Formas Finais

ך כ	500
ם מ	600
ן נ	700
ף פ	800
ץ צ	900

1000 = א
Letras maiúsculas têm valores multiplicados por 1000

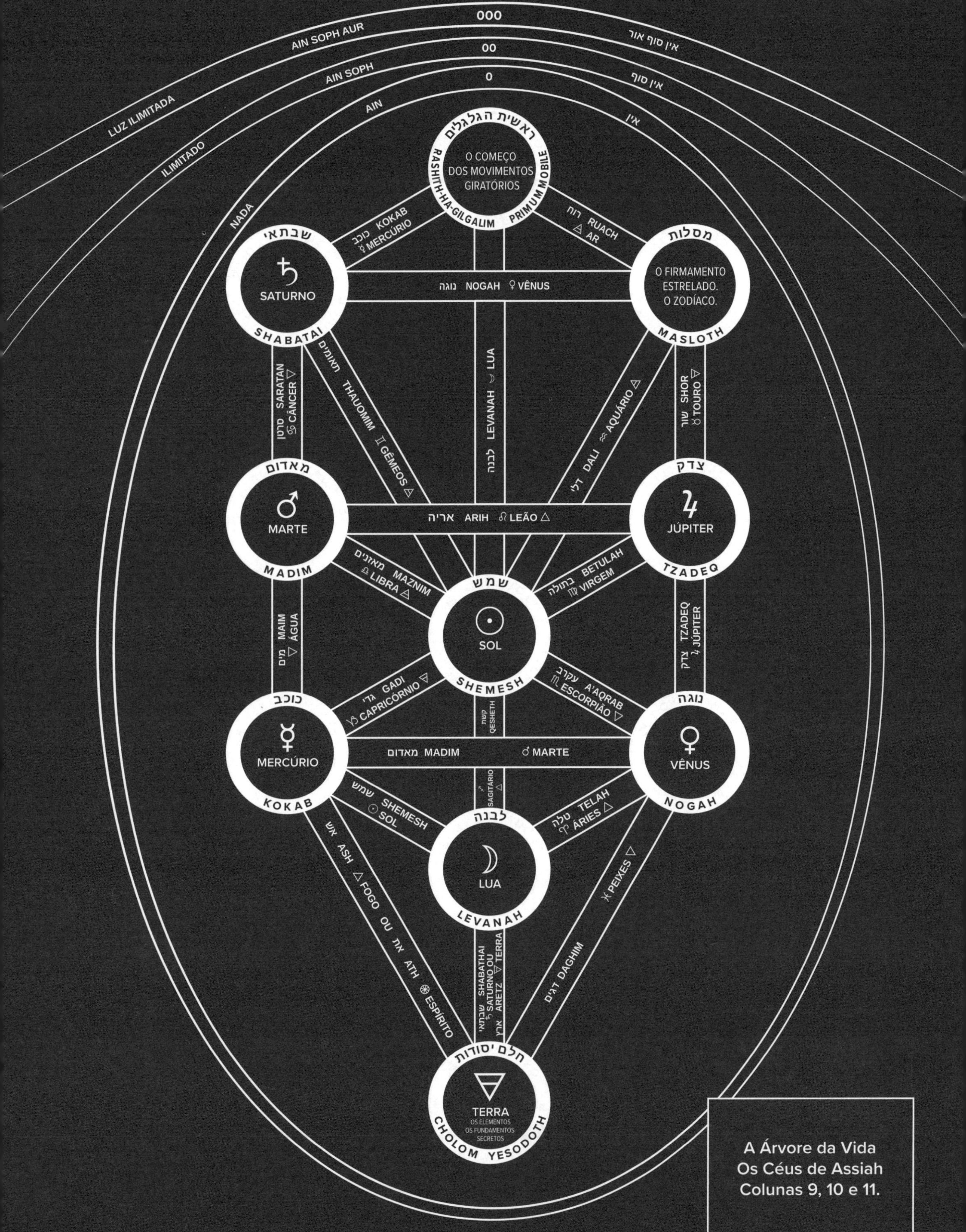

A Árvore da Vida
Os Céus de Assiah
Colunas 9, 10 e 11.

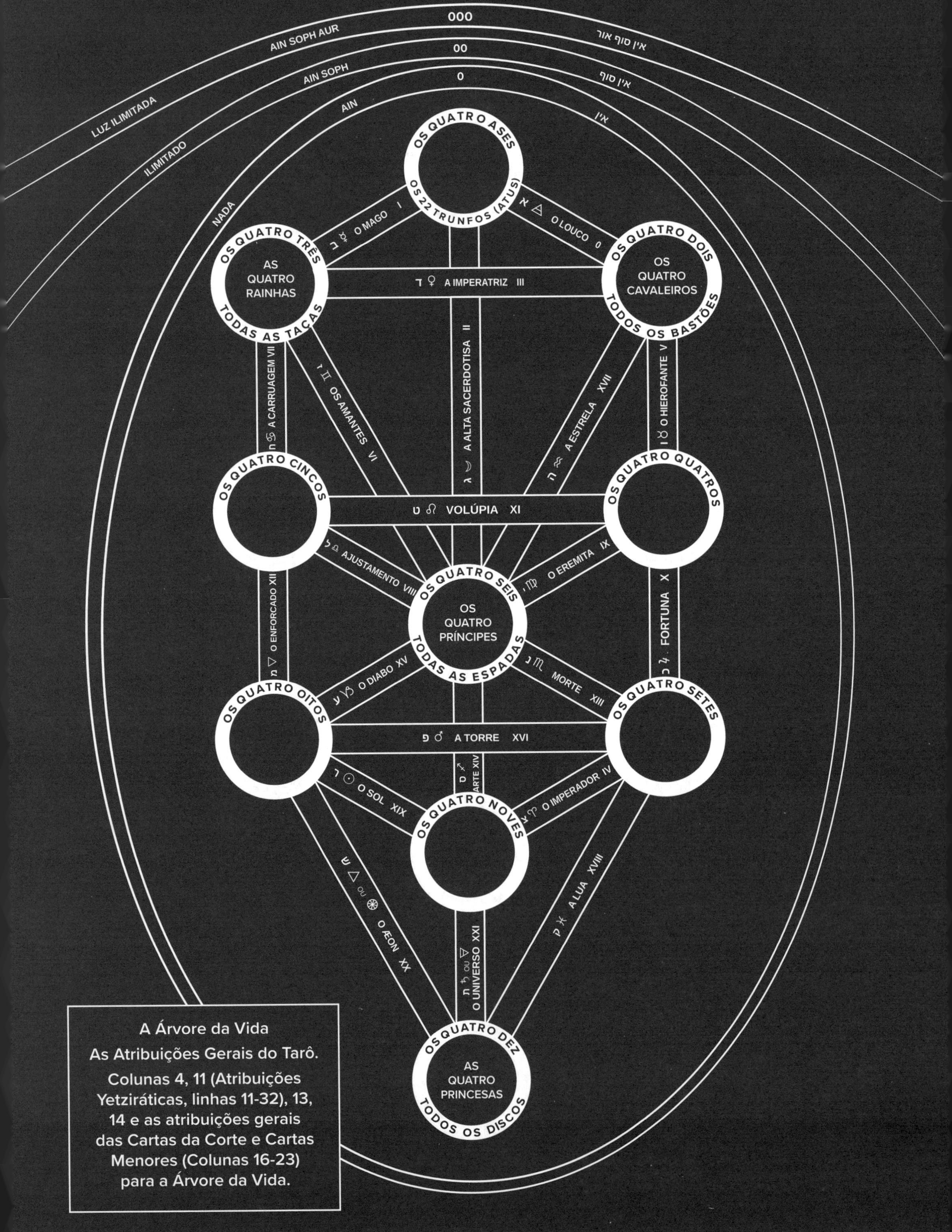

A Árvore da Vida
As Atribuições Gerais do Tarô.
Colunas 4, 11 (Atribuições Yetziráticas, linhas 11-32), 13, 14 e as atribuições gerais das Cartas da Corte e Cartas Menores (Colunas 16-23) para a Árvore da Vida.

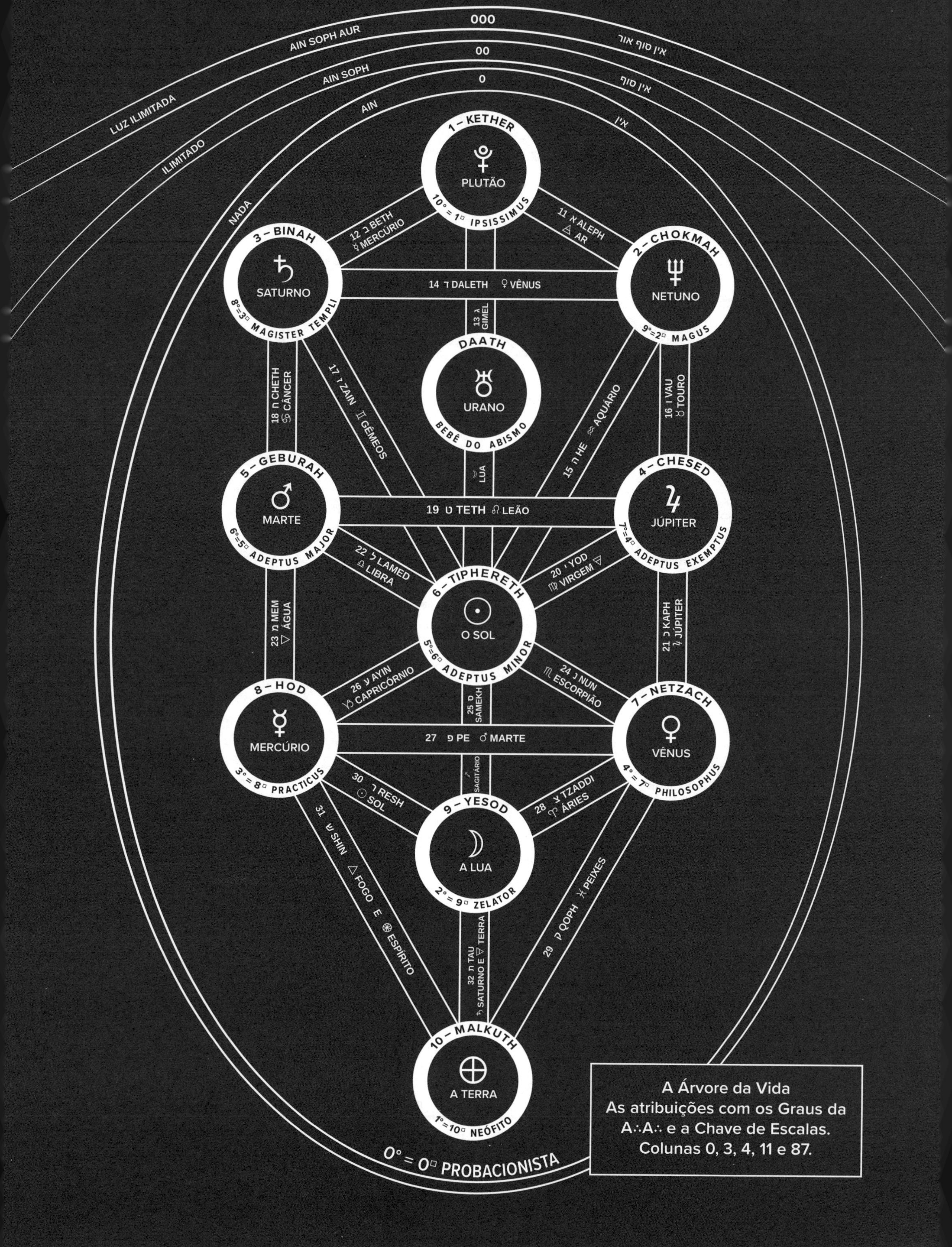

A Árvore da Vida
As atribuições com os Graus da
A∴A∴ e a Chave de Escalas.
Colunas 0, 3, 4, 11 e 87.

TABELA I

0 ESCALA CHAVE	1 NOMES HEBRAICOS DOS NÚMEROS E LETRAS	2 NOMES EM PORTUGUÊS DA COL. 1	3 TRANSLITERAÇÃO DO HEBRAICO COL. 1	4 LETRAS HEBRAICAS	5 VALORES DAS LETRAS HEBRAICAS	6 VALOR NUMÉRICO DA COL. 4	7 A ESPADA E A SERPENTE
0	אין אין סוף אין סוף אור	Nada Sem Limites L.V.X. Ilimitada	Ain Ain Soph Ain Soph Aur				
1	כתר	Coroa	Kether				A Espada Flamejante segue o curso de descida das Sephiroth, e é comparada ao Brilho do Relâmpago. Seu punho está em Kether e sua ponta em Malkuth.
2	חכמה	Sabedoria	Chokmah				
3	בינה	Compreensão	Binah				
4	חסד	Misericórdia	Chesed				
5	גבורה	Severidade	Geburah				
6	תפארת	Harmonia ou Beleza	Tiphereth				
7	נצח	Vitória	Netzach				
8	הוד	Esplendor	Hod				
9	יסוד	Fundamento	Yesod				
10	מלכות	Reino	Malkuth				
11	אלף	Boi	*Aleph*	א	A	1	A Serpente da Sabedoria segue o curso de subida dos caminhos ou letras, sua cabeça estando desta forma em א, sua cauda em ת. O א, o מ e o ש são as Letras Mãe, referentes aos Elementos; ב, ג, ד, כ, פ, ר e ת são letras Duplas, aos Planetas; o restante, letras Simples do zodíaco.
12	בית	Casa	*Beth*	ב	B	2	
13	גמל	Camelo	*Gimel*	ג	G	3	
14	דלת	Porta	*Daleth*	ד	D	4	
15	הה	Janela	*He*	ה	H	5	
16	וו	Prego	*Vau*	ו	V ou W	6	
17	זין	Espada	*Zain*	ז	Z	7	
18	חית	Cerca	*Cheth*	ח	Ch	8	
19	טית	Serpente	*Teth*	ט	T	9	
20	יוד	Mão	*Yod*	י	Y ou I	10	
21	כף	Palma da mão	*Kaph*	כך	K	20, 500	
22	למד	Aguilhão	*Lamed*	ל	L	30	
23	מים	Água	*Mem*	מם	M	40, 600	
24	נון	Peixe	*Nun*	נן	N	50, 700	
25	סמך	Suporte	*Samekh*	ס	S	60	
26	עין	Olho	*Ayin*	ע	O	70	
27	פה	Boca	*Pe*	פף	P	80, 800	
28	צדי	Anzol	*Tzaddi*	צץ	Tz	90, 900	
29	קוף	Nuca	*Qoph*	ק	K suave	100	
30	ריש	Cabeça	*Resh*	ר	R	200	
31	שין	Dente	*Shin*	ש	Sh	300	
32	תו	Tau (Egípcia)	*Tau*	ת	T suave	400	
32 *bis*	תו	—	—	ת		400	
31 *bis*	שין	—	—	ש		300	

0 ESCALA CHAVE	8 A ÁRVORE DA VIDA	9 OS CÉUS EM ASSIAH	10 TRANSLITERAÇÃO DA COL. 9	11 NOMES EM PORTUGUÊS DA COL. 9
1	1º Plano, Pilar do Meio	ראשית הגלגלים	Rashith-ha-gilgalim	Esfera do Primum Mobile
2	2º Plano, Pilar Direito	מסלות	Masloth	Esfera do Zodíaco ou Estrelas Fixas
3	2º Plano, Pilar Esquerdo	שבתאי	Shabatai	Esfera de Saturno
4	3º Plano, Pilar Direito	צדק	Tzadeq	Esfera de Júpiter
5	3º Plano, Pilar Esquerdo	מאדים	Madim	Esfera de Marte
6	4º Plano, Pilar do Meio	שמש	Shemesh	Esfera do Sol
7	5º Plano, Pilar Direito	נוגה	Nogah	Esfera de Vênus
8	5º Plano, Pilar Esquerdo	כוכב	Kokab	Esfera de Mercúrio
9	6º Plano, Pilar do Meio	לבנה	Levanah	Esfera da Lua
10	7º Plano, Pilar do Meio	חלם יסודות	Cholom Yesodoth	Esfera dos Elementos
11	Caminho unindo 1-2	רוח	*ruach*	🜁 Ar
12	Caminho unindo 1-3	(Os Planetas seguem as Sephiroth correspondentes)	*kokab*	☿ Mercúrio
13	Caminho unindo 1-6		*levanah*	◡ Lua
14	Caminho unindo 2-3		*nogah*	♀ Vênus
15	Caminho unindo 2-6	דלי	*dali*	♒ Aquário 🜁
16	Caminho unindo 2-4	שור	*shor*	♉ Touro 🜃
17	Caminho unindo 3-6	תאומים	*thauomim*	♊ Gêmeos 🜁
18	Caminho unindo 3-5	סרטן	*saratan*	♋ Câncer 🜄
19	Caminho unindo 4-5	אריה	*arih*	♌ Leão 🜂
20	Caminho unindo 4-6	בתולה	*betulah*	♍ Virgem 🜃
21	Caminho unindo 4-7		*tzadeq*	♃ Júpiter
22	Caminho unindo 5-6	מאזנים	*maznim*	♎ Libra 🜁
23	Caminho unindo 5-8	מים	*maim*	🜄 Água
24	Caminho unindo 6-7	עקרב	*a'aqrab*	♏ Escorpião 🜄
25	Caminho unindo 6-9	קשת	*qesheth*	♐ Sagitário 🜂
26	Caminho unindo 6-8	גדי	*gadi*	♑ Capricórnio 🜃
27	Caminho unindo 7-8		*madim*	♂ Marte
28	Caminho unindo 7-9	טלה	*telah*	♈ Áries 🜂
29	Caminho unindo 7-10	דגים	*daghim*	♓ Peixes 🜄
30	Caminho unindo 8-9		*shemesh*	☉ Sol
31	Caminho unindo 8-10	אש	*ash*	🜂 Fogo
32	Caminho unindo 9-10		*shabathai*	♄ Saturno
32 *bis*		ארץ	*aretz*	🜃 Terra
31 *bis*		את	*ath*	⊛ Espírito

TABELA I *(CONT.)*

0 ESCALA CHAVE	12 ELEMENTOS (COM SEUS REGENTES PLANETÁRIOS)	13 NÚMEROS IMPRESSOS NOS TRUNFOS DO TARÔ
1	Raiz do 🜁	
2	Raiz do 🜂	
3	Raiz da 🜄	
4	🜄	
5	🜂	
6	🜁	
7	🜂	
8	🜄	
9	🜁	
10	🜃	
11	Quente e Úmido 🜁	0
12		I
13		II
14		III
15	♄ 🜁 ☿	XVII
16	♀ 🜃 ☽	V
17	♄ 🜁 ☿	VI
18	♂ 🜄	VII
19	☉ 🜂 ♃	XI
20	♀ 🜃 ☽	IX
21		X
22	♄ 🜁 ☿	VIII
23	Frio e Úmido 🜄	XII
24	♂ 🜄	XIII
25	☉ 🜂 ♃	XIV
26	♀ 🜃 ☽	XV
27		XVI
28	☉ 🜂 ♃	IV
29	♂ 🜄	XVIII
30		XIX
31	Quente e Seco 🜂	XX
32		XXI
32 *bis*	Frio e Seco 🜃	
31 *bis*		

TABELA I *(CONT.)*

0 ESCALA CHAVE	14 A ATRIBUIÇÃO GERAL DO TARÔ	15 TÍTULO DOS TRUNFOS DO TARÔ
1	Os 4 Ases	
2	Os 4 Dois – Cavaleiros	
3	Os 4 Três – Rainhas	
4	Os 4 Quatros	
5	Os 4 Cincos	
6	Os 4 Seis – Príncipes	
7	Os 4 Setes	
8	Os 4 Oitos	
9	Os 4 Noves	
10	Os 4 Dez – Princesas	
11	O Louco – (Espadas) Príncipes	O Espírito do 'Αιθηρ
12	O Mago	O Magus do Poder
13	A Alta Sacerdotisa	A Sacerdotisa da Estrela de Prata
14	A Imperatriz	A Filha dos Poderosos
15	A Estrela	A Filha do Firmamento: a Moradora entre as Águas
16	O Hierofante	O Magus do Eterno
17	Os Amantes	As Crianças da Voz: o Oráculo dos Deuses Poderosos
18	A Carruagem	A Criança dos Poderes das Águas: o Senhor do Triunfo da Luz
19	Volúpia	A Filha da Espada Flamejante
20	O Eremita	O Profeta do Eterno, o Magus da Voz do Poder
21	Fortuna	O Senhor das Forças da Vida
22	Ajustamento	A Filha dos Senhores da Verdade. A Regente da Balança
23	O Enforcado – (Copas) Rainhas	O Espírito das Águas Poderosas
24	Morte	A Criança das Grandes Transformações. O Senhor do Portal da Morte
25	A Arte	A Filha dos Reconciliadores, a Condutora da Vida
26	O Diabo	O Senhor dos Portões da Matéria. A Criança das Forças do Tempo
27	A Torre (Guerra)	O Senhor das Hostes do Poderoso
28	O Imperador	Sol da Manhã, chefe entre os Poderosos
29	A Lua	O Regente do Fluxo & Refluxo. A Criança dos Filhos do Poderoso
30	O Sol	O Senhor do Fogo do Mundo
31	O Æon – (Bastões) Cavaleiros	O Espírito do Fogo Primal
32	O Universo	O Grande da Noite do Tempo
32 *bis*	Princesas (Discos)	
31 *bis*	Todos os 22 Trunfos	

TABELA IV

0 ESCALA CHAVE	16 TÍTULOS E ATRIBUIÇÕES DO NAIPE BASTÕES	17 TÍTULOS E ATRIBUIÇÕES DO NAIPE TAÇAS	18 TÍTULOS E ATRIBUIÇÕES DO NAIPE ESPADAS	19 TÍTULOS E ATRIBUIÇÕES DO NAIPE DISCOS
1	A Raiz dos Poderes do Fogo	A Raiz dos Poderes da Água	A Raiz dos Poderes do Ar	A Raiz dos Poderes da Terra
2	♂ em ♈ – Domínio	♀ em ♋ – Amor	☽ em ♎ – Paz	♃ em ♑ – Mudança
3	☉ em ♈ – Virtude	☿ em ♋ – Abundância	♄ em ♎ – Dor	♂ em ♑ – Trabalho
4	♀ em ♈ – Conclusão	☽ em ♋ – Luxúria	♃ em ♎ – Trégua	☉ em ♑ – Poder
5	♄ em ♌ – Disputa	♂ em ♏ – Desapontamento	♀ em ♒ – Derrota	☿ em ♉ – Preocupação
6	♃ em ♌ – Vitória	☉ em ♏ – Prazer	☿ em ♒ – Ciência	☽ em ♉ – Sucesso
7	♂ em ♌ – Valor	♀ em ♏ – Deboche	☽ em ♒ – Futilidade	♄ em ♉ – Fracasso
8	☿ em ♐ – Rapidez	♄ em ♓ – Indolência	♃ em ♊ – Interferência	☉ em ♍ – Prudência
9	☽ em ♐ – Força	♃ em ♓ – Felicidade	♂ em ♊ – Crueldade	♀ em ♍ – Ganho
10	♄ em ♐ – Opressão	♂ em ♓ – Saciedade	☉ em ♊ – Ruína	☿ em ♍ – Riqueza

TABELA II

0 ESCALA CHAVE	20 AS CARTAS DA CORTE DO TARÔ, COM AS ESFERAS DE SEUS DOMÍNIOS CELESTIAIS – BASTÕES	21 AS CARTAS DA CORTE DO TARÔ, COM AS ESFERAS DE SEUS DOMÍNIOS CELESTIAIS – COPAS	22 AS CARTAS DA CORTE DO TARÔ, COM AS ESFERAS DE SEUS DOMÍNIOS CELESTIAIS – ESPADAS	23 AS CARTAS DA CORTE DO TARÔ, COM AS ESFERAS DE SEUS DOMÍNIOS CELESTIAIS – DISCOS
11	O Príncipe da Carruagem de Fogo. Rege 20° de ♋ até 20° de ♌, incluindo a maioria de Leão Menor.	O Príncipe da Carruagem das Águas. 20° de ♎ até 20° de ♏.	O Príncipe da Carruagem do Ar. 20° de ♑ até 20° de ♒.	O Príncipe da Carruagem da Terra. 20° de ♈ até 20° de ♉.
23	A Rainha dos Tronos de Chamas. 20° de ♓ até 20° de ♈, incluindo parte de Andrômeda.	A Rainha dos Tronos das Águas. 20° de ♊ até 20° de ♋.	A Rainha dos Tronos do Ar. 20° de ♍ até 20° de ♎.	A Rainha dos Tronos da Terra. 20° de ♐ até 20° de ♑.
31	O Senhor das Chamas e Relâmpagos. O Rei dos Espíritos do Fogo. Rege 20° de ♏ até 20° de ♐, incluindo parte de Hércules.	O Senhor das Ondas e das Águas. O Rei das Hostes do Mar. 20° de ♒ até 20° de ♓, incluindo a maioria de Pégaso.	O Senhor dos Ventos e das Brisas. O Rei dos Espíritos do Ar. 20° de ♉ até 20° de ♊.	O Senhor da Terra Ampla e Fértil. O Rei dos Espíritos da Terra. 20° de ♌ até 20° de ♍.
32 *bis*	A Princesa da Flama Brilhante. A Rosa do Palácio do Fogo. Rege um Quadrante dos Céus em torno do Polo Norte.	A Princesa das Águas. O Lótus do Palácio dos Dilúvios. Rege outro Quadrante.	A Princesa dos Ventos Furiosos. O Lótus do Palácio do Ar. Rege um 3º Quadrante.	A Princesa dos Vales Ecoantes. O Lótus do Palácio da Terra. Rege um 4º Quadrante dos Céus por volta de Kether.
31 *bis*	A Raiz dos Poderes de Fogo (Ás)	A Raiz dos Poderes da Água (Ás).	A Raiz dos Poderes do Ar (Ás).	A Raiz dos Poderes da Terra (Ás).

TABELA I *(CONT.)*

0 ESCALA CHAVE	24 SELEÇÃO DE DEUSES EGÍPCIOS	25 PEQUENA SELEÇÃO DE DEIDADES HINDUS
0	Harpocrates, Amon, Nuit	AUM
1	Ptah, Asar un Nefer, Hadit	Parabrahm (ou qualquer outro que desejar agradar)
2	Amon, Thoth, Nuit	Shiva, Vishnu (como avatares Buda), Akasha (como matéria), Lingam
3	Maut, Isis, Néftis	Bhavani (todas as formas de Shakti), Prana, (como Força), Yoni
4	Amon, Isis	Indra, Brahma
5	Horus, Néftis	Vishnu, Varruna-Avatar
6	Asar, Ra	Vishu-Hari-Krishna-Rama
7	Hathoor	
8	Anúbis	Hanuman
9	Shu	Ganesha, Vishnu (Avatar de Kurm)
10	Seb. Isis e Néftis menores (isto é, solteiras).	Lakshmi etc. [Kundalini]
11	Nu	Os Maruts [Vayu]
12	Thoth e Cinocéfalo	Hanuman, Vishnu (como Parasa-Rama)
13	Chomse	Chandra (como a ☽)
14	Hathoor	Lalita (aspecto sexual de Shakti)
15	Ahephi, Aroueris	
16	Asar Ameshet Ápis	Shiva (Touro Sagrado)
17	Várias Deidades gêmeas, Rehkt, Merti etc.	Vários gêmeos e Deidades híbridas
18	Khephra	
19	Ra-Hoor-Khuit, Pasht, Sekhet, Mau	Vishnu (Avatar de Nara-Singh)
20	Isis [como Virgem]	As Gopikas, o Senhor da Yoga
21	Amon-Ra	Brahma, Indra
22	Ma	Yama
23	Tum Athph Auramoth (como ▽), Asar (como o Enforcado), Hekar, Isis	Soma [apas]
24	Deusas Merti, Tifão, Apep, Khephra	Kundalini
25	Néftis	Vishnu [Avatar-Cavalo]
26	Khem (Set)	Lingam, Yoni
27	Horus	
28	Men Thu	Shiva
29	Khephra (como o Escaravelho no Trunfo do Tarô)	Vishnu [Avatar de Matsya]
30	Ra e muitos outros	Surya (como o ☉)
31	Thoum-aesh-neith, Mau, Kabeshunt, Horus, Tarpesheth	Agni [Tejas], Yama [como Deus do Juízo Final]
32	Sebek, Mako	Brahma
32 *bis*	Satem, Ahapshi, Néftis, Ameshet	[Prithivi]
31 *bis*	Asar	[Akasha]

TABELA I *(CONT.)*

0 ESCALA CHAVE	26 ALGUNS DEUSES GREGOS	27 ALGUNS DEUSES ROMANOS
0	Pã	
1	Zeus, Iacchus	Júpiter
2	Atena, Urano	Jano
3	Cibele, Deméter, Reia, Hera	Juno, Cibele, Saturno, Hécate etc.
4	Poseidon	Júpiter
5	Ares, Hades	Marte
6	Iacchus, Apolo, Adônis	Apolo
7	Afrodite, Niké	Vênus
8	Hermes	Mercúrio
9	Zeus (como 🜁), Diana de Éfeso (como a pedra fálica)	Diana (como a ◡)
10	Perséfone (Adônis), Psiquê	Ceres
11	Zeus	Júpiter
12	Hermes	Mercúrio
13	Ártemis, Hécate	Diana
14	Afrodite	Vênus
15	(Atena), Ganimedes	Juno
16	(Hera)	Vênus
17	Castor & Pólux, Apolo o Divinador	Castor & Pólux (Jano)
18	Apolo o Condutor	Mercúrio
19	Deméter (nascida dos leões)	Vênus (reprimindo o Fogo do Vulcão)
20	Átis	Átis, Ceres, Adônis
21	Zeus	Júpiter [Plutão]
22	Témis, Minos, Éaco e Radamanto	Vulcano
23	Poseidon	Netuno
24	Ares	Marte
25	Apolo, Ártemis (caçadores)	Diana (como a Arqueira)
26	Pã, Príapo (Hermes Ereto e Baco)	Pã, Vesta, Baco
27	Ares	Marte
28	Atena	Marte, Minerva
29	Poseidon	Netuno
30	Hélios, Apolo	Apolo
31	Hades	Vulcano, Plutão
32	(Atena)	Saturno
32 *bis*	(Deméter)	Ceres
31 *bis*	Iacchus	(Liber)

TABELA I *(CONT.)*

0 ESCALA CHAVE	28 ANIMAIS, REAIS E IMAGINÁRIOS	29 PLANTAS, REAIS E IMAGINÁRIAS
0		
1	Deus	Amendoeiras em Flor
2	Homem	Amaranto
3	Mulher	Cipreste, Papoula-dormideira
4	Unicórnio	Oliveira, *Shamrock*
5	Basilisco	Carvalho, Noz-vómica, Urtiga
6	Fênix, Leão, Criança	Acácia, Louro, Loureiro, Videira
7	Lince	Rosa
8	Hermafrodita, Chacal	Moli, Peiote
9	Elefante	(Baniano), Mandrágora, Damiana
10	Esfinge	Salgueiro, Lírio, Hera
11	Águia ou Homem (Querubim do 🜁)	Álamo-tremulante
12	Andorinha, Íbis, Símio	Verbena, Mercurial, Manjerona, Palmeira
13	Cão	Amendoeira, Artemísia, Aveleira (como ☽), Lunária, Ranúnculos
14	Pardal, Pombo, Cisne	Murta, Rosa, Trevo
15	Homem ou Águia (Querubim do 🜁), Pavão	(Oliveira), Coqueiro
16	Touro (Querubim da 🜃)	Malva
17	Pega-rabuda, Híbridos	Híbridos, Orquídeas
18	Caranguejo, Tartaruga, Esfinge	Lótus
19	Leão (Querubim do △)	Girassol
20	Virgem, Anacoreta, qualquer pessoa ou animal solitário	*Galanthus nivalis* (Snowdrop), Lírio, Narciso
21	Águia	Hissopo, Carvalho, Álamo, Figo
22	Elefante	Babosa
23	Águia-Cobra-Escorpião (Querubim da ▽)	Lótus, todas as Plantas Aquáticas
24	Escorpião, Besouro, Crustáceo ou Lagosta, Lobo	Cacto
25	Centauro, Cavalo, Hipogrifo, Cão	Juncos
26	Bode, Burro	Cânabis, Tubérculo de Orquídea, Cardo
27	Cavalo, Urso, Lobo	Absinto, Arruda
28	Carneiro, Coruja	Lírio-tigre, Gerânio
29	Peixe, Golfinho	Organismos Unicelulares, Papoula
30	Leão, Gavião	Girassol, Loureiro, Heliotrópio
31	Leão (Querubim do △)	Papoula-vermelha, Hibisco, Urtiga
32	Crocodilo	Freixo, Cipreste, Heléboro, Teixo, Doce-amarga
32 *bis*	Touro (Querubim da 🜃)	Carvalho, Hera
31 *bis*	Esfinge (se Armada com Espada e Coroada)	Amendoeiras em Flor

TABELA I *(CONT.)*

0 ESCALA CHAVE	30 PEDRAS PRECIOSAS	31 PERFUMES
0		
1	Diamante	Âmbar cinza
2	Rubi Estrela, Turquesa	Almíscar
3	Safira Estrela, Pérola	Mirra, Civeta africana
4	Ametista, Safira	Cedro
5	Rubi	Tabaco
6	Topázio, Diamante Amarelo	Olíbano
7	Esmeralda	Benjoim, Rosa, Sândalo Vermelho
8	Opala, especialmente Opala de Fogo	Estoraque
9	Quartzo	Jasmim, Ginseng, todas as Raízes Odoríferas
10	Quartzo puro	Dictamo de Creta
11	Topázio, Calcedônia	Gálbano
12	Opala, Ágata	Mástique, Sândalo Branco, Macis, Estoraque, todos os Odores Fugazes
13	Pedra da Lua, Pérola, Cristal	Sangue Menstrual, Cânfora, Babosa, todos os Odores Docemente Virginais
14	Esmeralda, Turquesa	Sândalo, Murta, todos os Odores Suavemente Voluptuosos
15	Vidro Artificial	Gálbano
16	Topázio	Estoraque
17	Alexandrita, Turmalina, Espato da Islândia	Absinto
18	Âmbar	Ônica
19	Olho de gato	Olíbano
20	Peridoto	Narciso
21	Ametista, Lápis-lazúli	Açafrão, todos os Odores Copiosos
22	Esmeralda	Gálbano
23	Berilo ou Água Marinha	Ônica, Mirra
24	Amonite	Benjoim Siamês, Opopanax
25	Jacinto	Aloés
26	Diamante Negro	Almíscar, Civeta-africana (também perfumes Saturnianos)
27	Rubi, qualquer pedra vermelha	Pimenta, Sangue de Dragão, todos os Odores Intensamente Picantes
28	Rubi	Sangue de Dragão
29	Pérola	Âmbar cinza
30	Crisólito	Olíbano, Canela, todos os Odores Agradáveis
31	Opala do Fogo	Olíbano, todos os Odores Ardentes
32	Ônix	Assafétida, Escamônea, Anileira, Enxofre (todos os Odores Malcheirosos)
32 *bis*	Halita	Estoraque, todos os Odores Entorpecentemente Pesados
31 *bis*		

TABELA I *(CONT.)*

0 ESCALA CHAVE	32 PODERES MÁGICOS [MISTICISMO OCIDENTAL]	33 ARMAS MÁGICAS
0	A Suprema Consecução	
1	União com Deus	Suástica ou Cruz de Fylfot, Coroa
2	A Visão de Deus face a face	Lingam, o Robe Interno da Glória
3	A Visão da Dor	Yoni, o Robe Externo do Segredo
4	A Visão do Amor	A Baqueta, Cetro ou Cajado
5	A Visão da Força	A Espada, Lança, Azorrague ou Corrente
6	A Visão da Harmonia das Coisas (também os Mistérios da Crucificação)	O Lâmem ou Rosa-Cruz
7	A Visão da Beleza Triunfante	A Lâmpada e o Cinto
8	A Visão do Esplendor [Ezequiel]	Os Nomes e Versículos, e o Avental
9	A Visão da Maquinaria do Universo	Os Perfumes e Sandálias
10	A Visão do Sagrado Anjo Guardião ou de Adonai	O Círculo e o Triângulo Mágicos
11	Divinação	A Adaga ou Leque
12	Milagres de Cura, Dom de Idiomas, Conhecimento das Ciências	A Baqueta ou Caduceu
13	A Tintura Branca, Clarividência, Divinação por Sonhos	Arco e Flecha
14	Poções do Amor	O Cinto
15	Astrologia	O Incensário ou Aspersório
16	O Segredo da Força Física	O Labor da Preparação
17	O Poder de estar em dois ou mais lugares ao mesmo tempo, e da Profecia	O Tripé
18	Poder de Lançar Encantamentos	A Fornalha
19	Poder de Treinar Bestas Selvagens	A Disciplina (Preliminarmente)
20	Invisibilidade, Partenogênese, Iniciação (?)	A Lâmpada e Baqueta (Força Viril reservada), o Pão
21	Poder de Adquirir Ascensão Política e outras	O Cetro
22	Trabalhos de Justiça e Equilíbrio	A Cruz do Equilíbrio
23	A Grande Obra, Talismãs, Bola de Cristal etc.	A Taça e a Cruz do Sofrimento, o Vinho
24	Necromancia	A Dor do Dever
25	Transmutações	A Flecha (aplicação de força repentina e contínua)
26	O assim chamado Sabá das Bruxas, o Mau Olhado	A Força Secreta, Lâmpada
27	Trabalhos de Ira e Vingança	A Espada
28	Poder de Consagrar Coisas	Os Chifres, Energia, o Buril
29	Feitiçaria, Lançar Ilusões	O Crepúsculo do Lugar, Espelho Mágico
30	A Tintura Vermelha, Poder de Adquirir Riqueza	O Lâmem ou Arco e Flecha
31	Evocação, Piromancia	A Baqueta, Lâmpada, Pirâmide do △
32	Trabalhos de Maldição e Morte	A Foice
32 *bis*	Alquimia, Geomancia, Construção de Pantáculos	O Pantáculo, o Sal
31 *bis*	Invisibilidade, Transformações, Visão do Gênio	

TABELA I *(CONT.)*

0 ESCALA CHAVE	34 FÓRMULAS MÁGICAS	35 FIGURAS LINEARES DOS PLANETAS, E GEOMANCIA	36 INTELIGÊNCIAS GEOMÂNTICAS
0	LASTAL. M . . . .M	O Círculo	
1		O Ponto	
2	VIAOV	A Linha, também a Cruz	
3	BABALON VITRIOL	O Plano, também o Diamante, Oval, Círculo, e outros Símbolos de Yoni	
4	IHVH	A Figura Sólida	
5	AGLA ALHIM	O Tesserato	
6	ABRAHADABRA IAO : INRI	As Figuras Geomânticas Sephiróticas seguem os Planetas. Caput e Cauda Draconis são os Nodos da Lua, aproximadamente = Netuno e Herschel respectivamente. Eles pertencem a Malkuth.	
7	ARARITA		
8			
9	ALIM		
10	VITRIOL		
11		Aquelas da Triplicidade do 🜁	
12		Octagrama	רפאל
13	ALIM	Eneagrama	גבריאל
14	ΑΓΑΠΕ	Heptagrama	אנאל
15		Tristitia	כאמבריאל
16		Amissio	אסמודאל
17		Albus	אמבריאל
18	ABRAHADABRA	Populus e Via	מוריאל
19	ΤΟ ΜΕΓΑ ΘΗΡΙΟΝ	Fortuna Major e Fortuna Minor	ורכיאל
20		Conjunctio	רמליאל
21		Quadrado e Losango	סחיאל
22		Puella	זוריאל
23		Aquelas da Triplicidade da ▽	
24	AUMGN	Rubeus	ברכיאל
25	ON	Acquisitio	אדוכיאל
26	ON	Carcer	הנאל
27		Pentagrama	זמאל
28		Puer	מלכידאל
29		Laetitia	אמניציאל
30	IAO: INRI	Hexagrama	מיכאל
31		Aquelas da Triplicidade do △	
32		Triângulo	כשיאל
32 *bis*		Aquelas da Triplicidade da 🜃	
31 *bis*			

TABELA I *(CONT.)*

0 ESCALA CHAVE	37 ALFABETO ÁRABE	38 NUMERAÇÃO DO ALFABETO ÁRABE	39 ALFABETO GREGO	40 NUMERAÇÃO DO ALFABETO GREGO	41 ALFABETO COPTA[1430]
1	Três Pais Perdidos			31	ϛ
2			[ς][1431]	200	ϭ
3					ϯ
4	ث	500	[ι][1432]		ⲏ
5	خ	600	[φ]	500	ⲫ
6	ذ	700	ω	800	ⲱ
7	ض	800	[ε]		ⲉ
8	ظ	900			ϥ
9	غ	1000	χ	600	ϫ
10	غ		ϡ	900	ⲥ
11	ا	1	α	1	ⲁ
12	ب	2	β	2	ⲃ
13	ج	3	γ	3	ⲅ
14	ر	4	δ	4	ⲇ
15	ه	5	ε	5	ϩ
16	و	6	F	6	ⲩ
17	ز	7	ζ	7	ⲍ
18	ح	8	η	8	ϧ
19	ط	9	θ	9	ⲑ
20	ي	10	ι	10	ⲓ
21	ك	20	κ	20	ⲕ
22	ل	30	λ	30	ⲗ
23	م	40	μ	40	ⲙ
24	ن	50	ν	50	ⲛ
25	س	60	ξ (σ)	60	ⲝ
26	ع	70	ο	70	ⲟ
27	ف	80	π	80	ⲡ
28	ص	90	ψ	700	ⲯ
29	ق	100	ϙ	90	ⲭ
30	ر	200	ρ	100	ⲣ
31	ش	300	ϡ	900	ϣ
32	ت	400	τ	300	ⲧ
32 *bis*			υ	400	
31 *bis*					

1430 N.E.: Para esta coluna optamos por adotar as mudanças inseridas na segunda edição revisada do *Book Four* publicado pela Weiser Books em 1997 e.v. As justificativas para estas alterações podem ser consultadas nas p.p. 768-770 do referido livro.

1431 N.E.: Consideramos aqui um *sigma* final, conforme mostrado na edição de 1929 e.v. do *Magick in Theory and Practice*.

1432 N.E.: Há alguma controvérsia sobre este item da tabela. A maioria das fontes traz uma ou outra variante de *sigma* minúsculo, mas o *Magick in Theory and Practice* de 1929 e.v. apresenta claramente um *iota*.

TABELA I *(CONT.)*

0 ESCALA CHAVE	42 ESCALA DE COR DO REI (י – YOD)	43 ESCALA DE COR DA RAINHA (ה – HE)	44 ESCALA DE COR DO PRÍNCIPE [IMPERADOR] (ו – VAU)	45 ESCALA DE COR DA PRINCESA [IMPERATRIZ] (ה – HE)
1	Brilho	Brilho branco	Brilho branco	Branco manchado com dourado
2	Azul claro puro	Cinza	Cinza-pérola azul, como madrepérola	Branco, manchado com vermelho, azul e amarelo
3	Carmesim	Preto	Castanho escuro	Cinza manchado de rosa
4	Violeta escuro	Azul	Púrpura escuro	Azure escuro manchado com amarelo
5	Laranja	Vermelho escarlate	Escarlate brilhante	Vermelho manchado com preto
6	Rosa Pink claro	Amarelo (ouro)	Salmão puro	Âmbar dourado
7	Âmbar	Esmeralda	Verde-amarelo vivo	Oliva manchado com dourado
8	Púrpura violeta	Laranja	Vermelho-*russet*	Castanho-amarelo manchado com branco
9	Índigo	Violeta	Púrpura muito escuro	Citrino manchado com cerúleo
10	Amarelo	Citrino, oliva, *russet* e preto	Como na Escala da Rainha, mas manchado com dourado	Preto rajado com amarelo
11	Amarelo-claro brilhante	Azul celeste	Verde esmeralda azul	Esmeralda manchado com dourado
12	Amarelo	Púrpura	Cinza	Índigo rajado com violeta
13	Azul	Prata	Azul claro cinzento	Prata rajado com azul-celeste
14	Verde esmeralda	Azul celeste	Verde primaveril	Rosa, ou cereja, brilhante rajado com verde claro
15	Violeta	Azul celeste	Malva azulada	Branco colorido com púrpura
16	Laranja vermelho	Índigo escuro	Oliva quente escuro	Marrom vivo
17	Laranja	Malva clara	Couro amarelo fresco	Cinza avermelhado inclinado para malva
18	Âmbar	Marrom	*Russet* puro brilhante	Castanho esverdeado escuro
19	Amarelo, esverdeado	Púrpura escuro	Cinza	Âmbar avermelhado
20	Verde, amarelado	Cinza cor-de-ardósia	Cinza verde	Cor de ameixa
21	Violeta	Azul	Púrpura vivo	Azul brilhante rajado com amarelo
22	Verde esmeralda	Azul	Verde-azul escuro	Verde claro
23	Azul escuro	Verde-mar	Verde-oliva escuro	Branco manchado com púrpura, como madrepérola
24	Azul verde	Castanho sem brilho	Castanho muito escuro	Castanho índigo pálido (como um besouro preto)
25	Azul	Amarelo	Verde	Azul escuro vívido
26	Índigo	Preto	Preto azul	Cinza escuro frio, próximo ao preto
27	Escarlate	Vermelho	Vermelho veneziano	Vermelho brilhante rajado com azure ou esmeralda
28	Escarlate	Vermelho	Chama brilhante	Vermelho incandescente
29	Carmesim (ultravioleta)	Couro, manchado de branco-prata	Castanho rosado translúcido claro	Cor de pedra
30	Laranja	Amarelo-ouro	Âmbar vivo	Âmbar rajado com vermelho
31	Escarlate laranja incandescente	Vermelhão	Escarlate, manchado de dourado	Vermelhão manchado com carmesim & esmeralda
32	Índigo	Preto	Preto azul	Preto rajado com azul
32 *bis*	Citrino, *russet*, oliva e preto (dividir em quatro partes iguais)	Âmbar	Castanho escuro	Preto manchado com amarelo
31 *bis*	Branco, fundindo-se em cinza	Púrpura escuro, quase preto	As 7 cores prismáticas, sendo o violeta mais externo	Branco, vermelho, amarelo, azul, preto (o último sendo o mais externo)

TABELA II

0 ESCALA CHAVE	46 ATRIBUIÇÃO AO PENTAGRAMA	47 OS ELEMENTOS E SENTIDOS	48 AS LETRAS DO NOME	49 OS QUATRO MUNDOS	50 NOMES SECRETOS DOS QUATRO MUNDOS	51 AS PARTES DA ALMA
11	Ponta Superior Esquerda	🜁 Ar, Olfato	ו	Yetzirah, Mundo Formativo	מה Mah	רוח Ruach
23	Ponta Superior Direita	🜄 Água, Paladar	ה	Briah, Mundo Criativo	סג Seg	נשמה Neschamah
31	Ponta Inferior Direita	🜂 Fogo, Visão	י	Atziluth, Mundo Arquetípico	עב Ob	חיה Chiah
32 *bis*	Ponta Inferior Esquerda	🜃 Terra, Tato	הּ	Assiah, Mundo Material	בן Ben	נפש Nephesch
31 *bis*	Ponta Mais Alta	☸ Espírito, Audição	ש			יחידה Jechidah

TABELA II *(CONT.)*

0 ESCALA CHAVE	52 ARCANJOS DOS QUADRANTES	53 TRANSLITERAÇÃO DA COL. 52	54 OS QUATRO QUADRANTES	55 REIS ELEMENTAIS SUPREMOS	56 OS ELEMENTOS ALQUÍMICOS	57 OS CINCO ELEMENTOS (TATTWAS)	58 OS CINCO SKANDHAS
11	רפאל	Rafael	(L) מזרח	Tahoeloj	☿	Vayu – O Círculo Azul	samkhara
23	גבריאל	Gabriel	(O) מערב	Thahebyobeaatan	⊖	Apas – A Crescente Prateada	vedana
31	מיכאל	Miguel	(S) דרום	Ohooohatan	🜍	Agni ou Tejas – O Triângulo Vermelho	sañña
32 *bis*	אוריאל	Auriel	(N) צפון	Thahaaotahe	⊖	Prithivi – O Quadrado Amarelo	rupa
31 *bis*						Akasha – O Ovo Preto	viññana

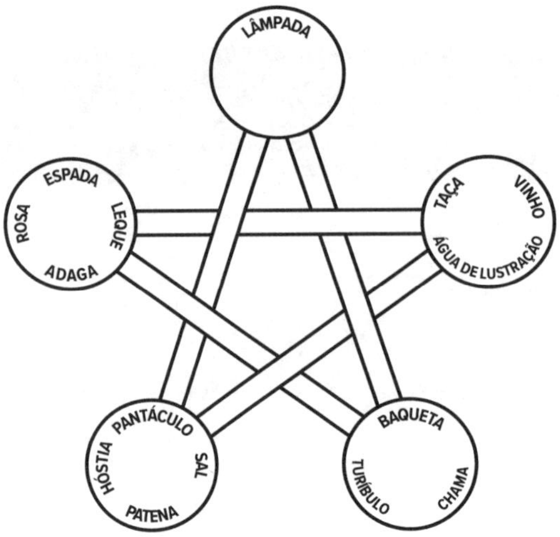

As Armas Elementais

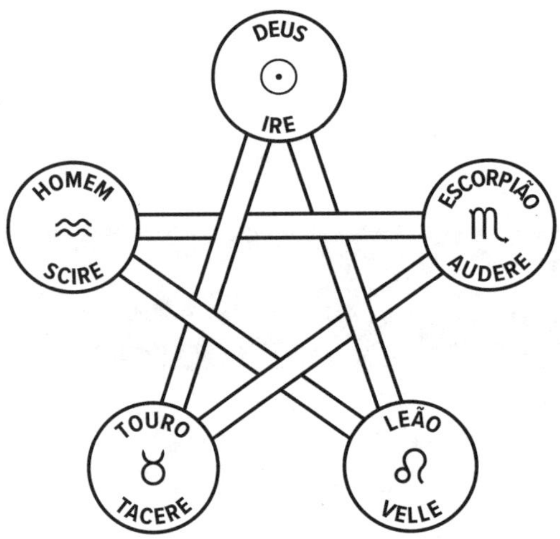

A Esfinge

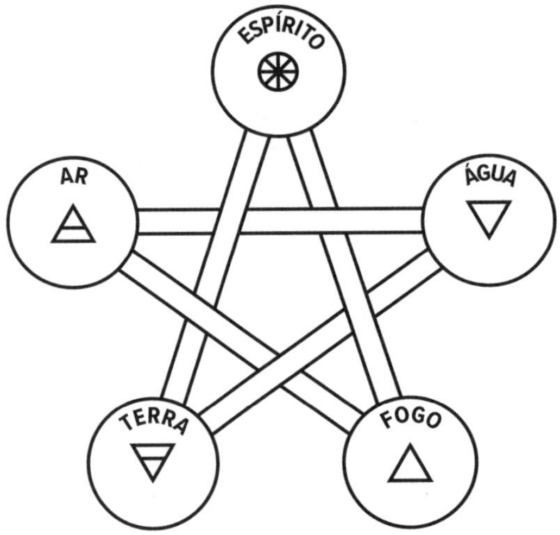

Os Elementos e seus Símbolos

TABELA III

0 ESCALA CHAVE	59 A ATRIBUIÇÃO AO HEXAGRAMA	60 OS PLANETAS E SEUS NÚMEROS		61 METAIS	62 O NOBRE CAMINHO DE OITO PARTES	63 PORTUGUÊS DA COL. 62
12	Ponta Inferior Esquerda	☿	8	Mercúrio	Samma Vaca	Fala Correta
13	Ponta de Baixo	◡	9	Prata	Samma Sankappo	Aspiração Correta
14	Ponta Inferior Direita	♀	7	Cobre	Samma Kammanto	Conduta Correta
21	Ponta Superior Direita	♃	4	Estanho	Samma Ajivo	Disciplina Correta
27	Ponta Superior Esquerda	♂	5	Ferro	Samma Vayamo	Energia Correta
30	Ponta Central	☉	6	Ouro	Samma Samadhi	Êxtase Correto
32	Ponta de Cima	♄	3	Chumbo	Samma Sati e Samaditthi	Recordação Correta (em ambos os sentidos da palavra). Ponto de Vista Correto.

TABELA III *(CONT.)*

0 ESCALA CHAVE	64 ESPÍRITOS DOS PLANETAS	65 INTELIGÊNCIAS DOS PLANETAS
12	(2080) תפתרתרת	(260) טיריאל
13	(369) חשמודאי	(3321) מלכא בתרשישים ועד ברוה שהקים[1433]
14	(175) קדמאל	(49) הגיאל
21	(136) הסמאל	(136) יופיל
27	(325) ברצבאל	(325) גראפיאל
30	(666) סורת	(111) נכיאל
32	(45) זזאל	(45) אגיאל

1433 N.E.: O estudante arguto perceberá facilmente que esse é o único caso deste apêndice em que a gematria (3321) não condiz com a Inteligência do Planeta, porém, em respeito à literalidade do texto do *777*, manteremos a grafia original. O estudante sério também perceberá que Crowley traz uma grafia diferente na p. 38, Col. CXCIV, Tab. III do *777*, para a Inteligência indicada (escreve literalmente Malkah Be Tarshishim va A'ad Be Ruah Shehalim, quando anteriormente grafava em hebraico "Shehaqim"). Consideramos a possibilidade de erros tipográficos (algo natural em um trabalho tecnicamente complexo como o *777*) e ora apresentamos uma solução que satisfaz a gematria 3321: a Inteligência da Lua como sendo מלכא בתרשישים ועד ברוה שהרים (Malkah Be Tarshishim va A'ad Be Ruah Sheharim).

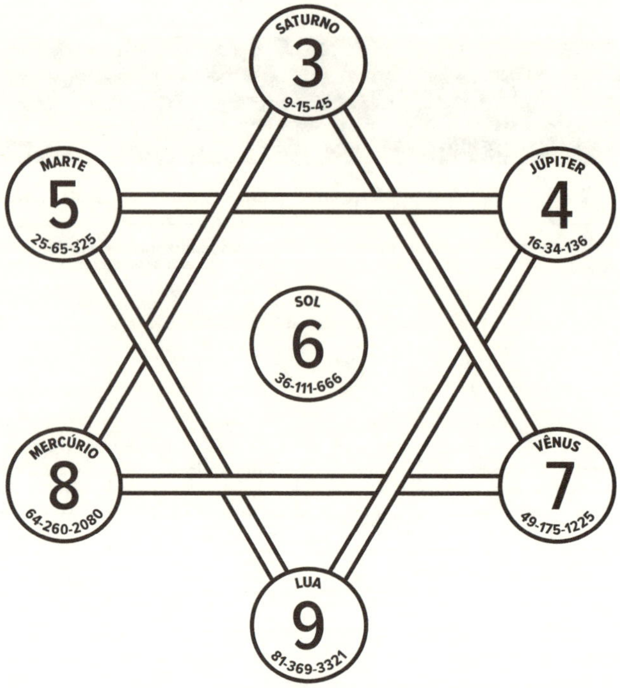

O Hexagrama dos Planetas com seus Números.

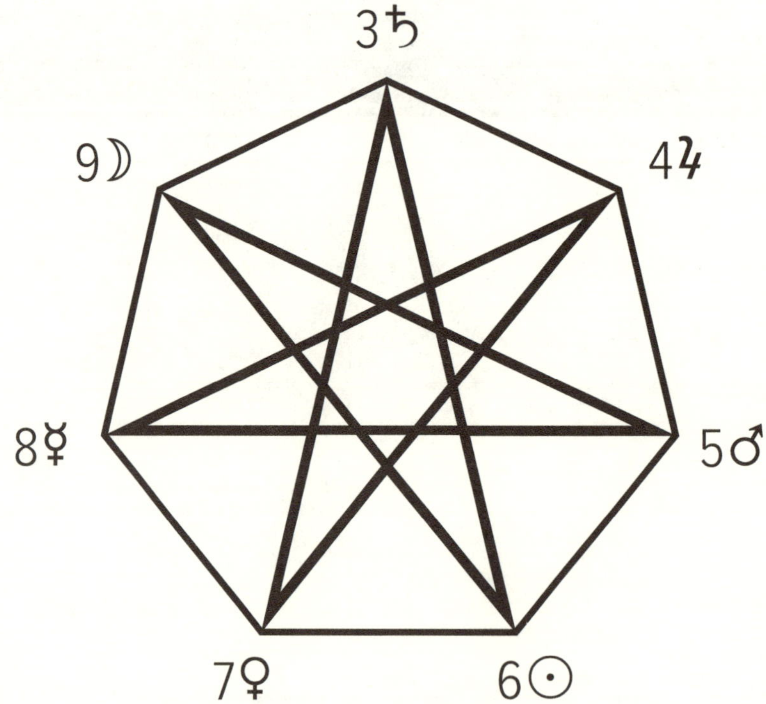

Os Dias da Semana.

TABELA IV

0 ESCALA CHAVE	66 HEXAGRAMA CELESTE	67 PARTES DA ALMA	68 TRANSLITERAÇÃO DA COL. 67	69 PORTUGUÊS DA COL. 67	70 A ALMA (HINDU)	71 OS CHAKRAS OU CENTROS DE PRANA (HINDUÍSMO)
1	♃	יחידה	Jechidah	O Self	Atma	Sahashara (sobre a Cabeça)
2	☿	חיה	Chiah	A Força Vital	Buddhi	Ajna (Glândula Pineal)
3	☽ [♄ Daäth]	נשמה	Neschamah	A Intuição	Manas Superiores	Visuddhi (Laringe)
4	♀	רוח	Ruach	O Intelecto	Manas Inferiores	Anahata (Coração)
5	♂					
6	☉					
7					Kama	Manipura (Plexo Solar)
8					Prana	Svadistthana (Umbigo)
9					Linga Sharira	Muladhara (Lingam e Ânus)
10		נפש	Nephesh	A Alma Animal, que percebe e sente.	Sthula Sharira	

TABELA IV *(CONT.)*[1434]

0 ESCALA CHAVE	72 OS GRAUS DA ORDEM	
1	3ª Ordem	10° = 1▫ Ipsissimus
2		9° = 2▫ Magus
3		8° = 3▫ Magister Templi
	Bebê do Abismo	
4	2ª Ordem	7° = 4▫ Adeptus Exemptus
5		6° = 5▫ Adeptus Major
6		5° = 6▫ Adeptus Minor
	Dominus Liminis	
7	1ª Ordem	4° = 7▫ Philosophus
8		3° = 8▫ Practicus
9		2° = 9▫ Zelator
10		1° = 10▫ Neófito
	0° = 0▫ Probacionista	

1434 N.E.: A coluna 72 originalmente refere-se aos graus da Golden Dawn, que não mais se aplicam nos dias de hoje, e foi, portanto, adaptada para a A∴A∴.

TABELA IV *(CONT.)*

0 ESCALA CHAVE	73 (O ARRANJO DE NÁPOLES)	
0	Ain Soph Aur Ain Soph Ain	Zero Absoluto. Zero como indefinível. Zero como base da vibração possível.
1	Kether	O Ponto: positivo, mas indefinível.
2	Chokmah	O Ponto: distinguível de 1 outro.
3	Binah	O Ponto: definido em relação a 2 outros.
	O Abismo – entre o Ideal e o Real.	
4	Chesed	O Ponto: definido por 3 coordenadas. Matéria.
5	Geburah	Movimento
6	Tiphereth	O Ponto: agora autoconsciente, capaz de definir a si mesmo em termos de acima.
7	Netzach	A Ideia de Êxtase do Ponto (Ananda).
8	Hod	A Ideia de Conhecimento do Ponto (Chit).
9	Yesod	A Ideia de Ente do Ponto (Sat).
10	Malkuth	A Ideia de "Si Mesmo realizado em seu complemento" do Ponto, como determinado por 7, 8 e 9.

TABELA V

0 ESCALA CHAVE	74 SIGNOS DO ZODÍACO	75 PLANETAS REGENDO A COL. 74	76 PLANETAS EXALTADOS NA COL. 74	77 REGENTES SUPERIORES DO ZODÍACO
15	♒	♄	♆	♅
16	♉	♀	☽	♅
17	♊	☿	☊	♆
18	♋	☽	♃	♇
19	♌	☉	♅	♅
20	♍	☿	☿	♆
22	♎	♀	♄	♇
24	♏	♂	♇	♅
25	♐	♃	☋	♆
26	♑	♄	♂	♇
28	♈	♂	☉	♇
29	♓	♃	♀	♆

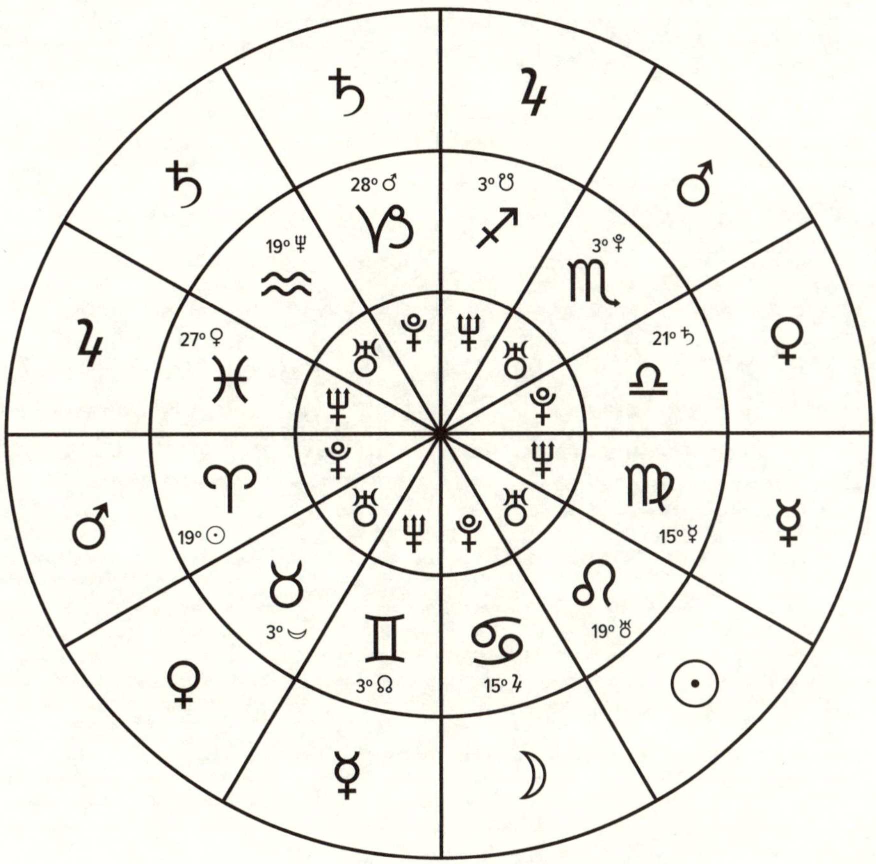

As Dignidades Essenciais dos Planetas

APÊNDICE VI

ALGUNS RITUAIS PRINCIPAIS

GRIMORIUM SANCTISSIMUM

Arcanum Arcanorum Quod Continet Nondum

Revelandum ipsis Regibus supremis O.T.O.

Grimorium Quod Baphomet X° M... suo fecit.

De Templo

1. Oriente	Altare
2. Occidente	Tabula dei invocandi
3. Septentrione	Sacerdos
4. Meridione	Ignis cum thuribulo, κ.τ.λ.
5. Centro	Lapis quadratus cum Imagine Dei Maximi Ingentis Nefandi Ineffabilis Sanctissimi et cum ferro, tintinnabulo, oleo. Virgo. Stet imago juxta librum ΘΕΛΗΜΑ.

De Ceremonio Principii

Fiat ut in *Libro DCLXXI* dicitur, sed antea virgo lavata sit cum verbis "Asperge me..." κ.τ.λ., et habilimenta ponat cum verbis "Per sanctum Mysterium", κ.τ.λ.

Ita Pyramis fiat. Tunc virgo lavabit sacerdotem et vestimenta ponat ut supra ordinatur.

(Hic dicat virgo orationes dei operis).

De Ceremonio Thuribuli

Manibus accedat et ignem et sacerdotem virgo, dicens:

"Accendat in nobis Dominus ignem sui amoris et flamman æternæ caritatis."

De Ceremonio Dedicationis

Invocet virgo Imaginem Dei M.I.N.I.S. his verbis. – "Tu qui es præter omnia..." κ.τ.λ.

Nec relinquet alteram Imaginem.

De Sacrificio Summo

Deinde silentium frangat sacerdos cum verbis versiculi sancti dei particularitur invocandi.

Ineat ad Sanctum Sanctorum.

Caveat; caveat; caveat.

Duo qui fiunt UNUS sine intermissione verba versiculi sancti alta voce cantent.

De Benedictione Benedicti

Missa rore, dicat mulier haec verba "Quia patris et filii s.s." κ.τ.λ.

De Ceremonio Finis

Fiat ut in *Libro DCLXXI* dicitur. ΑΥΜΓΝ.

Liber XXV

O Rubi Estrela

De frente para o Leste, no centro, inspira fundo, fundo, fundo o teu alento, fechando tua boca, com teu dedo indicador direito comprimindo teu lábio inferior. Então, lançando a mão em um grande arco para fora e para trás, expelindo com força o teu alento, grita: ΑΠΟ ΠΑΝΤΟΣ ΚΑΚΟΔΑΙΜΟΝΟΣ.

Com o mesmo indicador, toca tua testa e diz ΣΟΙ, teu membro e diz Ω ΦΑΛΛΕ,[1435] teu ombro direito e diz ΙΣΧΥΡΟΣ, teu ombro esquerdo e diz ΕΥΧΑΡΙΣΤΟΣ; então junta tuas mãos, entrelaçando os dedos, e grita ΙΑΩ.

Avança para o Leste. Imagina fortemente um PENTAGRAMA, ereto, em tua testa. Levando as mãos aos olhos, arremessa à frente esse PENTAGRAMA, fazendo o SINAL DE HORUS, e ruge ΘΗΡΙΟΝ. Retira tua mão no sinal de Hoor-paar-Kraat.

Dá a volta para o Norte e repete; mas diz NUIT.

Dá a volta para o Oeste e repete; mas sussurra BABALON.

Dá a volta para o Sul e repete; mas urra HADIT.

Completando o Círculo na direção contrária aos ponteiros de um relógio, retira-te ao centro e ergue tua voz na Peã, com estas palavras ΙΩ ΠΑΝ, e os sinais de N.O.X.[1436]

Estende os braços na forma de um TAU e diz em voz baixa, mas claramente: ΠΡΟ ΜΟΥ ΙΥΓΓΕΣ ΟΠΙΧΩ ΜΟΥ ΤΕΛΕΤΑΡΧΑΙ ΕΠΙ ΔΕΞΙΑ ΧΥΝΟΧΕΣ ΕΠΑΡΙΣΤΕΡΑ ΔΑΙΜΟΝΟΣ ΦΕΓ ΕΙ ΓΑΡ ΠΕΡΙ ΜΟΥ Ο ΑΣΤΗΡ ΤΩΝ ΠΕΝΤΕ ΚΑΙ ΕΝ ΤΗΙ ΣΤΗΛΗΙ Ω ΑΣΤΗΡ ΤΩΝ ΕΞ ΕΣΤΗΧΕ.

Repete a Cruz Cabalística, como acima, e termina como começaste.

1435 O sentido secreto destas palavras deve ser procurado na numeração delas.

1436 Veja-se *Liber V* para os sinais de N.O.X.

Liber XXXVI

A Safira Estrela

Que o Adepto esteja armado com sua Cruz Mágica [e provido de sua Rosa Mística].

No centro, que ele dê os sinais de L.V.X.; ou, se ele os conhecer, se ele quiser e ousar fazê-los, e puder manter-se silente quanto a eles, os sinais de N.O.X., sendo os sinais de Puer, Vir, Puella, Mulier. Omita o sinal de I.R.

Então que ele avance para o Leste e faça o Hexagrama Sagrado, dizendo: *Pater et Mater unus deus Ararita.*

Que ele dê a volta até o Sul, faça o Hexagrama Sagrado e diga: *Mater et Filius unus deus Ararita.*

Que ele dê a volta até o Oeste, faça o Hexagrama Sagrado e então diga: *Filius et Filia unus deus Ararita.*

Que ele dê a volta até o Norte, faça o Hexagrama Sagrado e então diga: *Filia et Pater unus deus Ararita.*

Que ele retorne ao Centro, e assim para o Centro de Tudo (fazendo a Rosa-Cruz conforme ele possa saber como) dizendo: *Ararita Ararita Ararita.*

(Nisto os Sinais serão aqueles de Set Triunfante e de Baphomet. Também aparecerá Set no Círculo. Que ele beba do Sacramento e que ele transmita o mesmo.)

Então que ele diga: *Omnia in Duos: Duo in Unum: Unus in Nihil: Hæc nec Quatuor nec Omnia nec Duo nec Unus nec Nihil Sunt.*

Gloria Patri et Matri et Filio et Filiæ et Spiritui Sancto externo et Spiritui Sancto interno ut erat est erit in sæcula Sæculorum sex in uno per nomen Septem in uno Ararita.

Que ele então repita os sinais de L.V.X., mas não os sinais de N.O.X.: pois não é ele que se erguerá no Sinal de Isis Regozijando.

Liber XLIV

A Missa da Fênix

O Magista, seu peito nu, de pé diante de um altar sobre o qual estão seu Buril, Campainha, Turíbulo e dois Bolos de Luz.

No Sinal do Entrante ele se dirige ao Oeste sobre o Altar e grita:[1437]

SALVE RA, que navegas no Teu BARCO

As Cavernas da Noite como marco!

Ele dá o sinal de Silêncio, e toma a Campainha, e Fogo, em suas mãos.

MÚSICA E LUZ aqui estão

Leste do Altar em minha mão

Ele bate onze vezes a Campainha 333–55555–333 e coloca o Fogo no Turíbulo.

Eu bato o SINO; a flama acendo;

O Nome oculto eis-me dizendo.

ABRAHADABRA

Ele bate onze vezes a Campainha.

Agora eu rezo: TU Criança,

Santo o Teu nome e sem privança!

Chegou Teu Reino e Tua Vontade.

Eu sou Teu Sangue; eu sou Teu Pão:

Traze-me o Sol por Tua mão!

Salva-me do Mal e do Bem!

Que assim das dez Tua Majestade

Cá mesmo e agora é minha. AMEN.

1437 N.E.: A tradução da Missa de Fênix feita por Motta prezou pelo lirismo, deixando o literalismo em segundo plano. Sendo assim, será grafado aqui exatamente conforme encontrado nos Arquivos da Sociedade Novo Æon.

Ele põe o primeiro Bolo no Fogo do Turíbulo.

Eu queimo o Bolo-Incenso, assome

Enquanto eu adoro Teu nome.

Ele faz as adorações como em Liber Legis, e bate de novo Onze vezes a Campainha. Com o Buril ele traça sobre seu peito o sinal apropriado.

Contempla meu peito sangrando,

O sinal santo formulando!

Ele põe o segundo Bolo sobre a ferida.

Eu seco o sangue; a hóstia o leva,

E a Ti o vate a prece eleva!

Ele come o segundo Bolo.

Este Pão eu como; e agora eu juro

Por tudo que é belo e que é puro:

"São graça e culpa só dizeres:

A Lei é: FAZE O QUE TU QUERES!"

Ele bate Onze vezes a Campainha, e grita

ABRAHADABRA.

Entrei com dor; com alegria

Eu saio agora, e gratidão,

Para da terra ter folia

Na hoste dos que vivos são.

Ele vai.

Liber V vel Reguli

A∴A∴ publicação em Classe D. Sendo o Ritual da Marca da Besta, uma encantação própria para invocar as Energias do Æon de Horus, adaptada para o uso diário de Magistas de qualquer grau.

O PRIMEIRO GESTO

O Juramento do Encantamento, que é chamado o Selo Undécuplo.

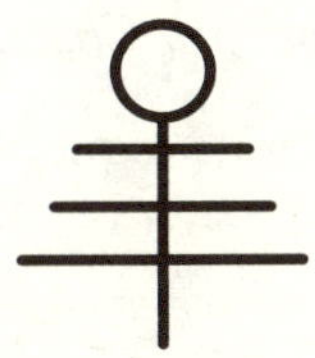

A Animadversão para com o Æon.

1. Que o Magista, vestido e armado como lhe pareça apropriado, volte sua face em direção a Boleskine,[1438] que é a Casa d'A Besta 666.
2. Que ele bata as pancadas 1–3–3–3–1.
3. Que ele ponha o Polegar de sua mão direita entre seu indicador e médio e execute os gestos que seguem.

1438 A Mansão Boleskine está situada em Loch Ness, a 17,8 milhas de distância de Inverness, Latitude 57°15'55.5" Norte, Longitude 4°28'28.8" Oeste (57.265333, -4.474777; Plus Code: 7G8G+444 Easter Boleskine, Inverness, Reino Unido).

O COMPONENTE VERTICAL DO ENCANTAMENTO

1. Que ele descreva um círculo em redor de sua cabeça, gritando NUIT!
2. Que ele traga o Polegar verticalmente para baixo e toque o *Muladhara Chacra,* gritando HADIT!
3. Traçando de volta a linha para cima, que ele toque o centro de seu peito e grite RA-HOOR-KHUIT!

OS COMPONENTES HORIZONTAIS DO ENCANTAMENTO

1. Que ele toque o Centro de sua Testa, sua boca, e sua laringe, gritando AIWAZ!
2. Que ele passe o seu polegar da direita para a esquerda transversalmente à sua face ao nível das narinas.
3. Que ele toque o centro de seu peito, e seu plexo solar, gritando THERION!
4. Que ele passe o seu polegar da esquerda para a direita transversalmente ao seu peito, ao nível do esterno.
5. Que ele toque o *Svadistthana*, e o *Muladhara Chacra,* gritando BABALON!
6. Que ele passe o seu Polegar da direita para a esquerda transversalmente ao seu abdômen, ao nível dos quadris.

(Assim será formulado o Sinal do Grande Hierofante, mas dependente[1439] do Círculo.)

A ASSEVERAÇÃO DOS ENCANTOS

1. Que o Magista junte suas mãos sobre sua Baqueta, seus dedos e polegares entrelaçados, gritando LASHTAL! ΘΕΛΗΜΑ! ϜΙΑΟϜ! ΑΓΑΠΗ! ΑΥΜΓΝ!

(Assim serão declaradas as Palavras de Poder através das quais as Energias do Æon de Horus executam a vontade do Magista no mundo.)

A PROCLAMAÇÃO DA CONSECUÇÃO

1. Que o Magista bata as Pancadas: 3–5–3, gritando ABRAHADABRA.

1439 N.M.: Isto é, inscrito.

O Segundo Gesto

O Encantamento.

1. Que o Magista, ainda de frente para Boleskine, avance até a circunferência do seu círculo.
2. Que ele se vire para a esquerda e compasse, com a furtividade e ligeireza de um tigre, o precinto do seu círculo, até completar uma revolução deste.
3. Que ele dê o Sinal de Horus (ou O Entrante) quando passa, de forma a projetar diante de si a força que radia de Boleskine.
4. Que ele continue seu percurso até chegar ao Norte; que ele ali pare e vire sua face para o Norte.
5. Que ele trace com sua baqueta o Pentagrama Averso próprio para invocar o Ar (Aquarius).

6. Que ele traga a baqueta para o centro do Pentagrama e chame NUIT!
7. Que ele faça o sinal chamado Puella, ereto de pés juntos, cabeça inclinada, sua mão esquerda escudando o *Muladhara Chacra,* sua mão direita escudando seu peito (atitude da Vênus de Médici).
8. Que ele se volte novamente para a esquerda e continue seu Caminho como antes, projetando a força de Boleskine quando passa; que ele pare da próxima vez que chegar ao Sul e se vire para fora.
9. Que ele trace o Pentagrama Averso que invoca o Fogo (Leo).
10. Que ele aponte sua baqueta para o centro do Pentagrama e grite HADIT!
11. Que ele dê o sinal Puer, ereto de pés juntos e cabeça ereta.

    Que sua mão direita (o polegar estendido em esquadro com os dedos) esteja levantada, o antebraço vertical e em esquadro com o braço, o qual deve estar horizontalmente estendido na linha dos ombros. Que sua mão esquerda, polegar estendido para frente e dedos cerrados, esteja na juntura de suas coxas (atitudes dos Deuses Mentu, Khem etc.).

12. Que ele prossiga como antes; então, no Leste, que ele trace o Pentagrama Averso que invoca a Terra (Taurus).

13. Que ele aponte sua baqueta ao centro do Pentagrama e grite THERION!

14. Que ele dê o sinal chamado Vir, de pés juntos. As mãos, com os dedos cerrados e polegares estendidos para frente, devem ser postas nas têmporas; a cabeça deve então ser inclinada e empurrada avante, como que para simbolizar a cabeçada de uma besta de chifres (atitude de Pã, Baco etc.). (Frontispício, *Equinox* I (3).)

15. Prosseguindo como antes, que ele trace no Oeste o Pentagrama Averso pelo qual a Água é invocada.

16. Apontando a baqueta ao centro do Pentagrama, que ele chame BABALON!

17. Que ele dê o sinal de Mulier. Os pés bem separados, os braços erguidos de modo a sugerir um crescente. A cabeça atirada para trás (atitude de Baphomet, Isis dando Boas-Vindas, o Microcosmo de Vitruvius). (Veja-se *Liber ABA*, Parte II.)

18. Que ele comece a dança, traçando uma espiral centrípeta em direção contrária à dos ponteiros de um relógio, enriquecida por revoluções sobre seu eixo quando ele passar por cada ponto cardeal, até que chegue ao centro do círculo. Que ele ali pare, de frente para Boleskine.

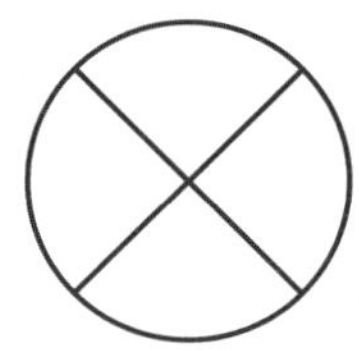

19. Que ele erga a baqueta, trace a Marca da Besta[1440] e grite AIWAZ!

20. Que ele trace o Hexagrama invocando d'A Besta.[1441]

21. Que ele abaixe a baqueta, batendo sobre a Terra com ela.

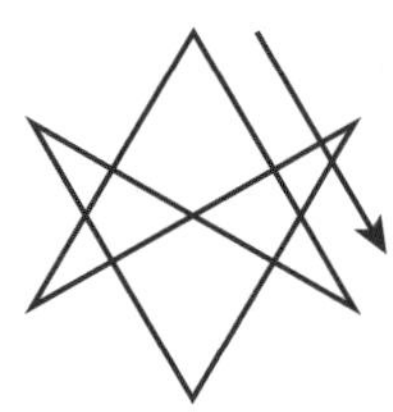

22. Que ele dê o sinal de Mater Triumphans. (Os pés juntos; o braço esquerdo recurvado como que suportando uma criança; o polegar e indicador da mão direita beliscando o mamilo do peito esquerdo, como que oferecendo de mamar àquela criança.) Que ele pronuncie a palavra ΘΕΛΗΜΑ!

23. Que ele execute a dança espiral, movendo-se na direção dos ponteiros de um relógio e rodando sobre seu eixo na direção contrária. A cada vez que passar pelo Oeste, que estenda a baqueta para o Ponto Cardeal em questão e se curve:

A. "Diante de mim os poderes de *LA*!" (Para o Oeste.)

B. "Atrás de mim os poderes de *AL*!" (Para o Leste.)

C. "À minha direita os poderes de *LA*!" (Para o Norte.)

D. "À minha esquerda os poderes de *AL*!" (Para o Sul.)

E. "Acima de mim os poderes de *ShT*!" (Pulando no ar.)

1440 N.M.: A Cruz no Círculo. [N.E.: Conforme mostrado ao lado do ponto 19.]

1441 N.M.: O Hexagrama Invocando (Averso) do Sol. [N.E.: Conforme mostrado ao lado do ponto 22.]

F. "Abaixo de mim os poderes de *ShT*!" (Batendo no chão.)

G. "Dentro de mim os Poderes!" (Na atitude de Phtah ereto, os pés juntos, as mãos entrelaçadas sobre a baqueta vertical.)

H. "À minha volta flameja a face de meu Pai, a Estrela de Força e Fogo."

I. "E na Coluna está Seu Esplendor de seis raios!"

(Esta dança pode ser omitida, e as palavras de *a* a *i* cantadas na atitude de Phtah.)

O Gesto Final

Este é idêntico ao Primeiro Gesto.

(Aqui segue um resumo das ideias que esta Peã implica.)

Também eu sou uma Estrela no Espaço, única e existente por mim mesmo: uma essência individual incorruptível. Também eu sou uma Alma; eu sou idêntico a Tudo e a Nenhum. Eu estou em Tudo e tudo está em Mim. Eu sou à parte de tudo, senhor de tudo e um com tudo.

Eu sou um Deus, Eu vero Deus de vero Deus: eu vou em meu caminho para fazer minha vontade; eu fiz matéria e movimento para me servirem de espelho; eu decretei para meu deleite que o Nada se manifestasse em dualidade, a fim de que eu pudesse sonhar uma dança de nomes e naturezas e usufruir a substância de simplicidade na contemplação das peregrinações de minhas sombras. Eu não sou aquilo que não é; eu não sei aquilo que não sabe; eu não amo aquilo que não ama. Pois eu sou Amor, através do qual a divisão morre em deleite; eu sou Conhecimento, através do qual todas as partes, mergulhadas no todo, perecem e passam à perfeição; e Eu sou aquilo que Eu sou, o ser onde o Ser se perde em Nada, nem se digna a ser senão por sua Vontade de desdobrar sua natureza, sua necessidade de expressar sua perfeição em todas as possibilidades, cada fase um fantasma parcial e, no entanto, inevitável e absoluto.

Eu sou Onisciente, pois nada existe para mim a não ser que eu o saiba.[1442] Eu sou Onipotente, pois nada ocorre salvo por Necessidade,[1443] a expressão de minha alma através da minha vontade de ser, de fazer, de sofrer os símbolos de si mesma.[1444] Eu sou Onipresente, pois nada existe onde eu não estou, quem fabriquei o espaço como uma condição da minha consciência de mim mesmo, quem sou centro de tudo, e minha circunferência a estrutura de meu próprio capricho.

Eu sou o Todo, pois tudo que existe para mim é uma expressão necessária em pensamento de alguma tendência de minha natureza, e todos os meus pensamentos são apenas as letras de meu Nome.

Eu sou o Um, pois tudo que eu sou não é o Todo absoluto, e todo o meu todo é meu, não de outro; meu, quem concebo a existência de outros semelhantes a mim em essência e verdade, ainda que dissemelhantes de mim em expressão e ilusão.

1442 N.M.: Note-se que essas Onisciência, Onipotência e Onipresença são relativas. O Sinal do Grande Hierofante é dependente do Círculo, i.e., das condições de Encarnação. É por isto que a morte é "a coroa de tudo". O Círculo "desaparece" na morte, isto é, expande-se no Infinito.

1443 N.M.: Ou Carma, na terminologia hindu.

1444 N.M.: Note-se que o Carma é uma força positiva, contrariamente à interpretação de iniciados imperfeitos. É uma função da Vontade da Estrela.

Eu sou o Nenhum, pois tudo que eu sou é a imagem imperfeita do perfeito; cada fantasma parcial deve perecer no abraço de sua contraparte; cada forma realizar-se encontrando seu par oposto e satisfazendo sua necessidade de ser o Absoluto pela consecução de aniquilação.

A Palavra LAShTAL inclui tudo isto.

LA – Nada.

AL – Dois.

L é "Justiça", o Kteis satisfeito pelo Phallus, "Nada e Dois", porque o mais e o menos se uniram em "amor sob vontade".

A é o "Tolo", Nada em Pensamento (Parzival), Palavra (Harpocrates) e Ação (Baco). Ele é o ar sem limites, o Espírito vagabundo mas com "possibilidades". Ele é o Nada que os Dois fizeram por "amor sob vontade".

Assim, *LA* representa o Êxtase de NUIT e HADIT conjugados, perdidos em amor e, através disto, fazendo-se a ambos em Nada. A criança deles é engendrada e concebida, mas está na fase de Nada, também, por enquanto. *LA* é, assim, o Universo naquela fase, com suas potencialidades de manifestação.

AL, ao contrário, embora seja essencialmente idêntico a *LA,* mostra o Tolo manifestado através do Equilíbrio de Contrários. O peso ainda é nada; mas é expressado como dois pesos iguais em pratos opostos. O fiel da balança ainda aponta para zero.

ShT é 31, como *LA* e *AL,* mas expressa a natureza secreta que opera a Magia ou as transmutações.

ShT é a fórmula deste particular Æon; outro Æon poderia ter outra maneira de dizer 31.

Sh é Fogo, como *T* é Força; conjugados, eles expressam RA-HOOR-KHUIT.

"O Anjo"[1445] representa a Estela 666, mostrando os Deuses do Æon, enquanto "Força"[1446] é uma pintura de Babalon e A Besta, os emissários terrestres daqueles Deuses.

ShT é o equivalente dinâmico de *LA* e *AL. Sh* mostra a Palavra da Lei, sendo triplo, como 93 é três vezes 31. *T* mostra a fórmula de Magia declarada naquela Palavra; o Leão, a Serpente, o Sol, Coragem e Amor Sexual são todos indicados pela carta.

Em *LA*, note-se que Saturno ou Satã está exaltado na Casa de Vênus ou Astarte, e o signo é aéreo. Assim, *L* é Pai-Mãe, Dois e Nada, e o Espírito (Espírito Santo) de seu Amor é também Nada. Amor é *AHBH,* 13, que é *AchD,* Unidade, *1, Aleph,* que é O Tolo que é Nada, mas no entanto é Um Individual que (como tal) não é outro; no entanto, inconsciente de si mesmo até que a sua Unidade se expressa como uma dualidade.

Qualquer impressão ou ideia é incognoscível em si. Não pode significar coisa alguma até que tenha sido posta em relação a outras coisas. O primeiro passo consiste em distinguir um pensamento de outro; esta é a condição para se reconhecê-lo. Para definir uma ideia, é preciso perceber sua orientação para com todas as outras nossas ideias. A extensão de nosso conhecimento de qualquer uma coisa varia, portanto,

---

1445 N.M.: O Atu XX do Tarô, que corresponde à letra *Sh*, Shin.

1446 N.M.: O Atu XI do Tarô, que corresponde à letra *T*, Teth. XX + XI = 31.

com o número de ideias com as quais podemos compará-la. Todo fato novo não apenas se adiciona ao nosso universo, mas aumenta o valor daquilo que já possuímos.

Em *AL*, este "O" ou "Deus" propicia que "Face contemple face", estabelecendo-se como um equilíbrio; *A*, o Um-Nada, concebido como *L*, o Dois-Nada. Este *L* é o Filho-Filha Horus-Harpocrates tal como o outro *L* era o Pai-Mãe Set-Isis. Aqui então está Tetragrammaton uma vez mais, porém expresso em equações idênticas, em que todo termo é perfeito em si como um modo de Nada.

ShT fornece o último elemento, tornando a Palavra de cinco ou de seis letras, conforme tomamos "*ShT*" como uma letra ou duas. Assim, a Palavra afirma a Grande Obra executada: $5^\circ = 6^\square$.

ShT é, além disso, uma resolução necessária da aparente oposição entre *LA* e *AL*; pois um dificilmente poderia passar para o outro sem a ação catalítica de uma terceira expressão idêntica cuja função fosse transmutá-los. Tal termo deve ser em si uma modalidade de Nada, e sua natureza não pode se intrometer nas perfeições de Não-Ser, *LA*, ou de ser, *AL*. Deve ser puramente Nada-Matéria, de maneira a criar uma Matéria-em-Movimento, que é uma função de "Alguma-Coisa".

Assim, *ShT* é o Movimento em sua fase dupla, uma inércia composta de duas correntes opostas, e cada corrente é assim também polarizada. *Sh* é Céu e Terra, *T* Macho e Fêmea; *ShT* é Espírito e Matéria; um é a Palavra de Liberdade e Amor relampejando sua Luz para devolver Vida à Terra; o outro é o ato através do qual a Vida afirma que Amor é Luz e Liberdade. E estes são Dois-em-Um, a letra divina de Silêncio-na-Fala, cujo símbolo é o Sol nos braços da Lua.

Mas *Sh* e *T* são ambos fórmulas de força em ação, não entidades; não são estados de existência, e sim modos de movimento. São verbos, não substantivos.

Sh é o Espírito Santo como uma "língua de fogo" manifestada em triplicidade, e é a criança de Set-Isis como seu Logos ou Palavra pronunciada pelo "Anjo" deles. A carta é XX, e 20 é o valor de Yod (o Anjo ou Arauto) expressado por completo como *IVD*. *Sh* é o Congresso Espiritual de Céu e Terra.

Mas *T* é o Espírito Santo em ação, como um "leão rugindo", ou como a "velha Serpente", em vez de como um "Anjo de Luz". Os gêmeos filhos de Set-Isis, meretriz e besta, estão ocupados naquele ardor sodomita e incestuoso que é a fórmula tradicional para produzir semideuses, como nos casos de Maria e o Pombo, Leda e o Cisne etc. A carta é XI, o número da Magia, *AVD:* Aleph, o Tolo, impregnando a mulher de acordo com a palavra de Yod, o Anjo do Senhor! Sua irmã seduziu seu irmão Besta, envergonhando o Sol com seu pecado: ela dominou o Leão e encantou a Serpente. A Natureza é ultrajada pela Magia: o homem é bestializado e a mulher conspurcada. A conjunção produz um monstro; ela afirma a regressão de tipos. Em vez de um homem-Deus concebido do Espírito de Deus por uma virgem em inocência, pedem-nos que adoremos o bastardo de uma rameira e um bruto, engendrado no mais vergonhoso pecado, e nascido no mais blasfemo gozo.

Esta é, realmente, a fórmula de nossa Magia: nós insistimos que todos os atos devem ser iguais perante o infinito; que a existência assevera o direito de existir; que, a não ser que o mal seja um mero termo expressando alguma relação de acidental hostilidade entre forças igualmente autojustificadas, o universo é tão inexplicável e impossível quanto seria ação sem reação; que as orgias de Baco e Pã não são menos sacramentais que as Missas de Jesus; que as cicatrizes de sífilis são sagradas e dignas de honra como tais.

Deveria ser desnecessário insistir que as ideias acima se aplicam apenas ao Absoluto. Dor de dentes é ainda dolorosa e enganar o próximo é degradante, para um homem, em relação à sua posição no mundo de ilusão; ele faz sua Vontade ao evitar tais coisas. Mas a existência do "Mal" é fatal à filosofia enquanto se suponha que esta existência independe de condições; e acostumar a mente a "não fazer diferença" entre quaisquer duas ideias como tais é emancipá-la da escravidão do terror.[1447]

Nós afirmamos sobre nossos altares nossa fé em nós mesmos e em nossas vontades, nosso amor por todos os aspectos do Todo Absoluto.

E fazemos o Espírito *Shin* combinar-se com a Carne *Teth* numa letra única, cujo valor é 31, mesmo como aqueles de *LA*, o Nada, e *AL*, o Todo, para completar o Não-Ser e o Ser deles com seu Vir-a-Ser, para mediar entre extremos idênticos como sua média – o segredo que os rompe e os sela.

Isso declara que todos os algos são igualmente sombras do Nada, e justifica o Nada em sua própria tolice fútil de fingir que algo é estável, fazendo-nos tomar consciência de um método de Magia através de cuja prática podemos participar do prazer do processo.

O Magista deve elaborar para si uma técnica definitiva para destruir o "mal". A essência de tal prática consistirá no treinamento da mente e do corpo para enfrentar as coisas que causam medo, dor, repugnância,[1448] vergonha e afins. Ele deve aprender a suportá-las e, então, a tornar-se indiferente a elas e, então, a analisá-las até que deem prazer e instrução e, finalmente, apreciá-las por si sós, como aspectos da Verdade. Quando isso tiver sido feito ele deve abandoná-las, se realmente são prejudiciais à saúde ou ao conforto. Além disso, a nossa seleção de "males" é limitada àqueles que não podem nos prejudicar de forma irreparável. Por exemplo, alguém deve praticar cheirar assa-fétida até que goste, mas não arsênio ou ácido cianídrico. Novamente, pode-se ter um caso com uma mulher feia e velha até que se contemple e ame a estrela que ela é; seria muito perigoso superar a aversão à desonestidade forçando-se a roubar

---

1447 N.M.: Na realidade, as Orgias de Baco e Pã são *mais* sacramentais que as "missas de Jesus", porque incluem a Mulher, isto é, a outra metade do "Mistério Humano". As "missas de Jesus" são cerimônias de canibalismo homossexual, como a própria análise psicológica do seu simbolismo indica. "Pelos seus frutos os conhecereis", isto é, a prova do pudim está em comê-lo: dezesseis séculos dessas missas não fizeram mais que produzir uma sociedade baseada em hipocrisia, suborno, baixo sentimentalismo e covardia *total*; [N.E.: O original está apagado neste ponto, mostrando apenas -*al*.] e os "sacerdotes" que oficiaram em tais missas provaram sua "compreensão" e seu "amor ao próximo" torturando e trucidando membros de outras crenças, perseguindo a ciência e apunhalando pelas costas toda verdadeira Encarnação do Cristo.

O Credo de Niceia está baseado no conceito de "pecado original", que foi inventado por teólogos de uma imbecilidade crassa, a fim de conciliar a possibilidade de erro, dor etc. com a ideia de "Deus Pai Todo Poderoso", isto é, a Imagem Paterna, "Porque". Se "Deus" criou o Universo, raciocinaram (se é que teologia pode ser chamada de raciocínio) esses infelizes, e se "Deus" é "bom", como é que "Ele" permite o "mal"? Daí a necessidade, na opinião deles, de inventar um "Diabo" revoltado contra o "Criador" e lançar a "culpa" em cima desse bode expiatório, sem ponderarem que, se "Deus" é onisciente, "Ele" teria sabido de antemão que o "Diabo" se revoltaria; e, neste caso, para quê criá-lo, a não ser que "Deus" tencionasse que o "mal" aparecesse no mundo?

A explicação científica, de que nós somos organismos vivos em evolução; de que o "mal" é incidental ao nosso esforço por conquistar as condições do nosso meio-ambiente; de que "dor" é sintoma de erro neste esforço e, como tal, útil; de que enquanto existir a raça e novas condições se apresentarem no meio-ambiente existirá a possibilidade de erro, isto é, de "mal", e que tão logo esse particular erro, isto é, ineficiência, seja corrigido, esse particular "mal" desaparecerá; de que a possibilidade de erro é inerente em qualquer existência finita, e um dos fatores da Lei de Evolução (necessário e, portanto, não evitável por qualquer "expiação de pecado original" pelo "sacrifício" de algum "filho de Deus nascido sem pecado"!) – esta explicação, ao mesmo tempo que produz sanidade mental e moral em cada um de nós, nos prepara para melhor ajustamento às condições presentes (e futuras!) do nosso meio-ambiente – o qual, afinal de contas, é o Corpo de Nuit; isto é, o Corpo de "Deus". A "Conquista do Universo" – isto é, eficiente manipulação das formas vivas menos inteligentes que nós – é o propósito natural de nossa raça, como de qualquer raça.

"São graça e culpa só dizeres!
A Lei é: FAZE O QUE TU QUERES!"

"Graça" consiste em inteligente correção de qualquer erro; Culpa – se culpa existe – consiste em medo, irracionalidade ou falso idealismo. Para não falarmos de teologia, que em si é irracionalidade, medo e falso idealismo reunidos.

O verdadeiro teólogo é o cientista. A Natureza inteira é o Corpo de Deus. As leis naturais são as únicas leis divinas. [N.E.: A partir deste ponto até o final do penúltimo parágrafo desta seção, não estavam contidos na tradução de Motta.]

1448 O povo da Inglaterra fez duas revoluções para se libertar da fraude e tirania papista. Eles estão de volta com suas enganações, e se nós tivermos que fazer uma Terceira Revolução, destruamos o mal pela raiz!

carteiras. Atos essencialmente desonestos não devem ser praticados; eles devem ser justificados apenas pela contemplação passiva de sua probidade em casos abstratos.

O amor é uma virtude, ele cresce mais forte e mais puro e menos egoísta aplicando-o ao que ele detesta; mas o roubo é um vício que envolve a ideia-escrava de que seu vizinho é superior a você. É admirável apenas por seu poder de desenvolver certas qualidades morais e mentais em tipos primitivos, de evitar a atrofia das faculdades tais como a nossa própria vigilância, e pelo interesse que ele acrescenta à "tragédia, Homem".

Crime, loucura, doença e todos os fenômenos semelhantes devem ser contemplados com total liberdade do medo, aversão ou vergonha. Caso contrário deixaremos de ver com precisão e interpretar de forma inteligente; neste caso seremos incapazes de ser mais espertos e lutar melhor que eles. Anatomistas e fisiologistas, lutando no escuro com a morte, conquistaram a higiene, a cirurgia, a profilaxia e o restante para a humanidade. Antropólogos, arqueólogos, físicos e outros homens da ciência, arriscando-se à tortura, ao perigo, à infâmia e ao ostracismo, rasgaram a teia de aranha da superstição para retalhar e quebrar em pedaços o ídolo monstruoso da Moralidade, o assassino Moloque que ao longo da história fez da humanidade a sua carne. Cada fragmento desse coprólito se manifesta como uma imagem de alguma luxúria bruta, de alguma estupidez entorpecida, de algum instinto ignorante ou de algum medo moldado em sua própria mente selvagem.

De fato, o Homem não está totalmente liberto, mesmo agora. Ele ainda é esmagado sob as patas das mulas selvagens e desenfreadas acossadas no lombo pelo pesadelo, suas forças criativas que não dominou, os fantasmas estéreis que chamou de deuses. O mistério deles ainda assusta os homens; eles temem, eles recuam, eles não ousam enfrentar os fantasmas. Ainda assim, o ídolo caído parece terrível; é assustador para eles que já não haja um ídolo para adorar com hinos, e para apaziguar com a carne de seus primogênitos. Eles se engalfinham no lodo sangrento, disputando qualquer sucata para fazer de relíquia, de modo a poderem se curvar a ela e servi-la.

Assim, ainda hoje, uma multidão de vermes se aglomera levantando-se sobre a terra putrefata, uma irmandade unida pela ganância cega pela podridão. A ciência ainda hesita em arrasar o Templo de Rimon, embora a cada ano encontre mais de seus filhos impacientes com a prudência de Naamã. O Conselho Privado do Reino da Alma Humana está permanentemente reunido em sessão secreta; não ousa declarar o que deve seguir sua ação na destruição da monarcal Moralidade em pedaços de conglomerados arruinados de preconceitos climáticos, tribais e pessoais, ainda mais corrompidos pela ação da ambição matreira, do impulso insano, da arrogância ignorante, da histeria supersticiosa, por temer criar falsidades na pedra que põe sobre o túmulo da Verdade a quem ela assassinou e enterrou no Limbo da terra negra. A filosofia moral, a psicologia, a sociologia, a antropologia, a patologia mental, a fisiologia e muitos outros dos filhos da Sabedoria, de quem ela é justificada, bem sabem que as leis da Ética são um caos de convenções confusas, baseadas, na melhor das hipóteses, em costumes convenientes em certas condições, mais frequentemente na artimanha ou no capricho dos brutos maiores, mais selvagens, sem coração, astutos e sedentos de sangue do bando, para garantir o seu poder ou ceder ao seu prazer de crueldade. Não há nenhum princípio, mesmo que falso, que dê coerência ao clamor das proposições éticas. Mesmo assim, os próprios homens que destruíram Moloque e espalharam na terra os escombros disformes, empalidecem ao sussurrarem entre si: "Enquanto Moloque governava, todos os homens eram compelidos por uma lei e pelos oráculos deles que, conhecendo a fraude, não temiam, mas eram seus sacerdotes e guardiões de seu mistério. E agora? Como pode qualquer um de nós, embora sábios e fortes como nunca, forçar os homens a agir em conjunto, agora que cada um reza à sua própria lasca de Deus e, todavia, sabe que todas as outras lascas são lixo inútil, poeira dos sonhos, esterco de macaco, osso de tradição ou – qualquer outra coisa?".

Assim, a ciência começa a perceber que os Iniciados talvez não tenham sido apenas tolos e egoístas em criar sua regra de silêncio e proteger a filosofia contra os profanos. Ainda assim, ela ainda espera que o mal não se revele mortal, e suplica que as coisas possam seguir normalmente, até que aquela sessão secreta decida sobre algum plano de ação.

Foi sempre fatal quando alguém descobriu demais muito repentinamente. Se John Huss tivesse cacarejado mais como uma galinha, ele poderia ter sobrevivido à Michaelmas, sendo respeitado por seus ovos. Os últimos cinquenta anos colocaram o machado da análise na raiz de todos os axiomas; são levianos aqueles que se contentam com a poda dos ramos floridos de nossas crenças ou dos galhos de nossos instrumentos intelectuais. Não podemos mais afirmar qualquer proposição simples, a menos que nos protejamos ao enumerar incontáveis condições que devem ser assumidas.

Esta digressão superou a introdução; contudo, ela foi requerida pela Sabedoria a fim de que pudesse alertar a Imprudência dos perigos que envolvem até mesmo a Sinceridade, a Energia e a Inteligência quando não contribuem para o bom Condicionamento-ao-próprio-ambiente.

O Magista deve ser cauteloso quanto ao uso de seus poderes; ele deve executar todos os atos não apenas de acordo com a sua Vontade, mas também com as propriedades de sua posição no momento. Pode ser a minha Vontade chegar ao pé de um penhasco; mas a maneira mais fácil – também a mais veloz, a mais direta, a menos obstruída, a forma de mínimo esforço – seria simplesmente saltar. Eu deveria ter destruído a minha vontade no ato de cumpri-la, ou de cumprir aquilo que erroneamente entendo por ela; pois a verdadeira vontade não tem objetivo; sua natureza é Ir. Da mesma forma, uma parábola é limitada por uma lei que fixa as suas relações com duas linhas retas em todos os pontos; no entanto, ela não tem fim aquém do infinito e muda continuamente sua direção. O iniciado que está consciente de Quem ele é sempre pode verificar sua conduta em função das determinantes de sua curva e calcular o seu passado, seu futuro, suas atitudes, e seu curso adequado a qualquer momento designado; ele pode até mesmo se entender como uma simples ideia. Ele pode medir parábolas-companheiras, elipses que cruzam seu caminho, hipérboles que transpõem todo o espaço com suas asas gêmeas. Talvez ele finalmente venha a conceber, saltando além dos limites de sua própria lei, aquele ultraje sublimemente estupendo à Razão, o Cone! Totalmente inescrutável para o iniciado, ele ainda está bem consciente de que existe na natureza disto, que é necessário a isto, que é ordenado por isto e que disto ele brota, dos lombos de um Pai tão terrível! Sua infinidade se torna zero em relação ao menor fragmento do sólido. Ele praticamente não existe. Trilhões multiplicados por trilhões de trilhões como ele seriam incapazes de atravessar a fronteira nem mesmo de largura, a ideia que ele veio a supor só porque se sentia amarrado por alguma força misteriosa. No entanto, a largura é igualmente um nada na presença do Cone. Sua primeira concepção, evidentemente, deve ser um espasmo frenético, amorfo, louco, que não pode ser classificado como um pensamento articulado. No entanto, se ele desenvolve as faculdades de sua mente, quanto mais sabe disso, mais percebe que sua natureza é idêntica à sua própria sempre que uma comparação for possível.

Portanto, a Verdadeira Vontade é determinada por suas equações, e livre, porque essas equações são simplesmente o seu próprio nome escrito por extenso. Seu sentimento de aprisionamento vem de sua incapacidade de lê-la; seu sentimento de que o mal existe para impedi-lo surge quando ele começa a aprender a ler, lê errado, e está obstinado de que seu erro é uma melhoria.

Nós só sabemos de uma coisa. Existência absoluta, movimento absoluto, direção absoluta, simultaneidade absoluta, verdade absoluta, todas estas ideias: elas não têm, e nunca poderão ter, qualquer significado real. Se um homem em *delirium tremens* caísse no rio Hudson, poderia se lembrar do provérbio e agarrar-se a qualquer coisa imaginária. Palavras como "verdade" são como essas coisas às quais ele se agarra. A confusão do pensamento é ocultada e sua impotência negada pela invenção. Este parágrafo começou com "Nós só sabemos": no entanto, questionado, o "nós" se apressa em negar a possibilidade de possuir, ou até mesmo de definir o saber. O que poderia ser mais certo a um filósofo-parábola do que ele poder ser abordado de duas maneiras, e apenas duas? Realmente seria pouco menos que todo o corpo de seu conhecimento, implícito na teoria de sua definição de si mesmo e confirmado por cada experiência. Ele poderia receber impressões somente encontrando *A*, ou sendo pego por *B*. Ainda assim, ele estaria errado de infinitas maneiras. Portanto, há Aleph-Zero possibilidades de que a qualquer momento um homem possa se encontrar totalmente transformado. E pode ser que nossa presente perplexidade fascinada se deva ao nosso reconhecimento da existência de uma nova dimensão de pensamento, que parece tão "inescrutavelmente infinita" e "absurda" e "imoral" etc. – porque nós não a estudamos tempo o suficiente para perceber que suas leis são idênticas às nossas, embora estendidas a novas concepções. A descoberta da radioatividade criou um caos momentâneo na química e na física; mas logo levou a uma interpretação mais completa das velhas ideias. Ela dispersou muitas dificuldades, harmonizou muitas discórdias e – sim, muito mais! Ela demonstrou a substância do Universo como uma simplicidade de Luz e Vida, munida de liberdade sem limites para gozar do Amor pela combinação de suas unidades de diversos modos para compor átomos, capazes de se autorrealizar mais profundamente através de novas complexidades e organizações, cada um com seus próprios poderes e prazeres peculiares, cada um buscando o seu caminho pelo mundo onde todas as coisas são possíveis. Revelou a onipresença de Hadit, idêntico a Si Mesmo, ainda que realizando-Se dividindo sua interação com Nuit em episódios, cada forma de sua energia isolada com cada aspecto da receptividade Dela, deleite desenvolvendo deleite continuamente de complexo a complexo. Era a voz da Natureza despertando na aurora do Æon, conforme Aiwaz pronunciava a Palavra da Lei de Thelema.

Assim, também aquele que invoca com frequência contemplará o Fogo Informe, com tremores e perplexidade; mas se ele prolongar sua meditação, a resolverá em símbolos coerentes e inteligíveis, e ouvirá a enunciação eloquente daquele Fogo, interpretará o trovão como uma voz calma e baixa em seu coração. E o Fogo revelará aos seus olhos sua própria imagem em sua verdadeira glória; e falará aos seus ouvidos o Mistério que é o seu verdadeiro Nome.

Esta, pois, é a virtude da Magia d'A Besta 666 e o padrão de seu reto uso: em teoria, destruir a tendência a fazer diferença entre quaisquer duas coisas; e, na prática, devassar os véus de todos santuários, avançando para abraçar toda e qualquer imagem; pois não há uma só que não seja a vera Isis. O Mais-Íntimo é um com o Mais-Íntimo; no entanto, a forma de Um não é a forma do Outro; intimidade exige aptidão. Aquele, pois, que respira ar, não tente ousadamente respirar água. Mas mestria vem aos poucos;[1449] àquele que, com trabalho, coragem e cautela, dedica sua vida a compreender tudo que o rodeia e prevalecer sobre tudo que o rodeia, será acrescentado. "A palavra de Pecado é Restrição"; busca, pois, Retidão, examinando a Iniquidade, e fortifica-te para vencê-la.

1449 N.M.: Primeiro, inventou-se o escafandro; depois a "Scuba"; e já se fala em um método pelo qual o mergulhador poderá extrair oxigênio diretamente da água do mar, baseado num estudo das guelras dos peixes.

Liber XV

O.T.O.

Ecclesiæ Gnosticæ Catholicæ Canon Missæ

I

DO ASPECTO DO TEMPLO

No Leste, isto é, na direção de Boleskine, que está situado na margem Sudeste de Loch Ness na Escócia, duas milhas para o Oriente de Foyers, está um santuário ou Altar-mor. Suas dimensões devem ser 7 pés de comprimento, 3 pés de largura, 44 polegadas de altura. Deve estar coberto com uma toalha de altar de cor carmesim, na qual pode ser bordada flor-de-lis em ouro, ou um Sol radiante, ou outro emblema adequado.

De cada lado do altar deve haver um pilar ou obelisco, um em preto e outro em branco.

O Altar deve estar sobre uma plataforma de três degraus, axadrezada em preto e branco.

Sobre o Altar deve estar um super-altar, sobre o qual haverá uma reprodução em cores da Estela da Revelação, com quatro velas de cada lado. Ao pé da Estela deve haver lugar para colocar *O Livro da Lei*, com seis velas de cada lado. Em baixo está o Santo Graal, com rosas de cada lado. Deve haver lugar em frente da Taça para a Patena. De cada lado das rosas deve haver duas grandes velas.

Tudo isto deve estar coberto por um grande Véu.

Formando o ápice de um triângulo equilátero, cuja base é uma linha traçada entre os pilares, está um pequeno altar negro quadrado, formado de dois cubos sobrepostos.

Tomando-se este altar como centro da base de um triângulo igual ao primeiro, no ápice deste segundo triângulo estará uma pequena fonte circular.

Tomando-se esta fonte como centro da base de ainda outro triângulo semelhante aos dois primeiros, no ápice deste terceiro triângulo está uma tumba, ou sarcófago, de pé.

II

DOS OFICIANTES DA MISSA

O SACERDOTE: Leva a Lança Sagrada e, no começo, está vestido em um simples robe branco.

A SACERDOTISA: Deveria ser ou Virgo Intacta ou especialmente dedicada ao serviço da Grande Ordem. Ela está vestida em branco, azul e ouro. Ela ostenta a espada em um cinturão vermelho e leva a Patena com as Hóstias ou Bolos de Luz.

O DIÁCONO: Está vestido de branco e amarelo. Leva o *Livro da Lei.*

DUAS CRIANÇAS: Estão vestidas de branco e preto. Uma leva um jarro com água e um saleiro, a outra um turíbulo aceso e uma caixeta contendo perfume.

III

DA CERIMÔNIA DE INTROITO

O DIÁCONO, *abrindo a porta do Templo, admite a Congregação e assume seu posto entre o altar menor e a fonte. (Deve haver um porteiro para fiscalizar a admissão.)*

O DIÁCONO *avança e se inclina diante do Altar-mor aberto onde o Graal está exaltado. Ele beija O Livro da Lei três vezes, abre-o e coloca-o sobre o super-altar. Ele se volta para o Oeste.*

> O DIÁCONO: Faze o que tu queres há de ser tudo da Lei. Eu proclamo a Lei de Luz, Vida, Amor e Liberdade em nome ΙΑΩ.
>
> A CONGREGAÇÃO: Amor é a lei, amor sob vontade.

O DIÁCONO *volta para seu posto entre o Altar-de-incenso e a fonte, vira-se para o Leste e dá o passo e sinal de um Homem e um Irmão. Todos o imitam.*

> O DIÁCONO e todo o POVO: Eu creio em um SENHOR secreto e inefável; em uma Estrela na companhia de Estrelas de cujo fogo nós fomos criados e ao qual retornaremos; e em um Pai de Vida, Arcano de Arcanos, em Seu nome CAOS, o vice-rei único do Sol sobre a Terra; e em um Ar que nutre tudo o que respira.
>
> E eu creio em uma Terra, a Mãe de todos nós, e em um Útero do qual todos os homens são gerados, e onde eles descansarão, Mistério de Mistérios, em Seu nome BABALON.
>
> E eu creio na Serpente e no Leão, Arcano de Arcanos, em Seu nome BAPHOMET.
>
> E eu creio em uma Igreja Gnóstica e Católica de Luz, Amor, Vida e Liberdade, a Palavra de cuja Lei é ΘΕΛΗΜΑ.
>
> E eu creio na comunhão dos Santos.
>
> E, porquanto comida e a bebida são diariamente em nós transmutados em substância espiritual, eu creio no Milagre da Missa.

E eu confesso um Batismo de Sabedoria através do qual nós realizamos o Milagre da Encarnação.

E eu confesso minha vida uma, individual, e eterna que foi, é e será.

ΑΥΜΓΝ, ΑΥΜΓΝ, ΑΥΜΓΝ.

Música é agora tocada. Entra a criança com o jarro e o saleiro. Entra a VIRGEM *com a Espada e a Patena. Entra a criança com o turíbulo e a caixeta de perfume. Eles ficam de frente para o* DIÁCONO, *posicionando-se alinhados no espaço entre os dois altares.*

A VIRGEM: Saudação da Terra e do Céu!

Todos fazem a saudação (Sinal) de um Magista, o DIÁCONO *dando o exemplo.*

A SACERDOTISA, *com a criança negativa à sua e esquerda, a criança positiva à sua direita, sobe os degraus do Altar-mor. Eles a esperam abaixo. Ela coloca a Patena diante do Graal. Tendo adorado, ela desce, e com as crianças seguindo-a, a positiva atrás dela move-se de maneira serpentina, executando três circumambulações e meia do Templo (sentido horário em volta do altar, anti-horário na fonte, horário no altar e fonte, anti-horário no altar e então voltar para a Tumba no Oeste). Ela desembainha a espada e com esta abre o Véu.*

A SACERDOTISA: Pelo poder do ✠ Ferro, eu te digo, Levanta-te. Em nome do nosso Senhor ✠ o Sol, e de Nosso Senhor ✠ ..., para que possas administrar as virtudes aos Irmãos.

Ela embainha a Espada.

O SACERDOTE *saindo da Tumba, segurando a lança ereta com ambas as mãos, a direita sobre a esquerda, contra seu peito, dá os três passos iniciais regulares. Ele então entrega a lança à* SACERDOTISA *e faz os três sinais penais.*

Ela então se ajoelha e adora a Lança com ambas as mãos.

Música penitencial.

O SACERDOTE: Eu sou um homem entre os homens.

Ele retoma a Lança e a abaixa. Ele se levanta.

O SACERDOTE: Como poderia eu ser digno de administrar as virtudes aos Irmãos?

A SACERDOTISA*: Toma da criança a água e o sal e os mistura na fonte.*

A SACERDOTISA: Que ao sal da Terra advirta a Água a comportar a virtude do Grande Mar. *(Ajoelha-se.)* Mãe, sê adorada!

Ela retorna ao Oeste, faz ✠ sobre o SACERDOTE *com a mão aberta, sobre a testa dele, o peito e o corpo dele.*

A SACERDOTISA: Seja o SACERDOTE puro de corpo e alma!

Ela toma o turíbulo da criança, e coloca-o sobre o altar menor. Ela põe incenso no fogo.

A SACERDOTISA: Que o Fogo e o Ar adocem o mundo! *(Ajoelha-se.)* Pai, sê adorado!

Ela retorna ao Oeste e com o turíbulo faz ✠ sobre o SACERDOTE, *três vezes como antes.*

A SACERDOTISA: Seja o SACERDOTE fervente de corpo e alma!

As crianças retomam suas armas quando estas tiverem sido empregadas.

O DIÁCONO *agora toma o Robe consagrado sobre Altar-mor e traz a ela. Ela veste o* SACERDOTE *em seu Robe escarlate e ouro.*

A SACERDOTISA: Seja a Flama do Sol sua ambiência, Ó tu SACERDOTE do SOL!

O DIÁCONO *traz a coroa do Altar-mor.*[1450]

A SACERDOTISA: Seja a Serpente a tua Coroa, Ó tu SACERDOTE do SENHOR!

Ajoelhando-se, ela toma a Lança entre suas mãos abertas e faz um movimento de vai-e-vem para cima e para baixo ao longo da haste 11 vezes, muito gentilmente.

A SACERDOTISA: Que o SENHOR esteja presente entre nós!

Todos fazem o Sinal de Saudação de um Magista.

O POVO: Assim seja!

IV

DA CERIMÔNIA DA ABERTURA DO VÉU

O SACERDOTE: Tu portanto que adoramos, Tu também nós invocamos. Pelo poder da Lança erguida!

Ele ergue a Lança. Todos repetem o Sinal da Saudação de um Magista.

Uma frase de música triunfal.

O SACERDOTE *toma a* SACERDOTISA *pela mão direita com sua mão esquerda, conservando a Lança ereta.*

O SACERDOTE: Eu, SACERDOTE e REI, tomo a ti, Virgem pura imaculada; Eu te levanto; Eu te guio ao Oriente, Eu te Coloco sobre o píncaro da Terra.

Ele entrona a SACERDOTISA *sobre o Altar-mor. O* DIÁCONO *e as crianças seguem, em fila indiana, atrás dele. A* SACERDOTISA *toma O Livro da Lei, retoma seu assento e mantém o Livro aberto sobre seu peito com suas duas mãos, formando um triângulo descendente com seus polegares e indicadores.*

O SACERDOTE *dá a Lança ao* DIÁCONO *para segurar, toma a jarra da criança e asperge a* SACERDOTISA, *fazendo cinco cruzes, testa, ombros e coxas.*

O polegar do SACERDOTE *está sempre entre o indicador e o médio quando quer que ele não esteja empunhando a Lança. O* SACERDOTE *toma o turíbulo da criança e faz cinco cruzes sobre a* SACERDOTISA *como antes.*

1450 A Coroa pode ser de Ouro ou Platina ou de eletrum magicum; mas sem quaisquer outros metais, salvo as pequenas quantidades necessárias a uma liga apropriada. Pode ser adornada com diversas joias, à vontade. Mas deve ser a serpente Uræus enrolada em sua volta e o gorro deve ser do mesmo tom de escarlate do robe. Sua textura deveria ser veludo.

As crianças repõem suas armas em seus respectivos altares.

O SACERDOTE *beija o Livro da Lei três vezes. Ele ajoelha-se por algum tempo, mãos juntas, nós dos dedos fechados, polegar em posição de figa como já descrevemos. Ele se levanta e corre o Véu sobre o altar, cobrindo por completo. Todos se levantam e ficam em posição de sentido.*

O SACERDOTE *toma a Lança do* DIÁCONO *e a segura como antes, na posição de Osiris ou Pthah. Ele circum-ambula o Templo três vezes, seguido pelo* DIÁCONO *e as crianças como antes. (Estes, quando não usando suas mãos, conservam os braços cruzados sobre o peito.) Ao fim da última circum-ambulação eles saem e vão para seus postos entre a fonte e o altar menor, onde se ajoelham em adoração, suas mãos juntas, palma contra palma, e erguidas acima de suas cabeças.*

Todos imitam este movimento.

O SACERDOTE *retorna ao Oriente e sobe o primeiro degrau do Altar.*

O SACERDOTE: Ó círculo de Estrelas de que nosso Pai é apenas o irmão mais jovem, maravilha inimaginável, alma do espaço infinito, diante do qual o Tempo é envergonhado, a mente é confundida e a compreensão se escurece, a ti não podemos atingir, a não ser que Tua imagem seja o Amor. Portanto, por semente e raiz e haste e botão e folha e flor e fruto, nós Te invocamos.

Então o sacerdote respondeu & disse à Rainha do Espaço, beijando suas amoráveis sobrancelhas, e o orvalho da luz dela banhando o corpo inteiro dele em um doce perfume de suor: Ó Nuit, contínua mulher do Céu, que seja assim sempre; que os homens não falem de Ti como Uma mas como Nenhuma; e que eles não falem de ti de todo, desde que tu és contínua!

Durante esta fala, A SACERDOTISA *deve ter se despido por completo de seu Robe. (Veja-se CCXX i 62.)*

A SACERDOTISA: Mas amar-me é melhor que toda coisa: se sob as estrelas da noite no deserto tu presentemente queimas meu incenso diante de me, invocando-me com um coração puro, e a chama Serpentina ali contida, tu virás deitar-te em meu seio um bocadinho. Por um beijo tu então quererás dar tudo; mas quem quer que dê uma partícula de pó perderá tudo naquela hora. Vós ajuntareis mercadorias e quantidades de mulheres e espécias; vós usareis ricas joias; vós excedereis as nações da terra em esplendor & orgulho; mas sempre no amor de me, e assim vireis à minha alegria. Eu te urjo seriamente a que venhas diante de me em uma vestimenta única, e coberto com um rico diadema. Eu te amo! Eu te desejo! Pálido ou púrpura, velado ou voluptuoso, Eu que sou todo o prazer e púrpura, e embriaguez do senso mais íntimo, te desejo. Põe as asas, e acorda o esplendor enroscado dentro de ti: vem a me! A me! A me! Cantai a canção de amor feliz para me! Queimai perfumes para me! Usai joias para me! Bebei a me, pois Eu vos amo! Eu vos amo! Eu sou a filha do Poente, de pálpebras azuis; Eu sou o brilho nu do voluptuoso céu noturno. A me! A me!

O SACERDOTE *sobe o segundo degrau.*

O SACERDOTE: Ó segredo de segredos que estás oculto no ser de tudo quanto vive, não a Ti nós adoramos, pois aquilo que adora é Tu também. Tu és Aquilo, e eu sou Aquilo.

Eu sou a flama que queima em todo coração de homem, e no âmago de toda estrela. Eu sou Vida, e o doador de Vida, no entanto por isto conhecer-me é conhecer a morte. Eu sou só: não existe Deus onde Eu sou.

O DIÁCONO *e todos se levantam e fazem o Sinal de Saudação de um Magista.*

O DIÁCONO: Mas vós, ó meu povo, levantai-vos & acordai!

Que os rituais sejam retamente executados com alegria & beleza!

Há rituais dos elementos e festas das estações.

Uma festa para a primeira noite do Profeta e sua Noiva!

Uma festa para os três dias da escritura do Livro da Lei.

Uma festa para Tahuti e a criança do Profeta – Secreta, Ó Profeta!

Uma festa para o Supremo Ritual, e uma festa para o Equinócio dos Deuses.

Uma festa para o fogo e uma festa para a água; uma festa para a vida e uma festa maior para a morte!

Uma festa diária em vossos corações na alegria de minha raptura!

Uma festa toda noite para Nu, e o prazer do mais transcendente deleite!

O SACERDOTE *sobe o terceiro degrau.*

O SACERDOTE: Tu que és Um, nosso Senhor no Universo, o Sol, nosso Senhor em nós mesmos cujo nome é Mistério de Mistérios, ser mais transcendente, cuja radiância, iluminando os mundos, é também alento que faz mesmo todos os Deuses e a morte tremerem diante de Ti – pelo Sinal de Luz aparece glorioso sobre o trono do Sol.

Abre o caminho de criação e inteligência entre nós e nossas mentes. Ilumina nossa compreensão.

Encoraja nossos corações. Faz com que Tua Luz se cristalize em nosso sangue, cumprindo-nos de Ressurreição.

A ka dua

Tuf ur biu

bi a'a chefu

Dudu nur af an nuteru!

A SACERDOTISA: Não existe lei além de Faze o que tu queres.

O SACERDOTE *abre o véu com sua Lança.*

Durante as falas prévias A SACERDOTISA *colocou novamente seu robe.*

O SACERDOTE: ΙΩ ΙΩ ΙΩ ΙΑΩ ΣΑΒΑΟ ΚΥΡΙΕ ΑΒΡΑΣΑΧ ΚΥΡΙΕ ΜΕΙΘΡΑΣ ΚΥΡΙΕ ΦΑΛΛΕ. ΙΩ ΠΑΝ, ΙΩ ΠΑΝ ΠΑΝ ΙΩ ΙΣΧΥΡΟΧ, ΙΩ ΑΘΑΝΑΤΟΝ, ΙΩ ΑΒΡΟΤΟΝ ΙΩ ΙΑΩ. ΧΑΙΡΕ ΦΑΛΛΕ ΚΑΙΡΕ ΠΑΜΦΑΓΕ ΚΑΙΡΕ ΠΑΝΓΕΝΕΤΟΡ. ΑΓΙΟΣ, ΑΓΙΟΣ, ΑΓΙΟΣ ΙΑΩ.

A SACERDOTISA *está sentada com a Patena em sua mão direita e a Taça em sua mão esquerda. O* SACERDOTE *apresenta a Lança, que ela beija onze vezes. Ela então segura a Lança contra o peito enquanto o* SACERDOTE, *caindo nos joelhos dela, beija-os, seus braços estendidos ao longo das coxas dela. Ele permanece nesta adoração enquanto o* DIÁCONO *pronuncia as colectas. Todos ficam de pé na posição do Dieu Garde, isto é: pés em esquadro, mãos com polegares entrelaçados, seguras relaxadamente. Esta é a posição Universal quando em pé, a não ser que outra direção seja dada.*

V

DO OFÍCIO DAS COLETAS, QUE SÃO ONZE EM NÚMERO

(O SOL)

O DIÁCONO: Senhor visível e sensível de quem esta terra é uma centelha cristalizada girando à sua volta com movimento anual e diurno, fonte de luz, fonte de vida, que tua perpétua radiância nos encoraje ao trabalho e gozo contínuos; de forma que, conforme compartilhamos constantemente de tua generosidade, possamos em tua órbita particular dar luz, sustento e alegria àqueles que revolvem em volta nossa, sem diminuição em substância ou efulgência para sempre.

O POVO: Assim seja.

(O SENHOR)

O DIÁCONO: Senhor secreto e santíssimo, fonte de luz, fonte de vida, fonte de amor, fonte de liberdade, sê tu sempre constante e poderoso dentro de nós, força de energia, fogo de movimento; com diligência trabalharemos sempre contigo, para que possamos permanecer em tua abundante alegria.

O POVO: Assim seja.

(A LUA)

O DIÁCONO: Senhora da Noite que, girando sempre em nossa volta, estás ora visível ora invisível em tua estação, sê favorável a caçadores e amantes, e a todos os homens que trabalhem sobre a terra, e a todos marujos que navegam sobre o mar.

O POVO: Assim seja.

(A SENHORA)

O DIÁCONO: Doadora e recebedora de graça, portal da vida e do amor, sê tu sempre pronta, tu e tuas palavras servidoras em teu ofício de alegria.

O POVO: Assim seja.

(Os Santos)

O DIÁCONO: Senhor de Vida e Alegria, tu que és a pujança do homem, que és a essência de todo verdadeiro deus que está sobre a face da Terra, transmitindo o conhecimento de geração a geração, tu adorado por nós em charnecas e bosques, sobre montanhas e em cavernas, abertamente nas praças de mercado e secretamente nos quartos de nossas casas, em templos de ouro e marfim e mármore, como nestes outros templos nossos corpos, nós condignamente comemoramos esses dignos que no passado te adoraram, manifestaram tua glória aos homens, *Lao-Tse* e *Sidharta* e Krishna e *Tahuti*, Moisés, *Dionísio, Maomé* e *To Mega Therion, com também estes* Hermes, *Pã,* Príapo, Osiris e Melquisedeque, Khem e Amon e *Mentu, Héracles,* Orfeu e Odisseu; com Virgílio, *Catulo*, Martialis, *Rabelais, Swinburne, e muitos santos bardos; Apollonius Tyanaeus*, Simão o Mago, Manes, *Pitágoras*, Basilides, Valentinus, *Bardesanes e Hipólito, que transmitiram a luz da Gnose a nós seus sucessores e herdeiros*; com Merlin, Arthur, Kamuret, Parzifal, e muitos outros profetas, sacerdotes e reis que empunharam a Lança e Taça, a Espada e Disco contra os Pagãos; *e estes também*, Carolus Magnus e seus paladinos, e William de Schyren, Frederick de Hohenstaufen, Roger Bacon, *Jacobus Burgundus Molensis, o Mártir, Christian Rosenkreuz*, Ulrich von Hutten, Paracelso, Michael Maier, *Rodrigo Bórgia Papa Alexandre, o Sexto*, Jacob Boehme, Francis Bacon, Lord Verulam, Andrea, Robertus de Fluctibus, Johannes Dee, *Sir Edward Kelly*, Thomas Vaughan, Elias Ashmole, Molinos, Adam Weishaupt, Wolfgang von Goethe, Ludovicus Rex Bavariae, Richard Wagner, *Alphonse Louis Constant*, Friedrich Nietzsche, Hargrave Jennings, Carl Kellner, Forlong dux, Sir Richard Payne Knight, Sir Richard Francis Burton, Paul Gauguin, Doutor Gérard Encausse, Doutor Theodor Reuss, *Sir Aleister Crowley*, Karl Germer, Marcelo Motta e Phillys Seckler. Ó Filhos do Leão e da Cobra! Com todos os Teus Santos nós condignamente comemoramos aqueles dignos que foram e são e serão.

Possa a essência deles estar aqui presente, potente, poderosa e paternal para tornar perfeita esta festa!

A cada nome o DIÁCONO *faz* ✠ *com o dedo polegar entre indicador e médio. Em missas ordinárias é apenas necessário comemorar aqueles cujos nomes estão em itálico com palavras tais como escrito.*

O POVO: Assim seja.

(A Terra)

O DIÁCONO: Mãe de fertilidade em cujo seio jaz a água, cuja face é acariciada pelo ar, e em cujo coração está o fogo do Sol, útero de toda vida, recorrente graça das estações, responde por favor à oração do trabalho, e a pastores e maridos sê propícia.

O POVO: Assim seja.

(Os Princípios)

O DIÁCONO: Misteriosa Energia, triforme, misteriosa Matéria, em quádrupla e sétupla divisão; o intercâmbio de cujas partes tece a dança do Véu da Vida sobre a Face do Espírito, haja harmonia e beleza em nossos amores místicos, para que em nós possa haver saúde e riqueza e força e divino prazer de acordo com a Lei da Liberdade; conceda que cada qual exerça sua Vontade como um homem forte que se regozija em seu caminho, como um curso de uma Estrela que esbraseia sempre na alegre companhia do Céu.

O POVO: Assim seja.

(NASCIMENTO)

O DIÁCONO: Seja a hora auspiciosa e o portal da vida aberto em paz e bem-estar, para que aquela que pare crianças possa regozijar-se, e o bebê pegar a vida de mãos ambas.

O POVO: Assim seja.

(CASAMENTO)

O DIÁCONO: Sobre todos que neste dia se unem em amor sob vontade, recaia sucesso, possam força e habilidade se unir para produzir êxtase, e beleza responder à beleza.

O POVO: Assim seja.

(MORTE)

Todos de pé, Cabeça ereta, Olhos bem abertos.

O DIÁCONO: Termo de tudo quanto vive, cujo nome é inescrutável, sê-nos favorável em tua hora.

O POVO: Assim seja.

(O FIM)

O DIÁCONO: Àqueles de cujos olhos caiu o véu da vida, possa ser concedia a realização de suas verdadeiras Vontades; quer aqueles queiram absorção no Infinito, ou ser unidos aos seus escolhidos e preferidos, ou permanecer em contemplação, ou estar em paz, ou conseguir o labor e heroísmo da encarnação sobre este ou outro planeta, ou em qualquer Estrela, ou o que quer que seja, a eles possa ser concedida a realização de suas Vontades.

ΑΥΜΓΝ, ΑΥΜΓΝ, ΑΥΜΓΝ.

O POVO: Assim seja.

Todos se sentam.

O DIÁCONO *e as crianças ajudam o* SACERDOTE *e a* SACERDOTISA*, prontos a segurar qualquer arma apropriada quando necessário.*

VI

DA CONSAGRAÇÃO DOS ELEMENTOS

O SACERDOTE *faz cinco cruzes:* ✠*1 sobre Patena e Taça;* ✠*4 só na patena,* ✠*5 só na taça.*

✠*3* ✠*2*

O SACERDOTE: Vida do homem sobre a terra, fruto do trabalho, sustento da porfia, sê tu nutrição do Espírito!

Ele toca a Hóstia com Lança.

O SACERDOTE: Pela virtude do Condão!

Corpo de Deus seja este pão!

Ele pega a hóstia.

O SACERDOTE: **ΤΟΥΤΟ ΕΣΤΙ ΤΟ ΣΟΜΑ ΜΟΥ.**[1451]

Ele ajoelha, adora, levanta-se, volta-se, mostra a Hóstia ao POVO, *volta-se, repõe a Hóstia em seu lugar e adora. Música. Ele toma a Taça.*

O SACERDOTE: Veículo da alegria do Homem sobre a terra, consolo do trabalho, inspiração da porfia, sê tu o êxtase do Espírito!

Ele toca a Taça com a Lança.

O SACERDOTE: Pelo Condão em seu Caminho!

Sangue de Deus seja este Vinho!

Ele pega a Taça.

O SACERDOTE: **ΤΟΥΤΟ ΕΣΤΙ ΤΟ ΠΟΤΗΡΙΟΝ ΤΟΥ ΑΙΜΑΤΟΣ ΜΟΥ.**[1452]

Ele ajoelha-se, adora, levanta-se, volta-se, mostra a Taça para o POVO, *volta-se, repõe a Taça em seu lugar e adora. Música.*

O SACERDOTE: Pois este é o Consenso de Ressurreição.

Ele faz cinco cruzes sobre a SACERDOTISA.

O SACERDOTE: Aceita, ó Senhor, este sacrifício de vida e alegria, verdadeiras evidências do Consenso de Ressurreição.

O SACERDOTE *oferece a Lança à* SACERDOTISA, *que a beija; ele então a toca entre os seios e sobre o corpo. Ele então joga os braços para o alto, como que compassando o relicário inteiro.*

1451 N.M.: Este é meu corpo.

1452 N.M.: Esta é a taça de meu sangue.

O SACERDOTE: Que esta oferenda seja levada sobre as ondas do Æthyr a nosso Senhor e Pai, o Sol, que viaja sobre os Céus, em seu nome ON.

Ele fecha as mãos, beija a SACERDOTISA *entre os seios e faz três grandes cruzes sobre a Patena, a Taça, e si mesmo. Ele bate no peito. Todos repetem este ato.*

O SACERDOTE: Ouvi todos vós, santos da verdadeira antiga igreja, agora essencialmente presente: de vós nos declaramos herdeiros, convosco afirmamos comunhão, de vós reclamamos bendição em nome de ΙΑΩ.

Ele faz três cruzes sobre a Patena e a Taça juntas. Ele descobre a Taça, ajoelha-se, toma a Taça em sua mão esquerda e a Hóstia em sua mão direita. Com a Hóstia ele faz cinco cruzes sobre a Taça.

✠1

✠3 ✠2

✠5 ✠4

Ele eleva a Hóstia e a Taça.

O Campainha soa.

O SACERDOTE: **ΑΓΙΟΣ, ΑΓΙΟΣ, ΑΓΙΟΣ, ΙΑΩ**!

Ele repõe a Hóstia e a Taça e adora.

VII

DO OFÍCIO DO HINO

O SACERDOTE: Tu que és eu mesmo, além de tudo meu;
Sem natureza, inominado, ateu;
Que quando o mais se esfuma, ficas no Crisol;
Tu que és o segredo e o coração do Sol;
Tu que és a escondida fonte do universo;
Tu solitário, real fogo no bastão imerso;
Sempre abrasando; tu que és a só semente
De liberdade, vida, amor e luz eternamente;
Tu, além da visão e da palavra;
Tu eu invoco; e assim meu fogo lavra!
Tu eu invoco, minha vida, meu farol,
Tu que és o segredo e o coração do Sol

E aquele arcano dos arcanos santo
Do qual eu sou veículo e sou manto
Demonstra teu terrível, doce brilho:
Aparece, como é lei, neste teu filho!

O CORO: Pois que do Pai e que do Filho,
O Santo Espírito é o brilho;
Essência macho-fêmea, ser
De homem em forma de mulher.
Benção e glória no mais alto,
Pomba sagrada, tu arauto,
Da nossa humana divindade,
Eterna dança nesta esfera
Do frio inverno à primavera,
Seiva da árvore do mundo,
Glória a Ti do mais profundo!

PRIMEIRO SEMI-CORO: HOMENS: Adora a ti a Tumba de Ouro!

SEGUNDO SEMI-CORO: MULHERES: Aberto adora-te o Tesouro!

HOMENS: Glória a Ti da terra dura!

MULHERES: Glória a ti da virgem pura!

HOMENS: Ó glória a ti, vera Unidade
Da Eterna Santa Trindade!

MULHERES: Meu pai e mãe, ó tu meu Ser,
Glória a ti devo render!

HOMENS: Glória a ti, tu Sol profundo,
Tu Um em Três, tu Três em Um!

CORO: Seiva da árvore do mundo,
Glória a Ti do mais profundo!

Estas palavras devem formar a substância do hino; mas toda ou qualquer parte será posta em música, a qual pode ser elaborada de arte. Mas mesmo se outros hinos vierem a ser autorizados pelo Patriarca da Igreja, este manterá seu lugar como primeiro de todos, o pai de todos os outros.

VIII

DAS BODAS MÍSTICAS E CONSUMAÇÃO DOS ELEMENTOS

O SACERDOTE *toma a Patena entre o indicador e médio de sua mão direita. A* SACERDOTISA *toma Taça em sua mão direita.*

O SACERDOTE: Senhor secretíssimo, abençoa este sustento espiritual de nossos corpos, concedendo-nos saúde e riqueza e força e alegria e paz, e aquela realização de vontade e de amor sob vontade que é felicidade perpétua.

Ele faz ✠ com a Patena e a beija. Ele descobre a Taça, ajoelha-se, levanta-se. Música. Ele toma a Hóstia e a quebra sobre a Taça. Ele recoloca a porção da direita na Patena. Ele quebra um pedacinho da porção da esquerda.

O SACERDOTE: ΤΟΥΤΟ ΕΣΤΙ ΤΟ ΣΠΕΡΜΑ ΜΟΥ. ΗΟ ΠΑΤΗΡ ΕΣΤΙΝ

ΗΟ ΗΥΙΟΣ ΟΙΑ ΤΟ ΠΝΕΥΜΑ ΑΓΙΟΝ.

ΑΥΜΓΝ. ΑΥΜΓΝ. ΑΥΜΓΝ.

Ele repõe a porção da esquerda da Hóstia. A SACERDOTISA *com sua mão esquerda estende a ponta da Lança para receber o pedacinho.*

SACERDOTE E SACERDOTISA: ΗΡΙΛΙΥ.

O SACERDOTE *toma a Lança. A* SACERDOTISA *cobre a Taça. O* SACERDOTE *ajoelha-se, ergue-se, inclina-se, junta as mãos. Ele bate no peito.*

O SACERDOTE: Ó Leão e Ó Serpente que destrói o destruidor, sê pujante entre nós.

Ó Leão e Ó Serpente que destrói o destruidor, sê pujante entre nós.

Ó Leão e Ó Serpente que destrói o destruidor, sê pujante entre nós.

O SACERDOTE *junta as mãos sobre o peito da* SACERDOTISA *e retoma sua Lança. Ele volta-se para o* POVO, *abaixa e levanta a Lança e faz ✠ sobre eles.*

O SACERDOTE: Faze o que tu queres há de ser tudo da Lei.

O POVO: Amor é a lei, amor sob vontade.

Ele abaixa a Lança, vira-se para o Oriente. A SACERDOTISA *toma a Lança em sua mão direita, com sua mão esquerda ela oferece a Patena.* O SACERDOTE *ajoelha-se.*

O SACERDOTE: Em minha boca a essência da vida do Sol!

Ele toma a Hóstia com a mão direita, faz ✠ com ela sobre a Patena e a consome.

Silêncio.

A SACERDOTISA *toma, descobre, e oferece a Taça, como antes.*

O SACERDOTE: Em minha boca a essência da alegria da Terra!

Ele toma a Taça, faz ✠ sobre a SACERDOTISA, *bebe até a última gota e devolve a Taça.*

Silêncio.

Ele se levanta, toma a Lança e volta-se para o POVO.

O SACERDOTE: Não há parte de mim que não seja parte dos Deuses.

Aqueles do POVO *que tencionam comungar – e nenhum outro deveria estar presente – tendo expressado sua intenção, um Bolo de Luz inteiro e uma taça de vinho terão sido preparados para cada um. O* DIÁCONO *os organiza em fila; eles avançam um de cada vez ao Altar. As crianças tomam os Elementos e os oferecem. O* POVO *comunga da mesma maneira que o fez o* SACERDOTE, *pronunciando as mesmas palavras em uma atitude de Ressurreição:*

"Não há parte de mim que não seja parte dos Deuses."[1453]

O SACERDOTE *cerra por completo o véu. Com a Lança ele faz* ✠ *sobre O* POVO *três vezes assim:*

O SACERDOTE: ✠ O SENHOR vos abençoe.

✠ O SENHOR ilumine vossas mentes e conforte os vossos corações e sustente os vossos corpos.

✠ O SENHOR vos traga a realização de vossas verdadeiras vontades, a Grande Obra, o *Summum Bonum,* Verdadeira Sabedoria e a Felicidade Perfeita.

Ele sai, o DIÁCONO *e as Crianças seguindo-o para dentro da tumba do Oeste.*

Música (Voluntária).

NOTA: A SACERDOTISA *e os outros oficiantes nunca partilham do sacramento, sendo por assim dizer parte do* SACERDOTE *mesmo.*

NOTA: *Certas fórmulas secretas desta Missa são ensinadas ao* SACERDOTE *na ocasião de sua ordenação.*

1453 As exceções a esta parte da cerimônia são quando ela é da natureza de uma celebração, em cujo caso somente o SACERDOTE comunga, de um casamento, em cujo caso somente os dois a serem unidos comungam, parte da cerimônia do batismo, em cujo caso somente a criança batizada comunga, e Confirmação da puberdade, em que somente as pessoas confirmando partilham. O Sacramento pode ser reservado pelo SACERDOTE para administração aos doentes em seus lares.

APÊNDICE VII

ALGUMAS DAS PRINCIPAIS INSTRUÇÕES AUTORIZADAS PELA A∴A∴

Liber H.H.H.

sub figura CCCXLI

Continet Capitula Tria: MMM, AAA et SSS

"Sunt duo modi per quos homo fit Deus: Tohu et Bohu.

Mens quasi flamma surgat, aut quasi puteus aquae quiescat.

Alteri modi sunt tres exempli, qui illis extra limine collegii sancti dati sunt.

In hoc primo libro sunt Aquae Contemplationis."

Dois são os métodos de tornar-se Deus: o Reto e o Avesso. Que a Mente se torne como uma chama, ou como um poço de água parada.

De cada método são dados três exemplos principais àqueles que estão fora do Limiar.

Neste primeiro livro estão escritas as Reflexões.

"Sunt tres contemplationes quasi halitus in mente humana abysso inferni. Prima, Νεκρος; *secunda,* Πυραμις; *tertia,* Φαλλος *vocatur. Et hae reflexiones aquaticae sunt trium enthusiasmorum, Apollonius, Dionysi, Veneris.*

Tota stella est Nechesh et Messiach, nomen אהיה *cum* יהוה *conjunctum."*

Há três contemplações como se fossem sopros na mente humana, que é o Abismo do Inferno: a primeira é chamada de Νεκρος, a segunda de Πυραμις, e a terceira de Φαλλος.

Estas são as reflexões aquosas dos três entusiasmos; os de Apolo, Dionísio e Afrodite.

A estrela inteira é Nechesh e Messiach, o nome אהיה reunido com יהוה.

I – MMM

> "Eu me lembro de um certo dia santo no ocaso do ano, no ocaso do Equinócio de Osiris, quando primeiro eu Te contemplei visível; quando primeiro a pavorosa lida foi encetada; quando Ele de Cabeça de Íbis fez parar a luta com seu feitiço. Eu me lembro de Teu primeiro beijo, mesmo como deve uma donzela. Nem nos atalhos escuros houve outro: Teus beijos perduram."
>
> *Liber Lapidis Lazuli vii 15-16.*

0. Fica sentado em teu Asana, vestindo o robe de um Neófito, o capuz abaixado.

1. É noite, pesada e quente; não há estrelas. Nem mesmo um sopro de vento agita a superfície do mar, que é tu. Nenhum peixe brinca em tuas profundezas.

2. Que um Sopro ascenda e perturbe as águas. Isso tu também sentirás tocar sobre tua pele. Isso perturbará a tua meditação duas ou três vezes, após as quais tu deves ter conquistado essa distração. Mas a menos que tu primeiro o sintas, esse Sopro não surgiu.

3. Em seguida, a noite é fendida pelo relâmpago. Isso também tu sentirás em teu corpo, que deve tremer e saltar com o choque, e isso também deve ser tanto sofrido quanto superado.

4. Após o relâmpago, repousa no zênite um ínfimo ponto de luz. E essa luz irradiará até que um cone perfeito se estabeleça sobre o mar, e é dia.

   Com isso teu corpo ficará rígido, automaticamente; e isso tu suportarás, recuando para dentro do teu coração na forma de um Ovo perfeito de escuridão; e dentro dele tu permanecerás por um tempo.

5. Quando tudo isso for executado perfeitamente e facilmente à vontade, que o aspirante imagine para si mesmo uma luta contra toda a força do Universo. Nisto ele só é salvo por sua pequenez.

   Mas no final ele é vencido pela Morte, que o cobre com uma cruz negra.

   Que seu corpo caia de costas com os braços estendidos.

6. Assim deitado, que ele aspire fervorosamente ao Sagrado Anjo Guardião.

7. Agora, que ele retome sua postura anterior.

   Duas e vinte vezes, ele imaginará que é mordido por uma serpente, até mesmo sentindo o veneno dela em seu corpo. E que cada mordida seja curada por uma águia ou um falcão, que abre suas asas acima de sua cabeça e derrama um orvalho curativo sobre ela. Mas que a última mordida seja uma angústia tão terrível na nuca que ele parece morrer, e que o orvalho curativo seja de tal virtude que ele se põe de pé.

8. Agora que sejam postas dentro do ovo uma cruz vermelha, então uma cruz verde, então uma cruz dourada, então uma cruz prateada; ou aquelas coisas que estas simbolizam. Aqui há silêncio; pois aquele que executou corretamente a meditação compreenderá o significado interno desta, e isso servirá como um teste de si mesmo e de seus semelhantes.

9. Agora que ele permaneça na Pirâmide ou Cone de Luz, como um Ovo, mas não mais de escuridão.

10. Então que seu corpo fique na posição do Enforcado, e que ele aspire com toda a sua força ao Sagrado Anjo Guardião.

11. A graça lhe tendo sido concedida, que ele comungue misticamente da Eucaristia dos Cinco Elementos e que ele proclame Luz em Extensão; sim, que ele proclame Luz em Extensão.

II – AAA

"Estes afrouxam as ligaduras do cadáver; estes desatam os pés de Osiris, para que o Deus flamejante possa raivar pelo firmamento com sua lança fantástica."

Liber Lapidis Lazuli vii 3.

0. Fica sentado em teu Asana, ou reclinado em Savasana, ou na posição do Buda moribundo.

1. Pensa na tua morte; imagina as várias doenças que podem te atacar ou os acidentes que podem te ocorrer. Imagina o processo da morte, aplicando sempre a ti mesmo.

   (Uma prática preliminar útil é ler manuais de Patologia e visitar museus e salas de dissecação.)

2. Continua esta prática até que a morte esteja completa; segue o cadáver através dos estágios de embalsamamento, enfaixamento e enterro.

3. Agora imagina um sopro divino entrando em tuas narinas.

4. Em seguida, imagina uma luz divina iluminando os olhos.

5. Em seguida, imagina a voz divina despertando os ouvidos.

6. Em seguida, imagina um beijo divino impresso nos lábios.

7. Em seguida, imagina a energia divina dirigindo os nervos e músculos do corpo e concentra-te no fenômeno que já foi observado em 3, a restauração da circulação.

8. Por fim, imagina o retorno do poder reprodutivo; e emprega-o para a impregnação do Ovo de luz em que o homem é banhado.

9. Agora, retrata para ti que esse Ovo é o Disco do Sol, se pondo no oeste.

10. Que ele afunde na escuridão, carregado pela barca do céu, sobre as costas da vaca santa Hathor. E pode ser que tu ouças o mugido dela.

11. Que ele se torne mais preto do que toda a escuridão. E nesta meditação tu deverás ficar absolutamente sem medo, pois aquele vazio que te aparecerá é uma coisa terrível além de toda a tua compreensão.

    E ocorrerá que, se tu executaste bem e propriamente esta meditação, subitamente tu ouvirás o zumbido e o som alto de um Besouro.

12. Então agora a Escuridão passará, e com rosa e ouro tu levantar-te-ás no Leste, com o grito de um Falcão ressoando em tua orelha. Será estridente e forte.

13. No final, tu ascenderás e ficarás no meio do céu, um globo de glória. E com isso surgirá o Som poderoso que os homens santos compararam ao rugido de um Leão.

14. Então tu sairás da Visão, reunindo-te na forma divina de Osiris sobre seu trono.

15. Então tu repetirás audivelmente o grito de triunfo do deus ressurgido, conforme será dado a ti pelo teu Superior.

16. E, isso sendo cumprido, tu poderás entrar novamente na Visão, que através disso será aperfeiçoada em ti.

17. Depois disso, tu retornarás ao Corpo e dará graças ao Deus Altíssimo IAIDA; sim, ao Deus Altíssimo IAIDA.

18. Note bem que esta operação deve ser realizada se possível em um lugar separado e consagrado às Obras da Magia da Luz. Também que o Templo deve ser aberto cerimonialmente, como tu tens conhecimento e habilidade para realizar, e que no final disso o fechamento deve ser realizado com máximo cuidado. Mas na prática preliminar é suficiente que te limpes por ablução, por vestir o robe e pelos rituais do Pentagrama e Hexagrama.

Primeiramente 0-2 deve ser praticado, até algum entendimento ser obtido; e a prática deve ser sempre seguida por uma invocação divina de Apolo ou de Isis ou de Júpiter ou de Serápis.

Em seguida, após uma síntese rápida de 0-2, praticar 3-7.

Isso sendo dominado, adiciona 8.

Então adiciona 9-13.

Então, estando preparado e fortificado, bem preparado para o trabalho, realiza toda a meditação de uma vez só. E que isso continue até que seja alcançado o sucesso perfeito nisso. Pois esta é uma meditação poderosa e santa, tendo poder mesmo sobre a Morte; sim, tendo poder mesmo sobre a Morte.

(Nota de Fra. O. M.: A qualquer momento durante esta meditação a concentração pode acarretar em Samadhi. Isso deve ser temido e evitado, mais do que qualquer outra quebra de controle, pois esta é a mais tremenda das forças que ameaçam obcecar. Existe também algum perigo de melancolia delirante aguda no ponto 1.)

III – SSS

> "Tu és uma coisa linda, mais branca que uma mulher na coluna desta vibração.
>
> Eu subo verticalmente como uma flecha, e me torno aquilo Acima.
>
> Mas é morte, e a flama da pira.
>
> Ascende na flama da pira, Ó minha alma! Teu Deus é como o frio vazio do mais extremo céu, no qual tu radias tua pequena luz.
>
> Quando Tu me conheceres, Ó Deus vazio, minha flama expirará por completo em Teu grande N.O.X."

Liber Lapidis Lazuli i 36-40.

0. Fica sentado em teu Asana, de preferência o do Raio.

   É essencial que a coluna vertebral esteja na vertical.

1. Nesta prática, a cavidade do cérebro é a Yoni; a medula espinhal é o Lingam.

2. Concentra teu pensamento de adoração no cérebro.

3. Agora começa a despertar a coluna vertebral desta maneira. Concentra teu pensamento de ti mesmo na base da coluna vertebral e move-o gradualmente para cima, um pouco de cada vez.

Por meio disso, tu te tornarás consciente da coluna vertebral, sentindo cada vértebra como uma entidade separada. Isso deve ser alcançado da maneira mais completa e perfeita antes que a prática posterior seja iniciada.

4. Em seguida, adora o cérebro como antes, mas imagina para ti mesmo seu conteúdo como infinito. Considera-o como o útero de Isis ou o corpo de Nuit.

5. Em seguida, identifica-te com a base da coluna vertebral como antes, mas imagina para ti mesmo sua energia como infinita. Considera-o como o falo de Osiris ou o ser de Hadit.

6. Estas duas concentrações, 4 e 5, podem ser impelidas até o ponto de Samadhi. No entanto, não percas o controle da vontade; não deixes que Samadhi seja teu mestre aqui.

7. Então agora, estando consciente tanto do cérebro quanto da coluna vertebral, e inconsciente de tudo que não seja isso, imagina a fome de um pelo outro; o vazio do cérebro, o desejo da coluna vertebral, assim como o vazio do espaço e a falta de rumo da Matéria.

   E se tu tiveres experiência da Eucaristia em ambos os tipos, isso ajudará na tua imaginação aqui.

8. Que essa agonia cresça até ser insuportável, resistindo a cada tentação pela vontade. Tu não procederás até que todo o teu corpo esteja banhado de suor, ou esteja suando sangue, e até que um grito de angústia intolerável seja forçado de teus lábios fechados.

9. Agora que uma corrente de luz, de azure escuro manchado com escarlate, passe para cima e para baixo na coluna vertebral, golpeando como se fosse sobre ti mesmo, que estás enrolado na base como uma serpente.

   Que isso seja extremamente lento e sutil; e embora seja acompanhado pelo prazer, resista; e embora seja acompanhado pela dor, resista.

10. Isto continuará até que tu estejas exausto, nunca relaxando o controle. Não avances até que tu possas realizar esta seção 9 durante uma hora inteira. E retira-te da meditação por um ato de vontade, passando para um Pranayama suave sem Kumbhaka, e meditando sobre Harpocrates, o Deus silente e virginal.

11. Então, por fim, estando bem preparado de corpo e mente, estável em paz, sob um céu favorável de estrelas, à noite, em um clima calmo e quente, tu podes acelerar o movimento da luz até que ele seja absorvido pelo cérebro e pela coluna vertebral, independentemente da tua vontade.

12. Se nesta hora tu deves morrer, não está escrito: "Bem-aventurados são os mortos que morrem no Senhor"? Sim, bem-aventurados são os mortos que morrem no Senhor!

Liber E vel Exercitiorum sub figura IX

I

1. É absolutamente necessário que todos os experimentos sejam registrados detalhadamente durante ou imediatamente após a sua realização.
2. É muito importante observar a condição física e mental do experimentador ou dos experimentadores.
3. Devem ser anotados o horário e o local de todos os experimentos; também o estado do clima e, em geral, todas as condições que possam ter qualquer influência sobre os resultados do experimento, quer como adjuvantes ou como causas do resultado, ou como inibições dele, ou como fontes de erro.
4. A A∴A∴ não reconhecerá quaisquer experimentos que não forem adequadamente registrados dessa forma.
5. Neste momento não é necessário declararmos por completo o propósito de nossas pesquisas; de fato ele não seria compreendido por aqueles que não se tornaram proficientes nestes cursos básicos.
6. O experimentador é encorajado a usar de sua própria inteligência e a não confiar em qualquer outra pessoa ou pessoas, não importa o quão distinta, mesmo entre nós.
7. O registro escrito deve ser preparado de maneira inteligível para que outros possam se beneficiar de seu estudo.
8. O livro *João São João*, publicado no primeiro número de *Equinox*, é um exemplo desse tipo de registro escrito por um estudante muito avançado. Ele não foi escrito de maneira tão simples quanto desejamos, mas demonstrará o método.
9. Quanto mais científico for o relatório, melhor.

   No entanto, as emoções devem ser anotadas como sendo algumas das condições.

   Então, que o registro seja escrito com sinceridade e cuidado, e, com a prática, ele se encontrará cada vez mais próximo do ideal.

II

CLARIVIDÊNCIA FÍSICA

1. Pegue um maço de (78) cartas de Tarô. Embaralhe; corte. Puxe uma carta. Sem olhar, tente dizer o nome dela. Anote o nome que você disse e o nome real da carta. Repita e tabule os resultados.

2. Provavelmente este experimento é mais fácil com um velho baralho genuíno de Tarô, de preferência um baralho utilizado para divinação por alguém que realmente entendia do assunto.

3. Lembre-se de que se deve esperar nomear a carta certa uma vez a cada 78 vezes. Também tenha cuidado para excluir todas as possibilidades de obter o conhecimento através dos sentidos ordinários da visão e do tato, ou até mesmo do olfato.

   Havia uma vez um homem cujas pontas dos dedos eram tão sensíveis que ele podia sentir a forma e a posição das gravuras, e assim julgar corretamente qual era a carta.

4. É melhor tentar primeiramente a forma mais simples do experimento, adivinhando apenas o naipe.

5. Lembre-se que em 78 experimentos você deve obter 22 trunfos e 14 de cada naipe; de modo que, sem qualquer clarividência, você pode adivinhar corretamente duas cartas a cada 7 tentativas (mais ou menos) dizendo trunfo todas as vezes.

6. Perceba que algumas cartas estão em harmonia.

   Assim, não seria um mau erro dizer cinco de Espadas ("O Senhor da Derrota") em vez de dez de Espadas ("O Senhor da Ruína"). Mas dizer o Senhor do Amor (2 de Taças) para o Senhor do Desapontamento (5 de Bastões) mostraria que você não está acertando nada.

   Da mesma forma, uma carta regida por Marte seria harmônica com um 5, e uma carta de Gêmeos com "Os Amantes".

7. Estas harmonias devem ser aprendidas através das diversas tabelas dadas no *777*.

8. Conforme avança, você perceberá que é capaz de distinguir o naipe certo três vezes em quatro e que pouquíssimos erros de desarmonia ocorrem, enquanto que em 78 experimentos você será capaz de dizer o nome correto da carta até 15 ou 20 vezes.

9. Quando você alcançar esse estágio, você poderá ser admitido para exame; e, caso passe, você receberá exercícios mais complexos e difíceis.

III

ASANA – POSTURA

1. Você deve aprender a sentar-se perfeitamente imóvel com todos os músculos tensos por longos períodos.

2. Você não deve usar nenhuma roupa que interfira com a postura em qualquer um destes experimentos.

3. A primeira posição: (*O Deus*) Sente-se em uma cadeira; a cabeça erguida, as costas retas, os joelhos juntos, as mãos nos joelhos, os olhos fechados.

4. A segunda posição: (*O Dragão*) Ajoelhado; as nádegas repousando sobre os calcanhares, os dedos dos pés virados para trás e a cabeça ereta, as mãos sobre as coxas.

5. A terceira posição: (*O Íbis*) Fique de pé; segure o tornozelo esquerdo com a mão direita (e alternativamente pratique com o tornozelo direito na mão esquerda etc.), o dedo indicador livre sobre os lábios.

6. A quarta posição: (*O Raio*) Sente: o calcanhar esquerdo pressionando o ânus, o pé direito pousado na ponta dos dedos, o calcanhar cobrindo o falo; os braços estendidos ao longo dos joelhos: a cabeça e as costas retas.

7. Várias coisas acontecerão com você enquanto você pratica estas posições; elas devem ser cuidadosamente analisadas e descritas.

8. Anote a duração da prática, a gravidade da dor (se houver) que a acompanha, o grau de rigidez obtido e quaisquer outros detalhes pertinentes.

9. Quando você tiver progredido até o ponto em que um pires cheio de água até a borda e equilibrado sobre a cabeça não derramar uma gota durante uma hora inteira, e quando você já não puder perceber o menor tremor em qualquer músculo; quando, em suma, estiver perfeitamente estável e à vontade, você será admitido para exame; e, se passar, você será instruído em práticas mais complexas e difíceis.

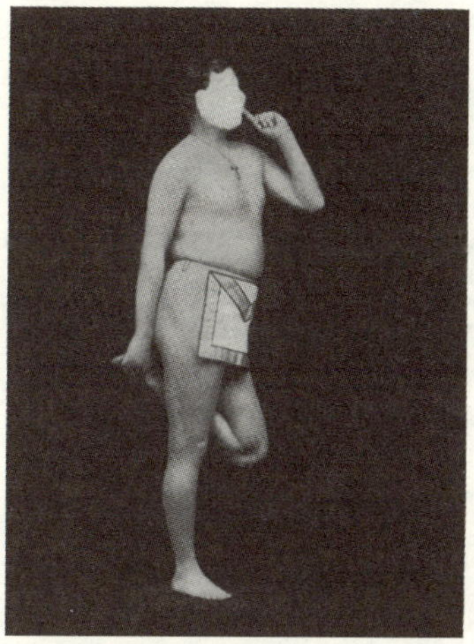

O Íbis

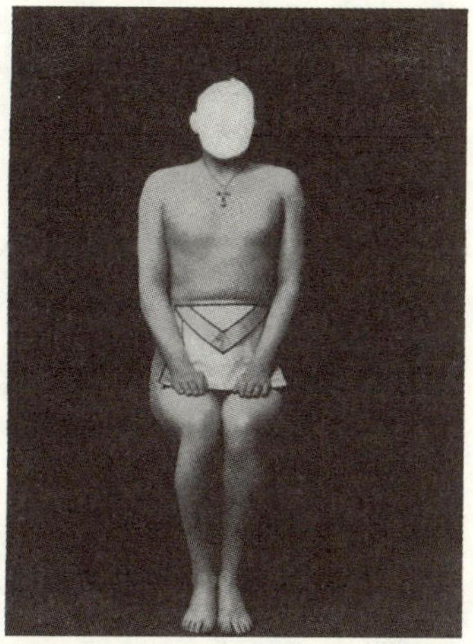

O Deus

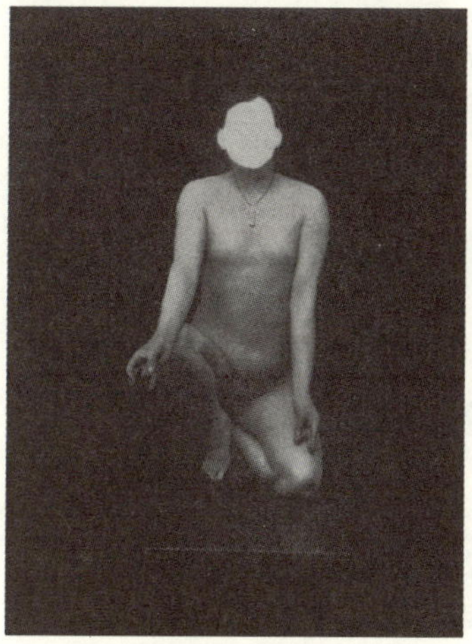

O Raio

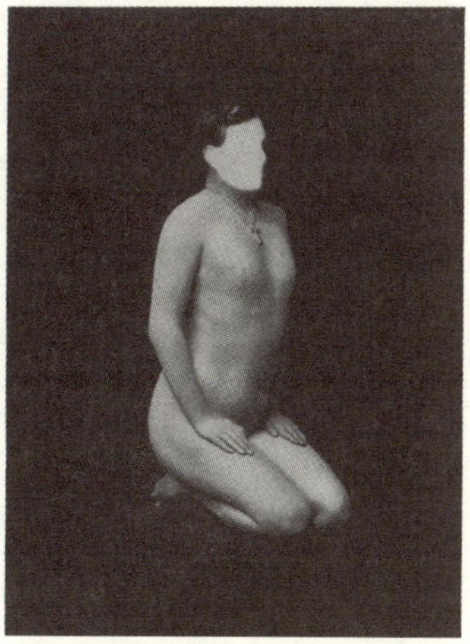

O Dragão

No Íbis a cabeça é inclinada muito levemente para trás; no Raio seria mais vantajoso se o pé direito pudesse estar um pouco mais alto e o joelho direito um pouco mais baixo.

INSTRUÇÃO ADICIONAL DE ASANA

Visto que alguns dos irmãos mais fracos acharam as posturas em *Liber E* muito difíceis, o coração piedoso do Præmonstrator se inclinou a autorizar a publicação de posturas adicionais, que serão encontradas na página a seguir. Um cavalheiro corpulento e idoso de hábitos sedentários foi bom o suficiente para posar, de modo que ninguém se sinta impedido de se devotar à Grande Obra com base em enfermidade física.

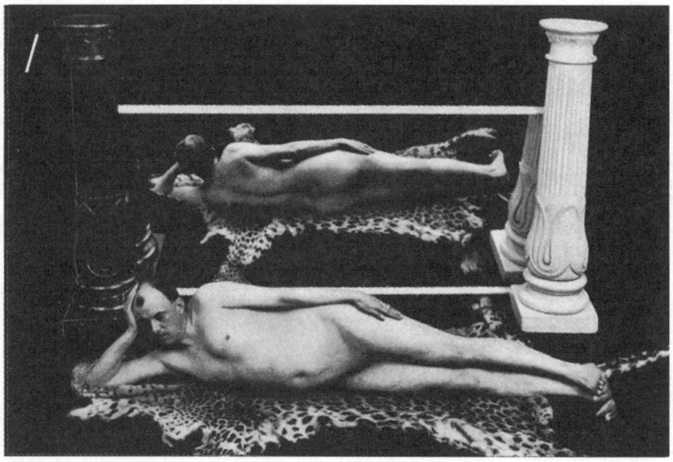

O BUDA MORIBUNDO

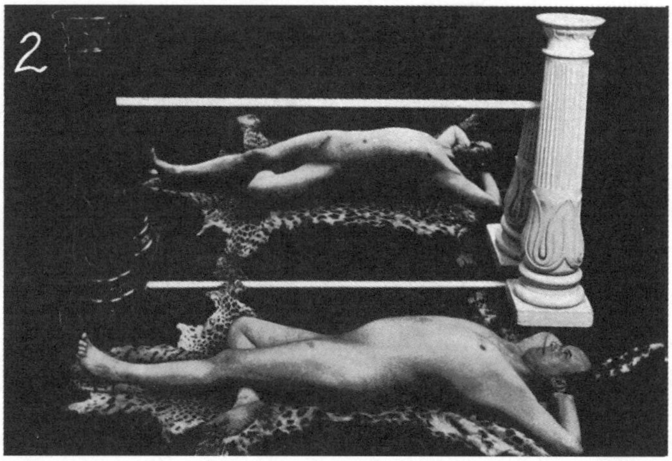

O ENFORCADO

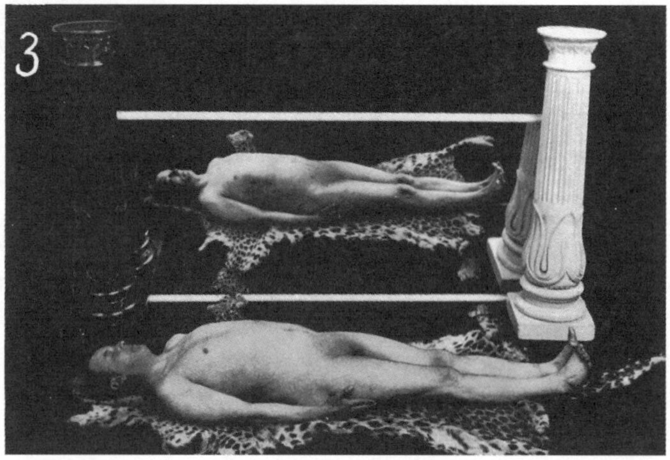

O CADÁVER[1454]

1454 Estas três posições deitadas são mais adequadas para o repouso após a meditação do que para a meditação em si.

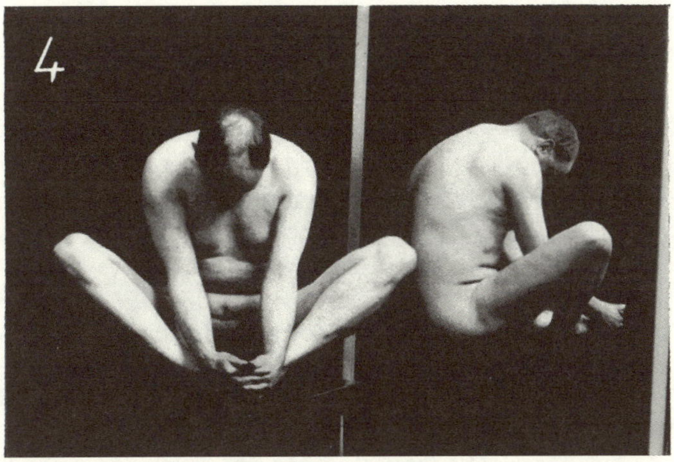

A Ponta da Flecha

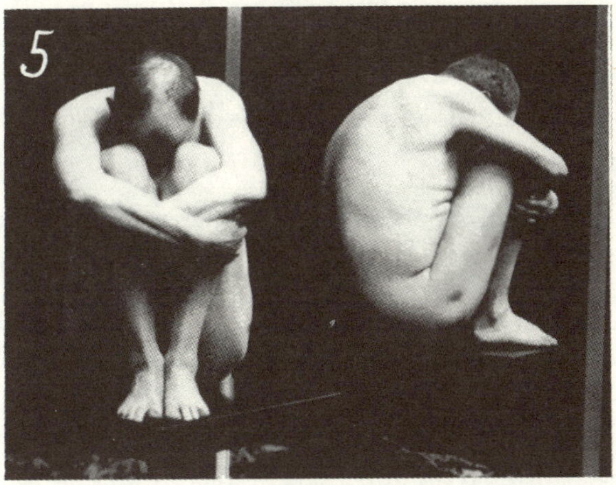

O Urso

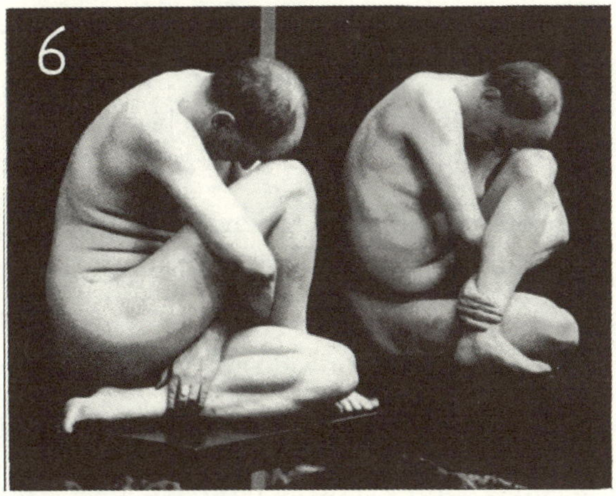

A Era

O Paralelogramo[1455]

1455 Estas posições com a cabeça curvada são adequadas para Asana e para meditação, mas não para Pranayama.

IV

PRANAYAMA – REGULARIZAÇÃO DO ALENTO

1. À vontade em uma de suas posições, feche a narina direita com o polegar da mão direita e expire lentamente e completamente através da narina esquerda enquanto seu relógio marca 20 segundos. Inspire através da mesma narina durante 10 segundos. Trocando as mãos, repita com a outra narina. Que isso continue durante uma hora.
2. Quando isso for bem fácil para você, aumente os períodos para 30 e 15 segundos.
3. Quando isso for bem fácil para você, mas não antes, expire durante 15 segundos, inspire durante 15 segundos e segure a respiração por 15 segundos.
4. Quando você puder fazer isso com perfeita facilidade e conforto durante uma hora inteira, pratique expirar por 40 segundos e inspirar por 20.
5. Tendo alcançado isso, pratique expirar por 20 segundos, inspirar por 10 e prender a respiração por 30.

   Quando isso tiver se tornado bem fácil para si, você pode ser admitido para exame, e se você passar, será instruído em práticas mais complexas e difíceis.
6. Você descobrirá que a presença de comida no estômago, até mesmo em pequenas quantidades, torna as práticas muito difíceis.
7. Tenha muito cuidado para não exceder a sua capacidade; em especial, nunca fique com tanta falta de ar que seja obrigado a respirar aos trancos ou rapidamente.
8. Esforce-se para alcançar profundidade, plenitude e regularidade da respiração.
9. Muito provavelmente vários fenômenos notáveis ocorrerão durante estas práticas. Eles devem ser analisados e registrados cuidadosamente.

V

DHARANA – CONTROLE DO PENSAMENTO

1. Restrinja a mente a concentrar-se sobre um único objeto imaginado simples.

   Os cinco tattvas são úteis para este fim; eles são: um oval preto; um disco azul; um crescente prata; um quadrado amarelo; um triângulo vermelho.
2. Avance para combinações de objetos simples; por exemplo, um oval preto dentro de um quadrado amarelo, e assim por diante.
3. Avance para objetos simples em movimento, como um pêndulo balançando, uma roda girando etc. Evite objetos vivos.
4. Avance para combinações de objetos em movimento, por exemplo, um pistão subindo e descendo enquanto um pêndulo está balançando. A relação entre os dois movimentos deve ser variada em diferentes experimentos.

Ou até mesmo um sistema de motor composto por volantes, excêntricos e governador centrífugo.

5. Durante essas práticas a mente deve estar absolutamente limitada ao objeto determinado; não se deve permitir que nenhum outro pensamento invada a consciência. Os sistemas em movimento devem ser regulares e harmoniosos.

6. Anote cuidadosamente a duração dos experimentos, o número e a natureza dos pensamentos intrusos, a tendência do próprio objeto a afastar-se do curso estabelecido para ele e quaisquer outros fenômenos que podem se apresentar. Evite o esgotamento. Isto é muito importante.

7. Avance para a imaginação de objetos vivos; como um homem, de preferência um homem que você conheça e respeite.

8. Nos intervalos destes experimentos você pode tentar imaginar os objetos dos outros sentidos e concentrar-se sobre eles.

   Por exemplo, tente imaginar o sabor do chocolate, o cheiro das rosas, a textura do veludo, o som de uma cachoeira ou o tique-taque de um relógio.

9. Por fim, se esforce em calar todos os objetos de todos os sentidos e evite todos os pensamentos surgindo em sua mente. Quando você sentir que alcançou algum sucesso nestas práticas, apresente-se para exame e, se você passar, práticas mais complexas e difíceis serão prescritas para você.

VI

LIMITAÇÕES FÍSICAS

1. É desejável que você descubra para si as suas limitações físicas.

2. Para este fim, verifique quantas horas você consegue permanecer sem comer ou beber antes que sua capacidade de trabalho seja afetada.

3. Verifique quanto álcool você consegue ingerir; e que formas de embriaguez ocorrem.

4. Verifique o quão longe você consegue andar sem parar uma única vez; o mesmo com dançar, nadar, correr etc.

5. Verifique quantas horas você consegue passar sem dormir.

6. Teste sua resistência com diversos exercícios ginásticos, malabarismos e assim por diante.

7. Verifique por quanto tempo você consegue se manter em silêncio.

8. Investigue quaisquer outras capacidades e aptidões que lhe ocorrerem.

9. Que todas estas coisas sejam cuidadosa e conscientemente registradas; pois lhe será exigido de acordo com suas capacidades.

VII

UM CURSO DE LEITURA

1. A princípio o propósito da maioria das práticas anteriores não estará claro para você; mas pelo menos (quem irá negar?) eles ter-lhe-ão treinado em determinação, rigor, introspecção e muitas outras qualidades valiosas para todos os homens em suas ocupações normais, de modo que em nenhum caso o seu tempo foi desperdiçado.

2. No entanto, a fim de que você possa obter algumas percepções sobre a natureza da Grande Obra que repousa além dessas frivolidades básicas, devemos mencionar que uma pessoa inteligente pode obter mais do que uma insinuação de sua natureza a partir dos seguintes livros, que devem ser considerados como contribuições sérias e eruditas ao estudo da Natureza, embora não necessariamente se deva confiar cegamente nelas.

   A. *I Ching* [Série S.B.E., Oxford University Press.]

   B. *Tao Teh Ching* [Série S.B.E.]

   C. *Tannhäuser,* por A. Crowley.

   D. *Os Upanishads.*

   E. *Bhagavad-Gita.*

   F. *A Voz do Silêncio.*

   G. *Raja Yoga,* por Swami Vivekananda.

   H. *Shiva Sanhita.*

   I. *Os Aforismos de Patanjali.*

   J. *The Sword of Song.*

   K. *O Livro dos Mortos.*

   L. *Dogma e Ritual da Alta Magia.*

   M. *O Livro da Magia Sagrada de Abramelin o Mago.*

   N. *Goécia.*

   O. *Hathayoga Pradipika.*

   P. *History of Philosophy,* de Erdmann.

   Q. *O Guia Espiritual,* de Molinos.

   R. *The Star in the West* (Capitão Fuller).

   S. *O Dhammapada* [Série S.B.E., Oxford University Press].

   T. *As Perguntas do Rei Milinda* [Série S.B.E.].

   U. *777 vel Prolegomena etc.*

v. *As Variedades da Experiência Religiosa* (James).

w. *Kabbala Denudata.*

x. *Konx Om Pax.*

3. O estudo cuidadoso destes livros possibilitará que o pupilo fale na linguagem de seu mestre e facilitará a comunicação com ele.

4. O pupilo deve se esforçar para descobrir a harmonia fundamental destas obras tão variadas; para este fim, ele achará que é melhor estudar as divergências mais extremas lado a lado.

5. A qualquer momento em que desejar, ele pode solicitar um exame sobre este curso de leitura.

6. Durante todo este estudo e prática básicos, será sábio procurar se juntar a um mestre que seja competente para corrigi-lo e aconselhá-lo. Mas ele não deve ser desencorajado pela dificuldade de encontrar tal pessoa.

7. Além disso, que ele se lembre que não é sábio confiar ou acreditar nesse mestre. Ele precisa confiar inteiramente em si mesmo e não dar crédito a nada a não ser aquilo que está em seu próprio conhecimento e experiência.

8. Como no início, assim no final, nós aqui insistimos sobre a importância vital do registro escrito como a única possibilidade de controle de erros derivados das várias qualidades do experimentador.

9. Assim, que o trabalho seja devidamente realizado; sim, que o trabalho seja devidamente realizado.

[Se qualquer resultado realmente importante ou extraordinário ocorrer, ou se qualquer grande dificuldade se apresentar, a A∴A∴ deverá ser informada imediatamente das circunstâncias.]

Liber O vel Manus et Sagittæ

sub figura VI

I

1. Este livro é facilmente mal compreendido; é pedido aos leitores valerem-se das mais minuciosas críticas ao estudá-lo, assim como fizemos em sua preparação.

2. Neste livro é falado das Sephiroth e dos Caminhos, de Espíritos e Conjurações; de Deuses, Esferas, Planos e muitas outras coisas que podem existir ou não.
É irrelevante se elas existem ou não. Pois, fazendo certas coisas, certos resultados seguirão; estudantes devem ser seriamente advertidos a evitar atribuições de realidade objetiva ou validade filosófica a qualquer uma delas.

3. As vantagens a serem obtidas delas são as seguintes:
   A. Uma ampliação do horizonte mental.
   B. Um aperfeiçoamento do controle da mente.

4. O estudante, se obtiver qualquer tipo de sucesso nas práticas que se seguem, será confrontado por coisas (ideias ou seres) deslumbrantes ou terríveis demais para serem descritos. É essencial que permaneça o mestre de tudo que vê, ouve ou concebe; ou será escravo de ilusões e vítima da loucura.
Antes de iniciar tais práticas, o estudante deve ter boa saúde e ter obtido algum domínio em Asana, Pranayama e Dharana.

5. Há pouco risco de que qualquer estudante, por mais estúpido ou negligente que seja, deixe de obter algum resultado; porém, há um grande perigo de que ele seja desviado, obcecado e dominado por seus resultados, mesmo que por aqueles resultados que fosse necessário que ele alcançasse. Frequentemente, além disso, ele confunde o primeiro lugar de descanso com o objetivo, e retira sua armadura como se fosse vitorioso antes que a luta tenha começado.
É desejável que o estudante nunca dê a quaisquer resultados a importância que a princípio pareçam possuir.

6. Primeiro, que ele considere o *Livro 777* e o seu o uso; a preparação do Ambiente, o uso de Cerimônias Mágicas; e, finalmente, os métodos que aparecem no Capítulo V “Viator in Regnis Arboris” e no Capítulo VI “Sagitta trans Lunam”.

(Em outro livro tratar-se-á a Expansão e a Contração da Consciência; progresso pela morte dos *chacras*; progresso pela morte dos Pares de Opostos, os métodos de Sabhapati Swami etc.)

II

1. O estudante primeiramente precisa obter um conhecimento profundo do *Livro 777*, especialmente das colunas i., ii., iii., v., vi., vii., ix., xi., xii., xiv., xv., xvi., xvii., xviii., xix., xxxiv., xxxv., xxxviii., xxxix., xl., xli., xlii., xlv., liv., lv., lix., lx., lxi., lxiii., lxx., lxxv., lxxvii., lxxviii., lxxix., lxxx., lxxxi., lxxxiii., xcvii., xcviii., xcix., c., ci., cxvii., cxviii., cxxxvii., cxxxviii., cxxxix., clxxv., clxxvi., clxxvii., clxxxii.

   Quando essas estiverem memorizadas, o estudante começará a compreender a natureza dessas correspondências. (Consulte as Ilustrações em "The Temple of Solomon the King", neste número.[1456] Referências cruzadas são dadas.)

2. Se nós tomarmos um exemplo, o uso das tabelas ficará mais fácil.

   Suponhamos que você desejasse obter o conhecimento de alguma ciência obscura.

   Na coluna xlv, linha 12, você encontrará "Conhecimento das Ciências".

   Agora, procurando na mesma linha 12 nas outras colunas, verificará que o Planeta correspondente é Mercúrio, seu número é oito, suas figuras lineares o octógono e o octograma, o Deus que rege aquele planeta, Thoth, ou, no simbolismo hebraico, Tetragrammaton Adonai e Elohim Tzabaoth, seu Arcanjo Raphael, seu Coro de Anjos Beni Elohim, sua Inteligência Tiriel, seu Espírito Taphtatharath, suas cores Laranja (pois Mercúrio é a esfera da Sephira Hod, 8), Amarelo, Púrpura, Cinza e Índigo rajado com Violeta, sua Arma Mágica a Baqueta ou Caduceu, seu Perfume Mástique (Almécega) e outros, suas plantas sagradas Verbena e outras, suas joias a Opala ou Ágata, seu animal sagrado a Cobra etc. etc.

3. Você deverá preparar seu Local de Trabalho de acordo. Num círculo laranja, você deverá desenhar uma estrela de oito pontas amarela e, em cada ponta, uma vela. O Sigilo do Espírito (que deverá ser encontrado nas obras de Cornélio Agrippa ou em outros livros) você desenharia nas quatro cores indicadas com quaisquer outros artifícios conforme sua experiência possa sugerir.

4. E assim por diante. Nós não podemos aqui entrar em detalhes em todas as preparações necessárias para o ritual; e o estudante as achará em várias obras, das quais a *Goetia* talvez seja o melhor exemplo.
   Estes rituais não deverão ser simplesmente imitados; pelo contrário, o estudante não deverá fazer nada em um assunto que não entenda; porém, se ele for capacitado, perceberá que sua própria base ritualística é mais eficiente do que aqueles rituais pomposos desenvolvidos por outras pessoas.

   O propósito geral de toda essa preparação é o que se segue:

5. Uma vez que o estudante é um homem cercado de objetos, se desejar tornar-se mestre de uma determinada ideia, deve fazer com que todos esses objetos materiais em volta sugiram diretamente tal ideia. Assim, no ritual citado, se seu olhar se direciona às luzes, seu número sugere Mercúrio; se ele sente o perfume, novamente é remetido a Mercúrio. Em outras palavras, toda a ritualística e todo o aparato mágico é um complexo sistema mnemônico.

1456 N.E.: Veja-se *Equinox* I (2).

[A importância disso reside principalmente no fato de que um conjunto particular de imagens que o estudante possa encontrar em suas viagens corresponde a determinadas figuras lineares, nomes divinos etc. e são controladas por ele. Quanto à possibilidade de produzir resultados externos à mente do vidente (*objetivos* no sentido comum da aceitação do termo) nós não nos pronunciaremos.]

6. Existem três importantes práticas conectadas a todas as formas de cerimônia (e aos dois Métodos que discutiremos posteriormente). Estas são:

   A. Assunção de Formas-Deus.

   B. Vibração dos Nomes Divinos

   C. Rituais de "Banimento" e "Invocação".

   Estes, de qualquer modo, deverão ser dominados antes dos perigosos Métodos dos Capítulos V e VI serem tentados.

III

1. As Imagens Mágicas dos Deuses do Egito deverão ser bem familiarizadas. Isso pode ser feito estudando-as em museus públicos ou em tais livros que sejam acessíveis ao estudante. Elas deverão ser desenhadas por ele até memorizá-las.

2. O estudante, então, sentado na posição do "Deus" ou na atitude característica da Deidade desejada, deverá imaginar seu próprio corpo coincidindo com a imagem do Deus ou sendo envolvido por ela. Isso deve ser praticado até alcançar a maestria visual da imagem e que seja experimentada uma identificação com ela e com a do Deus.

   Infelizmente não existem testes para verificar se o estudante obteve sucesso nessa prática.

3. A Vibração dos Nomes Divinos. Como mais uma maneira de identificar a consciência humana com essa porção pura que o homem invoca a partir do nome de algum Deus, que ele aja da seguinte maneira:

4.

   A. De pé, com os braços abertos.[1457] (Veja a ilustração a seguir.)

   B. Inspire profundamente pelas narinas, imaginando o nome do Deus entrando junto com o ar.

   C. Que o nome desça lentamente, passando pelos pulmões até o coração, o plexo solar, o umbigo, os órgãos reprodutores, até os pés.

   D. No momento em que o nome parece tocar os pés, rapidamente avance a perna esquerda uns trinta centímetros, inclinando o corpo para frente, e que as mãos (passando por trás dos olhos) sejam esticadas para frente, ficando na posição do Deus Horus, ao mesmo tempo imaginando o Nome passando rapidamente pelo nariz juntamente com o ar que estava preso no pulmão. Tudo isso deve ser feito com a maior força possível.

1457 Essa injunção não se aplica a deuses como Ptah ou Harpocrates, cujas naturezas não correspondem a esse gesto.

E. Então recue a perna esquerda e coloque o dedo indicador direito[1458] sobre os lábios, ficando na posição característica do Deus Harpocrates.

5. Um sinal de que o estudante obteve sucesso será o de sentir-se exausto ao emitir uma única "Vibração". Isso deverá fazê-lo se esquentar por todos os lados, ou suar violentamente, e isso deverá enfraquecê-lo tanto que achará difícil permanecer de pé.

6. Sinal de sucesso ocorrerá, embora apenas pelo próprio estudante seja percebido, quando ele ouvir o nome do Deus rugindo em volta, como que por virtude de dez milhões de trovões, parecendo como se essa Grande Voz viesse do Universo, e não de si mesmo.

Em ambas as práticas acima, toda consciência de qualquer coisa além de Forma e Nome Divinos deve ser obliterada; e quanto mais tempo levar para as percepções normais voltarem, melhor.

Espírito: a abertura e fechamento do véu

Água: a deusa Auramoth [3° = 8▫]

OS SINAIS DOS GRAUS

Fogo: a deusa Thoum-Æsh-neith. [4° = 7▫]

1458 Ou o polegar, os dedos estando fechados. O polegar simboliza o espírito, o dedo indicador o elemento da água.

Ar: o deus Shu sustentando o céu. [2° = 9▫]

Terra: o deus Set Lutando [1° = 10▫]

Sinal de HORUS (O Entrante) [0° = 0▫]

OS SINAIS DOS GRAUS

Sinal de HARPOCRATES (Silêncio) [0° = 0▫]

Mater Triumphans. Isis Regozijando.
Isis com HORUS.
[8° = 3▫]

Puella. Vênus Pudica.
O Sinal da Castidade.
Bebê do Abismo

X ץ Mulier. Isis EM SAUDAÇÃO.
Sinal de BABALON. Atitude de Baphomet. Bebê do Abismo.

N נ Puer. Khem. Horus e Mentu.
[6° = 5▫]

OS SINAIS DE N.O.X.

O ע Vir ou Pater.
Amoum. Atitude de PÃ ou Baco.
[7° = 4▫]

✠	*L*	*V*	*X*
Osiris assassinado	*Isis em luto*	*Tifão*	*Osiris renascido*
a Cruz	*a Suástica*	*o Tridente*	*o Pentagrama*

OS SINAIS DE L.V.X.

IV

I. Os Rituais do Pentagrama e do Hexagrama devem ser memorizados. São da seguinte maneira:

O RITUAL MENOR DO PENTAGRAMA

i. Tocando a testa, diga Ateh (A Ti),

ii. Tocando o peito, diga Malkuth (O Reino),

iii. Tocando o ombro direito, diga ve-Geburah (e o Poder),

iv. Tocando o ombro esquerdo, diga ve-Gedulah (e a Glória),

v. Juntando as mãos no peito, diga le-Olahm, Amen (para Sempre, Amém).

vi. Virando para o Leste, faça um pentagrama (o da Terra) com a arma apropriada (geralmente a Baqueta). Diga (vibrando) IHVH.

vii. Virando para o Sul, faça o mesmo, porém diga ADNI.

viii. Virando para o Oeste, faça o mesmo, porém diga AHIH.

ix. Virando para o Norte, faça o mesmo, porém diga AGLA.

Pronúncia: Ye-ho-wau, Adonai, Eheieh, Agla.

x. Estendendo os braços em forma de cruz, diga:

xi. À minha frente, Raphael;

xii. Atrás de mim, Gabriel;

xiii. À minha direita, Michael.

xiv. À minha esquerda, Auriel;

xv. Pois ao meu redor flamejam os Pentagramas,

xvi. E na Coluna do Meio está a Estrela de seis raios.

xvii. Repetir (*i*) a (*v*), a "Cruz Cabalística".

O RITUAL MAIOR DO PENTAGRAMA

Os Pentagramas são traçados no ar com a espada ou outra arma, os nomes ditos em voz alta, e os sinais são usados conforme ilustrado.

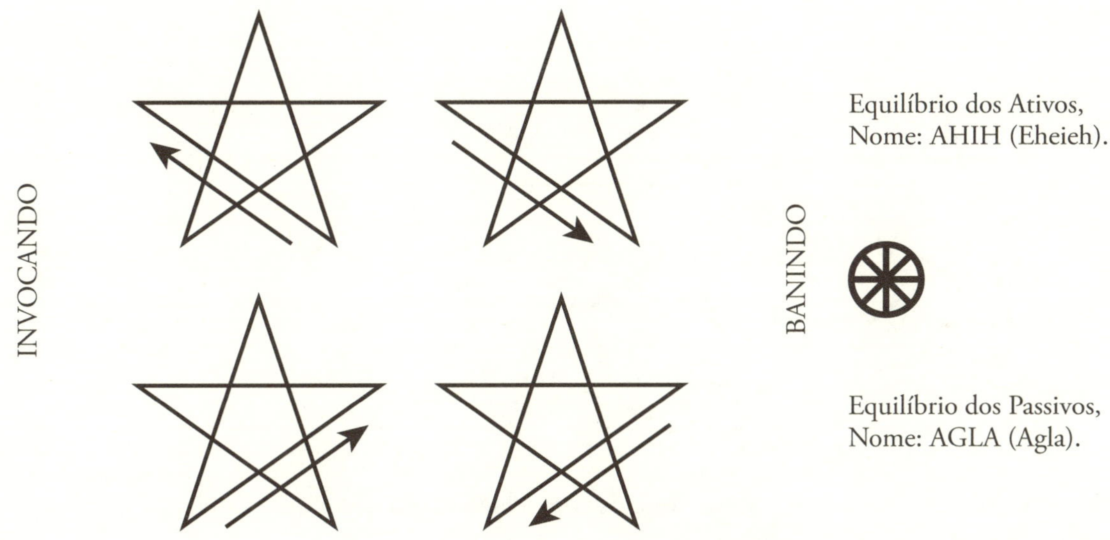

Pentagramas do Espírito

Os Sinais do Portal (ver ilustrações):[1459] Estenda as mãos para a frente, palmas viradas para fora, separe-as como num ato de abrir um véu ou cortina (ativos), e então junte-as como se estivesse fechando e deixe-as descansar ao lado do corpo (passivos).

(O Grau de "Portal" é particularmente atribuído ao elemento do Espírito; se refere ao Sol; os caminhos de ס, נ e ע são atribuídos a esse grau.[1460] Ver *777,* linhas 6 e 31 *bis.*)

1459 N.E.: Abertura e Fechamento do Véu.

1460 N.E.: Essas atribuições foram dadas originalmente no *Equinox* I (2). No *Magick in Theory and Practice* de 1929 e.v., porém, encontramos ס, ה e צ, provavelmente um erro dessa edição.

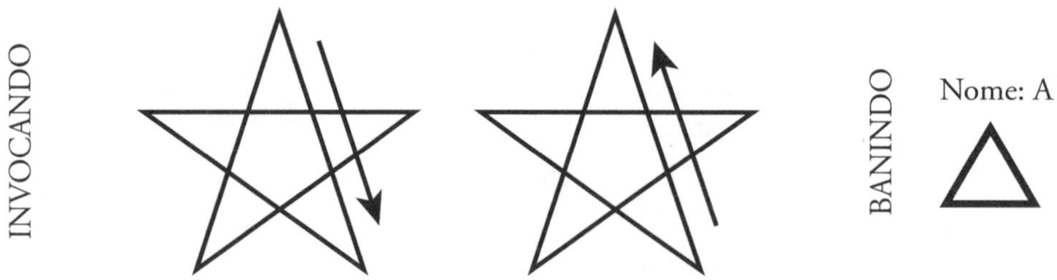

Pentagramas do Fogo

Os sinais de $4^{\circ} = 7^{\square}$. Levante os braços acima da cabeça, unindo os indicadores e polegares das mãos formando um triângulo (ver ilustração).

(O Grau de $4^{\circ} = 7^{\square}$ é particularmente atribuído ao elemento Fogo; se refere ao planeta Vênus; os caminhos de ק, צ e פ são atribuídos a esse grau. Para outras atribuições, ver *777,* linhas 7 e 31.)

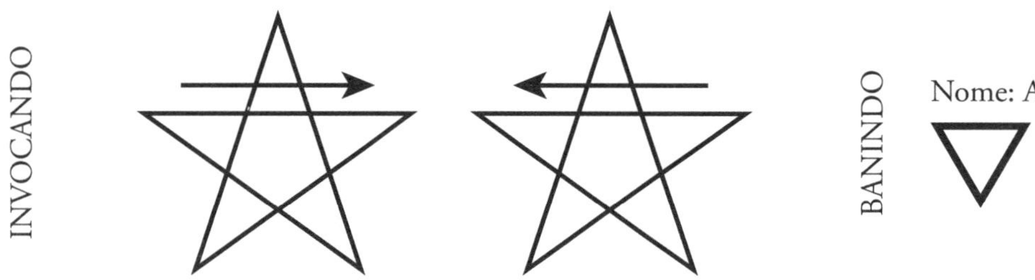

Pentagramas da Água

Os sinais de $3^{\circ} = 8^{\square}$. Erga os braços até que os cotovelos fiquem na mesma linha dos ombros, trazendo as mãos à frente do peito, tocando os polegares e os dedos indicadores formando um triângulo de cabeça para baixo (ver ilustração).

(O Grau de $3^{\circ} = 8^{\square}$ é particularmente atribuído ao elemento Água; se refere ao planeta Mercúrio; os caminhos ר e ש são atribuídos a esse grau. Para outras atribuições, ver *777,* linhas 8 e 23.)

Pentagramas do Ar

Os sinais de 2° = 9□. Erga os braços para cima e para fora, os cotovelos dobrados em 90° com as mãos dobradas para trás e as palmas para cima como se estivesse suportando peso (ver ilustração).

(O Grau de 2° = 9□ é particularmente atribuído ao elemento Ar; refere-se à Lua; o caminho de ת está atribuído a esse grau. Para outras atribuições, ver *777,* linhas 9 e 11.)

Pentagramas da Terra

O sinal de 1° = 10□. Avance o pé direito à frente, estique a mão direita para cima e à frente, a mão esquerda para baixo e para trás com as palmas abertas (ver ilustração).

(O Grau de 1° = 10□ é particularmente atribuído ao elemento Terra. Ver *777*, linhas 10 e 32 bis).

O RITUAL MENOR DO HEXAGRAMA

Este ritual deve ser feito após o "Ritual Menor do Pentagrama".

i. De pé, com os pés juntos, braço esquerdo ao lado do corpo, braço direito através do corpo, segurando a Baqueta ou outra arma, em pé na linha média. Vire para o Leste e diga:

ii. I.N.R.I.

Yod. Nun. Resh. Yod.

Virgem, Isis, Mãe Pujante.

Escorpião, Apófis, Destruidor.

Sol, Osiris, Assassinado e Ressuscitado.

Isis, Apófis, Osiris, IAΩ.

iii. Estenda os braços na forma de cruz e diga: "O sinal de Osiris Assassinado" (ver ilustração).

iv. Levante o braço direito, verticalmente, fazendo uma quadratura com o cotovelo (90°) e abaixe o braço esquerdo, verticalmente, também fazendo a quadratura com o cotovelo (90°), enquanto vira a cabeça sobre o ombro esquerdo, olhando para baixo, para que os olhos acompanhem o antebraço esquerdo, e diga: "O Sinal do Luto de Isis" (veja a ilustração).

v. Levante os braços, em um ângulo de 60° entre eles, acima da cabeça, que é inclinada para trás, e diga: "O Sinal de Apófis e Tifão" (veja a ilustração).

vi. Cruze os braços sobre o peito, saudando com a cabeça, e diga: "O Sinal de Osiris Ressuscitado" (ver ilustração).

vii. Estenda novamente os braços como em (iii) e cruze-os novamente como em (vi), dizendo: "L.V.X., Lux, a Luz da Cruz".

viii. Com a arma mágica, trace o Hexagrama do Fogo no Leste, dizendo: "ARARITA" (אראריתא).

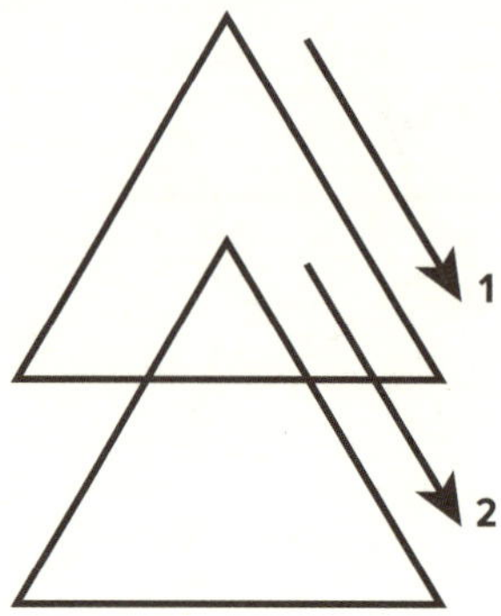

Hexagrama do Fogo

Esta palavra consiste das iniciais de uma sentença que significa "Um é Seu Início: Uma é Sua Individualidade: Sua Permutação é Uma".

Esse hexagrama consiste de dois triângulos equiláteros com ambos os ápices apontando para cima. Comece do topo do triângulo mais alto e trace-o em rotação horária. O topo do mais baixo deverá coincidir com o centro do mais alto.

ix. Trace o Hexagrama da Terra no Sul dizendo: "ARARITA".

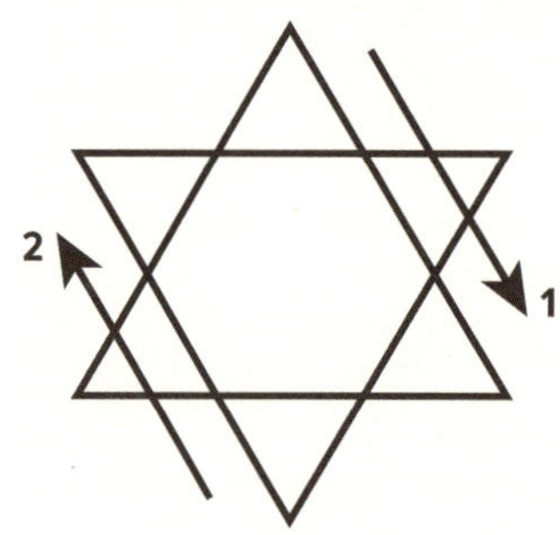

Hexagrama da Terra

Este Hexagrama possui o ápice do triângulo mais baixo apontando para baixo, podendo ser inscrito num círculo.

x. Trace o Hexagrama do Ar no Oeste dizendo: "ARARITA".

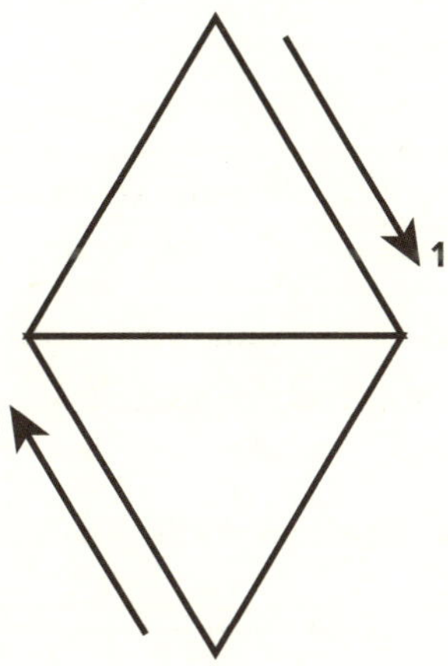

Hexagrama do Ar

Esse Hexagrama é como o da Terra, porém, suas bases coincidem, formando um diamante.

xi. Trace o Hexagrama da Água no Norte dizendo: "ARARITA".

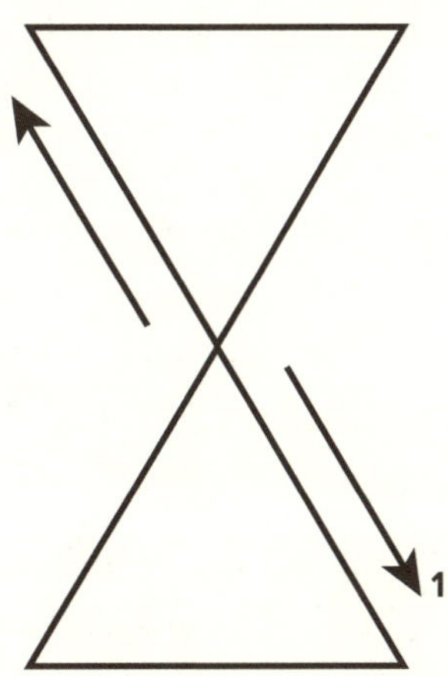

Hexagrama da Água

Esse Hexagrama possui o triângulo mais baixo colocado acima do mais alto com seus ápices coincidindo.

xii. Repita (i–vii).

O Ritual de Banimento é idêntico, salvo as direções dos Hexagramas, que devem ser invertidas.

O RITUAL MAIOR DO HEXAGRAMA

Para invocar ou banir planetas ou signos zodiacais.

Apenas o Hexagrama da Terra é usado. Desenhe o hexagrama, começando da ponta atribuída ao planeta com o qual você está lidando.[1461]

Deste modo, para invocar Júpiter, comece da ponta direita do triângulo que aponta para baixo, gire no sentido horário e complete; então, trace o triângulo que aponta para cima de sua ponta esquerda e complete.

Trace o sigilo astrológico do planeta no centro de seu hexagrama.

Para o Zodíaco, use o hexagrama do planeta que rege o signo de que você precisa;[1462] mas desenhe o sigilo astrológico do signo em vez do sigilo do planeta.

Para Caput e Cauda Draconis, use o hexagrama lunar com o sigilo de ☊ ou ☋.

Para banir, inverta o hexagrama.

Em todos os casos, use uma conjuração, primeiro com o nome ARARITA e, em seguida, com o nome do Deus correspondente ao planeta ou signo com o qual você está lidando.

Os Hexagramas pertencentes aos planetas são como na figura adiante.

ii. Esses rituais deverão ser praticados até que as figuras desenhadas apareçam em chamas, em chamas tão próximas de chamas físicas que um espectador possa vê-las. Algumas pessoas alegam ser capazes de atear fogo em gravetos através deste ritual. Verdade ou não, esse tipo de poder não deve ser almejado.

iii. O sucesso em "banimento" é descrito como uma "sensação de limpeza" na atmosfera; sucesso em "invocação", por um "sentimento de santidade". Infelizmente, esses termos são muito vagos.

Mas ao menos esteja certo de uma coisa: qualquer figura imaginária obedecerá à vontade do Estudante se ele usar a figura apropriada. Em casos obstinados, a forma do Deus apropriado poderá ser assumida.

iv. Os rituais de banimento deverão ser usados no início de qualquer cerimônia. Em seguida, o Estudante deverá usar uma invocação geral, como "A Invocação Preliminar", da Goécia, bem como qualquer outra adequada à natureza de sua operação.

v. Sucesso nessas invocações verbais é um assunto tão sutil e seus graus tão delicadamente obscurecidos que precisa ser deixado ao bom senso do estudante decidir quando ele deve ou não se satisfazer com seu resultado.

1461 Ver *777*, col. lxxxiii. [N.E.: Coluna 59 do Apêndice V.]

1462 *777*, col. cxxxviii. [N.E.: Coluna 75 do Apêndice V.]

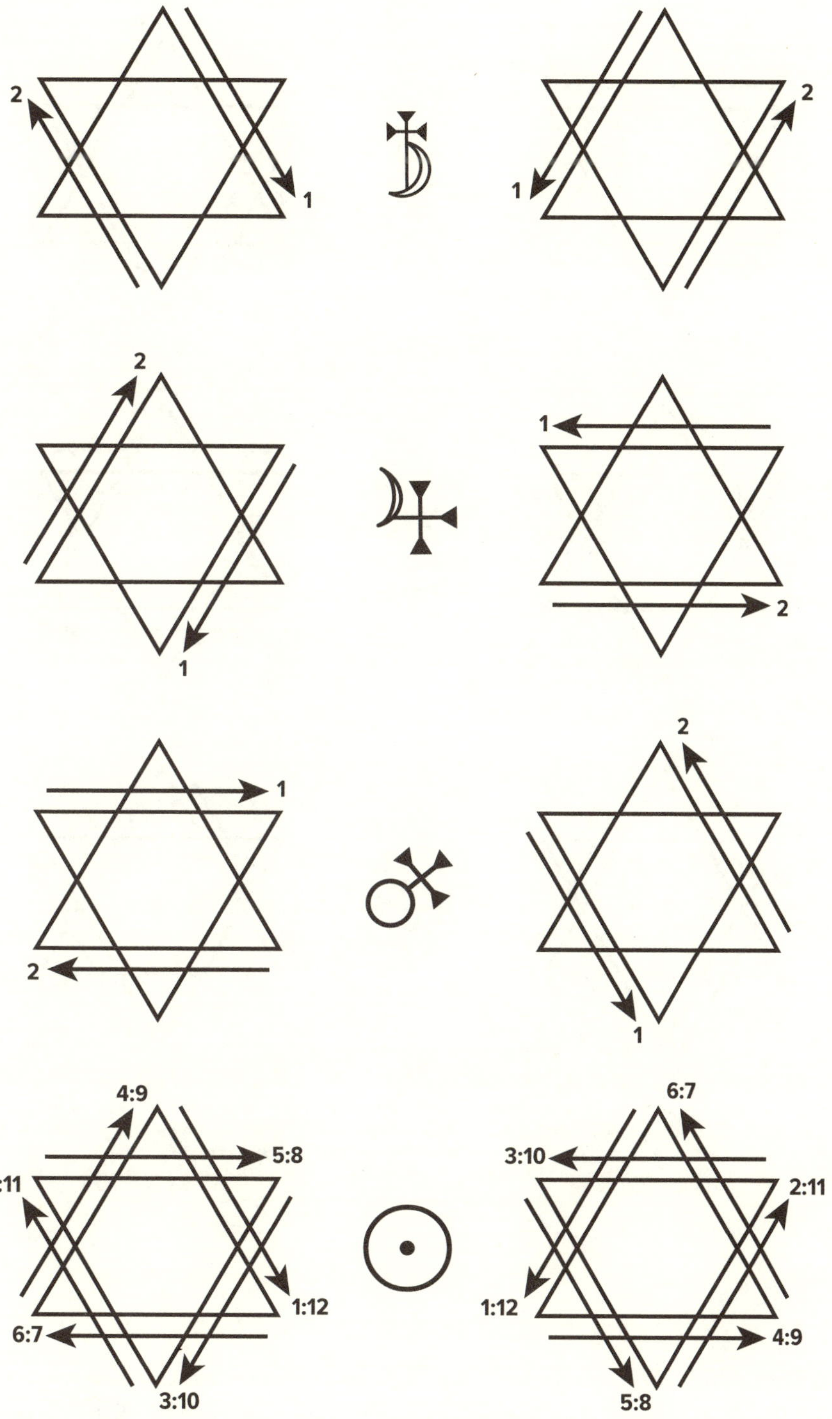

INVOCANDO *BANINDO*

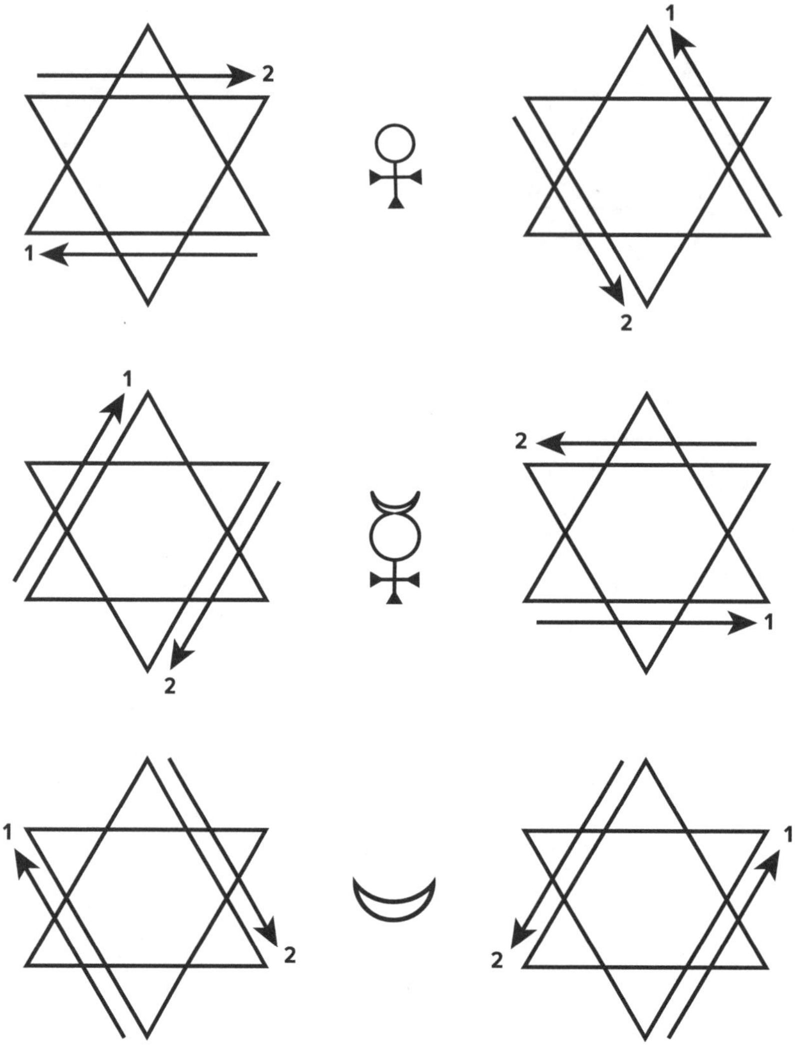

INVOCANDO *BANINDO*

V

1. Que o estudante esteja em repouso em uma de suas posições prescritas, após ter se banhado e trajado de acordo. Que o Local da Operação seja livre de qualquer distúrbio e que as devidas purificações, banimentos e invocações preliminares tenham sido realizados; e, por último, que um incenso seja aceso.
2. Que ele imagine a sua própria imagem (preferencialmente usando o robe e as armas mágicas apropriadas) envolvendo seu corpo físico ou próximo e em frente a ele.
3. Ele então deve transferir sua consciência para a figura imaginada, de tal forma que passe a ver pelos olhos dela e ouvir com seus ouvidos.

Isso geralmente será a grande dificuldade da operação.

4. Então, que ele faça a figura imaginada elevar-se no ar até bem acima da Terra.

5. Que ele pare e olhe em volta (às vezes é difícil abrir os olhos).

6. Provavelmente ele verá figuras se aproximando ou perceberá alguma paisagem.

   Que ele fale com tais figuras e insista em ser respondido, usando os pentagramas e sinais apropriados, conforme previamente ensinado.

7. Que ele se mova à vontade, ainda que com ajuda ou não de tal ou tais figuras.

8. Ele então deve empregar tais invocações especiais à medida que queira fazer aparecer os lugares que queira visitar.

9. Ele deve estar precavido contra milhares de sutis ataques e ilusões que sofrerá, cuidadosamente testando a verdade de todos com quem ele fale.

   Deste modo, um ser hostil pode aparecer vestido de glória; o pentagrama apropriado, em tal caso, o fará murchar ou decair.

10. A prática tornará o estudante infinitamente cauteloso nesses assuntos.

11. É mais fácil voltar ao corpo do que sair dele; mas, se qualquer dificuldade surgir, a prática (novamente) tornará a imaginação fértil. Por exemplo, você pode imaginar uma carruagem flamejante puxada por cavalos brancos e mandar o cocheiro levá-lo para a Terra.

    Pode ser perigoso ir muito longe ou permanecer num lugar por muito tempo; pois a fadiga deve ser evitada.

    O perigo do qual falamos é o do desmaio, ou da obsessão, ou da perda de memória ou de outra faculdade mental.

12. Finalmente, que o estudante faça seu corpo físico coincidir com aquele em que supostamente estava viajando, esticando seus músculos, respirando corretamente, e colocando o dedo indicador nos lábios. Então que ele "desperte" por um ato de vontade bem definido, e registre séria e precisamente as suas experiências.

Pode ser dito também que essa experiência aparentemente complicada é fácil de realizar. É melhor aprender a "viajar" com uma pessoa já experiente no assunto. Dois ou três experimentos devem ser suficientes para tornar o estudante confiante e até mesmo um expert. Veja-se também *Equinox* I (2), "The Seer", pp. 295-333.

VI

1. O experimento anterior possui pouco valor e leva a poucos resultados importantes. Porém, é suscetível a um desenvolvimento que mescla em uma forma de Dharana – concentração – e, como tal, pode levar a fins muito mais elevados. A principal utilização da prática do último capítulo é familiarizar o estudante com qualquer tipo de obstáculo e ilusão, para que ele possa então ter perfeito controle de toda ideia que possa surgir em seu cérebro, descartá-la, transmutá-la, fazê-la obedecer instantaneamente a sua vontade.

2. Então, que ele comece exatamente como antes; porém com a mais intensa solenidade e determinação.

3. Que ele seja muito cuidadoso fazendo com que seu corpo imaginário se erga numa linha exatamente perpendicular à tangente da Terra do ponto onde seu corpo físico está situado (ou, para explicar de forma mais simples, reto e subindo).

4. Em vez de parar, que ele continue a se elevar até a fadiga tomar conta. Se ele achar que parou, sem ter desejado fazê-lo, aparecendo figuras em volta, que ele a todo custo se eleve mais acima delas.

   Sim, embora toda a vida trema em seus lábios, que ele force seu caminho para cima e adiante!

5. Que ele continue com isso enquanto houver nele o alento da vida. Seja qual for a ameaça, seja qual for a atração, mesmo que venham juntos Tifão e todas as suas hostes das covas contra o estudante, ainda que venha do Trono do Próprio Deus uma Voz ordenando que ele permaneça no lugar e se contente, que ele persista, sempre adiante.

6. Por fim, chegará um momento em que todo seu ser estará imerso em fadiga, vencido por sua própria inércia.[1463] Que ele mergulhe (quando não mais puder lutar, ainda que sua língua esteja mordida pelo esforço e o sangue escorra pelas narinas) nas trevas do inconsciente; e então, ao voltar a si mesmo, que escreva precisa e sobriamente um registro de tudo que ocorrera, sim, um registro de tudo que ocorrera.

EXPLICIT

1463 Isso em caso de falha. Os resultados do sucesso são tantos e tão maravilhosos que nenhum esforço é feito aqui para descrevê-los. Eles são classificados, provisoriamente, em "The Herb Dangerous", Parte II, *Equinox* I (2).

Liber Astarte vel Berylli

sub figura CLXXV

0. Este é o Livro da União de Si com uma Deidade em particular através da devoção.

1. *Considerações antes do Limiar.* Primeiro, no que diz respeito à escolha de uma Deidade em particular. Esta questão não tem importância, desde que tu escolhas uma adequada à tua própria natureza mais elevada. Contudo, este método não é tão adequado para deuses austeros como Saturno ou intelectuais como Thoth. Mas é um modo perfeito para aquelas deidades que partilham de qualquer forma do amor.

2. *Sobre o método principal desta Arte Mágica.* Que o devoto considere bem que, ainda que Cristo e Osiris sejam um, o primeiro deve ser adorado com ritos cristãos e o segundo com ritos egípcios. E isso embora os próprios ritos sejam cerimonialmente equivalentes. No entanto, deve haver *um* símbolo que declare a transcendência de tais limitações; e também com relação à Deidade deve haver alguma afirmação *única* de sua identidade, tanto com todos os outros deuses similares de outras nações quanto com o Supremo, de quem todos são apenas reflexos parciais.

3. *Sobre o lugar principal de devoção.* Este é o Coração do devoto, devendo ser representado simbolicamente pelo cômodo ou local que ele mais adora. E o lugar mais querido será o relicário de seu templo. Seria muito conveniente se este relicário e altar fossem isolados em uma floresta, ou em um bosque privado, ou jardim. Mas que ele seja protegido do profano.

4. *Sobre a Imagem da Deidade.* Que haja uma imagem da Deidade; primeiro porque por meio dela é induzida atenção plena na meditação; e segundo porque um certo poder entra e habita nela em virtude das cerimônias; ou assim é dito, e Nós não negamos. Que essa imagem seja a mais bela e perfeita que o devoto consiga encontrar; ou, se ele for capaz de pintá-la ou esculpi-la, tanto melhor. Quanto às Deidades com cuja natureza nenhuma Imagem é compatível, que elas sejam adoradas em um relicário vazio. É o caso de Brahma e Alá. Também algumas concepções de Jeová do pós-cativeiro.

5. *Ainda mais sobre o relicário.* Que este relicário seja decorado adequadamente quanto aos seus ornamentos, de acordo com o Livro *777*. Com hera e pinhas, isto é, para Baco, e que coloque diante dele uvas e vinho. Assim também que para Ceres haja milho e bolos; ou para Diana, lunárias, ervas pálidas e água pura. Além disso, é bom ancorar o relicário com talismãs dos planetas, signos e elementos adequados. Mas estes devem ser feitos de acordo com o correto *Ingenium* do Philosophus à luz do Livro *777* durante o curso de sua Devoção. No entanto, também é bom se for feito de antemão um círculo mágico com os sinais e nomes certos.

6. *Sobre as Cerimônias.* Que o Philosophus prepare uma Invocação poderosa da Deidade específica de acordo com o seu *Ingenium*. Mas que ela consista dessas várias partes:

Primeira, uma Imprecação, como de um escravo para seu Senhor.

Segunda, um Juramento, como de um vassalo para seu Suserano.

Terceira, um Memorial, como de um sóbole para seu Ancestral.

Quarta, uma Oração, como de um Sacerdote para seu Deus.

Quinta, um Colóquio, como de um Irmão com seu Irmão.

Sexta, uma Conjuração, como a um Amigo com seu Amigo.

Sétima, um Madrigal, como de um Amante para sua Amada.

E note bem que a primeira deve ser de reverência, a segunda de fidelidade, a terceira de dependência, a quarta de adoração, a quinta de confidência, a sexta de camaradagem, a sétima de paixão.

7. *Ainda mais sobre as cerimônias.* Então que essa Invocação seja a parte principal de uma cerimônia ordenada. E nesta cerimônia, que o Philosophus não negligencie de modo algum o serviço de um servo. Que ele varra e enfeite o lugar, borrifando-o com água ou com vinho conforme apropriado à Deidade específica, e consagrando-o com óleo, e com o ritual que lhe pareça melhor. E que tudo seja feito com intensidade e minuciosamente.

8. *Sobre o período de devoção e suas horas.* Que um período fixo seja estabelecido para a adoração; e é dito que o menor tempo é de nove dias por sete, e o maior de sete anos por nove. E em relação às horas, que a Cerimônia seja realizada todos os dias três vezes, ou pelo menos uma vez, e que o sono do Philosophus seja interrompido para algum propósito de devoção, pelo menos uma vez a cada noite.

Ora, para alguns pode parecer melhor designar horários fixos para a cerimônia; para outros, que a cerimônia deve ser realizada à medida que o espírito os move a fazê-la: não há regra para isso.

9. *Sobre os Robes e os Instrumentos.* A Baqueta e a Taça devem ser escolhidas para esta Arte; nunca a Espada ou Adaga, nunca o Pantáculo, a menos que por acaso tal Pantáculo seja de uma natureza harmoniosa. Mas, mesmo assim, é melhor manter a Baqueta e a Taça; e, se for preciso escolher um, a Taça.

Quanto aos Robes, o de um Philosophus ou o de um Adepto Interno são os mais apropriados; ou o robe mais adequado ao serviço à Deidade específica, como um bassaris para Baco, um robe branco para Vesta. Da mesma forma, para Vesta pode-se usar a Lâmpada como instrumento; ou a foice para Cronos.

10. *Sobre o Incenso e as Libações.* O incenso deve seguir a natureza da Deidade específica; como mástique para Mercúrio, frascinela para Perséfone. Também as libações, como uma decocção de doce-amarga para Melancolia ou de *Cannabis sativa* para Urano.

11. *Sobre a harmonia das cerimônias.* Que todas essas coisas sejam devida e extensivamente consideradas em linguagem de extrema beleza ao comando do Philosophus, acompanhadas, se ele tiver habilidade, por música, e entrelaçadas, se a Deidade particular for jocunda, com danças. E tudo estando cuidadosamente preparado e ensaiado, que isso seja praticado diariamente até que seja completamente rítmico com sua aspiração e, por assim dizer, uma parte de seu ser.

12. *Sobre a variedade das cerimônias.* Agora, visto que cada homem difere essencialmente de todos os demais, embora seja idêntico em essência, que essas cerimônias também afirmem sua identidade pela diversidade. Por esta razão, Nós deixamos muito aqui para o correto *Ingenium* do Philosophus.

13. *Sobre a vida do devoto.* Primeiro, que seu modo de vida seja agradável à Deidade particular. Assim, para invocar Netuno, que ele vá pescar; mas se for Hades, que ele não se aproxime da água, que é detestável para Ele.

14. *Mais sobre a vida do devoto.* Que ele corte de sua vida qualquer ato, palavra ou pensamento detestável à Deidade particular; como, por exemplo, a falta de castidade no caso de Ártemis e evasivas no caso de Ares. Além disso, ele deve evitar toda aspereza ou crueldade de qualquer tipo em pensamento, palavra ou ação, visto que acima da Deidade particular há Uma na qual tudo é Um. No entanto, ele pode deliberadamente praticar crueldades onde a Deidade particular manifesta o Amor Dela dessa maneira, como no caso de Kali e de Pã. E, portanto, antes do início de seu período de devoção, que ele pratique de acordo com as regras de *Liber Jugorum*.

15. *Ademais sobre a vida do devoto.* Agora, como muitos estão completamente ocupados com seus afazeres, saibam que este método é adaptável às necessidades de todos.

E Nós testemunhamos que o que segue é o Ponto Crucial e a Quintessência do Método inteiro.

Primeiro, se ele não tiver nenhuma Imagem, que ele pegue qualquer coisa e a consagre como uma Imagem de seu Deus. Da mesma forma com suas vestes e instrumentos, suas defumações e libações: para seu Robe não tem ele um pijama; para seu instrumento, uma bengala; para sua defumação, um palito de fósforo; para a libação, um copo de água?

Mas que ele consagre cada coisa que usa ao serviço da Deidade particular, e não a profane para qualquer outro uso.

16. *Continuação.* Prosseguindo, quanto ao seu tempo, se for curto. Que ele trabalhe mentalmente em sua Invocação, concentrando-a, e que realize essa Invocação em seu coração sempre que tiver oportunidade. E que ele aproveite ansiosamente todas as oportunidades para isso.

17. *Continuação.* Em terceiro lugar, mesmo que ele tenha oportunidade e preparação, que ele procure sempre trazer para dentro os símbolos, de modo que, mesmo em seu relicário bem ordenado, toda a cerimônia gire dentro de seu coração, isto é, no templo de seu corpo, do qual o templo exterior é apenas uma imagem.

Pois no cérebro está o relicário, e não há Imagem nele; e a respiração do homem é o incenso e a libação.

18. *Continuação.* Ademais, sobre a ocupação. Que o devoto transmute dentro do alambique de seu coração todo pensamento, ou palavra, ou ato, no ouro espiritual de sua devoção.

Desse jeito: ao comer. Que ele diga: “Eu como este alimento em gratidão à minha Deidade que o enviou para mim, a fim de ganhar força para minha devoção a Ela”.

Ou: ao dormir. Que ele diga: “Deito para dormir, dando graças por esta benção da minha Deidade, a fim de que eu possa me revigorar para uma nova devoção a Ela”.

Ou: ao ler. Que ele diga: “Eu leio este livro para que eu possa estudar a natureza da minha Deidade, a fim de que mais conhecimento d’Ela possa me inspirar com profunda devoção a Ela”.

Ou: ao trabalhar. Que ele diga: "Eu enterro a minha pá na terra para que flores frescas (frutas, ou o que for) possam surgir para Sua glória, e para que eu, purificado pelo trabalho, possa prestar-Lhe melhor devoção".

Ou: seja lá o que ele estiver fazendo, que ele cogite em sua própria mente, atraindo circunstâncias e circunstâncias para aquele único fim e conclusão do assunto. E que ele não realize o ato até que tenha feito isso.

Como está escrito: *Liber VII*, cap. v. –

"22. Todo alento, toda palavra, todo pensamento, todo ato é um gesto de amor Contigo.

23. O batido do meu coração é o pêndulo do amor.

24. Minhas canções são os suspiros leves:

25. Meus pensamentos são vera raptura:

26. E meus atos são os milhares de Tua prole, as estrelas e os átomos."

E Lembra-te Bem, que se tu fores um verdadeiro amante, tu farás tudo isso da tua própria natureza sem a menor falha ou fracasso no menor detalhe disso.

19. *Sobre as Lições.* Que o Philosophus leia apenas suas cópias dos livros sagrados de *Thelema* durante todo o período de sua devoção. Mas, se ele estiver cansado, então que ele leia livros que não tenham parte no amor, como recreação.

Mas que ele copie cada versículo de *Thelema* que trata desse assunto, e pondere sobre eles, e comente sobre eles. Pois ali há uma sabedoria e uma magia profunda demais para proferir de qualquer outra forma.

20. *Sobre as Meditações.* Nisto está o método mais poderoso de alcançar o Fim, para aquele que está completamente preparado, sendo purificado pela prática da Transmutação dos atos em devoção e consagrado pela correta execução das cerimônias santas. No entanto, há perigo nisto, pois a Mente é fluida como mercúrio, e beira o Abismo, e é assediada por muitas sereias e demônios que a seduzem e atacam para destruí-la. Portanto, que o devoto tome cuidado e meça com precisão suas meditações, assim como quando um homem constrói um canal de mar a mar.

21. *Continuação.* Então que o Philosophus medite sobre todo amor que já lhe moveu. Há o amor de Davi e de Jônatas, e o amor de Abraão e Isaque, e o amor de Lear e Cordélia, e o amor de Damão e Pítias, e o amor de Safo e Átis, e o amor de Romeu e Julieta, e o amor de Dante e Beatriz, e o amor de Paolo e Francesca, e o amor de César e Lucrécia Bórgia, e o amor de Aucassin e Nicolette, e o amor de Dáfnis e Cloé, e o amor de Cornélia e Caio Graco, e o amor de Baco e Ariadne, e o amor de Cupido e Psique, e o amor de Endimião e Ártemis, e o amor de Deméter e Perséfone, e o amor de Vênus e Adônis, e o amor de Lakshmi e Vishnu, e o amor de Shiva e Bhavani, e o amor de Buda e Ananda, e o amor de Jesus e João, e muitos outros.

Também há o amor de muitos santos para com suas deidades em particular, como o de São Francisco de Assis por Cristo, de Sri Sabhapati Swami por Mahesvara, de Abdullah Haji Shirazi por Alá, de Santo Inácio de Loyola por Maria e muitos outros.

Agora pega uma dessas histórias todas as noites e a encena em tua mente, agarrando cada identidade com cuidado e entusiasmo infinitos, e imagina a ti próprio como um dos amantes e a tua Deidade como o outro. Assim, passa por todas as aventuras de amor, sem omitir uma; e a cada uma conclui: Quão pálido é este reflexo de meu amor por esta Deidade!

Contudo, de cada uma tu obterás algum conhecimento do amor, alguma intimidade com o amor, que te ajudará a aperfeiçoar o teu amor. Assim, aprende a humildade do amor de um, sua obediência do outro, sua intensidade de um terceiro, sua pureza de um quarto, sua paz de um quinto.

Então, tendo assim tornado teu amor perfeito, ele será digno daquele amor perfeito Dela.

22. *Ainda mais sobre meditação.* Além disso, que o Philosophus imagine para si que ele realmente teve sucesso em sua devoção, e que seu Senhor apareceu a ele, e que eles conversam conforme é adequado.

23. *Sobre o Triângulo Misterioso.* Então agora, assim como três cordas separadas podem ser arrebentadas por uma criança, enquanto as mesmas cordas devidamente torcidas podem amarrar um gigante, que o Philosophus aprenda a enredar esses três métodos de Magia em um Feitiço.

Para este fim, que ele compreenda que assim como eles são Um, porque o fim é um, também são Um porque o método é Um, até mesmo o método de voltar a mente em direção à Deidade particular por amor em cada ato.

E, para que tua corda não fique escorregadia, aqui está um pequeno cordão que a envolve toda firmemente, o Mantra ou Oração Contínua.

24. *Sobre o Mantra ou Oração Contínua.* Que o Philosophus teça o Nome da Deidade Particular em uma sentença curta e rítmica, como por exemplo, para Ártemis: ἐπελθον, ἐπελθον, Ἄρτεμις; ou, para Shiva: Namo Shivaya namaha Aum; ou, para Maria: Ave Maria; ou para Pã, Χαιρε Σωτηρ Κοσμου, Ἰω Παν, Ἰω Παν; ou, para Alá: Hua Allahu alazi lailaha illa Hua.

Que ele repita isso dia e noite, mecanicamente, sem cessar, em seu cérebro, que é assim preparado para o advento daquele Senhor e armado contra todos os outros.

25. *Sobre o Ativo e o Passivo.* Que o Philosophus mude do amor ativo de sua Deidade particular para um estado de espera passiva, até mesmo quase uma repulsa; uma repulsa não de desgosto, mas de modéstia sublime.

Como está escrito, *Liber LXV* ii –.

"59. Mas eu clamei alto por Ti, e eu viajei em busca Tua, e de nada me valeu.

60. Eu esperei com paciência, e Tu estavas comigo desde o início."

Então, que ele mude de volta ao Ativo até que um verdadeiro ritmo seja estabelecido entre os estados, como o balanço de um Pêndulo. Mas que ele reflita que uma vasta inteligência é necessária para isso; pois ele deve estar como que do lado de fora de si mesmo para observar aquelas fases de si mesmo. E fazer isso é uma Arte elevada, e não pertence de modo algum ao grau de Philosophus. Nem é útil, mas sim o contrário, nesta prática em especial.

26. *Sobre o Silêncio.* Ora, pode chegar um tempo no decorrer desta prática em que os símbolos exteriores de devoção cessam, em que a alma está como que muda na presença de seu Deus. Lembra-te de que isso não é uma cessação, mas sim uma transmutação da semente estéril da oração no broto verde do anseio. Este anseio é espontâneo, devendo ser deixado para crescer, quer seja doce ou amargo. Pois frequentemente é como o tormento do inferno, em que a alma queima e se contorce incessantemente. No entanto, ele termina, e em seu fim continua abertamente o teu Método.

27. *Sobre a Secura.* Outro estado em que às vezes a alma pode cair é esta noite escura. E isso é, de fato, uma purificação em tal profundidade que a alma não pode compreendê-la. É menos como dor

do que como a morte. Mas é a morte necessária que vem antes do ressurgimento de um corpo glorificado.

Este estado deve ser suportado com fortitude; e nenhum meio de aliviá-lo pode ser empregado. Ele pode ser quebrado pela ruptura de todo o Método e um retorno ao mundo exterior. Esta covardia não só destrói o valor de tudo o que já foi, como também destrói o valor do Juramento de Fidelidade que tu prestaste, fazendo da tua Vontade uma zombaria para homens e deuses.

28. *Sobre as Artimanhas do Diabo.* Nota-se que, nesse estado de secura, mil seduções atrair-te-ão; também mil meios para quebrar teu juramento em espírito sem quebrá-lo na letra. Contra isso, podes repetir as palavras do teu juramento de novo e de novo, até que a tentação seja superada.

Além disso, o diabo mostrar-te-á que seria muito melhor para esta operação que tu fizesses assim e assado, e procurará te assustar com os medos pela tua saúde ou pela tua razão.

Ou ele pode enviar contra ti visões piores do que a loucura.

Contra tudo isso há apenas um remédio, a Disciplina do teu Juramento. Assim, então, tu passarás por cerimônias sem sentido e horríveis para ti, e blasfemarás contra a tua Deidade e A amaldiçoará. E isso importa pouco, pois não é tu, assim será se tu aderires à Letra da tua Obrigação. Pois a tua Visão Espiritual está fechada, e confiar nela é ser levado ao precipício, e ser atirado dali.

29. *Mais desse assunto.* Ora, também mais sutis do que todos esses terrores são as Ilusões de Sucesso. Apenas um instante de autossatisfação ou Expansão do teu Espírito, especialmente neste estado de secura, e tu estarás perdido. Pois tu podes alcançar a Falsa União com o próprio Demônio. Cuidado também com o orgulho que surge de ter resistido às tentações.

Mas tantas e tão sutis são as ciladas de Choronzon que o mundo inteiro não poderia conter seu número.

A resposta a todas elas é a persistência no cumprimento literal da rotina. Cuidado, portanto, por fim, com aquele demônio que sussurrará em teu ouvido que a letra mata, mas o espírito dá vida, e responde: A menos que o grão de trigo caia na terra e morra, ele fica só; mas se morrer, dá muito fruto.

Contudo, também te precaves da disputa com o demônio e do orgulho na astúcia das tuas respostas a ele. Portanto, se tu não perdeste o poder do silêncio, que seja o primeiro e último empregado contra ele.

30. *Sobre a Inflamação do Coração.* Ora, sabe que todos os teus métodos são secos. Exercícios intelectuais, exercícios morais, eles não são Amor. No entanto, assim como um homem esfregando duas varas secas por muito tempo de repente encontra uma fagulha, assim também de vez em quando o verdadeiro amor saltará sem ser solicitado em tua mediação. No entanto, isso deve morrer e renascer, de novo e de novo. Pode ser que tu não tenhas combustível por perto.

No final, de repente, virá uma grande e devoradora chama, e queimar-te-á completamente.

Ora, dessas fagulhas e dessas crepitações de chama, e desses princípios do Fogo Infinito, tu assim estarás ciente. Para as fagulhas teu coração se alegrará, e a tua cerimônia ou meditação ou labuta parecerá repentinamente seguir por vontade própria; e para as pequenas chamas isso aumentará em volume e intensidade; e para os princípios do Fogo Infinito a tua cerimônia será capturada em um cântico arrebatador, e a tua meditação será êxtase, e a tua labuta será um deleite que excede todo prazer que tu já conheceste.

E, da Grande Chama que te responde, não pode ser falado; pois ali está o Fim desta Arte Mágica de Devoção.

31. *Considerações sobre o uso de símbolos.* Deve-se notar que pessoas de imaginação, vontade e inteligência poderosas não precisam desses símbolos materiais. Houve certos santos que foram capazes de amar uma ideia como tal, sem que ela fosse doutra forma degradada por *idolatrá-la*, usando essa palavra em seu verdadeiro sentido. Assim, alguém pode se apaixonar pela beleza, sem a necessidade de uma concretização tão pequena como "a beleza de Apolo", "a beleza das rosas", "a beleza de Átis". Tais pessoas são raras; pode-se duvidar se o próprio Platão alcançou qualquer visão de beleza absoluta sem anexar a ela objetos materiais em primeiro lugar. Uma segunda classe é capaz de contemplar ideais através deste véu; uma terceira classe precisa de um véu duplo, e não consegue pensar na beleza de uma rosa sem uma rosa diante deles. Para tais pessoas este método é de maior uso; no entanto, que eles saibam que existe nele o perigo de confundirem o corpo grosseiro do símbolo com a ideia concretizada por meio dele.

32. *Considerações de perigos adicionais para aqueles que não foram purgados do pensamento material.* Que seja lembrado que na própria natureza do amor há perigo. A luxúria do sátiro pela ninfa é, na verdade, da mesma natureza que a afinidade do limo pela água, por um lado, e do amor de Ab por Ama, por outro; assim também é a tríade Osiris, Isis, Horus como a de cavalo, égua, potro; e de vermelho, azul, púrpura. E esta é a base das Correspondências.

Mas seria falso dizer "Horus é um potro" ou "Horus é púrpura". Pode-se dizer: "Horus se parece com um potro neste respeito, de ser descendente de dois seres complementares".

33. *Mais desse assunto.* Assim também muitos disseram verdadeiramente que tudo é um e, falsamente, que uma vez que a terra é Aquele Um e o oceano é Aquele Um, portanto, a terra é oceano. Para Ele o bem é ilusão e o mal é ilusão; portanto, o bem é mal. Muitos homens são destruídos por essa falácia de lógica.

Além disso, há aqueles que tomam a imagem pelo Deus; como se fossem dizer, meu coração está em Tiphereth, e um Adeptus está em Tiphereth; portanto, eu sou um adepto.

E nesta prática o pior perigo é esse, de que o amor que é sua arma falhe em uma de duas maneiras.

Primeira, se neste amor faltar qualquer qualidade de amor, então não é o amor ideal. Pois está escrito sobre o Perfeito: "Não há membro de meu corpo que não seja membro de algum deus".[1464] Portanto, que o Philosophus não despreze qualquer forma de amor, mas harmonize todas. Como está escrito, *Liber LXI* 32: "Pois a Perfeição não habita quer nos Pináculos quer nas Fundações, mas na ordeira Harmonia de um com todos".

Segunda, se qualquer parte desse amor excede, há doença nele. Assim como no amor de Otelo por Desdêmona o ciúme do amor superou a ternura do amor, também pode ocorrer nesse amor de uma Deidade particular. E isso é mais provável, pois neste amor divino nenhum elemento pode ser omitido.

É em virtude dessa completude que nenhum amor humano pode, de modo algum, alcançar mais do que prenunciar uma pequena parte dele.

1464 N.E.: Veja-se *O Livro Egípcio dos Mortos*, capítulo XLII, "De Como Acabar com as Matanças Levadas a Cabo em Sueten-henen. Do Papiro de Nu".

34. *Sobre Mortificações.* Estas não são necessárias neste método. Pelo contrário, elas podem destruir a concentração, como uma medicação revulsiva e, assim, aliviar a suprema mortificação que é a Ausência da Deidade invocada.

No entanto, assim como no amor mortal, surge uma aversão à comida ou um prazer em coisas naturalmente dolorosas; essa perversão deve ser suportada e permitida a seguir seu curso. No entanto, não a interferência com a saúde natural corporal, pela qual o instrumento da alma pode ser prejudicado.

E a respeito dos sacrifícios por amor, eles são naturais para este Método, e corretos.

Mas no que diz respeito a privações e torturas voluntárias, elas não têm uso salvo contra o devoto; geralmente não são naturais para naturezas saudáveis e estão erradas. Pois elas são egoístas. Flagelar-se não serve de nada ao mestre; no entanto, negar pão a si mesma para que o filho possa se alimentar bem é o ato de uma verdadeira mãe.

35. *Mais sobre Mortificações.* Se o teu corpo, o qual tu conduzes, for uma besta tão desobediente que de modo algum viajará na direção desejada, ou se a tua mente for violenta e eloquente como a lendária Jumenta de Balaão, então que a prática seja abandonada. Que o relicário seja coberto por panos de saco, e vista hábitos de lamentação e permaneça sozinho. E retornes mais austeramente à prática de *Liber Jugorum*, testando a ti mesmo por um padrão maior do que o realizado até então, e punindo as efrações com um aguilhão mais pesado. Tampouco volta à tua devoção até que esse corpo e mente estejam domesticados e treinados para todo tipo de atividade tranquila.

36. *Sobre métodos menores adjuvantes nas cerimônias. I. Ascensão nos planos.* Por este método, tu podes auxiliar a imaginação no momento da conclusão da tua Invocação. Age como ensinado em *Liber O*, à luz de *Liber 777*.

37. *Sobre métodos menores adjuvantes nas cerimônias. II. Magia Talismânica.* Tendo feito por teu *Ingenium* um talismã ou um pantáculo para representar a Deidade particular, e o consagrado com infinito amor e cuidado, queima-o cerimonialmente diante do relicário, como se através disso desistisse da sombra pela substância. Mas é inútil fazer isso a menos que tu realmente, em teu coração, dês mais valor ao talismã do que a tudo que tens.

38. *Sobre métodos menores adjuvantes nas cerimônias. III. Encenação.* Pode ajudar se a história tradicional da Deidade particular for encenada diante dela; talvez isso seja melhor feito de forma dramática. Este é o método principal recomendado nos *Exercícios Espirituais* de Santo Inácio, cujo trabalho pode ser tomado como modelo. Que o Philosophus elabore a lenda de sua Deidade particular e, alocando dias para eventos, viva aquela vida em imaginação, exercitando os cinco sentidos, um de cada vez, conforme a ocasião surge.

39. *Sobre métodos menores adjuvantes nas cerimônias. IV. Constrição.* Este método consiste em amaldiçoar uma divindade recalcitrante; como ameaçar cerimonialmente "queimar o sangue de Osiris e moer seus ossos a pó". Este método é completamente contrário ao espírito de amor, a menos que a própria Deidade particular seja selvagem e implacável; como Jeová ou Kali. Nesse caso, o desejo de realizar constrições e maldições pode ser o sinal da assimilação do espírito do devoto com o de seu Deus e, portanto, um avanço para a União com Ele.

40. *Sobre o valor desta forma particular de União ou Samadhi.* Todo Samadhi é definido como a união extática de um sujeito e objeto na consciência, com o resultado de que surja uma terceira coisa que não partilha de modo algum da natureza dos dois.

Pareceria, à primeira vista, que não tem importância o que escolher como objeto de meditação. Por exemplo, o Samadhi chamado Atmadarsana pode surgir da simples concentração do pensamento em um triângulo imaginado ou no coração.

Mas, como a união de dois corpos na química pode ser endotérmica ou exotérmica, a combinação de oxigênio com nitrogênio é suave, enquanto a do oxigênio com hidrogênio é explosiva; e, como se descobriu que a maior parte do calor é liberada, como regra, pela união de corpos com características opostas, e que o composto resultante é mais estável, então parece razoável sugerir que o resultado mais importante e duradouro de Samadhi é a contemplação do Objeto mais oposto ao devoto. [Em outros planos, sugeriu-se que os tipos mais opostos fazem os melhores casamentos e produzem as crianças mais saudáveis. Os melhores filmes e óperas são aqueles em que os extremos violentos são misturados e, de modo geral, em todos os campos de atividade. Até mesmo na matemática, o maior paralelogramo é formado se as linhas que o compõem estão definidas em ângulos retos. Ed.]

41. *Conclusões do supracitado.* Então, pode-se sugerir ao Philosophus que, embora seu trabalho seja mais difícil, sua recompensa será maior se ele escolher a Deidade mais distante de sua própria natureza. Este método é mais difícil e mais elevado que aquele de *Liber E.* Pois um objeto simples, como sugerido, é da mesma natureza que as coisas mais comuns da vida, enquanto que mesmo a Deidade mais mediana está além do entendimento humano do não iniciado. No mesmo plano, também, Vênus está mais próxima do homem do que Afrodite, Afrodite mais do que Isis, Isis mais do que Babalon, Babalon mais do que Nuit.

Que ele decida, portanto, de acordo com sua discrição, por um lado, e sua aspiração, por outro; e que uma não ultrapasse a outra.

42. *Mais sobre o valor deste Método.* Certas objeções surgem. Primeiramente, na natureza de todo amor humano há ilusão e uma certa cegueira. Nem há qualquer amor verdadeiro abaixo do Véu do Abismo. Por este motivo Nós damos esse método ao Philosophus, como o reflexo do Adepto Exempto, que reflete o Magister Templi e o Magus. Então, que o Philosophus realize este Método como um fundamento dos Métodos superiores a serem dados a ele quando atingir esses graus mais altos.

Outra objeção reside na parcialidade deste Método. Isto é igualmente um defeito característico do Grau.

43. *Sobre um notável perigo de Sucesso.* Pode ocorrer que, devido ao tremendo poder do Samadhi, superando todas as outras memórias, como deveria superar, e de fato supera, que a mente do devoto possa ficar obcecada, de modo que ele declare sua Deidade particular como o único Deus e Senhor. Este erro foi o fundamento de todas as religiões dogmáticas e, portanto, a causa de mais miséria do que todos os outros erros combinados.

O Philosophus é peculiarmente suscetível a isso porque, pela natureza do Método, não pode permanecer cético; ele deve acreditar na sua Deidade particular. Mas que ele (1) considere que esta crença é apenas uma arma em suas mãos, (2) afirme suficientemente que a sua Deidade é apenas uma emanação ou reflexo ou eidolon de um Ser além dela, como foi dito no Parágrafo 2. Pois se ele falhar aqui, uma vez que o homem não pode permanecer permanentemente em Samadhi, a imagem memorizada em sua mente será degradada e substituída pelo Demônio correspondente, para sua total ruína.

Portanto, após o Sucesso, que ele não se deleite muito com sua Deidade, mas sim se ocupe de seus outros trabalhos, não permitindo que aquilo que é apenas um passo se torne um objetivo. Como também está escrito em *Liber CLXXXV*: "a Filosofia é o Equilíbrio daquele que se encontra na casa de Vênus, Senhora do Amor".

44. *Sobre o segredo e os ritos de Sangue.* Durante esta prática é muito sábio que o Philosophus não pronuncie nenhuma palavra sobre seu trabalho, como se fosse um Amor Proibido que o consome. Mas que ele responda aos tolos de acordo com a tolice deles; pois já que ele não consegue esconder seu amor de seus companheiros ele deve falar com eles do modo que possam entender.

E uma vez que muitas Deidades exigem sacrifício, uma de homens, outra do gado, uma terceira de pombas, que esses sacrifícios sejam substituídos pelos verdadeiros sacrifícios em teu próprio coração. No entanto, se tu precisas simbolizá-los externamente por causa da dureza de teu coração, que o teu próprio sangue, e não o de outro, seja derramado diante daquele altar.[1465]

No entanto, não te esqueças de que esta prática é perigosa e pode causar a manifestação de coisas más, hostis e maliciosas, para teu grande prejuízo.

45. *Sobre um sacrifício adicional.* Sobre isso deve-se entender que nada deve ser falado; nem precisa ser falado para aquele que tenha sabedoria para compreender o número do parágrafo. E esse sacrifício é fatal além de tudo, a menos que de fato seja um sacrifício. No entanto, há aqueles que se atreveram e conseguiram.

46. *Sobre ainda outro sacrifício.* Aqui se fala de verdadeira mutilação. Tais atos são abomináveis; e, embora possam trazer sucesso neste Método, formam um obstáculo absoluto para qualquer progresso adicional.

Em todo caso, eles são mais propensos a levar à loucura do que ao Samadhi. De fato, aquele que os propõe já está louco.

47. *Sobre a afeição humana.* Durante esta prática, tu não deverás retirar-te das relações humanas, apenas figurando que teu pai ou teu irmão ou tua esposa são como se fossem uma imagem da tua Deidade particular. Assim, eles ganharão, e não perderão, pelo teu trabalho. Somente no caso da tua esposa isso será difícil, já que ela é mais para ti do que todos os outros, e neste caso tu podes agir com temperança, para que a personalidade dela não vença e destrua a da tua Deidade.

48. *Sobre o Sagrado Anjo Guardião.* De modo algum confundas esta invocação com aquela.

49. *A Bênção.* E então que o Amor que passa toda Compreensão mantenha seus corações e suas mentes através de ΙΑΩ ΑΔΩΝΑΙ ΣΑΒΑΩ e através de BABALON da Cidade das Pirâmides, e através de Astarte, a Estrelada verdejantemente-cingida, pelo nome de ARARITA. AMN.

1465 As exceções a esta regra não pertencem a esta prática, nem a este grau. N. Fra. A∴A∴.

Liber RV vel Spiritus

sub figura CCVI

2. Que o Zelator observe a corrente de sua respiração.[1466]

3. Que ele investigue as seguintes afirmações e prepare um registro cuidadoso da pesquisa.

A. Certas ações induzem o fluxo da respiração pela narina direita (Pingala); e, por outro lado, o fluxo da respiração através de Pingala induz certas ações.

B. Certas outras ações induzem o fluxo da respiração pela narina esquerda (Ida) e vice-versa.

C. E ainda uma terceira classe de ações induz o fluxo da respiração pelas duas narinas ao mesmo tempo (Sushumna) e vice-versa.

D. O grau de atividade mental e física é interdependente da distância em que a respiração das narinas pode ser sentida pelas costas da mão.

4. *Primeira prática*. Que ele concentre sua mente no ato de respirar, dizendo mentalmente: "A respiração flui para dentro", "A respiração flui para fora", e registre os resultados. (Esta prática pode se resolver em Mahasatipatthana (vide *Liber XXV*)[1467] ou induzir Samadhi. O que quer que ocorra deve ser averiguado conforme o correto Ingenium do Zelator ou o conselho de seu Practicus determinar.)

5. *Segunda prática*. Pranayama. Esta é esboçada em *Liber E*. Além disso, que o Zelator que realizou com sucesso estas práticas se esforce para dominar um ciclo de 10.20.40 segundos ou mesmo 16.32.64 segundos. Mas que isso seja feito gradualmente e com a devida cautela. E quando ele estiver estável e com facilidade tanto em Asana quanto em Pranayama, que ele aumente ainda mais o período.

Assim, que ele investigue as afirmações a seguir:

A. Se o Pranayama for executado corretamente, o corpo primeiramente ficará coberto de suor. Este suor é diferente em caráter daquele que costuma ser induzido pelo esforço. Se o Praticante esfregar este suor completamente pelo seu corpo, ele irá fortalecê-lo grandemente.

1466 N.E.: Em ambas as edições publicadas por Crowley (originalmente nas páginas 59 a 67 do *Equinox* I (7), em março de 1912 e.v., posteriormente, em 1929 e.v., uma versão revisada nas páginas 405 a 409 de *Magick in Theory and Practice*), o texto começa imediatamente do ponto 2. Não se sabe se foi um erro editorial ou se foi intencional.

1467 N.E.: *Liber XXV* aparentemente não se refere ao Rubi Estrela neste caso, mas talvez ao texto *Ciência e Budismo*, que foi publicado no *The Collected Works*, de Aleister Crowley e faz referência ao Mahasatipatthana. Outras instruções da A∴A∴ mencionam um *Liber XXV* relacionado a Mahasatipatthana.

B. A tendência à transpiração cessará conforme a prática continua e o corpo se torna automaticamente rígido. Descreva essa rigidez nos mínimos detalhes.

C. O estado de rigidez automática desenvolver-se-á em um estado caracterizado por movimentos espasmódicos violentos, dos quais o Praticante está inconsciente, mas de cujo resultado ele está consciente. Este resultado é que o corpo salta gentilmente de um lugar para outro. Após as primeiras duas ou três ocorrências dessa experiência, o Asana não estará perdido. O corpo parece (em outra teoria) ter perdido seu peso quase completamente e ser movido por uma força desconhecida.

D. Como um desenvolvimento deste estágio, o corpo se eleva no ar e permanece lá por um período apreciavelmente longo, de um segundo a uma hora ou mais.

Além disso, que ele investigue quaisquer resultados mentais que possam ocorrer.

6. *Terceira Prática.* Para poupar seu tempo e desenvolver seus poderes, que o Zelator pratique a respiração profunda que seus exercícios preliminares lhe ensinaram durante suas caminhadas. Que ele repita uma sentença sagrada (mantra) ou conte, de tal maneira que seus passos batam com precisão com o ritmo da contagem, como se faz na dança. Então que ele pratique Pranayama, a princípio sem Kumbhaka, e sem prestar atenção às narinas, a não ser mantê-las limpas. Que ele comece com uma inspiração do alento por 4 passos e expiração por 4 passos. Que ele aumente gradualmente para 6.6, 8.8, 12.12, 16.16 e 24.24, ou mais, se ele for capaz. Em seguida, que ele pratique na proporção adequada de 4.8, 6.12, 8.16, 12.24 e assim por diante. Então, se ele optar por isso, que recomece a série, adicionando um período gradualmente crescente de Kumbhaka.

7. *Quarta prática.* Seguindo esta terceira prática, que ele acelere seu mantra e seu passo até que a caminhada se transforme em uma dança. Isso também pode ser praticado com o passo comum da valsa, usando um mantra triplo, como ἔπελθον, ἔπελθον, Ἄρτεμις; ou IAO; IAO SABAO; em tais casos, a prática pode ser combinada com a devoção a uma deidade em particular: consulte *Liber CLXXV*. Para a dança como tal, é melhor usar um mantra de caráter não comprometedor, como το είναι, το καλον, το ʼγαθον,[1468] ou semelhantes.

8. *Quinta prática.* Que ele pratique concentração mental durante a dança, e investigue os seguintes experimentos:

   A. A dança se torna independente da vontade.

   B. Fenômenos semelhantes aos descritos em 5 (a), (b), (c), (d) ocorrem.

   C. Certos resultados mentais importantes ocorrem.[1469]

1468 N.E.: Estes mantras se encontram como apresentados na primeira publicação de *Liber RV*. No *Magick in Theory and Practice* encontramos "ἐπελθον, ἐπελθον, Αρτεμις" e "Το ἐιναι, Το Καλον, Το Ἀγαδον".

1469 N.E.: O parágrafo 8 (c) não existe na versão do *MTP*. Também não existe a página com as fotografias de Crowley demonstrando o Pranayama.

Pranayama Realizado Adequadamente

[Considerou-se necessário demonstrar isso porque os estudantes estavam tentando fazê-lo sem esforço, e incorretamente doutras maneiras. – Ed.]

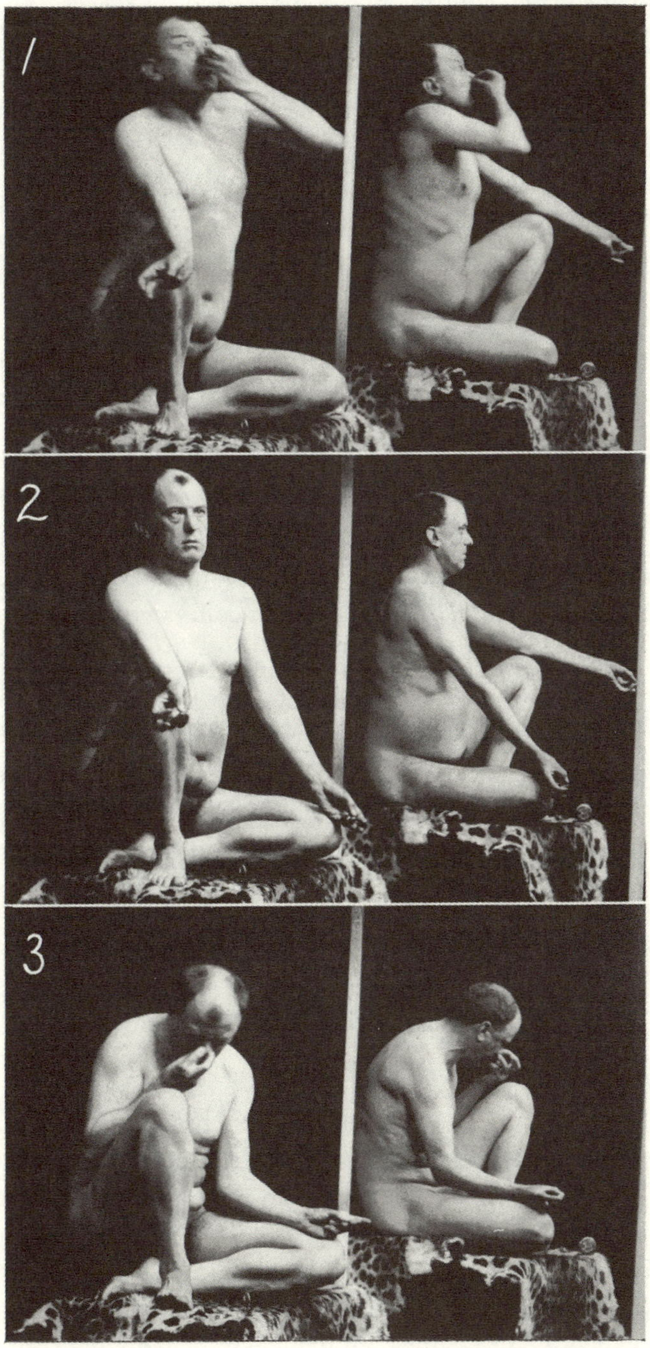

1. O fim de Purakam. A má definição da imagem se deve ao tremor espasmódico que acompanha a ação.

2. Kumbhaka.

3. O fim do Rechakam.

9. Uma nota sobre a profundidade e plenitude da respiração. Em toda expiração adequada, a última porção possível de ar deve ser expelida. Nisto os músculos da garganta, tórax, costelas e abdômen devem ser totalmente empregados e auxiliados por apertar os braços nos flancos e a cabeça no tórax.

   Em toda inspiração adequada, a última porção possível de ar deve ser sugada para os pulmões.

   Em toda retenção adequada da respiração, o corpo deve permanecer absolutamente imóvel.

   Dez minutos de tal prática são suficientes para induzir suor profuso em qualquer lugar a uma temperatura de 17°C ou acima.

   O progresso do Zelator em adquirir profundidade e plenitude de respiração deve ser testado pelo respirômetro.

   Os exercícios devem ser cuidadosamente graduados para evitar a sobrecarga e possíveis danos aos pulmões.

   Esta profundidade e plenitude da respiração devem ser mantidas tanto quanto possível, mesmo nos exercícios rápidos, com exceção da sexta prática a seguir.

10. *Sexta Prática.* Que o Zelator respire o mais superficialmente e rapidamente possível. Ele deve assumir a atitude de seu momento de maior expiração e respirar apenas com os músculos de sua garganta. Ele também pode praticar o alongamento do período entre cada respiração superficial.

    (Isso pode ser combinado, quando adquirido, com a concentração no *Vishuddha Chacra*, ou seja, que ele fixe sua mente firmemente em um ponto da coluna vertebral oposto à laringe. Ed.)

11. *Sétima prática.* Que o Zelator respire o mais profunda e rapidamente possível.[1470]

12. *Oitava prática.* Que o Zelator pratique a retenção da respiração da seguinte maneira.

    Em qualquer estágio da respiração, que ele repentinamente prenda a respiração, suportando a necessidade de respirar até que ela passe, retorne e passe novamente, e assim por diante até que a consciência se perca, seja ascendendo a Samadhi ou condição supernormal semelhante, ou caia no adormecimento.

13. *Nona prática.* Que ele pratique as formas usuais de Pranayama, mas que o Kumbhaka seja usado depois ao invés de antes da expiração. Que ele aumente gradualmente o período deste Kumbhaka, como no caso do outro.

14. Uma nota sobre as condições destes experimentos.

    As condições favoráveis são ar seco, estimulante, um clima quente, ausência de vento, ausência de ruído, insetos e todas as outras influências perturbadoras,[1471] um local retirado, alimentos simples comidos com grande moderação na conclusão das práticas da manhã e da tarde, e de forma alguma antes de praticar. A saúde corporal é quase essencial e deve ser cuidadosamente mantida (consulte *Liber CLXXXV*, "Tarefa de um Neófito"). Um discípulo diligente e fácil de lidar ou o Practicus do Zelator deve ajudá-lo em seu trabalho. Tal discípulo deve ser silencioso, paciente, vigilante, pronto, alegre, gentil e reverente a seu mestre, inteligente para antecipar suas necessidades,

---

1470 N.E.: Aqui é apresentada a versão original. Essa prática foi removida para o *Magick in Theory and Practice*, e todas as práticas seguintes foram revisadas para refletir essa remoção, porém não há parágrafo 12 na versão de 1929 e.v. Pode ter sido um erro de edição, caso o editor tenha confundindo a Sétima prática com a Sexta prática, que são muito parecidas.

1471 Perceba que, nos estágios iniciais da concentração da mente, tais aborrecimentos se tornam insignificantes.

limpo e gracioso, não dado à fala, devotado e altruísta. Com tudo isso, ele deve ser feroz e terrível com estranhos e todas as influências hostis, determinado e vigoroso, incessantemente vigilante, o guardião do limiar.

Não é desejável que o Zelator empregue qualquer outra criatura senão um homem, salvo em casos de necessidade. No entanto, para alguns desses propósitos, um cão servirá; para outros, uma mulher. Há também outros designados para servir, mas estes não são para o Zelator.

15. *Décima prática*. Que o Zelator experimente, se quiser, a inalação de oxigênio, óxido nitroso, dióxido de carbono e outros gases misturados em pequena proporção com seu ar durante suas práticas. Esses experimentos devem ser conduzidos com cautela, na presença de um médico experiente, e só são úteis como facilitadores de um simulacro dos resultados das práticas adequadas e, desse modo, encorajando o Zelator.

16. *Décima primeira prática*. Que o Zelator, a qualquer momento durante as práticas, especialmente durante os períodos de Kumbhaka, lance sua vontade completamente para o seu Sagrado Anjo Guardião, direcionando os olhos para dentro e para cima, e virando a língua para trás como se fosse engoli-la.

(Esta última operação é facilitada pelo corte do frênulo da língua, que, se realizado, deve ser feito por um cirurgião competente. Nós não aconselhamos este ou qualquer método similar de burlar as dificuldades. No entanto, isso é inofensivo.)

Dessa maneira, a prática deve ser elevada do plano físico ao plano espiritual, assim como as palavras Ruh, Ruach, Pneuma, Spiritus, Geist, Ghost e, de fato, palavras de quase todos os idiomas foram elevadas de seus significados físicos de vento, ar, respiração ou movimento ao plano espiritual. [RV é a antiga raiz que significa Yoni e, portanto, Roda (francês *roue*, latim *rota*, roda); a raiz semítica correspondente significa "ir". De maneira semelhante, Espírito está conectado com "espiral". – Ed.]

17. Que o Zelator não atribua nenhum crédito a quaisquer declarações que possam ter sido feitas ao longo do curso desta instrução, e reflita que mesmo o conselho que tenhamos dado como adequado ao caso médio pode ser inteiramente inadequado para o seu caso.

Liber YOD

sub figura DCCCXXXI[1472]

(Antigamente o título deste livro era "Vesta". Refere-se ao caminho de Virgem e à letra Yod.)

I

1. Este é o Livro da redução de tudo a um ponto.[1473]
2. Nele acham-se descritos três métodos pelos quais a consciência dos Muitos pode ser dissolvida naquela do Um.

II

PRIMEIRO MÉTODO

0. Que o círculo mágico seja traçado e, no seu interior, um Tau virado para cima, no chão. Que este Tau seja projetado em 10 quadrados (consulte *Liber CMLXIII*, Ilustração 1).[1474]
1. Que o magista esteja armado da Espada da Arte.[1475]
2. Que ele vista o robe negro de um Neófito.

1472 N.E.: Em sua primeira publicação, encontrado nas páginas 93 a 100 do *Equinox* I (7), em março de 1912 e.v., por um erro de edição, *Liber Yod* foi intitulado *Liber Tau*, quando na verdade *Liber Tau vel Kabbalæ Trium Literarum* é outro livro. No *Equinox* I (10), o texto apresenta uma terceira variação no título: *Liber IOD*. Posteriormente, em 1929 e.v., esse erro foi corrigido para o *Magick in Theory and Practice*, com uma versão revisada deste livro nas páginas 410 a 414. É interessante notar que no *MTP* o texto aparece sob o número DCCCXXI (821) em vez de DCCCXXXI (831).

1473 N.E.: A tradução de Motta para este trecho trazia "Trata-se de um livro para atrair as camadas sociais, sob todos os aspectos." Optamos por manter, neste caso, uma versão mais literal.

1474 N.E.: Trata-se do *Liber Θησαυρου Ειδωλων* – A Tesouraria de Imagens, "Uma soberba coleção de Litanias destinadas aos Signos do Zodíaco", escrita por J. F. C. Fuller e publicada no *Equinox* I (3). Uma versão simples da referida figura pode ser observada no Capítulo II da Parte II deste *Liber ABA*.

1475 Em circunstâncias em que isso seja inapropriado, que ele esteja armado da baqueta e da lâmpada, em vez de como está no texto. – N. [N.E.: A presente nota está como redigida no *MTP*. No *Equinox* I (7) era "Este ritual é preferencialmente realizado pelo Adepto como um Eremita armado com baqueta e lâmpada, em vez do que diz no texto. – N."]

3. Que a única chama de cânfora se queime no cume do Tau, e que nenhuma outra luz ou ornamento possa lá estar.

4. Que ele "abra" o Templo como no *DCLXXI*[1476] ou de qualquer outra maneira conveniente.

5. E de pé, nos quadrantes apropriados, à beira do círculo, que ele possa banir os 5 elementos pelos rituais apropriados.[1477]

6. De pé na borda do círculo, faça o banimento dos 7 planetas pelos mesmos processos.[1478] Que ele se volte para a posição real de cada planeta no firmamento na hora deste trabalho.

7. Que além disso faça o banimento dos 12 signos do Zodíaco pelos rituais apropriados, voltado para cada um deles.

8. Que ele, em cada um destes 24 banimentos, possa circungirar três vezes no sentido anti-horário, com os sinais de Horus e Harpocrates no Oriente ao passar por lá.

9. Que ele avance até o quadrado de Malkuth no Tau, e aí execute o ritual de banimento de Malkuth. Porém, não se retire do quadrado com o objetivo de circungirar o círculo, mas use a fórmula e a Forma-Deus de Harpocrates.

10. Que ele avance, um de cada vez, para os quadrados de Yesod, Hod, Netzach, Tiphereth, Geburah, Chesed, e faça o banimento de cada um pelos rituais apropriados.

11. Que ele saiba que tais rituais incluem a pronúncia dos nomes apropriados de Deus ao contrário, e também a maldição contra a Sephira, a respeito de tudo aquilo que ela é, pois é o que a distingue e a separa de Kether.

12. Avançando até os quadrados de Binah e Chokmah, um de cada vez, expurga-os[1479] também. E, a esta altura dos acontecimentos, ele já esteja dominado pelo terror e pela tremedeira, mas, de qualquer maneira, ele ainda possa banir estes por um ritual supremo de poder incalculável. E que ele tome muitíssimo cuidado para não titubear e tampouco perder a coragem.

13. Finalmente, que ele, avançando para o quadrado de Kether, também o expurgue pelos meios que puder.[1480] E, no final de tudo isso, que ele pise sobre a luz, apagando-a,[1481] e, ao sair, que ele caia no interior do círculo.[1482]

1476 N.E.: *DCLXXI* é *Liber Throa*, a cerimônia de admissão de Neófitos da A∴A∴, sendo uma adaptação do Ritual de Iniciação do Neófito da Hermetic Order of the Golden Dawn. Existe uma segunda adaptação da fórmula, chamada de *Liber Pyramidos*, também classificado sob o número 671.

1477 N.E.: No original de Motta haviam aqui subseções com os diagramas dos traçados. Para evitar duplicidade, veja-se *Liber O*, parte IV, especificamente o Ritual Maior do Pentagrama.

1478 N.E.: *Idem*, mas especificamente o Ritual Maior do Hexagrama.

1479 N.E.: Motta usa expurgar no sentido de banir.

1480 N.E.: Motta interpreta que os mesmos processos de banimento/expurgo utilizados até agora podem ser usados aqui também.

1481 Se armado com baqueta e lampião, apague a luz com a mão – N.

1482 N.E.: A tradução de Motta termina aqui. O resto do Liber foi complementado por nós.

SEGUNDO MÉTODO

1. Que o Eremita se sente em seu Asana, de robe, e que medite sobre cada parte de seu corpo até que essa parte lhe seja tão irreal que ele não a inclua mais em sua compreensão de si mesmo. Por exemplo, se for o seu pé direito, que ele toque aquele pé e fique alarmado, pensando: "Um pé! O que é esse pé? Certamente não estou sozinho no Eremitério!".

   E esta prática deve ser realizada não apenas no momento da meditação, mas durante o trabalho do dia.

2. Essa meditação deve ser auxiliada pelo raciocínio; por exemplo: "Este pé não sou eu. Se eu perder meu pé, eu ainda serei eu. Este pé é uma massa de carne, ossos, pele, sangue, linfa etc. que muda e se decompõe, enquanto eu sou o Espírito Imutável e Imortal, uniforme, não feito, não gerado, sem forma, autoluminoso" etc.

3. Esta prática estando perfeita para cada parte do corpo, que ele combine seus trabalhos até que o corpo inteiro seja assim entendido como o não-Ego e como ilusão.

4. Então que o Eremita, sentado em seu Asana, medite sobre o *Muladhara Chacra* e sua correspondência como um poder da mente, e o destrua da mesma maneira que foi dito anteriormente. Também por raciocínio: "Essa emoção (memória, imaginação, intelecto, vontade, o que seja) não sou eu. Essa emoção é passageira: eu sou imóvel. Essa emoção é paixão. Eu sou paz", e assim por diante.

   Que os outros *Chacras*, um de cada vez, sejam assim destruídos, cada um com seu atributo mental ou moral.

5. Nisto, que ele seja auxiliado por sua própria análise psicológica, de modo que nenhuma parte de seu ser consciente seja deixada sem ser destruída. E, em sua meticulosidade neste assunto, possa transformar seu sucesso.

6. Por fim, tendo atraído todo o seu ser para o mais elevado *Sahashara Chacra*, que permaneça eternamente fixado na meditação sobre ele.

7. Aum.

TERCEIRO MÉTODO

1. Que o Eremita estimule cada um dos sentidos por vez, concentrando-se em cada um deles até que parem de causar estímulos.

   [Os sentidos da visão e do tato são extremamente difíceis de conquistar. No final, o Eremita deve ser totalmente incapaz, por qualquer esforço, de ver ou sentir o objeto desses sentidos. O.M.]

2. Isso tendo sido aperfeiçoado, que ele combine dois de cada vez. Por exemplo, que ele mastigue gengibre (paladar e tato), e observe uma cachoeira (visão e audição), e observe incenso (visão e olfato), e esmague açúcar entre os dentes (paladar e audição) e assim por diante.

3. Essas vinte e cinco práticas sendo cumpridas, que ele as combine de três em três, depois de quatro em quatro.

4. Por fim, que ele combine todos os sentidos em um único objeto. E aqui um sexto sentido pode ser incluído. Então ele deve retirar-se inteiramente de todos os estímulos, *perinde ac cadaver*, apesar de seus próprios esforços para se apegar a eles.

5. É dito que por este método os demônios do Ruach, isto é, pensamentos e memórias, são inibidos, e Nós não negamos isso. Mas, se ocorrer seu surgimento, que ele construa um muro entre si e eles de acordo com o método.

6. Tendo assim acalmado as vozes dos Seis, que ele possa obter em sentido a sutileza do Sétimo.

7. ΑΥΜΓΝ.[1483]

[Adicionamos o seguinte, oferecido por um amigo que na época não estava na A∴A∴ e nem em suas ordens dependentes. Ele mesmo desenvolveu o método, e achamos que pode ser útil para muitos. O.M.]

(1) O iniciante deve primeiro praticar a respiração regular através do nariz, ao mesmo tempo se esforçando para acreditar que a respiração vai para o Ajna e não para os pulmões.

Em seguida, os exercícios de Pranayama descritos no *Equinox* I (4), p. 101, devem ser praticados, sempre com a ideia de que o Ajna está respirando.

Tente perceber que *poder*, não ar, está sendo atraído para o Ajna, que está sendo concentrado lá durante o Kumbhaka, e que está vivificando o Ajna durante a expiração. Tente antes aumentar a força de concentração no Ajna do que aumentar muito excessivamente o comprimento do Kumbhaka, pois isso é perigoso se feito precipitadamente.

(2) Ande devagar em um lugar calmo; perceba que as pernas estão se movendo, e estude seus movimentos. Entenda bem que esses movimentos se devem a mensagens nervosas enviadas pelo cérebro e que o poder controlador está no Ajna. As pernas são automáticas, como as de um macaco de madeira: o poder no Ajna é aquilo que faz o trabalho, é aquilo que anda. Isto não é difícil de perceber e deve ser compreendido com firmeza, ignorando todas as outras sensações de caminhar.

Aplique este método a todos os outros movimentos musculares.

(3) Deite-se de costas com os pés sob um móvel pesado. Mantendo a coluna vertebral reta e os braços alinhados com o corpo, levante-se lentamente para uma postura sentada, por meio da força que reside no Ajna (ou seja, tente impedir que a mente resida em qualquer outro esforço ou sensação).

Então deixe o corpo descer lentamente até a sua posição original. Repita isso duas ou três vezes, todas as noites e manhãs, e aumente lentamente o número de repetições.

(4) Tente transferir todas as sensações corporais para o Ajna, por exemplo, "eu estou com frio" deveria significar "eu sinto frio" ou, melhor ainda, "estou ciente de uma sensação de frio" — transfira isso para o Ajna, "o Ajna está consciente" etc.

(5) Dores, se forem muito leves, podem ser facilmente transferidas para o Ajna após um pouco de prática. O melhor método para o iniciante é *imaginar* que ele tem uma dor no corpo e, em seguida, imaginar que ela passa diretamente para o Ajna. Não passa pelas estruturas intervenientes, apenas vai direto. Após a prática contínua, até mesmo dores intensas poderão ser transferidas para o Ajna.

(6) Fixe a mente na base da coluna vertebral e então, gradualmente, mova os pensamentos para cima, para o Ajna.

(Nesta meditação, Ajna é o Santo dos Santos, mas é escuro e vazio.)

1483 N.E.: Na edição do *Equinox* I (7), está escrito "Aum" em vez de "ΑΥΜΓΝ".

Finalmente, esforce-se para conduzir a raiva e outros pensamentos obsessivos ao Ajna. Tente desenvolver uma tendência a pensar fortemente no Ajna quando esses pensamentos atacam a mente, e deixe que o Ajna os conquiste.

Cuidado com o pensamento de "*Meu* Ajna". Nestas meditações e práticas, o Ajna não pertence a você; Ajna é o mestre e o trabalhador, você é o macaco de madeira.

Liber תישארב vel Thisharb

sub figura CMXIII

000. Talvez.

(00. Não foi possível construir este livro sobre uma base de puro Ceticismo. Isto pouco importa, pois a prática leva ao Ceticismo e, talvez, além dele.)

0. Não é o propósito deste livro conduzir à suprema consecução. Ao contrário, seus resultados definem o ente do Adepto Exempto à parte do resto do Universo e revelam a relação dele com aquele Universo.[1484]

1. O livro é de tanto valor para o Adepto Exempto que Nós não podemos exagerar-lhe a importância. Que o Adepto Exempto não se aventure, de modo algum, a mergulhar no Abismo até que ele tenha executado o conteúdo do Livro para a sua mais perfeita satisfação.[1485]

2. Pois no Abismo nenhum esforço é possível de qualquer forma. O Abismo é atravessado por virtude da massa do Adepto e seu Carma, Duas forças o impelem: (1) a atração de Binah, (2) o impulso de seu Carma; e a facilidade e até a segurança da sua passagem dependem da força e direção deste último.[1486]

3. Se alguém imprudentemente ousasse a passagem e tomasse o irrevogável Juramento do Abismo, ele poderia ficar perdido ali durante Æons de incalculável agonia; ele poderia mesmo ser arremessado de volta a Chesed, com o terrível Carma do Fracasso adicionado às suas imperfeições originais.

4. Já foi dito até que em certas circunstâncias é possível cair por completo da Árvore da Vida e atingir as Torres dos Irmãos Negros. Mas Nós afirmamos que isto é impossível para qualquer adepto que tenha verdadeiramente atingido seu grau, ou até para qualquer homem que realmente tenha buscado auxiliar a humanidade, mesmo por um só segundo,[1487] e isso a despeito de sua aspiração ter sido impura devido à vaidade ou qualquer outra semelhante imperfeição.

1484 Este livro conta como inquirir “Quem sou eu?”, “Qual é minha relação com a natureza?”.

1485 O indivíduo precisa destruir suas falsas noções sobre quem e o que ele é antes que possa encontrar a verdade do assunto. Portanto, ele deve compreender essas falsas noções antes de desistir delas. A menos que isso seja feito perfeitamente, ele terá o Verdadeiro misturado com as reminiscências do Falso.

1486 A vida do indivíduo foi até então conduzida por essas noções falsas. Desta forma, ao desistir delas, ele não tem um padrão de controle do pensamento ou das ações; e, até que a verdade nasça, só pode se mover por virtude de seu *momentum*. É um salto.

1487 Aqueles que estão de posse do *Liber CLXXXV* notarão que em todo grau, exceto um, o aspirante promete servir os seus inferiores na Ordem.

5. Portanto, que o Adepto que descobrir que o resultado destas meditações não lhe é satisfatório recuse tomar o Juramento do Abismo e viva de forma que seu Carma ganhe força e direção apropriadas à tarefa em algum período futuro.[1488]

6. A memória é essencial à consciência individual, outrossim, a mente seria uma tela vazia sobre a qual sombras são projetadas. Mas nós vemos que não só a mente retém impressões, mas também é constituída de tal forma que sua tendência é reter algumas mais excelentemente do que outras. Assim, o grande letrado classicista, Sir Richard Jebb, era incapaz de aprender mesmo a matemática elementar requerida para o exame preliminar da Universidade de Cambridge e foi necessário um decreto especial das autoridades para admiti-lo.

7. O primeiro método a ser descrito foi detalhado por Bhikkhu Ananda Metteya, em seu "Treino da Mente" (*Equinox*, I (5), pp 28-59 e, especialmente, as páginas 48-56). Nós pouco temos a alterar ou adicionar. Seu mais importante resultado, no que se refere ao Juramento do Abismo, é a liberdade de todo desejo ou apego a qualquer coisa que ele tenha. Seu segundo resultado é auxiliar o adepto no segundo método, fornecendo-lhe dados adicionais para a sua investigação.[1489]

8. O estímulo da memória útil, em ambas as práticas, é também conseguido através da simples meditação (*Liber E*), num certo estágio no qual velhas memórias surgem sem terem sido chamadas. O adepto pode então praticar isto, pausando naquele estágio e encorajando, em vez de suprimir, os lampejos de memória.

9. Zoroastro disse: "Explora o Rio da Alma, de onde ou em que ordem tu vieste, de forma que, ainda que tenhas te tornado um servidor do corpo, possas novamente erguer-te àquela Ordem (a A∴A∴) da qual desceste, juntando Obras (Kamma) à Sagrada Razão (o Tao)".

10. O Resultado do Segundo Método é mostrar ao Adepto para que fim seus poderes são destinados. Quando ele passou o Abismo e se tornou NEMO, o retorno da corrente faz com que ele "apareça no céu de Júpiter como uma estrela matutina ou uma estrela vespertina".[1490] Em outras palavras, ele deve descobrir qual pode ser a natureza do seu trabalho. Assim, Maomé foi um Irmão refletido em Netzach, Budha refletido em Hod ou, como dizem alguns, em Daäth. A presente manifestação de Frater P. para a externa está em Tiphereth; para a interna, está no caminho de Leo.

11. *Primeiro Método*. Que o Adepto Exempto se treine primeiramente a pensar em reverso por meios externos, tal como segue:

    A. Que ele aprenda a escrever em reverso com qualquer das mãos.

    B. Que ele aprenda a andar de costas.

    C. Que ele veja constantemente, se possível, filmes de cinema e escute discos de trás para diante e que se acostume a tais até que eles lhe pareçam naturais e interessantes.

1488 Torne o Adeptus Exemptus perfeito como tal antes de avançar.

1489 A Memória Mágica (ou seja, de encarnações anteriores) liberta o indivíduo do desejo mostrando quão fúteis e criadoras de sofrimento todas as consecuções mundanas e mesmo submágicas se provam.

1490 A fórmula da Grande Obra, "Solve et Coagula", pode ser interpretada assim: *Solve*, a dissolução do ser no Infinito; *Coagula*, a apresentação do Infinito numa forma concreta para o externo. Ambas as coisas são necessárias à Tarefa de um Mestre do Templo. Ele pode aparecer em qualquer outro Céu, de acordo com sua natureza geral, em sua máscara mágica de iniciação.

D. Que ele pratique falar em reverso, assim, em vez de "Eu sou Ele", que ele diga "elE uos uE".

E. Que ele aprenda a ler em reverso. Nisto é difícil evitar enganar a si próprio, pois um leitor perito lê uma sentença inteira de um só golpe de vista. Que seu discípulo leia em voz alta para ele, de frente para trás, no princípio devagar, depois mais depressa.

F. De seu próprio ingenium, que ele invente outros métodos.

12. Fazendo isto, a princípio seu cérebro será tomado de uma sensação de completa confusão; em seguida, o cérebro tentará evadir a dificuldade através de um truque. O Cérebro fingirá operar em reverso, quando na realidade seu trabalho será normal. É difícil descrever a natureza do truque, mas será bem óbvio a qualquer pessoa que tenha executado as práticas (*a*) e (*b*) durante um dia ou dois. As práticas tornam-se bem fáceis e ele pensará que está progredindo, uma ilusão que uma análise atenta dissipará.

13. Tendo começado a treinar seu cérebro dessa maneira e tendo obtido algum sucesso, que o Adepto Exempto, sentado em seu asana, reflita primeiro na sua presente posição, depois no ato de sentar-se, depois na sua entrada no local de prática, depois no ato de se vestir etc., exatamente como tudo isto aconteceu. E que ele se esforce muito intensamente em compor e recordar cada ato como acontecendo em reverso. Não é suficiente pensar: Eu estou sentado aqui e antes disso eu estava de pé e antes disso eu entrei no quarto etc. Esta série é o truque descoberto nas práticas preliminares. A série não deve ser "ghi-def-abc", mas sim "ihgfedcba": não "cavalo é um isto", mas sim "olavac mu é otsi". Para se conseguir bem isto, a prática (c) é muito útil. Será verificado que o cérebro luta constantemente por endireitar-se, cedo se acostumando a aceitar "olavac" como apenas outro símbolo de "cavalo". Essa tendência deve ser constantemente evitada.

14. Nos estágios iniciais dessa prática, o esforço deve ser por obter meticulosa minúcia de detalhes ao relembrar atos, pois o hábito do cérebro "de pensar para frente" será no início insuperável. Pensar em atos grandes e complicados, portanto, dará uma série que nós podemos escrever simbolicamente "opqrstu-hijklmn-abcdefg". Se estas seções forem divididas em detalhes, teremos uma série "stu-pqr-o—mn-kl-hij—fg-cde-ab" que se aproxima muito mais do ideal "utsrqponmlkjihgfedcba".

15. Capacidades diferem amplamente, mas o Adepto Exempto não terá razão de se sentir desanimado se, após um mês de trabalho contínuo, perceber que de vez em quando, durante alguns segundos, seu cérebro realmente trabalha em reverso.

16. O Adepto Exempto deveria concentrar seus esforços em obter uma imagem perfeita de cinco minutos em reverso, em vez de estender o tempo ocupado pela sua meditação. Pois este treino preliminar do cérebro é o *Pons Asinorum* do processo todo.

17. Estes cinco minutos de exercício sendo satisfatórios, o Adepto Exempto pode prolongar os mesmos de acordo com o seu julgamento até cobrir o espaço de uma hora, um dia, uma semana e assim por diante. As dificuldades se desvanecem à sua frente conforme ele avança: assim, a extensão do espaço de um dia, ao curso de sua vida inteira, não será tão difícil quanto foi tornar perfeitos os cinco minutos com que principiou.

18. Esta prática deveria ser repetida pelo menos quatro vezes por dia; o progresso é demonstrado primeiramente pelo trabalho cada vez mais fácil do cérebro em reverso, segundo pelas memórias adicionais que surgem.

19. Será útil ponderamos, durante essa prática (que com o decorrer do tempo se torna quase mecânica), sobre a forma como efeitos decorrem de causas. Isto auxilia a mente a estabelecer conexão entre as suas memórias e prepara o adepto para a prática preliminar do Segundo Método.

20. Tendo permitido à mente que retorne por cem vezes até a hora do nascimento, ela deve ser encorajada a tentar penetrar além daquele período.[1491] Se tiver sido bem treinada para funcionar em reverso, haverá pouca dificuldade em fazer isto, se bem que é um dos notáveis estágios de progresso na prática.

21. Pode ser então que a memória persuadirá o adepto de alguma existência prévia. Onde isto for possível, verifique-se a memória apelando para os fatos, como segue.

22. Frequentemente ocorre com os homens que, visitando um lugar onde nunca antes estiveram, este lhes pareça familiar. Isto pode ser causado por uma confusão do pensamento ou um lapso de memória, mas é concebível que também seja um fato.

    Se, então, o adepto "se lembra" de que ele, em uma vida prévia, esteve em alguma cidade, digamos, Cracóvia, a qual ele nesta presente vida nunca visitou, que ele descreva de memória a aparência de Cracóvia e de seus habitantes, anotando seus nomes. Que ele, além disto, entre em detalhes sobre a cidade e seus costumes. E tendo feito isso com grande minúcia, que ele, então, confirme suas notas por consultas com historiadores e geógrafos ou por uma visita pessoal, lembrando-se (tanto para crédito quanto para descrédito de sua memória) que historiadores, geógrafos e ele mesmo são falíveis. Mas que ele não confie em suas recordações para afirmar suas conclusões como fatos e agir baseado em tais fatos, sem a mais completa e adequada confirmação.

23. Este processo de verificar sua memória deveria ser praticado com as mais antigas memórias da infância e da mocidade, por referência à memória ou aos registros de outras pessoas, sempre ponderando a falibilidade de tais medidas de segurança.

24. Tudo isso sendo feito com perfeição, de forma que a memória se estenda de volta a æons incalculavelmente distantes, que o adepto medite sobre a inutilidade de todos aqueles anos e seu fruto, discriminando entre aquilo que é transitório e sem valor e aquilo que é eterno. E pode ser que ele, sendo apenas um Adepto Exempto, considere tudo sem sabor e repleto de sofrimento.

25. Assim sendo, sem relutância, ele jurará o Juramento do Abismo.

26. *Segundo Método*. Que o Adepto Exempto, fortificado pela prática do Primeiro Método, entre na prática preliminar do Segundo Método.

27. *Segundo Método*. Prática preliminar. Que ele, sentado em seu Asana, considere qualquer evento e trace este às suas causas imediatas. E que isto seja feito mui completamente e com grande minúcia. Por exemplo: Eis aqui um corpo ereto e parado. Que o adepto considere as muitas forças que mantêm esse corpo em sua presente posição. Primeiro a atração da Terra, do Sol, dos planetas, das estrelas mais longínquas, e não só isso, mas também a atração de todo grão de pó no quarto, pois se um pudesse ser aniquilado, isso seria causa para que o corpo se movesse, por mais imperceptivelmente que fosse. Também a resistência do assoalho, a pressão do ar e todas as outras condições externas. Segundo, as forças internas que o sustentam: a vasta e complexa estrutura do esqueleto,

---

1491 O esquecimento Freudiano tenta proteger o indivíduo do choque da morte. Ele deve se preparar para encará-la de outros modos, como por exemplo habitualmente arriscando sua vida.

os músculos, o sangue, a linfa, o tutano, tudo que junto faz um homem. Terceiro, as forças morais e intelectuais implicadas: a mente, a vontade, o consciente. Que ele persista nisso com ardor inabalável, investigando a natureza, nada omitindo.

28. A seguir, que ele tome uma das causas imediatas da sua posição e investigue o equilíbrio dessa causa. Por exemplo, a vontade. O que determina a vontade a auxiliar a conservação do corpo ereto e parado?

29. Isto tendo sido determinado, que ele escolha uma das forças que impeliram a sua vontade e a trace de maneira análoga, e que este processo seja continuado durante muitos dias até que a interdependência de todas as coisas seja uma verdade assimilada no mais íntimo de seu ser.

30. Isto conseguido, que ele trace a sua própria história com referência especialmente às causas de cada acontecimento. E nesta prática ele pode, até certo ponto, negligenciar as forças Universais que sempre agem sobre todos, como por exemplo a atração das massas, e que ele concentre a sua atenção sobre as causas principais e determinadoras ou efetuadoras.

Por exemplo, ele está, talvez, sentado em um local campestre na Espanha. Por quê? Porque a Espanha é quente e apropriada para meditação e porque as cidades são barulhentas e cheias de gente. Por que escolher a quente Espanha antes que a quente Índia? Quanto à última pergunta: Porque a Espanha está mais perto de casa. Então, por que ele mora perto da Espanha? Porque seus pais eram alemães. E por que foram seus pais para a Alemanha? E assim para a meditação inteira.

31. Noutro dia, que ele comece com uma pergunta de outro tipo, e cada dia divise novas perguntas, não apenas quanto à sua situação presente, mas também perguntas abstratas. Assim, que ele correlacione o prevalecimento de água sobre a superfície do Globo com o fato de a água ser necessária à vida tal como a conhecemos, com a gravidade específica e outras propriedades físicas da água, e que ele perceba, por fim, através disso tudo, a necessidade e concórdia das coisas, não concórdia como os letrados de antanho acreditavam, que todas as coisas eram feitas para benefício e conveniência do homem,[1492] mas a concórdia essencial mecânica, cuja lei final é a Inércia. E nestas meditações, que ele evite como a praga qualquer especulação sentimental ou fantástica.

32. *Segundo Método*. A prática propriamente dita. Tendo, então, tornado perfeitas em sua mente essas concepções, que ele as aplique à sua própria carreira, forjando os elos de memória na cadeia da necessidade.
E que esta seja sua pergunta final: Para que sirvo Eu? De que utilidade pode meu ente ser aos Irmãos da A∴A∴ se eu cruzar o Abismo e for admitido na Cidade das Pirâmides?

33. Agora, para que ele possa compreender claramente a natureza desta pergunta e o método da solução, que ele estude o raciocínio do anatomista que reconstrói um animal a partir de um único osso. Como um simples exemplo:

34. Suponha-se que, tendo eu vivido a minha vida inteira entre selvagens, um navio naufraga em nossas praias. Intacta, entre a carga, está uma carruagem do tipo "vitória". Para que serve isto? As rodas sugerem estradas e, por sua pouca espessura, estradas bem pavimentadas; seu freio sugere estradas íngremes. As lanças demonstram que o veículo deve ser puxado por um animal: o comprimento

1492 N.M.: Um letrado católico romano da Idade Média escreveu que tal é a bondade de Deus que perto de cada cidade dos homens Ele colocou um rio. Tomás de Aquino abunda em tais sofismas.

e altura delas sugerem um animal do tamanho de um cavalo. Que a carruagem é aberta sugere um clima tolerável, pelo menos durante parte do ano. A altura em que está o assento do cocheiro sugere ou ruas cheias de gente (de movimento) ou a natureza fogosa do animal empregado para puxar a viatura. Os assentos almofadados indicam que o veículo deve transportar seres humanos e não mercadoria; sua capota indica que algumas vezes cai chuva ou que faz Sol muito forte na terra de onde vem. As molas indicariam uma habilidade considerável na manipulação dos metais; o verniz, muito progresso neste artesanato.

35. Semelhantemente, que o adepto considere seu próprio caso. Agora que ele está prestes a se atirar ao Abismo, um gigantesco "Por quê?" o confronta com um porrete levantado.

36. Não existe átomo, por mais diminuto que seja, da composição dele que possa ser retirado sem fazer dele algo diverso daquilo que ele é, não existe momento inútil algum no seu passado. Então, qual é o seu futuro? A "vitória" não é uma carroça, não foi divisada para transportar feno. Não é uma carruagem leve para uma pessoa só e é inútil para corridas de trote.

37. Da mesma forma, o adepto tem gênio militar ou muito conhecimento da língua grega; como podem estas (coisas) consecuções auxiliarem o propósito dele ou o dos Irmãos? Calvino mandou matá-lo ou Ezequias o apedrejou; quando uma serpente, ele foi morto por um aldeão; quando um elefante, morreu em batalha sob Amílcar. Como auxiliam tais memórias? Até que ele tenha determinado por completo o motivo para todos os incidentes do seu passado e encontrado um propósito para todo e cada item do seu equipamento presente,[1493] ele não pode responder nem mesmo àquelas Três Perguntas que lhe foram primeiramente propostas, as Três Perguntas do Ritual da Pirâmide; ele não está pronto para jurar o Juramento do Abismo.[1494]

38. Mas, sendo assim esclarecido, que ele jure o Juramento do Abismo, sim, que ele jure o Juramento do Abismo.

1493 Um Irmão meu conhecido foi repetidamente confundido nesta meditação. Mas um dia, sendo arremessado com seu cavalo do alto de um barranco de treze metros de altura e escapando sem um arranhão ou equimose, ele se lembrou de suas muitas escapadas à última hora de perigos mortais. Estes provaram ser os últimos fatores do seu problema, o qual, assim completado, resolveu-se num momento. (O.M., Fronteira da China, 1905-1906 e.v.)

1494 N.E.: De acordo com *Liber תרעא* (*Liber ThROA*), as Três Questões do Ritual da Pirâmide são: 1. "Quem és tu?" 2. "Donde vindes, aonde vais?" 3. "O que buscas?".

Liber B vel Magi

sub figura I

00. Um é o Magus: duplas as Suas forças: quatro as Suas armas. Estes são os Sete Espíritos de Irretidão; sete abutres do mal. Assim é a arte e ofício do Magus apenas glamour. Como Se destruirá Ele?

0. No entanto, o Magus tem poder sobre a Mãe, tanto diretamente quanto através do Amor. E o Magus é Amor, e liga e junta Aquilo e Isto em Sua Conjuração.

1. No princípio o Magus fala Verdade e envia Ilusão e Falsidade para escravizarem a alma. No entanto, ali jaz o Mistério de Redenção.

2. Pela Sua Sabedoria Ele criou os Mundos; a Palavra que é Deus é nenhum outro que Ele.

3. Como então terminará Ele a Sua fala com Silêncio? Pois Ele é Fala.

4. Ele é o Primeiro e o Último. Como parará Ele de numerar-Se?

5. Por um Magus é este escrito dado a conhecer através da mente de um Magister. Um pronuncia claramente e o outro compreende; no entanto, a Palavra é falsidade e a Compreensão é escuridão. E isto que é dito é De Toda Verdade.

6. No entanto, é escrito; pois há épocas de escuridão, e isto como uma lâmpada ali.

7. Com a Baqueta Ele cria.

8. Com a Taça Ele preserva.

9. Com a Adaga Ele destrói.

10. Com o Disco Ele redime.

11. Suas armas cumprem a roda; e em Qual Eixo aquilo gira, Ele desconhece.

12. De todas estas ações deve Ele cessar antes que a maldição do Seu Grau seja levantada d'Ele. Antes que Ele atinja Àquilo que existe sem Forma.

13. E se nesse momento Ele está manifestado sobre a terra como um Homem, e daí o presente escrito, seja este o Seu método, que a maldição do Seu grau e a carga da Sua consecução sejam levantadas d'Ele.

14. Que Ele não Se abstenha de agir. Pois a maldição do Seu grau é que Ele deve falar Verdade, para que a Falsidade desta possa escravizar as almas dos homens. Que Ele, portanto, pronuncie aquilo

sem Medo, para que a Lei se cumpra. E de acordo com a Natureza Original d'Ele será aquela lei formada, de maneira que um pode declarar gentileza e quietude, sendo um Hindu; e outro violência e servidão, sendo um Judeu; e ainda outro ardor e masculinidade, sendo um Árabe. No entanto, este assunto toca no mistério da Encarnação, e não é para ser declarado aqui.

15. Agora, o grau de um Magister ensina o Mistério do Sofrimento, e o grau de um Magus o Mistério da Mudança, e o grau de Ipsissimus o Mistério da Impessoalidade, que é também chamado o Mistério de Pã.

16. Que o Magus, portanto, contemple cada um por sua vez, elevando-o à ultimal potência de Infinidade. Onde Sofrimento é Alegria e Mudança é Estabilidade e Impessoalidade é o Ser. Pois o intercâmbio das partes não age sobre o todo. E esta contemplação não será executada por simples meditação – quanto menos, então, pela razão? – mas através do método que terá sido dado a Ele em Sua iniciação ao Grau.

17. Seguindo tal método, será fácil para Ele combinar aquela trindade de seus elementos e, além disto, combinar Sat-Chit-Ananda, e Luz, Amor, Vida, três vezes três em nove que são um, em que o sucesso da meditação será Aquilo que Lhe foi primeiro mostrado de relance no grau de Practicus (que reflete Mercúrio no mais baixo mundo) em *Liber XXVII*: "Aqui está Nada sob suas três Formas".

18. E isto é a Abertura do Grau de Ipsissimus, e pelos Budistas é chamado o trance Nerodha-Samapatti.

19. E ai, ai, ai, sim, ai, e de novo ai, ai, ai até sete vezes d'Aquele que não prega Sua lei aos homens!

20. E ai também d'Aquele que recusa a maldição do grau de um Magus e a carga da Consecução deste.

21. E na palavra CAOS seja o Livro selado; sim, seja o Livro selado.

Liber Resh vel Helios

sub figura CC

0. Essas são as adorações a serem realizadas pelos aspirantes à A∴A∴.

1. Que ele saúde o Sol na aurora, voltado ao Leste, fazendo o sinal do seu grau. Que ele diga em voz sonora:

> "Salve Tu, que és Rá em Tua subida, mesmo Tu que és Rá em Tua força, que viajas sobre os Céus no Teu barco ao Levantar-se do Sol.
>
> Tahuti está em pé em Esplendor à proa, e Ra-Hoor ao leme.
>
> Salve Tu das Habitações da Noite!"

2. E também ao Meio-dia, que ele saúde o Sol, voltado ao Sul, fazendo o sinal do seu grau. Que ele diga em voz sonora:

> "Salve Tu, que és Ahathoor em Teu triunfo, mesmo Tu que és Ahathoor em Tua beleza, que viajas sobre os Céus no Teu barco ao Meio-curso do Sol.
>
> Tahuti está em pé em Esplendor à proa, e Ra-Hoor ao leme.
>
> Salve Tu das Habitações da Manhã!"

3. E também, ao ocaso, que ele saúde o Sol, voltado ao Oeste, fazendo o sinal do seu grau. Que ele diga em voz sonora:

> "Salve Tu, que és Tum em Tua descida, mesmo Tu que és Tum em Tua alegria, que viajas sobre os Céus no Teu barco ao Pôr-do-Sol.
>
> Tahuti está em pé em Esplendor à proa, e Ra-Hoor ao leme.
>
> Salve Tu das Habitações do Dia!"

4. Por último, à Meia-Noite, que ele saúde o Sol, voltado para o Norte, fazendo o sinal do seu grau. Que ele diga em voz sonora:

> "Salve Tu, que és Khephra em Teu esconderijo, mesmo Tu que és Khephra em Teu silêncio, que viajas sobre os Céus no Teu barco à Meia-Noite do Sol.
>
> Tahuti está em pé em Esplendor à proa, e Ra-Hoor ao leme.

Salve Tu, das Habitações da Tarde!"[1495]

5. E depois de cada uma dessas invocações, deves fazer o sinal do silêncio, e depois deves realizar a adoração que a ti foi ensinada por teu Superior. E então recolhe-Te em sagrada meditação.

6. Também é melhor se nessas adorações tu assumires a Forma-Deus a Qual tu adoras, como se tu fosses unir-te a Ele em adoração Àquele que está além Dele.

7. Então tu deves estar atento à Grande Obra a qual tu concordaste em realizar, e então deves estar fortificado a persegui-la para obter a Pedra do Sábio, o *Summum Bonum,* a Verdadeira Sabedoria e Felicidade Perfeita.

1495 N.E.: O aspirante sério valorizará a instrução dada por Motta em comentário à "Carta A" do *Magick Without Tears*: "É meio-dia quando o Sol cruza o meridiano local, não importa o que o relógio diga. E se você estiver no topo de uma montanha, o Sol se põe muito mais tarde e nasce muito antes do que se você estivesse em um vale. Arranha-céus também contam. E ao sul do Equador, meio-dia e meia-noite têm os pontos cardeais invertidos".

Liber III vel Jugorum

0

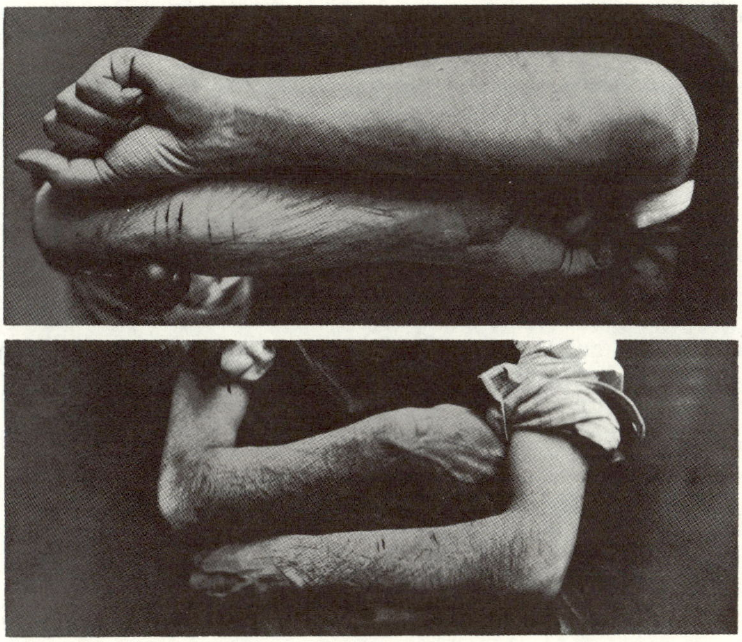

Aratrum Securum

Fra. – depois de uma semana evitando a primeira pessoa. Sua fidelidade é boa; sua vigilância, ruim. Não está perto de suficientemente bom para passar.

0. Contempla o Jugo sobre o pescoço dos Bois! Não é por meio dele que o Campo será arado? O Jugo é pesado, mas junta os que estão separados – Glória a Nuit e a Hadit, e Àquele que nos deu o Símbolo da Rosa Cruz!

   Glória ao Senhor da Palavra Abrahadabra, e Glória Àquele que nos deu o Símbolo do Ankh e da Cruz dentro do Círculo!

1. Três são as Bestas com as quais tu deves arar o Campo; o Unicórnio, o Cavalo e o Boi. E estes tu jungirás em um jugo triplo que é governado por Um Açoite.

2. Ora, estas Bestas correm selvagemente sobre a terra e não são facilmente obedientes ao Homem.

3. Nada deve ser dito aqui de Cérbero, a grande Besta do Inferno que é cada um destes e todos estes, assim como Atanásio pressagiou. Pois este assunto[1496] não é de Tiphereth externo, mas sim de Tiphereth interno.

I

0. O Unicórnio é fala. Homem, governa tua Fala! De que outra forma tu dominarás o Filho e responderás ao Mago no Portão Direito da Coroa?

1. Eis algumas práticas. Cada uma pode durar uma semana ou mais.

   α. Evita usar algumas palavras comuns, como "e" ou "o" ou "mas"; usa uma paráfrase.

   β. Evita usar alguma letra do alfabeto, como "t" ou "s" ou "m"; usa uma paráfrase.

   γ. Evita usar pronomes e adjetivos da primeira pessoa; usa uma paráfrase.

   Concebe outras do teu próprio engenho.

2. Em cada ocasião em que tu fores traído[1497] em dizer aquilo que juraste evitar, corta-te de maneira ríspida sobre o pulso ou antebraço com uma navalha, da mesma forma que tu baterias em um cão desobediente. Não teme o Unicórnio as garras e os dentes do Leão?

3. Então teu braço te serve tanto como um aviso quanto como um registro. Tu anotarás o teu progresso diário nestas práticas, até que estejas perfeitamente vigilante o tempo todo sobre qualquer palavra que escapa da tua língua.

   Restringe a ti mesmo assim e serás livre para sempre.

II

0. O Cavalo é Ação. Homem, governa tua Ação! De que outra forma tu dominarás o Pai e responderás ao Louco no Portão Esquerdo da Coroa?

1. Eis algumas práticas. Cada uma pode durar uma semana ou mais.

   α. Evita levantar o braço esquerdo acima da cintura.

   β. Evita cruzar as pernas.

   Concebe outras do teu próprio engenho.

2. Em cada ocasião em que tu fores traído em fazer aquilo que juraste evitar, corta-te de maneira ríspida sobre o pulso ou antebraço com uma navalha, da mesma forma que tu baterias em um cão desobediente. Não teme o Cavalo os dentes do Camelo?

1496 (Ou seja, a questão de Cérbero.)

1497 Esta prática não deve ser evitada; ou seja (1) por falhar em agir no primeiro momento da descoberta, e dar-se crédito (por assim dizer), "farei 10 cortes quando eu tiver cometido 10 deslizes", ou (2) por dizer "cometerei um deslize devido à necessidade imediata; eu não me importo com a dor de um corte".

O Objetivo de todo o exercício é criar um sentinela que fique e vigie no limiar da Mente; com isso sempre em mente, é possível estudar a psicologia da prática em detalhes e arranjar meios de modo a obter o melhor resultado possível. [N.E.: Esta nota foi adicionada a uma cópia pessoal do *Equinox* I (4) de Crowley, posteriormente transcrita por Yorke.]

3. Então teu braço te serve tanto como um aviso quanto como um registro. Tu anotarás o teu progresso diário nestas práticas, até que estejas perfeitamente vigilante o tempo todo sobre qualquer ação que escapar dos teus dedos.

Restringe a ti mesmo assim e serás livre para sempre.

III

0. O Boi é Pensamento. Homem, governa teu Pensamento! De que outra forma tu dominarás o Espírito Santo e responderás à Alta Sacerdotisa no Portão Central da Coroa?

1. Eis algumas práticas. Cada uma pode durar uma semana ou mais.

α. Evita pensar em um assunto definido e todas as coisas relacionadas a ele, e que esse assunto seja um que comumente ocupa grande parte do teu pensamento, sendo frequentemente estimulado pelas percepções dos sentidos ou pela conversa de outros.

β. Por algum dispositivo, como a mudança do teu anel de um dedo para outro, cria duas personalidades em ti, os pensamentos de uma estando dentro de limites completamente diferentes do da outra, sendo o terreno comum as necessidades da vida.[1498]

Concebe outras do teu próprio engenho.

2. Em cada ocasião em que tu fores traído em pensar aquilo que juraste evitar, corta-te de maneira ríspida sobre o pulso ou antebraço com uma navalha, da mesma forma que tu baterias em um cão desobediente. Não teme o Boi o Aguilhão do Lavrador?

3. Então teu braço te serve tanto como um aviso quanto como um registro. Tu anotarás o teu progresso diário nestas práticas, até que estejas perfeitamente vigilante o tempo todo sobre qualquer pensamento que surgir em teu cérebro.

Restringe a ti mesmo assim e serás livre para sempre.[1499]

1498 Por exemplo, que *A* seja um homem de fortes paixões, habilidoso na Sagrada Cabala, um vegetariano e um político "reacionário". Que *B* seja um pensador frio e ascético, ocupado com negócios e atenção à família, um comedor de carne e um sagaz político progressista. Não permitas nenhum pensamento adequado para *A* quando o anel estiver no dedo *B*, e vice-versa.

1499 P.S. An. XV ⊙ in ♊. Uma prática excelente é controlar os meios de expressão. Assim, desafie o mundo a te fazer sorrir, como "Sir Edward", que eu vi na Coney Island neste primeiro dia de junho de 1919 e.v. [N.E.: Esta nota foi adicionada a uma cópia pessoal do *Equinox* I (4) de Crowley, posteriormente transcrita por Yorke.]

Liber Cheth vel Vallum Abiegni

sub figura CLVI[1500]

1. Este é o segredo do Santo Graal, que é o sagrado vaso de nossa Senhora, a Mulher Escarlate, Babalon a Mãe de Abominações, a Noiva de Caos, que cavalga sobre nosso Senhor a Besta.
2. Tu derramarás teu sangue que é tua vida na taça de ouro da fornicação dela.
3. Tu misturarás tua vida com a vida universal. Tu não reservarás uma só gota.
4. Então teu cérebro ficará dormente e teu coração não baterá mais, e toda a tua vida se irá de ti; e tu serás atirado sobre o monte de esterco, e as aves do ar festejarão de tua carne, e teus ossos embranquecerão ao sol.
5. Então os ventos se reunirão e te carregarão como um montinho de pó sobre um lençol de quatro cantos, e eles o darão ao guardião do Abismo.[1501]
6. E porque não há vida ali, o guardião do Abismo deixará os anjos dos ventos passarem. E os anjos depositarão teu pó na Cidade das Pirâmides, e o nome desse pó será não mais.[1502]
7. Agora pois, para que possas alcançar este ritual do Santo Graal, despoja-te de tudo que possuis.
8. Tu tens riqueza; dá-a àqueles que dela têm necessidade, mas que não a desejam.
9. Tu tens saúde; mata-te no fervor de teu abandono a Nossa Senhora. Que tua carne se dependure e balance dos teus ossos, que teus olhos brilhem arregalados com teu insaciável ardor pelo Infinito, com tua paixão pela Desconhecida, por Ela que está além do Conhecimento, o maldito.
10. Tu tens amor; arranca tua mãe de teu coração, e escarra na face de teu pai. Que teu pé pise o ventre de tua esposa, e que a criancinha ao seio dela seja presa de cães e de abutres.

1500 N.E.: Por se tratar de material de Classe A, este Liber e o seguinte estão apresentados *ipsis litteris* conforme tradução de Motta, desconsiderando eventuais erros gramaticais.

1501 N.E.: Este trecho esbarra numa limitação de nosso idioma. "*Guardian*", neste caso, não deve ter indicação de gênero. Todo Liber de Classe A deve ser estudado em seu idioma original, o inglês. É interessante notar que na versão publicada no *Equinox* I (6) em 1911 e.v., a grafia aparece como "*guardians of the abyss*" (plural, minúsculo), enquanto que, no *Liber ABA* Parte III de 1929 e.v., encontramos "*guardian of the Abyss*" (singular, maiúsculo).

1502 N.E.: Mais uma diferença entre o *Equinox* e o *Liber ABA*: neste último, o trecho "*And the angels shall lay thy dust in the City of the Pyramids*" não existe.

11. Pois se tu não fizeres isto com tua vontade, então faremos Nós isto contra a tua vontade. Para que tu atinjas o Sacramento do Graal na Capela de Abominações.

12. E vê! Se por astúcia conservares para ti um só pensamento teu, então serás jogado fora no abismo para sempre; e tu serás o solitário, o comedor de esterco, o aflito no Dia de Sê-Conosco.

13. Sim! em verdade isto é a Verdade, isto é a Verdade, isto é a Verdade. A ti serão concedidas alegria e saúde e riqueza e sabedoria quando não mais fores tu.

14. Então todo ganho será um novo sacramento, e não te conspurcará; tu celebrarás com as desenvergonhadas na praça do mercado, e as virgens lançarão rosas sobre ti, e os mercadores dobrarão seus joelhos e te trarão ouro e especiarias. Também mancebos verterão vinhos maravilhosos para ti, e os cantores e os dançarinos cantarão e dançarão para ti.

15. No entanto tu não estarás ali, pois tu estarás esquecido, pó perdido em pó.

16. Nem o æon mesmo te ajudará nisto; pois do pó será uma cinza branca preparada por Hermes o Invisível.

17. E isto é a cólera de Deus, que estas coisas devam ser assim.

18. E isto é a graça de Deus, que estas coisas devam ser assim.

19. Portanto eu vos recomendo que venhais a mim no Princípio; pois se dais um passo apenas nesta Senda, deveis chegar inevitavelmente ao fim.

20. Esta Senda está além de Vida e Morte; está também além do Amor; mas isto vós não sabeis, porque vós não conheceis o Amor.

21. E o fim não é conhecido sequer por Nossa Senhora, ou a Besta que Ela cavalga, ou a Virgem sua filha, ou Caos seu Senhor legítimo; mas pela Criança Coroada é conhecido? Não é conhecido se é conhecido.

22. Portanto a Hadit e a Nuit seja a glória no Fim e no Princípio; sim, no Fim e no Princípio.

Liber A'ASH
vel
Capricorni Pneumatici

sub figura CCCLXX

0. Carvalho Nodoso de Deus! Em teus ramos o relâmpago está aninhado! Acima de ti se pendura o Falcão Sem Olhos.

1. Tu és maldito e negro! Supremamente solitário naquela charneca de matagal.

2. Acima! As nuvens rubras pairam sobre ti! É a tempestade.

3. Há um corte flamejante no céu.

4. Acima.

5. Tu és lançado nas garras da tempestade por um æon e um æon e um æon. Mas tu não dás a tua seiva; tu não cais.

6. Somente no final tu desistirás da tua seiva quando o grande Deus F. I. A. T. for entronado no dia do Sê-Conosco

7. Pois duas coisas estão terminadas e uma terceira coisa é iniciada. Ísis e Osíris são entregues ao incesto e ao adultério. Horus salta triplamente armado do ventre de sua mãe. Harpocrates seu gêmeo está escondido dentro dele. Set é a sua santa aliança, que ele mostrará no grande dia de M. A. A. T., que está sendo interpretado o Mestre do Templo da A∴ A∴, cujo nome é Verdade.

8. Agora nisto o poder mágico é conhecido.

9. É como o carvalho que se endurece e aguenta a tempestade. Ele é castigado pelo tempo e desfigurado e confiante como um capitão-do-mar.

10. Ele também se estica como um cão na coleira.

11. Ele tem orgulho e grande sutileza. Sim, e também alegria!

12. Que o Magus aja assim em sua conjuração.

13. Que ele se sente e conjure; que ele se aproxime naquela contundência; que ele levante em seguida inchado e tenso; que ele afaste o capuz de sua cabeça e fixe seu olho de basilisco sobre o sigilo do demônio. Então que ele oscile a força dele para frente e para trás como um sátiro em silêncio, até que a Palavra rompa de sua garganta.

14. Então que ele não caia exausto, mesmo que o poder tenha sido dez mil vezes o humano; mas aquilo que o inunda é a infinita misericórdia do Genitor-Genetrix do Universo, do qual ele é o Recipiente.

15. Nem te enganes. É fácil distinguir a força viva da matéria morta. Não é mais fácil distinguir a cobra viva da cobra morta.

16. Também a respeito de votos. Seja obstinado, e seja não obstinado. Entenda que a rendição da Yoni é uma com o alongamento do Lingam. Tu és ambos estes; e teu voto é apenas o sussurro do vento no Monte Meru.

17. Como tu adorarás a mim que sou o Olho e o Dente, o Bode do Espírito, o Senhor da Criação. Eu sou o Olho no Triângulo, a Estrela de Prata que vós adorais.

18. Eu sou Baphomet, que é a Palavra Óctupla que será equilibrada com o Três.

19. Não há ato ou paixão que não será um hino em minha honra.

20. Todas as coisas santas e todas as coisas simbólicas serão meus sacramentos.

21. Esses animais são sagrados para mim; o bode, e o pato, e o asno, e a gazela, o homem, a mulher e a criança.

22. Todos os cadáveres são sagrados para mim; eles não serão tocados salvo em minha eucaristia. Todos os lugares solitários são sagrados para mim; onde um homem se reúne em meu nome, lá eu saltarei no meio dele.

23. Eu sou o deus hediondo; e quem me domina é mais horrível do que eu.

24. No entanto eu dou mais do que Bacchus e Apollo; minhas dádivas excedem a oliva e o cavalo.

25. Quem me adora deve adorar-me com muitos ritos.

26. Eu sou oculto com todas as ocultações; quando o Mais Santo Ancião é despojado e conduzido pelo mercado eu ainda sou secreto e separado.

27. A quem amo eu castigo com muitas varas.

28. Todas as coisas são sagradas para mim; nenhuma coisa é sagrada de mim.

29. Pois não há santidade onde eu não estou.

30. Não temas quando eu caio na fúria da tempestade; pois minhas bolotas são sopradas longe pelo vento; e em verdade eu ressuscitarei, e minhas crianças ao meu redor, para que elevemos nossa floresta na Eternidade.

31. Eternidade é a tempestade que me cobre.

32. Eu sou Existência, a Existência que não existe salvo através de sua própria Existência, que está além da Existência de Existências, e enraizada mais profundamente que a Árvore-de-Nenhuma-Coisa na Terra de Nenhuma-Coisa.

33. Agora, portanto tu sabes quando eu estou dentro de Ti, quando o meu capuz está espalhado sobre o teu crânio, quando a minha força é maior do que o Indo represado, e tão irresistível quanto a Geleira Gigante.

34. Pois assim como tu és diante de uma mulher lasciva em Tua nudez no bazar, sugado pelas astúcias e sorrisos dela, assim tu és inteiramente e não mais em parte diante do símbolo do amado, embora ele seja apenas um Pisacha ou um Yantra ou um Deva.

35. E em tudo tu criarás a Bem-Aventurança Infinita, e o próximo elo da Corrente Infinita.

36. Essa corrente vai da Eternidade à Eternidade, sempre em triângulos – não é meu símbolo um triângulo? – sempre em círculos – não é o símbolo do Amado um círculo? Nisso está toda a ilusão da base do progresso, pois todo círculo é semelhante e todo triângulo é semelhante!

37. Mas o progresso é progresso, e o progresso é arrebatamento, constante, deslumbrante, chuvas de luz, ondas de orvalho, chamas do cabelo da Grande Deusa, flores das rosas que estão ao redor do pescoço dela, Amém!

38. Portanto, levanta-te como eu estou levantado.

Contenha-te como eu sou mestre em realizar. No final, seja o fim muito distante como as estrelas que se encontram no umbigo de Nuit, mata-te a ti mesmo como eu no final sou morto, na morte que é vida, na paz que é mãe da guerra, na escuridão que segura luz em sua mão como uma meretriz que arranca uma joia das narinas dela.

39. Assim portanto o princípio é deleite, e o Fim é deleite, e deleite está no meio, assim como o Indo é água na caverna da geleira, e água entre as colinas maiores e as colinas menores e através das muralhas das colinas e através das planícies, e a água na foz dali quando salta para o poderoso mar, sim, para o poderoso mar.

[A Interpretação deste Livro será dada aos membros do Grau de Dominus Liminis, mediante solicitação, cada um com seu Adeptus.]

Liber A vel Armorum

sub figura CCCCXII

"[...] o obeah e o wanga; o trabalho da baqueta e o trabalho da espada; estes ele aprenderá e ensinará."

– *Liber AL* i 37

O PANTÁCULO.

Pegue cera pura, ou uma placa de ouro, de prata dourada ou de Electrum Magicum. O diâmetro deve ser de oito polegadas, e a espessura de meia polegada.

Que o Neófito, por sua compreensão e *ingenium*, elabore um símbolo para representar o Universo.

Que seu Zelator o aprove.

Que o Neófito o entalhe sobre sua placa, com sua própria mão e arma.

Que, quando terminado, ele seja consagrado conforme ele tem a habilidade de realizar, e mantido embrulhado em seda verde esmeralda.

A ADAGA.

Que o Zelator pegue um pedaço de aço puro, forje, usine, afie e lustre-o, de acordo com a arte do ferreiro de espadas.

Além disso, que ele pegue um pedaço de madeira de carvalho e esculpa um punho. O comprimento deve ser de oito polegadas.

Que, por sua compreensão e *ingenium*, elabore uma Palavra para representar o Universo.

Que seu Practicus a aprove.

Que o Zelator a entalhe sobre a sua adaga com sua própria mão e instrumentos.

Além disso, que ele doure a madeira do punho.

Que, quando terminada, ela seja consagrada conforme ele tem a habilidade de realizar, e mantida embrulhada em seda amarelo ouro.

A TAÇA.

Que o Practicus pegue um pedaço de Prata e molde a partir dele uma taça. A altura deve ser de oito polegadas e o diâmetro de três.

Que, por sua compreensão e *ingenium,* elabore um Número para representar o Universo.

Que seu Philosophus o aprove.

Que o Practicus o entalhe sobre sua taça com sua própria mão e instrumento.

Que, quando terminada, ela seja consagrada conforme ele tem a habilidade de realizar, e mantida embrulhada em seda azul celeste.

O BÁCULO.

Que o Philosophus pegue uma barra de cobre, do comprimento de oito polegadas e diâmetro de meia.

Que ele molde sobre o topo uma chama tripla de ouro.

Que, por sua compreensão e *ingenium,* elabore um Ato que represente o Universo.

Que seu Dominus Liminis o aprove.

Que o Philosophus o realize de tal forma que o Báculo possa participar nele.

Que, quando terminado, ele seja consagrado conforme ele tem a habilidade de realizar, e mantido embrulhado em seda escarlate ardente.

A LÂMPADA.

Que o Dominus Liminis pegue chumbo, estanho e mercúrio puros; com platina, e, se for necessário, vidro.

Que, por sua compreensão e *ingenium,* elabore uma Lâmpada Mágica que queimará sem pavio ou óleo, sendo alimentada pelo Æthyr.

Isso ele realizará secretamente e à parte, sem pedir o conselho ou a aprovação de seu Adeptus Minor.

Que, quando consagrada, o Dominus Liminis a mantenha na câmara secreta da Arte.

Isso então é aquilo que está escrito: "Estando equipado com armadura completa e armado, ele é semelhante à deusa".

E novamente, "eu estou armado, eu estou armado".

ANEXO I

ΘΕΛΗΜΑ NO BRASIL

O primeiro registro ligando Thelema ao Brasil parece ter sido a mudança para o Rio de Janeiro, em meados de 1912 e.v., de Herbert Edward Inman, um engenheiro inglês discípulo de Crowley, que ingressou na A∴A∴ em 22 de outubro de 1909 e.v. como Frater *Amor Clavis Vitæ.*[1503] Inman manteve contato com Crowley até a década de 1940 e.v., tendo alcançado o grau de Neófito em 24 de setembro de 1910 e.v., com o motto de M∴Δ∴A∴. Instruiu ao menos dois estudantes conhecidos, John Henry Bennett (Frater Da Mihi Veritatem) e James Gilbert Bayley (Frater Perfectio et Ministerium).

Outra figura citada por alguns é a de Ida Hoffmann, cofundadora da comunidade Avant-Garde de Monte Verità. Ida se mudou para Palmital em 1920 e.v. e, apesar de não haver indícios de que algo thelêmico tenha ocorrido, algumas fontes clamam que ela fizera parte da O.T.O. desde a época de Theodor Reuss.

Em 1933 e.v., a Fraternitas Rosicruciana Antiqua (F.R.A.) surge em território brasileiro, trazendo consigo alguns rituais influenciados por Thelema e publicando alguns textos de Crowley, referenciado como Mestre Therion, em sua revista *Gnose*. Entretanto, a F.R.A. nunca foi uma Ordem Thelêmica.

Eis que, em 19 de agosto de 1948 e.v., nessa mesma F.R.A., Marcelo Ramos Motta recebia sua primeira iniciação. Nascido no Rio de Janeiro,[1504] em 27 de junho de 1931 e.v., Marcelo Motta viria a ser um dos indivíduos mais importantes e controversos da história de Thelema até hoje.

Uma das poucas fotografias de Marcelo Ramos Motta

Em 1953 e.v., enquanto estudava na Universidade do Estado da Louisiana, nos EUA, Motta entra em contato com seu futuro instrutor, Karl Germer, recomendado por Krumm-Heller. Em 18 de abril desse mesmo ano, Germer envia sua primeira carta a ele, que terminava com o seguinte parágrafo:

> *Estou me perguntando quais os livros de Crowley que você tem ou leu (apenas alguns muito poucos estão disponíveis em bibliotecas). Você morava na Europa? Ou em Portugal? Você conheceu Fernando Pessoa, Lisboa? Você se importaria de me dar alguns dados sobre si, a sua casa*

1503 N.E.: Latim, *Amor é a Chave para a Vida.*

1504 N.E.: Segundo a irmã de Marcelo Motta, ele teria nascido em Sabará, Minas Gerais, e a família se mudara para o RJ quando ele era ainda muito pequeno. No entanto, em um texto de sua autoria intitulado "A Quem Interessar Possa", ele diz: "Nasci no dia 27 de junho de 1931, na cidade de S. Sebastião do Rio de Janeiro, às 9:15 da manhã, com o segundo decanato de Léo no Ascendente e o Sol em Câncer."

(residência), idade (se possível, ano, dia, hora, local de nascimento)? Desculpe-me por estas perguntas: quanto mais rápido chegarmos a conhecer um ao outro, mais rápido podemos avançar. Se você for um brasileiro: você por acaso conhece um homem pelo nome de Will Sandvoss, que dirige a Fraternidade Rosa Cruz do Brasil em São Paulo? Ele me escreveu recentemente, e eu nunca o conheci.

Isso é tudo por hoje. Espero ouvir logo de você.

Amor é a lei, amor sob vontade.

Karl Germer

Motta assume o grau de Neófito no Solstício de Verão de 1960 e.v. e auxilia na publicação da primeira edição de *Liber Aleph* em 1961 e.v., voltando em seguida para o Brasil. Publica *Chamando os Filhos do Sol* em abril de 1962 e.v., mesmo ano do falecimento de Germer, em 25 de outubro, quando, no leito de morte, nomeia Motta como "*O Seguidor*". Em correspondência para Sascha Germer, datada de 25 de maio de 1966 e.v., Motta revela ter retirado o livro de circulação em abril de 1964 e.v., por concluir que a publicação não estava à altura da A∴A∴.[1505] Haviam sido vendidas cerca de quatrocentas cópias, das quais somente um comprador é conhecido, Euclydes Lacerda de Almeida, que entrara em contato com Motta após a leitura e viera a conhecê-lo pessoalmente no ano seguinte, tornando-se seu primeiro discípulo conhecido e "recebendo" o grau de Neófito em 18 de dezembro de 1973 e.v., através de uma gravação em áudio feita por Motta reconhecendo sua consecução.

Como pode ser notado pelo vasto material enviado e pelas centenas de cartas trocadas ao longo de treze anos, Motta se dedicou muito à instrução de Euclydes, utilizando sua controversa maneira que talvez pudesse ser descrita como uma forma de "fortalecer os fortes e subjugar[1506] os fracos" e demonstrando seu profundo conhecimento do sistema e dos escritos de Crowley. Todo este material se encontra hoje nos Arquivos da Sociedade Novo Æon, e um exemplo pode ser visto numa carta datada de 27 de fevereiro de 1971 e.v.:

Caro Euclydes;

A carta do Seu José está datada de 1970 por distração dele, claro. Quanto aos itens de sua outra carta:

1. *Estou lhe enviando separadamente outros documentos. Você tem 60 dias para devolvê-los.*
2. *Recebi os documentos citados.*
3. *Não enviei a carta em questão registrada, infelizmente.*
4. *A questão de "influenciar os outros" é um problema que você tem diariamente toda vez que entra em contato com qualquer ente vivo – não necessariamente um ser humano! Refiro você a Liber NV, vv. 9-11 e AL I 31; AL II 21, 46-49, 54, 57-60; AL III 17-20, 42 e os Comentários pertinentes. Não quero dizer mais; em dúvida, consulte Liber OZ. Se dar a sua opinião franca e livre é "influenciar os outros", então, meu chapa, influencie. Ou será*

1505 N.E.: Nesta mesma carta, Motta revela o desejo de publicar no Brasil, em 1969 e.v., como o primeiro Equinócio em português, uma edição primorosa deste *Liber ABA*, completo, em volume único, adicionando como anexos os seus Comentários ao *Livro da Lei* e a *Carta a um Maçom*. Além disso, a correspondência também é usada para informá-la de que, naquela época, Motta já instruía dois Probacionistas e um Neófito.

1506 N.E.: Veja-se *AL* ii 58-60.

"influenciado"! É uma questão de Ajustamento, ou, se você prefere, de Justiça. Novamente, pondere Liber NV, vv. 9-11. O problema é para a vida inteira, principalmente no caso de alguém como você, que deseja ser Mestre de Loja.

5. *O que há com a Maçonaria é muito simples. Veja-se "A Quem Interessar"; principalmente o quinto parágrafo. Deixe que os mortos enterrem os seus mortos, e preocupe-se exclusivamente com sua preparação para chefe de loja da O.T.O. e – se aspirar a tanto! – o sacerdócio.*

6. *Não tenho opinião. Quanto aos "deuses", refiro você a AL I 21, 27; AL II 23; AL III 17. Que há vida em outras partes do universo é indubitável; que a Terra pode ter sido visitada por extraterrestres, muito possível. Mas nossa Estrela é o Sol. Nós somos Telemitas. Para o inferno com os deuses! Esqueça o que outros fizeram ou fazem; preocupe-se em cultivar sua própria divindade; "não temas que nenhum Deus te negará por isto". AL II 22.*

Outro exemplo da relação entre eles pode ser visto na carta datada de 5 de março de 1971 e.v.:

Caro Euclydes;

Recebi sua carta de 23 de fevereiro e o poema. Quanto à carta, desejo frisar antes de mais nada que esse ritmo de atividade e indolência é produzido em você pelas fases da lua em combinação com as estações solares. O fato de que este ritmo natural tem tanta influência sobre você indica uma falta de disciplina bastante grande nos seus veículos mágicos. Mas já sabíamos disto, não?

Quanto ao poema, está ligado ao mesmo problema expresso na carta. Peço-lhe que leia Liber Aleph, Capítulos 192 e 193, com muito cuidado. Também, depois, Capítulos 160 e 161. Depois, Liber LXV (que lhe mandei recentemente), Capítulo V, versos 48-56. Depois, Liber VII, Capítulo I, versos 41-42; Capítulo VII, v. 25.

Explicando: Na parte espiritual nossa, todos os seres humanos estão ligados uns aos outros. Somos, ao mesmo tempo, Um e Muitos. Consequentemente, é natural que em momentos de inspiração você se recorde de que fez isto, ou aquilo, ou aquilo outro, em encarnações passadas.

Mas, Euclydes, que é que você já FEZ nesta sua existência presente? Você nem sequer ainda completou a sua instrução intelectual. O seu poema está cheio de erros elementares de sintaxe e de gramática. Em vez de desperdiçar o tempo de que você evidentemente dispõe em sonhos "iniciáticos", você faria melhor em estudar alguma coisa materialmente, concretamente útil. Nem que fosse o português. Domine sua mente, Euclydes, ou sua mente o dominará. Sonhos acordados são uma forma de masturbação. Ocupe-se. Trabalhe. Estude. Tome um curso superior de aperfeiçoamento. Em suma: pare de sonhar com o Grande Adepto dos Adeptos que você já foi há dois mil anos (todos nós já fomos) e concentre-se no que você é agora, e naquilo que você deseja se tornar. Não seja o beija-flor, Euclydes. Imite o Íbis.

Eu poderia dizer mais, mas não creio que seja necessário. Aliás, se fosse necessário dizer mais, seria inútil.

O contato foi intenso e, em julho de 1974 e.v., já Neófito da A∴A∴ e III° O.T.O.,[1507] Euclydes começa a trocar correspondências com Motta a respeito da idealização da organização que viria a ser conhecida como Sociedade Novo Æon.

1507 N.E.: Sobre a O.T.O. e suas variantes, veja-se *Os Serviços de Inteligência não são Inteligentes ou a O.T.O. desde a morte de Crowley*, de Marcelo Motta.

A SOCIEDADE NOVO ÆON

Em carta datada de 9 de novembro de 1974 e.v.,[1508] após várias instruções e observações, Motta diz (os destaques são nossos):

> *(...) Quanto ao nome da sociedade, algumas observações talvez sejam instrutivas para vocês.*
>
> ***Sociedade Libertas:*** *Não me agrada o uso de uma palavra definida como Liberdade. A experiência comprova que sociedades tendem a trair, com desanimadora frequência, os ideais altissonantes a que professam servir. Eu nunca me sinto mais desconfiado que quando ouço um advogado falar de justiça, ou um político falar de patriotismo, ou um padre falar de Deus. Evitemos de mencionar Liberdade, e talvez consigamos mantê-la em existência entre nós.*
>
> *Além do que, tudo que é organização da extrema direita ou da extrema esquerda em todo o mundo sempre abana essa bandeira em farrapos para cobrir os olhos dos seus membros.*
>
> ***Sociedade Estrela Radiante:*** *Eu que vos falo sou uma Estrela Sombria, cavalheiros. Minha luz é negra, e meu nome é Morte, Escuridão e Mal. O meu Lâmem é a Estrela de Cinco Pontas Aversa, e possam aqueles que inspirarem o vosso trabalho sempre dizerem o mesmo!*
>
> ***Sociedade Seguidores de Spartacus:*** *Senhores, nós não estamos instituindo uma organização para libertar escravos. Os escravos servirão. Nenhuma sociedade será jamais livre que imponha o conceito de "liberdade" como dever dos seus membros. A liberdade compulsória é tirania. A esmagadora maioria dos seres humanos deseja servir, porque sua capacidade de atividade psíquica ainda não atingiu aqueles centros cerebrais que tornam possível a autonomia moral. O máximo a que podemos aspirar, no momento presente do processo evolutivo, é assegurar que sejam*

1508 N.E.: Nesta época, segundo Euclydes, os membros da Sociedade Novo Æon eram: Marcelo Motta (exercendo o cargo supremo, sugerido por ele a se chamar "Mestre Secreto"), Euclydes Lacerda (no cargo de Presidente), Saturnino Almeida, Arnaldo Xavier, Oscar Lessa, Claudia Canuto, Raul Seixas, Paulo Coelho, Maurício dos Santos, Therezinha Faria (esposa de Euclydes), Pedro de Oliveira e Antônio Delfino.

os "senhores da terra", e não os deuses-dos-escravos que sejam os dirigentes da massa humana. Isto assegurará aos escravos senhores honestos e justos, e manterá aberta a porta da liberdade para qualquer ovelha que, a qualquer momento, desenvolver POR SI MESMA DENTRO DE SI MESMA a comichão de virar bode...

Sociedade Nova Ordem: *"Ordem" é uma palavra que possibilitará a centros cerebrais indisciplinados uma série inteira de associações mentais indesejáveis. Eu recordo aos senhores que Nova Ordem é um termo que foi usado pela Alemanha Nazista, e aconselho o estudo detalhado daquela primeira tentativa fracassada de instituir uma sociedade telêmica. Aqueles que conseguem aprender dos seus erros, ou dos erros alheios, são aqueles que têm capacidade de evoluir e de se aperfeiçoar.*

Sociedade Therion: *Não mencioneis o nome do Cristo em vão, amigos, outrossim talvez dentro de alguns séculos sejais uma igreja e uma monarquia associadas para opressão. De novo repito: aprendei dos erros do passado.*

Sociedade Aleister Crowley: *As associações indesejáveis deste nome são simplesmente que o nome de Crowley está se tornando cada vez mais conhecido, e associado a ocultismos, magia, satanismo, feitiçaria etc. etc.*

Sociedade Novo Æon: *Este é um nome relativamente inócuo. Pessoalmente, no lugar dos senhores, eu escolheria entre um dos dois. Sugiro, por exemplo, que a Sociedade se chame Novo Æon, e que a Fundação, se no futuro vier a existir, se chame Fundação Aleister Crowley.*

Mais uma boa quantidade de correspondências foi trocada e encontros foram feitos no Rio de Janeiro, em Paraíba do Sul e em Belo Horizonte.[1509] Começa a haver divergências entre Euclydes e Motta a respeito dos Estatutos e, em 14 de maio de 1975 e.v., indignado com os desmandos de seu pupilo, Motta escreve:

(...) Para tornar mais clara, e espero que seja permanentemente, a nossa relação mútua: a "Sociedade Novo Æon", formada embora por vocês, é concepção minha. A autoridade hierárquica de vocês, no que ela existe e no que ela virá a existir dentro da O.T.O. e da A∴A∴, emana de mim. A força mágica que possibilitará a vocês executar as tarefas de realização em face dos obstáculos existentes emana de mim. A vivência espiritual necessária para semear e cultivar o jardim maçônico que tencionamos implantar nesta terra é a minha.

Ponderem vocês ambos, por um momento, se por si sós teriam tido a ideia, ou a capacidade espiritual, ou a força mágica para fundarem a Sociedade Novo Æon!

Vocês me forçam a lhes chamar atenção para verdades desagradáveis de ouvir, uma vez que vocês não parecem capazes de dizer essas verdades a si mesmos. Se você comprar novamente A MAGIA SAGRADA DE ABRAMELIM – o que você deveria fazer o quanto antes – você verificará que o autor, ou autores, recomenda ou recomendam que absoluto respeito hierárquico é o sine qua non de sucesso na tarefa de adquirir autoridade sobre os Quatro Príncipes, os quais representam as quatro subdivisões do cérebro. A obra que tencionamos é a elevação da Alma Espiritual Coletiva da nação brasileira ao nível do Adeptado Menor. Nada menos que isto. Parece por acaso fácil a vocês? Ou mais, consideram-se vocês capacitados a realizar essa Obra sem minha orientação?

1509 N.E.: Em Belo Horizonte havia Frater Shiva (Arnaldo Xavier), um advogado, Probacionista sobre instrução de Zaratustra (Euclydes), que participava da elaboração do Estatuto da SNÆ. Nas cartas de Motta a Xavier, Euclydes era referido como "o Idealista" e "o Sonhador".

Vocês veem uma pessoa humana, de carne e osso, submissa aos achaques e ridículos próprios da carne, endividada, sem crédito na praça, doente e cheia de caprichos e encrenqueira, e vocês se esquecem de olhar para dentro desse envólucro (sic), e de ponderar de onde vem o vinho que – de vez em quando – os embriaga de êxtase?

Está mal feito, Irmãos!

A isso seguiram-se alguns momentos de desenvolvimento, mas recheado de intrigas e discussões entre Motta e Euclydes. Este liderava o movimento externamente e continuamente desobedecia àquele. Os meandros do ego tomavam conta. Em 7 de julho de 1975 e.v., Motta escreve:

(...) sua carta de 30 de junho em mãos. Devo observar-lhe que as artimanhas do seu ego continuam, e que em nada mudou sua verdadeira atitude íntima.

Você me pede instruções – mas já lhe foram dadas nas cartas anteriores, e cumpria apenas obedecê-las sem titubear nem escrever missivas de confissão e arrependimento a la Romanismo ou a la Marxismo, principalmente quando não podem ser sinceras.

Seu ego não pode admitir nem perdoar as críticas e observações que lhe fiz – o ego é incapaz de tal coisa. Resta saber se existe realmente um Frater Zaratustra, e que grau de controle ele tem sobre o ego de Euclydes Lacerda de Almeida.

Já lhe proibi de utilizar tinta violeta, e você assina a sua "confissão" imbecil e hipócrita com tinta violeta!

Já lhe mandei acender um fogacho sob o rabo dos seus correspondentes – cumpria-lhe obedecer, em vez de escrever cartas idiotas pedindo instruções que já lhe foram dadas.

Entrementes, quero saber se um resumo dos estatutos foi mandado para o Diário Oficial sem passar previamente pelas minhas mãos. Se assim foi, pode ficar descansado: sua Patente está cassada, e nosso contato terminado. Se assim não foi, sua situação continua a mesma, dependendo apenas de sua conduta futura o seu progresso ou falta de tal, tanto na O.T.O. quanto na A∴A∴.

Aguardo informação imediata de sua parte.

Em 9 de julho de 1975 e.v., Motta escreve à então Diretoria da SNÆ[1510] a respeito de Euclydes e da situação da Sociedade. Dentre outras coisas, diz:

(...) Uma das ordálias centrais do trabalho iniciático é OBEDIÊNCIA HIERÁRQUICA, e o Neófito tem que passar por esta ordália e triunfar nela para chegar a Zelador.[1511] *Frater Z. ainda não foi bem-sucedido nesta ordália, o que não é nenhum crime; mas ele tem interpretado mal sua posição e sua autoridade. Isto, se bem que não é crime, pode prejudicar gravemente o Meu Trabalho, visto que o nomeei meu representante.*

1510 N.E.: Formada por A. Xavier (F. Shiva), Maurício dos Santos (F. Horus) e Claudia Canuto (S. Khalih Athena).

1511 N.E.: Note-se que, ao contrário de suas afirmações posteriores, Euclydes nunca chegou a ser reconhecido como Zelator por Motta, o que foi confirmado posteriormente no *Equinox* V (4), onde este publica uma lista de indivíduos que não estavam mais ligados a ele (1981 e.v.). Na página xv da publicação encontramos:

Euclydes de Almeida: uma vez um Neófito sob Marcelo Motta, encarregado de registrar a O.T.O. no Brasil, tentou registrá-la em seu próprio nome. Expulso da O.T.O., entrou em contato com Kenneth Grant e tentou estabelecer-se como seu representante. Uma ordem judicial foi emitida; não tentou apelar. Cortado o contato na A∴A∴.

(...) De duas uma: ou eu sou um megalomaníaco com ilusões de grandeza, ou eu sou um Iniciado dedicado à gravíssima e importante Tarefa que exige medidas extraordinárias.

Por fim, em 15 de julho de 1975 e.v., Motta escreve sua última carta a Euclydes, reproduzida na página ao lado.

Após estes acontecimentos, o contato entre eles foi totalmente encerrado. Dois meses depois, em 5 de setembro, Euclydes registra a Sociedade Novo Æon em Paraíba do Sul, provavelmente acabando com qualquer chance de uma possível reaproximação.

Euclydes acirra contato com Kenneth Grant, formando uma aliança entre a SNÆ e a O.T.O. Tifoniana[1512] e passa a ser instruído por Soror Tanith (J.R. Ayers) entre 1977 e.v. e 1987 e.v.[1513] Se desliga do ramo inglês em 1992 e.v., mesmo ano em que conhece Tarcísio Oliveira Araújo (Frater BenHoor), com quem viria a fundar a Ordem dos Cavaleiros de Thelema,[1514] em 16 de agosto de 1995 e.v.

1512 N.E.: Oficializada na *Mezla*, a revista oficial da Ordem inglesa, em 1977 e.v.

1513 N.E.: Enquanto isso, Motta publica o *Equinox* V (1) (*The Commentaries of AL*) nos Estados Unidos e o *Equinócio dos Deuses* no Brasil. Posteriormente cria a Society Ordo Templi Orientis, publica o *Equinox* V (2) e se muda para Nashville, no Tennessee, onde publica *Liber AL vel Legis The Book of the Law*, o *Equinox* V (3) e (4), o *Yoga e Magia* e o *Magia e Misticismo* no Brasil, o *Yoga and Magick* nos EUA e várias outras obras e comentários de escritos de Crowley. Em julho de 1985 e.v., após perder na justiça o processo contra a Editora Weiser (Veja-se *Os Serviços de Inteligência não são Inteligentes ou a O.T.O. desde a morte de Crowley*), volta para o Brasil. Realiza mais algumas publicações e, em 26 de agosto de 1987 e.v., morre em Teresópolis.

1514 N.E.: Originalmente "Ordem Templária dos Cavaleiros de Thelema".

Marcelo Ramos Motta
Caixa Postal 24048
Rio de Janeiro, ZC-09
20000 RJ

15 julho 1975

Sr. Euclydes Lacerda de Almeida
Caixa Postal 20
27860 Paraíba do Sul
RJ

Care Frater T.:

Faze o que tu queres há de ser tudo da Lei.

Recebida a sua carta de 10 do corrente, em que o seu ego (não havendo mais necessidade de se conter, uma vez que recebera a informação de que sua mais recente prova de indisciplina cortara seu contato com a O.T.O.) desfila durante duas páginas e um quinto de página.

Sua expulsão da Sociedade Novo Aeon é agora oficial. Porém a A.'. A.'. não expulsa aspirantes. A Ordem se limita a cortar contato com eles caso desobedeçam a diretivas que recebem em nome da Ordem.

X Seu problema foi simplesmente que você fracassou na ordália do Zelador. Eu lhe disse--e repito--que <u>aqui</u> só uma pessôa está programada para morte vergonhosa e aviltante: você.

Se o que você deseja é "alegria, meiguice, gentileza," etc.-- você está batendo na porta errada. Nós não aceitamos mendigos à procura de esmolas, e sim reis que querem prestar Serviço.

Você está banido da O.T.O. por cinco anos, e mesmo que solicite readmissão após esse período terá que recomeçar do nada, e nunca poderá ser membro da Diretoria da Sociedade Novo Aeon.

Realmente, tudo que o Mestre faz ao discípulo ele faz a si mesmo. Mas o Mestre já é um montinho de cinza na Cidade das Pirâmides, e pode andar de pernas para o ar quanto quiser...

O discípulo, porém, ainda tem que juntar os pauzinhos e depois se atirar à fogueira.

A chave é que a Fênix renasce das próprias cinzas. Mas aquele que tem <u>medo</u> ainda não criou a Fênix--ou antes, ainda não percebeu quem ele realmente é.

Amor é a lei, amor sob vontade.

Fraternalmente,

P.S. Os livros chegaram. Obrigado.

A ORDEM DOS CAVALEIROS DE THELEMA

Euclydes estava construindo sua casa em Paraíba do Sul e Tarcísio tinha uma loja de material de construção. Foi assim que se encontraram e, aos poucos, se tornaram bons amigos.

O contato com Thelema veio meio que por acaso, quando Euclydes viu Michael, filho de seu novo amigo, lendo um livro de Paulo Coelho e, com ar de censura, perguntou: "você está lendo livro desse cara?". O assunto surgia e, pouco depois, Michael começaria sua caminhada, como escrito por ele:

> *(...) devorava livros com facilidade e fazia práticas e diversos exercícios místicos. Praticava Ioga, estudava cabala e, como acontece com todo iniciante, acabou dando bandeira demais e seu pai logo quis saber "que tanto esse menino conversava com Euclydes?". Direto e reto como sempre, procurou Euclydes para saber qual era a resenha e este, por sua vez, não menos direto, explicou tudo, tim-tim por tim-tim.*
>
> *Já ouviu o ditado que a curiosidade matou o gato? Pois é. Depois de ter ouvido as primeiras explicações de Euclydes, ficou intrigado e quis saber mais. Sentia um misto de aversão e entusiasmo com as informações que recebia.*
>
> *(...) Tarcísio tornou-se em pouco tempo um entusiasta de Thelema. Falava sobre o assunto por todos os cantos, debatia, ensinava, lia, ouvia, cantava e ouvia sem parar as músicas de Raul Seixas. Encarnou aquela fase de deslumbramento que toca todo iniciado, ou pessoa que se inicia em qualquer religião, seita ou até mesmo numa empresa. Não falava em outra coisa. Mas com ele foi diferente, porque nunca mais deixou aquele entusiasmo de lado.*
>
> *(...) nessa importante fase de sua vida Tarcísio se reinventou de uma maneira surpreendente. Embora sua essência permanecesse a mesma, seus valores e sua visão existencial mudaram radicalmente. A filosofia de Thelema tocou sua mente e aos poucos ele assumia novas atitudes diante da vida. Um homem que nasceu e foi criado na fé católica, depois de mais de quarenta anos encontrou uma nova orientação espiritual, na contramão frontal de todas as crenças que tinha até então.*

O "casamento" parecia perfeito. Euclydes tinha muito conhecimento, mas estava velho, castigado por problemas de saúde e sempre fora inconstante e desorganizado, enquanto Tarcísio era sério, prático, consistente e aglutinador.

A OCT nasceria alguns anos depois, com rituais reformulados, sendo um misto das O.T.O. de Crowley, Motta, Grant e Euclydes, este último adotando o mote de Frater Aster 515. O trabalho crescia e, em 1997 e.v., possuía quatro Lojas[1515] e vários correspondentes espalhados pelo Brasil.

Algum tempo depois, Tarcísio se muda para Juiz de Fora, onde funcionava, no início de 2002 e.v., a Loja Templo do Sol. Em 23 de agosto deste mesmo ano, se encontra pela primeira vez com Vitor Campos (Frater AYMΓN, então conhecido como Physen), que se associa oficialmente à Ordem, seguido por Tiago Cordeiro (Frater Teth Khan 777). Os trabalhos continuam e, em 23 de novembro, Tarcísio reativa a Loja Aster (Loja Matriz da OCT), agregando em um só grupo todos os aspirantes à iniciação ao Grau I, que viria a ocorrer em 22 de março de 2003 e.v.

Após a cerimônia, já tarde da madrugada, os presentes se juntaram e Tarcísio falou despretensiosamente a cada um deles, citando suas características, virtudes e agradecendo-os por isso. Em tom de despedida, deixou claro que sua função ali havia terminado, que estava satisfeito em saber que havia *plantado a Semente de Thelema* e que cada um deveria regá-la e nutri-la como achasse melhor, mas sempre calcados em *Liber OZ*, a Carta Magna de Thelema, que agora estaria gravada no DNA deles. No fim alguém lhe dirigiu a palavra com tom de dúvida dizendo "nossa... parece que você está se despedindo" e todos riram. Então ele terminou fazendo um pequeno ensaio cheio de metáforas, que era uma característica muito marcante dele, sobre a vida e a morte, e terminou dizendo que um Thelemita não podia temer a morte. Ninguém entendeu muito bem o porquê daquela mensagem, mas seria o último encontro deles. Tarcísio viajou de férias e, na noite de 22 de abril de 2003 e.v., exatamente um mês após ter iniciado seu último grupo de Thelemitas, morre em Paraíba do Sul, vítima de um infarto fulminante. Após algumas tentativas frustradas, a OCT[1516] é retirada ao Silêncio. Pouco depois, o filho de Tarcísio toma a iniciativa de enviar todo o material Thelêmico seu e do pai a Vitor.

Em meados de 2009 e.v., Euclydes decide reformular a estrutura da OCT e pede que Tiago e Vitor[1517] a assumam. Após muita insistência, este convence Euclydes a convidar um de seus ex-discípulos, um certo M.P., com quem havia iniciado contato,[1518] e o trabalho começa a ser realizado sigilosamente, até ser novamente interrompido com o falecimento de Euclydes, em 24 de junho de 2010 e.v., devido a complicações no tratamento de um câncer no pulmão.

Ao longo de sua vida, Euclydes distribuiu várias patentes e nomeou vários herdeiros e representantes de todo tipo, mas nunca chegou a oficializá-los legalmente.[1519] Com sua morte, o único documento

---

1515 N.E.: Loja Aster, Loja Sol no Sul, Loja Horus-Maat e Loja Layla. Também haveria, pouco depois, laços de amizade e reconhecimento com a Holy Order Of RaHoorKhuit (H.O.O.R.), fundada por Ray Eales (Frater 939), um avançado discípulo de Marcelo Motta nos Estados Unidos. Ray Eales, que ajudou na preparação deste *Liber ABA*, é o atual instrutor de Vitor Campos na A∴A∴ (onde é conhecido como Frater אדני).

1516 N.E.: E a SNÆ, que sempre esteve por trás de tudo.

1517 N.E.: Os dois últimos iniciados de Tarcísio, que haviam mantido de alguma forma seus estudos e o contato com Euclydes.

1518 N.E.: Euclydes afirmava ser absolutamente contra convidar este indivíduo para o grupo, alegando taxativamente que ele não era uma pessoa confiável. Mas Vitor, iludido pela antiguidade e carisma do sujeito, e sem saber que ele já havia feito parte da OCT no passado e sido expulso pelo então presidente e co-fundador da Ordem, Tarcísio Oliveira, continuou insistindo até conseguir que sua proposta fosse aceita.

1519 N.E.: Há quem diga que ele usava esse artifício para testar o ego de quem estava próximo dele.

válido era o estatuto da SNÆ, registrado em Paraíba do Sul por ele e sua esposa, Therezinha Faria, 35 anos antes. Sua viúva, então, convoca ao Rio de Janeiro aqueles que eram os discípulos em contato próximo de Euclydes em seus últimos momentos: Marcelo Alexandrino Santos (Frater Iskuros)[1520] e os já citados Vitor, Tiago e M. P. Recomendações foram feitas e decisões foram tomadas. Poucos meses depois, todo o vasto material de Euclydes é passado para a posse de Vitor, assim como, juridicamente, a própria Sociedade Novo Æon e a Ordem dos Cavaleiros de Thelema.

Em 2015 e.v., os trabalhos foram recomeçados e, com a integração à SNÆ de um novo irmão, Alan Willms Quinot (Frater Audere),[1521] a Ordem dos Cavaleiros de Thelema foi retirada do Silêncio novamente. Após algum tempo, a harmonia do grupo começou a ser afetada devido ao comportamento incoerente, egocêntrico e principalmente mitômano daquele mesmo ex-discípulo de quem Euclydes desconfiava, até que, chegando a um ponto irremissível, este se desliga, passando a SNÆ a ser formada apenas pelos quatro atuais membros (2018 e.v.).[1522]

Todo homem ou mulher maior de idade e autossuficiente tem direito de se candidatar a integrar a Ordem e por ela ser treinado, tendo inalienável direito de solicitar o Grau posterior uma vez que tenha cumprido todas as exigências do Grau anterior.

A OCT é, hoje, uma Ordem de Conhecimento, genuinamente brasileira, moderna e dinâmica, livre das amarras que tanto engessaram trabalhos externos no passado, com o claro objetivo de amadurecer o indivíduo que busca viver sob a Lei de Thelema de forma emancipada e, desta maneira, propõe um novo paradigma, renovando o trabalho thelêmico coletivo no Brasil e honrando a força e o pioneirismo de sua progenitora, a Sociedade Novo Æon.

Para contato e maiores informações, acesse:

www.sociedadenovoaeon.org

1520 N.E.: Figura conhecida no cenário Thelêmico nacional, Marcelo foi discípulo de Euclydes na A∴A∴ na década de 1990 e.v., se envolveu com o ramo norte-americano da O.T.O. e atualmente é membro do Círculo de Mestres da F.R.A., Conselheiro da Sociedade Novo Æon e representante do Grão-Mestre da Ordo Saturni no Brasil.

1521 N.E.: Conhecido também como Frater Set Rah, editor da Biblioteca Hadnu (*www.hadnu.org*). Alan conhecera Vitor quando ambos eram membros do Collegium ad Lux et Nox, que na época funcionava em um modelo de Capítulos e Grupos de Estudos. Mesmo tendo se afastado desta organização, a amizade continuara.

1522 N.E.: Isto é, Vitor Campos, Alan Willms, Tiago Cordeiro e Marcelo Alexandrino.

ANEXO II

A HISTÓRIA DO LIBER ABA

Talvez seja possível afirmar que a história do *Liber ABA*, a obra-prima de Aleister Crowley, teve seu início com um personagem inusitado e um encontro inesperado. Hener Skene foi um pianista inglês, apresentado a Crowley em 1902 e.v. por uma de suas noivas, a estudante de arte Eileen Gray, amiga de seu cunhado, o pintor Gerald Kelly.

Em 11 de outubro de 1911 e.v., um encontro fortuito entre Skene e Crowley, em Londres, o levou a uma festa promovida pela dançarina estadunidense Isadora Duncan, que comemorava o aniversário de 40 anos de sua melhor amiga, Mary Desti.

Mary Desti (1871 e.v. – 1931 e.v.), por E. O. Hoppé.

Canadense de nascimento, Mary foi criada em Chicago, EUA. Era alta, voluptuosa, de cabelos pretos encaracolados e belas feições ítalo-irlandesas. Crowley se encantou tanto com Desti que ficcionalizou o evento no capítulo "A Chinese God", de seu romance *Moonchild.*

Após tomarem um chá, dois dias depois da festa, e se encontrarem no Hotel Savoy, em 29 de outubro, eles saíram juntos em uma viagem para St. Moritz, na Suíça. Na noite de 20 de novembro, Mary sonhou que via as cabeças de cinco anciões, os Irmãos Brancos, que tentavam lhe dizer algo. Sem entender, relatou o sonho a Crowley, que não demonstrou interesse. Cansados da viagem, fizeram, posteriormente, uma parada em Zurique, quando, num daqueles suaves momentos de satisfação e descanso que se seguem a um enérgico e repentino estado de embriaguez e luxúria, Mary começou a falar sobre um dos velhos de seu sonho. Ele tinha uma longa barba branca; na mão, segurava uma baqueta e, em seu peito, trazia uma grande "garra". No dedo havia um anel com uma pena branca ou "pássaro".[1523] Conforme

1523 N.E.: Posteriormente ela a descreveu como a pena de um "Pássaro do Paraíso", ou algo semelhante.

ela continuava, Crowley percebeu que o relato parecia ser de algo que estava acontecendo naquele exato momento; tendo despertado seu interesse, ele passou a orientá-la de modo a testar a suposta entidade:

– Faça-se perfeitamente passiva. Deixe-o se comunicar livremente. O que você vê?

Ao que ela respondeu:

– Os cinco Irmãos Brancos estão ficando vermelhos. Eles dizem: "Aqui está um livro a ser entregue a Frater P.".

Crowley ficou surpreso. Mary, completamente ignorante sobre Magia, não sabia o nome mágico dele.

– "O nome do livro é *ABA*" – continuou ela – "e seu número é quatro".[1524]

Depois de vários testes, principalmente fazendo uso de cabala e dos métodos descritos no Apêndice III deste livro, a entidade præter-humana, autoidentificada como Abuldiz, os instruiu a fazer uma nova invocação, em uma semana, às 23h, usando o mesmo método empregado em 1904 e.v., no Cairo, quando da recepção do *Livro da Lei*. Coincidentemente, Crowley havia levado consigo tanto os rituais que usara com Rose Kelly quanto seus instrumentos mágicos, incluindo o robe usado na Cerimônia. Até mesmo Mary trouxera uma túnica azul e dourada similar àquela vestida por Soror Ouarda.

Em 28 de novembro, pontualmente às 23h, Crowley proclamou: "*Cujus nomen est Nemo, Frater A∴A∴, adest*".[1525] Mais testes foram realizados. Mais detalhes sobre o livro foram passados e outras conversas ocorreriam em 4, 10, 11, 13 e 19 de dezembro. Por fim, ficou compreendido que eles deveriam encontrar uma vila na região de Nápoles, Itália, onde o livro seria finalmente escrito, ditado por Frater Perdurabo à vidente, Soror Virakam.[1526]

Superadas algumas dificuldades, o *Liber ABA* começou a ser escrito na Villa Kaldarazzo, ainda no final de dezembro de 1911 e.v.

A Parte I foi publicada por Crowley em 1912 e.v., em Londres. Foram impressas duas tiragens, sendo a primeira de 500 cópias e a segunda entre 1.500 e 2.000. São exatamente idênticas, com exceção do endereço da Editora Wieland & Co. Foi publicada por Marcelo Motta, no Brasil, em 1981 e.v., com o nome de *Yoga e Magia*.

A Parte II foi publicada por Crowley no outono de 1913 e.v., em Londres, numa tiragem única de 500 cópias, também pela Wieland & Co. Foi publicada por Marcelo Motta, no Brasil, em 1982 e.v., com o nome de *Magia e Misticismo*.

1524 N.E.: ABA = א (1) + ב (2) + א (1) = 4.

1525 N.E.: Eu sou aquele cujo nome é Nemo, um Irmão da A∴A∴.

1526 N.E.: Virakam foi o nome usado por Abuldiz para se referir a Mary Desti. Segundo a entidade, a palavra significava "Eu sirvo a luz".

Liber ABA, Parte I, 1912 e.v.

Liber ABA, Parte II, 1913 e.v.

Leila Waddell (1880 e.v. – 1932 e.v.)   *Mary Butts (1890 e.v. – 1937 e.v.)*

A Parte III do *Liber ABA*, denominada por Crowley como *Magick in Theory and Practice*, foi ditada a Leila Waddell, em Fontainebleau, França, em 1912 e.v. Leila Ida Nerissa Bathurst Waddell foi uma violinista australiana,[1527] admitida na A∴A∴ em 1º de abril de 1910 e.v., como Soror Agatha. Apelidada por Crowley de Mãe Celestial, Leila foi uma das maiores paixões de sua vida, permanecendo por anos como sua amante.

A primeira revisão da Parte III foi realizada com a ajuda de Mary Butts, na Abadia de Thelema, em Cefalù, Itália, entre 1921 e.v. e 1922 e.v.[1528] Mary Francis Butts foi uma poetisa e escritora modernista inglesa que, já sendo familiarizada com as obras de Eliphas Levi, foi convidada à Abadia juntamente com seu namorado, Cecil Maitland. Aceitando o convite, chegaram em 5 de julho de 1921 e.v. Butts não perdeu tempo e logo começou a estudar alguns dos trabalhos inéditos de Crowley, como o *Liber Aleph*, seu comentário sobre o *Livro da Lei* e o *Magick in Theory and Practice*. Em sua autobiografia, *The Confessions of Aleister Crowley*, ele relata:

> *Eu praticamente reescrevi a terceira parte do Livro Quatro. Mostrei os manuscritos a Soror Rhodon (Mary Butts) e pedi que ela os criticasse completamente. Sou extremamente grato a ela por sua ajuda, especialmente por indicar um grande número de assuntos que não haviam sido discutidos. Por sugestão dela, escrevi ensaio após ensaio para cobrir todas as fases do assunto. O*

1527 N.E.: Parte maori, o que explicava suas feições belamente exóticas.

1528 N.E.: Também há indícios de alguma colaboração de Leah Hirsig (1883 e.v. – 1951 e.v.), também conhecida como Soror Alostrael, Mulher Escarlate de Crowley durante o período de Cefalù.

resultado foi a expansão do manuscrito em um vasto volume, um tratado completo sobre a teoria e a prática da Magia, sem nenhuma omissão.

Tendo em vista a complexidade e extensão da Parte III e seus vários apêndices, uma última revisão

Liber ABA, Parte III (sobrecapa do volume único), 1930 e.v.

e adequação foi feita em 1929 e.v., ano em que foi publicada a primeira das quatro seções em que foi dividido. Todas as outras seções, assim como o volume único, vieram em 1930 e.v.

As seções cobriam: Seção 1, até a página 122; Seção 2, de 123 a 206; Seção 3, de 207 a 302; e Seção 4, de 303 a 438. Para estas partes todas, mais o volume único (chamado de Edição de Assinante), foram impressas 3.000 cópias. A editora foi a Lecram Press, de Paris.

Servindo de divisória entre a Introdução e o Capítulo 0 está seu pantáculo pessoal, conforme mostrado em detalhe na página seguinte. No entanto, Crowley faz uma ressalva na Carta 20 do *Magick Without Tears*, intitulada "Talismans: The Lamen: The Pantacle":

> *O frontispício da edição original (em 4 volumes) do Magick,*[1529] *com as cores reproduzidas de maneira vil, é um Lâmem da minha própria Magia, ou um Pantáculo da Ciência, tenho certeza de que não sei ao certo qual!*

1529 N.E.: Crowley frequentemente se referia à Parte III simplesmente como *Magick*.

Ainda na Abadia, Crowley já trabalhava na Parte IV e, em 1923 e.v., uma correspondência enviada da Tunísia para seu estudante Norman Mudd denotava sua insatisfação quanto ao cumprimento de *Liber AL* iii 39-40. Os anos seguintes foram conturbados, principalmente devido a dificuldades financeiras. Quando finalmente a Parte IV foi publicada, em 1936 e.v., o livro veio ao mundo como *The Equinox of the Gods*. Marcelo Motta publicou sua tradução, no Brasil, em 1976 e.v.

Liber ABA, Parte IV, 1936 e.v.

Apesar de alguma controvérsia, a comprovação de que se trata da Parte IV pode ser encontrada na Carta 81, "Method of Training", do *Magick Without Tears*:

> *Para estudar Magia, Livro 4, Partes II, III (Magick em Teoria e Prática) e IV (O Equinócio dos Deuses).*

Foram duas tiragens em 1936 e.v., sendo 250 cópias em versão mais simples e 1.000 cópias da versão aqui retratada. Em 1937 e.v., outra tiragem foi impressa, bem como uma última em 1942 e.v., ambas sem registro do número de cópias. Todos os exemplares foram impressos pela Western Printing Services, de Bristol, Inglaterra.

Publicada em cores pela primeira vez no *Equinox* I (7), de 1912 e.v., a Estela da Revelação foi devidamente reproduzida na primeira edição da Parte IV e pode ser vista em detalhe nas páginas seguintes.

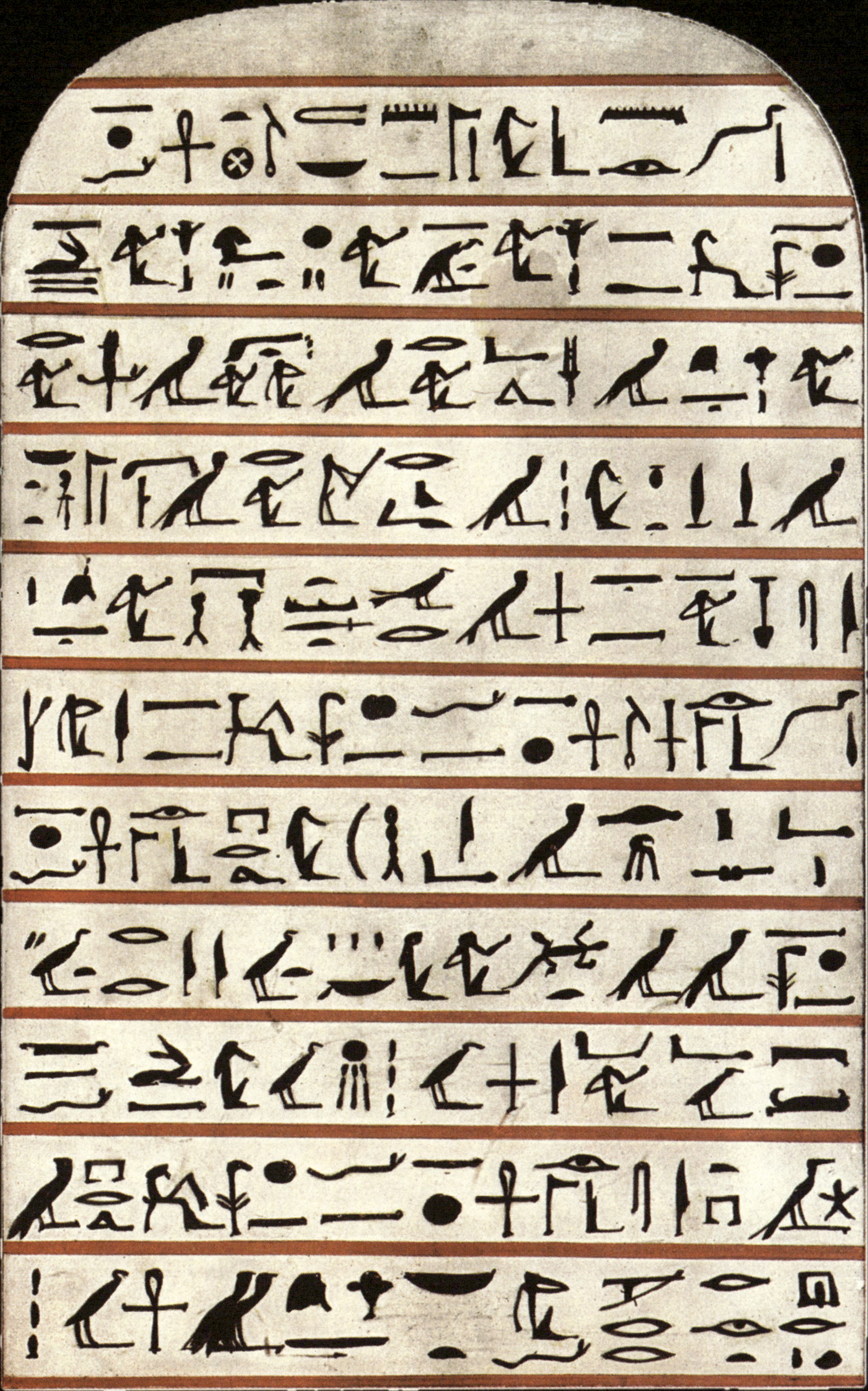

A presente edição, intitulada *Liber ABA: Magia em quatro partes*, é um trabalho conjunto entre a Sociedade Novo Æon e a Penumbra Livros, que não mediram esforços para trazer todo esse conteúdo e história ao público brasileiro, da melhor forma possível, honrando cada um daqueles que, de uma forma ou de outra, contribuíram para a criação desta obra ao longo de mais de um século.

θελημα
αγαπη
LASHTAL

Liber LXXVII

"a lei do forte
esta é a nossa lei
e a alegria do mundo."
— *AL* II. 21

Z:

Faze o que tu queres há de ser tudo da Lei." – *AL* I. 40
"tu não tens direito a não ser fazer a tua vontade. Faze aquilo, e nenhum outro dirá não." – *AL* I. 42-3
"Todo homem e toda mulher é uma estrela." – *AL* I. 3

Não existe deus senão o ser humano.

1. O ser humano tem o direito de viver por sua própria lei –
de viver da maneira como quiser viver:
de trabalhar como quiser:
de brincar como quiser:
de descansar como quiser:
de morrer quando e como quiser.

2. O ser humano tem o direito de comer o que quiser:
de beber o que quiser:
de morar onde quiser:
de se mover como quiser sobre a face da Terra.

3. O ser humano tem o direito de pensar o que quiser:
de falar o que quiser:
de escrever o que quiser:
desenhar, pintar, lavrar, estampar, moldar, construir como quiser:
de se vestir como quiser.

4. O ser humano tem o direito de amar como quiser: –
"tomai vossa fartura e vontade de amor como quiserdes, quando, onde e com quem quiserdes." – *AL* I. 51

5. O ser humano tem o direito de matar esses que quereriam contrariar estes direitos.
"os escravos servirão." – *AL* II. 58
"Amor é a lei, amor sob vontade." – *AL* I. 57

A∴A∴

A A∴A∴ é uma organização cujos chefes obtiveram através de experiência pessoal o auge dessa ciência. Eles fundaram um sistema pelo qual qualquer pessoa persistente pode atingir a meta, e isto com uma rapidez e facilidade previamente impossíveis.

Esta matriz da A∴A∴ descende de ΤΟ ΜΕΓΑ ΘΗΡΙΟΝ (Aleister Crowley) *via* SATURNUS (Karl Germer) *via* EVER (Marcelo Motta) *via* 939 (Ray Eales). Contatos devem ser feitos através de:

www.aa-thelema.org

Para material em português, acesse:

www.estreladeprata.org

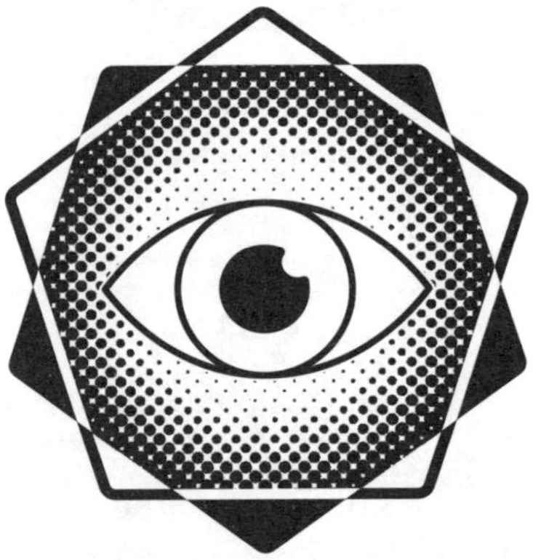

NOVO sociedade ÆON

Quid Voles Illud Fac

Primeira edição concluída no Equinócio de Primavera de 2020 e.v.
Segunda edição concluída no Equinócio de Verão de 2024 e.v.

Composto em Garamond Pro sobre papel Woodfree Creamy
Impressão: Gráfica Viena